Beiträge zum ausländischen und internationalen Privatrecht

96

Herausgegeben vom

Max-Planck-Institut für ausländisches
und internationales Privatrecht

Direktoren:
Jürgen Basedow, Holger Fleischer und Reinhard Zimmermann

Hannes Rösler

Europäische Gerichtsbarkeit auf dem Gebiet des Zivilrechts

Strukturen, Entwicklungen und
Reformperspektiven des Justiz- und
Verfahrensrechts der Europäischen Union

Mohr Siebeck

Hannes Rösler, geboren 1973; Studium der Rechtswissenschaften in Marburg und London (LSE); 2003 Promotion (Marburg); 2003 Zweites Staatsexamen (Frankfurt/M.); 2004 LL.M. (Harvard); seit 2004 Wissenschaftlicher Referent am Max-Planck-Institut für ausländisches und internationales Privatrecht; 2012 Habilitation an der Universität Hamburg.

ISBN 978-3-16-151870-6

ISSN 0340-6709 (Beiträge zum ausländischen und internationalen Privatrecht)

Die Deutsche Nationalbibliothek verzeichnet diese Publikation in der Deutschen Nationalbibliographie; detaillierte bibliographische Daten sind im Internet über *http://dnb. dnb.de* abrufbar.

© 2012 Mohr Siebeck Tübingen.

Das Buch wurde von Gulde-Druck in Tübingen auf alterungsbeständiges Werkdruckpapier gedruckt und von der Großbuchbinderei Josef Spinner in Ottersweier gebunden.

Vorwort

Das Verhältnis zwischen mitgliedstaatlichen Einrichtungen und Unionsgerichten ist so häufig diskutiert worden, wie kaum ein anderes europa-
rechtliches Thema. Dennoch lässt sich hierzu einiges Neues zu Tage
fördern. Das vorliegende Buch über Gegenwart und Zukunft der Europäischen Gerichtsbarkeit schlägt in dreierlei Hinsicht neue Wege ein.
Erstens wird die Verwirklichung des Unionsprivatrechts durch die EU-
Gerichtsbarkeit und die nationalen Gerichte in den Vordergrund gestellt.
Leitgesichtspunkt ist dabei die Verwirklichung des Unionsprivatrechts
durch Verbesserung der Qualität, Akzeptanz und Wirkkraft des EU-Rechts
im gerichtlichen Mehrebenensystem. Zweitens verbindet die Arbeit nicht
nur privates und öffentliches Recht, sondern verfolgt zugleich norm- und
sozialwissenschaftliche Ansätze. Eine Verknüpfung mit entwicklungsge-
schichtlichen, rechtstatsächlichen, rechtsökonomischen und rechtspolitischen Forschungen ermöglicht Einblicke in die Bedingungen effektiver
Privatrechtsharmonisierung. Drittens unternimmt die vorliegende Untersuchung einen Perspektivwechsel. Anstelle des Blickwinkels der europäischen Instanz wird vielfach diejenige des entscheidenden Rechtsanwenders
auf einer der unteren Ebenen gewählt.

Das vorliegende Buch ist – ausgehend von einem kleineren Aufsatz aus
dem Jahr 2000 – das Ergebnis von mehr als einem Jahrzehnt dauernder
Überlegungen, die mich über die Fragen der Rechtsvergleichung und des
Deliktsrechts sowie über das Europäische Vertragsrecht im Rahmen mei-
ner Dissertation nun zur praktischen Rechtsdurchsetzung innerhalb der EU
geführt haben. Skizzen des Projekts erfolgten während eines Studienjahres
2003/2004 an der Harvard Law School und einer kürzeren Forschungszeit
an der New York University; doch erst die anschließende Aufnahme als
wissenschaftlicher Referent am Max-Planck-Institut für ausländisches und
internationales Privatrecht ermöglichte die vertiefte Auseinandersetzung
mit dem Thema. Dabei kommt dem Forschungsklima an diesem Institut
eine nicht zu unterschätzende Bedeutung zu. Darüber hinaus haben mir
Vortrags- und Lehrtätigkeiten insbesondere in den neuen Mitglied- und
den Beitrittskandidatenstaaten Einblick in die Durchsetzungsprobleme
einer immer größer werdenden Union eröffnet. Die Arbeit wurde von der

Fakultät für Rechtswissenschaft der Universität Hamburg im Wintersemester 2011/2012 als Habilitationsschrift angenommen.

Großer Dank gebührt meinem Habilitationsbetreuer Prof. Dr. Dr. h.c. *Jürgen Basedow*, LL.M. (Harvard), der mir langjährig viele wertvolle Anregungen gegeben hat. Prof. Dr. *Reinhard Bork* danke ich für die freundliche Erstattung des Zweitvotums. Ebenfalls schulde ich Prof. Dr. *Armin Hatje* Dank für seine ergänzende Stellungnahme. Die Schrift wurde mit dem Förderpreis der Esche Schümann Commichau Stiftung ausgezeichnet. Für Diskussionen und die kritische Durchsicht des Manuskripts gilt mein Dank Ref. iur. *Janina Bohle*, LL.M. (LSE) und in besonderem Maße Ref. iur. *Lukas Mezger*, LL.B., der mir auch bei den Grafiken äußerst hilfreich zur Seite stand. Zu danken habe ich ferner dem großen Kreis der Kollegen. Daraus möchte ich wegen vieler fruchtbarer Diskussionen Dr. *Christian Heinze*, LL.M. (Cambridge) und Jun.-Prof. Dr. *Patrick Leyens*, LL.M. (London) hervorheben. Ebenfalls verbunden bin ich Dr. *Anatol Dutta*, M. Jur. (Oxon.), Dr. *Matteo Fornasier*, LL.M. (Yale), Dr. *Jan D. Lüttringhaus* und Prof. Dr. *Giesela Rühl*, LL.M. (Berkeley). Dank für die drucktechnische Vorbereitung des Buches schulde ich *Ingeborg Stahl*. Anders gelagerter Dank, nämlich der für lebenslange Unterstützung, gebührt *Annegret* und *Rudolf Rösler*.

Hamburg, im März 2012   *Hannes Rösler*

Inhaltsübersicht

Inhaltsverzeichnis

Abkürzungsverzeichnis

a.A.	anderer Ansicht
A.C.	Appeal Cases (Law Reports)
a.E.	am Ende
a.F.	alte Fassung
aaO	am angegebenen Ort
ABGB	Allgemeines Bürgerliches Gesetzbuch
ABl.EU Nr. C	Amtsblatt der Europäischen Union – Mitteilungen und Bekanntmachungen
ABl.EU Nr. L	Amtsblatt der Europäischen Union – Gesetzgebung
AcP	Archiv für die civilistische Praxis
AEUV	Vertrag über die Arbeitsweise der Europäischen Union, konsolidierte Fassung ABl.EU 2010 Nr. C 83, S. 47
AG	Die Aktiengesellschaft – Zeitschrift für das gesamte Aktienwesen, für deutsches, europäisches und internationales Unternehmens- und Kapitalmarktrecht
AG	Amtsgericht
AJIL	American Journal of International Law
AJP/PJA	Aktuelle Juristische Praxis
ALI	American Law Institute
All ER	All England Law Reports
Alt.	Alternative
Am. J. Comp. L.	American Journal of Comparative Law
Am. L. Rev.	American Law Review
Anh.	Anhang
Anm.	Anmerkung
AnwBl	Anwaltsblatt
AöR	Archiv des öffentlichen Rechts
ARSP	Archiv für Rechts- und Sozialphilosophie
Art.	Artikel
AT	Österreich
Aufl.	Auflage
AuR	Arbeit und Recht
AUR	Agrar- und Umweltrecht
AVR	Archiv des Völkerrechts
Az.	Aktenzeichen
B.U.L. Rev.	Boston University Law Review
BAG	Bundesarbeitsgericht
BAGE	Entscheidungen des Bundesarbeitsgerichts
BB	Betriebs-Berater
Bd.	Band
BE	Belgien
Beih.	Beiheft

Berkeley J. Int'l L.	Berkeley Journal of International Law
BFH	Bundesfinanzhof
BG	Bulgarien
BGB	Bürgerliches Gesetzbuch
BGBl.	Bundesgesetzblatt
BGH	Bundesgerichtshof
BGHZ	Entscheidungen des Bundesgerichtshofs in Zivilsachen
BMJ	Bundesministerium der Justiz
BRAO	Bundesrechtsanwaltsordnung
Brooklyn J. Int'l L.	Brooklyn Journal of International Law
BSG	Bundessozialgericht
BT-Drucks.	Bundestagsdrucksache
BV	Bundesverfassung der Schweizerischen Eidgenossenschaft
BVerfG	Bundesverfassungsgericht
BVerfGE	Entscheidungen des Bundesverfassungsgerichts
BVerfGG	Bundesverfassungsgerichtsgesetz
BVerwG	Bundesverwaltungsgericht
BVerwGE	Entscheidungen des Bundesverwaltungsgerichts
bzw.	beziehungsweise
C.J.Q.	Civil Justice Quarterly
C.L.J.	Cambridge Law Journal
CA	Court of Appeal of England and Wales
Cath. U.L. Rev.	Catholic University Law Review
CCass	Cour de Cassation
CDE	Cahiers de droit européen
CEPEJ	Council of Europe/European Commission for the Efficiency of Justice (Europarat)
CFI	Court of First Instance
CFR	Common Frame of Reference
Ch.	Chapter
Chi. J. Int'l L.	Chicago Journal of International Law
CISG	United Nations Convention on Contracts for the International Sale of Goods/UN-Übereinkommen über Verträge über den internationalen Warenkauf, BGBl. 1989 II, S. 588, 1990 II, S. 1699; Inkrafttreten BGBl. 1990 II, S. 1477
CML Rev.	Common Market Law Review
Colum. J. Eur. L.	Columbia Journal of European Law
Colum. L. Rev.	Columbia Law Review
CY	Zypern
CZ	Tschechische Republik
d.h.	das heißt
DAJV Newsletter	Zeitschrift der Deutsch-Amerikanischen Juristen-Vereinigung e.V.
dasselb.	dasselbe
DB	Der Betrieb
DCFR	Draft Common Frame of Reference
DDR	Deutsche Demokratische Republik
DE	Deutschland
ders.	derselbe
DG	Directorate General
dies.	dieselbe
DJT	Deutscher Juristentag

DK	Dänemark
DNotZ	Deutsche Notar-Zeitung
DÖV	Die Öffentliche Verwaltung
DRiZ	Deutsche Richterzeitung
DVBl.	Deutsches Verwaltungsblatt
E.L. Rev.	European Law Review
EAGV	Vertrag über die Europäische Atomgemeinschaft v. 25.3.1957, BGBl. 1957 II, S. 1014; konsolidierte Fassung ABl.EU 2010 Nr. C 84, S. 1
EBLR	European Business Law Review
EBLS	Europäische Behörde für Lebensmittelsicherheit
EBOR	European Business Organization Law Review
ECFR	European Company and Financial Law Review
ecolex	Zeitschrift für Wirtschaftsrecht
EE	Estland
EEA	Einheitliche Europäische Akte, ABl.EG 1987 Nr. L 169, S. 1
EG	EG-Vertrag nach den Verträgen von Amsterdam und Nizza, konsolidierte Fassung ABl.EG 2002 Nr. C 325, S. 33
EG	Europäische Gemeinschaft
EGBGB	Einführungsgesetz zum Bürgerlichen Gesetzbuch
EGKS	Europäische Gemeinschaft für Kohle und Stahl
EGKSV	Vertrag über die Europäische Gemeinschaft für Kohle und Stahl v. 18.4.1951, BGBl. 1952 II, S. 447
EGMR	Europäischer Gerichtshof für Menschenrechte
EGV	EG-Vertrag ab Inkrafttreten des Vertrags von Maastricht am 1.11.1993, ABl.EG 1992 Nr. C 191, S. 1
Einl.	Einleitung
EIPR	European Intellectual Property Review
EJIL	European Journal of International Law
EJLR	European Journal of Law Reform
EL	Griechenland
ELI	European Law Institute
ELJ	European Law Journal
EMRK	Europäische Konvention zum Schutze der Menschenrechte und Grundfreiheiten (Europarat), Neubekanntmachung BGBl. II 2002, S. 1054
endg.	endgültig
EnWG	Gesetz über die Elektrizitäts- und Gasversorgung
EP	Europäisches Parlament
EPA	Europäisches Patentamt
EPG	Europäische Politische Gemeinschaft
EPL	European Public Law
EPLA	European Patent Litigation Agreement
EPÜ	Europäisches Patentübereinkommen
ERCL	European Review of Contract Law
Erg.-Lfg.	Ergänzungslieferung
ERPL	European Review of Private Law
ES	Spanien
EU	Europäische Union
EuG	Gericht der Europäischen Union (bis zum Vertrag von Lissabon: Gericht erster Instanz der Europäischen Gemeinschaften)
EuGH	Gerichtshof (als Teil des „Gerichtshofs der Europäischen Union")

EuGöD	Gericht für den öffentlichen Dienst der Europäischen Union
EuGRZ	Europäische Grundrechte-Zeitschrift
EuGVO	Verordnung (EG) Nr. 44/2001 des Rates vom 22.12.2000 über die gerichtliche Zuständigkeit und die Anerkennung und Vollstreckung von Entscheidungen in Zivil- und Handelssachen, ABl.EG 2001 Nr. L 12, S. 1, auch Brüssel I-Verordnung genannt
EuGVÜ	Brüsseler Übereinkommen vom 27.9.1968 über die gerichtliche Zuständigkeit und die Vollstreckung gerichtlicher Entscheidungen in Zivil- und Handelssachen, konsolidierte Fassung ABl.EG 1998 Nr. C 27, S. 1
EUI	European University Institute
EuLF	European Legal Forum – Forum iuris communis Europae (deutsche und englische Sprachausgabe jeweils gekennzeichnet)
EuR	Europarecht
EUV	Vertrag über die Europäische Union, konsolidierte Fassung ABl.EU 2010 Nr. C 83, S. 13
EuZ	Zeitschrift für Europarecht
EuZA	Europäische Zeitschrift für Arbeitsrecht
EuZW	Europäische Zeitschrift für Wirtschaftsrecht
EVG	Europäische Verteidigungsgemeinschaft
EVÜ	Römisches Übereinkommen über das auf vertragliche Schuldverhältnisse anzuwendende Recht v. 19.6.1980, konsolidierte Fassung ABl.EG 1998 Nr. C 27, S. 34
EWG	Europäische Wirtschaftgemeinschaft
EWGV	Vertrag über die Europäische Wirtschaftgemeinschaft v. 25.3.1957, BGBl. 1957 II, S. 766, und zwar modifiziert durch die EEA
EWiR	Entscheidungen zum Wirtschaftsrecht
EWR	Europäischer Wirtschaftsraum
EWS	Europäisches Wirtschafts- und Steuerrecht
EZB	Europäische Zentralbank
F. R. App. P.	Federal Rules of Appellate Procedure
F. R. Civ. P.	Federal Rules of Civil Procedure
f., ff.	folgende
FAZ	Frankfurter Allgemeine Zeitung
Festschr. f.	Festschrift für
FG	Finanzgericht
FI	Finnland
Ford. Int'l L.	Fordham International Law Journal
FR	Frankreich
Fußn.	Fußnote
GASP	Gemeinsame Außen- und Sicherheitspolitik
GD	Generaldirektion der Europäischen Kommission
Geo. Mason L. Rev.	George Mason Law Review
GG	Grundgesetz
GmbHR	GmbH-Rundschau
GPR	Zeitschrift für Gemeinschaftsprivatrecht
GPÜ	Übereinkommen über das europäische Patent für den Gemeinsamen Markt (Gemeinschaftspatentübereinkommen) und Ausführungsordnung vom 21.12.1989, BGBl. 1991 II, S. 136
GRCh	Charta der Grundrechte der Europäischen Union, ABl.EU 2010 Nr. C 83, S. 389

grds.	grundsätzlich
GRUR Int.	Gewerblicher Rechtsschutz und Urheberrecht – Internationaler Teil
GRUR-Prax	Gewerblicher Rechtsschutz und Urheberrecht – Praxis im Immaterialgüter- und Wettbewerbsrecht
GVG	Gerichtsverfassungsgesetz
GWB	Gesetz gegen Wettbewerbsbeschränkungen
GWR	Gesellschafts- und Wirtschaftsrecht
H.	Heft
h.M.	herrschende Meinung
HABM	Harmonisierungsamt für den Binnenmarkt (Marken, Muster und Modelle)
Harv. Int'l L.J.	Harvard International Law Journal
Harv. L. Rev.	Harvard Law Review
Hastings Int'l & Comp. L. Rev.	Hastings International and Comparative Law Review
HdbStR	Handbuch des Staatsrechts
HessStGH	Staatsgerichtshof des Landes Hessen
HGB	Handelsgesetzbuch
HL	House of Lords
HRG	Handwörterbuch zur deutschen Rechtsgeschichte
HRLJ	Human Rights Law Journal
Hrsg.	Herausgeber
HU	Ungarn
HZÜ	Haager Übereinkommens vom 15.11.1965 über die Zustellung gerichtlicher und außergerichtlicher Schriftstücke im Ausland in Zivil- oder Handelssachen
i.E.	im Erscheinen
i.e.S.	im engeren Sinne
i.S.	im Sinne
i.V.m.	in Verbindung mit
ICLQ	International and Comparative Law Quarterly
IE	Irland
IGH	Internationaler Gerichtshof
IHR	Internationales Handelsrecht – Zeitschrift für das Recht des internationalen Warenkaufs und -vertriebs
IIC	International Review of Intellectual Property and Competition Law
Ind. J. Global Legal Stud.	Indiana Journal of Global Legal Studies
Int. Comp. L. Q.	International and Comparative Law Quarterly
Int. Enc. Comp. L.	International Encyclopedia of Comparative Law
Int. J. Const. L.	International Journal of Constitutional Law
IPR	Internationales Privatrecht
IPRax	Praxis des Internationalen Privat- und Verfahrensrechts
IR	Irish Reports
IT	Italien
IZPR	Internationales Zivilprozessrecht
IZVR	Internationales Zivilverfahrensrecht
J. Legal Stud.	Journal of Legal Studies
J. Priv. Int. L.	Journal of Private International Law
JA	Juristische Arbeitsblätter

JBl.	Juristische Blätter
JCMS	Journal of Common Market Studies
JCP	Journal of Consumer Policy
JETL	Journal of European Tort Law
JITE	Journal of Institutional and Theoretical Economics
JöR	Jahrbuch des öffentlichen Rechts der Gegenwart, neue Folge
JR	Juristische Rundschau
Jura	Juristische Ausbildung
JuS	Juristische Schulung
JZ	JuristenZeitung
K&R	Kommunikation & Recht
Kap.	Kapitel
KapMuG	Kapitalanleger-Musterverfahrensgesetz
KJ	Kritische Justiz
KOM	Legislativvorschläge und sonstige Mitteilungen der Europäischen Kommission an den Rat und/oder die anderen Organe sowie die entsprechenden vorbereitenden Dokumente
KritV	Kritische Vierteljahresschrift für Gesetzgebung und Rechtswissenschaft
L.Q.R.	Law Quarterly Review
LAG	Landesarbeitgericht
Law & Soc. Inquiry	Law and Social Inquiry
Lfg.	Lieferung
LG	Landgericht
LMK	Lindenmaier-Möhring – Kommentierte BGH-Rechtsprechung
Losebl.-Slg.	Loseblattsammlung
LT	Litauen
LU	Luxemburg
LV	Lettland
M.	Main
m. w. Beisp.	mit weiteren Beispielen
m. w. Nachw.	mit weiteren Nachweisen
M.L.R.	Modern Law Review
MDR	Monatsschrift Deutsches Recht
Mich. J. Int'l L	Michigan Journal of International Law
Mich. L. Rev.	Michigan Law Review
MJ	Maastricht Journal of European and Comparative Law
MMR	Multimedia und Recht
MPI	Max-Planck-Institut
MT	Malta
n.F.	neue Fassung
N.Y.U. J. Int'l L. & Pol.	New York University Journal of International Law and Politics
N.Y.U. J. Legis. & Pub. Pol'y	New York University Journal of Legislation and Public Policy
Nachdr.	Nachdruck
NGO	Non-Governmental Organisation
NJW	Neue Juristische Wochenschrift
NL	Niederlande
NVwZ	Neue Zeitschrift für Verwaltungsrecht
NZG	Neue Zeitschrift für Gesellschaftsrecht
o.V.	ohne Verfasser

OECD	Organization for Economic Co-operation and Development
OLG	Oberlandesgericht
OPEC	Organization of Petroleum Exporting Countries
ORDO	Jahrbuch für die Ordnung von Wirtschaft und Gesellschaft
Ox. JLS	Oxford Journal of Legal Studies
PECL	Principles of European Contract Law
Penn St. Int'l L. Rev.	Penn State International Law Review
PL	Polen
PT	Portugal
QJE	Quarterly Journal of Economics
R.I.D.C.	Revue internationale de droit comparé
RabelsZ	Rabels Zeitschrift für ausländisches und internationales Privatrecht
Rdnr.	Randnummer
Red.	Redaktion
Rev. Int. Org.	Review of International Organizations
Rev. dr. int. et dr. comp.	Revue de droit international et de droit comparé
RheinZ	Rheinische Zeitschrift für Zivilrecht und Prozeß
RIW	Recht der Internationalen Wirtschaft
RiWG	Richterwahlgesetz
RJ	Rechtshistorisches Journal
RO	Rumänien
Rom I-VO	Verordnung (EG) Nr. 593/2008 des Europäischen Parlaments und des Rates vom 17.6.2008 über das auf vertragliche Schuldverhältnisse anzuwendende Recht (Rom I), ABl.EU 2008 Nr. L 177, S. 6
Rom II-VO	Verordnung (EG) Nr. 864/2007 des Europäischen Parlaments und des Rates vom 11.7.2007 über das auf außervertragliche Schuldverhältnisse anzuwendende Recht (Rom II), ABl.EU 2007 Nr. L 199, S. 40
Rs.	Rechtssache
RsprEinhG	Gesetz zur Wahrung der Einheitlichkeit der Rechtsprechung der obersten Gerichtshöfe des Bundes
RTD Com.	Revue trimestrielle de droit commercial et de droit économique
RTDE	Revue trimestrielle de droit européen
RuP	Recht und Politik
S.	Seite/Satz
s.	siehe
S.I.	Statutory Instruments
Satzung des Gerichtshofs	Protokoll Nr. 3 zum Vertrag von Lissabon über die Satzung des Gerichtshofs der Europäischen Union, ABl.EU 2010 Nr. C 83, S. 210
SE	Schweden
SEC	Dokument des Sekretariats der Kommission
SI	Slowenien
SK	Slowakei
Slg.	Sammlung
Sp.	Spalte
Stan. L. Rev.	Stanford Law Review

SubsProt	Protokoll Nr. 2 zum Vertrag von Lissabon über die Anwendung der Grundsätze der Subsidiarität und der Verhältnismäßigkeit, ABl.EU 2010 Nr. C 83, S. 206
Sup. Ct. Rev.	Supreme Court Review
Syd. L. Rev.	University of Sydney Law Review
Syracuse J. Int'l L. & Com.	Syracuse Journal of International Law and Commerce
SZ	Süddeutsche Zeitung
Teilbd.	Teilband
Tex. Int'l L.J.	Texas International Law Journal
Tex. L. Rev.	Texas Law Review
Tul. Eur. & Civ. L.F.	Tulane European and Civil Law Forum
Tul. L. Rev.	Tulane Law Review
TzBfG	Teilzeit- und Befristungsgesetz
U. Chi. L. Rev.	University of Chicago Law Review
U. Miami Int'l & Comp. L. Rev.	University of Miami International and Comparative Law Review
U. Pa. J. Int'l L.	University of Pennsylvania Journal of International Law
U. Pitt. L. Rev.	University of Pittsburgh Law Review
u.a.	unter anderem/und andere
u.Ä.	und Ähnliches
U.S.C.	United States Code
usw.	und so weiter
u.U.	unter Umständen
UAbs.	Unterabsatz
UCC	Uniform Commercial Code
ÜGA	Abkommen zwischen den EFTA-Staaten über die Errichtung einer EFTA-Überwachungsbehörde und eines EFTA-Gerichtshofs
UK	Vereinigtes Königreich
UKHL	United Kingdom House of Lords
UKlaG	Gesetz über Unterlassungsklagen bei Verbraucherrechts- und anderen Verstößen
UKSC	Supreme Court of the United Kingdom
UN	United Nations
UNCITRAL	United Nations Commission on International Trade Law
UNIDROIT	International Institute for the Unification of Private Law/Institut International pour l'Unification du Droit Privé
Unif. L. Rev.	Uniform Law Review/Revue de Droit Uniforme
UN	United Nations
UWG	Gesetz gegen den unlauteren Wettbewerb
v.	von/vom
Va. L. Rev.	Virginia Law Review
verb. Rs.	verbundene Rechtssache
VerfO-EuG	Verfahrensordnung des Gerichts, konsolidierte Fassung ABl.EU 2010 Nr. C 177, S. 37; zuletzt geändert durch ABl.EU 2011 Nr. L 162, S. 18
VerfO-EuGH	Verfahrensordnung des Gerichtshofs der Europäischen Gemeinschaften, konsolidierte Fassung ABl.EU 2010 Nr. C 177, S. 1; zuletzt geändert durch ABl.EU 2011 Nr. L 162, S. 17
VerfO-EuGöD	Verfahrensordnung des Gerichts für den öffentlichen Dienst der Europäischen Union, konsolidierte Fassung ABl.EU 2010 Nr. C 177, S. 71; zuletzt geändert durch ABl.EU 2011 Nr. L 162, S. 19

VersR	Versicherungsrecht
vgl.	vergleiche
VO	Verordnung
Vol.	Volume
VuR	Verbraucher und Recht
VVDStRL	Veröffentlichungen der Vereinigung der Deutschen Staatsrechtslehrer
VVE	Entwurf eines Vertrages über eine Verfassung für Europa, ABl.EU 2004 Nr. C 310, S. 1
VwGO	Verwaltungsgerichtsordnung
W.L.R.	Weekly Law Reports
wbl	Wirtschaftsrechtliche Blätter – Zeitschrift für österreichisches und europäisches Wirtschaftsrecht
Wis. L. Rev.	Wisconsin Law Review
WM	Wertpapiermiteilungen, Teil 4: Zeitschrift für Wirtschafts- und Bankrecht
WRP	Wettbewerb in Recht und Praxis
WTO	World Trade Organization
WuW	Wirtschaft und Wettbewerb
WVK	Wiener Übereinkommen über das Recht der Verträge v. 23.5.1969
Yale L.J.	Yale Law Journal
YEL	Yearbook of European Law
z.B.	zum Beispiel
z.Z.	zur Zeit
ZaöRV	Zeitschrift für ausländisches öffentliches Recht und Völkerrecht
ZAR	Zeitschrift für Ausländerrecht und Ausländerpolitik
ZESAR	Zeitschrift für europäisches Sozial- und Arbeitsrecht
ZEuP	Zeitschrift für Europäisches Privatrecht
ZEuS	Zeitschrift für Europarechtliche Studien
ZfP	Zeitschrift für Politik
ZfRSoz	Zeitschrift für Rechtssoziologie
ZfRV	Zeitschrift für Europarecht, Internationales Privatrecht und Rechtsvergleichung
ZG	Zeitschrift für Gesetzgebung
ZGR	Zeitschrift für Unternehmens- und Gesellschaftsrecht
ZGS	Zeitschrift für das gesamte Schuldrecht
ZHR	Zeitschrift für das gesamte Handelsrecht und Wirtschaftsrecht
ZIP	Zeitschrift für Wirtschaftsrecht
zit.	zitiert
ZNR	Zeitschrift für Neuere Rechtsgeschichte
ZParl	Zeitschrift für Parlamentsfragen
ZPO	Zivilprozessordnung
ZRG Germ. Abt.	Zeitschrift der Savigny-Stiftung für Rechtsgeschichte – Germanistische Abteilung
ZRP	Zeitschrift für Rechtspolitik
ZSR	Zeitschrift für Schweizerisches Recht
ZUM	Zeitschrift für Urheber- und Medienrecht
ZVglRWiss	Zeitschrift für Vergleichende Rechtswissenschaft
ZZP	Zeitschrift für Zivilprozess
ZZPInt.	Zeitschrift für Zivilprozess International – Jahrbuch des internationalen Zivilprozessrechts

1. Teil

Grundlagen

„Als wir den Europäischen Gerichtshof schufen, schwebte uns ein
ehrgeiziger Gedanke vor: die Verfassungsstruktur der Gemeinschaft mit
einem obersten Gericht zu krönen, das im vollen Sinn des Wortes
Verfassungsorgan war, einem Gericht wie der amerikanische Supreme
Court in seiner glänzenden Zeit unter dem Chief Justice John Marshall,
unter dessen Führung die urkundlich kaum skizzierte Verfassung der
Vereinigten Staaten in der Gerichtspraxis Inhalt und Festigkeit gewann.
Wir sind nicht enttäuscht worden. "
Walter Hallstein (1901–1982)[1]

§ 1: Ebenen und Spannungsfelder im ersten Zugriff

Die einheitliche, zumindest gleichwertige Durchsetzung von Rechten ist
der Prüfstein einer wahren Privatrechtsgemeinschaft. Für die Leichtgängig-
keit des Handels- und Geschäftsverkehrs sowie für die sich entwickelnde
gemeineuropäische Zivilgesellschaft mit vermehrten grenzüberschreitenden Bezügen ist es essentiell, erworbene materielle Rechtspositionen gerichtlich durchsetzen und unbegründete Ansprüche abwehren zu können.
Allerdings erweisen sich die Durchsetzungsmechanismen unionsweit als
denkbar heterogen: Europas Zivil- und Zivilprozessrechte sind weiterhin
geprägt durch die mitgliedstaatlichen materiellen Normbestände, Gerichts-
und Verfahrensordnungen.

Darin liegt eine besondere Herausforderung, weil die Europäische
Union nicht nur bei der Rechts*um*setzung von Richtlinien auf die Legis-
lativakte mitgliedstaatlicher Parlamente angewiesen ist. Vielmehr fußt
auch die klärende prozessuale Rechts*durch*setzung des (formell nationali-
sierten) Richtlinienrechts[2] sowie im Fall von (bekanntlich direkt wirken-

---

[1] Die Europäische Gemeinschaft, 5. Aufl. (1979), S. 110; s. freilich zu den unterschiedlichen Vorstellungen bei der Verhandlung des Römischen Vertrages von 1957
Küsters, Die Gründung der Europäischen Wirtschaftsgemeinschaft, 1982, S. 441 ff.
[2] Art. 288 I AEUV (ex-Art. 249 I EG); zur Umsetzungspflicht, die auch die Judikative umfasst („alle […] erforderlichen Maßnahmen"), s. Art. 291 I AEUV (ex- Art. 10
EG).

den) Verordnungen[3] auf einer engen Vernetzung der Ebenen[4]. Das EU-
Recht kooperiert zwangsnotwendig mit den einzelstaatlichen Gerichts-
systemen, Richter- und Anwaltschaften, obschon sie sich in rechtlicher wie
rechtstatsächlicher Hinsicht weiterhin beträchtlich unterscheiden.

In dem geschichtlich geformten, durch gemeinsame Kultur und Werte
geprägten und im Wege politischer Kraftanstrengungen geeinten europäischen Rechtsraum[5] sind strukturelle, materielle und methodologische
Rechtsüberlagerungen entstanden. Einmal abgesehen von den gefächerten
Konnotationen des Europabegriffs[6] werden die Überlagerungen durch mindestens fünf Spannungsverhältnisse angereichert. Sie entstehen (1.) zwischen den Vereinheitlichungstendenzen und dem Subsidiaritätsprinzip[7],
(2.) zwischen supranationalen, intergouvernementalistischen und etatis-

---

[3] Art. 288 II AEUV (ex-Art. 249 II EG).

[4] Zur Idee der vertikalen und horizontalen Vernetzung *Basedow*, Nationale Justiz und
Europäisches Privatrecht – Eine Vernetzungsaufgabe, 2003, S. 6 ff., 20 ff.

[5] Zu diesem Begriff, der wegen seiner horizontalen Beziehungen mehr umfasst als
„Rechtsordnung" in seiner vertikalen Struktur, s. *Broekman*, A Philosophy of European
Union Law, 1999, S. 401 ff.

[6] So erklärt *Stolleis*, in: HRG, 2. Aufl. (2008), Sp. 1439 (1440), dass „Europa" geschichtlich gesehen zwar räumlich wandelbar und sachlich divergent, aber als Rechtsraum durch Schriftlichkeit, Rationalität und Legalismus geprägt sei und auch in der
Entwicklung des wissenschaftlich durchgebildeten Rechts Gemeinsamkeiten aufweise.
Ebenso *Zimmermann*, JZ 2007, 1 (10); über das Recht als essentiellen Bestandteil europäischer Kultur *Coing*, Zur Geschichte des Privatrechtsystems, 1962; *ders.* (Hrsg.),
Handbuch der Quellen und der Neueren Europäischen Privatrechtsgeschichte, 1973–
1988; zum römischen Recht und den allgemeinen Rechtsgrundsätzen *Metzger*, Extra
legem, intra ius – Allgemeine Rechtsgrundsätze im europäischen Privatrecht, 2008,
S. 427 f.; zur heutigen Bedeutung römischen Rechts beim EuGH *Knütel*, JuS 1996,
768 ff.; exemplarisch zur Relevanz des Lateinischen im Europarecht *Basedow*, ZEuP
2007, 953 f.

[7] Das Subsidiaritätsprinzip, wie es Art. 5 III EUV (ex-Art. 5 II EG) für den Bereich
der nicht-ausschließlichen Zuständigkeit festschreibt, ist justiziabel. Seit dem Vertrag
von Lissabon können die Mitgliedstaaten einen EU-Gesetzgebungsakt im Wege der
Nichtigkeitsklage wegen Verstoßes gegen die Subsidiarität zu Fall bringen, Art. 8
SubsProt i.V.m. Art. 263 AEUV (ex-Art. 230 EG). In Deutschland wurde deswegen
Art. 23 Ia GG geschaffen, wonach der Bundestag und der Bundesrat das Recht haben,
wegen Verstoßes eines EU-Gesetzgebungsakts gegen das Subsidiaritätsprinzip vor dem
Gerichtshof der Europäischen Union Klage zu erheben. Zu den Hintergründen des mit
dem Maastrichter Vertrag eingeführten Subsidiaritätsprinzips im Bereich des Binnen-
marktrechts *Rösler*, EuR 2008, 800 (806 ff.). Der Grundsatz dient der Sicherung funk-
tionaler Wirkungseinheiten und der Effektivität als eigenständiges unionsimmanentes
Rechtsprinzip; vgl. *Hilf/Hörmann*, in: Festschr. f. Tomuschat, 2006, S. 913 (944). Zur
praktischen Wirkungslosigkeit in der Rechtsprechung *Ritzer/Ruttloff*, EuR 2006, 116 ff.
Der U.S. Supreme Court hat der Subsidiarität – bei wechselhafter Einstellung zu dem
Grundsatz – in *Coleman v. Miller*, 307 U.S. 433 (1939) „a lack of judicially discoverable
and manageable standards" bescheinigt.

tischen Strömungen (selbst auf EU-Ebene)[8], (3.) bei den divergierenden Integrationskonzeptionen und -teleologien (z.b. wirtschaftsliberalen, politischen und sozialen), (4.) hinsichtlich der verschiedenen rechtskulturell geprägten juridischen Vorverständnisse sowie (5.) bezüglich national bzw. regional divergierender Gegebenheiten von Zivilprozessen.

Die EU-Justiz – deren zivilrechtliche Bedeutung, Praxis und Reform den hauptsächlichen Gegenstand der vorliegenden Arbeit bildet – hat die verschiedenartigen Ebenen, Tendenzen und Einheitsvorgaben anhand einer Zivilsache in einen föderal geglückten Ausgleich zu bringen. Zur Wahrung der Rechtseinheit haben die Nationalgerichte das mit innerstaatlichem Geltungsanspruch ausgestattete Unionsrecht primärer und sekundärer Ausprägung gebührend zu berücksichtigen.

Allein schon wegen der föderalen Loyalitätspflicht[9] nach Art. 4 III EUV (noch anders gefasst ex-Art. 10 EG) müssen die Nationalgerichte auch die Auslegung des EU-Rechts durch den für das EU-Recht zuständigen Gerichtshof der Europäischen Union[10] maßgeblich beachten. Dies geschieht durch die primärrechts- und richtlinienkonforme Auslegung des Zivilrechts. Die Mandate der verschiedenen Gerichtsebenen in der EU erweisen sich als schwierig, da die wahren Konfliktpotenziale vielfach von der Politik unbewältigt sind: Im geschriebenen Recht bleiben Sachfragen und konkrete Rechtsfolgen auch als Resultat vordergründiger Kompromisse ausgeblendet oder werden diffus gestaltet[11]. Auf diese Tatsache reagieren nicht nur Zivilrichter mit verständlichem Befremden.

Die Gerichte der verschiedenen Ebenen müssen ein kooperatives Verhältnis und verantwortungsvolles Miteinander sicherstellen. Dabei haben sie einerseits die unionseinheitlichen Vollzugsvorgaben und andererseits die Notwendigkeit judizieller Autonomie und Mitsprache der nationalen Ausführungsebenen zu beachten. In der vorliegenden Arbeit geht es deshalb auch um die gerichts- und verfahrensrechtlichen Aspekte eines An- und Abgleichungsprozesses, der ein Hin und Her richterlicher Denk- und

---

[8] S. insbesondere zum Rat der EU die politikwissenschaftliche Arbeit von *Lempp*, Die Evolution des Rats der Europäischen Union – Institutionenevolution zwischen Intergouvernementalismus und Supranationalismus, 2009. Ferner für eine intergouvernementalistische Integrationstheorie *Moravcsik*, The Choice for Europe: Social Purpose and State Power from Messina to Maastricht, 1998.

[9] Oben Fußn. 2. Zur ähnlichen Funktion wie der Bundestreue im deutschen Verfassungsrecht *Hatje*, Loyalität als Rechtsprinzip in der Europäischen Union, 2001.

[10] Die Entscheidungen der Europäischen Gerichtsbarkeit üben faktisch eine Leitbildfunktion aus; sie sind aber nicht materiell bindend. Die Bindungswirkung betrifft allein das Gericht des Ausgangsverfahrens. Näher 4. Teil § 1 V 2.

[11] Das gilt auch makro- oder verfassungsstrukturell beispielsweise beim Vorrang des Unionsrechts, worauf noch näher in 2. Teil § 1 I 1 einzugehen ist.

Diskursbewegungen[12] erforderlich macht. Dies gilt sowohl zwischen den gerichtlichen Ebenen als auch den verschiedenen Sachmaterien – seien sie nationaler, primär- oder sekundärrechtlicher Natur.

Im größeren Zusammenhang geht die Arbeit zweierlei nach: erstens dem Verfahrens- und Gerichtsorganisationsrecht der EU und zweitens der dahinterstehenden föderalen Grundkonzeption. Föderal sind die beschriebenen Aufgaben, weil die EU – so eine der Thesen der Arbeit – implizit ein föderales Großsystem darstellt. Deshalb ist auch das Privatrecht aus diesem metastrukturellen Blickwinkel zu analysieren. Damit gilt: Aufgabe der Europäischen Zivilgerichtsbarkeit und ihrer Wissenschaft ist es, sich des judikativen Föderalismus anzunehmen und ihn näher ausgestalten zu helfen.

Die Arbeit stellt die verbindliche EU-Zivilgerichtsbarkeit und den effektiven Rechtsschutz in den Vordergrund. Drängend sind diese Fragen wegen der kontinuierlichen Ausdehnung des räumlichen und vor allem sachlichen Anwendungsbereichs des Unionszivilrechts. Dies umfasst insbesondere das Recht der wirtschaftlichen Betätigungsfreiheiten innerhalb der EU, aber auch der unionsbürgerlichen Rechte und Belange. Damit hat sich die Notwendigkeit einer Auslegung und Anwendung des Unionsrechts beträchtlich erweitert – eine Aufgabe, die der Gerichtshof der Europäischen Union umso weniger im Alleingang, sondern nur in Kooperation und im Vertrauen auf die Nationalgerichte zu bewerkstelligen vermag.

Allein aus diesem ganz praktischen Grund müssen die vorliegend behandelten Fragen mit vertikaler und horizontaler Dimension ins Zentrum des Forschungsinteresses rücken. Zur Debatte stehen die gegenwärtige Praxis und die zukünftige Ausgestaltung der gerichtlichen Durchsetzung von unionalen Rechtspositionen in einem föderalen Mehrebenensystem des Zivilrechts mit seinen unterschiedlichen Regelungs- und Vollzugssystemen.

§ 2: Bedeutung und Funktion der Europäischen Zivilgerichtsbarkeit

I. Begrifflichkeit

Der Luxemburger Gerichtshof ist Wächter der Union, mit anderen Worten ein *defensor iuris unionis*[13]. Zunächst zur terminologischen Klarstellung:

---

[12] Parallel zu dem „Hin- und Herwandern des Blickes" des Richters zwischen Lebenssachverhalt und Rechtsnorm; dazu *Engisch*, Einführung in das juristische Denken, 8. Aufl. (1983), S. 210 in Fußn. 36 und S. 217 in Fußn. 54.

[13] S. *v. Danwitz*, EuR 2008, 769 (773).

Seit dem 1.12.2009, also dem Inkrafttreten des Lissabonner Vertrags, heißt die Gesamtheit des unionseigenen Gerichtssystems endlich klar und deutlich „Gerichtshof der Europäischen Union"[14]. Dies resultiert aus der eigenen Rechtspersönlichkeit der EU und der Abschaffung ihrer unglücklichen Säulenkonstruktion, die der Vertrag von Maastricht erst 1992 eingeführt hatte[15].

Der Gerichtshof der Europäischen Union (hier zumeist EU-Gerichtshof genannt) bildet nach Art. 13 I EUV ein einheitliches Organ. Er besteht aber gemäß Art. 19 I S. 1 EUV aus drei eigenständigen Spruchkörpern, nämlich dem Gerichtshof (EuGH), dem Gericht (EuG), das zuvor noch Gericht erster Instanz hieß[16], sowie den „Fachgerichten"[17]. Von diesen ist bislang im Jahr 2004 nur das Gericht für den öffentlichen Dienst (EuGöD) eingerichtet worden[18]. Darum sind vorliegend, wenn – großgeschrieben – von Europäischer Gerichtsbarkeit, den Europäischen Gerichten und dem EU-Gerichtshof die Rede ist, EuGH, EuG und EuGöD insgesamt gemeint. Deren Zuständigkeiten und *modi operandi* sind näher geregelt in den Verträgen (Art. 19 EUV, Art. 251–281 AEUV) sowie in der Satzung des Gerichtshofs und in den drei Verfahrensordnungen[19].

---

[14] Was angesichts der Verflechtungen zwischen den Gemeinschaften und der Union schon zuvor angezeigt gewesen wäre. Vgl. *Everling*, in: Festschr. f. Rengeling, 2008, S. 527. S. auch Art. I-29 VVE.

[15] Mit der Auflösung der Säulenstruktur der EU (*Everling*, EuR-Beih 1/2009, 71 [85] spricht zutreffend von der „Beseitigung der zwielichtigen Tempelkonstruktion") erstreckt sich die Gerichtsbarkeit des EuGH auch auf den EUV, für den zuvor nur begrenzte Zuständigkeit bestand (dazu kritisch *Murswiek*, NVwZ 2009, 481 ff.). Nach Art. 267 I b) AEUV erfasst das Vorabentscheidungsverfahren nun auch Handlungen der Einrichtungen und sonstigen Stellen der EU. Die Beschränkungen der Gerichtsbarkeit im „Raum der Freiheit, der Sicherheit und des Rechts" wurden weitestgehend aufgehoben (s. aber die Ausnahmen für GASP und Sicherheitsfragen nach Art. 275 f. AEUV); vgl. demgegenüber die alte Rechtslage nach ex-Art. 35 EU (polizeiliche und justizielle Zusammenarbeit in Strafsachen) und nach ex-Art. 68 EG (Visa, Einwanderung und andere Politiken betreffend den freien Personenverkehr, wozu auch die justizielle Zusammenarbeit in Zivilsachen zählte) – dazu noch später im 2. Teil § 7 I 2.

[16] Die Änderung ist ebenfalls konsequent, denn schon vor Lissabon war das EuG nicht allein Gericht erster Instanz, sondern selbst Rechtsmittelinstanz gegenüber dem EuGöD (ex-Art. 225a III EG, nun Art. 256 II UAbs. 1 AEUV).

[17] Alle drei sind Teil des EU-Gerichtshofs, so dass hier ein Intra- und kein Interorganverhältnis besteht; *Thiele*, EuR 2010, 30 (31); *Pechstein*, EU-Prozessrecht, 4. Aufl. (2011), Rdnr. 113, 124 f.

[18] Näher im 3. Teil § 1 II.

[19] Ausführliche Kommentierungen der praktisch überaus wichtigen gerichtsverfassungs- und verfahrensrechtlichen Normen finden sich bei *Wägenbaur*, EuGH VerfO – Satzung und Verfahrensordnungen des EuGH/EuG – Kommentar, 2008 sowie zur Satzung bei *Hackspiel*, in: *von der Groeben/Schwarze* (Hrsg.), Kommentar zum EU-/EG-Vertrag, 6. Aufl. (2003), nach Art. 245 EG. S. weiter *Hackspiel*, in: *Rengeling/Middeke/*

Statt einer perspektivischen Verkürzung auf den EuGH und die EuGH-Rechtsprechung, wie sie in der Diskussion um die Europäische Gerichtsbarkeit nicht selten geschieht, wird also ein breiteres Bild versucht. Dies ist seit der Ausdifferenzierung des Gerichtssystems durch die Schaffung des EuG im Jahr 1988 angezeigt. Zudem wird – in Übereinstimmung mit dem ehemaligen EuGH-Richter *Everling*[20] – anstelle von Europäischer Gerichtsverfassung von Europäischer Gerichtsbarkeit oder auch von EU-Gerichtsbarkeit gesprochen. Als sinnvoll erweist sich dies nicht zuletzt wegen des problematischen Begriffs und der mangelnden Akzeptanz einer Europäischen Verfassung, deren (auch US-amerikanisch inspirierte) Schaffung bekanntlich scheiterte[21].

Zudem werden damit besagte Gleichsetzungen bzw. Verwechslungen von „Gerichtshof der Europäischen Union" als Gesamtorgan nach Art. 13 I UAbs. 2 i.V.m. Art. 19 I S. 1 EUV und dem EuGH als seinem auch instanziell eigenständigen Teilorgan vermieden. Ebenfalls ist der hiesige Untersuchungsgegenstand von dem vorliegend unpassenden völkerrechtlichen Begriff der Gerichtsbarkeit[22] abgegrenzt[23].

Institutionentheoretisch[24] lässt sich die Europäische Rechtsprechungseinheit freilich auch erweitert begreifen. Nach diesem Verständnis bilden die Luxemburger Organisation und die Nationalgerichte ein Gesamtsystem an Regeln, das gemeinsam und auf der Basis des EU-Rechts zur juristischen und gesellschaftlichen Konfliktlösung agiert. So betrachtet, lässt

---

Gellermann (Hrsg.), Handbuch des Rechtsschutzes in der EU, 2. Aufl. (2003), §§ 21–29; *Klinke*, in: *Grabitz/Hilf/Nettesheim* (Hrsg.), Das Recht der Europäischen Union, 45. Erg.-Lfg. (2011), Art. 281 AEUV, Rdnr. 1 ff.

[20] *Everling*, in: Festschr. f. Rengeling, 2008, S. 527; zur Üblichkeit des Begriffs auch *Pechstein*, Rdnr. 115 in Fußn. 48.

[21] Es mangelte bei der EU-Verfassung (im Unterschied zum Handelsgeist i.S.v. *Kant*, Zum ewigen Frieden – Ein philosophischer Entwurf, 1795) am Verfassungsgeist; dazu *Rösler*, ZRP 2005, 244; *ders.*, EuR 2008, 800 (815). Dazu, dass 95 % des Entwurfs des Verfassungsvertrages in den Vertrag von Lissabon herübergerettet wurden *Terhechte*, EuR 2008, 143.

[22] Dazu, dass sich unter „Gerichtsbarkeit" auch die im Zusammenhang mit den völkerrechtlichen Grenzen der Hoheitsgewalt stehende Reichweite der inländischen Rechtsprechungsgewalt verstehen lässt s. *Dutta*, in: *Basedow/Hopt/Zimmermann* (Hrsg.), Handwörterbuch des Europäischen Privatrechts, Bd. I, 2009, S. 683 f.

[23] So wie hier *Mayer*, in: *Grabitz/Hilf/Nettesheim* (Hrsg.), Das Recht der Europäischen Union, 41. Erg.-Lfg. (2010), Art. 19 EUV, Rdnr. 16.

[24] Vgl. die institutionentheoretische Definition zusammengefasst von *Voigt*, Institutionenökonomik, 2. Aufl. (2009), S. 27: Institutionen sind „allgemein bekannte Regeln, mit deren Hilfe wiederkehrende Interaktionssituationen strukturiert werden und die mit einem Durchsetzungsmechanismus bewehrt sind, der eine Sanktionierung bzw. Sanktionsdrohung im Falle eines Regelverstoßes bewirkt." Auch *Wagener/Eger*, Europäische Integration – Wirtschaft und Recht, Geschichte und Politik, 2. Aufl. (2009), S. 191; *Richter/Furubotn*, Neue Institutionenökonomik, 4. Aufl. (2010), S. 7.

sich das System funktional beträchtlich ausdehnen. Erfasst sind damit auch die mitgliedstaatlichen Streitentscheidungsorgane und Juristen, die zumindest quantitativ in viel stärkerem Maße als der EU-Gerichtshof zur Achtung, Auslegung und Durchsetzung des Unionsrechts berufen sind. Dann handelt es sich um einen interaktiven Gesamtgerichtskorpus[25], also um ein Netzwerk aus Regeln, die kooperativ das Europäische Recht fortschreiben. Auf die Europäische Gerichtsbarkeit in diesem erweiterten Sinne wird der 2. und 4. Teil zurückkommen.

II. Stellung des EU-Gerichtshofs

Nach der begrifflichen Klarstellung sind nun die Institution und Verfahrenswege der Europäischen Gerichtsbarkeit näher zu erörtern. Die Politik schuf mit der zur „Wahrung des Rechts" bei der Vertragsauslegung und -anwendung berufenen[26] Europäischen Gerichtsbarkeit eine maßgebliche institutionelle Rahmenbedingung: Künftige, d.h. im Ausgang ungewisse Konflikte über das autonom zu verstehende Unionsrecht[27] können von einem Gericht als unabhängige[28], vordergründig unpolitische[29] und damit im Vergleich zu Kommission, Rat und Parlament eher subtile Institution[30] entschieden werden[31].

Verstärkt wird die legitimatorische Basis der Dritten Gewalt, indem der Gerichtshof die Mitgliedstaaten vor Machtmissbrauch durch die supranationalen Einrichtungen schützt. Den infolge des (zumeist qualifizierten)

---

[25] Ebenso *Basedow*, Nationale Justiz und Europäisches Privatrecht, S. 19; *ders.*, RabelsZ 66 (2002), 203 (212); zur Verantwortung der nationalen Gerichte (insbesondere wegen der Funktionsnachteile von Richtlinien) s. *ders.*, in: Festschr. f. Brandner, 1996, S. 651 ff.

[26] Art. 19 I S. 2 EUV, der die traditionelle Formulierung des ex-Art. 220 EG übernimmt.

[27] Dazu EuGH, Rs. 64/81, Slg. 1982, 13 (24) – *Corman/Hauptzollamt Gronau*: im Interesse der einheitlichen Anwendung will „die Gemeinschaftsrechtsordnung ihre Begriffe [grundsätzlich] nicht in Anlehnung an eine oder mehrere Rechtsordnungen definieren, sofern dies nicht ausdrücklich vorgesehen ist".

[28] Auch die Richter und Generalanwälte am EU-Gerichtshof müssen gemäß Art. 253 I AEUV „jede Gewähr für Unabhängigkeit bieten".

[29] *Everling*, in: Festschr. f. Kutscher, 1981, S. 155 (183) vertritt jedoch, die Rechtsprechung sei „Bestandteil des politischen Prozesses". Dem kann so nicht zugestimmt werden, sondern nur wie es *Zuleeg*, JZ 1994, 1 (8) konzipiert: „Das Bindeglied des Rechts ist gegen politische Einflüsse abgeschirmt, soweit diese sich nicht in rechtlichen Regelungen niederschlagen".

[30] Womit sich aber die Frage der (horizontalen) Gewaltenteilung auftut, was hier allenfalls am Rande, etwa bei der verfehlten Forderung der Schaffung eines Kompetenzgerichtshofs im 3. Teil § 2 VI 3, angesprochen werden kann.

[31] Vgl. *Mestmäcker*, in: *ders.*, S. 11 (24) unter Hinweis auf die Zukunftsdimension der Institution bei *Helmut Schelsky* und den „veil of ignorance" von *John Rawls*.

Mehrheitsentscheids im Gesetzgebungsprozess unterlegenen Mitgliedstaaten eröffnet der Gerichtshof Rechtsschutz vor der „Tyrannei der Mehrheit"[32]. Darum haben die Gründungsstaaten von Montanunion, EWG und Euratom eine zentrale Gerichtsinstitution geschaffen – ungeachtet der damit verbundenen, freilich verhältnismäßig geringen Transaktionskosten[33] und der Unsicherheiten beim Zusammenwirken mit den anderen Gewaltenträgern[34].

Auch wenn die Einrichtung des Gerichtshofs durchaus mit einigen Hoffnungen begleitet wurde[35] und die Einführung des Vorabentscheidungsverfahrens in der Tat progressiv war[36], werden die Schöpfer der Verträge kaum die Dimension erahnt haben, die heute die Judizialisierung der rechtlichen, ökonomischen und politischen Integrationsprozesse erreicht hat. *Mestmäcker* resümiert zur Integrationsrolle des EuGH: „Mit hoher Wahrscheinlichkeit wäre keine der beteiligten Regierungen bereit gewesen, dem Vertrag 1958 zuzustimmen, wenn sie die Einbußen an Souveränität vorausgesehen hätten, die sich daraus [...] ergeben haben. So wichtig in diesem Prozeß die politische Planung der Gemeinschaftsinstitutionen auch gewesen sein mag, als Motor der Integration wirkte die Rechtsprechung des Europäischen Gerichtshofs. Diese Wirkungsmöglichkeit ergab sich aus dem für sich revolutionären Grundsatz, dass sich die Bürger auf die staatsbezogenen Normen des EWG-Vertrages vor Gerichten ihres Staates berufen können, sofern diese Normen ihrem Inhalt nach justitiabel sind. Mit der Dezentralisierung der Anwendung des Gemeinschaftsrechts war die partielle Entpolitisierung seiner Durchsetzung verbunden."[37]

---

[32] Dazu unter dem Gesichtspunkt des Risiko-Nutzen-Gedankens *Tridimas*, European Journal of Law and Economics 18 (2004), 99 (102 f., 112).

[33] Dieser Begriff findet damit nicht nur bei Schuldverträgen Anwendung (*Coase*, Journal of Law and Economics, 3 [1960], 1 ff.); so etwa von *Tridimas*, European Journal of Law and Economics 18 (2004), 99 (103).

[34] *Hamilton* hat im Federalist Paper No. 78 (1788) von der Gerichtsbarkeit als der am wenigsten gefährlichen Gewalt gesprochen; vgl. jedoch zur „counter-majoritarian difficulty" *Bickel*, The Least Dangerous Branch – The Supreme Court at the Bar of Politics, 1962, S. 17 ff.

[35] Zumindest von bundesstaatlich orientierten Stimmen wie *Hallstein* im Vorspruch zu diesem Teil (oben bei Fußnotenzeichen 1).

[36] Dazu näher im 3. Teil § 1 I.

[37] *Mestmäcker*, in: *ders.*, S. 11 (24). S. auch *Roth/Hilpold*, in: *dies.*, Der EuGH und die Souveränität der Mitgliedstaaten – Eine kritische Analyse richterlicher Rechtsschöpfung auf ausgewählten Rechtsgebieten, 2008, S. 5: „Ein Konzept, wie es vom EuGH in van Gend & Loos (1963) und Costa/ENEL (1964) ausformuliert worden ist, hatten die Gründungsväter der EWG mit größter Wahrscheinlichkeit nicht im Auge." Kritik daran von *Basedow*, EuZ 2009, 86 (87 f.).

III. Zivil- und Vorlageverfahren als Grundlage für das Funktionieren des Binnenmarkts

Das Vorabentscheidungsverfahren bewirkt eine Dezentralisierung[38]. Dieses prozessuale Instrument zur Verwirklichung des Unionsrechts setzt die Rechte des Individuums wirkungsvoll in die Praxis um und haucht der Idee einer dezentral-zentralen Kooperation zwischen nationalen Zivilgerichten und EU-Gerichtshof Leben ein. Zunächst schien die mit dem Vorabentscheidungsverfahren geschaffene Novität recht unbedeutend. Doch rasch wurde das Vorabentscheidungsverfahren als Scharnier zwischen nationaler und Europäischer Gerichtsbarkeit bestimmend.

Die neue Verfahrensart der *procédure préjudicielle* erwies sich wegen ihres versteckten Anreiz- und Hebelmechanismus als zukunftsweisend: Auch unterinstanzliche Gerichte können hierüber die Vereinbarkeit des eigenen Rechts mit dem Unionsrecht indirekt und letztverbindlich prüfen lassen[39]. Die vielen, häufig kleinteiligen Vorlagefragen zur Auslegung des Sekundärrechts sollten sich damit als erheblich bedeutender erweisen als diejenigen über die Gültigkeit eines Gemeinschafts- oder Unionsrechtsakts[40]. Schließlich sah bereits der besagte EGKS-Vertrag aus dem Jahr 1951 Letzteres vor[41]. Von den verschiedenen Verfahrensarten der Union ist damit das Vorabentscheidungsverfahren nach Art. 267 AEUV (ex-Art. 234 EG) sowohl das bedeutendste als auch das innovativste, insbesondere im Bereich des Privatrechts.

Für die Entwicklung der europäischen Zivil- und Wirtschaftsrechtsordnung hat das Vorabentscheidungsverfahren höchste Relevanz. Nach Worten des EuGH ist es die „eigentliche Grundlage für das Funktionieren des Binnenmarktes"[42]. Das Vorlageverfahren, für das der EuGH auch nach den Änderungen des Vertrages von Lissabon faktisch allein zuständig bleibt, ist seit Jahrzehnten das zentrale prozessuale Vehikel des Dialogs zwischen den Gerichtsebenen mitgliedstaatlicher und europäischer Art. Dieses Bindeglied institutionalisiert einen Rechtsprechungsverbund zwischen der Europäischen Gerichtsbarkeit und den einzelstaatlichen Zivil-

---

[38] S. im Zusammenhang mit der Funktion des Vorabentscheidungsverfahrens auch *Broberg/Fenger*, Preliminary References to the European Court of Justice, 2010, S. 3: „It helps to ensure the effective application of Community law, just as it contributes to domesticating Community law and moving Community law away from assuring compliance only through a system of international surveillance so that it also contains a supplementary system of private enforcement that is not influenced by political discretion".

[39] *Basedow*, EuZ 2009, 86 (87).

[40] S. *Basedow*, EuZ 2009, 86 (87).

[41] Aufgenommen wird dies im 3. Teil § 1 I 1.

[42] *EuGH*, Bericht über bestimmte Aspekte der Anwendung des Vertrages über die Europäische Union, 22.5.1995, veröffentlicht in EuGRZ 1995, 316 (318) (unter Nr. 11).

gerichten[43]. Mit seinen beiden Formen, nämlich Gültigkeitskontrolle und Auslegung[44], erfüllt das Vorabentscheidungsverfahren mindestens fünf Kernfunktionen[45]:

Erstens stellt der Gerichtshof mit den im Wege des Art. 267 AEUV ergangenen Urteilen (idealiter) die einheitliche und effektive Anwendung und Auslegung des EU-Rechts durch sämtliche Prozessrichter sicher[46]. Hierdurch werden die Rechtssicherheit gefördert sowie Diskriminierungen und Wettbewerbsverzerrungen vorgebeugt[47]. Das hat der EuGH in der Rechtssache *Rheinmühlen* ebenfalls festgestellt: Art. 267 AEUV „ist von entscheidender Bedeutung dafür, daß das vom Vertrag geschaffene Recht wirklich gemeinsames Recht bleibt; er soll gewährleisten, daß dieses Recht in allen Mitgliedstaaten der Gemeinschaft immer die gleiche Wirkung hat. Auf diese Weise soll er unterschiedliche Auslegungen des Gemeinschafts-rechts verhindern, das die nationalen Gerichte anzuwenden haben; doch zielt er auch darauf ab, diese Anwendung selbst zu gewährleisten, da er dem nationalen Richter die Möglichkeit gibt, die Schwierigkeiten auszu-räumen, die sich aus den Notwendigkeiten ergeben können, dem Gemein-schaftsrecht im Rahmen der Rechtsordnung der Mitgliedstaaten zur vollen Geltung zu verhelfen."[48] Darauf ist – ebenso wie auf die vor- und nach-stehenden Punkte – noch ausführlich zurückzukommen.

Die alleinige Befugnis der Europäischen Gerichtsbarkeit, auch im Rahmen des Vorabentscheidungsverfahrens das Unionsrecht für nichtig zu erklären (Verwerfungsmonopol sekundären und tertiären EU-Rechts)[49],

---

[43] *Lindner*, JuS 2008, 1.

[44] Art. 267 I b) AEUV (Gültigkeitsvorlage) einerseits sowie Art. 267 I a) und b) AEUV andererseits (Auslegungsvorlage); etwa *Schumann*, in: *Roth* (Hrsg.), Europäi-sierung des Rechts, 2010, S. 197 (222).

[45] Vgl. *Middeke*, in: *Rengeling/Middeke/Gellermann* (Hrsg.), Handbuch des Rechts-schutzes in der EU, 2. Aufl. (2003), § 10, Rdnr. 5 ff.; *Basedow*, EuZ 2009, 86 (88 ff.); auch *Pitarakis/Tridimas*, European Journal of Law and Economics 16 (2003), 357 (359); ferner *Wernsmann/Behrmann*, Jura 2006, 181 ff.

[46] Etwa *Bork*, RabelsZ 66 (2002), 327 (347).

[47] *Huber*, in: *Merten/Papier* (Hrsg.), Handbuch der Grundrechte in Deutschland und Europa, Bd. VI/2, 2009, § 172, Rdnr. 30.

[48] EuGH, Rs. 166/73, Slg. 1974, 33 – *Rheinmühlen Düsseldorf/Einfuhr- und Vorrats-stelle für Getreide und Futtermittel.*

[49] Dieses Vorrecht gegenüber dem EGMR unterstreicht auch das „Reflexionspapier des Gerichtshofs der Europäischen Union zu bestimmten Aspekten des Beitritts der Europäischen Union zur Europäischen Konvention zum Schutz der Menschenrechte und Grundfreiheiten" v. 5.5.2010, Nr. 8 f. = EuGRZ 2010, 366 (367), schließlich sieht Art. 6 II EUV auch vor, dass der geplante Beitritt der EU zur EMRK die festgelegten Zustän-digkeiten der Union nicht ändern wird; ebenso Art. 2 S. 1 Protokoll Nr. 8 zum Vertrag von Lissabon, ABl.EU 2010 Nr. C 83, S. 273; dazu *Reich*, EuZW 2010, 641; hierauf *Ress*, EuZW 2010, 841. S. parallel zum Verwerfungsmonopol des BVerfG für deutsche Parlamentsgesetze Art. 100 I GG.

gewährleistet *zweitens* die Geltungskraft und wiederum die Einheit des Unionsrechts[50]. *Drittens* verdeutlicht Art. 267 AEUV die Verpflichtung der Nationalgerichte, das Unionsrecht anzuwenden. Sie müssen den Unionsbürgern dazu verhelfen, ihre europäischen Rechte auch über den rein nationalen Weg durchzusetzen. Aufgrund dieser – die Europäische Gerichtsbarkeit auch vor Überlastung schützenden – Arbeitsteilung[51] agieren die nationalen Gerichte als quantitativer und qualitativer Filter dafür[52], welche unionsrechtsrelevanten Fragestellungen vor den EuGH kommen sollen und welche dezentral auf der nationalen Ebene entschieden werden.

Viertens leisten die im Wege des Art. 267 AEUV ergangenen Auslegungen einen konstruktiven Beitrag zur inhaltlichen Verdichtung[53] des Europäischen Privatrechts. *Fünftens* hat das Verfahren des Art. 267 AEUV zumindest faktisch auch eine individualrechtsschützende Funktion. Damit ist Art. 267 AEUV die wichtigste zivilprozessuale Norm des Primärrechts, welche bekanntlich direkt wirkt und keiner Präzisierung oder Umsetzung durch die Mitgliedstaaten bedarf[54].

Wie angedeutet, sind nationale und Unionsgerichtsbarkeit durch das Verfahren nach Art. 267 AEUV nicht im Sinne eines üblichen Instan-

---

[50] Über den Wortlaut von Art. 267 III AEUV (ex-Art. 234 III EG) hinausgehend beschränkt sich die Vorlagepflicht aus Gründen der einheitlichen und effektiven Geltung des EU-Rechts bei Fragen der Gültigkeit von Sekundärrecht gerade nicht auf Gerichte, deren Entscheidungen selbst nicht mehr mit Rechtsmitteln des innerstaatlichen Rechts angefochten werden können; seit EuGH, Rs. 314/85, Slg. 1987, 4199 – *Foto-Frost/Hauptzollamt Lübeck-Ost* (dazu etwa *Glaeser*, EuR 1990, 143 ff.); das gilt auch im Rahmen vorläufiger Rechtsschutzverfahren nationaler Gerichte: EuGH, verb. Rs. C-143/88 und C-92/89, Slg. 1991, I-415 – *Zuckerfabrik Süderdithmarschen und Zuckerfabrik Soest/Hauptzollamt Itzehoe und Hauptzollamt Paderborn* (dazu *Koch*, NJW 1995, 2331 [2332]); bestätigt etwa in EuGH, Rs. C-461/03, Slg. 2005, I-10513 – *Gaston Schul Douane-expediteur/Minister van Landbouw.*

[51] Auch nach Worten des EuGH, Rs. 244/80, Slg. 1981, 3045, Rdnr. 14 bzw. 20 – *Foglia/Novello (Foglia II)* geht Art. 267 AEUV von einer „Aufgabenteilung zwischen der innerstaatlichen Gerichtsbarkeit und dem Gerichtshof der Gemeinschaft" und dem „Geist der Zusammenarbeit" aus. Zuvor EuGH, Rs. C-6/64, Slg. 1964, 1259 (1269) – *Flaminio Costa/E.N.E.L.*: Die Vorschrift zum Vorabentscheidungsverfahren gehe „von einer klaren Trennung der Aufgaben der staatlichen Gerichte und des Gerichtshofes aus".

[52] *Kokott/Dervisopoulos/Henze*, EuGRZ 2008, 10 (14).

[53] *Basedow*, AcP 200 (2000), 445 (453) hebt dieses Prozesshafte stets hervor: die „Verdichtung des Gemeinschaftsprivatrechts" lasse fragen, ob „nicht hinter den punktuellen Richtlinien Rechtsgrundsätze stehen, die sich für eine verbindende Sinngebung eignen und eine gewisse Verallgemeinerung gestatten".

[54] S. darum auch die 1996 von zuständigen nationalen Behörden an die nationalen Gerichte übermittelten „Hinweise [des EuGH] zur Vorlage von Vorabentscheidungsersuchen durch die nationalen Gerichte", abgedruckt in ZEuP 1998, 366 ff., zusammenfassend NJW 1997, 1765 f.; erweiterte Fassungen: ABl.EU 2005 Nr. C 143, S. 1 und ABl.EU 2009 Nr. C 297, S. 1; aktuelle Fassung: ABl.EU 2011 Nr. C 160, S. 1.

zenzuges verknüpft. Stattdessen fungiert der EU-Gerichtshof als Ausle-
gungsorgan für die Spezialmaterie „Unionsrecht"[55]. Darin kommt das kooperative Element zwischen den verschiedenen europäischen Ebenen zum
Ausdruck[56]. Auch die Befugnis aller mitgliedstaatlichen Gerichte zur Vorlage beim EuGH kennzeichnet den akzeptanzerhöhenden Dialogmechanismus. Festzuhalten bleibt: Der Hauptgrund für die fraglos verfahrens-
verlängernden Beteiligungsoptionen der Nationalgerichte liegt in der Bedeutung des EuGH und seiner Urteile für die einheitliche Auslegung und
Anwendung des Unionsrechts, die über die Bedeutung für das Ausgangsverfahren weit hinausgeht.

§ 3: Zivilprozessrecht im internationalen Wandel

I. US-Recht als exemplarisch herangezogenes Referenzmodell

Die Erörterung der Europäischen Gerichtsbarkeit auf dem Gebiet des Zivilrechts erfordert eine Mehrebenenperspektive. Dieses Erfordernis gilt auch
für das US-amerikanische Recht mit seinem föderalen Gerichtssystem,
schließlich koordiniert es in vielfältiger Weise verwobene und sich überlagernde Ebenen des Wirtschaftsrechts. Unter anderem darum wird hier der
Versuch unternommen, ausgewählte grundlegende Probleme der Europäischen Gerichtsbarkeit im Zusammenhang mit dem US-amerikanischen
Gegenstück zu betrachten. Der Mangel an Makrovergleichen des zivilrechtsrelevanten Justiz- und Verfahrensrechts überrascht angesichts der
wechselseitigen Befruchtung, der gemeinsamen Werte- und Ideenwelt sowie des praktischen Stellenwerts des US-amerikanischen Gerichtsstandorts, einschließlich des extraterritorial „langen" Arms des US-amerikanischen Prozessrechts[57].

Jeweils für sich genommen ist die rechts- und politikwissenschaftliche
Literatur zwar reichhaltig, überbordend, beinahe erdrückend: Auf beiden
Seiten des Atlantiks füllt das Schrifttum zu Stellung, Rechtsprechung und
Wirkung des jeweils höchsten Gerichts dutzende Bibliotheksregale.
Dagegen fehlen eingehende Vergleiche der ziviljudiziellen Strukturunter-

---

[55] *Everling*, in: Festschr. f. Rengeling, 2008, S. 527 (533).

[56] Zur vertikalen Vernetzung *Basedow*, Nationale Justiz und Europäisches Privatrecht, S. 6 ff.

[57] S. zu dem Mechanismus „Unglücke in Europa – Klagen in den USA" *Schack*, in:
Festschr. f. Schlosser, 2005, S. 839 ff.; weiter der Vortrag *Stürner*, Why are Europeans
afraid to litigate in the United States?, 2001; zu weitreichenden Einflüssen der anglo-
amerikanischen Rechtskultur *Stürner*, AcP 210 (2010), 105 ff.; zur extraterritorialen
Anwendung von US-Recht *Hay/Borchers/Symeonides*, Conflict of Laws, 5. Aufl. (2010),
S. 258 ff.

schiede der Großrechtsordnungen, obschon beide gewaltengeteilt, rechtsstaatlich und – sowohl materiell als auch verfahrensrechtlich – mehr-
schichtig organisiert sind.

Die Vereinigten Staaten trennen die privat- und prozessrechtlich relevanten Materien nach Bundesstaat und Einzelstaaten, weshalb auch bei der
Rechtsverwirklichung zwei differente Systemtypen bestehen. Ausgeglichen wird die resultierende Zersplitterung ein Stück weit durch die gemeinsame US-weite Rechtskultur, Verfassung und Gesetzgebung. Inwieweit die USA für die Verwirklichung eines wirkungsvollen und gleichwertigen Rechtsschutzes in der EU lehrreich sind, bezieht die vorliegende
Arbeit also mit ein. Getragen wird dies – was ebenfalls vorweggenommen
sei – von der Sinnhaftigkeit einer funktionalen Vergleichbarkeit zur gerichtlichen Zusammenarbeit im föderalen System. Auch deswegen ist ein
Vergleich für die Fortentwicklung der europäischen Gerichtsbarkeit außer-
ordentlich lehrreich.

Maßgeblich geht es der Arbeit also um die Struktur- und Reformfragen
der Europäischen Gerichtsbarkeit. Darum wird das US-amerikanische
Prozess-, Gerichtsorganisations- und Zivilrecht nur recht selektiv herangezogen. Die Notwendigkeit einer Beschränkung beruht nicht nur auf dem
Umstand, den *Erwin N. Griswold* (1904–1994) in einem berühmten Zitat
wie folgt beschreibt: „[T]he United States is geographically large, and it
has perhaps the most complicated legal structure that has ever been
devised and made effective in man's effort to govern himself."[58]

Die exemplarische Methode rechtfertigt sich auch aus einer Asymmetrie
der bestehenden wissenschaftlichen Abhandlungen: Der Supreme Court ist
als politische, soziale und rechtliche Institution ebenso obsessiv betrachtet
worden wie seine Richterschaft und Entscheidungen. Die Betrachtungswinkel sind ungewöhnlich vielfältig – etwa rechtlich, geschichtlich[59], bio-
grafisch[60], soziologisch oder institutionenökonomisch. Das Interesse besteht sowohl in der akademischen Welt als auch seitens der Allgemeinheit.
Letzteres erklärt sich aus der öffentlichen Wahrnehmung des Obersten

---

[58] *Griswold*, Law and Lawyers in the United States, 1964, S. 3.

[59] Seit 1976 besteht gar ein wissenschaftliches „Journal of Supreme Court History".
Zu erwähnen ist auch der „Supreme Court Economic Review", seit 1982.

[60] Man denke an die vielen Untersuchungen zu rechtspolitischen Präferenzen und
dem „Innenleben" der *Warren*, *Rehnquist* und *Roberts Courts*. Anders beim EuGH. Den
Grund dafür sieht *v. Danwitz*, EuR 2008, 769 (770) „in der geradezu unspektakulären
Nüchternheit der rechtlichen Aufgabenstellung, die der Gerichtshof alltäglich zu bewältigen hat und die sich im besten Sinne in die Tradition der europäischen Rechtsprechung
einfügt, die von Unabhängigkeit und Zurückhaltung ihrer Richter durchdrungen ist".

Gerichtshofs als politischer Faktor in der gesellschaftlichen Ordnung[61], die über die Fachdiskurse deutlich hinausgeht.

Es fehlen methodisch vergleichbar ansetzende und entsprechend umfangreiche Untersuchungen zur Europäischen Gerichtsbarkeit. Sie hat bis in die letzten Jahre recht verborgen vor der Öffentlichkeit agiert. Zur Behebung dieses – nicht allein rechtswissenschaftlichen – Desiderats möchte die Arbeit einen sachbedingt eingeschränkten Beitrag leisten. Eine weitere Asymmetrie tut sich bei der sprachlichen Zugänglichkeit auf, denn wegen ihrer deutschen Sprache wird die Arbeit eher einen europa- als amerikarechtlich interessierten Leserkreis ansprechen. Aus diesen vielfältigen Gründen wird das US-Recht an verschiedenen Abschnitten zur Bewertung der Europäischen Gerichtsbarkeit nur ausgewählt herangezogen.

II. Stand und Stellung der Europäischen Prozessrechtswissenschaft

Die Bedeutung der justiz- und prozessrechtlichen Rahmenordnung für die Verwirklichung des materiellen Rechts sowie die verfahrensrechtliche und institutionelle Ausbalancierung von Justizebenen war bislang wohl auch deswegen nicht hinreichender Gegenstand der privatrechtswissenschaftlichen Auseinandersetzung, weil die europäische Harmonisierung des (materiellen) Privatrechts erst in den vergangenen Jahrzehnten an Bedeutung und Dynamik gewonnen hat. Der Blick war darum eher systemintern, also auf das Zusammenspiel und die Kohärenz von mitgliedstaatlichem und Unionsprivatrecht gerichtet.

Ein weiterer Grund für die bislang zu wenig erfolgte Gesamtbetrachtung kann in der Sorge liegen, eine Gleichsetzung von Staat (USA) und dem neuen Gebilde der E(W)G bzw. EU wäre eine irreführende oder provokante Gleichsetzung verschiedener Entwicklungsstufen. Gleichwohl besteht eine kategorische Vergleichbarkeit. Was den bisherigen Mangel der amerikanischen Komponente in der europäischen Diskussion anbelangt, so mag er sein Übriges dazu beigetragen haben, dass die Prozessrechtsforschung in der Vergangenheit traditionell eher national aufgestellt und orientiert war[62].

---

[61] Allein aufgrund der Bedeutung von *Brown v. Board of Education of Topeka*, 347 U.S. 483 (1954), wonach die Rassentrennung an öffentlichen Schulen den Gleichheitsgrundsatz im 14. Zusatzartikel der US-Verfassung verletzt. S. weiter *Fine*, DAJV Newsletter 2005, 45 ff.

[62] Vgl. zur besonderen Stellung der deutschen Prozessrechtswissenschaft in Europa *Stürner*, in: *Grunsky/Stürner/Walter/Wolf* (Hrsg.), Wege zu einem europäischen Zivilprozessrecht – Tübinger Symposium zum 80. Geburtstag von Fritz Baur, 1992, S. 1 (22 ff.).

Die Betrachtungsweise hat sich grundlegend gewandelt[63]. Inner- und außerhalb der EU gewinnt auch die Vergleichung und Vereinheitlichung des Prozessrechts enorm an Bedeutung[64]. Zu verdanken ist dies vor allem der Konstitutionalisierung des Prozessrechts durch Art. 6 EMRK, die seit dem 1.12.2009 durch Art. 47 GRCh unterstützt wird. Die europäischen Justizgrundrechte wirken insbesondere auf Grundprinzipien des Zivilgerichtsverfahrens in Europa ein. Ihre Vorgaben sind übrigens erst seit einiger Zeit auch vor britischen Gerichten einklagbar[65].

Zu den zentralen Prinzipien zählen: freier Zugang zum Gericht, Öffentlichkeit des Verfahrens, Gebot eines neutralen Richters, Dispositionsmaxime[66], Gewährung rechtlichen Gehörs, Gleichbehandlung der Parteien, Recht auf Beweis bei streitigen Tatsachen sowie Rechtzeitigkeit und Endgültigkeit richterlicher Entscheidungen[67]. Eine rasche Öffnung der nationalen Verfahrensrechte[68] bewirken auch die neuen EU-Rechtsakte im Bereich der justiziellen Zusammenarbeit, verschiedene EuGH-Entscheidungen zu den auf den Prüfstand gestellten mitgliedstaatlichen Prozessrechtsinstituten[69] sowie der nationale Wettbewerb der Justizstandorte[70].

---

[63] *Hess*, Europäisches Zivilprozessrecht – Ein Lehrbuch, 2010, § 13, Rdnr. 9.

[64] Zur zunehmenden Bedeutung der Prozessrechtsvergleichung ebenfalls *Koch*, ZEuP 2007, 735 ff.; *Gottwald*, in: Festschr. f. Schlosser, 2005, S. 227 ff.; s. weiter zu Rechtsvergleichung und Prozessrecht *Goldstein*, ZZPInt 5 (2000), 375; *Gilles*, Prozessrechtsvergleichung – Zustand, Bedeutung und Eigenheiten einer Rechtsdisziplin im Aufschwung, 1995, S. 3 ff.; s. auch das „Symposium on Civil Procedure Reform in Comparative Context", Am. J. Comp. L. 45 (1997), 647 ff. Zur Prozessrechtsvereinheitlichung *Storme* (Hrsg.), Procedural Laws in Europe – Towards Harmonisation, 2003; dazu noch eingehender im 4. Teil § 3.

[65] Seit 2000 ist infolge des Human Rights Act 1998 auch die EMRK vor englischen Gerichten einklagbar („human rights brought home"); *Rösler*, ZVglRWiss 100 (2001), 448 (449 f.); zum Einfluss auf „English Civil Procedure Rules" *Dwyer*, in: *Snijders/Vogenauer* (Hrsg.), Content and Meaning of National Law in the Context of Transnational Law, 2009, S. 39 ff. Zum „opt-out" aus der EU-Charta noch 2. Teil § 7 I 3.

[66] Zur Anerkennung dieses auf der Privatautonomie beruhenden Prozessrechtsgrundsatzes in den ost- und mitteleuropäischen Staaten *Stadler*, in: *Hofmann/Reinisch/Pfeiffer/Oeter/Stadler*, Die Rechtskontrolle von Organen der Staatengemeinschaft: Vielfalt der Gerichte – Einheit des Prozessrechts?, 2007, S. 177 (182) m. w. Nachw.

[67] *Stadler*, in: *Hofmann/Reinisch/Pfeiffer/Oeter/Stadler*, S. 177 (181, 182).

[68] *Hess*, § 13, Rdnr. 9.

[69] Dazu *Dutta/Heinze*, EuZW 2007, 489 ff.

[70] S. die Broschüre *The Law Society*, England and Wales: The jurisdiction of choice, 2007, die die Vorzüge des englischen Rechts propagiert (dazu die Kritik von *Kötz*, ERPL 18 [2010], 1243 ff.; *ders.*, AnwBl 2010, 1 ff.). Als Reaktion darauf die Broschüre *BNotK u.a.*, Law – Made in Germany, 2009, die zu Recht auf die im Vergleich besonders günstigen und gut kalkulierbaren Gerichts- und Anwaltskosten nach deutschem Recht hinweist. S. zu Kostenfragen *Hess/Hübner*, in: *Basedow/Kischel/Sieber* (Hrsg.), German National Reports to the 18th International Congress of Comparative Law, 2010, S. 161 ff. Ferner zu „Recht als Produkt" *Eidenmüller*, JZ 2009, 641 ff.; zur Sammelklage und den

Obwohl es sich beim Makrovergleich noch weitgehend um Neuland gerade unter dem zivil(prozess)rechtswissenschaftlichen Pflug handelt, findet das generelle Thema der judikativen Vergleichbarkeit von EU und USA Beachtung beispielsweise in Beiträgen[71] des mehrbändigen Werkes „Integration Through Law – Europe and the American Federal Experience", das Mitte der achtziger Jahre vom Florentiner European University Institute veröffentlicht wurde[72]. Dennoch hat dieses Großprojekt – soweit erkennbar – keine aktuelle Nachfolge gefunden. Neben vielen Aufsätzen zu einzelnen Aspekten des Themas ist in monografischer Hinsicht in erster Linie die öffentlichrechtliche Doktorarbeit des späteren EuG- und dann EuGH-Richters *Lenaerts* „Le juge et la Constitution aux États-Unis d'Amérique et dans l'ordre juridique européen" aus dem Jahre 1988 hervorzuheben[73].

In privatrechtsvergleichender Perspektive war das Thema Gegenstand auf dem Symposium zum 75-jährigen Bestehen des Max-Planck-Instituts für ausländisches und internationales Privatrecht in Hamburg im Jahr 2001[74]: Ein Teil der Beiträge zu der Tagung „Europäische Gerichtsbarkeit – Erfahrungen und Reformdiskussion im Lichte des europäischen Privatrechts" leistet einen Vergleich zu den föderal strukturierten Gerichtsverfassungen Brasiliens, Argentiniens, Mexikos, Australiens, der Schweiz und nicht zuletzt der USA[75]. *Basedow* erklärte den Ansatz dieser Veranstaltung damit, dass „zwischen der Debatte über die europäische Justizreform und den gerichtlichen Strukturen in föderalen Rechtssystemen eine funktionale

---

Justizstandorten im internationalen Wettbewerb (auch im Vergleich zu den USA) *Koch*, JZ 2011, 438 ff.; zur u.a. von der „Authors Guild" als „class action" nach Rule 23 F. R. Civ. P. wegen „google books" anhängig gemachten Klage und den weltweiten Diskussionen s. *Rösler*, GRUR Int. 2008, 489 (490).

[71] Hervorzuheben sind zwei Beiträge: *Jacobs/Karst*, in: *Cappelletti/Seccombe/Weiler* (Hrsg.), Integration Through Law – Europe and the American Federal Experience, Vol. 1: Methods, Tools and Institutions, Book 1 – A Political, Legal and Economic Overview, 1986, S. 169 ff. sowie *Cappelletti/Golay*, in: *Cappelletti/Seccombe/Weiler* (Hrsg.), Integration Through Law – Europe and the American Federal Experience, Vol. 1: Methods, Tools and Institutions, Book 2: Political Organs, Integration Techniques and Judicial Process, 1986, S. 261 ff.

[72] *Cappelletti/Seccombe/Weiler* (Hrsg.), Integration Through Law – Europe and the American Federal Experience, 1986. S. weiter *Pernice* (Hrsg.), Harmonisation of Legislation in Federal Systems – Constitutional, Federal and Subsidiarity Aspects – The European Union and the United States of America Compared, Bd. I, 1996; der zweite Band wurde 1997 von *Bermann* herausgegeben. Später mit einigen Vergleichen, wenngleich öffentlichrechtlich, *Pernice/Kokott/Saunders* (Hrsg.), The Future of the European Judicial System in a Comparative Perspective, 2006.

[73] Weiter *Lenaerts* (Hrsg.), Two Hundred Years of U.S. Constitution and Thirty Years of EEC Treaty – Outlook for a Comparison, 1988.

[74] Die 18 Beiträge sind veröffentlicht in RabelsZ 66 (2002), 203–631 (also H. 2–3).

[75] Zu den USA *Halberstam*, RabelsZ 66 (2002), 216 ff.

Verwandtschaft besteht, die die Vergleichbarkeit begründet"[76]. Dass sich eine Untersuchung der EU-Ziviljustiz in der Tat durch einen Vergleich mit den USA um wichtige Erkenntnisse anreichern lässt, wird diese Abhandlung näher belegen[77].

III. Herausforderung des US-Zivilprozessrechts aus europäischer Sicht

Die internationalen Fragestellungen werden damit seit einiger Zeit von einer neu ausgerichteten, nicht mehr traditionell binnenorientierten Prozessrechtswissenschaft angegangen. Die zu bearbeitenden Probleme drängen sich mittlerweile auch bei der justiziellen Zusammenarbeit und der effektiven Rechtsverwirklichung im europäischen Justizraum auf. Außerdem sind Konvergenzen zwischen den kontinentalen und anglo-amerikanischen Modellen zu verzeichnen. Während stark kontinentaleuropäische Vorstellungen z.B. das EU-Kollisionsrecht[78] prägen, finden sich insbesondere US-amerikanische Einflüsse im EU-Prozessrecht[79]: Zu nennen sind die vorprozessualen Informationspflichten nach der sog. Durchsetzungsrichtlinie[80], die Mediationsrichtlinie[81], „private enforcement"[82] im Kartell-

---

[76] *Basedow*, RabelsZ 66 (2002), 203 (213). Die Bedeutung von Konzeption und Entwicklung des US-amerikanischen Föderalismus wird weitergehend in Politik- und Rechtswissenschaft betont, so z.B. von *Weiler*, Mich. L. Rev. 82 [1984], 1160 [1161] in einer Würdigung von *Eric Stein* (1913–2011); s. von ihm auch *Stein/Hay/Waelbroeck*, European Community Law in Perspective – Text, Cases and Reading 1976 (insbesondere S. 133 ff.,172 ff., 420 ff., 753 ff.). Zur Ähnlichkeit der Probleme im IPR *Basedow*, Tul. L. Rev. 82 (2008), 2119 (2120).

[77] Erste Überlegungen bereits bei *Rösler*, ZRP 2000, 52 ff.

[78] Dazu im 4. Teil § 3.

[79] *Hess*, § 13, Rdnr. 8; s. auch *Mansel/Dauner-Lieb/Henssler* (Hrsg.), Zugang zum Recht: Europäische und US-amerikanische Wege der privaten Rechtsdurchsetzung, 2008.

[80] Richtlinie 2004/48/EG des Europäischen Parlaments und des Rates vom 29.4.2004 zur Durchsetzung der Rechte des geistigen Eigentums, ABl.EU 2004 Nr. L 195, S. 16; zu Bedeutung und Umsetzung *Heinze*, ZEuP 2009, 282 ff.; *ders.*, in: *Basedow/Hopt/Zimmermann* (Hrsg.), Handwörterbuch des Europäischen Privatrechts, Bd. I, 2009, S. 652 ff.

[81] Richtlinie 2008/52/EG des Europäischen Parlaments und des Rates vom 21.5.2008 über bestimmte Aspekte der Mediation in Zivil- und Handelssachen, ABl.EU 2008 Nr. L 136, S. 3. Dazu *Hopt/Steffek* (Hrsg.), Mediation – Rechtstatsachen, Rechtsvergleich, Regelungen, 2008; zu „Mediation in Deutschland, Europa und der Welt" die Beiträge in RabelsZ 74 (2010), 723 ff.; zu den US-amerikanischen Vorbildern etwa *Hay*, in: *Breidenbach/Coester-Waltjen/Hess/Nelle/Wolf* (Hrsg.), Konsensuale Streitbeilegung, 2001, S. 101 ff.; zur „Flucht aus der Ziviljustiz" *Murray*, ZZPInt 11 (2006), 295 ff.

[82] *Basedow* (Hrsg.), Private Enforcement of EC Competition Law, 2007; *ders.*, in: *Augenhofer* (Hrsg.), Die Europäisierung des Kartell- und Lauterkeitsrechts, 2009, S. 1 ff.; *Basedow/Terhechte/Tichý* (Hrsg.), Private Enforcement of Competition Law, 2011; zu „private law enforcement", Kollektivklagen und dem Änderungsbedarf im deutschen Zivilprozessrecht *Hess*, JZ 2011, 66 ff.; *ders.*, § 11, Rdnr. 41 ff.

recht[83] sowie die Planungen zu einem verstärkten kollektiven Rechtsschutz[84].

Ambitionierte wissenschaftliche Bemühungen richten sich darauf, weltweit zu einer stärkeren Vereinheitlichung des Verfahrensrechts zu gelangen, schließlich ist dies in Teilen des Vertrags- und Haftungsrechts schon
gelungen. Aus diesem schwierigen Gebiet des Verfahrensrechts sind die
„Principles of Transnational Civil Procedure" zu nennen. Diese 31 Grundregeln hat 2004 ein weltweites Forschungsteam um das American Law
Institute[85] und das römische UNIDROIT vorgelegt[86]. Das Ergebnis wird
teils kritisch beurteilt: Die Grundsätze, welche „standards for adjudication
of transnational commercial disputes"[87] darstellen sollen, werden als zu
wenig US-rechtlich bemängelt[88]. Allerdings ist Kritik wegen des grund-

---

[83] Auch als Ausgleich zur durch Verordnung Nr. 1/2003 erfolgten Verlagerung der
Missbrauchskontrolle von der Europäischen Kommission auf die nationalen Behörden
und Gerichte.

[84] *Stadler*, in: *Basedow/Kischel/Sieber* (Hrsg.), German National Reports to the 18th
International Congress of Comparative Law, 2010, S. 181 ff.; *Fiedler*, Class actions zur
Durchsetzung des europäischen Kartellrechts – Nutzen und mögliche prozessuale
Ausgestaltung von kollektiven Rechtsschutzverfahren im deutschen Recht zur privaten
Durchsetzung des europäischen Kartellrechts, 2010, S. 48 ff.; *Casper/Janssen/Pohlmann/*
Schulze (Hrsg.), Auf dem Weg zu einer europäischen Sammelklage?, 2009; *Bernhard*,
Kartellrechtlicher Individualschutz durch Sammelklagen – Europäische Kollektivklagen
zwischen Effizienz und Effektivität, 2010; zum Grünbuch KOM(2008) 794 endg. etwa
Tamm, EuZW 2009, 439 ff.; zur Europäisierung der Sammelklage *Koch/Zekoll*, ZEuP
2010, 107 ff.; zum kollektiven Rechtsschutz im Antidiskriminierungsrecht *Kocher*, ZEuP
2004, 260 ff.; zu IPR-Fragen *Stadler*, JZ 2009, 121 ff.; s. unten in diesem Teil bei Fußnotenzeichen 117 ff.

[85] Erstmals widmete sich damit das ALI einer internationalen Angleichung; zu den
Hintergründen sowie der Kooperation mit dem UNIDROIT, das sich erstmals eines zivil-
prozessualen Projekts annahm, *Stürner*, RabelsZ 69 (2005), 201 ff.; *Stadler*, in:
Hofmann/Reinisch/Pfeiffer/Oeter/Stadler, S. 177 (194); *Hazard/Taruffo/Stürner/Gidi*,
N.Y.U. J. Int'l L. & Pol. 33 (2001), 769 ff.

[86] *American Law Institute/UNIDROIT*, Principles of Transnational Civil Procedure,
2006; Auszug RabelsZ 69 (2005), 341 ff. sowie Unif. L. Rev. 9 (2004), 758 (mit
zahlreichen Beiträgen in jenem H. 4); dazu der Aufsatz des „Co-Reporters" *Stürner*,
RabelsZ 69 (2005), 201 ff. (mit besonders umfangreichen Nachweisen); zuvor die
„Machbarkeitsstudie" *ders.*, ZZP 112 (1999), 185 ff.; im Vergleich zum Schweizer
Prozessrecht *Walder-Richli*, in: Festschr. f. Kramer, 2004, S. 1051 ff.; aus Sicht des
deutschen Rechts *Gottwald*, in: Festschr. f. Leipold, 2009, S. 33 ff.; s. ferner *Huber*, Entwicklung transnationaler Modellregeln für Zivilverfahren am Beispiel der Dokumentenvorlage, 2008, S. 387 ff.

[87] So am Anfang unter „Anwendungsbereich und Umsetzung". Die Schöpfer der
Principles schließen eine Anwendung auf andere Bereiche des Prozessrechts nicht aus.

[88] *Parker*, in: *Bork/Eger/Schäfer* (Hrsg.), Ökonomische Analyse des Verfahrensrechts, 2009, S. 387 (398 f.): „[M]uch of what is distinctive about American civil procedure is sought to be suppressed".

sätzlichen Spannungsverhältnisses zwischen europäischen und US-rechtlichen Prozessmodellen ohnehin vorprogrammiert.

Das Verhältnis von EU und USA schwankt zwischen Kooperation und Blockbildung. Die transatlantischen Bemühungen im Bereich des Prozessrechts dürfen nicht über die weiterhin bestehenden gravierenden Interessenunterschiede hinwegtäuschen, die einer Annäherung noch entgegenstehen. Sie werden häufig als Justizkonflikt zwischen den USA und Europa gekennzeichnet[89].

Dies verdeutlichen etwa die äußerst schwierigen Verhandlungen um ein weltweites Haager Gerichtsstands- und Vollstreckungsübereinkommen: Der von der Haager Konferenz für Internationales Privatrecht[90] im Jahr 1999 unterbreitete (und am EuGVÜ ausgerichtete) Entwurf scheiterte 2001. Ursache war insbesondere der Widerstand der US-Amerikaner[91], die ihre großzügigen Zuständigkeitsregelungen bedroht sahen[92]. Einigen konnte man sich letztlich nur auf das Haager Übereinkommen vom 30.6.2005 über die Vereinbarung gerichtlicher Zuständigkeiten[93].

---

[89] S. etwa den Vortrag *Schlosser*, Der Justizkonflikt zwischen den USA und Europa, 1985; *Habscheid* (Hrsg.), Der Justizkonflikt mit den Vereinigten Staaten von Amerika – The jurisdiction conflict with the United States of America, 1986; *Junker*, JZ 1989, 121 ff.; *Leipold*, Lex fori, Souveränität, Discovery – Grundfragen des internationalen Zivilprozessrechts, 1989; zu *punitive damages* nach US-amerikanischem Recht und deutschem IPR *Coester-Waltjen*, in: *Heldrich/Kono* (Hrsg.), Herausforderungen des Internationalen Zivilverfahrensrechts, 1994, S. 15 ff.; weiter *Ghassabeh*, Die Zustellung einer punitive damages-Sammelklage an beklagte deutsche Unternehmen – Zugleich ein Beitrag zum „unnötigen" transatlantischen Justizkonflikt, 2009, S. 73 ff.

[90] Gewürdigt durch *Schack*, RabelsZ 57 (1993), 224 ff.

[91] Dazu *Michaels*, Mich. J. Int'l L. 27 (2006), 1003 ff.; *v. Mehren*, IPRax 2000, 465 ff.; *ders./Michaels*, DAJV-NL 2000, 124 ff.; *Hess*, IPRax 2000, 342 ff.; *Born/Rutledge*, International Civil Litigation in United States Courts, 4. Aufl. (2007), S. 101 f.; zuvor das Plädoyer *v. Mehren*, RabelsZ 57 (1993), 449 ff.; *ders.*, RabelsZ 61 (1997), 86 ff.; auch *Schack*, ZEuP 1993, 306 ff. Den beiden Haager Zustellungs- und Beweisübereinkommen von 1965 und 1970 sind die USA (auch nach Kompromissen Europas) freilich beigetreten; s. aber zu den Problemen beim HZÜ *Hopt/Kulms/v. Hein*, Rechtshilfe und Rechtsstaat – Die Zustellung einer US-amerikanischen class action in Deutschland, 2006, S. 77 ff.; *Merkt*, in: Festschr. f. Leipold, 2009, S. 265 ff.; für den hier schon viel weiter internationalisierten Bereich der Schiedsgerichtsbarkeit s. das UN-Übereinkommen über die Anerkennung und Vollstreckung ausländischer Schiedssprüche von 1958 (New Yorker Konvention), BGBl. 1961 II, S. 122; zudem *International Bar Association*, IBA Rules on the Taking of Evidence in International Commercial Arbitration, 1999.

[92] Zur schwierigen Anerkennung und Vollstreckung von Verleumdungsurteilen in den USA s. *Dinse/Rösler*, IPRax 2011, 414 ff.

[93] Deutsche Fassung der Regelungen zu Gerichtsstandsvereinbarungen abgedruckt in RabelsZ 73 (2009), 150 ff.; ausführlich *Wagner*, RabelsZ 73 (2009), 100 ff.; *Rühl*, IPRax 2005, 410 ff.; *dies.*, ZfRV 2006, 175 ff.; ebenfalls mit Blick auf die USA *Bläsi*, Das Haager Übereinkommen über Gerichtsstandsvereinbarungen, 2010.

Zu bedenken ist weiter das geltende Recht der internationalen Rechtshilfe mit seiner Möglichkeit der Verweigerung einer Auslandszustellung. Immerhin hat das BVerfG[94] in diesem Zusammenhang klargestellt, die Zustellung US-amerikanischer *class actions* in Deutschland verletze keine unverzichtbaren Grundsätze des freiheitlichen Rechtsstaats[95]. Damit ist eine Verweigerung der Zustellung nach Art. 13 I des weltweiten Haager Übereinkommens über die Zustellung gerichtlicher und außergerichtlicher Schriftstücke im Ausland in Zivil- und Handelssachen von 1965 (HZÜ) nicht möglich. Anderes gilt nach dem BVerfG nur, sofern das Ziel und die konkreten Umstände des Klageverfahrens auf einen offensichtlichen Rechtsmissbrauch schließen lassen[96]. Diese Rechtsauffassung überzeugt, denn die hohen Schadensersatzforderungen bei *class actions* dürfen nicht über den falschen Weg des Zustellungsrechts unterbunden werden. Anderenfalls würde die internationale Rechtshilfe zum Ausgleich unterschiedlicher zivilprozessualer und schadensersatzrechtlicher Konzeptionen schlicht missbraucht[97].

In der Summe bestehen Tendenzen auch zu wirtschaftsrechtlicher Blockbildung[98] zwischen den USA und Europa[99] (mit Asien als dynami-

---

[94] BVerfG, NJW 2007, 3709; s. auch BVerfG, RIW 2007, 211; besprochen durch *v. Hein*, RIW 2007, 249 ff.; s. weiter BGH, IPRax 2008, 349 und die Besprechung *Stürner/Müller*, IPRax 2008, 339 ff.

[95] Konkret Art. 2 I, Art. 12 I und Art. 14 GG.

[96] In dem zugrundeliegenden Sachverhalt ging es um eine gegen einen deutschen KFZ-Hersteller gerichtete Sammelklage auf Zahlung von Schadensersatz. Die Importe von Fahrzeugen aus Kanada seien durch Kartellabsprachen verhindert und darum Preissenkungen zugunsten der klagenden US-Verbraucher unterbunden worden; s. zuvor BVerfG, NJW 2004, 3552. Zu beachten ist ferner das *Bertelsmann/Napster*-Verfahren, bei dem BVerfGE 108, 238 die Zustellung einer Sammelklageschrift mit einer einstweiligen Anordnung untersagt hatte; später wurde aber die Verfassungsbeschwerde zurückgenommen; dazu *Hopt/Kulms/v. Hein*, S. 171 f.; *Schack*, AG 2006, 823 ff.; zu BGHZ 141, 286 s. *Stürner/Bormann*, JZ 2000, 81 ff.

[97] Stichwort: „regulation through litigation"; dazu *Hopt/Kulms/v. Hein*, ZIP 2006, 973.

[98] Eine in der Politik immer mal wieder vorgeschlagene transatlantische Freihandelszone (sog. Transatlantic Free Trade Area – TAFTA) wird wohl länger auf sich warten lassen. Die deutsche Ratspräsidentschaft hatte sie in der ersten Hälfte des Jahres 2007 recht ergebnislos auf die Tagesordnung gesetzt. Es sollte aber bereits nach einer Entschließung des Europäischen Parlaments zu den transatlantischen Wirtschaftsbeziehungen EU-USA, 2005/2082(INI) bis 2015 ein transatlantischer Markt ohne Schranken geschaffen werden. Zu den rechtlichen Hürden und verschiedenen Initiativen s. *Herdegen*, CML Rev. 45 (2008), 1581 ff.

[99] S. zu den transatlantischen Beziehungen *Lundestad*, The United States and Western Europe since 1945 – From „Empire" by Invitation to Transatlantic Drift, 2005; *ders.* (Hrsg.), Just Another Major Crisis? The United States and Europe since 2000, 2008 (etwa zur Unterscheidung „new Europe" und „old Europe"); *Habermas*, Der gespaltene

schem dritten Machtzentrum) bei gleichzeitig unausweichlicher Rechts-
globalisierung im Schlepptau der Weltwirtschaft. Angesichts dieser Blockbildung steigt das Interesse in den USA an dem außergewöhnlichen
Gebilde „EU". Seit den neunziger Jahren steht darum auch die Europäische
Gerichtsbarkeit und ihr Beitrag zur Entwicklung der Rechts- und Wirt-
schaftsintegration verstärkt im Forschungsinteresse US-amerikanischer
Juristen und Sozialwissenschaftler[100]. Auch aufgrund dieser innovativen
und bislang in Europa unzulänglich beachteten Forschungen lohnt sich ein
Blick über den Atlantik.

Trotz des allgemein zu beklagenden Desinteresses an der Rechtsvergleichung in der US-amerikanischen Rechtswissenschaft[101] wächst in den
USA das Interesse am Recht des einzigartigen europäischen „Konstrukts".
Zugleich öffnet man sich wieder vermehrt der Rechtsvergleichung und
dem Völkerrecht[102]. Hintergrund für die US-seitige Neugierde am EU-
Recht ist fraglos auch ein pragmatisch-volkswirtschaftlicher: Der europäische Binnenmarkt hat schon vor längerem überholt: So übersteigt das
europäische Bruttoinlandsprodukt das der USA. 307 Millionen US-Ein-
wohner[103] stehen fast einer halben Milliarde Unionsbürger gegenüber.

§ 4: Forschungsprogramm

I. Roter Faden: judikativer Föderalismus im Zivilrecht

Der unter Bezugnahme auf die englische Marine[104] von *Johann Wolfgang
v. Goethe* (1749–1832) als Redewendung geprägte und seitdem viel-

---

Westen, 2004; *Kagan*, Of Paradise and Power, America and Europe in the New World
Order, 2003.

[100] So der Befund von *Friedman/Goldstein*, American Political Science Review 96
(2002), 874.

[101] S. etwa *Basedow*, in: *Gottschalk/Michaels/Rühl/v. Hein* (Hrsg.), Conflict of Laws
in a Globalized World, 2007, S. 3; aber zu Curricula-Reformen der US-amerikanischen
Rechtsfakultäten (ausgehend von der Harvard Law School), die obligatorische Kurse mit
internationalen Bezügen einführen, *Dedek*, JZ 2009, 540 (549); weiter *Hay*, in: Liber
amicorum Kurt Siehr, 2010, S. 37 ff.; *Fine*, DAJV Newsletter 2006, 107 ff.

[102] Zum relativierten Stand des Völkerrechts in den internationalen Beziehungen der
USA in der Amtszeit von *George W. Bush* bis 2009 (d.h. vor Präsident *Barack H.
Obama*) s. *Wolfrum*, DAJV Newsletter 2008, 159 ff.

[103] Nach U.S. Census Bureau.

[104] Die zwecks Kenntlichmachung sämtliche Tauwerke mit einem roten Faden durch-
wob.

bemühte rote Faden, „der alles verbindet und das Ganze bezeichnet"[105], liegt vorliegend in der strukturellen Aufgabe eines judikativen Föderalismus im Zivilrecht. Diese strukturelle Leitidee bezeichnet sowohl das Erkenntnisinteresse der Arbeit als auch das *tertium comparationis.*

Im Zentrum stehen folgende Fragen: Wie ist die Europäische Gerichtsbarkeit auf dem Gebiet des Zivilrechts in der grundsätzlichen Konzeption strukturiert und wie fällt sie in der Handhabung praktisch aus? Ist sie effektiv? Ist sie weiterhin tragfähig in einer sich kontinuierlich geografisch und sachlich erweiternden Union und bei einer zwangsnotwendig steigenden Zahl von Zivilvorlageverfahren? Ist am EuGH als Einheitsgericht mit seiner Universalzuständigkeit in allen Sachen des Unionsrechts festzuhalten? Oder ist davon wegen des hohen Detail- und Spezialisierungsgrades gerade im Zivil- und Wirtschaftsrecht der EU Abstand zu nehmen? Gelingt dem EuGH die Balance zwischen Integrationserfordernissen und den legitimen individuellen Gestaltungsansprüchen der Mitgliedstaaten[106] mit dem rechten föderalen Augenmaß?[107]

Fraglos ist Föderalismus ein schillernder Begriff – ideengeschichtlich ebenso wie gegenwärtig. Darum eine begriffliche Vorbemerkung: Föderal bezeichnet im Nachfolgenden nicht ein bundesstaatliches System, mit dem seit Gründung der USA Föderalismus häufig und verengend gleichgesetzt wird, sondern meint einen Gattungsbegriff für verschiedene Ordnungen bundesstaatlicher und staatenbündischer Couleur. Ausgehend von der Erkenntnis der Staatstheorie und Politikwissenschaft[108], dass eine eindeutige Definition angesichts unterschiedlicher Verständnisse kaum leistbar ist[109],

---

[105] *v. Goethe*, Die Wahlverwandtschaften – Ein Roman [urspr. 1809], in: Goethe Werke – Hamburger Ausgabe, Bd. VI: Romane und Novellen I, 14. Aufl. (1982), S. 241 (368) (2. Teil, 2. Kapitel).

[106] S. dazu jüngst *Micklitz/de Witte* (Hrsg.), The European Court of Justice and the Autonomy of the Member States, 2012.

[107] Zu dieser Aufgabe *Hatje*, DRiZ 2006, 161. Vgl. zur Rolle der Richter in bundesstaatlichen Ordnungen *Schneider/Kramer/Caravita di Toritto* (Hrsg.), Judge made Federalism? – The Role of Courts in Federal Systems, 2009.

[108] Vgl. allgemein zum politischen Einschlag der Europawissenschaft („zum Politischen des Europarechts und dem Recht des Politischen") *Haltern*, Europarecht und das Politische, 2005, S. 44 ff.; *Schuppert/Pernice/Haltern* (Hrsg.), Europawissenschaft, 2005. Ferner zu Recht und Politik in der EU (etwa zur Politik als „ausübende Rechtslehre" bei *Kant*) *Mestmäcker*, in: *ders./Möschel/Nettesheim* (Hrsg.), Verfassung und Politik im Prozess der europäischen Integration, 2008, S. 9 ff.

[109] So auch *Dieringer*, in: *Gabriel/Kropp* (Hrsg.), Die EU-Staaten im Vergleich, Strukturen, Prozesse, Politikinhalte, 3. Aufl. (2008), S. 550 m. w. Nachw.; s. weiter *v. Bogdandy*, Supranationaler Föderalismus als Wirklichkeit und Idee einer neuen Herrschaftsform, 1999; *Nettesheim*, ZEuS 2002, 507 ff.; *Everling*, in: Festschr. f. Doehring, 1989, S. 179 ff.; mit Blick auf das Europäische Privatrecht jüngst *van Gerven*, in: *Brownsword/Micklitz/Niglia/Weatherill* (Hrsg.), The Foundations of European Private

folgt diese Arbeit einem weiten Föderalismusbegriff. Die hier berufene politik- und staatswissenschaftliche Föderalismusforschung handhabt dies größtenteils so[110], da die Konzeptionen von Souveränität[111] und die gegenwärtigen Ausprägungen vom „Leviathan"[112] im europäischen Mehrebenengefüge zu divergent sind.

Entsprechendes gilt für die verschiedenen, bis heute fortwirkenden rechtsphilosophischen Hintergründe etwa bei *Alexander Hamilton* (1757–1855) und *James Madison* (1751–1836) in den „Federalist Papers"[113] einerseits und bei *Charles de Montesquieu* (1689–1755) in „Geist der Gesetze" oder *Immanuel Kant* (1724–1804) in „Zum ewigen Frieden" andererseits. Auf eine weite Betrachtung des Föderalismus, die auf eine territoriale Aufgliederung und Aufgabenverteilung zwischen verschiedenen Ebenen abstellt, wird noch zurückzukommen sein. Indes bleibt es bei folgendem Befund für Europa: Die EU ist ein Staatenbund *sui generis*, d.h. ein Staatenbund außergewöhnlich enger und tiefgreifender Art[114], der die Kategorien von Nationalstaat, Souveränität und überstaatlicher Zusammenarbeit anders als insoweit üblich ins Verhältnis setzt[115] – nicht zuletzt bedingt durch die teilsouveräne und supranationale Stellung der EU und ihres Gerichtshofs.

Die Arbeit widmet sich erstmals gerade mit Blick auf das Privatrecht den zugrundeliegenden institutionellen, rechtsstaatlichen und föderalen Strukturprinzipen, der prozeduralen Organisation sowie der vertikalen und (weniger) der horizontalen Verhältnisse der Europäischen Gerichtsbarkeit. Ausgewählte entweder fundamentale oder besonders prozessbezogene Entscheidungen, insbesondere des EuGH, werden erörtert. Die Rechtspre-

---

Law, 2011, S. 337 ff.; *Reimann/Halberstam*, in: aaO, S. 363 ff.; vgl. zu den Formen territorialer Herrschaftsteilung in Europa *Weber*, Europäische Verfassungsvergleichung, 2010, 13. Kap., Rdnr. 1 ff.; vergleichend *Nicolaidis/Howse* (Hrsg.), The Federal Vision – Legitimacy and Levels of Governance in the United States and the European Union, 2001; ausführlich *Schütze*, From Dual to Cooperative Federalism – The Changing Structure of European Law, 2009, S. 14 ff.

[110] S. allein *Kilper/Lhotta*, Föderalismus in der Bundesrepublik Deutschland, 1996, S. 15.

[111] Zur Souveränität als Schlüsselbegriff von Recht, Politik und Gesellschaft s. *Haltern*, Was bedeutet Souveränität?, 2007 (speziell zur Souveränität im Europarecht S. 98 ff.).

[112] Zurückgreifend auf *Thomas Hobbes* (1588–1679), Leviathan or The Matter, Forme and Power of a Common Wealth Ecclesiasticall and Civil, 1651.

[113] Näher *Lhotta* (Hrsg.), Die Federalists, 2010.

[114] *Grimm*, in: *Merten/Papier* (Hrsg.), Europäische Grundrechte in Deutschland und Europa, Bd. VI/2, 2009, § 168, Rdnr. 10: „gesteigerte Supranationalität".

[115] Vgl. *Hoffmann*, Theorie des internationalen Wirtschaftsrechts, 2009, S. 210, 212, der in seiner Untersuchung feststellt, dass ansonsten das rechtliche Grundprinzip der souveränen Freiheit und Gleichheit internationale Beziehungen beherrscht.

chung der Europäischen Justiz zu materiellrechtlichen Einzelfragen wird
dagegen zumeist lediglich exemplarisch herangezogen oder gestreift,
wobei stets ausführlich auf das Fachschrifttum verwiesen wird.

Das Augenmerk liegt auf dem klassischen Individualrechtsschutz[116].
Einer gesonderten Darstellung überlassen bleiben damit Sammelklagen
oder ähnlich innovative Instrumente zur Bündelung gleichgerichteter Interessen[117]. Dies wird im europäischen Prozessrecht seit neuerem diskutiert[118]. Die Europäische Kommission verfolgt Pläne für Sammelklagen im
Kartell- und Verbraucherrecht[119] derzeit mit neuem Elan weiter[120]. Grundsätzlich wäre ein solches in der EU neuartiges Instrument überaus zu begrüßen: Damit könnten faktische Asymmetrien beim Zugang von Prozessparteien zur Gerichtsbarkeit und damit das Vorbringen von Interessen[121] in
Europa verbessert werden. Aber diese Vorschläge basieren auf eher noch
geringen Erfahrungswerten in den Mitgliedstaaten[122] und erst recht auf der
internationalen Ebene. Die Pläne weisen über den hier abgesteckten Rahmen hinaus, innerhalb dessen es um eine Aufarbeitung und Neubewertung
des halbwegs gesicherten gerichts-, prozess- und zivilrechtlichen Bestan-
des geht.

---

[116] Das ist auch ein Kernthema der Prozessrechtsvergleichung; *Gottwald*, in:
Festschr. f. Schlosser, 2005, S. 227 (236): „Die meisten Bereiche der Prozessrechts-
vergleichung kann man eigentlich als Unterthemen des Zugangs zum Recht im Sinne der
Effizienz des Rechtsschutzes auffassen".

[117] *Basedow/Hopt/Kötz/Baetge* (Hrsg.), Die Bündelung gleichgerichteter Interessen
im Prozeß, 1999.

[118] Bereits oben Fußn. 84.

[119] S. *Europäische Kommission*, Weißbuch – Schadenersatzklagen wegen Verletzung
des EG-Wettbewerbsrechts, KOM(2008) 165 endg.

[120] Zwar sagte die EU-Justizkommissarin in einem Interview (Financial Times
Deutschland, 20.9.2010), die Initiative stehe nicht mehr auf der Tagesordnung. Priorität
hatte es offensichtlich, den Unternehmen in der Wirtschaftskrise keine zusätzlichen
Kosten aufzubürden, sollen doch Sammelklagen in den USA 2008 die Unternehmen rund
255 Milliarden US-Dollar gekostet haben (aaO). Aber kurz danach, am 12.10.2010,
beschloss die Europäische Kommission einen neuen Anlauf zur Einführung kollektiver
Klagemöglichkeiten. Die Wettbewerbs-, Justiz- und Verbraucherschutzkommissare
haben sich dabei auf Eckpunkte geeinigt (*Clausnitzer*, EuZW 2010, 842). Eine Konsul-
tation „Kollektiver Rechtsschutz: Hin zu einem kohärenten europäischen Ansatz" folgte
am 4.2.2011 mit SEK(2011) 173 endg. Befürwortend die Entschließung des Europäischen Parlaments vom 2.2.2012 (2011/2089(INI)).

[121] So stellt *Maduro*, EuR 2007, 3 (25) fest, dass insbesondere multinationale Unternehmen bei der Interessenvertretung dominieren.

[122] S. zu den Erfahrungen *Micklitz*, in: *van Boom/Loos* (Hrsg.), Collective Enforcement of Consumer Law, 2007, S. 11 ff.; zum deutschen KapMuG *Tamm*, ZHR 174
(2010), 525 ff.; dagegen hält *Stürner*, International Journal of Procedural Law 1 (2011),
50 (65 ff.) die Erfolgsbilanz von *class actions* (und *private law enforcement*) für mäßig.

II. Verhältnis von öffentlichem Recht und Zivilrecht

Die Arbeit überschreitet – wie *Basedow* es bei den übergreifenden Denkmustern formuliert – den „Äquator" zwischen Privat- und öffentlichem Recht: Zurückführend auf die römische Jurisprudenz teilt dieser allein in den kontinentalen Rechtsordnungen „die juristische Welt in zwei Hemisphären" auf[123]. Diese Grenzüberschreitung rechtfertigt sich aus mehreren Gründen: Gerade der Zivilprozess bewegt sich zwischen den Polen des öffentlichen und des Privatrechts[124]. Zudem sind angesichts der rechtsstaatlichen Relevanz des Themas[125] entsprechend ausgerichtete verfassungsgeschichtliche und -rechtliche Bezugnahmen unverzichtbar.

Ohnehin prägen nicht nur die Rechtsstaatlichkeit und die Grundrechte sowohl die zivilprozessuale Rechtsprechung[126] als auch das Privatrecht[127]. Festzustellen ist auch die Tendenz zur „Privatisierung" des öffentlichen

---

[123] *Basedow*, JuS 2004, 89; er weist zudem auf S. 93 – wie vorliegend – darauf hin, dass die EU die Grenze zwischen dem öffentlichen und dem Privatrecht und die Kategorien des gewachsenen Privatrechts nicht groß beachtet, was „den verstreuten Gesetzgebungsgrundlagen und ihrer Verbindung zu speziellen Gemeinschaftszielen" geschuldet ist. Weiter (zum Sekundärrecht) *Schepel*, Cambridge Yearbook of European Legal Studies 8 (2005–2006), 259 ff.

[124] *Nörr*, Naturrecht und Zivilprozeß – Studien zur Geschichte des deutschen Zivilprozeßrechts während der Naturrechtsperiode bis zum beginnenden 19. Jahrhundert, 1976, S. 47, 50.

[125] Hervorgehoben auch von *Basedow*, RabelsZ 66 (2002), 203.

[126] Dazu für Deutschland *Schumann*, in: 50 Jahre Bundesgerichtshof – Festgabe aus der Wissenschaft, Bd. III, 2000, S. 3 ff.; zu Verfassung und Zivilprozess in vergleichender Betrachtung *Cappelletti/Talion*, Fundamental Guarantees of the Parties in Civil Litigation, 1973; *Gottwald/Schwab*, in: *Habscheid* (Hrsg.), Effektiver Rechtsschutz und verfassungsmäßige Ordnung, 1983, S. 1 ff.; zu funktionalen Äquivalenten (mit Blick auf die Rechtsbindung der englischen Justizhoheit) *Müßig*, Gesetzlicher Richter ohne Rechtsstaat? – Eine historisch-vergleichende Spurensuche, 2007, S. 14 ff.; zum Einfluss der EMRK noch später.

[127] Dies hat die „Common Core Group" unter dem Stichwort „Konstitutionalisierung des Privatrechts" für Europa näher dargelegt, *Brüggemeier/Ciacchi/Comandé* (Hrsg.), Fundamental Rights and Private Law in the European Union, Bd. I: A Comparative Overview, Bd. II: Comparative Analyses of Selected Case Patterns, 2010; weiter *Ciacchi*, ECRL 2006, 167 ff.; *Cherednychenko*, Fundamental Rights, Contract Law and the Protection of the Weaker Party – A Comparative Analysis of the Constitutionalisation of Contract Law, with Emphasis on Risky Financial Transactions, 2008; *Mak*, Fundamental Rights in European Contract Law: A Comparison of the Impact of Fundamental Rights on Contractual Relationships in Germany, the Netherlands and England, 2008; auch *Busch/Schulte-Nölke* (Hrsg.), EU Compendium – Fundamental Rights and Private Law, 2010; *Neuner* (Hrsg.), Grundrechte und Privatrecht aus rechtsvergleichender Sicht, 2007; zu diesem Fragenkomplex (Bürgschaftsrechtsprechung) auch *Rösler*, RabelsZ 73 (2009), 889 ff. S. ferner *Diederichsen*, in: *Jayme* u.a. (Hrsg.), Verfassungsprivatrecht, Allgemeine Geschäftsbedingungen, Unternehmensbesteuerung, Jahrbuch für Italienisches Recht, Bd. 10, 1997, S. 3 ff.; *Röthel*, JuS 2001, 424 ff.

Rechts[128]. Kennzeichnenderweise verwischen gerade das Wirtschafts-[129] und Europarecht[130] sowie die entsprechend kombinierten Regulierungs-[131] und demgemäß geprägten Durchsetzungsinstrumente[132] die Grenzen zwischen öffentlichem und Privatrecht. Diese Unterscheidung kennt z.B. Art. 19 EUV (im Wesentlichen Nachfolger von ex-Art. 220 EG) und Art. 115 AEUV (ex-Art. 94 EG) nicht, was einmal mehr verdeutlicht, dass die europäische Terminologie häufig quer zu den nationalstaatlich gewachsenen Strukturen und Parzellierungen liegt.

Das angelsächsische[133] und US-amerikanische Recht vollziehen die Differenzierung zwischen *ius privatum* und *ius publicum*, wie angedeutet, nur beschränkt[134]. Um dies ganz knapp mit Blick auf die Vereinigten Staaten

---

[128] *Leisner*, „Privatisierung" des Öffentlichen Rechts – Von der „Hoheitsgewalt" zum gleichordnenden Privatrecht, 2007, der die Gegenüberstellung von öffentlichem Recht und Privatrecht als gelehrt-praxisfern einstuft.

[129] Vgl. *Basedow*, Am. J. Comp. L. 56 (2008), 703 ff.; anhand des Vergaberechts und angesichts von Privatisierungen aufgrund des Unionsrechts *Skouris*, EuR 1998, 111.

[130] *Reich*, in: *Micklitz/Cafaggi* (Hrsg.), European Private Law After The Common Frame of Reference, 2010, S. 56 ff.

[131] Speziell zum Regulierungsgedanken im Europäischen Privatrecht (anhand der Verbrauchsgüterkaufrichtlinie) *Collins*, ERCL 2 (2006), 213 (224), der zudem argumentiert, die EU-Gesetzgebung zeige überwiegend regulatorische Züge (S. 217). Zum US-Regulierungsrecht als Vorbild für die Telekommunikations-, Eisenbahn-, Energieliberalisierung der EU s. *Lepsius*, in: *Fehling/Ruffert*, Regulierungsrecht, 2010, § 1: Das Regulierungsverwaltungsrecht sei zweimal geboren worden, und zwar um 1890 in den USA sowie um 1990 in der EU (Rdnr. 1). Dabei bilde im US-amerikanischen Bundesverwaltungsrecht die Regulierungsbehörde die institutionelle Regel, wohingegen die Regulierungsbehörden in der EU sektoral bezogene Ausnahmen seien, bei der es erst um die Hervorbringung von Wettbewerb auf Märkten gehe, die zuvor staatsmonopolistisch geprägt waren (Rdnr. 2). Zu den Regulierungstraditionen *Michalczyk*, Europäische Ursprünge der Regulierung von Wettbewerb, 2010. Zur De- bzw. Re-Regulierung von Märkten *Basedow*, Mehr Freiheit wagen – Über Deregulierung und Wettbewerb, 2002; zu den Übergängen vom Wettbewerb zur Regulierung (auch mit Blick auf die USA) *Mestmäcker*, in: Festschr. f. Zuleeg, 2005, S. 397 (398 ff.).

[132] *Micklitz*, in: *Brownsword/Micklitz/Niglia/Weatherill* (Hrsg.), The Foundations of European Private Law, 2011, S. 563 ff.; *Cafaggi/Micklitz*, in: *dies.* (Hrsg.), New Frontiers of Consumer Protection: The Interplay Between Private and Public Enforcement, 2009, S. 1, wo auch auf die USA sowie Gruppenklagen und Ähnlichem Bezug genommen wird; zu „private enforcement" oben Fußn. 82.

[133] *Ruffert* (Hrsg.), The Public-Private Law Divide – Potential for Transformation?, 2009; *Allison*, A Continental Distinction in the Common Law – A Historical and Comparative Perspective on English Public Law, 1996/2000 (v.a. im Vergleich mit und als „legal transplant" aus dem französischen Recht); weiter *Freedland/Auby* (Hrsg.), The Public Law/Private Law Divide – Une entente assez cordiale?, 2006; *van Caenegem*, An Historical Introduction to Western Constitutional Law, 1995, S. 1 ff.

[134] Das erklärt *Pound*, L.Q.Rev. 67 (1951), 49 (57 f.) mit den Commentaries von *Blackstone*, die das öffentliche Recht schlicht als Zweig des Privatrechts ansahen. Für

von Amerika anhand von zwei Beispielen zu illustrieren: In den USA werden erstens verwaltungsrechtliche Streitigkeiten – etwa zwischen Umweltbehörden und Unternehmen – im Wege der Zivilgerichtsbarkeit ausgetragen[135].

Zweitens übernimmt das dortige Privatrecht umgekehrt öffentliche Funktionen, was entsprechende zivilprozessuale und gebührenrechtliche Folgen[136] nach sich zieht, so etwa bei der Durchsetzung von *antitrust laws* mit der Möglichkeit der *treble damages* für private Kartellrechtskläger[137] und einem Anspruch auf „the cost of suit, including a reasonable attorney's fee"[138]. Zu denken ist auch an das Delikts- und Produkthaftungsrecht mit den *punitive damages*, die einen Anreiz für Klageanstrengungen schaffen[139]. Weiterer Gegenstandsbereich ist der aus den USA stammende und seit Ende des Zweiten Weltkriegs vorbildgebende[140] Vorrang des Verfassungsrechts unter Einschluss der Idee einer Verfassungsgerichtsbarkeit.

III. *Schrankenüberschreitende Methodenwahl*

Die Arbeit spannt mit ihrem funktionalen Gesamtansatz einen breiten Betrachtungswinkel auf. Auch darum gilt es in jedem Abschnitt, wieder auf die Erfordernisse des Zivilrechts und auf die zentrale These vom judikativen Föderalismus gerade im Zivilrecht zurückzukommen und darüber hinausgehende Themen in den Hintergrund zu stellen. Neben den klassischen juristischen Methoden und der rechtsvergleichenden Grundlagen-

---

Blackstone waren Amtsträger nichts anderes als ein spezieller Typus des privaten Personenrechts.

[135] Wobei die richterliche Funktion der „administrative agencies" zu beachten ist. S. *Findley/Farber*, Environmental Law in a Nutshell, 2004, S. 1 ff.; *Brugger*, Einführung in das öffentliche Recht der USA, 2. Aufl. (2001), S. 246 ff.

[136] Ein Rechtsanwaltsvergütungsgesetz (RVG) besteht in den USA auch wegen des *antitrust law* nicht.

[137] Zur Vereinbarkeit mit dem deutschen *ordre public* s. *Stürner*, in: Festschr. f. Schlosser, 2005, S. 967 ff.

[138] Nach § 4 (a) Clayton Act (1914), 15 U.S.C. § 15, was damit von der „American rule" abweicht; zu letzterer – trotz Art. 74 CISG – auch im Bereich des UN-Kaufrechts *Zapata Hermanos Sucesores, S.A. v. Hearthside Baking Co.*, 313 F.3d 385 (7th Cir. 2002). S. dagegen zur bejahten Europarechtskonformität von Mindestgebühren in vom Staat verantworteten Gebührenordnungen für Rechtsanwälte EuGH, verb. Rs. C-94/04 und C-202/04, Slg. 2006, I-11421 – *Cipolla/Portolese u.a.*; dazu *Kern*, ZEuP 2008, 411 ff.

[139] Zur entsprechenden Idee eines „private attorney general" s. *Reimann*, Einführung in das US-amerikanische Privatrecht, 2. Aufl. (2004), S. 285 f.; vgl. auch *Basedow*, Am. J. Comp. L. 56 (2008), 703 ff.

[140] Dazu in einem Rechtsvergleich zwischen USA und Deutschland und gerade mit Blick auf das Privatrecht *Rösler*, Tul. Eur. & Civ. L.F. 23 (2008), 1 ff.; *ders.*, Berkeley J. Int'l L. 26 (2008), 153 ff.

analyse[141] kommen auch interdisziplinäre Methoden und Erkenntnisse zu ihrem Recht. Darum wird hier – neben der tradierten Grenze zwischen Privat- und öffentlichem Recht – eine zweite Schranke überschritten[142], und zwar zwischen der Rechtswissenschaft (als Normwissenschaft) und den Sozialwissenschaften. Angesichts der zahlreichen außerrechtlichen Determinanten richterlicher Entscheidungsprozesse sind nämlich auch die historischen und ideengeschichtlichen Entwicklungshintergründe und soziologischen Gegebenheiten jeweils einzubinden. Gleiches gilt hinsichtlich der politikwissenschaftlichen Perspektive.

Außerdem wird – soweit ersichtlich zum ersten Mal in der deutschen Rechtswissenschaft – das Vorlageverfahren eingehend empirisch analysiert und bewertet, was in der Natur der Sache liegend nicht nur von Relevanz für das Privatrecht ist. In diesem Zusammenhang wird eine eigene statistische Auswertung der Vorlagetätigkeit vorgenommen, die in gewissem Sinne auf eine Neuvermessung des judiziellen Dialogs hinausläuft. Berücksichtigt werden dabei auch neuere sozialwissenschaftliche Forschungen (insbesondere aus den USA) über die Entwicklung und Bedeutung der Judizialisierung für die rechtlichen, wirtschaftlichen und politischen Integrationsprozesse in Europa. Diese von der Rechtswissenschaft bislang kaum beachteten Forschungen verbinden verschiedene Methoden und Perspektiven insbesondere der vergleichenden Politikwissenschaft, Ökonomie und Soziologie. Diese Forschungsansätze werden hier möglichst gewinnbringend, aber nicht unkritisch eingebunden.

In einer dritten Hinsicht überschreitet die Arbeit eine kleinere Grenze: zwischen dem Unionsrecht und der Rechtsvergleichung. Während die Perspektive des EU-Rechts die Einheit betont, verweist die komparative Betrachtung häufiger auf die Vielfalt[143]. Dabei muss eine moderne Rechtsvergleichung auch die Anwendung des Unionsrechts und die Rechtskulturforschung umfassen. Eingelöst wird dies beim unterschiedlichen Dialog der Mitgliedstaaten mit dem EU-Gerichtshof und der Handhabung des Europarechts in den Mitgliedstaaten.

---

[141] Auch die vorliegend unternommenen Vergleiche des Prozess- und Gerichtsorganisationsrechts sind auf mittlerweile traditionellem Boden, da sie in der funktional ausgerichteten Schule von *Ernst Rabel* (1874–1955) und *Konrad Zweigert* (1911–1996) stehen. Vgl. methodisch *Zweigert/Kötz*, Einführung in die Rechtsvergleichung auf dem Gebiete des Privatrechts, 3. Aufl. (1996), S. 33; *Rösler*, JuS 1999, 1084 (1186 f.).

[142] S. oben im Text bei Fußnotenzeichen 123.

[143] Der Rechtsvergleichung ist auch das Ziel der Einheit implizit. Dazu *Thomas Mann* (1875–1955): „Denn nur durch Vergleichung unterscheidet man sich und erfährt, was man ist, um ganz zu werden, der man sein soll." Aus dem 2. Teil von „Joseph und seine Brüder", Gesammelte Werke in dreizehn Bänden, Bd. V, 1990, S. 1139.

§ 5: Gang der Darstellung

Die Arbeit liefert erstmalig eine geschlossene und systematische Untersuchung mit rechtsvergleichenden Bezügen zur Gegenwart und Zukunft der Europäischen Gerichtsbarkeit auf dem erst in Entstehung begriffenen Gebiet des Europäischen Privatrechts. Sie führt ausgehend von einer detaillierten Problemanalyse über die sich daraus ergebenden Reformfragen der EU-Gerichtsbarkeit zu den weiteren Anpassungserfordernissen, die ebenfalls die nationale Ebene betreffen.

Die Gesamtdarstellung erfolgt in fünf Teilen. Der recht umfangreiche *2. Teil* arbeitet sieben praktische Kernprobleme der Europäischen Gerichtsbarkeit heraus. Dabei zeigt sich: Schon seit längerem sind die Grenzen der Belastbarkeit offensichtlich, die auch einhergehen mit der Verfahrensdauer vor den Europagerichten. Unter der Arbeitslast von 2010 insgesamt 1.406 neu anhängig gemachten Rechtssachen (die höchste Zahl in der Geschichte des EU-Gerichtshofs)[144] leidet die fachliche Qualität der Entscheidungen. Das kann wiederum zu Autoritäts- und Legitimitätsverlusten beitragen, schließlich sind viele der Vorlagen hochspezieller Natur mit ganz unterschiedlichen rechtswissenschaftlichen und praktischen Fachdiskursen.

Um ein Ergebnis bereits etwas vorwegzunehmen: Der Gerichtshof fungiert meist als Verfassungs- und Verwaltungsgericht. Er muss jedoch vermehrt ebenfalls als Zivilgericht entscheiden. Diese Funktion ist Folge der seit dem Binnenmarktprogramm von 1985 erlassenen Rechtsakte, die den Beginn eines neuen und schrittweise zu verwirklichenden supranationalen Gemeinwesens im Wirtschafts- und Privatleben markieren. Zwar sind Vorlagen zu den zentralen Rechtsakten des Unionsprivatrechts bisher noch erstaunlich zurückhaltend. Allerdings muss sich auch die Vorlagepraxis ändern, damit ein wirklicher Diskurs der zivilgerichtlichen Ebenen Europas entsteht.

Der *3. Teil* antwortet auf die im 2. Teil festgestellten Dysfunktionalitäten. Vorgeschlagen wird eine Reform der verfahrens- und gerichtsorganisationsrechtlichen Strukturen. Zunächst erfolgt eine historische Darstellung der institutionellen und prozessrechtlichen Entwicklung gefolgt vom *status quo* der grundlegenden privatrechtsrelevanten Bestandteile des EU-Gerichtssystems. Dazu sind die Stellung und der Aufbau der Europäischen Gerichtsbarkeit in Erinnerung zu rufen. Nach dieser Standortbestimmung werden – dogmatisch vertieft – die verschiedenen Reformoptionen diskutiert und auf den Prüfstand gestellt. Der 3. Teil zieht daraus abschließend Lehren für die Fortentwicklung der Gerichtsbarkeit des Europäischen Pri-

---

[144] Die Zahlen betreffen EuGH, EuG und EuGÖD zusammen; *Gerichtshof der Europäischen Union*, Jahresbericht 2010, 2011, S. 1.

vatrechts. Dies betrifft primär das Vorabentscheidungsverfahren als Herzstück des unionalen Rechtsschutzsystems.

Deshalb weist der 3. Teil zwei Themenkomplexe auf: Zum einen geht es um verfahrensrechtliche Fragen, welche für die Durchsetzung des föderalen Privatrechts vor den übergeordneten Gerichten grundlegend sind. Zum anderen sind die gerichtsorganisatorischen Aspekte von Belang, also insbesondere die Aufteilung der Rechtsprechungsmandate zwischen den verschiedenen Gerichtsebenen. Deshalb werden die *de lege ferenda* eröffneten Möglichkeiten einer Effektuierung des europäischen Prozess- und Gerichtsorganisationsrechts durch Seitenblicke auf ausgewählte Aspekte des US-amerikanischen Modells angereichert.

Durchgängige Aufgabe ist es nämlich, denkbare Reformansätze für die europäische Ebene zu gewinnen. Die Untersuchung nimmt bis zu einem gewissen Grad das US-amerikanische Recht und seine wissenschaftlichen Erkenntnisse in die Überlegungen mit auf, da sich unter dem Gesichtspunkt des Föderalismus – als rechtspolitischem Exportschlager der USA[145] – Lehren für die Föderalisierung der Europäischen Gerichtsbarkeit ziehen lassen. Das Problem der Stofffülle nötigt aber wie erwähnt zu einem Verzicht auf eine umfassende Darstellung des US-Rechts.

Das Unionsprivatrecht stellt die Frage nach dem Verhältnis der Richter untereinander und im Verhältnis zum gesetzten Recht neu. Der 4. *Teil* kann diese großen Themen nur ergänzend als weitere Ebenen einblenden. Ein entsprechend kurz gefasster vorletzter Teil „Judizielle und justizielle Konvergenz in Zivilsachen" diskutiert zunächst Ansätze zur Verstärkung „weicher" Faktoren bei der Rechtsentwicklung. Das umfasst auch die bessere vertikale und horizontale Vernetzung der Gerichte. Diese Faktoren steuern zu einer wirklichen Europäisierung der Rechtsprechung ebenso bei wie zur Belebung des Dialogs der Rechtsprechungskulturen. Sodann wendet sich der Blick auf das Verhältnis zum EU-Gerichtshof, d.h. welche vertikal zu ergreifenden Maßnahmen eine Diskursbelebung fördern könnten. Abschließend wird eine stärkere horizontale Vereinheitlichung des Zivilprozess- und Kollisionsrechts reflektiert. Der 5. *Teil* leistet die obligatorische Gesamtbewertung und Thesenbildung.

---

[145] *Bothe*, in: *Starck* (Hrsg.), Zusammenarbeit der Gliedstaaten im Bundesstaat, 1988, S. 175; *ders.*, JöR 31 (1982), 109; *Kilper/Lhotta*, S. 40 ff.

2. Teil

Sieben Kernprobleme der Europäischen Gerichtsbarkeit

„But the life of the law is in its enforcement."
Roscoe Pound (1870–1964)[1]

Dieser Teil arbeitet in sieben Schritten die Hauptprobleme und Herausforderungen der Europäischen Gerichtsbarkeit heraus. Dazu zählt (unter § 1 behandelt) die fachliche Verschiebung vom öffentlichen Recht zum Privatrecht, aber auch (§ 2) die Entscheidungslast und Verfahrensdauer der Europäischen Gerichte ebenso wie (§ 3) die Frage nach der nationalen Akzeptanz von EuGH-Entscheidungen. Bemerkenswert sind (§ 4) die je nach Mitgliedstaat divergierenden Vorlagehäufigkeiten und (§ 5) die Gewähr der Beteilungsgleichheit am Unionsrecht. Als besondere Anforderungen sind (§ 6) die Bedeutung der auf der nationalen Ebene verbleibenden Verfahren ebenso hervorzuheben wie (§ 7) der unionale Anpassungsdruck wegen der hohen Dynamiken des primären und sekundären Europarechts. Zusammenfassend würdigt § 8 die Aufgaben der föderalen Vergerichtlichung des Privatrechts.

§ 1: Verschiebung fachlicher Herausforderungen

Der folgende Abschnitt expliziert die Wandlungen, denen die Europäische Gerichtsbarkeit in der Entwicklung vom öffentlichen Recht zum Privatrecht unterliegt. Das betrifft materiellrechtliche (unten I.) und verfahrensrechtliche Bereiche (unten II.).

I. Vom öffentlichen Recht zum Privatrecht

1. Ausgangslage

Die Rechtsprechungsaufgaben der EU-Gerichte unterliegen einem fundamentalen Wandel: der Hinwendung von Fragestellungen überwiegend

---

[1] Harv. L. Rev. 25 (1912), 489 (514); s. weiter *Llewellyn*, The Bramble Bush, 1930, S. 17: „[P]rocedural regulations are the door, and the only door, to make real what is laid down by substantive law".

völkerrechtlich-internationaler und verwaltungsrechtlicher Natur zur gesamten Spannbreite juristischer Themen. Die wachsenden Regelungsfelder betreffen – einsetzend Ende der achtziger, seit den neunziger Jahren langsam, dann aber rasch zunehmend – Kernbereiche des Zivilrechts. Die sukzessive Ausdehnung entspricht dem umfassenden Mandat der Dritten EU-Gewalt. Deren Aufgabe ist es bekanntlich, die Wahrung des Rechts[2] bei der Anwendung und Auslegung der europäischen Verträge zu sichern (Art. 19 EUV)[3]. Als abgeleitetes Recht erfasst dieses Mandat auch die Auslegung der unterschiedlich gelagerten Sekundärrechtsakte sowohl zum materiellen wie auch dem Verfahrens- und Kollisionsprivatrecht.

Der EuGH hat in den sechziger Jahren makrostrukturell die Verträge im Wege autonomer Fortentwicklung konstitutionalisiert und nicht zuletzt auf diese Art und Weise die Vergemeinschaftung der mitgliedstaatlichen Rechtsordnungen beträchtlich konsolidiert und vorangetrieben. Die ebenfalls außerhalb der EU auszumachenden Großtendenzen von Judizialisierung, Konstitutionalisierung[4] und Internationalisierung des Rechts potenzieren sich bei diesem auch als „Motor der Integration"[5] gesehenen EU-

---

[2] D.h. nicht nur nach den Verträgen, sondern auch nach allgemeinen Grundsätzen.

[3] Zuvor auch ex-Art. 46, 35 EU, nun gestrichen.

[4] In Frankreich hat die Verfassungsänderung vom 23.7.2008 die Zuständigkeit des Conseil constitutionnel erweitert: Hervorzuheben ist der neu in die Constitution de la République française eingefügte Art. 61-1, der eine Normenkontrolle schafft; zur neuen „question prioritaire de constitutionnalité" *Simon*, Revue critique de droit international privé 2011, 1 ff. Zu den Besonderheiten der französischen Verfassungsrechtsprechung *Ponthoreau/Hourquebie*, Journal of Comparative Law 3 (2009), H. 2, 269 (272 ff.); s. auch *Masing/Jouanjan* (Hrsg.), Verfassungsgerichtsbarkeit – Grundlagen, innerstaatliche Stellung, überstaatliche Einbindung, 2011; weiter zum Aufstieg des Honoratiorengremiums „Verfassungsrat", das aus „neun Weisen" (*neuf sages*) besteht, *Schnapper*, Une sociologue au Conseil constitutionnel, 2010. Zu den Auswirkungen des Human Rights Act 1998 in Großbritannien *Bogdanor*, The New British Constitution, 2009, S. 53 ff. (die neue Verfassungsordnung betont statt der „sovereignty of Parliament" die Gewaltenteilung); *Rösler*, ZVglRWiss 100 (2001), 448 (449 ff.). Zur Regionalisierung und Ansätzen von Föderalismus in Großbritannien bezogen auf Schottland, Wales und Nordirland (*devolution*, d.h. Dezentralisierung) *Markesinis/Fedtke* (Hrsg.), Patterns of Regionalism and Federalism, 2006.

[5] *Everling*, EuR 1987, 214 (235); *Dehousse*, The European Court of Justice: The Politics of Judicial Integration, 1998, S. 177; für die Parallele zum U.S. Supreme Court *Höreth*, Die Selbstautorisierung des Agenten – Der Europäische Gerichtshof im Vergleich zum U.S. Supreme Court, 2008, S. 191 ff., der insbesondere die „commerce power" des US-Kongresses und die Rechtsprechung des U.S. Supreme Court zum New Deal untersucht.

Gerichtshof, oder – in den Worten *Hallsteins* – „Integrationsfaktor erster Ordnung"[6].

Eine solch herausgehobene Rolle bleibt naturgemäß nicht ohne Fundamentalkritik. So wurde dem EuGH auf dem Gebiet des (Wirtschafts-) Verfassungsrechts schon in den sechziger Jahren vorgeworfen, er schaffe ein „gouvernement des juges dans les Communautés Européennes"[7]. Dem demokratischen „We, the people", wie er als Politikprogramm in der Präambel der Verfassung der USA von 1787 prononciert zum Ausdruck kommt, wird ein aus Luxemburg stammendes, richterlich-elitäres „We, the Court" entgegengesetzt[8].

Hier sei präzisierend, aber geboten konzis an die Ausgangslage erinnert. Die Rechtsprechung zur direkten Wirkung des E(W)G-Vertrages[9] und zum Vorrang des Unionsrechts insgesamt[10] verdeutlicht die wirkungsvolle Sicherung der einheitlichen Geltung des Unionsrechts. Diese wurde kennzeichnenderweise[11] im Wege des Vorabentscheidungsverfahrens ent-

---

[6] So *Hallstein*, Die echten Probleme der europäischen Integration, 1965, S. 9 = in: *ders.*, Europäische Reden (Hrsg.: *Oppermann*), 1979, S. 522 (529); dazu die Würdigung *Schlochauer*, in: Festschr. f. Hallstein, 1966, S. 431 ff.

[7] *Colin*, Le gouvernement des juges dans les Communautés Européennes, 1966; s. auch *Rasmussen*, On Law and policy in the European Court of Justice – A comparative study in judicial policymaking, 1986. S. zum Ausdruck „gouvernement des juges" im Zusammenhang mit der Gewaltenteilung unten bei Fußnotenzeichen 1053 und im Zusammenhang mit dem Conseil d'État des 19. Jahrhunderts *Everling*, RabelsZ 50 (1986), 193 (197). S. mit anderer Stoßrichtung der EuGH-Richter (1967–1976) *Lecourt*, L'Europe des Juges, 1976.

[8] *Maduro*, We, The Court – The European Court of Justice and the European Economic Constitution – A Critical Reading of Article 30 of the EC Treaty, 1998.

[9] EuGH, Rs. 26/62, Slg. 1963, 1 – *Van Gend & Loos/Niederländische Finanzverwaltung*.

[10] EuGH, Rs. C-6/64, Slg. 1964, 1259 – *Flaminio Costa/E.N.E.L.*; der Vorrang gilt grundsätzlich auch in Bezug auf das Verfassungsrecht der Mitgliedstaaten: EuGH, Rs. 11/70, Slg. 1970, 1125 – *Internationale Handelsgesellschaft*; s. zur Pflicht des Richters s. EuGH, Rs. 106/77, Slg. 1978, 629 – *Simmenthal II*: „Aus alledem folgt, daß jeder im Rahmen seiner Zuständigkeit angerufene staatliche Richter verpflichtet ist, das Gemeinschaftsrecht uneingeschränkt anzuwenden und die Rechte, die es den einzelnen verleiht, zu schützen, indem er jede möglicherweise entgegenstehende Bestimmung des nationalen Rechts, gleichgültig, ob sie früher oder später als die Gemeinschaftsnorm ergangen ist, unangewendet lässt".

[11] Fast alle wichtigen Entscheidungen sind im Wege des Vorabentscheidungsverfahrens ergangen; so etwa die maßgeblichen zu den Grundfreiheiten: EuGH, Rs. 120/78, Slg. 1979, 649 – *Rewe-Zentral AG/Bundesmonopolverwaltung für Branntwein* (sog. *Cassis de Dijon*-Entscheidung) und Rs. C-267/91, Slg. 1993, I-6097 – *Strafverfahren gegen Bernard Keck und Daniel Mithouard*; weiter zur Staatshaftung: EuGH, verb. Rs. C-6/90 und C-9/90, Slg. 1991, I-5357 – *Francovich u.a./Italien*, verb. Rs. C-46/93 und C-48/93, Slg. 1996, I-1029 – *Brasserie du Pêcheur/Deutschland (ex parte Factortame)* und

wickelt. Bedeutung erlangen der – wohlgemerkt von sieben Richtern entwickelte – Suprematieanspruch und die Direktwirkungslehre auch für die Justitiabilität des Privat- und Wirtschaftsrechts[12]: Zum einen können die Prozessparteien die nationale Gesetzgebung und sonstigen Maßnahmen staatlicher Autoritäten im Fall der Verletzung unionaler Rechte unmittelbar vor den nationalen Gerichten angreifen. Zum anderen sichert der EU-Gerichtshof die Geltungskraft des Europarechts und die unionsgerichtliche autoritativ-einheitliche Entscheidungskompetenz.

Zu unterscheiden ist die verfassungsrechtliche Judikatur von der einfachrechtlichen, was hier konkret die zivil- und zivilprozessrechtlichen Fragestellungen umfasst. Zunächst zur verfassungsrechtlichen Rechtsprechung. Bei ihr ist zwischen strukturellen, institutionellen und materialen Beiträgen des EuGH zu unterscheiden[13]: (1.) Die strukturellen Beiträge betreffen das durch den EuGH föderalisierte Verhältnis von EU-Recht und mitgliedstaatlichem Recht. In diesem Bereich hat der EuGH die besagten Direktwirkungs- und Vorrangdoktrinen entwickelt und damit die Verträge in eine vertikal integrierte und föderale Rechtsordnung umgedeutet[14]. In einem weiteren Schritt ermöglichte der Gerichtshof mit dem römisch-rechtlichen Grundsatz *venire contra factum proprium* und unter engen Bedingungen die direkte Anwendung von Richtlinien[15].

(2.) Eine Rolle spielt auch die institutionelle Verfassungsrechtsprechung, welche sich mit den Kompetenzen und Beziehungen der europäischen Institutionen befasst, obschon dies vorliegend von geringerem Interesse ist. (3.) Als hochrelevant erweisen sich dagegen die materialen Beiträge u.a. zu den Marktfreiheiten und zum Wettbewerbsrecht sowie zum Schutz der judikativen Menschenrechte[16].

Rs. C-224/01, Slg. 2003, I-10239 – *Köbler/Österreich*; zu den Grundrechten: EuGH, Rs. 29/69, Slg. 1969, 419 – *Erich Stauder/Ulm.*

[12] Auch wenn dies von den Verträgen so nicht vorgesehen war; s. *Hartkamp*, ERPL 18 (2010), 527 ff.; weiter *Everling*, RabelsZ 50 (1986), 193 (194).

[13] *Schmid*, Die Instrumentalisierung des Privatrechts durch die Europäische Union – Privatrecht und Privatrechtskonzeptionen in der Entwicklung der Europäischen Integrationsverfassung, 2010, S. 103 ff.; *Schmid*, in: *Eriksen/Joerges/Rödl* (Hrsg.), Law, Democracy and Solidarity in a Post-national Union – The unsettled political order of Europe, 2008, S. 85 (86); s. grundlegend *Weiler*, Yale L.J. 100 (1990–1991), 2403 ff.; wiederabgedruckt in: *ders.*, The Constitution of Europe – Do the New Clothes have an Emperor?, 1998, S. 10 ff.

[14] *Schmid*, S. 103; *Fligstein/Stone Sweet*, American Journal of Sociology 107 (2002), 1206 (1215, 1219).

[15] *Schmid*, in: *Eriksen/Joerges/Rödl*, S. 85 (88); s. etwa auch *Johnston/Unberath*, in: *Twigg-Flesner* (Hrsg.), The Cambridge Companion to European Union Private Law, 2010, S. 85 (96); s. noch unten bei Fußnotenzeichen 330 zu EuGH, Rs. 148/78, Slg. 1979, 1629 – *Ratti*.

[16] Vgl. auch *Schmid*, S. 110 ff.

Die strukturprägenden EuGH-Beiträge bilden die Basis zur effektiven Verwirklichung des Unionsprivatrechts. Im Rahmen ihres unionsrechtsfreundlich zu handhabenden Gerichtsverfassungs- und Prozessrechts müssen die mitgliedstaatlichen Gerichte das Unionsprivatrecht als direkt geltenden Prüfungsmaßstab selbstständig anwenden und auslegen[17]. Doch schuf der EuGH am Vorbild des klassisch-nationalen Rechtsverständnisses[18] und an der Rechtshierarchie orientiert[19] nicht nur – wie erwähnt – die im Vertrag von Rom (1957) fehlende Lösung zum Konflikt zwischen der unions- und der nationalrechtlichen Ebene[20]. Einhergehend mit dem Anwendungsvorrang stellt der EuGH auch das Individuum in das Zentrum der Rechtsordnung.

Der Unterschied, den der EuGH in *Van Gend & Loos*[21] zwischen dem Völkerrecht und der Europäischen Gemeinschaft sieht, ist damit auch für das Zivilrecht nicht nur von akademischer Natur. Die Entscheidung markiert vielmehr – mit *Haltern* – „das Ende des Staates als klassischem Nukleus des zwischenstaatlichen Rechts und setzt an seine Stelle das Individuum, das sich zuvor im Völkerrecht stets nur als mediatisiertes Objekt berücksichtigt sah."[22] Der EuGH hat den Vertrag von Rom von einer internationalen Vereinbarung zu einer vertikal integrierenden Struktur mit Rechten und Pflichten für alle Rechtsteilnehmer ausgebaut[23].

Die Orientierung am Vorbild des nationalen (anstatt des internationalen) Rechts trifft sowohl auf die Auslegung des Primär- und Sekundärrechts als auch auf die Geltungskraft seiner Entscheidungen zu. Die Urteile ergehen nicht zuletzt wegen des autoritativen und axiomatischen Stils des EuGH

---

[17] S. *Lindner*, JuS 2008, 1.

[18] Vgl. *Zimmermann*, JZ 2007, 1 (10), wonach Europa – wie auch im 1. Teil § 1 erwähnt – durch Schriftlichkeit, Rationalität und Legalismus kennzeichnet ist. Dies hängt selbstverständlich mit der Professionalisierung des Juristenstandes (v.a. durch die Universitätsausbildung) und der im 15. Jahrhundert entstehenden neuen Führungselite der Juristen zusammen; dazu und zur Mobilität von Juristen im Alten Reich *Ranieri*, Ius Commune XIV (1987), 183 ff.; zur Identität des Privatrechts *Jansen*, Binnenmarkt, Privatrecht und europäische Identität, 2004, S. 19 ff.

[19] Vgl. *Maduro*, EuR 2007, 3 (13); ferner *Nettesheim*, EuR 2006, 737 ff.

[20] Aus der überreichen Literatur zu dieser „Europapolitik durch Rechtsprechung" sei hier schon verwiesen auf *Hallstein*, in: Festschr. f. Böhm, 1975, S. 205 ff.; *Stein*, AJIL 75 (1981), 1 ff.; *Mancini*, CML Rev. 26 (1989), 595 ff.; *de Witte*, in: Craig/de Búrca (Hrsg.), The Evolution of EU Law, 2. Aufl. (2011), S. 323 ff.; *Tomuschat*, in: Festschr. f. Ress, 2005, S. 857 ff.

[21] Oben Fußn. 9.

[22] *Haltern*, Was bedeutet Souveränität?, S. 99.

[23] *Tohidipur*, Europäische Gerichtsbarkeit im Institutionensystem der EU – Zu Genese und Zustand justizieller Konstitutionalisierung, 2008, S. 134 ff.

insoweit mit dem Anspruch eines „top down"[24] – unabhängig von der Diktion einer gleichberechtigten Zusammenarbeit[25] und einem Kooperationsverhältnis[26]. Diese prozessuale Arbeitsteilung geschieht auf Grundlage einer föderalen Kompetenzverteilung. Deshalb wird teils auch statt von einem Kooperationsverhältnis von einem „Komplementärverhältnis" gesprochen[27]. Fernab dieser Begrifflichkeiten ist entscheidend: Die autoritative Stärke in der vertikalen institutionellen Struktur gibt den beteiligten Interessenvertretern den Anreiz zur (indirekt veranlassten) Anrufung der Europäischen Gerichtsbarkeit[28]. Schließlich können dessen Urteile in der Bedeutung über den jeweilig zur Entscheidung vorgelegten Sachverhalt weit hinausreichen.

Bei diesem Prozess vermochte die Union auch an die Justiztradition der Mitgliedstaaten anzuknüpfen. Kennzeichnend für die Rechtstradition Europas ist schließlich eine hohe Akzeptanz nationaler Gerichte[29] als zentrale Instanz zur Rechtsauslegung und – mit einigen Divergenzen – zur Rechtsfortbildung. Die Mitgliedstaaten stecken den Freiheits- und Entscheidungsspielraum der Gerichte unterschiedlich, aber jeweils staatsintern beträchtlich großzügiger ab als extern im Bereich des Völkerrechts. Mit der klaren Zuordnung zu einem Gerichtshof, also einer zentral ausgerichteten Struktur unter Trennung von Politik und Recht, weist die EU insoweit eher Parallelen zu einer nationalen als zu einer internationalen Rechtsordnung auf.

Dagegen ist beim (sonstigen) internationalen Recht das Fehlen einer klaren Jurisdiktionsbefugnis geradezu kennzeichnend[30]. Der schon mit dem

---

[24] Vgl. *Maduro*, EuR 2007, 3 (4, 16 f., 19 ff.), der – gegen die wohl h.M. – vertritt, die Legitimation des EU-Rechts beruhe gerade auf seiner „bottom-up"-Struktur, da er auf die Akzeptanz und Mitwirkung der nationalen Gerichte angewiesen ist. Damit verbindet er ein neues Modell, das „nicht länger von einer hierarchischen Konstruktion des Rechts und einer Konzeption der Souveränität als unteilbar ausgeht" (S. 20). Vgl. weiter *Mortelmans*, Legal Issues of European Integration 23 (1996), 42 ff.; zur Durchsetzung der Normenhierarchie *Kokott*, in: Festschr. f. Hirsch, 2008, S. 117 ff.; zur Frage, ob der Dialog mit dem EuGH eher hierarchischer oder kooperativer Natur ist s. auch *de la Mare/Donnelly*, in: *Craig/de Búrca* (Hrsg.), The Evolution of EU Law, 2. Aufl. (2011), S. 363 (373 ff.); weiter *Giorgi/Triart*, ELJ 14 (2008), 693 ff.

[25] *Rodríguez Iglesias*, NJW 2000, 1889 (1890).

[26] BVerfGE 89, 155 (175) – *Maastricht*.

[27] *Broß*, JZ 2008, 227 (229); *Schumann*, in: *Roth*, S. 197 (238).

[28] *Maduro*, EuR 2007, 3 (14); nach *Volcansek*, Judicial Politics in Europe: An Impact Analysis, 1986, S. 265 ist hierüber ein Muster von „positive reinforcement" geschaffen worden.

[29] Vgl. ferner unten bei Fußnotenzeichen 622.

[30] Die internationale Ebene ist nach *Biehler*, Procedures in International Law, 2008, S. 35 charakterisiert von einer „unco-ordinated variety of different *fora* reflecting the fact that global courts lack compulsory jurisdiction".

Westfälischen Friedensvertrag von 1648 vorangetriebenen Verrechtlichung der völkerrechtlichen Beziehungen[31] zum Trotz bleibt eine schwache internationale Rechtsprechungsstruktur bis in die Gegenwart symptomatisch. Deutlich wird das beispielsweise am Internationalen Gerichtshof. Dieser Prototyp einer international-gerichtlichen Streitbeilegungsinstitution[32] fungiert seit 1945 als hauptsächliches Rechtsprechungsorgan der Vereinten Nationen. Die Zuständigkeit des Haager Gerichtshofs ist nur eröffnet[33], wenn die beteiligten Parteien die Zuständigkeit anerkannt haben[34]. Für weite Bereiche des Einheitsprivatrechts, etwa für das UN-Kaufrecht, das Genfer Wechsel- und Scheckrecht und das vereinheitlichte Transportrecht, fehlt ein internationaler Gerichtshof fast gänzlich[35].

2. Gestaltungskraft des Marktrechts

Das Fortschreiten und die Gestaltungskraft des Marktrechts haben die Aufgaben des Gerichtshofs verändert. Seit 1957 dringt der gewaltige Strom des gesetzten Europarechts und auch die bis dato mehr als 17.000 EuGH-Urteile[36] praktisch bis in jede Spalte der mitgliedstaatlichen Rechtsordnungen[37]. Diese Durchwirkung des nationalen Rechts hat Lord *Denning*

---

[31] Dazu im Kontext der im Westfälischen Frieden festgeschriebenen Reichsverfassung des Heiligen Römischen Reichs deutscher Nation (962–1806) *Schmidt*, Wandel durch Vernunft – Deutsche Geschichte im 18. Jahrhundert, 2009, S. 61, der auf S. 400 f. auch auf eine föderale Parallele zum Heiligen Römischen Reich hinweist: „Wie damals ist heute erneut darüber zu befinden, auf welche Weise sich kulturelle Vielfalt, das Nebeneinander aller Formen des Religiösen und Fundamentalistischen, mit Freiheits-, Autonomie- und Identitätsansprüchen friedlich organisieren lässt. Der komplementäre Reichs-Staat und die föderative Nation boten dafür eine Plattform. Das nationale Weltbürgertum und die weltbürgerliche Nation, Aufklärer, die kulturelle Vielfalt und soziopolitische Pluralisierung als Bereicherung begriffen, stehen dem 21. Jahrhundert spürbar näher als der Epoche des geschlossenen Nationalstaates".

[32] Das macht *Oeter*, in: *Hofmann/Reinisch/Pfeiffer/Oeter/Stadler* (Hrsg.), Die Rechtskontrolle von Organen der Staatengemeinschaft: Vielfalt der Gerichte – Einheit des Prozessrechts?, 2007, S. 149 (171) deutlich.

[33] Nach Statute of the International Court of Justice, 26.6.1945, UNTS Vol. 15, 355; Statut des Internationalen Gerichtshofs vom 26.6.1945, BGBl. 1973 II, S. 505.

[34] Art. 36 I IGH-Statut: „The jurisdiction of the Court comprises all cases which the parties [d.h. alle Parteien] refer to it and all matters specially provided for in the Charter of the United Nations or in treaties and conventions in force." *Biehler*, S. 35; für einen Vergleich der IGH- und EuGH-Verfahrensregeln *Plender*, EJIL 2 (1991), 1 ff.; für eine Kommentierung des IGH-Statuts *Zimmermann/Tomuschat/Oellers-Frahm* (Hrsg.), The Statute of the International Court of Justice, 2006; vgl. zur Vielfalt der Gerichte und der Einheit des Völkerrechts *Oeter*, in: *Hofmann/Reinisch/Pfeiffer/Oeter/Stadler*, S. 149 ff.

[35] *Remien*, RabelsZ 66 (2002), 503 (504 f.); *Basedow/Rösler*, Jura 2006, 228 (232).

[36] S. unten die Tabelle 1.

[37] Zum Einfluss der Grundfreiheiten *Remien*, Zwingendes Vertragsrecht und Grundfreiheiten des EG-Vertrages, 2003, S. 178 ff.

(1899–1999) verhältnismäßig früh[38], nämlich im Jahre 1974, in folgende Worte gekleidet: „When we come to matters with a European element, the Treaty is like an incoming tide. It flows into the estuaries and up the rivers. It cannot be held back."[39]

Seit dieser Beschreibung sind die grundkonzeptionellen Aufgaben des EuGH unverändert: Weiterhin fungiert der Gerichtshof als Rechtsschutzinstanz sowie als Integrationsfaktor[40]. Neu ist jedoch das Ausmaß: Insbesondere der Binnenmarkt[41] sowie die damit einhergehende Beschleunigung und qualitative Veränderung des Einigungsprozesses[42] haben die Aufgaben stark vertieft und ausgedehnt. Damit wurde auch das Anforderungsprofil an die Europäische Gerichtsbarkeit und ihre Richterschaft nennenswert erweitert.

Zwar hat das Verwaltungsrecht[43] weiterhin großen Einfluss auf die Freizügigkeit, den freien Waren-, Dienstleistungs- und Kapitalverkehr, die Zölle und Abgaben und nicht zuletzt das subventionsgeprägte Agrarrecht. Seit Jahren steigt aber bei den Unionsgerichten die Bedeutung der zivil-, verbraucher-, handels-, gesellschafts- und immaterialgüterrechtlichen Spezialfragen. Der Einfluss des Verwaltungsrechts gilt beispielsweise beim Wettbewerbsrecht nur abgeschwächt: Vordergründig geht es bei den Wettbewerbssachen vor dem EuGH regelmäßig um Kommissionsentscheidungen. Eigentlicher Gegenstand dieser Verfahren ist allerdings die Frage, wie sich Wirtschaftsunternehmen untereinander auf dem Markt verhalten dürfen. Darum sind nach zutreffendem und auch deutschem[44] Verständnis

---

[38] *Jacobs/Anderson*, in: *Blom-Cooper/Dickson/Drewry* (Hrsg.), The Judicial House of Lords 1876–2009, 2009, S. 483 ff.

[39] *H.P. Bulmer Ltd. v. J. Bollinger S.A.* [1974] 3 W.L.R. 202 (204); s. zur Wirkung der Entscheidung unten Fußn. 986.

[40] Vgl. zur Frage „Rechtsschutzinstanz und/oder Integrationsfaktor" *Skouris*, in: Festschr. f. Tsatsos, 2003, S. 638 ff.

[41] Den Art. 26 AEUV als Raum ohne Binnengrenzen definiert.

[42] Zur stillen „Marktrevolution" etwa *Jabko*, Playing the Market – A Political Strategy for Uniting Europe, 1985–2005, 2006.

[43] Zu den Vorgaben des Unionsrechts (aber auch der EMRK) für Verwaltungshandeln und die Ebenen des Rechtsschutzsystems s. *Dörr/Lenz*, Europäischer Verwaltungsrechtsschutz, 2006; *Petzold*, Individualrechtsschutz an der Schnittstelle zwischen deutschem und Gemeinschaftsrecht – Zugleich ein Beitrag zur Interpretation von Art. III-365 Abs. 4 VerfV, 2008; s. ferner ausführlich zu den verschiedenen Dimensionen des Themas *Schwarze*, Europäisches Verwaltungsrecht – Entstehung und Entwicklung im Rahmen der Europäischen Gemeinschaft, 2. Aufl. (2005); *Terhechte* (Hrsg.), Verwaltungsrecht der Europäischen Union, 2011.

[44] Das deutsche Recht (§§ 63 IV S. 1, 87 GWB) weist Rechtsstreitigkeiten nach dem GWB sowie nach Art. 81 und 82 EG der Zivilgerichtsbarkeit zu; zur Natur von Kartellrechtssachen unter dem GWB und den verwaltungsrechtlichen Einflüssen bereits *Baur*, ZZP 72 (1959), 3 ff.

diese Sachfragen keine verwaltungs-, sondern zivilrechtliche Angelegenheiten[45]. Entsprechendes gilt z.b. für die Konkurrentenverdrängungsklagen im Vergaberecht und für Teile des Regulierungsrechts[46].

Auch ansonsten ist das Zivilrecht auf den Plan gerufen. Der Ansatz des Vertrags von Rom, die Grenzen zwischen den Mitgliedstaaten vor allem über das öffentliche Recht (insbesondere was direkte und indirekte Steuern sowie Kontingentschranken anbelangt)[47] und mittels der vier Grundfreiheiten zu beseitigen, erwies sich schon bald ohne ein insoweit komplementäres Privatrecht als undurchführbar[48]. Allerdings wurde das Recht der „Gemeinschaft" – über seine Anfangszeit hinaus – als Völkerrecht und als Spezialmaterie gesehen und darum in seiner Tragweite für das Zivilrecht unterschätzt[49].

Im Bereich der ordentlichen Gerichtsbarkeit blieb die Sichtbarkeit des EU-Rechts sektoriell sehr begrenzt, nämlich auf den grenzüberschreitenden Waren- und Dienstleistungsverkehr und kartellrechtliche Fragestellungen[50]. Der Blick auf das Europarecht und seine neue Reichweite war verstellt, wenngleich der Begriff „Gemeinschaft" bewusst als neuartige

---

[45] Im vorliegenden Kontext *Everling*, in: Festschr. f. Rengeling, 2008, S. 527 (528 ff.); allgemein europarechtlich *Hallstein*, RabelsZ 28 (1964), 211 (214).

[46] §§ 97 ff. GWB bzw. § 75 IV S. 1 EnWG; *Huber*, in: *Merten/Papier*, § 172, Rdnr. 25.

[47] Bereits der *Spaak*-Bericht vom 21.4.1956, der den Römischen Verträgen als Grundlage diente, stellte vorrangig auf das öffentliche Recht ab, *Hallstein*, RabelsZ 28 (1964), 211. *Hallstein* beginnt seinen Aufsatz, in welchem er die Bedeutung des Privat- und Prozessrechts hervorhebt, wie folgt: „Dem Außenstehenden mag es auf den ersten Blick verwunderlich erscheinen, daß sich die Europäische Wirtschaftsgemeinschaft, ein Zusammenschluss von Staaten mit vorwiegend wirtschafts- und sozialpolitischen Zielsetzungen, auch mit dem Problem der Angleichung des *Privat- und Prozessrechts* befasst." In die gleiche Richtung *Zweigert*, RabelsZ 28 (1964), 601 ff.; zu den anfänglichen Plänen der Europäischen Kommission *von der Groeben*, NJW 1970, 359 ff.

[48] Zu diesem Angleichungszwang *Basedow*, CML Rev. 33 (1996), 1169 (1179): „As public law regulations on markets are being abolished it becomes clear that the formation, the functioning and the scope of markets do not only depend on economic data, but also on other conditions such as those created by private law." *Hallstein*, RabelsZ 28 (1964), 211 (212); *Rösler*, Europäisches Konsumentenvertragsrecht – Grundkonzeption, Prinzipien und Fortentwicklung, 2004, S. 78.

[49] Dazu im Spiegel der Rechtsliteratur *Calliess*, in: *Willoweit* (Hrsg.), Rechtswissenschaft und Rechtsliteratur im 20. Jahrhundert – Mit Beiträgen zur Entwicklung des Verlages C.H. Beck, 2007, S. 1061 (1062); s. weiter *Mangold*, Gemeinschaftsrecht und deutsches Recht – Die Europäisierung der deutschen Rechtsordnung in historisch-empirischer Sicht, 2011.

[50] *Dauses*, in: *ders.* (Hrsg.), EU-Wirtschaftsrecht, P. Gerichtsbarkeit der EU – Einführung, 26. Aufl. (2010), Rdnr. 249.

und dynamische „Variante" zu den bisherigen völker- und staatsrechtlichen Verbindungen gewählt worden war[51].

Das Privatrecht ist erst seit dem Binnenmarktprogramm eindeutig Gegenstand des Unionsgesetzgebers. Infolge des Weißbuchs der Europäischen Kommission von 1985 zur Vollendung des Binnenmarktes[52] und dem damit verknüpften Inkrafttreten der Einheitlichen Europäischen Akte am 1.7.1987 hat sich neben die sog. negative Integration (i.S.e. Beseitigung von Markthürden) auch eine positive Integration gesellt. Diese umfasst insbesondere eine (Re-)Regulierung von Märkten. Laut dem vom EU-Amt für Veröffentlichungen geführten Fundstellennachweis des geltenden EU-Rechts zielen heute weit über 1.000 Rechtsakte auf die Angleichung des Binnenmarktes[53].

Dieses fachlich breit gefächerte Regelwerk zum öffentlichen und privaten Wirtschaftsrecht richtet sich an die großen Industrie- und Vertriebsbranchen, die Finanzdienstleister und das staatliche Beschaffungswesen. Darunter finden sich auch vielfältige in der Sache privat- und insbesondere konsumentenvertragsrechtliche Vorschriften in Form von Richtlinien. Die Rechtsangleichung bezweckt die Beseitigung von Wettbewerbsbeschränkungen und mittelbaren Beschränkungen der Verkehrsfreiheiten sowie die Aktivierung des Verbrauchers im Binnenmarkt. Aufgrund der neuen Rechtsmasse musste der EuGH also zusätzlich zu seiner ursprünglich verwaltungs- und verfassungsgerichtsähnlichen[54] Rolle auch die Aufgabe eines ordentlichen Gerichts übernehmen[55].

---

[51] *Calliess*, in: *Willoweit*, S. 1061 (1071); der Begriff „Gemeinschaft" wurde vom deutschen Unterhändler *Carl Friedrich Ophüls* (1895–1970) bei den Verhandlungen zum *Schuman*-Plan eingeführt; zur Rechtsnatur der EWG auch *Ophüls*, NJW 1963, 1697 (1698).

[52] KOM(85) 310 final; es lässt das Zivilprozessrecht unerwähnt, was *Stürner*, in: *Grunsky/Stürner/Walter/Wolf*, S. 1 (18) begrüßt.

[53] Nach Fundstellennachweis des geltenden EU-Rechts (http://eur-lex.europa.eu/de/legis/latest/chap13.htm). S. auch die Quellensammlung *Basedow* (Hrsg.), European Private Law/Droit privé européen/Diritto privato europeo/Europäisches Privatrecht, Bd. I-III, 1999–2002.

[54] Näher etwa *Rodríguez Iglesias*, EuR 1992, 225 ff.; *Dauses*, integration 1994, 215 ff.; *Kutscher*, EuR 1981, 392 (399); *Bauer*, Der Europäische Gerichtshof als Verfassungsgericht?, 2008; *Schwarze* (Hrsg.), Der Europäische Gerichtshof als Verfassungsgericht und Rechtsschutzinstanz, 1983; zuvor bereits *Donner*, CML Rev. 11 (1974), 127 ff.

[55] Dazu noch unten 2. Teil § 1 I 3 d).

3. EuGH als Universal- und Zivilgericht

a) Begriff und Materien des Europäischen Privat- und Verfahrensrechts

Bei dem maßgeblichen Richtlinienrecht handelt es sich um Europäisches Privatrecht[56] und der EuGH agiert damit funktionsanteilig als Richter auf dem Gebiet des Zivilrechts[57]. Die gegenläufige These, bei den entsprechenden Rechtsangleichungsmaßnahmen handele es sich nicht um Europäisches Privatrecht, da diese Vorgaben an den Nationalgesetzgeber gerichtet sind, geht nicht nur für die vorliegenden Zwecke fehl. Folgender Ansicht einer Habilitationsschrift kann mit anderen Worten nicht gefolgt werden: „Richtlinien sind Teil des Gemeinschaftsrechts, einem *europäischen Privatrecht* können Richtlinien jedoch nicht zugeordnet werden. Richtlinien haben – anders als Verordnungen – keine unmittelbare Wirkung für den Rechtsverkehr unter Privaten. Adressat der Richtlinie ist allein der einzelne Mitgliedstaat."[58]

Ein solch dualistisches, letztlich völkerrechtsnahes Verständnis verkennt, dass es sich angesichts der Besonderheiten und dem Entwicklungsstand der Europäischen Integration um ein einheitlich zu betrachtendes, gleichwohl zweistufig ausgestaltetes Gesetzgebungsverfahren handelt: eine Gesetzgebung, die im Wege der Richtlinie die mehr oder minder großen Vorgaben setzt und eine weitere Gesetzgebung, die im Wege der nationalen Richtlinienumsetzung die privatrechtliche Vorgabe jeweils sachlich ausgestaltet und systemisch einpasst. Damit ist die Einordnung in der Sache maßgeblich, also die Bezugnahme auf einen zugrundeliegenden Lebenssachverhalt. Da Rechtsverhältnisse unter Privaten reguliert werden, handelt es sich um Privatrecht der (zweistufigen) Gesetzgebung in Europa. Der EuGH wird in der Folge als Zivilgericht tätig.

---

[56] Zum EU-Recht als selbstständiger Quelle des Privatrechts etwa *Basedow*, in: *ders./Hopt/Zimmermann* (Hrsg.), Handwörterbuch des Europäischen Privatrechts, Bd. I, 2009, S. 680 ff.; *ders.*, AcP 210 (2010), 157 ff.; *Rösler*, Europäisches Konsumentenvertragsrecht, S. 9 ff.; *Heiderhoff*, Gemeinschaftsprivatrecht, 2. Aufl. (2007), S. 2 ff.; *Langenbucher* (Hrsg.), Europarechtliche Bezüge des Privatrechts, 2. Aufl. (2008); *Reich/Micklitz*, Europäisches Verbraucherrecht, 4. Aufl. (2003); *Gebauer*, Grundfragen der Europäisierung des Privatrechts, 1998; *Grundmann*, Europäisches Schuldvertragsrecht – Das europäische Recht der Unternehmensgeschäfte, 1998, S. 89 ff.; begriffsprägend *Müller-Graff*, in: *ders.* (Hrsg.), Gemeinsames Privatrecht in der Europäischen Gemeinschaft, 2. Aufl. (1999), S. 267 ff.

[57] Dazu etwa *Klauer*, Die Europäisierung des Privatrechts – Der EuGH als Zivilrichter, 1998; *Stuyck*, in: *Twigg-Flesner* (Hrsg.), The Cambridge Companion to European Union Private Law, 2010, S. 101 ff.; ferner etwa *Schneider/Burgard*, EuZW 1993, 617; *van Gerven*, ERPL 5 (1997), 293 ff.

[58] *Meller-Hannich*, Verbraucherschutz im Schuldvertragsrecht – Private Freiheit und staatliche Ordnung, 2005, S. 76.

Zwar ist das Europäische Privatrecht nicht umfassend unionsrechtlich geregelt, wie etwa das Recht der landwirtschaftlichen Marktordnung, das Lebensmittelrecht oder das Mehrwertsteuerrecht[59]. Mittlerweile erstrecken sich aber die im Wege sekundärrechtlicher Rechtsakte teilgeregelten Zivilrechtsbereiche sehr weit, z.B.[60] auf das Versicherungsrecht[61], den gewerblichen Rechtsschutz, das Arbeitsrecht, das Handelsvertreterrecht, das Aktienrecht, das Bilanzrecht, das Gesellschaftsrecht, das Verbraucherschutzrecht, das Recht des unlauteren Wettbewerbs, das Internationale Privat- und Zivilprozessrecht und neuerdings das Familien- und Erbrecht[62].

Zu beachten ist insbesondere die Vereinheitlichung auf dem Gebiet des Verfahrensrechts. Sie antwortet auf Rechtsverfolgungs- und Effizienzprobleme bei grenzüberschreitenden Rechtsstreitigkeiten[63]: Das Internationale Verfahrensrecht schreitet[64] mit der EuZVO[65], EuBVO[66], EuVollstr-TitelVO[67], EuInsVO[68], EuMahnVO[69], EuBagatellVO[70], EuMediations-

---

[59] Hinweis von *v. Danwitz*, ZEuP 2010, 463 (464).

[60] Auch die Liste der weiteren Themen ist lang und erstreckt sich vom Umweltschutz, Sozialrecht, Steuerrecht bis hin zum Strafrecht. Zum Themenspektrum etwa *Grabitz/Hilf* (Hrsg.), Das Recht der Europäischen Union, Bd. IV und V, 41. Erg.-Lfg. (2010).

[61] S. dazu noch unten Fußn. 800 und 825.

[62] S. dazu noch kurz im 4. Teil § 3.

[63] Zu traditionellen Strategien (IPR und IZVR) und alternativen Lösungen (*public* sowie *private ordering*) *Rühl*, in: *Bork/Eger/Schäfer* (Hrsg.), Ökonomische Analyse des Verfahrensrechts, 2009, S. 335 (341 ff., 344 ff.).

[64] Bis zum Vertrag von Lissabon auf Grundlage von Art. 65 EG, danach Art. 81 AEUV.

[65] Verordnung (EG) Nr. 1393/2007 des Europäischen Parlaments und des Rates vom 13.11.2007 über die Zustellung gerichtlicher und außergerichtlicher Schriftstücke in Zivil- oder Handelssachen in den Mitgliedstaaten (Zustellung von Schriftstücken) und zur Aufhebung der Verordnung (EG) Nr. 1348/2000 des Rates, ABl.EU 2007 Nr. L 324, S. 79.

[66] Verordnung (EG) Nr. 1206/2001 des Rates vom 28.5.2001 über die Zusammenarbeit zwischen den Gerichten der Mitgliedstaaten auf dem Gebiet der Beweisaufnahme in Zivil- oder Handelssachen, ABl.EU 2001 Nr. L 174, S. 1.

[67] Verordnung (EG) Nr. 805/2004 des Europäischen Parlaments und des Rates vom 21.4.2004 zur Einführung eines europäischen Vollstreckungstitels für unbestrittene Forderungen, ABl.EU 2004 Nr. L 143, S. 15.

[68] Verordnung (EG) Nr. 1346/2000 des Rates vom 29.5.2000 über Insolvenzverfahren, ABl.EU 2000 Nr. L 160, S. 1.

[69] Verordnung (EG) Nr. 1896/2006 des Europäischen Parlaments und des Rates vom 12.12.2006 zur Einführung eines Europäischen Mahnverfahrens, ABl.EU 2006 Nr. L 399, S. 1.

[70] Verordnung (EG) Nr 861/2007 des Europäischen Parlaments und des Rates vom 11.7.2007 zur Einführung eines europäischen Verfahrens für geringfügige Forderungen, ABl.EU 2007 Nr. L 199, S. 1.

RiL[71], EuUnterhaltsVO[72], EuEheKindVO[73], vor allem aber mit der 2001 verabschiedeten EuGVO[74] (als Nachfolger des EuGVÜ aus dem Jahr 1968)[75] auf dem Weg nach Europa voran und ist nun fast vollständig vergemeinschaftet[76]. Dass hier vorrangig das Instrument der Verordnung gewählt wurde, verstärkt die unionsrechtliche Wirkung. Entsprechendes gilt für das IPR angesichts der Rom I-[77] und der Rom II-VO[78] und weiterer Verordnungsvorschläge und Grünbücher[79].

Neben den sich daraus ergebenden Entscheidungs- und Auslegungskompetenzen ist der EU-Gerichtshof auch für verschiedene Konventionen zuständig. So etwa für das am 28.5.1999 in Montreal geschlossene Übereinkommen zur Vereinheitlichung bestimmter Vorschriften über die Beförderung im internationalen Luftverkehr[80], das Bestandteil des Unions-

---

[71] Richtlinie 2008/52/EG des Europäischen Parlaments und des Rates vom 21.5.2008 über bestimmte Aspekte der Mediation in Zivil- und Handelssachen, ABl.EU 2008 Nr. L 136, S. 3.

[72] Verordnung (EG) Nr. 4/2009 des Rates vom 18.12.2008 über die Zuständigkeit, das anwendbare Recht, die Anerkennung und Vollstreckung von Entscheidungen und die Zusammenarbeit in Unterhaltssachen, ABl.EU 2009 Nr. L 7, S. 1.

[73] Oder auch Brüssel IIa-VO: Verordnung (EG) Nr. 2201/2003 des Rates vom 27.11.2003 über die Zuständigkeit und die Anerkennung und Vollstreckung von Entscheidungen in Ehesachen und in Verfahren betreffend die elterliche Verantwortung und zur Aufhebung der Verordnung (EG) Nr. 1347/2000, ABl.EU 2003 Nr. L 338, S. 1.

[74] Auch Brüssel I-VO genannt; Verordnung (EG) Nr. 44/2001 des Rates vom 22.12.2000 über die gerichtliche Zuständigkeit und die Anerkennung und Vollstreckung von Entscheidungen in Zivil- und Handelssachen, ABl.EU 2001 Nr. L 12, S. 1; zur Reform noch 4. Teil § 3.

[75] Brüsseler Übereinkommen über die gerichtliche Zuständigkeit und die Vollstreckung gerichtlicher Entscheidungen in Zivil- und Handelssachen, auch Brüssel I-Übereinkommen, ABl.EG 1972 Nr. L 299, S. 32, ABl.EG 1998 Nr. C 27, S. 1.

[76] S. allein die Kommentare *Kropholler/v. Hein*, Europäisches Zivilprozeßrecht, 9. Aufl. (2011); *Rauscher* (Hrsg.), Europäisches Zivilprozess- und Kollisionsrecht – EuZPR/EuIPR, Bearbeitung 2010/2011; *Geimer/Schütze*, Europäisches Zivilverfahrensrecht, 3. Aufl. (2010); *Geimer/Schütze* (Hrsg.), Internationaler Rechtsverkehr in Zivil- und Handelssachen, 41. Erg.-Lfg. (2011); *Schlosser*, EU-Zivilprozessrecht, 3. Aufl. (2009); *Magnus/Mankowski* (Hrsg.), Brussels I Regulation, 2. Aufl. (2011); s. auch das Schwerpunktheft RabelsZ 73 (2009), 455 ff. (Heft 3).

[77] Verordnung (EG) Nr. 593/2008 des Europäischen Parlaments und des Rates vom 17.6.2008 über das auf vertragliche Schuldverhältnisse anzuwendende Recht, ABl.EU 2008 Nr. L 177, S. 6.

[78] Verordnung (EG) Nr. 864/2007 des Europäischen Parlaments und des Rates vom 11.7.2007 über das auf außervertragliche Schuldverhältnisse anzuwendende Recht. ABl.EU 2007 Nr. L 199, S. 40.

[79] Näher im 4. Teil § 3.

[80] Das Übereinkommen von Montreal wurde am 9.12.1999 von der EG unterzeichnet und mit dem Ratsbeschluss 2001/539/EG, ABl.EG 1999 Nr. L 194, S. 39 genehmigt.

rechts ist und auch vertragsrechtliche Bedeutung entfaltet[81]. All das verdeutlicht, welch umfangreiches Entscheidungswissen der Europäischen Gerichtsbarkeit über das Europäische Privatrecht – im hier verstandenen weiten Sinne – sowie über das dafür grundlegende Europäische Verfahrens- und Kollisionsrecht abverlangt wird.

b) Verschiebung vom völkerrechtlichen zum privatrechtsgesellschaftlichen Integrationsmodell

Damit wendet sich der Blick auf unterschiedliche Entwicklungsstufen. Das Integrationsmodell der Gemeinschaft hat sich von einem anfänglich völkerrechtlichen zu einem gesellschaftlichen gewandelt[82], was zwangsnotwendig auch das Privatrecht erfasst[83]. Infolge der von den Mitgliedstaaten an die EG/EU übertragenen eigenen Hoheitsrechte erfasste das Europarecht im Laufe der Zeit immer weitere Gebiete des politischen, ökonomischen und gesellschaftlichen Lebens. Darum existieren heute kaum noch nationale Bereiche, die nicht auf die eine oder andere Art und Weise im Prozess der Europäisierung vom stets länger und kräftiger werdenden Arm des EU-Rechts[84] erreicht werden. Geschätzt rund 80 % der mitgliedstaatlichen Gesetzgebung im Bereich des Wirtschaftsrechts basiert auf Unionsrecht[85]. Zudem sollen Schuldverträge im Umfang von weit über 50 % des EU-weiten Bruttosozialprodukts vom EU-Privatrecht erfasst sein[86].

Weiter zu nennen sind die Bemühungen des Unionsgesetzgebers, neben einem grenzfreien Binnenmarkt einen Raum der Freiheit, der Sicherheit und des Rechts zu schaffen. Damit gewinnen marktunabhängige „Bürger-

---

[81] S. jüngst zur Haftung von Luftfahrtunternehmen für Schäden, die z.B. durch den Verlust von Reisegepäck eintreten EuGH, Rs. C-63/09, Slg. 2010, I-4239 – *Axel Walz/Clickair SA* (zum Schadensbegriff nach Art. 22 II Montrealer Übereinkommen).

[82] So *Basedow*, in: Festschr. f. Canaris, Bd. I, 2007, S. 43 (46 f.).

[83] Vgl. zum Konzept der Privatrechtsgesellschaft *Franz Böhm* (1895–1977), ORDO 17 (1966), 75 ff.

[84] So, anhand des Strafrechts, *Dawes/Lynskey*, CML Rev. 45 (2008), 131 ff. (ausgehend von Umweltrecht und der Meeresverschmutzung durch Schiffe); weiter *Ambos*, Internationales Strafrecht – Strafanwendungsrecht, Völkerstrafrecht, Europäisches Strafrecht, 2. Aufl. (2008), zum europäischen Strafrecht im Rahmen der EG/EU S. 412 ff. und zur polizeilich-justiziellen Zusammenarbeit im Rahmen der sog. 3. Säule (Art. 29 ff. EU) S. 447 ff.

[85] Einschätzung des Präsidenten der Kommission *Delors* in seiner Rede im Europäischen Parlament am 4.7.1988, Bulletin EG 1988, Nr. 7/8, S. 124. Die Zahl wird auch vom Beschwerdeführer in BVerfGE 89, 155, 173 – *Maastricht* vorgebracht. Zum „80-%-Mythos" *Hoppe*, EuZW 2009, 168; *Rösler*, EJLR 11 (2009), 305 (311 f.); kritisch dagegen *Brouard/Costa/König* (Hrsg.), The Europeanization of Domestic Legislatures – The Empirical Implications of the Delors' Myth in Nine Countries, 2012.

[86] *Grundmann*, NJW 2000, 14 (15).

rechte" an Gewicht und die EU-Gerichtsbarkeit muss in zahlreichen neuen Sachbereichen aktiv werden. Dies ist durch den Wandel der Integration bedingt. Während sie ab 1957 eine Aussöhnung zwischen den Völkern Europas bezweckte, beginnt Ende der achtziger bis Anfang der neunziger Jahre eine neue Phase[87]: In dieser Zeit wird die Integration politisiert.

Seitdem gerät der europäische Bürger verstärkt ins Zentrum der Integrationsbemühungen (wobei im Gegenzug die Integration auch vermehrt Kritik erfährt). Diese positive Integration[88] erstrebt einen Ordnungsrahmen sowohl für den Binnenmarkt als auch den mit der EU ebenfalls verknüpften sozialen Integrationsraum. Hervorzuheben ist davon die 1992 durch den Maastrichtvertrag eingeführte Unionsbürgerschaft (Art. 20–25 AEUV)[89]. Ihre wichtigsten Ausprägungen sind das Verbot jeder Diskriminierung aus Gründen der Staatsangehörigkeit[90] und die unionsrechtliche Freizügigkeit (Art. 21 AEUV)[91], was z.B. beim Berufszugang[92] oder beim Zugang zum Studium im Ausland relevant wird[93].

c) EuGH als Universalgericht versus mitgliedstaatliche Tradition

Der EuGH ist – ähnlich wie der U.S. Supreme Court – ein Universal- oder Einheitsgericht. Hier bündeln sich die letztverbindlichen Auslegungszuständigkeiten für alle unionsgeprägten Rechtszweige[94]. Der EuGH trennt für die Sachmaterien und beim Prozessrecht ebenso wenig wie bei der methodischen Herangehensweise zwischen Verfahren in einer privat- und einer öffentlichrechtlichen Angelegenheit. Über die Gültigkeit und Recht-

---

[87] *Kühnhardt*, European Union – The Second Founding – The Changing Rationale of European Integration, 2. Aufl. (2010), S. 27 ff. spricht von „zweiter Gründung" der EU. Zum Einfluss Europas im Lauterkeitsrecht ab den Neunzigern *Beater*, Unlauterer Wettbewerb, 2011, Rdnr. 435 ff., 438 ff. (Warenverkehrsfreiheit), 612 ff. (Sekundärrecht), 714 ff. (Kollisionsrecht).

[88] Im Gegensatz zur negativen Integration, die auf eine Beseitigung der Grenzen im Binnenmarkt abzielt.

[89] Zur Überlagerung des Marktbürgers durch den Unionsbürger *Reich*, Bürgerrechte in der Europäischen Union, 1999, S. 52 ff., 422 ff.

[90] *Basedow*, IPRax 2011, 109 ff.

[91] *Wollenschläger*, Grundfreiheit ohne Markt – Die Herausbildung der Unionsbürgerschaft im unionsrechtlichen Freizügigkeitsregime, 2007.

[92] So hat der EuGH mit Urteilen vom 24.5.2011 (Rs. C-47/08, C-50/08, C-51/08, C-53/08, C-54/08, C-61/08 und C-52/08 – noch nicht in amtlicher Sammlung veröffentlicht) auf entsprechende Vertragsverletzungsklagen der Kommission hin entschieden, dass ein Staatsangehörigkeitserfordernis für den Zugang zum Notarberuf eine verbotene Diskriminierung darstellt.

[93] EuGH, Rs. C-184/99, Slg. 2001, I-6193 – *Grzelczyk/CPAS*; grundlegend EuGH, Rs. 293/83, Slg. 1985, 593 – *Gravier/Ville de Liège*.

[94] S. *Bork*, RabelsZ 66 (2002), 327 (349): „multifunktionales Gericht"; *Classen*, in: Oppermann/Classen/Nettesheim, Europarecht, 4. Aufl. (2011), § 13, Rdnr. 6.

mäßigkeit von Sekundärrechtsakten, über Schadensersatzforderungen und die verbindliche Auslegung von privatrechtlichen Unionsnormen entscheidet der Gerichtshof grundsätzlich mit den gleichen Verfahrensmitteln und mit der gleichen Herangehensweise[95].

Darin liegt nicht zuletzt wegen des – ursprünglich sehr – begrenzten Rechtsschutzauftrages der EU-Gerichtsbarkeit ein beachtlicher Unterschied zur nationalen Entwicklung und Ausdifferenzierung: Bereits das römische Recht trennte insbesondere den Zivil- vom Strafprozess[96]. Auch die folgenden Rechtsordnungen halten in römischer Tradition und ungeachtet der verschiedenen Rechtskreise[97] an der Sonderbehandlung des Zivilrechts fest. Dabei wurde das „gelehrte Verfahren" auf Grundlage des römisch-kanonischen Verfahrens, wie es sich im Oberitalien des Hoch- und Spätmittelalters entwickelt hatte, zunehmend anderenorts übernommen[98].

Um die nationale Entwicklungslinie kurz fortzuführen: Für das Zeitalter des Liberalismus war der französische Code de procédure civile von 1806 vorbildgebend[99]. Das war auch der Fall, weil die Bedeutung und die Zahl von Zivilverfahren durch das Hervortreten der Bürgerschicht als politische Kraft im 18. Jahrhundert und im Zuge der stärkeren Wirtschaftsentwicklung und -verflechtung zunahmen[100].

---

[95] *Münzberg*, in: *Grunsky/Stürner/Walter/Wolf*, S. 69 (71); ausführlich *Franzen*, Privatrechtsangleichung durch die Europäische Gemeinschaft, 1999, S. 445 ff., 456 ff.

[96] Vgl. *Kaser/Hackl*, Das römische Zivilprozeßrecht, 2. Aufl. (1997); *Metzger*, A New Outline of the Roman Civil Trial, 1997; zur Entwicklung des Zivilprozessrechts (bis zu den Reichsjustizgesetzen) *Rosenberg/Schwab/Gottwald*, Zivilprozessrecht, 17. Aufl. (2010), § 4, Rdnr. 1 ff.

[97] Dazu – auch in entwicklungsgeschichtlicher Hinsicht – *Stürner*, in: Festschr. f. Schumann, 2001, S. 491 ff.; *van Rhee* (Hrsg.), European Traditions in Civil Procedure, 2005 sowie im 4. Teil § 3.

[98] Näher *Schlosser*, Grundzüge der Neueren Privatrechtsgeschichte – Rechtsentwicklungen im europäischen Kontext, 10. Aufl. (2005), S. 62.

[99] *Endres*, Die französische Prozessrechtslehre vom Code de procédure civile (1806) bis zum beginnenden 20. Jahrhundert, 1985; *Grilli*, Die französische Justizorganisation am linken Rheinufer 1797–1803, 1998; s. auch *Döhring*, Geschichte der deutschen Rechtspflege seit 1500, 1953.

[100] S. umfangreich zur Zivilprozessstatistik seit dem 19. Jahrhundert *Wollschläger*, in: *Blankenburg* (Hrsg.), Prozessflut? Studien zur Prozesstätigkeit europäischer Gerichte in historischen Zeitreihen und im Rechtsvergleich, 1989, S. 21 ff., der auf S. 100 warnt: „Urbanisierung und Industrialisierung, Verrechtlichung und Entfremdung in den Sozialbeziehungen, die sich in sozialphilosophischer Reflexion schnell als Interpretationsmuster anbieten, sind als solche gewiß wirksam gewesen. Sie genügen aber nicht, um die großen Divergenzen des säkularen Verlaufs in den europäischen Ländern zu erklären." S. zum Streben nach Prozessbeschleunigung und Verfahrensgliederung im Zivilprozessrecht des 19. Jahrhunderts *Schubert*, ZRG Germ. Abt. 85 (1968), 127 ff.

Über diese Differenzierung geht die Unionsgerichtsbarkeit – wie gesagt – hinweg, indem sie ohne Bruch über die verschiedenen Materien entscheidet und in verschiedenen Funktionen tätig wird. Eine sachliche Ausdifferenzierung, wie sie das deutsche Gerichtsverfassungsrecht besonders ausgeprägt kennt[101], ist der Unionsjustiz fremd[102]. Trotz allem muss der EU-Gerichtshof methodisch wie auch sachlich derzeit noch als primär öffentlich- bzw. verwaltungsrechtliches Gericht eingestuft werden. Dies gilt nicht zuletzt aufgrund seiner ursprünglichen Konzeption. Sein Vorgänger wurde durch den Vertrag von Paris für die Europäische Gemeinschaft für Kohle und Stahl (EGKS) im Jahr 1952 geschaffen[103]. Damit jedoch ein effektiver und akzeptabler Übergang zu einem Zivilgericht glückt, bedarf es angesichts der im vorliegenden Teil noch aufzuzeigenden Herausforderungen einer neuen Perspektive auf die Unionsgerichtsbarkeit und einer Neubestimmung der Bedingungen für „judicial governance"[104].

d) Weiter steigende Bedeutung des EuGH als Zivilgericht

Mit dem normbasierten Ansatz einer Marktförderung durch Rechtsangleichung ist nicht nur eine strukturelle Stärkung der Europäischen Gerichtsbarkeit verbunden[105]. Die seit dem Binnenmarktprogramm verstärkte Regulierung und Harmonisierung, die zunehmend Fragen des Zivilrechts berührt, schlägt sich auch in den Vorlagethemen nieder[106]. In den siebziger

---

[101] S. dagegen die Generalklausel des § 13 GVG, wonach die Zivilgerichte v.a. in allen bürgerlichen Rechtsstreitigkeiten zuständig sind; im vorliegenden Vergleichskontext *Bork*, RabelsZ 66 (2002), 327 (348).

[102] *Hatje*, DRiZ 2006, 161 (162); zum EuGöD dagegen noch im 3. Teil § 1 II.

[103] Näher unten 3. Teil § 1 I.

[104] S. für eine Gegenüberstellung des EuGH als Governance-Akteur mit der europäischen Rechtsgemeinschaft als Governance-Kontext *Frerichs*, Judicial Governance in der europäischen Rechtsgemeinschaft – Integration durch Recht jenseits des Staates, 2008, S. 59 ff., 129 ff.; zu den Wechselwirkungen von Governance-Strukturen, Mobilisierung und Rechtsstreitigkeiten s. die Grafik von *Cichowski*, The European Court and Civil Society – Litigation, Mobilization and Governance, 2007, S. 21; zur „judicial governance" im Europäischen Privatrecht (aus verfassungstheoretischer Sicht) *Lehmann*, in: *Furrer* (Hrsg.), Europäisches Privatrecht im wissenschaftlichen Diskurs, 2006, S. 213 ff.

[105] S. etwa *Kelemen*, Comparative Political Studies 39 (2006), 101 ff., der zudem von einem „Adversarial Legalism" spricht, der sich mit der Vollendung des Binnenmarktes entwickelt habe.

[106] Privatrechtliche Fälle lassen sich nur schwer herausrechnen. Für eine allgemeine statistische Untersuchung der Entwicklung von 1958 bis 1998 s. den Datensatz von *Stone Sweet/Brunell*, ELJ 6 (2000), 117 (121), die u.a. den Anstieg der Bereiche Rechtsangleichung, Steuerrecht, Umwelt und Wettbewerb sowie den Rückgang in den Bereichen Landwirtschaft und freier Warenverkehr nachweisen (S. 124). Die Daten von 1958 bis 2005 sind zu finden in dem Dokument „Litigating the Treaty of Rome: The

Jahren, als die Zahl der Verfahren zunahm, waren zwei Materien dominierend: das Landwirtschaftsrecht und die Warenverkehrsfreiheit[107].

Heute dagegen kommen laut dem Jahresbericht 2010 des EU-Gerichtshofs die meisten Verfahrensgegenstände bei den Vorabentscheidungsersuchen aus folgenden Bereichen: Steuerrecht mit 57 Verfahren, Sozialpolitik (mitsamt Arbeitsrecht) mit 40, Umwelt und Verbraucherrecht[108] mit 26 bzw. 9, Raum der Freiheit, der Sicherheit und des Rechts mit 38, freier Dienstleistungsverkehr mit 38, Landwirtschaft mit 20, geistiges Eigentum mit 19 und Rechtsangleichung mit 16 Verfahren. Weitere hier relevante Bereiche waren u.a. Verkehr (11 Verfahren), Freizügigkeit (10), freier Warenverkehr (5), Niederlassungsfreiheit (5), Wettbewerb (5), freier Kapitalverkehr (3), staatliche Beihilfen (4), Unionsbürgerschaft (2) und Unternehmensrecht (1)[109]. Hierin werden vielfältige Fragen des Privatrechts berührt[110].

Dies bestätigt ein Blick auf die Verfahren im Bereich der Rechtsangleichung, die von anfänglich 1 % aller Vorlagen auf über 9 % gestiegen sein dürften[111]. Weiter belegt wird die Zunahme durch die jährlich umfang-

---

European Court of Justice and Articles 226, 230, and 234" von *Stone Sweet/Brunell*, das über die „New Modes of Governance Project"-Webseite www.eu-newgov.org erhältlich ist. Für Statistiken über Gerichtszweige und Rechtsgebiete s. *Gündisch/Wienhues*, Rechtsschutz in der Europäischen Union – Ein Leitfaden für die Praxis, 2. Aufl. (2003), S. 120 ff.; *Dauses*, in: *ders.*, EU-Wirtschaftsrecht, Abschnitt P. V.

[107] *Stone Sweet/Brunell*, Note on the Data Sets, 2008, S. 8 f. (erhältlich über die vorstehend genannte Webseite).

[108] Die Statistik führte dies bis 2009 leider zusammen auf – wohl aus dem Grund, da Verbraucher- und Umweltschutz gemeinsame rechtspolitische Anfänge aufweisen; hierzu *Rösler*, ZfRV 2005, 134 (140 ff.).

[109] Die Zahlen schwanken von Jahr zu Jahr beträchtlich. Im Jahr 2009 kamen die meisten Verfahrensgegenstände aus diesen Bereichen: Steuerrecht mit 44 Verfahren, Umwelt und Verbraucherrecht (die Statistik für 2009 führt dies noch zusammen auf) mit 33, Sozialpolitik mit 26, Landwirtschaft mit 23, Raum der Freiheit, der Sicherheit und des Rechts mit 17, geistiges Eigentum mit 14, freier Dienstleistungsverkehr mit 16 und Rechtsangleichung mit 12 Verfahren. Weitere relevante Bereiche waren u.a. freier Warenverkehr (10 Verfahren), Niederlassungsfreiheit (9), Unionsbürgerschaft (8), freier Kapitalverkehr (6), Freizügigkeit (6), staatliche Beihilfen (5), Wettbewerb (5), Verkehr (4) und Unternehmensrecht (3).

[110] Überblicke etwa bei *Harmathy*, ERPL 18 (2010), 429 ff. sowie bei den Nachweisen oben in Fußn. 57.

[111] 1958 bis 1975: 1 % aller Vorlagen; 1976 bis 1980: 1,9 %; 1981 bis 1985: 4,9 %; 1986 bis 1990: 3,8 %; 1991 bis 1995: 5,2 %; 1996 bis 2000: 7,9 %; 2001 bis 2005: 8,8 %. Angaben nach *Stone Sweet/Brunell*, Litigating the Treaty of Rome: The European Court of Justice and Articles 226, 230, and 234, 2008, S. 27 (über www.eu-newgov.org erhältlich).

reicher werdenden ZEuP-Berichte[112]. In den letzten drei, für die Jahre 2008, 2009 und 2010 jeweils vorgelegten ZEuP-Berichten werden 29, 25 bzw. 34 – wohlgemerkt – ausgewählte EuGH- und EuG-Urteile erörtert, wohingegen es 1994 nur sechs waren. Zu beachten ist auch, dass die EU-Rechtsakte zum Internationalen Zivilprozessrecht (insbesondere zur EuGVO) nicht berücksichtigt wurden[113].

Die Wissenschaft vom Europäischen Privatrecht unterstützt die Entwicklung und Sichtbarkeit des Themenbereichs. Als Startpunkte des Rechtsgebiets lassen sich gesetzgeberisch die Verabschiedung der Klauselrichtlinie 93/13/EWG und akademisch die ZEuP (aus Deutschland) und der ERPL (aus den Niederlanden) ausmachen, die beide im Jahre 1993 ins Leben gerufen wurden[114]. Die heutige Spannbreite des Themas bezeugt das Handwörterbuch des Europäischen Privatrechts von 2009, das mit seinen rund 460 Stichwortartikeln eine Grundlage für die Systematisierung des Europäischen Privatrechts legt[115].

Die systematischen Beiträge des EuGH zum Europäischen Privatrecht sind bislang noch beschränkt, was u.a. auf dem fragmentarischen Charakter der entsprechenden Rechtsangleichungsmaßnahmen beruht[116]. Mit zunehmender Verdichtung ist eine solche Qualität der Beiträge des EU-Gerichtshofs fraglos steigerungsfähig und vor allem steigerungsbedürftig[117]: Der EU-Gerichtshof hat nicht nur das unvollständige Primärrecht mit seinen unbestimmten, offenen und ergänzungsbedürftigen Formulierungen auszufüllen[118], sondern auch – in kleinerer Münze – die unklar ge-

---

[112] Für 2008: *Kohler/Knapp*, ZEuP 2010, 620 ff.; für 2009: *Kohler/Seyr/Puffer-Mariette*, ZEuP 2011, 145 ff.; für 2010: *dies.*, ZEuP 2011, 874 ff.; s. weiter zum IPR den Jahresbericht für 2011 *Mansel/Thorn/Wagner*, IPRax 2012, 1 ff.; zum EU-Zivilprozessrecht für 2010 *Sujecki*, EuZW 2011, 287 ff.; zu dreißig Entscheidungen über die EuGVO aus 2009 und 2010 *Wittwer*, ZEuP 2011, 636 ff.; zum Arbeitsrecht für 2010 *Junker*, RIW 2010, 97 ff.

[113] *Basedow*, AcP 210 (2010), 157 (158).

[114] Sodann im Jahr 1998: Europa e diritto privato (Italien); 2005: ERCL (Deutschland); 2010: JETL (Österreich); s. weiter zur Entwicklung des Forschungsbereichs *Zimmermann*, Colum. J. Eur. L. 1 (1994/1995), 63 ff.; *Rösler*, KritV 2002, 392 (400); weiter die Definition des Unionsprivatrechts von *Basedow*, in: *ders./Hopt/Zimmermann* (Hrsg.), Handwörterbuch des Europäischen Privatrechts, Bd. I, 2009, S. 680 ff.

[115] *Basedow/Hopt/Zimmermann* (Hrsg.), Handwörterbuch des Europäischen Privatrechts, 2009; englische Ausgabe *dies.* (Hrsg.), Max Planck Encyclopedia of European Private Law, 2012.

[116] *v. Danwitz*, ZEuP 2010, 463 (473 ff.); positiver zur in der Tat systembildenden Rechtsprechung des EuGH im Bereich des Urheberrechts *Metzger*, GRUR 2012, 118 (121 ff.).

[117] *Basedow*, AcP 210 (2010), 157 ff.; s. auch *Mak*, ZEuP 2010, 129 ff.

[118] *Pitarakis/Tridimas*, European Journal of Law and Economics 16 (2003), 357 (360); näher zum „incomplete contracting" *Höreth*, S. 114.

bliebenen Sekundärrechtsakte. Allerdings steht es dem EU-Gesetzgeber und grundsätzlich nicht dem EU-Gerichtshof zu, rechtspolitische Wertentscheidungen auf dem Gebiete des Zivilrechts zu treffen und Anspruchsinstitute zu schaffen[119].

Mit Blick auf die Verfahrensgegenstände: Selbst wenn bislang die meisten Vorlagen von Verwaltungsgerichten stammten (und im Fall Deutschlands von Gerichten der Finanzgerichtsbarkeit)[120], ist fraglos verstärkt mit Vorlagen der ordentlichen Gerichtsbarkeit[121] zu rechnen[122]. Vermehrt werden dabei Vorabentscheidungen nicht mehr nur zu den zivilrechtlichen Nebengebieten (wie etwa dem Gesellschafts- und Arbeitsrecht), zu Fragen der Warenverkehrsfreiheit oder zur verspäteten Richtlinienumsetzung eingeholt, sondern auch zu materiellen Kernbereichen des Bürgerlichen Rechts[123].

II. Ambivalenzen zwischen Legalitätskontrolle und Individualrechtsschutz

1. Besonderheiten des Zivilvorlageverfahrens im arbeitsteiligen System von Rechtsbehelfen

Der EuGH geht in ständiger Rechtsprechung und unter Betonung des Zugangs zu den Gerichten davon aus, der Vertrag habe ein „umfassendes"[124] sowie „vollständiges System von Rechtsbehelfen und Verfahren geschaffen, das die Kontrolle der Rechtmäßigkeit der Handlungen der Organe dadurch gewährleisten soll, dass damit der Gemeinschaftsrichter betraut wird"[125]. Der EuGH bezieht die These der Vollständigkeit wohl-

---

[119] v. Danwitz, ZEuP 2010, 463 (475 f.), der dazu auf die Verbraucherschutzrichtlinien abhebt; vgl. zu verbraucherfreundlichen Auslegung im EU-Recht Rösler, RabelsZ 71 (2007), 495 ff.; zur handelsvertreterfreundlichen Auslegung Bodnár, GPR 2010, 94 ff. (Besprechung von EuGH, Rs. C-348/07, Slg. 2009, I-2341 – Semen).

[120] Unten Tabelle 7 (im 3. Teil); Dauses, in: ders., EU-Wirtschaftsrecht, P. Gerichtsbarkeit der EU – Einführung, Rdnr. 249.

[121] Vgl. zum Strafrecht Giudicelli-Delage/Manacorda (Hrsg.)/Tricot (Koord.), Cour de justice et justice pénale en Europe, 2010 (daraus etwa zu den Gerichtsarchitekturen Nieto Martin, S. 271 ff.).

[122] Das entspricht dem allgemeinen Trend; vgl. Schepel/Blankenburg, in: de Búrca/Weiler (Hrsg.), The European Court of Justice, 2001, S. 9 (33), die für die Jahre 1965 bis 1995 in Fünfjahresschritten zwischen Verwaltungs-, Zivil- und Strafrecht aufschlüsseln.

[123] Bereits Hirte, Wege zu einem europäischen Zivilrecht, 1996, S. 42.

[124] EuGH, Rs. 294/83, Slg. 1986, 1339, Rdnr. 23 – Les Verts/Parlament: Mit dem Vertrag „ist ein umfassendes Rechtsschutzsystem geschaffen worden, innerhalb dessen dem Gerichtshof die Überprüfung der Rechtmäßigkeit der Handlungen der Organe übertragen ist." S. auch Schwarze, in: ders./Becker/Hatje/Schoo (Hrsg.), EU-Kommentar, 2. Aufl. (2009), Art. 220 EGV, Rdnr. 3 m. w. Nachw.

[125] EuGH, Rs. C-131/03 P, Slg. 2006, I-7795, Rdnr. 80 – Reynolds Tobacco/Kommission; ebenfalls Rs. C-50/00 P, Slg. 2002, I-6677, Rdnr. 40 – Unión de Pequeños

gemerkt nicht nur auf die Nichtigkeitsklage nach Art. 263 AEUV (ex-Art. 230 EG)[126] und die Inzidentrüge der Unanwendbarkeit eines Rechtsakts nach Art. 277 AEUV (ex-Art. 241 EG), sondern auch auf das Vorabentscheidungsverfahren[127]. Von einer Vollständigkeit des Unionsrechtsschutzes kann unter dem Gesichtspunkt des effektiven Individualrechtsschutzes aber nur die Rede sein, wenn man die mitgliedstaatliche Gerichtsbarkeit komplementär hinzudenkt[128].

Die vom EuGH stets betonte[129] Arbeitsteilung entspricht dem gliedschaftlichen Charakter der Union[130], den seit dem Vertrag von Lissabon auch Art. 19 I UAbs. 2 EUV bekräftigt. Hiernach haben die Mitgliedstaaten die erforderlichen Rechtsbehelfe zu schaffen, um einen wirksamen Rechtsschutz in den vom Unionsrecht erfassten Bereichen zu gewährleisten[131]. Zugleich wurde damit der Grundsatz der Dezentralität des Rechtsschutzes verfassungsrechtlich anerkannt[132]. Die ordentliche Gerichtsbarkeit ist auch für Streitgegenstände zuständig, bei denen die streitentschei-

---

Agricultores (UPA)/Rat; Gutachten 1/09, GRUR Int. 2011, 309, Rdnr. 70 (noch nicht in amtlicher Sammlung veröffentlicht).

[126] Zu den Grenzen der Vollständigkeit des Klagesystems (insbesondere im Zusammenhang mit der beschränkten Klagebefugnis des Einzelnen bei der Nichtigkeitsklage) s. *Lenaerts*, in: Scritti in onore di Giuseppe Federico Mancini, Bd. II, 1998, S. 591 (603 f., 617 ff.); *Donnat*, Contentieux communautaire de l'annulation, 2008.

[127] EuGH, Rs. 294/83, Slg. 1986, 1339, Rdnr. 23 – *Les Verts/Parlament*.

[128] *Gundel*, in: *Ehlers* (Hrsg.), Europäische Grundrechte und Grundfreiheiten, 2009, § 20, Rdnr. 24; *Ottaviano*, Der Anspruch auf rechtzeitigen Rechtsschutz im Gemeinschaftsprozessrecht, 2009, S. 84.

[129] Z.B. EuGH, Rs. C-50/00 P, Slg. 2002, I-6677, Rdnr. 41 – *Unión de Pequeños Agricultores (UPA)/Rat*: „Es ist somit Sache der Mitgliedstaaten, ein System von Rechtsbehelfen und Verfahren vorzusehen, mit dem die Einhaltung des Rechts auf effektiven gerichtlichen Rechtsschutz gewährleistet werden kann." Ebenso Rs. C-263/02 P, Slg. 2004, I-3425, Rdnr. 31 – *Kommission/Jégo-Quéré*; EuGH, Rs. C-229/05 P, Slg. 2007, I-439, Rdnr. 109 – *PKK und KNK/Rat*. Die Rechtssache *UPA* (s. aber auch EuGH, Gutachten 2/94, Slg. 1996, I-1759, 1789 – *EMRK*) wird als Ausdruck einer bewussten Zurückhaltung in verfassungsrechtlichen Fragen gesehen, die in jüngerer Zeit einsetzte, s. *Mayer*, in: *Grabitz/Hilf/Nettesheim*, Art. 19 EUV, Rdnr. 76.

[130] *Everling*, in: *Weidenfeld* (Hrsg.), Reform der Europäischen Union – Materialien zur Revision des Maastrichter Vertrages 1996, 1995, S. 256 (257).

[131] So auch *Hatje/Klindt*, NJW 2008, 1761 (1767): „Zwar galt dieser Grundsatz bereits als ungeschriebenes Recht. Seine ausdrückliche Anerkennung unterstreicht indes den kooperativen Charakter der europäischen Gerichtsverfassung." Zum Gebot des effektiven Rechtsschutzes als zentrale Vorgabe des Unionsrechts *Heinze*, EuR 2008, 654 (656 ff.); für den Bereich der Richtlinie 93/13 über missbräuchliche Klauseln in Verbraucherverträgen *Metzger*, ZEuP 2004, 153 (zu EuGH, Rs. C-473/00, Slg. 2002, I-10875 – *Cofidis SA/Jean-Louis Fredout*); ferner *Tonne*, Effektiver Rechtsschutz durch staatliche Gerichte als Forderung des europäischen Gemeinschaftsrechts, 1997.

[132] *Wegener*, EuR-Beih 3/2008, 45 (49), der begrüßend den Zusammenhang mit der Subsidiarität betont, aber auch auf die ungelösten Probleme hinweist (49 ff.).

denden Normen dem Unions(privat)recht entstammen. Der Grundsatz der Dezentralität zeigt sich in der Zuständigkeit der mitgliedstaatlichen Gerichte für die Entscheidung über die konkrete Zivilsache, während der EuGH als Spezialgericht nur über die entscheidungsrelevanten Unionsfragen befindet[133]. An diesen Grundsätzen ändert auch die Aufnahme der Rechtsschutzgarantie in Art. 47 GRCh nichts[134].

Das Vorlageverfahren ist somit nicht in eine hierarchische Gerichtsstruktur eingebunden. Der EU-Gerichtshof ist kein instanziell verzahnter und kontrollierender „Supreme Court" oder Bundesgerichtshof. Der EU-Gerichtshof hat damit anders als der EGMR[135] nicht das Modell des Instanzenzuges übernommen[136]: Stellt der Menschrechtsgerichtshof der 47 EMRK-Staaten – nach Erschöpfung der nationalen Rechtsmittel – einen Verstoß fest, wird der nationale (Zivil-)Prozess wieder aufgenommen. Dagegen wird bei der Richtervorlage nach dem AEUV der laufende, aber auch unterinstanzliche Prozess bis zum EuGH-Entscheid ausgesetzt.

Konzeptionell ist die Richtervorlage mit verschiedenen innerstaatlichen Vorlageverfahren aus den USA[137], Frankreich[138] und Deutschland[139] zur

---

[133] S. *Everling*, in: *Weidenfeld*, S. 256 (258).

[134] So *Wegener*, EuR-Beih 3/2008, 45 (49). Die Charta-Erläuterungen (ABl.EU 2007 Nr. C 303, S. 17), die als Anleitung für deren Auslegung verfasst wurden und „von den Gerichten der Union und der Mitgliedstaaten gebührend zu berücksichtigen" sind (Art. 52 VII GRCh), formulieren zu Art. 47 GRCh: „Die Übernahme dieser Rechtsprechung des Gerichtshofs [meint v.a. EuGH, Rs. 222/84, Slg. 1986, 1651 – *Johnston*] in die Charta zielte nicht darauf ab, das in den Verträgen vorgesehene Rechtsschutzsystem und insbesondere nicht die Bestimmungen über die Zulässigkeit direkter Klagen beim Gerichtshof der Europäischen Union zu ändern" (aaO, S. 29).

[135] Vgl. dazu die institutionellen Vorschriften Art. 19–51 EMRK; zur Entwicklung des Gerichts- und Rechtsschutzsystems der EMRK *Karper*, Reformen des Europäischen Gerichts- und Rechtsschutzsystems, 2010, S. 94 ff.

[136] *Schumann*, in: *Roth*, S. 197 (214, 216, 241). Der EGMR übt eine Kontrollfunktion gegenüber den nationalen Gerichten aus; s. zum Umfang der Bindungswirkung BVerfGE 111, 307 (315 ff.) – *Görgülü/EGMR-Entscheidungen*; *Schumann*, aaO, S. 215.

[137] Das US-Recht kennt ein „umgekehrtes Gegenstück" zu Art. 267 AEUV (*Halberstam*, RabelsZ 66 (2002), 216 [242]): Die Mehrheit der einzelstaatlichen Verfahrensrechte ermöglicht die Vorlage eines Bundesgerichts an das Höchstgericht des jeweiligen Einzelstaates, dessen Recht das Bundesgericht in *diversity*-Fällen anzuwenden hat. Der U.S. Supreme Court betont in *Lehman Brothers v. Schein*, 416 U.S. 386 (391) (1974) die Vorteile solcher *certified questions*: „save[s] time, energy, and resources and helps build a cooperative judicial federalism". Die Vorlage eines Federal Court of Appeals zum Supreme Court nach 28 U.S.C. § 1254 (2) erfolgt dagegen nur äußerst selten; *Schack*, Einführung in das US-amerikanische Zivilprozessrecht, 4. Aufl. (2011), Rdnr. 7 in Fußn. 15; *Piekenbrock*, EuR 2011, 317 (318).

[138] Frankreich kennt seit 1991 ein Vorlageverfahren in Zivilsachen (*saisine pour avis*), wonach sich Instanzgerichte bei höchstrichterlich ungeklärten Rechtsfragen an die Cour de cassation wenden können; *Bruns*, JZ 2011, 325 (327). Zur Vorlage nach Art. 61-1 Constitution bereits oben Fußn. 4.

Beantwortung von Rechtsfragen verwandt – seien sie verfassungsrechtlicher Natur oder der ordentlichen Gerichtsbarkeit zuzuordnen[140]. Die jedoch internationale und auch im Umfang innovative Richtervorlage nach Art. 267 AEUV hat in Europa und darüber hinaus Einfluss ausgeübt, wenngleich in unterschiedlichem Umfang[141]: Vom Benelux-Gerichtshof[142], dem Gerichtshof der Europäischen Freihandelsassoziation[143] (für die EFTA-Staaten Liechtenstein, Norwegen und noch Island), dem Mercosur-Gericht[144] bis hin zum Andengerichtshof[145] erstreckt sich die Beeinflussung.

Das Vorabentscheidungsverfahren beginnt und endet bei dem jeweiligen nationalen Gericht[146], bei dem ein *inter partes*-Verfahren auf dem Gebiet des Zivilrechts anhängig ist[147] und das nach dem nationalen Verfahrens-

---

[139] S. etwa die Divergenz- und Grundsatzvorlage nach § 132 II und IV GVG, das RsprEinhG und die konkrete Normenkontrolle auf Richtervorlage nach Art. 100 GG.

[140] Zu denken ist auch an das British Law Ascertainment Act 1859, wonach ein Commonwealth-Gericht ein anderes Gericht des Commonwealth um Feststellung des ausländischen Rechts bitten kann; zum Beweis des ausländischen Rechts durch solche und ähnliche Vorlagen s. *Spigelman*, L.Q.R. 127 (2011), 209 ff.; *Edward*, E.L. Rev. 19 (1995), 539 (544 in Fußn. 28).

[141] Auch für den IGH wurde in der Wissenschaft die Einführung eines Vorabentscheidungsverfahrens diskutiert; dazu *Plender*, EJIL 2 (1991), 1 (13 ff.).

[142] 1965 durch Vertrag geschaffen, der 1974 in Kraft getreten ist. *Dumon*, La Cour de Justice Benelux, 1980.

[143] Für einen Vergleich der beiden Vorlageverfahren und deren Einflüsse auf das norwegische und deutsche Zivilverfahrensrecht s. *Fredriksen*, Europäische Vorlageverfahren und nationales Zivilprozessrecht, 2009, S. 5 ff.; dazu, dass der 1994 eingerichtete EFTA-Gerichtshof auch der Rechtsprechung des EuGH zu den Umständen einer Vorlageberechtigung folgt (und zwar: Gerichtsdefinition; keine hypothetische Frage, aber weites Ermessen des nationalen Gerichts) s. *Broberg/Fenger*, S. 16 f.; weiter *Baudenbacher*, Ford. Int'l L. 28 (2005), 353 ff.

[144] *Olivares Tramón*, Das Vorabentscheidungsverfahren des EuGH als Vorbild des MERCOSUR – Die Förderung einer effektiveren Gerichtsbarkeit im MERCOSUR, 2006, S. 196 ff.; zur Reform des Streitbeilegungssystems *Schmidt*, EuZW 2005, 139 ff.; zur ersten Entscheidung des ständigen Mercosur-Gerichts *Piscitello/Schmidt*, EuZW 2006, 301 ff.; *Samtleben*, IPRax 2008, 52 ff.; weiter *Samtleben*, in: *ders.* (Hrsg.), Rechtspraxis und Rechtskultur in Brasilien und Lateinamerika, 2010, S. 220 ff.

[145] Zum Andengerichtshof und der Andenrechtsordnung aufgrund des Abkommens von Cartagena vom 26.5.1969 und als Exportprodukt der EU s. *Marwege*, Der Andengerichtshof – Das Rechtsschutzsystem des Andenpaktes mit vergleichenden Bezügen zum Recht der Europäischen Gemeinschaft, 1995; *Helfer/Alter*, N.Y.U. J. Int'l L. & Pol. 41 (2009), 871 ff.

[146] *Costello*, Dublin University Law Journal 21 (1999), 40 (62).

[147] S. *Hess*, § 12, Rdnr. 4; *Middeke*, in: *Rengeling/Middeke/Gellermann*, § 10, Rdnr. 12.

recht – wie gesagt – zur Entscheidung ausgesetzt wird[148]. Im deutschen Zivilprozess[149] erfolgt die Vorlage mit Beschluss[150] analog § 148 ZPO[151]. Das Vorlageverfahren ist ein objektives und nicht-kontradiktorisches[152] Zwischenverfahren[153], weshalb es als Instrument einer zusammenarbeitenden Rechtsklärung fungiert[154].

Der fallveranlasste Entscheid des EU-Gerichtshofs wirkt anders als beim EFTA-Gerichtshof wie ein verbindliches[155] Rechtsgutachten[156] über die Spezialmaterie „Unionsrecht"[157]. Anders gewendet handelt es sich um ein Urteil wie in einem objektiven Feststellungsverfahren[158], wobei die schwebende Rechtssache erst im nationalen Forum, das auch über die Fakten befindet, rechtskräftig beendet wird.

Die Entscheidung des EU-Gerichtshofs ist darum nicht an die Parteien gerichtet, sondern an das vorlegende Gericht. Vorabentscheidungsverfahren sind gerade kein Rechtsbehelf für die Parteien[159]. Außerdem können die Parteien nach einer Vorlage nicht mehr auf die Sachverhaltsschilderung einwirken[160]. Das Zutreffen des geschilderten Sachverhalts wird vom

---

[148] Art. 23 I Satzung des Gerichtshofs; s. auch *Schmidt*, in: Festchr. f. Lüke, 1997, S. 721 ff.; *Hummrich*, DRiZ 2007, 43 ff.

[149] In anderen Ländern, etwa Frankreich und Italien, hat die Vorlageentscheidung dagegen die Form eines Urteils, *Dauses*, S. 124.

[150] Dazu *Rosenberg/Schwab/Gottwald*, § 18, Rdnr. 31 ff.

[151] Bzw. nach § 94 VwGO. *Hess*, § 12, Rdnr. 43; *Hakenberg*, DRiZ 2000, 345 (346); s. weiter zur Aussetzung analog § 148 ZPO, wenn ein Vorlageverfahren zur gleichen Rechtsfrage anhängig ist *Stadler*, in: *Musielak* (Hrsg.), Kommentar zur Zivilprozessordnung mit Gerichtsverfassungsgesetz, 8. Aufl. (2011), § 148, Rdnr. 16; vgl. dazu auch BGHZ 162, 373 (378).

[152] Ebenso wie das Gutachtenverfahren (Art. 218 XI AEUV). Kontradiktorisch sind dagegen z.B. das Vertragsverletzungsverfahren, die Nichtigkeits- und Untätigkeitsklage (Art. 258, 259; Art. 263; Art. 265 AEUV).

[153] *Hess*, § 12, Rdnr. 4; *Dauses*, Das Vorabentscheidungsverfahren nach Artikel 177 EG-Vertrag, 2. Aufl. (1995), S. 39. *Huber*, in: *Merten/Papier*, § 172, Rdnr. 29 spricht von einem „weitgehend verselbständigtem Verfahrensabschnitt".

[154] *Wägenbaur*, Art. 23 Satzung EuGH, Rdnr. 2.

[155] Dagegen stellen die Entscheidungen des EFTA-Gerichtshofs nach Art. 34 ÜGA unbindende Rechtsgutachten dar; s. *Fredriksen*, S. 234 ff.

[156] *Grigoleit*, AcP 210 (2010), 354 (390).

[157] Zum EuGH als „Sondergerichtsbarkeit" im Verhältnis zur ordentlichen deutschen Ziviljustiz s. *Basse*, Das Verhältnis zwischen der Gerichtsbarkeit des Gerichtshofes der europäischen Gemeinschaften und der deutschen Zivilgerichtsbarkeit, 1967, S. 89 ff.

[158] *Middeke*, in: *Rengeling/Middeke/Gellermann*, § 10, Rdnr. 12.

[159] Zu letzterem EuGH, Rs. 283/81, Slg. 1982, 3415, Rdnr. 9 – *C.I.L.F.I.T./Ministero della Sanità*; zur Einfügung des Vorabentscheidungsverfahrens in das deutsche Zivilprozessrecht *Brück*, Das Vorabentscheidungsverfahren vor dem Europäischen Gerichtshof als Bestandteil des deutschen Zivilprozesses, 2001, S. 127 ff.

[160] *Albors-Llorens*, Private Parties in European Community Law – Challenging Community Measures, 1996, S. 189.

EuGH nicht geprüft, da dies außerhalb seiner Kompetenzen liegt[161]. Der nationale Richter ist ohne Einfluss der Parteien[162] teils beim „Ob"[163], vor allem aber beim „Wie" Souverän seines Vorabentscheidungsersuchens[164], d.h. bei der Auswahl der Vorlagefragen und deren Gestaltung[165].

2. *Zugang des Einzelnen zur EU-Gerichtsbarkeit über die anderen Verfahrensarten*

Der erreichte Stand des EU-Privatrechts mit vielfältigen materiellen Auswirkungen auf subjektive Rechtspositionen wirft die Frage nach der prozessualen Stellung des Einzelnen auf. Das wird nachfolgend anhand des Systems der Verfahrensarten untersucht. Eine umfassende Zuständigkeit der Europäischen Gerichtsbarkeit besteht dabei nicht, schließlich sind der EuGH und die nationalen Gerichte nicht in einem einheitlichen Justizsystem verknüpft. Dennoch unterliegen die Organe der EU und der Mitgliedstaaten wegen ihrer rechtsstaatlichen Bindung der gerichtlichen Kontrolle durch den EU-Gerichtshof, „ob ihre Handlungen in Einklang mit der Verfassungsurkunde der Gemeinschaft, dem Vertrag, stehen"[166].

Zuständig ist die Europäische Gerichtsbarkeit laut Art. 19 III EUV[167] erstens für Klagen eines Mitgliedstaates, eines Organs oder Personen natürlicher oder juristischer Art, zweitens im Wege der Vorabentscheidung auf Antrag der einzelstaatlichen Gerichte über die Auslegung des Unionsrechts (Art. 267 AEUV, ex-Art. 234 EG) oder über die Gültigkeit der Handlungen der Organe sowie schließlich im Wege der sonstigen in Art. 251 ff. AEUV enumerativ[168] aufgeführten und definierten Verfahren.

---

[161] So EuGH, Rs. 104/77, Slg. 1978, 791, Rdnr. 4 – *Öhlschläger/Hauptzollamt Emmerich*; Rs. C-364/92, Slg. 1994, I-43, Rdnr. 12 ff. – *SAT Fluggesellschaft/Eurocontrol*.

[162] Früher hießen die Parteien im Vorabentscheidungsverfahren „Äußerungsberechtigte"; s. *Middeke*, in: *Rengeling/Middeke/Gellermann*, § 10, Rdnr. 12.

[163] Bei fakultativen Vorlagen. Zur Verfassungsbeschwerde wegen Nichtvorlage noch unten 2. Teil § 3 I 3. Im deutschen Revisionsrecht bejaht etwa *Wenzel*, NJW 2002, 3353 (3355), dass die Revision § 543 II S. 1 Nr. 2 ZPO zur Rechtsfortbildung zuzulassen ist, wenn eine Vorlage an den EuGH in Betracht kommt.

[164] So pointiert *Wägenbaur*, EuZW 2000, 37 (39 f.).

[165] EuGH, Rs. 44/65, Slg. 1965, 1268 (1275) – *Hessische Knappschaft/Singer et Fils*: „Die Parteien können die Fragen weder inhaltlich ändern noch für gegenstandslos erklären lassen".

[166] EuGH, Rs. 294/83, Slg. 1986, 1339, Rdnr. 23 – *Les Verts/Parlament*; *Schwarze*, in: *ders./Becker/Hatje/Schoo*, Art. 220 EGV, Rdnr. 1.

[167] Und zwar nach Maßgabe der weiteren Vorschriften, weshalb Art. 19 EUV keine eigenständige Kompetenzgrundlage ist; *Mayer*, in: *Grabitz/Hilf/Nettesheim*, Art. 19 EUV, Rdnr. 4.

[168] Zu dem Prinzip der begrenzten Einzelermächtigung nach Art. 5 I EUV im vorliegenden Kontext der verbandsrechtlichen Zuständigkeit des EU-Gerichtshofs *Pechstein*,

Von dem Rechtsschutzauftrag – den der EuGH bekanntlich umfassend versteht[169] – sind vorliegend unter dem Blickwinkel des Individualrechtsschutzes (1.) die Nichtigkeitsklage, (2.) das Vertragsverletzungsverfahren und (3.) die Untätigkeitsklage zu analysieren.

(1.) Wie beim Vorabentscheidungsverfahren hält der Vertrag von Lissabon auch im Fall der Nichtigkeitsklage[170] grundsätzlich am indirekten Zugang fest. Hier wird die Frage des Rechtszugangs des Einzelnen besonders intensiv diskutiert. Die Nichtigkeitsklage ist dem französischen *contentieux de l'excès de pouvoir* nachgebildet[171]. Dabei kommt es beim Kläger nur auf ein hinreichendes rechtliches Interesse an, grundsätzlich aber nicht auf die Verletzung eines subjektiven Rechts[172].

Allerdings können hier als Besonderheit im System der Rechtsbehelfe auch Einzelne gegen EU-Recht vorgehen: Nach Art. 263 IV AEUV (ex-Art. 230 IV EG) vermag jede natürliche oder juristische Person binnen zwei Monaten[173] Nichtigkeitsklage gegen die an sie gerichteten Handlungen (z.B. Entscheidungen der Kommission in Wettbewerbssachen)[174] zu erheben. Gleiches gilt bei den Einzelnen „unmittelbar und individuell"[175]

Rdnr. 116 (dort auch zur sachlichen Zuständigkeit der EU-Gerichte innerhalb des EU-Verbands). Ebenfalls zum Enumerationsprinzip *Classen*, in: *Oppermann/Classen/ Nettesheim*, § 13, Rdnr. 2, 7; *Wegener*, EuGRZ 2008, 354 ff. Vgl. zur Zuständigkeit einzelstaatlicher Gerichte auch Art. 274 AEUV.

[169] Oben Fußn. 124.

[170] Es ist noch im 3. Teil in § 1 darauf zurückzukommen, dass das EuG seit seiner Schaffung im Juli 1989 das Eingangsgericht für Nichtigkeitsklagen bildet, und zwar als Tatsacheninstanz.

[171] *Steindorff*, Die Nichtigkeitsklage (Le recours pour excès de pouvoir) im Recht der Europäischen Gemeinschaft für Kohle und Stahl – Ein rechtsvergleichender Beitrag zur verwaltungsgerichtlichen Kontrolle der Hohen Behörde, 1952; *Drewes*, Entstehen und Entwicklung des Rechtsschutzes vor den Gerichten der Europäischen Gemeinschaften am Beispiel der Nichtigkeitsklage, 2000.

[172] *Götz*, in: Festschr. f. Brohm, 2002, S. 69; *Everling*, in: Festschr. f. Rengeling, 2008, S. 527 (529).

[173] Frist des Art. 263 VI AEUV.

[174] S. etwa *Pilafas*, Individualrechtsschutz durch Nichtigkeitsklage nach EG-Recht – Unter besonderer Berücksichtigung des Wettbewerbsrechts, 2006, S. 79 ff.; s. auch *Skouris*, in: *Schwarze* (Hrsg.), Rechtsschutz und Wettbewerb in der neueren europäischen Rechtsentwicklung, 2010, S. 81 ff.

[175] Das Kriterium der individuellen Betroffenheit wird restriktiv ausgelegt; seit EuGH, Rs. 25/62, Slg. 1963, 213 (238) – *Plaumann/Kommission*: „Wer nicht Adressat einer Entscheidung ist, kann nur dann geltend machen, von ihr individuell betroffen zu sein, wenn die Entscheidung ihn wegen bestimmter persönlicher Eigenschaften oder besonderer, ihn aus dem Kreis aller übrigen Personen heraushebender Umstände berührt und ihn daher in ähnlicher Weise individualisiert wie den Adressaten." (Vgl. weiter EuGH, Rs. C-50/00 P, Slg. 2002, I-6677, Rdnr. 45 – *Unión de Pequeños Agricultores/ Rat*.) Hierdurch ist eine direkte Kontrolle von Richtlinien und Verordnungen auf Initiative des Einzelnen ausgeschlossen. Es bleibt nur der „indirekte Einstieg" durch das

betreffenden Handlungen sowie bei Rechtsakten mit Verordnungscharakter, die ihn unmittelbar betreffen und keine Durchführungsmaßnahmen nach sich ziehen.

Die Erstreckung der Nichtigkeitsklage auf „Rechtsakte mit Verordnungscharakter"[176] ist eine vom Lissabonner Vertrag eingeführte Neuerung. Sie zieht die Konsequenz aus der Rechtssache „Spanische Fischer"[177]: Nach Auffassung des EuGH bedarf es einer Vertragsänderung seitens der Mitgliedstaaten als „Herren der Verträge", um die Nichtigkeitsklage zugunsten des Einzelnen erweitern zu können[178]. Gleichwohl bestand und besteht hier Klärungsbedarf: Ein Klagerecht Privater gegen Normativakte wird immer drängender angesichts einer kompetenziell stetig wachsenden

---

Vorlageverfahren; *Gundel*, in: *Ehlers*, § 20, Rdnr. 27 f. Kritik an der engen Auslegung unter dem Gesichtspunkt des effektiven Rechtsschutzes von *Bleckmann*, in: Festschr. f. Menger, 1985, S. 871 (882 ff.); *v. Danwitz*, NJW 1993, 1108 ff.; *Reich*, in: *Micklitz/Reich* (Hrsg.), Public Interest Litigation before European Courts, 1996, S. 3 (10 ff.); *Arnull*, in: *Micklitz/Reich*, S. 39 ff.; *Schwarze*, DVBl. 2002, 1297 ff.; s. weiter *Nettesheim*, JZ 2002, 928 ff.; *Calliess*, NJW 2002, 3577 ff.; *Baumeister*, EuR 2005, 1 ff.

[176] *Actes réglementaires* und *regulatory act* in der französischen bzw. englischen Sprachfassung. Dieser unglückliche und verwirrende Begriff ist der Überführung des Art. III-365 IV VVE in den Vertrag von Lissabon zu verdanken; zu den Unklarheiten „Rechtsakte mit Verordnungscharakter" s. *Everling*, EuR-Beih 1/2009, 71 (73), der auch ausführt, es handele sich wohl um einen „überraschenden ‚Schnellschuss' in der Schlussphase der Verhandlungen [...], der keine redaktionelle Anpassung mehr zuließ"; weiter *Rabe*, NJW 2007, 3153 (3157); *Hatje/Klindt*, NJW 2008, 1761 (1767); *Everling*, EuZW 2010, 572 (574); *Gundel*, in: *Ehlers*, § 20, Rdnr. 33; *Balthasar*, E.L. Rev. 35 (2010), 542 ff.; zur Begrifflichkeit im Entwurf des Verfassungsvertrages *Thiele*, Individualrechtsschutz vor den Europäischen Gerichtshof durch die Nichtigkeitsklage, 2006, S. 183 ff.; zur Lage nach Lissabon *ders.*, EuR 2010, 30 (43 ff.); ebenfalls zum Verfassungsentwurf *Fredriksen*, ZEuS 2005, 99 ff.

[177] EuGH, Rs. C-263/02 P, Slg. 2004, I-3425 – *Kommission/Jégo-Quéré et Cie SA*, Rdnr. 36: „Zwar ist die Voraussetzung, dass eine natürliche oder juristische Person nur dann Klage gegen eine Verordnung erheben kann, wenn sie nicht nur unmittelbar, sondern auch individuell betroffen ist, im Licht des Grundsatzes eines effektiven gerichtlichen Rechtsschutzes unter Berücksichtigung der verschiedenen Umstände, die einen Kläger individualisieren können, auszulegen; doch kann eine solche Auslegung nicht zum Wegfall der fraglichen Voraussetzung, die ausdrücklich im Vertrag vorgesehen ist, führen. Andernfalls würden die Gemeinschaftsgerichte die ihnen durch den Vertrag verliehenen Befugnisse überschreiten". Damit war EuG, Rs. T-177/01, Slg. 2002, II-2365, Rdnr. 45, 49 – *Jégo-Quéré* aufgehoben, die sich u.a. gestützt auf Art. 6, 13 EMRK und 47 GRCh für eine Ausweitung aussprach. Zu diesem „Aufstand" (so *Everling*, EuR-Beih 1/2009, 71 [72]) von EuG und einigen Generalanwälten näher *Malferrari/Lerche*, EWS 2003, 254 ff.; *Braun/Kettner*, DÖV 2003, 58 ff.; *Borowski*, EuR 2004, 879 (891 ff.); dem EuGH zustimmend *Schwarze*, in: Festschr. f. Starck, 2007, S. 645 (654, 658).

[178] *Hatje/Klindt*, NJW 2008, 1761 (1767); *Gundel*, in: *Ehlers*, § 20, Rdnr. 30.

Union, die auch mehr und mehr die Rechte und Belange des einzelnen Bürgers betrifft[179].

Die gegenwärtige Fassung verzichtet nur in Teilen auf den Nachweis der individuellen Betroffenheit, und zwar im Falle unmittelbarer Betroffenheit[180]. Dazu müssen die fraglichen Rechtsakte einen „Verordnungscharakter" aufweisen und dürfen laut Art. 263 IV 3. Alt. AEUV keine Durchführungsmaßnahmen voraussetzen. Da aber für Richtlinien (im Unterschied zu den von Art. 263 IV AEUV erfassten Sekundärrechtsverordnungen, bei denen auch unmittelbare Betroffenheit stets gegeben ist) ein solcher Vollzugsakt erforderlich ist, wird eine Flut von direkten Klagen Privater gegen Privatrechtsrichtlinien kaum die Folge sein können[181].

Im Detail bestehen weiterhin Lücken und Rechtsunsicherheiten[182]. Die Lösung der entscheidenden Probleme bei der klaren Aufteilung der Rechtsschutzebenen und eine Definition des Merkmals der Betroffenheit wird nicht vorgenommen[183]. Vielfach müssen nichtprivilegierte Personen weiterhin den nationalen Vollzugsakt abwarten. Gegen den Vollzugsakt können sie national vorgehen, wobei die nationale Gerichtsbarkeit den EuGH um eine Vorabentscheidung ersuchen kann[184]. Verwirklichung findet der individuelle Rechtsschutz erst über diesen Weg. Auch der neue Art. 47 GRCh vermag daran nichts zu ändern[185]. Auf der Habenseite ist dennoch zu verbuchen, dass der Vertrag von Lissabon die Voraussetzungen für die Zulässigkeit der Klagen Einzelner lockert.

---

[179] *Thiele*, EuR 2010, 30 (39).

[180] Näher *Cremer*, in: *Calliess/Ruffert* (Hrsg.), EUV/AEUV, 4. Aufl. (2011), Art. 263 AEUV, Rdnr. 54.

[181] *Everling*, EuR-Beih 1/2009, 71 (73), der die Abhilfen durch Lissabon positiv wertet.

[182] S. bereits Fußn. 177; *Thiele*, EuR 2010, 30 (39): „überraschend hohes Maß an Rechtsunsicherheit".

[183] S. *Thiele*, EuR 2010, 30 (39, 46), der weiter vorträgt, dass die Erweiterung der zulässigen Klagegegenstände einen Ansatzpunkt bieten könnte, ein weites Verständnis der individuellen Betroffenheit zuzulassen (aaO, S. 42).

[184] S. EuGH, Rs. C-344/04, Slg. 2006, I-403 – *IATA und European Low Fares Airline Association/Department for Transport* (zur Rechtmäßigkeit der Fluggastrechteverordnung 261/2004) Rdnr. 32: „Ist ein Gericht, dessen Entscheidungen mit Rechtsmitteln des innerstaatlichen Rechts angefochten werden können, der Auffassung, dass einer oder mehrere der Gründe, die von den Parteien für die Ungültigkeit eines Gemeinschaftsrechtsakts vorgebracht oder auch von Amts wegen geprüft worden sind, durchgreifen, muss es das Verfahren aussetzen und dem Gerichtshof ein Ersuchen um Vorabentscheidung über die Gültigkeit vorlegen." *Everling*, EuR-Beih 1/2009, 71 (72), der auch darauf hinweist, dass die Mitgliedstaaten im Allgemeinen gleichfalls keine Popularklagen gegen Gesetze vorsehen, was dem Gebot der Gewaltenteilung entspreche.

[185] Einer Erweiterung der Zulässigkeit von Nichtigkeitsklagen stehen die Charta-Erläuterungen entgegen, s. oben Fußn. 134; *Jarass*, NJW 2011, 1393 (1396).

(2.) Auf die Vertragsverletzungsverfahren muss ebenfalls kurz eingegangen werden. Diese Verfahrensart betrifft zu etwa 75 % die fehlende, unvollständige oder verspätete Durchführung des Unionsrechts, insbesondere bei der Umsetzung von Richtlinien[186]. Auch Vertragsverstöße seitens mitgliedstaatlicher Gerichte können trotz der richterlichen Unabhängigkeit dem Vertragsverletzungsverfahren unterliegen[187].

Die Vertragsverletzungsklage ist ausdrücklich kein Instrument des individuellen Rechtsschutzes[188]. Der Einzelne ist für deren beiden Arten – d.h. der Aufsichtsklage der Kommission über die Mitgliedstaaten nach Art. 258 II AEUV und die Staatenklage nach Art. 259 I AEUV[189] – weder aktiv noch passiv beteiligungsfähig. Natürliche und juristische Personen können ein Verfahren lediglich anregen. Zudem liegt die Anrufung des Gerichtshofs im Ermessen der Europäischen Kommission und der Mitgliedstaaten. Von dem Ermessen macht gerade die Kommission einigen Gebrauch. Erstens lässt sich der Statistik[190] entnehmen: Die Zahl der Vertragsverletzungsklagen nimmt erst ab 1977 nennenswert zu[191]. Zweitens werden Verfahren immer noch relativ selten eingeleitet[192], hat doch selbst Generalanwalt *Tizzano* geschrieben: „Bekanntlich hält die Kommission (und nicht nur sie) in solchen Fällen den Weg der Vertragsverletzungsklage […] zu Recht für wenig praktikabel und noch weniger für zweckmäßig."[193]

In Ausnahmefällen haben sich Vertragsverletzungsverfahren wegen rechtswidriger Nichtvorlagen als erfolgreich erwiesen, etwa um vorlage-

---

[186] *Borchardt*, in: *Dauses* (Hrsg.), EU-Wirtschaftsrecht, P. I. Direkte Klagen, 26. Aufl. (2010), Rdnr. 18.

[187] EuGH, Rs. C-129/00, Slg. 2003, I-14637 – *Kommission/Italien*.

[188] *Köck*, in: Festgabe f. Machacek und Matscher, 2008, S. 601 (605).

[189] Zu beiden Arten von Vertragsverletzungsverfahren *Pechstein*, Rdnr. 253 ff., 261 ff., 325 ff.

[190] Konkret Tabelle 1 unten.

[191] *Ehlermann*, in: Festschr. f. Kutscher, 1981, S. 135 (141 ff.).

[192] Dies gilt auch allgemein, da die Kommission an Vertragsverletzungsverfahren meist wenig Interesse hat. Das erklären *Schepel/Blankenburg*, in: *de Búrca/Weiler*, S. 9 (18): „Were the Commission to make use of litigation more frequently, it would run the danger of having the Courts judgments prescribe its policy. […] The Commission plays it safe. […] In the few cases in which it invokes the Court in infringement procedures, its success rate is so high as to make the ECJ look like a kangaroo court – being the baby in the pouch of the mother, it has to follow wherever the Commission goes".

[193] Schlussanträge *Tizzano* zu EuGH, Rs. C-99/00, Slg. 2002, I-4839, Rdnr. 65 – *Kenny Roland Lyckeskog/Åklagarkammaren i Uddevalla*; allerdings fährt er aaO fort: „Das Problem besteht jedoch, was ich erneut betonen möchte, und es tritt sogar von Zeit zu Zeit recht deutlich in Erscheinung gerade aufgrund der objektiven Schwierigkeiten, die die Anwendung der Rechtsprechung CILFIT bereits als solche mit sich bringt".

unwillige schwedische Gerichte zu Vorlagen anzuhalten[194]. Nach einem schwedischen Gesetz von 2006[195] müssen die Gerichte begründen, wann und warum sie nicht vorgelegt haben, obwohl eine Partei sie dazu aufgefordert hat. Die Regelung erfolgte als Reaktion auf ein Aufforderungsschreiben der Europäischen Kommission an die schwedische Regierung, in welchem die niedrige Vorlagerate – insbesondere des Obersten Gerichtshofs (*Högsta Domstolen*) – kritisiert wurde[196]. Da es sich aber beim Vertragsverletzungsverfahren um eine nachfolgende Rechtskontrolle handelt[197] und die Europäische Kommission hier sehr zurückhaltend vorgeht, ist diese Klageart kein hinreichendes Mittel zur Gewährung des individuellen Rechtsschutzes.

(3.) Von den essentiellen Klagearten bleibt noch die Untätigkeitsklage zu erwähnen. Sie kann nach Art. 265 III AEUV auch von natürlichen und juristischen Personen erhoben werden. Dazu muss der Kläger aber überhaupt Adressat der begehrten Handlung sein können. Aus diesem Grund ist eine Klage auf den Erlass einer (zivilrechtlichen) Verordnung oder einer Richtlinie dem privaten Kläger nicht eröffnet[198]. Ebenfalls kaum relevant ist die Amtshaftungsklage nach Art. 268 i.V.m. Art. 340 II, III AEUV, die darum unberücksichtigt bleibt.

3. Spezifika des Vorlageverfahrens gegenüber Rechtsmitteln

Das Vorabentscheidungsverfahren bleibt das wichtigste Instrument zum Individualrechtsschutz auf der EU-Ebene. Allerdings unterscheidet sich das Vorabentscheidungsverfahren von Rechtsmitteln hinsichtlich des Zugangs. Der Zugang zu den Gerichten ist als grundlegender Verfassungswert sowohl auf der europäischen[199] als auch der nationalen Ebene[200] unzweifelhaft anerkannt.

---

[194] S. *Huber*, in: *Merten/Papier*, § 172, Rdnr. 43, der aber auch den französischen Conseil d'État m. w. Nachw. als Gegenbeispiel nennt. Zu den nordischen Staaten *Wind*, JCMS 48 (2010), 1039 ff.; *Føllesdal/Wind*, Nordic Journal of Human Rights 27 (2009), 131 (149 ff.).

[195] Gesetz Nr. 502/2006 vom 24.5.2006 betreffend das Vorabentscheidungsverfahren des Europäischen Gerichtshofs.

[196] *Wind/Sindbjerg Martinsen/Rotger*, European Union Politics 10 (2009), 63 (85). Auf EuGH, Rs. C-432/05, Slg. 2007, I-2271 – *Unibet*, die auf schwedische Vorlage hin erging, wird u.a. noch unten bei Fußnotenzeichen 1241 näher eingegangen.

[197] S. *Köck*, in: Festgabe f. Machacek und Matscher, 2008, S. 601 (605).

[198] Etwa *Thiele*, Europäisches Prozessrecht, 2007, § 8, nach Rdnr. 73 (S. 133).

[199] Art. 6 I, 13 EMRK; Art. 47 GRCh; vgl. zuvor als allgemeinen Rechtsgrundsatz (die allgemeinen Grundsätze gelten fort, Art. 6 III EU): EuGH, Rs. 222/84, Slg. 1986, 1651, Rdnr. 18 – *Johnston*; Rs. 222/86, Slg. 1987, 4097 – *Heylens*; Rs. C-97/91, Slg. 1992, I-6313 – *Borelli*; Rs. C-424/99, Slg. 2001, I-9285, Rdnr. 45 – *Kommission/ Österreich* (dort wird in Rdnr. 48 auch festgestellt, dass „Rechtsmittel vor echten Recht-

Zumindest nach deutscher Rechtsauffassung umfasst dieses Grundrecht auf wirkungsvollen Rechtsschutz nicht den Zugang zu den oberen Instanzen. Obwohl dem Staat wegen seines exklusiven Hoheitsanspruchs[201] eine Befriedungsaufgabe zukommt[202], unterläge der Gesetzgeber grundsätzlich keiner Verpflichtung, in Zivilsachen Rechtsmittel bereitzustellen[203]. Eine Rechtsmittelgewährleistungspflicht folge weder aus dem gerichtlichen Rechtsschutz gegen Akte der öffentlichen Gewalt (Art. 19 IV GG) noch aus dem Rechtsstaatsprinzip (Art. 20 III GG)[204]. Das GG gewähre nur den Rechtsschutz *durch* den Richter und nicht *gegen* den Richter[205].

---

sprechungsorganen" zur Verfügung gestellt werden müssen und darum etwa ein Ausschuss von „unabhängigen Fachleuten" nicht ausreichend sein kann; hierzu *Gundel*, EWS 2004, 8 (12); *Schröder*, Gesetzesbindung des Richters und Rechtsweggarantie im Mehrebenensystem, 2010, S. 255 ff.).

[200] BVerfGE 10, 306; s. auch *Bremer Vulkan Schiffbau and Maschinenfabrik v. South India Shipping Corp.* [1981] A.C. 909 (976) (HL) per Lord *Diplock*: „Every civilised system of government requires that the state should make available to all its citizens a means for the just and peaceful settlement of disputes between them as to their respective legal rights. The means provided are courts of justice to which every citizen has a constitutional right of access." Weiter *Cappelletti/Tallon* (Hrsg.), Fundamental Guarantees of the Parties in Civil Litigation, 1973. S. zur Rechtsweggarantie im deutschen, englischen und französischen Recht *Schröder*, Gesetzesbindung des Richters, S. 241 ff.

[201] S. zu dieser Errungenschaft der Neuzeit infolge der Verkündung des ewigen Landfriedens im Heiligen Römischen Reich Deutscher Nation und der Gründung des Reichskammergerichts im Jahre 1495 *Smend*, Das Reichskammergericht, Erster Teil: Geschichte und Verfassung, 1911; ferner *Wesel*, Geschichte des Rechts, 2. Aufl. (2001), S. 355 ff.

[202] BVerfGE 54, 277 (292) – *Ablehnung der Revision*: „So ist es ein zentraler Aspekt der Rechtsstaatlichkeit, die eigenmächtig-gewaltsame Durchsetzung von Rechtsansprüchen zwischen Privaten grundsätzlich zu verwehren. Die Parteien werden auf den Weg vor die Gerichte verwiesen. Dort sollen sie ihren Streit in einem geordneten Rechtsgang gewaltlos austragen und eine verbindliche Entscheidung erwirken. In der Gerichtsbarkeit prägen sich innerstaatliches Gewaltverbot und staatliches Gewaltmonopol aus. Von hier aus erhellt die grundlegende Bedeutung der Regeln über den Zugang zu den Gerichten, den Verfahrensgang und die Ausgestaltung der Rechtsmittel für die Wahrung der Rechtsordnung." Zur Justizgewährungsgarantie auch *Huber/Storr*, ZG 2006, 105 (113 f.).

[203] Näher zu den Einschränkungen BVerfGE 107, 395; bereits BVerfGE 69, 381 (385); 74, 228 (234); 77, 275 (284): Sofern sich der Gesetzgeber für die Eröffnung einer weiteren Gerichtsinstanz entschieden hat, darf der Zugang nicht in unzumutbarer und aus Sachgründen nicht mehr zu rechtfertigender Weise erschwert werden.

[204] BVerfGE 1, 433 (437 f.); 4, 74 (94 f.); *Wagner*, in: *Bork/Eger/Schäfer* (Hrsg.), Ökonomische Analyse des Verfahrensrechts, 2009, S. 157 (160).

[205] Ständige Rechtsprechung seit BVerfGE 15, 275 (280); 22, 106 (110); 49, 329 (340); 107, 395; ablehnend *Bruns*, JZ 2011, 325 (330).

Entsprechendes gilt unter der EMRK. Auch hiernach existiert kein Recht auf die Zulassung eines Rechtsmittels oder auf Einrichtung von Rechtsmittelgerichten[206]. Die EMRK-Staaten können bestehende Rechtsmittel sogar einschränken oder abschaffen[207]. Auf die institutionelle Justizgewährleistung ist bei den Reformen zurückzukommen. Dort stellt sich die Frage, ob die Beschränkung des Zugangs auf die Richtervorlage im Rechtsvergleich noch überzeugt[208].

Die Gewährleistung folgender vier Funktionen von Rechtsmitteln leitet sowohl den nationalen Gesetzgeber als auch die Rechtsmittelpraxis bei den Auswahlentscheidungen[209]: Dazu zählen (1.) die Korrektur von Fehlentscheidungen, (2.) die Fehlerprävention, d.h. das Anhalten der Gerichte, zur sorgfältigen Verfahrensleitung und Entscheidungsbegründung, (3.) die Gewährleistung der Rechtseinheit sowie (4.) die Aufgabe einer Fortbildung des objektiven Rechts.

Diesen Funktionen sind aber in dreierlei Hinsicht Grenzen gesetzt: durch (1.) die Garantie der Funktionsfähigkeit der Rechtsmittelgerichte, (2.) eine gleichfalls im gesellschaftlichen Interesse liegende Ressourcenschonung und (3.) eine Begrenzung der Verfahrensdauer, was zugleich im Individualinteresse der Prozessparteien liegt[210]. Auch darum müssen besondere Rechtsmittelerfordernisse erfüllt sein, damit eine Entscheidung in der nächsten Instanz angefochten werden kann[211].

---

[206] *Meyer-Ladewig*, EMRK – Handkommentar, 3. Aufl. (2011), Art. 6, Rdnr. 61; *Wägenbaur*, ZEuS 2007, 161 (165); s. aber *Bruns*, JZ 2011, 325 (329): ungeklärt sei, ob Art. 6 I 1 EMRK und Art. 47 I GRCh ein individuelles Zugangsrecht zum EuGH verbürgen; vgl. BVerfGE 126, 286 (316) – *Honeywell*: „Art. 267 Abs. 3 AEUV fordert kein zusätzliches Rechtsmittel zur Überprüfung der Einhaltung der Vorlagepflicht".

[207] EGMR v. 29.9.2009, Nr. 5643/07 – *Jung/Deutschland*; *Meyer-Ladewig*, Art. 6, Rdnr. 61.

[208] Unten 3. Teil § 2 VII 1.

[209] Nach *Wagner*, in: *Bork/Eger/Schäfer*, S. 157 (158 f.); *Unberath*, ZZP 120 (2007), 323 (328 ff.); weiter *M. Stürner*, Die Anfechtung von Zivilurteilen – Eine funktionale Untersuchung der Rechtsmittel im deutschen und englischen Recht, 2002, S. 32 ff.

[210] Vgl. *Wagner*, in: *Bork/Eger/Schäfer*, S. 157 (158 f.).

[211] Zu den Änderungen bei der der Berufung (§§ 511 ff. ZPO) und der Revision (§§ 542 ff. ZPO) durch die am 1.1.2002 in Kraft getretene ZPO-Reform *Bork*, RabelsZ 66 (2002), 327 (341 ff.); zum – durch verschiedene Justizentlastungsmaßnahmen – veranlassten „Abbau der Rechtsmittel" seit der „Civilprocessordnung 1877" die kurze Schrift von *Büttner*, Berufung und Revision – Zivilprozessuale Rechtsmittel im Wandel, 2010; weiter *Rühl*, German Law Journal 6 (2005), 909 ff.; *Unberath*, ZZP 120 (2007), 323 ff. Zu Beschwer, *succombance* und *dissatisfaction* vergleichend s. *Rimmelspacher*, in: Festschr. f. Lorenz, 2001, S. 547 ff. Für einen kurzen Vergleich mit den Civil Procedure Rules (CPR), durch die das englische Prozessrecht 1999 reformiert wurde, s. *Bley*, Die zweite Instanz nach deutschem und englischem Zivilprozessrecht – Zugang und Prüfungsprogramm, 2011, S. 131 ff. Zur unzulässigen Beschwerde mangels erheblichen

Im Vergleich zu den Funktionen von Rechtsmitteln weist das hier in erster Linie relevante Vorlageverfahren unter dem Gesichtspunkt des Gerichtszugangs Besonderheiten auf. Die EU hat kein auf Individualrechtsschutz ausgerichtetes Rechtsmittelsystem, sondern orientiert sich weitgehend an einer im Allgemeininteresse liegenden Legalitätskontrolle. Zwar betont auch der EuGH – wegen der Eigenschaft der EU als Rechtsgemeinschaft – stets das Erfordernis des Rechtszugangs. Danach muss für eine unionsrechtlich begründete Rechtsposition eine Möglichkeit der gerichtlichen Durchsetzung bestehen[212]. Das führte aber bei individuellen Rechtspositionen bislang – wie oben kritisiert – kaum zur Erweiterung des direkt durch die Unionsgerichte gewährten Rechtsschutzes, sondern allenfalls zu Veränderungen bei verfassungsprozessrechtlichen Streitigkeiten über das Verhältnis der EU-Organe untereinander[213].

Die Lücke füllt ein Stück weit das Vorabentscheidungsverfahren als indirekter Weg zur Europäischen Gerichtsbarkeit, der in der Verantwortung der mitgliedstaatlichen Gerichte liegt und nicht mit unionsrechtlichen Instrumenten erzwingbar ist. Von den soeben genannten vier Funktionen stehen die Einheitlichkeit der Rechtsordnung (oben 3.) sowie die Fortbildung des Rechts (oben 4.) im Vordergrund. Die direkte Korrektur von Fehlentscheidungen und das Anhalten der Instanzgerichte, eigene Entscheidungen sorgsam abzuwägen und zu begründen, spielt dagegen eine untergeordnete Rolle.

Es zeigt sich wiederum: Das Vorlageverfahren ist kein Rechtsmittel zu einem obersten Gericht[214] in einem hierarchisch gestalteten Justizsystem. Die sachliche Zuständigkeit des EU-Gerichtshofs ist auf kontrollierende „Auslegung und Anwendung der Verträge" beschränkt. Aber selbst innerhalb dieser Konzeption von Art. 19 I S. 2 EUV gilt: Indem die Vertragswerke und die darauf bauenden EU-Rechtsakte immer detaillierter werden und im Gegenzug die verbleibenden nationalen Refugien einengen, rückt das Vorabentscheidungsverfahren mit erhöhtem Konkretisierungsbedarf näher an ein Revisionsverfahren heran. Wiederaufzunehmen ist diese Feststellung im 3. Teil unter dem Gesichtspunkt einer Stärkung der Parteirechte[215].

Nachteils (unterbliebene Beitreibung von 25,50 russischen Rubel, d.h. weniger als ein Euro) EGMR, NJW 2010, 3081.

[212] EuGH, Rs. 294/83, Slg. 1986, 1339, Rdnr. 23 – *Les Verts/Parlament*; s. Art. 19 I UAbs. 2 EUV.

[213] Was sich also organstreitverfahrensrechtlichen Fragen zuordnen lässt; *Gundel*, in: *Ehlers*, § 20, Rdnr. 24; *Constantinesco*, Die unmittelbare Anwendbarkeit von Gemeinschaftsnormen und der Rechtsschutz von Einzelpersonen im Recht der EWG, 1969.

[214] EuGH, Rs. 283/81, Slg. 1982, 3415, Rdnr. 9 – *C.I.L.F.I.T./Ministero della Sanità*.

[215] 3. Teil § 2 VII.

4. Zum Ideal der dienenden Funktion des (Zivil-)Prozessrechts

In der zweiten Hälfte des 19. Jahrhunderts setzte die – durch das Anspruchskonzept von *Bernhard Windscheid* (1817–1892) eingeleitete[216] – Lösung des Zivilprozessrechts vom Privatrecht ein. Zunehmend wurde anstatt des römischrechtlichen Ansatzes, der das Recht der *actiones* dem *ius privatum* zuordnete, das Privatrecht als System von gegenseitigen Rechten und Pflichten gesehen, und zwar außerhalb der Gerichte, d.h. unter Ausklammerung der prozessrechtlichen *actio* und der gerichtlichen Rechtsverfolgung[217]. Die Wissenschaft vom Zivilprozessrecht konnte aufgrund dieses Wandels auf eine neue Grundlage gestellt werden[218]. Das hat in Deutschland zu einer besonders starken Ausprägung der Zivilprozessrechtswissenschaft geführt[219].

Wichtig ist in diesem Zusammenhang das dienende Verständnis des Verfahrensrechts[220]: Das Verfahrensrecht dient der Verwirklichung des materiellen Rechts. Wegweisend für diese pragmatische Konzeption war *Jeremy Bentham* (1748–1832). Dies gilt auch in internationaler Hinsicht. (Wobei es sich aufträgt, nebenbei zu erwähnen, dass er den Ausdruck „international" geprägt hat[221].) *Benthams* „Principles of Judicial Procedure, with the Outlines of a Procedure Code" hat größten Einfluss auch auf das kontinentaleuropäische Verfahrensrecht ausgeübt[222]. Der Begründer des klassischen Utilitarismus formuliert: „Of the adjective branch of law [damit meint *Bentham* das gerichtliche Verfahrensrecht], the only defens-

---

[216] *Windscheid*, Die Actio des römischen Civilrechts, vom Standpunkte des heutigen Rechts, 1856.

[217] Zu dieser Neuorientierung *Husserl*, JZ 1956, 385 (389 ff.); *Wolff*, Bürgerliches Recht und Prozeßrecht in Wechselwirkung, 1952; *Henckel*, Prozeßrecht und materielles Recht, 1970; *Dedek*, McGill L.J. 56 (2010), 77 (99 ff.). Zum Aktionenrecht im klassischen römischen Recht *Zimmermann*, The Law of Obligations – Roman Foundations of the Civilian Tradition, 1990/1996, S. 6.

[218] *Husserl*, JZ 1956, 385 (390), weist dazu auf die Bedeutung des Handbuchs des deutschen Civilprozeßrechts von *Adolf Wach* (1843–1926) hin. Zu den Kodifizierungen des 18. und 19. Jahrhunderts, die zunehmend im Zeichen von Aufklärung, Nationenbildung und Demokratisierung stehen, s. rechtsvergleichend *van Caenegem*, Int. Enc. Comp. L., Vol. XVI, Ch. 2, 1973, S. 87 ff.

[219] Insbesondere kennen England und die USA keine vergleichbare eigene Zivilprozessrechtswissenschaft im deutschen Sinne; vgl. auch 1. Teil § 3 II.

[220] Vgl. zu den im Allgemeininteresse bestehenden Grenzen beim Rechtsmittelrecht oben im Fließtext bei Fußnotenzeichen 210.

[221] *Suganami*, British Journal of International Studies 4 (1978), 226.

[222] Die Arbeit wird gewürdigt durch *Postema*, Georgia L. Rev. 11 (1977), 1393 ff.; weiter *Luik*, Die Rezeption Jeremy Benthams in der deutschen Rechtswissenschaft, 2003.

ible object, or say end in view, is the maximization of the execution and effect given to the substantive branch of the law.“[223]

Das dienende Verständnis ist beim „Kampf ums Recht“[224] heute in den EU-Mitgliedstaaten anerkannt – allenfalls mit gewissen Abstrichen bei England wegen seiner aktionenrechtlichen Tradition[225]. Der BGH hat ihm wie folgt Ausdruck verliehen: „Der Zivilprozeß hat die Verwirklichung des materiellen Rechts zum Ziele; die für ihn geltenden Vorschriften sind nicht Selbstzweck, sondern Zweckmäßigkeitsnormen, gerichtet auf eine sachliche Entscheidung des Rechtsstreits“[226]. In der Begründung des Regierungsentwurfs zur ZPO-Reform 2001/2002 heißt es zudem: Das Zivilprozessesrecht muss dafür sorgen, „dass die Prozessparteien schnell zu ihrem Recht kommen und eine Entscheidung erhalten, die sie verstehen und akzeptieren. Dadurch wird die Zufriedenheit [...] mit dem materiellen Recht erhöht und der Rechtsfrieden nachhaltig gestärkt.“[227]

Der gleiche Befund gilt auch für die Rechtsvereinheitlichung, wie *H. C. Gutteridge* (1876–1953) bereits 1946 unterstrich: „[I]f unification is to possess any real value it is essential that the unified rules should be applied in practice without any impediments created by procedural difficulties.“[228] Schließlich ist auf den Vorspruch dieses Teil zu verweisen[229].

Gleichfalls relevant ist das Vermächtnis der Französischen Revolution mit ihrem bereits erwähnten[230] Code de procédure civile von 1806[231]. Die Kodifikation rückt die Parteiautonomie ins Zentrum, gesteht dem Richter im Gegenzug verhältnismäßig geringe Befugnisse zu und erlegt ihm insgesamt Zurückhaltung auf. Dies hat sich im Laufe des zwanzigsten Jahr-

---

[223] *Bentham*, in: *Bowring* (Hrsg.), Works of Jeremy Bentham, Bd. 2, 1843, S. 5 (6). In dem Absatz zuvor schreibt er zudem: „Of the substantive branch of the law, the only defensible view, is the maximization of the happiness of the greatest number of the members of the community in question“.

[224] *v. Jhering*, Der Kampf ums Recht, 2. Aufl. (1872).

[225] Vgl. zur englischen *remedies*- und kontinentalen *rights*-Position, die das Prozessrecht klarer in den Dienst nimmt, *Dedek*, McGill L.J. 56 (2010), 77 ff. Zur Mediation als Herausforderung bereits 1. Teil § 3 III.

[226] BGHZ 10, 350 (359); zudem BGHZ 15, 142 (144); 18, 98 (106); 34, 53 (64). Zur dienenden Funktion *Zöllner*, AcP 190 (1990), 471 (476 ff.).

[227] BT-Dr 14/4722, S. 58.

[228] *Gutteridge*, in: *ders.*, Comparative Law: An Introduction to the Comparative Method of Legal Study, 1946, S. 23 (35).

[229] Oben vor Fußnotenzeichen 1

[230] Oben 2. Teil § 1 I 3 c).

[231] Als Teil der „cinq codes“: Code civil (1804), Code de commerce (1807), Code d'instruction criminelle (1808) und Code pénal (1810).

hunderts[232] weltweit zugunsten eines aktiveren, die Parteien auch leitenden Richters und eines „judicial case management"[233] gewandelt[234].

Der Richter dient der gesamtgesellschaftlichen Wohlfahrt: Das Zivilprozessrecht und die Zivilgerichte unterstützen eine geordnete Gesellschaft und wirtschaftliche Betätigung[235] anhand einer geregelten Entscheidungsfindung[236]. Ein Bild aus der englischen Hamlyn Lecture 2008 soll das insoweit abschließend veranschaulichen: „If the law is the skeleton that supports liberal democracies, then the machinery of civil justice is some of the muscle and ligaments that make the skeleton work."[237]

Die Indienstnahme gilt um so mehr für das europäische Prozessrecht[238]: Das (Zivil-)Verfahrensrecht in der EU bezweckt die Durchsetzung von materiellen Rechtspositionen im Binnenmarkt und dient insbesondere der Verwirklichung der vier Grundfreiheiten in der Union[239]. Auch nach der Rechtsauffassung des EuGH ist das Verfahrensrecht kein Selbstzweck, sondern Teil einer dynamischen, auf praktische Wirksamkeit (*effet utile*)[240]

---

[232] Zur Wirkung der österreichischen Zivilprozessreform 1895 im Ausland und dem Einfluss des späteren Justizministers *Franz Klein* (1854–1926) *Jelinek*, in: *Habscheid* (Hrsg.), Das deutsche Zivilprozessrecht und seine Ausstrahlung auf andere Rechtsordnungen: Grundlagen- und Landesberichte, 1991, S. 41 ff. (zur „Sozialfunktion" als Leitidee der österreichischen ZPO, aaO, S. 45 ff.).

[233] Zur Erfolgsgeschichte *van Rhee* (Hrsg.), Judicial Case Management and Efficiency in Civil Litigation, 2008; für einen weitergefassten „Qualitätsvergleich" zwischen der niederländischen und der französischen Gerichtsbarkeit s. *Ng*, Quality of Judicial Organisation and Checks and Balances, 2007; in den USA *Friedenthal/Miller/Sexton/ Hershkoff*, Civil Procedure – Cases and Materials, 10. Aufl. (2009), S. 927 ff.

[234] S. auch 4. Teil § 3 I.

[235] Zum Zivilverfahrensrecht als „droit servant" *Héron/Le Bars*, Droit judiciaire privé, 4. Aufl. (2010), Rdnr. 1.

[236] Im Zusammenhang mit dieser Produktion von „öffentlichen Gütern" im Justizsektor *Schmidtchen/Bier*, in: *Bork/Eger/Schäfer* (Hrsg.), Ökonomische Analyse des Verfahrensrechts, 2009, S. 51.

[237] *Genn*, Judging Civil Justice, 2010, S. 4.

[238] Im Zusammenhang mit dem Gerichtsstands- und Vollstreckungsübereinkommen bereits *Kropholler*, in: *Max-Planck-Institut für ausländisches und internationales Privatrecht* (Hrsg.), Handbuch des Internationalen Zivilverfahrensrechts, Bd. I, 1982, Kap. III, Rdnr. 355.

[239] *Müller-Graff/Kainer*, DRiZ 2000, 350 f.; *Schmidt*, Europäisches Zivilprozessrecht in der Praxis – Das 11. Buch der ZPO, 2004, Rdnr. 1.

[240] Zum *effet utile* EuGH, Rs. 8/55, Slg. 1955/56, 197 (312) – *Fédération Charbonnière de Belgique/Hohe Behörde der Europäischen Gemeinschaft für Kohle und Stahl* („implied powers"); EuGH, Rs. 246/80, Slg. 1981, 2311 (2328) – *Broekmeulen*; EuGH, Rs. 9/70, Slg. 1970, 825 (838) – *Grad* (Leberpfennig-Urteil); EuGH, Rs. 41/74, Slg. 1974, 1337 (1348) – *Van Duyn*; EuGH, verb. Rs. C-143/88 und C-92/89, Slg. 1991, I-415 (540 ff., 543) – *Süderdithmarschen*; s. auch im Zusammenhang mit der Staatshaftung EuGH, verb. Rs. C-6/90 und C-9/90, Slg. 1991, I-5357 – *Francovich u.a./Italien*:

angelegten Verwirklichung des Unionsrechts. Die subjektiven Rechtspositionen, die der EU-Gerichtshof auch im Zusammenhang mit dem *effet utile*-Grundsatz stets betont[241], sind auf Grundlage der mitgliedstaatlichen Prozessordnungen durchzusetzen.

Aufgrund des Effektivitätsgebots[242] unterliegen die nationalen Verfahrensrechte jedoch unionsrechtlichen Anpassungszwängen. Sie bestehen nicht zuletzt wegen der Bedeutung des Einzelnen für den Fortschritt der europäischen Integration und ihrer offenen, noch in Entwicklung begriffenen Rechtsordnung insgesamt[243]. Was die Vorlageverfahren vor dem EU-Gerichtshof anbelangt, so ist auch hier die These vom dienenden Recht bestätigt: Ausgangsfall ist ein streitiges Verfahren, das unionsrechtsrelevant genug ist, um dem EuGH zur Klärung (materiell-)rechtlicher Fragen vorgelegt zu werden.

5. Zusammenfassende Schlussfolgerungen: ein Zwischenstadium

Zusammenfassend lässt sich festhalten: Das Primärrecht hat nach besagter Auffassung des EuGH ein vollständiges und lückenloses System von Rechtsbehelfen und Verfahren geschaffen[244]. Dessen ungeachtet und obwohl der individuelle Rechtsschutz Herzstück des *ordre public européen*[245] ist, eröffnet das Unionsrecht bei privatrechtsrelevanten Sachverhalten mittels des Vorlageverfahrens nur einen indirekten und objektiv-rechtlich gefassten Zugang zum Unionsgerichtshof. Nach Art. 19 I UAbs. 1 S. 2 EUV sichert die Europäische Gerichtsbarkeit die Wahrung des Rechts bei der Auslegung und Anwendung der Verträge[246]. Danach geht es lediglich um die „Wahrung des Rechts". Vom Schutz subjektiver Rechte ist gerade nicht die Rede[247].

Zu beachten ist außerdem der neue Art. 19 I UAbs. 2 EUV. Die Vorschrift legt die EuGH-Rechtsprechung zur Arbeitsteilung zwischen den

---

„volle Wirksamkeit des Gemeinschaftsrechts" (vierter Leitsatz). Zum *effet utile* als Auslegungsgrundsatz *Potacs*, EuR 2009, 465 ff.

[241] Wirksamkeits- und Individualschutzgedanken beim unionsrechtlichen Effektivitätsbegriff *v. Oettingen*, Effet utile und individuelle Rechte im Recht der Europäischen Union, 2010, S. 45 ff., 97 ff.; *Heinze*, in: *Basedow/Hopt/Zimmermann* (Hrsg.), Handwörterbuch des Europäischen Privatrechts, Bd. I, 2009, S. 337 ff.

[242] Zu dessen Ausprägungen wiederum *Heinze*, EuR 2008, 654 (656 ff.), der umfassend das Verhältnis von Primär- und Zivilprozessrecht darstellt.

[243] Vgl. *Classen*, Die Europäisierung der Verwaltungsgerichtsbarkeit – Eine vergleichende Untersuchung zum deutschen, französischen und europäischen Verwaltungsprozeßrecht, S. 73; für das Zivilprozessrecht *Heinze*, EuR 2008, 654 (656 ff.).

[244] Oben Fußn. 124 f.

[245] Vgl. *Tomuschat*, EuGRZ 2003, 95 ff. (zur EMRK).

[246] Dies wird noch im 3. Teil § 1 I 3 dieser Arbeit vertieft.

[247] *Schwarze*, in: *ders./Becker/Hatje/Schoo*, Art. 220 EGV, Rdnr. 2.

Ebenen primärrechtlich nieder[248]. Danach sind die Mitgliedstaaten zum wirksamen Rechtsschutz in den vom Unionsrecht erfassten Bereichen verpflichtet und müssen dazu die erforderlichen Rechtsbehelfe einrichten. Am judikativen Föderalismus im Privatrecht wirken also die nationalen Gesetzgeber und die nationalen Zivilgerichte grundlegend mit. Die Wahrung der individuellen Freiheitsrechte der Bürger und der individuelle Rechtsschutz sind zwar tragende Prinzipien der EU[249]; beide sind aber nur begrenzt über die zentrale EU-Gerichtsbarkeit verwirklichbar. Erst durch das Vorabentscheidungsverfahren werden die beiden Stufen des Rechtsschutzsystems verklammert und vollständig.

Die Kooperation zwischen Nationalgerichten und dem EuGH ist konkret und darum attraktiv. Das Verfahren nach Art. 267 AEUV bietet ein Vehikel zur Durchsetzung individueller Privatrechtspositionen und leistet einen Beitrag zu Fallentscheidungen in der alltäglichen Rechtspraxis[250]. Hinter den abstrakt formulierten Vorlageverfahren stehen (Zivil-)Prozesse, die Parteien nach Ergehen des EuGH-Urteils doch recht häufig durch Vergleich beilegen[251]. Auch dazu lässt das Streitgericht den Parteien die EuGH-Entscheidung zukommen[252]. In meisten Fällen ergeht das schlussendliche Urteil des Nationalgerichts jedoch zugunsten des Klägers oder der beklagten Partei[253].

Darin liegt die praktische Relevanz des Vorabentscheidungsverfahrens begründet. Die Entscheidungen des EuGH sind nicht „Gutachten zu allgemeinen oder hypothetischen Fragen", sondern leisten einen echten „Beitrag zur Rechtspflege in den Mitgliedstaaten"[254]. Der Ausbau subjektiver

---

[248] *Everling*, EuR-Beih 1/2009, 71 (84); *Gundel*, in: *Ehlers*, § 20, Rdnr. 24, Fußn. 68.

[249] EuGH, Rs. 26/62, Slg. 1963, 1 (26) – *Van Gend & Loos*.

[250] Vgl. etwa *Everling*, Das Vorabentscheidungsverfahren vor dem Gerichtshof der Europäischen Gemeinschaften, 1986, S. 13 ff.

[251] S. *Schwarze*, Die Befolgung von Vorabentscheidungen des Europäischen Gerichtshofs durch deutsche Gerichte – Ergebnisse einer rechtstatsächlichen Bestandsaufnahme, 1988, S. 38 auf der Basis von 388 deutschen Vorabentscheidungsverfahren zwischen 1965 und 1985: „Die Vorabentscheidung des Gerichtshofes ist in einer erstaunlich hohen Rate von 42 % für die Parteien der Anlaß, den Rechtsstreit beizulegen, sei es durch Klagerücknahme oder durch übereinstimmende Erledigungserklärungen wegen des ganzen oder teilweisen Einlenkens des Beklagten".

[252] So zumindest deutsche Praxis; s. den Tagungsbericht *Crowe*, ERA-Forum 2004, 435 (445).

[253] *Schwarze*, Die Befolgung von Vorabentscheidungen, S. 38: „In etwa 35 % der späteren formellen Entscheidungen des Rechtsstreits wurde durch die mit der Vorabentscheidung übereinstimmende Folgeentscheidung des vorlegenden Gerichts der Streit zugunsten des Klägers entschieden. In gut der Hälfte der ergangenen ‚vorabentscheidungskonformen' Folgeentscheidungen obsiegte die beklagte Partei".

[254] EuGH, Rs. 244/80, Slg. 1981, 3045, Rdnr. 18 – *Foglia/Novello (Foglia II)*. Ähnlich erfordert der Zugang zu den Bundesgerichten der USA „case or controversy".

Rechtspositionen verstärkt diese Relevanz. Hierdurch gelingt es der EuGH-Rechtsprechung „[to] enable ordinary men and women to savor the fruits of integration"[255]. Die Vorabentscheidung als das maßgebliche Instrument des Individualrechtsschutzes[256] vollzieht also den beschriebenen Wechsel vom völkerrechtlichen zum privatrechtsgesellschaftlichen Integrationsmodell[257]. Während die Direktklagen die Rechtmäßigkeit von Handlungen der EU-Organe und Vertragstreue der Mitgliedstaaten sicherstellen, knüpft das Vorlageverfahren an die Bedeutung des Zivilverfahrens für das Funktionieren des Binnenmarktes an[258].

Dazu schreibt *Dauses*: „Anders als das Vertragsverletzungsverfahren, dessen Einleitung und Gegenstand maßgeblich von politischen Opportunitätserwägungen bestimmt wird, ist die Richtervorlage durch ihre Lebens- und Bürgernähe gekennzeichnet; das Vorlageverfahren ist besonders effizient in Situationen, in denen es um die Wahrung und Durchsetzung individueller Rechtspositionen geht."[259] Indem auch Fragen zu „zivilrechtlichen Allerweltsverfahren"[260] vor den EU-Gerichtshof kommen, leistet der EuGH einen entscheidenden Beitrag zur entstehenden europäischen Zivilgesellschaft.

Die EU ähnelt nach einem mehr als fünfzigjährigen Entwicklungsprozess (mit den primärrechtlichen Stufen Einheitliche Europäische Akte[261], Maastricht, Amsterdam, Nizza und Lissabon) eher einer nationalen als einer internationalen Rechtsordnung[262]. Daran muss sich die EU in ihrer föderalen Gesamtheit messen lassen. Der EuGH war von Anfang an die staatsähnlichste Komponente im Gesamtgefüge der Gemeinschaft[263].

---

[255] *Mancini/Keeling*, Colum. J. Eur. L. 1 (1995), 397 (413).

[256] S. dazu auch ausführlich *Thomy*, Individualrechtsschutz durch das Vorabentscheidungsverfahren, 2009, S. 102 ff.

[257] Oben 2. Teil § 1 I 3 b).

[258] Vgl. 1. Teil § 2 III.

[259] *Dauses*, in: *ders.*, EU-Wirtschaftsrecht, P. Gerichtsbarkeit der EU – Einführung, Rdnr. 247.

[260] *Basedow*, EuZW 1996, 97; pointiert *Klöhn*, NZG 2011, 166: „Je unbekannter die Beteiligten, desto wichtiger das Urteil. Man denke nur an das europäische Gesellschaftsrecht, das eher vom Mittelstand als von der Schwerindustrie vorangebracht wird (*Daily Mail, Centros, Überseering, Inspire Art, Sevic, Cartesio*), oder an das Vertrags- bzw. Verbraucherrecht, in dem sich wahre Grundlagenentscheidungen hinter provinzieller Harmlosigkeit verbergen (*Freiburger Kommunalbauten, Gut Springenheide, Crailsheimer Volksbank*)".

[261] Mit der EEA von 1986 wurde das EuG als weiterer Spruchkörper des Gesamtorgans geschaffen. Es stellt in erster Linie eine Tatsacheninstanz dar und dient dem Individualrechtsschutz. *Mayer*, in: *Grabitz/Hilf/Nettesheim*, Art. 19 EUV, Rdnr. 14.

[262] S. *Conant*, JCMS – Annual Review 45 (2007), 45 f.

[263] Vgl. *Rösler*, ZRP 2000, 52 (57): „[D]as kommunitäre Justizsystem [steht] vor einer Gabelung: Der eine Weg führt mit halbherzigen Reformen zu seiner weiteren

Seine Rechtsprechung hat den Primat des Rechts vorangetrieben und dem Konstrukt erst wirklich Leben als Rechtsgemeinschaft eingehaucht.

Trotzdem ist das Rechtsschutzsystem der EU ambivalent und fragmentarisch. Weiterhin besteht wegen des Inzidentverfahrens[264] zwischen vorlegendem und dem Europäischen Gericht kein unmittelbarer Zugang des Einzelnen. Insofern bleibt der Dialog mit dem Unionsbürger indirekt[265]. Angesichts des erreichten und stetig wachsenden Besitzstandes ist es nicht unwahrscheinlich, dass die weiter fortschreitende europäische Einigung einen Individualzugang hervorbringen wird. Die Europäisierung des Rechts bedingt eben auch die Europäisierung des Rechtsschutzes[266]. Ob dies tatsächlich zu einer gesamten Öffnung führt oder sie sich auf ein „public interest group standing" beschränkt, bleibt noch im 3. Teil zu erörtern[267].

§ 2: Entscheidungslast bei den Europäischen Gerichten

I. Steigende Verfahrenszahlen

1. Quantitativer Befund

Mit Ausnahme des EGMR[268] hat der EU-Gerichtshof die höchste Arbeitslast aller internationalen Gerichte. Das wird nun als zweites Kernproblem der Europäischen Gerichtsbarkeit erörtert. Basierend auf den Angaben aus den Jahresberichten des Gerichtshofs[269] zeigt die nachfolgende Tabelle die jeweils neu eingegangenen Rechtssachen. In den ersten sieben Spalten finden sich Bruttozahlen, d.h. als Gesamtzahlen unabhängig von einer Verbindung von Rechtssachen wegen Sachzusammenhangs[270]. Die vierte Spalte „besondere Rechtsmittel" betrifft die Rechtsmittel im Verfahren des vorläufigen Rechtsschutzes und die Streithilfe. In der Spalte ganz rechts

---

Verkrustung, der andere zu einer immer staatsähnlicheren Gemeinschaftsgerichtsbarkeit."
S. ferner aus rechtshistorischer Sichtweise zur Rechtsvereinheitlichung durch Rechtsprechung *Everling*, ZEuP 1997, 796.

[264] *Hess*, § 12, Rdnr. 1; oben Fußn. 151.

[265] *Mayer*, in: *Grabitz/Hilf/Nettesheim*, Art. 19 EUV, Rdnr. 9.

[266] *Schumann*, in: *Roth*, S. 197 (242).

[267] 3. Teil § 2 VII 2.

[268] Der EGMR weist einen Rückstau von etwa 150.000 Verfahren auf. S. für einen Vergleich der Verfahrenskennzahlen von EGMR, EuGH und BVerfG *Jestaedt*, JZ 2011, 872 ff.; zur EGMR-Reformbedürftigkeit *Karper*, S. 138 ff., 143 ff.; unten Fußn. 1356.

[269] Der letzte ist *Gerichtshof der Europäischen Union*, Jahresbericht 2010, 2011. Die weiteren Rohdaten beruhen auf den Jahresberichten, die früher Tätigkeitsberichte hießen.

[270] Jede Rechtssache, die vom EuGH eine eigene Nummer erhält, ist also brutto eine Rechtssache. Allerdings sind besondere Verfahrensarten grundsätzlich ausgenommen.

sind die ergangenen Urteile und Gutachten in Nettozahlen aufgeführt[271]. Fett markiert sind die Jahre, in denen die EWG/EU erweitert wurde. Durch Unterstreichung ist das Inkrafttreten des EWG- und EURATOM-Vertrages am 1.1.1958 hervorgehoben. Aufgeführt sind auch die Rechtsmittelverfahren vom EuG an den EuGH, die ab 1990 einsetzen[272].

Tabelle 1: Arbeitslast des EuGH seit 1953

	Klagen	Vorab-entschei-dungs-ersuchen	Rechts-mittel	besond. Rechts-mittel	Gut-achten	**Summe**	Anträge auf vorläu-figen Rechts-schutz	Urteile und Gutach-ten
1953	4					4		
1954	10					10		2
1955	9					9	2	4
1956	11					11	2	6
1957	19					19	2	4
__1958__	43					43		10
1959	46				1	47	5	13
1960	22				1	23	2	18
1961	24	1			1	26	1	11
1962	30	5				35	2	20
1963	99	6				105	7	17
1964	49	6				55	4	31
1965	55	7				62	4	52
1966	30	1				31	2	24
1967	14	23				37		24
1968	24	9				33	1	27
1969	60	17				77	2	30
1970	47	32				79		64
1971	59	37				96	1	60
1972	42	40				82	2	61
1973	**131**	**61**				**192**	6	**80**
1974	63	39				102	8	63
1975	61	69			1	131	5	78
1976	51	75			1	127	6	88
1977	74	84				158	6	100
1978	146	123			1	270	7	97

---

[271] Es ergehen v.a. weniger Urteile, als Klagen eingereicht werden, da es bei Vertragsverletzungsklagen häufig zu einer Einigung zwischen Mitgliedstaat und Kommission kommt. Der Vergleichsdruck ist hoch, da der EuGH in rund 95 % gegen die Mitgliedstaaten entscheidet. Angabe von *Stone Sweet*, Living Reviews in European Governance 2010, 34.

[272] Dazu noch näher im 3. Teil § 1 II.

	Klagen	Vorab-entschei-dungs-ersuchen	Rechts-mittel	besond. Rechts-mittel	Gut-achten	**Summe**	Anträge auf vorläu-figen Rechts-schutz	Urteile und Gutach-ten
1979	1.218	106				1.324	6	138
1980	180	99				279	14	132
1981	**214**	**108**				**322**	17	**128**
1982	217	129				346	16	185
1983	199	98				297	11	151
1984	183	129				312	17	165
1985	294	139				433	23	211
1986	**238**	**91**				**329**	23	**174**
1987	251	144				395	21	208
1988	193	179				372	17	238
1989	**244**	**139**				**383**	19	**188**
1990	221	141	15	1		378	12	193
1991	140	186	13	1	2	342	9	204
1992	251	162	24	1	2	440	5	210
1993	265	204	17			486	13	203
1994	125	203	12	1	3	344	4	188
1995	**109**	**251**	**46**	**2**		**408**	3	**172**
1996	132	256	25	3		416	4	193
1997	169	239	30	5		443	1	242
1998	147	264	66	4		481	2	254
1999	214	255	68	4		541	4	235
2000	197	224	66	13	2	502	4	273
2001	187	237	72	7		503	6	244
2002	204	216	46	4		470	1	269
2003	277	210	63	5	1	556	7	308
2004	**219**	**249**	**52**	**6**	**1**	**527**	3	**375**
2005	179	221	66	1		467	2	362
2006	201	251	80	3		535	1	351
2007	**221**	**265**	**79**	**8**		**573**	3	**379**
2008	210	288	77	8	1	584	3	333
2009	143	302	104	2	1	552	1	377
2010	136	385	97	6		624	2	370
Insges.	8.601	7.005	1.118	85	19	**16.828**	351	8.637

Die Aufmerksamkeit soll hier zunächst auf die für das Zivil- und Zivilverfahrensrecht besonders relevanten Vorabentscheidungsersuchen gelenkt werden. Neben dem Gesamtanstieg aller Verfahren verdeutlicht die Tabelle den Wandel in der strategischen Bedeutung des Vorabentscheidungsverfahrens: Ausgehend von der untergeordneten Relevanz in den Anfangsjahren stellt das Vorabentscheidungsverfahren heute die bedeutendste Verfahrensart dar und macht das Gros der beim EuGH anhängigen

Rechtsstreitigkeiten aus. In den ersten vier Jahren der Römischen Verträge wurden keine Vorlagen eingeleitet. Die erste und in dem Jahr einzige Vorlage nach Art. 177 EWGV erfolgte 1961[273], die 4 % der Arbeitslast ausmachte[274].

Ab 1969 steigt die Zahl kontinuierlich an, denn in den siebziger Jahren wurden die Direktwirkungs- und Vorrangdoktrinen zunehmend akzeptiert[275]. Im Zeitraum von 1961 bis 1998 wuchsen die Verfahren um durchschnittlich 16 % pro Jahr[276]. Einzelne Schwankungen sind zwar insbesondere in den achtziger Jahren zu verzeichnen, aber im Zuge der Einheitlichen Europäischen Akte (EEA) von 1986 nehmen die Verfahren wieder zu[277]. Besonders markant ist die Steigung in dem Zeitraum von 1990 bis 1998 mit einem Gesamtanstieg um beeindruckende fast 100 %[278]. Anschließend nehmen die Zahlen zuweilen auch wieder ab (mit 210 im Jahr 2003 als niedrigste Nutzungsintensität der letzten Jahre), um danach wieder anzusteigen. Im Jahr 2009 übersteigen die Vorlagen erstmals knapp die Dreihunderter-Marke. Darauf folgt ein neuer Rekord: Im Jahr 2010 werden 385 Vorabentscheidungsersuchen vorgelegt, was eine Steigerung um 27,4 % gegenüber dem Vorjahr bedeutet[279].

Andere wichtige Verfahren finden sich in der Spalte „Klagen", deren Zahlen freilich stark variieren. Ganz überwiegend ist darunter das Vertragsverletzungsverfahren zu verstehen. In die Kategorie „Klagen" fielen im Jahr 2009 142 Vertragsverletzungsklagen und nur eine Nichtigkeitsklage[280]. Zugleich ist die steigende Zahl von Rechtsmitteln auszumachen: Im Jahr 1998 sind erstmals 65 überschritten, im Jahr 2006 die Zahl 80, um 2009 die Hunderter-Marke zu erreichen. Die Gutachten sind dagegen ein Sonderfall[281], den übrigens die amerikanischen Einzelstaa-

---

[273] EuGH, Rs. 13/61, Slg. 1962, 99 – *De Geus en Uitdenbogerd/Bosch u.a.*

[274] S. *Pitarkis/Tridimas*, European Journal of Law and Economics 16 (2003), 357 (358).

[275] *Fligstein/Stone Sweet*, American Journal of Sociology 107 (2002), 1206 (1217).

[276] *Tridimas*, CML Rev. 40 (2003), 9 (16); *Broberg/Fenger*, S. 5.

[277] S. auch *Fligstein/Stone Sweet*, American Journal of Sociology 107 (2002), 1206 (1217).

[278] *Broberg/Fenger*, S. 5; s. auch *Bork*, RabelsZ 66 (2002), 327 (346).

[279] *Gerichtshof der Europäischen Union*, Jahresbericht 2010, 2011, S. 3.

[280] *Gerichtshof der Europäischen Gemeinschaften*, Jahresbericht 2009, 2010, S. 86 (Fußn. 3). Im Jahresbericht für 2010, in dem insgesamt 136 Klagen neu eingingen, findet sich die Aufsplittung nicht.

[281] Ein Beispiel ist das Gutachten 1/03, Slg. 2006, I-1145. Nach dem vom Plenum erstatteten Gutachten ist die EG für den Abschluss des neuen Übereinkommens von Lugano über die gerichtliche Zuständigkeit und die Anerkennung und Vollstreckung von Entscheidungen in Zivil- und Handelssachen ausschließlich zuständig. Die Mitgliedstaaten seien dazu weder einzeln noch gemeinsam befugt. Der EuGH stützt sich dabei auf Rs. 22/70, Slg. 1970, 263 – *AETR*; zu den Hintergründen (Verordnung [EG] Nr. 44/2001)

ten[282], nicht aber die US-Bundesgerichte kennen[283]. Auf sie kann hier nicht weiter eingegangen werden[284].

In der vorstehenden Tabelle sind, wie erwähnt, die Beitrittsjahre 1973, 1981, 1986, 1989, 1995, 2004 und 2007 fett markiert. Auf die Vorlagepraxis der verschiedenen Beitrittsgruppen ist noch zurückzukommen. Jedoch wird bereits an dieser Stelle offensichtlich, dass die Erweiterungen nicht unmittelbar mit einem deutlichen Verfahrensanstieg zu Buche schlagen. Die neuen Mitgliedstaaten müssen sich in aller Regel erst an das Vorabentscheidungsverfahren gewöhnen. Die folgende Grafik veranschaulicht den gesamten Bedeutungsgewinn der Vorlagen und das Überschreiten der Dreihunderter-Marke im Jahr 2009.

Grafik 1: Entwicklung der Vorlagezahlen seit 1961

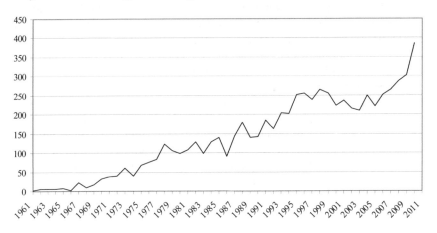

---

die Besprechung von *Bischoff*, EuZW 2006, 295 ff.; weiter *ders.*, Die Europäische Gemeinschaft und die Konventionen des einheitlichen Privatrechts, 2010. Auf das EuGH-Gutachten 1/09 wird noch im 3. Teil § 2 VI 1 b und c) näher eingegangen.

[282] *Wildhaber*, Advisory Opinions – Rechtsgutachten höchster Gerichte, 1962, S. 40 ff.

[283] *Dubinsky*, Am. J. Comp. L. 42 (1994), 295 (300, Fußn. 14); *o.V.* (da eine „note"), Harv. L. Rev. 124 (2011), 2064: Insbesondere das richterliche Prüfungs- und Verwerfungsrechts werde bewusst eingeschränkt, indem die Bundesgerichte ihre Rechtsauffassung nur „in the course of deciding live cases or controversies" abgeben. Oben Fußn. 254.

[284] S. *Bülow*, in: Festschr. f. Kutscher, 1981, S. 55 ff.; anders war es noch beim EGKS-Vertrag, s. *Schlochauer*, AVR 3 (1951/52), 385 (395): „Die dem Internationalen Gerichtshof beigelegte Befugnis, auf Ersuchen Gutachten über Rechtsfragen abzugeben, besitzt der Gerichtshof, ebenso wie ein nationales Verwaltungs- oder Zivilgericht, nicht".

2. Ursachen

Eine der – eben erwähnten und verzögert einsetzenden – Ursachen für den beträchtlichen Anstieg der Vorlageverfahren ist die konsequente geografische Erweiterung der Union zunächst nach Norden, dann nach Süden und schließlich Richtung Osten. Der Anstieg lässt sich aber auch durch zwei weitere Umstände erklären: den Anstieg des Unionsrechtsbestandes (unten unter a) sowie die Zunahme der wirtschaftlichen Tätigkeit und der damit verbundenen rechtlichen Auseinandersetzungen (unter b).

a) Rechtliche Umstände

Zunächst zu den juristischen Ursachen, bei denen nach dem Primär-, Sekundär- und Tertiärrecht zu unterscheiden ist.

aa) Entwicklung des Primärrechts

Die verschiedenen Primärrechtsreformen[285] haben die Kompetenzen erweitert und waren bemüht, die Akzeptanz der europäischen Integration zu erhöhen – etwa durch Schaffung und Stärkung des Europäischen Parlaments. Neben dem Vertrag von Maastricht 1992, der die EU mit ihren vielfältigen politischen Implikationen schuf, ist die Einheitliche Europäische Akte (EEA) von 1986 die bedeutendste Wegmarke. Mit dem darin definierten Ziel der Binnenmarktverwirklichung[286] waren sowohl weitreichende Marktliberalisierungen und die Beseitigung von Staatsmonopolen als auch die Öffnung der staatlichen Beschaffungsmärkte vorgesehen.

Dazu wurde ex-Art. 95 EG (heute Art. 114 AEUV) geschaffen[287], der bei Binnenmarktangelegenheiten grundsätzlich auf die Einstimmigkeit der Beschlussfindung im Rat verzichtet[288]. Vor Einführung dieses Mehrheitssystems war die europäische Politik in ihren Gesetzgebungsoptionen stärker beschränkt. Der Vergleich zu dieser Phase des Gemeinschaftsgesetzgebers macht deutlich: Der EuGH hatte von Anfang an beträchtliche Autonomie inne, von der er bekanntlich auch Gebrauch machte[289].

---

[285] Das Inkrafttreten der verschiedenen Reformen führt ebenfalls zu keinem direkt messbaren Anstieg der Vorlagen. Im Einzelnen: EEA (1986/in Kraft getreten 1987), der Vertrag von Maastricht (1992/1993), der Vertrag von Amsterdam (1997/1999), der Vertrag von Nizza (2001/2003) und der Vertrag von Lissabon (2007/2009).

[286] Bis zum 1.1.1993.

[287] Zur primärrechtlichen Entwicklung *Rösler*, EuR 2008, 800 (802 ff.).

[288] Zu den Auswirkungen im sekundärrechtlichen Verbraucherschutz etwa *Rösler*, ZfRV 2005, 134 (145); in ökonomischer Analyse (Kostenanalyse) *Cooter/Drexl*, International Review of Law and Economics 14 (1994), 307 ff.

[289] *Conant*, JCMS – Annual Review 45 (2007), 45 (48); ausführlich *Tsebelis/Garrett*, International Organization 55 (2001), 357 (358): „The more difficult it is for new legislation to be passed (for example, because of higher voting thresholds or more veto

Ebenfalls hervorzuheben sind die Reformschritte im Bereich des internationalen Privat- und Zivilprozessrechts. Während der Vertrag von Maastricht das Internationale Privatrecht letztlich im Bereich der intergouvernementalen Zusammenarbeit der Mitgliedstaaten beließ, schuf der Vertrag von Amsterdam 1997 eine eigene Kompetenz für das Internationale Privat- und Zivilprozessrecht (ex-Art. 65 EG; heute Art. 81 II c) AEUV)[290]. Der Vertrag von Lissabon gab als nächsten Schritt das Erfordernis des Binnenmarktbezugs auf. Die Schaffung eines Raums der Freiheit, der Sicherheit und des Rechts ist hierdurch zum selbstständigen Ziel neben der Verwirklichung des Binnenmarktes erstarkt.

Auf dem damit eigenständig gewordenen[291] Gebiet des Kollisionsrechts hat der Unionsgesetzgesetzgeber anders als im materiellen Privatrecht eine umfassende und originäre Gesetzgebungsbefugnis[292]. Auf dieser Grundlage besteht – über das internationale Schuldrecht hinausgehend – eine Kompetenz, die auch das internationale Familien- und Erbrecht umfasst. Auch außerhalb dieses Bereiches finden sich, etwa im Gesellschafts- und Arbeitsrecht, zahlreiche Kompetenznormen[293]. Sie sind ebenfalls als Handlungsaufträge für die europäischen Organe zu verstehen. Insofern unterscheiden sich die Kompetenznormen der EU von denen im Grundgesetz oder in der US-Verfassung.

---

players), the more discretion bureaucracies and courts have to move policy outcomes closer to their own preferences".

[290] Zur Vergemeinschaftung des Kollisionsrechts nach dem Amsterdamer Vertrag *Basedow*, in: *Baur/Mansel* (Hrsg.), Systemwechsel im europäischen Kollisionsrecht, 2002, S. 19; *Dohrn*, Die Kompetenzen der Europäischen Gemeinschaft im Internationalen Privatrecht, 2004, S. 49 ff.; s. zum vorherigen „Säulenwechsel" durch den Vertrag von Amsterdam *Geimer*, Internationales Zivilprozessrecht, 6. Aufl. (2009), Rdnr. 245.

[291] Dies gilt auch institutionell: Die GD Justiz, Freiheit und Sicherheit der Europäischen Kommission wurde zum 1.7.2010 in die GD Justiz und die GD Inneres aufgespalten.

[292] *Basedow*, in: *ders./Hopt/Zimmermann* (Hrsg.), Handwörterbuch des Europäischen Privatrechts, Bd. I, 2009, S. 680 (682).

[293] Eine Auswahl der zersplitterten Kompetenznormen (s. Art. 5 EUV) mit Relevanz für das Europäische Privatrecht: Art. 114, 115 AEUV: Binnenmarkt; Art. 50 II g) AEUV: Gesellschaftsrecht; Art. 81 AEUV: IPR und IZVR; Art. 91, 100 AEUV: Transportrecht; Art. 103 AEUV: Wettbewerbsrecht (v.a. Gruppenfreistellungen); Art. 118 AEUV: geistiges Eigentum; Art. 19, 153 AEUV: Antidiskriminierungsrecht; Art. 153 AEUV: Arbeitsrecht; Art. 352 AEUV: subsidiäre Kompetenznorm. S. zu den Gesetzgebungskompetenzen der EU *Basedow*, in: *ders./Hopt/Zimmermann* (Hrsg.), Handwörterbuch des Europäischen Privatrechts, Bd. I, 2009, S. 745 (746 ff.).

bb) Entwicklung des Sekundärrechts (u.a. am Beispiel des IPR)

Zweite, in diesem Kontext zentrale Rechtsquelle ist das auf Grundlage der beschriebenen Kompetenzen erlassene Sekundärrecht[294]. Vor allem das besagte Ziel des reibungslos funktionierenden Binnenmarktes hat zu einem außerordentlichen Anstieg des Normbestands und der damit einhergehenden Normenkomplexität geführt[295]. Maßgeblicher rechtspolitischer Ausgangspunkt ist das besagte Binnenmarktprogramm von 1985. Eine Fülle von Richtlinien auch mit privatrechtlicher Wirkung ist daraus hervorgegangen. Allerdings haben die EEA und das Binnenmarktprogramm erst verzögert Wirkung gezeigt. Erwartungsgemäß müsste die Aktivitätslinie der europäischen Rechtsprechung nach der Einführung bzw. Umsetzung zahlreicher neuer, teils auch schon wieder geänderter Sekundärrechtsakte auf dem Gebiet des Privatrechts ansteigen – genau wie es sich beim Erlass von rein nationalen Rechtsakten verhält[296].

Doch die Richtlinien wurden sukzessive erlassen und aus Sicht der Praxis recht verdeckt umgesetzt. Ausnahmen bilden – wegen ihrer Wichtigkeit – die Klausel- und Verbrauchsgüterkaufrichtlinie. Sie waren bis zum 31.12.1994 bzw. zum 1.1.2002 umzusetzen und haben vielfältige Auswirkungen auf die nationalen Zivilrechtsordnungen. Aber selbst diese wichtigen Richtlinien wirkten sich über die nationalen Gerichte sehr verzögert auf die EuGH-Verfahrenszahlen aus.

Das entspricht den allgemeinen Erfahrungen. Bereits beim EuGVÜ, das mit Wirkung ab 1973 einheitliche Regeln zur internationalen Zuständigkeit und zur Anerkennung und Vollstreckung EG-ausländischer Entscheidungen schuf, kam es zu keinem direkten Vorlageanstieg[297]. Erst über die Zeit und in der Summe haben der kontinuierlich zunehmende Sekundärrechtsbestand mit höherer Regelungsdichte und Bedeutung in den neunziger Jahren zu einem beachtlichen Anstieg der Vorlagezahlen geführt und damit zu einer statistisch signifikanten Korrelation zwischen dem Erlass von Sekundärrechtsakten und der Zunahme von Vorabentscheidungsverfahren beigetragen[298].

---

[294] Dies betonen auch *Fligstein/Stone Sweet*, American Journal of Sociology 107 (2002), 1206 (1220).

[295] S. bereits oben 2. Teil § 1 I 2 sowie 3.

[296] S. zu Letzterem *Höland*, ZfRSoz 30 (2009), 23 (36).

[297] Die Auslegungskompetenz des EuGH für die völkerrechtliche Konvention bestand auf Grundlage des Luxemburger Auslegungsprotokolls 1971 (konsolidierte Fassung ABl.EG 1998 Nr. C 27, S. 28); dazu *Arnold*, NJW 1972, 977 ff.; s. weiter zur Auslegung des EuGVÜ *Kropholler/v. Hein*, in: Festschr. f. Großfeld, 1999, S. 615 ff.; *dies.*, Einl. EuGVO, Rdnr. 54.

[298] Letzteres verdeutlicht die Grafik von *Fligstein/Stone Sweet*, American Journal of Sociology 107 (2002), 1206 (1220); bereits *Stone Sweet/Brunell*, American Political Science Review 92 (1998), 63 (70 ff.).

In dem neuen Potenzial an Rechtsunsicherheiten und -konflikten und dem daraus folgenden Klärungsbedarf liegt – neben den Erweiterungen – der Hauptgrund für den Verfahrensanstieg. Zunehmend hat sich der europäische Gesetzgeber nämlich Bereichen zugewandt, die vorher dem nationalen Recht überlassen waren. Hierzu zählt nicht nur das Privatrecht, sondern z.B. auch das weite Feld des Steuer- und Unternehmensrechts, aber auch die Frage der Unternehmenszusammenschlüsse. Für das Fusionsrecht enthielt der EWG-Vertrag – im Unterschied zur Montanunion – bekanntlich keine expliziten Vorschriften, so dass die Lücke im System der wettbewerbsrechtlichen Regeln nach Art. 101 ff. AEUV (ex-Art. 81 ff. EG) erst 1989 durch eine entsprechende Verordnung geschlossen wurde[299].

Zu den Gebieten, in denen von der Europäischen Gerichtsbarkeit umfangreiches Wissen und Gestaltungspotenzial abverlangt wird, zählt auch das bereits erwähnte Kollisionsrecht[300]: Das europäisierte IPR koordiniert die Privatrechtssysteme der Mitgliedstaaten[301]. Zwar ist der Wandel hin zu einem einheitlichen IPR – insbesondere über das auf vertragliche und außervertragliche Schuldverhältnisse anwendbare Recht – Ergebnis einer etwa 30-jährigen Entwicklung[302] und damit schon seit längerem absehbar[303]. Gleichwohl ist der mit Rom I und Rom II erreichte Stand eines EU-IPR von neuer Qualität[304].

Im Unterschied zum Europäischen Privatrecht wählt der EU-Gesetzgeber im Bereich des IPR (wie im Internationalen Zivilverfahrensrecht) keine Richtlinien, sondern bekanntlich direkt und unmittelbar wirkende Verordnungen. Zudem gehen die erfassten Materien über das EVÜ (bzw. ex-Art. 27 ff. EGBGB)[305] hinaus[306]. Dies eröffnet eine – vom EuGH nach

---

[299] Verordnung (EWG) Nr. 4064/89 des Rates vom 21.12.1989 über die Kontrolle von Unternehmenszusammenschlüssen, ABl.EWG 1989 Nr. L 395, S. 1; ersetzt durch Verordnung (EG) Nr. 139/2004 des Rates vom 20.1.2004 über die Kontrolle von Unternehmenszusammenschlüssen („EG-Fusionskontrollverordnung"), ABl.EU 2004 Nr. L 24, S. 1.

[300] Oben im Text bei Fußnotenzeichen 290 ff.

[301] *Basedow*, in: Liber Amicorum Guido Alpa, 2007, S. 168 ff.; *Basedow*, IPRax 2011, 109 (115): Schiedsrichterrolle; *ders.*, in: *ders./Hopt/Zimmermann* (Hrsg.), Handwörterbuch des Europäischen Privatrechts, Bd. I, 2009, S. 680 (682): „Neben (1) einer großen Anzahl vielfach fragmentarischer Richtlinien und Verordnungen zu Spezialfragen einzelner Themengebiete [des Europäischen Privatrechts] steht (2) bis auf Weiteres das umfassende und flächendeckende nationale Privatrecht, dessen Anwendung in innergemeinschaftlichen Fällen durch (3) ein weitgehend einheitliches internationales Privatrecht der Union konditioniert wird".

[302] *Brödermann*, NJW 2010, 807.

[303] Zur Rom I-VO *Mankowski*, IHR 2008, 133; *Magnus*, IPRax 2010, 27 ff.

[304] S. etwa *Calliess* (Hrsg.), Rome Regulations – Commentary on the European Rules of the Conflict of Laws, 2011. S. zur Bewertung noch im 4. Teil § 3 V.

[305] Zu den Änderungen im deutschen EGBGB *Martiny*, RIW 2009, 737 ff.

Art. 267 AEUV überwachte – systematische, d.h. rechtsaktübergreifende Auslegung[307]. Selbst gegenüber dem außereuropäischen Ausland, etwa im Rechtsverkehr mit den USA, ist eine neue Einheitlichkeit, ein neues *loi uniforme* geschaffen: Die IPR-Verordnungen gelten auch für Sachverhalte mit Bezug zu Staaten außerhalb der EU[308].

cc) Entwicklung des Tertiärrechts (selbstgenerierte Zentralisierung)

(1) Erweiterung der Rechtskontrollfunktion

Wie eingangs betont, ist die Bedeutung der EuGH-Rechtsprechung für das europäische Recht kaum zu unterschätzen. Dritte maßgebliche Rechtsmasse ist mithin die Rechtsprechung des EuGH selbst[309]. Durch dieses Tertiärrecht sichert der EU-Gerichtshof den Anwendungsvorrang und die Einheitlichkeit des Europarechts, aber auch sein finales Auslegungsmonopol[310]. Mit der Rechtsprechung ist eine beträchtliche Selbstzentralisierung verknüpft[311]. Dies geschah nicht ohne Kalkül der Richter auf dem Luxemburger Kirchberg. Sie haben von ihrer letztlich aus der Gewaltenteilung folgenden *de iure*- und *de facto*-[312] Unabhängigkeit in beträchtlichem Umfang Gebrauch gemacht.

Zu dieser Einflussnahme waren die Richter in der Lage, da sie erstens weniger Beschränkungen unterliegen als Richter auf der höchstrichterlichen Ebene einiger Mitgliedstaaten[313]. Zweitens haben die Mitgliedstaaten – obwohl „Herren der Verträge" – faktisch recht wenige Einfluss-

---

[306] *Brödermann*, NJW 2010, 807 (808) zum Paradigmenwechsel im IPR; parallel zur EuGVO *Roth*, in: *ders.* (Hrsg.), Europäisierung des Rechts, 2010, S. 163 (169).

[307] Diese autonome Begriffsbildung eröffnet sich etwa bei „Vertrag" in der Rom I-VO und in Art. 5 I a) EuGVO oder beim „gewöhnlichen Aufenthalt" nach Rom I- und Rom II-VO; s. auch *Reiher*, Der Vertragsbegriff im europäischen Internationalen Privatrecht – Ein Beitrag zur Abgrenzung der Verordnungen Rom I und Rom II, 2010.

[308] Art. 2 Rom I-VO und Art. 3 Rom II-VO.

[309] Zur Unterscheidung legislativer und judikativer Rechtsangleichung im Bereich des EU-Privatrechts *Franzen*, S. 12 ff.

[310] Vgl. *Schröder*, Gesetzesbindung des Richters, 2010, S. 132.

[311] „Iudex calculat" attestiert *Voigt*, in: *Holler/Kliemt/Schmidtchen/Streit* (Hrsg.), Jahrbuch für Neue Politische Ökonomie, Bd. 22: European Governance, 2003, S. 77 ff. dem EuGH; weiter zum verfassungsrechtlichen Wandel durch Rechtsprechung aus ökonomischer Sicht (mit wenig Bezug zum EU-Recht) *Voigt*, European Journal of Law and Economics 7 (1999), 197 ff. und parallel für die USA *Cooter/Ginsburg*, International Review of Law and Economics 16 (1996), 295 ff.

[312] Vgl. zu dieser Unterscheidung (in einer Untersuchung, wonach sich richterliche Unabhängigkeit positiv auf das reale Bruttoinlandsprodukt pro Kopf auswirke) *Feld/Voigt*, European Journal of Political Economy 19 (2003), 497 ff.; oben Fußn. 289.

[313] *Voigt*, in: Jahrbuch für Neue Politische Ökonomie, Bd. 22, 2003, S. 77 ff.

möglichkeiten auf die EuGH-Rechtsprechung[314]. So unterliegen Änderungen des Sekundärrechts dem Initiativrecht der Europäischen Kommission. Revisionen des Primärrechts, etwa zur Abänderung von ergangenen EuGH-Entscheidungen, sind äußerst selten und sowohl wegen des Einstimmigkeitsprinzips als auch der Faktizität des Sachstands[315] praktisch nur schwer durchführbar[316]. Damit ist die relative Stärke des EuGH auch strukturell durch die Schwäche der Mitgliedstaaten begründet, obwohl die Mitgliedstaaten prinzipiell die Rolle eines Prinzipals einnehmen[317].

Wirkungsmächtig sind dabei die Zwillingspfeiler des Europarechts[318]: die direkte Wirkung des Primärrechts nach *Van Gend & Loos*[319] aus dem Jahre 1963 sowie der Vorrang der Vertragswerke nach *Costa/E.N.E.L.*[320] von 1964. Die Direktwirkungs- und Vorrangdoktrinen waren kaum weniger kühn als die Selbstautorisierung zur richterlichen Prüfung durch *Marbury v. Madison* des U.S. Supreme Court von 1803[321], wonach dem Supreme Court eine Verwerfungskompetenz im Fall verfassungswidriger

---

[314] Vgl. auch oben Fußn. 289.

[315] *Alter*, Establishing the Supremacy – The Making of an International Rule of Law in Europe, 2001, S. 201: „Most ECJ decisions are not reversed because decisions affect Member States differently, so there is no coalition of support to change disputed legislation." Weiter S. 203: „This means that Member States are really only the masters of the Treaty during the drafting of legislation".

[316] *Vaubel*, European Journal of Law and Economics 28 (2009), 203 (215); *Pollack*, The Engines of European Integration – Delegation, Agency, and Agenda Setting in the EU, 2003, S. 155 ff.; zu weiten Spielräumen des EuGH *Behrens/Eger/Schäfer* (Hrsg.), Ökonomische Analyse des Europarechts, 2012, S. 1 ff.; oben bei Fußnotenzeichen 289.

[317] Näher zur „Ohnmacht des Prinzipals" *Höreth*, S. 320 ff.; zur Agenturtheorie unten Fußn. 426.

[318] *Mancini/Keeling*, YEL 11 (1991), 1 (2 f.): „If the doctrine of direct effect and supremacy are [...] the 'twin pillars of the Community's legal system' [sie beziehen sich damit auf *Wyatt/Dashwood*, The Substantive Law of the EEC, 2. Aufl. (1987), S. 28], the reference procedure [...] must surely be the keystone in the edifice; without it the roof would collapse and the two pillars would be left as a desolate ruin". Auch *Alter*, Establishing the Supremacy, S. 219 ff.

[319] EuGH, Rs. 26/62, Slg. 1963, 1.

[320] EuGH, Rs. 6/64, Slg. 1964, 1259; zum Anspruch des Vorrangs von Gemeinschaftsrecht auch gegenüber dem nationalstaatlichen Verfassungsrecht unter Einschluss der Grundrechte EuGH, Rs. 11/70, Slg. 1970, 1125 – *Internationale Handelsgesellschaft*; zur Wirkung des Vorrangs des Gemeinschaftsrechts auch EuGH, Rs. 106/77, Slg. 1978, 629 – *Simmenthal II*; s. bereits oben Fußn. 10.

[321] 5 U.S. (1 Cranch) 137 (1803). Kurz *Halberstam*, RabelsZ 66 (2002), 216 (226 f.). S. auch *Lochner v. New York*, 198 U.S. 45 (1905), wonach die Vertragsfreiheit in den Schutzbereich der „due process clause" des XIV. Amendment (1868) zur US-Verfassung fällt und darum Einschränkungen der Vertragsfreiheit einer Rechtfertigung durch wesentliche Interessen des Gemeinwohls erforderten.

Gesetze zusteht[322]. Die beiden Entscheidungen des EuGH haben das System der Vorabentscheidung transformiert: Die Überprüfung der Nichtvereinbarkeit von nationalem mit Unionsrecht ist fortan nicht auf die direkte Klage beschränkt[323]. Dies steigerte den Nutzen des Vorabentscheidungsverfahrens aus Sicht der Prozessparteien und der vorlegenden Richter beträchtlich.

Gleichwohl handelt es sich bei der wirkmächtigen Direktwirkungs- und der Vorrangdoktrin – wie *Timmermans* in etwas anderem Zusammenhang formuliert[324] – um „Zeitbomben", die erst mit Verzögerung detonierten bzw. zu einem Anstieg der Verfahren führten. Um ein Beispiel zum Grundsatz „gleiches Entgelt für Männer und Frauen" in Art. 157 AEUV (ex-Art. 141 EG) zu geben: In *Defrenne II*[325] hat der EuGH die Direktwirkung dieses Grundsatzes anerkannt und damit einen stetigen Strom von Verfahren generiert. Das hat wiederum die entsprechende Frauenrechtsbewegung gestärkt[326], was über eine in Brüssel erfolgte Institutionalisierung durch NGOs zu weiterer Unionsgesetzgebung[327] beigetragen hat (sog. Effekt des *spillover*)[328].

Die verzögerte Wirkung wird deutlich, wenn man die obige Grafik 1 zur Entwicklung der gesamten Vorlagezahlen heranzieht und dabei auf die Entwicklung unmittelbar nach den Jahren 1963 und 1964 abstellt: *Van Gend & Loos* und *Costa/E.N.E.L.* führen nicht direkt zum Anstieg der Vorlageverfahren. Den Jahren 1962 bis 1979, in denen der EuGH direkte Wirkung und Vorrang sicherte, schließt sich eine neue Phase an, in der er

---

[322] Für einen Vergleich der Leitentscheide beider Gerichtshöfe *Hauser*, Der Europäische Gerichtshof und der U.S. Supreme Court – Eine vergleichende Analyse ausgewählter Aspekte, 2008, S. 143 ff. (besprochen durch *Rösler*, GPR 2009, 17).

[323] Etwa *Carrubba/Murrah*, International Organization 59 (2005), 399 (401).

[324] *Timmermans*, CML Rev. 41 (2004), 393 (394) bezieht dies auf das verzögerte Erkennen der daraus folgenden Beeinträchtigungen der nationalen Souveränität seitens der Politik.

[325] EuGH, Rs. 43/75, Slg. 1976, 455 – *Defrenne II*.

[326] *Cichowski*, Law & Society Review 38 (2004), 489 ff.; weiter zur Bedeutung von Verbänden, hier der Unweltschutzverbände, die empirische Untersuchung *Slepcevic*, Litigating for the Environment – EU Law, National Courts and Socio-Legal Reality, 2009.

[327] Insbesondere Richtlinie 76/207/EWG zur Verwirklichung des Grundsatzes der Gleichbehandlung von Männern und Frauen hinsichtlich des Zugangs zur Beschäftigung, zur Berufsbildung und zum beruflichen Aufstieg sowie in Bezug auf die Arbeitsbedingungen; zum Einfluss des EuGH *Cichowski*, Law & Society Review 38 (2004), 489 ff.; *dies.*, S. 73 ff.

[328] *Stone Sweet*, Living Reviews in European Governance 2010, 24; s. ferner zum Mechanismus der Institutionalisierung *North*, Institutions, Institutional Change and Economic Performance, 1990.

verschiedene Vorgaben im Effektivitätsinteresse macht[329]. Dazu zählt beispielsweise die *Ratti*-Entscheidung aus dem Jahr 1979. Danach können Richtlinien zugunsten des Einzelnen nach Ablauf der Umsetzungsfrist unmittelbar anwendbar sein, sofern der Rechtsakt unbedingt und hinreichend bestimmt ist[330]. Auch hiernach erfolgt kein sofortiger Anstieg.

Ebenso trifft der Befund auf die Rechtsprechung über die Verpflichtung zur richtlinienkonformen Auslegung[331] zu, die auf den Entscheidungen aus dem Jahr 1984 (*von Colson* und *Harz*)[332] sowie auf *Marleasing* von 1990[333] beruhen. Selbst die Grundlegung der Staatshaftung im *Francovich*-Urteil von 1991[334], die der EuGH aus dem „Wesen" der geschaffenen Rechtsordnung ableitete, zeigt kaum einen signifikanten Anstieg im direkten Nachzug[335]. Erst auf mittlere und längere Sicht hat die von der EuGH-Rechtsprechung vorangetriebene Verrechtlichung und Vergerichtlichung der europäischen Integration (nicht zuletzt durch eine großzügige Handhabung der Zulässigkeit von Vorlageverfahrens) zu einem Anstieg der Verfahren geführt. Zugleich ist damit die beträchtliche Arbeitslast des EU-Gerichtshofs größtenteils ebenso hausgemacht[336] wie unausweichlich.

---

[329] *Stone Sweet/Brunell*, American Political Science Review 92 (1998), 63 (65).

[330] EuGH, Rs. 148/78, Slg. 1979, 1629; weiter Rs. 8/81, Slg. 1982, 53 – *Becker/ Finanzamt Münster-Innenstadt*; Rs. C-91/92, Slg. 1994, I-3325 – *Faccini Dori/Recreb*; zuvor Rs. 41/74, Slg. 1974, 1337 – *van Duyn/Home Office*.

[331] Die *interprétation conforme* kann aber auch dazu beitragen, den Vorlagedruck zu verringern, worauf gleich noch einzugehen ist. Vgl. weiter zur Schaffung eines „judicial liability system" und dem Zusammenhang mit dem Effektivitätsgrundsatz *Snyder*, Mod. L. Rev. 56 (1993), 19 (40 ff., 49 f.).

[332] EuGH, Rs. 14/83, Slg. 1984, 1891 – *von Colson und Kamann/Land Nordrhein-Westfalen*; Rs. 79/83, Slg. 1984, 1921 – *Harz/Deutsche Tradax*. Ferner zur Vorwirkung von EU-Richtlinien in Form der Unzulässigkeit zielgefährdender Maßnahmen bereits während der Umsetzungsfrist EuGH, Rs. C-129/96, Slg. 1997, I-7411 – *Inter-Environnement Wallonie/Région wallonne*.

[333] EuGH, Rs. C-106/89, Slg. 1990, I-4135 – *Marleasing/Comercial Internacional de Alimentación*.

[334] EuGH, verb. Rs. C-6/90 und C-9/90, Slg. 1991, I-5357 – *Francovich u.a./Italien*; weiter Rs. C-91/92, Slg. 1994, I-3325 – *Paola Faccini Dori/Recreb Srl*; verb. Rs. C-46/93 und C-48/93, Slg. 1996, I-1029 – *Brasserie du Pêcheur/Deutschland (ex parte Factortame)*; Rs. C-392/93, Slg. 1996, I-1631 – *British Telecom*; verb. Rs. C-178/94 u.a., Slg. 1996, I-4845 – *Dillenkofer*; Rs. C-5/94, Slg. 1996, I-2553 – *Hedley Lomas*; Rs. C-224/01, Slg. 2003, I-10239 – *Köbler/Österreich* (dazu sogleich); Rs. C-173/03, Slg. 2006, I-5177 – *Traghetti del Mediterraneo*. Zu den Haftungsvoraussetzungen *Mankowski*, in: *Rengeling/Middeke/Gellermann* (Hrsg.), Handbuch des Rechtsschutzes in der Europäischen Union, 2. Aufl. (2003), § 37, Rdnr. 104 ff.

[335] S. auch die Tabelle der beiden US-amerikanischen Politikwissenschaftler *Stone Sweet/Brunell*, American Political Science Review 92 (1998), 63 (67), die 1993 endet.

[336] Ähnlich schreibt *Huber*, in: *Streinz* (Hrsg.), EUV/AEUV – Kommentar, 2. Aufl. (2012), Art. 19 EUV, Rdnr. 9, die Überlastung des EU-Gerichtshofs sei hausgemacht.

(2) Zur Bindung nationaler Gerichte (Extremfall einer Köbler-Haftung)

Für das Verhältnis der mitgliedstaatlichen Richterschaft zur Europäischen Gerichtsbarkeit ist die Staatshaftung für judikatives Unrecht äußerst bedeutsam. Die Haftung für (formal) letztinstanzliche Entscheidungen nationaler Gerichte stellt den notwendigen Schlussstein im System der unionsrechtlichen Staatshaftung dar[337]. Die neue Haftungsart ergänzt das Vertragsverletzungsverfahren nach Art. 258 AEUV; schließlich kann der Verstoß gegen die Pflicht zur europarechtskonformen Auslegung eine Vertragsverletzung begründen[338]. Zugleich schwächt die Statuierung der neuen Haftungsmöglichkeit die bisherige Strategie einer Luxemburger Zurückhaltung im Kooperationsverhältnis der föderalen Ebenen ab[339].

Die neue Rechtsfigur berührt drei zentrale Aspekte: (1.) die Frage der Rechtskraft[340] mitsamt ihrer Befriedungsfunktion[341], (2.) die Besonderheiten der rechtsprechenden Gewalt unter Einschluss ihrer Autorität[342] und ihrer Unabhängigkeit[343] sowie (3.) die Erfordernisse der Rechtssicherheit[344]. Aus diesen Gründen lehnte eine verbreitete Literaturansicht viele

---

[337] So *Kluth*, DVBl. 2004, 393 ff.; weiter zum *Köbler*-Urteil *Hakenberg*, DRiZ 2004, 1137 ff.; *Schulze*, ZEuP 2004, 1049 ff.

[338] EuGH, Rs. C-129/00, Slg. 2003, I-14637 – *Kommission/Italien*; *Schröder*, Gesetzesbindung des Richters, S. 136 ff.

[339] S. *Kenntner*, EuZW 2005, 235 ff.

[340] Die auch der EuGH anerkennt; s. Rs. C-224/01, Slg. 2003, I-10239, Rdnr. 38 – *Köbler* und Rs. C-234/04, Slg. 2006, I-2585, Rdnr. 20 – *Kapferer/Schlank & Schick*, wo der EuGH betont, dass „der Grundsatz der Rechtskraft sowohl in der Gemeinschaftsrechtsordnung als auch in den nationalen Rechtsordnungen [Bedeutung] hat. Zur Gewährleistung des Rechtsfriedens und der Beständigkeit rechtlicher Beziehungen sowie einer geordneten Rechtspflege sollen nämlich nach Ausschöpfung des Rechtswegs oder nach Ablauf der entsprechenden Rechtsmittelfristen unanfechtbar gewordene Gerichtsentscheidungen nicht mehr in Frage gestellt werden können." Darum ist für die Haftung für judikatives Unrecht nur eine Entschädigung gefordert, nicht aber die Änderung der schadensbegründenden Entscheidung (aaO, *Köbler*; Rdnr. 21). S. weiter, auch zu den deutschen, französischen und englischen Rechtskraftlehren, *Germelmann*, Die Rechtskraft von Gerichtsentscheidungen in der Europäischen Union, 2009.

[341] *Gundel*, EWS 2004, 8 (12).

[342] Diesen Aspekt erwähnt *Skouris*, in: Festschr. f. Götz, 2005, S. 223 (226).

[343] Zur richterlichen Unabhängigkeit etwa *Oberto*, ZRP 2004, 207 ff., der neben den internationalen Dokumenten die gewichtigen Unterschiede zwischen Nord- und Südeuropa herausstellt.

[344] Dazu *Gundel*, EWS 2004, 8 ff.; zur Frage der Unabhängigkeit nationaler Richter und dem Handeln der Europäischen Kommission, insbesondere beim Kartellrecht – d.h. Durchführungsverordnung Nr. 1/2003, die auf einem gewandelten Verständnis des Art. 101 AEUV (ex Art. 81 EG) beruht – s. *Durner*, EuR 2004, 547 ff.; *Schröder*, Gesetzesbindung des Richters, S. 160 ff.

Jahre lang eine Staatshaftung für richterliche Entscheidungen ab[345]. In der *Köbler*-Entscheidung[346] aus dem Jahr 2003 bejahte der EuGH die Möglichkeit eines Staatshaftungsanspruchs gegen einen Mitgliedstaat, wenn eine höchstrichterliche Entscheidung das Europarecht verletzt und dem Einzelnen dadurch ein Schaden entsteht. Das kommt einer Neujustierung des Kooperationsverhältnisses zwischen dem EuGH und den mitgliedstaatlichen Gerichten gleich[347].

Nach Auffassung des EuGH müssten die Staatshaftungsgrundsätze unabhängig davon gelten, durch welches seiner Organe der Mitgliedstaat das EU-Recht verletzt hat. Unter Verweis auf seine in der Rechtssache *Francovich* entwickelten Grundsätze bestehen dafür drei überzeugende Bedingungen: (1.) die verletzte Unionsrechtsnorm bezweckt, dem Einzelnen Rechte zu verleihen, (2.) der Verstoß ist hinreichend qualifiziert und (3.) zwischen diesem Verstoß und dem entstandenen Schaden besteht ein unmittelbarer Kausalzusammenhang. Bei der zweiten Voraussetzung ist wegen der „Besonderheit der richterlichen Funktion" sowie der „berechtigten Belange der Rechtssicherheit" die Offenkundigkeit des Rechtsverstoßes erforderlich[348].

Zur Beurteilung der Offenkundigkeit hat das entscheidende Nationalgericht alle Einzelheiten des Falls zu berücksichtigen. Dazu gehören u.a. das Maß an Klarheit und Präzision der verletzten Vorschrift, die Vorsätzlichkeit des Verstoßes, die Entschuldbarkeit des Rechtsirrtums, gegebenenfalls die Stellungnahme eines Unionsorgans und die Verletzung der Vorlagepflicht[349] nach Art. 267 III AEUV[350].

---

[345] Vgl. *Radermacher*, NVwZ 2004, 1415; *Gundel*, EWS 2004, 8 (9), beide m. w. Nachw.; ablehnend etwa *Wegener*, EuR 2002, 785 ff.; nach dem *Köbler*-Urteil: *ders.*, EuR 2004, 85 ff. „hochproblematisch" (S. 91); dagegen *Skouris*, in: Festschr. f. Götz, 2005, S. 223 ff.

[346] EuGH, Rs. C-224/01, Slg. 2003, I-10239 – *Köbler/Österreich* (in der Sache freilich ablehnend, da nur ein einfacher, aber kein hinreichend qualifizierter Verstoß gegen das Unionsrechts vorliegt); weiter Rs. C-129/00, Slg. 2003, I-14637 – *Kommission/ Italien*; Rs. C-453/00, Slg. 2004, I-837 – *Kühne & Heitz*; Rechtsprechungslinie bekräftigt in Rs. C-173/03, Slg. 2006, I-5177 – *Traghetti del Mediterraneo/Italien*.

[347] *Siegerist*, Die Neujustierung des Kooperationsverhältnisses zwischen dem Europäischen Gerichtshof und den mitgliedstaatlichen Gerichten, 2010, S. 135 ff.

[348] EuGH, Rs. C-224/01, Slg. 2003, I-10239, Rdnr. 53.

[349] Die besteht bei einem letztinstanzlichen Gericht nur dann nicht, wenn das Gericht davon ausgehen konnte, dass sich die Lösung der Rechtsfrage einer gesicherten Rechtsprechung des Gerichtshofes entnehmen ließ oder keinerlei Raum für einen vernünftigen Zweifel bestehen; EuGH, Rs. 283/81, Slg. 1982, 3415, Rdnr. 14 und 16 – *C.I.L.F.I.T./ Ministero della Sanità*. Dazu noch im 3. Teil.

[350] EuGH, Rs. C-224/01, Slg. 2003, I-10239, Rdnr. 55 – *Francovich*; s. weiter *Reich*, Understanding EU Law, 2. Aufl. (2005), S. 325.

Der EuGH erachtet einen Verstoß jedenfalls dann als hinreichend, wenn die fragliche Entscheidung die einschlägige EuGH-Rechtsprechung offenkundig verkennt[351]. Anderes muss gelten, wenn der EU-Gerichtshof erst im Nachhinein – wie bei der *Quelle*-Entscheidung[352] – den Gehalt von auslegungsbedürftigen Rechtsakten verdeutlicht. Probleme bereiten nämlich zum einen unscharfe Formulierungen, wie sie sich gerade in Zivilrechtsrichtlinien häufig finden. Zum anderen bestehen bei diesen Rechtsakten nicht selten Unklarheiten, ob in der Einzelfrage ein nationaler Gestaltungsspielraum oder eine europäische Vorgabe besteht[353]. So war beispielsweise bei der Produkthaftungsrichtlinie 85/374/EWG umstritten, ob es sich wirklich um eine Vollharmonisierungsrichtlinie handelt, was der EuGH wohlgemerkt erst im Jahr 2002 bejahte[354]. Aus all diesen Gründen muss bei auslegungsbedürftigen Vorschriften für judikatives Unrecht nur recht selten gehaftet werden[355].

Mit der neuen Staatshaftung für letztinstanzliche Gerichte der Mitgliedstaaten untermauert der EuGH seine finale Auslegungsprärogative und erweitert zugleich die Reichweite der Bindungswirkung des Europarechts unter Einschluss seiner eigenen Rechtsprechung[356]. Denn die *Köbler*-Entscheidung macht deutlich: Der Vorranganspruch, den die *Costa/E.N.E.L.*-Entscheidung[357] postuliert, umfasst nicht nur das geschriebene Europa-

---

[351] EuGH, Rs. C-224/01, Slg. 2003, I-10239, Rdnr. 56 – *Francovich*; vgl. auch verb. Rs. C-46/93 und C-48/93, Slg. 1996, I-1029, Rdnr. 57 – *Brasserie du Pêcheur/Deutschland (ex parte Factortame)*.

[352] Zunächst BGH, NJW 2006, 3200 – *Quelle I*; dann EuGH, Rs. C-404/06, Slg. 2008, I-2685 – *Quelle*; darauf die Rechtsprechungsänderung BGHZ 179, 27 – *Quelle II*.

[353] In mehreren Urteilen (insbesondere EuGH, Rs. C-183/00, Slg. 2002, I-3901, Rdnr. 25 – *González Sánchez/Medicina Asturiana*; Rs. C-52/00, Slg. 2002, I-3827, Rdnr. 16 – *Kommission/Frankreich*; Rs. C-154/00, Slg. 2002, I-3879, Rdnr. 12 – *Kommission/ Griechenland*) stellte der EuGH fest, „dass der Gestaltungsspielraum der Mitgliedstaaten bei der Regelung der Haftung für fehlerhafte Produkte zur Gänze von der Richtlinie selbst festgelegt wird"; dazu kurz (im Rahmen der Besprechung von EuGH, Rs. C-127/04, Slg. 2006, I-1313 – *Declan O'Byrne/Sanofi Pasteur MSD Ltd.*) *Rösler*, EWiR 2006, 253 (254); s. auch zu Rechtsprechung zum Unionsdeliktsrecht der Jahre 2004– 2006 *Wurmnest/Doralt*, GPR 2007, 118 ff.; Kritik an der These der Vollharmonisierung bei *Riehm*, EuZW 2010, 567 ff.

[354] EuGH, Rs. C-154/00, Slg. 2002, I-3879 – *Kommission/Griechenland*; *Heiderhoff*, in: *Gebauer/Wiedmann* (Hrsg.), Zivilrecht unter europäischem Einfluss, 2. Aufl. (2010), Kap. 17, Rdnr. 18.

[355] *Frenz/Götzkes*, EuR 2009, 622 ff.

[356] *Schröder*, Gesetzesbindung des Richters, S. 132.

[357] EuGH, Rs. 6/64, Slg. 1964, 1259; zur Wirkung des Vorrangs des Unionsrechts EuGH, Rs. 106/77, Slg. 1978, 629 – *Simmenthal II*; zum Anspruch des Vorrangs von Unionsrecht auch gegenüber dem nationalstaatlichen Verfassungsrecht unter Einschluss der Grundrechte EuGH, Rs. 11/70, Slg. 1970, 1125 – *Internationale Handelsgesellschaft*.

recht, sondern hierarchisch[358] auch die Auslegung und Rechtsfortbildung der Europäischen Gerichtsbarkeit[359]. Die *Köbler*-Entscheidung entspricht der besonderen Bedeutung der Höchstgerichte, die sie für das Fortschreiten der Integration und die gerichtliche Zusammenarbeit u.a. nach Art. 267 III AEUV innehaben[360]. Zudem kann *Köbler* in Einzelfällen die Ausgangslage und Erfolgsaussichten des Berufungs- und Revisionsklägers stärken[361].

Auch unter dem Gesichtspunkt der Arbeitslast bei der Europäischen Gerichtsbarkeit ist *Köbler* ambivalent. Einerseits erhöht die reine Möglichkeit einer Staatshaftung für den nationalen Richter den Anreiz, das EU-Recht und seine Auslegung durch die Europäische Gerichtsbarkeit zu beachten und einzuhalten. Allerdings ist diese Wirkung nur bei hinreichender europäischer Kontrolle effektiv, was wiederum den EuGH auf den Plan ruft. Aufgabe des EuGH ist es schließlich, die groben Linien der Staatshaftung festzulegen.

Der Gerichtshof berücksichtigt die Besonderheiten der richterlichen Tätigkeit bei den Haftungsvorgaben für judikatives Unrecht: Die richterliche Unabhängigkeit und das Richterspruchprivileg führen zu einer nennenswerten Einschränkung des Haftungsmaßstabes im Vergleich zur Verantwortlichkeit von Legislative und Exekutive[362]. Gleichwohl ist der Mechanismus hinreichend effektiv, denn die geforderte Offenkundigkeit des Verstoßes z.B. in Gestalt einer Nichtvorlage kann durch EuGH-Entscheidungen in anderen Verfahren rasch zu Tage treten.

Da das EU-Recht bei einer willkürlichen Verletzung der Vorlagepflicht seitens der letzten Instanz keine Sanktionen vorsieht[363], schließt die *Köbler*-Entscheidung als mittelbare Sanktion teilweise und unter recht eingeschränkten Voraussetzungen eine Lücke. Allerdings eröffnet das deutsche Recht unter Berufung auf das Grundrecht des gesetzlichen Richters

---

[358] *Radermacher*, NVwZ 2004, 1415 (1417) plädiert dagegen wegen dem in Art. 267 III AEUV zum Ausdruck gebrachten Misstrauen gegenüber den Höchstgerichten und ihrer Interpretation des Unionsrechts für eine schonende und nicht dem Hierarchieprinzip unterliegende Kooperation.

[359] Deutlich *Schröder*, Gesetzesbindung des Richters, S. 134, der auch davon spricht, wegen seines „Auslegungsmonopols" sei der EuGH das „höchste Unionsfachgericht" (S. 135).

[360] Besonders unterstrichen durch Generalanwalt *Léger* in seinen Schlussanträgen zu EuGH, Rs. C-224/01, Rdnr. 74 ff. – *Köbler/Österreich.*

[361] *Kiethe/Groeschke*, WRP 2006, 29 (31 f.).

[362] *Gundel*, EWS 2004, 8 (13), der zudem darauf hinweist, dass auch für Entscheidungen der Europäischen Gerichtsbarkeit selbst eine eingeschränkte Staatshaftung besteht. S. weiter *Wolf*, WM 2005, 1345 ff.; *Schöndorf-Haubold*, JuS 2006, 112 ff.; *Nacimiento*, Gemeinschaftsrechtliche und nationale Staatshaftung in Deutschland, Italien und Frankreich, 2006.

[363] *Gundel*, in: *Ehlers*, § 20, Rdnr. 24; *ders.*, EWS 2004, 8 (15).

die Möglichkeit einer Verfassungsbeschwerde[364]. Für andere Staaten hat die EGMR-Rechtsprechung zu Schadensersatzansprüchen besondere Bedeutung erlangt, etwa für Frankreich, wo der EGMR dem Unionsrecht gleichsam ausgeholfen hat[365].

Zu beachten ist gleichwohl: *Köbler* schafft nur einen unionseinheitlichen Mindeststandard, mit anderen Worten keine umfassende Staatshaftung. Sie ist beschränkt auf formal letztinstanzliche Gerichte und offensichtliche Verstöße. Zudem zieht die Rechtsverletzung nur finanzielle Folgen nach sich. Die Rechtskraft des betroffenen Urteils bleibt bestehen, d.h. das Urteil wird nicht korrigiert oder angepasst[366]. Ein Zivilprozess, in dem eine Partei etwa wegen einer offensichtlich fehlerhaften Auslegung einer EU-Richtlinie oder einer Nichtvorlage[367] obsiegte, wird nicht wieder aufgenommen. Stattdessen wendet sich die unterlegene Partei gegen den fehlerverantwortlichen Staat, um ihren Schaden zu liquidieren[368]. Zudem vermag die *Köbler*-Rechtsprechung einen wirklichen und breiten Widerstand der mitgliedstaatlichen Gerichte gegen die Integration und das Versagen einer entsprechenden Gefolgschaft nicht zu brechen, was allerdings auch nicht das Ziel der Haftung für judikatives Unrecht ist, die vorsichtig[369] am Ende einer abgestuften Entwicklung von Staatshaftungsgrundsätzen etabliert wurde[370].

Mit der neuen Staatshaftung dringt der EuGH zwar in Materien ein, die vormals dem nationalen Verfahrens- und Haftungsregime überlassen blieben[371]. Es handelt sich aber um ein begrenztes und bruchstückhaftes Unter-

---

[364] Art. 101 I S. 2 GG; BVerfGE 75, 223 – *Kloppenburg*; eine willkürliche Verletzung der Vorlagepflicht seitens des BVerwG wurde in BVerfG, NJW 2001, 1267 = JZ 2001, 923 m. Anm. *Voßkuhle* bejaht. S. weiter BVerfG, NJW 2002, 1486; EuZW 2008, 679; NVwZ 2009, 519 und unten 2. Teil § 3 II 3. Für Österreich VerfGH, EuGRZ 1996, 121.

[365] S. etwa EGMR, EuGRZ 2007, 671 – *Dangeville/Frankreich*, wo die Ablehnung einer Staatshaftung für Urteile, die gegen das Unionsrecht verstoßen, als unverhältnismäßiger Eingriff in die Eigentumsgarantie nach Art. 1 des Protokolls 1 der EMRK gewertet wurde; zu dieser Konstellation, dass der EGMR zum Wächter des Unionsrechts wird *Breuer*, JZ 2003, 433 ff.; *Gundel*, EWS 2004, 8 (9 f., 15).

[366] Oben Fußn. 340.

[367] EuGH, Rs. C-173/03, Slg. 2006, I-5177 – *Traghetti del Mediterraneo/Italien* stellt ausdrücklich klar, dass Verletzungen der Vorlagepflicht von der Haftung für judikatives Unrecht umfasst sind.

[368] *Gundel*, EWS 2004, 8 (15, Fußn. 82).

[369] „Vorsichtig" bescheinigt zumindest *Skouris*, in: Festschr. f. Götz, 2005, S. 223 (238).

[370] *Gundel*, EWS 2004, 8 (16) verweist in diesem Zusammenhang auf die alte Rechtsprechung des französischen Conseil d'État.

[371] Das verdeutlicht auch EuGH, Rs. C-173/03, Slg. 2006, I-5177 – *Traghetti del Mediterraneo/Italien*; s. weiter Rs. C-445/06, Slg. 2009, I-2119 – *Danske Slagterier/Deutschland* (zur richtlinienwidrigen Lebensmittelkontrolle und Verstoß gegen die

system[372]: Nur die Rechtsverletzung ist eingehend unionsrechtlich definiert, wohingegen die Kausalität und der Schadensumfang als weitere Kernelemente der zivilrechtlichen Haftung überwiegend dem nationalen Recht überlassen bleiben[373]. Jüngst hat der EuGH jedoch erneut[374] ein italienisches Gesetz über die zivilrechtliche Haftung von Richtern für Schäden, die Einzelnen durch Verstöße gegen EU-Recht entstehen für rechtswidrig erklärt, da die im Gesetz statuierte Beschränkung auf Vorsatz oder grobe Fahrlässigkeit dem allgemeinen Grundsatz der judikativen Staatshaftung widerspricht[375].

(3) Explizite Erstreckung des Primärrechts auf alle Marktbereiche

Neben einer Erweiterung der Rechtskontrollfunktion, wie sie der EuGH durch die Entwicklung der Staatshaftung, aber auch durch die zuvor schon angesprochenen neuen Rechtsfiguren (vor allem die Möglichkeit einer unmittelbaren Wirkung von Richtlinien bei vertikalen Rechtsbeziehungen und die richtlinienkonforme Auslegung) vorgenommen hat[376], fanden auch Ausdehnungen des Vertrages auf vorher scheinbar unberührte Wirtschaftszweige statt. Hierdurch erweitert der EU-Gerichtshof ausgewählte Bereiche des Primärrechts in seiner Reichweite, und zwar anhand der Programmatik der Verträge und der in Art. 3 EUV umrissenen Ziele der Union.

Die wirtschaftlich äußerst wichtige Dienstleistungsfreiheit[377] ist ein geeignetes Beispiel. Vor den entsprechenden Urteilen der Jahre 1986 und 1988 war unklar, ob die Dienstleistungsfreiheit etwa auf den Verkehrssektor[378] oder die TV-Werbung[379] anzuwenden ist oder nicht. Nachdem der

---

Warenverkehrsfreiheit), wonach aber die für deliktische Ansprüche grundsätzlich geltende dreijährige Frist (§§ 195, 199 BGB) den Grundsätzen der Gleichwertigkeit und Effektivität (hierzu die Nachw. unten in Fußn. 1241) genügt; dazu *Armbrüster/Kämmerer*, NJW 2009, 3601 ff.

[372] *Schmid*, in: *Eriksen/Joerges/Rödl*, S. 85 (88).

[373] *Wurmnest*, Grundzüge eines europäischen Haftungsrechts, 2003, S. 109 ff.; s. ferner *Caranta*, CML Rev. 32 (1995), 703. Zu den Lücken s. *Reich*, YEL (29) 2010, 112 ff., die zu „rights without duties" führten.

[374] EuGH, Rs. C-173/03, Slg. 2006, I-5177 – *Traghetti del Mediterraneo/Italien*.

[375] EuGH, Rs. C-379/10 v. 24.11.2011, nicht in amtlicher Sammlung veröffentlicht – *Europäische Kommission/Italien*.

[376] *Basedow*, EuZ 2009, 86 (90).

[377] Dazu im Zusammenhang mit der Richtlinie 90/314/EWG über Pauschalreisen *Tonner*, Reiserecht in Europa, 1992, S. 11 ff., 237 ff.

[378] EuGH, verb. Rs. 209 bis 213/84 – *Ministère Public/Asjes* („Nouvelles Frontières"), Slg. 1986, 1425; dazu *Basedow*, in: *Immenga/Mestmäcker*, Wettbewerbsrecht – Kommentar zum Europäischen Kartellrecht, Bd. I: EG/Teil 2, 4. Aufl. (2007), Rdnr. 3; s. weiter *ders.*, Rdnr. 11 zur Untätigkeitsklage des Parlaments EuGH, Rs. 13/83, Slg. 1985, 1513 – *Parlament/Rat*, worin der Gerichtshof dem Rat die Verpflichtung

EuGH beides bejaht hatte und zeitgleich das Binnenmarktprogramm griff, war die Politik aufgerufen, die Dienstleistungsfreiheit auch in diesen Marktsektoren zu verwirklichen[380].

Als weitere Materie ist das Wettbewerbsrecht zu nennen, dem wegweisende Urteile[381] z.B. den Telekommunikations-[382] und Energiesektor[383] unterstellten. Diese Klarstellungen im Bereich der Grundfreiheiten und des Wettbewerbsrechts setzten einen Kreislauf in Kraft, der vom unionsrichterlichen Anstoß (bzw. von der richterlichen *policy*-Vorgabe)[384] zum unionsgesetzgeberischen Akt der Marktöffnung und Liberalisierung reicht. Dann führt der Weg – mit unterschiedlicher Beharrungskraft der nationalen Rechtsordnungen – über einzelne Vorabentscheidungsverfahren zurück zum EuGH[385].

(4) Auslegungsbefugnis bei überschießender Umsetzung von Zivilrechtsrichtlinien

Durch die Umsetzung von Zivilrechtsrichtlinien entstehen hybride Gesetzbücher[386]. Sie bestehen aus Inseln umgesetzten EU-Rechts umgeben von dem verbleibenden rein nationalen Recht. Ein besonderes Problem bereiten

---

auferlegte, die Dienstleistungsfreiheit im Verkehr innerhalb „angemessener" Frist zu verwirklichen. Dazu *Basedow* (Hrsg.), Europäische Verkehrspolitik – Nach dem Untätigkeitsurteil des Europäischen Gerichtshofes gegen den Rat vom 22. Mai 1985, Rechtssache 13/83 (Parlament ./. Rat), 1987. S. zum Wirtschaftsrecht der Fluglinien *Rösler*, ZHR 170 (2006), 336 ff.

[379] EuGH, Rs. 352/85, Slg. 1988, 2085 – *Bond van Adverteerders/Niederlande*.

[380] *Basedow*, EuZ 2009, 86 (90).

[381] S. parallel zum Ausbau der entsprechenden Kommissionsbefugnisse *Akman/ Kassim*, JCMS 48 (2010), 111 ff.; vgl. ferner zur Funktion des EuGH als „agenda setter" *Wincott*, in: *Cram/Dinan/Nugent* (Hrsg.), Developments in the European Union, 1999, S. 90 ff.

[382] EuGH, Rs. 41/83, Slg. 1985, 873 – *Italien/Kommission* (British Telecom-Fall).

[383] EuGH, Rs. C-320/91, Slg. 1993, I-2533 – *Strafverfahren gegen Paul Corbeau*; Rs. C-393/92, Slg. 1994, I-1477 – *Gemeente Almelo u.a./Energiebedrijf IJsselmij*; s. auch *Mestmäcker/Schweitzer*, Europäisches Wettbewerbsrecht, 2. Aufl. (2004), § 18, Rdnr. 64; zur kritischen Aufnahme der EuGH-Rechtsprechung durch die Mitgliedstaaten in diesem Bereich *Conant*, Justice Contained: Law and Politics in The European Union, 2002, S. 122 ff.

[384] Zum „judicial policy-making" im Zusammenhang mit der Vergerichtlichung *Dehousse*, S. 97 ff.

[385] Zu dieser Funktion des EuGH als Impulsgeber kommentiert *Basedow*, EuZ 2009, 86 (91): „Das Verhältnis zwischen dem Gerichtshof und den politischen Organen der Gemeinschaft erscheint oftmals wie eine Art Osmose oder Dialog, ein wechselseitiger Austausch, von Initiativen und Kommentaren. In zahlreichen Fällen halfen Urteile des Gerichtshofs dabei, das Bewusstsein der politischen Akteure für gewisse Probleme zu schärfen oder Widerstände in der politischen Debatte zu überwinden".

[386] Zu diesem Konzept *Basedow*, AcP 200 (2000), 445 ff.

hybride Normen[387], die aus überschießenden Umsetzungen von Richtlinienbestimmungen resultieren. Dabei hat der nationale Gesetzgeber den
unionsrechtlich vorgegebenen Anwendungsbereich erweitert[388] – sei es in
persönlicher und/oder sachlicher Hinsicht.

Bestes Beispiel für eine überschießende Umsetzung[389] ist die Verbrauchsgüterkaufrichtlinie, deren Konzepte[390] im Zuge der Schuldrechts-
reform von 2002 über das Verbraucherrecht hinaus auf die §§ 433–479
BGB übertragen wurden[391]. Hierdurch finden die Konzepte der Richtlinie
grundsätzlich auf alle Kaufverträge sowie über § 651 BGB auch auf Werk-
lieferungsverträge Anwendung[392]. Damit kann es in fast jedem Fall zu
diesen Schuldverhältnissen, aber z.B. auch zu den in §§ 312–312i, 355–
360, 481–487, 491–495, 497–509, 651a-m, 655a-e, 675a-676c BGB geregelten Vertragenstypen sowie der Klauselkontrolle nach §§ 305–310 BGB
und den Ansprüchen nach ProdHaftG potenziell zur Vorlage an den EuGH
kommen[393].

In solchen Fällen autonomer Bezugnahme[394] bejaht der EuGH – z.B.
2006 in *Poseidon Chartering*[395] – eine Vorlagebefugnis der National-

---

[387] Zu den Folgen der Auslegung insbesondere *Drexl*, in: Festschr. f. Heldrich, 2005,
S. 67 ff.

[388] *Heiderhoff*, Grundstrukturen des nationalen und europäischen Verbrauchervertragsrechts – Insbesondere zur Reichweite europäischer Auslegung, 2004, S. 164 (besprochen von *Rösler*, ZEuP 2005, 724 ff.) spricht von interner Harmonisierung.

[389] Weitere Beispiele bei *Brandner*, Die überschießende Umsetzung von Richtlinien,
2003, S. 15 ff.

[390] Zu beachten ist auch der Einfluss des CISG; s. mit Blick auf die Verbrauchsgüterkaufrichtlinie *Rösler*, in: *Basedow/Hopt/Zimmermann* (Hrsg.), Handwörterbuch des
Europäischen Privatrechts, Bd. II, 2009, S. 1617 ff.; weiter *Basedow*, International Review of Law and Economics 25 (2005), 487 ff.

[391] Vergleichend zur Umsetzung im deutschen Recht *Rösler*, EJLR 11 (2009), 305
(312 ff.); *Mansel*, AcP 204 (2004), 396 (408 ff.).

[392] Vgl. *Jäger*, Überschießende Richtlinienumsetzung im Privatrecht, 2006, S. 85;
weiter *Riehm*, JZ 2006, 1035 ff.

[393] *Mankowski*, in: *Rengeling/Middeke/Gellermann*, § 37, Rdnr. 1; zum Kaufrecht s.
Schmid, Die Grenzen der Auslegungskompetenz des EuGH im Vorabentscheidungsverfahren nach Art. 234 EG – Dargestellt am Beispiel der überschießenden Richtlinienumsetzung, 2005, S. 181.

[394] S. *Schnorbus*, RabelsZ 65 (2001), 654 ff.; *Gotha*, Grenzen und Auslegung autonom harmonisierten Wirtschaftsprivatrechts, 2006, S. 27 ff.

[395] EuGH, Rs. C-3/04, Slg. 2006, I-2505 – *Poseidon Chartering* (in der Sache ging es
um die Richtlinie 86/653/EWG zu selbstständigen Handelsvertretern), dort heißt es in
Rdnr. 17: „Auch wenn sich die Fragen im vorliegenden Fall auf einen Vertrag mit einem
Gewerbetreibenden beziehen, der mit der Vermittlung eines Dienstleistungsvertrags und
nicht eines Vertrages über den Ver- oder Ankauf von Waren betraut ist, und die Richtlinie daher die betreffende Situation nicht unmittelbar regelt, so bleibt es doch dabei,
dass der nationale Gesetzgeber bei der Umsetzung der Richtlinienbestimmungen in das
innerstaatliche Recht beschlossen hat, diese beiden Arten von Situationen gleichzu-

gerichte[396]. Da die überschießende Richtlinienumsetzung freiwillig erfolgt, kann zwar weder eine richtlinienkonforme Auslegung (sondern nur eine richtlinienorientierte Auslegung)[397] noch eine gemeinschaftsrechtliche Pflicht zur Vorlage nach Art. 267 AEUV[398] in Betracht kommen – schließlich hat der EuGH keine allumfassende Zuständigkeit[399].

Was aber die freiwillige Vorlagemöglichkeit anbelangt, so betont der EuGH das Interesse an einer einheitlichen Auslegung und Anwendung des Unionsrechts in allen Mitgliedstaaten: „Richten sich […] nationale Rechtsvorschriften wegen der Lösungen, die sie für rein innerstaatliche Situationen vorsehen, nach den im Gemeinschaftsrecht angewandten Lösungen, um insbesondere das Auftreten von Diskriminierungen oder etwaigen Wettbewerbsverzerrungen zu verhindern, so besteht ein unbestreitbares Gemeinschaftsinteresse daran, dass zur Vermeidung künftiger Auslegungsdivergenzen die vom Gemeinschaftsrecht übernommenen Bestimmungen oder Begriffe unabhängig davon, unter welchen Voraussetzungen sie anzuwenden sind, einheitlich ausgelegt werden."[400]

Die Vorlagemöglichkeit im Fall des unmittelbaren Bezugs zum Unionsrecht ist aus mindestens vier Gründen zu begrüßen. Erstens hat sich der nationale Gesetzgeber bei der Umsetzung bewusst entschieden, den europarechtlich zu harmonisierenden Bereich mit anderen Konstellationen gleich zu behandeln[401]. Zweitens ist die Vorlage an den EuGH „freiwillig", entspricht also dem dialogischen Charakter des Vorabentscheidungsverfahrens[402]. Drittens wird (aus Sicht des Nationalrechts) einem kodifikatorischen Zerfall vorgebeugt, der durch eine gespaltene Auslegung ein und derselben Rechtsnorm entstehen könnte[403]. Viertens wird – im Idealfall –

---

behandeln." *Rösler*, in: *Basedow/Hopt/Zimmermann* (Hrsg.), Handwörterbuch des Europäischen Privatrechts, Bd. I, 2009, S. 122 (125).

[396] Grundlegend EuGH, verb. Rs. C-297/88 und C-197/89, Slg. 1990, I-3763 – *Dzodzi/Belgien*; bekräftigt in Rs. C-208/98, Slg. 2000, I-1741 – *Berliner Kindl*; Rs. C-306/99, Slg. 2003, I-1 – *Banque internationale pour l'Afrique occidentale (BIAO)*; zuvor Rs. C-28/95, Slg. 1997, I-4161 – *Leur-Bloem/Inspecteur der Belastingdienst*.

[397] Dazu *S. Lorenz*, in: *E. Lorenz* (Hrsg.), Karlsruher Forum 2005: Schuldrechtsmodernisierung – Erfahrungen seit dem 1. Januar 2002, 2006, S. 5 (98 ff.), und zwar anhand der *Heininger*-Rechtsprechung, EuGH, Rs. C-481/99, Slg. 2001, I-9945.

[398] *Hirte*, RabelsZ 66 (2002), 553 (565).

[399] Im vorliegenden Kontext *Habersack/Mayer*, JZ 1999, 913 (919).

[400] EuGH, Rs. C-3/04, Slg. 2006, I-2505, Rdnr. 16 – *Poseidon Chartering*.

[401] *Heiderhoff*, Gemeinschaftsprivatrecht, S. 56 f.; vgl. zur Frage „Einheitlich oder gespalten?" bei der Auslegung nationalen Rechts im Fall überschießender Umsetzung von Richtlinien ablehnend BGHZ 150, 248 – *Heininger*; *Mayer/Schürnbrand*, JZ 2004, 545 ff.

[402] Vgl. oben Fußn. 395.

[403] Für eine großzügige Praxis des EuGH *Basedow*, in: Festschr. f. Brandner, 1996, S. 651 (663); *Hess*, § 12, Rdnr. 16.

die Einheitlichkeit und Rechtssicherheit des Unionsrechts durch eine frühzeitige Auslegung durch den EU-Gerichtshof gefördert[404].

In der Ausdehnung der Jurisdiktion wird das Selbstverständnis des EuGH als „Supreme Court" in einem einheitlich gefassten Rechtssystem deutlich[405]. Allerdings tut sich wieder das Generalproblem der Überlastung des Gerichtshofs auf[406]. Der Umstand ist umso gewichtiger, als der EuGH die Entscheidungserheblichkeit der Vorlagefrage nur eingeschränkt überprüft. Der Gerichtshof weist ein Ersuchen nur dann zurück, wenn „offensichtlich ist, dass die erbetene Auslegung in keinem Zusammenhang mit der Realität oder dem Gegenstand des Ausgangsrechtsstreits steht oder dass die Frage allgemeiner oder hypothetischer Natur ist"[407]. Zudem agiert der Gerichtshof in der Rolle eines Ratgebers, was die Verträge eigentlich nicht vorsehen. Schließlich kann die Autoritätswirkung letztinstanzlicher nationaler Gerichte leiden, wenn über ihnen potenziell stets der EuGH steht. Wie konkret der Überlastung begegnet werden kann, wird noch im 3. Teil eingehend behandelt[408].

(5) Durch neue Rechtsprechung induzierte Fragen (Inhalt und Reichweite)

Die Rechtsprechung des EU-Gerichtshofs selbst ist ein Grund für den Anstieg der Verfahren. Dies gilt zum einen aufgrund der vom EuGH erzielten und gerade beschriebenen[409] Zentralisierungseffekte. Zum anderen ist die Rechtsprechung auch – wie bereits angedeutet – indirekt eine Ursache für die Nachfrage von Vorabentscheidungen. Stets neu entstehende Sachverhalte erfordern die Ausarbeitung und Verfeinerung der Judikatur des EU-Gerichtshofs[410]. So ziehen neu postulierte Prinzipien und allgemeine Grundsätze oft eine Fülle von weiteren Vorlagefragen nach sich. Die steigenden Fallzahlen generieren eine zunehmende Problematisierung.

Als Beispiel lässt sich etwa die *Mangold*-Entscheidung aus dem Jahr 2005 anführen. In diesem arbeitsrechtlichen Fall hat der EuGH ein allgemeines Verbot der Diskriminierung aus Gründen des Alters als allge-

---

[404] *Heiderhoff*, Gemeinschaftsprivatrecht, S. 77.

[405] *Tridimas*, CML Rev. 40 (2003), 9 (36); s. für einen Vergleich von BGH und EuGH *Bork*, RabelsZ 66 (2002), 327 (349 ff.).

[406] In Rs. C-346/93, Slg. 1995, I-615 – *Kleinwort Benson/City of Glasgow District Council* hat sich der EuGH freilich für nicht zuständig erklärt.

[407] EuGH, Rs. C-3/04, Slg. 2006, I-2505, Rdnr. 14 – *Poseidon Chartering*.

[408] S. insbesondere 3. Teil § 2 II 3 c).

[409] 2. Teil § 2 I 2 a) cc).

[410] Zu dem Angebot- und Nachfrage-Konzept in Bezug auf das Vorabentscheidungsverfahren *Tridimas/Tridimas*, International Review of Law and Economics 24 (2004), 125 (133).

meinen Grundsatz des Unionsrechts entwickelt[411]. Der luxemburgische Kassationshof legte dem EuGH darauf aufbauend in der Sache *Audiolux*[412] die Frage aus einem ganz anderen Bereich vor, nämlich ob es zum Schutz von Minderheitsaktionären einen gesellschaftsrechtlichen Gleichbehandlungssatz für Aktionäre als allgemeinen Grundsatz gebe. Das hat der EuGH zutreffend[413] verneint, denn eine andere Entscheidung „bedürfte gemäß dem Grundsatz der Rechtssicherheit einer spezifischen Formulierung, damit die Betroffenen ihre Rechte und Pflichten eindeutig erkennen und sich darauf einstellen können"[414].

dd) Ausgestaltung des Vorlageverfahrens

Das Verfahren vor dem EU-Gerichtshof ist gerichtskostenfrei[415]. Dies wird unter dem Gesichtspunkt des Rechtszugangs derzeit allgemein positiv bewertet, ist aber auch als weiterer Grund für den Anstieg der Vorlageverfahren zu sehen[416]. Eine kostenträchtige Fachanwaltschaft besteht nicht[417]. Jeder in der Union zugelassene Anwalt ist befugt, als Rechtsanwalt vor den EU-Gerichten aufzutreten[418]. Für das Vorabentscheidungsverfahren wird ohnehin vom Anwaltszwang[419] eine Ausnahme gemacht, sofern ein solcher im Ausgangsverfahren nicht bestand[420]. Da in Deutschland bei Verfahren

---

[411] EuGH, Rs. C-144/04, Slg. 2005, I-9981 – *Werner Mangold/Rüdiger Helm*; zu der Entscheidung noch eingehender unten 2. Teil § 3 III 2.

[412] EuGH, Rs. C-101/08, Slg. 2009, I-9823 – *Audiolux SA u.a./Groupe Bruxelles Lambert SA, Bertelsmann AG u.a.*; auch unten Fußn. 766.

[413] *Klöhn*, LMK 2009, 294692; *Habersack/Tröger*, NZG 2010, 1 ff.

[414] EuGH, Rs. C-101/08, Slg. 2009, I-9823, Rdnr. 58. Für einen eingehenden Vergleich mit *Mangold* s. *Basedow*, in: Festschr. f. Hopt, Bd. I, 2010, S. 27 ff.

[415] Art. 72 VerfO-EuGH, dort auch zu den wenigen Ausnahmen. Art. 104 § 6 I VerfO-EuGH regelt als Selbstverständlichkeit, dass sich die Frage der Anwaltskosten nach nationalem Recht richtet. Dieses darf aber nach EuGH, Rs. C-472/99, Slg. 2001, I-9687, Rdnr. 32 – *Clean Car Autoservice* wegen des Grundsatzes der Effektivität nicht strenger sein als im Falle vergleichbarer nationaler Rechtsbehelfe. *Wägenbaur*, Art. 104 VerfO EuGH, Rdnr. 13. Auch die Gewährung von Prozesskostenhilfe ist bei Verfahren vor dem EU-Gerichtshof nach entsprechendem Antrag (mit „formulaire de demande d'aide judiciaire") möglich, Art. 104 § 6 II VerfO-EuGH; Entsprechendes gilt auch für die EuG-Verfahren; s. zu den Änderungen in Art. 94 ff. VerfO-EuG *Erlbacher/Schima*, ecolex 2006, 789 (792).

[416] Es fehle ein „price constraint" *Tridimas/Tridimas*, International Review of Law and Economics 24 (2004), 125 (136).

[417] Dagegen können z.B. beim BGH in Zivilsachen grundsätzlich nur die nach §§ 164 ff. BRAO besonders zugelassenen Rechtsanwälte auftreten. Derzeit sind es 39.

[418] Unterstrichen von der *Bundesrechtsanwaltskammer*, BRAK-Mitt. 2000, 292 (294), die eine Fachanwaltschaft ablehnt.

[419] Art. 19 III Satzung des Gerichtshofs.

[420] Zu dieser Ausnahme in Art. 104 § 2 VerfO-EuGH s. *Wägenbaur*, Art. 104 VerfO EuGH, Rdnr. 5.

vor den Amtsgerichten kein Anwaltszwang besteht, können sich die Parteien selbst vertreten[421].

Des Weiteren formuliert der EuGH falsche Vorlagefragen um. Nach Anhörung des Generalanwalts kann er das nationale Gericht auch um Klarstellungen ersuchen[422]. All diese Umstände erleichtern erfolgreiche Vorlagen, sie tragen aber zu einem Anstieg der Verfahren bei. Der Verfahrensüberhang oder mit anderen Worten der Rückstand an Verfahren ist beträchtlich, schließlich überträgt der EU-Gerichtshof seine Verfahren ins nächste Geschäftsjahr. Demgegenüber behandelt der Oberste Gerichtshof der Vereinigten Staaten die überwiegende Zahl von Verfahren in einem *annual term*, der offiziell am ersten Montag im Oktober beginnt und Ende Juni endet[423].

b) Wirtschaftliche Faktoren

Neben den rechtlichen Ursachen für den Anstieg spielen auch wirtschaftliche Anreizmechanismen eine Rolle. Diese Verbindung der juristischen und wirtschaftlichen Integrationsprozesse wird von den Sozialwissenschaften diskutiert, worauf noch später bei der Erklärung des unterschiedlichen Vorlageverhaltens zurückzukommen ist. Hier zunächst zu den Grundlagen und eine erste Kritik.

aa) Theorieansätze in der politischen Ökonomie: Intergouvernementalismus und Neofunktionalismus

Die hier vorzustellenden neueren Forschungen verknüpfen verschiedene Zweige der (vergleichenden) Politikwissenschaft, Soziologie und Volkswirtschaft – insbesondere unter Bezugnahme auf die „rational choice"-Theorie und die Neue Institutionenökonomik[424]. Wenig behandelt bleiben hier die für die vorliegenden Zwecke nicht überzeugenden intergouvernementalen Deutungen[425]. Danach stelle der EuGH auf die Präferenzen und die Kontrolle der Mitgliedstaaten ab: Der EuGH sei ein Agent vor allem

---

[421] Vgl. §§ 78 ff. ZPO; *Gräfin v. Brühl/Wienhues*, in: *Gebauer/Wiedmann* (Hrsg.), Zivilrecht unter europäischem Einfluss, 2. Aufl. (2010), Kap. 39, Rdnr. 61.

[422] Art. 104 § 5 VerfO-EuGH.

[423] S. etwa *Heffernan*, ICLQ 52 (2003), 907 (921, Fußn. 49).

[424] Zu den Vorzügen der Neuen Institutionenökonomik *Voigt*, in: *Basedow/Wurmnest* (Hrsg.), Unternehmen auf offenen Märkten – Symposium zum 70. Geburtstag von Peter Behrens, 2011, S. 119 ff.

[425] S. *Stone Sweet/Brunell*, American Political Science Review 92 (1998), 63 ff.; zum Streit im Zusammenhang mit dem Intergouvernementalismus versus Supranationalismus *Rittberger/Schimmelfennig*, in: *Holzinger/Knill/Peters/Rittberger/Schimmelfennig/Wagner*, Die Europäische Union: Theorien und Analysekonzepte, 2005, S. 19 (60).

der großen Mitgliedstaaten (Prinzipal-Agenten-Verhältnis)[426] und verfolge deren Interessen.

Gegen das intergouvernementale Modell sprechen bereits auf den ersten Blick die überdurchschnittlich häufigen Verurteilungen Deutschlands, Frankreichs und Großbritanniens wegen Vertragsverletzungen[427]. Auch bei den Vorabentscheidungsverfahren scheut der EuGH die politische und rechtliche „Konfrontation" mit den großen Mitgliedstaaten nicht[428]. Der EuGH, in dem die kleinen ebenso wie die großen Staaten mit je einem Richter vertreten sind, richtet sich eher wenig an den Belangen der Großen aus und bildet einen verhältnismäßig autonomen Akteur im föderalen Gefüge der EU.

Dagegen bilden die von der Europäischen Kommission eingereichten Schriftsätze einen guten Indikator zur Vorhersage von EuGH-Entscheidungen in Vorlageverfahren, denn der Gerichtshof folgt ihnen recht häufig[429] – nicht zuletzt, da der Juristische Dienst der Kommission die Vor-

---

[426] Die Prinzipal-Agenten-Theorie ist freilich grundlegend für den gesamten Forschungsbereich der politischen Ökonomie. Zum *agent*- sowie *trustee*-Modell *Alter*, European Journal of International Relations 14 (2008), 33 ff.; weiter *Pollack*, S. 155 ff., 263 ff., 323 ff.; zur Frage, warum es zur Übertragung von Befugnissen an Agenten kommt *Voigt/Salzberger*, Kyklos 55 (2002), 289 ff.; mit Fokus auf die mittel- und osteuropäischen Mitgliedstaaten *Voigt/Salzberger*, Constitutional Political Economy 13 (2002), 25 ff.; in deutscher Sprache umfassend die politikwissenschaftliche Habilitationsschrift *Höreth*, Die Selbstautorisierung des Agenten – Der Europäische Gerichtshof im Vergleich zum U.S. Supreme Court, 2008, S. 108 ff.

[427] V.a. *Garrett*, International Organization 46 (1992), 533 (537, 556 ff.); *ders.*, International Organization 49 (1995), 171 (178 f.); *Moravcsik*, The Choice for Europe – Social Purpose and State Power from Messina to Maastricht, 1998. Im Gegensatz zu *Garret* u.a. stellen *Burley/Mattli*, International Organization 47 (1993), 41 ff. auf die Interessen der privaten Akteure ab (insbesondere der Produzenten und Händler, die grenzüberschreitend tätig werden). Umfassend zur sozialwissenschaftlichen Theorieentwicklung über die Vergerichtlichung der EU-Governance *Stone Sweet*, Living Reviews in European Governance 2010 sowie *Conant*, JCMS – Annual Review 45 (2007), 45 ff.; kürzer *Stone Sweet*, in: *Craig/de Búrca* (Hrsg.), The Evolution of EU Law, S. 121 (133 ff.); auch *Tridimas*, in: *Voigt/Albert/Schmidtchen* (Hrsg.), Conferences on New Political Economy, Bd. 23, 2006, S. 281 ff.

[428] Man denke insbesondere an die *Cassis de Dijon*-Entscheidung EuGH, Rs. 120/78, Slg. 1979, 649 – *Rewe-Zentral AG/Bundesmonopolverwaltung für Branntwein*; *Dulong*, Droit et Société 49 (2001), 707 (710) weist in diesem Zusammenhang ebenfalls darauf hin.

[429] *Cichowski*, Law & Society Review 38 (2004), 489 (499) hat in einer Untersuchung von 88 Vorlageverfahren zu sozialrechtlichen Vorschriften aus den Jahren 1971 bis 1993 errechnet, der EuGH sei der Kommission in 91 % der Fälle gefolgt. Ähnliche Befunde bei *Carruba/Gabel/Hankla*, The American Political Science Review 102 (2008), 435 ff. Wie es scheint, bevorzugt der EuGH die Kommission gegenüber dem Rat; s. *Jupille*, Procedural Politics: Issues, Interests, and Institutional Choice in the European Union, 2004; vgl. ferner oben Fußn. 271.

teile eines *repeat players* genießt[430]. Erfolgversprechender als intergouvernementale Ansätze sind die nun eingehender zu behandelnden neofunktionalistischen Untersuchungen[431]. Neofunktionalistische Theorien billigen dem EU-Gerichtshof mehr Autonomie zu, die er für eine Integrationsförderung und -vertiefung einsetzt, und zwar auch gegen die Interessen der großen Mitgliedstaaten.

bb) Neofunktionalistische These: Verhältnis zu grenzüberschreitender wirtschaftlicher Betätigung

Nach einer entsprechenden, außerhalb der Rechtswissenschaft vielbeachteten empirisch-politikwissenschaftlichen Untersuchung von *Stone Sweet* und *Brunell*[432] liegt die Ursache für den Anstieg der Vorlagen in der Zunahme grenzüberschreitender Transaktionen. Sie hätten den supranationalen Streitschlichtungsmechanismus vor der Europäischen Gerichtsbarkeit aktiviert. In den Worten der beiden aus den USA stammenden Sozialwissenschaftler: „Transnational exchange generates social demands for transnational triadic dispute resolution. Specifically, higher levels of cross-national activity will produce more conflicts between national and EC law and therefore more [...] references."[433]

Diese These beruht auf einer statistischen Auswertung der Vorlagezahlen und der Wirtschaftsdaten des innergemeinschaftlichen Handels und stellt derart einen Nexus zwischen der wirtschaftlichen und rechtlichen Integration her. Es handelt sich um die erste empirische (genauer: ökonometrische) Analyse der europäischen Integration[434]. Sie bedarf darum der näheren Würdigung.

---

[430] Parallel zum U.S. Solicitor General; s. *Galanter*, Law and Society Review 9 (1974), 95 ff.; *Conant*, JCMS – Annual Review 45 (2007), 45 (53).

[431] S. grundlegend für diesen Ansatz *Haas*, The Uniting of Europe: Political, Social, and Economic Forces, 1950–1957, 1958; dazu *Fligstein/Stone Sweet*, American Journal of Sociology 107 (2002), 1206 (1209) m. w. Nachw.; s. zu neofunktionalistischen Erklärungen die Darstellung bei *Haltern*, Europarecht – Dogmatik im Kontext, 2. Aufl. (2007), Rdnr. 360 f.

[432] *Stone Sweet/Brunell*, American Political Science Review 92 (1998), 63 (66 ff.) und *dies.*, Journal of European Public Policy 5 (1998), 66 ff., deren Zahlen nur bis 1992 gehen. Darauf aufbauend *Fligstein/Stone Sweet*, American Journal of Sociology 107 (2002), 1206 ff.; s. weiter *Stone Sweet/Caporaso*, in: *Sandholtz/Stone Sweet* (Hrsg.), European Integration and Supranational Governance, 1998, S. 92 ff.; *Golub*, West European Politics 19 (1996), 360 ff.

[433] *Stone Sweet/Brunell*, American Political Science Review 92 (1998), 63 (66 f.).

[434] *Pitarakis/Tridimas*, European Journal of Law and Economics 16 (2003), 357 (358), s. auch die Einordnung von *Wind/Sindbjerg Martinsen/Rotger*, European Union Politics 10 (2009), 63 (67).

In dem besagten Aufsatz betonen die Autoren zunächst die Signalwirkung der Direktwirkungs- und Vorrangdoktrinen nach *Van Gend & Loos* (1963) und *Costa/E.N.E.L.* (1964): Den nationalen Akteuren wurden hierdurch neue Möglichkeiten zur Interessenverwirklichung bzw. die Existenz neuer Rechtsansprüche signalisiert[435]. Unternehmer und private Interessengruppen erhielten – zweifellos zutreffend – neue Anreize zum Vorbringen ihrer Anliegen und zur Durchsetzung ihrer Rechtspositionen. Der dezentrale Durchsetzungsmechanismus des Europarechts beruhe also auf privater Initiative.

Neu an der These von *Stone Sweet* und *Brunell* ist der Konnex zum wirtschaftlichen Integrationsprozess: Die Zunahme des grenzüberschreitenden Außenhandels und sonstiger transnationaler Austauschprozesse habe vermehrt zu Konflikten zwischen nationalem und Unionsrecht geführt. Produzenten und Exporteure sähen sich auf ausländischen Märkten häufig benachteiligt und versuchten mittels des Unionsrechts und des EuGH entsprechende, aus dem nationalen Recht folgende Hindernisse zu beseitigen. Die Entwicklungen verstärkten sich gegenseitig: Die marktfördernde EuGH-Rechtsprechung habe im weiteren Verlauf zu einer Ausweitung der grenzüberschreitenden Aktivitäten geführt, was die Nachfrage nach weitergehenden europäischen Regelungen hervorgerufen und den beschriebenen Prozess der Anrufung des EuGH begünstigt habe[436].

cc) Kritik

Fraglos hat die mit dem Römischen Vertrag geschaffene „Anreizstruktur des Rechtsschutzsystems mit dem EuGH an der Spitze"[437] Auswirkungen auf die potenziellen Klageparteien sowie die entsprechende Herausbildung und Aktivierung von „litigation markets"[438]. Das hat den Integrationsprozess nicht nur vertieft, sondern auch verrechtlicht: In den entscheidenden Anfangsjahrzehnten wurde die *rule of law*, also die Herrschaft des Rechts, konsolidiert und ausgebaut, was hier konkret die Rechtsunterworfenheit von Ökonomie und unionaler sowie mitgliedstaatlicher Politik bedeutet. Zu untersuchen bleibt aber der Nexus zur wirtschaftlichen Integr-

---

[435] S. auch *Stone Sweet*, The Judicial Construction of Europe, 2004; *ders./Sandholtz*, Journal of European Public Policy 4 (1997), 297 ff.; *Sandholtz/Stone Sweet* (Hrsg.), European Integration and Supranational Governance, 1998; *Shapiro/Stone Sweet*, On Law, Politics, and Judicialization, 2002.

[436] Es handelt sich um eine positive Spirale oder mit anderen Worten um einen Tugendkreis („virtuous circle") wie *Stone Sweet/Brunell*, American Political Science Review 92 (1998), 63 (64) feststellen. Auch *Stone Sweet*, Governing with Judges: Constitutional Politics in Europe, 2000, S. 165: „socializing more and more actors – private litigants, judges and politicians – into the system, encouraging more use".

[437] *Haltern*, Europarecht und das Politische, S. 289.

[438] S. *Stone Sweet*, Living Reviews in European Governance 2010, 25.

ation, wie sie die funktionalistische Integrationstheorie von *Stone Sweet* und *Brunell* herstellt.

Bei genauerer Sicht stellt sich die Frage, ob es wirklich der Handel sein kann. Eine Vielzahl der Vorlageverfahren betrifft ganz andere Materien (etwa den freien Personenverkehr), die aber *Stone Sweet* und *Brunell* in ihrer quantitativen Analyse nicht herausgerechnet haben[439]. Zweitens bestehen Zweifel, ob gerade die Zunahme des spezifisch *grenzüberschreitenden* Handels zum Anstieg der Verfahren geführt hat[440] oder ob nicht eher der Anstieg der gesamten, also auch der innerstaatlichen Transaktionen, zu mehr Rechtsstreitigkeiten beiträgt, die dann zur vermehrten Einschaltung des EuGH führen können. Drittens wurden die Auswirkungen durch die verschiedenen Unionserweiterungen nicht beachtet[441].

Die besagte These kann nur mit großen Abstrichen für die Richtlinien und Verordnungen des Europäischen Privatrechts gelten, denn sie erfassen kennzeichnenderweise auch rein nationale Sachverhalte. Eine Durchsicht einiger der für das Europäische Privatrecht wichtigsten Entscheidungen bestätigt dies. Beispiele zum Recht der Haustürgeschäfte, also der ältesten Verbraucherrechtsrichtlinie sind etwa die EuGH-Entscheidungen *Bayerische Hypotheken- und Wechselbank AG/Dietzinger*[442] und *Heininger/Hypo- und Vereinsbank AG*[443] sowie die ebenfalls auf deutsche Vorlagen zurückgehenden Fälle der Schrottimmobilien-Saga[444], die im Zuge der vermeintlich entstehenden „blühenden Landschaften" in den neuen Bundesländern ihren Anfang nahm.

Gleiches gilt für die ältere Rechtsprechung zu Haftung und Schadensersatzpflicht des Mitgliedstaats wegen Nichtumsetzung der Pauschalreiserichtlinie in *Dillenkofer/Bundesrepublik Deutschland*[445]. Weiteres Beispiel ist das Arbeits- bzw. Antidiskriminierungsrecht mitsamt dem Grundsatz „gleiches Entgelt für Männer und Frauen", bei dem es regelmäßig nicht um

---

[439] *Conant*, JCMS – Annual Review 45 (2007), 45 (49) wirft *Stone Sweet/Brunell* (und *Carrubba/Murrah*, International Organization 59 [2005], 399 in deren systematischer Überprüfung verschiedener Erklärungsansätze) vor: „Since they did not eliminate references that have nothing to do with trade, however, the model includes spurious correlation".

[440] Ablehnend etwa *Schepel/Blankenburg*, in: *de Búrca/Weiler*, S. 9 (31 f., 35).

[441] *Wind/Sindbjerg Martinsen/Rotger*, European Union Politics 10 (2009), 63 (70); auch unten Fußn. 460.

[442] EuGH, Rs. C-45/96, Slg. 1998, I-1199.

[443] EuGH, Rs. C-481/99, Slg. 2001, I-9945.

[444] EuGH, Rs. C-350/03, Slg. 2005, I-9215 – *Schulte/Deutsche Bausparkasse Badenia AG*; Rs. C-229/04, Slg. 2005, I-9273 – *Crailsheimer Volksbank eG/Conrads u.a.* (zu beiden Grundsatzentscheidungen *Rösler*, ZEuP 2006, 869 ff. m. w. Nachw.); daran anschließend Rs. C-215/08, Slg. 2010, I-2947 – *E. Friz GmbH/Carsten von der Heyden* (Beteiligung an einem Immobilienfonds und fehlerhafte Gesellschaft).

[445] EuGH, verb. Rs. C-178/94 u.a., Slg. 1996, I-4845.

grenzüberschreitende Sachverhalte geht[446]. Derselbe Befund gilt im Bereich des Klauselrechts etwa bei *Cofidis/Fredout*[447], *Freiburger Kommunalbauten/Hofstetter*[448] und *Mostaza Claro/Centro Móvil Milenium*[449].

Auf dem Gebiet des Handels- und Gesellschaftsrechts finden sich auch rein nationale Ausgangsrechtsstreite, so etwa die deutschen Vorlagen in der Rechtssache *Verband deutscher Daihatsu-Händler e.V./Daihatsu Deutschland GmbH*[450] zur Bilanzpublizität nach den Publizitätsrichtlinien sowie in der Rechtssache *Waltraud Tomberger/Gebrüder von der Wettern GmbH*[451] zur Bilanzierung von Gewinnen aus konzernzugehörigen Kapitalgesellschaften.

Grenzüberschreitend sind dagegen selbstverständlich die berühmten Entscheidungen *Daily Mail*[452], *Centros*[453], *Überseering*[454] und *Inspire Art*[455], die das Recht auf freie Niederlassung nach Art. 49 AEUV (ex-Art. 43 EG) und die Gleichstellung von Gesellschaften gemäß Art. 54 AEUV (ex-Art. 48 EG) betrafen. Im Bereich des Wettbewerbs- und Markenrechts finden sich ebenfalls viele grenzüberschreitende Rechtsstreitigkeiten, soweit sie mit dem freien Warenverkehr nach Art. 34, 36 AEUV (ex-Art. 28, 30 EG) zusammenhängen[456]. Im Markenrecht geht es dagegen wegen der Markenrechtsrichtlinie vielfach um nationale Sachverhalte. Desgleichen sind im Kartell- und Beihilferecht oft rein innerstaatliche Sachverhalte betroffen.

---

[446] Dies erwähnt *Stone Sweet*, Living Reviews in European Governance 2010, 24 selbst. Gleichwohl zu kollisionsrechtlichen Fragen *Lüttringhaus*, Grenzüberschreitender Diskriminierungsschutz – Das internationale Privatrecht der Antidiskriminierung, 2010, S. 79 ff.

[447] EuGH, Rs. C-473/00, Slg. 2002, I-10875.

[448] EuGH, Rs. C-237/02, Slg. 2004, I-3403.

[449] EuGH, Rs. C-168/05, Slg. 2006, I-10421.

[450] EuGH, Rs. C-97/96, Slg. 1997, I-6843.

[451] EuGH, Rs. C-234/94, Slg. 1996, I-3133.

[452] EuGH, Rs. 81/87, Slg. 1988, 5483 – *The Queen/Treasury and Commissioners of Inland Revenue, ex parte Daily Mail and General Trust plc*.

[453] EuGH, Rs. C-212/97, Slg. 1999, I-1459 – *Centros Ltd/Erhvervs- og Selskabsstyrelsen*.

[454] EuGH, Rs. C-208/00, Slg. 2002, I-9919 – *Überseering BV/Nordic Construction Company Baumanagement GmbH (NCC)*.

[455] EuGH, Rs. C-167/01, Slg. 2003, I-10155 – *Kamer van Koophandel en Fabrieken voor Amsterdam/Inspire Art Ltd*.

[456] EuGH, Rs. C-220/98, Slg. 2000, I-117 – *Estée Lauder Cosmetics GmbH & Co. OHG/Lancaster Group GmbH* (zum Verbraucherleitbild bei der Irreführung, aber auch zur Richtlinie 76/768/EWG); Rs. C-126/91, Slg. 1993, I-2361 – *Schutzverband gegen Unwesen in der Wirtschaft/Yves Rocher GmbH* (Preisvergleich); EuGH, Rs. C-322/01, Slg. 2003, I-14887 – *Deutscher Apothekerverband e.V./0800 DocMorris NV*; verb. Rs. C-171/07 und C-172/07, Slg. 2009, I-4171 – *Apothekerkammer des Saarlandes u.a./Saarland* (beteiligt: *DocMorris NV*).

Insgesamt besteht damit ein disparates Bild[457]: Sind die Grundfreiheiten betroffen, ist notwendigerweise ein grenzüberschreitender Sachverhalt vorhanden. Bei den Vorlagen zum vielfältigen Richtlinienrecht sind aber recht häufig nationale Ausgangsrechtsstreite zu verzeichnen. Diesen Umstand haben *Stone Sweet* und *Brunell* bei ihrer Statistik nicht herausgerechnet. Das Abstellen auf grenzüberschreitende Konflikte entspricht konzeptionell ohnehin eher der Pionierzeit der EWG, die durch einen geringen Bestand an Sekundärrecht gekennzeichnet ist. Dementsprechend mussten die Grundfreiheiten im Vordergrund stehen. Das hat sich infolge neuer Rechtsakte mit erhöhter Reichweite geändert. Seitdem hat sich die Zahl der nationalen Rechtsstreitigkeiten, die zum EuGH kommen, denen der transnationalen Verfahren zumindest angenähert[458].

dd) Ursachenbündel

Stone Sweet und *Brunell* ist zwar zuzugestehen, dass eine signifikante statistische Korrelation zwischen dem grenzüberschreitenden Wirtschaftsverkehr und der Zunahme der Verfahren besteht[459]. Dies bedeutet allerdings erstens keinesfalls eine Ursächlichkeit[460] und schließt zweitens alternative bzw. kumulative Korrelationen und Ursächlichkeiten nicht aus. Es stellt sich also die Frage, ob die These der beiden Autoren nicht fälschlich monokausal angelegt ist. Zu bedenken ist zunächst die Eigenheit des Vorlageverfahrens, kein eigenständiges Klageverfahren zu sein und sich vom Rechtsmittel im Zivilprozess grundlegend zu unterscheiden[461]. Sind es

---

[457] Für eine Analyse der in den vorstehenden Absätzen genannten Entscheidungen, die allesamt auf deutsche Vorlagen hin ergingen, *Micklitz* (Hrsg.), Europarecht *case by case* – Vorlageverfahren deutscher Gerichte an den EuGH, 2004.

[458] Das legt die Statistik bei *Schepel/Blankenburg*, in: *de Búrca/Weiler*, S. 9 (32) von 1965 bis 1995 (in Fünfjahresschritten) nahe.

[459] Bestätigt von *Carrubba/Murrah*, International Organization 59 (2005), 399 (409, 411 f.) (S. 409: „Consistent with Stone Sweet and Brunell's findings, preliminary references seem to rely most strongly on the level of intra-EU trade"), die zudem verschiedene weitere Theorieansätze empirisch und kritisch überprüfen (allerdings nur mit Daten von 1970 bis 1998). S. auch unten die Grafik 8 zum Verhältnis von Europaskepsis und Vorlageraten.

[460] *Pitarakis/Tridimas*, European Journal of Law and Economics 16 (2003), 357 (366) „deny support for the empirical validity of a primitive neofunctionalist specification, which is interpreted to imply that trade 'explains' references". Gleichwohl sehen sie eine gewisse Ursächlichkeit als gegeben an. Dazu ablehnend *Wind/Sindbjerg Martinsen/ Rotger*, European Union Politics 10 (2009), 63 (70): „Our results suggest that the causality relationship from legal integration to economic integration found in Pitarakis and Tridimas is the artefact of enlargement effects. In sum, our causality analysis, which takes into account enlargement effects, rejects the presence of any type of causality between intra-EC trade and preliminary referrals".

[461] Bereits oben 2. Teil § 1 II 3.

demnach wirklich die grenzüberschreitenden Akteure und ihre Geschäfts-
interessen, die zu einem Anstieg der Verfahren führen, oder die vorlegenden nationalen Richter?

Letzteres wird in einem ebenfalls neofunktionalistischen Ansatz von
Alter vertreten[462]. Zwar werden die Fragen des Unionsrechts vielfach von
den Parteien (und nicht dem Richter) aufgeworfen und vorgebracht[463].
Aber das Interesse unterer Gerichte, tatsächlich eine Vorabentscheidung zu
erwirken, liegt in folgendem Anreizmechanismus: Die Gerichte übergehen
den nationalen Instanzenzug[464], indem sie verbindlichen Rechtsrat direkt
von einer für die Auslegung des EU-Rechts zuständigen Fachgerichtsbarkeit einholen. Auf diesem Weg können sie nationales Recht und nationale Rechtsprechung infrage stellen[465]. Dadurch entsteht eine beträchtliche,
auch im Ergebnis rechtspolitisch relevante Verschiebung der Entschei-
dungsgewalt[466] – von den höheren nationalen Gerichten zu den niederen,
von der Exekutive und Legislative zur Judikative sowie insgesamt hin zur
EU[467].

Darum ist ein Bündel von Ursachen für die Zunahme des judiziellen
Dialogs relevant[468]. Die intuitiv vielleicht schlüssige These[469], die Zu-

---

[462] Für Letzteres *Alter*, Establishing the Supremacy of European Law, S. 33 ff., 103;
bereits *dies.*, West European Politics 19 (1996), 458 = in: *dies.*, The European Court's
Political Power – Selected Essays, 2009, S. 92 ff.; zurückhaltende Kritik in dem Besprechungsaufsatz *Enchelmaier*, Ox. JLS 23 (2003), 281 (283).

[463] *Hirte*, S. 42.

[464] Dazu auch im 3. Teil § 2 III 2 b).

[465] Auch „judicial empowerment" genannt. Damit ist die Kompetenzerweiterung
gemeint, die der Vorrang des EU-Rechts eröffnet: Insbesondere niedere Gerichte haben
neue Befugnisse und alle Gerichte die Möglichkeit einer „Normenkontrolle", selbst wenn
diese Möglichkeit nach nationalem Verfassungsrecht sonst nicht besteht. Dazu *Weiler*,
Yale L.J. 100 (1990–1991), 2403 (2426); wiederabgedruckt in: *ders.*, The Constitution of
Europe, S. 10 (33), wonach das Vorlageverfahren „ensured that national courts did not
feel that the empowerment of the European Court of Justice was at their expense".
Ebenfalls *Burley/Mattli*, International Organization 47 (1993), 41 ff. Der EuGH wurde
hierdurch selber Prinzipal mit seinen eigenen Agenten zur Durchsetzung, wie *Conant*,
JCMS – Annual Review 45 (2007), 45 (57) unterstreicht. *Tridimas/Tridimas*, International Review of Law and Economics 24 (2004), 125 (134) fügen hinzu, dass es sich
bei nationalen Gerichten um „eclectic agents" handelt. S. zum Prinzipal-Agenten-Para-
digma oben Fußn. 426.

[466] Näher zur „public choice theory" *Tridimas/Tridimas*, International Review of Law
and Economics 24 (2004), 125 (134 ff.); *Cooter/Drexl*, International Review of Law and
Economics 14 (1994), 307 ff. (auch unter Bezugnahme auf die Spieltheorie); außerhalb
des hier einschlägigen Bereiches *Towfigh/Petersen*, Ökonomische Methoden im Recht –
Eine Einführung für Juristen, 2010, S. 133 ff.

[467] *Tridimas*, CML Rev. 40 (2003), 9 (10).

[468] *Carrubba/Murrah*, International Organization 59 (2005), 399 (414): „national
legal institutions, judicial behavior, and litigant behavior all matter".

nahme des grenzüberschreitenden Handels sei ursächlich für den Anstieg der Vorlageverfahren, trifft nicht zu. Aus den Wirtschaftswissenschaften wird darauf hingewiesen, das Verhältnis könnte, da ja in der Tat eine Korrelation besteht, auch umgekehrt sein: Die rechtliche Integration (mit Rechtsstaatlichkeit, Rechtssicherheit und effektiver Rechtsverfolgung) ist nämlich ein entscheidender Faktor für die wirtschaftliche Integration (Wohlstandswachstum und effizientere Arbeitsteilung)[470]. Wie jedoch das Verhältnis von Recht und Wirtschaft – also der Zusammenhang zwischen der *invisible hand* der wirtschaftlichen Eigeninteressen[471] und der *visible hand* des Rechts[472] – wirklich ausfällt, kann auch hier nicht geklärt werden. Festzuhalten bleibt allerdings: Eine monokausale Beschreibung verbietet sich, weil eine Wechselbezüglichkeit der verschiedenen Faktoren besteht.

3. Gesamtbewertung

Die Erkenntnisse der Sozialwissenschaften, wie sie soeben vorgestellt wurden, können für die vorliegenden Zwecke fruchtbar gemacht werden. Sie zeigen Entwicklungsursachen und Anreizmechanismen zur Nutzung der rechtsprechenden Gewalt in der EU auf, die eine ausschließlich rechtswissenschaftliche Beschäftigung mit dem Recht leicht verdeckt. Zu beachten sind zwar die verschiedenen theoretischen Hintergründe und Annahmen, welche die sozialwissenschaftlich-empirischen Untersuchungsansätze und -ergebnisse determinieren[473].

Viele der hier erörterten Erkenntnisse halten aber auch einer normativen Überprüfung stand. Der EuGH führt in einem eher wenig zitierten Abschnitt in *Van Gend & Loos* schließlich selbst aus: „Die Wachsamkeit der an der Wahrung ihrer Rechte interessierten Einzelnen stellt eine wirksame Kontrolle dar, welche die durch die Kommission und die Mitgliedstaaten [... im Wege des Vertragsverletzungsverfahrens] ausgeübte Kontrolle ergänzt"[474]. Die neuen europäischen Rechte eröffnen dem Individuum, das insbesondere wirtschaftliche Zielsetzungen verfolgt, neue Rechtsverwirklichungsmöglichkeiten vor nationalen und europäischen Gerichten. Bei genauer Sicht handelt es sich um das Zusammenspiel von drei Kräften: die

---

[469] So *Pitarakis/Tridimas*, European Journal of Law and Economics 16 (2003), 357 (361) in Bezug auf *Stone Sweet* und *Brunell*.

[470] *Pitarakis/Tridimas*, European Journal of Law and Economics 16 (2003), 357 (361, 365).

[471] Im Sinne von *Adam Smith* (1723–1790).

[472] Dazu *Micklitz*, YEL 28 (2009), 3 ff.; auch verwendet von *Basedow*, Am. J. Comp. L. 42 (1994), 423.

[473] Zu den verschiedenen Erklärungen des europäischen Integrationsprozesses etwa das Text- und Lehrbuch *Grimmel/Jakobeit* (Hrsg.), Politische Theorien der Europäischen Integration, 2009.

[474] EuGH, Rs. 26/62, Slg. 1963, 1 (26) – *Van Gend & Loos*.

Parteien, die auf eine Vorlage drängen[475], das vorlegende Gericht, das eine vermittelnde und zugangskontrollierende Rolle spielt, und der zum Unionsrecht entscheidende EU-Gerichtshof[476].

Das System der Europäischen Gerichtsbarkeit setzt auf den Einzelnen mit seinen subjektiven Rechtspositionen, der zwar aus Eigennutz handelt, aber doch als Vollstrecker des Unionsrechts fungiert[477]. Im Unterschied zu staatlichen Akteuren wenden sich private Kläger häufig gegen den Staat und hinterfragen den gegebenen Rechtsstand: „[P]rivate litigants tend to be less sensitive to state authority, more willing to question the limit of state authority, and more willing to challenge the *status quo*."[478] Dieser privatwirtschaftliche Eigennutz fördert im Endeffekt das gesamte europäische Recht und übt systemtransformative Wirkung aus.

Das Individuum kann dabei das Unionsrecht in zweierlei Formen und Richtungen einsetzen[479]: erstens im Sinne eines Schildes gegen nationale Maßnahmen, die sich als unionsrechtswidrig erweisen können; zweitens in der Funktion eines Schwertes[480], das die Vereinbarkeit nationalen Rechts mit dem europäischen infrage stellt. Wie die Ausführungen unter § 2 I 2 a) zu den rechtlichen Ursachen für den Anstieg der Verfahren verdeutlicht haben, wird dies i.S.e. Wechselwirkung durch Ausweitungen des EU-Rechts verstärkt.

Sowohl die EuGH-Rechtsprechung als auch die partiell daraus folgende EU-Gesetzgebung haben vormals rein nationalrechtliche Materien einer supranationalen Governance unterstellt[481]. Das zieht entsprechende Rückkoppelungen und Auswirkungen auf das Vorlageverhalten nach sich. Weiter gehören infolge des starken Wachstums und der Ausdifferenzierung

---

[475] Teils drängen die Parteien sogar zu einer zweiten Vorlage in gleicher Sache, so etwa die beklagte Fluggesellschaft Condor bezüglich der Ausgleichsansprüche des Fluggastes bei großer Flugverspätung, dem aber BGH, NJW 2010, 2281 (2282) nicht nachkam.

[476] Die nationalen Gerichte üben damit eine *gatekeeper*-Funktion aus; s. *Tridimas/Tridimas*, International Review of Law and Economics 24 (2004), 125: „the growth of references for preliminary rulings of the European Court of Justice [... is] the equilibrium outcome of the optimising behaviour of litigants, who demand preliminary rulings, national courts, which are the gatekeepers of the process, and the European Court of Justice, which supplies the rulings." Auch *Voigt*, in: Jahrbuch für Neue Politische Ökonomie, Bd. 22, 2003, S. 77 (88).

[477] Vgl. zum Konzept des „private attorney general" im EU-Wettbewerbsrecht *Andreangeli*, in: *Dougan/Currie* (Hrsg.), 50 Years of the European Treaties – Looking Back and Thinking Forward, 2009, S. 229 ff.

[478] *Alter*, Establishing the Supremacy, S. 218.

[479] Bildlichkeiten von *Tridimas/Tridimas*, International Review of Law and Economics 24 (2004), 125 (128).

[480] *Hirte*, S. 58 spricht von einer Keule gegen nationale Entwicklungen.

[481] Oben Fußn. 104.

des primären, sekundären und tertiären EU-Rechts die Zeiten einer marginalen Sichtbarkeit und Diffusität des Rechtsgebiets der Vergangenheit an[482]. Das Europarecht ist fester Bestandteil der Juristenausbildung. Darum erscheint eine Vorlage an den EuGH immer mehr als selbstverständliche Option[483]. Ebenso wie kostenlose Internetdatenbanken (z.B. EUR-Lex und die Webseite des EU-Gerichtshofs) tragen diese Umstände zu einer Steigerung der Vorlageraten bei.

II. Verfahrensdauer und effektive Zivilrechtspflege

1. Grunddilemma

Ein grundsätzliches Problem der EU-Gerichtsbarkeit ist die Dauer der Vorabentscheidungsverfahren. Als zusätzlicher Abschnitt ist dieses Auslegungsverfahren zwar materiell und zeitlich vom Endurteil des nationalen Prozessgerichts zu trennen[484]. Es müsste aber eigentlich der Bearbeitungszeit für den Ausgangsrechtsstreit hinzugerechnet werden. Problematisch ist dies nicht nur für die Prozessparteien. Sie trifft die Verzögerung des Rechtsschutzes[485] und die verlängerte Phase der Ungewissheit, in der das Ausgangsverfahren nicht weiter betrieben wird.

Die lange Dauer des Verfahrens hindert darüber hinaus auch den europäischen Gerichtsdialog: Den mitgliedstaatlichen Richtern erscheint eine Vorlage umso mehr als prozessökonomisches Hemmnis im Verfahrensablauf[486]. Daher werden selbst vorlagegeneigte Richter von kostenerzeugenden Vorlagen zu unionsrechtlich geprägten Sachverhalten abgehalten[487]. Das Vorlageverhalten der Gerichte wird unten in § 4 dieses Teils eingehend untersucht. Allerdings sei schon an dieser Stelle erwähnt, dass die Verfahrensverlängerung offenbar besonders britische und dänische Gerichte von Vorlagen abhält[488].

---

[482] S. *Tridimas/Tridimas*, International Review of Law and Economics 24 (2004), 125 (134).

[483] *Schepel/Blankenburg*, in: *de Búrca/Weiler*, S. 9 (34) erwähnen als besonders vertrauensbildende Maßnahme auch die zahlreichen Besuchergruppen beim EU-Gerichtshof.

[484] *Middeke*, in: *Rengeling/Middeke/Gellermann*, § 10, Rdnr. 11.

[485] Darauf stellt *Bork*, RabelsZ 66 (2002), 327 (346) ab.

[486] Vielfach wird das Vorlageverfahren als „fremdes Verfahren [wahrgenommen], das zur Verlängerung, Verkomplizierung und Verteuerung des Rechtsstreits führt", so *Dauses*, in: *ders.*, EU-Wirtschaftsrecht, P. Gerichtsbarkeit der EU – Einführung, Rdnr. 251.

[487] So auch die Entschließung des Europäischen Parlaments vom 9.7.2008 zur Rolle des einzelstaatlichen Richters im europäischen Rechtsgefüge (2007/2027(INI)), ABl.EU 2009 Nr. C 294, S. E/27 unter Rdnr. F und 25.

[488] So *Tridimas*, CML Rev. 40 (2003), 9 (17 in Fußn. 35).

Das rechtsstaatliche Dilemma des Vorlageverfahrens liegt in Folgendem: Zwar dient eine Vorlage mutmaßlich der Verwirklichung und weiteren Klärung des Unionsrechts. Damit ist es (in Abstrichen) auch im Interesse der Parteien, die freilich keine Möglichkeit haben, eine Vorlage zu verhindern. Aber die Gesamtverfahrensdauer eines Rechtsstreits wird durch das Vorabentscheidungsverfahren verlängert. Das hat eine weitere Konsequenz: Die Übersendung vieler Vorlagefragen führt wegen einer hohen Verfahrenslast zur Verlängerung der durchschnittlichen Bearbeitungsdauer.

Allerdings ist die im Rahmen des Üblichen bleibende Verlängerung wegen der Funktionsfähigkeit des Vorabentscheidungsverfahrens hinzunehmen[489]. Dies hat auch der EGMR im Rahmen des Rechts auf rechtzeitige Entscheidung anerkannt. Der Grundsatz ist in Art. 6 I EMRK niedergelegt und findet sich schon in clause 40 der Magna Carta von 1215[490]. Auch für die EU und ihren Gerichtshof[491] gilt das Recht auf rechtzeitige Entscheidung als allgemeiner Rechtsgrundsatz und ist heute eines der Justizgrundrechte nach der Grundrechtecharta[492]. Würde man die Wartezeit für das Vorabentscheidungsverfahren dem nationalen Verfahren hinzurechnen und dem Konventions- bzw. Mitgliedstaat anlasten[493], würde dies dem Sinn und Zweck von Art. 267 AEUV widersprechen.

Der EGMR hat dazu in der Sache *Pafitis*, in der es um eine Verlängerung von zwei Jahren und sieben Monate ging, wie folgt geurteilt: „As regards the proceedings before the Court of Justice of the European Communities, even though they might at first sight appear relatively long, to take them into account would adversely affect the system instituted by Article 177 of the EEC treaty and work against the aim pursued in substance in that Article."[494] Verfahrensrechtlich tut sich für das Vorabentscheidungsverfahren, dessen Ablauf u.a. in Art. 23 Satzung des Gerichtshofs näher geregelt ist[495], ein weiteres Problem auf: Ist die Zeit zu knapp

---

[489] EGMR v. 26.2.1998, Nr. 20323/92, Rdnr. 95 – *Pafitis/Griechenland*; EGMR v. 30.9.2004, Nr. 40892/98, Rdnr. 56 – *Koua Poirrez/France*; s. auch *Gundel*, in: *Ehlers*, § 20, Rdnr. 43; *Tridimas*, CML Rev. 40 (2003), 9 (16 f.).

[490] Aus dem Lateinischen übersetzt lautet die Stelle: „To no one will we sell, to no one deny or delay right or justice." Übersetzung von *Davis*, Magna Carta, 1982, S. 7.

[491] *Ottaviano*, S. 36.

[492] Art. 47 II S. 1 GRCh: „innerhalb angemessener Frist". Zu den Justizgrundrechten in Art. 47–50 GRCh *Scholz*, in: *Merten/Papier*, § 170, Rdnr. 101 ff.

[493] Der EU selbst kann sie unter der Konvention nicht zugerechnet werden, weil sie bekanntlich (noch) nicht Adressatin der EMRK ist.

[494] *Pafitis*, aaO, Rdnr. 90; Grundsatz übernommen vom EFTA-Gerichtshof, Rs. E-2/03, [2003] EFTA Ct. Rep. 185, Rdnr. 23 f. – *Public Prosecutor/Ásgeirsson u.a.*

[495] Zustellung durch den Kanzler, Möglichkeit zur schriftlichen Stellungnahme innerhalb von zwei Monaten. Dazu *Wägenbaur*, Art. 23 Satzung EuGH, Rdnr. 18 ff.

bemessen, bleibt Dritten kaum Zeit für die qualitativ hinreichende Ausarbeitung von Stellungnahmen, die beim EuGH eingereicht werden können[496]. Davon ist der EuGH aber im Normalfall weit entfernt.

2. Zusatzproblem: Verfahrensdauer in den Mitgliedstaaten

Die Bearbeitungszeit beim EuGH darf aber nicht durch den Hinweis auf die Dauer der Zivilverfahren und die Überlastung der Zivilgerichte[497] in den Mitgliedstaaten (im Sinne einer Üblichkeit) gerechtfertig werden. Deren Zeitspannen variieren in der EU beträchtlich. Jurisdiktionen mit ohnehin langer Prozessdauer machen natürlich auch die Verweildauer beim EuGH für die Parteien schmerzlicher: In Fällen, in denen es zu einer Vorlage kommt, verlängert sich die Bearbeitungszeit vor und nach[498] der Vorlage im Vergleich zu gewöhnlichen Verfahren.

Die unterschiedlichen Verfahrensdauern vor Zivilgerichten (ohne Vorlage) macht eine neu aufgelegte empirische Studie der Weltbank deutlich[499]. Die „Doing Business"-Studie korrigiert einige Bemessungsfehler ihrer heftig kritisierten[500], ebenfalls auf Umfragen basierenden Vorgängerin von 2004[501]. Die Studie hatte aus folgendem Grund großes Aufsehen erregt: Aus ihr ließe sich ableiten, Gerichte in Common law-Ländern funktionierten unter den Gesichtspunkten Komplexität, Verfahrensdauer und Kosten erheblich effizienter als Gerichte in Civil law-Rechtsord-

---

[496] Näher zu den Möglichkeiten einer Drittbeteiligung *Nissen*, Die Intervention Dritter in Verfahren vor dem Gerichtshof der Europäischen Gemeinschaften, 2001, S. 115 ff.

[497] S. etwa die kurze Schrift *Baudenbacher*, Rechtsverwirklichung als ökonomisches Problem? Zur Überlastung der Zivilgerichte, 1985; s. zu den 1996 auch deswegen gestrichenen Gerichtsferien der ordentlichen Gerichtsbarkeit *Bork*, JZ 1993, 53 ff.; der EU-Gerichtshof hat dagegen „vacances judiciaires" (im Sommer: Mitte Juli bis Anfang September).

[498] Nach *Schwarze*, Die Befolgung von Vorabentscheidungen, S. 14 werden über 85 % der Vorlagen deutscher Gerichte innerhalb eines Jahres nach der Vorabentscheidung entschieden (auf der Basis von 388 deutschen Vorabentscheidungsverfahren zwischen 1965 und 1985).

[499] *World Bank*, Doing Business in 2010 – Reforming Through Difficult Times, 2009, S. 55 ff.

[500] *Kern*, Justice between Simplification and Formalism – A Discussion and Critique of the World Bank Sponsored Lex Mundi Project on Efficency of Civil Procedure, 2007; *ders.*, JZ 2009, 498 ff.; *Hayo/Voigt*, The Relevance of Judicial Procedure for Economic Growth, CESifo Working Paper Series No. 2514, 2008; *Siems*, RabelsZ 72 (2008), 354 ff.

[501] *World Bank*, Doing Business in 2004 – Understanding Regulation, 2004; grundlegend zum „Lex Mundi Project" *Djankov/La Porta/Lopez-de-Silanes/Shleifer*, Courts, The Quarterly Journal of Economics 118 (2003), 453 ff.

nungen, die vermeintlich formalistische Strukturen aufweisen. Diese These der „legal origins"-Literatur[502] lässt sich nach dem korrigierten „Doing Business in 2010"-Report wohlgemerkt nicht mehr aufrechterhalten und muss als widerlegt gelten[503].

In der Studie hat die Weltbank ein weltweites Ranking für die Durchsetzung von Verträgen erstellt. Die Untersuchung berücksichtigt die Verfahrenshäufigkeit sowie die Zeit und die Kosten für die Lösung einer wirtschaftsrechtlichen Streitsache[504]. Danach liegt Luxemburg an der Spitze: Nur 321 Tage beträgt der Einzelfaktor „Zeit" von der Klageeinreichung bis zur Vollstreckung. Frankreich liegt auf Platz sechs mit 331 Tagen. Direkt darauf folgt Deutschland mit 394 Tagen. Das Vereinigte Königreich nimmt Platz 23 ein. Zu einer Verfahrensdauer von 399 Tagen kommen überdurchschnittlich hohen Kosten[505].

Italien mit seinen bekanntermaßen langwierigen Prozessen und den deswegen dort angestrengten Torpedoklagen zur Auslösung der Rechtshängigkeitssperre nach Art. 27 EuGVO[506] benötigt 1.210 Tage. Damit liegt das Land – trotz hohen Personalaufwands[507] – weltweit auf Platz 156 und weist Kosten auf, die über denen des bereits kostenintensiven britischen Gerichtsstandorts liegen[508]. Inwieweit diese Zahlen wirklich repräsentativ erhoben wurden[509], muss hier dahingestellt bleiben.

---

[502] *La Porta/Lopez-de-Silanes/Shleifer/Vishny*, Journal of Finance 52 (1997), 1131 ff.; *dies.*, Journal of Political Economy 106 (1998), 1113 ff.; *dies.*, Journal of Law, Economics & Organization 15 (1999), 222 ff. (sog. LLSV-Studien).

[503] *Spamann*, JITE 166 (2010), 149 (151 ff.), der herausstellt, dass die Durchsetzbarkeit von Verträgen in Common law-Ländern höher ist als in Frankreich, aber niedriger als in Deutschland und Skandinavien. Dazu auch der Kommentar *Wagner*, JITE 166 (2010), 171 ff.; zutreffend ablehnend auch *Voigt*, Journal of Empirical Legal Studies (2008), 1 ff.: die Rechtswahl seitens der Wirtschaftsakteure widerlege die „legal origins"-These, wonach das Common law überlegen sei.

[504] Daten über www.doingbusiness.org.

[505] Die Kosten betragen 23,4 % des Streitwertes, während der Durchschnitt in der OECD bei 19,2 % liegt. Hohe Kosten werden auch von *Hodges/Vogenauer/Tulibacka*, in: *dies.* (Hrsg.), The Costs and Funding of Civil Litigation – A Comparative Perspective, 2010, S. 71 ermittelt.

[506] Mit dieser Verschleppungstaktik wird eine Klage des Gegners verzögert oder entwertet; dazu *Schmehl*, Parallelverfahren und Justizgewährung – Zur Verfahrenskoordination nach europäischem und deutschem Zivilprozessrecht am Beispiel taktischer „Torpedoklagen", 2011; zur Regelung der Rechtshängigkeit im Europäischen Prozessrecht *McGuire*, Verfahrenskoordination und Verjährungsunterbrechung im Europäischen Prozessrecht, 2004, S. 66 ff.

[507] *Blankenburg*, in: *Cottier/Estermann/Wrase* (Hrsg.), Wie wirkt Recht?, 2010, S. 61 (86).

[508] 29,9 % des Streitwertes.

[509] Für Deutschland gehen die Zahlen ausschließlich auf das LG Berlin zurück.

Zumindest in Flächenstaaten werden sich große regionale Unterschiede finden lassen (z.B. zwischen Nord- und Süditalien). Teilweise bestehen mehrere Zivilrechtsordnungen innerhalb eines Nationalstaates, wie etwa im Vereinigten Königreich oder in Spanien, die sich ebenfalls auf Verfahrensdauer und -kosten auswirken können. Zu beachten ist auch: Die Studie berücksichtigt nur die übliche Durchsetzung eines Vertrags vor Gericht ohne Rechtsmittel. Ferner spielt für die Verfahrensdauer der Zeitpunkt der Klageeinreichung eine Rolle. Kostenregeln können dazu führen, dass die Parteien einen Vergleich schon vor Klageeinreichung anstreben oder aber erst danach auf eine entsprechende Unterstützung seitens des Gerichts warten[510]. Das schlägt sich im Durchschnittswert nieder.

Fernab dieser Bedenken sind die Aussagen aber tendenziell tragfähig. Das spiegelt sich bei Rechtswahl und der Wahl der Fora in Europa[511] wider, aber auch in den Statistiken der EGMR-Entscheidungen zu überlangen nationalen Verfahren. In Extremfällen können die oben genannten Zeitspannen nämlich beträchtlich überschritten werden, was wie ausgeführt den EGMR auf den Plan bringt: Zu den Grundelementen der Rechtsschutzgarantie[512] nach Art. 6 EMRK zählt[513] – neben der Unabhängigkeit und Unparteilichkeit des gesetzlichen Richters sowie dem rechtlichen Gehör – schließlich auch der besagte Anspruch auf Entscheidung in angemessener Frist[514].

In den fünfzig Jahren von 1959 bis 2009 betrafen nach der offiziellen Gesamtstatistik des EGMR[515] 26,37 % aller EGMR-Entscheidungen die Länge nationaler Verfahren. Dieser Bereich steht an der Spitze aller Verfahrensgegenstände, gefolgt von dem weiteren Bestandteil des Art. 6 EMRK, dem Recht auf ein faires Verfahren (21,10 %)[516]. Die Feststellung

---

[510] *Wagner*, JITE 166 (2010), 171 (174) (dort auch zur englischen „rule of fee-shifting").

[511] Näher (basierend auf der Clifford Chance/Oxford Umfrage von europäischen Unternehmen) *Vogenauer/Hodges* (Hrsg.), Civil Justice Systems in Europe – Implications for Choice of Forum and Choice of Contract Law, 2013 i.E.; *Voigt*, Journal of Empirical Legal Studies (2008), 1 ff.

[512] Dazu noch näher in diesem 2. Teil, u.a. in § 6 II und § 7 I 3.

[513] Zu den Einwirkungen von Art. 6 und 8 EMRK auf das europäische Zivilprozessrecht *Hess*, in: Festschr. f. Jayme, 2004, S. 339 (344 ff.); zu den Garantien im Verfahren vor den Unionsgerichten *Gundel*, in: *Ehlers*, § 20, Rdnr. 34 ff.

[514] *Hess*, in: Festschr. f. Jayme, 2004, S. 339 (350 ff.); ausführlich *Edel*, The Length of Civil and Criminal Proceedings in the Case-Law of the European Court of Human Rights, 2. Aufl. (2007).

[515] *European Court of Human Rights*, 50 Years of Activity: The European Court of Human Rights – Some Facts and Figures, 2010, S. 6.

[516] Das Recht auf einen wirksamen Rechtsbehelf („right to an effective remedy") nach Art. 13 EMRK liegt 7,81 % aller Verfahren zugrunde, s. aaO.

von Verletzungen wegen überlanger Verfahren betrafen in 13 Rechtssachen Luxemburg, in 24 Sachen das Vereinigte Königreich, in 54 Sachen
Deutschland, in 278 Sachen Frankreich und in 1095 Verfahren Italien[517].
Wegen dem Verbot überlanger Verfahrensdauern haben die Konventionsstaaten einen geeigneten Rechtsbehelf zu gewähren. Deutschland[518] ist dem
im November 2011 mit der Einführung eines Schmerzensgeldes wegen
überlanger Dauer von Zivilverfahren nachgekommen[519]. Damit ist diese
Rechtsschutzlücke erst sehr verzögert[520] geschlossen worden.

3. *Analyse der Verfahrensdauer für Vorabentscheidungen*

a) *Entwicklung*

Das Recht auf Entscheidung in angemessener Frist nach Art. 6 I EMRK
gilt als rechtsstaatliches Grundgebot auch für die Verfahren der Europäischen Gerichtsbarkeit. Das hat der EuGH im Fall einer Verfahrensdauer
von fünfeinhalb Jahren beim EuG anerkannt. Dabei berücksichtigte er u.a.
die relative Komplexität der Rechtssache[521]. Um es mit einer englischen
Redewendung zu unterstreichen: „justice delayed is justice denied". Hier
geht aber um die durchschnittliche Dauer der Verfahren.

Das Vorabentscheidungsverfahren bildet nicht nur den Schwerpunkt der
rechtsprechenden Tätigkeit, sondern ist auch für das Privatrecht aus den

---

[517] AaO, S. 14 f.

[518] In Deutschland ist das Verbot überlanger Verfahrensdauern ebenfalls durch
Art. 19 IV GG garantiert.

[519] Gesetz über den Rechtsschutz bei überlangen Gerichtsverfahren und strafrechtlichen Ermittlungsverfahren, BGBl. 2011 I, S. 2302. Dazu *Huerkamp/Wielpütz*, JZ 2011,
139 ff.; *Althammer*, NJW 2012, 1 ff.; näher zum Schmerzensgeldmodell *ders.*, JZ 2011,
446 ff.

[520] Seit EGMR, NJW 2006, 2389 – *Sürmeli/Deutschland* ist Deutschland verpflichtet
(s. zur Bindung Deutschlands an das Urteil s. Art. 46 I EMRK), einen Rechtsbehelf
gegen überlange Gerichtsverfahren einzuführen. (S. dazu etwa *Tiwisina*, Rechtsfragen
überlanger Verfahrensdauer nach nationalem Recht und der EMRK, 2010). EGMR, NJW
2010, 3355 – *Rumpf/Deutschland* fordert dies erneut (aaO, 3358: das weitgehende
Untätigbleiben Deutschlands zeige „ein so gut wie vollkommenes Widerstreben dagegen,
das Problem in angemessener Zeit zu lösen").

[521] EuGH, Rs. C-185/95 P, Slg. 1998, I-8417 – *Baustahlgewebe/Kommission*; zur
Entscheidung *Lansnicker/Schwirtzek*, NJW 2001, 1969 ff.; zu dem neuen Prozessgrund-
recht nach EU-Recht *Schlette*, EuGRZ 1999, 369 ff.; *Toner*, CML Rev. 36 (1999),
1345 ff.; s. auch (zur Dauer eines EuG-Verfahrens von mehr als fünf Jahren) EuGH, Rs.
C-385/07 P, Slg. 2009, I-6155, Rdnr. 167 ff. – *Der Grüne Punkt – Duales System
Deutschland/nKommission*.

Tabelle 2: Dauer der Urteile und Beschlüsse mit Entscheidungscharakter in Monaten seit 2000

	2000	2001	2002	2003	2004	2005	2006	2006	2008	2009	2010
Vorabentschei-dungsersuchen	21,6	22,7	24,1	25,5	23,5	20,4	19,8	19,3	16,8	17,1	16,1
Eilvorlage-verfahren									2,1	2,5	2,1
Klagen	23,9	23,1	24,3	24,7	20,2	21,3	20,0	18,2	16,9	17,1	16,7
Rechtsmittel	19	16,3	19,1	28,7	21,3	20,9	17,8	17,8	18,4	15,4	14,3

dargelegten Gründen von hauptsächlichem Interesse. Darum ist der Blick auf die erste Zeile der obigen Tabelle zu richten[522]: Im vergangenen Jahrzehnt zeigt sich der Anstieg der Verfahrensdauer bis zum Jahr 2003; danach ist ein Rückgang zu verzeichnen. Im folgenden grafischen Gesamtverlauf lässt sich die Spitze im Jahr 2003 klar ausmachen. Für die Zeit vor 1970 enthalten übrigens weder die Jahresberichte des EuGH noch sonstige Quellen Angaben über die durchschnittliche Verfahrensdauer. Auch auf Nachfrage beim EU-Gerichtshof sind solche nicht erhältlich.

Grafik 2: Dauer der Vorabentscheidungsverfahren in Monaten (1970–2010)

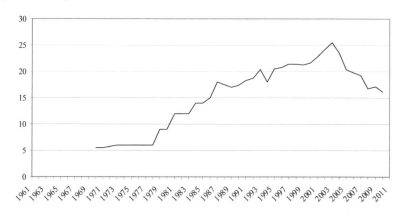

Während um das Jahr 1975 die durchschnittliche Bearbeitungszeit für Vorabentscheidungsverfahren sechs Monate betrug, sind es im Jahr 2009 dagegen 17,1 Monate und im Jahr 2010 16,1 Monate. Der Höchststand im Jahr 2003 mit 25,5 Monaten wurde auch von EuGH-Richtern als besorg-

---

[522] Zu Rechtsmitteln innerhalb der EU-Gerichtsbarkeit noch näher im 3. Teil § 1 II 3 und 4.

niserregend eingestuft[523]. Die Verfahrensdauer hat sich aber ab Jahr 2004 sichtbar verkürzt, was den amtierenden Präsidenten des Europäischen Gerichtshofs *Skouris* von einer Trendwende hat sprechen lassen[524].

Noch kurz zum oben in Tabelle 2 erwähnten Eilvorlageverfahren. Es wurde mit Wirkung vom 1.3.2008 eingeführt, um besonders eilbedürftige Fragen im „Raum der Freiheit, der Sicherheit und des Rechts" in kürzester Zeit zu behandeln[525]. Dazu zählen Vorabentscheidungsfragen in einem schwebenden Verfahren über eine inhaftierte Person[526], was seit dem Vertrag von Lissabon auch Art. 267 IV AEUV vorsieht. Wichtiger im vorliegenden Zusammenhang sind dagegen die Eilvorlagen in Sorgerechtsentscheidungen nach der EuEheKindVO[527], die bereits zu mehreren Entscheidungen geführt haben[528] – schließlich müssen auch die nationalen Zivil- und Familiengerichte vor dem Hintergrund der EGMR-Rechtsprechung in Rechtssachen zur Kindessorge teils innerhalb besonders knapp bemessener Frist entscheiden[529].

b) Nachhaltigkeit des Rückgangs

Zurückzuführen ist der Rückgang der Verfahrensdauern bei „normalen" Vorabentscheidungsverfahren auf eine Reihe von verfahrenstechnischen Änderungen in der Satzung und den Verfahrensordnungen sowie organisatorische Maßnahmen, welche der Gerichtshof – an den Vertrag von Nizza anknüpfend – zur Beschleunigung und Straffung des Verfahrensablaufs ergriffen hat[530].

---

[523] *Timmermans*, CML Rev. 41 (2004), 393 (403) nennt die Verfahrensdauer „worrying" und „generally felt to be much too long for a procedure which is only an incidental element in the national court procedure".

[524] *Skouris*, in: Festschr. f. Starck, 2007, S. 991 (994).

[525] Art. 23a Satzung des Gerichtshofs und Art. 104b EuGH-VerfO; eingeführt durch Beschluss 2008/79/EG, Euratom des Rates vom 20.12.2007 zur Änderung des Protokolls über die Satzung des Gerichtshofs, ABl.EU 2008 Nr. L 24, S. 42 (dazu *Wägenbaur*, Art. 23a Satzung EuGH, Rdnr. 1 ff.) sowie Änderungen der Verfahrensordnung des Gerichtshofes, ABl.EU 2008 Nr. L 24, S. 39 (dazu *Wägenbaur*, Art. 104a VerfO EuGH, Rdnr. 1 ff.); s. auch *Kühn*, EuZW 2008, 263 ff.; *Hess*, § 12, Rdnr. 63 f.

[526] Laut Erklärung des Rates an den Gerichtshof müssen entsprechende Vorabentscheidungsersuchen innerhalb von drei Monaten abgeschlossen sein, ABl.EU 2008 Nr. L 24, S. 44.

[527] Verordnung (EG) Nr. 2201/2003, die auch Brüssel IIa-VO genannt wird.

[528] *Mayr*, Europäisches Zivilprozessrecht, 2011, Rdnr. I/31.

[529] S. zur sechswöchigen Frist zur Anordnung einer Rückgabe eines widerrechtlich verbrachten Kindes Art. 11 III S. 2 EuEheKindVO; zum internationalen Kindschaftsrecht *Dutta*, in: *Basedow/Hopt/Zimmermann* (Hrsg.), Handwörterbuch des Europäischen Privatrechts, Bd. II, 2009, S. 977 ff.

[530] Näher zu den Straffungen s. *Skouris*, in: *Pernice/Kokott/Saunders* (Hrsg.), The Future of the European Judicial System in a Comparative Perspective, 2006, S. 19 ff.

Dazu zählen die Möglichkeiten, von einer mündlichen Verhandlung abzusehen und beschleunigte Verfahren anzuwenden. Zudem wird vermehrt im Fall offensichtlich unzulässiger Klagen und Rechtsmittel oder wenn die Vorlagen schon vom Gericht entschiedene Fragen betreffen, ein Beschluss mit verfahrensbeendender Wirkung gefasst[531]. Diese eher gerichtsinternen Praxismaßnahmen sind nicht Kern des vorliegenden Untersuchungsgegenstandes. Aber auf einige Aspekte wird noch im 3. Teil[532] eingegangen, so z.B. auf die Einführung eines vereinfachten Verfahrens, die Streichung des mündlichen Verfahrensabschnittes und der Verzicht auf Schlussanträge des Generalanwalts.

Der bis dahin niedrigste Stand seit zwanzig Jahren wurde 2008 mit 16,8 Monaten erreicht[533]. Im Folgejahr stieg die durchschnittliche Verfahrensdauer – wie gesagt – wieder leicht an[534], um dann jedoch 2010 auf 16,1 Monate zu sinken. Ob die EuGH-Richter diese verhältnismäßig zügige Behandlung der Rechtssachen aufrecht erhalten können, muss bei stark zunehmenden Vorlagezahlen bezweifelt werden. Die vom EuGH gefeierte Verkürzung täuscht. Maßnahmen im Verfahrensrecht, interne Reformen und die Bemühungen einiger „Zugpferde" zur Verbesserung der Effizienz sind wirkungsvoll, was der Rückgang der Verfahrensdauer belegt.

Aber selbst EuGH-Richter *Schiemann* ist bereits 2008 mit Blick auf die mittel- und langfristige Wirkung der Verfahrenstraffungen skeptisch: „Whether this is merely a temporary improvement which will be reversed once the new Member States start sending more work to the Court and once Member States start making references arising out of the increased competencies of the Court remains to be seen. It seems probable."[535]. Generalanwältin *Kokott* ist mit *Dervisopoulos* und *Henze* unter Bezug auf eine deutliche Verkürzung der durchschnittlichen Dauer der erledigten Verfahren von 25,5 Monaten im Jahr 2003 auf 19,3 Monate im Jahr 2007 folgender Auffassung: „Eine weitere substanzielle Beschleunigung des

---

[531] *Everling*, in: Festschr. f. Rengeling, 2008, S. 527 (534).

[532] Unter 3. Teil § 2 II 2 bb) und § 2 II 5.

[533] Vgl. *Broberg/Fenger*, S. 25, 35.

[534] Beim EuG ging die durchschnittliche Verfahrensdauer gegenüber 2009 um 2,5 Monate zurück, und zwar auf 24,7 Monate im Jahr 2010. Allerdings ist je nach Sachgebiet zu differenzieren: besonders stark ist ein Anstieg im Bereich „öffentlicher Dienst" von 19,2 im Jahr 2005 auf 52,8 Monate im Jahr 2009. Im Jahr 2010 betrug die Dauer im Bereich staatlicher Beihilfen 32,4 Monate (2009: 50,3), beim Wettbewerb 45,7, beim geistigen Eigentum 20,6 Monate, für Rechtsmittel 16,6 Monate und für sonstige Klagen 23,7 Monate. Beim EuGöD ist die durchschnittliche Verfahrensdauer dagegen 2010 gestiegen, und zwar von 15,1 Monaten im Jahr 2009 auf 18,1 Monate im Jahr 2010.

[535] *Schiemann*, in: *Arnull/Eeckhout/Tridimas*, S. 3 (4).

(herkömmlichen)[536] Vorabentscheidungsverfahrens ist praktisch kaum realisierbar."[537] Zudem variieren die Zahlen je nach Rechtssache. In einem Einzelfall musste ein Gericht sogar über vier Jahre auf eine Antwort des EuGH warten[538].

In der besagten Äußerung von *Skouris* und den „rapports annuels" wird zudem ein entscheidender personeller Umstand weitgehend ausgeblendet, der sich sehr verkürzend auf die Verfahrensdauer auswirkt[539]: Die erweiterungsbedingte Verstärkung in den Jahren 2004 und 2007 um zehn bzw. zwei weitere Richter samt Mitarbeiterstab und die Erhöhung der Zahl der Spruchkörper bei gleichzeitig nur ganz langsamem Anstieg der Verfahrenszahlen[540].

Dies verdeutlicht eine einfache Umrechnung: Im Jahr 2010 hat der EuGH insgesamt 574 Rechtssachen erledigt. Diese hohe Zahl[541] von 1,6 Entscheidungen pro Arbeitstag ergibt umgerechnet auf 27 Richter durchschnittlich 21,26 Entscheidungen pro Richter in 2010. Vor dem Beitritt, also im Jahr 2003, waren es 494 Rechtssachen, was bei dann 15 Richtern eine individuelle Arbeitslast von 32,93 Verfahren ergibt. Wegen der erhöhten Regelungsdichte des Unionsrechts und dem Aufholen der neuen Mitgliedstaaten ist mit einem weiteren Anstieg der Vorlageraten zu rechnen. Mit der Belastung geht die Verlängerung der Bearbeitungszeit einher, so dass die Verfahrensdauern wieder zunehmen werden.

Die durchschnittliche Verfahrensdauer liegt somit um einiges entfernt von der einjährigen Bearbeitungsdauer, die in der Literatur teils als ideale Zeit genannt wird[542]. Ideal wäre in der Tat die Bearbeitungsdauer von zwölf oder gar zehn Monaten, denn das Zwischenverfahren sollte – wegen

---

[536] In Abgrenzung zum Eilvorlageverfahren für den Bereich des Raums der Freiheit, der Sicherheit und des Rechts.

[537] *Kokott/Dervisopoulos/Henze*, EuGRZ 2008, 10 (11). S. aber *Schiemann*, in: *Arnull/Eeckhout/Tridimas*, S. 3 (8), der angesichts der Schwierigkeiten einer mehrsprachigen mündlichen Verhandlung eine Änderung der Satzung des Gerichtshofs vorschlägt „so as to provide for a second round of pleadings in these proceedings as well which would allow everyone a chance to reply in writing to the arguments of those who disagree with him".

[538] EuGH, Rs. C-142/05 – *Mickelsson und Roos*; *Broberg/Fenger*, S. 6.

[539] Dazu *Bobek*, CML Rev. 45 (2008), 1611 (1641 f.); *Everling*, in: Festschr. f. Rengeling, 2008, S. 527 (534).

[540] Zum Vorlageverhalten der zwölf neuen Mitgliedstaaten sogleich.

[541] Für die Vorjahre waren die Zahl der erledigten Rechtssachen meist niedriger: 588 (2009), 567 (2008), 570 (2007), 546 (2006), 574 (2005), 665 (2004).

[542] *Gerven*, E.L. Rev. 21 (1996), 211 (218); *Dyrberg*, E.L. Rev. 26 (2001), 291 (293).

der Vorbildfunktion des EuGH – grundsätzlich[543] nicht länger dauern als es die zügigsten Staaten bei ihren nationalen Verfahren gelingt[544].

Zu beachten sind allerdings die internen und externen Abläufe[545], die einer radikaleren Verkürzung entgegenstehen. Zunächst ist eine Vorlage in alle 23 Amtssprachen zu übersetzen, und zwar gänzlich oder bei längeren Vorlagen zumindest eine Zusammenfassung[546]. Die Vorlage wird dann u.a. an die beteiligten Parteien, die Mitgliedstaaten und die Kommission übermittelt, die binnen zwei Monaten[547] Schriftsätze einreichen oder schriftliche Erklärungen abgeben können[548]. Diese Stellungnahmen werden ins Französische sowie die Verfahrenssprache[549] übertragen und wiederum versandt.

Im Regelfall kommt es zu einer mündlichen Verhandlung[550]. Dafür erstellt der Berichterstatter (*juge rapporteur*) einen vorbereitenden Sitzungsbericht in der Verfahrenssprache. Dieser wird den Beteiligten rund drei Wochen vor der mündlichen Verhandlung zugeschickt[551]. In der Verhandlung steht u.a. den Verfahrensbeteiligten des Ausgangsrechtsstreits, den Mitgliedstaaten und der Kommission ein Äußerungsrecht zu[552]. Zudem erfolgen Rückfragen der Richter und gegebenenfalls des Generalanwalts. Am Ende des mündlichen Verfahrensabschnitts ergehen gegebenenfalls die Schlussanträge des Generalanwalts[553]. Sie erscheinen in der Heimatsprache des Generalanwalts, auf Französisch und in der Verfahrenssprache[554], werden zumeist aber in alle Amtsprachen übersetzt – ebenso wie die schlussendliche EuGH-Entscheidung[555].

---

[543] Zwar bestehen beim EuGH Herausforderungen wegen der Sprachenvielfalt und der Berührung mit dem „fremden" nationalen Recht. Allerdings finden im Vorabentscheidungsverfahren keine zeitraubenden Sachverhaltsermittlungen statt.

[544] Vgl. oben vor Fußnotenzeichen 505; auch oben Fußn. 498.

[545] Konkret zum Verfahrensablauf – anhand von EuGH, Rs. C-350/03, Slg. 2005, I-9215 – *Schulte/Deutsche Bausparkasse Badenia AG – Wernicke*, in: *Furrer* (Hrsg.), Europäisches Privatrecht im wissenschaftlichen Diskurs, 2006, S. 339 ff.

[546] Art. 104 § 1 I VerfO-EuGH; *Wägenbaur*, Art. 104 VerfO EuGH, Rdnr. 3.

[547] Zusätzlich einer pauschalen Entfernungsfrist von zehn Tagen nach Art. 81 § 2 VerfO-EuGH.

[548] Art. 23 II, III, auch Art. 20 II Satzung des Gerichtshofs.

[549] S. zur Wahl der Verfahrenssprache unten Fußn. 567.

[550] Näher 3. Teil § 2 II 5 a).

[551] *Hackspiel*, in: *Rengeling/Middeke/Gellermann*, § 25, Rdnr. 6.

[552] *Hess*, § 12, Rdnr. 47.

[553] Zur Entbehrlichkeit der Schlussanträge 3. Teil § 2 II 5 b).

[554] Zu den Sprachenfragen in obigem Absatz *Gerichtshof der Europäischen Gemeinschaften*, Der Gerichtshof – Verfahren und Dokumente, 2005.

[555] Nicht in der Sammlung veröffentlichte Urteile und Beschlüsse liegen jedoch nur in der Verfahrenssprache und auf Französisch vor.

III. Sprachenvielfalt, Übersetzungen und gerichtliche Entscheidungen

1. Modell grundsätzlicher Gleichrangigkeit

Das Vorstehende offenbart die Vielsprachigkeit der Union, die Kennzeichen und Problem der europäischen Rechtsgemeinschaft ist. Die unterschiedlichen Muttersprachen bilden auch bei der grenzüberschreitenden Rechtsverfolgung eine Achillesferse[556]. Nicht ohne Grund war die erste von der EWG erlassene Verordnung der Sprachenfrage gewidmet[557]. Zudem hat jeder Unionsbürger nach Art. 41 IV der GRCh und Art. 24 IV AEUV (ex-Art. 21 III EG) das Recht auf den Gebrauch der eigenen Sprache beim Umgang mit Unionsorganen. Neben dem Primärrecht[558] unterstreicht die EuGH-Rechtsprechung die Bedeutung der Sprachen: So ist eine nicht in allen Amtssprachen veröffentlichte Verordnung unverbindlich für die nicht erfassten Staaten[559].

Der EuGH hat im *C.I.L.F.I.T.*-Urteil von 1982 sogar eine umfassende Pflicht zum Sprachvergleich bei der Auslegung postuliert[560]. Doch mitgliedstaatliche Gerichte lösen diesen Anspruch allein schon aus praktischen Gründen kaum ein[561]. Mag diese Pflicht 1982 bei neun Mitgliedstaaten mit nur sieben Amtssprachen vielleicht noch ihre Berechtigung gehabt haben, so ist sie bei heute 23 Amtssprachen nicht mehr praktikabel;

---

[556] Zum Sprachenproblem im Zustellungsrecht nach der EuZVO *Rösler/Siepmann*, NJW 2006, 475 ff.; *dies.*, IPRax 2006, 236 ff.; *Sujecki*, ZEuP 2007, 353 ff.; dazu, dass auch der verbraucherrechtliche *acquis communautaire* der Sprachenfrage ausweicht etwa *Lege*, Sprache und Verbraucherinformation in der Europäischen Union, Deutschland und Luxemburg, 2009, S. 5 ff.

[557] Verordnung Nr. 1 zur Regelung der Sprachenfrage für die Europäische Wirtschaftsgemeinschaft, ABl.EWG 1958 Nr. 17, S. 385; zuletzt geändert durch Verordnung (EG) Nr. 1791/2006 des Rates, ABl.EU 2006 Nr. L 363, S. 1.

[558] S. u.a. zur Wahrung des Reichtums der sprachlichen Vielfalt Art. 3 III UAbs. 4 AEUV und Art. 22 GRCh.

[559] EuGH, Rs. C-161/06, Slg. 2007, I-10841 – *Skoma-Lux sro/Celní ředitelství Olomouc*, wo es in der Sache um die Osterweiterung ging, für die die Große Kammer des Gerichtshofs eine Übersetzung des gesamten Bestands an Sekundärrecht in die Sprachen der Beitrittsstaaten erforderte. Ebenfalls Rs. C-273/04, Slg. 2007, I-8925 – *Polen/Rat*; zur *Skoma-Lux*-Entscheidung s. *Lasiński-Sulecki/Morawski*, CML Rev. 45 (2008), 705 ff.

[560] EuGH, Rs. 283/81, Slg. 1982, 3415, Rdnr. 18 – *C.I.L.F.I.T./Ministero della Sanità*; s. weiter im Fall einer falschen Übersetzung einer Richtlinienbestimmung ins Litauische Rs. C-63/06, Slg. 2007, I-3239 – *UAB Profisa/Muitinės departamentas prie Lietuvos Respublikos finansų ministerijos*.

[561] Zu Anspruch und Wirklichkeit die umfassende Analyse *Schübel-Pfister*, Sprache und Gemeinschaftsrecht – Die Auslegung der mehrsprachig verbindlichen Rechtstexte durch den Europäischen Gerichtshof, 2004, S. 324 ff.

von ihr sollte Abstand genommen werden[562]. Auch bei der Auslegungstätigkeit des EU-Gerichtshofs haben schließlich – trotz des Gebotes der Gleichberechtigung der Amtssprachen – nicht alle Fassungen das gleiche Gewicht[563]. Umfassende Sprachvergleiche bleiben selbst hier die Ausnahme[564]. Nicht unterschätzt werden sollte aber das Potenzial, durch einen Seitenblick auf andere Sprachfassungen Rechtsklärung zu erhalten, was sogar die Notwendigkeit einer Vorlage entfallen lassen kann[565].

Geregelt ist die allgemeine Sprachenfrage des EU-Gerichtshofs in den Verfahrensordnungen[566]. Danach wird die Verfahrenssprache grundsätzlich vom Kläger der jeweiligen Rechtssache gewählt[567]. Bei Vorabentscheidungsersuchen, wie etwa denen von Zivilgerichten, ist dagegen die Verfahrenssprache des vorlegenden Gerichts maßgeblich[568]. Intern nimmt das Französische eine herausgehobene Stellung ein, denn es ist die Arbeitssprache bei der Abfassung des Vorberichts des Berichterstatters (*juge rapporteur*), bei den geheimen[569] Beratungen und auch bei der endgültigen Fassung der Entscheidung[570]. Dagegen halten die Generalanwälte die Schlussanträge im Allgemeinen in ihrer Muttersprache[571].

Die Bedeutung des Französischen ist zwar nirgends niedergelegt, entspricht aber der geübten Praxis. Im Unterschied zu den anderen Organen der Union hat sich am EuGH Französisch als interne Arbeitssprache

---

[562] So auch Generalanwalt *Jacobs*, Schlussanträge zu EuGH, Rs. C-338/95, Slg. 1997, I-6495, Rdnr. 65 – *Wiener/Hauptzollamt Emmerich*; ebenfalls wie hier *Weiler*, ZEuP 2010, 861 (876 ff.).

[563] *Schübel-Pfister*, S. 510 f.

[564] Generalanwalt *Jacobs*, Schlussanträge zu EuGH, Rs. C-338/95, Slg. 1997, I-6495, Rdnr. 65; mit Statistik *Schübel-Pfister*, S. 553; auch *Derlén*, Multilingual Interpretation of European Union Law, 2009, S. 31 ff., 341 ff.; s. ferner *van Calster*, YEL 17 (1997), 363 ff.

[565] So lässt sich manch komplexes Auslegungsunterfangen durch einen Sprachvergleich ersparen; dazu *Fleischer*, GWR 2011, 201 (205).

[566] Art. 29–31 VerfO-EuGH, Art. 35–37 VerfO-EuG, entsprechende Anwendung über VerfO-EuGöD. Nach Art. 29 § 3 III VerfO-EuGH kann bei umfangreichen Urkunden, die als Anlage zu Schriftsätzen dienen, die Übersetzung auf Auszüge beschränkt werden; der EuGH kann aber von Amts wegen oder auf Antrag einer Partei eine ausführliche Übersetzung verlangen; EuGH, Rs. C-526/08, Slg. 2010, I-6151, Rdnr. 19 – *Europäische Kommission/Großherzogtum Luxemburg*.

[567] Art. 29 § 2 I VerfO-EuGH.

[568] Art. 29 § 2 II VerfO-EuGH.

[569] Art. 35 Satzung des Gerichtshofs, Art. 27 VerfO-EuGH, Art. 33 VerfO-EuG; s. auch den von den Richtern zu leistenden Schwur, der das Beratungsgeheimnis umfasst: Art. 3 § 1 VerfO-EuGH bzw. Art. 4 § 1 VerfO-EuG.

[570] Die Urteile sind zunächst auf Französisch und in der Verfahrenssprache, dann erfolgen die weiteren Übersetzungen.

[571] *Hackspiel*, in: *Rengeling/Middeke/Gellermann*, § 21, Rdnr. 30.

erhalten[572]. Erst im Nachhinein werden die Entscheidungen in alle anderen Sprachen übersetzt. Freilich sehen die Verfahrensordnungen vor, dass nur die Fassung in der jeweiligen Verfahrenssprache verbindlich ist oder, falls der Gerichtshof eine andere Sprache zugelassen hat, die Fassung in ebendieser Sprache[573]. Hierin liegt die Gefahr von Begriffs- und Bedeutungsdivergenzen, nämlich bereits zwischen interner Arbeitssprache (Französisch) und der Verfahrenssprache[574].

Die Sprachenfrage – Stichwort „Babylone à Luxembourg"[575] – ist denkbar komplex: Die Zahl der Verfahrenssprachen für das Gerichtswesen der EU schnellte im Zuge der zum 1.5.2004 erfolgten Erweiterung der EU um zehn neue Mitgliedstaaten hoch[576]. Die Zahl stieg weiter durch die zweite Osterweiterung und zum 1.1.2007 durch die Anerkennung von „Irisch"[577] als neue Amts- und damit Verfahrenssprache[578]. Die Europäische Gerichtsbarkeit hat (bei derzeit 27 Mitgliedstaaten) 23 Verfahrenssprachen. Damit ergeben sich kaum vorstellbare 506 Sprachkombinationen[579], die die Unionsgerichte und der Übersetzungsdienst zu bewältigen haben. Jede weitere Sprache führt zu einer weiteren überproportionalen Steigerung der Kombinationsmöglichkeiten[580]. Nach Angaben des Gerichtshofs gehörten

---

[572] Näher *Schübel-Pfister*, S. 71.

[573] Art. 31 VerfO-EuGH, Art. 37 VerfO-EuG.

[574] *Schübel-Pfister*, S. 509.

[575] So der Titel des Saarbrücker Vortrags *Berteloot*, Babylone à Luxembourg: jurilinguistique à la Cour de Justice, 1987.

[576] *Schiemann*, in: *Arnull/Eeckhout/Tridimas*, S. 3 (5) aus Sicht des EuGH: „Perhaps the biggest challenge of enlargement". Weiter auf S. 6: „The end result is that the quality and general acceptability of the judgments is increased in exchange for a substantial increase in time and cost for the Court [...]. [T]he extra time and expense for the Court is at least matched and probably exceeded by corresponding savings at Member State level".

[577] S. Art. 29 § 1 VerfO-EuGH und Art. 35 § 1 VerfO-EuG, wonach Verfahrenssprache potenziell auch Irisch (eher als Gälisch bekannt) sein kann. Allerdings werden nach Art. 30 § 2 VerfO-EuGH und Art. 36 § 2 VerfO-EuG für die Entscheidungssammlung Übersetzungen nur in den in der besagten VO Nr. 1 genannten Sprachen vorgenommen, in der Gälisch nicht aufgeführt ist; s. *Mayer*, in: *Grabitz/Hilf/Nettesheim* (Hrsg.), Das Recht der Europäischen Union, 46. Erg.-Lfg. (2011), Art. 342 AEUV, Rdnr. 29, 32; *Schübel-Pfister*, S. 69 ff.

[578] Vgl. näher zum Sprachenregime den Bericht über die Übersetzung am Gerichtshof, abgedruckt in *EuGH*, EuGRZ 2000, 113 (114).

[579] Vor dem 1.5.2004 bestanden bei den 20 Verfahrenssprachen noch 380 mögliche Sprachkombinationen; *Skouris*, in: Festschr. f. Starck, 2007, S. 991 (997).

[580] Zur raschen Bewältigung des Problems beim Gerichtshof *Skouris*, in: Festschr. f. Starck, 2007, S. 991 (996 f.); zu den sonstigen Veränderungen durch die Aufnahme zehn weiterer Länder und Richter am EuGH *Colneric*, AuR 2005, 281 ff.; zu Sprachproblemen durch die Erweiterungen auch *McAuliffe*, ELJ 14 (2008), 806 ff.; zur Praxis auch

der gerichtlichen Generaldirektion „Übersetzung" bereits 2008 mehr als 875 Mitarbeiter an, was 46 % des gesamten Personalbestands entspricht. Zu übersetzen sind 700.000 Seiten pro Jahr[581].

Die Sprachenregelung des EU-Gerichtshofs ist delikat, weshalb es für Änderungen weiterhin der Einstimmigkeit bedarf[582]. Ansonsten sieht der Vertrag von Lissabon bei Anträgen auf Änderung der Satzung des Gerichtshofs[583] das Mitentscheidungsverfahren mit qualifizierter Mehrheit[584] vor, was zwar Änderungen leichter erlaubt[585], aber dem Gerichtshof nicht die von ihm gewünschte volle Autonomie in seinen Angelegenheiten eröffnet[586]. Künftig soll die Sprachenfrage für den EU-Gerichtshof in einer vom Rat einstimmig zu erlassenden Verordnung festgelegt werden.

Das bisherige Modell grundsätzlicher Gleichrangigkeit aller Amtssprachen[587] weist einige Vorteile auf: Juristen, Bürger und sonstige Rechtsuchende haben besseren Zugang zu laufenden Verfahren vor den Unionsgerichten und zum Rechtsprechungsbestand. Damit hat die Verwendung der eigenen Sprache eine demokratische Bedeutung und erhöht die Akzeptanz durch die Unionsbürger und nationale Akteure. Dem Richter erleichtert es der Zugang zu den Dokumenten in seiner eigenen Sprache,

---

Oddone, in: *Pozzo/Jacometti* (Hrsg.), Multilingualism and the Harmonisation of European Law, 2006, S. 197 ff.

[581] *Thiele*, Europäisches Prozessrecht, Rdnr. 44.

[582] Nach Art. 281 II AEUV i.V.m. Art. 64 Satzung des Gerichtshofs ist die Sprachenfrage vom „einfachen" Änderungsverfahren ausgenommen, wodurch es für Änderungen der Sprachenfrage in der Verfahrensordnung der EuGH und EuG einer – kaum erreichbaren – einstimmigen Genehmigung durch den Rat nach Art. 48 EUV bedarf. *Barents*, CML Rev. 47 (2010), 709 (711). Die Einstimmigkeitsregel gilt zudem für die Stellung der Richter und der Generalanwälte nach Titel I der Satzung; s. Art. 281 II AEUV.

[583] Die Satzung des Gerichtshofs der Europäischen Union ist direkt in Protokoll Nr. 3 des Vertrages von Lissabon enthalten. Der EU-Gerichtshof hat mit Schreiben vom 28.3.2011 dem Rat und Parlament einen „Entwurf von Änderungen der Satzung des Gerichtshofs der Europäischen Union und ihres Anhangs I" vorgelegt, in dem er ferner eine allgemeine Überarbeitung der VerfO-EuGH zur Anpassung an die gängige Praxis und zwecks Verbesserung der Lesbarkeit angekündigt. Zu den vom EU-Gerichtshof vorgelegten Anträgen auf Änderung der Satzung die Stellungnahme der Europäischen Kommission, KOM(2011) 596 endg.

[584] Art. 281 II AEUV. Zu den Änderungen *Wegener*, in: *Calliess/Ruffert* (Hrsg.), EUV/EGV, 4. Aufl. (2011), Art. 281 AEUV, Rdnr. 4.

[585] In der größeren Flexibilität liegt der Grund, warum das Primärrecht zahlreiche justiz- und verfahrensrechtliche Fragen ausspart; vgl. *Heffernan*, ICLQ 52 (2003), 907 (909 f.).

[586] Vgl. *Rösler*, ZRP 2000, 52 (54) (zum Reflexionspapier des EuGH, EuZW 1999, 750 ff.). S. mit Blick auf die Verfahrensordnung *Rasmussen*, CML Rev. 44 (2007), 1661 (1683) (der Gerichtshof erlässt seine Verfahrensordnung, sie bedarf aber der Genehmigung des Rates, Art. 253 VI, 254 V, 257 V AEUV).

[587] Dazu etwa *Solan*, Brooklyn J. Int'l L. 34 (2009), 277 ff.

darüber zu befinden, ob er für eine Vorlage optieren oder er davon im Sinne der *acte clair*-Doktrin[588] Abstand nehmen soll.

Diese Herausforderungen als Nebensache oder als Annexproblem zu charakterisieren wäre irreführend. Das Problem ist ernst, da unpräzise Übersetzungen[589], die philologisch korrekt, aber nicht mit hinreichend breiter juristischer Kenntnis angefertigt wurden[590], zu Beurteilungsschwierigkeiten auch in den mitgliedstaatlichen Rechtsordnungen führen[591] – besonders in neuen Mitgliedstaaten[592]. Erinnert sei: Das „Über-setzen" von einer Sprache in eine andere ist zugleich ein Auslegungsprozess[593]. Das Risiko von Missverständnissen erhöht sich bei den zunehmenden Übersetzungen über eine „Relaissprache": Insbesondere bei selteneren Sprachen, wenn also für direkte Übersetzungen von der Ursprungs- in die Zielsprache keine hinreichend befähigten Übersetzer verfügbar sind, wird nur eine Übersetzung einer Übersetzung vorgenommen[594].

2. Sprachreform beim EU-Gerichtshof

Bedauerlicherweise ist Französisch weiterhin die einzige Arbeitssprache des EuGH. Zwar bietet dies den Vorteil, in einer Sprache sämtliche Texte gleichsam im Original beraten und erlassen zu können. Aber Präsident *Skouris* konstatiert zutreffend, „dass sich gegenüber der Anfangszeit der Europäischen Wirtschaftsgemeinschaft mit sechs Mitgliedstaaten in der Zeit nach dem Zweiten Weltkrieg einerseits und der heutigen Europäischen Union [...] und umfassender globaler Vernetzung andererseits die Sprachgewichte erheblich verschoben haben. Die Verbreitung des Französischen in der Berufsgruppe der das Gemeinschaftsrecht praktizierenden Juristen

---

[588] EuGH, Rs. 283/81, Slg. 1982, 3415 – *C.I.L.F.I.T./Ministero della Sanità*; dazu *Hess*, RabelsZ 66 (2002), 470 (493).

[589] Hilfreich sind Übersetzungsprogramme und -datenbanken; so etwa die Internetdatenbank „Inter-Active Terminology for Europe" der europäischen Institutionen, die über http://iate.europa.eu allgemein zugänglich gemacht wurde.

[590] Dies hat *Basedow*, ZEuP 1996, 749 von der Übersetzerfalle sprechen lassen.

[591] Dazu, wie die unpräzise Übersetzung eines EuGH-Urteils die Beurteilung der markenrechtlichen Verwechslungsgefahr in Deutschland beeinflusst hat *Bender*, in: Festschr. f. Tilmann, 2003, S. 259.

[592] Anhand des polnischen Rechts *Miąsik*, in: *Hofmann* (Hrsg.), Europarecht und die Gerichte der Transformationsstaaten – European Law and the Courts of the Transition Countries, 2008, S. 97 (107 f.).

[593] *Gadamer*, Wahrheit und Methode – Grundzüge einer philosophischen Hermeneutik, 4. Aufl. (1975), S. 362 f.; *Streinz*, ZEuS 2004, 387 (403); zur Rechtsübersetzung als „kulturellem Transfer" *Pommer*, Rechtsübersetzung und Rechtsvergleichung – Translatologische Fragen zur Interdisziplinarität, 2006, S. 41 ff.

[594] Zu diesen Relais- oder *pivot*-Übersetzungen *Skouris*, in: Festschr. f. Starck, 2007, S. 991 (997).

ist seither gesunken, und dieser Anteil sinkt mit jeder Erweiterung."[595] Dennoch *Skouris* möchte wegen der geübten Praxis „solange wie nur möglich" an der gegenwärtigen Arbeitssprache festhalten[596].

Dagegen findet die grenzüberschreitende Diskussion in den Politik- und Rechtswissenschaften ganz überwiegend auf Englisch statt. Diese Tatsache belegt auch die Ausarbeitung und Diskussion des DCFR. Hier ist die „Originalsprache" Englisch, was von Relevanz ist, damit der Text rasch eine europaweite Referenzwirkung entfalten kann. Die fortgeführte Verwendung des Französischen in der Europäischen Gerichtsbarkeit ist inzwischen recht unzeitgemäß. Die Sprachregelung gibt insbesondere französischen Richtern und Mitarbeitern eine starke Stellung innerhalb des Organs und benachteiligt weniger frankophiles Personal[597]. Letzteres gilt insbesondere für Richter aus den neuen Mitgliedstaaten, in denen Französisch als Zweitsprache selten gelernt wird. Der Ausschluss von Übersetzern bei den Beratungen *en chambre* erschwert diesen Umstand[598]. Auch darum finden französisch inspirierte Auslegungen und Grundsätze quasi sprachnatürlich Eingang in die innere Willensbildung und die Rechtsprechung des EU-Gerichtshofs[599].

Im Nachvollzug der besagten Veränderungen der Sprachenverwendung in der neuen Union sollte das *régime linguistique* des EU-Gerichtshofs zum Englischen wechseln. Der Übergang kann schritt-, z.B. sachgebiets- und kammerweise vorgenommen werden, damit sich die mittlerweile über 2000 Mitarbeiter besser umstellen können. Dies würde zum einen die Neubesetzung insbesondere von Richterstellen auf (wieder) breiterer „Bewerberbasis" ermöglichen[600]. Zum andern würde hierdurch eine bessere Beteiligung von Prozessparteien ermöglicht. Deshalb sollte insbesondere

---

[595] *Skouris*, in: Festschr. f. Starck, 2007, S. 991 (997).

[596] *Skouris*, in: Festschr. f. Starck, 2007, S. 991 (997).

[597] *Editors*, CML Rev. 45 (2008), 1571 (1577): „a growing number of judges find it difficult to adapt to a *délibéré* in French." Überhaupt zu den Sprachproblemen bei Beratungen in einer fremden Sprache *Hirsch*, ZGR 2002, 1 (4 ff.).

[598] Art. 27 § 2 VerfO-EuGH: „An der Beratung nehmen nur die Richter teil, die bei der mündlichen Verhandlung zugegen waren, sowie gegebenenfalls der Hilfsberichterstatter, der mit der Bearbeitung der Rechtssache beauftragt ist".

[599] S. *v. Danwitz*, EuR 2008, 769 (779): „Dementsprechend orientiert sich die Dogmatik gleichsam natürlich an Begriffskategorien oder Leitvorstellungen, die in den französischsprachigen Rechtsordnungen der Union begriffliche oder dogmatische Vorbilder finden".

[600] Vgl. auch den britischen EuGH-Richter *Schiemann*, in: *Arnull/Eeckhout/Tridimas*, S. 3 (10): „If it is or becomes the case that a result of keeping French as the internal language of the Court is that the pool in which states fish for potential members is smaller than it would be if English were the internal language of the Court, then this would be an important matter." Er führt freilich auch die Vorteile einer Beibehaltung des Französischen auf.

in bürgerrelevanten Rechtsbereichen Englisch zunächst eingeführt werden. Das umfasst z.b. das Vertrags-, Delikts-, Kollisions- und Familienrecht.

Naturgemäß verzögern Übersetzungserfordernisse den Ablauf des Verfahrens. Allerdings werden nicht mehr sämtliche Entscheidungen in alle Sprachen übersetzt und veröffentlicht. Das kann in einigen Fällen problematisch sein. Etwa bei weniger verbreiteten Sprachen oder solchen von neu in die Union aufgenommenen Staaten erfolgen die Übersetzungen von Entscheidungen häufiger verspätet. Dies hat Folgen für die Beachtung durch insofern erst verspätet informierte, aber eigentlich betroffene Verkehrskreise[601]. Dies gilt umso mehr bei gänzlich unterbleibender Übersetzung: Einerseits kann es zu doppelten und damit vermeidbaren Vorlagen kommen. Anderseits würde ein unzureichender Zugang zur Rechtserkenntnis zu Benachteiligungen bei der Rechtsdurchsetzung beitragen. Bedenklich ist aus diesem Grund auch, dass der EU-Gerichtshof nur einen Bruchteil der Urteile aus der historischen Rechtsprechung in die Sprachen der 2004 und 2007 beigetretenen Staaten übersetzt hat[602].

§ 3: Akzeptanz von EuGH-Entscheidungen

I. Bedeutung, Legitimation und Wirkungsweise

Sowohl der letztlich kontinuierlich ansteigende Strom an Verfahren, die den EuGH erreichen, als auch der besagte Transformationsprozess von öffentlichrechtlichen zu zivilrechtlichen Vorlagefragen als Folge des Binnenmarktprogramms führen zur dritten horizontalen Aufgabe: der Qualitätswahrung der EuGH-Entscheidungen auf breiter Basis. Diese Aufgabe ist von besonderer Brisanz. Mangelnde Qualitätseinhaltung kann eine Entwicklung von Europa- und Privatrecht nachhaltig gefährden und die Akzeptanz des EU-Gerichtshofs und des Unionsrechts in einer auf der Autorität des Rechts fußenden Gemeinschaft[603] unterminieren. Aus Gründen der Funktionsfähigkeit hat sich die Europäische Gerichtsbarkeit in höchstem Maße um die „richtige", insgesamt akzeptable und gut begründete Entscheidung zu bemühen.

---

[601] *Lasiński-Sulecki/Morawski*, CML Rev. 45 (2008), 705 ff., die v.a. auf Polen abstellen.
[602] S. die Liste über http://curia.europa.eu/jcms/jcms/Jo2_14955.
[603] Zu *Hallsteins* Begriff der „Rechtsgemeinschaft" noch unten Fußn. 1206.

1. Phänomen des „majoritarian activism"

Die „Richtigkeit" einer Entscheidung[604] und die Mehrheitsakzeptanz[605] müssen in schwierigen Fällen nicht übereinstimmen. Bei zu vielen Divergenzen ist aber die Autorität[606] des EU-Gerichtshofs berührt. Interessanterweise scheint der EuGH im Bereich der Warenverkehrsfreiheit einen „majoritarian activism" zu verfolgen, wie *Maduro* festgestellt hat. Eine solche Strategie würde die Akzeptanz der EuGH-Entscheidungen in der Summe fraglos erhöhen[607].

Zur Argumentation im Einzelnen: *Maduro* (der später von 2003 bis 2009 Generalanwalt war) analysiert die Abwägung des Verbots mengenmäßiger Einfuhrbeschränkungen nach Art. 34 AEUV (ex-Art. 28 EG) mit den nach Art. 36 AEUV (ex-Art. 30 EG) erlaubten Ausnahmen. In all den von *Maduro* untersuchten EuGH-Entscheidungen, die im Anschluss an *Cassis de Dijon*[608] ergingen, kommt er zum Ergebnis, der EuGH habe bei der Beurteilung für oder gegen eine Maßnahme mit der Mehrheit der Staaten entschieden. Allein die berühmten Fälle zur Marktöffnung in Bezug auf Essig, Pasta und Bierreinheitsgebot[609] belegen dies auf den ersten Blick.

Maduro schreibt: „Here, we see a minoritarian interest – one State's tradition – as opposed to the majoritarian interest, which takes the form of the interests of all other Member States not sharing or conforming to that tradition. In all the cases found by the author in this area, the Court struck down the national regulation."[610] Selbstverständlich gibt es auch Grenz-

---

[604] *Everling*, RabelsZ 50 (1986), 193 (213): „Ihre volle Rechtfertigung erlangt sie [d.h. die EuGH-Rechtsprechung] allerdings erst durch die innere ,Richtigkeit', die angestrebt werden muß; sie muß auch von den Betroffenen im weitesten Sinne als rechtens empfunden werden, damit sie allgemein Akzeptanz findet".

[605] *Schiemann*, in: *Arnull/Eeckhout/Tridimas*, S. 3 (4): „[I]t is important for the health of the Union that the judgments of the Court should not only aim to be technically the best that can be achieved, but they should also be acceptable in the Member States as a whole".

[606] Zu den allgemeinen Voraussetzungen der Autorität von Richtersprüchen *Pawlowski*, Methodenlehre für Juristen, 3. Aufl. (1999), Rdnr. 933 ff.

[607] Etwas anders gelagert ist die Idee, der EuGH verkörpere den europäischen „Volksgeist", indem er die Rechtsstaatlichkeit verwirkliche; so *Schepel/Blankenburg*, in: *de Búrca/Weiler*, S. 9 (11); weiter *dies.* auf S. 31: „court's self-styled role as the liberator of European civil society".

[608] EuGH, Rs. 120/78, Slg. 1979, 649 – *Rewe-Zentral AG/Bundesmonopolverwaltung für Branntwein*.

[609] EuGH, Rs. 788/79, Slg. 1980, 2071 – *Gilli und Andres* (Essig); Rs. 193/80, Slg. 1981, 3019 – *Kommission/Italien* (Essig); Rs. 407/85, Slg. 1988, 4233 – *3 Glocken/USL Centro-sud* (Pasta); Rs. 90/86, Slg. 1988 4285 – *Zoni* (Pasta); Rs. 178/84, Slg. 1987, 1227 – *Kommission/Deutschland* (Bier).

[610] *Maduro*, S. 72 f.

fälle, in denen ein bestimmtes Regulierungsmodell nicht klar überwiegt[611]. Der mehrheitsorientierte Aktivismus lässt sich auch in zahlreichen anderen Entscheidungen zu Art. 34 AEUV überzeugend nachweisen[612]. Der Gerichtshof verfügt übrigens über die entsprechenden Hintergrundinformationen, denn er bittet die Europäische Kommission seit Anfang der achtziger Jahre um entsprechende Auskünfte[613].

Ob sich ähnliche legitimationssteigernde Wechselwirkungen auch außerhalb der Warenverkehrsfreiheit nachweisen lassen, ist nicht auszuschließen, muss aber vorliegend offenbleiben. Deutlich wird allerdings: Eine solide Informationsbasis und eine umfassende (teils stark intern gehaltene) Abwägung der Interessen stärkt die neutrale Rolle des EU-Gerichtshofs als Schlichter. Dies erlaubt dem EuGH in neofunktionalistischer Sichtweise „to cast itself as nonpolitical by contrasting the neutrality and objectivity of its decision-making process with the partisan political agendas of the parties before it."[614]

2. Zweigestufte Einwirkung auf das Zivilrecht in den Mitgliedstaaten

Im Zentrum steht nun der Wirkungsmechanismus der Rechtsprechung. Ihre Bedeutung liegt in einer zweigestuften Einwirkung. Der EuGH entscheidet zunächst nur in einem individuellen Verfahrenskontext. Auf dieser Stufe bestimmt der EuGH das europäische Recht in einer Streitigkeit zwischen den Verfahrensparteien, und zwar letztverbindlich und unter Auflösung der rechtsnormbezogenen Ungewissheit[615], schließlich kann sich auch die Bedeutung von Rechtsnormen hinter dem berühmten „Schleier des Nichtwissens" verbergen.

Die eigentliche Relevanz der Urteile geht jedoch über den sozialen Konflikt[616] im individuellen Mikroverhältnis ausdrücklich hinaus. Denn auf der zweiten Stufe prägen die Urteile das allgemein-abstrakte euro-

---

[611] *Maduro*, S. 73.

[612] *Maduro*, S. 73 ff.

[613] *Stone Sweet*, Living Reviews in European Governance 2010, 25; zu beachten ist natürlich auch die gerichtsinterne „Generaldirektion Bibliothek, Wissenschaftlicher Dienst und Dokumentation", die rechtsvergleichende Berichte erarbeitet; dazu (im Zusammenhang mit EuGH, verb. Rs. C-585/08 und C-144/09, NJW 2011, 505 [noch nicht in amtlicher Sammlung veröffentlicht] – *Pammer/Alpenhof*) *Economides-Apostolidis*, EuLF 2010, I-256 ff.

[614] *Burley/Mattli*, International Organization 47 (1993), 41 (71).

[615] *Höland*, ZfRSoz 30 (2009), 23 (24).

[616] Zu sozialem Konflikt und Recht die rechtssoziologische Aufarbeitung bei *Kocher*, Funktionen der Rechtsprechung – Konfliktlösung im deutschen und englischen Verbraucherprozessrecht, 2007, S. 12 ff.; *Koch*, ZEuP 2007, 735 (746 ff.); bereits *Wolf*, Gerichtliches Verfahrensrecht, 1978, S. 9, 11 ff.

päische Recht interpretativ und mit normativer Rückwirkung[617]. In der Makro-Funktion[618] oder extrajudiziellen Außenwirkung[619] des gesprochenen Rechts liegt sowohl ein Gefahrenpotenzial für die Akzeptanz der europäischen Rechtsordnung als auch eine Herausforderung für das Verständnis von Gewaltenteilung und Rechtsstaat.

Nun zur Legitimation der Europäischen Gerichtsbarkeit[620]: Das einzelfallorientierte Gerechtigkeitsanliegen verleiht auch ihr eine hohe Legitimationswirkung[621], so wie es auch für die Dritte Gewalt in den Nationalstaaten charakteristisch ist[622]. Der EU-Gerichtshof verwirklicht die Rechtsidee und der Gerichtshof dient dem Unionsbürger – legitimationssteigernd – durch den Ausbau seiner Rechte und Rechtsbehelfe[623]. Die EU ist schließlich „in dreifacher Hinsicht ein Phänomen des Rechts: Sie ist Schöpfung des Rechts, sie ist Rechtsquelle und sie ist Rechtsordnung"[624].

---

[617] Von der *ex tunc*-Wirkung seiner Entscheidungen sieht der EuGH nach Slg. 1998, I-4951, Rdnr. 16 – *Edis* nur absolut ausnahmsweise ab. Zum daraus folgenden Problem des innerstaatlichen Vertrauensschutzes ablehnend BVerfGE 126, 286 – *Honeywell*. Es bleibt die Staatshaftung. Zu dem Komplex *Heinemann*, GPR 2010, 274 (275).

[618] Zu „micro-" und „macro-proceedings" in Entscheidungen oberster Gerichte kurz *Storme*, in: *Yessiou-Faltsi* (Hrsg.), The Role of the Supreme Courts at the National and International Level, 1998, S. 19 (21).

[619] S. *Höland*, ZfRSoz 30 (2009), 23 (43).

[620] Vgl. grundlegend zum Begriff der Legitimation *Weber*, Wirtschaft und Gesellschaft, 5. Aufl. (2002), S. 122 ff. (Kapitel: Die Typen der Herrschaft), den *Kübler*, Über die praktischen Aufgaben zeitgemäßer Privatrechtstheorie, 1975, S. 27 f. wie folgt zusammenfasst: „[E]s geht nicht um die Feststellung, inwieweit bestehende Zustände oder Regeln mit einem ihnen als übergeordnet betrachteten Normensystem übereinstimmen oder nicht; Legitimation soll vielmehr erklären, warum und unter welchen Bedingungen das Gefüge der bestehenden gesellschaftlichen Ordnung von den es konstituierenden Subjekten und Gruppen akzeptiert oder wenigstens toleriert wird und damit überhaupt zu existieren vermag: sie wird als ein Medium sozialer Integration verstanden".

[621] Vgl. *Neyer*, in: *ders./Wiener* (Hrsg.), Political Theory of the European Union, 2011, S. 169 (182); zu verschiedenen Gerechtigkeitsmodellen im Zivilprozess *Stürner*, International Journal of Procedural Law 1 (2011), 50 ff.

[622] S. oben vor und nach Fußnotenzeichen 29. Zum „positivity bias" in den USA *Gibson/Caldeira*, Citizens, Courts, and Confirmations: Positivity Theory and the Judgments of the American People, 2009; für den EuGH *Schepel/Blankenburg*, in: *de Búrca/Weiler*, S. 9 (11); *Gibson/Caldeira*, ZfRSoz 14 (1993), 204 ff.

[623] *Micklitz*, The Politics of Judicial Co-operation in the EU – Sunday Trading, Equal Treatment and Good Faith, 2005, S. 42: „[T]he ECJ has developed three strategies to close the legitimacy gap: delimiting the scope of the European legal order; transforming the subjective rights of market citizens into political rights of Union citizens; and developing European remedies to enforce European rights." S. auch *Jetzlsperger*, EUI Working Papers LAW 2003/12.

[624] *Hallstein*, Der unvollendete Bundesstaat, 1969, S. 33.

Der EU-Gerichtshof ist dabei erstens legitimiert[625] durch die Gründungsverträge[626], zweitens durch das Interesse aller Mitgliedstaaten und
Unionsbürger an der einheitlichen Wahrung der Verträge. Der dritte Legi-
timationsgrund folgt „aus der Rationalität und Regelhaftigkeit der Entscheidungsfindung und aus der die Gerichte tragenden Tradition, die sich
wiederum aus der Stellung der Gerichtsbarkeit in den Mitgliedstaaten her-
leitet."[627] Dabei kommt es wegen der (für Zivilrichter) verhältnismäßig
neuen dialogischen Struktur der Europäischen Gerichtsbarkeit in besonderem Maße auf die Glaubwürdigkeit und Legitimation des EU-Gerichtshofs an, und zwar als Ansprechpartner für europäische Rechtsfragen sowie
als Maßstab und Rechtserkenntnisquelle für nationale Gerichtsentscheidungen.

Die Erfordernisse von Glaubwürdigkeit und direkt vermittelter Legitimation gelten umso mehr, als das Gefüge des EU-Privatrechts denkbar
komplex ist und sich in erster Linie aus sekundär- und richterrechtlichen
Bausteinen und Schichten zusammensetzt. Hierbei konfligieren zwei unterschiedliche Kohärenzen: diejenige des vorrangigen EU-Rechts und diejenige des nationalstaatlichen Zivilrechts[628]. Letzteres ist – gerade im Vergleich zum EU-Privatrecht – in System und Gehalt umfassend, ausdiffe-
renziert und national bzw. regional[629] adaptiert. Integrationshemmend
erscheint den nationalen Zivilrichtern dieser Corpus des Zivil- und Verfahrensrechts häufig wichtiger.

Als ein Gradmesser für die Akzeptanz der Europäischen Gerichtsbarkeit
und seiner Entscheidungen lassen sich auch die divergierenden Vorlageraten heranziehen[630]. Dazu noch im nächsten größeren Abschnitt (§ 4). Zu

---

[625] Nachfolgend handelt es sich um die institutionelle Legitimation. Auf die sachlich-
inhaltliche und die personelle Legitimation (die der EuGH nach *Epping*, Der Staat 37
[1997], 349 [355] aus der Bindung an den demokratischen Gesetzgeber bezieht) wird hier
nicht näher eingegangen; s. dazu ablehnend *Mähner*, Der Europäische Gerichtshof als
Gericht, S. 211 ff.

[626] Die Legitimation europäischer Initiativen ist angesichts der Breite, Tiefe und
Dynamik immer wieder Gegenstand von Diskussionen; s. etwa *Arnull/Wincott* (Hrsg.),
Accountability and Legitimacy in the European Union, 2003; zur demokratischen
Legitimation der Dritten Gewalt der EU noch im 4. Teil § 2 III 1.

[627] *Everling*, in: *Weidenfeld*, S. 256; zustimmend *Epping*, Der Staat 37 (1997), 349
(353); zur Anlehnung an die nationale Rechtstradition bereits oben im Fließtext nach
Fußnotenzeichen 24.

[628] S. zur inneren und äußeren Kohärenz bereits *Rösler*, Europäisches Konsumentenvertragsrecht, S. 225 ff.; zu Kohärenz und Rechtsstaatlichkeit *Lenaerts*, CML Rev. 44
(2007), 1625 ff.

[629] Zu denken ist etwa an das schottische Vertragsrecht oder das schottische „law of
delict".

[630] Zur Strategie des Protests durch erneute Vorlage zur gleichen Rechtsfrage aber
Tridimas, CML Rev. 40 (2003), 9 (39 f.) m. w. Nachw.

erwähnen bleibt an dieser Stelle: Eine innere „Richtigkeit" der Urteile und ein daraus folgendes hohes Ansehen der EU-Gerichtsbarkeit erschwert Versuche der Legislative (national und europäisch) sowie der nationalen Gerichte, Entscheidungen abzuändern. Damit hängen die Stabilität und der Erfolg des EU-Privatrechts auch von der Qualität der EU-Gerichtsentscheidungen ab. Auf diese ist ebenfalls noch zu sprechen zu kommen.

II. Nationale Grundsatzvorbehalte und fragiles Kooperationsverhältnis

1. Vorrang des EU-Rechts

Grundlegend für den EU-Gerichtshof als Gesprächspartner und Auslegungsvorgeber auch im Zivilrecht ist der Vorrang des EU-Rechts. Der wie beschrieben vom EuGH entwickelte Vorrang[631] ist eigentlich unbestreitbar. Implizit akzeptieren die mitgliedstaatlichen Gerichte ihn mit der Anrufung des EuGH. Doch erstaunlicherweise hat der Vertrag von Lissabon von einer ausdrücklichen Festschreibung des Vorrangs aus Sorge um nationale Befindlichkeiten Abstand genommen. Zwar liegt in den Reformen des Primärrechts (mitsamt der Ratifizierung durch die nationalen Parlamente)[632] eine implizite Akzeptanz des Vorrangs des EU-Rechts; gleiches gilt für das Amsterdamer Protokoll über die Anwendung der Grundsätze der Subsidiarität und der Verhältnismäßigkeit[633].

Eine Niederlegung des Vorrangs im Primärrecht scheiterte aber aus politischen Gründen. Im Unionsrecht findet sich also keine Kollisionsregel wie in Art. 31 GG, „Bundesrecht bricht Landesrecht"[634], oder in der US-Verfassung[635] und wie sie Mehrebenensysteme eigentlich bedürfen. Der Entwurf der EU-Verfassung sah dagegen in Art. I-6 EVV vor: „Die Verfassung und das von den Organen der Union in Ausübung der der Union übertragenen Zuständigkeiten gesetzte Recht haben Vorrang vor dem Recht der Mitgliedstaaten."

---

[631] Oben 2. Teil § 1 I 1.

[632] Darauf verweist im vorliegenden Kontext *Basedow*, EuZ 2009, 86 (88) (insbesondere Fußn. 11).

[633] Hierauf stellt *Timmermans*, CML Rev. 41 (2004), 393 (398 f.) ab.

[634] S. *Bork*, RabelsZ 66 (2002), 327 (334 f.), der in diesem Zusammenhang unterstreicht, dass auch die Gerichte der Länder nach Art. 20 III GG verpflichtet sind, Bundesrecht anzuwenden. Zur Funktion des Art. 31 GG *Engelbrecht*, Die Kollisionsregel im föderalen Ordnungsverbund, 2010.

[635] Art. VI, cl. 2 U.S. Const.: Die US-Verfassung „shall be the supreme law of the land; and the judges in every state shall be bound thereby, any thing in the Constitution or laws of any State to the contrary not withstanding." S. für eine entsprechende Würdigung des EU-Verfassungsentwurfs *Kumm*, ELJ 11 (2005), 262 ff.

Zu beachten ist freilich die (auslegungsrelevante) 17. Erklärung zur Schlussakte der Regierungskonferenz vom 13.12.2007[636], auf welcher der Lissabon-Vertrag unterzeichnet wurde. Dort heißt es zur Frage des Vorrangs: „Die Konferenz weist darauf hin, dass die Verträge und das von der Union auf der Grundlage der Verträge gesetzte Recht im Einklang mit der ständigen Rechtsprechung des Gerichtshofs der Europäischen Union unter den in dieser Rechtsprechung festgelegten Bedingungen Vorrang vor dem Recht der Mitgliedstaaten haben." Ein beigefügtes Kurzgutachten des Juristischen Dienstes des Rates vom 22.6.2007 unterstreicht dies ebenfalls.

Politisch und legitimatorisch besteht allein deswegen am Vorrang des EU-Rechts als Kernbestand des *acquis communautaire* kein Zweifel. Allerdings zeigt die Nichtaufnahme des Vorrangs im EU-Vertrag zweierlei: Erstens wird der Vorrang – nach der durch den Mangel an Verfassungsgeist ausgelösten Krise – offiziell weiterhin versteckt. Zweitens erweist sich die Politik weiterhin als unfähig, den richterrechtlich und damit – letztlich wohl glücklicherweise – verdeckt[637] aus der Taufe gehobenen Vorrang des Unionsrechts[638] anzuerkennen.

Ein Hintergrund ist das Verfassungsrecht der Mitgliedstaaten, das vielfach noch von einem Restvorbehalt gegenüber dem EU-Recht ausgeht. Dies kann sich sowohl auf das Vorlageverhalten als auch die extrajudizielle Wirkung, also die Wirkung auf der eben beschriebenen zweiten Stufe auswirken. Zu nennen sind in erster Linie die *Maastricht*-[639] und *Lissabon*-Entscheidungen[640], in denen das BVerfG selbstredend ebenso wenig wie bei der finanziellen Beteiligung Deutschlands am Euro-Rettungsschirm (sog. Griechenlandhilfe)[641] vorgelegt hat. Auch mit Rücksicht auf Verfassungsvorbehalte achtet die Union in Art. 4 II S. 1 EUV die „jeweilige nationale Identität, die in ihren grundlegenden politischen und

---

[636] ABl.EU 2010 Nr. C 83, S. 344.

[637] *Timmermans*, CML Rev. 41 (2004), 393 (394): „With hindsight one can only be grateful that the Court was able to develop this early fundamental case law in relative anonymity and outside the limelight of national politics." Auf S. 393 berichtet *Timmermans* davon, dass die Europäische Kommission in Form einer nicht veröffentlichten Stellungnahme Einfluss auf die Entscheidung und sogar die Formulierung des Urteils zur direkten Wirkung des E(W)G-Vertrages ausgeübt hat (EuGH, Rs. 26/62, Slg. 1963, 1 – *Van Gend & Loos/Niederländische Finanzverwaltung*).

[638] EuGH, Rs. C-6/64, Slg. 1964, 1259 – *Flaminio Costa/E.N.E.L.*; kurz zuvor zur direkten Wirkung des E(W)G-Vertrages EuGH, Rs. 26/62, Slg. 1963, 1 – *Van Gend & Loos/Niederländische Finanzverwaltung*.

[639] BVerfGE 89, 155 – *Maastricht*; dies berücksichtigend (*Huber*, in: *Merten/Papier*, § 172, Rdnr. 90) EuGH, Gutachten 2/94, Slg. 1996, I-1759 – *EMRK*.

[640] BVerfGE 123, 267.

[641] BVerfG, NJW 2011, 2946 (noch nicht in amtlicher Sammlung veröffentlicht).

verfassungsmäßigen Strukturen [...] zum Ausdruck kommt"[642]. Diese Norm ist problematisch: Insoweit diese Aussage nur eine Selbstverständlichkeit wiedergibt, ist sie rechtlich folgenlos. Allerdings, das wird die weitere Entwicklung zeigen müssen, ließe sie sich auch als unionsrechtliche Rechtfertigung für nationale Verfassungsvorbehalte wenden und würde damit neue Zweifel am „absoluten" Vorrang des EU-Rechts hervorrufen.

Unter dem Einfluss der zunehmenden Einwirkung des EU-Rechts wandelt sich die Rechtsschutzgarantie[643]. Während aus EU-Sicht die mitgliedstaatlichen Gerichte zur dezentralen Durchsetzung des Unionsrechts in Dienst genommen werden, fungiert aus Sicht der Mitgliedstaaten das nationale Recht mitsamt seiner verfassungsrechtlichen Schranken in Extremfällen auch zur Abwehr des EU-Rechts[644]. Aus Warte des EU-Rechts ist der Gerichtsschutz insofern einfunktional, während er anderenorts – zumindest potenziell – doppelfunktional gewertet wird. Erörterungswert ist dies, da sich ein politischer und rechtspsychologischer Restvorbehalt auch auf das Kooperationsverhältnis auswirken mag. In Grenzfällen ist es fragiler, als es auf ersten Blick erscheint.

Allerdings sind etwaige Restvorbehalte für den Bereich des Zivilrechts von geringem Belang. Mit Blick auf das Vorlageverhalten muss differenziert werden: Zivilgerichte haben weniger Bedenken bei der Akzeptanz des Vorrangs des EU-Rechts als Verwaltungsgerichte, die mit den Verfassungsgerichten im Hintergrund den Vorrang weniger rasch und nur mit Abstrichen anerkannten[645]. Die Offenheit der Zivilgerichte schlägt sich auch in den Vorlagen nieder[646]. Festzuhalten ist also: Die Zweifel am Vorrang des EU-Rechts und an der Legitimität der Integration hatten im Zivil- und Wirtschaftsrecht nicht das Gewicht wie im Verwaltungs- und Verfassungsrecht. Das erleichterte eine entsprechend pro-integrative Öffnung der Zivilrechtsordnungen, die zeitlich ohnehin später einsetzte.

---

[642] Vor Lissabon hieß es dagegen in ex-Art. 6 II EU: „Die Union achtet die nationale Identität ihrer Mitgliedstaaten".

[643] In Deutschland Art. 19 IV GG.

[644] *Dörr*, Der europäisierte Rechtsschutzauftrag deutscher Gerichte – Art. 19 Abs. 4 GG unter dem Einfluß des europäischen Unionsrechts, 2003, S. 239 ff., 277 ff.

[645] S. die sieben Länderberichte bei *Slaughter/Stone Sweet/Weiler* (Hrsg.), The European Court and National Courts Doctrine and Jurisprudence – Legal Change in its Social Context, 1998; *Stone Sweet*, Living Reviews in European Governance 2010, 30; s. ferner *Büdenbender*, Das Verhältnis des Europäischen Gerichtshofs zum Bundesverfassungsgericht, 2005, S. 97 ff. (Frankreich), 116 ff. (Italien), 123 ff. (UK) und 128 ff. (Dänemark).

[646] *Stone Sweet*, Living Reviews in European Governance 2010, 30; s. für Frankreich die Statistik bei *Alter*, Establishing the Supremacy, S. 130 f.

Gerade die Richter des BVerfG sehen sich nicht in gleichem Umfang wie andere Verfassungsrichter[647] als *juges communautaires*[648]. Zu bedenken ist auch die Wirkung bundesverfassungsgerichtlicher Entscheidungen auf ausländische Verfassungsgerichte: Der Rechtsprechung des Höchstgerichts eines Gründungsstaates zum Vorrang des Europarechts[649] ist auch im Ausland großes Augenmerk geschenkt worden, und zwar von *Solange I*, *Solange II* (Grundrechtskontrolle), *Maastricht*[650] (Kompetenzkontrolle) bis hin zur *Lissabon*-Entscheidung[651] (Kompetenz- und Identitätskon-

---

[647] Für Spanien der ehemalige Verfassungsrichter *Cruz Villalón*, in: *Hofmann* (Hrsg.), Europarecht und die Gerichte der Transformationsstaaten – European Law and the Courts of the Transition Countries, 2008, S. 163 (167); anders im österreichischen Recht *Merli*, in: *Hofmann*, aaO, S. 170 (171, 173).

[648] Unterstellt dem BVerfG Europafeindlichkeit: *van Ooyen*, Die Staatstheorie des Bundesverfassungsgerichts und Europa – Von Solange über Maastricht zu Lissabon, 3. Aufl. (2010).

[649] *Bryde*, in: *Hofmann* (Hrsg.), Europarecht und die Gerichte der Transformationsstaaten – European Law and the Courts of the Transition Countries, 2008, S. 148 (151): „The courts of the founding members were engaged in a struggle for supremacy when it had not yet been established. While the new-comers joined knowing that they would have to accept supremacy, the older jurisprudence of the German or Italian Constitutional Courts should be understood as part of a struggle at a time when it was still open whether the European Court would prevail." S. zum *Lissabon*-Urteil des tschechischen Verfassungsgerichts vom 3.11.2009 *Ley*, JZ 2010, 165 ff. (das Urteil beschränkte die Rolle des EU-kritischen Staatspräsidenten *Václav Klaus*, was den Weg für den Vertrag von Lissabon frei machte); zum zweiten *Lissabon*-Urteil *Hofmann*, EuGRZ 2010, 153 ff.; zu den Beanspruchungen von Letztentscheidungskompetenzen in den Verfassungs- und Obergerichten der EU-27 s. den rechtsvergleichenden Überblick *Mayer*, in: *Grabitz/Hilf/Nettesheim*, Art. 19 EUV, Rdnr. 92 ff.

[650] BVerfGE 37, 271 – *Solange I*; BVerfGE 73, 339 – *Solange II*; BVerfGE 89, 155 – *Maastricht*; BVerfGE 92, 203 – *Fernsehrichtlinie*; BVerfGE 102, 147 – *Bananenmarktordnung*. S. auch die Entscheidung Nr. 183/1973 des italienischen Corte Constituzionale, Giurisprudenza costituzionale 1973, 2401 = EuGRZ 1975, 311 – *Frontini v. Ministro delle Finanze*.

[651] BVerfGE 123, 267; Kritik z.B. in EuR-Beih 1/2010 (daraus etwa *Mestmäcker*, 35 ff.; *Hatje*, 123 ff.; *Terhechte*, 135 ff.); weiter *Terhechte*, EuZW 2009, 724 ff.; *Schwarze*, EuR 2010, 108 ff.; *v. Bogdandy*, NJW 2010, 1 ff. (zutreffend: „staatszentriertes Demokratieverständnis"); *Lecheler*, JZ 2009, 1156 ff.; *Ohler*, AöR 135 (2010), 153 ff.; verschiedene Beiträge in ZEuS, Heft 4/2009; aus Sicht des Zivilrechts *Micklitz*, ERCL 7 (2011), 528 ff.; speziell zu den aus dem Urteil folgenden Schwierigkeiten für das – noch unten im 2. Teil § 7 I 4 und 3. Teil § 2 V 3 näher behandelte – optionale „28. Modell" *Basedow*, EuZW 2010, 41 (die Verabschiedung optionalen Rechts könne erschwert werden durch das *Lissabon*-Urteil des BVerfG zur Integrationsverantwortung auch im Fall des Art. 352 AEUV [ex-Art. 308 EG]). Der Bundespräsident konnte den Lissabon-Vertrag erst nach Erlass des entsprechenden Integrationsverantwortungsgesetzes (IntVG) v. 22.9.2009 unterzeichnen.

trolle)[652]. Insbesondere die *Maastricht*-Entscheidung hat europaweit eine Diskussion um die Frage der Kompetenz-Kompetenz ausgelöst[653]. In diesem Kontext werden die Schwierigkeiten und gelegentlich noch offenen Fragen zum Verhältnis von Verfassungs- und Europarecht im Recht der ost- und mitteleuropäischen Mitgliedstaaten relevant[654]. Die post-kommunistischen Verfassungsordnungen sehen regelmäßig nach dem Vorbild des BVerfG eine maßgebliche und vorrangige Rolle der Verfassungsgerichtsbarkeit vor[655].

Hier könnte nun das argumentationsreiche *Lissabon*-Urteil falsche Anreize setzen, grund- und verfassungsrechtliche Vorbehalte zu erklären[656], die das Europarecht insoweit bewusst nicht vorsieht. Ein derart durch die Hintertür eingeführtes Kleinstaatentum würde den Anwendungsvorrang praktisch unterwandern und zu unüberschaubaren Divergenzen führen. Dies gilt umso mehr, als in der Vergangenheit das Verhältnis zwischen EU-Recht und Verfassungsrecht der ost- und mitteleuropäischen Staaten unkooperative Züge[657] zeigte, auch wenn dies der Sache nach als überwindbar eingestuft werden muss[658]. Für die alten Mitgliedstaaten liegt in dem *Lissabon*-Urteil ebenfalls die Gefahr verborgen, Richter könnten darin einen ernsten Vorbehalt sehen und bei der Kooperation mit den EU-Institutionen Zurückhaltung ausüben. Das würde zu einer Verschlechterung der europäischen Rechtsfindung führen. Auf die später erfolgte

---

[652] S. zu Unterschieden zwischen den Urteilen *Mayer*, in: *Grabitz/Hilf/Nettesheim*, Art. 19 EUV, Rdnr. 90.

[653] S. den sorgfältigen rechtsvergleichenden Überblick zur Frage „Die EU unter Richtervorbehalt" *Weber*, JZ 2010, 157 ff.

[654] Näher *Topidi/Morawa* (Hrsg.), Constitutional Evolution in Central and Eastern Europe – Expansion and Integration in the EU, 2011; anhand des tschechischen Rechts *Malenovský*, in: *Hofmann* (Hrsg.), Europarecht und die Gerichte der Transformationsstaaten – European Law and the Courts of the Transition Countries, 2008, S. 31 ff.

[655] *Albi*, in: *Hofmann* (Hrsg.), Europarecht und die Gerichte der Transformationsstaaten – European Law and the Courts of the Transition Countries, 2008, S. 77.

[656] Der Publizist *Alfred Grosser*, SZ v. 11.7.2009, S. 2 schreibt mit (französischem) Blick auf das Urteil des BVerfG zum Lissabonner Vertrag, das er als Sonderweg betrachtet: „Das Bundesverfassungsgericht lebt und entscheidet in der Furcht, sich dem Europäischen Gerichtshof unterwerfen zu müssen." Umgekehrt ist es trotz der seit *Solange I* elaborierten und viel beachteten Urteile nicht von der Hand zu weisen, dass das BVerfG zwar zu „bellen" weiß, aber erfreulicherweise doch nicht beißt. So *Weiler*, EJIL 20 (2009), 505 (505), der weiter schreibt: „[I]n what we may now call the regular 'Karlsruhe Miracle', the pig would finally be pronounced Kosher." Zur Konzeption einer Prüfungskompetenz über ausbrechende Rechtsakte der EU in BVerfGE 89, 155 (188) – *Maastricht* noch unten bei Fußn. 749.

[657] S. mit Nachw., aber letztlich einer optimistischen Sichtweise *Albi*, in: *Hofmann*, S. 77 (94); s. weiter *dies.*, in: *Lazowski* (Hrsg.), The Application of EU Law in the New Member States: Brave New World, 2010, S. 67 ff.

[658] So auch *Albi*, in: *Hofmann*, S. 77 (94 ff.).

Selbstkorrektur des BVerfG im *Honeywell*-Beschluss ist gleich noch einzugehen[659].

Interessanterweise finden sich bislang nur recht selten Vorlagen der Verfassungsgerichte an den EuGH. Dies liegt zum einen an möglichen Grundsatzvorbehalten, zum anderen an dem Streben nach institutioneller und sachlicher Autonomie, die eng mit der Sorge um die Endgültigkeit ihrer Entscheidungen (sog. Letztentscheidungskompetenz)[660] verknüpft sind[661]. Zumindest spiegelt sich nationale Verfassungsrechtsprechung ein Stück weit im Vorlageverhalten der gesamten jeweiligen Nationalgerichte wider.

Dazu lassen sich grob drei Grundpositionen ausmachen[662]: Einige Verfassungsgerichte sehen sich außerhalb des Vorlageverfahrens (etwa das spanische Tribunal Constitucional)[663], andere, wie das BVerfG, bejahen eine Unterworfenheit unter den Art. 267 AEUV, legen aber selbst nicht vor[664], während die europafreundlichste Gruppe selbst dem Luxemburger Höchstgericht vorlegt; zu letzterer Gruppe zählt etwa die belgische Cour constitutionnelle und der österreichische Verfassungsgerichtshof – Verfassungsgerichte aus Ländern, die umgerechnet auf die Bevölkerungszahl besonders häufig vorlegen[665]. Die Corte costituzionale della Repubblica italiana hat 2008 erstmals dem EuGH vorgelegt[666]. Vom House of Lords (nun UK Supreme Court) und dem portugiesischen Verfassungsgericht erfolgen gleichfalls Vorlagen[667].

---

[659] Zu BVerfGE 126, 286 noch unten um Fußnotenzeichen 717.

[660] Zum „Verfassungsprozessrecht von den Letztfragen" im Zusammenhang mit dem *Lissabon*-Urteil des BVerfG s. *Grefrath*, AöR 135 (2010), 221 ff.; auch oben Fußn. 653.

[661] Vgl. für den französischen Conseil constitutionnel *Alter*, Establishing the Supremacy, S. 51.

[662] *Bobek*, CML Rev. 45 (2008), 1611 (1632).

[663] Nach *Bobek*, CML Rev. 45 (2008), 1611 (1632).

[664] S. *Hess*, § 12, Rdnr. 3; *Mayer*, in: *Grabitz/Hilf/Nettesheim*, Art. 19 EUV, Rdnr. 45. Diskutiert wird z.B., ob das BVerfG in dem Verfahren zur EG-Fernsehrichtlinie (BVerfGE 92, 203) hätte vorlegen sollen, da es um die Einstufung des Rundfunks als Dienstleistung nach Art. 56 AEUV (ex-Art. 49 EG) ging. Vorlagen finden sich aber von den Landesverfassungsgerichten, etwa vom HessStGH bei EuGH, Rs. C-158/97, Slg. 2000, I-1875 – *Badeck u.a.* (Frauenförderplan).

[665] Dazu sogleich im 2. Teil § 4 II.

[666] Dazu *Fontanelli/Martinico*, ELJ 16 (2010), 345 ff.; zum Verhältnis zwischen dem italienischen Verfassungsgerichtshof und dem EuGH *Trocker*, RabelsZ 66 (2002), 417 (419 ff.).

[667] Nachweise bei *Huber*, in: *Merten/Papier*, § 172, Rdnr. 88.

2. Sanktionenregime

Zu dem Thema der Kooperationsgrenzen zählt auch das Sanktionenregime. Das EU-Recht und insbesondere die Gerichtsentscheidungen[668] weisen eine verhältnismäßig hohe Befolgungsrate auf[669]. Gleichwohl ist das Sanktionenregime im Vergleich zu dem der Nationalstaaten schwach ausgeprägt. Nachgegangen wird dem nun anhand der Befugnisse des Gerichtshofs, der – wie gesagt – in erster Linie über Vertragsverletzungen zu befinden sowie Handlungen der EU-Organe für nichtig zu erklären oder ihre Auslegung vorzunehmen hat[670].

Zunächst zum Vertragsverletzungsverfahren[671]: Sofern bei einem Mitgliedstaat eine Vertragsverletzung festgestellt wurde, hat er nach Art. 260 I AEUV (ex-Art. 228 I EG) die entsprechenden Beseitigungsmaßnahmen zu ergreifen. Im Unterlassungsfall kann es zur Zweitverurteilung kommen. Seit dem Vertrag von Maastricht können im Sanktionsverfahren nach Art. 260 II AEUV (ex-Art. 228 II EG) beträchtliche[672] Zwangsgelder und Pauschalbeträge angeordnet werden[673] – auch wenn es sich dabei faktisch

---

[668] *Hakenberg*, EuR-Beih 3/2008, 163 ff.; *Wägenbaur*, in: Festschr. f. Everling, Bd. II, 1995, S. 1611 ff.; *Everling*, S. 80: die nicht oder nur unzureichende Befolgung von Vorabentscheidungen blieben vereinzelte Ausnahmen; rechtstatsächlich *Schwarze*, Die Befolgung von Vorabentscheidungen, S. 26 ff.

[669] S. etwa *Zürn/Joerges* (Hrsg.), Law and Governance in Postnational Europe – Compliance Beyond the Nation-State, 2005; *Börzel*, Journal of European Public Policy 8 (2001), 803 ff.; *Baudenbacher*, Tex. Int'l L.J. 40 (2005), 383 ff.; vgl. zu den Gründen *Panke*, The Effectiveness of the European Court of Justice: Why Reluctant States Comply, 2010, S. 257 ff.; s. zudem die Jahresberichte der Europäischen Kommission über die Kontrolle der Anwendung des EU-Rechts.

[670] Art. 264, 267 AEUV; *Mayer*, in: *Grabitz/Hilf/Nettesheim*, Art. 19 EUV, Rdnr. 13.

[671] S. bereits oben 2. Teil § 1 II 1, unter (2.).

[672] Die Sachverhalte, in denen es zur Verhängung von hohen Zwangsgeldern kam, betreffen häufig kostenträchtige Umweltschutzstandards. Der EuGH verhängte in einer abfallrechtlichen Sache gegen Griechenland ein Zwangsgeld von 20.000 € pro Tag wegen der Nichtumsetzung des Ersturteils (EuGH, Rs. C-387/97, Slg. 2000, I-5047 – *Kommission/Griechenland*). Spanien wurde wegen Nichtumsetzung eines ersten Urteils zur Qualität von Badegewässern zu einem Zwangsgeld von rund 624.000 € pro Jahr verurteilt (EuGH, Rs. C-278/01, Slg. 2003, I-14141 – *Kommission/Spanien*). Der EuGH verurteilte Frankreich in einer fischereirechtlichen Sache, bei der das Ersturteil nicht umgesetzt worden war, zu einem Pauschalbetrag i.H.v. 20.000.000 € und zu einem Zwangsgeld i.H.v. 58.000.000 € für jedes Halbjahr, in dem eine Umsetzung des Ersturteils unterblieb (EuGH, Rs. C-304/02, Slg. 2005, I-6263 – *Kommission/Frankreich*). Zur konkreten Berechnung anhand einer Formel, die das jeweilige Bruttoinlandsprodukt und die Stimmenverteilung im Rat berücksichtigt s. *Pechstein*, S. 317 ff.; *Thiele*, Europäisches Prozessrecht, § 5, Rdnr. 51 ff.

[673] S. etwa *El-Shabassy*, Die Durchsetzung finanzieller Sanktionen der Europäischen Gemeinschaften gegen ihre Mitgliedstaaten, 2008, S. 39 ff.

um *ultima ratio*-Maßnahmen handelt[674]. Eine Vollstreckung des Urteils ist gemäß Art. 280 AEUV (ex-Art. 244 EG) und Art. 299 AEUV (ex-Art. 256 EG) nicht möglich[675]. Allerdings kommt eine Verrechnung mit Zahlungen aus dem EU-Haushalt in Betracht[676].

Der Vertrag von Lissabon hat das Sanktionenregime in einem Fall weiter verschärft. Das betrifft die Verhängung finanzieller Sanktionen, wenn der Gerichtshof auf Vertragsverletzungsklage der Kommission hin feststellt, dass ein Mitgliedstaat gegen seine Verpflichtung verstoßen hat, Maßnahmen zur Umsetzung einer Richtlinie mitzuteilen. Sodann ermöglicht es Art. 260 III AEUV dem Gerichtshof bereits im Rahmen des ersten Prozesses[677] die Zahlung eines Pauschalbetrages und/oder Zwangsgeldes zu verhängen. Damit soll der Druck auf die Mitgliedstaaten zur Umsetzung von Richtlinien erhöht werden[678]. Wenig zweckdienlich ist es freilich, dazu auf die Mitteilung gegenüber der Kommission abzustellen. Erfasst sind zwar die säumigen bzw. untätigen Mitgliedstaaten, die dementsprechend der Kommission nichts mitzuteilen haben. Staaten ebenso zu sanktionieren, die vollständig und rechtzeitig ihrer Umsetzungspflicht nachgekommen sind und nur die Mitteilung unterlassen haben, ist nicht sinnvoll. Die Vorschrift ist insoweit teleologisch zu reduzieren[679].

Beim für das Zivilrecht zentralen Vorabentscheidungsverfahren existiert keine unionsrechtliche Beschwerdemöglichkeit. Zwar kann die betroffene Partei eine Vertragsverletzung anregen[680]. Dies wird aber nur in Ausnahmefällen erfolgreich sein. Zu vergegenwärtigen ist: Einen Anspruch des Einzelnen auf Einleitung eines Vertragsverletzungsverfahrens durch die Kommission besteht nicht[681]. Die Kommission reicht selbst bei nicht rechtzeitiger Umsetzung vielfach keine Klage auf Vertragsverletzung ein[682]. So etwa bei der Umsetzung der problematischen Diskriminierungsrichtlinie[683].

---

[674] Art. 264, 267 AEUV; *Mayer*, in: *Grabitz/Hilf/Nettesheim*, Art. 19 EUV, Rdnr. 13.

[675] Dieses „Vollstreckungsdefizit" ist bewusst vorhanden, so dass keine – etwa ausfüllungsbedürftige – planwidrige Regelungslücke vorliegt; *Pechstein*, Rdnr. 318.

[676] *Härtel*, EuR 2001, 617 (622); *Mayer*, in: *Grabitz/Hilf/Nettesheim*, Art. 19 EUV, Rdnr. 13.

[677] Und nicht mehr nur in einem zweiten Vertragsverletzungsverfahren.

[678] *Thiele*, EuR 2010, 30 (35).

[679] *Thiele*, EuR 2010, 30 (35); er bezweifelt, dass es der Sanktionsverschärfung bedurfte und verweist zudem auf EuGH, Rs. C-304/02, Slg. 2005, I-6263 – *Kommission/ Frankreich*, wonach schon unter dem Vertrag von Nizza die Verhängung eines Pauschalbetrages für die Zeit zwischen dem ersten und zweiten Urteil möglich war.

[680] *Hirte*, S. 44 in Fußn. 155.

[681] EuGH, Rs. 247/87, Slg. 1989, 291 – *Star Fruit/Kommission*; s. bereits 2. Teil § 2 II 2.

[682] Zur Frage der Effektivität s. *Everling*, in: Festschr. Isensee, 2007, S. 773 ff., der in EuR-Beih 1/2009, 71 (81) vertritt, die Kommission sollte beim Vorgehen gegen Mitgliedstaaten „auf besondere verfassungsrechtliche und politische Probleme Rücksicht

Bedeutung gewinnen im Bereich des Vorabentscheidungsverfahrens die vom EuGH entwickelten mittelbaren Sanktionen[684]: Dazu zählen die unmittelbare Wirkung nicht rechtzeitig umgesetzter Richtlinien, die allerdings nur gegenüber dem Staat gilt und damit für das Privatrecht begrenzte Bedeutung aufweist[685]. Zu verweisen ist noch auf die Staatshaftung im Zug der *Francovich*-Rechtsprechung, die sich gegen den vertragsverstoßenden Staat richtet. Allerdings ist dies wenig zielführend, da der konkrete Fall (wie beim Vertragsverletzungsverfahren)[686] nicht zum EuGH gelangt. Zu bedenken ist auch ein möglicher Verstoß gegen die Europäische Menschenrechtskonvention (und parallel die EU-Grundrechtecharta). Die EMRK gibt zwar kein Recht auf Vorlage an den EuGH, doch kann eine willkürliche Ablehnung eines Antrags hierauf gegen die Garantie eines fairen Verfahrens nach Art. 6 EMRK verstoßen[687].

3. EuGH als gesetzlicher Zivilrichter

Die besagte offene Flanke, wonach die Parteien keine Vorlage erzwingen können und Art. 267 III AEUV kein zusätzliches Rechtsmittel zur Überprüfung der Einhaltung der Vorlagepflicht abnötigt[688], können die nationalen Verfassungsgerichte ein Stück weit innerstaatlich ausgleichen[689]. So hat das BVerfG den EuGH in *Solange II* als „gesetzlichen Richter" gemäß Art. 101 I S. 2 GG anerkannt[690]. Damit kann ein Beschwerdeführer im Rahmen einer Urteilsverfassungsbeschwerde[691] die Nichtbeachtung der Vorlagepflicht letztinstanzlicher Gerichte rügen. Die erfolgreiche Berufung auf dieses Justizgrundrecht erfordert ein „willkürliches" Unterlassen

---

nehmen", wozu sie wegen der Identitätsachtung nach Art. 4 II EUV (anders ex-Art. 6 II EU) verpflichtet sei; s. weiter *v. Borries*, in: Festschr. f. Rengeling, 2007, S. 485 ff.; zum Sanktionsverfahren *Thiele*, EuR 2008, 320 ff.

[683] Richtlinie 2000/78/EG des Rates zur Festlegung eines allgemeinen Rahmens für die Verwirklichung der Gleichbehandlung in Beschäftigung und Beruf, ABl.EU 303/16 Nr. L 297, S. 1; vgl. *Everling*, EuR-Beih 1/2009, 71 (81).

[684] *Hirte*, S. 44; s. auch *Thiele*, EuR 2010, 30 (35).

[685] S. *Hirte*, S. 44.

[686] Anders die Einschätzung von *Huber*, in: *Merten/Papier*, § 172, Rdnr. 43: „durchaus schlagkräftiges Instrument"; s. auch oben Fußn. 194.

[687] EGMR, NJW 2010, 3207 (3208) – *Herma/Deutschland* m. w. Nachw. auf die eigene Rechtsprechung; insbesondere EGMR v. 13.6.2002, Nr. 43454/98 – *Bakker/Österreich*; in der Sache ablehnend EGMR, EuGRZ 2008, 274 – *John/D*.

[688] BVerfGE 126, 286 (316) – *Honeywell*; *Kokott/Henze/Sobotta*, JZ 2006, 633 (635).

[689] Zur entsprechenden Judikatur des tschechischen Verfassungsgerichts (Az. 3 Ads 71/2007 – *Pfizer*) *Žondra*, Czech Yearbook of International Law 2010, 269 (289 ff., 296).

[690] BVerfGE 73, 339 (366 ff., 385) – *Solange II*; auch BVerfGE 75, 223 – *Kloppenburg*; 82, 159 (194 f.) – *Absatzfonds*. *Kokott/Henze/Sobotta*, JZ 2006, 633 (635 ff.); *Roth*, NVwZ 2009, 345 ff.; oben Fußn. 364.

[691] Art. 93 Nr. 4a, 3 I und 101 I 2 GG; *Hess*, § 12, Rdnr. 3.

einer erforderlichen Vorlage. Damit ist dieser Weg wenig erfolgversprechend. Die Aufgreifschwelle ist bewusst hoch angesetzt. Zudem sind
die Beurteilungsmaßstäbe recht ungenau[692], damit das BVerfG nicht zum
„obersten Vorlagekontrollgericht" wird[693]. Erinnert sei kurz: Ebenso wie
der gleichfalls auf Einhaltung der Vorlagepflicht drängende[694] französische
Conseil constitutionnel, hat das BVerfG bislang nicht vorgelegt[695]. Seine
eigene Vorlagepflicht hat das BVerfG seit dem *C.I.L.F.I.T.*-Urteil[696] kaum
weiter thematisiert[697].

Allerdings hat das BVerfG kürzlich in dem Verfahren „VG Wort" die
Verletzung des Rechts auf den gesetzlichen Richter gerügt und die entsprechende BGH-Entscheidung aufgehoben[698]. Der BGH hätte die Frage
vorlegen müssen, ob seine Auslegung des nationalen Urheberrechts den
Vorgaben aus Art. 5 II a) Urheberrechtsrichtlinie 2001/29/EG zuwider-
läuft. Das BVerfG bekräftigt[699] seine Beschränkung auf eine – zu eng
gefasste[700] – Willkürkontrolle. Es prüft lediglich, ob die Auslegung und
Anwendung der Vorlagepflicht nicht mehr verständlich erscheint und
offensichtlich unhaltbar ist[701]. Dabei kommt es nicht in erster Linie auf die
Vertretbarkeit der fachgerichtlichen Auslegung des materiellen EU-Rechts
an, sondern auf die Vertretbarkeit der Handhabung der Vorlagepflicht[702].
In der Begründung hat das Hauptsachegericht außerdem zu zeigen, ob es
sich hinsichtlich des Unionsrechts ausreichend kundig gemacht und eine
Vorlage überhaupt in Erwägung gezogen hat[703]. Damit ist es praktisch
aussichtslos, eine EuGH-Vorlage zu erzwingen[704].

---

[692] *Hess*, § 12, Rdnr. 3; *Sellmann/Augsberg*, DÖV 2006, 533 ff.

[693] BVerfGE 126, 286 (316) – *Honeywell*. Der BVerfG-Präsident beziffert die beim
Staat anfallenden durchschnittlichen Bearbeitungskosten einer Verfassungsbeschwerde
grob auf etwa 5.000 €; Meldung becklink 1015671.

[694] *Mayer*, in: *Grabitz/Hilf/Nettesheim*, Art. 19 EUV, Rdnr. 45.

[695] Bereits oben Fußn. 664.

[696] EuGH, Rs. 283/81, Slg. 1982, 3415 – *C.I.L.F.I.T./Ministero della Sanità*.

[697] *Mayer*, in: *Grabitz/Hilf/Nettesheim*, Art. 19 EUV, Rdnr. 44; das Unionsrecht wird
vom BVerfG als Vorfrage behandelt; s. *Huber*, in: *Merten/Papier*, § 172, Rdnr. 16; *Britz*,
NJW 2012, 1313 (1317), auch unter Verweis auf BVerfG, NJW 2012, 45 (noch nicht in
amtlicher Sammlung veröffentlicht).

[698] BVerfG, NJW 2011, 288 (wo es um die Geräteabgabepflicht für Drucker und
Plotter ging); dazu sowie zu unterschiedlichen Auffassungen beim Ersten und Zweiten
Senat *Bäcker*, NJW 2011, 270 ff. S. auch BVerfG, NJW 2010, 1268; zum unklaren Ver-
hältnis zu BVerfGE 126, 286 – *Honeywell* s. *Fleischer*, GWR 2011, 201 (204).

[699] Bereits BVerfGE 82, 159 (194 f.); 75, 223 ff.

[700] *Bäcker*, NJW 2011, 270 (272).

[701] AaO, Nr. 48.

[702] AaO, Nr. 48.

[703] AaO, Nr. 49 f.

[704] *Bruns*, JZ 2011, 325 (326).

III. Fundamentalkritik am EU-Gerichtshof

1. Aufruf „Stoppt den EuGH" und seine Wirkung

Zum Problem der Akzeptanz des EU-Gerichtshofs zählt auch die beträchtliche Kritik der nationalen Politik, Wissenschaft und teils auch der Richterschaft, etwa aus Österreich, Dänemark, Schweden und Deutschland. Dem EU-Gerichtshof werden Kompetenzüberschreitungen und *judicial activism* vorgeworfen, insbesondere durch seine Argumentationsmuster *implied powers* und *effet utile* sowie die leitende teleologische Auslegung[705]. Um hier nur ein prominentes Beispiel zu nennen, das über das übliche Maß an Kritik weit hinausgeht[706] und das geneigt ist, den EuGH zu delegitimieren: *Roman Herzog* kritisierte den Gerichtshof in einem Artikel in einer großen deutschen Tageszeitung heftig[707]. Seiner Auffassung nach betreibe die EU eine schleichende, aber letztlich systematisch vorangetriebene Usurpation von Kompetenzen zum Nachteil der gesamten mitgliedstaatlichen Interessen. Die Rechtsfortbildung des EuGH sei justizielle Rechtsgestaltung.

Die Kritik ist nicht ohne Gewicht. *Herzog* ist nicht nur ehemaliger Bundespräsident und Vorsitzender des ersten Europäischen Konvents, der die Charta der Grundrechte der Europäischen Union von 2000 erarbeitete. *Herzog* ist auch ehemaliger Bundesverfassungsrichter und appelliert in dieser Rolle öffentlich an die in Amt und Würden befindlichen Richter am BVerfG[708], sie sollten dem EU-Gerichtshof doch endlich Einhalt gebieten. Unter der Überschrift „Stoppt den Europäischen Gerichtshof" schrieb *Herzog* zusammen mit *Gerken*, dass der Gerichtshof „zentrale Grundsätze der abendländischen richterlichen Rechtsauslegung bewusst und systematisch ignoriert, Entscheidungen unsauber begründet, den Willen des Gesetzgebers übergeht oder gar in sein Gegenteil verkehrt und Rechtsgrundsätze erfindet, die er dann bei späteren Entscheidungen wieder zu-

---

[705] Dazu *Micklitz/de Witte* (Hrsg.), The European Court of Justice and the Autonomy of the Member States, 2012; *Roth/Hilpold*, Der EuGH und die Souveränität der Mitgliedstaaten, 2008; *Editors*, CML Rev. 45 (2008), 1571 ff.; *Streinz*, AöR 135 (2010), 1 ff.

[706] So auch die Würdigung *Basedow*, EuZ 2009, 86 mit weiteren Beispielen.

[707] *Herzog/Gerken*, FAZ v. 8.9.2008, S. 8; auch in DRiZ 2009, 141 ff. abgedruckt; auf Englisch: http://eurobserver.com/9/26714. *Herzog/Bolkestein/Gerken*, FAZ v. 15.1.2010, S. 6 kritisieren unter dem Titel „Die EU schadet der Europa-Idee", dass das Europäische Parlament und der Gerichtshof der EU Eigeninteressen an einer Ausweitung der Kompetenzen haben.

[708] In erster Linie geht es *Herzog/Gerken* um das *Mangold*-Urteil; dazu BVerfGE 126, 286 – *Honeywell*.

grunde legen kann. Sie zeigen, dass der EuGH die Kompetenzen der Mitgliedstaaten selbst im Kernbereich nationaler Zuständigkeiten aushöhlt"[709].

Die tendenziöse und suggestive Stimmungsmache[710], die die großen Integrationsbeiträge des EuGH[711] gänzlich unerwähnt lässt, finden nur gewissen Niederhall in der bereits kritisierten *Lissabon*-Entscheidung vom 30.6.2009[712]. Karlsruhe nimmt darin die Befugnis zur Letztüberprüfung und Unanwendbarerklärung von EU-Rechtsakten für sich in Anspruch, und zwar in Fällen von „Grenzdurchbrechungen bei der Inanspruchnahme von Zuständigkeiten" durch Unionsorgane sowie bei Eingriffen in die deutsche „Verfassungsidentität". Umfasst sind auch erweiternde Auslegungen des EU-Rechts, etwa des Gerichtshofs, die Zuständigkeiten „neu begründen, erweiternd abrunden oder sachlich ausdehnen".

Doch was heißt dies? Wären damit nach heutigem Stand und nach Auffassung von *Herzog* oder des BVerfG *Van Gend & Loos*[713] und *Costa/ E.N.E.L.*[714] oder die liberalisierende Rechtsprechung zur Warenverkehrsfreiheit verfassungswidrig? Hinzu kommt: Das BVerfG könnte mit der Behauptung, die Zuständigkeitsgrenzen seien überschritten, als Prüfungs- und Verwerfungsinstanz vermehrt angerufen werden[715]. Das lockert die Loyalitätsstränge von Deutschland zur EU übermäßig.

Allerdings hat das BVerfG im *Honeywell*-Verfahren die Grundsätze aus der *Lissabon*-Entscheidung durch hohe Anforderungen entschärft, was als notwendige Selbstkorrektur zu werten ist[716]. In materieller Hinsicht[717], so das BVerfG, setze die *ultra vires*-Kontrolle einen hinreichend qualifi-

---

[709] Auf das von *Herzog/Gerken* geforderte Kompetenzgericht wird noch im 3. Teil § 2 VI 3 eingegangen.

[710] *Groh*, myops 2009, 9 (16); zum EuGH als europäischen Sündenbock *Brok*, FAZ v. 13.10.2008, S. 10.

[711] Dazu *Maduro/Azoulai* (Hrsg.), The Past and Future of EU Law: The Classics of EU Law Revisited on the 50th Anniversary of the Rome Treaty, 2010.

[712] BVerfGE 123, 267; bereits oben Fußn. 651.

[713] EuGH, Rs. 26/62, Slg. 1963, 1.

[714] EuGH, Rs. 6/64, Slg. 1964, 1259; zum Anspruch des Vorrangs des Gemeinschaftsrechts auch gegenüber dem nationalstaatlichen Verfassungsrecht unter Einschluss der Grundrechte EuGH, Rs. 11/70, Slg. 1970, 1125 – *Internationale Handelsgesellschaft*; zur Wirkung des Vorranges des Gemeinschaftsrechts auch EuGH, Rs. 106/77, Slg. 1978, 629 – *Simmenthal II*; s. bereits oben Fußn. 10.

[715] Die neue Kompetenzverfassungsbeschwerde, die das BVerfG zulässt, ähnelt einer Popularklage; *Schumann*, in: *Roth*, S. 197 (239 f.).

[716] S. etwa *Häberle*, Europäische Verfassungslehre, 7. Aufl. (2011), S. 729 ff.; *Streinz*, in: Festschr. f. Roth, 2011, S. 823 (826 ff.).

[717] In prozeduraler Hinsicht stellt BVerfGE 126, 286 (erster Leitsatz und 304) eine Kompetenzüberschreitung nun erst fest, wenn es dem EU-Gerichtshof zuvor Gelegenheit gegeben hat, seine Sichtweise darzulegen. Dies ist ein überaus bedeutsamer Aspekt der respektvollen Gerichtskooperation.

zierten Kompetenzverstoß der europäischen Organe voraus. Das heißt das kompetenzwidrige Handeln muss offensichtlich sein und der angegriffene Akt im Kompetenzgefüge zu einer strukturell bedeutsamen Verschiebung zulasten der Mitgliedstaaten führen[718]. Einen solch qualifizierten Eingriff, der dem EU-Gerichtshof einen „Anspruch auf Fehlertoleranz"[719] einräumt, hat das BVerfG in der *Mangold*-Entscheidung verneint. Damit ist eine europäische Verfassungskrise abgewendet.

2. Zur Mangold-Entscheidung als Kristallisationspunkt der Kritik

Herzog und *Gerken* kritisieren sechs EuGH-Entscheidungen, die nur zum Teil das Europäische Privatrecht betreffen[720]. Der ehemalige General-anwalt *Lenz* hat sich der Kritik an den Urteilen angenommen und dabei Verkürzungen durch die beiden Autoren offengelegt. Darauf ist hier zu verweisen[721]. Die Kritiker heben besonders auf die *Mangold*-Entschei-dung[722] ab, die darum hier eingehender behandelt wird. Mit *Mangold* öff-net sich ein weiteres Konfliktfeld: die Gleichbehandlung zwischen Mann und Frau und der Grundsatz der Nichtdiskriminierung[723]. Beide haben sich zu eigenständigen Gebieten[724] mit reichhaltiger Rechtsprechung entwickelt: Eine Aufstellung der einschlägigen Judikatur mit Stand Juli 2009[725] zählt bereits über 190 EuGH-Urteile zur Gleichbehandlung zwischen Mann und

---

[718] BVerfGE 126, 286 (Leitsatz) (mit abweichender Meinung von Richter *Landau* ab S. 318).

[719] BVerfGE 126, 286 (307).

[720] In dieser Reihenfolge und mit diesen Themen: EuGH, Rs. C-144/04, Slg. 2005, I-9981 – *Werner Mangold/Rüdiger Helm* (Altersdiskriminierung, dazu sogleich); Rs. C-380/03, Slg. 2006, I-11573 – *Deutschland/Parlament und Rat* (Tabakwerberichtlinie II); Rs. C-176/03, Slg. 2005, I-7879 – *Kommission/Rat* und Rs. C-440/05, Slg. 2007, I-9097 – *Kommission/Rat* (Umweltstrafrecht); Rs. C-97/05, Slg. 2006, I-11917 – *Mohamed Gattoussi/Stadt Rüsselsheim* (Aufenthaltsrecht eines Tunesiers); Rs. C-184/99, Slg. 2001, I-6193 – *Grzelczyk* (Gewährung des Existenzminimums für ausländische Studenten).

[721] *Lenz*, WHI-Paper 01/2009.

[722] EuGH, Rs. C-144/04, Slg. 2005, I-9981 – *Werner Mangold/Rüdiger Helm*; s. dann zwar EuGH, Rs. C-427/06, Slg. 2008, I-7245 – *Bartsch* und Rs. C-411/05, Slg. 2007, I-8531 – *Palacios de la Villa*; aber EuGH, Rs. C-555/07, Slg. 2010, I-365 – *Kücükdeveci* bestätigt *Mangold*; dazu *Fischinger*, ZEuP 2011, 201 ff.

[723] Kritisch zum Grundsatz der Nichtdiskriminierung im Europäischen Privatrecht *Basedow*, ZEuP 2008, 230 ff.

[724] S. etwa – als Ius Commune Casebook – *Schiek/Waddington/Bell* (Hrsg.), Cases, Materials and Text on National, Supranational and International Non-Discrimination Law, 2007.

[725] Auf wohlgemerkt 625 Seiten: *European Commission*, Compilation of case law on the equality of treatment between women and men and on non-discrimination in the European Union, 3. Aufl. (2010), S. 5 ff.

Frau[726] sowie bereits elf EuGH-Urteile zum neuen Grundsatz der Nichtdiskriminierung[727].

Nach *Mangold* sind weitere Entscheidungen ergangen. So ist nach
einem EuGH-Urteil die Zwangspensionierung von bulgarischen Univer-
sitätsprofessoren mit Vollendung des 68. Lebensjahrs nicht unionsrechtswidrig, wenn hiermit ein legitimes Ziel verfolgt und ermöglicht wird[728].
Dagegen ist ein tarifvertragliches Verbot für Verkehrspiloten über das 60.
Lebensjahr hinaus tätig zu sein, eine Diskriminierung wegen des Alters,
denn ein vollständiges Verbot gehe über das zum Schutz der Flugsicherheit
Erforderliche hinaus[729]. Zumindest im Fall der Piloten wird die neue
Rechtsprechung vielfach nur Abfindungsstreitigkeiten hervorrufen. Dann
wäre wenig gewonnen, was der EuGH mit seiner abstrahierten Betrachtung
nicht bedacht haben mag. Auch außerhalb des Berufslebens wirkt sich die
Rechtsprechung aus: Ein in Lebenspartnerschaft lebender Versorgungs-
empfänger hat Anspruch auf Gleichbehandlung mit Verheirateten, da er
sonst in seiner sexuellen Ausrichtung diskriminiert wird[730].

Zurück zur Sprengkraft von *Mangold*. Ausgangspunkt des Rechtsstreits
war der deutsche § 14 III 4 TzBfG a.F., demzufolge es möglich war,
Arbeitnehmer ab einem Alter von 52 Jahren lediglich befristet einzustellen.
Im Zuge der Hartz-Reformgesetze sollte die Eingliederung älterer Arbeitsloser in den Arbeitsmarkt gefördert werden. Doch der EuGH entschied
– bereits vor Ablauf der Frist zur Umsetzung der Richtlinie 2000/78/EG[731] –
es existiere ein europäisches Verbot der Diskriminierung wegen des Alters.

Das deutsche Gesetz verstoße gegen dieses europäische Grundrecht und
dürfe darum nicht mehr angewendet werden. Es sei nicht nachgewiesen,
dass „die Festlegung einer Altersgrenze als solche unabhängig von anderen
Erwägungen im Zusammenhang mit der Struktur des jeweiligen Arbeits-
marktes und der persönlichen Situation des Betroffenen zur Erreichung des
Zieles der beruflichen Eingliederung arbeitsloser älterer Arbeitnehmer
objektiv erforderlich ist, über das hinaus, was zur Erreichung des verfolg-

---

[726] Beginnend 1971 mit EuGH, Rs. 80/70, Slg. 1971, 445 – *Defrenne/Belgien.*

[727] Beginnend 2005 mit EuGH, Rs. C-328/04, Slg. 2005, I-8577 – *Attila Vajnai*,
gefolgt von der *Mangold*-Entscheidung.

[728] EuGH, Rs. C-250/09, NJW 2011, 42 (noch nicht in amtlicher Sammlung veröffentlicht) – *Georgiev*. Nach BVerfG, NJW 2011, 1131 handelt es sich bei der gesetzlichen Altersgrenze von 70 Jahren für Notare offenkundig um eine zulässige Ungleichbehandlung i.S.v. Art. 6 I Richtlinie 2000/78/EG, die eine Vorlage an den EuGH entbehrlich macht.

[729] EuGH, Rs. C-447/09, NJW 2011, 3209 (noch nicht in amtlicher Sammlung
veröffentlicht) – *Prigge u.a./Deutsche Lufthansa AG.*

[730] EuGH, Rs. C-147/08, NJW 2011, 2187 (noch nicht in amtlicher Sammlung
veröffentlicht) – *Jürgen Römer/Freie und Hansestadt Hamburg.*

[731] Oben Fußn. 683.

ten Zieles angemessen und erforderlich ist. Die Wahrung des Grundsatzes der Verhältnismäßigkeit bedeutet nämlich, dass bei Ausnahmen von einem Individualrecht die Erfordernisse des Gleichbehandlungsgrundsatzes so weit wie möglich mit denen des angestrebten Zieles in Einklang gebracht werden müssen [...].«[732]

Die überraschende Statuierung des Grundrechts[733], das der EuGH übrigens in *Kücükdeveci* in vollem Umfang bestätigt hat[734], ist bei genauerer Sicht nicht ganz so fernliegend, wie es *Herzog* und *Gerken* erscheinen lassen. Schließlich schreibt Art. 10 AEUV (ex-Art. 13 EG) als Ziel der Union auch vor, die „Diskriminierungen aus Gründen [...] des Alters [...] zu bekämpfen". Gleichfalls sieht die unter dem Vorsitz von *Herzog* entworfene Charta der Grundrechte der Europäischen Union in Art. 21 vor: „Diskriminierungen insbesondere wegen [...] des Alters [...] sind verboten."[735].

Übel stößt aber beim neuen Verbot der Diskriminierung wegen des Alters die unzureichende Herleitung und flexible Schrankenziehung auf. *Basedow* ist zuzustimmen, wenn er schreibt: „Hervorzuheben ist aber die minimalistische Begründung für die Annahme eines allgemeinen Rechtsgrundsatzes. Der Generalanwalt schreibt ihm eine völlig uneingeschränkte, ja geradezu totale Geltung in der gesamten Rechtsordnung zu, ohne ein Wort darüber zu verlieren, dass das gesellschaftliche Leben gerade auf den entgegengesetzten Prinzipien von Privatautonomie und Vertragsfreiheit

---

[732] EuGH, Rs. C-144/04, Slg. 2005, I-9981, Rdnr. 65 – *Werner Mangold/Rüdiger Helm.*

[733] *Höreth*, RuP 2008, 195 (196) weist in seiner Replik auf *Herzog/Gerken* darauf hin, dass der EuGH in *Mangold* (ironischerweise) nur das getan hat, wozu er bereits durch BVerfGE 37, 271 – *Solange I* aufgefordert wurde, nämlich einen europäischen Grundrechtsschutz zu schaffen.

[734] EuGH, Rs. C-555/07, Slg. 2010, I-365 – *Kücükdeveci*, wonach die deutschen Gerichte § 622 II S. 2 BGB wegen des unionsrechtlichen Verbots der Altersdiskriminierung nicht mehr anwenden dürfen. Dazu aus dem Blickwinkel des Verwerfungsmonopols des BVerfG *Wackerbarth*, EuZW 2010, 252 ff.; weiter *Franzen*, GPR 2010, 81 ff.; *Bauer*, ZIP 2010, 449 ff.; *Seifert*, EuR 2010, 802 ff.

[735] Zudem beruft sich Richtlinie 2000/78/EG im 4. Erwägungsgrund auf Folgendes: „Die Gleichheit aller Menschen vor dem Gesetz und der Schutz vor Diskriminierung ist ein allgemeines Menschenrecht; dieses Recht wurde in der Allgemeinen Erklärung der Menschenrechte, im VN-Übereinkommen zur Beseitigung aller Formen der Diskriminierung von Frauen, im Internationalen Pakt der VN über bürgerliche und politische Rechte, im Internationalen Pakt der VN über wirtschaftliche, soziale und kulturelle Rechte sowie in der Europäischen Konvention zum Schutze der Menschenrechte und Grundfreiheiten anerkannt, die von allen Mitgliedstaaten unterzeichnet wurden. Das Übereinkommen 111 der Internationalen Arbeitsorganisation untersagt Diskriminierungen in Beschäftigung und Beruf." *Basedow*, in: Festschr. f. Hopt, Bd. I, 2010, S. 27 (30) spricht allerdings von einer „Jungfrauengeburt eines allgemeinen Rechtsgrundsatzes" und legt die Induktions- und Wertungsschritte für die Entwicklung von allgemeinen Rechtsgrundsätzen dar.

beruht, welche die Ungleichbehandlung verschiedener Partner als Möglichkeit und vielleicht sogar als Notwendigkeit implizieren."[736]

Fraglos ist die kritische Auseinandersetzung mit vielen EuGH-Entscheidungen angezeigt – so auch bei *Mangold*. Berechtigt ist z.b. auch die Kritik an der unzureichend begründeten Entscheidung „Tabakwerberichtlinie II"[737]. Doch wie *Herzog* und *Gerken* zu einer Revolution gegen den Gerichtshof aufzurufen und ihm die Gefolgschaft zu versagen, geht über das Angezeigte und Erforderliche hinaus. An folgendem Grundkonsens ist festzuhalten: Auch wenn inhaltliche Kritik am EU-Gerichtshof berechtigt ist, so darf dies doch nicht den Eindruck erwecken, ihm stünde das Recht auf Irrtum nicht zu und ihm sei darum, insbesondere von Zivilgerichten, nicht zu folgen. Das BVerfG hat das auch so gesehen. Es entschied in der *Honeywell*-Sache am 6.7.2010: Das *Mangold*-Urteil des EuGH stellt keine verfassungsrechtlich zu beanstandende Kompetenzüberschreitung dar[738].

3. Zur These von der Überschreitung der Kompetenzgrenzen

a) Grundkonflikt: Gesetz und Richterspruch

An den EuGH wird – wie erwähnt – der Vorwurf gerichtet, er wage sich mit seinen Entscheidungen in den Bereich der Rechtsetzung vor und verstoße darum gegen den Grundsatz der Gewaltenteilung. Diese Konzeption der Funktionentrennung beginnt mit der englischen Magna Charta von 1215 und der Gewaltenteilung zwischen fürstlicher und ständischer Gewalt im mittelalterlichen England[739]. Aber erst in der französischen Aufklärung des 18. Jahrhunderts wurde sie zur modernen Gewaltenteilung in gesetz-

---

[736] *Basedow*, in: Festschr. f. Hopt, Bd. I, 2010, S. 27 (30); vgl. ferner zur Privatautonomie im Sekundärrecht *Repgen*, Kein Abschied von der Privatautonomie – Die Funktion zwingenden Rechts in der Verbrauchsgüterkaufrichtlinie, 2001, S. 69 ff.; *Rösler*, Europäisches Konsumentenvertragsrecht, S. 1 ff.; *Heiderhoff*, Gemeinschaftsprivatrecht, S. 100 ff.

[737] EuGH, Rs. C-380/03, Slg. 2006, I-11573 – *Deutschland/Parlament und Rat*; kritisiert wurde insbesondere, dass „Hindernisse bestehen [...] auch für die im Wesentlichen auf einem lokalen, regionalen oder nationalen Markt vertriebenen Veröffentlichungen, die, und sei es auch nur ausnahmsweise oder in kleinen Mengen, in den anderen Mitgliedstaaten verkauft würden" (Rdnr. 59); zu dem Urteil etwa *Schwarze*, in: Festschr. f. Hirsch, 2008, S. 165 ff.

[738] BVerfGE 126, 286 – *Honeywell*.

[739] Weiter gefördert wurde die Gewaltenteilung 2009, indem das zuvor zum Parlament gehörige „appellate committee" des House of Lords nach 133 Jahren in den UK Supreme Court überführt wurde und nun institutionell eigenständig als höchstes Gericht des Vereinigten Königreichs fungiert.

gebende, vollziehende und rechtsprechende Gewalt konzeptionell weiterentwickelt[740] und findet sich nun auch im Europarecht wieder[741].

Der Kritik am EU-Gerichtshof ist jedoch entgegenzuhalten, dass die Streitigkeiten regelmäßig rechtlicher Natur sind. Es geht um die Auslegung des Unionsrechts[742]. Was allerdings in einigen Staaten als juristische Fragestellung angesehen wird, mag in anderen Staaten – mit Verweis auf die „sovereignty of parliament" – als politische Angelegenheit eingestuft werden[743]. Entscheidend hat demgegenüber die normative Perspektive des Europarechts zu sein, denn es geht um seine von den Mitgliedstaaten als Herren der Verträge akzeptierte Durchsetzung.

Zu unterscheiden ist hier zunächst die abstrakt-theoretische von der europarechtsspezifischen Dimension. Die Fragen nach der Gesetzesbindung des Richters[744] und der Einordnung des Richterrechts in die Rechtsquellenlehre stellen sich seit jeher ähnlich im nationalen Recht[745]. Erinnert sei an die harte Kontroverse[746], die der damalige BGH-Präsident *Hirsch* 2006 ausgelöst hat mit seiner in einem „Zwischenruf" eher beiläufig getroffenen Aussage, der Richter sei heutzutage nicht mehr Diener des Rechts im Sinne des Methodenlehrers *Philipp Heck* (1858–1943), sondern

---

[740] *Winkler*, Geschichte des Westens – Von den Anfängen in der Antike bis zum 20. Jahrhundert, 2009, S. 20 f.; s. etwa in Deutschland Art. 20 II GG.

[741] S. *Möllers*, Gewaltengliederung – Legitimation und Dogmatik im nationalen und internationalen Rechtsvergleich, 2005, S. 209 ff.

[742] *Basedow*, EuZ 2009, 86 ff.

[743] So auch *Koopmans*, Courts and Political Institutions – A Comparative View, 2003; er erörtert ferner das (britische) Modell von Parlamentsouveränität und das Modell der Normenkontrolle, das aus den USA stammt. Aber auch dort ist die „countermajoritarian difficulty" klar erkannt (S. 15 ff., 35 ff.). S. weiter zum Verhältnis von EuGH und Politik *Lenaerts*, YEL 12 (1992), 1 ff.; zum Begriff der „counter-majoritarian difficulty" *Bickel*, S. 17 ff.

[744] Umfassend zum historischen Hintergrund und den dogmatischen Grundlagen der Gesetzesbindung *Schröder*, Gesetzesbindung des Richters, S. 13 ff., nach Art. 97 I GG: auf S. 53 ff., zum französischen und englischen Recht: auf S. 79 ff.; mit Blick auf Art. 6 EMRK „stellt sich heraus, dass diese zum Thema der Gesetzesbindung des Richters kaum Aussagen enthalten. Sie stehen damit in der Tradition der englischen und französischen Verfassungstexte, die ebenfalls keine explizite Verbürgung der Gesetzesbindung kennen und sie gewissermaßen als selbstverständlich in der Natur des Richteramts liegend sehen" (aaO, S. 86). S. auch Art. 19 EUV zur Wahrung des Rechts als Aufgabe der EU-Gerichtsbarkeit und ebenfalls Art. 263 I AEUV. Zum deutschen Recht *Neuner*, Die Rechtsfindung contra legem, 2. Aufl. (2005).

[745] *Ogorek*, Aufklärung über Justiz, Halbbd. II: Richterkönig oder Subsumtionsautomat? Zur Justiztheorie im 19. Jahrhundert, 2. Aufl. (2008).

[746] Zur Frage „Gesetzesbindung oder freie Methodenwahl?" u.a. *Rüthers*, ZRP 2008, 48 ff.; *Möllers*, JZ 2008, 188 f.; zum Streit *Wenzel*, NJW 2008, 345 ff.; s. weiter *Bumke* (Hrsg.), Richterrecht zwischen Gesetzesrecht und Rechtsgestaltung, 2012.

müsse ein Pianist sein, der auf der Partitur des Rechts variantenreich zu spielen wisse[747].

Genau dieser Vorwurf einer Missachtung der „Regeln der richterlichen Kunst", von der *Herzog* und *Gerken* sprechen, hat den EuGH erreicht[748]. Insofern spiegeln sich in den europarechtlich bezogenen Debatten nicht nur unterschiedliche nationalstaatliche Auffassungen des rechten Verhältnisses von Richterauftrag und Vorrang des Gesetzes wider. Die Diskussionen erweisen sich auch als eine Fortführung der schon jeweils nationalrechtlich in Grenzfällen zu diskutierenden Befugnisse des Richteramtes. Die Gesetzgeber überantworten im Zeitalter postpositivistischer Tendenzen bewusst immer mehr Konkretisierungsaufgaben auf die Rechtsprechung.

Das lenkt den Blick erneut auf die Rolle des BVerfG. Es beruft sich auf den nach Art. 23 I GG gesetzten Kompetenzrahmen, wenn es für sich eine Letztentscheidungskompetenz bei ausbrechenden EU-Rechtsakten in Anspruch nimmt. Hiernach prüft das BVerfG, „ob Rechtsakte der europäischen Einrichtungen und Organe sich in den Grenzen der ihnen eingeräumten Hoheitsrechte halten oder aus ihnen ausbrechen"[749]. Bislang blieb diese Grenze freilich theoretisch, da das BVerfG noch in keinem Fall die Kompetenzen als überschritten angesehen hat. In verschiedenen Fällen wird die Figur des ausbrechenden Rechtsakts von der Wissenschaft und den Beratungsorganen bejaht. Ins Spiel gebracht wurde sie etwa beim Systemwechsel vom EU-Kartellverbot mit Administrativvorbehalt hin zur Legalausnahme[750].

Doch die meiste Kritik hat das erörterte *Mangold*-Urteil[751] über das Verbot der Diskriminierung aufgrund des Alters als europäisches Grundrecht auf sich gezogen. Nach Auffassungen einiger Wissenschaftler habe der EuGH mit der Erfindung dieses Grundrechts gegen den (vom GG mit Ewigkeitsgarantie versehenen) Grundsatz der Gewaltenteilung verstoßen[752]. Damit wäre das *Mangold*-Urteil in Deutschland nicht anwendbar.

---

[747] *Hirsch*, ZRP 2006, 161; *ders.*, JZ 2007, 853 (858).

[748] EuGH-Richter als „Künstler" *Hilpold*, in: *Roth/Hilpold* (Hrsg.), Der EuGH und die Souveränität der Mitgliedstaaten – Eine kritische Analyse richterlicher Rechtsschöpfung auf ausgewählten Rechtsgebieten, 2008, S. 11 ff. (anhand von Unionsbürgerschaft und Bildungsrechten). Zur Frage „Richterrecht wie anderswo auch?" bereits *Stein*, in: Festschr. f. Universität Heidelberg, 1986, S. 619 ff.

[749] BVerfGE 89, 155 (188) – *Maastricht*; vgl. BVerfGE 123, 267 (351 f., 400) – *Lissabon*; s. auch *Terhechte*, EuR 2006, 828 ff.

[750] Vorsichtig etwa *Monopolkommission* (*Möschel*/u.a.), Kartellpolitische Wende in der Europäischen Union? Zum Weißbuch der Kommission vom 28. April 1999, Sondergutachten 28, 1999, Rdnr. 72 (S. 51).

[751] EuGH, Rs. C-144/04, Slg. 2005, I-9981 – *Werner Mangold/Rüdiger Helm*.

[752] *Gerken/Rieble/Roth/Stein/Streinz*, „Mangold" als ausbrechender Rechtsakt, 2009; zum Hintergrund *Temming*, NJW 2008, 3404 ff.

Im *Honeywell*-Beschluss gelangt das BVerfG jedoch – wie eben ausgeführt – zum Ergebnis, in *Mangold* liege zumindest keine hinreichend qualifizierte verfassungswidrige Kompetenzüberschreitung vor und das neue Grundrecht schaffe keine neuen Kompetenzen für die EU[753]. Zu betonen ist schließlich für ausbrechende EU-Rechtsakte (die das BVerfG im *Lissabon*-Urteil nicht mehr so kernig wie noch in der *Maastricht*-Entscheidung bezeichnet): Für ihre Feststellung sind nicht die Fachgerichte, sondern ist ausschließlich das BVerfG berufen[754].

b) Aktivistischer Gerichtshof?

Vom EU-Gerichtshof wird immer wieder eine Selbstbeschränkung bei der Rechtsfortbildung gefordert. Das BVerfG folgt dem erklärtermaßen: „Der Grundsatz des judicial self-restraint, den sich das Bundesverfassungsgericht auferlegt, bedeutet nicht eine Verkürzung oder Abschwächung seiner eben dargelegten Kompetenz, sondern den Verzicht ,Politik zu treiben', d.h. in den von der Verfassung geschaffenen und begrenzten Raum freier politischer Gestaltung einzugreifen. Er zielt also darauf ab, den von der Verfassung für die anderen Verfassungsorgane garantierten Raum freier politischer Gestaltung offenzuhalten."[755] Die Defizite dieser abstrakt gehaltenen Formel zur Selbstbeschränkung treten bei ihrer Umsetzung zu Tage[756]. Das funktionenbedingte Gebot der richterlichen Zurückhaltung ist fraglos richtig. Aber in der Praxis ist der Grat zwischen richterrechtlicher Rechtsetzung und Rechtsanwendung schmal[757]. Schließlich wird auch dem BVerfG vielfach der Vorwurf von Grenzüberschreitungen gemacht und seine Vorgaben an den Gesetzgeber sind in der Tat teils recht detailliert.

---

[753] BVerfGE 126, 286; infolge des *Mangold*-Urteils des EuGH hat das BAG den fraglichen § 14 III S. 4 TzBfG nicht mehr angewendet. Gegen die Entfristung des Arbeitsverhältnisses durch BAGE 118, 76 = NJW 2006, 3599 wurde Verfassungsbeschwerde mit dem (falschen) Argument einer offensichtlich durch den EuGH begangenen Kompetenzüberschreitung eingelegt, so dass es zum dargestellten *Honeywell*-Beschluss kam. Dazu etwa *Heinemann*, GPR 2010, 274 ff. Vgl. bereits oben bei Fußnotenzeichen 718.

[754] Vgl. *Mayer*, in: *Grabitz/Hilf/Nettesheim*, Art. 19 EUV, Rdnr. 85.

[755] BVerfGE 36, 1 (14 f.) – *Grundlagenvertrag*.

[756] S. *Everling*, RabelsZ 50 (1986), 193 (201), der ausführt, dass „die zahlreichen Versuche, Rechtsetzung und Rechtsprechung durch eine griffige Formel abzugrenzen, letztlich wenig befriedigen".

[757] *Everling*, RabelsZ 50 (1986), 193 (200) mit weiteren Beispielen; *ders.*, aaO, S. 204 mit der Aussage, dass „besonders dem Revisions- und Verfassungsrichter, gleich ob er es will oder nicht, eine politische Funktion zukommt".

Der EuGH stellt kein aktivistisches Gericht *per se* dar[758]. Eine Durchsicht der neueren Spruchpraxis[759] ergibt gegenläufige Tendenzen[760]: Zurückhaltung bei einigen Materien und Ausdehnung anderer; Letzteres z.B. bei der Unionsbürgerschaft und den Diskriminierungsverboten[761]. In die Kategorie des *judicial activism*[762] fallen etwa die Entscheidungen zum abschließenden (vollharmonisierenden) Charakter der Produkthaftungsrichtlinie[763] sowie die jüngeren Entscheidungen zum *Heininger*-Komplex[764], bei dem sogar die Frage der mitgliedstaatlichen Staatshaftung diskutiert wurde[765]. Aus dem Bereich des Gesellschaftsrechts folgt *Audiolux* dem Appell der Generalanwältin *Trstenjak* an den *judicial self-restraint*[766], wohingegen *Spector Photo Group*[767] zum Insidergeschäft in eine andere Richtung weist[768].

Vielfach ist die Rechtsprechung unausgewogen, muss sich der EuGH in seine Rollen noch einfinden. Dazu muss er zwischen seinen verschiedenen Funktionen als Verfassungsgericht, das auch auf Grundlage der Grundrechte zu urteilen hat[769], und als Fachgericht, das etwa zu den verschie-

---

[758] So zumindest das Ergebnis einer Auswertung von Interviews mit Generalanwälten und *référendaires* beim EuGH von *Solanke*, ELJ 17 (2011), 764 ff.

[759] Vielfach wird vertreten, die Aufgabe des EuGH sei heute nicht mehr, den Motor der Integration (oben Fußn. 5) zu bilden, so *Hirsch*, ZGR 2002, 1 (19).

[760] *Streinz*, AöR 135 (2010), 1 ff. m. w. Nachw.; s. auch die Kritik bei *Basedow*, EuZ 2009, 86 (95).

[761] Zu Diskriminierungsrecht und dem EuGH *Reich*, YEL (29) 2010, 112 (141 ff.); s. auch die Kritik „Rechtsangleichung mit der Brechstange des EuGH" *Schack*, ZZP 108 (1995), 47 ff.; zum EU-Antidiskriminierungsprogramm kritisch *Repgen*, in: *ders./Lobinger/Hense* (Hrsg.), Vertragsfreiheit und Diskriminierung, 2007, S. 11 (19 ff.); ebenfalls m. w. Nachw. *Lüttringhaus*, in: *Basedow/Hopt/Zimmermann* (Hrsg.), Handwörterbuch des Europäischen Privatrechts, Bd. I, 2009, S. 320 ff.; *Thüsing*, Europäisches Arbeitsrecht, 2. Aufl. (2011), § 3; bereits oben Fußn. 683, 722 sowie noch unten Fußn. 825.

[762] *Micklitz*, GPR 2007, 2 (13); s. weiter zum Binnenmarktrecht *Reich*, in: Festschr. f. Roth, 2011, S. 615 ff. mit einem Plädoyer für ein *judicial restraint* (S. 632 ff.).

[763] Nachweise oben in Fußn. 353.

[764] EuGH, Rs. C-481/99, Slg. 2001, I-9945 – *Heininger*; EuGH, Rs. C-350/03, Slg. 2005, I-9215 – *Schulte/Deutsche Bausparkasse Badenia AG*; Rs. C-229/04, Slg. 2005, I-9273 – *Crailsheimer Volksbank eG/Conrads u.a.*

[765] Im Zuge der *Heininger*-Entscheidung *Nettesheim*, WM 2006, 457 ff.; bei den Schrottimmobilien *Rösler*, RuP 2006, 29 ff.

[766] Schlussanträge zu EuGH, Rs. C-101/08, Slg. 2009, I-9823 – *Audiolux SA u.a./Groupe Bruxelles Lambert SA, Bertelsmann AG u.a.*, Rdnr. 107: „erforderliche Zurückhaltung".

[767] EuGH, Rs. C-45/08, Slg. 2009, I-12073 – *Spector Photo Group*.

[768] S. *Klöhn*, ECFR 2010, 347 ff., der vertritt, der EuGH hätte in *Spector* mehr *self-restraint* üben sollen.

[769] Eine Kritik in diesem Bereich von *Manthey/Unseld*, ZEuS 2011, 323 (341): „Vielmehr ist es die Unausgewogenheit der Rechtsprechung des EuGH, die sich auf die

denen Gebieten des Zivilrechts zu befinden hat, hin- und herschalten. *Basedow* stellt zur schwankenden Dichte bei der Konkretisierung privatrechtlicher Schlüsselbegriffe wie z.B. Schaden, Missbräuchlichkeit und Diskriminierung fest: „Manchmal stellt der Gerichtshof exzessiv auf allgemeine Rechtsgrundsätze ab [so in *Mangold*] und manchmal unterlässt er jegliche Verallgemeinerung, wobei er kleinlich an den Vorlagefragen der nationalen Gerichte klebt. Was in diesem Bereich benötigt wird, ist ein wachsendes Bewusstsein des Gerichtshofs für Prinzipien mittlerer Abstraktion."[770]

Entsprechend muss der EuGH ein „systematisches Gerüst mittlerer Abstraktionshöhe" durch eine übergreifende Betrachtung der Rechtsquellen gewinnen, das über den vielfach beschworenen Effektivitätsgrundsatz hinausgeht[771]. So brauchen gerade Prinzipien des Privatrechts weder Verfassungsrang einzunehmen noch einen sehr allgemeinen Regelungsgegenstand oder Anwendungsbereich aufzuweisen[772]. Bei der Herausformung von Prinzipien und bei (sonstigen) Rechtsfortbildungen – gleich welcher Abstraktion – bleibt für den EU-Gerichtshof dieselbe Erkenntnis wie für das nationale Recht. *Benjamin N. Cardozo* (1870-1938), einflussreicher Vertreter der Sociological Jurisprudence und Richter des U.S. Supreme Court, hat ihr so Ausdruck verliehen: „Law is not found, but made"[773]. Rechtsprechung kann in Grenzfällen legitimerweise auch einen schöpferischen Prozess darstellen.

4. Erweiterte Öffentlichkeit

Ein weiterer Grund für die Kritik am EuGH liegt in der neuen Öffentlichkeit. Zwar haben die EuGH-Richter als „unbesungene Helden"[774] die Römischen Verträge unbehelligt von Politik und Wissenschaft zu einem verfassungsgleichen Dokument ausgebaut. Das verdeutlicht auch das mittlerweile schon klassisch zu nennende Zitat von *Eric Stein*, das die dyna-

---

Wahrnehmung und Glaubwürdigkeit des Gerichtshofs als Verfassungsgericht auswirkt: Sofern es sich um einen Fall der Untererfüllung handelt, legt der EuGH den Anwendungsbereich der Grundrechte weit aus und wählt einen strengen Prüfungsmaßstab; bei der Übererfüllung hingegen nimmt er sich in beiden Bereichen zurück".

[770] *Basedow*, EuZ 2009, 86 (94 f.) verweist dazu auch auf die Bedeutung von Prinzipien und des CFR; zur Rolle von Prinzipien als Optimierungsgebote bereits *Rösler*, Europäisches Konsumentenvertragsrecht, S. 134 ff.

[771] *Basedow*, in: *Gerichtshof der Europäischen Gemeinschaften* (Hrsg.), Das Verhältnis von Europarecht und nationalem Recht vor neuen Herausforderungen – Erstes Luxemburger Expertenforum zur Entwicklung des Gemeinschaftsrechts, 2007, ohne durchgehende Paginierung, das Zitat findet sich auf S. 3 des Beitrags.

[772] *Basedow*, in: Festschr. f. Hopt, Bd. I, 2010, S. 27 (45 f.).

[773] *Cardozo*, The Nature of Judicial Process, 1921, S. 115.

[774] *Burley/Mattli*, International Organization 47 (1993), 41.

mische Rolle des EuGH als verfassungsrechtlicher Akteur hervorhebt: „Tucked away in the fairyland Duchy of Luxembourg and blessed, until recently, with benign neglect by the powers that be and the mass media, the Court of Justice of the European Communities has fashioned a constitutional framework for a federal-type structure in Europe"[775].

Diesem Bild mag man zwar entgegenhalten, es vermittle eher den Eindruck eines Diktates, anstatt die entscheidenden Merkmale zu betonen, nämlich Kooperation, Dialog und Diskurs mit der nationalen Ebene, insbesondere mit den mitgliedstaatlichen Gerichten und (in einem viel zu geringem Grad) den Prozessparteien[776]. Es handelt sich aber in der Tat bei dem Ausbau des Vertrags von Rom zu einer konstitutionellen Gesamtordnung – mit all ihren privat- und zivilprozessualen Auswirkungen – um eine im Stillen vonstatten gegangene Revolution[777].

Seit den Achtzigern[778] mehrt sich die Kritik daran. In den letzten Jahren hat der EU-Gerichtshof sogar einige Aufmerksamkeit erlangt. Bisweilen erreicht die Kritik von Fachvertretern auch die europäischen Teilöffentlichkeiten in den Mitgliedstaaten, im Fall des besagten Zeitungsbeitrags von *Herzog* sogar die breite Öffentlichkeit. Angesichts neuer publikumswirksamer Bereiche (wie etwa dem Verbraucher- und Arbeitsrecht) urteilt der EuGH öffentlichkeitswirksamer als zuvor. Parallel dazu wurden die Gebäude des Gerichtshofs sichtbarer. Nun residiert er in einem Komplex mitsamt zwei Hochhäusern und geht damit über das ursprüngliche Palais[779] weit hinaus[780].

---

[775] *Stein*, AJIL 75 (1981), 1 = *ders.*, in: Festschr. f. Zweigert, 1981, S. 771.

[776] So *Maduro*, EuR 2007, 3 (12 f., 14); *ders.*, L'integrazione silente – La funzione interpretativa della Corte di giustizia e il diritto costituzionale europeo, 2009, S. 3.

[777] *Weiler*, Comparative Political Studies 26 (1994), 510 ff.; *Burley/Mattli*, International Organization 47 (1993), 41 ff. sprechen vom EuGH als „dark horse".

[778] S. mit Beispielen *Timmermans*, CML Rev. 41 (2004), 393 (396).

[779] Das 1973 eingeweihte Palais, das nun gänzlich für die Öffentlichkeit zugänglich ist, wurde 2008 von einem großen rechteckigen Ring („Anneau") umkränzt, in dem die Mitglieder des Gerichtshofs und ihre Mitarbeiter ihre Büros haben. Platz ist dort für bis zu vierzig Kabinette, auch um kommende Erweiterungen berücksichtigen zu können (*Gerichtshof der Europäischen Gemeinschaften*, Der Gerichtshof der Europäischen Gemeinschaften in seinem neuen Palais, 2009, S. 43). In den Türmen befindet sich u.a. der überaus personalintensive Übersetzungsdienst (aaO, S. 63). Die verschiedenen Erweiterungsgebäude sind mit einer 300 Meter langen „internen Straße" – Galerie genannt – verbunden (aaO, S. 73). Grundsätzlich ist schon die Errichtung eines dritten Turms vereinbart (aaO, S. 93).

[780] Bereits Größe und Flickwerkcharakter des Gebäudekomplexes sind Sinnbild für den Zustand der EU. Dazu *Shuibhne*, E.L. Rev. 15 (2009), 173 (174): „The overall visual impact is one of enormous scale; but also, seeing the mismatched structures that differ from one another in almost every way – size, materials, scale – dysfunction. Within the Court of Justice, another striking image comes from the cavernous room in which the full court holds its réunion générale. In particular, to accommodate 27 judges, eight Ad-

Doch in Ermangelung einer europäischen Öffentlichkeit agiert der EuGH aus Sicht des Unionsbürgers immer noch weitgehend im Verborgenen. Im Kontrast genießt der U.S. Supreme Court als semi-politischer Akteur – nicht nur wegen seiner einschneidenden Rechtsprechung zur Aufhebung der Rassentrennung (übrigens in einer *class action*)[781] und zur Präsidentenwahl im Jahr 2000[782] – allerhöchste Aufmerksamkeit der Öffentlichkeit[783], die dessen Rechtsprechung und Richter wachsam begleitet[784].

5. Neue Konfliktfelder und Rechtsprechungsaufgaben

a) Politisierung

Auch die nicht verfassungsrechtliche Kritik nimmt zu. War es bislang noch Usus, sich aus Europafreundlichkeit eher mit Kritik zurückhalten, melden sich nun auch aus der Privatrechtswissenschaft vermehrt kritische Stimmen zu Wort. Vorgetragen wird: Das bisherige Schweigen gerade zur Rechtsprechung des EuGH verrate eine erstaunliche „déformation professionnelle"[785]. Die Rechtswissenschaft sei zur reinen Rechtskunde verkommen[786] und warte die Urteile des EuGH passiv ab[787]. Die Kritik betrifft Gehalt und Methodik.

Daneben resultiert ein Teil der Kritik am EuGH aus den Schwierigkeiten und Kosten, die mit den Öffnungen der nationalen Rechts-, Markt- und Sozialordnungen verknüpft sind. Zu beachten ist schließlich der Perspektivwechsel (und die Wettbewerbsbelebung), denn, um mit *Mestmäcker*

---

vocates Generals and the Registrar, the long table in that room is, quite simply, vast. What that picture suggests is that the possibility for organic, unstructured discussion is impossible to reconcile with the present size of this judicial college." Zum Ausbau auf dem einst so grünen Kirchberg *Edward*, in: Liber Amicorum en l'honneur de Bo Vesterdorf, 2007, S. 1 (3): „In the 1970s the Court and all its staff had been able to work in the Palais [of 1973]. Indeed, there was initially an over-supply of space: a suite of offices on the top floor was still known to old-stagers as the Norwegian cabinet".

[781] *Brown v. Board of Education of Topeka*, 347 U.S. 483 (1954).

[782] *Bush v. Gore*, 531 U.S. 98 (2000).

[783] Zu Öffentlichkeit und dem U.S. Supreme Court bereits 1. Teil § 3 I.

[784] *Höreth*, S. 367 ff. vertritt, der EuGH habe darum sogar mehr Möglichkeiten, seine verfassungsrechtlichen Präferenzen durchzusetzen.

[785] *Honsell*, ZIP 2008, 621 (625).

[786] *Rebhahn*, wbl 2008, 63 (68); zustimmend *Rüffler*, in: *Harrer/Gruber* (Hrsg.), Europäische Rechtskultur – Analyse und Kritik der europäischen Rechtssetzung und Rechtsprechung – Symposium für Heinrich Honsell zum 65. Geburtstag, 2009, S. 85.

[787] *Heiderhoff*, ZZP 124 (2011), 128 (129) konstatiert, das finale Auslegungsmonopol des EuGH führe „immer wieder zu einer gewissen Resignation der Wissenschaft – die teils blind folgt, teils sogar bereits im Vorhinein der Entscheidung abwartet, anstatt selbst Lösungen zu erdenken".

zu sprechen, „[e]rst die Konfrontation der nationalen Rechte mit dem Gemeinschaftsrecht hat das ganze Ausmaß erkennen lassen, in dem die territorial begrenzte staatliche Souveränität zur partiellen Schließung der nationalen Wirtschafts- und Gesellschaftssysteme geführt hat."[788]

Zugleich werden mit der EU verschiedene Modelle und Werte auf den Prüfstand gestellt. Der EU-Gerichtshof muss vermehrt zur europäischen Dimension spannungsreicher Probleme und Interessenkollisionen etwa aus dem Arbeits-, Sozial-, Familien-[789], Gesundheits-, Immigrations-, Antiterrorismus- und Strafrecht entscheiden. Damit ist – wie auch bei der Unionsbürgerschaft – eine Politisierung der Rechtsprechung des EU-Gerichtshofs unvermeidbar. Ablehnungen des Vorverständnisses[790] und des Ausgangs von Entscheidungen vermischen sich rasch und in besonderer Schärfe mit Grundsatzkritik an der Institution und seiner Arbeitsweise.

b) Gesellschaftsrecht und Unionsrecht als Impulsgeber

An dieser Stelle muss es genügen, an einige Streitfälle aus jüngerer Zeit zu erinnern. Das Gesellschaftsrecht bildet schon seit 1968 den Gegenstand von Harmonisierungsrichtlinien[791]. Doch ein wichtiger Anknüpfungspunkt ist die Niederlassungsfreiheit von Gesellschaften nach Art. 49 ff. AEUV. In *Centros*[792], *Überseering*[793] und *Inspire Art*[794] hat der EuGH *de facto* die

---

[788] *Mestmäcker*, in: *ders.*, Recht in der offenen Gesellschaft – Hamburger Beiträge zum deutschen, europäischen und internationalen Wirtschafts- und Medienrecht, 1993, S. 11 (24).

[789] Aus jüngerer Zeit EuGH, Rs. C-353/06, Slg. 2008, I-7639 – *Grunkin-Paul* (zum Namensrecht).

[790] Dazu *Reich*, in: *Brownsword/Micklitz/Niglia/Weatherill* (Hrsg.), The Foundations of European Private Law, 2011, S. 221 (241 f.) (anhand der Rs. C-438/05, Slg. 2007, I-107 – *Viking* und Rs. C-341/05, Slg. 2007, I-11767 – *Laval*); zum Vorverständnis allgemein unten Fußn. 1219.

[791] S. die Übersicht bei *Grundmann*, Europäisches Gesellschaftsrecht – Eine systematische Darstellung unter Einbeziehung des Europäischen Kapitalmarktrechts, 2. Aufl. (2011), Rdnr. 117 (S. 47) zu den kapitalmarktrechtlichen Richtlinien ab 1979, Rdnr. 117 (S. 58); *Lutter/Bayer/Schmidt*, Europäisches Unternehmens- und Kapitalmarktrecht – Grundlagen, Stand und Entwicklung nebst Texten und Materialien, 5. Aufl. (2011); *Habersack/Verse*, Europäisches Gesellschaftsrecht – Einführung für Studium und Praxis, 4. Aufl. (2011), § 8, Rdnr. 48 ff.; *Klöhn*, in: *Langenbucher* (Hrsg.), Europarechtliche Bezüge des Privatrechts, 2. Aufl. (2008), § 6, Rdnr. 1 ff.; *Hopt*, ZGR 1992, 265 ff.; *ders.*, ZIP 2005, 461 ff.; im Zusammenhang mit der Corporate Governance *Hopt*, ZHR 175 (2011), 444 ff.; *Leyens*, JZ 2007, 1061 ff.

[792] EuGH, Rs. C-212/97, Slg. 1999, I-1459 – *Centros Ltd/Erhvervs- og Selskabsstyrelsen*; dazu etwa *Luttermann*, ZEuP 2000, 907 ff.

[793] EuGH, Rs. C-208/00, Slg. 2002, I-9919 – *Überseering BV/Nordic Construction Company Baumanagement GmbH (NCC)*; dazu etwa *Halbhuber*, ZEuP 2003, 418 ff.; *Ringe*, Die Sitzverlegung der Europäischen Aktiengesellschaft, 2006, S. 61 ff.; zu den Auswirkungen auf das IZVR *ders.*, IPRax 2007, 388 ff.

Gründungstheorie EU-weit für verbindlich erklärt. Auch der BGH ist von der Sitz- auf die Gründungstheorie umgeschwenkt[795]. Mit der besagten Troika von Entscheidungen und darauf folgenden Urteilen[796] hat der EuGH einen Wettbewerb der nationalen Rechtsordnungen eröffnet, der bis zu einem gewissen Grad mit dem in den USA vergleichbar ist[797]: Unternehmen sind nicht mehr auf die Gesellschaftsformen beschränkt, die das Recht ihres tatsächlichen Sitzes bereitstellt.

Vielmehr können Unternehmen nun auf jede Gesellschaftsform in Europa zurückgreifen, was – wegen des Fehlens einer Mindestkapitalschwelle und der raschen Gründungsmöglichkeit – zu zahlreichen Gründungen englischer Limiteds mit Sitz außerhalb des Vereinigten Königreichs geführt hat[798]. Das Ende der Sitztheorie löste Unbehagen aus. Erstens hat der EuGH zu Rechtsfragen geurteilt, die eigentlich vom EU-Gesetzgeber zu beantworten sind. Zweitens setzt es die Mitgliedstaaten auf Grundlage eines Wettbewerbs der neuen Rechtsformen unter Reformdruck[799].

---

[794] EuGH, Rs. C-167/01, Slg. 2003, I-10155 – *Kamer van Koophandel en Fabrieken voor Amsterdam/Inspire Art Ltd.*

[795] BGHZ 154, 185; 164, 158; BGH, NJW 2005, 1648; in Bezug auf Drittstaaten (also für Auslandsgesellschaften, die nicht in einem EU- oder EWR-Mitgliedstaat oder in einem mit diesen aufgrund Staatsvertrags gleichgestellten Staat gegründet worden sind) gilt nach BGHZ 153, 353 (355) weiterhin die Sitztheorie; s. *Fleischer/Wedemann*, AcP 209 (2009), 597 (609); *Grundmann*, Europäisches Gesellschaftsrecht, Rdnr. 168 ff.

[796] S. etwa EuGH, Rs. C-210/06, Slg. 2008, I-9641 ff. – *Cartesio*; dazu etwa *Leible/ Hoffmann*, BB 2009, 58 ff.; zuvor Rs. 79/85, Slg. 1986, 2375 – *Segers*; EuGH, Rs. 81/87, Slg. 1988, 5483 – *The Queen/Treasury and Commissioners of Inland Revenue, ex parte Daily Mail and General Trust plc.*

[797] *Timmermans*, ERPL 18 (2010), 549 ff.; weitergehend für das Kapitalgesellschafts- und Kapitalmarktrecht *Buxbaum*, RabelsZ 74 (2010), 1 ff. (Delaware-Effekt), der auf die Zurückhaltung des US-Bundesrechts im Gesellschaftsrecht hinweist (*bottom up*-Entwicklung), obwohl im Rahmen der „Commerce Clause" eine Kompetenz bestünde; für einen Vergleich des institutionellen gesellschaftsrechtlichen Wettbewerbs im Zusammenhang mit der Mobilität von Gesellschaften in den USA und der EU s. *Kieninger*, Wettbewerb der Privatrechtsordnungen im europäischen Binnenmarkt – Studien zur Privatrechtskoordinierung in der Europäischen Union auf den Gebieten des Gesellschafts- und Vertragsrechts, 2002, S. 116 ff., 356 f.; s. auch zum „Ursprungslandprinzip als Metaregel des institutionellen Wettbewerbs" *dies.*, S. 352 ff.

[798] Etwa *Mäsch*, EuZW 2004, 321; zu den Problemen etwa *Steffek*, Gläubigerschutz in der Kapitalgesellschaft – Krise und Insolvenz im englischen und deutschen Gesellschafts- und Insolvenzrecht, 2011.

[799] S. das Gesetz zur Modernisierung des GmbH-Rechts und zur Bekämpfung von Missbräuchen (MoMiG) vom 23.10.2008, das verabschiedet wurde, um die Attraktivität der deutschen GmbH gegenüber der englischen Limited zu verbessern. Dazu *Fleischer*, GmbHR 2009, 1 ff.; *Wedemann*, WM 2008, 1381 ff.; zur Europa-GmbH ante portas *dies.*, EuZW 2010, 534 ff.

Zu beachten ist deswegen die besondere Rolle des EuGH als Impulsgeber für nationale oder unionsweite Gesetzgebung[800]. Der Gerichtshof schafft Problembewusstsein und verringert politische Widerstände. Auch so lässt sich die neue Rechtsprechung zur Niederlassungsfreiheit lesen[801]: Sie fördert die Mobilität[802] mit einem daraus folgenden Regulierungswettbewerb zwischen den Mitgliedstaaten[803].

Das ist keineswegs neu. Im Zusammenhang mit der indirekten Rechtsangleichung durch Rechtsprechung[804] und der Impulsgeberfunktion für die Politik[805] ist vor allem an das *Cassis de Dijon*-Urteil zu erinnern. Dabei ist aber umstritten, ob der EuGH im Vorfeld der EEA zu einer wirklichen Verbesserung der gegenseitigen Anerkennung geführt hat oder erst die durch *Cassis de Dijon* mobilisierte Europäische Kommission dies erreichte. Der Kommissionsvorschlag eines neuen Harmonisierungskonzepts zur gegenseitigen Anerkennung hat zum Lobbying von Interessengruppen geführt und schließlich zur Kompromisspolitik einer gegenseitigen Anerkennung auf Grundlage von harmonisierten Mindeststandards[806].

Auch die Wirkung der Rechtsprechung zur Erstreckung der Wettbewerbsregeln auf Telekommunikation, Elektrizität und Transport blieb zunächst eher auf die betroffenen Streitparteien beschränkt, bis es zu einer breiteren Akzeptanz und Verwirklichung der judiziell entwickelten Grundsätze kam[807].

c) Arbeitsrecht

Ein besonders sensibler Bereich ist das Arbeitsrecht, in dem der EuGH intensiv auf die Mitgliedstaaten einwirkt[808]. Eine Reihe von Entscheidun-

---

[800] Betont von *Basedow*, EuZ 2009, 86 (90 ff.), der u.a. die Öffnung der nationalen Versicherungsmärkte durch EuGH, Rs. 205/84, Slg. 1986, 3755 – *Kommission/Deutschland* darstellt; s. auch *Schnyder*, Europäisches Banken- und Versicherungsrecht, 2005, S. 198 ff.; *Basedow*, in: *ders./Hopt/Zimmermann* (Hrsg.), Handwörterbuch des Europäischen Privatrechts, Bd. II, 2009, S. 1654 ff.

[801] *Basedow*, EuZ 2009, 86 (92).

[802] Zu erwähnen ist auch die Eröffnung der grenzüberschreitenden Verschmelzung in EuGH, Rs. C-411/03, Slg. 2005, I-10805 – *SEVIC Systems AG*. Vgl. zur Mobilitätsorientierung der jüngeren Rechtsprechung *Haar*, GPR 2010, 187 ff.

[803] Vgl. zum „race to the bottom"-Problem im (Verbrauchs-)Steuerrecht *Rösler/Gyeney*, CML Rev. 44 (2007), 1501 (1512).

[804] *Everling*, in: Festschr. f. Lukes, 1989, S. 359 (370 f.).

[805] S. zum Warten auf eine Sitzverlegungsrichtlinie *Leible*, in: Festschr. f. Roth, 2011, S. 447 ff.

[806] Für Letzteres *Alter/Meunier-Aitsahalia*, Comparative Political Studies 26 (1994), 535 ff.

[807] *Conant*, JCMS – Annual Review 45 (2007), 45 (60).

[808] *Thüsing*, Europäisches Arbeitsrecht, 2. Aufl. (2011); *Riesenhuber*, Europäisches Arbeitsrecht, 2009; *Scholz/Becker* (Hrsg.), Die Auswirkungen der Rechtsprechung des

gen erreichte auch die Öffentlichkeit: die Einstufung einer Putzfrau als Betriebsteil beim Betriebsübergang[809], die Unzulässigkeit des Ausschlusses von Frauen vom Dienst an der Waffe in der Bundeswehr[810] sowie die vollumfängliche Anerkennung des Bereitschaftsdienstes von Ärzten in Krankenhäusern[811]. Besondere Fachkritik haben die Entscheidungen *Viking*[812], *Laval*[813] und *Rüffert*[814]auf sich gezogen[815]. Sie betreffen das nationale Kollektivarbeitsrecht. Hierin hat der EuGH zugunsten der Dienstleistungs- und Niederlassungsfreiheit von Unternehmen und zulasten der Streikgrundrechte von Arbeitnehmern und ihren Gewerkschaften entschieden.

An anderer Stelle wird dem EuGH darum vorgeworfen, seine Rechtsprechung habe sich expansionistisch vom *effet utile* zum *effet néolibéral* gewandelt[816]. Ob derartige Generalisierungen bei einem solch unterschiedlich besetzten Organ zutreffen, muss bezweifelt werden. Außerhalb des Arbeitsrechts sei verwiesen auf die *Altmark Trans*-Entscheidungen[817] zu Dienstleistungen für die Daseinsvorsorge sowie auf die Rechtsprechung zum (eigentlich obsoleten) deutschen Fremdbesitzverbot für Apotheken. Darin folgt der EuGH nicht dem ökonomischen Effizienzgebot und

---

Europäischen Gerichtshofs auf das Arbeitsrecht der Mitgliedstaaten, 2009; *Müntefering/Becker* (Hrsg.), 50 Jahre EU – 50 Jahre Rechtsprechung des Europäischen Gerichtshofs zum Arbeits- und Sozialrecht, 2008.

[809] EuGH, Rs. C-392/92, Slg. 1994, I-1311 – *Christel Schmidt/Spar- und Leihkasse der früheren Ämter Bordesholm, Kiel und Cronshagen*; stark kritisiert von *Junker*, NJW 1994, 2527 (sog. „schwarze Serie").

[810] EuGH, Rs. C-285/98, Slg. 2000, I-69 – *Tanja Kreil/Bundesrepublik Deutschland*.

[811] EuGH, Rs. C-151/02, Slg. 2003, I-8389 – *Landeshauptstadt Kiel/Norbert Jaeger*; dazu *Franzen*, ZEuP 2004, 1034 ff.

[812] EuGH, Rs. C-438/05, Slg. 2007, I-10779.

[813] EuGH, Rs. C-341/05, Slg. 2007, I-11767.

[814] EuGH, Rs. C-346/06, Slg. 2008, I-1989.

[815] S. z.B. *Reich*, German Law Journal 9 (2008), 125 ff.

[816] *Schmid*, in: *Fischer-Lescano/Rödl/Schmid* (Hrsg.), Europäische Gesellschaftsverfassung – Zur Konstitutionalisierung sozialer Demokratie in Europa, 2009, S. 33 ff.; zum sozialen Defizit des europäischen Integrationsprojekts *Joerges/Rödl*, KJ 2008, 149 ff.; zur Kritik (und der dagegen nüchternen Aufnahme der Urteile in Schweden) s. die Darstellung bei *Mayer*, integration 2009, 246 ff.; zur Umsetzung des *Laval*-Urteils des EuGH durch das vorlegende schwedische Arbeitsgericht *Reich*, EuZW 2010, 454 ff. Anders gelagert, und zwar mit Blick auf die Fortentwicklung des geschriebenen EU-Privatrechts das „Manifesto" der *Study Group on Social Justice in European Private Law*, ELJ 10 (2004), 653 ff.

[817] EuGH, Rs. C-280/00, Slg. 2003, I-7747 – *Altmark Trans GmbH/Regierungspräsidium Magdeburg und Nahverkehrsgesellschaft Altmark GmbH*; zur Bedeutung der Rechtsprechungslinie für die Finanzierung des öffentlich-rechtlichen Rundfunks s. *Rösler*, JZ 2009, 438 (445).

vereitelt die unionsweite Verbreitung von Apothekerketten, wie z.B. DocMorris aus den Niederlanden[818].

Einem Gericht mit mittlerweile 27 Richtern und acht Generalanwälten aus allen Teilen der Union fällt es naturgemäß schwerer als Richtern in den Mitgliedstaaten oder am U.S. Supreme Court[819], Werte außerhalb des Marktes richtig zu gewichten. Die englische Europarechtlerin *Everson* schreibt dazu in einer Londoner Tageszeitung unter der Überschrift, ob denn der EuGH eine juristische oder politische Institution sei: „The vital difference now is that whereas a cadre of European judges drawn from experienced national judiciaries was once, for all its pro-European activity, always very careful to limit the impacts of European law upon the cores of national life (the welfare state), today a younger and, more ruthlessly European ECJ – trained carelessly, as I was, in the supremacy of European law – seems far happier to emphasise the lowest common denominator of European legal integration: the assertion of market over social rights, or the pursuit of a neo-liberal notion of economic justice ('allocative efficiency')."[820]

Der Themenkomplex steht in direktem Zusammenhang mit der Frage nach dem europäischen oder zumindest europäisierten „Modell" der Markt- und Gesellschaftsintegration. Deutlich werden die Spannungsverhältnisse, die sich auch auf längere Sicht nicht auflösen lassen. Die Spannungen sind auch für das Privatrecht von Belang: Der EuGH prüft – wie in den Fällen *Mangold*[821], *Kücükdeveci*[822] und *ČEZ*[823] – Normen nationaler Zivilgesetze und erklärt sie für unanwendbar[824]. Das gilt auch außerhalb des Arbeitsrechts; so hat der EuGH kürzlich im Versicherungsrecht[825] – entgegen statistischer Sinnhaftigkeit – die Ausnahme von der Grundregel

---

[818] EuGH, verb. Rs. C-171/07 und C-172/07, Slg. 2009, I-4171 – *Apothekerkammer des Saarlandes u.a./Saarland*; dazu *Mand*, WRP 2010, 702 ff.

[819] *Robertson*, in: *Cane/Kritzer* (Hrsg.), The Oxford Handbook of Empirical Legal Research, 2010, S. 571 (584): „The history of that court, immersed as it is in a legal culture highly influenced by legal realism and operating against a wider culture which expects its Supreme Court Justices to be politically aware, may have produced an institution remarkably inapplicable as a model for describing the behaviour of other courts" (allerdings ohne Bezugnahme auf EuGH).

[820] *Everson*, The Guardian v. 10.8.2010.

[821] EuGH, Rs. C-144/04, Slg. 2005, I-9981 – *Werner Mangold/Rüdiger Helm*; s. dann aber Rs. C-411/05, Slg. 2007, I-8531 – *Palacios de la Villa*.

[822] EuGH, Rs. C-555/07, Slg. 2010, I-365 (verwirft § 622 II S. 2 BGB).

[823] EuGH, Rs. C-115/08, Slg. 2009, I-10265.

[824] Zur Problematik *Hartkamp*, RabelsZ 75 (2011), 241 (245 ff.).

[825] EuGH, Rs. C-236/09, NJW 2011, 907 (noch nicht in amtlicher Sammlung veröffentlicht) – *Association Belge des Consommateurs Test-Achats u.a.*; zutreffend kritisch *Lüttringhaus*, EuZW 2011, 296 ff.; *Hoffmann*, ZIP 2011, 1445 ff.; s. auch *Kahler*, NJW 2011, 894 ff.

geschlechtsneutraler Prämien und Leistungen für ungültig erklärt[826]. Aufgrund des Antidiskriminierungsprogramms der EU[827] ist hier vermehrt kritikwürdige Rechtsprechung zu erwarten. Es wirkt sich also direkt auf das Zivilrecht aus, wenn der EuGH wenig überzeugend urteilt, und zwar ohne ausreichende Abwägung und ohne Bezugnahme auf die Privatautonomie und die in Art. 16 GRCh festgeschriebene unternehmerische Freiheit[828].

Wie bereits mit dem Vorwurf des *effet néolibéral* angedeutet, wird vielfach die Frage aufgeworfen, nach welchem Gerechtigkeits- und Sozialmodell der EuGH urteilt[829]. Dies ist ungleich schwerer zu beantworten als bei den nationalen Richtern, die mir ihrer Wertbildung vor dem Hintergrund gewachsener Rechts- und Gesellschaftsordnungen urteilen. Fernab der komplexen Wertbasis und den Wertdivergenzen müssen jedoch bereits Zweifel daran bestehen, ob der EU-Gerichtshof die hinter den Vorlagefragen stehenden Ordnungsprobleme wirklich differenziert genug erkennt und richtig gewichtet[830]. Ebenso fraglich ist, ob der EU-Gerichtshof die Fernwirkungen und Akzeptanzschwierigkeiten seiner Urteile stets hinreichend antizipiert.

6. Missverständnisse und Schranken im Zusammenspiel der Ebenen

a) Problemaufriss

In die gegenteilige Richtung geht die Kritik, der EU-Gerichtshof erfülle seine Aufgabe nicht, da er sich in einigen Gebieten zu stark zurückhalte[831]. Teils entscheidet der EuGH in Kompetenzabgrenzung einzelne Fragestellungen und Fallkonstellationen nicht, um eine Vorlageflut als Folgenexus zu vermeiden. In diese Kategorie fällt etwa die Kritik, der

---

[826] Das am 1.3.2011 ergangene Urteil erklärt Art. 5 II der Richtlinie 2004/113/EG des Rates v. 13.12.2004 zur Verwirklichung des Grundsatzes der Gleichbehandlung von Männern und Frauen beim Zugang zu und bei der Versorgung mit Gütern und Dienstleistungen mit Wirkung vom 21.12.2012 für ungültig.

[827] Oben Fußn. 683, 722 und 761.

[828] *Lüttringhaus*, EuZW 2011, 296 (298).

[829] Im Bereich von Verbraucher- und Antidiskriminierungsrecht *Micklitz*, in: *Neergard/Nielsen/Roseberry* (Hrsg.), The Role of Courts in Developing a European Social Model – Theoretical and Methodological Perspectives, 2010, S. 25 ff.; zu unterschiedlichen Modellen von „welfarism" im Vertragsrecht *Reich*, in: *Schulze/Schulte-Nölke* (Hrsg.), European Private Law – Current Status and Perspectives, 2011, S. 57 ff.

[830] S. *Basedow*, in: Festschr. f. Hopt, Bd. I, 2010, S. 27 (41).

[831] Für den fundamentalen Bereich des Individualrechtsschutzes, wo viele Stimmen für eine Ausweitung plädierten, s. bereits oben Fußn. 175; s. auch *Ukrow*, Richterliche Rechtsfortbildung durch den EuGH – Dargestellt am Beispiel der Erweiterung des Rechtsschutzes des Marktbürgers im Bereich des vorläufigen Rechtsschutzes und der Staatshaftung, 1995, S. 127 ff.

EuGH bleibe mit seiner Zurückhaltung in der Entscheidung *Freiburger Kommunalbauten*[832] hinter seiner originären Aufgabe als Einheitsgarant und als Leitliniengeber auf dem Gebiet des Klauselrechts zurück[833].

Ebenfalls enttäuscht sehen sich die nationalen Gerichte. Sie wenden sich nicht selten mit übersteigerten Erwartungen an den EuGH, indem sie die Auslegung ihres nationalen Rechts und die Lösung des Rechtsstreites wie durch ein Rechtsmittelgericht erstreben[834]. Das Europarecht eröffnet ein weites Feld für Juristen, innerstaatliches Recht infrage zu stellen oder – wie es *Maduro* nennt – mittels des EuGH „einem alternativen Prozess der Entscheidungsfindung zu unterwerfen"[835].

Verdeutlicht wird die „Instrumentalisierung" des Europarechts für eigene Ziele oder (vorsichtiger formuliert) die Funktion des EU-Rechts als alternative Argumentationsquelle in den politischen und rechtlichen Diskursen[836], etwa durch die „Sunday Trading Saga"[837]. Die „Sunday Trading"-Fälle[838] betrafen die Vereinbarkeit britischer Verbote des Sonntagsverkaufs mit dem freien Warenverkehr. Die innerstaatliche Regelung konnte durch das EU-Recht infrage gestellt und neu diskutiert werden. Möglich war dies wegen der sehr weiten EuGH-Auslegung einer „Maß-

---

[832] EuGH, Rs. C-237/02, Slg. 2004, I-3403 – *Freiburger Kommunalbauten GmbH Baugesellschaft & Co. KG/Hofstetter*.

[833] *Basedow*, AcP 210 (2010), 157 (175): Weigerungshaltung; *ders.*, EuZ 2009, 86 (93 f.); zur Auslegung der Klauselrichtlinie noch eingehender im 4. Teil § 2 I.

[834] Insoweit auch nachdrücklich die Hinweise zur Vorlage von Vorabentscheidungsersuchen durch die nationalen Gerichte, ABl.EU 2011 Nr. C 160, S. 1, Rdnr. 7: „Die Rolle des Gerichtshofs im Vorabentscheidungsverfahren besteht darin, das Unionsrecht auszulegen oder über seine Gültigkeit zu entscheiden, nicht aber darin, dieses Recht auf den Sachverhalt anzuwenden, der dem Ausgangsverfahren zugrunde liegt; dies ist vielmehr Sache des nationalen Gerichts. Der Gerichtshof hat weder über Tatsachenfragen, die im Rahmen des Ausgangsrechtsstreits aufgeworfen werden, noch über Meinungsverschiedenheiten bezüglich der Auslegung oder Anwendung des nationalen Rechts zu entscheiden." S. auch die erste Anleitung für die Gerichte zur Vorlage einer Entscheidung an den EuGH, die 1996 den nationalen Gerichten übermittelt und in ZEuP 1998, 366 ff. abgedruckt wurde. Das Ziel dieser Hinweise ist es in Teilen auch – da die Entscheidung über die Vorlage ausschließlich im Ermessen der nationalen Gerichte liegt – entsprechende Zurückhaltung anzuregen (vgl. Generalanwalt *Jacobs*, Rs. C-338/95, Slg. 1997, I-6495, Rdnr. 20 – *Wiener/Hauptzollamt Emmerich*).

[835] *Maduro*, EuR 2007, 3 (18).

[836] *Maduro*, EuR 2007, 3 (18 f.).

[837] Dazu ausführlich *Micklitz*, The Politics of Judicial Co-operation, S. 43 ff.; *Maduro*, in: *Sciarra* (Hrsg.), Labour Law in the Courts – National Judges and the ECJ, 2000, S. 273 ff.; *ders.*, EuR 2007, 3 (14 f.); *Rawlings*, Journal of Law and Society 20 (1993), 309 ff.

[838] EuGH, Rs. 145/88, Slg. 1989, 3851 – *Torfaen Borough Council/B & Q plc*; EuGH, Rs. C-169/91, Slg. 1992, I-6635 – *Council of the City of Stoke-on-Trent und Norwich City Council/B & Q plc*.

nahme gleicher Wirkung wie mengenmäßige Beschränkungen", obschon der freie grenzüberschreitende Handel hier nicht unmittelbar beeinträchtigt war. Auf Vorlage eines Waliser Magistrates' Court hatte zunächst der EuGH die Beurteilung von Notwendigkeit und Angemessenheit der Maßnahme britischen Gerichten überlassen. Das führte jedoch zu divergierenden Entscheidungen im Vereinigten Königreich. Selbst das House of Lords sah sich außerstande, die Sache zu entscheiden und so kam die Frage erneut vor den EuGH. Hatte der EuGH in der ersten Entscheidung die Klärung den Nationalgerichten überlassen wollen, urteilte er nun kurzerhand – dem erneuten Drängen nachkommend – das Sonntagsverkaufsverbot sei zulässig.

b) Beispiel des Europäischen Vertragsrechts

Weitere Beispiele für Missverständnisse, Enttäuschungen und unklare Signale aus Luxemburg bilden die Entscheidungen *Schulte* und *Crailsheimer* zu den Rechtsfolgen des Widerrufs nach der Haustürgeschäfterichtlinie bei deutschen Schrottimmobilien[839], die weder Rechtssicherheit noch Rechtsfrieden schufen[840]. Die Vorlagen kamen nicht vom BGH, der keinen Grund sah, seine Rechtsprechung zu ändern, sondern vom LG Bochum und vom OLG Bremen. Obwohl die Rechtsfragen einen Gesamtkonflikt in Höhe eines zweistelligen Milliardenbetrags betrafen[841], hat der EuGH die wirkliche Dimension und dogmatische Komplexität des Problems wohl nicht recht erfasst[842].

Das Ergebnis blieb unbefriedigend: Einerseits hat der EuGH bestätigt, Verbraucher hätten wegen der fehlenden Widerrufsbelehrung grundsätzlich einen Anspruch auf „Wiederherstellung der ursprünglichen Situation"[843]. Offen blieb aber u.a., welche Wirkung das Widerrufsrecht bezüglich des Kreditvertrages auf den Kaufvertrag hat[844]. Auch darum reichten die Bewertungen der beiden Urteile von Meilenstein bis Enttäuschung. Es schienen fast mehr Probleme geschaffen, als gelöst, was auch die Flut an diesbezüglicher Literatur erklärt[845].

---

[839] EuGH, Rs. C-350/03, Slg. 2005, I-9215 – *Schulte/Deutsche Bausparkasse Badenia AG*; Rs. C-229/04, Slg. 2005, I-9273 – *Crailsheimer Volksbank eG/Conrads u.a.*

[840] So die Kritik etwa von *Benedict*, AcP 206 (2006), 58 ff.

[841] *Rösler*, RuP 2006, 29.

[842] S. *Micklitz*, Yearbook of Consumer Law 2008, 2007, S. 35 (39); zu den ähnlichen Kommunikationsproblemen in der *Heininger*-Saga und die Nachweise in Fußn. 881.

[843] EuGH, Rs. C-350/03, Slg. 2005, I-9215, Rdnr. 88 – *Schulte/Deutsche Bausparkasse Badenia AG*.

[844] *Micklitz*, Yearbook of Consumer Law 2008, 2007, S. 35 (39).

[845] *Rösler*, ZEuP 2006, 869 ff. m. w. Nachw.

Allerdings sind die Entscheidungsgrenzen zu beachten, die das beschränkte Mandat des EuGH sowie die zugrundeliegenden Rechtsakte
ziehen. Das verdeutlicht die *Quelle*-Entscheidung[846]. Danach verstößt der
deutsche Anspruch auf Wertersatz für die Nutzung bis zum Austausch des
gekauften Gutes[847] gegen die Verbrauchsgüterkaufrichtlinie. Vorliegend
sollen weniger die Reaktion des BGH und das Problem der *contra legem*-
Auslegung[848] interessieren, sondern die unionsrechtliche Ebene. Ausgehend von Wortlaut und Erwägungsgründen betont der EuGH den verbraucherschützenden Gehalt der Richtlinie. Für weitergehende und ausdifferenzierte Ausgleichsansprüche, wie vom BGB vorgesehen, ist angesichts
der verbraucherschützenden Zielsetzung der Richtlinie und dem Erfordernis der „Unentgeltlichkeit" der Herstellung eines vertragsgemäßen Zu-
stands kein Platz[849].

Aus nationaler Sicht fällt die *Messner*-Entscheidung differenzierter
aus[850]. Hierin ging es (auf Vorlage des AG Lahr) um den Nutzungsersatz
nach Ausübung eines auf die Fernabsatzrichtlinie zurückgehenden Wider-
rufsrechts[851]. Der Verkäufer kann nach der Entscheidung Wertersatz für
die entsprechende Benutzung der Ware nur verlangen[852], sofern der Ver-

---

[846] EuGH, Rs. C-404/06, Slg. 2008, I-2685 – *Quelle* (auf Vorlage des BGH); dazu
etwa *Möllers/Möhring*, JZ 2008, 919 ff.; *Herresthal*, ZEuP 2009, 598 ff.

[847] S. § 439 IV i.V.m. § 346 I a.E., II Nr. 1 BGB; s. aber die Gesetzesänderung durch
§ 474 II BGB im Zuge von EuGH, Rs. C-404/06, Slg. 2008, I-2685 – *Quelle*; s. auch die
richtlinienkonforme Rechtsfortbildung in BGHZ 179, 27 – *Quelle II*.

[848] BGHZ 179, 27 – *Quelle II*, und zwar grundlegend zur europarechtskonformen
Rechtsfortbildung, da wegen des Wortlautes der BGB-Vorschrift die (klassische) europarechtskonforme Auslegung nicht eröffnet war; im Einzelnen: „Der [...] Grundsatz der
richtlinienkonformen Auslegung verlangt von den nationalen Gerichten über eine
Gesetzesauslegung im engeren Sinne hinaus auch, das nationale Recht, wo dies nötig und
möglich ist, richtlinienkonform fortzubilden. Eine richtlinienkonforme Rechtsfortbildung
im Wege der teleologischen Reduktion [hier auf einen mit Art. 3 Verbrauchsgüterkaufrichtlinie vereinbarenden Inhalt] setzt eine verdeckte Regelungslücke im Sinne einer
planwidrigen Unvollständigkeit des Gesetzes voraus; eine solche planwidrige Unvollständigkeit kann sich daraus ergeben, dass der Gesetzgeber in der Gesetzesbegründung
ausdrücklich seine Absicht bekundet hat, eine richtlinienkonforme Regelung zu schaffen,
die Annahme des Gesetzgebers, die Regelung sei richtlinienkonform, aber fehlerhaft ist."
Dazu *Gebauer*, GPR 2009, 82 ff.; *Pfeiffer*, NJW 2009, 412 ff.; *Frenz*, EWS 2009, 222 ff.
Zur nationalen Methodik als Grenze der richtlinienkonformen Auslegung jüngst BVerfG,
NJW 2012, 669.

[849] S. etwa *v. Danwitz*, ZEuP 2010, 463 (474).

[850] EuGH, Rs. C-489/07, Slg. 2009, I-7315 – *Pia Messner/Firma Stefan Krüger*.

[851] Vor *Messner* zur Fernabsatzrichtlinie: Rs. C-336/03, Slg. 2005, I-1947 – *easyCar
(UK) Ltd/Office of Fair Trading*; nach *Messner*: Rs. C-511/08, Slg. 2010, I-3047 –
*Handelsgesellschaft Heinrich Heine GmbH/Verbraucherzentrale Nordrhein-Westfalen
e.V.*

[852] S. § 357 III BGB (in Abweichung zu § 346 II S. 1 Nr. 3).

braucher die Ware auf eine mit den „Grundsätzen des bürgerlichen Rechts", wie denen von Treu und Glauben oder der ungerechtfertigten Bereicherung, unvereinbare Art und Weise benutzt hat.

Was darunter zu verstehen ist, bleibt den nationalen Gerichten überlassen. Der EuGH gibt nur vor, dass die Wirksamkeit und die Effektivität des Rechts auf Widerruf nicht beeinträchtigt werden dürfen. Bei der weiteren Auslegung werden die nationalen Gerichte im Regen stehen gelassen[853]. Das entspricht aus inhaltlichen und gerichtsstrukturellen Gründen einem allgemeinen Trend: Der EuGH verweist an die nationalen Gerichte zurück und überlässt ihnen viel Spielraum bei der Auslegung unbestimmter Rechtsbegriffe[854], wie bereits beim Begriff von Treu und Glauben nach der Klauselrichtlinie erwähnt[855].

Unklar bleibt ebenfalls, auf welche Rechtsquelle sich die *Messner*-Grundsätze stützen[856]. Dieser Umstand ist umso brisanter, als sich die Frage stellt, ob hier nicht das Common law übergangen wird, stellen doch Treu und Glauben im englischem Recht[857] kein generell anerkanntes Rechtsprinzip dar[858]. Insofern ist das Urteil kontinentaleuropäisch geprägt. Für die künftige Entwicklung ist nicht auszuschließen, dass der EuGH weitere allgemeine Grundsätze des bürgerlichen Rechts entdecken wird[859], so wie er es in *Hamilton* bereits getan hat[860]. Damit werden zwar die

---

[853] *Stempel*, ZEuP 2010, 923 (943), der auf S. 932 die Formel von den „Grundsätzen des bürgerlichen Rechts wie denen von Treu und Glauben oder der ungerechtfertigten Bereicherung" als sibyllinisch bezeichnet.

[854] S. *Stempel*, ZEuP 2010, 923 (943); auch *Basedow*, AcP 210 (2010), 157 (175).

[855] Oben Fußn. 832.

[856] So *Stempel*, ZEuP 2010, 923 (932).

[857] Vgl. *Whittaker/Zimmermann* (Hrsg.), Good Faith in European Contract Law – Surveying the Legal Landscape, 2000.

[858] *Weatherill*, ERCL 6 (2010), 74 (78): „The Court could scarcely have chosen a legal concept that is better suited to inflame the debate about the EU's character as a mixed legal system, in which civilian and common law traditions need to find a method of co-habitation".

[859] *Weatherill*, ERCL 6 (2010), 74 (77): „readiness to develop the impact of a harmonised Directive beyond its explicit terms".

[860] EuGH, Rs. C-412/06, Slg. 2008, I-2383 – *Annelore Hamilton/Volksbank Filder eG*, Rdnr. 42, wo es zu den „allgemeinen Grundsätze[n] des Zivilrechts [... zählt], dass sich die vollständige Durchführung eines Vertrags in der Regel aus der Erbringung der gegenseitigen Leistungen der Vertragsparteien und der Beendigung des entsprechenden Vertrags ergibt." Hiernach findet sich wenig; s. etwa EuGH, Rs. C-215/08, Slg. 2010, I-2947, Rdnr. 48 – *E. Friz GmbH/Carsten von der Heyden*: „Wie nämlich der Bundesgerichtshof in seiner Vorlageentscheidung ausgeführt hat, soll diese Regel entsprechend den allgemeinen Grundsätzen des Zivilrechts für einen vernünftigen Ausgleich und eine gerechte Risikoverteilung zwischen den einzelnen Beteiligten sorgen".

Eigenheiten des Zivilrechts besser als vorher berücksichtigt[861]. Der EuGH wird aber weitere Kritik auf sich ziehen, vor allem wenn es bei den spärlichen Herleitungen, Definitionen und Folgenabschätzungen bleibt.

c) Ermittlung des acquis einerseits, vertikale Ratsuche andererseits

Im Zusammenhang mit den geschilderten, verschieden gelagerten Kommunikationsbrüchen und systemimmanenten Auslegungsgrenzen ist die von *Micklitz* vorgelegte qualitative Untersuchung über die Politik der Gerichtszusammenarbeit äußerst aufschlussreich. Hierin rekonstruiert *Micklitz* verschiedene Vorlageverfahren und kommt zu folgendem Befund: Nationalrichter legen dem EuGH oftmals Fälle vor, bei denen sie – wie von einem Rechtsmittelgericht – vertikalen Rat zur Lösung eines konkreten Lebenssachverhaltes suchen. Dabei wird die Aufgabe der Europäischen Gerichtsbarkeit missverstanden, die EU-Rechtsnormen auszulegen und Lösungen zu finden, die unionsweit, also horizontal richtig und akzeptabel sind[862].

Micklitz fasst wie folgt zusammen: „In eine Metapher übersetzt erscheinen die […] mitgliedstaatlichen Rechtsordnungen als vertikale Säulen. Das Gemeinschaftsrecht dagegen ist eine horizontale [d.h. eine auf diesen vertikalen Rechtsordnungen aufliegende] Rechtsordnung, die für alle […] Staaten gleichermaßen Antworten bereit halten muss. Die unterschiedliche Perspektive vertikal/horizontal führt zu Kommunikations- und Verständnisschwierigkeiten, aber auch zu Brüchen und Verwerfungen in den nationalen Rechtsordnungen."[863] Damit erwarten die nationalen Gerichte (und die jeweiligen Parteien) vielfach eine Antwort vom EuGH, die zur Lösung ihres konkret zu entscheidenden Problems beiträgt. Dies kann der an den *acquis communautaire* gebundene Gerichtshof dagegen meist nicht leisten und flüchtet in vage Richtungsvorgaben und grobe Auslegungsformeln, weshalb Enttäuschungen, Kritik und Umsetzungsprobleme vorprogrammiert sind.

IV. Zusammenfassende Bewertung

1. Akzeptanzsichernde Maßnahmen

Der EU-Gerichtshof hat mindestens drei Ziele: erstens die zielgerichtete Förderung der Integration i.S.d. Verträge, zweitens die Sicherstellung der

---

[861] Unklar, ob das nationale Recht in Bezug genommen ist (dafür *Hellwege*, GPR 2010, 74 [77]) oder Grundsätze des Unionsrechts (*Faust*, JuS 2009, 1049 [1052]).

[862] Näher zu „vertical national problem-solving" und „horizontal European Legal Order building" *Micklitz*, The Politics of Judicial Co-operation, S. 41, 446 ff.

[863] *Micklitz*, in: *ders.*, Europarecht *case by case*, S. 5; Ergänzung aus *ders.*, GPR 2007, 2 (11).

Anwendung und Einhaltung des EU-Rechts durch die nationalen Gerichte (und sonstigen Einrichtungen) im dezentralen System der Rechtsgewährleistung sowie drittens die Sicherstellung einer inneren Richtigkeit und Kohärenz seiner Entscheidungen, die unmittelbar mit seiner Legitimität verknüpft ist[864]. Die integrative Funktion des EuGH wird von der Flut der Fälle, ihrer Komplexität und der gerichtsinternen Verfahrensausgestaltung beeinträchtigt.

Dies wirkt sich auf die fragile politische und rechtliche Akzeptanz in den Mitgliedstaaten und allgemeiner auf die Legitimation des Gerichtshofs aus. Die Legitimation ist auch wegen des offenen Problems der Kompetenz-Kompetenz[865] nicht so sicher, wie sie auf ersten Blick scheint[866]. Da die Europäische Union neben dem EuGH, dem EuG und dem EuGöD noch kein eigenes, instanziell ausgebildetes Gerichtssystem hat, hängt der Erfolg des Unionsrechts entscheidend von der Einhaltung des Loyalitätsprinzips in Art. 4 III EUV[867] ab, d.h. von der Mitarbeit der zahlreichen vorlegenden Gerichte in den Mitgliedstaaten. Sie müssen überzeugt sein von der Fruchtbarkeit, mit dem EuGH in einen Austausch zu treten.

Als problematisch erweist sich der teils immer noch recht minimalistische, apodiktische Begründungsstil. Wohlbekannt ist hier der Einfluss der französischen Rechtstradition auf den EuGH, der sich – neben dem dialogischen Aufbau mit Gericht und Generalanwalt – eben auch beim Stil[868] der Entscheidungen zeigt. Augenscheinlich wird dieser französische Stil bereits bei einem ersten Blick auf die Urteile des Cour de Cassation, die regelmäßig kürzer als eine Seite sind. Hier hat der EuGH seine knappe, deduktive und autoritäre Argumentationsweise entlehnt. Allerdings finden sich seit einigen Jahren auch umfangreiche Entscheidungen. Damit entfernt sich der EuGH weiter vom radikal knappen Ansatz der französischen Gerichte.

Die argumentative Kürze ist freilich nicht nur Folge des französisch-rechtlichen Einflusses auf den Gerichtshof, sondern auch den erschwerenden Umständen eines internationalen Organs geschuldet, das (in der jeweiligen Besetzung des Spruchkörpers) einstimmig entscheiden muss. Denn die Mehrsprachigkeit, die unterschiedlichen Herkünfte der Richter mitsamt ihren unterschiedlichen Rechtstraditionen, Werten und Methoden-

---

[864] S. *Stone Sweet*, Living Reviews in European Governance 2010, 24; zur Funktion der EU-Gerichtsbarkeit bereits oben 1. Teil § 2 III.

[865] BVerfGE 89, 155 – *Maastricht*.

[866] Dazu soeben 2. Teil § 3 II.

[867] Zu den Verpflichtungen der Mitgliedstaaten v. *Bogdandy/Schill*, in: *Grabitz/Hilf/ Nettesheim* (Hrsg.), Das Recht der Europäischen Union, 41. Erg.-Lfg. (2010), Art. 4 EUV, Rdnr. 55 ff.

[868] Zum Stil von Entscheidungen noch 4. Teil § 1 III.

gewichtungen sowie das Fehlen eines Sondervotumsrechts[869] lassen knappe, manchmal auch vage Formulierungen als verlockende Lösung oder – im Fall unterschiedlicher Rechtsauffassungen – gar als einzigen Ausweg erscheinen[870]. Obwohl es Aufgabe des EU-Gerichtshofs ist, die Plausibilität, Überzeugungskraft und Akzeptanz des EU-Rechts zu sichern[871], erschweren knappe, vage oder vielstimmige Urteile die Akzeptanz der Entscheidungen.

Die EU fußt auf der Autorität des Rechts, da ihre Zwangsmittel gegenüber den Mitgliedstaaten wie aufgezeigt beschränkt sind. Zur Sicherung seiner legitimen Autorität sollte sich der Urteilsstil des EU-Gerichtshofs von einem eher formalen[872] und autoritativen Ton weg und hin zu einem gewinnenderen argumentativen Stil entwickeln[873]. Defizite zeigt etwa die Begründung des EuGH in der Rechtssache *Simone Leitner*[874], dass die Pauschalreiserichtlinie auch einen immateriellen Schadensersatz gewährt. Der EuGH beschränkte sich auf Argumente aus der Pauschalreiserichtlinie selbst. Dabei wäre es dem Gerichtshof ein Leichtes gewesen, auf die rechtsvergleichenden Ausführungen des Generalanwalts *Tizzano* zurückzugreifen, die auch auf internationale Konventionen und nationale Gesetzgebungsakte abstellten[875].

Als weiteres Defizit unterlassen vielfach – so z.B. in *Mangold* und *Audiolux* aus dem Arbeits- und Gesellschaftsrecht – sowohl die Schlussanträge als auch die Urteile Ausführungen über die Interessenlage, dabei würde gerade die Reflexion und die Abwägung von Interessen sowie die Offenlegung der maßgeblichen Wertungsgrundlagen die inhaltliche Überzeugungskraft der Urteile stärken[876]. Die Transparenz und Berechenbarkeit der EuGH-Rechtsprechung ließe sich durch einen entsprechend höheren Begründungsaufwand[877] und ein stärkeres Bemühen um Systemadäquanz fördern. Auch lässt der EuGH die Sensibilität für die Eigenheiten[878] und die Rechtssicherheitserfordernisse des Zivilrechts vermissen[879].

---

[869] Die Möglichkeit einer Einführung abweichender Richtermeinungen wird noch im 4. Teil § 2 II 3 diskutiert.

[870] *Streinz*, ZEuS 2004, 387 (407); *ders.*, AöR 135 (2010), 1 (25).

[871] S. *Everling*, EuR 1994, 127 (143).

[872] Vgl. *Basedow*, in: Festschr. f. Hopt, Bd. I, 2010, S. 27 (41).

[873] *Everling*, EuR 1994, 127 (143).

[874] EuGH, Rs. C-168/00, Slg. 2002, I-2631 – *Simone Leitner/TUI Deutschland*.

[875] *Basedow*, EuZ 2009, 86 (93); *ders.*, AcP 210 (2010), 157 (176 f.).

[876] *Basedow*, in: Festschr. f. Hopt, Bd. I, 2010, S. 27 (37), der dazu auf die Lehren der Interessenjurisprudenz verweist (S. 40).

[877] Dafür insbesondere bei den Prinzipien des Europäischen Privatrechts als Ordnungs- und Optimierungsgebote *Rösler*, ZEuS 2006, 341 (360 f.).

[878] *Basedow*, EuZ 2009, 86 (94).

[879] Vgl. zur Rechtssicherheit als allgemeinen Rechtsgrundsatz *Basedow*, ZEuP 1996, 570 ff.

Für die betroffenen Verkehrskreise als auch die entscheidenden Richter erweist sich das EU-Recht recht häufig als Überraschung, d.h. als „jack in the box", der einem unvermittelt entgegenspringt[880]. In diesem Zusammenhang sei aufmerksam gemacht auf die nationalrechtlichen Probleme beim verbraucherschützenden Widerrufsrecht im Zuge der *Heininger*-Saga[881] oder die methodisch mutige[882] europarechtskonforme Rechtsfortbildung des BGH infolge der *Quelle*-Entscheidung[883], die naturgemäß auf Kosten der Rechtsunterworfenen geht[884]. Auch die jüngst ergangene *Weber*-Entscheidung[885] des EuGH zur Reichweite des Anspruchs auf Ersatzlieferung lässt viele Fragen offen[886] und ist in der Begründung verbesserungswürdig[887].

Zu den akzeptanzsichernden Maßnahmen kann als Fazit gezogen werden: Die Europäische Gerichtsbarkeit ist, mehr als gemeinhin angenommen, charakterisiert durch labile Gleichgewichtsverhältnisse, die durch neue Politikfelder, neue Mitglieder und herausfordernde Entscheidungen des EU-Gerichtshofs (oder auch mitgliedstaatlicher Gerichte) gestört werden und imstande sind, die Loyalitätsstränge zwischen mitgliedstaatlichen Gerichten und der EU zu lockern. Der EuGH ist – als Teil einer großen Governance-Aufgabe in der EU – Wahrer des institutionellen Gleichgewichts. Die kritisierten Entscheidungen sind im Wege des Verfahrens nach Art. 267 AEUV ergangen. Auf Grundlage dieser durch den EWG-Vertrag neu geschaffenen Kompetenz zur Auslegung des Sekundärrechts, der indirekten Überprüfung des mitgliedstaatlichen Rechts sowie unter Rückgriff auf allgemeine Rechtsgrundsätze[888] konnte der EuGH je-

---

[880] *Wilhelmsson*, in: Liber amicorum Norbert Reich, 1997, S. 177 ff.

[881] EuGH, Rs. C-481/99, Slg. 2001, I-9945 – *Heininger*; dazu im vorliegenden Kontext *Micklitz*, Yearbook of Consumer Law 2008, 2007, S. 35 (37 ff.). S. auch *Reich*, in: *Furrer* (Hrsg.), Europäisches Privatrecht im wissenschaftlichen Diskurs, 2006, S. 371 ff.; *Reich*, in: *Brownsword/Micklitz/Niglia/Weatherill* (Hrsg.), The Foundations of European Private Law, 2011, S. 221 (230 ff.).

[882] So zustimmend *Pfeiffer*, NJW 2009, 412 (413).

[883] BGHZ 179, 27 – *Quelle II*; s. dazu oben Fußn. 848.

[884] Von der richterlichen Privatrechtsangleichung auf Kosten Privater ist die Rede; so *Freitag*, EuR 2009, 796 ff.

[885] EuGH, verb. Rs. C-65/09 und C-87/09, NJW 2011, 2269 (noch nicht in amtlicher Sammlung veröffentlicht) – *Gebr. Weber GmbH/Jürgen Wittmer u.a.*; darauf BGH, NJW 2012, 1073 (für BGHZ vorgesehen).

[886] *Faust*, JuS 2011, 744 (747 f.).

[887] *Greiner/Benedix*, ZGS 2011, 489 (497).

[888] *Basedow*, EuZ 2009, 86 (87) führt dazu aus, auch unter Verweis auf die vormalige Rechtslage im Vertrag über die Europäische Gemeinschaft für Kohle und Stahl: „Insofern zeichnet sich das Vorlageverfahren, in dem sich der Gerichtshof mit einer großen und immer weiter steigenden Zahl von fragmentarischen Gemeinschaftsrechtsakten auseinandersetzen muss, durch eine inhärente Neigung zur Ausweitung des Gemeinschafts-

doch auch verschiedene Rechtsinstitute entwickeln, die sich bei den Mitgliedstaaten vertrauenssteigernd auswirken[889].

2. Sachgerechte Balance

Von der Erosion des Privatrechts durch das Europarecht, an der der EU-Gerichtshof entscheidenden Anteil habe, ist die Rede[890]. Damit ist auch teilweise das Versagen des Unionsgesetzgebers angesprochen, der systematisch unpassendes[891], offenes und stark auslegungsbedürftiges Sekundärrecht erlässt. Das trägt zu der institutionellen Gewichtsverlagerung zugunsten des Gerichtshofs bei[892].

Der EU-Gerichtshof hat die Rolle als neutraler Schiedsrichter zwischen der Union und den Mitgliedstaaten weiterhin zu elaborieren[893]. Die teils harsche fachliche und öffentliche Kritik am EuGH und seiner integrations-, also zweckgebundenen Auslegung und Rechtsfortbildung verdeutlicht, dass die zentrifugalen Kräfte in der EU zunehmen[894]. Dabei wird der Europäischen Gerichtsbarkeit gelegentlich die Quadratur des Kreises abverlangt. Vertikale und horizontale Interessen sind zu berücksichtigen, d.h.

---

rechts an sich aus. Diese Beobachtung bezieht sich dabei nicht auf bestimmte kritisierte Urteile, sondern beschreibt den durch die Mitgliedstaaten aufgestellten institutionellen Rahmen, der die Ausweitung des Gemeinschaftsrechts begünstigt".

[889] Dazu zählen etwa die Gebote der Waffengleichheit und der Rechtssicherheit. *Lenaerts*, CML Rev. 41 (2004), 317 (343): „trust-enhancing principles constitute primarily different expressions of the meta-fundamental right of due process, the exercise of which is regulated by the pivotal principle of proportionality." *Lenaerts* erörtert dort auch – unter S. 324 ff. – das Prinzip der Waffengleichheit (EuG, Rs. T-30/91, Slg. 1995, II-1775 – *Solvay/Kommission*; Rs. T-36/91, Slg. 1995, II-1847 – *ICI/Kommission*) und das Gebot der Rechtssicherheit – unter S. 340 ff.; s. zu Letzterem im Bereich des europäischen Wirtschaftsrechts *Basedow*, ZEuP 1996, 570 ff.; zum Verbot des Rechtsmissbrauchs (ausgehend von der Gesellschaftsrechtsrichtlinie) *Ranieri*, ZEuP 2001, 165 ff.; zum Rechtsmissbrauch zwischen gemeineuropäischem Privatrecht und Unionsrecht *Fleischer*, JZ 2003, 865 ff.; s. weiter umfassend zu allgemeinen Rechtsgrundsätzen im Unionsprivatrecht *Metzger*, S. 323 ff.; dazu, dass die Europäische Gerichtsbarkeit die Grundrechte als allgemeine Rechtsgrundsätze zu beachten hat, erstmals EuGH, Rs. 11/70, Slg. 1970, 1125 – *Internationale Handelsgesellschaft*; dazu, dass die Grundrechte eine immanente Schranke der wirtschaftlichen Grundfreiheiten darstellen EuGH, Rs. C-112/00, Slg. 2003, I-5659 – *Schmidberger*.

[890] *Honsell*, ZIP 2008, 621 ff.

[891] *Rösler*, Europäisches Konsumentenvertragsrecht, S. 218 ff.; weiter zu den Systemproblemen *Tröger*, ZEuP 2003, 525 ff. (am Beispiel der Verbrauchsgüterkaufrichtlinie).

[892] *Mayer*, in: *Grabitz/Hilf/Nettesheim*, Art. 19 EUV, Rdnr. 70.

[893] S. *Wieland*, NJW 2009, 1841 (1841), der – wie viele – vertritt, der EuGH haben diese Rolle noch nicht gefunden.

[894] So auch *Basedow*, EuZ 2009, 86 (88).

die „Herrschaft" des Unionsrechts ebenso wie die berechtigten Interessen der Mitgliedstaaten[895].

Allerdings geht es heute – anders als in der Aufbauphase – eher nicht um den grundlegenden Ausbau des Unionsrechts, so wichtig die Emanzipation von dem internationalen Recht aus dem „Geist" der Verträge auch war[896]. Es bleibt mehr als ein Unbehagen[897] bei Urteilen wie *Mangold*, die ohne Grund und nicht überzeugend über das Ziel hinausschießen. Statt der grundlegenden Urteile im Stil von *Van Gend & Loos* und *Costa/E.N.E.L.* sind nun kleinteiligere Entscheidungen vonnöten, und zwar unter Beachtung der Verhältnismäßigkeit und Subsidiarität. Dass der EuGH dabei weiterhin Kritik auf sich zieht, ist angesichts der beiden Großtendenzen von einer stärkeren Detailregulierung (etwa im Bereich des Europäischen Vertragsrechts) und Politisierung des EU-Rechts unvermeidbar. Konnte er in früheren Zeiten vielfach Zurückhaltung bei Fragen üben, die „allgemeine politische, wirtschaftliche und soziale Wertungen und Ermessensentscheidungen betreffen"[898], so stößt er nun immer häufiger in diese Sphäre vor und muss Wert- und Gerechtigkeitsfragen selbst beantworten.

3. Künftige institutionelle Fragestellungen

Die vorstehenden Ausführungen über die Verschiebung der fachlichen Herausforderungen (§ 1), die Entscheidungslast bei den Europäischen Gerichten (§ 2) sowie der gleich zum Abschluss gebrachte § 3 zur Akzeptanz von EuGH-Entscheidungen verdeutlichen die Grenzen des bisherigen Gerichtssystems. Der EuGH ist mit steigender Spezialisierung bei großer Verfahrenslast und seit einigen Jahren auch gewisser Öffentlichkeit stark gefordert, um den Besonderheiten des Europäischen Privat-, Verfahrens- und Kollisionsrechts differenziert gerecht zu werden. Vielfach fehlen schlicht der Sachverstand und die Zeit für eine eingehende Gesamtanalyse der komplexen Rechtssachen.

Dies erkennt vermehrt auch die kritische Literatur. So etwa im Gesellschaftsrecht: „Die grobe Verkennung gesellschaftsrechtlicher Schutzinstrumentarien in *Centros* und *Inspire Art* folgt wohl auch daraus, dass dem Gericht und den Mitarbeitern die nötige Sachkunde fehlt."[899] Hier kann es nicht darum gehen, ob der EuGH tatsächlich das Gläubigerschutzrecht

---

[895] Dass der EuGH zwei Herren dient, vertreten *Garret/Kelemen/Schulz*, International Organization 52 (1998), 149 ff.; zu der Frage auch *Wagener/Eger*, S. 226.

[896] Das heutige Recht der EU ist – bei aller Zersplitterung – stark ausgebaut; etwa wenn man an die kodifizierten Grundrechte denkt.

[897] S. ferner *Ladeur*, EuR 1995, 227 (237): das Richterrecht des EuGH könnte sich „als ein Superrecht darstellen, das durchaus düstere Perspektiven eröffnet".

[898] Noch *Everling*, RabelsZ 50 (1986), 193 (229).

[899] *Rüffler*, in: *Harrer/Gruber*, S. 85 (106).

missachtet hat oder nicht. Entscheidend ist dagegen, dass sich in einigen Kreisen der Eindruck eines überforderten und schlecht begründet agierenden Gerichtshofs verdichtet. Das unterwandert eben auch die institutionelle Legitimität des Gerichtshofs und die Funktionsfähigkeit des Vorlageverfahrens insgesamt. Bereits diese Umstände sprechen für eine Spezialisierung in Form neuer EU-Gerichte oder Kammern, worauf der 3. Teil im Einzelnen zu sprechen kommt.

§ 4: Abweichende Vorlagehäufigkeit

I. Ausgangspunkt: Befund in absoluten Zahlen

Das vierte Problem liegt in den signifikanten Abweichungen bei der Vorlagebereitschaft der mitgliedstaatlichen Gerichte. Die unterschiedlichen Vorlageraten verdeutlichen den schwierigen, letztlich unausgeglichenen vertikalen Dialog der Gerichtsebenen in der föderalisierten Union. Darin liegt auch die Gefahr eines mangelnden Vollzugs des EU-Rechts. Die empirische Auswertung der Vorlagezahlen seit 1961 zeigt nämlich: Die Gerichte einiger Mitgliedstaaten legen dem EuGH durchgehend deutlich weniger vor als die Gerichte anderer Mitgliedstaaten. Ursachen für die Abweichungen könnten der Beitrittszeitpunkt des jeweiligen Mitgliedstaats, seine Größe, seine wirtschaftliche Aktivität, seine sozialen Konflikte oder seine spezifischen Interessenlagen bilden.

Auch unabhängig von solchen außerrechtlichen Faktoren bestehen substanzielle Unterschiede zwischen den relativen Vorlagezahlen. Von zusätzlicher Bedeutung sind nämlich ebenso die nationalen Gerichtsstrukturen, die Gerichtskosten, die juristische Ausbildung und das juristische „Milieu" im Allgemeinen. Das führt zu einer ungleichen Beachtung und Anwendung des EU-Rechts und zu einer der Beschränkung des Zugangs zum (EU-)Recht – sogar in einigen der Gründungsmitglieder. Diese Benachteiligung gilt umso mehr für neue Mitgliedstaaten, deren Gerichte noch recht sporadisch vorlegen.

Die nachfolgende Tabelle verdeutlicht die Unterschiede in absoluten Zahlen[900]. Auffällig ist die Spitzenstellung deutscher Gerichte: Im Referenzjahr 2010 kamen 71 von 385 Vorlageersuchen aus Deutschland. Bei den Gesamtzahlen von 1961 (erste Vorlage) bis 2010 liegt Deutschland ebenso vorn. Die weiteren Spitzenplätze in der Gesamtsumme nehmen gleichfalls Gründungsstaaten ein: Auf den Plätzen 2–5 befinden sich Italien, Frankreich, die Niederlande und Belgien. Das Vereinigte Königreich, das erst später (bekanntlich 1973) beitrat und schon allein deswegen

---

[900] Die Angaben sind wieder den Jahresberichten des Gerichtshofs entnommen.

insgesamt weniger Vorabentscheidungen eingeholt haben kann, folgt auf Platz 6. Die nachfolgende Tabelle zeigt die jährlichen Vorlagen seit 2000 im Detail an, während in der letzten Zeile die Summe aller Vorlage-ersuchen ab der ersten Vorlage im Jahr 1961 bzw. ab dem Beitritt des Mitgliedstaats[901] aufgeführt ist.

Tabelle 3: Eingang von Vorlageverfahren nach Mitgliedstaaten

	BE	DE	FR	IT	LU	NL	DK	IE	UK	EL	ES	PT	AT	FI	SE
2000	15	47	12	50	0	12	3	2	26	3	5	8	31	5	4
2001	10	53	15	40	2	14	5	1	21	4	4	4	57	3	4
2002	18	59	8	37	4	12	8	0	14	7	3	3	31	7	5
2003	18	43	9	45	4	28	3	2	22	4	8	1	15	4	4
2004	24	50	21	48	1	28	4	1	22	18	8	1	12	4	5
2005	21	51	17	18	2	36	4	2	12	11	10	2	15	4	11
2006	17	77	24	34	1	20	3	1	10	14	17	3	12	5	2
2007	22	59	26	43	0	19	5	2	16	8	14	3	20	5	6
2008	24	71	12	39	4	34	6	1	14	9	17	1	25	4	7
2009	35	59	28	29	0	24	3	0	28	11	11	3	15	2	5
2010	37	71	33	49	9	24	10	4	29	6	22	10	15	6	6
Σ	651	1802	816	1056	73	767	135	55	505	151	244	77	363	64	87

	CY	CZ	EE	HU	LT	LV	MT	PL	SI	SK	BG	RO
2004	0	0	0	2	0	0	0	0	0	0		
2005	0	1	0	3	0	0	0	1	0	0		
2006	0	3	0	4	1	0	0	2	0	1		
2007	0	2	2	2	1	0	0	7	0	1	1	1
2008	1	1	2	6	3	3	0	4	0	0	0	0
2009	1	5	2	10	3	4	1	10	2	1	8	1
2010	0	3	0	6	2	3	0	8	1	5	9	17
Σ	2	15	6	33	10	10	1	32	3	8	18	19

---

[901] Die Mitgliedstaaten werden dabei wie folgt abgekürzt: AT = Österreich; BE = Belgien; BG = Bulgarien; CY = Zypern; CZ = Tschechische Republik; DE = Deutschland; DK = Dänemark; EE = Estland; EL = Griechenland; ES = Spanien; FI = Finnland; FR = Frankreich; HU = Ungarn; IE = Irland; IT = Italien; LT = Litauen; LU = Luxemburg; LV = Lettland; MT = Malta; NL = Niederlande; PL = Polen; PT = Portugal; RO = Rumänien; SE = Schweden; SI = Slowenien; SK = Slowakei; UK = Vereinigtes Königreich.

II. Umgerechnete Vorlagepraxis

1. Föderaler Bezugspunkt und Methodik

Bei den abstrakten Vorlageraten führen mit Deutschland, Italien und Frankreich die großen Gründungsmitgliedstaaten. Verabschiedet man sich dagegen von einer an der Staatenkategorie geprägten Sichtweise, eröffnet sich ein anderer Blick auf die Beteiligung am Dialog mit der Europäischen Gerichtsbarkeit. Dazu müssen erst die Verfahrenszahlen zu einer anderen Größe in Bezug gesetzt werden. Ein wichtiger Faktor – der auch im Ministerrat und mehr noch bei den Sitzen im EU-Parlament Berücksichtigung findet – ist die unterschiedliche Bevölkerungsgröße der Mitgliedstaaten. Schließlich variiert die Einwohnerstärke der Staaten Europas zwischen Malta als kleinstem und Deutschland mit 82 Millionen als größten Mitgliedstaat beträchtlich. Damit bietet die Umrechnung der absoluten Zahlen in relative, d.h. auf die Bevölkerungsgröße bezogene Zahlen einen interessanten Perspektivwechsel.

Denkbar sind auch andere Umrechnungsfaktoren. Doch für den wohl naheliegendsten Faktor, nämlich die absolute Zahl der (Zivil-)Prozesse in den Mitgliedstaaten, fehlt trotz intensiver Recherche die verlässliche, klare und vergleichbare Datengrundlage[902]. Wenn die Anzahl der Zivilprozesse durch die Mitgliedstaaten überhaupt ermittelt wird, so werden doch erheblich abweichende Erhebungsmethoden angewandt[903]. Bei der Bevölkerungsgröße handelt es sich dagegen um einen klar definierten[904] Relationsfaktor, der fraglos über die unterschiedliche Prozesshäufigkeit in den Mitgliedstaaten ebenso hinwegsieht wie über die Rate der Rechtsmitteleinlegung und die Frage der fachlichen Ausdifferenzierung der Gerichtssysteme.

Für die Bevölkerungsgröße als Umrechungsfaktor spricht: Wenn die Union, wie hier vertreten, stark föderale Züge trägt, so ist auch die Frage nach der gleichmäßigen Beteiligung ihrer mitgliedstaatlichen Gerichte

---

[902] Eine Kommission des Europarats erhebt einige Daten. Doch die Studie *Council of Europe/European Commission for the Efficiency of Justice (CEPEJ)*, European judicial systems – Edition 2010 (data 2008): Efficiency and quality of justice, 2010 hilft für die nationale Gesamtzahl von Zivilverfahren nicht weiter und weist auch ansonsten einige Lücken auf. Vgl. die Einschätzung von *Uzelac*, International Journal of Procedural Law 1 (2011), 106 ff. Für die ältere Datenlage einiger Mitgliedstaaten *Blankenburg*, in: *Cottier/Estermann/Wrase* (Hrsg.), Wie wirkt Recht?, 2010, S. 61 (75) und zur Berufungsquote S. 85.

[903] Zur Prozesshäufigkeit einiger Mitgliedstaaten dennoch die Untersuchung unten 2. Teil § 4 III 4 c) cc).

[904] Die Mitgliedstaaten orientieren sich an Vorgaben von UN und Eurostat, wobei die einzelnen Erhebungs- und Berechnungsmethoden im Detail abweichen, s. *Eurostat*, Europe in figures – Eurostat Yearbook 2010, 2010, S. 160.

angezeigt. Auch die *Lissabon*-Entscheidung des BVerfG setzt die Größe eines Staates in Beziehung zum EuGH. Stichwort ist hier – freilich anders gelagert[905] – die strukturell bedingte Überföderalisierung der EU. Danach üben nicht alle Staaten den gleichen bevölkerungsentsprechenden Einfluss aus und insbesondere kleine Staaten haben ein überstarkes Gewicht in allen Organen der Union.

Das BVerfG führt aus: „Die Demokratie der Europäischen Union ist zwar föderalisierten Staatsmodellen angenähert; gemessen am Grundsatz der repräsentativen Demokratie wäre sie aber erheblich überföderalisiert. Der Grundsatz der Staatengleichheit bleibt bei der personellen Zusammensetzung des Europäischen Rates, des Rates, der Kommission und des Gerichtshofs der Europäischen Union an prinzipiell gleiche nationale Bestimmungsrechte gekoppelt. [...] Der Gerichtshof muss auch nach Inkrafttreten des Vertrags von Lissabon beispielsweise immer nach dem Grundsatz ‚ein Staat, ein Richter‘ und unter bestimmendem Einfluss der Staaten unabhängig von der Zahl ihrer Einwohner personell besetzt werden.“[906] Diese Bemerkung zur Repräsentation am EU-Gerichtshof betrifft die (horizontale) EU-Ebene. Darauf ist später zurückzukommen[907]. Hier geht es mit der Beteiligung nationaler Gerichte um die vertikale Achse, und zwar in einer von unten ansetzenden, sog. Graswurzel- oder „bottom-up"-Perspektive[908].

Zur entsprechenden Bemessung des Vorlageverhaltens und der föderalen Beteiligung am Dialog mit dem EU-Gerichtshof ist die Bevölkerungsgröße ein sachlich gut nachvollziehbarer Umrechnungsfaktor, der die Verzerrung durch die Nationengröße eliminiert. Zur Festlegung einer Größenordnung bieten sich Schritte von einer halben Million Bürgern an. Methodisch angeregt ist dies durch die ältere, nur bis 1998 reichende politikwissenschaftliche Untersuchung „Establishing the Supremacy of European Law" von *Alter*[909], wenngleich sich in der Literatur auch andere Einheiten finden[910].

---

[905] Bereits oben 2. Teil § 3 II 1 und III 1.

[906] BVerfGE 123, 267 (376) – *Lissabon*.

[907] 3. Teil § 2 IV 6 b) und 4. Teil § 2 III 2.

[908] Vgl. oben Fußn. 24.

[909] S. *Alter*, Establishing the Supremacy, S. 35, die zudem – wie hier – in Zehnjahresabschnitte unterteilt ist.

[910] *Dehousse*, S. 32 nimmt in seiner Gesamtanalyse (d.h. ohne Jahrzehntschritte) der EU-12 in den Jahren 1990 bis 1995 den Schlüssel von 400.000 Einwohnern. *Wind/ Sindbjerg Martinsen/Rotger*, European Union Politics 10 (2009), 63 (66) wählen für Ihre Gesamtuntersuchung der EU-15 in den Jahren 1961 bis 2004 die Einheit von einer Million. *Broberg/Fenger* entschieden sich dagegen bei ihrer Gesamttabelle auf S. 39 für die Größe von zehn Millionen Einwohnern. Da hier ohnehin nur die einzelnen relativen

Nach besagtem Umrechnungsschlüssel stellt sich folgende Frage: Wie viele Vorlagen[911] erreichen die EU-Gerichtsbarkeit pro 500.000 Einwohner einer Nation innerhalb eines bestimmten Zeitraums? Zur gewissen Minimierung von letztlich zufälligen Schwankungen, die sich von Jahr zu Jahr naturgemäß ergeben, wird dabei ein Durchschnitt für ein Jahrzehnt gebildet. Zudem lässt sich auch die Dynamik des Vorlageverhaltens, d.h. Auf- und Abschwünge, ein Stück weit nachzeichnen. Darum werden die Unterschiede in den Grafiken 3 bis 6 mit Zehnjahresschritten visualisiert. Die Grafiken wurden auf Grundlage einer eigens erstellten Datenbank mit einem Tabellenkalkulationsprogramm generiert.

Zunächst wird die Vorlagefrequenz der „alten" Mitgliedstaaten in den Blick genommen. Diejenigen Mitgliedstaaten, die erst infolge der weltpolitischen Zeitenwende 1989/1990 der Union beitraten, hatten und haben weiterhin spezifische Transformationsprobleme, weshalb sie gesonderte Beachtung finden. Zu bedenken ist hier zudem: Die Staaten Estland, Lettland, Litauen, Tschechische Republik, Slowakei und Slowenien wurden in ihrer heutigen Form überhaupt erst nach 1990 gegründet. Was die Verfahrenszahlen anbelangt, werden die Rohdaten herangezogen, die sich aus dem Jahresbericht des Europäischen Gerichtshofs als Gesamtentwicklung der Rechtsprechungstätigkeit unter der Rubrik „Neu eingegangene Rechtssachen und Urteile" entnehmen lassen. Grundlage für den Faktor „Gesamtbevölkerung" sind für jedes Jahr die exakten Bevölkerungszahlen von Eurostat, dem statistischen Amt der Europäischen Union[912].

Der übliche und auch hier bemühte Begriff der „alten" Mitgliedstaaten ist allerdings zu undifferenziert. Selbst innerhalb der fünfzehn Staaten, die bis zur Osterweiterung am 1.5.2004 allein Mitglieder der EU waren, sind die sechs Gründungs- von den späteren Beitrittsstaaten zu unterscheiden. Darum wird die EU der sechs Gründungsstaaten (EU-6) in Grafik 3 gesondert dargestellt. Die erste Erweiterung, d.h. die Norderweiterung zum

---

Werte untereinander verglichen werden sollen, ist die gewählte Größenordnung des Teilers freilich von geringer Bedeutung.

[911] Dabei bleibt die vom Benelux-Gerichtshof eingegangene EuGH, Rs. C-265/00, Slg. 2004, I-1699 – *Campina Melkunie* unberücksichtigt.

[912] Datenreihe „Bevölkerung nach Geschlecht und Alter am 1. Januar eines jeden Jahres", abrufbar unter http://epp.eurostat.ec.europa.eu/portal/page/portal/population/ data/database. Deutschland ist ab dem 3.10.1990 mit eventuellen Vorlageverfahren aus dem Gebiet der ehemaligen DDR berücksichtigt, mit deren Bevölkerung ab 1991. Da Eurostat rückwirkend die Bevölkerungszahlen der Bundesrepublik Deutschland mit denen des Beitrittsgebiets zusammengerechnet hat, wird insoweit für 1961 bis 1990 von den Angaben des Statistischen Bundesamtes in Wiesbaden ausgegangen (Datenreihe „Bevölkerung: Deutschland, Stichtag", abrufbar unter www.genesis.destatis.de/genesis/ online). Sie erfassen nur die Zahl der BRD-Bürger, sind aber von ihrer Berechnungsmethode (außer dieser Abweichung) identisch. Die Bevölkerung Frankreichs umfasst vor 1991 nicht Überseedépartments und -territorien.

1.1.1973 führte Dänemark, Irland und Großbritannien in die Gemeinschaft. Zum 1.1.1981 folgte Griechenland. Die damit bereits aus zehn Mitgliedstaaten bestehende Gemeinschaft wurde im zweiten Teil dieser Süderweiterung zum 1.1.1986 um Portugal und Spanien ergänzt. Die vierte Erweiterung am 1.1.1995 führte zur Aufnahme der (damit ehemaligen) EFTA-Staaten Österreich, Schweden und Finnland. Diese mittlere Beitrittsgruppe ist zunächst in der Grafik 4 für sich dargestellt und sodann zusammen mit den Gründungsstaaten in Grafik 5 (EU-15).

Bis 2004 war die Gemeinschaft über den kontinentaleuropäischen Kern, der historisch und wirtschaftlich besonders eng verflochten ist, in alle Richtungen außer nach Osten ausgedehnt. Mit dieser Bewegung zur nördlichen und südlichen Peripherie Europas vermehrten sich zugleich die ökonomischen, politischen und rechtlichen Unterschiede innerhalb der EWG. Weitere Zunahme erfuhren die Divergenzen durch die Osterweiterungen zum 1.5.2004 und 1.1.2007. Dazu die Grafik 6. Die nächsten Integrationsschritte führen – neben Island – auf den Balkan und vielleicht darüber hinaus[913]. Das wird die Fliehkräfte innerhalb der Union fraglos weiter verstärken.

2. Alte Mitgliedstaaten

Die folgende Grafik erfasst zunächst die sechs Gründungsstaaten von 1957.

Grafik 3: Vorlageverfahren der sechs Gründungsstaaten pro 500.000 Einwohner nach Jahrzehnten (EU-6)

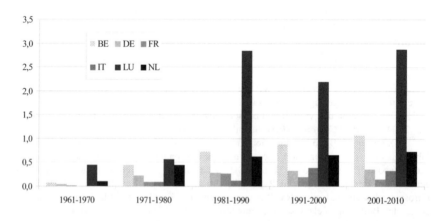

---

[913] Speziell zu den Harmonisierungen des türkischen Zivil-, Handels- und Kollisionsrechts s. *Damar/Rösler*, ZEuP 2011, 617 ff.

Die Grafik verdeutlicht die seit Anbeginn bestehenden und relativ gleichbleibenden Unterschiede. Sie wirken ungeachtet der Tatsache fort, dass die Gründungsstaaten der heutigen Europäischen Union immerhin seit über einem halben Jahrhundert angehören. Die EU hat damit ganz offensichtlich die strukturell bedingten Unterschiede der Vorlageinitiative nicht tiefgreifend verändern können. Das ist bemerkenswert und bestätigt die allgemeine Hypothese der Pfadabhängigkeit[914]. Der Grafik lässt sich folgendes Ranking entnehmen: Luxemburg legt mit Abstand am meisten vor, gefolgt von Belgien, den Niederlanden, Deutschland und Italien. Das Schlusslicht bilden die französischen Richter, die in den drei letzten Jahrzehnten weniger als halb so oft wie ihre italienischen Kollegen vorgelegt haben. Bedenklicherweise nehmen die französischen Vorlagezahlen sogar seit den neunziger Jahren ab.

Einige der sechs Staaten bilden beim Vorlageverhalten auch insgesamt die EU-weite Spitzengruppe. Führend bei den umgerechneten Vorlagezahlen sind die kleinen Länder Luxemburg, Belgien und Niederlande. (Die erste und in dem Jahr einzige Vorlage erreichte den EuGH übrigens 1961 aus den Niederlanden[915].) Rasch ließe sich vermuten, die vorlagefreudigsten Staaten stammten aus den sechs Gründungsstaaten. Doch ein Vergleich mit der nächsten Grafik zu den weiteren Staaten der EU-15 zeigt zwei prominente Ausnahmen: Erstens ist auffällig, dass Frankreich auch innerhalb der EU-15 (und teils darüber hinaus) einen der letzten Plätze einnimmt und mit Großbritannien gleich liegt. Die zweite Ausnahme macht Österreich, das sich hier auf Platz zwei hinter Luxemburg schiebt.

Die nächste Grafik stellt die restlichen neun Staaten der EU-15 dar[916]. Bereits im Jahrzehnt 1991 bis 2000 fällt die besagte Vorlagetätigkeit Österreichs auf, die auch in der folgenden Dekade bestätigt wird. Darauf wird noch in Grafik 11 im Einzelnen zurückzukommen sein. Die Säulen

---

[914] Vgl. zu einer institutionalistischen Perspektive der Gerichte und dem Stichwort „Pfadabhängigkeit" *Sweet*, in: *Shapiro/Stone Sweet* (Hrsg.), On Law, Politics, and Judicialization, 2002, S. 112 ff.; zum „locked in"-Phänomen nach der Pfadabhängigkeitstheorie *Höreth*, S. 170.

[915] Aus dem Bereich des Kartellrechts und auf Ersuchen des Appellationshofes in Den Haag; s. den Nachweis oben in Fußn. 273. Dazu, dass besonders viele Vorlagen aus den Niederlanden von den Höchstgerichten stammen *Röthel*, Normkonkretisierung im Privatrecht, 2004, S. 394. Dazu, dass die Niederlande merklich weniger Richter als Deutschland aufweisen und trotzdem häufiger vorlegen *Stadler*, WuW 1994, 824 (828, Fußn. 35); folgend *Mangold*, S. 423.

[916] Im Unterschied zur Grafik zu den Gründungsmitgliedstaaten von 1957 unterliegt sie wegen der unterschiedlichen Beitrittsdaten einer anfänglichen Verzerrung: Bei dieser und nun folgenden Grafiken werden alle neu beigetretenen Mitgliedstaaten ab dem 1. Januar des Beitrittsjahres berücksichtigt. Das heißt, dass für Österreich, das zur Gruppe der vierten Erweiterung von 1995 gehört, für das Jahrzehnt 1991 bis 2000 die Daten ab 1995 angegeben werden.

der Beitrittsstaaten von 1973 sind durch Punkte und die der beiden weiteren Beitrittsgruppen von 1986 und 1995 durch unterschiedlich ausgerichtete Schaffierungen gekennzeichnet.

*Grafik 4: Vorlageverfahren der von 1973 bis 1995 beigetretenen Staaten
pro 500.000 Einwohner nach Jahrzehnten*

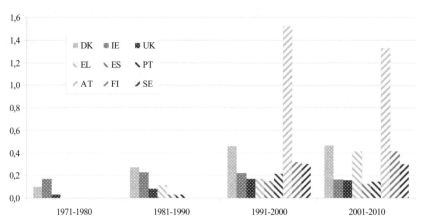

In dieser Gruppe liegt – nach Österreich – Dänemark auf Platz zwei.
Griechenland folgt auf Platz drei und hat im vergangenen Jahrzehnt einen
kräftigen Sprung nach vorne gemacht. Die Vorlagerate Dänemarks überrascht zunächst. Das Königreich beteiligt sich nicht an der die wirtschaftliche Integration fördernden Unionswährung Euro und ebenso wenig
an der auslegungs- und damit vorlagebedürftigen Rom I-VO[917]. Diese
kommt bei den anderen Mitgliedstaaten für alle nach dem 17.12. 2009
geschlossenen Verträge zur Anwendung. Zudem ist Dänemark aufgrund
seiner recht homogenen Gesellschaftsstruktur von einer Konsenskultur
geprägt, was zu verhältnismäßig wenig Gerichtsverfahren führt[918]. Deutlich wird daran schon an dieser Stelle: Eine niedrige nationale Klagerate
muss nicht zu wenigen EU-Vorlagen führen.

Die beiden EU-Staaten Skandinaviens (Finnland und dann Schweden,
das wegen des Europarechts besonders umfangreiche Anpassungen vornehmen musste)[919] bewegen sich, wie zu vermuten war, im selben Korridor

---

[917] Wohl aber an der EuGVO. S. unten im Zusammenhang mit *Europe à la carte* im
Fließtext bei Fußnotenzeichen 1321.

[918] *Wind/Sindbjerg Martinsen/Rotger*, European Union Politics 10 (2009), 63 (74),
die nachfolgend weitere Ursachen für die doch im Vergleich zu den alten Mitgliedstaaten
nicht besonders hohen Vorlagezahlen Dänemarks aufführen.

[919] Zu Schweden kurz oben im Fließtext bei Fußnotenzeichen 194. Weiter *Nergelius*,
in: *Hofmann* (Hrsg.), Europarecht und die Gerichte der Transformationsstaaten – Euro-

wie das Königreich Dänemark[920]. Gleichwohl legen dänische Richter – nicht zuletzt aufgrund längerer Erfahrung mit dem EU-Recht – häufiger vor und pflegen einen pragmatischen Umgang mit dem Unionsrecht[921]. Insgesamt wird den nordischen Ländern eine Abneigung gegenüber supranationaler Gerichtsbarkeit nachgesagt[922], die sich hier tendenziell bestätigt findet[923]. Allerdings ist auch dies Sache des Betrachtungswinkels: Im Vergleich mit zwei anderen nördlichen und südlichen Staatenpaaren – nämlich dem Vereinigten Königreich und Irland sowie Spanien und Portugal – stehen die nordischen Staaten noch als vorlagefreudig da.

Das leitet über zu den Common law-Staaten: Bezeichnend sind die von Anfang an niedrigen Vorlagezahlen Großbritanniens und Irlands. Ihre Zurückhaltung verwundert zunächst angesichts einer stark entwickelten Industrie- und Dienstleistungsgesellschaft sowie eines weltweit hoch angesehenen Rechts- und Gerichtssystems. Doch auf die Gründe für das Vereinigte Königreich ist noch gesondert einzugehen[924].

Das Schlusslicht bilden die beiden Staaten der Iberischen Halbinsel. Insbesondere die portugiesischen Vorlagen haben sich im vergangenen Jahrzehnt gegenüber den Vorlagen in den neunziger Jahren verringert. Das ist allerdings weniger gravierend, als es zunächst schien: Da Portugal 2010 (als neuer Positivrekord) in zehn Verfahren vorgelegt hat, hat sich die Vorlagerate in dem Jahrzehnt – wie unter Annahme der geringen Vorlage-

---

pean Law and the Courts of the Transition Countries, 2008, S. 154 (156): „It is interesting to note that the impact of the European law in the national legal system has been much greater in Sweden than in any other of the Nordic Member States. The reason was the weak constitutional tradition in Sweden, a country where democracy is entirely based on popular sovereignty and parliamentary supremacy and where there has never existed a real separation of powers".

[920] Neben historischen Gemeinsamkeiten und der rechtlichen Zusammenarbeit (dazu *Sperr*, in: *Basedow/Hopt/Zimmermann* [Hrsg.], Handwörterbuch des Europäischen Privatrechts, Bd. II, 2009, S. 1407 ff.) spielen auch – wie in der Fußn. zuvor angedeutet – verfassungsrechtliche Aspekte eine Rolle. *Wind/Sindbjerg Martinsen/Rotger*, European Union Politics 10 (2009), 63 (72) m. w. Nachw. sehen einen Zusammenhang zwischen niedrigen Vorlageraten und dem Dänemark, Schweden, Finnland, aber auch Großbritannien prägenden Modell der Mehrheitsdemokratie (d.h. starke Parlamentssouveränität und geringe Normenkontrolle). Zur Vorlagetätigkeit Norwegens beim EFTA-Gerichtshof im Vergleich *Fredriksen*, S. 64.

[921] *Due*, in: *O'Keeffe* (Hrsg.), Judicial Review in European Union Law – Liber Amicorum Lord Slynn Hadley, 2000, S. 363 (375).

[922] *Wind*, JCMS 48 (2010), 1039 ff.; *Føllesdal/Wind*, Nordic Journal of Human Rights 27 (2009), 131 ff.

[923] Kennzeichnend ist auch der Umstand, dass nach Art. 34 ÜGA die letztinstanzlichen Gerichte der EFTA-Staaten Liechtenstein, Norwegen und noch Island keiner Vorlageverpflichtung an den EFTA-Gerichtshof unterliegen. S. *Fredriksen*, S. 184 ff., der für die Einführung einer Vorlageverpflichtung plädiert.

[924] Unten 2. Teil § 4 III 4 b).

zahlen der Vorjahre – nicht halbiert, sondern stabilisiert. Der gesamten Statistik lässt sich entnehmen, dass die Zahl der Verfahren erst mit einer gewissen Verzögerung nach dem Beitritt ansteigt.

Nun gilt es beide Gruppen, also Gründungsmitgliedstaaten und Beitrittsstaaten, bis zur Osterweiterung zusammenzuführen. Das ergibt die folgende Übersicht. Die Beitrittsstaaten sind von den Gründungsstaaten – wie zuvor – abgesetzt, die Beitrittsstaaten von 1973 durch gepunktete und die beiden weiteren Beitrittsgruppen von 1986 und 1995 durch unterschiedlich schraffierte Säulen gekennzeichnet.

Grafik 5: Vorlageverfahren der Gründungsstaaten und der bis 1995 beigetretenen Staaten pro 500.000 Einwohner zusammengefasst nach Jahrzehnten (EU-15)

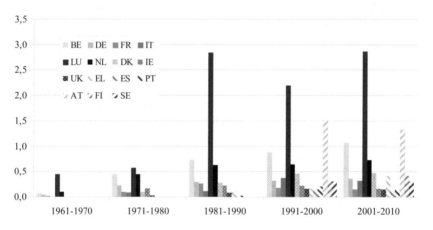

Auffällig ist, dass Belgien, die Niederlande und Luxemburg weit über dem EU-15-Durchschnitt für die Jahre 2001 bis 2010 von 0,6 Vorlagen pro 500.000 Einwohner liegen. Die kleinen Benelux-Staaten sind traditionell integrationsfreudig und üben eine Vorreiterrolle bei der Einigung Europas aus. Nicht zuletzt deswegen haben die wichtigsten EU-Institutionen ihren Sitz in Brüssel und Luxemburg. Besonders stark ist der Kontrast von Belgien zum in der Größe vergleichbaren Portugal: Belgien legte im vergangenen Jahrzehnt relativ zur Einwohnerzahl siebenmal mehr vor als Portugal[925]. Insgesamt wird im Südwesten weniger um Vorlageverfahren als im Norden ersucht. Im Norden fällt dagegen Großbritannien ebenso wie

---

[925] Vgl. *Dehousse*, S. 33, der auf Grundlage der Daten von 1990 bis 1995 sieben Mal mehr Vorlagen errechnet hat; gegenüber dem vergleichbar großen Griechenland lege Belgien fünf Mal häufiger vor.

Irland heraus. Italien legt relativ betrachtet doppelt so häufig vor wie das Vereinigte Königreich.

Bedenklich stimmt die Datenlage bei einigen älteren Beitrittsstaaten. Dazu zählen die niedrigen proportionalen Vorlageraten der 1986 beigetretenen Staaten Spanien und Portugal[926], die sogar knapp unter denen von Großbritannien und Irland liegen. Im Überblick wird nochmals augenscheinlich, dass die relativen Unterschiede gleich geblieben sind. Eine Ausnahme hiervon macht Griechenland (mit EL abgekürzt), das von 2001 bis 2010 relativ zur Einwohnerzahl gesehen mehr als doppelt so häufig wie im vorherigen Jahrzehnt vorgelegt hat.

Ansonsten lässt sich auf recht konstante nationale Umstände schließen, die das Vorlageverhalten bedingen. Deutschland ist relativ betrachtet bei weitem nicht so vorlageaktiv, wie man bei Sicht auf die absoluten Zahlen vermutet[927]. Es fällt sogar auf, dass das in Teilen integrationsskeptische Dänemark proportional häufiger vorlegt als Deutschland. Die Umstände, die als Gründe für die Divergenzen in Betracht kommen, gilt es sogleich unter III. zu erörtern. Zuvor richtet sich der Blick auf die Beitrittsstaaten von 2004 und 2007.

3. Neue Mitgliedstaaten

Die ost- und mitteleuropäischen Mitgliedstaaten folgen – unter Aufgabe einer sozialistischen Rechts-, Wirtschafts- und Gesellschaftstradition – erst seit den Jahren 1989/1990 dem westlichen Freiheitsmodell. Hier zeigt sich die zögerliche und skeptische Aufnahme des judiziellen Dialogs mit dem EuGH in besonderem Maße. Der Abstand zur EU-15 ist beträchtlich. Darum werden diese zwölf Staaten gesondert dargestellt. Ebenfalls in dieser Beitrittsgruppe enthalten sind die beiden kleinen Inselstaaten Zypern und Malta, beides ehemalige britische Kolonien und heute im Commonwealth, mit 0,8 bzw. 0,4 Millionen Einwohnern. In absoluten Zahlen kommt der Großteil der gesamten Vorlagen seit Beitritt dieser Gruppe aus Ungarn (33), Polen (32) und der Tschechischen Republik (15)[928]. Setzt man die Rohdaten wieder in Beziehung zur Bevölkerungsgröße, kommt man zu anderen Ergebnissen, welche die nächste Grafik verdeutlicht.

---

[926] Auch *Skouris*, in: Festschr. f. Starck, 2007, S. 991 (992 f.) hebt auf Spanien und Portugal ab; dieser Beitrag ist auch in dem Sammelwerk *Hilf/Kämmerer/König* (Hrsg.), Höchste Gerichte an ihren Grenzen, 2007, S. 19 ff. enthalten, der die Arbeitslast beim EGMR und dem EFTA-Gerichtshof anspricht.

[927] S. auch unten in diesem 2. Teil § 4 III 4 a).

[928] S. oben Tabelle 3. Speziell die Vorlagen aus Polen, der Tschechischen Republik und der Slowakei werden von *Bobek*, CML Rev. 45 (2008), 1611 ff. untersucht.

Grafik 6: Vorlageverfahren der 12 mittel- und osteuropäischen Mitglied-
staaten pro 500.000 Einwohner nach Jahren (seit 2004 oder 2007)

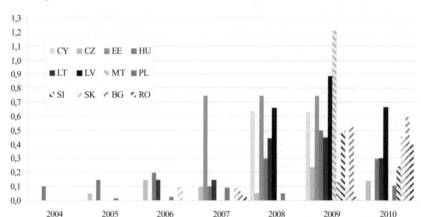

Die Säulen variieren von Jahr zu Jahr teils beträchtlich. Kleine Zu- und
Abnahmen können sich hier aufgrund der niedrigen absoluten Vorlagezahlen gravierend auswirken. Angesichts der geringen Größe einiger Länder (und der geringen absoluten Zahlen) werden die Grenzen einer Umrechnung auf die Bevölkerungszahlen deutlich. Aufgrund der niedrigen
Bevölkerungsgröße können schon ein, zwei aktive Richter oder Kammern
die umgerechnete Vorlagerate nach oben schnellen lassen.

Die niedrigen Werte sind markant. Die Praxis hat den EuGH also noch
nicht als Gesprächspartner erkannt und ihn nicht konsequent eingebunden.
Zwar muss man auch hier die Hoffnung hegen, dass der Dialog zwischen
den nationalen Gerichten und dem EuGH nach einer Eingewöhnungsphase
an Fahrt gewinnt. Tendenziell zeigt sich dieser Erfahrungswert in der
vorstehenden Grafik. Das Jahr 2010 enttäuscht jedoch. Auch 2010 setzt bei
den neuen Mitgliedstaaten kein rechter Anstieg ein, in einigen Fällen fallen
die Vorlagezahlen sogar: Viele neue Mitgliedstaaten legen entweder gar
nicht oder noch weniger als bisher vor. Den EU-15-Durchschnitt für die
Jahre 2001 bis 2010 von 0,6 Vorlagen pro 500.000 Einwohner erreichen
sie nur vereinzelt.

Besonders auffällig ist – in Relation gesehen – die niedrige Beteiligung
aus dem größten der mittel- und osteuropäischen Staaten: Die polnischen
Gerichte legten zwar absolut gesehen im Jahr 2009 und 2010 mit zehn
bzw. acht Verfahren vergleichsweise häufig vor. Umgerechnet auf die 38
Millionen Einwohner fällt die Beteiligungsquote jedoch niedrig aus. Die
vorlegenden Gerichte sind regelmäßig erstinstanzlich[929]. Absolut und rela-

---

[929] *Miąsik*, in: *Hofmann*, S. 97 (120).

tiv gut vertreten ist das ehemals zum kaiserlich-königlichen Vielvölker-staat zählende Land Ungarn[930] mit zehn absoluten Verfahren 2009 und sechs Verfahren 2010 sowie einer hohen umgerechneten Beteiligung.

Nachdenklich stimmen die Zahlen aus der Tschechischen Republik[931], die eine gleiche Bevölkerungszahl wie Ungarn aufweist: Kann sich denn wirklich im Jahr 2008 in Tschechien mit über 10 Millionen Einwohnern nur in einem Fall eine unionsrechtliche Fragestellung ergeben haben, die eine Vorlage an den EuGH nahelegte? 2009 stieg die Vorlagezahl auf fünf an, 2010 waren es doch wieder nur drei. Rumänien – das mit Bulgarien zur sechsten und vorerst letzten Erweiterungsrunde zählt – hat immerhin über 22 Millionen Einwohner und legt bis einschließlich 2009 umgerechnet am wenigsten vor. Im Jahr 2010 machte Rumänien allerdings einen deutlichen Sprung von jeweils einem Verfahren 2007 und 2009 auf 17 Verfahren.

In der 2004er Beitrittsgruppe sticht Malta im Jahr 2009 positiv hervor. Es hatte allerdings absolut gesehen in diesem Jahr seine erste und einzige Vorlage. (Für diese Zahlen wird auf oben Tabelle 3 verwiesen.) Mit je-weils zwei Vorlageverfahren von 2007 bis 2009 erweist sich Estland als recht konstant und tritt wegen der geringen Bevölkerungszahl des Landes gleichfalls im Säulendiagramm hervor. Doch 2010 fällt Estland ebenso wie die beiden anderen, größeren baltischen Staaten Lettland und Litauen, die zuvor umgerechnet ebenfalls gut vertreten waren, zurück.

Insgesamt ist die Statistik zu den neuen Mitgliedstaaten wegen der noch spärlichen Datenlage mit Vorsicht zu genießen. Dies gilt umso mehr bei den kleinsten Mitgliedstaaten: Zypern (drittkleinster), Estland (viertkleins-ter) und Malta (kleinster) haben 2010 keine Vorlagen eingereicht, obwohl sie dies ihrer EU-Vergangenheit getan hatten. Luxemburg (zweitkleinster Mitgliedstaat) hatte 2009 nicht vorgelegt, 2010 hingegen neunfach. Das stellt einen Rekord dar, denn bisheriger Höchstwert aus Luxemburg waren vier Vorlagen im Jahr 2008. Bei so kleinen Staaten spielt der statistische Zufall naturgemäß eine größere Rolle als bei größeren. Doch diese Über-legung schließen zumindest bei den größeren Mitgliedstaaten strukturelle Gründe für die Abweichungen beim Vorlageverhalten nicht aus. Bevor hierauf der nächste Abschnitt näher eingeht, noch eine kurze Zwischen-bewertung.

---

[930] S. dazu *Sonnevend*, in: *Hofmann* (Hrsg.), Europarecht und die Gerichte der Trans-formationsstaaten – European Law and the Courts of the Transition Countries, 2008, S. 126 (129 ff.); doch *Ondrušek*, in: *Hofmann*, ebendort, S. 133 verweist im Fall Ungarns auf Verfahren zur gleichen Sache und Vorlagerücknahmen.

[931] Zu den tschechischen Vorlagen von 2004 bis 2009 s. *Žondra*, in: Czech Yearbook of International Law 2010, 269 ff.

4. Bewertung: Neuvermessung des Dialogs

Die Literatur betont durchgängig die Bedeutung nationaler Gerichte für die judikative Integration. Sie begrüßt daher zumeist den bemerkenswerten Anstieg der gesamten Vorlageverfahren und problematisiert dagegen die Verfahrensdauer. Dagegen ergibt die hier vorgenommene quantitative Neuvermessung der Realität europäischer Justizintegration gravierende Unterschiede bei der Neigung zur Vorlage und damit bei der Beteiligung an der judikativen Fortentwicklung der europäischen Integration. Die Wirklichkeit erweist sich ernüchternder, als es die Rhetorik des vielbeschworenen Dialogs vermuten lässt[932]. Auch manche als sicher geglaubte

Karte: Durchschnittliche Vorlageverfahren pro 500.000 Einwohner (2001–2010)

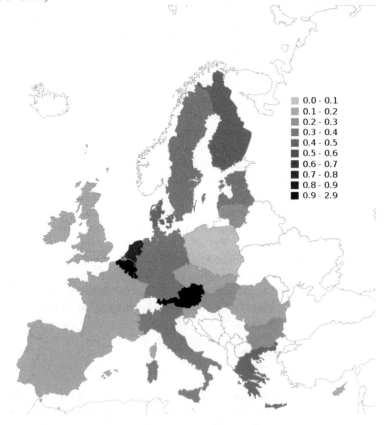

	0.0 - 0.1
	0.1 - 0.2
	0.2 - 0.3
	0.3 - 0.4
	0.4 - 0.5
	0.5 - 0.6
	0.6 - 0.7
	0.7 - 0.8
	0.8 - 0.9
	0.9 - 2.9

---

[932] Mit etwas anderem Blickwinkel auch *Micklitz*, The Politics of Judicial Cooperation, S. 426 ff.

Gewissheit schwindet. Eine hohe Bevölkerungszahl führt nicht zu vielen Vorlagen. Deutschland ist viel weniger vorlageaktiv, als die absoluten Zahlen glauben machen: Aus dem generell als integrationskritisch eingestuften Dänemark erreichen den EU-Gerichtshof umgerechnet mehr Vorlagen als aus Deutschland.

In aller Regel nehmen die Verfahren erst nach ein paar Jahren der Gewöhnung an das EU-Recht zu. Zum Teil sind sogar Rückgänge zu verzeichnen – so etwa im vergangenen Jahrzehnt bei Frankreich und Großbritannien. Beide legen bezogen auf die Bevölkerungsgröße fast gleich wenig vor. In der obigen thematischen Karte sind die durchschnittlichen Vorlageraten für die Jahre 2001–2010 veranschaulicht. Innerhalb der zehn Schattierungen ist Polen mit 0,060 Vorlagen pro 500.000 Einwohnern der hellste und Luxemburg, Österreich und Belgien der dunkelste Farbton zugeordnet, wobei die Skala bei einer Vorlage pro 500.000 Einwohnern endet, um die Unterschiede deutlicher hervortreten zu lassen.

Entlang einer gekrümmten Nord-Süd-Achse von Finnland bis Griechenland findet sich ein vorlageaktiver Korridor. Die Staaten westlich dieser Achse, also romanisch und angelsächsisch geprägte Staaten legen durchgängig wenig vor. Die neuen Mitgliedstaaten im Osten erweisen sich als durchwachsen vorlageschwach.

III. Ursachen für unterschiedliche Vorlagefreudigkeit

1. Forschungsprogramm und Methodik

Nachfolgend werden Korrelationshypothesen aufgestellt und überprüft, um die gerade festgestellten Abweichungen zwischen vorlagefreudigen und zurückhaltenderen Staaten, erklären zu helfen. Zunächst werden wirtschaftliche Faktoren erörtert (unten 2.). Dem folgt eine Analyse, inwieweit sich die Einstellung der Öffentlichkeit gegenüber der EU auch im Vorlageverhalten der Richterschaft widerspiegelt (unten 3.). Für die zugehörigen Grafiken 7 bis 10 wurden die Daten von Eurostat genommen, in eine Tabellenkalkulation eingespeist und die entsprechenden Werte und Grafiken wiederum selbst generiert. Für die Vorlagezahlen fand der gleiche Datensatz wie zuvor Verwendung[933].

Allerdings beschränkt sich die Untersuchung auf die EU-15. Für die neuen Mitgliedstaaten schwanken die Daten noch zu sehr und ihre Strukturen sind offenbar noch nicht hinreichend gefestigt. Wiederum zu bedenken ist auch die geringe Größe der neuen Mitgliedstaaten, bei denen in der Konsequenz schon wenige Vorlagen zu hohen Ausschlägen führen. Auch darum empfiehlt sich eine Untersuchung zu einem späteren Zeitpunkt. Da sich die gewählten, eher außerrechtlichen Ansätze als bedingt hilfreich

---

[933] Oben Fußn. 912.

erweisen werden, folgt anschließend eine rechtliche und damit verknüpfte rechtstatsächliche Ursachensuche (unten 4.).

Hinzuweisen ist auf die Grenzen der Analyse: Die hier vorgenommenen Berechnungen und Erörterungen, die über den gewöhnten juristischen Rahmen hinausgehen, sind nichts anderes als erste Grundlagen eines – auch von der Ökonometrie etwa mithilfe der Trendanalyse noch weiter zu verfolgenden – Forschungsprogramms. Dies hat den tatsächlichen Umgang mit dem Europäischen Privatrecht und insbesondere die Praxis des unionalen Rechtsdialogs weiter zu erhellen[934].

2. Einfluss der volkswirtschaftlichen Tätigkeit

a) Neofunktionalistische Theorie

Angesprochen wurde bereits, inwieweit die Zunahme an grenzüberschreitendem Wirtschaftsverkehr auch die Vorlagezahlen ansteigen lässt. Dazu fand die auf ökonometrischer Basis entwickelte modifiziert neofunktionalistische These Erörterung[935]. Hiernach hat das Wachstum grenzüberschreitender Transaktionen zum Zuwachs der Vorabentscheidungsverfahren geführt[936]. Jedoch wurden vorliegend Zweifel an der Belastbarkeit dieser These geäußert. Es ist problematisch, dass gerade die *grenzüberschreitenden* Geschäfte zum Anwachsen der Ersuchen geführt haben sollen. Stattdessen ist auf ein Bündel rechtlicher und wirtschaftlicher Ursachen zu verweisen[937].

Die gleichen Bedenken, die gegen die monokausale Erklärung der Gesamtzunahme sprechen, gelten auch hier für die Frage, warum einige Staaten besonders viel und andere weniger vorlegen[938]. Entscheidender als die grenzüberschreitenden Geschäfte ist vielleicht die gesamte, d.h. auch die volkswirtschaftsinterne Betätigung. Das gilt besonders für das EU-Privatrecht. Dessen Richtlinien finden praktisch viel stärker auf inländische als transnationale Rechtsverhältnisse Anwendung. Erörterungsbedürftig ist nun die naheliegende Frage, inwiefern – neben dem bereits genannten Faktor der Bevölkerungsgröße – der unterschiedliche Grad an

---

[934] Nachweise finden sich bei den einzelnen Grafiken. Die im Folgenden vorgenommenen Analysen erfolgen weitgehend ohne Verwendung der Hilfsmittel der mathematisch-statistischen Datenanalyse.

[935] V.a. *Stone Sweet/Brunell*, American Political Science Review 92 (1998), 63 (66 ff.); weitere Nachweise in Fußn. 432.

[936] Oben 2. Teil § 2 I 2 b) bb).

[937] Oben 2. Teil § 2 I 2 b) cc) und dd).

[938] S. speziell zu dieser Frage die Erklärung von *Stone Sweet/Brunell*, American Political Science Review 92 (1998), 63 (67); ablehnend dazu insbesondere die Literatur oben in Fußn. 460 f.

wirtschaftlicher Betätigung und des darin enthaltenen Wohlstandsgefälles die nationalen Vorlagezahlen beeinflusst.

b) Bewertung zum Vorliegen einer Korrelation

In den Mitgliedstaaten mit geringerer volkswirtschaftlicher Leistung existieren – modellhaft gedacht – weniger wirtschaftliche Vorgänge, die Klageanstrengungen[939] hervorrufen könnten. Das könnte auch zu einer geringeren Rate bei den Vorabentscheidungsersuchen führen. Der nachfolgenden Grafik wird wiederum die besagte Umrechnung auf eine halbe Million Einwohner zugrunde gelegt, um die Unterschiede bei den Bevölkerungszahlen zu berücksichtigen. Die Grafik stellt den Zehnjahresdurchschnitt 2001–2010 des Pro-Kopf-Bruttoinlandsprodukts nach Eurostat[940] jedes EU-15 Mitgliedstaates (Punkte) vergleichend neben die durchschnittlichen Vorlageverfahren pro 500.000 Einwohner im vergangenen Jahrzehnt (Balken).

Grafik 7: Pro-Kopf-Bruttoinlandsprodukt (2001–2010) und Vorlageersuchen pro 500.000 Einwohner im Jahrzehnt (2001–2010)

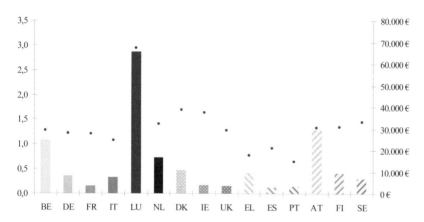

Anders als die Intuition vermuten lässt, ist der Befund ernüchternd. Unter den Gründungsmitgliedstaaten bewegen sich z.B. Belgien, Deutschland und Frankreich beim Pro-Kopf-Bruttoinlandsprodukt im gleichen Korridor, obwohl die Vorlagezahlen beträchtlich voneinander abweichen. Ebenfalls sind die 1995 beigetretenen Länder Österreich, Finnland und Schweden

---

[939] Auf die Frage der nationalen Klagehäufigkeit wird noch gesondert eingegangen.

[940] http://epp.eurostat.ec.europa.eu/portal/page/portal/national_accounts/data/database, unter: Jährliche Volkswirtschaftliche Gesamtrechnungen – BIP und Hauptkomponenten – Jeweilige Preise.

fast auf dem gleichen Niveau, was das Bruttoinlandsprodukt anbelangt. Trotzdem sticht Österreich hinsichtlich der Vorlagezahlen hervor, während die beiden nordischen Staaten zurückfallen. Die Leistung einer Volkswirtschaft spielt zumindest nach dieser Berechnung für die Vorlagerate der jeweiligen Richterschaft keine eindeutige Rolle. Dabei ist es jedoch nicht auszuschließen, dass sich mit anders erhobenen Wirtschaftsdaten im Wege ökonometrischer Untersuchungen doch eine hinreichende Korrelation herstellen ließe.

3. Konnex zur Europaskepsis

Von grundlegender Bedeutung für die Vorlagehäufigkeit ist außerdem die Frage, wieweit sich ein nationaler Richter bei Angelegenheiten des Unionsprivatrechts auch als Richter des Unionsrechts begreift. Dieser Umstand, aber auch die richterliche Position als eine auf eigene Legitimation bedachte öffentliche Institution kann zu einer mehr oder weniger restriktiven Wahrnahme der Torwächter- oder *gatekeeper*-Funktion[941] führen. Dies folgt aus der Entscheidung der nationalen Gerichte über den Zugang zum EU-Gerichtshof[942]. Gleichfalls relevant ist, inwieweit sich auch die beteiligten Parteien und Anwaltschaften als Bürger Europas sehen. Dabei geht es also auch um die Rolle der EU und der europäischen Rechtsprechung in der nationalen politischen Auseinandersetzung. Deshalb wird nun der Frage nachgegangen, inwiefern sich die allgemeine Stimmung in der Vorlagerate widerspiegelt. Drei Ansätze werden dazu mit den bereits bekannten Statistiken in Beziehung gesetzt: Eine Eurobarometer-Umfrage mit zwei Indikatoren (unter a), die Beteiligung bei den Wahlen zum Europäischen Parlament (unter b) sowie die Zahl der Vertragsverletzungsverfahren (unter c).

a) Eurobarometer

In Frage steht, ob und wie sich die öffentliche Meinung über die Integration auf das Vorlageverhalten auswirkt[943]. Positive oder negative Einstellungen gegenüber der EU könnten sich auch bei den jeweiligen Nationalrichtern wiederfinden. Zudem reflektieren Richter ihre eigene Legitimität. Hierdurch kann eine überwiegend negative Einschätzung der EU auch zu

---

[941] Dazu etwa *Tridimas/Tridimas*, International Review of Law and Economics 24 (2004), 125 (134 ff.).

[942] Es erübrigt sich eigentlich zu erwähnen, dass eine Vorlage auch gegen den Willen der Parteien erfolgen kann, da es dafür keines Parteiantrags o.ä. bedarf.

[943] S. zu diesen Fragen *Mattli/Slaughter*, International Organization 52 (1998), 177 ff.; *Burley/Mattli*, International Organization 47 (1993), 41 ff.; dazu bestätigend *Carrubba/Murrah*, International Organization 59 (2005), 399 (412, 413).

weniger Vorlagen führen, weil Vorlageersuchen die Legitimität nationaler Richter in den Augen der Öffentlichkeit unterminieren[944]. Diese Arbeitshypothese überprüft die folgende Grafik für die EU-15. Zugrunde gelegt sind die Ergebnisse einer 2007 erhobenen Eurobarometer-Umfrage im Auftrag der Generaldirektion Kommunikation der Europäischen Kommission zur öffentlichen Meinung über die EU[945]. Das Vertrauen in den EuGH[946] nach Mitgliedstaat wird in Punkten dargestellt und das Vertrauen in die EU insgesamt in Quadraten in Prozent der Bevölkerung (2007).

Grafik 8: Vertrauen in den EuGH und Vertrauen in die EU in Prozent der Bevölkerung (2007) und durchschnittliche jährliche Vorlageverfahren pro 500.000 Einwohner (2001–2010)

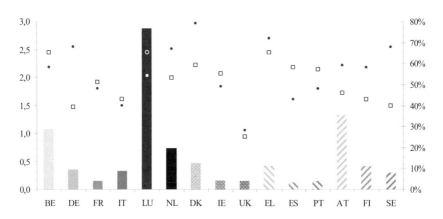

Auch diese Untersuchung enttäuscht. Es lassen sich kaum Korrelationen feststellen. So ist das Vertrauen in den EuGH und in die EU in Großbritannien am niedrigsten. Dort findet sich ebenfalls eine niedrige Nutzungsintensität des Vorlageverfahrens. Anders liegt es bei Spanien und Portugal, wo – laut den Umfragen – ein großes Vertrauen besteht, aber

---

[944] Zum „legitimacy constraint" s. *Mattli/Slaughter*, International Organization 52 (1998), 177 (198 ff.); bestätigend *Carrubba/Murrah*, International Organization 59 (2005), 399 (412).

[945] *Europäische Kommission*, Eurobarometer 68 – Die öffentliche Meinung in der Europäischen Union, 2008 (die Daten wurden von September bis November 2007 erhoben); erhältlich über http://ec.europa.eu/public_opinion/archives/eb/eb68/eb_68_de. pdf.

[946] Das Vertrauen in juristische Institutionen erörtern *Schepel/Blankenburg*, in: *de Búrca/Weiler*, S. 9 (35); sie verwerfen aber die These von *Gibson/Caldeira*, Law and Society Review 30 (1996), 55 ff., wonach die Unterstützung der Rechtsstaatlichkeit maßgeblich ist.

niedrige Vorlageraten vorzufinden sind. Entsprechendes gilt für Frankreich. Italiener haben wenig Zutrauen zur EU, ihre Richter legen aber unter denen der südlichen Staaten mit am häufigsten vor. Damit vermag dieser Ansatz, zumindest mit dem hier gewählten Datensatz, nicht zu überzeugen.

b) Parallelen zur Beteiligung bei den Wahlen zum Europäischen Parlament?

Die Beteiligungsquote bei den Wahlen zum Europäischen Parlament könnte erstens ein weiterer Indikator für die Einstellung zur EU sein. Dann müsste die Beteiligung mit den Ergebnissen der Eurobarometer-Erhebung korrelieren. Zweitens könnte aus den Zahlen ein unterschiedliches politisches Bewusstsein der Bevölkerung sprechen. Drittens ließe sich aus der Wahlbeteiligung vielleicht der Wille zur Beteiligung an der Europäischen Integration entnehmen. Diese drei Aspekte könnten sich im Vorlageverhalten der Richterschaft entsprechend niederschlagen[947]. In der Grafik auf der nächsten Seite ist die prozentuale Wahlbeteiligung bei der Europawahl im Jahr 2009[948] in Punkten gekennzeichnet. Die Balken stellen wieder die Vorlageverfahren pro 500.000 Einwohner der EU-15 dar.

Die Untersuchung ergibt: Es besteht offenbar eine Korrelation zwischen der Beteiligung an der Wahl zum Europäischen Parlament und den Vorlageraten an den EuGH: Bei hoher Wahlbeteiligung findet sich zumeist auch eine hohe Nutzungsintensität des Vorabentscheidungsverfahrens und umgekehrt. Die Beteiligung der Bevölkerung an Wahlen für diese bekannteste EU-Institution[949] und damit die Unterstützung der parlamentarischen Funktion in der Union spiegelt sich auch in der Beteiligung der Richter an der europäischen Integration wider. Natürlich kann sich die Wahlbeteiligung im Jahr 2009 nicht kausal auf vorjährigen Vorlagen auswirken. Es geht hier – wie gesagt – um die grundsätzliche Bereitschaft zur Partizipation, die in beiden (gleich gewichtigen) Bereichen wenig schwankt. Dabei werden andere Faktoren gerade nicht ausgeschlossen.

---

[947] Vgl. zum Aspekt der „public's political awareness" *Carrubba/Murrah*, International Organization 59 (2005), 399 (406, 412, 414), der von den Autoren in Bezug auf die Vorlageraten als statistisch stark relevant erachtet wird (sie verwenden eine Eurobarometer-Erhebung, die der Frage nachgeht, ob man unter Freunden häufig politische Sachverhalte diskutiert oder nicht, S. 408).

[948] www.europarl.europa.eu/parliament/archive/elections2009/de/turnout_de.html.

[949] *Europäische Kommission*, Eurobarometer 68 – Die öffentliche Meinung in der Europäischen Union, 2008, S. 89: 88 % der Befragten haben vom Europäischen Parlament gehört, von der Europäischen Kommission 79 %, der Europäischen Zentralbank 71 %, dem EuGH 64 % und dem Rat der Europäischen Union 62 %.

*Grafik 9: Beteiligung an den EP-Wahlen in Prozent der Bevölkerung
(2009) und durchschnittliche jährliche Vorlageverfahren pro 500.000
Einwohner (2001–2010)*

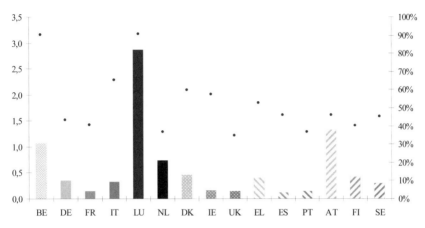

Die Wahlbeteiligung, die übrigens seit 1979 durchgängig rückläufig ist[950],
beruht auf zwei in Wechselwirkung stehenden Faktoren: Zum einen indi-
ziert sie den Demokratiebeteiligungswillen des Einzelnen und zum anderen
ist sie Ausdruck eines staatsbürgerlichen Pflichtempfindens. Beides spielt
auch bei Vorlageentscheidungen eine Rolle. Denn die Klagen Privater und
der staatliche Akt einer Gerichtsvorlage lassen sich als Instrument der
demokratischen Beteiligung sehen[951]. Der einzelne Richter erfüllt mit der
Vorlage zugleich eine ihm auferlegte Staatspflicht, schließlich sind die
Anforderungen bei ihm als Wächter des Rechtsstaatsprinzips im Vergleich
zu einem Normalbürger gesteigert.

Bei der Wahl und Vorlage geht es beide Male um das „Wollen" und die
Einstufung des „Wertes" einer konkreten Beteiligung am europäischen
Gemeinwesen. Darum weichen die Ergebnisse hier auch von der abstrakten
Einschätzung von EuGH und EU ab, wie sie die auf der Eurobarometer-
Umfrage beruhenden Grafik 8 untersuchte.

Bestätigt werden die Korrelationen auch mit erweitertem Blick auf neue
Mitgliedstaaten. Sie weisen ebenfalls eine niedrige Wahlbeteiligung auf,
die im gleichen Korridor wie Großbritannien und Portugal liegt[952]. Alle

---

[950] 1979 (EU-9): 61,99 %, demgegenüber 2009 (EU-27): 43 %. Angaben nach der
Homepage des Europäischen Parlaments.

[951] *Schepel/Blankenburg*, in: *de Búrca/Weiler*, S. 9 (31) weisen darauf hin, dass diese
(übrigens typisch amerikanische) Idee Frankreich fremd ist. Parallel dazu finden sich in
Frankreich – wie mehrfach erwähnt – niedrige Vorlageraten. S. auch unten 2. Teil § 5 II.

[952] 19,63 %–39 %.

diese Staaten sind durch besonders niedrige Vorlageraten gekennzeichnet[953]. Gerichtet sind beide Vorgänge (Bürgerbeteiligung in Form von Wahlentscheidungen und Richterbeteiligung in Gestalt von Vorlagen) gerade auf die EU. Auch darum liegt eine Korrelation nahe. Allerdings besteht eine leichte Abweichung: Die Niederlande haben eine niedrige Wahlbeteiligung, aber eine verhältnismäßig hohe Nutzungsintensität des Vorabentscheidungsverfahrens. Auch bei Österreich stimmen beide Faktoren nicht optimal überein.

Zu beachten ist: Verschiedene Umstände beeinflussen die Wahlbeteiligung. Dazu zählt etwa die Bündelung mit anderen Wahlen sowie die Anzahl der Wahlvorgänge (Stichwort: Wahlermüdung). Zudem kennen einige Mitgliedstaaten formell die Wahlpflicht bei den Parlamentswahlen, so Belgien und Luxemburg (hier beide Male mit auffälligem Kontrast zu den Niederlanden) sowie Griechenland[954]. Eine Rolle spielen auch Sperrklauseln der Mitgliedstaaten bei der Wahl der Abgeordneten des Europäischen Parlaments. Damit könnten potenzielle Wähler kleinerer Parteien von der Wahl abgehalten werden. In Deutschland wurde die 5 %-Sperrklausel jedoch kürzlich mitsamt dem System der „starren" Listen für verfassungswidrig erklärt[955]. Abschließend sind wiederum die Grenzen der Untersuchung zu beachten, denn diese – soweit ersichtlich – erstmals aufgestellte These einer Korrelation ließe sich in Arbeitsteilung mit der Ökonometrie stützen[956].

c) Parallelen zu Vertragsverletzungsverfahren gegen Mitgliedstaaten?

Das Vertragsverletzungsverfahren nach Art. 258 f. AEUV (ex-Art. 226 f. EG) in Form der Aufsichts- oder Staatenklage[957] stellt neben dem Vorabentscheidungsverfahren die bedeutsamste Verfahrensart der Europäischen Gerichtsbarkeit dar. Sie hat in den vergangenen Jahren an Bedeutung gewonnen[958]. Antragsberechtigt sind die Europäische Kommission und andere Mitgliedstaaten, wobei die Mitgliedstaaten von ihrer Berechtigung regelmäßig keinen Gebrauch machen[959]. Stattdessen wenden sich die Mitgliedstaaten an die Kommission, in der Hoffnung, diese würde – nach Ab-

---

[953] Für die neuen Mitgliedstaaten oben Grafik 6.

[954] *Malkopoulou*, CEPS Working Document No. 317/July 2009, S. 9; vergleichend zu den Wahlsystemen *Nohlen/Stöver* (Hrsg.), Elections in Europe – A Data Handbook, 2010.

[955] BVerfG, NVwZ 2012, 33.

[956] Legt man zum Beispiel eine hypothetische lineare Korrelation zugrunde, ergibt sich für den hier untersuchten Zusammenhang ein Korrelationskoeffizient von 0,6 auf einer Skala von 0 (keine Korrelation) bis 1 (vollständige lineare Korrelation).

[957] S. oben Fußn. 189.

[958] S. oben Tabelle 1.

[959] *Basedow*, EuZ 2009, 86 (89).

schluss des Vorverfahrens – die Europäische Gerichtsbarkeit anrufen[960]. Das führt häufig zu einer Art Stellvertreterprozess, etwa wenn es um die Öffnung konkurrierender Märkte geht[961]. Allerdings unterstützen die Mitgliedstaaten die Klage oder auch die Kommission im Vorfeld.

Die nachfolgende Grafik setzt die Datensätze der beiden wichtigsten EuGH-Verfahren in Beziehung. Die Punkte kennzeichnen die Vertragsverletzungsverfahren gegen die Mitgliedstaaten[962]. Methodisch stellt sich die Frage, ob man die absolute Anzahl der Vertragsverletzungsverfahren verwendet oder gleichfalls wieder auf 500.000 Einwohner umrechnet. Für Ersteres spricht, dass jeder Mitgliedstaat dieselbe Anzahl von Gemeinschaftsnormen zu beachten und umzusetzen hat, ungeachtet seiner Einwohnerzahl.

Für die Umrechnung spricht, dass kleinere Staaten weniger Richter und Verwaltungsbeamte haben, die gegen EU-Recht verstoßen können. Darum ist auch bei dieser Klageart die Umrechnung zugrunde gelegt worden. Arbeitshypothese ist hier: Staaten, gegen die viele Vertragsverletzungsverfahren gerichtet sind, zeigen eine Unwilligkeit, sich dem Unionsrecht zu unterwerfen und es sachrichtig anzuwenden. Diese Unwilligkeit könnte sich auch in besonders niedrigen Vorlageraten niederschlagen. Bei Staaten mit vielen Vertragsverletzungsverfahren (hier Punkte auf einer logarithmischen Skala) würden nach dieser Logik auch niedrige Vorlageraten (hier wieder Säulen) zu verzeichnen sein und umgekehrt.

Eine Korrelation lässt sich nicht feststellen. Eher wenige Vertragsverletzungsverfahren sind relativ zur Bevölkerungszahl gegen Deutschland, Frankreich, Italien, Niederlande, Dänemark, das Vereinigte Königreich und Spanien gerichtet[963]. Doch wie beschrieben und sichtbar, finden sich bei diesen Staaten ganz unterschiedliche Nutzungsintensitäten. Die These, dass sich hier wegen Europafreundlichkeit auch viele Vorlagen finden müssten, trifft nicht zu. Einige Regierungen zeigen – auch in absoluten

---

[960] Als Grund führt *Basedow*, EuZ 2009, 86 (89) auf, die Mitgliedstaaten wollten ihre diplomatischen Beziehungen untereinander nicht belasten.

[961] *Basedow*, EuZ 2009, 86 (89) verweist dazu auf das Interesse der Briten und Niederländer an der Öffnung des deutschen Versicherungsmarktes, was über ein Vertragsverletzungsverfahren zur entsprechenden Entscheidung in EuGH, Rs. 205/84, Slg. 1986, 3755 – *Kommission/Deutschland* geführt hat. Auch die Untätigkeitsklage kann zur Öffnung national abgeschotteter Märkte beitragen; entsprechend EuGH, Rs. 13/83, Slg. 1985, 1513 – *Parlament/Rat*; s. dazu *Basedow* (Hrsg.), Europäische Verkehrspolitik, 1987.

[962] Die Angaben beruhen wiederum auf den Jahresberichten des EU-Gerichtshofs. S. außerdem die verschiedenen Jahresberichte der Europäischen Kommission über die Kontrolle der Anwendung des EU-Rechts.

[963] Vgl. zu den Gründen für unterschiedliche Vertragverletzungszahlen *Börzel/Hofmann/Panke/Sprungk*, Comparative Political Studies 43 (2010), 1363 ff.

Zahlen, die der Jahresbericht aufführt – eine besondere Aversion gegen Vertragsverletzungsverfahren: Sie versuchen, die Sache im Wege des Vorverfahrens zu klären. Besonders auffällig ist hier Dänemark, aber auch das Vereinigte Königreich[964] mit freilich schon etwas weniger Vertragsverletzungsverfahren als Dänemark.

Grafik 10: Vertragsverletzungsverfahren und durchschnittliche jährliche Vorlageverfahren pro 500.000 Einwohner 2001–2010

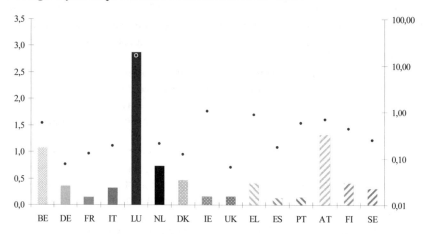

Eine Rolle spielt sicher auch der Umsetzungsstil, ob man sich also risikoaversiv wie z.B. das Vereinigte Königreich eng am Text der Richtlinien orientiert oder eher nicht, wie z.B. Deutschland[965]. Gleichwohl divergiert die Vorlagerate zwischen beiden Staaten beträchtlich. Belgien und Österreich weisen dagegen etwas mehr umgerechnete Vertragsverletzungsverfahren auf, dafür aber – entgegen der Arbeitshypothese – hohe Vorlageraten. Zu beachten sind hier auch die verschiedenen Akteure: Einerseits mit der Vertragsverletzung[966] und dann mit dem Vorverfahren betraute Beamte sowie andererseits (und dezentral) die vorlegenden oder auch nichtvorlegenden Richter.

Ein Vorurteil im Zusammenhang mit der geografischen Breite findet nur teils seine Bestätigung: In Griechenland und Portugal finden zwar mehr Vertragsverstöße statt oder man beseitigt sie ungern. Bei den anderen

---

[964] Zu beiden Staaten *Schepel/Blankenburg*, in: *de Búrca/Weiler*, S. 9 (17).

[965] Darüber anhand Englands und Deutschlands *Rösler*, EJLR 11 (2009), 305 (312 ff.).

[966] Regelmäßig geht es ja um die Nicht- oder ungenügende Umsetzung von Richtlinien (dazu allgemein *Hölscheidt*, DÖV 2009, 341 ff.) und seltener um Richter; s. aber zu Schweden oben bei Fußnotenzeichen 194.

Südstaaten kommt aber der Unterschied zwischen den „Club Méditer-ané"[967] (oder „Olivengürtel"[968]) und den nördlichen Mitgliedstaaten, der sich bekanntlich bei vielfältigen Lebenssachverhalten zeigt, nicht deutlich zum Ausdruck. Eindeutige Korrelationen mit dem Vorlageverfahren lassen sich außerdem nicht erkennen.

d) Gesamtbewertung

Die Vorlageraten sind das Ergebnis komplexer Sozialisationsprozesse, wohingegen wirtschaftliche Indikatoren – zumindest nach den vorliegenden Berechnungen – nur eine untergeordnete Rolle spielten (oben Grafik 7). Darum wurde in diesem Abschnitt der Frage nachgegangen, inwiefern sich eine allgemeine Europaskepsis in niedrigen Vorlageraten widerspiegelt. Die allgemeine Stimmung gegenüber dem Brüsseler politischen Komplex und der Luxemburger Rechtsprechungstätigkeit könnte erstens die private Auffassung eines Richters prägen, so dass er in Ausübung seiner fachlich-öffentlichen Rolle mehr oder weniger stark zu Vorlagen tendiert. Zudem ist der sog. „legitimacy constraint" der Richter zu berücksichtigen[969].

Das fand sich hier allerdings nicht bestätigt. Der Grad des Vertrauens in den EuGH und des Vertrauens in die EU nach der Eurobarometer-Untersuchung zeigte keine durchgängig relevanten Parallelen zur Vorlagerate (Grafik 8). Auch der Ansatz, nach dem viele Vertragsverletzungsverfahren mit einer Vorlageunwilligkeit korrelieren, geht u.a. wegen der unterschiedlichen Umsetzungsmethoden (etwa bei Zivilrechtsrichtlinien) und der unterschiedlichen Umgangsweise mit dem Vorverfahren fehl (Grafik 10).

Eine nach Ansicht des Autors tendenziell signifikante Korrelation konnte aber festgestellt werden, und zwar zwischen der Beteiligung an den EP-Wahlen in Prozent der Bevölkerung 2008 und den durchschnittlichen jährlichen Vorlageverfahren pro 500.000 Einwohner für 2001 bis 2010 (Grafik 9). Wie stets bei komplexen Sachverhalten mit einer Vielzahl von Entscheidungsakteuren vermag ein Ansatz alleine keine befriedigende Erklärung liefern. Interessant ist die Korrelation, weil es sich bei der Wahl

---

[967] *Blankenburg*, in: *Cottier/Estermann/Wrase*, S. 61 (86), und zwar im Zusammenhang mit der Justiz.

[968] Diesen Begriff verwendet der britische Historiker *Ludlow* in seiner Analyse des Brüsseler Gipfels vom 7.5.2010 (Eurocomment Briefing Note Vol. 7, Nr. 7/8, Spring 2010), der ein Rettungspaket i.H.v. 750 Milliarden € zur Rettung der Gemeinschaftswährung beschloss: dort tat sich zwischen den nördlichen und südlichen Euro-Staaten ein tiefer Graben bezüglich des Ausmaßes an Staatsverschuldung und den Lösungsvorstellungen auf (Konsolidierung der öffentlichen Haushalte, Unabhängigkeit der Zentralbank usw.).

[969] Bereits oben Fußn. 944.

wie bei der Vorlage um die praktische Beteiligung an der Integration handelt. Anders als bei der Eurobarometer-Umfrage geht es also nicht um die allgemeine abstrakte Einschätzung (d.h. Vertrauen und Akzeptanz von Autoritäten, die auch Inaktivität umfasst), sondern um den konkreten Grad an Partizipationsbereitschaft. Darunter ist das Systemdynamik erzeugende Sich-selber-Einbringen zu verstehen. Hier schlägt sich die Haltung als Bürger (Wahlberechtigter) und Staatsbediensteter (Richter) nieder. Es geht beide Male um die konkrete Unterstützung der EU-Institutionen und des europäischen Projekts.

Die vorliegenden Statistiken schließen das Bestehen von Relevanzen bei anderen Ausgangsdaten und Berechnungsverfahren nicht aus. Es bedarf hier fraglos noch eingehender Forschungen[970]. Davon sind diese Stichproben zu eher außerrechtlichen Erklärungsansätzen weit entfernt. Deutlich wird jedoch abermals: Es existiert wohl kaum die eine umfassende Theorie, die Unterschiede zu erklären vermag. Stattdessen sind differenziert spezifische Eigenheiten zu untersuchen.

Da die in Betracht kommenden Kriterien innerhalb der Grenzen der Nationalstaaten liegen, können beide Untersuchungsansätze – also die statistische und die folgende Rechts- und Prozesskulturanalyse – regionale Mentalitätsunterschiede (etwa zwischen Nord- und Süditalien) und Unterschiede zwischen Ballungszentren und ländlichen Regionen nur sehr begrenzt erfassen. Zu beachten sind damit auch die Besonderheiten von Kleinstaaten, die naturgemäß mehr ausländische Bezüge und Einflüsse aufweisen. Dies gilt zum einen für Österreich und die Benelux-Staaten, die sich als vorlagefreudig erweisen. Die kleinen Staaten beherbergen nicht ohne Grund[971] viele internationale Institutionen (Luxemburg, Belgien, Österreich)[972] oder sie verfügen wegen ihrer Historie über eine besonders offene Wirtschaftsordnung (Niederlande)[973].

4. Einfluss der nationalen Rechts- und Prozessstrukturen

Nachdem sich verschiedene Stichproben auf wirtschaftliche und europaskeptische Ursachen der Vorlagerate als nur begrenzt tragfähig erwiesen haben, geht es nachfolgend unter verschiedenen Blickwinkeln um die Relevanz rechtlicher und prozesstatsächlicher Umstände.

---

[970] S. jüngst *Hornuf/Voigt* mit dem Paper „Preliminary References – Analyzing the Determinants that Made the ECJ the Powerful Court It Is", erhältlich über http://ssrn.com/abstract=1843364.

[971] Angrenzend an das einst kriegerische Deutschland.

[972] Vgl. *Herren*, Hintertüren zur Macht – Internationalismus und modernisierungsorientierte Außenpolitik in Belgien, der Schweiz und den USA 1865–1914, 2000.

[973] *Rodger*, Article 234 and Competition Law – An Analysis, 2008, S. 35.

a) Vergleich innerhalb eines Rechtskreises

Die fehlende Korrelation zwischen Bevölkerungsgröße und umgerechneter Vorlagerate wird besonders deutlich bei zwei Mitgliedstaaten, die sogar dem gleichen Rechtskreis angehören und dieselbe Sprache aufweisen: Deutschland und Österreich. Die enge Verwandtschaft gilt nicht nur bei den hohen Berufungsquoten[974], sondern auch bei der Justizausstattung, denn deutsche und (dicht darauf folgend) österreichische Gerichte weisen in Westeuropa den höchsten Personalumfang auf[975]. Die unterschiedlichen Vorlageraten zwischen beiden Staaten illustriert die folgende Balkengrafik, die auf den u.a. bereits für die Grafiken 3 bis 5 genutzten Daten beruht.

Grafik 11: Vorlageersuchen aus Deutschland und Österreich (seit Beitritt 1995) pro 500.000 Einwohner nach Jahren

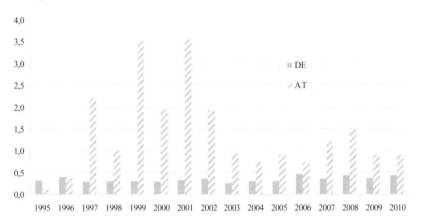

Neben der erstaunlichen Kontinuität der deutschen Vorlagen von unter 0,5 pro halbe Million deutsche Staatsbürger zeigt sich in der Grafik die Verzögerung nach dem Beitritt Österreichs, wie sie auch ansonsten üblich ist. Ab 1997 kehrt sich aber der typische Unterschied zwischen den Gründungsstaaten (viele Vorlagen) und Beitrittsstaaten (wenige Vorlagen) um. Die Vorlageintensität lässt sich auch dadurch erklären, dass die reichhaltige Literatur aus Deutschland problemlos verständlich ist und genutzt

---

[974] Auch Italien weist eine hohe Rechtsmittelfreudigkeit auf; *Blankenburg*, in: *Cottier/Estermann/Wrase*, S. 61 (83 f.).

[975] *Blankenburg*, in: *Cottier/Estermann/Wrase*, S. 61 (70, 86); übertroffen wird der Personalaufwand durch einige postkommunistische Staaten mit österreichischer Tradition (aaO, S. 70). S. dazu die Europakarte (bezogen auf 100.000 Einwohner und basierend auf CEPEJ-Daten) *Uzelac*, International Journal of Procedural Law 1 (2011), 106 (121).

werden kann, um österreichische Vorlagen anzuregen, anzuleiten und zu begründen[976].

Die lange Diskussionsphase über den Betritt Österreichs hat neben der überdurchschnittlich umfangreichen deutschsprachigen Literatur zum EU-Recht zu einem erhöhten Problembewusstsein und einer erhöhten Sensibilität gegenüber unionsrechtlichen Fragestellungen geführt. Außerdem erfolgte der Beitritt zu einem Zeitpunkt, als sich in den alten Mitgliedstaaten der Vorrang des EU-Rechts vor dem nationalen Recht schon längst etabliert hatte und schlicht zu einem zu akzeptierenden Bestandteil des EU-Rechts geworden war[977]. Während also die sechs Gründungsstaaten grundlegend gestalten konnten, mussten die späteren Beitrittsstaaten den Vorrang des Unionsrechts und den gesamten *acquis communautaire* vorbehaltlos akzeptieren.

Andere kleinere Länder, wie Luxemburg und Belgien, die ebenso wie Österreich internationale Institutionen beheimaten[978], weisen gleichfalls hohe Vorlagezahlen auf. Damit wird offenbar, dass die Größe eines Landes durchaus eine Rolle spielt: Sie kann zu mehr Offenheit gegenüber internationalen Einflüssen führen. Auch historische Gründe spielen eine Rolle. In Österreich hat man trotz der jahrzehntelangen Neutralität, die mit dem EU-Beitritt etwas gelockert wurde, vielleicht einen gewissen paneuropäischen Gedanken wieder entdeckt, wie er bis zum Ende der Monarchie in Österreich-Ungarn im November 1918 bestand. Zu bedenken ist auch, dass Österreich wie Deutschland einen Bundesstaat bildet[979] und damit (unions-)föderalen Ideen möglicherweise offener gegenübersteht. Ob darüber auch die verhältnismäßige Homogenität eines Landes eine Rolle

---

[976] S. etwa *Hummer/Vedder/Lorenzmeier*, Europarecht in Fällen – Die Rechtsprechung des EuGH, des EuG und deutscher und österreichischer Gerichte, 5. Aufl. (2012). Vgl. auch *Schima*, Das Vorabentscheidungsverfahren vor dem EuGH – Unter besonderer Berücksichtigung der Rechtslage in Österreich und Deutschland, 2. Aufl. (2005); *Reichelt* (Hrsg.), Vorabentscheidungsverfahren vor dem Gerichtshof der Europäischen Gemeinschaft – Europäische Erfahrungen und österreichische Perspektiven, 1998; s. weiter mit einigen Bezügen zu Österreich *Hakenberg/Stix-Hackl*, Handbuch zum Verfahren vor dem Europäischen Gerichtshof, Bd. I, 3. Aufl. (2005), S. 64. Zur vorhandenen Bereitschaft des österreichischen Gesetzgebers, zivilrechtliche Normen zu ändern, wenn eine richtlinienkonforme Auslegung nicht mehr eröffnet ist s. *Posch*, ZEuP 2004, 581 ff. (insbesondere zu EuGH, Rs. C-168/00, Slg. 2002, I-2631 – *Simone Leitner/TUI Deutschland*).

[977] Zur Rechtsprechung des österreichischen VfGH zum Vorrang des EU-Rechts *Posch*, Vorrang des Gemeinschaftsrechts vor Verfassungsrecht, 2010, S. 208 ff.; im Vergleich zu Deutschland *Jakab*, ICLQ 58 (2009), 933 ff.

[978] S. bereits oben bei Fußnotenzeichen 972.

[979] Art. 2 Bundes-Verfassungsgesetz (B-VG); *Ehrbeck*, Umsetzung von Unionsrecht in föderalen Staaten – Eine rechtsvergleichende Untersuchung von Kompetenzsystemen und Garantiemechanismen, 2011, S. 82 ff.

spielt, sei dahingestellt. Zwar gibt es in Deutschland ein stärkeres Gefälle – etwa der Wirtschaftskraft – als in Österreich. Allerdings sind in Ostdeutschland viele im Westen ausgebildete Richter und Professoren tätig, was im Unterschied zu den neuen Mitgliedstaaten die Pfadabhängigkeiten aus Ostblockzeiten abschneidet.

Wahrscheinlich sind die Unterschiede nur temporär. Das legen zumindest die Daten der letzten Jahre und ein Vergleich mit der Beteiligung bei den Europawahlen nach Grafik 9 nahe, nach denen Österreich – wie erörtert – einen Ausnahmefall darstellt. Wie bei allen kleinen Staaten kann schon eine handvoll Richter hohe Vorlageraten erzeugen. Die Vorlageentscheidungen mögen auf ein Bündel verschiedener Motive zurückzuführen sein. Vielleicht spielt bei österreichischen Richtern in besonderem Maße das Streben nach Genauigkeit und Sorgfältigkeit eine Rolle; ebenso der Wunsch, die Verantwortung für das neue Recht nicht allein tragen zu müssen. Erinnert sei daran, dass die erwähnte *Köbler*-Staatshaftung von Richtern auf einen österreichischen Fall zurückgeht. Festgehalten werden kann vorerst: Österreichische Richter scheinen sich im Zweifel für, z.B. englische Richter im Zweifel eher gegen eine Vorlage zu entscheiden[980]. Zu diesem Phänomen nun nachstehend.

b) Gründe für wenige Vorlagen aus Großbritannien (und Irland)

aa) Befund

In der Grafik 4 sticht die niedrige Vorlagerate aus der angelsächsischen Rechtsfamilie hervor. Damit verhält es sich bei den beiden Common law-Ländern anders als bei Deutschland und Österreich. Deren Daten fallen trotz Zugehörigkeit zum gleichen Rechtskreis auseinander. Während Irland bereits im ersten Jahrzehnt vorlegte, blieben die Vorlagen Großbritanniens in den ersten Jahren nach dem Beitritt von 1973 praktisch ohne Bedeutung. Die vorlagebeschränkenden Grundsätze von Lord *Denning* in *H.P. Bulmer Ltd. v. J. Bollinger S.A.* erwiesen sich für rund ein Jahrzehnt als prägend[981].

Der Wandel kam erst mit der *Factortame*-Rechtsprechung Anfang der Neunziger[982]. Common law-Richter erachten – obschon an Richterrecht

---

[980] *Tridimas*, CML Rev. 40 (2003), 9 (38).

[981] [1974] 3 W.L.R. 202; dazu *Gormley*, RabelsZ 66 (2002), 459 (460 f.).

[982] *R v. Secretary of State for Transport ex parte Factortame* (Nr. 1), [1990] 2 A.C. 85 stellte eindeutig klar, dass britische Gerichte ein Parlamentsgesetz aufheben können, wenn es gegen EG-Recht verstößt. Dazu *Arnull*, E.L. Rev. 35 (2010), 57 (59, 67); *Wind/Sindbjerg Martinsen/Rotger*, European Union Politics 10 (2009), 63 (78); s. auch *Boch*, EC Law in the UK, 2000, S. 150 ff.

und *stare decisis* gewöhnt[983] – die EuGH-Rechtsprechung in Entscheidungskultur und -stil als zu kontinentaleuropäisch und damit als Fremdkörper. Das Kontinentaleuropäische haftet den Urteilen mit dem induktiven, eher abstrakt gehaltenen und in der Sache verfassungsgerichtsähnlichen Stil der Rechtsprechung, den apodiktischen Begründungen und der am *effet utile* orientierten Argumentation vielfach an. Auch materiellrechtlich blieben kontinentale Rechtsvorstellungen im englischen Privatrecht bislang nur punktuell einflussreich[984].

Irland, das nach Jahrhunderten britischer Herrschaft im Jahr 1922 die Unabhängigkeit errang und erst nach dem Zweiten Weltkrieg (1949) den Bund des Commonwealth verließ, legt vergleichbar mit Großbritannien wenig vor. Erkennbar wird aber aus der Datenlage: Während die irischen Vorlagen in den siebziger und achtziger Jahren noch beträchtlich und in den neunziger Jahren etwas höher waren als die aus dem Vereinigten Königreich, sind die Vorlageraten im letzten Jahrzehnt weiter und sogar hinter die britischen Vorlageersuchen zurückgefallen. Dahingestellt sei, inwieweit sich in Irland eine Annäherung an die allgemeine britische Europaskepsis niederschlägt oder nicht[985]. Als Indiz könnte zu werten sein, dass dessen Bevölkerung erst im zweiten Anlauf am 2.10.2009 der Primärrechtsreform zustimmte und damit den Weg für den Vertrag von Lissabon freimachte.

Die Vorabentscheidungen zu Verfahren aus dem Vereinigten Königreich haben seit dem Beitritt bis in die neunziger Jahre zugelegt[986]. Doch im letzten Jahrzehnt sind die britischen Vorlagen im Rückzug begriffen. Dieser Befund ist nicht nur wegen der großen Bevölkerungszahl, sondern auch aufgrund des beträchtlichen Anteils Großbritanniens am grenzüberschreitenden Wirtschaftsverkehr in der EU[987] bedenklich. Britische Richter haben also von der Chance eines Dialogs mit dem EuGH im geringeren Umfang Gebrauch gemacht als ihre kontinentaleuropäischen Kollegen.

---

[983] *Rösler*, JuS 1999, 1186 (1188); *ders.*, Haftungsgründe und -grenzen für fahrlässiges Verhalten – Die Idee einer juristischen Kausalität im englischen und deutschen Deliktsrecht, 1999, S. 35 f.

[984] Zu den Gründen des geringen Einflusses auf das englische Vertragsrecht *Beale*, ERPL 18 (2010), 501 ff.; berühmt der Ausspruch von *Teubner*, M.L.R. 61 (1998), 11 ff., bei Treu und Glauben nach der Klauselrichtlinie handle es sich für das englische Vertragsrecht um einen „legal irritant"; s. auch *Collins*, Regulating Contracts, 1992/1999, S. 174 ff.

[985] S. die Divergenz zwischen beiden Staaten in der obigen Grafik 8 zum Vertrauen in den EuGH und Vertrauen in die EU (Stand 2007).

[986] Dazu *Arnull*, E.L. Rev. 35 (2010), 57 ff., der eine eingehende Fallanalyse der Vorlagen des House of Lords vornimmt.

[987] Zu diesem Ansatz oben die These von *Stone Sweet/Brunell*, ELJ 6 (2000), 117 ff.

Kommt es zu Vorlagen, werden diese jedoch akzeptiert und umgesetzt[988]. Das entspricht der *stare decisis*-Tradition[989], dem Rollenverständnis etwa des House of Lords bzw. des Supreme Courts als Wächter der Rechtsstaatlichkeit[990] sowie der Vertrautheit mit der Mehrrechtlichkeit im Vereinigten Königreich[991] und der Common-law-Rechtsfamilie insgesamt[992]. Zu beachten ist auch, dass die verfassungsrechtliche Dimension gerichtlich kaum eine Rolle spielt: Das Vereinigte Königreich hat kein Verfassungsgericht, das wie in Deutschland verfassungsrechtliche Bedenken hätte aufnehmen, kanalisieren und in Form eines „Solange"-Anforderungskatalogs an den EuGH herantragen können[993].

bb) Gebrauch der acte clair-Doktrin und zivilprozessuale Faktoren

Richter der britischen Inseln legen EU-Recht nach einer kombinierten Risiko- und Kosten-Nutzen-Analyse, welche die mit einer Vorlage verbundene Verfahrensverlängerung einbezieht, tendenziell selbst aus und nehmen in der Konsequenz mitunter von einer Vorlage Abstand[994]. Aus

---

[988] *Arnull*, E.L. Rev. 35 (2010), 57 (81); *Micklitz*, The Politics of Judicial Co-operation, S. 437 – der die Reaktionen auf EuGH-Urteile auf einer Skala von *over-fulfilment*, *loyalty* und *rejection* verordnet – beschreibt die Reaktion der britischen Richter als gelassen.

[989] *Anderson*, in: *Le Sueur* (Hrsg.), Building the UK's New Supreme Court – National and Comparative Perspectives, 2004, S. 199 (204): „[T]he attitude of the Law Lords to the ECJ […] has for the most part been one of loyal and uncritical compliance with all those rulings from which they have been able (in accordance with common law principles of *stare decisis*) to extract a legal rule applicable to the case before them. If the Law Lords have found occasional judgments of the ECJ to be obscure or difficult to apply, they have – in the manner of High Court judges who experience such difficulties with judgments of the Court of Appeal – been too polite to say so." Zu den „Sunday Trading"-Fällen oben Fußn. 838.

[990] Vgl. *Arnull*, E.L. Rev. 35 (2010), 57 (80), der aber eine andere Rolle des UK Supreme Courts für möglich hält. „Its new physical separation from Parliament may encourage it to regard itself as the custodian of values implicit in the common law" (S. 84). Weiter *Arnull*, in: *Lee* (Hrsg.), From House of Lords to Supreme Court – Judges, Jurists and the Process of Judging, 2011, S. 129 ff.

[991] *Micklitz*, The Politics of Judicial Co-operation, S. 437: „They have been used to living with different legal orders for centuries, and they need not strive for consistency as an objective in itself, as is the case, for example, of private law in Germany".

[992] Zu denken ist auch an die besondere Rolle des Judicial Committee of The Privy Council, der in einem Gebäude mit dem UK Supreme Court untergebracht ist und dieselbe Richterschaft aufweist. Zuständig ist das Privy Council für die „UK overseas territories", die „Crown dependencies" sowie die Commonwealth-Staaten, die ihr Appellationsrecht nach London behalten haben.

[993] *Arnull*, E.L. Rev. 35 (2010), 57 (83).

[994] *Tridimas*, CML Rev. 40 (2003), 9 (38).

dem Bereich des Zivilrechts[995] ist etwa zu denken an die Entscheidung *Director General of Fair Trading v. First National Bank plc*[996] zum Klauselrecht. Hier hat sich das House of Lords für die traditionelle „procedural fairness" anstatt des kontinentaleuropäischen materiellen Fairnesstests entschieden und dem EuGH die Sache nicht zur Klärung vorgelegt[997].

Auch in *Office of Fair Trading v. Abbey National plc. and others*[998] zur Frage der Bankgebühren sah der UK Supreme Court, der mit Wirkung zum 1.10.2009 Nachfolger des House of Lords ist[999], u.a. mit Verweis auf *acte clair* keine Veranlassung zur Vorlage. Dazu hätte er im Lichte der unionsrechtlichen Wertungen der Klauselrichtlinie gute Gründe haben müssen[1000]. Vielfach wird das Unionsrecht unmittelbar angewendet, ohne die Frage der Vereinbarkeit des britischen Rechts mit dem EU-Recht näher anzusprechen[1001].

Die Gründe für die Tendenz zum Selbstentscheid und damit zur Nichtvorlage sind durch mehrere Faktoren bedingt. Erstens hält die Verfahrensverlängerung offenbar britische Richter von Vorlagen ab[1002]. So ist die Zeit für die Abfassung des Vorabentscheidungsersuchens[1003], das Vorabentscheidungsverfahren selbst und die zusätzliche Zeit für die Umsetzung des EuGH-Entscheids zu dem rein nationalen Verfahren hinzuzuaddieren[1004]. Zweitens irritieren – wie erwähnt – die fremde Methodik und der fremde Klang des EU-Rechts sowie drittens die mit einer Vorlage notwendigerweise verbundene Weggabe von Entscheidungskompetenzen. Englischen Richtern, die selbstbewusst das weltweit beachtete Common law schufen

---

[995] Vgl. zu Beispielen *Arnull*, E.L. Rev. 35 (2010), 57 (75 ff.).

[996] [2001] UKHL 52, [2002] 1 All ER 97; besprochen durch *Micklitz*, ZEuP 2003, 865 ff.

[997] *Micklitz*, The Politics of Judicial Co-operation, S. 365, 418 ff.; *Ranieri*, Europäisches Obligationenrecht – Ein Handbuch mit Texten und Materialien, 3. Aufl. (2009), S. 448; *Rösler*, ZEuS 2006, 341 (347).

[998] [2009] UKSC 6, [2009] 3 W.L.R. 1215.

[999] Section 23 Constitutional Reform Act 2005; oben Fußn. 739.

[1000] Die Begründung der Vorlageablehnung ist nach *Davis*, C.L.J. 69 (2010), 21 (23) „dubious"; s. näher *Whittaker*, M.L.R. 74 (2011), 106 (118 ff.); *Kötz*, ZEuP 2012, 332 (344 f.).

[1001] *Chalmers*, West European Politics 23 (2000), 169 ff. (basierend auf Daten von 1973 bis 1998).

[1002] S. Lord *Walker* in *Office of Fair Trading v. Abbey National plc. and others* [2009] UKSC 6, Rdnr. 50: „a strong public interest in resolving the matter without further delay". *Arnull*, E.L. Rev. 35 (2010), 57 (80).

[1003] *Beck*, ZVglRWiss 107 (2008), 79 (104) berichtet, dass englische Richter in den Jahren 1987 bis 1992 fast drei Monate, teils auch länger für die Abfassung des Vorabentscheidungsersuchens brauchten. Für die Zeit danach lägen keine Daten vor. In Extremfällen könne sogar ein Jahr vergehen.

[1004] So *Tridimas*, CML Rev. 40 (2003), 9 (17 in Fußn. 35).

und entscheidend in dieser transnationalen Rechtsgemeinschaft fortent-
wickeln[1005], mag dies unwürdig und als Zeichen von Unentschlossenheit
erscheinen[1006]. Zudem spricht im anglo-amerikanischen Raum die subjektive Richterpersönlichkeit unter Verwendung der Ich-Form Recht. Im
Kontrast tritt z.B. der BGH monolithisch in der dritten Person sprechend
als Staatsorgan auf, hinter dem das einzig objektive Recht steht, das er
schlicht verkündet.

Die entscheidenden Strategien zur Vermeidung von Vorlagen eröffnen
die hohe – von der Öffentlichkeit kaum nachvollziehbare – Kunst der
Präjudizienabgrenzung und -interpretation sowie die unionsrechtliche *acte
clair*-Doktrin[1007]. Ein *barrister-at-law* beschreibt die Vermeidungsstrate-
gien wie folgt: „First, though the careful distinction, further abstraction or
extension by analogy of ECJ precedents and relevant domestic cases the
[English] courts have skilfully adjusted the domestic implementation of
Community law to their own preferred interpretations and political
choices. Conversely, the doctrine of *acte clair* has provided the domestic
courts with a second major avenue to bring about the same result: by
deciding for themselves Community law points which, neither clear nor yet
decided, they should have referred to the Court of Justice. Thirdly,
Community law has conferred on national courts almost complete procedural control over the application of EC law in the national courts, which
is practically the only route open to private litigants seeking to enforce
their rights."[1008] Immerhin: „In many cases [...] it remains unclear whether
the determining factor of the misapplication of Community law was delib-
erate manipulation, wilful disregard, or mere ignorance."[1009] Das Unwissen
über das EU-Recht erklärt sich zumindest nach dieser Stimme mit der

---

[1005] Vgl. *Beck*, ZVglRWiss 107 (2008), 79 (101) über „abiding self-confidence of the
common law judge in his ability, all too often blissfully unencumbered by knowledge, to
decide any Community law in question".

[1006] *Tridimas*, CML Rev. 40 (2003), 9 (38).

[1007] Zur häufigen Anwendung der *acte clair*-Doktrin (EuGH, Rs. 283/81, Slg. 1982,
3415 – *C.I.L.F.I.T./Ministero della Sanità*; dazu näher im 3. Teil § 2 II 2 a) *Craig*, in:
Slaughter/Stone Sweet/Weiler (Hrsg.), The European Court and National Courts –
Doctrine and Jurisprudence, 1998, S. 195 (205 f.); *Wind/Sindbjerg Martinsen/Rotger*,
European Union Politics 10 (2009), 63 (77), die auf dänische Parallelen hinweisen;
Chalmers, West European Politics 23 (2000), 169 ff.; weiter *Hoskins*, in: *ders./Robinson*
(Hrsg.), A True European – Essays for Judge David Edward, 2004, S. 345 ff.; zur
englischen Praxis auch *Pfeiffer*, ZEuP 2007, 610 ff.

[1008] *Beck*, ZVglRWiss 107 (2008), 79 (106).

[1009] *Beck*, ZVglRWiss 107 (2008), 79 (100).

Richter- und Anwaltsausbildung: „[E]ven today most judges would not have received any formal legal training in Community law"[1010].

Die Schwierigkeiten hängen auch mit den Eigenheiten des englischen Prozessrechts zusammen, in dem *barristers* im Vergleich zu den *solicitors* bei den Obergerichten eine besondere Rolle einnehmen[1011]. *Wetter* schreibt in seinem Buch über den Stil von Entscheidungen höherer Gerichte: „The leaders of the bar [also die besonders anerkannten *barristers* wie die *Queen's Counsels*] and the judges are equals and feel like equals. These circumstances explain why the English judicial process is, in essence, a continuous discussion among educated, informed and reasonable men. Reality bristles in English courts and the legal jargon is restricted to a minimum"[1012].

Eine Erklärung liegt darin, dass England und die USA die Ausbildung von Juristen erst spät an die Universität verlegt haben. Während auf dem Kontinent die Tradition wissenschaftlicher Rechtsfakultäten ihren Anfang im Bologna des 12. Jahrhunderts nahm, blieb es in den beiden Common law-Ländern bis ins 19. Jahrhundert bei der „handwerksmäßigen" Ausbildung durch ein Praktikum bei einem angesehenen Rechtsanwalt als „Meister"[1013]. Später traten Formen der Institutionalisierung der Praktikantenausbildung durch Lehrgänge bei Anwälten und den vier gildenähnlichen[1014] und seit dem Mittelalter in London bestehenden Inns of Court hinzu. Die kontinentaleuropäische Tradition wissenschaftlich ausgerichteter Rechtsfakultäten konnte erst spät und zögerlich Wurzeln fassen. Bis ins 19. Jahrhundert lag die Ausbildung in der Hand des praktizierenden Juristenstandes[1015].

In dem beschriebenen englischen Rechtsgespräch vor dem Gericht haben Richter eine zurückgenommene Rolle inne, etwa bei der Anwendung ausländischen Rechts, die eine *matter of fact* darstellt[1016]. Der bereits

---

[1010] *Beck*, ZVglRWiss 107 (2008), 79 (100); weiter zur Entwicklung aaO: „the quality of judicial decisions indicates that the situation began to improve after 1985, shortly before EC law became a compulsory subject for all UK law students in the mid-1990s".

[1011] *Rösler*, ZVglRWiss 100 (2001), 448 (450 ff.).

[1012] *Wetter*, The Styles of Appellate Judicial Opinions – A Case Study in Comparative Law, 1960, S. 32; vgl. ferner *Kötz*, RabelsZ 37 (1973), 245 ff.; *Markesinis*, C.L.J. 59 (2000), 294 ff.; *van Caenegem*, Judges, Legislators and Professors – Chapters in European Legal History, 1987.

[1013] *Rheinstein*, RabelsZ 34 (1970), 1 (3); zur ineffektiven Ausbildung durch private, lokale Praktikerschulen *Pound*, L.Q.Rev. 67 (1951), 49 (54).

[1014] *Wetter*, S. 32.

[1015] S. dazu das zweibändige Werk *Sheppard* (Hrsg.), The History of Legal Education in the United States: Commentaries and Primary Sources, 2007.

[1016] Dagen wird unter § 293 ZPO ausländisches Recht nicht als von der Partei zu beweisende Tatsache (Beibringungsgrundsatz) behandelt, sondern unterliegt der richterlichen Ermittlungspflicht; s. RGZ 126, 196 (202); BGHZ 36, 348 (352); 77, 32, (38);

zitierte *barrister* sei wegen seiner Sachnähe ein letztes Mal in den Zeugen-stand berufen: „The traditional reliance by the English judiciary on counsel for both parties to refer to all the relevant law constitutes a formidable and almost ineliminable institutional obstacle to the faithful application of any relatively unfamiliar or specialist area of law. Often this means that a judge who has very little expert knowledge of Community law is instructed on the matter by two or more counsel none of whom may be a Community law specialist. There now are a small number of three of four sets of barristers' chambers with EC law expertise at the English Bar, but because of the pervasive nature of Community law many cases involving both common law as well as EC legal points are still argued by traditional generalist or common law barristers. Therefore, all too often the blind are still being lead by the visually impaired."[1017]

cc) Verständnis der Richterfunktion

Zurückzukommen ist auf die Europaskepsis, die in der britischen Bevöl-kerung weit verbreitet ist, wie auch die obige Grafik 8 zu Vertrauen in den EuGH und Vertrauen in die EU belegt. Die Skepsis findet sich auch in der Politik. So äußerte Premierministerin *Margaret Thatcher* in der Parla-mentsdebatte um den Maastrichtvertrag: „some things at the Court are very much to our distaste"[1018]. Der EuGH weise eine fremde Methodik auf und seine Rechtsprechung liefe auf eine Zentralisierung und die Schaffung eines Staates hinaus[1019]. Der böse Ausspruch, Großbritannien wäre bloß beigetreten, weil es *gegen* die Europäische Gemeinschaft eingestellt sei, kommt einem hierzu in den Sinn. Insgesamt können also auch die briti-schen Richter den Luxemburger Gerichtshof als verlängerten Arm eines auf Souveränitätsbeseitigung angelegten Politikapparats ansehen.

Es wurden allerdings oben im Zusammenhang mit Grafik 8 schon Zweifel geäußert, ob und inwieweit sich Stimmungen und Einstellungen der Bevölkerung auch in der Richterschaft niederschlagen. Die richterliche

---

Schall, ZZP 122 (2009), 293 (295). Zur *fact doctrine* dagegen *Trautmann*, Europäisches Kollisionsrecht und ausländisches Recht im nationalen Zivilverfahren, 2011, S. 49 ff.; *Rogoz*, Ausländisches Recht im deutschen und englischen Zivilprozess, 2008; zum US-amerikanischen Recht *Hay/Borchers/Symeonides*, S. 602 ff.

[1017] *Beck*, ZVglRWiss 107 (2008), 79 (101); mit weiteren Beispielen *Andenas/Jacobs* (Hrsg.), European Community Law in the English Courts, 1998.

[1018] *Thatcher*, House of Lords Debate, Hansard, 7 June 1993, col. 560.

[1019] Im Wortlaut *Thatcher*, House of Lords Debate, Hansard, 7 June 1993, col. 563: „It has by its decisions greatly extended the powers of the centralised institutions against the nation state. Its methods of interpreting the law are totally different from those of our courts and nothing like so exact or so good. The court draws upon the objective of European integration to inform all its rulings by which over a period of time it has therefore furthered decisions towards a unitary European state".

„Zunft" (sofern man davon überhaupt sprechen darf) ist schließlich fachlich hochspezialisiert und justizsoziologisch gesehen entstammten Richter recht häufig der oberen Mittel- oder der Oberschicht und eher den Großstädten[1020], die internationalen Einflüssen offener gegenüberstehen. Zudem haben englische Richter die Entscheidung des Parlaments durch den „European Communities Act 1972" grundsätzlich geachtet. Insbesondere das House of Lords hat sich der allgemeinen Europaskepsis nicht angeschlossen[1021]. Da das House of Lords – wie auch jetzt der UK Supreme Court – kein Verfassungsgericht ist, konnten derartige Fundamentalbedenken nicht in judikativer Form Ausdruck finden[1022].

Der statistische wie qualitative Befund offenbart allerdings wenig Enthusiasmus. Die Vorlagerate blieb durchgängig niedrig. Britische Richter haben also wenig Gebrauch von dem beträchtlichen „judicial empowerment" durch das Europarecht gemacht[1023]. Darunter ist – wie dargelegt[1024] – die Kompetenzerweiterung zu verstehen, denn der Vorrang des EU-Rechts ermöglicht den Gerichten *de facto* eine Normenkontrolle[1025]. Das Vorabentscheidungsverfahren gleicht ein Stück weit die fehlende „Verfassungsbeschwerde" zum EuGH aus[1026]. Die Ermächtigung fällt auf den britischen Inseln umso beträchtlicher aus, da diese Möglichkeit nach britischem Verfassungsrecht sonst nicht besteht[1027]. Umgekehrt mag die Berufung höherer Richter aus dem Bestand der höheren Anwaltschaft[1028]

[1020] Zur Bedeutung der englischen Anwaltschaft als *gatekeeper* für die Ernennung von Richtern und den bislang bescheidenen Erfolgen, die Vielfalt bei der Zusammensetzung der Richterschaft zu erhöhen s. *Barmes/Malleson*, M.L.R. 74 (2011), 245 ff.; zur Rolle der *solicitors*, *barristers* und Richterschaft *Rösler*, ZVglRWiss 100 (2001), 448 ff. Vgl. zum Sozialprofil der deutschen Richterschaft *Röhl*, Rechtssoziologie, 1987, S. 343 ff.; *Rehbinder*, Rechtssoziologie, 7. Aufl. (2009), S. 127 f.

[1021] Ausdrücklich *Arnull*, E.L. Rev. 35 (2010), 57 (81); ähnlich positiv urteilt *Gormley*, RabelsZ 66 (2002), 459 (465).

[1022] Bereits oben bei Fußnotenzeichen 993.

[1023] Vgl. *Conant*, JCMS – Annual Review 45 (2007), 45 (55); *dies.*, S. 106; dazu, dass die Ermächtigung eine Annäherung an das US-Modell bedeutet kurz *Wind/Sindbjerg Martinsen/Rotger*, European Union Politics 10 (2009), 63 (74).

[1024] Oben Fußn. 465.

[1025] Zur *Factortame*-Rechtsprechung bereits oben bei Fußnotenzeichen 982.

[1026] Dazu im Zusammenhang mit einer Vorlage des High Court zur Rechtmäßigkeit der Tabakwerberichtlinie (EuGH, Rs. C-74/99, Slg. 2000, I-8599) *Seidel*, EuZW 1999, 369 (374).

[1027] Nach der Untersuchung von *Chalmers*, West European Politics 23 (2000), 169 ff. zu den Jahren 1973 bis 1998 wurde die Frage der Aufhebung eines Parlamentsgesetzes wegen Europarechts nur in zwei Fällen diskutiert.

[1028] Soeben in Fußn. 1020.

und die Bedeutung der *stare decisis* zu einer nüchtern-zurückhaltenden Betrachtung auch in dieser Hinsicht beitragen[1029].

Das leitet über zum Phänomen der historisch bedingten Pfadabhängigkeit. Die (weitgehend ungeschriebene) britische Verfassungsordnung geht grundsätzlich vom Vorrang des Parlaments aus und kennt – wie eben erwähnt – grundsätzlich keine gerichtliche Normenkontrolle[1030]. Damit unterscheidet sich Großbritannien von Deutschland und Italien und den weiteren, von der US-amerikanischen Verfassungsdemokratie inspirierten Rechtsordnungen. Diese traditionell begrenzte Rolle der Gerichte wirkt sich auch auf den Dialog mit dem EuGH aus[1031]. Grundsätzlich besteht ein Widerstreben, politische Fragen einem Gericht zu überantworten[1032].

Ebenfalls vermeiden britische Richter politische Entscheidungen. Veränderungen und Reformen werden eher von der Legislative als von der Judikative angestoßen[1033]. Hier wirkt trotz des „European Communities Act 1972" die institutionalisierte Arbeitsteilung zwischen Gesetzgeber und Politik im Sinne eines internen Filters fort. Er hält von Vorlagen eher ab[1034]. Zwar handelt es sich bei Auslegungsfragen des Europäischen Privatrechts nicht stets um rechtspolitische Fragen. Gleichwohl ist – wie ohnehin für das Unionsrecht typisch – etwa im Bereich des Verbraucher-, Arbeits-, Gesellschafts- und Steuerrechts recht häufig ein rechtspolitischer Gehalt oder Hintergrund nicht von der Hand zu weisen. Die ausdrückliche Delegation solcher Fragen an den EU-Gerichtshof mögen britische Richter darum tendenziell ablehnen.

Im Gegenzug fallen deutschen und italienischen Richtern Vorlagen eher leichter, denn sie haben aus ihrer Verfassungsdemokratie heraus bereits eine Aufwertung des Richteramts erfahren[1035], die eine stärker politische Stellung umfasst. Für Deutschland ist dies bekannt. Aber auch in Italien, das dem EuGH ebenfalls viel vorlegt, führte die Einführung des richter-

---

[1029] Vgl. in anderem Zusammenhang *Atiyah/Summers*, Form and Substance in Anglo-American Law – A Comparative Study of Legal Reasoning, Legal Theory, and Legal Institutions, 1987, S. 349: „Lower court judges are […] unlikely to be candidates for promotion to appellate courts if they display deviant tendencies to reject or disregard appellate court precedents, just as barristers are unlikely to be candidates for appointment to judicial office if they have given any indication that they reject conventional ideas of stare decisis or embrace radical views of the judicial role".

[1030] Vgl. zur Gewaltenteilung oben bei Fußnotenzeichen 739.

[1031] S. parallel für die nordischen Staaten (mit vergleichbarer Ausgangslage) oben Fußn. 920.

[1032] *Wind/Sindbjerg Martinsen/Rotger*, European Union Politics 10 (2009), 63 (74).

[1033] *Atiyah/Summers*, S. 267; *Gounalakis/Rösler*, Ehre, Meinung und Chancengleichheit im Kommunikationsprozeß – Eine vergleichende Untersuchung zum englischen und deutschen Recht der Ehre, 1998, S. 109 f.; *Rösler*, ZVglRWiss 100 (2001), 448 (455 f.).

[1034] S. *Wind/Sindbjerg Martinsen/Rotger*, European Union Politics 10 (2009), 63 (78).

[1035] Für Italien näher *Trocker*, RabelsZ 66 (2002), 417 (433).

lichen Prüfungsrechts mit der Verfassung von 1948 zu einer Änderung des Selbstverständnisses. Dieser Wandel in Italien ist wie folgt beschrieben worden: „[T]he great re-evaluation of the role of the judiciary, deriving from the judges' power to suspend legislation, even if only temporarily, while awaiting a decision from the [Constitutional] Court, has resulted in an unexpected political-cultural maturing of the ordinary judges [...]. The judges began to feel that they played a real part in the process of forming the will of the state, rather than being only executors of rules established by Parliament or Government."[1036]

c) Ausgestaltung des Zivilprozessrechts und der Zivilprozessrechtspraxis

aa) Grundsätzliche Bedeutung

Die Bedeutung des Verfahrensrechts ist nicht zu überschätzen, bestehen hier doch zwischen den Rechtsfamilien große und ursächliche Unterschiede: Die Abspaltung des Common law vom Civil law geschah letztlich durch *Henry II* (1133–1189). Der „father of English common law" brachte das englische Recht mit seinen Verfahrens- und Justizreformen der königlichen Gerichtsbarkeit auf einen eigenen Weg[1037].

Fraglich ist zunächst, welchen Einfluss *spezielle* nationale Regeln zum Vorlageersuchen ausüben. Sie könnten es dem nationalen Richter erleichtern, die prozessrechtliche Brücke zum EU-Gerichtshof zu beschreiten. Möglich sind diese Einflüsse, da die Details des Vorlagebeschlusses und der Verfahrensaussetzung dem nationalen Recht überlassen sind[1038].

Einige Staaten haben dazu Normen erlassen. So kennen etwa die Civil Procedure Rules für England and Wales detaillierte Vorschriften zu Vorlage und Verfahrenaussetzung[1039]. Auch im niederländischen Recht finden sich entsprechende Empfehlungen[1040]. Einige der neuen Mitgliedstaaten

---

[1036] *Pizzorusso*, JöR 34 (1985), 105 (116).

[1037] *van Caenegem*, The Birth of the English Common Law, 2. Aufl. (1988); s. auch *Zweigert/Kötz*, S. 179 f.

[1038] Etwa, ob in einem Beschluss oder in zwei Beschlüssen; s. zu der Frage *Bobek*, CML Rev. 45 (2008), 1611 (1627 ff.); zur Rechtslage nach Unionsrecht *Füßer/Höher*, EuR 2001, 784 (785 ff.).

[1039] Part 68 Civil Procedure Rules England and Wales (and the annexed Practice Directions): Interpretation (Rule 68.1), Making of order (Rule 68.2), Request to apply the urgent preliminary ruling procedure (Rule 68.2A), Transmission to the European Court (Rule 68.3), Stay of proceedings (Rule 68.4). S. weiter *Anderson/Demetriou*, References to the European Court, 2. Aufl. (2002).

[1040] „Guide to preliminary ruling proceedings before the Court of Justice" erarbeitet von der „Euro Group", einer informellen Arbeitsgruppe der Netherlands Association for the Judiciary; erhältlich über www.juradmin.eu/en/jurisprudence/guide; s. den Bericht *Crowe*, ERA-Forum 2004, 435 (437, 439 f.).

verfügen gleichfalls – und im Unterschied zu Deutschland[1041] und Österreich[1042] – über spezielle, wenn auch knappere Regeln[1043]. Damit wird klar, dass zumindest bei diesen Ländern das Bestehen bzw. Nichtbestehen solcher Regeln offenbar keinen signifikant positiven Einfluss auf die Vorlagehäufigkeit hat. Das verhält sich bei der allgemeinen Bedeutung von Prozessrecht und der Prozesspraxis anders.

bb) Beispiel Frankreich

Oben bei Grafik 3 war bereits die umgerechnet niedrige Vorlagerate Frankreichs Gegenstand von Kritik[1044]. Diese Zurückhaltung wird wenig thematisiert, obwohl selbst die absoluten Zahlen – die sich oben in Tabelle 3 finden – sie kaum verdecken: Bis Ende 1996 lag Frankreich auf dem zweit-, danach auf dem drittletzten Platz (nun vor Italien)[1045]. Die drei Obergerichte (Conseil d'État, Cour de Cassation und Conseil constitutionnel) taten sich schwer, den Vorrang des EU-Rechts tatsächlich zu akzeptieren. Davon hat es sich aber die – vorliegend maßgebliche – Cour de Cassation bei Weitem am leichtesten gemacht; sie hat bereits 1975 das *principe de suprématie du droit communautaire* anerkannt[1046].

Die Cour de Cassation, die in einem gewissen Wettbewerb[1047] mit anderen Gerichten steht[1048], verfügt zudem über eine weniger elitär ausgebildete Richterschaft und stellt die Rechtspositionen der Wirtschaft und Bürger ins

---

[1041] Zum deutschen Recht s. oben bei Fußnotenzeichen 151.

[1042] Bericht von *Crowe*, ERA-Forum 2004, 435 (438).

[1043] Etwa die Tschechische Republik und die Slowakei. *Bobek*, CML Rev. 45 (2008), 1611 (1616 f.) m. w. Nachw.

[1044] Parallel dazu hat Frankreich erst in letzten Jahren verstärkt Entscheidungen zum CISG erlassen; dazu *Witz/Hlawon*, IHR 2011, 93 ff.

[1045] *Ferrand*, RabelsZ 66 (2002), 391 (399).

[1046] CCass, Chambre mixte, Dalloz, 1975, 497 – *Jacques Vabres*; Übersetzung ins Englische CML Rev. 1993, 1135; dazu *Ferrand*, RabelsZ 66 (2002), 391 (395 f.); ausführlich zu den fünf Stufen der Veränderung *Alter*, Establishing the Supremacy, S. 124 ff.; zum Vorlageverhalten *Errera*, in: *Schermers/Timmermans/Kellermann/Watson* (Hrsg.), Article 177 EEC: Experiences and Problems, 1987, S. 78 (79 ff.).

[1047] Dazu, dass ein Wettbewerb zwischen nationalen Gerichten zu vermehrten Vorlagen führen kann *Alter*, Establishing the Supremacy, S. 47; *Golub*, West European Politics 19 (1996), 360 ff.

[1048] *Plötner*, in: *Slaughter/Stone Sweet/Weiler* (Hrsg.), The European Court and National Courts – Doctrine and Jurisprudence, 1998, S. 41 (71): „While for the CE [Conseil d'État] any change in the *status quo* could only mean loss of influence, things were the other way around for the CCass. Their reaction to direct effect and supremacy was a flawless application of this insight." Der Conseil d'État ist freilich auf Europakurs; dazu die übersetzte Entscheidung vom 30.10.2009, Nr. 298348, EuR 2010, 554 – *Mme Perreux*; besprochen von *Classen*, EuR 2010, 557 ff.

Zentrum ihrer Aufmerksamkeit[1049]. Das Verhältnis der Cour de Cassation zum EuGH bietet darum wenig Anlass zu Kritik[1050], im Unterschied zu den beiden anderen Obergerichten[1051].

Ein Grund für die besagten Schwierigkeiten liegt in Frankreichs besonderer Form einer monistischen (als Gegensatz zur dualistisch orientierten) Souveränitäts- und Legalitätsauffassung. Danach sind zwar völkerrechtliche Verträge durch deren Zustandekommen ohne weitere Transformation gültig[1052]. Seit der Französischen Revolution von 1789 achten die Gerichte die Gewaltenteilung recht strikt. Aufgrund der *suprématie des lois* wird einer richterlichen Rechtsfortbildung mit Zurückhaltung begegnet, um ein *gouvernement des juges* zu verhindern[1053]. Zudem ist die Prüfung förmlicher Gesetze auf Verfassungsmäßigkeit sehr begrenzt. Darin wird einer der Gründe für wenige Vorlageersuchen nach Art. 267 AEUV gesehen[1054],

---

[1049] Dagegen steht der Conseil d'État als „juge de la légalité" dem französischen Staat besonders nahe. (Allerdings ist hier ein Wandel zu verzeichnen: Von 1961–2009 legte der Conseil d'État laut Jahresbericht des EU-Gerichtshofs nur 47-mal vor, 2010 stieg die Gesamtzahl allerdings auf 63). S. *Plötner*, in: *Slaughter/Stone Sweet/Weiler*, S. 41 (60 f., 70); *Ferrand*, RabelsZ 66 (2002), 391 (412). S. weiter *Mehdi*, CML Rev. 48 (2011), 439 ff.; *Dubos*, Les juridictions nationales, juge communautaire, 2001. Zur berühmten Entscheidung des Conseil d'État vom 22.12.1978 in Sachen *Cohn-Bendit*, RTDE 1979, 168 s. die deutschen Übersetzungen in EuR 1979, 292 und EuGRZ 1979, 252. Das Urteil reagierte auch auf die von Staatspräsident *Giscard d'Estaing* auf dem Dubliner Gipfel von 1975 aufgestellte Forderung „to do something about the Court and its illegal decisions"; *Brown/Kennedy*, The Court of Justice of the European Communities, 5. Aufl. (2000), S. 400. Zur *acte clair*-Rechtsprechung weiter im 3. Teil § 2 II 2.

[1050] Vgl. *Ferrand*, RabelsZ 66 (2002), 391 (401), s. allerdings auch S. 409 f. (im Zusammenhang mit der *Tessili*-Rechtsprechung EuGH, Rs. C-12/76, Slg. 1976, 1473 – *Tessili/Dunlop*).

[1051] S. *Couzinet*, in: Mélanges en hommage à Guy Isaac – 50 ans du droit communautaire, Bd. II, 2004, S. 803 ff.; *Plötner*, in: *Slaughter/Stone Sweet/Weiler*, S. 41 (44 f.); vgl. zum älteren Stand *Bergsten*, Community Law in the French Courts – The Law of Treaties in Modern Attire, 1973, S. 104 ff.

[1052] Dazu (anhand Frankreichs) *Schroeder*, Das Gemeinschaftsrechtssystem – Eine Untersuchung zu den rechtsdogmatischen, rechtstheoretischen und verfassungsrechtlichen Grundlagen des Systemdenkens im Europäischen Gemeinschaftsrecht, 2002, S. 173 ff.; *Babusiaux*, in: *Riesenhuber* (Hrsg.), Europäische Methodenlehre, 2. Aufl. (2010), § 24, Rdnr. 7.

[1053] Hierzu etwa *Conant*, in: *Green Cowles/Caporaso/Risse-Kappen* (Hrsg.), Transforming Europe – Europeanization and Domestic Change, 2001, S. 97 (103); *Plötner*, in: *Slaughter/Stone Sweet/Weiler*, S. 41 (42 ff.). Auch *Langenbucher*, in: Festschr. f. Koziol, 2010, S. 1411 ff.

[1054] Nach der Rechtslage der großen Verfassungsrevision vom 23.7.2008 bestand nur eine *ex-ante*, d.h. präventive Prüfungsmöglichkeit des Conseil constitutionnel nach Art. 61 der Verfassung. In der begrenzten Überprüfbarkeit sehen *Carrubba/Murrah*, International Organization 59 (2005), 399 (412) in ihrer Theorieüberprüfung einen Zusammenhang zu wenigen Vorlagen an den EuGH: „Judicial systems with only abstract

obwohl die Einführung der Richtervorlage für Parlamentsgesetze 2008 wichtige Änderungen schuf[1055]. Aus diesen Gründen fällt es französischen Gerichten schwer, französisches Recht im Konfliktfall mit dem EU-Recht zu verwerfen[1056].

Beachtenswert sind auch die Fristen und die Arbeitslast, die von Vorlagen an den EuGH abhalten. So hat der Conseil constitutionnel bezüglich der Richtlinie zum Urheberrecht in der Informationsgesellschaft von einer Vorlage Abstand genommen, weil die in Art. 61 der Verfassung vorgeschriebene Frist für die präventive Normenkontrolle sonst nicht einzuhalten gewesen wäre[1057]. Das ist mit der *acte clair*-Doktrin natürlich nicht zu vereinbaren[1058]. Im Zivilrecht hat sich in den letzten zwanzig Jahren zwar die Verfahrenslast verdoppelt. Sie ist jedoch nicht durch Personal und Sachausstattung ausgeglichen worden[1059]. Beim Kassationshof waren im Jahr 2009 19.617 Zivilverfahren anhängig[1060].

Die generell hohe Verfahrenslast, das geringe Justizbudget, ein bescheidener Stab von Zuarbeitern[1061], aber auch der knappe Stil der Urteilsbegründung lässt den Richtern wenig Zeit und gedanklichen Raum für eine

---

review [i.e. just the power to declare laws unconstitutional before they are implemented] do tend to make fewer references on average than those without judicial review. Thus, the evidence suggests that judges, at least in abstract review systems, have been hesitant to engage in behavior that violates their domestic legal culture".

[1055] Art. 61-1 der Verfassung; vgl. bereits oben Fußn. 4; zu den Änderungen (auch mit Blick auf das EU-Recht) *Gundel*, in: Festschr. f. Spellenberg, 2010, S. 573 ff.

[1056] *Schermers/Waelbroeck*, Judicial Protection in the European Union, 6. Aufl. (2001), S. 164 ff.; *Ferrand*, RabelsZ 66 (2002), 391 (397).

[1057] Décision 2006-540 DC, 27 July 2006, Recueil des décisions du Conseil constitutionnel 2006, 88, Rdnr. 20; die vom französischen Verfassungsrat selbst übersetzte Stelle (auf der Homepage) lautet: „In Erwägung dessen, dass, zweitens, der Verfassungsrat, welcher vor Verkündung des Gesetzes und innerhalb der von Artikel 61 der Verfassung gesetzten Frist zu entscheiden hat, den Gerichtshof der Europäischen Gemeinschaften nicht mit einer Vorlage nach Artikel 234 des Vertrags zur Gründung der Europäischen Gemeinschaft anrufen kann; dass er daher eine gesetzliche Bestimmung nur dann als gegen Artikel 88-1 der Verfassung verstoßend erklären könnte, wenn sie offensichtlich mit der Richtlinie, deren Umsetzung das Ziel dieser Bestimmung ist, unvereinbar wäre; dass es in jedem Fall den nationalen Fachgerichten obliegt, gegebenenfalls den Europäischen Gerichtshof durch eine Vorlage anzurufen [...]".

[1058] *Arnull*, E.L. Rev. 35 (2010), 57 (82 in Fußn. 161).

[1059] *Zwickel*, Bürgernahe Ziviljustiz: Die französische juridiction de proximité aus deutscher Sicht – Zugleich ein Beitrag zur Definition eines Gesamtmodells bürgernaher Justiz, 2010, S. 26 in Fußn. 39.

[1060] Zudem noch 8.498 Strafverfahren; Cour de cassation, Rapport annuel 2009, 2009, S. 475 (www.courdecassation.fr/publications_cour_26/rapport_annuel_36); *Bell*, Judiciaries within Europe – A Comparative Review, 2006, S. 47 nennt knapp 200 als Gesamtzahl der in den sechs Kammern (eine davon Strafrecht) tätigen Richter.

[1061] Zu den letzten beiden Punkten *Blankenburg*, in: *Cottier/Estermann/Wrase*, S. 61 (86); weiter *Douat* (Hrsg.). Les budgets de la justice en Europe, 2001; unten Fußn. 1080.

Vorlage. Zudem ist Frankreichs Richtereinstellung und -beförderung zentralistisch organisiert[1062]. Das mag ein Wandeln abseits der üblichen Pfade erschweren. Eine Rolle spielt möglicherweise auch der Einfluss der Literatur. Anders als in Deutschland, zu dessen rechtlicher Innovationskraft der Dialog zwischen Rechtsprechung und Wissenschaft maßgeblich beigetragen hat, finden sich in Frankreich wenig Literaturzitierungen.

Damit wird die Chance vertan, die *doctrine juridique* zu unionsrechtlichen Auslegungsschwierigkeiten (offen) auszuwerten. Eine Rolle spielen sicher auch die besagten Zentralisierungstendenzen und damit verknüpft (wie für die romanischen Mitgliedstaaten typisch) der Mangel an föderalistischen Erfahrungen[1063]. Im Gegenzug mögen in Deutschland die Erfahrungen mit dem Föderalismus, aber auch die Parallele zwischen verfassungskonformer und europarechtskonformer Auslegung[1064] den Zugang zum Europarecht methodisch erleichtern. Ein wichtiger Grund für Frankreichs geringe Nutzung des Vorlageinstituts liegt – neben einem gewissen Nationalstolz – vielleicht auch in einer niedrigen Zahl an Zivilgerichtsverfahren insgesamt[1065]. Dem wird nun nachgegangen.

cc) *Prozesshäufigkeit: Abweichungen und Gründe*

Eine wichtige Grundlage für die zivilrechtsrelevanten Verfahren des EU-Gerichtshofs schafft der Geschäftsanfall der Zivilgerichte, der historisch und gegenwärtig betrachtet auch in der EU nennenswert variiert[1066]. Die nationalen Verfahrenszahlen wirken sich – freilich unterschiedlich – auf die Vorlagerate aus. Zunächst aber zur Perspektive des Einzelnen: Eine Partei mit Rechtsproblemen[1067] wird sich nur dann für einen Prozess entscheiden, wenn u.a. der ökonomisch erhoffte Nutzen im Fall des Obsiegens

---

[1062] *Blankenburg*, in: *Cottier/Estermann/Wrase*, S. 61 (86).

[1063] S. zu dieser These *Ferrand*, RabelsZ 66 (2002), 391 (395) m. w. Nachw.; s. aber zur Auflockerung des Zentralstaates Spanien durch die Verfassung von 1978 in Form von Autonomen Gemeinschaften *Ehrbeck*, S. 56 ff.

[1064] Dazu *Canaris*, in: Festschr. f. Schmidt, 2006, S. 41 ff.; *Heiderhoff*, in: *dies./Żmij* (Hrsg.), Interpretation in Polish, German and European Private Law, 2011, S. 101 ff.

[1065] Vgl. aber zu speziellen, 2002 eingeführten und mit Laienrichtern besetzten erstinstanzlichen Gerichten (die *juridiction de proximité*), die recht häufig genutzt werden *Zwickel*, S. 183 (mit Statistik); s. dort auch S. 218 ff. zum Verfahrensrecht.

[1066] *Wollschläger*, in: *Blankenburg*, S. 21 (103) kommt in seiner umfangreichen Untersuchung zu dem Schluss, dass „Privatrechtsstreitigkeiten aus historisch tief verwurzelten rechtskulturellen und sozialpsychologischen Faktoren entstehen. Die Erklärung internationaler und regionaler Unterschiede der Prozeßhäufigkeit darf daher nicht voreilig auf Erscheinungen der Gegenwart beschränkt werden." Bereits oben Fußn. 100.

[1067] Die Häufigkeit von Rechtsproblemen variiert in der EU. Nach *Hommerich/Kilian*, NJW 2008, 626 (628) führen nach einer Untersuchung die Niederlande (67 % der Bevölkerung hatte dort in den letzten fünf Jahren Rechtsprobleme), Deutschland folgt danach mit 51 %, England und Wales kommt auf 40 %, Schottland auf 26 %.

die zu erwartenden Kosten überwiegt[1068] (bzgl. unterschiedlicher Kosten bei der Rechtsverfolgung vgl. oben in diesem Teil unter § 2 II 2).

Bei der Entscheidung zu klagen kann eine Fülle von Faktoren relevant werden. Dazu zählen etwa die Verfahrensdauer[1069], die Gebühren für die Inanspruchnahme der Justiz nach den nationalen Kostenordnungen[1070], die Anwaltsgebühren[1071], die Existenz von Prozesskostenhilfe (die zwar die Klageanstrengung von „single players" erleichtert, aber von Art. 6 EMRK für Zivilverfahren nicht vorgeschrieben ist)[1072] und die Verbreitung von Rechtsschutzversicherungen[1073] sowie alternative Mechanismen zur Streitschlichtung wie die Mediation[1074].

Naturgemäß spielen hohe Prozesskosten eine besondere Rolle. Das erklärt u.a., warum in Großbritannien[1075] weniger Verfahren angestrengt werden als z.B. in Deutschland[1076]. Die Gründe für Englands hohe Justiz-

---

[1068] Etwa *Tridimas/Tridimas*, International Review of Law and Economics 24 (2004), 125 (132).

[1069] Auf die Frage der Verfahrensdauern und Vergleichsraten gehen die verschiedenen Beiträge in *Hodges/Vogenauer/Tulibacka* (Hrsg.), S. 185 ff. ein.

[1070] Statt auf die Weltbankstudie „Doing Business" (oben Fußn. 499) ist auf die mit neun Fallstudien differenzierte „Oxford Study on Costs and Funding of Civil Litigation" von *Hodges/Vogenauer/Tulibacka*, in: *dies.*, S. 3 ff. zu verweisen; s. auch die 25 weltweiten Berichte in *Reimann* (Hrsg.), Cost and Fee Allocation in Civil Procedure – A Comparative Study, 2012; vgl. ferner die Beiträge in *Schmidtchen/Weth* (Hrsg.), Der Effizienz auf der Spur, 1999, S. 65 ff.

[1071] S. zu den Unterschieden *Breyer*, Kostenorientierte Steuerung des Zivilprozesses – Das deutsche, englische und amerikanische Prozesskostensystem im Vergleich, 2006.

[1072] EGMR, NJW 2010, 3207 – *Herma/Deutschland*; s. weiter rechtlich *Heinze*, in: *Basedow/Hopt/Zimmermann* (Hrsg.), Handwörterbuch des Europäischen Privatrechts, Bd. II, 2009, S. 1208 ff.; rechtstatsächlich *Blankenburg*, in: *Cottier/Estermann/Wrase*, S. 61 (63 ff.), der – bei hoher Richterzahl – vom Fehlen einer ausgebauten Prozesskostenhilfe in den neuen Mitgliedstaaten berichtet (S. 68).

[1073] Näher in ökonomischer Analyse des Rechts *Kirstein*, in: *Schmidtchen/Weth* (Hrsg.), Der Effizienz auf der Spur, 1999, S. 96 ff.; bereits *Blankenburg/Fiedler*, Die Rechtsschutzversicherungen und der steigende Geschäftsanfall der Gerichte, 1981.

[1074] S. bereits 1. Teil § 3 III; weiter *Hess*, 67. DJT 2008, Bd. I: Gutachten, Teil F; *Scherpe*, Außergerichtliche Streitbeilegung in Verbrauchersachen – Ein deutschdänischer Rechtsvergleich, 2002; *Calliess*, Grenzüberschreitende Verbraucherverträge – Rechtssicherheit und Gerechtigkeit auf dem elektronischen Weltmarktplatz, 2006, S. 304 ff.

[1075] Dazu *Levi/Zuckerman*, International Journal of Procedural Law 1 (2011), 71 ff., die auch den „Review of Civil Litigation Costs: Final Report", Januar 2010 von Lord Justice *Jackson* näher behandelt wird. Gründe und Kritik auch bei *Beck*, ZVglRWiss 107 (2008), 79 (101 ff.). Zudem bereits oben Fußn. 505. England/Wales haben auch weltweit die höchsten Ausgaben für *legal aid*; näher *Blankenburg*, in: *Cottier/Estermann/Wrase*, S. 61 (64, 66).

[1076] Für England finden sich die Angaben bei *Levi/Zuckerman*, International Journal of Procedural Law 1 (2011), 103 ff. Zudem beschränkt England Rechtsmittel „im

kosten sind vielfältig. Wenn es zutrifft, dass man dort weiterhin Fall- und Legislativrecht als Eingriff in die Freiheitssphäre des Einzelnen versteht, so schützen hohe Prozessführungskosten auch vor übereilten Klagen und bewahren damit diesen individuellen Freiraum[1077]. Mit der Kostenstruktur sind Vergleichsanreize verknüpft, denn Vergleiche beenden das Verfahren unter weniger Aufwand für das Gericht und damit günstiger[1078].

Wenn also das Gericht – z.B. in England und Wales mit besonders hohen Prozesskosten – eine Vorlage erwägt und die Parteien dazu anhört, steigt erfahrungsgemäß die Vergleichsbereitschaft an. Das unterbindet natürlich auch Vorlagen an den EuGH. Damit sind in der Summe – neben den konkreten rechtlichen Ausgestaltungen des dienenden Zivil- und Justizrechts[1079] – die abweichenden Budgets für Justiz, Richter und Rechtsanwälte[1080] von Belang. Sie spiegeln sich u.a. in der Anzahl der Richter und Rechtsanwälte[1081] wider. Zu betonen ist: All diese Aspekte machen auch Vorlageverfahren an den EuGH in den verschiedenen Mitgliedstaaten unterschiedlich teuer[1082].

Vergleich zum deutschen ‚Rechtsmittelstaat' geradezu prohibitiv" (*Unberath*, ZZP 120 [2007], 323 [328 in Fußn. 30]), was auch die wenigen Planstellen beim Court of Appeal und dem Supreme Court (12 Richter nach Section 23 Constitutional Reform Act 2005) erklärt. S. auch oben Fußn. 211. Ferner kommen auch wegen der Bedeutung der Schiedsgerichtsbarkeit wenig vertragsrechtliche Fälle vor den Supreme Court.

[1077] So erklärt bereits *Fikentscher*, Methoden des Rechts in vergleichender Darstellung, Bd. II: Anglo-amerikanischer Rechtskreis, 1975, S. 60 f. die hohen Prozesskosten.

[1078] Zu Praxis von „settlements in the shadow" in England (im Vergleich zu Frankreich) und zum Zusammenhang mit den Kosten *Haravon*, R.I.D.C. 2010, 895.

[1079] Zur dienenden Funktion des Prozessrechts bereits oben 2. Teil § 1 II 4.

[1080] Zu diesen europäischen Justizindikatoren *Blankenburg*, in: *Cottier/Estermann/Wrase*, S. 61 ff.; s. auch *Council of Europe/European Commission for the Efficiency of Justice (CEPEJ)*, European judicial systems – Edition 2010 (data 2008): Efficiency and quality of justice, 2010, S. 18 f. (vgl. oben Fußn. 902); basierend auf den CEPEJ-Erhebungen *Uzelac*, International Journal of Procedural Law 1 (2011), 106 ff.; weiter die Ausgaben der öffentlichen Hand für den Justizsektor („judicial sector expenditure") nach der Weltbankstudie „Doing Business" (oben Fußn. 499).

[1081] In Italien – mit rund 230.000 Rechtsanwälten – ist die Rechtsanwaltsquote besonders hoch, hier kommt ein *avvocato* auf 260 Einwohner. In Frankreich sind es dagegen nur 47.000. (Angaben nach *Köbler*, erwähnt am 17.1.2011 auf seiner Webpage www.koeblergerhard.de/index2011/index2011.html). Deutschland weist 2009 143.647 Rechtsanwälte auf (sowie 6.730 Anwaltsnotare und 1.586 Notare); nach *Statistisches Bundesamt*, Statistisches Jahrbuch 2010, 2010, S. 271; s. weiter *Hommerich/Kilian/Dreske*, Statistisches Jahrbuch der Anwaltschaft 2009/2010, 2010; ferner *Nascimbene/Bergamini*, The Legal Profession in the European Union, 2009.

[1082] Vgl. im Zusammenhang mit den innerstaatlichen Kostenvorschriften *Middeke*, in: *Rengeling/Middeke/Gellermann*, § 10, Rdnr. 93.

Die Relation zwischen der Anzahl der Zivilverfahren und der Vorlagerate verweist auf den weiten und unerforschten Bereich der Rechtspraxis in
den Mitgliedstaaten. Die dünne Datenlage[1083] hängt mit der Enttäuschung
über eine praktisch orientierte Rechtssoziologie zusammen: Hoffnungs-
volle wohlfahrtsstaatlich orientierte Ansätze in den siebziger Jahren sind
nur vereinzelt fortgeführt worden. Das Bedürfnis nach Rechtstatsachenforschung und entsprechender Rechtsvergleichung ist jedoch wegen der
Pflicht zur Durchsetzung des EU-Rechts und der großen Unterschiede
zwischen den bald dreißig Mitgliedstaaten (dann mit Island, Kroatien und
Mazedonien) notwendiger denn je.

Die derzeitige empirische Datenlage insbesondere über den Zugang zum
Recht[1084], die Rechtsmittelgerichte[1085], die Mobilisierung des Rechts durch
Kläger[1086], die Nutzung internationaler bzw. supranationaler Gerichte
sowie die Befolgung ihrer Urteile ist unbefriedigend. Bedauerlichweise
bieten etwa Eurostat, der Europarat[1087] oder die OECD keine zentralen
Daten. Was die einzelstaatlich erhobenen Daten anbelangt: Teils finden
sich keine landesweiten Statistiken, sondern nur solche von den oberen
Gerichten. Zudem bestehen zwischen den Mitgliedstaaten spürbare Unterschiede hinsichtlich des Begriffs „Zivilgericht" und dem Zuschnitt der
Zuständigkeiten der verschiedenen Gerichte insgesamt[1088]. Belastbare und
vergleichbare Statistiken bestehen also misslicherweise nicht.

Als sicher darf aber gelten: Bei der nationalen Streitentscheidung durch
Gerichte liegt Deutschland an der Spitze[1089]. In einer älteren Studie zu den

---

[1083] S. oben Fußn. 902.

[1084] Gleichwohl mit einigen Hinweisen *Macdonald*, in: *Cane/Kritzer* (Hrsg.), The
Oxford Handbook of Empirical Legal Research, 2010, S. 492 ff.

[1085] *Robertson*, in: *Cane/Kritzer* (Hrsg.), The Oxford Handbook of Empirical Legal
Research, 2010, S. 571 ff.

[1086] Zu „claiming behavior as legal mobilization" *Kritzer*, in: *Cane/Kritzer* (Hrsg.),
The Oxford Handbook of Empirical Legal Research, 2010, S. 260 ff.; bezogen auf den
EuGH *Schepel/Blankenburg*, in: *de Búrca/Weiler*, S. 9 ff.; *Cichowski*, S. 169 ff.

[1087] Zur „European Commission for the Efficiency of Justice" oben Fußn. 902 und
1080.

[1088] Zu den Unterschieden *Cour de justice des Communautés européennes* (Hrsg.),
Les juridictions des États membres de l'Union européenne: structure et organisation,
2009; *Galera* (Hrsg.), Judicial review – A comparative analysis inside the European legal
system, 2010; *Bell*, Judiciaries within Europe, S. 44 ff. Einen guten Überblick bieten der
Europäische Gerichtsatlas in Zivilsachen (http://ec.europa.eu/justice_home/judicialatlas
civil/html/index_de.htm) und die Website des Europäischen Justiziellen Netzes für Zivil-
und Handelssachen (http://ec.europa.eu/civiljustice/index_de.htm). Zu den verschiedenen
Modellen bei den Rechtsmitteln bereits oben 2. Teil § 1 II 3; zur Eigenständigkeit des
Zivilprozessrechts oben 2. Teil § 1 I 3 d).

[1089] Auch bei den Zahlen von *Blankenburg*, in: *Jacob/Blankenburg/Kritzer/Provine/
Sanders*, Courts, Law, and Politics in Comparative Perspective, 1996, S. 249 (295) führt
Deutschland vor England/Wales und Frankreich.

Zivilklageraten von 35 Nationen sticht Deutschland weltweit heraus. In der Untersuchung auf erstinstanzliche Zivilverfahren pro 1.000 Einwohner kommt Deutschland auf Platz 1 (123 Verfahren), Österreich auf Platz 4 (96 Verfahren), das Vereinigte Königreich auf Platz 6 (64 Verfahren), Dänemark auf Platz 7 (62 Verfahren) und Frankreich auf Platz 19 (40 Verfahren)[1090]. Hier soll aus dem genannten Grund der Datenlage nur auf die aktuellen Statistiken für Deutschland und Frankreich eingegangen werden, die sich wohl annähernd vergleichen lassen[1091]. Die deutschen Anfälle und Erledigungen von Zivilrechtsverfahren aller Instanzen sind im Statistischen Jahrbuch verzeichnet[1092]. Vor den Amtsgerichten wurden 2009 1.250.582 Zivilverfahren erledigt, von den Landgerichten in erster Instanz 359.525 Verfahren und von den Landgerichten in der Berufungsinstanz 59.386 Verfahren, von den Oberlandesgerichten 52.215 Verfahren und vom BGH 3.149 Verfahren.

In Frankreich hilft der „Annuaire Statistique de la Justice"[1093]. Für das Jahr 2008 wurde die folgende Anzahl an Zivilsachen erledigt: von der Juridiction de proximité 108.555 Verfahren, dem Tribunal d'Instance 615.290 Verfahren, dem Tribunal de Grande Instance 911.574 Verfahren, dem Tribunal de Commerce 154.804 Verfahren, der Cour d'Appel 230.191 Verfahren sowie bei der Cour de Cassation 18.684 Verfahren. Der Conseil de Prud'homme (zuständig für Arbeitsrecht) bleibt unberücksichtigt[1094]. Addiert man die Verfahrenserledigungen an beiden Gerichten, kommt Frankreich – trotz niedrigerer Bevölkerungszahl – insoweit auf offenbar eine höhere Zahl als Deutschland. Hier ist zwar kein hinreichender Raum, dies abschließend zu würdigen und sicher bestehen Unterschiede, was man einerseits unter der „Justizstatistik der Zivilgerichte" und andererseits unter „justice civile" in der „Annuaire Statistique" fasst. Jedoch zeigt die Gegenüberstellung, dass die oben vorgestellte These[1095], Frankreich falle

---

[1090] *Wollschläger*, in: Festschr. f. Blankenburg, 1998, S. 577 (582), dessen Daten aus dem Zeitraum 1987 bis 1996 stammen.

[1091] Insbesondere hilft das britische *Ministry of Justice* mit „Judicial and Court Statistics 2009", 2010 für Zivilverfahren nicht weiter.

[1092] *Statistisches Bundesamt*, Justizstatistik der Zivilgerichte – Fachserie 10 Reihe 2.1 – 2009, 2010, S. 18, 42, 58, 80, 96.

[1093] *République Française* (Hrsg.), Annuaire Statistique de la Justice – Édition 2009–2010, 2010, S. 27 ff.; die obige Aufstellung greift auch auf die älteren Daten bei *Villedieu*, in: *Hodges/Vogenauer/Tulibacka* (Hrsg.), The Costs and Funding of Civil Litigation: A Comparative Perspective, 2010, S. 335 (336 f.) zurück, in dem auch die Gerichtsfunktionen kurz beschrieben werden.

[1094] Laut Annuaire Statistique de la Justice erledigte der Conseil de Prud'homme im Jahr 2008 200.271 Verfahren. Dort findet sich die Angabe – anders als im Falle Deutschlands – in der Rubrik „justice civile".

[1095] Oben Fußn. 1090.

bei der Anzahl der Zivilverfahren hinter Deutschland weit zurück, so nicht mehr zutreffen kann[1096].

d) Vorlagelethargie der neuen Mitgliedstaaten

Als Letztes in dieser Untersuchungsreihe rechtlicher und prozesskultureller Faktoren sollen die Sonderprobleme der neuen Mitgliedstaaten Erörterung finden. Das Vorlageverhalten ist gekennzeichnet durch allerlei Ungleichzeitigkeiten: Während sich die älteren Mitgliedstaaten mehr oder weniger an den Dialog gewöhnt haben, befinden sich die Beitrittsstaaten von 2004 und 2007 teils noch in der Phase der Gewöhnung und des Vertrauensaufbaus. Das belegt die obige Grafik 6.

Auch für den EU-Gerichtshof sind die beiden ostwärts gerichteten Erweiterungen eine besondere Herausforderung, stehen ihm doch damit tausende neue Gerichte mit unterschiedlicher Einstellung zur Europäischen Gerichtsbarkeit gegenüber[1097]. Die besonders niedrigen Vorlageraten überraschen aus normativer Perspektive allerdings, müssten doch die offenen europarechtlichen Fragen und Umsetzungsschwierigkeiten drängend sein. Wo würde sich angesichts der Fülle neuer Normen nicht ständig die Frage stellen, ob dies oder jenes richtig umgesetzt oder verstanden ist?

Während sich die alten Mitgliedstaaten schrittweise mit dem Unionsrecht vertraut machen konnten, hatten die Beitrittsländer innerhalb kürzester Zeit den gesamten äußerst komplexen *acquis communautaire* umzusetzen[1098], den ihre Richter und Verwaltungsorgane nun tagtäglich nachzuvollziehen haben. Die niedrigen Zahlen bei den neuen Mitgliedstaaten sind fraglos auch auf die Ungewohntheit des Vorlageverfahrens zurückzuführen[1099]. Ebenfalls eine Rolle spielen rechtsstaatliche Unzulänglichkeiten bei den Transformationsstaaten, insbesondere Mängel bei der Ausstattung[1100] und Organisation der gleichwohl reformierten Justizapparate[1101].

[1096] Vor allem sind die Verfahrenszahlen bei der *juridiction de proximité* (dazu oben Fußn. 1065) beträchtlich angestiegen.

[1097] *Rasmussen*, CML Rev. 44 (2007), 1661 (1681).

[1098] Zu den vertragsrechtlichen Reformen in den baltischen Staaten, Ungarn und Polen *Reich*, Penn St. Int'l L. Rev. 23 (2005), 587 ff.; zur Rolle der baltischen Privatrechtssysteme in der EU *ders.*, ZEuP 2004, 449 ff.; *Cafaggi/Cherednychenko/Cremona/Cseres/Gorywoda/Karova/Micklitz/Podstawa*, EUI Working Papers LAW 2010/15.

[1099] *Skouris*, EuGRZ 2008, 343 (329).

[1100] Rechtstatsächlich *Blankenburg*, in: *Cottier/Estermann/Wrase*, S. 61 (63 ff.).

[1101] Zu den Gerichtsreformen in den mittel- und osteuropäischen Mitgliedstaaten *Emmert*, ELJ 9 (2003), 288 ff.; zur „rule of law" in diesen Staaten *ders.*, Ford. Int'l L.J 32 (2009), 551 ff.; *Krüßmann*, ZEuS 2001, 217 ff.; für eine Zwischenbilanz zu den Reformen s. auch *Oberhammer* (Hrsg.), Richterbild und Rechtsreform in Mitteleuropa, 2001; unter Einschluss der Türkei: *Ansay/Basedow* (Hrsg.), Structures of Civil and Procedural Law in South Eastern and European Countries, 2008; weiter zu den Problemen

Die Gegebenheiten fallen hier von Land zu Land unterschiedlich befördernd oder hemmend aus. Faktoren sind – neben dem im Vergleich zum Westen niedrigen Geschäftsanfall bei den Zivilgerichten[1102] – in Einzelfällen auch die grundsätzliche Infragestellung des Vorrangs des Europarechts vor der eigenstaatlichen und judikativen Souveränität[1103]. Hinzu kommt eine – teilweise auch in den alten Mitgliedstaaten anzutreffende – Skepsis gegenüber manchen Erscheinungen der europäischen Vereinigung[1104]. In dem Zusammenhang ist auch auf die dargestellte Wirkung des Verfassungsrechts zu verweisen[1105].

Ein weiterer Faktor mag der EuGH-seitig eher kühle Empfang[1106] der Vorlagen aus den neuen Mitgliedstaaten sein. In einer Reihe von Fällen lehnt der EU-Gerichtshof nämlich die Zuständigkeit *ratione materiae* ab[1107]. Das könnte die Dialogbereitschaft von besonders vorlagewilligen Richtern gebremst haben[1108]. In Teilen scheint es bei den Vorlagen so, als

---

bei der Anerkennung und Vollstreckung gerichtlicher Entscheidungen in den neuen Mitgliedstaaten *Kengyel/Rechberger* (Hrsg.), Europäisches Zivilverfahrensrecht – Bestandsaufnahme und Zukunftsperspektiven nach der EU-Erweiterung, 2007; mit Länderberichten *Vilnius University* (Hrsg.), The Recent Tendencies of Development in Civil Procedure Law – Between East and West, 2007; ebenfalls mit Fokus auf das Verfahrensrecht der ost- und mitteleuropäischen Staaten sowie auf das kroatische und türkische Zivilprozessrecht in den Bereichen Zuständigkeit, Anerkennung, Vollstreckung, Zustellung und Beweisaufnahme *Kengyel/Harsági* (Hrsg.), Der Einfluss des Europäischen Zivilverfahrensrechts auf die nationalen Rechtsordnungen, 2009; zum materiellen Recht *Jessel-Holst/Kulms* (Hrsg.), Private law in Eastern Europe – Autonomous developments or legal transplants?, 2010.

[1102] *Blankenburg*, in: *Cottier/Estermann/Wrase*, S. 61 (77).

[1103] *Emmert*, Ford. Int'l L.J 32 (2009), 551 (583) schlägt gar vor, die EU solle für die neuen Mitgliedstaaten eine Modellvorschrift über den Vorrang des Unionsrechts und die Grundsätze der Rechtsstaatlichkeit entwickeln, die die Mitgliedstaaten in ihre Verfassungen aufnehmen können.

[1104] Anders für Polen das Fazit von *Miąsik*, in: *Hofmann*, S. 97 (125): „A lack of requests for preliminary references can be explained both by the state of development of EC law and the extensive jurisprudence of the ECJ, a delay expected in delivering the final judgment due to the overload of the ECJ, a high degree of compatibility between Polish legislation and the EC law (both in the content and in the interpretation and application), the lack of reservation (in comparison to administrative courts) in declaring provisions of Polish law to be incompatible with EC law, extensive use of the principle of consistent interpretation. On the other hand, two references that have been made so far show that in cases in which the courts are uncertain as to the interpretation or application of the provisions of EC law, they are willing to ask the ECJ for assistance".

[1105] Oben bei Fußnotenzeichen 654 im Fließtext und danach.

[1106] So *Bobek*, CML Rev. 45 (2008), 1611 (1616).

[1107] Nachgezeichnet bei *Bobek*, CML Rev. 45 (2008), 1611 (1612 ff.) m. w. Nachw.

[1108] *Bobek*, CML Rev. 45 (2008), 1611 (1620) hart: „In sum, the *Ynos* decision effectively froze or suspended the initiation of requests for preliminary rulings from the new Member States".

hätten die vorlegenden Gerichte die Funktionen von EuGH und EGMR verwechselt, Fragen „ins Blaue hin"[1109] oder zum Nationalrecht gestellt. Dadurch missachten sie eindeutig die Kompetenzschranken des EU-Gerichtshofes.

Zusätzlich lehnt der EU-Gerichtshof einige Fälle *rationae temporae* ab: So hatte sich die Große Kammer des Gerichtshofs in der Rechtssache *Ynos* mit der Frage beschäftigen müssen, ab welchem Zeitpunkt die Jurisdiktionsbefugnis des EuGH einsetzt[1110]. In der Sache ging es um eine ungarische klauselrechtliche Vorschrift, die nach dem Abschluss des Assoziationsabkommens, aber vor dem Beitritt angepasst wurde. Der EuGH entschied, dass er für die Auslegung von Richtlinien in einem neuen Mitgliedstaat nur vom Zeitpunkt des Beitritts zur Europäischen Union an zuständig ist. Einmal abgesehen davon, dass der EuGH zuvor anders entschieden hatte[1111], sind damit die folgenden Probleme verbunden.

Den EuGH erreichen Rechtssachen um Jahre verzögert, da die *Ynos*-Rechtsprechung Sachverhalte ausnimmt, die sich vor dem Beitritt ereigneten. Der obigen Grafik 5 lässt sich auch für die vor 2004 und 2007 beigetretenen Staaten entnehmen, dass die Zahl der Verfahren mit einer gewissen Verzögerung nach dem Beitritt ansteigt. Schon bei den Staaten, die zuvor zur Union hinzustießen, hat es in der Regel etwa fünf bis zehn Jahre gedauert, bis sich das volle Potenzial der Vorlagen entwickeln konnte[1112]. Wie oben dargelegt geht es hier stets um einen Lernprozess, d.h. einen Wandel des richterlichen Selbstverständnisses: Der einzelne Richter ist nicht lediglich ausführendes Organ des vorgegebenen Parlamentswillens, sondern kann die europäische Rechtsintegration selbst aktiv mitgestalten.

Ob auch die neuen Mitgliedstaaten verhältnismäßig rasch aufholen, bleibt abzuwarten und vorerst zu bezweifeln. Angesichts der Gesamtumstände lässt sich vermuten, dass es länger dauern wird, bis die zwölf Staaten zum Durchschnitt der EU-15 aufschließen. Allerdings wird sich

---

[1109] *Bobek*, CML Rev. 45 (2008), 1611 (1630): „very broadly framed 'fishing expeditions'". S. weiter *ders.*, in: Łazowski (Hrsg.), The Application of EU Law in the New Member States: Brave New World, 2010, S. 127 ff.

[1110] Anhand einer Vorlage aus Ungarn EuGH, Rs. C-302/04, Slg. 2006, I-371 – *Ynos kft/János Varga*; besprochen von *Rösler*, EWiR 2006, 183 f.; s. weiter die Kritik von *Półtorak*, CML Rev. 45 (2008), 1357 ff. Deutlich wird auch, dass hier der EuGH – wie vielfach – über wichtige Fragen entscheiden muss, die eigentlich die Politik hätte klarstellen sollen. So auch die Kritik von *Niglia*, YEL 28 (2009), 60 (75).

[1111] In Bezug auf Schweden EuGH, Rs. C-43/95, Slg. 1996, I-4661 – *Delecta Aktiebolag und Ronny Forsberg/MSL Dynamics Ltd.*; in Bezug auf Österreich: EuGH, Rs. C-122/96, Slg. 1997, I-5325 – *Stephen Austin Saldanha und MTS Securities Corporation/Hiross Holding AG*; s. *Bobek*, CML Rev. 45 (2008), 1611 (1617).

[1112] *Rasmussen*, CML Rev. 44 (2007), 1661 (1681).

mit dieser Gruppe die bereits anzutreffende Differenzierung fortsetzen. So verhält es sich auch bei Griechenland, Spanien und Portugal. Diese Staaten wandelten sich erst in den siebziger Jahren von rechtsautoritären Diktaturen zu Demokratien. Allerdings liegt hier ein Unterschied zu den neuen Beitrittsstaaten im Osten: Die rechten Regime wiesen schon länger kapitalistische Wirtschaftssysteme auf[1113].

Selbstverständlich ist dabei auch der Kenntnisstand über das EU-Recht und vor allem der Grad an Sensibilisierung für EU-rechtliche Fragen relevant. Wenn man schon hierzulande feststellt, dass es unmöglich sein müsste, das gesamte Fallrecht des EU-Gerichtshofs mit über 17.000 Urteilen zu überschauen[1114], so hat dies umso mehr für die neuen Mitgliedstaaten zu gelten. Sie müssen sich in den wenigen Jahren vor dem Beitritt mit dem gesamten rechtlichen Besitzstand vertraut machen. Die ersten Vorlagen zeugen dabei auch beim Bezug zu EU-Recht und Sachverhaltsrelevanz noch von einigem Unverständnis über die Funktion und Ausgestaltung des Vorlageverfahrens[1115]. Vielfach wird der EU-Gerichtshof noch auf partizipationsferner Ebene wahrgenommen. Doch sobald die Begegnung mit dem EU-Recht in der Praxis von Richtern (und Anwälten) zunimmt, wird auch das Vorlageverfahren zunehmend initiiert werden. Zudem hat sich die Umsetzung des EU-Rechts in den besagten Staaten weiter verbessert[1116].

Zumindest das Rechtspersonal, das noch in sozialistischer Zeit ausgebildet wurde, verfügt über ein anderes Juristen- und insbesondere Richterleitbild. Beispielsweise tut man sich in den neuen Mitgliedstaaten im Osten häufig – wie auch auf dem Balkan – mit Analogien schwer. Das gesetzte Recht wird in positivistischer Tradition fast ausschließlich wortlautgetreu ausgelegt. Das Europarecht erfordert demgegenüber gerade ein Infragestellen des nationalen Rechts durch Auslegung im Lichte der Ziele des Unionsrechts. Ein solches kritisches und zu gewissem Grade kreatives Hinterfragen ist kennzeichnend für Gesellschafts- und Rechtsordnungen, die individuelle Freiheitsrechte ins Zentrum stellen.

Die Freiheitsverwirklichung ist zwar auch ein erklärtes Ziel der Transformationsstaaten. Aber hier geht es um die historisch bedingten und fraglos seit mehr als zwei Jahrzehnten im Wandel begriffenen und teils schon von einer neuen Generation von Juristen ersetzten Mentalitäten und Pfadabhängigkeiten. Wie es angesichts dessen um die richtlinienkonforme Auslegung steht, die ja eine Alternative zur Vorlage darstellen kann, muss

---

[1113] Näher für Spanien in diesem Kontext *Cruz Villalón*, in: *Hofmann*, S. 163 f.

[1114] Vgl. *Broberg/Fenger*, S. 6.

[1115] So *Bobek*, CML Rev. 45 (2008), 1611 (1612 ff.).

[1116] Im Zusammenhang mit den verschiedenen „worlds of compliance" *Falkner/Treib*, JCMS 46 (2008), 293 (300 ff.).

dahingesellt bleiben. Die Existenz der *acte clair*-Doktrin[1117] ist den Gerichten gut bekannt. Allerdings wird die Berufung darauf zumeist nur knapp begründet[1118]. Dies kann damit zusammenhängen, dass das Vorliegen eines *acte clair* für selbstverständlich gehalten wird, obwohl dies an sich nicht der Fall sein mag. Darin kann sich auch der psychologisch-intuitive und rollenbedingte Richtigkeitsglaube oder sog. *consensus bias* von Richtern[1119] widerspiegeln, was hier ebenfalls nicht weiter verfolgt werden kann.

Im Zuge der Rechtstransformation wurden zumeist auch – nach dem Vorbild des U.S. Supreme Court und mehr noch des BVerfG – Verfassungsgerichte eingeführt. Bis auf Estland, wo eine spezielle Kammer am Staatsgerichtshof als oberster Gerichtshof die Funktion des Verfassungsgerichts ausübt (sowie Zypern und Malta), kennen alle neuen Mitgliedstaaten eigene Verfassungsgerichte[1120]. Daraus können Spannungen zwischen den neuen Verfassungsgerichten als neue institutionelle „players" und traditionellen Zivilgerichten entstehen, die sich motivierend auf eine Vorlage auswirken. Zu beachten bleibt, dass Verfassungsgerichte, wie in Deutschland und Österreich, auch die Durchsetzung des EU-Rechts unterstützen können[1121]. Dies gilt vor allem dann, wenn – wie dargestellt – eine Vorlagepflichtverletzung auch nach nationalem Verfassungsrecht sanktioniert wird[1122].

5. Zusammenfassung

Der Einfluss der nationalen Rechtsgegebenheiten hat für die Effizienz des Europarechts größte Bedeutung. Die Europarechtswissenschaft konzentriert sich zumeist auf die unionale Ebene. Die Einbeziehung der natio-

---

[1117] EuGH, Rs. 283/81, Slg. 1982, 3415 – *C.I.L.F.I.T./Ministero della Sanità*.

[1118] *Bobek*, CML Rev. 45 (2008), 1611 (1631 f.).

[1119] Darunter ist die generelle Tendenz von Richtern zu verstehen, die eigenen Überzeugungen für verbreiteter zu halten als sie tatsächlich sind (auch Konsens-Überschätzung genannt); dazu empirisch für die deutsche Zivilrichterschaft *Klöhn/Stephan*, in: *Holzwarth/Lambrecht/Schalk/Späth/Zech* (Hrsg.), Die Unabhängigkeit des Richters – Richterliche Entscheidungsfindung in den Blick genommen, 2009, S. 65 ff.

[1120] *Bobek*, CML Rev. 45 (2008), 1611 (1632, Fußn. 82); *Luchterhandt/Starck/Weber* (Hrsg.), Verfassungsgerichtsbarkeit in Mittel- und Osteuropa, 2007; *Kerek*, Ungarn und Rumänien – Ein Vergleich der Verfassungsgerichtsbarkeiten zweier osteuropäischer Transformationsstaaten auf ihrem Weg zum konsolidierten Rechtsstaat, 2010; s. weiter für Ungarn *Sonnevend*, in: *Hofmann* (Hrsg.), Europarecht und die Gerichte der Transformationsstaaten – European Law and the Courts of the Transition Countries, 2008, S. 126 (127).

[1121] S. *Bobek*, CML Rev. 45 (2008), 1611 (1634 f.), der auf die Tschechische Republik und die Slowakei verweist.

[1122] Oben 2. Teil § 3 II 3.

nalen Gerichtspraxis ist gleichwohl unter zwei Gesichtspunkten relevant. Zum einen geht es um die Anwendung und Auslegung des Unionsrechts durch die mitgliedstaatlichen Einrichtungen (dazu noch einige Ausführungen in § 6 dieses Teils sowie im 4. Teil § 1). Relevant werden zum anderen die nationalen Gerichte bei der Frage nach den Ursachen für die divergierende Beteiligung am judiziellen Dialog durch die Nutzung des Vorlageinstituts. Bislang wurde vor allem Letzterem nachgespürt, schließlich ist für die Union das Zusammenspiel von europäischer und nationaler Ebene fundamental.

Was die nationalen Gegebenheiten anbelangt, handelt es sich um einen eigentümlich unerschlossenen Bereich, der noch einigen Anlass zu vielfältig gelagerten Forschungen bieten wird. Zwar finden sich allerlei Beiträge, die den Gedanken der Rechtskultur bemühen. Aber was heißt das konkret bzw. wie wirken sich die Rechtskulturunterschiede rechtlich unterschiedlich auf die Durchsetzung des Unionsrechts und auf die Beteiligung am Dialog mit dem EU-Gerichtshof aus?

Dazu wurden vorliegend zunächst auch sozialwissenschaftliche Untersuchungen selbst vorgenommen. Dabei zeigte sich nach Berechnung und Auffassung des Autors nur eine relevante Korrelation, und zwar zwischen der Beteiligung an den Wahlen zum Europäischen Parlament in Prozent der Bevölkerung (2009) und den durchschnittlichen jährlichen Vorlageverfahren pro 500.000 Einwohner (2001 bis 2010). Dazu wird auf oben 3 b) und d) in diesem § 4 verwiesen. Zu betonen ist dabei wiederum: Es handelt sich nur um erste Grundlagen und eine angenommene Korrelation, keineswegs um Ursächlichkeiten.

Nationale Absprachen oder Empfehlungen zum Vorlageverhalten (etwa seitens der obersten Gerichtshöfe) bestehen offenbar nicht. Bei den Richtern der Mitgliedstaaten entscheiden vielmehr interne und verdeckte, gleichwohl strukturbedingte und verschieden ausgestaltete Filter darüber, ob EU-Recht ignoriert oder beachtet wird und insbesondere, ob eine Rechtssache den Weg zur Europäischen Gerichtsbarkeit findet oder – unter implizitem oder ausdrücklichem Verweis auf die *acte clair*-Doktrin – gerade nicht. Angesprochen wurde bereits eine Reihe rechtlicher, prozessualer und rechtskultureller Struktureinflüsse unter besonderer Beachtung von Großbritannien, Frankreich und den neuen Mitgliedstaaten.

Wiederum wird deutlich, dass eine Fülle von Faktoren die nationalen Verfahrens- und Vorlageraten prägen. Der richterliche Entscheidungsspielraum ist bei *acte clair* unbestreitbar vorhanden. Allerdings machen Richter davon unterschiedlichen Gebrauch. Vielfach hängt die Beurteilung der Vorlagenotwendigkeit auch mit dem Aufgabenverständnis in einer bis zur EU-Ebene gestuften Rechtsordnung und mit der darauf ausgerichteten juristischen Dialektik zusammen. Deutsche Richter sind – nach zwei

Staatsexamina – Organ des Staates. Es wurde einmal gesagt: „[A] German judgment is a solid, conclusive and solemn *Staatsakt*"[1123]. Anders verhält es sich in England, wo man den Zivilprozess eher als private Angelegenheit zwischen zwei Parteien ansieht, der von einer Richterpersönlichkeit entschieden wird. Da eine Vorlage an den EuGH einen staatlichen Akt darstellt, fällt sie einem Richter, der sich definitiv als Teil des Staates versteht, leichter als im Falle eines auf Individualität angelegten richterlichen Selbstverständnisses.

Ebenfalls eine Rolle spielt die Persönlichkeitsstruktur des Richters[1124], die Anzahl der Richter, die fachliche Spezialisierung von Gerichten gegenüber breiten Zuständigkeiten, die Geschäftslast, die unterschiedliche Tatsachen- und Normarbeit[1125], die unterschiedliche Methodik[1126], die dogmatischen Eigenheiten, die Beachtung und Zitierung von wissenschaftlichen Meinungen (die auf europarechtliche Probleme verweisen), divergierende „Vorverständnisse", die der Entscheidungsfindung zugrundeliegen und Methodenwahlen sowie weitere der vorstehend genannten Umstände.

Verfassungsrechtliche Bedenken – die Skepsis oder Widerstand gegen den Vorrang des Europarechts Vorschub leisten – üben zwar einen wichtigen Einfluss aus; das wurde vor allem für Deutschland, Großbritannien und Frankreich, aber auch für die neuen Mitgliedstaaten dargelegt. Zivilrichter wenden sich aber zumeist rascher der europäischen Integration mit ihren insbesondere wirtschaftlichen (d.h. parteiorientierten) Freiheiten zu als anderen Fachrichtungen[1127].

Angesichts der Vielzahl der Akteure (Richterschaft, Rechtsanwälte und Parteien) mit verschiedenem Umfeld, wechselnden Interessenlagen und historischen Tiefendimensionen gibt es augenscheinlich keinen einfachen Erklärungsschlüssel für die Abweichungen. Schon abstrakt gesehen lässt sich eine Vorlage ganz unterschiedlich bewerten: als gewünschte Externalisierung der Rechtsklärung durch den EuGH, um die Verantwortung nicht allein tragen zu müssen, als Abgabe von Macht sowie – im Fall

---

[1123] *Wetter*, S. 26, auch S. 34; *Zweigert/Kötz*, S. 258: „das höchstrichterliche Urteil auf dem Kontinent [...] will in erster Linie ein anonymer Staatsakt sein, will dem autoritätsgläubigen Untertan die Majestät des Gesetzes demonstrieren".

[1124] Vgl. zur Bedeutung der Richterpersönlichkeit für die „richtige" Rechtsfindung *Hager*, Rechtsmethoden in Europa, 2009, S. 283 ff.

[1125] So der griffige Titel von *Hartwieg*, Tatsachen und Normarbeit im Rechtsvergleich – Ausgewählte Aufsätze, 2003.

[1126] Auf Methodikfragen wird noch im 4. Teil § 2 I und II eingegangen. Hier wurde bereits die stark wortlautorientierte Auslegung in den neuen Mitgliedstaaten angesprochen. Zu England das Zitat unten in Fußn. 1216.

[1127] Vgl. etwa für Frankreich die eindeutigen Zahlen bei *Ferrand*, RabelsZ 66 (2002), 391 (399 f.).

unterer Gerichte – als Umgehung der Instanzenstruktur[1128]. Bei jüngeren Richtern mögen gelegentlich auch Karriereüberlegungen zum Bündel der Entscheidungsmotive gehören. Zudem ist die Frage der Schulung und Fortbildung im EU-Recht wichtig, die bei älteren Mitgliedstaaten eher als bei neuen vorhanden sein mag.

§ 5: Asymmetrie in der Beteiligung beim Interessenvortrag

I. Ideal der Beteiligungsgleichheit

Auf der Ebene Europas werden Recht und Gerechtigkeit in hohem Maße durch den EuGH definiert[1129]. Am Dialog mit der Europäischen Gerichtsbarkeit partizipieren aber lediglich die vorlegenden Gerichte; nur sie wirken an der fortwährenden Konstruktion des Unionsprivatrechts mit[1130]. Die nationalen Gerichte selektieren und unterbreiten Fragen zum EU-Recht mitsamt Vortrag des zugrundeliegenden entscheidungserheblichen Sachverhaltes[1131]. Im Rahmen des Vorabentscheidungsverfahrens werden die Rechtsanschauungen vermittelt, die die Parteien, vielleicht auch das Gericht und – im Laufe des Verfahrens – die Mitgliedstaaten und europäischen Organe[1132] haben, sowie nur indirekt auch diejenigen verschiedener Interessengruppen[1133]. Dies beeinflusst den Ausgang des Rechtsstreits ebenso wie die gerade nicht vorgetragenen Sachverhalte, Belange und Rechtsauffassungen. Auch für die Europäische Gerichtsbarkeit gilt schließlich der Erfahrungswert: Der zu entscheidende Fall prägt die Rechtsfin-

---

[1128] Oben Fußn. 465.

[1129] *Rüthers*, JZ 2009, 969 (973) spricht in diesem Zusammenhang von der „Herrschaft des Richterrechts".

[1130] Einmal abgesehen von potenziellen Vetogerichten, wie z.B. dem BVerfG; dazu oben im Text vor Fußnotenzeichen 993.

[1131] Das vorlegende Gericht hat die Möglichkeit, seinen Vorlagebeschluss nachträglich zu ändern oder gar aufheben, wenn es etwa zu einem Prozessvergleich oder einer Änderung der Rechtslage kommt; dazu *Rosenberg/Schwab/Gottwald*, § 18, Rdnr. 32.

[1132] S. zu den Stellungnahmen oben Fußn. 548.

[1133] Beim Vorabentscheidungsverfahren sehen Satzung und VerfO keine Möglichkeit vor, dass z.B. NGOs *amicus curiae briefs* einreichen. (Dritte werden in Art. 20 Satzung des Gerichtshofs nicht genannt. Art. 40 Satzung des Gerichtshofs zur Streithilfe passt nicht, da er nur Rechtsstreite betrifft und Vorabentscheidungsverfahren keine streitigen Verfahren darstellen. *Baudenbacher*, in: *ders.*, Internationales und europäisches Wirtschaftsrecht, Bd. I, 2004, S. 5 [27]). Vgl. zum *amicus curiae brief* im US-amerikanischen Recht (u.a. Rule 37(1), Rules of the Supreme Court of the U.S.) *Hirte*, ZZP 104 (1991), 11 ff.; *Maultzsch*, S. 413 ff.

dung[1134] und damit auch die richterliche Rechtsschöpfung auf maßgebliche Art und Weise.

Dieser positive (oder negative) Partizipationsmechanismus zieht europarechtlich größere Kreise als sich zunächst vermuten lässt, denn die Relevanz von EuGH-Entscheidungen (und Nicht-Entscheidungen) geht über die Bindung in Bezug auf das konkrete Verfahren weit hinaus. So richten die staatlichen Gerichte ihre Urteile auch am Maßstab der Judikatur des Gerichtshofs aus[1135]. Indem also die auf das konkretisierungsbedürftige Primär- und Sekundärrecht folgenden richterlichen Klärungen von größter inhaltlicher und struktureller Bedeutung sind, ist die Beteiligung am Rechtsdialog mit dem EuGH eine gesellschaftliche und nationale Rechtsaufgabe. Die Teilhabe an der judikativen Konstruktion des Rechts hat eine gesellschaftliche Dimension. Alle prinzipiell vortragswürdigen Sachansichten müssten berücksichtigt werden. Die Aufgabe hat aber auch eine nationale Dimension im Sinne des Vortrags der verschiedenen mitgliedstaatlichen Auffassungen und Vorverständnisse zu einem bestimmten Rechtsproblem.

Zu beachten ist dabei auch: Staaten, die bereits politisch einen beträchtlichen Einfluss auf die Rechtsgestaltung ausüben, können indem sie abstrakt oder umgerechnet auf die Bevölkerungszahlen häufig vorlegen, danach auf das derart geprägte Recht einen besonderen Einfluss ausüben. Öffentlich gemildert werden gewisse Einseitigkeiten durch die Schlussanträge der Generalanwälte. Sie holen in den Erwägungen weit aus und können umfänglich andere Rechtsauffassungen nachweisen, obwohl die Ausführungen je nach Charakter und regionaler Herkunft des Generalanwalts variieren. Zudem berücksichtigt der Gerichtshof neben rechtsvergleichenden Recherchen[1136] offizielle Erklärungen der nationalen Regierungen und der Europäischen Kommission[1137]. Sie erreichen bei bedeutenden Verfahren den EuGH und können einigen Einfluss ausüben[1138].

Dennoch ist die Frage berechtigt, ob sämtliche mitgliedstaatlichen Gerichte gleichberechtigte Partner mit derselben „Verhandlungsmacht" darstellen oder sich einzelne Gerichte zu herausgehobenen Gesprächspartnern

---

[1134] Vgl. *Hager*, S. 290: „Der Fall leitet die Rechtsfindung. Umgekehrt strukturieren die relevanten Normen auch den Fall, selektieren juristisch Relevantes und Nicht-Relevantes".

[1135] Zudem noch näher zur Wirkung von EuGH-Entscheidungen im 4. Teil § 1 V 2.

[1136] Eigenen oder solchen der Kommission; oben Fußn. 613 und 637 sowie unten im Fließtext bei Fußnotenzeichen 1388.

[1137] Bereits oben Fußn. 429.

[1138] S. *Zuber*, Die EG-Kommission als amicus curiae – Die Zusammenarbeit der Kommission und der Zivilgerichte der Mitgliedstaaten bei der Anwendung der Wettbewerbsregeln des EG-Vertrages, 2001; *Clifford/GabelHankla*, American Political Science Review 102 (2008), 435 ff.

des EU-Gerichtshofs entwickeln[1139]. Eine solche Art von „privilegierter Partnerschaft" bestimmter Nationalstaaten legen die obigen empirischen Ausführungen nahe. Auch fallen bestimmte Fachgerichtsbarkeiten auf. So ist die deutsche Finanzgerichtsbarkeit als „Motor der EuGH-Rechtsprechung"[1140] bezeichnet worden; auch auf die hohe Bedeutung der Arbeitsgerichtsbarkeit[1141] (deren Richter zudem über ein besonderes Selbstverständnis verfügen)[1142] ist zu verweisen[1143]. Die Schattenseiten sind offenkundig: Bei starken Asymmetrien können bestimmte Rechtsauffassungen, Probleme und Gruppen beim EuGH verhältnismäßig häufig gehört werden, während andere aus dem Gesichtskreis des EuGH geraten.

Idealerweise sollten alle Rechtskulturen und Sprachen in gleichem Umfang und vollständig am Gerichtshof der EU repräsentiert sein[1144]. Darin liegt – neben der Erhöhung der Akzeptanz und Legitimität[1145] – der Grund für die Regel „ein Richter pro Mitgliedstaat" an EuGH und EuG[1146]. Entscheidungen werden stets kollegial getroffen und sind keinem einzelnen Richter zuordenbar[1147]. Die Nationalität der jeweils entscheidenden Richter wurde zumindest in der Vergangenheit kaum thematisiert.

Außerdem ist es gute Praxis, dass Berichterstatter und Generalanwälte keine Rechtssachen aus ihren Heimatländern behandeln[1148]. Interessanterweise sieht das Verfahrensrecht kein Recht auf einen Richter eigener

---

[1139] So die Frage des portugiesischen Generalanwalts *Maduro*, EuR 2007, 3 (25).

[1140] *Weber-Grellet*, NJW 2004, 1617. Dazu, dass Deutschland im Steuerrecht besonders vorlageaktiv ist, s. *Conant*, in: *Green Cowles/Caporaso/Risse-Kappen*, S. 97 (109) sowie unten die Tabelle 7.

[1141] *Colneric*, EuZA 2008, 212; ausführlich *Kerwer*, Das europäische Gemeinschaftsrecht und die Rechtsprechung der deutschen Arbeitsgerichte, 2003; w. Nachw. oben in Fußn. 808.

[1142] Vgl. (recht generell) der empirische Beitrag zu den Selbst- und Rechtsverständnissen der Arbeitsrichterschaft *Hellmig*, Mittelweg 36 (Zeitschrift des Hamburger Instituts für Sozialforschung), H. 5, 2009, 8 (19 ff.).

[1143] Vgl. oben 2. Teil § 3 III 5 c).

[1144] *Streinz/Leible*, EWS 2001, 1 (5); gerade mit Blick auf die Sprachdivergenzprobleme *Schübel-Pfister*, S. 481.

[1145] S. Report of the Court of Justice on certain aspects of the application of the treaty on European Union (Luxembourg, May 1995), Rdnr. 16, wo es weiter heißt: „[T]he presence of members from all the national legal systems on the Court is undoubtedly conducive to harmonious development of Community case-law, taking into account concepts regarded as fundamental in the various Member States and thus enhancing the acceptability of the solutions arrived at. It may also be considered that the presence of a Judge from each Member State enhances the legitimacy of the Court".

[1146] Zudem achtet die Union die Gleichheit der Mitgliedstaaten vor den Verträgen nach dem neu eingeführten Art. 4 II S. 1 EUV.

[1147] *Gundel*, EuR-Beih 3/2008, 23 (28 ff.).

[1148] *Skouris*, in: Festschr. f. Starck, 2007, S. 991 (998); *Gundel*, EuR-Beih 3/2008, 23 (32 Fußn. 68, 36 Fußn. 85) m. w. Nachw.

Staatsangehörigkeit im Spruchkörper vor. Auch ist die Staatsangehörigkeit eines Richters kein Ablehnungsgrund[1149]. Dabei handelt es sich um ein Kennzeichen, das die Besonderheit des EU-Gerichtshofs gegenüber internationalen Gerichten wie etwa dem EGMR und dem IGH unterstreicht: Falls das Richterkollegium keinen Staatsangehörigen des eigenen Staates aufweist, kennen beide Gerichte die Möglichkeit, einen *ad-hoc*-Richter durch den als Streitpartei beteiligten Staat zu benennen[1150].

Anders verhält es sich bei der Repräsentation der Rechtskulturen im Wege der Vorlageverfahren. Dort ist die Beteiligung ist asymmetrisch, indem die Nationalstaaten wie aufgezeigt mit ihren Auslegungs- und Gültigkeitsfragen in unterschiedlichem Umfang an die Europäische Gerichtsbarkeit herantreten. Verdeutlicht haben das die obigen Statistiken zu den relativen, d.h. auf die Bevölkerungszahl bezogenen, Abweichungen bei der Beteiligung an der Europäischen Gerichtsbarkeit. Diese Divergenzen sind beträchtlich, stimmen gar nachdenklich, wenn man die französische Nutzungsintensität des Vorabentscheidungsverfahrens wie oben geschehen analysiert. Fraglos ist – wie sich zeigen wird – die Beteilung von Staaten (im Wege des Vorlageersuchens) mit der Interessenvertretung verknüpft. Im Vordergrund stehen aber nun die noch nicht behandelten sektoralen, d.h. themenbezogenen Divergenzen.

II. Demokratische Bedeutung des Vorabentscheidungsverfahrens

Vorlagen sind keine Einbahnstraßen, in denen der EuGH als „Lehrmeister" auftritt. Vielmehr setzt das Vorabentscheidungsverfahren einen gegenseitigen und nicht zu unterschätzenden Lernprozess in Gang. *Arnull* schreibt dazu: „References help to build a relationship of trust and co-operation between the national court and the Court of Justice and foster a dialogue in which each protagonist can educate the other about the system for which it is responsible and its underlying principles."[1151] Das kann sich auch in einem unterschiedlichen Einfluss der eigenen Rechtsvorstellungen auf den EuGH niederschlagen. So beklagt *Arnull* in diesem Zusammenhang den geringen Einfluss des britischen House of Lords auf die Rechtsprechung

---

[1149] Art. 18 IV Satzung des Gerichtshofs.

[1150] Art. 27 II EMRK („Der Kammer und der Großen Kammer gehört von Amts wegen der für den als Partei beteiligten Staat gewählte Richter oder, wenn ein solcher nicht vorhanden ist oder er an den Sitzungen nicht teilnehmen kann, eine von diesem Staat benannte Person an, die in der Eigenschaft eines Richters an den Sitzungen teilnimmt."); Art. 31 IGH-Statut (dazu *Rosenne*, in: *ders.*, Essays on International Law and Practice, 2007).

[1151] *Arnull*, E.L. Rev. 35 (2010), 57 (65).

des EuGH[1152]. Da auch Irland eine niedrige Vorlagebeteiligung aufweist, ist das Common law zumindest bei diesem Verfahrensweg unterrepräsentiert. Damit wird deutlich: Die Europäische Gerichtsbarkeit besteht aus einem Nexus an Entscheidungen, nicht nur des EuGH, sondern auch und gerade der nationalen Gerichte, die sich gegen Vorlagen entscheiden. Insofern ist die Entscheidung zur Nichtvorlage eine Entscheidung, sich nicht am judikativen Aufbau des Europäischen (Privat-)Rechts zu beteiligen.

Der Forschungsbedarf, der hier nicht erfüllt werden kann, liegt in Folgendem: Wer aktiviert die Europäische Gerichtsbarkeit und mit welchen Interessen? Welche Organisationen und Interessengruppen beteiligen sich in welchem Ausmaß und welcher Erfolgsrate? Insbesondere ist hier weitere empirische Forschung vonnöten – so wie sie *Micklitz* exemplarisch vorgeführt hat. Er verweist auf die Bedeutung öffentlicher Interessengruppen, denen häufig aber eine europäische Perspektive und die notwendigen Ressourcen für eine Beteiligung an unionsrechtlichen Verfahren fehlen[1153]. Den Voraussetzungen, die *Micklitz* für optimale Vorabentscheidungen aufstellt und die ein Gegengewicht zum bekannten „top down" des EU-Rechts bilden, ist zuzustimmen: „The reference procedure […] constitutes the *principal democratic foundation* of the European legal order *if* three conditions are met: (1) national and European courts must truly cooperate; (2) public interest groups must turn themselves into professionalised legal players; and (3) EU rights and remedies must be understood as political rights"[1154].

Basedow hat in anderem Zusammenhang darauf hingewiesen, dass neben den Mitgliedstaaten die privaten, d.h. gewinnorientierten Unternehmen „Träger der europäischen Integration"[1155] sind[1156]. In diesem Umstand liegt auch das Problem mit Blick auf das Vorabentscheidungsver-

---

[1152] S. *Arnull*, E.L. Rev. 35 (2010), 57 (81); bereits oben im Text vor Fußnotenzeichen 993.

[1153] S. *Micklitz*, The Politics of Judicial Co-operation, S. 41, der auch ausführt „A professionalisation of public interest groups might contribute to closing the legitimacy gap in social policies".

[1154] *Micklitz*, The Politics of Judicial Co-operation, S. 425.

[1155] *Basedow*, in: Festschr. f. Hopt, Bd. I, 2010, S. 27 (42).

[1156] Zu beachten ist das Lobbying im Vorfeld der Unionsgesetzgebung, dazu die empirische Untersuchung über die Entwicklung von Lobbyinggruppen *Fligstein/Stone Sweet*, American Journal of Sociology 107 (2002), 1206 (1220 f.). Die Autoren sehen in „trading, litigating, legislating, and lobbying" die Schlüsselindikatoren der europäischen Integration (S. 1218). Weiter: „We see the growth of Brussels complex partly as the development of a pervasively symbiotic relationship between the Commission and lobbyists." (S. 1225).

fahren. Große Unternehmungen haben zumeist[1157] bessere Ressourcen und vermögen ihre Interessen mit ihren Erfahrungen als „repeat players" eher durchzusetzen als Privatpersonen oder kleine und mittlere Unternehmen[1158]. Auch darum ist die Frage der Prozesskostenhilfe auf nationaler Stufe, aber auch die Einführung von Sammelklagen auf EU-Ebene[1159] von einiger Bedeutung.

Ziel ist also die gleichgewichtige Teilhabe an der Rechtskommunikation und die praktische Handhabung der Vorlagemöglichkeit zur Erfüllung des im EU-Recht angelegten föderalen Gleichgewichts mitsamt dem Erfordernis der Gleichheit. Allerdings zur Klarstellung: Der EuGH – an Recht und Gerechtigkeit gebunden – lässt sich von den Asymmetrien in einigen Bereichen wenig beeinflussen, etwa wenn man seine verbraucher-[1160] und arbeitnehmerfreundliche[1161] Rechtsprechung bedenkt. Auch die Kommission hat bei ihren Handlungen und Stellungnahmen das Unionsinteresse zu vertreten.

III. Sektorale Abweichungen und Gründe

Zu beachten sind nun die sektoralen Divergenzen, denn einige Mitgliedstaaten legen in bestimmten Gebieten im Verhältnis zu ihrer Gesamtvorlagerate intensiver vor als andere. Dies hängt mit einer Fülle von Ursachen zusammen. So lässt sich vermuten, dass europarechtliche Eingriffe, die ein besonderes Maß an Friktionen, Diskussions- und Änderungsbedarf in einer bestimmten nationalen Rechtsordnung schaffen, erhöhte Klärungsnachfrage hervorrufen. Je stärker also der Wandel, desto höher könnte der Anreiz zu Vorlagen an die Europäische Gerichtsbarkeit sein[1162]. Jedoch hat sich bei den neuen Mitgliedstaaten diese Regel wie gezeigt noch nicht bewahrheitet. Als alleinige Erklärung für sektorale Abweichungen kann dies also – zumal bei gegenläufigen Umständen – selten herhalten. Auffällig sind die vielen Vorlagen aus Deutschland, die die Vereinbarkeit deutscher Rechtsvorschriften mit dem Erfordernis des freien

---

[1157] Zu erinnern ist an den Aufsatz „Why the 'Haves' Come Out Ahead" von *Galanter*, Law and Society Review 9 (1974), 95 ff.

[1158] *Dehousse*, S. 109 ff.

[1159] Dazu bereits im 1. Teil § 4 I.

[1160] *Rösler*, RabelsZ 71 (2007), 495 ff.; *Tonner/Tamm*, in: Liber amicorum Bernd Stauder, 2006, S. 527 ff.; weiter *Weatherill*, in: Liber Amicorum Guido Alpa, 2007, S. 1037 ff. (das Vertragsrecht sei mit der verbraucherfreundlichen Auslegung im immer engeren Griff des EuGH); *Trstenjak/Beysen*, CML Rev. 48 (2011), 95 ff.

[1161] Zumindest in früherer Zeit, z.B. oben Fußn. 809; *Rebhahn*, in: *Riesenhuber* (Hrsg.), Europäische Methodenlehre, 2. Aufl. (2010), § 18, Rdnr. 39.

[1162] *Stone Sweet/Brunell*, ELJ 6 (2000), 117 (125).

Warenverkehrs betreffen[1163]. Eine Ursache könnte man vielleicht in einer vergleichsweise protektionistischen Tendenz des deutschen Rechts ausmachen[1164]. Ob diese These jedoch zutrifft, sei dahingestellt, wäre hierfür doch eine umfangreiche rechtsvergleichende Untersuchung vonnöten.

Allerdings schafft eine intensive und ins Einzelne gehende Regulierung durch nationale Normen einen idealen Kontext für eine Infragestellung ebendieses Rechts durch Anrufung des EuGH. Nicht ohne Grund kommt *Cassis de Dijon*, also der berühmteste Fall zu den Grundfreiheiten, aus Deutschland[1165]. Die Rechtssache betraf bekanntlich eine deutsche Vorschrift über Branntwein[1166], wegen der einem deutschen Lebensmitteleinzelhändler der Import und Verkauf eines aus Frankreich stammenden Johannisbeerlikörs wegen seines niedrigen Alkoholgehalts verwehrt war. Das Verbot erachtete der EuGH als einen Verstoß gegen die Warenverkehrsfreiheit[1167]. Neben der Dichte und dem Stil der Wirtschaftsregulierung spielt bei den Vorlagen zur Warenverkehrsfreiheit nach Art. 28 ff. AEUV auch die Größe eines nationalen Marktes eine Rolle, denn sie geht tendenziell mit der Attraktivität für deshalb streitfreudige Importeure einher[1168].

Eine Untersuchung zu den Jahren 1980 bis 2006 belegt die Divergenzen in den Bereichen Warenverkehrsfreiheit, Umweltrecht und Sozialrecht unter den vier wichtigsten Mitgliedstaaten[1169]. Danach ist Deutschland bei den Vorlagen zur Warenverkehrsfreiheit stark, gefolgt von Frankreich, Italien und als Schlusslicht Großbritannien. Dagegen liegt Italien bei den Vorlagen im Umweltrecht an der Spitze, mit einigem Abstand folgen Frankreich, das Vereinigte Königreich und fast gleichauf Deutschland. Im Sozialrecht, das auch die Rechtsstreitigkeiten zur Gleichbehandlung der Geschlechter umfasst, ist wiederum Deutschland vorne, aber recht dicht verfolgt von Großbritannien, dann kommen mit einigem Abstand Italien und Frankreich. Ansonsten stehen aktuelle Daten nicht zur Verfügung.

[1163] Für die Jahre 1958 bis 1998 zählen *Stone Sweet/Brunell*, ELJ 6 (2000), 117 (126) von den 832 Vorlagen aus dem Bereich des freien Warenverkehrs 303 Vorlagen aus Deutschland.

[1164] S. *Stone Sweet/Brunell*, ELJ 6 (2000), 117 (126).

[1165] EuGH, Rs. 120/78, Slg. 1979, 649 – *Rewe-Zentral AG/Bundesmonopolverwaltung für Branntwein*.

[1166] § 100 BranntwMonG a.F. i.V.m. Verordnung über den Mindestweingeistgehalt von Trinkbranntweinen.

[1167] Zu dieser Entscheidung als Marktweitung und im Vertrauen auf den verständigen Verbraucher *Rösler*, Europäisches Konsumentenvertragsrecht, S. 112 ff.

[1168] *Stone Sweet/Brunell*, ELJ 6 (2000), 117 (126).

[1169] Basierend auf den Jahren 1980 bis 2006; *Stone Sweet/Brunell*, Note on the Data Sets, 2008, S. 12 (erhältlich über www.eu-newgov.org, wo sich auch der zugrundeliegende Datensatz von 2007 findet; s. bereits oben die Auswertungen in Fußn. 106 f. und 111).

Doch das Vorstehende verdeutlich erneut[1170], dass wirtschaftliche Gründe allein[1171] die unterschiedlichen Vorlageraten nicht erklären können. Entscheidend sind einzelne Umstände, die je nach Sektor variieren und zu sektoral verschiedenem Vorlageverhalten führen.

Weitere Abweichungen erklären sich ebenfalls aus faktischen Gründen: Im Bereich des IZVR fallen die zahlreichen Fälle aus dem deutsch-österreichischen Grenzverkehr auf. Ein Zusammenhang mit der gemeinsamen Sprache drängt sich auf. Sie hat es z.B. einem oberösterreichischen Landwirt namens *Gruber* erleichtert – auf Anzeige in einer Regionalzeitschrift hin – Ziegel in Deutschland für seinen privat wie gewerblich genutzen „Vierkanthof" zu kaufen. Deshalb stellte sich die Frage, ob *Gruber* dabei als Verbraucher i.S.v. Art. 15 EuGVO handelte oder nicht[1172].

Zudem bestehen auch große Abweichungen bei der Nutzung von Vertragsarten. So ist „Time Sharing"[1173] nur in Ferienregionen verbreitet, vor allem im sonnigen Süden. Darüber hinaus sind (Rechtsstreitigkeiten über) Haustürgeschäfte in Großbritannien eher selten anzutreffen[1174]. Anders ist das in Deutschland. Zu beachten ist auch das inselhafte Ausbreiten von Vorlagen zu bestimmten Themenschwerpunkten; so hat etwa die deutsche Vorlage in der haustürwiderrufsrechtlichen Sache *Heininger*[1175] weitere Vorlagen aus Deutschland nach sich gezogen. Insgesamt ist bei Deutschland die hohe Zahl von verbraucherrechtlichen Gerichtsstreitigkeiten auffällig – etwa im Vergleich zu Großbritannien[1176].

[1170] Oben 2. Teil § 4 III 2.

[1171] Man bedenke das starke Abweichen der Vorlageraten Deutschlands und Großbritanniens bei der Warenverkehrsfreiheit.

[1172] EuGH, Rs. C-464/01, Slg. 2005, I-439 – *Johann Gruber/Bay Wa AG*; dazu *Rösler/Siepmann*, EWS 2006, 497 ff.

[1173] Darunter sind nach Art. 1 Richtlinie 94/47/EG Verträge zu verstehe, die unmittelbar oder mittelbar den Erwerb von Teilzeitnutzungsrechten an einer oder mehreren Immobilien betreffen.

[1174] Die Online-Fassung des „EC Consumer Law Compendium" gibt nur eine englische Entscheidung zur Haustürgeschäfterichtlinie an, allerdings 50 Treffer von deutscher Rechtsprechung; vgl. auch die gedruckte Version *Schulte-Nölke/Twigg-Flesner/ Ebers* (Hrsg.), EC Consumer Law Compendium – The Consumer Acquis and its transposition in the Member States, 2008; s. weiter zur Haustürgeschäfterichtlinie *Rösler*, ZfRV 2005, 134 (138); *Basedow*, ZEuP 1997, 1075 ff.

[1175] EuGH, Rs. C-481/99, Slg. 2001, I-9945.

[1176] Noch einmal sei verwiesen auf die Online-Fassung des „EC Consumer Law Compendium".

Das zeigt sich im Klauselrecht[1177], das im deutschen Recht eine besondere Rolle spielt[1178]. Auf die Auslegungskompetenz bei der Missbräuchlichkeit einer Klausel i.S.v. Art. 3 I Richtlinie 93/13/EWG[1179] ist noch im
4. Teil unter § 2 I näher einzugehen. Hier interessiert die nationale Rechtspraxis. Dazu schreibt *Basedow*: „The example of the Directive on Unfair
Terms in Consumer Contracts shows that fifteen years after the adoption of
the instrument in 1993, remarkable differences subsist in the judicial
practice of the member states. In Germany, parties to a contract law dispute will frequently raise the issue of the compatibility of standard contract
terms with mandatory legal principles, and the Federal Court of Justice
will hand down a judgement on that matter almost every week, while the
case law applying that Directive is much more scarce in other member
states."[1180]

Fraglos kann auch die unterschiedliche „Organisiertheit" von Interessen
Einfluss auf die Sektorenverteilung ausüben. Bei verstreut liegenden Interessen im Wirtschafts- und Arbeitsleben können Institutionen wie Ver-
braucherverbände und Gewerkschaften eine Bündelungswirkung erzeugen,
wodurch rechtliche, praktische und finanzielle Unterstützung zur Anregung von Vorlagen möglich wird. Dies könnte z.B. national abweichende
Vorlagezahlen zu den Aufgaben „gleiche Bezahlung" und Antidiskriminierung erklären. Zu unterscheiden sind hier die – wie bereits erwähnt –
vorlageaktiven Staaten Deutschland und Großbritannien, die mittelaktiven
Staaten Frankreich und Dänemark sowie die weitgehend inaktiven Staaten
Spanien und Italien[1181]. Verwiesen sei hier auf die besonders zahlreichen
und wichtigen Vorlagen aus dem Vereinigten Königreich[1182] und die strate-

---

[1177] Die Online-Fassung des „EC Consumer Law Compendium" verzeichnet zur
Klauselrichtlinie acht nationale Rechtsprechungstreffer bei Großbritannien und 37
Treffer bei Deutschland, obwohl die Zahlen beträchtlich höher sein müssten.

[1178] Auch im Handelsrecht; zur Sinnhaftigkeit *Leyens/Schäfer*, AcP 210 (2010),
771 ff.; s. auch *Rösler*, RabelsZ 73 (2009), 889 (899 f.).

[1179] EuGH, Rs. C-237/02, Slg. 2004, I-3403 – *Freiburger Kommunalbauten GmbH
Baugesellschaft & Co. KG/Hofstetter*; Kritik von *Basedow*, in: Festschr. f. Hirsch, 2008,
S. 51 ff.

[1180] *Basedow*, Tul. L. Rev. 83 (2009), 973 (984).

[1181] So *Kilpatrick*, in: *Sciarra* (Hrsg.), Labour Law in the Courts – National Judges
and the ECJ, 2000, S. 31 (41 ff.).

[1182] Zu nennen sind EuGH, Rs. 222/84, Slg. 1986, 1651 – *Johnston/Chief Constable
of the Royal Ulster Constabulary*; Rs. 152/84, Slg. 1986, 723 – *Marshall/Southhampton
and South West Hampshire Area Health Authority (Marshall I)*; dazu *Micklitz*, The
Politics of Judicial Co-operation, S. 186 f.; s. ferner die Prozentangaben der UK-Vorlage-
themen (Stand bis 2004) bei *Wind/Sindbjerg Martinsen/Rotger*, European Union Politics
10 (2009), 63 (78); ähnlicher Befund von *Chalmers*, West European Politics 23 (2000),
169 ff.

gische Rolle, welche die „Equal Opportunities Commission" (EOC) dabei als „repeat player" einnimmt[1183].

Angesichts der niedrigen Vorlageraten aus dem Süden zu Diskriminierungssachverhalten scheint für die Richtervorlage (zumindest hier) nicht der abstrakte bzw. an sich gegebene Bedarf, sondern die Sensibilität für das Thema entscheidend zu sein. So erklärt sich, was *Reich* wie folgt beschreibt: „[M]ost cases referred to the ECJ on gender discrimination came from countries where […] women's rights seemed already well in place, while the 'Southern' countries of the E(E)C hardly participated in this law activating process, despite the obvious fact that there women had to be satisfied until recently with their traditional roles and probably suffered more discrimination than their colleagues on the northern side of the Alps."[1184]

Auswirken können sich die gleichen Faktoren wie bei den oben erörterten relativen Abweichungen. Damit erlangen wieder die einzelnen Umstände des Rechtszugangs und die verfahrensrechtliche Ausgestaltung an Bedeutung[1185]. Insgesamt haben es Unternehmen, Interessenorganisationen und Behörden wegen merklich besserer Kenntnisse und aus Finanzierungsgründen leichter, ihre Belange vor dem EU-Gerichtshof im Wege der Anregung von Vorlagen und der Sensibilisierung der rechtlichen Öffentlichkeit durchzusetzen[1186]. Faktoren sind ebenfalls staatliche Einrichtungen, die unterstützende Maßnahmen ergreifen können.

Selbstverständlich spielt wiederum die Zahl und Ausbildung von Juristen, d.h. insbesondere der Richter und Rechtsanwälte (nicht nur an den Obergerichten)[1187] eine ebenso große Rolle wie die Ausdifferenzierung der nationalen Gerichtsbarkeit in verschiedene Fachgerichte. Ausgehend von der Erkenntnis, dass Gerichte sich u.a. auch für Vorlagen entscheiden „to further their own competitive battles against other high courts or other political bodies"[1188], wirkt sich in Deutschland auch die gerichtsverfas-

---

[1183] *Micklitz*, The Politics of Judicial Co-operation, S. 216 ff., 186; *Alter/Vargas*, Comparative Political Studies 3 (2000), 452 (454 ff.); zu Organisationen aus dem Bereich des Sozialversicherung und ihrem Einfluss auf die britische Vorlagepraxis *Conant*, JCMS – Annual Review 45 (2007), 45 (59).

[1184] *Reich*, European Law Books 2006, S. 4.

[1185] Vgl. zum Stellenwert der Rechtstatsachen, aber auch des Gerichtsverfassungs- und Prozessrechts bei der Fortbildung deutschen Rechts *Hergenröder*, Zivilprozessuale Grundlagen richterlicher Rechtsfortbildung, 1995, S. 329 ff.; s. weiter *Maultzsch*, S. 392 ff.

[1186] *Börzel*, Comparative Political Studies 39 (2006), 128 ff.; *Conant*, JCMS – Annual Review 45 (2007), 45 (59); *dies.*, in: *Cowles/Caporaso/Risse*, S. 97 ff.

[1187] Die Bedeutung der Anwaltschaft beim angeglichenen Recht betont *Basedow*, in: Festschr. f. Brandner, 1996, S. 651 (677).

[1188] *Alter*, in: *dies.*, The European Court's Political Power, S. 92 (99); weitere Nachweise oben Fußn. 1047.

sungsrechtliche Aufgliederung aus. Deutlich wird dies, wenn man sich die Vorlagen der Verwaltungs-, Arbeits-[1189] und Sozialgerichte anschaut[1190].

Prozesskosten spielen ebenfalls eine Rolle und können insbesondere Individuen von der Rechtsverfolgung abhalten. Hier sei an die kostenträchtige Rechtsverfolgung in England erinnert. Da zudem Spezialwissen zum Unionsrecht eher mittleren bis großen Unternehmen zur Verfügung steht, wird die Rechtsverfolgung Einzelner vergleichsweise erschwert[1191]. Zu bedenken ist auch die Bedeutung der großen Rechtsanwaltskanzleien, die sich – insbesondere unter anglo-amerikanischem Einfluss – in national und faktisch unterschiedlichem Umfang herausgebildet haben und die etwa im Wettbewerbsrecht und in weiteren kommerziell relevanten Spezialmaterien die hochprofessionelle Rechtsverfolgung beim EuG und EuGH erleichtern[1192].

All die offenen Fragen zu den Wirkungsmustern rechtlicher und rechtstatsächlicher Umstände und den daraus (potenziell) resultierenden Asymmetrien verdeutlichen erneut den Bedarf an weiteren juristischen und sozialwissenschaftlichen Fall- und Felduntersuchungen. Hilfreich für die Gewinnung einer Gesamtkonzeption ist es, das Verfahren vor dem EuGH unter dem Blickwinkel von Nachfrage und Versorgung zu betrachten[1193]. Die Nachfrage realisiert sich in Vorlagen nationaler Gerichte und die Versorgung mit Antworten geschieht in Form von Vorabentscheidungen. Der *input* durch Rechtsverfolgung vonseiten der Individuen sowie privaten und öffentlichen Organisationen bestimmt – mittels der Vorlageentscheidung des Richters – den *output* in Gestalt von Urteilen der Europäischen Gerichtsbarkeit und deren Umsetzung durch nationale Gerichte. Der EU-Gerichtshof muss also erst durch die Vorlagen aktiviert oder mit anderen Worten mobilisiert[1194] werden.

Beim Vorabentscheidungsverfahren finden sich Divergenzen bei der Aktivierung[1195]. Der Befund ist damit übrigens ähnlich wie beim Vertragsverletzungsverfahren, wo ebenfalls je nach Interessen- und Rechtslage

---

[1189] Oben Fußn. 1140.

[1190] S. für die Vorlagezahlen der entsprechenden deutschen Bundesgerichte unten die Tabelle 7.

[1191] *Beck*, ZVglRWiss 107 (2008), 79 (103); bereits oben bei Fußnotenzeichen 1158 im Text.

[1192] Vgl. *Prechal*, YEL 25 (2006), 429 (433); *Stone Sweet*, Living Reviews in European Governance 2010, 28; vgl. unter dem Blickwinkel der Amerikanisierung des EU-Rechts (und auch der Verbreitung des *adversarial legalism*) *Kelemen/Sibbitt*, International Organization, 58 (2004), 103 (112 ff.).

[1193] Bereits oben angesprochen; insbesondere in Fußn. 476.

[1194] *Schepel/Blankenburg*, in: *de Búrca/Weiler*, S. 9 (12).

[1195] S. *Stone Sweet/Brunell*, Note on the Data Sets, 2008, S. 11 (bereits oben Fußn. 1169).

große thematische Unterschiede bestehen[1196]. Beim Vorabentscheidungsverfahren handelt es sich um eine Nachfragebewegung ausgehend vom
privaten Kläger[1197]. Er nimmt das Prozessrisiko auf sich, über die entscheidenden und gegebenenfalls vorlegenden nationalen Gerichte zum
EuGH und zurück auf die nationale Ebene, auf der die Interpretation und
Internalisierung der Vorgaben methodisch auf unterschiedliche Art und
Weise[1198] und in unterschiedlichem Umfang[1199] stattfindet. Das Zusammenwirken verschiedener Institutionen illustriert die folgende Grafik, die
in ihrer dreigliedrigen Horizontalstruktur[1200] auf die Konzeption von
Tridimas/Tridimas zurückgreift[1201]. Die Schlüsselstellung der nationalen
Gerichte wird hierbei hervorgehoben[1202].

Grafik 12: Zusammenfassend zum Nachfragemechanismus von Vorlagen

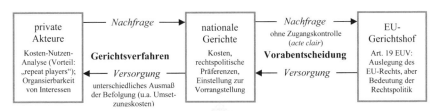

dezentralisierte, selektive Vermittlungsrolle („gatekeeper", „eclectic agents");
Autonomie: Entscheidung, ob vorgelegt wird, welche Vorlagefragen, bei welchem Verfahrensstand;
abweichende Themen der Vorlage je nach Mitgliedstaat

[1196] Dazu *Schepel/Blankenburg*, in: *de Búrca/Weiler*, S. 9 (14 ff.).

[1197] Vgl. für eine Theorie der Rechtsverfolgung *Shavell*, Foundations of Economic
Analysis of Law, 2004, S. 389 ff.; *Cabrillo/Fitzpatrick*, The Economics of Courts and
Litigation, 2008, S. 66 ff.; zum Rechtsmittelrecht im Dienste der Fehlerkorrektur *ders.*, J.
Legal Stud. 24 (1995), 379 ff.; *Posner*, J. Legal Stud. 2 (1973), 399 ff.; s. auch
Maultzsch, S. 305 ff.

[1198] Zu einigen Methodenaspekten noch im 4. Teil § 1.

[1199] Dabei geht es v.a. um die Frage, der Wirkung über das Ausgangsverfahren
hinaus.

[1200] Zur horizontalen Natur des Vorlageverfahrens, aber auch den Wandlungen vgl.
oben Fußn. 14, 23 f. und unten Fußn. 1452; die horizontale Natur wird unterstrichen von
Haltern, Europarecht – Dogmatik im Kontext, Rdnr. 428.

[1201] *Tridimas/Tridimas*, International Review of Law and Economics 24 (2004), 125
(131); zu ihrer „public choice"-Analyse bereits oben Fußn. 466.

[1202] S. zum in der Grafik erwähnten „acte clair" oben Fußn. 349 und 1007 und die
Würdigung im 3. Teil.

§ 6: Auf der nationalen Ebene verbleibende Verfahren

I. Stellenwert

1. Gleichheit der Rechtsanwendung und die Verbindung zur Rechtsidee

Das Europarecht verknüpft die Gleichheit vor dem Gesetz und die Gleichheit bei der Gesetzesanwendung essentiell mit der Rechtsidee[1203], auf der die Union ruht. Gleichheit führt zur Einheit, so wie es das Ziel des Vertrags von Rom ist[1204]. Die Gleichbehandlung gleichgelagerter Sachverhalte bedingt Einheitlichkeit der Rechtsprechung, die auch ein Grundelement der mitgliedstaatlichen Rechtsordnungen ist. Diese sehen dazu verschiedene, zumeist gesetzlich verankerte prozessuale und gerichtliche Mechanismen vor[1205]. Sie werden durch EU-Recht – als Teil des Rechtsstaatsgebots (Art. 2 EUV)[1206] – um die Justizgewährleistungspflicht und das Gebot des

---

[1203] Dazu schreibt *Gustav Radbruch* (1878–1949) in seiner Rechtsphilosophie, 8. Aufl. (1973), S. 164 über die wesentlichen Zwecke des Rechts und insbesondere die Bedeutung der Gleichheit: „Der Rechtsbegriff, ein Kulturbegriff, d.h. ein wertbezogener Begriff, drängt uns zum Rechtswert, zur Rechtsidee: Recht ist, was seinem Sinne nach der Rechtsidee zu dienen bestimmt ist. Die Rechtsidee fanden wir in der Gerechtigkeit und bestimmten das Wesen der Gerechtigkeit, der austeilenden Gerechtigkeit, als Gleichheit, gleiche Behandlung gleicher, entsprechend ungleiche Behandlung verschiedener Menschen und Verhältnisse." Als weitere Bestandteile der Rechtsidee macht *Radbruch*, S. 164 f. die Rechtssicherheit aus. (Der als allgemeiner Rechtsgrundsatz auch im europäischen Recht Gültigkeit beansprucht; s. dazu *Basedow*, ZEuP 1996, 570 ff.; *Metzger*, S. 327, 341; *v. Arnauld*, Rechtssicherheit – Perspektivische Annäherungen an eine *idée directrice* des Rechts, 2005, S. 495 ff.; *Raitio*, Principle of Legal Certainty in EC Law, 2010). Mit Abstrichen zählt *Radbruch*, aaO, auch die Zweckmäßigkeit zur Rechtsidee.

[1204] In diesem Sinne (jedoch anders akzentuiert) *Hallstein*, Der unvollendete Bundesstaat, 1969, S. 33: „Keine Rechtsordnung ohne Gleichheit vor dem Gesetz, Gleichheit aber bedeutet Einheit. Auf dieser Einsicht beruht der Vertrag von Rom".

[1205] Zur Einheitlichkeit bei den obersten Gerichtshöfen der rechtsvergleichende Überblick *Klamaris*, in: *Grunsky/Stürner/Walter/Wolf*, S. 85 (86 ff.); *Hauser*, in: Festschr. f. Schwab, 1990, S. 197 ff.; zu den Hintergründen und der Anwendung der Vorlagen nach § 132 GVG *Jungmann*, JZ 2009, 380 ff.; bereits *Baur*, JZ 1953, 326; zur Sichtweise des § 132 GVG als Auslegungsverbot (bzw. zur „Kanalisierung" der Auslegung) *Röhl*, in: Gedächtnisschrift für Wenz, 1999, S. 445 ff.; zur Verwendung von „Rechteinheit" als Argumentationsfigur s. *Felix*, Einheit der Rechtsordnung, 1998, S. 142 ff. Zum Zugang zu den nationalen Obergerichten noch unten 3. Teil VII 1.

[1206] Zuvor enthalten in ex-Art. 6 I EU. Eigentlich passender erscheinen der Ausdruck „rule of law" sowie der von *Hallstein* geprägte Begriff der „Rechtsgemeinschaft", der ebenfalls das Staatlichkeitselement vermeidet; s. zum Rechtsstaatsprinzip im Gemeinschafts- bzw. Unionsrecht, aber auch der Aufnahme der „rule of law" durch die osteuropäischen Staaten *Wittinger*, JöR 57 (2009), 427 (434 ff.); zum Rechtsstaatsprinzip weiter *Classen*, EuR-Beih 3/2008, 7 ff.; *Streinz*, in: Festschr. f. Merten, 2007, S. 395 ff.; *Serini*,

effektiven gerichtlichen Rechtsschutzes ergänzt (vgl. Art. 19 II UAbs. 1 EUV)[1207].

Ebenso wie die Revisionsgerichte und Kassationshöfe im nationalen Recht die Einheit bei der Rechtsanwendung sicherstellen[1208], ist die Einheit zentrales Funktionsprinzip der unionalen Rechtsprechungsorgane. Die prozessuale „Verweisung" an den EuGH im Wege des Vorabentscheidungsverfahrens und seine effektive Rolle als Einheitsstifter im zivilen Sachrecht und IPR wurden bereits oben behandelt[1209]. Hier ist jedoch die horizontale Ebene von Interesse, d.h. die Einhaltung des Europarechts auf nationaler Ebene.

Das Einheitsdogma[1210], d.h. die gleiche und nichtdiskriminierende Anwendung des Europarechts[1211] zeigt sich von Anbeginn in der EuGH-Rechtsprechung: Schon nach *Costa/E.N.E.L.* würde es „eine Gefahr für die Verwirklichung der [...] Ziele des Vertrages bedeuten und [... rechtswidrige] Diskriminierungen zur Folge haben, wenn das Gemeinschaftsrecht je nach der nachträglichen innerstaatlichen Gesetzgebung von einem Staat zum andern verschiedene Geltung haben könnte."[1212] Das Argument der Einheit zeigt sich durchgängig in der weiteren Rechtsprechung des EuGH, beispielsweise in der Begründung der Staatshaftung[1213]. Weitere Folgen des Einheitsgrundsatzes, die sich unmittelbar auf das Wirtschafts- und Zivilrecht auswirken, sind die Verpflichtung der neuen Beitrittsstaaten, den gesamten *acquis communautaire*[1214] und den Grundsatz der Nichtdiskriminierung nach den Grundfreiheiten zu übernehmen[1215].

Sanktionen der Europäischen Union bei Verstoß eines Mitgliedstaats gegen das Demokratie- oder Rechtsstaatsprinzip, 2009, S. 84 ff.

[1207] Vgl. zur Effizienz als Garant von Gerechtigkeit und Rechtssicherheit in der Rechtspflege nach deutschem Recht *Kunig*, Das Rechtsstaatsprinzip – Überlegungen zu seiner Bedeutung für das Verfassungsrecht der Bundesrepublik Deutschland, 1986, S. 441 ff.

[1208] Etwa kurz *Remien*, JZ 1992, 277 (282).

[1209] Oben 1. Teil § 2 I und 2. Teil § 1 I 1. S. auch, bereits früh, *Basedow*, in: *Max-Planck-Institut für ausländisches und internationales Privatrecht* (Hrsg.), Handbuch des Internationalen Zivilverfahrensrechts, Bd. I, 1982, Kap. II, Rdnr. 19 ff.

[1210] Dazu *Thym*, in: *Dann/Rynkowski* (Hrsg.), The Unity of the European Constitution, 2006, S. 357 ff.

[1211] Vgl. früh *Hallstein*, RabelsZ 28 (1964), 211 (230).

[1212] EuGH, Rs. C-6/64, Slg. 1964, 1259 (1270) – *Flaminio Costa/E.N.E.L.*

[1213] EuGH, verb. Rs. C-46/93 und C-48/93, Slg. 1996, I-1029, Rdnr. 33 – *Brasserie du Pêcheur/Deutschland (ex parte Factortame)*.

[1214] *Thym*, in: *Dann/Rynkowski*, S. 357.

[1215] Vgl. dazu *Basedow*, ZEuP 2008, 230 ff.

2. Dezentrale Durchsetzung des EU-Rechts

Die Mehrheit der unionsrechtlich relevanten Verfahren erreicht die EU-Gerichtsbarkeit in Luxemburg nicht. Diese Arbeitsteilung, Delegation bzw. genauer: die im System der Verträge angelegte Autonomie ist auch aufgrund der vorstehenden Analyse zur Entscheidungslast des EuGH unverzichtbar. Allerdings verbleiben die Nationalrichter bei ihrer Anwendung des Unionsrechts in ihrem nationalen Rechtsgefüge. Dazu zählt auch das ganz überwiegend rein nationale Verfahrensrecht, was die Einhaltung des Gebotes der Anwendungseinheitlichkeit durch die Mitgliedstaaten weiter erschwert.

Das fraglos charmante Bild eines Lordrichters von „[n]ational judges, wearing a Community law wig"[1216] verdeckt die Eingebundenheit in rechtliche und rechtstatsächliche Prozessgegebenheiten. Nationale Richter entscheiden nicht zwangsnotwendig wie unionale Richter[1217]. Eher trifft folgende Metapher zu: Die Nationalrichter haben ein Mandat zur Anwendung und Auslegung des Unionsrechts[1218], das aber wegen besagter Eingebundenheit und divergierender Vorverständnisse[1219] auch unzulängliche Ergebnisse liefern kann. Darum darf sich das Forschungsinteresse nicht auf den EU-Gerichtshof beschränken[1220]. Vielmehr muss die unabhängige und zahlenmäßig viel häufigere Anwendung des EU-Rechts durch die mitglied-

---

[1216] Lord *Slynn of Hadley*, C.L.J. 52 (1993), 234 (241); s. wiederum Lord *Denning* in *H.P. Bulmer Ltd. v. J. Bollinger S.A.* [1974] 3 W.L.R. 202 (215): „[W]hat are the English courts to do when they are faced with a problem of interpretation? They must follow the European pattern. No longer must they examine the words in meticulous detail. No longer must they argue about the precise grammatical sense. They must look to the purpose or intent." Dazu, dass nun vom englischen Richter eine teleologische Auslegung abverlangt ist s. *Arnull*, E.L. Rev. 35 (2010), 57 (80); auch *Vogenauer*, Die Auslegung von Gesetzen in England und auf dem Kontinent – Eine vergleichende Untersuchung der Rechtsprechung und ihrer historischen Grundlagen, 2001, S. 8 f. Dazu, dass der Richter „Diener zweier Herren" ist, *Klöckner*, Grenzüberschreitende Bindung an zivilgerichtliche Präjudizien, 2006, S. 75; zum „double bind" auch im internationalen Recht *Nollkaemper*, National Courts and the International Rule of Law, 2011, S. 13 f.

[1217] *Micklitz*, The Politics of Judicial Co-operation, S. 41, 427 ff.

[1218] Dazu *Claes*, The National Courts' Mandate in the European Constitution, 2006, wo sie auch das *Simmenthal*-Mandat und das *Francovich*-Mandat zugunsten der Mitgliedstaaten näher darstellt (S. 69 ff. bzw. 279 ff.).

[1219] Dazu *Esser*, Vorverständnis und Methodenwahl in der Rechtsfindung: Rationalitätsgrundlagen richterlicher Entscheidungspraxis, 1975; bereits prägnant *Radbruch*, Einführung in die Rechtswissenschaft, 13. Aufl. (1980), S. 181: „Die Auslegung ist also das Ergebnis – ihres Ergebnisses".

[1220] *Conant*, JCMS – Annual Review 45 (2007), 45 (56 f.).

staatlichen Gerichte stärker in einen rechtsvergleichenden Fokus gelangen[1221].

Nicht nur das Vorlageverfahren mit seiner besonderen Integrationsaufgabe setzt die Funktionsfähigkeit der Justizsysteme und die Effizienz der Zivilrechtspflege voraus[1222]. Sie sind umso erforderlicher für die auf der mitgliedstaatlichen Ebene verbleibenden Verfahren[1223]. Der Zivilrichter vollzieht das Unionsrecht teils unmittelbar[1224], so z.B. im Fall des direkt anwendbaren Primärrechts, der EuGVO sowie anderer Verordnungen. Bei der richtlinienkonformen Auslegung des umzusetzenden Richtlinienrechts (etwa im Zuge der Schuldrechtsmodernisierung)[1225] handelt es sich dagegen um mittelbaren Vollzug. Bei dieser Vollzugsart ist es essentiell, inwieweit die Mitgliedstaaten ihrer Pflicht nachkommen, nationales Vertragsrecht tatsächlich richtlinienkonform auszulegen und effektiven Rechtsschutz für Unionsrechtspositionen zu gewähren.

Nationale Gerichte verfügen über die „Erst- und die Regelzuständigkeit für die Auslegung des Unionsrechts"[1226]. Aus diesem Grund sind die mitgliedstaatlichen Richter im angedeuteten Sinne Bestandteil einer föderalfunktional erweiterten Unionsgerichtsbarkeit. Sie sind *juges communautaires de droit commun*[1227] bzw. „ordentliche Unionsgerichte"[1228] mit funk-

---

[1221] S. beispielsweise für einen Vergleich der Rechtsprechung zur Vermutung der Mangelhaftigkeit beim Verbrauchsgüterkauf *Rühl*, RabelsZ 72 (2009), 912 ff.; s. ferner zur Beeinflussung von EU-Privatrecht und nationalem Recht sowie zur Rechtsvergleichung *Johnston*, in: *Remien* (Hrsg.), Schuldrechtsmodernisierung und europäisches Vertragsrecht, 2008, S. 235 ff.

[1222] *Gundel*, EWS 2004, 8 (12) m. w. Nachw.

[1223] S. zur Bedeutung der nationalen Gerichte auch Art. 274 AEUV (ex-Art. 240 EG), wonach die mitgliedstaatlichen Gerichte dem Einzelnen Rechtsschutz in „Streitsachen [bieten], bei denen die Union Partei ist", wenn dem EU-Gerichtshof hierfür keine Zuständigkeit durch das Unionsrecht eingeräumt ist.

[1224] Und zugleich indirekt, denn der direkte Vollzug des Unionsrechts erfolgt durch die Unionsorgane selbst. Zur Unterscheidung der Vollzugsarten *Pechstein*, Rdnr. 33; ihm folgend *Lindner*, JuS 2008, 1; s. auch *Niedermühlbichler*, Verfahren vor dem EuG und EuGH – Gerichtsorganisation, Zuständigkeit, Verfahrensarten, 1998, Rdnr. 40 ff.

[1225] Sie nutzte die Umsetzung der Richtlinien zum Verbrauchsgüterkauf, zum Zahlungsverzug und zum elektronischen Geschäftsverkehr als Anlass zu einer weitgehenden Überarbeitung des Schuld- und Verjährungsrechts.

[1226] *v. Danwitz*, ZEuP 2010, 463 (466); s. auch *Hess*, § 11, Rdnr. 1 ff.

[1227] Schlussanträge Generalanwalt *Léger* zu EuGH, Rs. C-224/01, Rdnr. 66 – *Köbler/Österreich* (deutsche Sprachfassung: „ordentliche Gemeinschaftsgerichte"); EuG, Rs. T-51/89, Slg. 1990, II-309, Rdnr. 42 – *Tetra Pak Rausing SA/Kommission* (in französischer Fassung: „le juge national agit en qualité de juge communautaire de droit commun"; auf Deutsch dagegen: „Das nationale Gericht handelt [...] als Gericht, das normalerweise für die Anwendung des Gemeinschaftsrechts zuständig ist"). S. auch *Kraus*, EuR-Beih 3/2008, 109 (112 f.). Vgl. zur zentralen und dezentralen Durchsetzung des Unionsrechts

tional eigenständiger Integrationsverantwortung[1229]. Erwähnt wurde dies bereits im 1. Teil § 2 III bei der Beschreibung der Europäischen Gerichtsbarkeit als Gesamtgerichtskorpus von nationalen und EU-Gerichten. Diese Europäische Gerichtsbarkeit im weiteren Sinne ist ein Netzwerk aus horizontalen und vertikalen Regeln und Institutionen, die kooperativ das EU-Recht fortschreiben.

Dies gilt in besonderem Maße für die höheren nationalen Gerichte. Sie machen den unteren Gerichten mehr oder minder Vorgaben und können darum auch die Akzeptanz des EU-Rechts steigern oder verringern. Umgekehrt kann gerade ihre Rechtsprechung dem EU-Gerichtshof eine Grundlage für die Meinungsbildung[1230] und die Einschätzung der zu erwartenden Akzeptanz der Entscheidungen bieten[1231]. Zudem sind die nationalen Richter eher als der EU-Gerichtshof geeignet, die groben und integrationsfokussierten unionsrechtlichen Vorgaben in den kleinteiligen Kontext des nationalen Zivilrechts zu integrieren (Einbettungsfunktion)[1232]. Als fünfte der in diesem 2. Teil beschriebenen Herausforderungen muss darum eine über die unionsinstitutionelle EU-Gerichtsbarkeit hinausgehende, funktionale europäische Gerichtsbarkeit im Sinne eines Rechtsprechungsverbunds[1233] Beachtung finden.

Hilfreich sind dazu die Worte des Generalanwalts *Léger* in seinen Schlussanträgen zu *Köbler*: „Die mit der Anwendung des Rechts einschließlich des Gemeinschaftsrechts betrauten nationalen Gerichte stellen einen unabdingbaren Bestandteil der Gemeinschaftsrechtsordnung dar. An der ‚Schnittstelle‘ mehrerer Rechtssysteme leisten sie einen wichtigen Beitrag zur wirksamen Anwendung des Gemeinschaftsrechts und letztlich zur Weiterentwicklung des europäischen Integrationsprozesses."[1234] Die nationalen Gerichte sind aufgrund der Rechtsprechung des EuGH[1235] und

---

Dougan, National Remedies Before the Court of Justice – Issues of Harmonisation and Differentiation, 2004, S. 1 ff.

[1228] Gutachten 1/09, GRUR Int. 2011, 309, Rdnr. 80 (im Zusammenhang mit der Patentgerichtsbarkeit).

[1229] *Basedow*, Nationale Justiz und Europäisches Privatrecht, S. 6 ff.; *Hommelhoff*, in: 50 Jahre Bundesgerichtshof – Festgabe aus der Wissenschaft, Bd. II, 2000, S. 889 ff.; s. allgemein *Claes*, S. 651 ff.

[1230] Zur Bedeutung der Rechtsvergleichung in der Rechtsprechung Europas *Rösler*, JuS 1999, 1084 (1088) m. w. Nachw.

[1231] Vgl. *Everling*, RabelsZ 50 (1986), 193 (208).

[1232] Vgl. *Scheltema*, in: *Muller/Loth* (Hrsg.), Highest Courts and the Internationalisation of Law – Challenges and Changes, 2009, S. 185 (192).

[1233] Etwa *Lindner*, JuS 2008, 1.

[1234] Schlussanträge Generalanwalt *Léger* zu EuGH, Rs. C-224/01, Rdnr. 53 – *Köbler/Österreich*.

[1235] EuGH, Rs. C-432/05, Slg. 2007, I-2271, Rdnr. 43 – *Unibet*; zuvor bereits Rs. 33/76, Slg. 1976, 1989 – *Rewe*; Rs. 45/76, Slg. 1976, 2043 – *Comet*.

nach ex-Art. 10 I EG und nun – klarer gefasst – nach Art. 4 III EUV verpflichtet, das europäische Recht auf effektive Weise[1236] anzuwenden, das nationale Recht gegebenenfalls europarechtskonform auszulegen[1237] sowie effektive Rechtsmittel für das europäische Recht vorzusehen.

3. Verfahrensautonomie, Gleichwertigkeit und Effektivität

Seit dem Vertrag von Lissabon schreibt Art. 19 I UAbs. 2 EUV zudem erstmals primärrechtlich vor: „Die Mitgliedstaaten schaffen die erforderlichen Rechtsbehelfe [auf Englisch: *remedies* und auf Französisch: *voies de recours*], damit ein wirksamer Rechtsschutz in den vom Unionsrecht erfassten Bereichen gewährleistet ist." Primärrechtlich dient dies als funktioneller Ersatz für die in den Verträgen nicht erwähnten Direktwirkungs- und Vorrangdoktrinen[1238]. Zugleich wurde die Effektivitätsrechtsprechung des EuGH festgeschrieben, die zunehmend bei der Anwendung des EU-Rechts auch Anforderungen an das nationale Prozessrecht stellt.

Der entsprechende Grundsatz der Gleichwertigkeit bzw. Nichtdiskriminierung – den der U.S. Supreme Court ebenfalls entwickelt hat[1239] – wurde dagegen nicht im Vertrag niedergelegt[1240]. Der EuGH hat in *Unibet* beide prozessrechtlichen Grundsätze wie folgt zusammengefasst: Es „dürfen die Verfahrensmodalitäten für Klagen, die den Schutz der den Einzelnen aus dem Gemeinschaftsrecht erwachsenden Rechte gewährleisten sollen, nicht weniger günstig ausgestaltet sein als die für entsprechende innerstaatliche Klagen (Grundsatz der Gleichwertigkeit) und die Ausübung der durch die Gemeinschaftsrechtsordnung verliehenen Rechte nicht praktisch unmöglich machen oder übermäßig erschweren (Grundsatz der Effektivität)."[1241]

[1236] Zum *effet utile* EuGH, Rs. 106/77, Slg. 1978, 629, Rdnr. 24 – *Simmenthal II*; Rs. C-213/89, Slg. 1990, I-2433, Rdnr. 19 – *Factortame*; Rs. C-222/96, Slg. 2001, I-277, Rdnr. 18 – *Siples*; Rs. C-453/99, Slg. 2001, I-6927, Rdnr. 25 – *Courage und Crehan*; Rs. C-379/04, Slg. 2005, I-8723, Rdnr. 14 – *Dahm*; s. aus der Literatur *Heinze*, EuR 2008, 654 (656 ff.).

[1237] Vgl. zur Auslegung des EU-Privatrechts *Rösler*, in: *Basedow/Hopt/Zimmermann*, S. 122 ff.; anhand von EuGH-Entscheidungen im Verbraucherprivatrecht *Rösler*, RabelsZ 71 (2007), 495 ff.

[1238] *Ward*, Individual Rights and Private Party Judicial Review in the EU, 2. Aufl. (2007), S. 342 f.

[1239] *Testa v. Katt*, 330 U.S. 386 (394) (1947); näher zu Rechtslage *Halberstam*, RabelsZ 66 (2002), 216 (231 ff.).

[1240] Dazu, dass dies wünschenswert wäre *Ward*, S. 342.

[1241] EuGH, Rs. C-432/05, Slg. 2007, I-2271, Rdnr. 43 – *Unibet*; ständige Rechtsprechung: Rs. 33/76, Slg. 1976, 1989, Rdnr. 5 – *Rewe*; Rs. 45/76, Slg. 1976, 2043, Rdnr. 13 ff. – *Comet*; Rs. C-213/89, Slg. 1990, I-4599, Rdnr. 12 – *Peterbroeck*; Rs. C-120/97, Slg. 1999, I-223, Rdnr. 32 – *Upjohn*; Rs. C-453/99, Slg. 2001, I-6297, Rdnr. 29 – *Courage und Crehan*; Rs. C-467/01, Slg. 2003, I-6471, Rdnr. 62 – *Eribrand*; Rs. C-13/01, Slg. 2003, I-8679, Rdnr. 49 – *Safalero*.

Mit dem Grundsatz der Verfahrensautonomie[1242] respektiert der EuGH die Eigenständigkeit des innerstaatlichen Zivilprozess- und Justizrechts bei der Durchsetzung des Unionsrechts: Im Fall der Beachtung des Effektivitätsgebots und des Äquivalenzgebots (früher eher als Diskriminierungsverbot bezeichnet) können die EU-Mitgliedstaaten grundsätzlich die Gerichtszweige, Rechtszüge und die zur Entscheidung berufenen Gerichte selbst festlegen und die nähere verfahrensrechtliche Ausgestaltung des Rechtsschutzes eigenständig vornehmen[1243]. Im Ergebnis geht der EuGH zwar von einem klaren Vorrang des Unionsrechts aus[1244], der aber in bewusst respektierten Grenzen[1245] Änderungen des nationalen Zivilprozess- und Haftungsrechts erforderlich macht[1246]. Der Begriff von der Verfahrensautonomie ist daher heute gelegentlich schon irreführend[1247].

4. Beachtung der Rechtsprechung des EU-Gerichtshofs

Die konkrete Befolgungsrate von EuGH-Entscheidungen durch die vorlegenden Gerichte ist sehr hoch, was eine empirische Untersuchung mit 300 Fällen belegt[1248]. Eine andere Frage ist freilich, ob den Entscheidungen der Europäischen Gerichtsbarkeit auch außerhalb konkreter Vorlagen gefolgt wird. Hier fehlen zwar aktuelle empirische, geschweige denn flächendeckende Untersuchungen, aber die wenigen vorgelegten Untersuchungen stellen eindeutige Abweichungen fest[1249]. Eine der Ursachen dafür

---

[1242] Als überkommen stuft ihn *Hess*, § 3, Rdnr. 44 ein; auch *ders.*, § 11, Rdnr. 27 in Fußn. 124; zum gleichwertigen und effektiven Schutz des Unionsrechts *Gundel*, EWS 2004, 8 (14 f.).

[1243] S. *Hess*, § 11, Rdnr. 4 ff.; *Heinze*, JZ 2011, 709; *Huber*, in: *Merten/Papier*, § 172, Rdnr. 13 f.; s. für einen Verweis auf das nationale Recht EuGH, verb. Rs. C-295/04 bis C-298/04, Slg. 2006, I-6619 – *Manfredi*; w. Nachw. unten Fußn. 1241.

[1244] Vgl. *Gundel*, EWS 2004, 8 (14).

[1245] S. *Hess*, § 11, Rdnr. 10, 50: Der EuGH lege einen „bemerkenswerten Respekt" für die Eigenheiten des nationalen Zivilprozessrechts an den Tag und nimmt dafür die nicht völlig einheitliche Geltung des EU-Rechts in Kauf. Auch *Heiderhoff*, ZEuP 2001, 276 (283 ff.).

[1246] S. EuGH, Rs. C-173/03, Slg. 2006, I-5177 – *Traghetti del Mediterraneo/Italien*, wonach nationale Haftungsbeschränkungen für judikatives Unrecht nicht anwendbar sind, wenn sie bei Erfüllung der unionsrechtlichen Haftungsvoraussetzungen einschränkende Wirkung haben. Oben Fußn. 374.

[1247] *Haapaniemi*, in: *Ervo/Gräns/Jokela*, Europeanization of Procedural Law and the New Challenges to Fair Trial, 2009, S. 87 (118); *Hess* oben in Fußn. 1242.

[1248] *Nyikos*, European Union Politics 4 (2003), 397 (410): von den untersuchten 300 Verfahren wurden nur in zwei Fällen die Vorgaben nicht umgesetzt. Ein „Ausweichen" des Gerichts geschah in sechs Fällen durch Neuinterpretation und in drei Fällen durch erneute Vorlage. S. weiter oben Fußn. 669.

[1249] S. die Nachw. für drei Studien bei *Stone Sweet*, Living Reviews in European Governance 2010, 32.

liegt auf der Hand: Die Flut an Urteilen, die sich für den einzelnen Nationalrichter als nur begrenzt nachvollziehbar darstellen. Dies gilt umso mehr als die Argumentationsweise der Entscheidungen regelmäßig mit derjenigen der Nationalrichter kaum übereinstimmen wird.

Bei genauer Sicht gibt es mindestens zwei Arten von Dialogen zwischen den Ebenen und Rechtsordnungen. Während das Vorlageverfahren einen direkten Austausch auf Grundlage von Kooperation anbietet und teils auch abverlangt, findet der indirekte Dialog[1250] durch Berücksichtigung der allgemeinen Rechtsprechung des Gerichtshofs statt[1251]. Auch wenn der indirekte Dialog weniger ausgeprägt ist, geht mit ihm die Schaffung eines neuen *ius commune* einher[1252]. Was nun den Harmonisierungsvorgang durch Rechtsprechung des EU-Gerichtshofs anbelangt, so kommen die Grenzen bei der Qualität und der Kapazität in den Blick: Die mitgliedstaatlichen Gerichte müssen – als Prozess der Verinnerlichung des EU-Rechts – die Anwendbarkeit des EU-Rechts erkennen und die richtige Anwendung vollziehen können[1253]. Die Fülle der EuGH-Entscheidungen (und ihr nicht selten kryptischer Stil) erschwert dem nationalen Richter die verantwortungsvolle Wahrnehmung dieser Vollzugsaufgabe.

Anstatt einer notwendigen Internalisierung insbesondere der judikativen Beiträge zum *acquis* zitieren und werten die mitgliedstaatlichen Gerichte vielfach nur das geschriebene EU-Recht in Form von Richtlinien und Verordnungen aus. Ausgeblendet bleibt also das – systemisch gelegentlich sperrige – „Fallrecht" des EU-Gerichtshofs[1254]. Auch wenn die jährlichen Berichte der Kommission über die Kontrolle der Anwendung des EU-Rechts[1255] ein gewisses Monitoring übernehmen, vermögen sie die nationalen Gerichte wegen der Überzahl an Verfahren nur gegrenzt mit Blick auf etwaige Beharrungskräfte zu analysieren[1256]. Zudem nehmen die

---

[1250] Nicht nur in Bezug auf die Mitgliedstaaten, sondern auch – in alle Richtungen – zwischen EuGH, EGMR und EFTA-Gerichtshof; zu Beispielen s. *Timmermans*, CML Rev. 41 (2004), 393 (399 f.); bezüglich der Grenzen der Parallelität beim EFTA-Gerichtshof („creative homogeneity") *Timmermans*, in: Liber amicorum in Honour of Norberg, 2006, S. 471 ff.

[1251] Zu dieser Unterscheidung *Timmermans*, CML Rev. 41 (2004), 393 (397, 399).

[1252] S. etwa *van Gerven*, CML Rev. 32 (1995), 679 ff.

[1253] *Prechal*, YEL 25 (2006), 429 (432 ff.) m. w. Nachw.

[1254] *Conant*, S. 81 hat die Zitierung von Fallrecht durch französische, deutsche und britische Gerichte untersucht und kam zu dem oben wiedergegebenen Schluss (mit der Ausnahme der französischen Gerichte bezüglich des Sekundärrechts).

[1255] Zuletzt 28. Jahresbericht über die Kontrolle der Anwendung des EU-Rechts 2010, KOM(2011) 588 endg.

[1256] Zu beachten sind auch Berichte über die Anwendung des Unionsrechts in verschiedenen Mitgliedstaaten; so z.B. im CML Rev. Ausweislich der Homepage des EU-Gerichtshofs wurden die jährlichen Berichte über die „Application of Community law by national courts: a survey" 2008 eingestellt. Der EGMR betreibt dagegen ein Monitoring

Unionsorgane eine gewisse Flexibilität offenbar hin. Die Bedeutung liegt in Folgendem: Die nationalen Gerichte weisen mit ihrem Anwendungsmonopol die Funktion einer „Vetomacht" auf[1257], welche die Durchführung und Effizienz des Europarechts verhindern können[1258]. Dieser Umstand ist umso gravierender, als die nationale Gerichtsbarkeit eine zentrale Rolle inne hat, um die im Unionsrecht verbürgten Rechte zu schützen und zu verwirklichen[1259]. Deshalb ist es so bedeutsam, dass sie die besagten Grundsätze von Gleichwertigkeit und Effektivität einhalten[1260].

Interessanterweise variiert die Zitierpraxis der mitgliedstaatlichen Gerichte. Die Besonderheiten des englischen Rechts wurden bereits angesprochen. Daran anknüpfend ist eine vergleichende Studie über die Zitierweisen des BGH und des Court of Appeal of England and Wales interessant. Sie kommt zu folgendem Ergebnis: Der Court of Appeal zitiert nicht nur den EGMR (den sogar in auffällig hohem Maße)[1261], sondern auch den EuGH häufiger, als der BGH es handhabt[1262]. Dem lässt sich aber nicht einfach die These entnehmen, die englische Richterschaft sei –

---

zur praktischen Umsetzung seiner Entscheidungen; zuletzt *Council of Europe, Committee of Ministers*, Supervision of the execution of judgments of the European Court of Human Rights, Annual Report, 2009, 2010.

[1257] Vgl. dazu *Chalmers*, M.L.R. 60 (1997), 164 (180); *Maduro*, EuR 2007, 3 (21); grundsätzlich zur Vetospieler-Theorie *Tsebelis*, Veto Players: How Political Institutions Work, 2002.

[1258] *Maduro*, EuR 2007, 3 (16 f.).

[1259] Das hat der EuGH nochmals in EuGH, Rs. C-224/01, Slg. 2003, I-10239, Rdnr. 33 – *Köbler* zum judikativen Unrecht unterstrichen: „In Anbetracht der entscheidenden Rolle, die die Judikative beim Schutz der dem Einzelnen aufgrund gemeinschaftsrechtlicher Bestimmungen zustehenden Rechte spielt, wäre die volle Wirksamkeit dieser Bestimmungen beeinträchtigt und der Schutz der durch sie begründeten Rechte gemindert, wenn der Einzelne unter bestimmten Voraussetzungen dann keine Entschädigung erlangen könnte, wenn seine Rechte durch einen Verstoß gegen das Gemeinschaftsrecht verletzt werden, der einer Entscheidung eines letztinstanzlichen Gerichts eines Mitgliedstaats zuzurechnen ist." Die darin enthaltenen staatshaftungsrechtlichen Grundsätze fortschreibend EuGH, Rs. C-173/03, Slg. 2006, I-5177 – *Traghetti del Mediterraneo*.

[1260] Vgl. zur Anwendung der Grundsätze der Gleichwertigkeit und Effektivität im Wettbewerbsrecht s. *Gumming/Spitz/Janal*, Civil Procedure Used for Enforcement or EC Competition Law by the English, French and German Civil Courts, 2007, S. 2 ff.; zur Debatte um Umsetzungsdefizite *Dougan*, S. 171 ff.; kritisch *Jarvis*, The Application of EC Law by National Courts – The Free Movement of Goods, 1998.

[1261] Vgl. zum Einfluss des im Jahr 2000 in Kraft getretenen Human Rights Act 2008 auf das House of Lords (nun Supreme Court, der vermehrt Funktionen eines Verfassungsgerichts übernimmt) *Shah/Poole*, Public Law 2009, 347 ff.

[1262] *Siems*, King's Law Journal 21 (2010), 152 (160 f.), wonach der Durchschnitt seit 1977 (als der EuGH das erste Mal im Vereinigten Königreich zitiert wurde) beim CA 3,91 % beträgt, wohingegen der BGH den EuGH nur in 2,41 % seiner Urteile zitiert (dort Fußn. 40).

zudem gewöhnt an Präjudizien – europafreundlicher als ihre Kollegen aus Deutschland.

Ein Grund für die Unterschiede liegt in den Zuständigkeiten. Zwar entscheiden beide Gerichte über Vertrags-, Delikts-, Sachen- und Strafrecht. Aber im Unterschied zum BGH widmet sich der Court of Appeal auch den stark harmonisierten Bereichen des Arbeits- und Steuerrechts[1263]. Immerhin kann man dem Befund entnehmen, dass die „Lords Justices of Appeal" den EuGH offenbar nicht auffällig anders wahrnehmen. Allerdings lässt sich bei der Richterschaft des Vereinigten Königreichs die dargestellte Tendenz feststellen, die Fälle selbst unter Beachtung der unionsrechtlichen Vorgaben zu entscheiden[1264].

5. Grenzüberschreitende Verfahren

Dem Sprachrisiko[1265] und weiteren rechtlichen und tatsächlichen Hürden für die Binnenmarktteilnehmer und Unionsbürger tritt nachgelagert die Schwierigkeit der Rechtsverfolgung hinzu. Bei grenzüberschreitenden Sachverhalten kann sie besonders gravierend werden. Vor allem hohe Kosten[1266], komplizierte Gerichtsstrukturen, Besonderheiten bei der Prozessführung und Ineffizienzen beim Prozessrecht können den Zugang zum Recht in den Mitgliedstaaten beschränken und die Verwirklichung von Rechtspositionen beeinflussen. Dies betrifft zwei klar zu unterscheidende Rechtsmassen: Zum einen geht es um die gerichtliche Durchsetzung speziell des EU-Rechts; zum anderen im Bereich des nicht europäisierten Rechts um die Rechtsverwirklichung des – durch das IPR zu ermittelnden – nationalen Privatrechts. Des letzten Problemkreises, der an dieser Stelle nur kurz behandelt wird[1267], nimmt sich die justizielle Zusammenarbeit in Zivilsachen mit grenzüberschreitenden Bezügen im Sinne des Art. 81 II c) AEUV (ex-Art. 65 EG) an[1268].

[1263] *Siems*, King's Law Journal 21 (2010), 152 (161).

[1264] Oben § 4 III 4 b) bb).

[1265] Dazu umfassend *Kling*, Sprachrisiken im Privatrechtsverkehr – Die wertende Verteilung sprachenbedingter Verständnisrisiken im Vertragsrecht, 2008: er behandelt (neben der Zuweisung des Sprachrisikos im deutschen Privatrecht und v.a. den AGB-rechtlichen Aspekten) auch die EU-Fragen auf S. 14 ff., die kollisionsrechtlichen Vorfragen auf S. 93 ff. sowie das IZVR auf S. 612 ff.

[1266] Zur Frage einer Gebührenordnung für Rechtsanwälte und zur Befugnis von Rechtsanwälten, davon durch Vereinbarung abzuweichen EuGH, verb. Rs. C-94/04 und C-202/04, Slg. 2006, I-11421 – *Cipolla/Fazari* u.a.; dazu unter dem Blickwinkel des Rechtszugangs *Illmer*, C.J.Q. 26 (2007), 301 ff.

[1267] Näher noch 4. Teil § 3.

[1268] *Basedow*, CML Rev. 37 (2000), 687 ff.; *Hess*, NJW 2000, 23 ff.; zum vorherigen Stand des Primärrechts *Müller-Graff*, CML Rev. 31 (1994), 493 ff.

Europarechtlich wird bei der zweiten Rechtsmasse die Frage relevant, ob die Rechtsverfolgungshürden im europäischen Ausland auch die Grundfreiheiten und den europäischen Binnenmarkt als Raum ohne Grenzen beeinträchtigen können. Das ist nur in Fällen der besonderen Erschwernis bei der Rechtsverfolgung zu bejahen[1269]. Dies gilt auch, wenn es um die Durchsetzung des nationalen (also nicht des speziell europarechtlichen) Rechts vor mitgliedstaatlichen Auslandsgerichten geht. Zwar wurde das Zivilprozessrecht zunächst nur als Rechtsgebiet ohne große Relevanz für das Wirtschaftsleben im gemeinsamen Markt eingestuft, soweit ein gewisser rechtsstaatlicher, auch von Art. 6 EMRK vorgegebener Grundstandard erfüllt wird[1270].

Aber im Zuge sowohl zunehmender Verschränkung der Wirtschafts- und Rechtsbeziehungen als auch angesichts der Erkenntnisse der (nationalrechtlich orientierten) Forschung und des Topos „Zugang zum Recht"[1271] rückte die Korrelation von Prozessrecht und materiellem Recht ins Bewusstsein. Überlange, schwierige und kostspielige Auslandsprozesse zur Durchsetzung eigener materieller Rechte behindern die Austauschbeziehungen und Geschäftstätigkeit in anderen Mitgliedstaaten[1272].

[1269] *Wolf*, in: *Grunsky/Stürner/Walter/Wolf*, S. 35 ff.; *Heinze*, Einstweiliger Rechtsschutz im europäischen Immaterialgüterrecht, 2007, S. 374 führt zustimmend und mit umfassenden Nachweisen in Fußn. 781 aus, der EuGH lehne hier regelmäßig eine Beeinträchtigung der Grundfreiheiten ab, da das Prozessrecht den grenzüberschreitenden Handel nur ungewiss und mittelbar beeinträchtige. Eingehender m. w. Nachw. 4. Teil § 3 II.

[1270] *Wolf*, in: *Grunsky/Stürner/Walter/Wolf*, S. 35.

[1271] Ein Teil des Kolloquiums „Der Schutz des Schwächeren im Recht" widmete sich anlässlich des fünfzigjährigen Bestehens des Max-Planck-Instituts für ausländisches und internationales Privatrecht vom 7. bis 9.7.1976 dem „Zugang zum Recht" (RabelsZ 40 (1976), 669 ff.); insbesondere *Cappelletti* (with the collaboration of *Garth/Trocker*), Access to Justice – Comparative General Report, RabelsZ 40 (1976), 669 ff.; s. aus dem von *Cappelletti* geführten „Florence Access-to-justice Project" *Cappelletti/Garth/Weisner/Koch* (Hrsg.), Access to Justice, Bd. I-IV, 1978–1979; zuvor *Cappelletti/Gordley/Johnson*, Toward Equal Justice: A Comparative Study of Legal Aid in Modern Societies – Text and Materials, 1975. Vgl. heute zur Materialisierung des Prozessrechts *Wagner*, ZEuP 2008, 6 (13 ff.); *Messer*, in: Festschr. f. 50 Jahre Bundesgerichtshof, 2000, S. 67; *Francioni* (Hrsg.), Access to Justice as a Human Right, 2007; *Uzelac/van Rhee* (Hrsg.), Access to Justice and the Judiciary – Towards New European Standards of Affordability, Quality and Efficiency of Civil Adjudication, 2009. S. weiter zum Stichwort Ombudsman *Basedow*, in: Scandinavian Studies in Law 50 (2007), S. 49 ff.; *Sperr*, in: *Basedow/Hopt/Zimmermann* (Hrsg.), Handwörterbuch des Europäischen Privatrechts, Bd. II, 2009, S. 1121 ff.

[1272] *Wolf*, in: *Grunsky/Stürner/Walter/Wolf*, S. 35 f.

II. Anforderungen an den effektiven Individualrechtsschutz

Die bereits erwähnten Justiz- und Verfahrensgewährleistungen des Unions-rechts sind größtenteils aus der EMRK entwickelt. Die Bedeutung dieser Menschenrechte zeigt sich auch in der EGMR-Rechtsprechung. Die Statis-tik aus Anlass des fünfzigjährigen Bestehens des EGMR führt zu den von 1959 bis 2009 betroffenen Sachmaterien auf: die Länge von Gerichts-verfahren mit 26,37 %, das Recht auf ein faires Verfahren mit 21,10 % (beide nach Art. 6 EMRK) und das Recht auf eine wirksame Beschwerde nach Art. 13 EMRK mit 7,81 % aller Verfahren[1273]. Hier sollen nicht das Völkerrecht[1274] und das nationale Verfassungsrecht zum Verfahrensrecht[1275], sondern die EU-Vorgaben zur Gewährung effektiven Rechtsschutzes inte-ressieren[1276].

Dazu zählt – eng verwoben mit der Gerichtsdefinition selbst[1277] – vor allem (1.) der Zugang zum Gericht[1278], (2.) die Unabhängigkeit und Unpar-

---

[1273] *The European Court of Human Rights*, 50 Years of Activity – The European Court of Human Rights – Some Facts and Figures, 2010, S. 6. (Die Zahlen wurden bereits oben bei Fußnotenzeichen 516 erwähnt.) Die Gesamtzahl der Verstöße gegen die EMRK entfielen von 1959 bis 2009 auf die Türkei (18,81 %), trotz einer viel geringeren Bevölkerungszahl als der Türkei gefolgt von Italien (16,57 %), dann Russland (7,07 %), Frankreich (6,34 %) und Polen (6,29 %); aaO, S. 5. Zur Bedeutung der EMRK für die Reform der französischen Rechtsordnung und insbesondere zu den Einflüssen der EGMR-Rechtsprechung zum „fair trial" (Art. 6 EMRK) auf das französische Recht *Lasser*, Judicial Transformations – The Rights Revolution in the Courts of Europe, 2009, S. 90 ff.

[1274] Vgl. zum vielfältigen Einfluss der EMRK auf das Zivilrecht kürzlich *Rebhahn*, AcP 210 (2010), 489 (498 ff.), der auf S. 530 ff. das Potenzial einer Unterstützung des Binnenmarktes durch die EMRK-Vorgaben unterstreicht.

[1275] So garantiert Art. 19 IV GG nach BVerfGE 35, 263 (274) „nicht nur das formelle Recht und die theoretische Möglichkeit, die Gerichte anzurufen, sondern auch die Effektivität des Rechtsschutzes; der Bürger hat einen substanziellen Anspruch auf eine tatsächlich wirksame gerichtliche Kontrolle". Zu Art. 19 IV GG und Unionsrecht *Dörr*, S. 40 ff. Vgl. zum zivilprozessualen Justizgewährungsanspruch (auch im Zusammenhang mit Art. 6 EMRK) *Roth*, in: *Stein/Jonas*, vor § 253, Rdnr. 120 ff.

[1276] Es handelt sich um einen allgemeinen Rechtsgrundsatz, aber u. U. auch um ein subjektives Recht, bestätigt in EuGH, Rs. 222/84, Slg. 1986, 1651 – *Johnston/Chief Constable of the Royal Ulster Constabulary*; *Schwarze*, Europäisches Wirtschaftsrecht – Grundlagen, Gestaltungsformen, Grenzen, 2007, Rdnr. 590.

[1277] Der Gerichtsbegriff ist nach EuGH, Rs. C-506/04, Slg. 2006, I-8613, Rdnr. 48 – *Graham J. Wilson/Ordre des avocats du barreau de Luxembourg* vom EuGH in ständiger Rechtsprechung mittels „einer bestimmten Anzahl von Kriterien umschrieben worden, die die betreffende Stelle erfüllen muss, wie ihre gesetzliche Grundlage, ihre Dauer-haftigkeit, die obligatorische Gerichtsbarkeit, das streitige Verfahren und die Anwendung von Rechtsnormen" (der EuGH verweist auf Rs. 61/65, Slg. 1966, 584 [602] – *Vaassen-Göbbels/Beambtenfonds voor het Mijnbedrijf*; Rs. C-54/96, Slg. 1997, I-4961, Rdnr. 23 – *Dorsch Consult Ingenieursgesellschaft/Bundesbaugesellschaft Berlin*) sowie die „Unab-hängigkeit und Unparteilichkeit" (der Gerichtshof bezieht sich auf Rs. 14/86, Slg. 1987,

teilichkeit des gesetzlichen Richters[1279], (3.) der Anspruch auf rechtliches Gehör und (4.) das Recht auf Entscheidung innerhalb angemessener Frist[1280]. Die vom EuGH aus Art. 4 III EUV (ex-Art. 10 EG) entwickelten und bereits oben erwähnten[1281] Grundsätze der Gleichwertigkeit und Effektivität bei der nationalstaatlichen Verwirklichung des Unionsrechts ergänzen und verstärken diese Grundrechte[1282].

Der (ungeschriebene) Grundsatz des effektiven Rechtsschutzes ist spätestens seit dem 1986 ergangenen Urteil *Les Verts* anerkannt[1283]. Nach der Rechtsprechung des EuGH bindet er nicht nur die Union, sondern auch die Mitgliedstaaten mitsamt ihrer Gerichtsbarkeit. Der EuGH stützt dieses von ihm entwickelte Individualrecht zum einen auf „allgemeine Rechts-

---

2545, Rdnr. 7 – *Pretore di Salò/X*; Rs. 338/85, Slg. 1988, 2041, Rdnr. 9 – *Pardini*; Rs. C-17/00, Slg. 2001, I-9445, Rdnr. 17 – *De Coster*).

[1278] Dies hat der EuGH bereits in seiner frühen Rechtsprechung anerkannt: EuGH, verb. Rs. 7/56 und 3-7/57, Slg. 1957, 83 (118) – *Algera/Gemeinsame Versammlung der EGKS*. Spätestens seit der *Algera*-Entscheidung beansprucht der EuGH unverholen seine Kompetenz zur richterlichen Rechtsfortbildung; *Hatje*, DRiZ 2006, 161 (163).

[1279] In der EuGH-Rechtsprechung hat die Garantie des gesetzlichen Richters (Art. 6 EMRK [vgl. zur Geltung als allgemeiner Rechtsgrundsatz Art. 6 III EUV]; Art. 47 II S. 1 GRCh) bislang keine Rolle gespielt; *Gundel*, EuR-Beih 3/2008, 23 (32). Für die interne Geschäftsverteilung durch den Gerichtshof ist das Recht auf den gesetzlichen Richter nach EuGH, Rs. C-7/94, Slg. 2005, I-1031 – *Gaal* nicht maßgeblich. Das Fehlen abstrakter Zuweisungsregeln (s. unten Fußn. 1406) wird in Deutschland besonders stark kritisiert. S. zu den nationalen Hintergründen *Koch*, in: Festschr. f. Nakamura, 1996, S. 281 ff.; umfassend *Müßig*, Recht und Justizhoheit – Der gesetzliche Richter im historischen Vergleich von der Kanonistik bis zur Europäischen Menschenrechtskonvention, 2. Aufl. (2009): In England sei es 1689 in Überwindung des Stuart-Absolutismus v.a. um den Vorrang der „rule of law" gegangen; die französische Entwicklung sei geprägt von der Auseinandersetzung zwischen monarchischem Zentralismus und ständischen Selbstverwaltungsbefugnissen, was sich in den Garantien nach 1789 widerspiegele; in Deutschland wurden die frühkonstitutionellen Garantien i.S.e. „landesherrlichen Selbstverpflichtung" durch Forderungen des Liberalismus nach einem gerichtsverfassungsrechtlichen Gesetzesvorbehalt im 19. Jahrhundert abgelöst. Zur besonders strengen Handhabung nach Art. 101 I S. 1 GG *Langbroek/Fabri* (Hrsg.), The Right Judge for Each Case – A Study of Case Assignment and Impartiality in Six European Judiciaries, 2007. Zur „indépendance et impartialité" *Delicostopoulos*, Le procès civil à l'épreuve du droit processuel européen, 2003, S. 343 ff. Zur rechtsstaatlichen und demokratischen Komponente des Gesetzesvorbehalts *Rieckhoff*, Der Vorbehalt des Gesetzes im Europarecht, 2007, S. 23 ff.

[1280] Der rechtzeitige Rechtsschutz wurde schon oben thematisiert; s. Nachw. in Fußn. 521; auch mit Blick auf die Verfahrensdauer beim EuGH selbst *Ottaviano*, S. 6 ff.

[1281] Oben Fußn. 1241.

[1282] S. *Gundel*, in: *Ehlers*, § 20, Rdnr. 75.

[1283] EuGH, Rs. 294/83, Slg. 1986, 1339 – *Les Verts/Parlament*; *Kokott/Dervisopoulos/Henze*, EuGRZ 2008, 10 (15).

grundsätze"[1284], die sich aus den gemeinsamen Verfassungsüberlieferungen der Mitgliedstaaten ergeben. Zum anderen verweist der EuGH auf die in Art. 6 und 13 EMRK enthaltenen Rechte auf ein faires Verfahren und auf wirksame Beschwerde[1285]. Seit dem Vertrag von Lissabon ist – konkordant zur EMRK[1286] – Art. 47 GRCh mit dem Recht auf einen wirksamen Rechtsbehelf und ein unparteiisches Gericht zu beachten[1287]. Auf die justiziellen Rechte ist noch im nächsten Paragraphen zur besonderen Dynamik des EU-Rechts zurückzukommen.

Beim Schutz der aus dem Unionsrecht folgenden subjektiven Rechtsposition wirken Unionsrecht und nationales Prozessrecht zusammen. Hier besteht eine Rollenverteilung, die auch die Verfahrensautonomie der Mitgliedstaaten[1288] achtet: Grundsätzlich – d.h. in Ermangelung einer abweichenden unionsrechtlichen Regelung – ist es Aufgabe des Mitgliedstaates, das zuständige Gericht und die verfahrensrechtliche Ausgestaltung zu bestimmen[1289]. Die Grenze findet sich aber in den besagten Grundsätzen

---

[1284] Dazu umfassend *Metzger*, S. 325 ff., der dort auch die Entwicklungsphasen nachzeichnet; zu den unionalen Rechtsquellen der Rechtsschutzgarantie *Munding*, Das Grundrecht auf effektiven Rechtsschutz im Rechtssystem der Europäischen Union, 2010, S. 136 ff.; zu den Verteidigungsrechten *Tridimas*, The General Principles of EU Law, 2006, S. 370 ff.; zur Bedeutung der allgemeinen Rechtsgrundsätze bereits *Lecheler*, Der Europäische Gerichtshof und die allgemeinen Rechtsgrundsätze, 1971.

[1285] EuGH, Rs. C-424/99, Slg. 2001, I-9285, Rdnr. 45 – *Kommission/Österreich*; Rs. C-50/00 P, Slg. 2002, I-6677, Rdnr. 39 – *Unión de Pequeños Agricultores*; Rs. C-432/05, Slg. 2007, I-2271, Rdnr. 37 – *Unibet* m. w. Nachw.

[1286] S. Art. 52 III GRCh; dazu *Ziegenhorn*, Der Einfluss der EMRK im Recht der EU-Grundrechtecharta – Genuin chartarechtlicher Grundrechtsschutz gemäß Art. 52 Abs. 3 GRCh, 2009; der EuGH kann die EGMR-Rechtsprechung übernehmen und damit mit Vorrangwirkung gegenüber den Mitgliedstaaten durchsetzen; *Huber*, in: *Merten/Papier*, § 172, Rdnr. 98.

[1287] *Mayer*, in: *Grabitz/Hilf/Nettesheim* (Hrsg.), Das Recht der Europäischen Union, 41. Erg.-Lfg. (2010), nach Art. 6 EUV, Rdnr. 359 ff.; *Eser*, in: *Meyer* (Hrsg.), Charta der Grundrechte der Europäischen Union, 3. Aufl. (2011), Kapitel IV: Justizielle Rechte (Art. 47–50); *Alber*, in: *Tettinger/Stern* (Hrsg.), Kölner Gemeinschaftskommentar zur Europäischen Grundrechte-Charta, 2006, Art. 47 ff.; *Frenz*, Handbuch Europarecht, Bd. IV: Europäische Grundrechte, 2009, Rdnr. 4986 ff.; *Magiera*, in: *Merten/Papier* (Hrsg.), Handbuch der Grundrechte in Deutschland und Europa, Bd. VI/1: Europäische Grundrechte I, 2010, § 161, Rdnr. 67 ff.; s. auch *Classen*, JZ 2006, 157 ff. S. parallel zur EMRK s. *Peukert* bzw. *Frowein*, in: *Frowein/Peukert* (Hrsg.), Europäische Menschenrechtskonvention – EMRK-Kommentar, 3. Aufl. (2009), Art. 6 bzw. Art. 13; *Haase*, Die Anforderungen an ein faires Gerichtsverfahren auf europäischer Ebene, 2006; speziell zu EMRK und Zivilverfahren *Adolphsen*, in: *Renzikowski* (Hrsg.), Die EMRK im Privat-, Straf- und Öffentlichen Recht – Grundlagen einer europäischen Rechtskultur, 2004, S. 39 ff.; zum Privatrecht *Heinze*, in: *Basedow/Hopt/Zimmermann* (Hrsg.), Handwörterbuch des Europäischen Privatrechts, Bd. I, 2009, S. 573 ff.

[1288] Oben bei Fußnotenzeichen 1242.

[1289] EuGH, Rs. C-63/01, Slg. 2003, I-14447, Rdnr. 45 – *Evans*.

der Gleichwertigkeit und Effektivität. Die primärrechtlichen Grundlagen hat der EuGH mit seiner Rechtsprechung entsprechend dem Entwicklungsstand des Europarechts fortentwickelt. Anders als das Primärrecht stellt der EuGH den Rechtsschutz des Einzelnen und seiner subjektiven Rechte in den Mittelpunkt[1290]. Das Recht auf effektiven Rechtsschutz, das sich als Kristallisationspunkt eines gemeineuropäischen Rechtsstaatsverständnisses erweist[1291], kann aufgrund der Unterschiede beim Gerichtsaufbau, der Klagebefugnis, der Prozessführung, der Kontrollmaßstäbe und -dichte nur auf hinreichende rechtsstaatliche Grundanforderungen und funktionale Äquivalente hinwirken[1292].

Der Grundsatz des effektiven Individualrechtsschutzes hat folgende Einflüsse auf das Zivil- und Zivilverfahrensrecht[1293]: Betroffen sind etwa Rechtsbehelfe[1294], Beweisrecht, Kostenfragen, Vollstreckungsmaßnahmen, der einstweilige Rechtsschutz[1295] ebenso wie Schadensersatz- und Verjährungsfragen. Gute Beispiele für die Verknüpfung von Schutzbedürfnissen, wie es das Sekundärrecht für Verbraucher vorsieht, und den Grundsatz der Verfahrensautonomie der Mitgliedstaaten[1296] bieten die beiden klauselrechtlichen Entscheidungen *Mostaza Claro*[1297] und *Pannon*[1298]. Nach *Mostaza Claro* haben die mitgliedstaatlichen Gerichte eine Klauselkontrolle von Amts wegen vorzunehmen. Anders verhält es sich nach *Pannon*, wenn der Verbraucher trotz Hinweises des Gerichts die Missbräuchlichkeit einer Klausel nicht geltend macht. Gleichfalls muss das nationale Gericht eine völlige Untätigkeit des Verbrauchers nicht ausgleichen[1299]. Zu ver-

---

[1290] S. etwa *van Gerven*, CML Rev. 37 (2000), 501 ff.

[1291] Dazu *Sommermann*, in: Festschr. f. Merten, 2007, S. 443 (450 ff.); kurz *Mankowski*, JZ 2009, 321 (331); bereits oben Fußn. 245.

[1292] S. *Sommermann*, in: Festschr. f. Merten, 2007, S. 443 (459); weiter *Timmermans*, CML Rev. 41 (2004), 393 (394 f.).

[1293] *Kraus*, EuR-Beih 3/2008, 109 (118 ff.) macht vier Anforderungen an den Rechtsschutz aus: (1.) Rechtsschutzfreundlichkeit (Verhinderung von Rechtsschutzlücken), (2.) Rechtsschutzbeschleunigung (Gewährung einstweiligen Rechtsschutzes sowie Eilvorlageverfahren) (3.) Rechtsschutzeröffnung (Umformung rechtsschutzloser restriktiver Maßnahmen) sowie (4.) Rechtsschutzerweiterung.

[1294] Im Zusammenhang mit der privaten Kartellrechtsdurchsetzung: EuGH, Rs. C-453/99, Slg. 2001, I-6927 – *Courage/Crehan*; verb. Rs. C-295/04 bis C-298/04, Slg. 2006, I-6619 – *Manfredi*; dazu die Anmerkung *Bulst*, ZEuP, 2008, 178 ff. sowie *Hess*, § 11, Rdnr. 9.

[1295] EuGH, Rs. C-213/89, Slg. 1990, I-2433, Rdnr. 19 – *Factortame*; *Heinze*, S. 33 ff.

[1296] *v. Danwitz*, ZEuP 2010, 463 (469); zur Verfahrensautonomie oben bei Fußnotenzeichen 1242.

[1297] EuGH, Rs. C-168/05, Slg. 2006, I-10421 – *Mostaza Claro*.

[1298] EuGH, Rs. C-243/08, Slg. 2009, I-4713 – *Pannon GSM*.

[1299] EuGH, Rs. C-40/08, Slg. 2009, I-9579 – *Asturcom*.

weisen ist auf das bereits recht umfangreiche Spezialschrifttum[1300] und die Ausführungen im 4. Teil § 3.

§ 7: Besondere Dynamiken

Die vorstehenden Ausführungen haben die besondere Dynamik des Europarechts in verschiedenen Sektoren, aber vor allem in der Rechtsprechungstätigkeit verdeutlicht. Da diese Dynamik eher zu- als abnehmen wird, ist als siebte und letzte Herausforderung der Europäischen Gerichtsbarkeit auf die kontinuierliche Erhöhung der Integrationsintensität abzuheben. Die Dynamik liegt zum einen in einer sachlichen Ausweitung, denn die Europäische Gerichtsbarkeit wird mit immer mehr Themen und Fragestellungen befasst (dazu I). Auch deswegen besteht eine inhärente institutionelle Dynamik (dazu II).

I. Sprunghaftes Wachstum des Europarechts

1. Grundbefund: Bedeutung der Grundfreiheiten und neue Rechtsakte

Die Ausdehnung des Unionsrechts und die sich beschleunigenden Veränderungen sind als Querschnittsphänomen in allen Politiken der Union anzutreffen. Das Verbot der Maßnahmen gleicher Wirkung sowie die Grundfreiheiten schaffen nicht eine Harmonisierung, sondern einen Abbau nationaler Rechtsvorschriften[1301]. Was etwa die Grundfreiheiten anbelangt, so ist notgedrungen eine dynamische Auslegung erforderlich, weil sich die EU kontinuierlich wandelt und eine vor dreißig Jahren richtige Entwicklung heute u.U. nicht mehr passen mag[1302]. Eine dynamische Auslegung der vier Marktfreiheiten sichert Freiheiten des Einzelnen und öffnet Märkte. Letzteres wurde oben unter dem Stichwort „Grundfreiheiten als Integrationshebel" anhand des europäischen Gesellschaftsrechts bereits

---

[1300] *Hess*, § 11, Rdnr. 4 ff.; *Heinze*, EuR 2008, 654 ff.; *Herb*, Europäisches Gemeinschaftsrecht und nationaler Zivilprozess, 2007; *Giannopoulos*, Der Einfluss der Rechtsprechung des EuGH auf das nationale Zivilprozessrecht der Mitgliedstaaten, 2006; *Mäsch*, in: *Langenbucher* (Hrsg.), Europarechtliche Bezüge des Privatrechts, 2. Aufl. (2008), § 9, Rdnr. 40 ff.; *Koch*, Einwirkungen des Gemeinschaftsrechts auf das nationale Verfahrensrecht, 1994; *ders.*, EuZ 1995, 78 ff.; *Mankowski*, in: *Rengeling/Middeke/Gellermann*, § 37, Rdnr. 29 ff.

[1301] S. die eingehende Analyse der Rechtsprechung *Hucke*, Erforderlichkeit einer Harmonisierung des Wettbewerbsrechts in Europa, 2001, S. 65 ff.

[1302] *Basedow*, EuZ 2009, 86 (90); weiter zur dynamischen Auslegung im Verbraucherprivatrecht *Rösler*, RabelsZ 71 (2007), 495 (508).

erörtert[1303]. Für das klassische Privatrecht selbst sind die Grundfreiheiten von untergeordnetem Belang: Bislang hat es der EuGH eher vermieden, eine klassische bürgerlichrechtliche Norm für unvereinbar mit den Grundfreiheiten zu erklären[1304]. Entsprechendes wurde soeben für das Verfahrensrecht erörtert[1305].

Unionsziel ist nicht nur die Herstellung eines paneuropäischen Marktes; schließlich wirken die Grundfreiheiten – durch die EuGH-Rechtsprechung mit subjektiven Rechtspositionen ausgestattet – auch zugunsten der einzelnen juristischen und natürlichen Personen[1306]. Diese erstarken zu Funktionsträgern der Europäisierung. Zudem geht die politische Union mit einer Fülle neuer Rechte darüber hinaus. Dazu trägt der Ausbau des Primärrechts bei, das dem nimmermüden Unionsgesetzgeber den Erlass von weiterreichendem Sekundärrecht eröffnet.

Das gilt auch für die jüngsten Veränderungen im Zuge des Vertrags von Lissabon. Er hat die Kompetenzfülle erweitert, neue Rechtsetzungsaktivität ermöglicht und damit weitere Notwendigkeit zur Auslegung geschaffen. Auch hat Lissabon die beachtliche Arbeitsbelastung weiter erhöht, so dass der EU-Gerichtshof seine Auslegungs- und Schiedsrichterrolle schon recht bald nur unter erschwerten Umständen erfüllen kann. Nachfolgend seien drei wichtige Herausforderungen für das Europäische Privatrecht hervorgehoben: vom EU-IPR und EU-IZVR (unten 2.) über die EU-Grundrechte (unten 3.) hin zur Rolle des (D)CFR und eines optionalen Vertragsrechtsinstruments (unten 4.).

2. EU-IPR und EU-IZVR: Herausforderungen und Änderungen

Die vorstehenden Ausführungen haben bereits wiederholt auf die unionsrechtliche Entwicklung im Bereich des IPR und IZVR verwiesen. Insbesondere wurde das zugehörige Sekundärrecht dargestellt[1307]. Dass die erfolgte Abkehr vom intergouvernementalen Ansatz innerhalb Europas keine

---

[1303] Oben 2. Teil § 3 III 5 b); s. weiter zu der Triebfederfunktion *Haar*, GPR 2007, 27 ff.; dagegen spricht *Roth*, in: *Harrer/Ernst* (Hrsg.), Europäische Rechtskultur – Symposion für Heinrich Honsell, 2009, S. 67 (71 ff.) kritisch von einer Instrumentalisierung der Grundfreiheiten.

[1304] *Heiderhoff*, Gemeinschaftsprivatrecht, S. 19; *Bachmann*, AcP 210 (2010), 424 (425); s. umfassend *Körber*, Grundfreiheiten und Privatrecht, 2004, S. 563 ff.; früh *Roth*, ZEuP 1994, 5 ff.; *Steindorff*, EG-Vertrag und Privatrecht, 1996, S. 43 f.; dazu, dass der EU-Gesetzgeber grundsätzlich nicht an die Grundfreiheiten gebunden ist *Zazoff*, Der Unionsgesetzgeber als Adressat der Grundfreiheiten, 2011.

[1305] Oben Fußn. 1269; s. auch unten 4. Teil § 3 II.

[1306] So *Mestmäcker*, in: Festschr. f. K. Schmidt, 2009, S. 1197 (1216 f.), der auf S. 1216 den Grundrechtscharakter der Grundfreiheiten betont. Vgl. aber *Nettesheim*, AöR 132 (2007), 333 ff.

[1307] Oben 2. Teil § 2 I 2 a) bb).

Selbstverständlichkeit darstellt, verdeutlicht das unionsnahe Konventionsrecht: Nach der Überführung und Reform von EuGVÜ und EVÜ in das Gemeinschaftsrecht besteht zwar heute die Auslegungskompetenz des EuGH auch für Fragen des Brüsseler Gerichtsstands- und Vollstreckungsrechts sowie des Internationalen Privatrechts (Rom I- und Rom II-Verordnungen). Vor der Vergemeinschaftung hatte es noch spezieller konventionsrechtlicher Protokolle über die die Auslegung[1308] bedurft. Das gilt sowohl für das EuGVÜ von 1968, das den Grundstock für ein Europäisches Prozessrecht legen sollte, als auch für das EVÜ von 1980, für das der EuGH die Auslegungskompetenz sogar erst zum 1.8.2004 erhielt. Einige Mitgliedstaaten hatten sich nur nach langem Zögern und zähen Verhandlungen zu einer Ratifizierung des Protokolls durchgerungen[1309].

In diesem Segment wird deutlich, dass primärrechtliche Kompetenzausweitungen innerhalb kürzester Zeit weite Bereiche erschließen können: Der durch den Amsterdamer Vertrag eingefügte ex-Art. 65 EG (heute Art. 81 AEUV) zur justiziellen Zusammenarbeit in Zivilsachen mit grenzüberschreitenden Bezügen[1310] hat dem Europäischen Prozessrecht neuen Schwung gegeben. Praktisch geschah dies fast durchgängig durch Verordnungen, die ausgehend vom Anerkennungsrecht auch mehr inhaltliche Regelungen umfassen[1311]. Weitere Rechtsakte zur Schaffung eines echten europäischen Raums der Freiheit, der Sicherheit und des Rechts sollen folgen. Der sehr ehrgeizige Aktionsplan zur Umsetzung des Stockholmer Programms[1312] sieht dazu eine ganze Fülle von Rechtsakten vor. So intendiert die Kommission die „Schaffung eines Sockels an gemeinsamen Mindestnormen" im IZVR[1313]. Dazu zählen neue Verordnungen und Überarbeitungen (insbesondere die EuGVO)[1314]. Außerdem soll der Zugang zur Justiz künftig erleichtert werden[1315]. Auf einzelne Fragen geht der 4. Teil in § 3 näher ein.

Zur Erhöhung der Verfahrenslast wird auch der Wegfall der Vorlagebeschränkung beitragen: Nach der Rechtslage vor dem Vertrag von Lissabon waren die Vorlagemöglichkeit und -verpflichtung misslicherweise auf Gerichte beschränkt, deren Entscheidungen nicht weiter mit

---

[1308] S. oben Fußn. 297.

[1309] Zur Auslegungskompetenz des EuGH *Dutta/Volders*, EuZW 2004, 556 ff.

[1310] Dies erfordert Art. 81 I S. 1 AEUV.

[1311] *Stürner*, ZZP 123 (2010), 147 (148).

[1312] Mitteilung der Kommission, Ein Raum der Freiheit, der Sicherheit und des Rechts für die Bürger Europas – Aktionsplan zur Umsetzung des Stockholmer Programms, KOM(2010) 171 endg.

[1313] KOM(2010) 171 endg., S. 23 f.

[1314] Insbesondere Abschaffung des allgemeinen Exequaturverfahrens, wie es KOM(2010) 748 endg. vorschlägt; dazu noch 4. Teil § 3 III und IV 2.

[1315] KOM(2010) 171 endg., S. 25.

Rechtsmitteln des innerstaatlichen Rechts angefochten werden können[1316]. Lissabon hob die Beschränkung auf. Dadurch hat der EU-Gerichtshof nun die allgemeine Zuständigkeit, auch zur Vorabentscheidung zum (schon jetzt) recht umfänglichen[1317] „Raum der Freiheit, der Sicherheit und des Rechts"[1318].

Damit ist Abstand genommen von der u.a. durch die deutsche Regierung vorgeschlagenen Vorlagebeschränkung auf die obersten Gerichte[1319], die auch der späten Aufnahme dieses Bereichs in den Kompetenzkatalog der Union geschuldet war. Sie war offenbar als Abschwächung des Vorlageverfahrens und des EuGH-Einflusses intendiert und nicht als Mittel zu Verringerung der Vorlagelast gedacht[1320]. Aufgehoben ist damit auch eine Beschneidung des effektiven Rechtsschutzes, denn die Vorlagebeschränkung bedrohte die Durchsetzung und die nur durch den EU-Gerichtshof sicherzustellende einheitliche und zügige Klärung des Unionsrechts.

Allerdings besteht im „Raum der Freiheit, der Sicherheit und des Rechts" ein Europa *à la carte*[1321]: Infolge zweier Protokolle, die sich nun im Anhang des Vertrags von Lissabon finden[1322], beteiligen sich Großbritannien, Irland und Dänemark grundsätzlich nicht an den Beschlüssen nach dem Titel über den Raum der Freiheit, der Sicherheit und des Rechts. Damit sind sie auch nicht an der justiziellen Zusammenarbeit in Zivil-

---

[1316] Ex-Art. 35 EU und ex-Art. 68 EG. Kritik etwa bei *Basedow*, ZEuP 2001, 437 ff.; *Pache/Knauff*, NVwZ 2004, 16 ff.; Art. 68 III EG sah allerdings ein objektives Verfahren zur Auslegung des relevanten Primär- und Sekundärrechts mit Antragsrecht des Rates, der Kommission und der Mitgliedstaaten vor.

[1317] Davon sind die Bereiche der polizeilichen und justiziellen Zusammenarbeit in Strafsachen (Titel VI EU-Vertrag a.F.) sowie Visa, Asyl, Einwanderung und andere Politiken betreffend den freien Personenverkehr umfasst, zu dem insbesondere die justizielle Zusammenarbeit in Zivilsachen, die Anerkennung und die Vollstreckung von Urteilen gehört (insgesamt war dies in Titel IV EG-Vertrag a.F. enthalten). Im Bereich der polizeilichen Zusammenarbeit und der justiziellen Zusammenarbeit in Strafsachen, die vor dem Inkrafttreten des Vertrags von Lissabon angenommen wurden, gilt aber nach Art. 10 des Protokolls (Nr. 36) zum Vertrag von Lissabon über die Übergangsbestimmungen, ABl.EU 2010 Nr. C 83, S. 322, eine Interimsvorschrift.

[1318] Dazu etwa *Hinarejos*, Judicial Control in the European Union – Reforming Jurisdiction in the Intergovernmental Pillars, 2009, S. 14 ff.

[1319] Vgl. *Philipp*, EuZW 1996, 624 (626).

[1320] *Lurger*, Grundfragen der Vereinheitlichung des Vertragsrechts in der Europäischen Union, 2002, S. 179; vgl. auch *Basedow*, EuZW 1997, 609; *Timmermans*, CML Rev. 41 (2004), 393 (396).

[1321] Zur Renationalisierung der politischen Prozesse bei der Europäisierung *Dutta*, EuZW 2010, 530 (533); zu Europa *à la carte* bezüglich Großbritannien, Irland und Dänemark (im Zusammenhang mit dem Inkrafttreten der Rom I-VO im Vereinigten Königreich) s. *Basedow*, EuZW 2009, Heft 5, V; *ders.*, RabelsZ 73 (2009), 455 (459).

[1322] Protokolle Nr. 21 und 22.

sachen mit grenzüberschreitenden Bezügen nach Art. 81 AEUV beteiligt. Mit dieser Außenseiterstellung ist die Zuständigkeit der Europäischen Gerichtsbarkeit in diesem Bereich ebenso verwehrt wie die (indirekte) Bindungswirkung der Entscheidungen des EU-Gerichtshofs[1323]. Daraus folgt eine gewisse Fragmentierung.

Allerdings ist die Verdichtung im IPR und IZVR zu begrüßen. Schließlich bietet es sich an, eine systematische und rechtsaktübergreifende Auslegung vorzunehmen; so etwa bei den Verordnungen Rom I und Brüssel I[1324]. Damit wird nicht nur eine autonome Auslegung z.B. der noch stark national geprägten Begriffe des Vertrags, der unerlaubten Handlung oder der Unterhaltssache, also die Anknüpfungen des besonderen Gerichtsstands nach Art. 5 EuGVO ermöglicht[1325]. Zu verweisen ist z.B. auch auf die Rechtsprechung zum Begriff des „Ausrichtens" nach Art. 15 I c) EuGVO über den Verbrauchergerichtsstand[1326].

3. EU-Grundrechte (insbesondere justizielle Rechte)

Mit einem versteckten Verweis erhebt der EU-Vertrag[1327] die Charta der Grundrechte der Europäischen Union in den gleichen rechtlichen Rang wie die Verträge. Die Charta stellt seit Lissabon zwar die *bill of rights* der EU dar. Die Charta gilt aber – wegen eines entsprechenden „opt-outs"[1328] – nicht in Bezug auf Großbritannien und Polen sowie Tschechien[1329].

In ihrem Geltungsbereich ist die Grundrechtecharta keineswegs auf die EU-Gerichtsbarkeit und das öffentliche Recht beschränkt: Die Charta gilt

---

[1323] *Everling*, EuR-Beih 1/2009, 71 (80).

[1324] Dafür im Bereich von Brüssel I-VO, Rom I-VO und Rom II-VO *Würdinger*, RabelsZ 75 (2011), 102 ff.; *Rösler*, in: *Basedow/Hopt/Zimmermann* (Hrsg.), Handwörterbuch des Europäischen Privatrechts, Bd. II, 2009, S. 1612 (1613).

[1325] Vgl. *v. Danwitz*, ZEuP 2010, 463 (470 f.).

[1326] Dazu EuGH, verb. Rs. C-585/08 und C-144/09, NJW 2011, 505 (noch nicht in amtlicher Sammlung veröffentlicht) – *Pammer & Alpenhof.*

[1327] Art. 6 I EUV. Im Entwurf eines Verfassungsvertrages war die Charta der Grundrechte als Teil II im Vertrag aufgenommen.

[1328] Protokoll Nr. 30 zum AEUV über die Anwendung der Charta der Grundrechte auf Polen und das Vereinigte Königreich. Zur Bedeutung des Protokolls s. *Lindner*, EuR 2008, 786 ff.; s. weiter House of Lords, European Union Committee, The Treaty of Lisbon: an impact assessment, 10th Report of Session 2007–08; *Barents*, CML Rev. 47 (2010), 709 (721) vertritt, das Protokoll sei nicht wasserdicht, da es Richtern aus Polen und dem Vereinigten Königreich nicht versage, ihr Recht im Lichte der Charta auszulegen.

[1329] Denn in den Schlussfolgerungen des Europäischen Rates vom 29. und 30.10.2009 ist verabredet, dass das besagte Opt-out-Protokoll (Nr. 30) auch auf die Tschechische Republik Anwendung findet (Dok. 15265/1/09 REV 1 CONCL 3). Da Tschechien erst in letzter Minute auf einem „opt-out" bestand, kann es erst bei der nächsten Vertragsänderung ratifiziert werden.

für die Unionsorgane, verpflichtet aber auch die Mitgliedstaaten, wenn sie im Anwendungsbereich des Unionsrechts tätig werden[1330] oder in durch das Unionsrecht garantierte Rechtspositionen des Einzelnen eingreifen[1331].

Insbesondere ist die Charta mit ihren Justiz- und Verfahrensgrundrechten nach Art. 47–50 für die unions- und mitgliedstaatlichen Zivilverfahrensrechte relevant[1332]. Ausgangspunkt sind die Art. 5–7[1333] der bereits 1953 in Kraft getretenen EMRK. Besondere Bedeutung hat das Recht auf einen wirksamen Rechtsbehelf und ein unparteiisches Gericht in Art. 47 GRCh, das sich, wie gesagt, sachlich konkordant[1334] an Art. 6 und 13 EMRK anlehnt[1335]. Diese völkerrechtlichen Verbürgungen waren zusammen mit den mitgliedstaatlichen Traditionen schon vor Lissabon der Ausgangspunkt für die Bildung der Verfahrensgewährleistungen als allgemeine Grundsätze des Unionsrechts[1336]. Damit besteht eindeutig Anknüpfungsfähigkeit an die bisherige Rechtsprechung[1337]. Der Trend der Materialisierung von IPR[1338]

[1330] Art. 51 GRCh.

[1331] Vgl. EuGH, Rs. 222/86, Slg. 1987, 4097 – *Unectef/Heylens*, Rdnr. 14; Rs. 222/84, Slg. 1986, 1651, Rdnr. 18 – *Johnston/Chief Constable of the Royal Ulster Constabulary*,. Diese Rechtsprechung gilt weiterhin, auch wenn Art. 51 GRCh diese zweite Möglichkeit nicht erwähnt (darauf abstellend *Huber*, EuR 2008, 190 [196 ff.]), denn die Charta möchte den erreichten Grundrechtsschutz bewahren und erweitern; so wie hier *Gundel*, in: *Ehlers*, § 20, Rdnr. 48.

[1332] S. zu den Grundprinzipien 1. Teil § 3 II und 2. Teil § 6 II.

[1333] Art. 5 zur persönlichen Freiheit, Art. 6 II, III zur strafrechtlichen Unschuldsvermutung und den Garantien im Strafverfahren sowie Art. 7 EMRK mit dem Grundsatz *nulla poena sine lege* spielen für die EU erst seit der polizeilichen und justiziellen Zusammenarbeit in Strafsachen (PJZS) eine größere Rolle; s. jetzt auch Art. 48–50 GRCh; *Gundel*, in: *Ehlers*, § 20, Rdnr. 1.

[1334] S. Art. 52 III GRCh; bereits oben Fußn. 1286.

[1335] Dabei beschränken sich die Gewährleistungen des Art. 47 GRCh auf Zivil- und Strafsachen (wie auch Art. 6 EMRK: „Streitigkeiten in bezug auf ihre zivilrechtlichen Ansprüche und Verpflichtungen oder über eine gegen sie erhobene strafrechtliche Anklage"). Für Verwaltungsverfahren gilt Art. 41 GRCh, der allerdings nur gegenüber den Unionsbehörden greift. Zur Bedeutung für das EU-Kartellrecht (trotz der Dezentralisierung durch VO 1/2003) *Gundel*, in: *Ehlers*, § 20, Rdnr. 6, 15 ff.

[1336] Vgl. EuGH, Rs. 29/69, Slg. 1969, 419 – *Erich Stauder/Ulm*; v.a. EuGH, Rs. 4/73, Slg. 1974, 491 – *Nold/Kommission*, in der der Gerichtshof zur Begründung der Gemeinschaftsgrundrechte als allgemeine Rechtsgrundsätze auf die Verfassungsüberlieferungen und die EMRK zurückgreift; weiter zum europäischen Grundrecht auf einen fairen Prozess *Pache*, NVwZ 2001, 1342 ff.

[1337] Dazu, dass Art. 47 GRCh die Rechtsschutzgarantie aktualisiert, jedoch nicht zu einer Kompetenzausweitung führt *Last*, Garantie wirksamen Rechtsschutzes gegen Maßnahmen der Europäischen Union – Zum Verhältnis von Art. 47 Abs. 1, 2 GRCh und Art. 263 ff. AEUV, 2008, S. 69 ff.

[1338] Dazu *Dutta*, EuZW 2010, 530 (533 f.); s. auch *Mankowski*, Interessenpolitik und europäisches Kollisionsrecht – Rechtspolitische Überlegungen zur Rom I- und zur Rom II-Verordnung, 2011, S. 45 ff., der Ausnahmetatbestände und v.a. die Rücksicht auf die

und IZVR[1339] wird fortschreiten; entsprechende materiale Verflechtungen von nationalem und Unionsrecht werden sich vertiefen.

Zu den vierundfünfzig offen formulierten Artikeln des Grundrechtskatalogs entwickelt sich schon derzeit eine eigenständige Rechtsprechung. Wie nach deutschem Recht sind die Rechte der Charta sowohl subjektive Gewährleistungen als auch objektive Wertordnung[1340]. Trotz der Anknüpfung an die bestehende EuGH-Rechtsprechung wird die Charta die grundrechtlichen und föderal-integrationsfreundlichen Elemente[1341] stärken und den EuGH noch weiter in die Rolle eines Verfassungsgerichts zwingen. Abzuwarten bleibt zwar, wie der EU-Gerichtshof die Frage der Justiziabilität gewisser Rechte der Charta behandeln wird[1342] und inwieweit er tatsächlich – wie schon seit Maastricht bei den Unionsbürgerrechten[1343] – als (aktivistisches) oberstes Verfassungsgericht in der EU agieren wird[1344].

Es besteht aber – wie andere Rechtsordnungen mit Grundrechtskatalogen lehren – die Gefahr einer Zunahme von Verfahren zur Vereinbarkeit von Rechtsnormen mit den Chartavorschriften[1345]. Probleme können sich auch daraus ergeben, dass nationale Zivilgerichte verpflichtet sind, im Bereich des Unionsrechts Generalklauseln im Lichte der Charta auszulegen[1346]. Daraus könnten sich neue Vorlagegründe und neue Vertragsverletzungsverfahren ergeben. Zu denken ist etwa an die auch im Europarecht – mehr oder minder klar – verbürgten Rechte auf Privatautonomie, die Eheschließungsfreiheit, die Berufs- und Eigentumsfreiheit, den Schutz der

---

Finanzwirtschaft kritisiert. Zur Lockerung des Neutralitätsprinzips von IPR-Vorschriften etwa durch das Binnenmarkt- und Verbraucherschutzziel *Weller*, IPRax 2011, 429 (435 f.).

[1339] *Wagner*, ZEuP 2008, 6 (13 ff.); *Heinze*, EuR 2008, 654 ff.; *ders.*, EuZW 2011, 947 (950); *Hess*, in: Festschr. f. Jayme, 2004, S. 339 (353); *ders.*, JZ 2005, 540 ff.; zur Materialisierung des Internationalen Zuständigkeitsrechts s. *Pfeiffer*, in: 50 Jahre Bundesgerichtshof – Festgabe aus der Wissenschaft, Bd. III, 2000, S. 617 (619); früh *Jayme*, in: *Reichelt* (Hrsg.), Europäisches Kollisionsrecht, 1993, S. 33 ff.; w. Nachw. oben in Fußn. 1271. Zur Konstitutionalisierung des Europäischen Privatrechts bereits im 1. Teil. Vgl. parallel zu dem Anspruch und den Grenzen von „transsubstantive" Federal Rules of Civil Procedure der USA den klassischen Beitrag *Cover*, Yale L.J. 84 (1975), 718 ff.

[1340] *Ritter*, NJW 2010, 1110 (1112).

[1341] *Rasmussen*, CML Rev. 44 (2007), 1661 (1685).

[1342] S. zu den Einwirkungen des neuen Grundrechts auf Verbraucherschutz nach Art. 38 GRCh auf das nationale Privatrecht *Mörsdorf*, JZ 2010, 759 (766), der als „Mehrwert" gegenüber dem bisherigen Stand die mitgliedstaatlichen Gerichte binde. Zum Datenschutzgrundrecht nach Art. 8 GRCh und dem Privatrecht *Streinz/Michl*, EuZW 2011, 384 ff. Zum Asylrecht *Bergmann*, ZAR 2011, 41 (45 f.).

[1343] Oben 2. Teil § 3 III 3 b).

[1344] Zurückhaltend *Skouris*, MMR 2011, 423 (426); dazu unten 3. Teil § 2 IV 7.

[1345] *Rasmussen*, CML Rev. 44 (2007), 1661 (1686).

[1346] Dazu *Ritter*, NJW 2010, 1110 ff.; s. auch *Schillig*, MJ 15 (2008), 285 ff.

Persönlichkeit und Privatsphäre usw.[1347]. Insgesamt ist dem EU-Gerichtshof damit ein mächtiger Hebel in die Hand gegeben, der zu weiteren Zentralisierungen bei gleichzeitig drohender nationaler Skepsis führen kann[1348].

Ein anderer Fragenkomplex, der hier lediglich gestreift werden kann, rankt sich um die Auswirkungen des nach Art. 6 II EU geplanten Beitritts der EU zur EMRK. Allerdings wird dieser Schritt erst auf längere Sicht erfolgen[1349]. In dem „Reflexionspapier des Gerichtshofs der Europäischen Union zu bestimmten Aspekten des Beitritts der Europäischen Union zur Europäischen Konvention zum Schutz der Menschenrechte und Grundfreiheiten" hat der EU-Gerichtshof seine Vorrechte gegenüber dem EGMR[1350] unterstrichen[1351]. Gleichzeitig hat er darauf hingewiesen, dass das Vorabentscheidungsverfahren „aufgrund seiner dezentralen Natur, nach der die nationalen Gerichte für die Anwendung des Unionsrechts zuständig sind, seit mehr als einem halben Jahrhundert völlig zufriedenstellende Ergebnisse liefert"[1352]. Das ist in Abgrenzung zum EGMR gemeint[1353]. Auf jeden Fall wird die Grundrechtecharta die verfassungsgerichtliche Rolle insbesondere des EuGH weiter stärken. Zudem wird auch eine Klärung der Methodik und der Verhältnismäßigkeitsprüfung erforderlich[1354].

Fazit: Die regelgebundene Koordinierung der Gerichtsbarkeiten und -verfahren ist auch deswegen kompliziert, weil das System mit der weiter zunehmenden Dynamik des europäischen Verfassungsrechts zurechtkommen muss. Mit dem Inkrafttreten der Charta der Grundrechte der EU (und

---

[1347] Nachweise bei *Ritter*, NJW 2010, 1110 (1112).

[1348] *Basedow*, EuZW 2011, 361 (362).

[1349] Zum komplizierten Verfahren s. Art. 218 VI a) ii) and VIII UAbs. 2 AEUV. Zur Vereinbarkeit kann der EuGH um ein Gutachten ersucht werden, Art. 218 XI AEUV. Für den Beitritt ist Einstimmigkeit im Rat erforderlich (Art. 218 VIII UAbs. 2 S. 2 AEUV). Darum ist ein baldiger Beitritt nicht zu erwarten. *Schumann*, in: *Roth*, S. 197 (210); *Barents*, CML Rev. 47 (2010), 709 (722).

[1350] S. auch mit Blick auf weitere Gerichte *Lock*, Das Verhältnis zwischen dem EuGH und internationalen Gerichten, 2010.

[1351] Reflexionspapier vom 5.5.2010, Rdnr. 8 f. = EuGRZ 2010, 366 (367); dazu *Reich*, EuZW 2010, 641; *ders.*, EuZW 2011, 379 ff.; *Engel*, EuGRZ 2010, 259 ff.; zu den prozessualen Möglichkeiten *Kokott/Sobotta*, EuGRZ 2010, 265 (267).

[1352] AaO, unter Rdnr. 10.

[1353] AaO, unter Rdnr. 12: „Folglich müssen, um den der Konvention innewohnenden Subsidiaritätsgrundsatz zu wahren und zugleich das ordnungsgemäße Funktionieren des Gerichtssystems der Union sicherzustellen, Vorkehrungen getroffen werden, die zu gewährleisten vermögen, dass der Gerichtshof in effektiver Weise mit der Frage der Gültigkeit einer Unionshandlung befasst werden kann, bevor der Europäische Gerichtshof für Menschenrechte über die Vereinbarkeit dieser Handlung mit der Konvention entscheidet".

[1354] Vgl. *Schilling*, MJ 15 (2008), 285 ff. (auch zur Rechtsprechung über die Verkehrsfreiheiten); *Reich*, in: Festschr. f. Bull, 2011, S. 259 (273).

wohl auch dem nach Art. 6 II EU geplanten Beitritt zur Europäischen Menschenrechtskonvention)[1355] werden die Rechtssachen zu den Grundrechten ansteigen. Das beweist allein ein Blick auf die unfassbaren Verfahrenszahlen des EGMR in Straßburg[1356]. Zwar spielte im vorliegenden Kontext das in Art. 6 I, 13 EMRK, Art. 47 der Charta und in den Verfassungstraditionen der Mitgliedstaaten garantierte Recht auf effektiven Rechtsschutz auch schon vor Lissabon eine entscheidende Rolle und so fand bereits zuvor der gerichtliche Schutz der Rechte des Einzelnen im Unionsrecht entsprechend Beachtung in der ständigen Rechtsprechung des EuGH[1357]. Nicht auszuschließen ist aber, dass die bessere Sichtbarkeit dieser Verpflichtungen zu einer verstärkten Prozessführung unter Verweis auf ebendieses Grundrecht führt.

4. Potenzielle Rolle des (D)CFR und optionaler Instrumente

Im materiellen Privatrecht sollen nicht lediglich neue Bereiche erschlossen, sondern auch Teilbereiche des Europäischen Privatrechts konsolidiert werden. Dazu hatte die Europäische Kommission im Oktober 2008 eine „horizontale" Richtlinie zu den Verbraucherrechten vorgeschlagen[1358], nach der die vier bestehenden EU-Verbraucherrechtsrichtlinien[1359] in einem Regelwerk vollharmonisierend zusammengeführt worden wären. Nach den Plänen der Kommission hätte die Richtlinie mit ihrem Vollharmonisierungseffekt die Reichweite der bisherigen Richtlinien beträchtlich erweitert. Das ist bekanntlich nicht geglückt[1360]. Im IPR und IZVR ist die zunehmende Wahl der Verordnung als Rechtsakt mit „Durchgriffswirkung" zu verzeichnen[1361]. Im Privatrecht hat sich die Umstellung von der Mindest- auf Vollharmonisierung nur in Teilen durchsetzen können, obwohl selbst

---

[1355] Dazu 1. Teil § 2 III.

[1356] Mit steigenden Zahlen und 150.000 anhängigen Verfahren; bereits oben Fußn. 268. Dazu auch folgender Bericht: „Wise Persons' Final report to the Committee of Ministers Group of Wise Persons", HRLJ 2006, 279 ff.; *Wolfrum/Deutsch* (Hrsg.), The European Court of Human Rights Overwhelmed by Applications – Problems and Possible Solutions, 2009.

[1357] S. insbesondere EuGH, Rs. C-432/05, Slg. 2007, I-2271, Rdnr. 37 – *Unibet.*

[1358] KOM(2008) 614 endg.

[1359] Die Richtlinien zum Verbrauchsgüterkauf 99/44/EG, über Vertragsklauseln 93/13/EG, über Fernabsatz 97/7/EG und Haustürgeschäfte 85/577/EG.

[1360] Richtlinie 2011/83/EU des Europäischen Parlaments und des Rates vom 25.10.2011 die Rechte der Verbraucher, zur Abänderung der Richtlinie 93/13/EWG des Rates und der Richtlinie 1999/44/EG des Europäischen Parlaments und des Rates sowie zur Aufhebung der Richtlinie 85/577/EWG des Rates und der Richtlinie 97/7/EG des Europäischen Parlaments und des Rates, ABl.EU 2011 Nr. L 304, S. 64.

[1361] *Junker*, Internationales Zivilprozessrecht, 2012, § 2, Rdnr. 14 ff. spricht von Rechtakten der zweiten Generation.

dann die Richtlinie in der Wirkungsintensität noch knapp unterhalb der Verordnung liegt[1362].

Das Unionsprivatrecht befindet sich in der Phase des Umbaus und einer – auch seitens der Rechtsprechung – immer noch vernachlässigten Systembildung. Dabei darf die vielgestaltige Forschung nicht übersehen werden, die auf ein teileinheitliches oder einheitliches Europäisches Privatrecht zielt, sogar in Form eines europäischen Zivilgesetzbuchs, wie es vom Europäischen Parlament vorgeschlagen wurde[1363]. Die Europäische Kommission hat diese Entwicklung über zahlreiche Mitteilungen unterstützt[1364] und das akademische Exzellenz-Netzwerk COPECL in einem Forschungsprogramm (FP6) finanziert. Dieses Netzwerk besteht aus der Acquis-Gruppe, die sich mit dem *acquis communautaire* beschäftigt und der Forschungsgruppe, die die Arbeit der Lando-Gruppe zu den Prinzipien des Europäischen Privatrechts (PECL) fortsetzt[1365]. Als Ergebnis der Zusammenarbeit hat das Netzwerk den Entwurf eines Gemeinsamen Referenzrahmens (DCFR)[1366] veröffentlicht[1367].

Der Gemeinsame Referenzrahmen ist als „akademisches" Projekt reizvoll, seine politische Zukunft und rechtliche Funktion bleibt allerdings unklar. Wird der Gemeinsame Referenzrahmen als Werkzeug für zukünftige Rechtsetzung Verwendung finden? Sollte das auf nationaler oder europäischer Ebene geschehen? Stellt dies den Beginn eines umfassenden Kodifikationsprojekts dar, für das die EU nur eine begrenzte und wacklige Kompetenzgrundlage[1368] hat? Wird er zur 28. Rechtsordnung, die die Par-

---

[1362] *Micklitz/Reich*, CML Rev. 46 (2009), 471 ff.; *Reich*, ZEuP 2010, 7 ff.; *Tonner/Tamm*, JZ 2009, 277 ff.; zum AGB-Recht *Kieninger*, RabelsZ 73 (2009), 793 ff.; zum Produkthaftungsrecht *Riehm*, EuZW 2010, 567 ff.; weiter *Gsell/Herresthal*, Vollharmonisierung im Privatrecht – Die Konzeption der Richtlinie am Scheideweg?, 2009; *Schmidt-Kessel*, GPR 2010, 129 ff.

[1363] Resolutionen von 1989 (ABl.EG 1989 Nr. C 158, S. 400), von 1994 (ABl.EG 1994 Nr. C 205, S. 518) und von 2001 (ABl.EG 2001 Nr. C 140E, S. 538); s. *v. Bar*, ZEuP 2002, 629.

[1364] Insbesondere KOM(2001) 398 endg. und der Aktionsplan KOM(2003) 68 endg.

[1365] Study Group on a European Civil Code und Research Group on EC Private Law (Acquis Group); zum Einfluss der UNIDROIT-Prinzipien und PECL etwa *Basedow* (Hrsg.), Europäische Vertragsrechtsvereinheitlichung und deutsches Recht, 2000.

[1366] *v. Bar/Clive* (Hrsg.), Principles, Definitions and Model Rules of European Private Law – Draft Common Frame of Reference (DCFR), Full Edition, 2009; zuvor *v. Bar/Clive/Schulte-Nölke/Beale/Herre/Huet/Schlechtriem/Storme/Swann/Varul/Veneziano/Zoll* (Hrsg.), Principles, Definitions and Model Rules of European Private Law – Draft Common Frame of Reference (DCFR), Outline Edition 2009.

[1367] S. die Kritik am Draft Common Frame of Reference (DCFR) *Eidenmüller/Faust/Grigoleit/Jansen/Wagner/Zimmermann*, JZ 2008, 529 ff.; *Micklitz/Cafaggi* (Hrsg.), European Private Law after the Common Frame of Reference, 2010.

[1368] *Roth*, EWS 2008, 401 ff.; s. allerdings *Basedow*, CML Rev. 33 (1996), 1169 ff.

teien nach der Rom I-VO wählen können?[1369] Der Nutzen des Gemeinsamen Referenzrahmens könnte von einem unverbindlichen Ideengeber für die Gesetzgebung bis zur Basis eines optionalen Instruments im europäischen Vertragsrecht reichen[1370].

Für Letzteres hat sich das Hamburger Max-Planck-Institut in einer Stellungnahme ausgesprochen, an der auch der Verfasser dieses Buches beteiligt war[1371]. Die Europäische Kommission favorisiert diese Lösung ebenfalls[1372], insbesondere angesichts der Tatsache, dass der Vollharmonisierungsansatz im Kernbereich des Vertragsrechts – wie gerade beschrieben – vorerst gescheitert ist. Die neue Schubrichtung zielt auf optionale Instrumente[1373]. Das bezeugt auch der am 11.10.2011 von der Kommission vorgelegte Vorschlag für eine Verordnung des Europäischen Parlaments und des Rates über ein fakultatives Gemeinsames Europäisches Kaufrecht[1374].

Für den vorliegend abgesteckten Themenbereich ist nur Folgendes relevant: Ein optionales Vertragsrecht würde zumindest mittelfristig auch einen Ausbau der europäischen Gerichtsbarkeit erforderlich machen, da der EU-Gerichtshof rasch an seine sach- und fachlichen Kapazitätsgrenzen stoßen würde[1375]. Der EuGH wäre überfordert, als oberstes Zivilgericht zu agieren. Eine einheitliche Auslegung ist jedoch unverzichtbar für den

---

[1369] Für Letzteres (Stichwort „Blue Button") *Schulte-Nölke*, ERCL 3 (2007), 332 ff.; s. ausführlich zu IPR-Fragen etwa *Fornasier*, RabelsZ 76 (2012), 401 ff.; *Rühl*, MJ 19 (2012), 148 ff.

[1370] Vgl. Entschließung des Europäischen Parlaments vom 3.9.2008 zum Gemeinsamen Referenzrahmen für das Europäische Vertragsrecht, P6_TA-PROV(2008)0397.

[1371] *Basedow u.a.*, RabelsZ 75 (2011), 371 ff. (zum Grünbuch KOM[2010] 348 endg.).

[1372] Bereits Grünbuch der Kommission – Optionen für die Einführung eines Europäischen Vertragsrechts für Verbraucher und Unternehmen, KOM(2010) 348 endg.; s. etwa die Einschätzungen von *Tonner*, EuZW 2010, 767 ff.; *ders.*, in: *ders./Tamm* (Hrsg.), Verbraucherrecht, 2012, § 4, Rdnr. 62 ff.; *Martens*, GPR 2010, 215 ff.; *Tamm*, GPR 2010, 281 ff.; *Rösler*, EuZW 2011, 1; *Herresthal*, EuZW 2011, 7 ff.; für ein „soft law"-Instrument *Reich*, ERCL 8 (2012), 1 ff.

[1373] Diskutiert wird dies auch im Versicherungsrecht *Basedow*, in: *Hartkamp/ Hesselink/Hondius/Mak/du Perron* (Hrsg.), Towards a European Civil Code, 4. Aufl. (2011), S. 735 (750 f.); *Basedow u.a.*, Principles of European Insurance Contract Law (PEICL), 2009.

[1374] KOM(2011) 635 endg. mit Art. 3: „Die Parteien können vereinbaren, dass für ihre grenzübergreifenden Verträge über den Kauf von Waren oder die Bereitstellung digitaler Inhalte sowie die Erbringung verbundener Dienstleistungen innerhalb des in den Artikeln 4 bis 7 abgesteckten räumlichen, sachlichen und persönlichen Geltungsbereichs das Gemeinsame Europäische Kaufrecht gilt".

[1375] *Basedow u.a.*, RabelsZ 75 (2011), 371 (434 f.); *Doralt*, AcP 211 (2011), 1 (28 f.); *Eidenmüller/Jansen/Kieninger/Wagner/Zimmermann*, JZ 2012, 269 (286) „riskanter Sprung ins Dunkle".

Erfolg eines fakultativen Unionsprivatrechts. Weitere offene Fragen sind: Welche Rolle spielt der im Fall der Verabschiedung eines optionalen Instruments restliche Referenzrahmen im Bereich der Auslegung von Unionsnormen durch die EU-Gerichtsbarkeit?[1376] Wird ein Gemeinsamer Referenzrahmen auch von anderen Gerichten zur Auslegung herangezogen?[1377] Was bedeutet dies für die justizielle Zusammenarbeit und den Diskurs in der EU?

II. Institutionelle Dynamik

1. Innerinstitutionelle Auswirkungen der Erweiterungen

Zu der besonderen Dynamik des EU-Rechts tragen auch die zahlreichen Erweiterungen selbst bei. Seit der Zeitenwende im Zuge des Mauerfalls und der deutschen Wiedervereinigung 1989/1990 sind derzeit 15 neue Staaten[1378] beigetreten. Die ständigen Erweiterungen, die damit erforderliche Neujustierung und Verkomplizierung des Gesetzgebungsapparats und die insgesamt horizontal wie vertikal voranschreitende Verwinkelung der europäischen Rechtswelt belasten das Gerichtssystem. Neben der üblichen Fluktuation von Richtern, wissenschaftlichen und nichtwissenschaftlichen Mitarbeitern und dem Übersetzungsstab schaffen die Erweiterungen besondere Herausforderungen über die Aufnahme je eines neuen Richters pro neuem Mitgliedstaat hinaus: Sie führen zum Anstieg der zu bewältigenden Sprachenvielfalt sowie der zu beachtenden Rechtstraditionen und -kulturen. Der EuGH hat sich allein darum über die Jahrzehnte beträchtlich ausgedehnt[1379].

Der Vertrag von Rom schrieb fest, dass die Zahl der Richter beim EuGH der Zahl der Mitgliedstaaten entsprechen soll[1380]. In der Praxis

---

[1376] Für eine Heranziehung des CFR *Basedow*, AcP 210 (2010), 157 (184 ff.); zur Frage auch die Generalanwältin *Trstenjak*, in: *Schmidt-Kessel* (Hrsg.), Der Gemeinsame Referenzrahmen – Entstehung, Inhalte, Anwendung, 2008, S. 235 ff., die in ihren Schlussanträgen schon mehrfach den DCFR zitiert hat.

[1377] *Gebauer*, in: *Schmidt-Kessel* (Hrsg.), Der Gemeinsame Referenzrahmen, 2008, S. 311 ff.

[1378] Gemeint ist die vierte Erweiterung um die drei EFTA-Staaten Österreich, Schweden und Finnland im Jahr 1995, die fünfte Erweiterung, d.h. der erste Teil der Osterweiterung 2004, gefolgt von der sechsten Erweiterung, also der Osterweiterung zweiter Teil 2007.

[1379] S. bereits das Zitat zur Gebäudearchitektur oben in Fußn. 780; s. auch unten Fußn. 1420; s. weiter *Chaltiel*, in: *Dehousse/Deloche-Gaudez/Duhamel* (Hrsg.), Élargissement – Comment l'Europe s'adapte, 2006, S. 97 ff.

[1380] Art. 165 I EWG-Vertrag (1957) schrieb trotz der sechs EWG-Gründungsstaaten vor: „Der Gerichtshof besteht aus sieben Richtern". Bei einer geraden Zahl von Mitgliedstaaten wird also eine Ausnahme von der Regel „ein Richter pro Mitgliedstaat" gemacht.

entstammt deshalb jedem Mitgliedstaat genau ein Richter. Diese Regelung geht von der ursprünglichen Konzeption aus, nach der der EuGH als Plenum tagt und somit jeder Richter seine Expertise bei jedem einzelnen Fall aus seinem Heimatland einbringen kann[1381]. Die Grundregel „ein Richter je Mitgliedstaat", hat der Vertrag von Nizza 2001 schließlich für den EuGH primärrechtlich festgeschrieben (in Art. 221 I EG, jetzt Art. 19 II UAbs. 1 EUV). Der Ausbau ist beträchtlich: Waren es im Jahr 1958 sieben Richter, zwei Generalanwälte und 73 Bedienstete, wies der EuGH im März 1981 schon elf Richter, fünf Generalanwälte und 452 Bedienstete auf. Im Jahr 1995 hatte der EuGH bereits fünfzehn Richter, neun bzw. acht Generalanwälte und 950 Bedienstete[1382].

Derzeit besteht der EuGH aus 27 Richtern sowie acht Generalanwälten[1383]. Demgegenüber sind an EuG und EuGöD keine Generalanwälte tätig[1384]. Um der wachsenden Arbeitsbelastung beim EuG gerecht zu werden, besteht das Gericht aus mindestens einem Richter pro Mitgliedstaat[1385], wohingegen das EuGöD mit sieben Richtern[1386] auskommt. Hinzu treten mittlerweile rund 2000 Bedienstete, die beim gesamten EU-Gerichtshof tätig sind. Ein Teil ist direkt für einen der Richter tätig. So finden sich in den Kabinetten der jeweiligen EuGH-Richter drei wissenschaftliche Referenten (référendaires) und drei Mitarbeiter mit Verwaltungs- und Sekretariatsaufgaben[1387]. Ein wissenschaftlicher Dienst erarbeitet darüber hinaus auf Wunsch Rechtsgutachten (notes de recherche)[1388]. Deswegen

---

Auch zum März 1981 wurde bei zehn Mitgliederstaaten die Zahl der Richter auf elf heraufgesetzt; Nachweis in der Fußn. zuvor.

[1381] *Skouris*, in: Festschr. f. Starck, 2007, S. 991 (998).

[1382] Angaben nach *Gerichtshof der Europäischen Gemeinschaften*, Der Gerichtshof der Europäischen Gemeinschaften: Historische Eckpunkte, Gebäude und Symbole, 2007, S. 10.

[1383] Art. 252 AEUV.

[1384] In EuG-Verfahren können Richter des EuG als Generalanwälte bestellt werden (Art. 49 Satzung des Gerichtshofs und Art. 17–19 VerfO-EuG), doch eine solche *ad-hoc*-Bestellung geschieht praktisch nie.

[1385] Art. 19 II UAbs. 2 EUV.

[1386] Art. 2 Anhang I Satzung des Gerichtshofs.

[1387] *Hackspiel*, in: *von der Groeben/Schwarze* (Hrsg.), Kommentar zum EU-/EG-Vertrag, 6. Aufl. (2003), nach Art. 245 EGV/Protokoll (Nr. 6) über die Satzung des Gerichtshofs vom 26.2.2001, Art. 12, Rdnr. 1.

[1388] Oben Fußn. 613. Vgl. zu Aufbau und interner Organisation des Gerichtshofs *Brown/Kennedy*, S. 19 ff.; *Usher*, European Court Practice, 1983; *Klinke*, Der Gerichtshof der Europäischen Gemeinschaften – Aufbau und Arbeitsweise, 1989; *Lasok*, The European Court of Justice: Practice and Procedure, 2. Aufl. (1994); *Lenz/Borchardt* (Hrsg.), Der Europäische Gerichtshof – Besetzung, Anrufung, Zuständigkeiten, Vorabentscheidung, einstweiliger Rechtsschutz – Kommentar, 2. Aufl. (2000); *Mouton*, La Cour de justice des Communautés européennes, 2. Aufl. (2004).

verwundert es kaum, dass die Gesamtausgaben des EU-Gerichtshof 2010 die Grenze von 40 Millionen € überstiegen[1389].

2. Kammern: Wandel zum kontinentaleuropäischen Modell

Der Gerichtshof selbst hegte Sorgen, er könne durch die Erweiterung zu einer beratenden Versammlung werden[1390]. Gleichzeitig sorgte er sich um die Einheitlichkeit der Rechtsprechung, wenn die Mehrzahl der Verfahren von Kammern gehört werde[1391]. Gleichwohl wollte der EuGH an der Repräsentanz jedes Mitgliedstaates durch einen Richter festhalten, aus Gründen der breiteren Wissensbasis, Akzeptanz und Legitimität[1392]. Die Regel „ein Richter pro Mitgliedstaat" in Art. 19 II UAbs. 1 EUV, von der man sich bislang nicht verabschieden konnte[1393], hat mehr als offenkundig auch politische Gründe[1394], schließlich entscheidet der Gerichtshof heute fast ausnahmslos in (stets ungerader[1395] und regelmäßig neu bestimmter) Kammerbesetzung[1396], so dass nicht mehr jeder Mitgliedstaat bei jeder Entscheidung mit einem Richter vertreten ist.

Entsprechendes gilt für das EuG[1397], das freilich – im Unterschied zum EuGH – sogar gelegentlich in Einzelrichterbesetzung entscheidet[1398]. Beim

---

[1389] Die im Haushaltsplan des Gerichtshofs für das Haushaltsjahr 2010 angesetzten Ausgaben beliefen sich auf fast 40.000.000 €. Die tatsächlich festgestellten Forderungen betrugen laut „Bericht über die Haushaltsführung und das Finanzmanagement" (ABl.EU 2011 Nr. C 154, S. 1 [2]) rund 44.043.000 €. Vgl. zu Ausstattung und Haushalt des EU-Gerichtshofs die ältere Darstellung *Kohler*, EuGRZ 2003, 117 ff.

[1390] Report of the Court of Justice on certain aspects of the application of the treaty on European Union, May 1995, Rdnr. 16: „any significant increase in the number of Judges might mean that the plenary session of the Court would cross the invisible boundary between a collegiate court and a deliberative assembly". Nach *Posner*, The Federal Courts – Challenge and Reform, 1996, S. 82 sind neun Richter die maximale Zahl, die ein Gericht bzw. Senat vertragen könne (wie es beim Supreme Court der Fall ist). Zu dem Kohärenzproblem unter diesem Gesichtspunkt *Pernice*, EuR 2011, 151 (161, 165).

[1391] AaO, Rdnr. 16.

[1392] S. oben Fußn. 1145.

[1393] Näher wird dies im 4. Teil § 2 III 2 diskutiert.

[1394] Vgl. bereits oben Fußn. 906.

[1395] Art. 17 I Satzung des Gerichtshofs.

[1396] Als *assemblée plénière*, also als Plenum tagt der EuGH nur in den Fällen, welche die Satzung des Gerichtshofs vorsieht (z.B. Amtsenthebung eines Mitgliedes der Europäischen Kommission) oder wenn eine Rechtssache nach Auffassung des EuGH außergewöhnliche Bedeutung hat.

[1397] Laut Jahresberichten entscheidet das EuG in rund 80 % der bei ihm anhängigen Rechtssachen in Kammern mit drei Richtern: Im Jahr 2010 zu 1,52 % in Kammern mit fünf Richtern, zu 10,25 % der Präsident des Gerichts, zu 7,02 % in Rechtsmittelkammern und zu 0,38 % in der Großen Kammer.

[1398] Im Jahr 2010 in 0,57 % der Fälle.

EuG soll zudem interessanterweise *mindestens* ein Richter aus jedem Mitgliedstaat vertreten sein[1399]. Das EuGöD besteht – wie eben gesagt – nur aus sieben Richtern[1400]. Bei weiteren Fachgerichten ist die Festlegung der Zahl der Richter und deren nationale Herkunft nicht vorgeschrieben, sondern der Verordnung über die Errichtung des Fachgerichts überlassen[1401].

Auch als Ausgleich zur Größe des EuGH geschieht die Beschlussfassung – wie gerade angedeutet – in Form verschiedener Spruchkörper (Art. 251 AEUV i.V.m. Art. 16 der Satzung). In diesem Zusammenhang sei nochmals[1402] vergegenwärtigt, dass dem EuGH der deutsche Grundsatz des gesetzlichen Richters[1403] und ein Geschäftsverteilungsplan[1404], wie es das deutsche GVG zur abstrakten und generellen Vorherbestimmung des zuständigen Richters und Spruchkörpers vorsieht[1405], unbekannt sind.

Je nach Schwierigkeit oder Bedeutung der Rechtssache[1406] entscheidet der EuGH – ebenso wie das EuG[1407] – nur ganz ausnahmsweise als Plenum in Vollbesetzung mit allen Richtern[1408], bei Grundsatzfragen als Große Kammer (*grande chambre*) mit 13 Richtern, ansonsten als Kammer mit fünf[1409] oder drei Richtern. 2010 waren die entscheidenden Spruchkörper am EuGH in der Praxis wie folgt aufgeteilt: mit 58,06 % Kammern mit fünf Richtern, mit 26,61 % Kammern mit drei Richtern und mit 14,31 %

[1399] Art. 19 II UAbs. 2 EUV.

[1400] Art. 2 Anhang I Satzung des Gerichtshofs.

[1401] S. Art. 257 II AEUV.

[1402] Oben Fußn. 1279.

[1403] Art. 101 I S. 2 GG; s. oben Fußn. 364; *Wägenbaur*, Art. 16 Satzung EuGH, Rdnr. 1.

[1404] Das EuG verfügt allerdings nach Art. 12 VerfO-EuG über knappe „Kriterien für die Zuweisung der Rechtssachen an die Kammern", ABl.EU 2010 Nr. C 288, S. 8; vgl. oben Fußn. 1279.

[1405] § 21e I, III GVG; *Pechstein*, Rdnr. 105, 111.

[1406] Art. 44 § 3 VerfO-EuGH; näher *Pechstein*, Rdnr. 102 f. Über die Verteilung auf die Spruchkörper wird – während der Sitzungswochen – im Großen Beratungssaal des Anneau (oben Fußn. 779) jeden Dienstag um 17:30 Uhr in Generalversammlung (d.h. unter Teilnahme aller Richter und Generalanwälte) entschieden. *Gerichtshof der Europäischen Gemeinschaften*, Der Gerichtshof der Europäischen Gemeinschaften in seinem neuen Palais, S. 43. Zum gesetzlichen Richter oben Fußn. 1279.

[1407] Art. 50 Satzung des Gerichtshofs, Art. 10 § 1 VerfO-EuG; oben Fußn. 1397.

[1408] Zuletzt geschah dies in dem EuGH-Gutachten 1/09, GRUR Int. 2011, 309 (noch nicht in amtlicher Sammlung veröffentlicht), auf das im 3. Teil § 2 VI 1 näher eingegangen wird. Laut Jahresbericht des Gerichtshofs 2010 wurde zuvor das letzte Mal im Jahr 2006 im Plenum entschieden. Näher zur Verteilung der Verfahren auf die Spruchkörper *Nettesheim*, in: *Oppermann/Classen/Nettesheim*, Europarecht, 5. Aufl. (2011), § 5, Rdnr. 141.

[1409] Der EuGH ist im Mai 2004 von zwei zu drei Kammern mit fünf Richtern und dann im Oktober 2006 zu vier Kammern mit fünf Richtern übergegangen. S. *Gerichtshof*, Entwurf von Änderungen der Satzung v. 28.3.2011, S. 2.

die eher „elitäre"[1410] Große Kammer, die mit dem Vertrag von Nizza (d.h. zur Vorbereitung auf die Erweiterungen gen Osten) eingeführt wurde[1411] und die auf Ausnahmefälle beschränkt ist[1412].

Damit entscheidet der Gerichtshof nicht mehr in Vollbesetzung[1413]. Zugleich hat sich damit der ursprüngliche Gedanke der Repräsentation und Einbringung der Erfahrungen aller nationalen Rechtsordnungen sowie aller vorhandenen Rechtskreise in der konkreten Sache weitgehend verflüchtigt[1414]. Der EuGH hat sich einem kontinentalen Gericht angeglichen[1415]. Kontinentale Gerichte entscheiden eher in Senaten oder Kammern als in voller Besetzung. So entscheidet die Cour de cassation mit ihren rund 200 Richtern meist in Kammern mit fünf Richtern[1416]. Die zwölf Zivilsenate des BGH bestehen aus einem Vorsitzenden und vier beisitzenden Richtern. Insgesamt hat der BGH rund 130 Richter.

Dagegen finden sich im anglo-amerikanischen Rechtskreis zumeist Obergerichte mit nur sieben bis fünfzehn Richtern[1417]. Die zwölf *Justices* des Supreme Court of the United Kingdom tagen meist in Fünferbesetzung. Der U.S. Supreme Court tagt stets in voller Besetzung von neun Richtern, was gleichfalls eine Diskussion zwischen den Richtern fördert. Allein daran zeigt sich überdeutlich der erreichte Wandel vom repräsentationsorientierten Organ der sechs Gründungsstaaten (mit sechs Richtern) zu einem paneuropäischen Gericht, das über solche Repräsentationen im Einzelfall hinweggeht.

3. Erweiterung und umgerechnete Entscheidungslast pro Richter

Um noch einmal auf die Erweiterungen 2004 und 2007 zurückzukommen: Innerhalb kürzester Zeit kamen zu den fünfzehn Richtern zwölf weitere hinzu[1418]. Zusammen mit den Veränderungen infolge des Vertrags von Nizza und den Veränderungen in der Verfahrensordnung liegt darin ein

---

[1410] So zumindest der Vorwurf von *Rasmussen*, CML Rev. 44 (2007), 1661 (1672 ff.): die Richter, die der *Grand Chamber/grande chambre* angehören, verfügten über größeren Einfluss.

[1411] Zuvor tagte der EuGH als *grand plenum* mit fünfzehn Richtern oder als *petit plenum* mit neun Richtern oder als Kammer mit fünf bzw. drei Richtern; *Costello*, Dublin University Law Journal 21 (1999), 40 (52).

[1412] Art. 16 VI Satzung des Gerichtshofs.

[1413] Art. 32 II S. 1 EGKSV, Art. 165 II S. 1 EWGV, Art. 137 II S. 1 EAGV.

[1414] *Gundel*, EuR-Beih 3/2008, 23 (30); *Skouris*, in: Festschr. f. Starck, 2007, S. 991 (998).

[1415] *Bobek*, CML Rev. 45 (2008), 1611 (1637); ferner *Brown/Kennedy*, S. 389.

[1416] *Bell*, S. 47.

[1417] *Jolowicz*, in: *Yessiou-Faltsi* (Hrsg.), The Role of the Supreme Courts at the National and International Level, 1998, S. 37; *Bobek*, CML Rev. 45 (2008), 1611 (1638).

[1418] Vgl. oben Fußn. 580.

fundamentaler Einschnitt sowohl in die etablierten personellen als auch rechtlichen Strukturen. Wie erwähnt wurden dabei auch Änderungen bei der gerichtsinternen Aufgabenverteilung nötig, die sich bislang noch nicht auf die Kohärenz der Entscheidungen ausgewirkt haben. Ob dies so bleibt, ist abzuwarten. Vielfach schweigt der EU-Gerichtshof trotz vergangener Stellungnahmen zu Reformfragen über seine Interna und Probleme. Nach einer Phase der intensiven öffentlichen Diskussion, die um 2000 auszumachen war[1419], ist beim Gerichtshof weitestgehend Stille eingetreten. Das ist sicher auch auf die EU-Erweiterungen zurückzuführen, die das alte Modell der immer engeren Union an seine faktischen Grenzen bringt[1420]. Ob damit beim EuGH tatsächlich ein „fall of [the] federalist ideology" auszumachen ist[1421], muss dagegen bezweifelt werden.

Bei 574 erledigten Rechtssachen im Jahr 2010 entfallen – einfach gerechnet – bei 27 EuGH-Richtern durchschnittlich 21,26 Verfahren auf einen Richter[1422]. Angesichts der Komplexität einiger Fälle und der beschriebenen Sprachprobleme lässt sich dies nur durch die Zuarbeit der *référendaires* und „Vorarbeit" des *juge rapporteur* erfolgreich meistern. Unter der individuellen Verfahrenslast, die zu einem schnellen Entscheidungszwang der Europarichter beiträgt, kann die Qualität leiden. Die Zahl ist zwar nicht besorgniserregend hoch, etwa wenn man die Zahlen der Arbeitspensen bei den oberen Verfassungs- und Zivilgerichten vergleicht. (Ein BGH-Richter eines Zivilsenates hat rund 42 Fälle pro Jahr zu entscheiden[1423].) Allerdings ist – wie dargestellt[1424] – die Erleichterung der durchschnittlichen Verfahrenslast pro Richter derweil noch bedingt durch die personelle Verstärkung im Zuge der Osterweiterung bei bislang geringem Anstieg der Verfahren.

[1419] Insbesondere zum Reflexionspapier des EuGH (1999) noch eingehend später.

[1420] S. *Rasmussen*, CML Rev. 44 (2007), 1661 (1665) in seinem Beitrag zu einer von ihm ausgemachten „post-2005 ideological revolt": „a major cause for the Court's silence could in fact be that its internal culture has been severely affected by the ideological and enlargement stalemate." Auf S. 1665 sogar: „the present EC judicial situation recalls the post-1936 downfall of the US Supreme Court's anti-New Deal activism of the previous decade or so".

[1421] So *Rasmussen*, CML Rev. 44 (2007), 1661 (1662), der das auch an der internen personellen Besetzung festmacht.

[1422] S. bereits oben im Fließtext bei Fußnotenzeichen 541.

[1423] Ermittelt an dem Gesamtdurchschnitt der Durchschnitte folgender vier Jahre: 1993 (34 Fälle), 1999 (45 Fälle), 2003 (48 Fälle), 2004 (43 Fälle) und 2005 (40 Fälle); nach *Bork*, in: *ders./Eger/Schäfer* (Hrsg.), Ökonomische Analyse des Verfahrensrechts, 2009, S. 43 (44), der weitere Arbeitspensen bei den Zivilgerichten aufführt.

[1424] Oben bei Fußnotenzeichen 539.

§ 8: Zusammenfassende Schlussfolgerungen

I. Probleme der föderalen Vergerichtlichung des Unionsprivatrechts

1. Asymmetrische Beteiligung

Die Rechtskommunikation zwischen dem EuGH und den Zivilgerichten nimmt seit den neunziger Jahren kontinuierlich zu. Ursächlich sind vor allem die Öffnung der Zivilrechtsordnungen für die Integrationsdynamik infolge neuer EU-Sekundärrechtsakte, der Ausbau des Primärrechts samt Grundrechtskatalogs sowie das Anwachsen des Rechtsprechungsapparats. Diese Gründe bewirken ihrerseits mehr Nachfrage nach europäischer Rechtsklärung und rückgekoppelter Reform der nationalen Rechtsordnungen.

Das Vorlageverfahren hat mit einigem prozessstatistischen Erfolg und in der Summe durchaus passablem qualitativen Wirken die Europäisierung gefördert[1425]. Aufgrund der bereits zuvor explizierten Umstände wird sich die Vergerichtlichung auf der unionalen europäischen Ebene weiter intensivieren. Vorstehend wurden dazu einzelne grundlegende institutionalistische Strukturmerkmale des Dialogs zwischen den Ebenen unter Einschluss empirischer Beobachtungen herausgearbeitet. Insbesondere fanden die Anreize für die Gerichte und der dahinterstehenden Parteien Erörterung, sich vermehrt an den EuGH zu wenden[1426].

Die asymmetrische Beteiligung der Mitgliedstaaten und vor allem die asymmetrische Berücksichtigung von Parteiinteressen im europäischen Dialog[1427] werden in der bisherigen Fachdiskussion noch unzureichend ernstgenommen. Dies geschieht unter irrtümlicher Annahme einer Rechtsanwendungs- und dialogischen Beteiligungsgleichheit. Fraglos sind Partizipationsdivergenzen föderalen Zivilrechtsordnungen inhärent. Das gilt für das Eingangsgericht sowie innerhalb des Instanzenzuges. Häufig sind solche materiebezogenen Abweichungen der regionalwirtschaftlich abweichenden Leistungskraft geschuldet, was auch dem Konzept des wettbewerbsorientierten Föderalismus entspricht. Nachgezeichnet wurde aber, dass ein unterschiedlicher Grad an volkswirtschaftlicher Tätigkeit sich gerade nicht hinreichend signifikant auf die Vorlagezahlen auswirkt[1428].

Aufgrund einer Fülle von Gründen, die für jeden Mitgliedstaat verschieden ausfallen, variiert die effektive Hürde beim Zugang zur EU-

---

[1425] Vgl., statt vieler, anlässlich des 50-jährigen Jubiläums des EuGH *Everling*, DVBl. 2002, 1293 ff.

[1426] Zu verweisen ist auf oben 2. Teil § 2 I 2.

[1427] Oben 2. Teil § 5.

[1428] Stattdessen wurde eine gewisse Korrelation zwischen der Beteiligung an den Wahlen zum Europäischen Parlament und der Vorlagerate festgestellt; oben 2. Teil § 4 III 3 b).

Gerichtsbarkeit und damit auch zur potenziellen Vollentfaltung der judikativ vollzogenen Rechtsintegration. Damit ist es eben Zweierlei, welche Struktur einheitlich unionsrechtlich angeboten und wie sie dezentral von den verschiedenen Nationalgerichten genutzt wird. Eine Rolle spielt weiter die unionskonforme Auslegung als Alternative zur Vorlage. Auf einem anderen Blatt steht allerdings, inwieweit dadurch die Beteiligungsungleichheiten und die damit verknüpfte Unterrepräsentation beim EU-Gerichtshof ausbalanciert werden. Dies gilt besonders im Fall von Rechtsordnungen mit wenig Erfahrung im Umgang mit dem EU-Recht.

2. Forschungsdesiderate

In diesem Teil wurden verschiedene Erklärungsansätze für die unterschiedlichen Vorlageraten untersucht[1429]. Gleichwohl lassen die Abweichungen sich nicht vollständig und schon gar nicht mit einem einheitlichen Schlüssel erklären. Neben verschiedenen rechtlichen und rechtskulturellen Ursachen spielen auch außerrechtliche Faktoren eine Rolle. Darum muss die weitere Forschung unter Zusammenführung sozial- und rechtswissenschaftlicher Untersuchungen die Gegebenheiten, Probleme und Hindernisse analysieren, und zwar von der Entstehung der Rechtssache, deren Verfahrensgang bis hin zur tatsächlichen Vorlage und ihrer nationalrichterlichen Umsetzung. An dieser Zusammenführung zweier Forschungsbereiche, die sich fraglos an ein unterschiedliches Publikum wenden und sich einer unterschiedlichen Sprache bedienen, mangelt es derzeit[1430].

Die Rechtswissenschaft beachtet die empirischen Daten kaum, wie sie überhaupt der wirtschaftlichen, politischen und sozialen Einbettung der juristischen Entwicklung zu wenig Interesse schenkt. Die Sozialwissenschaften verknüpfen die Untersuchungen eindeutig zu wenig mit den rechtlich relevanten Fragestellungen und den unterschiedlichen Rechtskulturen. Teils vereinfachen sie das Verhalten bestimmter Akteure oder blenden andere Einflüsse für ihre Modellannahmen aus. In den sozialwissenschaftlichen Analysen heißt es regelmäßig, die Unternehmen und Bürger machten Gebrauch vom Vorlageverfahren an den EuGH, ohne hinreichend zu thematisieren, dass dies meist im nicht erzwingbaren „Ermessen" des nationalen Gerichts liegt. Allein die Nationalgerichte vermögen die Brücke[1431] des Vorabentscheidungsverfahrens zum EuGH zu beschreiten.

[1429] Bereits oben 2. Teil § 4 III.

[1430] Zum Verhältnis (und dem Plädoyer eines „taking the law seriously") *Joerges*, ELJ 2 (1996), 105 ff.; die Bedeutung der soziologischen Betrachtung des Zivilprozesses unterstreicht etwa *Gounalakis*, in: Gedächtnisschrift für Argyriadis, Bd. I, 1996, S. 177 ff.

[1431] Ausdruck von *Sauer*, Jurisdiktionskonflikte in Mehrebenensystemen – Die Entwicklung eines Modells zur Lösung von Konflikten zwischen Gerichten unterschiedlicher Ebenen in vernetzten Rechtsordnungen, 2008, S. 37.

Parteianwälte können eine Vorlage dagegen nur anregen[1432]. Weil die Entscheidung von Amts wegen ergeht, kann die Vorlage umgekehrt sogar gegen den ausdrücklichen Parteiwillen erfolgen[1433].

Die oben vorgenommenen Analysen können erst einen Anfang bilden. Dazu ist konkret auf Forschungsdesiderate hinzuweisen. Es mangelt nicht nur an rechtstatsächlichen Untersuchungen über die interne Entscheidungspraxis, die Richterschaft und Abläufe beim EU-Gerichtshof. Mehr noch fehlen Untersuchungen aus Sicht der Nationalgerichte[1434]. Relevant sind hier vier Gesichtspunkte: (1.) Warum wird aus welchem Gerichtszweig und von welcher Instanz wozu mit welchen Modalitäten vorgelegt? Letzteres betrifft z.B. Stil der Vorlagefragen, begleitende Informationen, Lösungsvorschlag oder nicht. (2.) Welche Gerichte nehmen von einer notwendigen Vorlage Abstand? Dabei geht es insbesondere um die praktische Handhabung der *C.I.L.F.I.T.*-Kriterien. (3.) Wann wird die Vorlage zurückgezogen? Wie sind (4.) die Reaktionen auf die EuGH-Entscheidung? Das betrifft nicht das Vorlagegericht (und andere), sondern auch die Parteien, insbesondere unter dem Gesichtspunkt der Vergleichsbereitschaft.

Der statistisch messbare Ausdruck der Ungleichzeitigkeit bzw. des Desinteresses am Vorlageverfahren, vor allem in den neuen Mitgliedstaaten[1435], stimmt nachdenklich, schließlich ist die Dialogbereitschaft der nationalen Rechtsanwender essentiell für das europäische Rechtsschutzsystem. Wichtig sind in diesem Zusammenhang Loyalitätskonflikte (z.B. mit dem Verfassungsgericht, der Rolle des Parlaments usw.). Dazu gilt grob die Regel: Je größer die rechtlichen und tatsächlichen Einpassungsschwierigkeiten (und damit auch Kosten)[1436] sowie die politische und/oder verfassungsrechtliche Sensibilität des Themas, desto eher ist ein Abweichen oder zumindest ein Ignorieren der Unionsvorgaben zu erwarten. Relevant ist auch das Selbstverständnis der Zivilrichter, insbesondere inwieweit sie sich als Träger der europäischen Integration begreifen und wertend bei der Rechtswahrung in föderal-ganzheitlichen Kategorien

---

[1432] Wobei eine Beschwerde im Fall der Ablehnung unzulässig ist; *Dauses*, S. 95 sowie 3. Teil § 2 VII 2.

[1433] *Dauses*, S. 95.

[1434] S. immerhin die verwaltungsrechtlichen Untersuchungen *Kanninen/Telivuo*, General report on the colloquium subject "The Preliminary Reference to the Court of Justice of the European Communities", 2002 (Umfrage auf Grundlage eines umfangreichen Fragebogens bei Verwaltungsgerichten; Ergebnisse erhältlich über www.jura dmin.eu/en/colloquiums/colloq_en_18.html); *Schwarze*, Die Befolgung von Vorabentscheidungen, 1988.

[1435] Oben 2. Teil § 4 II 3.

[1436] Im Zusammenhang mit dem Vertragsverletzungsverfahren *Stone Sweet*, Living Reviews in European Governance 2010, 33.

denken. Dazu ist auf die Ausführungen zum zentralistisch verfassten Frankreich zu verweisen, wo umgerechnet auf die Bevölkerungsgröße eine niedrige Vorlagerate besteht[1437].

Angesprochen wurden zudem weitere Aspekte, wie etwa die Dauer des Vorabentscheidungsverfahrens und Probleme bei der Umsetzung der Luxemburger Vorgaben, die Gerichte von Vorlagen abhalten können[1438]. Überdies mögen Zweifel an der Fachkompetenz der EU-Richter in der jeweiligen Spezialmaterie ebenso eine Rolle spielen wie die Befürchtung, durch zu viele Vorlagen könnte eine Art Superrevisionsinstanz entstehen, die letztlich die eigene Autorität untergrabe[1439]. Andere Richter könnten davon Abstand nehmen, eine unionsrechtliche Auslegungsfrage zu unterbreiten, wenn juristische Probleme immer noch mehr oder minder national diskutiert werden und ihnen das EU-Recht als diffuse Größe erscheint. Eigentlich müsste in vielen Bereichen die Dominanz des Unionsprivatrechts offensichtlich sein. Verwiesen sei in diesem Zusammenhang nochmals auf die These, dass 80 % des nationalen Rechts europäisch determiniert sei[1440].

Umgesetztes Richtlinienrecht verbirgt jedoch seinen europäischen Hintergrund. Der hohe Auslegungsbedarf[1441] wird zudem durch die Unüberschaubarkeit der besagten Normenflut des EU-Rechts verdeckt[1442]. Das mag je nach Mitgliedstaat unterschiedlich sein. Die Sichtbarkeit des Unionsrechts in Deutschland dürfte groß sein. So veröffentlicht die wöchentlich in einer Auflage von mehreren zehntausend Exemplaren erscheinende Neue Juristische Wochenschrift ausgewählte EGMR- und EuGH-Entscheidungen an erster Stelle in der Rechtsprechungsrubrik.

3. Unterschiedliche Perspektiven bei der dialogischen Grundkonzeption

Unions- und Nationalgerichte sind zwei autonome, sich überlagernde, aber nicht kongruente Systeme. Sie basieren auf eigenständigen Entscheidungsverantwortungen, Verfahrensnormen und Zielsetzungen. Beim integrationsorientierten Unionsprivatrecht und beim mitgliedstaatlichen Bürgerlichen Recht handelt es sich um Komplementärrechtsordnungen mit verschiedenen Aufgaben und von unterschiedlicher Dichte. Prozessual sind sie vor allem über das Vorabentscheidungsverfahren gekoppelt. Dem EU-

---

[1437] Oben 2. Teil § 4 III 4 c) bb).

[1438] Oben 2. Teil § 2 II und § 3.

[1439] Vgl. *Basedow*, Nationale Justiz und Europäisches Privatrecht, S. 7 f.

[1440] Oben Fußn. 85.

[1441] Zur fehlenden Erkennbarkeit des europäischen Charakters nationaler Normen *Hirte*, S. 45 f.

[1442] S. *Hirte*, S. 47 f.

Gerichtshof sind Zuständigkeitsgrenzen gesetzt[1443] durch die enumerativen Verfahrensarten, den Auftrag einer „Auslegung und Anwendung"[1444] des Unionsrechts sowie die Aufgabe einer Sicherung der einheitlichen, vollständigen und effektiven Umsetzung und Anwendung des EU-Rechts[1445]. Der Gerichtshof hat den Grundsatz der institutionellen und verfahrensrechtlichen Autonomie der Mitgliedstaaten[1446] zu beachten.

Wie ein roter Faden zieht sich der Gedanke des föderalen Ebenengleichgewichts durch das Verhältnis der Union zu ihren Mitgliedstaaten. Beide Gerichtsebenen verfolgen teils komplementäre, teils divergierende Ziele. In ihrem Bestreben nach einer Lösung des zivilrechtlichen Konfliktfalls[1447] ziehen beide am gleichen Strang. Angesichts unterschiedlicher Aufgabenstellungen und Folgenverantwortungen geschieht dies recht häufig in verschiedene Richtungen.

Einerseits will der EU-Gerichtshof eine gewisse, im Kernbereich sogar möglichst hohe Einheitlichkeit, um den Homogenitätserfordernissen der Verträge Genüge zu tun. Damit geht es der EU-Gerichtsbarkeit nicht nur um die Verdichtung und Stärkung der Rechtsgemeinschaft, sondern – als übergreifende Aufgabe – auch um die Schaffung föderaler Rechtseinheit und -gleichheit. Andererseits bemühen sich die nationalen Gerichte vielfach darum, ihre prozessualen und rechtskulturellen Eigenheiten und Rechtsauffassungen beizubehalten. Daraus ergeben sich die Bauprinzipien von *effet utile* und Subsidiarität, die der EU-Gerichtshof in ein rechtes Verhältnis setzen muss, was ihm – wie dargestellt – nach Auffassung einiger Kritiker nicht durchgängig gelingt.

Der prozedural komplexe Dialog mit Anpassungsprozessen und Rückkoppelungen ist durch Triebkräfte von unten und oben geprägt. Verschieden ausgerichtete Strukturrichtungen greifen ineinander: zum einen die „top down"-Struktur[1448] in Gestalt der Bindungswirkung der EuGH-Entscheidungen, die zumindest faktisch auch über die Rechtssache hinausgeht, und zum anderen die „bottom-up"-Struktur, die zumindest bei fakultativen Vorlagen vorliegt.

Zudem hat sich der Dialog zwischen den Gerichten im Laufe der Integration gewandelt. Während die ursprüngliche Konzeption horizon-

---

[1443] Art. 19 III EUV, Art. 256 ff. AEUV. Deutlich wurde dies auch in ex-Art. 220 EG: „Der Gerichtshof und das Gericht erster Instanz sichern *im Rahmen ihrer jeweiligen Zuständigkeiten* die Wahrung des Rechts bei der Auslegung und Anwendung dieses Vertrags." (Kursivsetzung hinzugefügt.)

[1444] Art. 19 I S. 2 EUV.

[1445] *Huber*, in: *Merten/Papier*, § 172, Rdnr. 11.

[1446] *Huber*, Recht der Europäischen Integration, 2. Aufl. (2002), § 22, Rdnr. 1.

[1447] Zu dieser Aufgabe *Hager*, S. 13.

[1448] Dazu oben Fußn. 24.

Tabelle 4: Zusammenfassend zu den Perspektiven der Gerichtsbarkeiten

	EU-Gerichtshof	mitgliedstaatliche Zivilgerichte
Ausgangslage im Gerichtsföderalismus	möglichst hohe Einheitlichkeit in Kernbereichen (durch Vorrang des Unionsrechts und Vorlagepflicht) – „top down"-Wirkung	möglichst viel Dezentralität (u.a. durch Verweis auf *acte clair*-Doktrin) und überwiegend freiwillige „bottom-up"-Struktur
	Autonomie des EU-Rechts (u.a. durch unionseigene Begriffsbildung, die auch die Rolle des EU-Gerichtshofs stärkt)	nationale Autonomie (bei Institutionen, Entscheidungsfindung, Verfahrensrecht)
Aufgaben	Kohärenz, effektive Einhaltung und Fortentwicklung des EU-Rechts (ohne klare Trennung zwischen Auslegung und Rechtsfortbildung, Telos) bei erst beginnender Unterscheidung zwischen öffentlichem und privatem Recht	Systemeinpassung unter Beachtung der Grundsätze, Qualität und Kohärenz des Fachrechts
	eher verfassungsgerichtliche Makrofunktion	eher Einzelfallgerechtigkeit
Rollenverständnis im Dialog	unionsweite Akzeptanz als Ansprechpartner aller Gerichte in Unionsrechtsfragen (Stärkung der eigenen Legitimität auf Grundlage – externer – Rechtsprechungsnachfrage)	arbeitsteiliger Dialog mit dem EuGH (u.U. unter Umgehung nationaler Höchstgerichte), aber gelegentlich irrige Erwartung, der EuGH könne die Streitsache lösen, als wäre er ein Rechtsmittelgericht
		Einlegung nationaler Rechtsmittel sowie Staatshaftung (*Köbler*) und Vertragsverletzungsverfahren möglichst unterbinden
Verfahrenslast und -dauer	Überlastung verhindern (u.a. durch Balance zwischen Zentralität, d.h. Selbstentscheidung, und Dezentralität, d.h. nationale Gerichte entscheiden, sowie durch großzügigem Umgang mit der *acte clair*-Doktrin)	rasche Entscheidung der Streitsache (d.h. lange Wartezeiten durch Vorlageverfahren eher verhindern)
kognitive Grenzen	Verständnisgrenzen: insbesondere bei komplexen mitgliedstaatlichen Rechtslagen und den Eigenheiten des Zivilrechts	Wissensgrenzen: praktische Unüberschaubarkeit der Unionsrechtsprechung und der anhängigen Rechtssachen

tal[1449] und bilateral[1450] ausgerichtet war, hat der EuGH sie im Zuge der *Costa/E.N.E.L.*-Rechtsprechung[1451] schrittweise zu einer vertikalen und

---

[1449] Denn der EuGH hat keinen Einfluss darauf, ob und mit welchen Verfahrensfragen vorlegt wird.

[1450] Die Vorgaben wirken grundsätzlich nur bezogen auf das Ausgangsverfahren.

multilateralen Struktur umgewandelt[1452]. Die EuGH-Entscheidungen sind nicht mehr nur für das vorlegende Gericht bindend, sondern vermögen auch für andere Gerichte Bindungswirkung zu entfalten[1453].

Angesichts vorstehender Spannungsverhältnisse erweist sich die Europäische Gerichtsbarkeit im weiteren Sinne, d.h. unter Einschluss der mitgliedstaatlichen Zivilgerichte, als Gesamtsystem, das vom Amtsgericht an den geografischen Grenzen Europas bis hoch zum unionalen Richterstuhl in Luxemburg reicht. Dem EuGH ist aufgrund der Dynamik und Komplexität offenbar daran gelegen, mit teils nur groben Vorgaben sich und den Mitgliedstaaten gewisse Entwicklungswege offenzuhalten. Der EU-Gerichtshof unterscheidet sich von (anderen) föderalen Gerichten, weil er nicht unmittelbar in eine Gerichtshierarchie eingebunden ist und größtenteils von der freiwilligen Kooperation der mitgliedstaatlichen Gerichte abhängig ist. Die EU-Gerichtsbarkeit hat dabei unterschiedliche Systeme mitsamt verschiedenen Wahrnehmungsebenen, Überzeugungsbildungen und institutionellen Pfadabhängigkeiten[1454] rechtlich zu koordinieren. Die obige Tabelle 4 verdeutlicht die zivilrechtsbezogene Zusammenarbeit der Gerichte[1455] auf Grundlage verschiedener Verständnishorizonte oder „Programme".

II. *Verzögerte Krise der Zusammenarbeit: Ausbaunotwendigkeiten*

Erst durch die Rechtsanwendung wird dem geschriebenen Recht Leben eingehaucht. Den gleichen Gedanken bringt das als Vorspruch zu diesem 2. Teil wiedergegebene Zitat von *Pound* zum Ausdruck[1456]. *Pounds* Äußerung, das eigentliche „Leben" des Rechts liege nicht beim Gesetzgeber,

---

[1451] Oben 2. Teil § 1 I 1; EuGH, Rs. 6/64, Slg. 1964, 1259; zum Anspruch des Vorrangs von Gemeinschaftsrecht auch gegenüber dem nationalstaatlichen Verfassungsrecht unter Einschluss der Grundrechte EuGH, Rs. 11/70, Slg. 1970, 1125 – *Internationale Handelsgesellschaft*; zur Wirkung des Vorrangs des Gemeinschaftsrechts auch EuGH, Rs. 106/77, Slg. 1978, 629 – *Simmenthal II*; s. bereits oben Fußn. 10.

[1452] *Craig/de Búrca*, EU Law: Text, Cases and Materials, 4. Aufl. (2008), S. 443, 475, 482; oben Fußn. 1200.

[1453] *Craig/de Búrca*, S. 453 unter Verweis auf EuGH, Rs. 66/80, Slg. 1981, 1191 – *International Chemical Corporation/Amministrazione delle Finanze dello Stato*. S. auch den 4. Teil § 1 V 2.

[1454] S. oben Fußn. 914.

[1455] Daneben gibt es noch verschiedene andere, eher indirekte Gesprächspartner, z.B. EU-Institutionen, nationale Regierungen, Interessengruppen und Unternehmen.

[1456] Oben vor Fußnotenzeichen 1. *Pound* erweitert folgenden prägnanten Ausspruch von *Oliver Wendell Holmes* (1841–1935) um dieses soziologische Element, und zwar: „The life of the [Common] law has not been logic: it has been experience" (*Holmes*, The Common Law, 1881, S. 1). Mit der These, dass der Normenvollzug in Rechtsprechung und Praxis stärker ins Zentrum der Forschung rücken soll *Pound*, Am. L. Rev. 44 (1910), 12 ff. (*law in books* und *law in action*).

sondern in seiner Durchsetzung, passt erst recht zu einer sich noch entwickelnden und um Akzeptanz weiterhin ringenden Rechtsordnung wie der europäischen. Das europäische Rechtssystem wurde zwar bei Weitem nicht in dem Ausmaß wie das US-amerikanische[1457], aber dennoch maßgeblich von Richterrecht gestaltet. Aufgrund des bestimmenden Einflusses des europäischen Richterstuhls wird Recht zum Prozess.

Aufgabe der EU-Gerichtsbarkeit ist es, die normbezogene Ungewissheit zu verringern, die in einer multilingualen Rechtsordnung mit häufig kompromisshaften Formulierungen und selektivem sowie sukzessivem Zugriff auf das Privatrecht umso dringender erscheint[1458]. Wie bereits ausgeführt, kommt es bei der Europäischen Gerichtsbarkeit mehr als in einer nationalen Rechtsordnung auf die Akzeptanz und die Dialogbereitschaft der vorlegenden Gerichte an.

Bei allen für den Bereich des Individualrechtsschutzes wichtigen Verfahrensarten zeigt sich ein kontinuierlicher Anstieg der zu bearbeitenden Fälle. Während von 1961 bis 1970 im Durchschnitt jährlich nur 10,7 Vorabentscheidungsersuchen den EuGH erreichten, waren es von 2001 bis 2010 im Schnitt 262,4. Gleichwohl erstaunt, dass der Anstieg nicht viel höher ausfiel[1459]. Vielfach wird von der Vorlagemöglichkeit kein Gebrauch gemacht und gerade der Vorlagepflicht[1460] wird nicht nachgekommen. So ging man noch von höheren Zahlen aus[1461], als die Diskussion um die Arbeitslast der Unionsgerichtsbarkeit den EuGH erreichte und er im Mai 1999 das Reflexionspapier „Die Zukunft des Gerichtssystems der Europäischen Union"[1462] vorlegte, worauf zurückzukommen ist[1463]. Die Fehleinschätzungen sind nicht neu. Nicht bewahrheiten konnte sich etwa die Befürchtung, die Auslegungskompetenz des EuGH für das EuGVÜ (infolge des Luxemburger Protokolls von 1971)[1464] führe zu einer Vorlagelawine von jährlich bis zu 20.000 Vorlagen[1465].

[1457] *Komesar*, Law's Limits – The Rule of Law and the Supply and Demand of Rights, 2001, S. 3: „When U.S. lawyers and legal scholars use the term 'law,' they commonly mean court-made law. Here law is the product of a process – the adjudicative process – filled with limits and trade-offs".

[1458] Dazu, dass die Rechtsungewissheit im Wege eines Vorabentscheidungsverfahrens und anhand eines konkreten Konflikts kommuniziert werden sowie zum grundsätzlichen Mechanismus *Höland*, ZfRSoz 30 (2009), 23 (24).

[1459] *Skouris*, in: Festschr. f. Starck, 2007, S. 991 (992).

[1460] Zum Einsatz der *acte clair*-Doktrin oben 2. Teil § 4 III 4 b) bb).

[1461] S. die Schätzungen von *Turner/Muñoz*, YEL 19 (2000), 1 (2), wonach den EuGH im Jahr 1998 420 Vorlageverfahren erreichen sollten.

[1462] Abgedruckt in EuZW 1999, 750 = EuGRZ 2000, 101; die englische Fassung (mit Originalpaginierung) findet sich bei *Dashwood/Johnston* (Hrsg.), The Future of the Judicial System of the European Union, 2001, S. 111.

[1463] 3. Teil § 2.

[1464] Oben Fußn. 297.

Erstrebenswert ist die rechte Balance: Einerseits sind möglichst viele Vorlagen an den EuGH erforderlich, um die Anwendung, Einheitlichkeit und auch Fortentwicklung des Unionsrechts sicherzustellen und die Rechtserkenntnis zu steigern. Andererseits ist die limitierte Ressource „Unionsgerichtsbarkeit" insbesondere durch eine Vermeidung leichtfertiger Vorlagen auf eine sinnvolle Inanspruchnahme zu beschränken – schließlich nimmt mit übermäßigem Arbeitspensum die Qualität und rechtzeitige Streitklärung ab. Die Systemakzeptanz und -nutzung seitens der mitgliedstaatlichen Gerichte leidet durch lange Bearbeitungszeiten beim Unionsgerichtshof.

In erster Linie führen die Zuständigkeitsverlagerungen von der nationalen auf die europäische Ebene zu neuem Klärungsbedarf. Das kann im Fall einer Überlastung des EuGH zu einer Verengung bei den Chancen der Rechtsverwirklichung führen. Mehr gesetztes Recht müsste mit anderen Worten zu stärkerem Unionsrechtsbewusstsein im mitgliedstaatlichen Justizalltag, zu mehr Verfahren vor dem EuGH und damit zu einem verzögerten Zugang zum Rechtsschutz führen. Doch das Ergebnis der vorstehend aufgeführten Daten erscheint – vorerst – paradox: Die Europäische Gerichtsbarkeit steht intern zwischen Überlastungsgefahr und extern vor einer gewissen Verweigerungshaltung vonseiten zahlreicher in der Sache eigentlich vorlagepflichtiger Gerichte.

Eine Krise der Zusammenarbeit droht im Fall einer steigenden Bearbeitungsdauer der Vorabentscheidungsverfahren. Die Verfahrensdauer ließ sich in den vergangenen Jahren[1466] nicht nur wegen vieler Reformen, wie offiziell vorgetragen[1467], reduzieren, sondern auch durch den Anstieg der Richterzahl um zwölf Richter durch die Osterweiterung bei gleichzeitig nur ganz langsamem Anstieg an Verfahren. Es ist davon auszugehen, dass die Vorlagezahlen künftig ansteigen werden und damit die Dauer der Verfahren zunimmt.

So kamen insgesamt 2004 bis 2010 nur 157 Vorlageverfahren aus den zwölf neuen Mitgliedstaaten. Das macht 8 % der Gesamtzahl – trotz zwölf neuer Richter. Den Verkürzungen der Bearbeitungsdauer steht auch das zu erwartende (teilweise) Aufholen der neuen Mitgliedstaaten entgegen[1468]. Diese werden nach einer Eingewöhnungsphase vermehrt vorlegen und die Arbeitslast des EU-Gerichtshofs erhöhen[1469] – ganz zu schweigen von den

---

[1465] *Rasmussen*, CML Rev. 15 (1978), 249 (251); dagegen *Basedow*, RabelsZ 66 (2002), 203 (206): schwarzmalerisch.

[1466] S. dazu oben 2. Teil § 2 II 3 (mitsamt Tabelle 2 und Grafik 2).

[1467] *Skouris*, in: Jahresbericht 2009 – Gerichtshof der Europäischen Union, 2010, S. 9 (11).

[1468] Vgl. *Everling*, in: Festschr. f. Rengeling, 2008, S. 527 (535).

[1469] *Broberg/Fenger*, S. 35.

kommenden Erweiterungen. Zu beachten ist: Weitgehend ausgeschöpft sind die Möglichkeiten, im Rahmen der Verfahrensstraffung durch Änderung von Satzung und Verfahrensordnung zu einer weiteren Verkürzung der Verfahrensdauer zu gelangen[1470]. Der Reformdruck wird darum wegen der steigenden Bedeutung des EU-Rechts und bei besserer allgemeiner Akzeptanz des Vorlageverfahrens stark zunehmen[1471].

Was die noch verhältnismäßig wenigen Verfahren im Privatrecht anbelangt, so stellt sich die Frage, ob die Unionsgerichtsbarkeit der Aufgabe einer Verhinderung von Rechtsprechung durch Rechtsprechung[1472] nicht gelegentlich übergebührlich nachkommt. Rationalisiert die europäische Judikatur wirklich die Rechtsanwendung, erhöht sie den Grad an Rechtssicherheit und kommt es dadurch zur Verringerung des Streitaufkommens? Oder lassen die Ungewissheit im Ausgang der Verfahren und auch die teils vagen Antworten des EuGH die Gerichte von der Vorlage Abstand nehmen? Ungewissheit ist fraglos das Wesenselement des Verfahrens. Nach *Luhmann* in „Legitimation durch Verfahren" muss „die Spannung bis zur Urteilsverkündung wach gehalten werden"[1473]. Doch fragt es sich, ob eine überstarke Ungewissheit des inhaltlichen wie qualitativen Ausgangs von Entscheidungen im Falle des EuGH nicht gerade eine Ablehnung der Vorlageoptionen erzeugt.

Bis zu einem gewissen Grad bedingen sich die „Nachfrage" und das „Angebot"[1474] an zügiger Rechtsprechungstätigkeit durch die EU-Gerichtsbarkeit. Denn wäre die Bearbeitungsdauer für Verfahren kürzer, käme es

---

[1470] So die Einschätzung von *Everling*, in: Festschr. f. Rengeling, 2008, S. 527 (535).

[1471] Ebenfalls *Pernice*, EuR 2011, 151 (153); *Wegener*, in: *Calliess/Ruffert*, Art. 267 AEUV, Rdnr. 2.

[1472] Allgemein als Aufgabe und Selbstregulierung der Rechtsprechung benannt von *Höland*, ZfRSoz 30 (2009), 23 (35 ff.).

[1473] Das vollständige Zitat bei *Luhmann*, Legitimation durch Verfahren, 1983, S. 116 lautet: „Funktion des Verfahrens ist mithin die Spezifizierung der Unzufriedenheit und die Zersplitterung und Absorption von Protesten. Motor des Verfahrens aber ist die Ungewißheit über den Ausgang. Diese Ungewißheit ist die treibende Kraft des Verfahrens, der eigentlich legitimierende Faktor. Sie muß daher während des Verfahrens mit aller Sorgfalt und mit Mitteln des Zeremoniells gepflegt und erhalten werden – zum Beispiel durch betonte Darstellung der richterlichen Unabhängigkeit und Unparteilichkeit, durch Vermeidung bestimmter Entscheidungsversprechen und durch Verheimlichung schon gefaßter Entscheidungen, im englischen Prozeß sogar durch die Regel, daß der Richter vollständig unvorbereitet zur Verhandlung erscheint und ihm alle Einzelheiten mündlich vorgetragen werden müssen. Die Spannung muß bis zur Urteilsverkündung wachgehalten werden".

[1474] Zu dieser Sichtweise für und (natürlich) aus den USA in „comparative institutional analysis" *Komesar*, S. 3: „This [adjudicative] process has elaborate procedures that raise the cost of participation and reduce access to information. It has limited physical resources and is constrained by the bottleneck of an appellate system that restricts its growth".

wahrscheinlich zu mehr Vorlagen. Bald wird der EU-Gerichtshof jedoch größere Fallzahlen in Angriff nehmen müssen. Aus dem materiellen Recht resultieren institutionelle Folgerungen, damit der EU-Gerichtshof seine Ordnungs- und Rechtsklärungsaufgabe weiterhin wahrnehmen kann. Zur Erhaltung der primärrechtlich sowie in VerfO-EuGH und Satzung des Gerichtshofs zugedachten Funktionsfähigkeit wird kaum ein Weg am Ausbau vorbeigehen. Anderenfalls droht mit dem weiteren Anstieg der Rechtssachenzahlen und der entsprechenden Verfahrensverlängerung eine Krise der europäischen Rechtskommunikation.

III. Spezialisierungsnotwendigkeiten

Aufgezeigt wurden oben die fachlichen Herausforderungen des EuGH und das sich schon jetzt andeutende qualitative Fehlgehen des EuGH etwa in einigen Fällen des Privat-, Gesellschafts- und Arbeitsrechts[1475]. Da das vielgestaltige normative Projekt des Binnenmarktes noch unvollendet ist und weitere Themenstellungen in der Rechtsprechung – wie aufgezeigt – an Bedeutung gewinnen werden[1476], wird eine fachliche Spezialisierung unausweichlich. Dazu nötigen die Komplexität der rechtlichen Fragen, bei denen sich unions- und mitgliedstaatliches Zivilrecht miteinander innerhalb eines pluralistischen Mehrebenensystems mehr oder minder verschränken sowie die dahinterstehenden tatsächlichen Implikationen und Kontextualisierungserfordernisse.

Gerade die Heterogenität des Zivilrechts erfordert mit seinen häufig kleinteiligen, hochspezialisierten und dogmatisch verankerten[1477] Fragestellungen ein anderes Vorgehen als bei der Aufstellung verfassungsrechtlicher Grundsätze und Prüfungsstandards. Auch darum werden dem EuGH gesteigerte qualitative Konkretisierungsleistungen abverlangt. In anderen Feldern zwingt die „Technizität" von Rechtsfragen (etwa im Steuerrecht) zu weiteren Spezialisierungen.

Mit Ausbau und Spezialisierung ließen sich grundsätzlich die Kohärenz, der effektive Rechtsschutz und die nationalgerichtliche Akzeptanz fördern. Damit verbunden ist eine Neuorientierung von einem Universalgericht zu Spezialgerichten. Dieser Aufgabe einer strukturellen Reform widmet sich der folgende 3. Teil. Darin wird auch näher behandelt, dass der EuGH derzeit aus 35 Mitgliedern besteht, also aus 27 Richtern und acht Generalanwälten. Eine entsprechende Ausdehnung bedeutet eine Gefahr auch für die Kollegialität des Gerichtshofs und vielleicht für die Einheitlichkeit

---

[1475] 2. Teil § 3 III.
[1476] S. ebenso *Barents*, CML Rev. 47 (2010), 709 (728).
[1477] Außerdem zum Sprachenproblem oben 2. Teil § 2 III.

seiner Rechtsprechung – trotz der (beschränkten) Rolle der Großen Kammer[1478].

Offen ist insgesamt, wie hoch der Leidensdruck für weitere Ergänzungsbedürftigkeiten der EU-Gerichtsbarkeit werden muss; aber Kapazitätsprobleme und fachlich bedingte Krisen bei der Vorlagetätigkeit werden rasch zu Reformen nötigen. Rechtswissenschaft und Unionsgesetzgeber sollten darum rechtzeitig einen fachspezifischen Ausbau der für die Integration besonders wichtigen unionsgerichtlichen Themenbereiche angehen.

[1478] Zur institutionellen Dynamik oben 2. Teil § 7 II; s. auch oben Fußn. 1410 und 1412.

3. Teil

Reformoptionen für die Unionsgerichtsbarkeit

> *„[...D]ie Gemeinschaft [ist] eine neue Rechtsordnung des*
> *Völkerrechts [...], zu deren Gunsten die Staaten, wenn auch in*
> *begrenztem Rahmen, ihre Souveränitätsrechte eingeschränkt haben, eine*
> *Rechtsordnung, deren Rechtssubjekte nicht nur die Mitgliedstaaten,*
> *sondern auch die Einzelnen sind. Das von der Gesetzgebung der*
> *Mitgliedstaaten unabhängige Gemeinschaftsrecht soll daher den*
> *Einzelnen, ebenso wie es ihnen Pflichten auferlegt, auch Rechte verleihen.*
> *[... Dabei stellen d]ie [zur] Wachsamkeit der an der Wahrung ihrer*
> *Rechte interessierten Einzelnen [...] eine wirksame Kontrolle dar [...]. "*
> EuGH in der am 5.2.1963 ergangenen „van Gend & Loos"-Entscheidung[1]

Der vorhergehende Teil tritt in seinen Schlussfolgerungen aus Gründen der gerichtlichen Kapazität für einen Ausbau und aus fachlich-qualitativen Gründen für eine Spezialisierung der Unionsgerichtsbarkeit ein. Der Umsetzung dieser beiden Forderungen widmen sich folgende Ausführungen. Welche verschiedenen Wege einer Fortentwicklung und strukturellen Reorganisation der EU-Gerichtsbarkeit eröffnen sich? Welche Schritte würden noch der bisherigen Grundkonzeption entsprechen? Welche Reformoptionen erforderten eine Verabschiedung vom gewohnten System? In drei Abschnitte gegliedert erörtert dieser Teil in § 1 die Ursprünge und die Entwicklung des EU-Gerichtshofs. Eine solche Standortbestimmung und Vergewisserung über die Herkunft des Gerichtshofs ist erforderlich, um anschließend in § 2 die kleineren und größeren Reformoptionen des Gerichtsverfassungsrechts wie auch des Verfahrensrechts richtig einordnen und bewerten zu können. Dabei fragt sich auch: Bieten die bestehenden Verträge genügend Raum für organisatorische Vorkehrungen? Welcher Weg einer Fortentwicklung der EU-Gerichtsbarkeit erzielt die Balance zwischen fachlicher Spezialisierung und der Wahrung von Rechtseinheit? Abschließend fasst § 3 die Vorschläge zusammen.

---

[1] EuGH, Rs. 26/62, Slg. 1963, 1 (25, 26).

§ 1: Kontinuierlicher Ausbau

I. Erste Entwicklungsstufe: Anfänge einer unabhängigen Gerichtsbarkeit

Zunächst werden die Anfänge des EU-Gerichtshofs und die entsprechende Prägung der gegenwärtigen Konzeption der Europäischen Gerichtsbarkeit herausgearbeitet, um daran anschließend unter II. die bereits vollzogenen und möglichen Wandlungen des EU-Gerichtshofs im Zuge der neueren Entwicklung des Primärrechts zu behandeln.

1. Errichtung als Verwaltungsgericht durch EGKS-Vertrag

a) Obligatorische Gerichtsbarkeit statt ad-hoc-Schiedsgericht

Der EuGH war vormals der Gerichtshof der Europäischen Gemeinschaft für Kohle und Stahl (EGKS). An die Stelle des EGKS-Gerichtshofs trat – unter personeller Kontinuität – anlässlich der Gründung der EWG und der Europäischen Atomgemeinschaft 1958[2] als einheitliches und gemeinsames Rechtsprechungsorgan der „Gerichtshof der Europäischen Gemeinschaften"[3]. Da die Grundkonzeption bis heute maßgeblich fortwirkt, rechtfertigt sich ein ausführlicher Blick auf den Ursprung des EuGH und die mittlerweile nicht mehr existente[4] Europäische Gemeinschaft für Kohle und Stahl. Diese mit dem Pariser Vertrag von 1951 durch sechs Staaten gegründete EGKS setzte – wie heute die EU – auf drei Grundsätze westeuropäischer Rechtstradition zur Machtmoderation: demokratische Kontrolle, Gewaltenteilung und Rechtsstaatlichkeit.

Der EGKS-Vertrag sah kein *ad hoc* zusammentretendes Schiedsgericht vor[5]. Dagegen wollte Frankreich eine richterliche Kontrolle der wirtschaftspolitischen Maßnahmen verhindern[6]. Die Vertragsparteien schufen mit erstaunlichem Weitblick eine obligatorische Gerichtsbarkeit mit sieben Richtern[7], die auf sechs Jahre berufen und von Generalanwälten unterstützt wurden. Als übernationales Gericht war der Gerichtshof damit weder der internationalen Schiedsgerichtsbarkeit noch der internationalen Gerichtsbarkeit zuzuordnen. Er war universell zuständig für Klagen verfassungs-,

---

[2] Gemäß Art. 3f des Abkommens über gemeinsame Organe für die Europäischen Gemeinschaften (sog. Fusionsabkommen vom 25.3.1957, BGBl. 1957 II, S. 1156) i.V.m. Art. 164 EWGV, 136 ff. EAGV und 31 EGKSV.

[3] *Ipsen*, Europäisches Gemeinschaftsrecht, 1972, S. 366.

[4] Der EGKS-Vertrag trat am 23.7.2002 wegen zeitlichen Ablaufs außer Kraft; dazu *Obwexer*, EuZW 2002, 517 ff.

[5] *Schulze*, in: *ders./Hoeren* (Hrsg.), Dokumente zum Europäischen Recht, Bd. II: Justiz (bis 1957), 2000, S. V; auch *Ipsen*, S. 366.

[6] *Everling*, in: Festschr. f. Starck, 2007, S. 535 (536 f.).

[7] Art. 32 I EGKSV; näher *Schlochauer*, AVR 3 (1951/52), 385 (389 f.).

verwaltungs- und zivilrechtlicher Art. Am 4.12.1952 nahm er in Luxemburg seine Arbeit auf[8].

Im Zuge der Vertragsverhandlungen wurde der Rechtsstaatlichkeit und der richterlichen Gewalt vor allem auf Betreiben der deutschen Delegation[9] verstärkt Beachtung geschenkt[10]. Die „fusion de souveraineté"[11], genauer die Übertragung von staatlichen Hoheitsbefugnissen auf eine höhere Gemeinschaftsrechtsebene, umfasst aus diesem Grund auch die judikative Gewalt. Das geschah nicht zuletzt, um die unterentwickelte parlamentarische Kontrollfunktion der „Gemeinsamen Versammlung" auszugleichen[12]. Eine demgegenüber verhältnismäßig starke Gerichtsbarkeit, die insbesondere die Maßnahmen der Hohen Behörde auf ihre Rechtmäßigkeit hin prüfte[13], sollte auch nationalen Vorbehalten und eigennützigen Bestrebungen entgegenwirken. Solche Gefahren liegen bei einer supranationalen Neuerung in externer und sogar innerinstitutioneller Hinsicht nahe[14].

Bereits die EGKS unterschied sich mit der Einrichtung einer Gerichtsinstitution grundsätzlich von anderen, vor allem völkerrechtlichen, Bemühungen zur Schaffung von Rechtseinheit, die eine Gerichtsinstitution (wie

---

[8] Dazu der erste deutsche Richter am neu geschaffenen Gerichtshof *Riese*, NJW 1953, 521; zu den Vorarbeiten für die Arbeitsaufnahme des Gerichtshofs (insbesondere VerfO) *Schulze/Hoeren*, Bd. II, S. 140 ff.

[9] *Ophüls*, NJW 1951, 289; *von der Groeben*, Deutschland und Europa in einem unruhigen Jahrhundert, 1995, S. 252; s. auch die überaus ausführliche Dokumentation *Schulze/Hoeren*, Bd. II, S. 5 ff.; ferner zu den Verhandlungen um die Institutionen insgesamt *Küsters*, in: *Schwabe* (Hrsg.), Die Anfänge des Schuman-Plans – 1950/51, 1988, S. 73 ff.; *Mosler*, in: Festschr. f. Hallstein, 1966, S. 355 ff.; *Pennera*, Journal of European Integration History 1 (1995), H. 1, 111 ff.

[10] Das von der französischen Delegation zu Beginn der Verhandlungen überreichte Arbeitsdokument (auf Französisch und Deutsch dokumentiert bei *Schulze/Hoeren*, Bd. I, S. 41 ff.) sah dagegen nur einen begrenzten Rechtsschutz vor; *Schlochauer*, AVR 3 (1951/52), 385 (386). Mehr zu den von *Jean Monnet* geführten Verhandlungen im Zusammenhang mit der Schaffung des Gerichtshofs *Lagrange*, in: Mélanges Dehousse, 1979, Vol. 2, S. 127 ff.; zum *Schuman*-Plan und den verschiedenen Phasen der Vertragsverhandlungen s. die Quellensammlung *Schulze/Hoeren*, Bd. I, S. 3 ff.; *dies.*, Bd. II, S. 5 ff.

[11] Vgl. *Ophüls*, NJW 1951, 289.

[12] *Ophüls*, NJW 1951, 693; *Schlochauer*, AVR 3 (1951/52), 385 (387); dies galt auch für die EWG, s. *Zweigert*, in: *Institut für das Recht der Europäischen Gemeinschaften der Universität Köln* (Hrsg.), Zehn Jahre Rechtsprechung des Gerichtshofs der Europäischen Gemeinschaften, 1965, S. 580.

[13] Dazu etwa *Delvaux*, La Cour de Justice de la Communauté Européenne du Charbon et de l'Acier – Exposé sommaire des principes, 1956, S. 21 ff.

[14] Vgl. *Ophüls*, NJW 1951, 693 (694); eingehend zu den historisch-politischen und strukturellen Rahmenbedingungen der neuen Gerichtsbarkeit *Tohidipur*, S. 32 ff.

etwa beim UN-Kaufrecht) regelmäßig aussparen[15]. Erreicht war zudem ein entscheidender Fortschritt gegenüber dem Staatsrecht der Vorkriegszeit erreicht[16]: Die Montangemeinschaft vermied eine zu geringe Ausprägung der richterlichen Gewalt und damit eine entscheidende Schwäche des kontinentalen Verfassungsrechts, das sich vom insoweit erfolgreicheren US-amerikanischen System unterscheidet[17].

Der Vertreter des Auswärtigen Amtes in der Delegation Deutschlands für die Verhandlungen zum *Schuman*-Plan[18] kommt daher zu dem Schluss, der von der EGKS mit Nichtigkeits- und Untätigkeitsklage[19] gewährte „verfassungs-" und verwaltungsgerichtliche[20] Rechtsschutz – der aber mit Abstrichen auch internationalrechtliche, zivil-, prozess- und verwaltungsstrafrechtliche Fragen umfasste – gehe sogar „weiter als der Rechtsschutz in irgendeinem der beteiligten [sechs] Länder auf den hier in Frage kommenden Gebieten."[21]

b) Verwaltungs- und zivilverfahrensrechtliche Einflüsse auf Vertrag und Satzung

Das Justizrecht jener Zeit ist auch mit Blick auf den gegenwärtigen Stand von Aktualität und Interesse. Die Regelungen in EGKS-Vertrag und -Satzung[22] einerseits und in der durch die Richter verfassten VerfO[23] an-

---

[15] *Kropholler*, Internationales Einheitsrecht: Allgemeine Lehren, 1975, S. 113, 139; *Herrmann*, in: *Max-Planck-Institut für ausländisches und internationales Privatrecht* (Hrsg.), Handbuch des Internationalen Zivilverfahrensrechts, Bd. I, 1982, Kap. I, Rdnr. 10 ff.; *Basedow*, Unif. L. Rev. 11 (2006), 731 ff.; *ders./Rösler*, Jura 2006, 228 (230 f., 232); aufarbeitend *Tohidipur*, Europäische Gerichtsbarkeit im Institutionensystem der EU – Zu Genese und Zustand justizieller Konstitutionalisierung, 2008; *Skouris*, in: *Schulze/Walter* (Hrsg.), 50 Jahre Römische Verträge – Geschichts- und Rechtswissenschaft im Gespräch über Entwicklungsstand und Perspektiven der Europäischen Integration, 2008, S. 17 ff.

[16] Zur stärkeren Herausbildung der Verfassungsgerichtsbarkeit nach dem Zweiten Weltkrieg und den Einwirkungen auf das Privatrecht *Rösler*, Tul. Eur. & Civ. L.F. 23 (2008), 1 ff.

[17] So *Ophüls*, NJW 1951, 289 (291).

[18] Zu dessen Bedeutung für das Werden der europäischen Wirtschaftsordnung *Steindorff*, ZHR 164 (2000), 223 ff.

[19] *Schlochauer*, AVR 3 (1951/52), 385 (392 ff.); *Steindorff*, Die Nichtigkeitsklage im Recht der Europäischen Gemeinschaften für Kohle und Stahl, 1952.

[20] Speziell zu dieser vordergründigen Funktion als Verwaltungsgericht *Ule*, DVBl. 1952, 65 ff.; zu den ersten Urteilen des Gerichtshofes *Jerusalem*, NJW 1955, 370; s. weiter *ders.*, Das Recht der Montanunion, 1954.

[21] *Ophüls*, NJW 1951, 289 (290, 291); *ders.* spricht dort und in NJW 1951, 693 (694 f.) beispielsweise ohne Scheu vom EGKS-Gericht als Verfassungsgericht.

[22] Zur Satzung *Schlochauer*, AVR 3 (1951/52), 385 (390 ff.).

[23] Zur VerfO der Richter am EGKS-Gerichtshof *Riese*, NJW 1953, 521 ff.

dererseits orientierten sich – neben Einflüssen der Verfahrensregeln des Internationalen Gerichtshofs in Den Haag[24] – weitgehend am Vorbild des französischen Staatsrats (Conseil d'État) sowie insgesamt dem französischen Verwaltungsprozessrecht[25]. Dieser bis zum heutigen Justizrecht des EU-Gerichtshofs unmittelbar fortwirkende Einfluss erklärt sich aus zwei Gründen. Erstens unterstellte die Montanunion mit dem Ziel einer „Zivilisierung des Gewaltkerns politischer Herrschaft"[26] die kriegswichtigen Bereiche Kohle und Stahl der gemeinsamen Wirtschaftsverwaltung[27]. Darum wurde der Gerichtshof nicht an die ordentliche Gerichtsbarkeit angelehnt, sondern bewusst als Verwaltungsgericht ausgestaltet.

Zweitens war die Ausrichtung am Recht Frankreichs nicht nur seiner Bedeutung als Siegermacht nach dem Zweiten Weltkrieg und dem von dort stammenden Delegationsführer *Jean Monnet* geschuldet. Vielmehr entsprach das Vorbild auch dem herausragenden Ruf, den das französische Verwaltungsrecht weltweit genoss. Aufgrund der wichtigen Rolle der Verwaltung in ihrem Regierungssystem[28] hat Frankreich vor allem die neuere kontinentaleuropäische Entwicklung stark beeinflusst[29]. Die Vorrangstellung des französischen Verwaltungsrechts wurde von den anderen fünf Verhandlungsdelegationen darum klar anerkannt[30].

Neben dem Verfahren vor dem französischen Staatsrat waren und sind auch zivilprozessuale Einflüsse zu verzeichnen. Für zivil- und öffentlichrechtliche Fragen galten und gelten bis heute dieselben Verfahrensregeln. Die zivilprozessualen Entlehnungen zeigten sich bei der Möglichkeit des

---

[24] *van Houtte*, CDE 1963, 3 (5); ausführlich *Plender*, EJIL 2 (1991), 1 ff.; *ders.*, in: Collected Courses of the Hague Academy of International Law/Recueil des cours de l'Académie de droit international de La Haye, Bd. 267, 1997, S. 9 ff.; *Krenc*, Revue trimestrielle des droits de l'homme 2004, 111 ff.

[25] Dazu etwa *Becker*, Der Einfluss des französischen Verwaltungsrechts auf den Rechtsschutz in den europäischen Gemeinschaften, 1963; *Everling*, in: Festschr. f. Starck, 2007, S. 535 (536 ff.); zu deutschrechtlichen Einflüssen dagegen *Schwarze*, in: *Horn/Baur/Stern* (Hrsg.), 40 Jahre Römische Verträge – Von der Europäischen Wirtschaftsgemeinschaft zur Europäischen Union, 1998, S. 29 (30 f.); vgl. ferner *Schwarze*, DVBl. 1999, 261 ff.

[26] *Habermas*, Handelsblatt v. 17.6.2011, S. 12 (13).

[27] Vgl. *Rösler*, EuR 2005, 370 ff.

[28] *Everling*, in: Festschr. f. Starck, 2007, S. 535 (538).

[29] S. *Everling*, in: Festschr. f. Starck, 2007, S. 535 (537); *ders.*, in: Festschr. f. Rengeling, 2008, S. 527 (528 ff.).

[30] *Schlochauer*, AVR 3 (1951/52), 385 (388): „Die Gestaltung der Verwaltungsgerichtsbarkeit [...] folgt weitgehend Vorbildern aus dem deutschen und französischen Recht. [...] Das Überwiegen von Bestandteilen französischen Rechts ist nicht auf ein – vielfach vermutetes – Übergewicht des französischen Rechtsdenkens bei den Vertragsverhandlungen, sondern darauf zurückzuführen, dass die deutsche Delegation Rechtsinstitute des in seiner klassischen Durchbildung weiter verfeinerten französischen Verwaltungsrechts, unter gewissen Einschränkungen, bewusst anerkannt hat".

Versäumnisurteils[31] sowie der Ergänzung der Untersuchungs- um die Verhandlungsmaxime. Grundsätzlich haben deshalb die Parteien die zugrundeliegenden Tatsachen vorzubringen und zu beweisen. Doch dem Gerichtshof und seinen Kammern stand zugleich die Befugnis zu, von Amts wegen alle erforderlich erscheinenden Beweise zu erheben[32].

Andere Elemente waren für das deutsche Recht und sämtliche Zivilverfahrensrechte ohne Parallele. Dies gilt insbesondere für die (zunächst zwei) Generalanwälte, die unparteilich und weisungsunabhängig mündliche und begründete Schlussanträge stellen und den Gerichtshof bei der Erfüllung seiner Aufgaben unterstützen. Die Institution des Generalanwaltes ist dem französischen *commissaire du gouvernement* (heute *rapporteur public* genannt)[33] entlehnt. Letzterer wird mit seinen objektiven Gutachten vor den französischen Verwaltungsgerichten und bei Streitverfahren vor dem Conseil d'État tätig[34]. Die Generalanwälte am Europäischen Gerichtshof trugen – vor allem mit Verweis auf die dem französischen Recht entnommenen Klagegründe[35] – zur Überführung französischer Verwaltungsgrundsätze in das Gemeinschaftsrecht bei[36].

Die Zuständigkeit umfasste (wie heute gemäß Art. 340 AEUV) auch die Amtshaftung[37], die nach deutschem Verständnis als zivilrechtliche Zuständigkeit einzustufen ist[38]. Demgegenüber ist eine Zuordnung beim EKGS-Vertrag nicht einfach zu treffen[39], zumal der Vertrag im Übrigen keine originäre Zuständigkeit des Gerichtshofes in zivilrechtlichen Fragen kannte[40].

---

[31] *Riese*, NJW 1953, 521 (524).

[32] Wobei zuvor der Generalanwalt zu hören war. Näher *Riese*, NJW 1953, 521 (522); ferner erwähnt *Riese* auf S. 524 diejenigen Bestimmungen über die Urteilsberichtigung und -ergänzung, die nach dem Vorbild der deutschen ZPO geschaffen wurden.

[33] Am 1.2.2009 ist der „commissaire" per Dekret umbenannt worden.

[34] Rechtsvergleichend (etwa auch zum *advocaat-generaal* beim niederländischen Hoge Raad) *Borgsmidt*, EuR 1987, 162 ff.; zu Status und Funktion des 1831 eingeführten französischen Vorbilds *Rainaud*, Le commissaire du gouvernement près le Conseil d'Etat, 1996.

[35] Vgl. *Lagrange*, Schlussanträge zu EuGH, Rs. 3/54, Slg. 1954, 123 (158) – *Assider/ Hohe Behörde der EGKS.*

[36] *Everling*, in: Festschr. f. Starck, 2007, S. 535 (537).

[37] Art. 40 EGKSV; dazu *Ophüls*, NJW 1951, 693 (696); s. auch *Schlochauer*, AVR 3 (1951/52), 385 (407 ff.).

[38] Denn nach deutschem Recht sind die Zivilgerichte für Amtshaftungsansprüche zuständig, Art. 34 S. 3 GG. S. *Mankowski*, in: *Rengeling/Middeke/Gellermann*, § 37, Rdnr. 104 ff.

[39] Der Anspruch sei letztlich zivilrechtlich: *Ophüls*, NJW 1951, 693 (696); dagegen *Schlochauer*, AVR 3 (1951/52), 385 (407 ff.), der die Zuständigkeit des Gerichtshofes in Fragen der Amtshaftung zwischen Verwaltungs- und Zivilrecht verortet und zu dem Ergebnis kommt, im EGKS-Vertrag sei der Anspruch verwaltungsrechtlich ausgestaltet (S. 408).

[40] Vgl. *Schlochauer*, AVR 3 (1951/52), 385 (412).

Eine abgeleitete zivilrechtliche Zuständigkeit kam bei zwei weiteren Tätigkeiten der Gemeinschaft in Betracht[41]: Zum einen – im Wege einer Schiedsklausel – bei Anleihen, denn eine wichtige Aufgabe der Hohen Behörde bestand darin, Anleihen mittels privatrechtlichen Vertrags an Unternehmen zu vergeben, zu vermitteln oder sich gegenüber Banken dafür zu verbürgen[42].

Zum anderen konnte über die Aufnahme einer Schiedsklausel in den Vertrag die Zuständigkeit für Miet-, Dienst- und sonstige Alltagsverträge der Gemeinschaft vereinbart werden[43]. Daneben existierte für jeden Mitgliedstaat die Möglichkeit[44], per Gesetz eine Zuständigkeit des Gerichtshofs für Materien zu begründen, die mit dem EGKS-Vertrag in Zusammenhang standen. Bei dieser im nationalen Prozessrecht vorsehbaren Revisionsfunktion des EGKS-Gerichtshofs wurde interessanterweise in erster Linie an das Recht des unlauteren Wettbewerbs gedacht[45].

2. Übergang zum EWG-Gericht: Kompetenz zur Auslegung des Sekundärrechts

Nachdem die Gründung der Europäischen Verteidigungsgemeinschaft und der damit verbundenen Europäischen Politischen Gemeinschaft 1954 gescheitert war[46], wandten sich die Gründungsstaaten dem ökonomischen Integrationsstrang zu, der sich schon mit der Montanunion als erfolgversprechend erwiesen hatte[47]. Im EWG-Gründungsvertrag vom 25.3.1957[48] zur Einleitung eines immer engeren Zusammenschlusses der europäischen

---

[41] Art. 42 EGKSV.

[42] Näher zu dieser Aufgabe der „Haute Autorité" *Ophüls*, NJW 1951, 381 ff.

[43] *Ophüls*, NJW 1951, 693 (696); zu den völkerrechtlichen Hintergründen *Schlochauer*, AVR 3 (1951/52), 385 (386).

[44] Art. 43 II EGKSV.

[45] *Ophüls*, NJW 1951, 693 (696); zu den Fragen der Zwangsvollstreckung näher *Schlochauer*, AVR 3 (1951/52), 385 (413).

[46] Die Dokumente zum Entwurf und Scheitern von EPG und EVG sind wiederum bei *Schulze/Hoeren*, Bd. I, S. 431 ff. sowie mit Fokus auf die Justiz bei *dens.*, Bd. II, S. 223 ff. zu finden. Speziell zum geplanten Rechtsschutz in EPG und EVG *Breitner*, Europäische Gerichtsbarkeit – Das Justizrecht der supranationalen europäischen Gemeinschaften, Die Rechtsschutzbestimmungen der Verträge über die Gründung der Europäischen Gemeinschaft für Kohle und Stahl und der Europäischen Verteidigungsgemeinschaft sowie des Satzungsentwurfes über die Europäische (Politische) Gemeinschaft, 1954, S. 4 ff. mit Dokumentation auf S. 13 ff.

[47] *Rösler*, EuR 2005, 370 ff.; s. den *Spaak*-Bericht vom 21.4.1956, der auch auf die Rolle des Gerichtshofs abhebt, in *Schulze/Hoeren*, Bd. II, S. 354 ff.

[48] Der zweite der Römischen Verträge, der Euratom-Vertrag zur Gründung der Europäischen Atomgemeinschaft (EAG), bleibt hier aufgrund der speziellen und begrenzten Sachmaterie weitgehend ausgeblendet.

Völker[49] wurde auch die Europäische Gerichtsbarkeit entscheidend fortentwickelt[50].

Weiterhin war der Gerichtshof ein zentraler Bestandteil der institutionellen Architektur. Gleichermaßen oblag[51] ihm von nun an die „Wahrung
des Rechts bei der Auslegung und Anwendung"[52]. Doch der ältere Art. 41
des EGKS-Vertrages stellte beim Vorabentscheidungsverfahren gerade
nicht auf die Auslegung auch des Sekundärrechts ab: „Der Gerichtshof
allein entscheidet, und zwar im Wege der Vorabentscheidung, über die
Gültigkeit von Beschlüssen der Hohen Behörde [später: Kommission] und
des Rates, falls bei einem Streitfall vor einem staatlichen Gericht diese
Gültigkeit in Frage gestellt wird."[53]

Erst der EWG-Vertrag erweiterte die Kompetenz mit einiger Tragweite
um die Auslegungsaufgabe auch für das Sekundärrecht. Bei der Montanunion waren zwar neben den Mitgliedstaaten, der Hohen Behörde und dem
Rat bereits Private partei- und prozessfähig, nämlich die der Gemeinschaftsgerichtsbarkeit unterworfenen Unternehmen und Verbände sowie
natürliche und juristische Personen, die durch besonders bezeichnete Maßnahmen betroffen waren[54]. Darin kommt die Rechtsstaatlichkeit der Gemeinschaft bzw. heute der Union zum Ausdruck[55].

Aber erst der EWG-Vertrag schuf das Vorlageverfahren[56] der nationalen
Gerichte in dem heute bekannten Umfang: Die römischen Verträge um-
fassten erstmals die Auslegung sowohl des Primär- als auch Sekundärrechts[57]. Dagegen beschränkte die eben zitierte Bestimmung des EGKS-

---

[49] Präambel des EWG-Vertrages; auf Französisch: „une union sans cesse plus étroite
entre les peuples européens".

[50] Vgl. den Abschnitt zum Gerichtshof in den Vorentwürfen zum EWG-Vertrag bei
Schulze/Hoeren, Bd. II, S. 341 ff.; speziell zur neuen VerfO *dies.*, Bd. II, S. 467 ff.

[51] Art. 31 EGKSV; Art. 164 EGV.

[52] Art. 19 I S. 2 EUV (ex-Art. 220 EG).

[53] S. zu einigen Rechtsfragen (v.a. zum vorlageverpflichteten Gericht) *Bebr*, Judicial
Control of the European Communities, 1962, S. 188 ff.

[54] Zum Klagerecht Privater *Knöpfle*, NJW 1959, 553 ff.

[55] *Schlochauer*, AVR 3 (1951/52), 385 (387); *Mestmäcker*, Europäische Kartellpolitik
auf dem Stahlmarkt – Zum Rechtsschutz stahlverbrauchender Unternehmen in der
Montanunion, 1983; s. auch zu den unterschiedlichen nationalen Interessen und ord-
nungspolitischen Ausgangspunkten im Wettbewerbsrecht *Hambloch*, Europäische Integration und Wettbewerbspolitik – Die Frühphase der EWG, 2009; ebenfalls zu den
verschiedenen nationalen Wettbewerbstraditionen und den Verhandlungen der Sechs
Pitzer, Interessen im Wettbewerb – Grundlagen und frühe Entwicklung der europäischen
Wettbewerbspolitik 1955–1966, 2009.

[56] S. für das Vorabentscheidungsverfahren in den verschiedenen Entwürfen zum
EWG-Vertrag *Schulze/Hoeren*, Bd. II, S. 375 f., 384, 389, 394, 395, 403, 404, 409, 411,
426, 428, 433, 436, 438, 477. Weiter zum Vorlageverfahren in den drei Europäischen
Verträgen *Constantinesco*, Das Recht der Europäischen Gemeinschaften, 1977, S. 823 ff.

[57] Auch die Vertragsentwürfe EPG und EVG enthielten dies nicht.

Vertrages die Vorlagemöglichkeit auf die Nachprüfung der Gültigkeitsfrage von Sekundärrechtsakten[58]. Der Gerichtshof erhielt also erst mit dem *renvoi préjudiciel* nach Art. 177 EWGV[59] (heute Art. 267 AEUV) auch die Kompetenz und das Monopol zur letztverbindlichen Auslegung des Sekundärrechts[60], was u.a. für das EU-Privatrecht von grundlegender Bedeutung ist.

3. Bedeutung für die Gegenwart: objektiv-rechtlicher Rechtsprechungsauftrag

Die verwaltungsgerichtlichen Anfänge prägten die gegenwärtige EU-Judikative nachhaltig. Die Dritte Gewalt ist kein Selbstzweck im Institutionengefüge der EU, sondern als Gegengewicht zu anderen Organen und als Einheitsgarant angelegt. Zwar sah bereits der EGKS-Vertrag eben erwähnte Klagerechte zugunsten des Einzelnen vor[61]. Aber erst die römischen Verträge schufen mit dem Vorlageverfahren zum Sekundärrecht die Grundlage für das Wachstum und den Erfolg dieses – wie im 2. Teil gezeigt – auf dezentraler Nachfrage der Nationalgerichtsbarkeit beruhenden Instruments mit beträchtlicher praktischer Bedeutung für den Individualrechtsschutz[62].

Der durch Enumeration begrenzte Rechtsprechungsauftrag zur Wahrung des Rechts ist objektiv-rechtlich gefasst und schweigt sich – im Unterschied etwa zu Art. 19 IV GG – über einen subjektiv-öffentlichen Anspruch auf Gewährung effektiven gerichtlichen Rechtsschutzes aus[63]. Dieser Ansatz einer objektiven Legalitätskontrolle gilt nicht nur für die Nichtigkeits- und Untätigkeitsklage[64], sondern gerade auch für das Vorabentscheidungsverfahren.

Das Prinzip der Legalitätskontrolle ist dem französischen Verwaltungsrecht entlehnt[65]. Es dient im Unterschied zum deutschen Recht traditionell vorrangig der objektiven Kontrolle der Verwaltung und nicht der Durch-

---

[58] *Ule*, 46. DJT 1966, Bd. I: Gutachten, Teil 4, S. 109 ff.; *Constantinesco*, S. 825.

[59] Und parallel Art. 150 EAGV.

[60] *Basedow*, EuZ 2009, 86 (87).

[61] Oben vor Fußnotenzeichen 54.

[62] Dazu oben 2. Teil § 1 II; zum Spannungsverhältnis zwischen den Verfahrenszwecken der Einheitsgewähr und des Individualrechtsschutzes *Hess*, RabelsZ 66 (2002), 471 (472).

[63] Vgl. auch den objektiv gefassten Art. 2 I EUV (Rechtsstaatlichkeit); *Schwarze*, in: Festschr. f. Starck, 2007, S. 645 (646).

[64] Beide bezwecken aber auch den Rechtsschutz des Einzelnen gegen Vertragsverletzungen der Unionsorgane; s. *Pechstein*, Rdnr. 572.

[65] *Sauer*, S. 37.

setzung individueller Rechte[66]. Auch darum sind die Verfahrensrechte der Parteien recht eingeschränkt[67]. Wie aufgezeigt steht der EU-Gerichtshof in der mitgliedstaatlichen Tradition, wobei im Prozessrecht auch besagte Einflüsse des Internationalen Gerichtshofs zu verzeichnen sind[68]. Deutlich wird die Traditionsbindung wiederum, wenn man an die klassischen Grundsätze von Öffentlichkeit, Mündlichkeit bzw. Schriftlichkeit und Unmittelbarkeit denkt, die auch für die EU-Gerichtsbarkeit maßgeblich gelten[69].

Doch der EuGH hat es nicht dabei belassen. Vielmehr hat er bekanntermaßen die Auslegungs- um eine starke Schutzfunktion ergänzt[70], indem er das Vorlageverfahren zunehmend in ein Instrument des Individualrechtsschutzes umgeformt hat. Dieser Funktionswandel wurde bereits oben unter dem Gesichtspunkt der direkten Anwendbarkeit des Unionsrechts, die dem Einzelnen subjektive Rechte verleiht, sowie der Grundrechtsbindung näher dargestellt. Kurz erinnert sei: Der EuGH hat erstmalig in der Rechtssache *Johnston* den effektiven gerichtlichen Rechtsschutz für sämtliche subjektive Unionsrechte als allgemeinen Rechtsgrundsatz festgelegt[71]. Als Verpflichtung nur der Mitgliedstaaten findet sich dies übrigens seit Lissabon in Art. 19 I UAbs. 2 EUV. Die EU ist gebunden durch Art. 47 GRCh[72].

Mit dieser subjektiv-rechtlichen Dimension füllt der EuGH eine Lücke, die der Vertrag lässt, weil z.B. bei den klassischen Zivilrechtssachen bekanntlich nur die nationalen Gerichte, nicht aber die Parteien die „Brücke" zum EuGH beschreiten können. Ob der obrigkeitliche Ansatz[73], wie er in der ursprünglichen Ausrichtung an der Legalitätskontrolle zum Ausdruck kommt, für die fachlich stark erweiterte Union mitsamt einer beträcht-

---

[66] *Masing*, Die Mobilisierung des Bürgers für die Durchsetzung des Rechts – Europäische Impulse für eine Revision der Lehre vom subjektiv-öffentlichen Recht, 1997, S. 83 ff.; *Sauer*, S. 37.

[67] Die Parteien haben bekanntermaßen kein Initiativrecht und auch die Vorlagefragen können sie nicht ändern oder für gegenstandslos erklären lassen; EuGH, Rs. 5/72, Slg. 1972, 443 – *Grassi*; *Classen*, in: *Oppermann/Classen/Nettesheim*, § 13, Rdnr. 82.

[68] Bei den Verfahrensregeln, s. oben Fußn. 24.

[69] *Ule*, 46. DJT 1966, Bd. I: Gutachten, Teil 4, S. 78 ff.; *Hackspiel*, in: *Rengeling/Middeke/Gellermann*, § 21, Rdnr. 15 ff. Zu erwähnen ist auch der Vertretungszwang (Art. 19 Satzung des Gerichtshofs). Auf die mündliche Verhandlung (Art. 20 Satzung) wird in einigen Fällen seit Jüngerem verzichtet – dazu noch in diesem Teil unter § 2 II 5 a). S. auch *Classen*, in: *Oppermann/Classen/Nettesheim*, § 13, Rdnr. 23.

[70] *Constantinesco*, S. 838, 839 (auf S. 837 spricht er von „funktioneller Deviation").

[71] EuGH, Rs. 222/84, Slg. 1986, 1651 – *Johnston/Chief Constable of the Royal Ulster Constabulary*; *Schwarze*, in: Festschr. f. Starck, 2007, S. 645 (646 f.).

[72] Oben 2. Teil § 7 I 3.

[73] *Everling*, in: Festschr. f. Rengeling, 2008, S. 527 (530).

lichen Zahl privatrechtlicher Normen weiterhin trägt, ist klärungsbedürf-tig[74].

II. Zweite Entwicklungsstufe: beginnende Ausdifferenzierung des Gerichtssystems

Eine sachgerechte Untersuchung der europäischen Gerichtsbarkeit erfordert die Einbeziehung der weiteren Unionsgerichte, d.h. des EuG und des EuGöD. Ohne eine Betrachtung ihrer Entwicklung und Aufgaben wäre der Blick verengt, wie es in der Diskussion infolge einer Fokussierung auf den EuGH nicht selten geschieht.

1. EuG: Schaffung und gegenwärtige Bedeutung (seit 1989)

Mit Ratsbeschluss vom 24.10.1988 wurde nach längeren Diskussionen und beträchtlichem Widerstand im Juli 1989 der Gerichtshof der ersten Instanz (EuG) eingerichtet[75]. Die Grundlage bot eine auf Initiative des EuGH und im Zuge der EEA geschaffene Kompetenznorm im EWG-Vertrag[76]. Das zur Entlastung des EuGH dienende Gericht war dem EuGH zunächst lediglich beigeordnet[77]. Doch im Vertrag von Nizza wurde das EuG als eigenständiges Organ anerkannt. Danach umfasst der Gerichtshof der Europäischen Union den Gerichtshof, das Gericht und die Fachgerichte.

---

[74] S. *Everling*, in: Festschr. f. Rengeling, 2008, S. 527 (530), wonach der gegenwärtige Stand „nicht der allgemeinen, auf Individualschutz ausgerichteten gesellschaftlichen Entwicklung" entspricht. S. unten 3. Teil § 2 VII.

[75] Beschluß des Rates zur Errichtung eines Gerichts erster Instanz der EG, ABl.EG 1988 Nr. L 319, S. 1; s. zur Einrichtung des EuG *Schwarze* (Hrsg.), Fortentwicklung des Rechtsschutzes in der Europäischen Gemeinschaft, 1987; *Schermers*, CML Rev. 25 (1988), 541 ff.; *Due*, YEL 8 (1988), 1 ff.; *Müller-Huschke*, EuGRZ 1989, 213 ff.; *Millett*, ICLQ 38 (1989), 811 ff.; *Rabe*, NJW 1989, 3041 ff.; *da Cruz Vilaça*, YEL 10 (1990), 1 ff.; *Lenaerts*, EuR 1990, 228 ff.; *Jung*, Das Gericht erster Instanz, 1991; *ders.*, EuR 1992, 246; *Lenaerts*, CML Rev. 28 (1991), 11 ff.; *Vandersanden* (Hrsg.), La réforme du système juridictionnel communautaire, 1994; *Brown/Kennedy*, S. 75 ff.; für eine Würdigung zum zehnjährigen Bestehen des EuG *Lenaerts*, CDE 2000, 323 ff.; zu den Anfängen im Rückblick *Edward*, in: Liber Amicorum en l'honneur de Bo Vesterdorf, 2007, S. 1. Im Zuge der Schaffung des EuG wurden auch die Aktenzeichen geändert, dazu die Pressemitteilung des EuGH, abgedruckt in EuGRZ 1989, 556 (T steht im Aktenzeichen nun für „*T*ribunal [de première instance]", C für „*C*our de justice"; später kam für das EuGöD als Vorzeichen F hinzu, das für „Tribunal de la *f*onction publique" steht).

[76] Art. 168a EWGV, Art. 32d EGKSV und Art. 140a EAGV; s. *Rabe*, NJW 1989, 3041.

[77] Wohl auch um die Kosten von zwei Einrichtungen zu sparen *Everling*, EuZW 21/2008, V. Vgl. ex-Art. 220 I EG in der Nizza-Fassung („Der Gerichtshof und das Gericht erster Instanz sichern [...]") mit Art. 225 I der vorherigen Amsterdam-Fassung („Dem Gerichtshof wird ein Gericht beigeordnet").

Als letzten Schritt befreite der am 1.12.2009 in Kraft getretene Vertrag von Lissabon das EuG auch terminologisch von der Charakterisierung als Instanzgericht[78], indem es nun kurz und bündig „Gericht" heißt (Art. 19 I EUV, Art. 254, 256 AEUV). Die englische Bezeichnung „General Court" ist freilich treffender, da hierdurch die allgemeine Kompetenz des EuG besser zum Ausdruck kommt. Sie erfolgte in Abgrenzung zu „Court of Justice" und findet sich auch mit „Tribunal General" im Spanischen und „Tribunal Geral" im Portugiesischen[79].

Anfangs war die Entlastung begrenzt auf Beamten- und dienstrechtliche Klagen, verschiedene Klagen aus dem EGKS-Bereich sowie Anfechtungs- und Untätigkeitsklagen Privater und von Unternehmen gegen die Anwendung der Wettbewerbsvorschriften des E(W)G-Vertrages und entsprechende Schadensersatzklagen[80]. Später kamen Antidumpingverfahren hinzu, die wie die zuvor genannten Verfahren besonders komplexe Sachverhaltsprobleme bereiten. Betraut ist das EuG z.B. auch mit Klagen gegen Entscheidungen des Harmonisierungsamts für den Binnenmarkt (Marken, Muster und Modelle), des Gemeinschaftlichen[81] Sortenamts, der Europäischen Chemikalienagentur und der Europäischen Behörde für Lebensmittelsicherheit.

Gerade das Wettbewerbsrecht erfordert die Prüfung komplexen Tatsachen- und Rechtsstoffs. Dies erklärt, weshalb das EuG – anders als der EuGH – auf mündliche Verhandlungen besonderen Wert legt[82]. Auch darum erreicht das EuG eine wesentliche Verbesserung des Individualrechtsschutzes[83]. Im Ratsbeschluss heißt es: „Zur Aufrechterhaltung der Qualität und der Effizienz des Rechtsschutzes in der Rechtsprechung der Gemeinschaft muß es dem Gerichtshof ermöglicht werden, seine Tätigkeit auf seine grundlegende Aufgabe – die Gewährleistung einer einheitlichen Auslegung des Gemeinschaftsrechts – zu konzentrieren"[84]. Darauf, dass mit dem gleichen Argument weitere Verfahren auf das EuG übertragbar sind, ist noch zurückzukommen.

Mit dem EuG ist erstmals auf unionsrechtlicher Ebene eine vertikale Gerichtsgliederung erfolgt, denn der EuGH entscheidet über EuG-Verfah-

---

[78] S. ex-Art. 225 II EG.

[79] Andere Sprachfassungen lassen dagegen eine engere Zuständigkeit vermuten (*Barents*, CML Rev. 47 (2010), 709 [710]): „Gerecht" im Niederländischen, „Tribunal" im Französischen sowie „Tribunale" im Italienischen.

[80] *Jung*, EuR 1992, 246 (247).

[81] Der Name blieb im Zuge des Vertrags von Lissabon unverändert.

[82] *Everling*, EuZW 21/2008, V, s. weiter *Kirschner/Klüpfel*, Das Gericht erster Instanz der Europäischen Gemeinschaften – Aufbau, Zuständigkeiten, Verfahren, 2. Aufl. (1998).

[83] S. 3. Erwägungsgrund, Beschluß des Rates, ABl.EG 1988 Nr. L 319, S. 1.

[84] 4. Erwägungsgrund, Beschluß des Rates.

ren als Kassations- bzw. Revisionsinstanz[85]. Vor diesem Aufrücken[86] zur Rechtsmittelinstanz bestand eine vertikale Dimension allein im Verhältnis zu den teilstaatlichen Gerichten, die als „Europagerichte" der ersten und regelmäßig auch letzten Stufe fungieren und aktiv in den Dialog mit dem EuGH treten, indem sie ihm Rechtsfragen vorlegen oder seine Rechtsprechung schon im Vorhinein bei der Auslegung und Anwendung des Unionsrechts berücksichtigen[87].

Die Zuständigkeit des EuG wurde schrittweise ausgedehnt[88]. Seit dem Vertrag von Nizza liegt die Zuständigkeit für Direktklagen – vor allem bei den oben genannten Wettbewerbs-, Beihilfe- und Antidumpingsachen – in der Regel beim EuG[89]. Das Gericht hat sich zum hauptsächlichen Verwaltungsgericht der Union gemausert[90]. Die Bedeutung des EuG ist (bei steigenden Fallzahlen) allein schon wegen der nicht selten sehr hohen Streitwerte und der teils recht umfangreichen Urteile oder Beschlüsse kaum zu überschätzen[91].

Der Vertrag von Nizza setzt den Trend einer Bedeutungszunahme fort. Seitdem eröffnet das Primärrecht die – bislang ungenutzt gebliebene – Möglichkeit, eine festzulegende Kategorie von Vorabentscheidungsverfahren an das EuG zu übertragen. Darauf ist mit Blick auf zivilrechtliche Vorlagen und weitere Materien noch eingehend zurückzukommen. An dieser Stelle ist zu betonen: Das EuG ist zwar vorrangig mit dem Verwaltungsrecht befasst, die Klagen zum Wettbewerbsrecht und zum Schadensersatz betreffen aber bereits wichtige zivilrechtliche Fragestellungen[92].

---

[85] *Stürner*, in: *Grunsky/Stürner/Walter/Wolf*, S. 1 (7).

[86] Wie es *Klinke*, ZEuP 1995, 783 (786) nennt.

[87] *Basedow*, Nationale Justiz und Europäisches Privatrecht, S. 6 ff.; *Everling*, in: Festschr. f. Rengeling, 2008, S. 527 (533); *Skouris*, in: Festschr. f. Starck, 2007, S. 991 (1003).

[88] *Niemeyer*, EuZW 1993, 529 (530 ff.) m. w. Nachw.; zur Übertragung zusätzlicher Direktklagen Beschluss 2004/407/EG, Euratom des Rates vom 26.4.2004 zur Änderung der Artikel 51 und 54 des Protokolls über die Satzung des Gerichtshofs, ABl.EU 2004 Nr. L 132, S. 5; dazu *Karollus*, wbl 2004, 562 ff.; *Erlbacher/Schima*, ecolex 2006, 789 (790).

[89] S. etwa *Everling*, EuR-Beih 1/2009, 71; *Azizi*, EuR-Beih 1/2003, 87 ff.

[90] *Stoye*, Die Entwicklung des europäischen Verwaltungsrechts durch das Gericht erster Instanz – Am Beispiel der Verteidigungsrechte im Verwaltungsverfahren, 2005; *Schwarze*, EuR 2009, 717 (719); *Gréciano*, Die Gerichtsbarkeit der Europäischen Gemeinschaften, 2007, S. 59 ff.

[91] Das System der Zuständigkeiten verdeutlicht Tabelle 6 in der unten folgenden Zusammenfassung zu diesem Abschnitt. Vgl. weiter zu Schwierigkeiten bei Abgrenzung der Zuständigkeiten zwischen EuGH und EuG *Everling*, in: Festschr. f. Rengeling, 2008, S. 527 (536 f.).

[92] Vgl. *Stürner*, in: *Grunsky/Stürner/Walter/Wolf*, S. 1 (7).

2. EuGöD (seit 2005) und Möglichkeit weiterer Fachgerichte

Der Vertrag von Nizza hat die Aufgabenverteilung durch Hinzufügung einer dritten Ebene im EU-Gerichtssystem flexibilisiert[93]: Der durch Nizza eingeführte ex-Art. 225a EG (heute Art. 257 AEUV) ermöglicht die Beiordnung sog. „gerichtlicher Kammern" an das EuG, die für „besondere Sachgebiete" im ersten Rechtszug zuständig sind. Aber bei diesen gerichtlichen Spruchkörpern für bestimmte „Kategorien von Klagen" handelt es sich um eingangsinstanzliche „Fachgerichte", wie es der (gescheiterte) Verfassungsvertrag[94] und – ihm auch insoweit folgend[95] – der Vertrag von Lissabon in Art. 19 I EUV und Art. 257 AEUV nun ausdrücklich bezeichnen[96]. Der zu Recht gestrichene Ausdruck „gerichtliche Kammern" ist verwirrend, da es sich nicht um weitere Spruchkörper eines bereits existierenden Unionsgerichts, sondern um eine neue Instanz in der damit dreigestuften Gerichtsarchitektur handelt[97].

---

[93] Zur EU-Gerichtsbarkeit nach dem Vertrag von Nizza (und insbesondere zu dem Weg hin zu einer europäischen Fachgerichtsbarkeit) besteht eine besonders reichhaltige Literatur: *Arnull*, Cambridge Yearbook of European Legal Studies 3 (2000), 37 ff.; *Forwood*, Cambridge Yearbook of European Legal Studies 3 (2000), 139 ff.; *Sack*, EuZW 2001, 77 ff. (s. zuvor, mit Blick auf die neuen Erweiterungen der EU *ders.*, EuR 1999, 571 ff.); *Hatje*, EuR 2001, 143 (164 ff.); *Pache/Schorkopf*, NJW 2001, 1377 (1379 f.); *Tambou*, Revue du marché commun et de l'Union européenne 2001, 164 ff.; *Kapteyn*, YEL 20 (2001), 173 ff.; *Weiler*, in: de Búrca/Weiler (Hrsg.), The European Court of Justice, 2001, S. 215 ff.; *Due*, Europarättslig tidskrift 2001, 360 ff.; *Lenz*, EuGRZ 2001, 433 ff.; *Johnston*, CML Rev. 38 (2001), 499 ff.; *Kamann*, ZEuS 2001, 627 ff.; *Colomer*, RTDE 2001, 705 ff.; *Wegener*, DVBl. 2001, 1258 ff.; *Lipp*, NJW 2001, 2657 ff.; *Gormley*, in: *Arnull/Wincott* (Hrsg.), Accountability and Legitimacy in the European Union, 2002, S. 135 ff.; *Hirsch*, in: *Baudenbacher* (Hrsg.), Neueste Entwicklungen im europäischen und internationalen Kartellrecht, 2002, S. 165 ff.; *Obwexer*, in: *Griller/Hummer* (Hrsg.), Die EU nach Nizza: Ergebnisse und Perspektiven, 2002, S. 239 ff.; *Tizzano*, Revue du droit de l'Union européenne 2002, 665 ff.; *Everling*, in: Festschr. f. Steinberger, 2002, S. 1103 ff.; *Dony/Bribosia* (Hrsg.), L'avenir du système juridictionnel de l'Union européenne, 2002; *Everling*, EuR-Beih 1/2003, 7 ff. (aus dem interessanten Beiheft *Everling/Müller-Graff/Schwarze* [Hrsg.], Die Zukunft der Europäischen Gerichtsbarkeit nach Nizza); *Eeckhout*, in: *Andenas/Usher* (Hrsg.), The Treaty of Nice and Beyond: Enlargement and Constitutional Reform, 2003, S. 313 ff.; *Heffernan*, ICLQ 52 (2003), 907 ff.; *Olivares Tramon/Tüllmann*, NVwZ 2004, 43 ff.; *Azizi*, in: *Hummer* (Hrsg.), Paradigmenwechsel im Europarecht zur Jahrtausendwende, 2004, S. 181 ff.

[94] Art. I-29 und Art. III-359 VVE.

[95] Zu sonstigen Kontinuitäten etwa *Terhechte*, EuR 2008, 143; *Rösler*, EuR 2008, 800 (814 ff.).

[96] *Tribunaux spécialisés, specialised courts.*

[97] *Wägenbaur*, Art. 62c Satzung EuGH, Rdnr. 1; *Thiele*, EuR 2010, 30 (31); *Kotzur*, in: *Geiger/Khan/Kotzur*, EUV/AEUV – Kommentar, 5. Aufl. (2010), Art. 257 AEUV, Rdnr. 1.

Von der Möglichkeit, Fachgerichte zu errichten, machte der Rat durch Beschluss vom November 2004[98] für personalrechtliche Streitigkeiten Gebrauch[99]. Dadurch konnte das Gericht für den öffentlichen Dienst der EU rund ein Jahr später ordnungsgemäß konstituiert werden[100] und im April 2006 sein erstes Urteil verkünden[101]. Betraut ist das EuGöD mit allen Klagen der Beamten der EU[102]. Obwohl es mit sieben Richtern klein dimensioniert ist, entlastet es das EuG substanziell.

Anders als bei den beiden anderen Gerichten, deren Urteile und Beschlüsse in einer gemeinsamen Sammlung – EuGH (Teil I) und EuG (Teil II) – veröffentlicht werden, hat das Gericht für den öffentlichen Dienst eine eigene amtliche Sammlung (Slg. ÖD). Auch hierdurch setzt es sich ab. Da bei der Errichtung – wie ausgeführt – seit Lissabon anstatt dem Einstimmigkeits- nun das Mehrheitsprinzip gilt, können leichter[103] weitere Fachgerichte mit dem EuGöD als Vorbild geschaffen werden[104]. Weder Vertrag noch Satzung definieren den Begriff des besonderen Sachgebiets, auf das das Fachgericht beschränkt sein muss. Deshalb ist der Einrichtungsbeschluss maßgeblich[105].

---

[98] Nach ex-Art. 220 II i.V.m. ex-Art. 225a EG.

[99] Beschluss 2004/752/EG, Euratom des Rates vom 2.11.2004 zur Errichtung des Gerichts für den öffentlichen Dienst der Europäischen Union, ABl.EU 2004 Nr. L 333, S. 7.

[100] S. die entsprechende „Feststellung des Präsidenten des Gerichtshofes, dass das Gericht für den öffentlichen Dienst der Europäischen Union ordnungsgemäß konstituiert ist" vom 12.12.2005, ABl.EU 2005 Nr. L 325, S. 1.

[101] S. zur Gründung *Hakenberg*, EuZW 2006, 391 ff.; *Erlbacher/Schima*, ecolex 2006, 789 f.; *Lavranos*, E.L. Rev. 30 (2005), 261 ff.; s. auch die Bilanzen nach vier bzw. fünf Jahren *Kraemer*, CML Rev. 46 (2009), 1873 ff.; *Gericht für den öffentlichen Dienst der Europäischen Union (EuGöD)*, EuGRZ 2010, 535 f.

[102] Art. 270 AEUV und Art. 152 EAGV, Art. 1 Anhang Satzung des Gerichtshofs; zur EuGöD-Rechtsprechung 2008/2009 *Reithmann*, EuR 2011, 121 ff.

[103] Während es vor Lissabon zur Einrichtung einer gerichtlichen Kammer eines einstimmigen Ratsbeschlusses bedurfte, ist nun allerdings auch das Europäische Parlament beteiligt: Die Schaffung von Fachgerichten erfolgt gemäß Art. 257 I AEUV durch Verordnung i.S.d. Art. 294 AEUV, bei dem im ordentlichen Gesetzgebungsverfahren nach Art. 289 das Parlament mit qualifizierter Mehrheit gleichberechtigt entscheidet. *Thiele*, EuR 2010, 30 (31 f.).

[104] *Thiele*, EuR 2010, 30 (32).

[105] Auch *Karpenstein/Eggers*, in: *Grabitz/Hilf/Nettesheim* (Hrsg.), Das Recht der Europäischen Union, 45. Erg.-Lfg. (2011), Art. 257, Rdnr. 5.

3. Rechtsmittelfilter beim Zugang zu EuG und EuGH

Nachfolgend geht es um die Filter bei den Rechtsmitteln innerhalb der EU-Gerichtsbarkeit[106], die auch für die später zu erörternde Reform des nationalgerichtlichen Zugangs zum Vorabentscheidungsverfahren[107] von Interesse sind[108].

a) Vom EuG zum EuGH: Direktklagen

Gegen die Entscheidungen des EuG können die Parteien ein auf rechtliche Fragen begrenztes Rechtsmittel zum EuGH einlegen[109]. Auf die Verfahren im Einzelnen geht gleich noch die Tabelle 6 ein. Für Zivilsachen kennt das Unionsrecht dagegen nur den Rahmen des Vorabentscheidungsverfahrens, weshalb diese Verfahrensart nun auch unter dem Rechtsmittelgesichtspunkt eingehender Beachtung findet.

b) Vom EuG zum EuGH: Vorlageverfahren (nach Satzungsänderung)

Seit dem Vertrag von Nizza[110] ermöglicht es Art. 256 III UAbs. 1 AEUV[111] (ex-Art. 225 III UAbs. 1 EG), dass der Unionsgesetzgeber dem EuG die Zuständigkeit für Vorabentscheidungsverfahren in besonderen Bereichen durch Satzung[112] überträgt. Damit wäre das EuG Eingangsgericht für Vorabentscheidungsverfahren. Von der Option wurde bislang noch kein Gebrauch gemacht[113]. Es ist ein offenes Geheimnis, dass die Mehrzahl der EuGH-Richter wegen der zentralen Bedeutung des Vorabentscheidungsverfahrens an dessen einheitlicher Bearbeitung festhalten will[114]. Nicht zu-

---

[106] Vgl. zu den verschiedenen Reformvorschlägen im Vorfeld des Vertrages von Nizza (v.a. *Due*- und *Slynn*-Report) *Heffernan*, ICLQ 52 (2003), 907 (925 ff.).

[107] Gleichwohl zu den Unterschieden zwischen dem Vorabentscheidungsverfahren und Rechtsmitteln 2. Teil § 1 II 1.

[108] Das gilt wegen des derzeit unbeschränkten Zugangs von Gerichtsvorlagen zum EuGH. Zum Zugang im nationalen Instanzenzug bereits 2. Teil § 1 II 3 und noch 3. Teil § 2 VII 1.

[109] Art. 256 I UAbs. 2 AEUV; Art. 56 ff. Satzung des Gerichtshofs; Art. 110 ff. VerfO-EuGH; s. zu den Rechtsmittelverfahren auch *Pechstein*, Rdnr. 231 ff.; *Thiele*, Europäisches Prozessrecht, § 12, Rdnr. 1 ff.; *Wägenbaur*, ZEuS 2007, 161 (165 ff.); *Bork*, RabelsZ 66 (2002), 327 (350).

[110] S. auch die 12.-15. Erklärung zum Vertrag von Nizza (zu ex-Art. 225 EG in der Nizza-Fassung), ABl.EG 2001 Nr. C 80, S. 79 f.

[111] I.V.m. Art. 62 bis 62b Satzung des Gerichtshofs.

[112] S. unten in Fußn. 158.

[113] Auf eine Übertragung deutet derzeit nichts hin; so *Skouris*, in: Festschr. f. Starck, 2007, S. 991 (993); s. auch *Everling*, in: Festschr. f. Rengeling, 2008, S. 527 (533).

[114] S. *Vesterdorf*, E.L. Rev. 28 (2003), 303; *Rasmussen*, CML Rev. 44 (2007), 1661 (1679); *Haltern*, Europarecht – Dogmatik im Kontext, Rdnr. 374: die alleinige Zuständigkeit sei ein „Fetisch" des EuGH; *Everling*, EuR-Beih 1/2003, 7 (21): mit Nizza sei

letzt deswegen ist der EuGH nach Art. 267 AEUV weiterhin für die Vorabentscheidungen zuständig, und zwar uneingeschränkt und in der vollen Bandbreite, die das Unionsrecht zu bieten hat.

Auch wenn das vorgesehene Filterverfahren für Rechtsmittel vom EuG zum EuGH noch ohne praktische Relevanz ist, so hat es für die weitere Entwicklung einiges Gewicht: Ausgehend von der übergeordneten Aufgabe einer Gewährleistung von Rechtseinheit, aber auch der hinreichenden Befriedungsfunktion von EuG-Entscheidungen, muss die ernste Gefahr einer Beeinträchtigung der Einheit oder der Kohärenz des Unionsrechts bestehen.

Sieht das EuG schon im Vorhinein die ernste Gefahr für die Einheit oder Kohärenz des Unionsrechts als gegeben an, kann es die damit grundsätzlich bedeutsame Rechtssache direkt an den EuGH abgeben[115]. Eine Verpflichtung dazu besteht freilich nicht. Nach dem gegenwärtig in der Satzung vorgesehenen, gleichsam in Warteposition befindlichen Rechtsmittelsystem gehen Vorabentscheidungsverfahren nur dann in zweiter Instanz an den EuGH, wenn die ernste Gefahr einer Beeinträchtigung der Einheit oder der Kohärenz des Unionsrechts besteht[116]. In der Wissenschaft wird dagegen vorgeschlagen, der EuGH solle die wichtigen Verfahren mit verfassungsrechtlichem Gehalt gleich an sich ziehen können[117]. Das mag in wenigen Einzelfällen sinnvoll sein, findet sich aber ebenso wenig im derzeitigen Verfahrensrecht wie die Idee, das EuG müsse gleich vorlegen, wenn es eine Abweichung von der bisherigen EuGH-Rechtsprechung für erforderlich hält[118].

Das mit Nizza geschaffene (potenzielle) Rechtsmittelrecht sieht im Ablauf wie folgt aus: Bei besagter ernster Gefahr für die Einheit oder Kohärenz des Unionsrechts kann der Erste Generalanwalt[119] innerhalb eines Monats nach Verkündung der Entscheidung dem EuGH vorschlagen, die Entscheidung ausnahmsweise zu überprüfen[120]. Der EuGH entscheidet

---

ein Tabu gebrochen; skeptisch gegenüber einer Verlagerung *Skouris*, EuGRZ 2008, 343 (347); s. aber zum Reflexionspapier unten Fußn. 598.

[115] Art. 256 III UAbs. 2 AEUV.

[116] Art. 256 III UAbs. 3 AEUV i.V.m. Art. 62 I Satzung des Gerichtshofs.

[117] *Pernice*, EuR 2011, 151 (162 f.): „Klagen oder Vorabentscheidungsersuchen, welche solche Fragen zentral zum Gegenstand haben, können direkt an den Gerichtshof gerichtet werden; er gibt sie an das Gericht ab, wenn *prima facie* keine Verfassungsfragen im Mittelpunkt stehen. Klagen oder Vorlagen, die an das Gericht adressiert sind, zieht der Gerichtshof unmittelbar an sich, wenn sie wichtige verfassungsrechtliche Gegenstände oder Fragen betreffen." Dagegen *Broberg/Fenger*, S. 28.

[118] Dafür *Pernice*, EuR 2011, 151 (163).

[119] Der Erste Generalanwalt wird jährlich vom Gerichtshof bestimmt (Art. 10 § 1 III VerfO-EuGH). Er weist den Generalanwälten die einzelnen Rechtssachen zu; *Pechstein*, Rdnr. 94.

[120] Art. 256 III UAbs. 3 AEUV i.V.m. Art. 62 I Satzung des Gerichtshofs.

innerhalb eines weiteren Monats nach dem Antrag, ob er in der Sache das letzte Wort haben will[121]. Die niederländische Regierung hatte dagegen eine Rechtsmittelbefugnis für die anderen EU-Institutionen, die Mitgliedstaaten und die Generalanwälte beim EuGH vorgeschlagen[122].

Nach dem Ursprung des Vorabentscheidungsverfahrens – nämlich Vorlage durch ein nationales Gericht und objektiv veranlasste Legalitätskontrolle – kommt ein Rechtsmittel durch eine der im Hauptverfahren beteiligten Parteien konzeptionell nicht in Frage. *De lege ferenda* wäre vielmehr über eine Rechtsmittelberechtigung der Kommission nachzudenken[123]. Das Initiativrecht des Ersten Generalanwalts, d.h. eines Mitglieds des Gerichtshofs, ist ein eigentümlicher Plan, weil doch ansonsten[124] der Anstoß für die gerichtliche Befassung mit Rechtssachen zumeist von außen kommt[125]. Hierdurch erhält das Rechtsprechungsorgan eine neue rechtspolitische Aufgabe[126].

c) Vom EuGöD (und den Fachgerichten) zum EuG sowie weiter zum EuGH

Der EuGH ist Rechtsmittelinstanz für das Gericht und in wenigen Fällen auch zweite Rechtsmittelinstanz für das EuGöD. Damit besteht insoweit ein zweistufiger und – unter den engen Voraussetzungen des Art. 256 II UAbs. 2 AEUV – sogar dreistufiger Instanzenzug. Die Funktion der ersten Rechtsmittelinstanz übernimmt das EuG in Beamtensachen und potenziell für die Zuständigkeitsbereiche weiterer Fachgerichte (Art. 257 III, Art. 256

---

[121] Art. 62 II Satzung des Gerichtshofs. S. zum Ganzen Art. 256 III UAbs. 2 und 3 AEUV i.V.m. Art. 62–62b Satzung des Gerichtshofs; Art. 123a-123e VerfO-EuGH. Ferner *Broberg/Fenger*, S. 27; *Pechstein*, Rdnr. 85, 120, 231 ff.; *Thiele*, Europäisches Prozessrecht, § 12, Rdnr. 44.

[122] „Contribution from the Dutch Government: – An agenda for internal reforms in the European Union" v. 6.3.2000, CONFER 4720/00, S. 15 (im Vorfeld der Regierungskonferenz 2000).

[123] *Everling*, in: Festschr. f. Steinberger, 2002, S. 1103 (1117); knapp *Thiele*, Europäisches Prozessrecht, § 12, nach Rdnr. 45 (S. 216); s. auch *Due*-Report, Beilage zu NJW H. 19/2000 und EuZW H. 9/2000, 10 f.

[124] Zumindest nach deutscher Tradition. Allerdings ist an die *pourvoi en cassation dans l'intérêt de la loi* zu denken, die das französische Prozessrecht und einige davon inspirierte Prozessrechte kennen.

[125] *Grabenwarter*, EuR-Beih 1/2003, 55 (64); *Everling*, in: Festschr. f. Steinberger, 2002, S. 1103 (1125).

[126] *Everling*, in: Festschr. f. Steinberger, 2002, S. 1103 (1125); auch *ders.*, EuR-Beih 1/2003, 7 (22 f.): „Der Erste Generalanwalt ist kein politisches Organ sondern Mitglied des Gerichtshofs, so dass dieser von Amts wegen ein Verfahren einleitet – eine verfahrensrechtlich ungewöhnliche und justizpolitisch fragwürdige Regelung".

II UAbs. 1 AEUV)[127]. Rechtsmittel gegen EuGöD-Entscheidungen sind zwar grundsätzlich auf Rechtsfragen beschränkt[128]. Verordnungen über die Bildung weiterer Fachgerichte können aber ausdrücklich vorsehen, dass sich die Rechtsmittel gegen fachgerichtliche Entscheidungen auch auf die Tatsachenfeststellung und -würdigung erstrecken[129]. Ob das Rechtsmittelverfahren berufungs- oder revisionsrechtlichen Charakter aufweist, ist damit der Errichtungsverordnung überlassen[130].

Mit Schaffung des EuGöD ist die dreistufige Ausgestaltung des Rechtsschutzsystems auf wenige Ausnahmefälle begrenzt. Für ein Überprüfungsverfahren der EuG-Entscheidungen durch den EuGH muss gemäß Art. 256 II UAbs. 2 AEUV die ernste Gefahr einer Berührung von Einheit oder Kohärenz des Unionsrechts vorliegen[131]. Zudem stehen die drei Gerichte in einem Intraorganverhältnis zueinander, bilden sie doch organschaftlich *ein* Gericht[132]. Ohnehin stützen sich die Richter des EuGöD – trotz eigenem Kanzler – auf die Dienste von EuGH und EuG[133].

Noch kurz zur Verfahrenskonkurrenz: Ist das angerufene Gericht innerhalb der Europäischen Gerichtsbarkeit unzuständig, so hat es nach Art. 54 II Satzung des Gerichtshofs den Rechtsstreit zu verweisen. Werden bei EuGH und EuG Rechtssachen zum gleichen Gegenstand anhängig oder werfen sie die gleiche Auslegungsfrage auf oder betreffen sie die Gültigkeit desselben Rechtsaktes, kann das EuG das Verfahren bis zum Erlass des EuGH-Urteils aussetzen. Im Fall von Nichtigkeitsklagen gemäß Art. 263 AEUV vermag sich das EuG für unzuständig erklären. Umgekehrt kann unter den gleichen Voraussetzungen auch der EuGH die Aussetzung des bei ihm anhängigen Verfahrens beschließen, so dass das Verfahren vor dem EuG fortgeführt wird[134].

---

[127] S. für die Rechtsmittel gegen EuGöD-Entscheidungen zudem Art. 9 Anhang Satzung des Gerichtshofs. Die Rechtsmittelfrist beträgt danach zwei Monate.

[128] Art. 256 II UAbs. 1 AEUV i.V.m. Art. 11 I Anhang Satzung des Gerichtshofs.

[129] Art. 257 III AEUV. Damit kann es zwei Tatsacheninstanzen geben und das EuG ist „Berufungsgericht"; *Wienhues/Horváth*, EWS 2006, 385.

[130] *Wegener*, in: *Calliess/Ruffert*, Art. 257 AEUV, Rdnr. 12.

[131] Ein Rechtsmittel zum EuGH kann auch der Erste Generalanwalt vorschlagen, Art. 62 Satzung des Gerichtshofs.

[132] Art. 13 I UAbs. 2 i.V.m. Art. 19 I S. 1 EUV; dazu bereits oben 1. Teil § 2 I.

[133] Art. 6 Anhang des Satzung des Gerichtshofs.

[134] Art. 54 III Satzung des Gerichtshofs; zur Frage der Aussetzung von Verfahren bei Konkurrenz gleichzeitiger Anhängigkeit verwandter Rechtssachen vor dem EuGH und EuG s. *Dauses/Henkel*, EuZW 1999, 325 ff.; *Möschel*, NVwZ 1999, 1045 ff.

d) Bewertung: zwischen Multifunktionalität und dem neuen Trend zur instanziell gestuften Spezialisierung

Oben wurde der EuGH als Universal- oder Einheitsgericht charakterisiert, was auch für den U.S. Supreme Court kennzeichnend ist[135]. Das ist mit Blick auf das Vorabentscheidungsverfahren weiterhin der Fall. In dessen Rahmen muss der EuGH neben seiner verfassungsrechtlichen Aufgabe z.B. in die Rolle eines Zivil-, Verwaltungs-, Arbeits- oder Steuergerichts schlüpfen[136]. Dennoch befindet sich die EU-Gerichtsbarkeit mittlerweile zwischen den Polen der Multifunktionalität und dem neuen Trend der Spezialisierung[137]. Während die Gründungsverträge die Verfahren allein dem EuGH zuwiesen, findet sich nun in den auch für das Wirtschaftsrecht relevanten Sachverhalten eine zweigestufte EU-Gerichtsbarkeit. In den genannten besonderen Fällen des Dienstrechts der EU kann sie mit dem EuGH als Revisionsinstanz sogar dreigestuft ausfallen[138]. Damit ist die rechtliche Leitfunktion des EuGH gestärkt. Auch deswegen deutet vieles auf eine zunehmende Anerkennung der Notwendigkeit fachlicher Spezialisierung und weiterer Kompetenzverlagerungen innerhalb der EU-Gerichtsbarkeit hin[139].

Der Vertrag von Nizza hat – wie dargestellt – im Bereich des Vorlageverfahrens zu einer weiteren Veränderung geführt, da der Exklusivitätsanspruch des EuGH zumindest konzeptionell aufgegeben wurde. Die Möglichkeit, durch Satzungsänderung gemäß Art. 256 III UAbs. 3 AEUV bestimmte Vorabentscheidungsmaterien auf das EuG zu übertragen, verabschiedet sich von der Konzeption der vertragsschließenden Staaten, die verfassungsrechtliche Bedeutung des Vorabentscheidungsverfahrens erfordere eine exklusive Zuständigkeit des EuGH.

Mit der Möglichkeit fachbezogener Spezialisierungen ist anerkannt, dass nicht alle Vorabentscheidungsverfahren verfassungsrechtliche und grundsätzliche Bedeutung haben[140]. Käme es wirklich zu einer solchen Übertragung, wäre der EuGH in diesen ausgewählten Bereichen nur noch für grundsätzlich bedeutsame und/oder verfassungsrechtliche Fragen zuständig. Besondere Relevanz haben hier natürlich Rechtssachen, die die föderale Balance zwischen den Ebenen berühren. In der Aufgabe dieses Exklusivitätsanspruches liegt ein beachtliches Reformpotenzial. Darauf

---

[135] S. oben 2. Teil § 1 I 3 c).

[136] Daneben wird der EuGH noch als internationales Schiedsgericht und als verbindlicher Gutachter tätig. Dazu unten Tabelle 6.

[137] *Hatje*, DRiZ 2006, 161 (162).

[138] Etwa *Pechstein*, S. 234.

[139] *Hatje*, DRiZ 2006, 161 (162).

[140] Vgl. *Heffernan*, ICLQ 52 (2003), 907 (914).

kommt dieser Teil zur besseren Berücksichtigung der Belange des Zivilrechts und weiterer Materien noch zurück.

Unklar ist nach gegenwärtigem Stand, wie der recht unbestimmte Rechtsmittelfilter für Vorabentscheidungsverfahren vom EuG zum EuGH in der Praxis funktionieren würde. Offen ist nämlich, ob der Filter „ernste Gefahr der Einheit oder der Kohärenz des EU-Rechts" tatsächlich nur wenige Verfahren zum EuGH durchließe. In der Sache geht es um einen Kompromiss zwischen der Wahrung von Rechtseinheit (d.h. eher viele Rechtsmittelverfahren zum EuGH) und effektiver Entlastung des EuGH (d.h. eher wenig Rechtsmittelverfahren zum EuGH)[141]. Angesichts der unklaren Zulassungskriterien[142] bleibt gegebenenfalls abzuwarten, ob die Einführung einer Zweistufigkeit beim Vorabentscheidungsverfahren wirklich zur Verkomplizierung und Verlängerung des Verfahrens führen würde[143] oder sie – was eher zu vermuten ist – auf Ausnahmen beschränkt bleibt.

Ohnehin soll der EuGH die Überprüfung von EuG-Entscheidungen im „Eilverfahren" vornehmen[144], was ihn vor besondere Herausforderungen stellt[145]. Zudem bestehen unterschiedliche „Filter" oder Standards zwischen Direktklagen und Vorabentscheidungsverfahren[146]: Während ein Rechtsmittel bei Vorabentscheidungsverfahren vom EuG zum EuGH nur bei ernster Gefahr um die Einheit oder die Kohärenz des Unionsrechts möglich ist, so sind für die Rechtsmittel vor den Fachgerichten, wie jetzt schon vor dem EuGöD[147], zum EuG keine vergleichbaren Hürden vorgesehen[148]. Ungewiss ist, ob sich diese Unterschiede in der Praxis als gerechtfertigt erweisen werden.

---

[141] Vgl. auch *Thiele*, Europäisches Prozessrecht, § 12, Rdnr. 1; oben 2. Teil § 8 II.

[142] Klärungsbedürftig ist nämlich, was unter einer ernsten Gefahr für die Einheit oder Kohärenz des Unionsrechts zu verstehen ist; so auch *Everling*, in: Festschr. f. Steinberger, 2002, S. 1103 (1125): die Bestimmung sei „unklar und seltsam".

[143] So die Kritik von *Broberg/Fenger*, S. 27; *Sack*, EuZW 2001, 77 (78).

[144] Art. 62a Satzung des Gerichtshofs. Dies sah auch eine Erklärung zum Vertrag von Nizza vor: 15. Erklärung zu Artikel 225 Absatz 3 des Vertrags zur Gründung der Europäischen Gemeinschaft, ABl.EG 2002 Nr. C 80, S. 80.

[145] Eher skeptisch *Wegener*, in: *Calliess/Ruffert*, Art. 256 AEUV, Rdnr. 29: abzuwarten bleibe, ob der EuGH damit der (für die Überprüfung erforderlichen) Grundsätzlichkeit der Rechtssache überhaupt gerecht werden kann.

[146] Kritisch *Heffernan*, ICLQ 52 (2003), 907 (927).

[147] Dass bislang kein Fall vom EuGöD bis zum EuGH gegangen ist, berichtet *Thiele*, Europäisches Prozessrecht, § 12, Rdnr. 43.

[148] Darum meint *Lenaerts*, in: *Pernice/Kokott/Saunders*, S. 211 (235), die Parallelität zwischen Vorlageverfahren und Direktklagen würde im Fall einer Übertragung von Vorlageverfahren gebrochen.

4. Steigende Rechtsmitteleinlegung zum EuGH

Schon jetzt ist die Frage der Rechtsmittel zur Wahrung der Rechtseinheit bedeutsam. Während sie nämlich in der Anfangszeit keine Rolle spielte, hat sich das nun durch die Schaffung des EuG – wie ausgeführt – geändert. Interessanterweise bewältigt der EuGH seine verhältnismäßig neue Funktion einer Rechtsmittelinstanz recht zügig und mit sinkender Verfahrensdauer[149].

Allerdings beschränkt sich der Prüfungsumfang des EuGH auf eine bloße Rechtskontrolle, d.h. auf (1.) Fragen der Unzuständigkeit, (2.) Verfahrensfehler und (3.) die Verletzung des EU-Rechts[150]. Begründet ist das Rechtsmittel mit der Folge der Aufhebung der EuGöD- oder EuG-Entscheidung, wenn ein vom Rechtsmittelführer geltend gemachter Rechtsfehler vorliegt und sich zu seinen Ungunsten auswirkt[151].

Statistisch gesehen hat die Beanstandung von Unzuständigkeit und Verfahrensfehlern höhere Chancen auf Erfolg als die Rüge einer Verletzung des EU-Rechts. Es bestehen allerdings hier Unterschiede zwischen den verschiedenen Rechtsmittelführern[152]. Bis Ende 2010 hat das EuG, das ein Jahr zuvor bereits sein zwanzigjähriges Bestehen feierte, insgesamt 7.311 Rechtssachen abgeschlossen. Regelmäßig werden rund ein Viertel bis ein Drittel der EuG-Entscheidungen angefochten. Besonders häufig geschieht dies bei den umfangreichen Wettbewerbssachen und im Bereich „staatliche Beihilfen"[153]. Im Jahr 2010 wurde bei 98 Entscheidungen, also 29 % der

---

[149] Nur für die letzten Jahre: 20,9 Monate (2005), 17,8 Monate (2006), 17,8 Monate (2007), 18,4 Monate (2008), 15,4 Monate (2009), 14,3 Monate (2010).

[150] S. näher zu rechtsmittelfähigen „Rechtsfragen" Art. 58 I Satzung des Gerichtshofs; zur entsprechenden Abgrenzung von Rechts- und Tatsachenfragen *Wägenbaur*, EuZW 2003, 517 (518); *Pechstein*, Rdnr. 233, 240 f.; *Bölhoff*, Das Rechtsmittelverfahren vor dem Gerichtshof der Europäischen Gemeinschaften – Verfahren, Prüfungsumfang und Kontrolldichte, 2001, S. 131 ff.; näher zur Rechtsmittelbefugnis *Bölhoff*, S. 40 ff.; *Wägenbaur*, EuZW 2003, 517 ff.; zur Prüfungskompetenz des EuGH *ders.*, EuZW 1995, 199 ff.; insgesamt *Langner*, Der Europäische Gerichtshof als Rechtsmittelgericht – Der Prüfungsumfang im europäischen Rechtsmittelverfahren, 2003, S. 44 ff.

[151] *Pechstein*, Rdnr. 247.

[152] *Tridimas/Gari*, E.L. Rev. 35 (2010), 131 (173) (mit umfangreichen statistischen Untersuchungen, bezogen auf 2001–2005): „On appeal, Community institutions were more successful in questioning the CFI rulings on admissibility, than in challenging the CFFs holdings on the substance. Finally, legal and natural persons were more successful in invoking the breach of procedural rights to set aside a ruling of the CFI than in contesting its interpretation of substantive provisions." *Van Bael*, Due Process in EU Competition Proceedings, 2011, S. 367: „Arguments of due process stand a better chance than arguments which call into question 'economic assessments' made by the Commission. Such arguments turn the debate into an uphill battle".

[153] Im Jahr 2010 laut Jahresbericht: 45 % im Bereich „Wettbewerb" und sogar 49 % im Bereich „staatliche Behilfen".

527 EuG-Entscheidungen ein Rechtsmittel eingelegt, was die befriedende Wirkung der EuG-Rechtsprechung verdeutlicht[154]. Die Erfolgsquote liegt bei rund 30 %[155]. Die folgende Tabelle[156] zeigt den im Laufe der Jahre kräftigen Anstieg bei der Rechtsmitteleinlegung[157], und zwar mit einem beträchtlichen Sprung im Jahr 2009.

Tabelle 5: Zum EuGH eingelegte Rechtsmittel

	Rechtsmittel	*Rechtsmittel im Verfahren des vorläufigen Rechtsschutzes und betreffend Streithilfe*
1990	15	1
1991	13	1
1992	24	1
1993	17	-
1994	12	1
1995	46	2
1996	25	3
1997	30	5
1998	66	4
1999	68	4
2000	66	13
2001	72	7
2002	46	4
2003	63	5
2004	52	6
2005	66	1
2006	80	3
2007	79	8
2008	77	8
2009	104	2
2010	97	6
Insges.	1.118	85

5. Zusammenfassend zur Ausdifferenzierung im EU-Gerichtssystem

Das Justizwesen der Union hat mittlerweile einen enormen Umfang und erweist sich als recht verwinkelt. Von den in Jahr 2010 – als einem Rekordstand – insgesamt neu anhängig gemachten 1.406 Rechtssachen

---

[154] Vgl. *Schwarze*, EuR 2009, 717 (718); auch *Skouris*, in: Festschr. f. Starck, 2007, S. 991 (999 f.).

[155] *Schwarze*, EuR 2009, 717 (718) – bezogen auf 2008; *Everling*, EuZW 21/2008, V – bezogen auf 2007; ferner *Koopmans*, YEL 11 (1991), 15 (27).

[156] Die Zahlen sind bereits in Tabelle 1 enthalten.

[157] Bei den Rechtsmittelsachen wird am Ende des Aktenzeichens ein „P" (für „pourvoi") angefügt.

entfallen 631 auf den EuGH, 636 auf das EuG und 139 auf das EuGöD. Insbesondere beim EuG ist der Anstieg beträchtlich, wurden doch im Jahr 2009 nur 568 Rechtssachen anhängig gemacht. Die Belastung des EuG wäre bei der primärrechtlich möglichen Übertragung von Vorabentscheidungsverfahren vom EuGH auf das EuG natürlich maßgeblich zu berücksichtigen.

Bereits jetzt ist der Rechtsprechungsapparat gestuft: Mit Schaffung des EuG wurde die EU-Gerichtsbarkeit zweiinstanzlich, mit Einrichtung des EuGöD gar teilweise dreiinstanzlich. Die Quellenvielfalt und der Patchwork-Charakter von Verträgen und Satzung[158] einerseits und andererseits den Verfahrensordnungen als abgeleitetem Recht[159] (ergänzt um andere selbstständig erlassene Regelungen)[160] machen das Organisations- und Verfahrensrecht nicht gerade leicht verständlich[161].

Darum zeigt die nachfolgende Tabelle[162] die sachliche Zuständigkeitsverteilung bei den wichtigen Verfahren, aber auch die verschiedenen Funktionen, in denen der dreiteilige EU-Gerichtshof tätig wird[163]. Deutlich wird der bereits erreichte Grad an Ausdifferenzierung, insbesondere was die verfassungsrechtlichen[164], sonstigen und rechtsmittelinstanzlichen Auf-

---

[158] Die Satzung findet sich in den Anhängen der Verträge und hat darum gemäß Art. 51 EUV i.V.m. Art. 281 AEUV Vertragsrang. Seit Lissabon ist ein Antrag auf Änderung der Satzung des Gerichtshofs der Europäischen Union ein „Entwurf eines Gesetzgebungsakts". Er unterliegt damit dem ordentlichen Gesetzgebungsverfahren und dem Protokoll Nr. 2 über die Anwendung der Grundsätze der Subsidiarität und der Verhältnismäßigkeit. *Barents*, CML Rev. 47 (2010), 709 (711) kritisiert, dass der Gegenstand der Satzung eigentlich in die ausschließliche Zuständigkeit der EU fällt und darum nicht dem Subsidiaritätsprotokoll unterliegen müsste.

[159] Sie sind den Gerichten überlassen, bedürfen aber weiterhin der Genehmigung des Rates, Art. 253 VI, 254 V AEUV. Der EU-Gerichtshof wünscht sich einen Verzicht darauf; s. etwa *Schiemann*, in: *Arnull/Eeckhout/Tridimas*, S. 3 (16), der hierbei auch eine Änderung des Verfahrensablaufs vorschlägt. Zur Satzungsautonomie des Gerichtshofs *Wittreck*, Die Verwaltung der Dritten Gewalt, 2006, S. 250 f.

[160] Etwa die zusätzliche Verfahrensordnung des EuGH (nach Art. 125 VerfO-EuGH: zu Rechtshilfeersuchen und Prozesskostenhilfe) sowie die Dienstanweisungen für die Kanzler von beiden Instanzen. Zu den „Praktischen Anweisungen für die Parteien" unten Fußn. 373. *Wägenbaur*, Einf. Satzung EuGH, unter I. 3.

[161] Eine klare Aufteilung in ein GVG und verschiedene Verfahrensordnungen (BVerfGG, VwGO, ZPO, StPO) fehlt; *Wägenbaur*, Einf. Satzung EuGH, unter I.; *Pechstein*, Rdnr. 82.

[162] Artikel ohne Vertragskennzeichnung sind solche des AEUV.

[163] Vgl. auch *Classen*, in: *Oppermann/Classen/Nettesheim*, § 13, Rdnr. 9 ff.; *Bork*, RabelsZ 66 (2002), 327 (349).

[164] Beispielsweise bei „Fragen der vertikalen (interföderalen) oder horizontalen (intraföderalen) Gewaltenteilung" (*Giegerich*, ZaöRV 67 (2007), 351 [363]) mitsamt der Kompetenzgrenzen und Subsidiarität bei Klagen der Mitgliedstaaten, der Verfassungsmäßigkeit von Richtlinien und Verordnungen, Schutz der Unionsgrundrechte des Ein-

gaben der drei Gerichte anbelangt. Klar tritt die Doppelrolle des EuGH als Verfassungs- und Fachgericht zu Tage[165]. Aufgenommen ist auch der hier ansonsten nicht angesprochene einstweilige Rechtsschutz[166]. Kursiv ist markiert, was bereits in den Verträgen als Option vorgesehen, aber noch nicht vollzogen ist. Die Reihenfolge folgt überwiegend der Erwähnung im AEUV.

Tabelle 6: System ausgewählter Zuständigkeiten und Funktionen

Verfahrenszuständigkeiten	*Gerichtsfunktion*
EuGH	
Vertragsverletzungsverfahren (Art. 258 f.; als Aufsichtsklage der Kommission: Art. 258 II, als Staatenklage: Art. 259 I)	Verfassungsgericht
Nichtigkeitsklagen (Art. 263): erstinstanzlich für Klagen von Mitgliedstaaten, Unionsorganen und EZB (Art. 51 Satzung des Gerichtshofs)	Verfassungsgericht
bei sonstigen Klägern: zweitinstanzlich für auf Rechtsfragen beschränkte Rechtsmittel (i.V.m. Art. 256 I UAbs. 2)	Rechtsmittelgericht
Untätigkeitsklagen (Art. 265): erstinstanzlich für Klagen von Mitgliedstaaten, Unionsorganen und EZB (Art. 51 Satzung des Gerichtshofs)	Verfassungsgericht
bei sonstigen Klägern: zweitinstanzlich für auf Rechtsfragen beschränkte Rechtsmittel (i.V.m. Art. 256 I UAbs. 2)	Rechtsmittelgericht
Vorabentscheidungsverfahren (Art. 267)	bei Gültigkeitsfragen i.S.e. „konkreten Normenkontrolle" als Verfassungsgericht; bei Auslegungsfragen z.B. als Zivil-, Verwaltungs-, Finanzgericht
nach Art. 256 III UAbs. 3, sofern Übertragung an EuG erfolgt (bislang nicht geschehen) für Rechtsmittel („wenn die ernste Gefahr besteht, dass die Einheit oder die Kohärenz des Unionsrechts berührt wird")	*Rechtsmittelgericht*

---

zelnen; *Giegerich*, ZaöRV 67 (2007), 351 (363 f.); *Pernice*, EuR 2011, 151 (162); auch unten bei Fußnotenzeichen 737.

[165] *Manthey/Unseld*, ZEuS 2011, 323 ff.

[166] *Sladič*, Einstweiliger Rechtsschutz im Gemeinschaftsprozessrecht – Eine Untersuchung der Rechtsprechung des EG/EU-Prozessrechts, 2008; zu den Rechtsschutzzielen einstweiliger Maßnahmen s. *Heinze*, S. 72 ff.

Verfahrenszuständigkeiten	Gerichtsfunktion
Amtshaftungsklagen (Art. 268 i.V.m. Art. 340 II, III): für auf Rechtsfragen beschränkte Rechtsmittel (Art. 256 I)	Rechtsmittelgericht
Aussetzung bestimmter mit der Zugehörigkeit zur Union verbundener Rechte eines Mitgliedstaats (Art. 269 AEUV i.V.m. Art. 7 EUV)	Verfassungsgericht
Klagen aufgrund einer Schiedsklausel (Art. 272): für auf Rechtsfragen beschränkte Rechtsmittel	Schiedsgericht, teils als Rechtsmittelgericht
Streitigkeiten zwischen den Mitgliedstaaten mit Zuständigkeit aufgrund eines Schiedsvertrages (Art. 273)	
beschränkte Zuständigkeit bei GASP (Art. 275 II)	
Gutachten über eine geplante internationale Übereinkunft (Art. 218 XI)	Verfassungsgericht im Völkerrecht
nur in Ausnahmefällen als zweites Rechtsmittelgericht für das EuG, der selbst als Rechtsmittelgericht für ein Fachgericht tätig wurde (Art. 256 II UAbs. 2: „wenn die ernste Gefahr besteht, dass die Einheit oder Kohärenz des Unionsrechts berührt wird")	zweites Rechtsmittelgericht (d.h. ausnahmsweise dreistufige Gerichtsbarkeit)
bislang nur Fall von Streitsachen zwischen der Union und ihren Bediensteten (Art. 270), bei denen zunächst ein Rechtsmittel vom EuGöD zu EuG und dann zum EuGH eingelegt wurde	
einstweiliger Rechtsschutz (Art. 278, 279)	siehe oben

EuG (Art. 256 I)	
Nichtigkeitsklagen (Art. 263 IV, V): erstinstanzlich von natürlichen und juristischen Personen (Art. 51 Satzung des Gerichtshofs)	erste Tatsacheninstanz
Untätigkeitsklagen (Art. 265 III): erstinstanzlich von natürlichen und juristischen Personen (Art. 51 Satzung des Gerichtshofs)	erste Tatsacheninstanz
Vorabentscheidungsverfahren (Art. 267) in besonderen Sachgebieten, wenn – wie bislang nicht geschehen – Übertragung durch Satzung erfolgte (Art. 256 III)	*je nach Übertragung: Sachgericht zu verschiedenen Gebieten*
Amtshaftungsklagen (Art. 268 i.V.m. Art. 340 II, III): in erster Instanz (s. Art. 256 I)	erste Tatsacheninstanz

Verfahrenszuständigkeiten	*Gerichtsfunktion*
Rechtsmittelgericht gegen Entscheidungen der Fachgerichte (Art. 256 II UAbs. 1)	Rechtsmittelgericht
bislang nur Fall von Streitsachen zwischen der Union und ihren Bediensteten (Art. 270) bei denen ein Rechtsmittel vom EuGöD zu EuG eingelegt wurde (Art. 9 ff. Anhang I Satzung des Gerichtshofs, Art. 137 ff. VerfO-EuG)	
Klagen aufgrund einer Schiedsklausel (Art. 272): in erster Instanz von natürlichen und juristischen Personen	Schiedsgericht
einstweiliger Rechtsschutz (Art. 278, 279)	siehe oben

Fachgerichte (Art. 257)	
EuGöD – Streitsachen zwischen der Union und ihren Bediensteten (Art. 270): in erster Instanz (s. Art. 1 Anhang I Satzung des Gerichtshofs)	Fachgericht in Dienst- und Disziplinarsachen
Errichtung weiterer Fachgerichte für bestimmte Kategorien von Klagen möglich (Art. 257 I AEUV)	*Fachgericht*

III. Gesamtbewertung

Die anfänglichen Institutionengründungen und die zentralen Weichenstellungen auf dem Gebiet des Prozess- und Justizrechts bleiben für das weitere Leben der Gemeinschaft prägend. Erstaunlich ist die seit Beginn der fünfziger Jahre und über die Erweiterungen von sechs auf 27 Mitgliedstaaten hinweg zu verzeichnende Kontinuität des EuGH als ältestem Organ der Europäischen Union[167]. Die Montanunion bildet die Keimzelle der Gemeinschaft mit dem Kennzeichen einer obligatorischen Gerichtsbarkeit. Aufgabe bereits des Gerichtshofs der Montanunion von 1952 war es, nicht lediglich das geschriebene Recht bei der Auslegung und Anwendung zu sichern, sondern rechtsschöpferisch zu wirken, nationale Eigensinnigkeiten zu unterbinden, den transnationalen Charakter der Rechtsgemeinschaft zu stärken sowie insgesamt die Entwicklung des europäischen Rechtsbewusstseins zu fördern[168]. Die Römischen Verträge haben das Rechtsschutzsystem der neuen Gemeinschaft, die bekanntlich zugleich Rechtsschöpfung, Rechtsquelle und

---

[167] Zu Letzterem *Skouris* im Vorwort zu *Gerichtshof der Europäischen Gemeinschaften*, Der Gerichtshof der Europäischen Gemeinschaften in seinem neuen Palais, 2009, S. 3.

[168] *Schlochauer*, AVR 3 (1951/52), 385 (388).

Rechtsordnung ist[169], weiter ausgebaut und vor allem das Vorabentscheidungsverfahren um die Möglichkeit zur Auslegung von Sekundärrecht
ergänzt. Das Vorabentscheidungsverfahren wurde zur bestimmenden Verfahrensart für das Europäische Zivilrecht und bei der praktischen Verzah-
nung der verschiedenen föderalen Ebenen in den Bereichen des materiellen
und des Verfahrensrechts.

Die dargestellte und teils heftige Kritik an einigen „Kompetenzen usur-
pierenden" und „expansionistischen" Entscheidungen[170] führten nicht zu
einer Beschränkung der Jurisdiktionsbefugnisse oder Rücknahme von
Entscheidungen[171] des EuGH. Ganz im Gegenteil ist es im Zuge der Entwicklung des Primärrechts, d.h. durch die Verträge von Amsterdam, Nizza
und (mit Abstrichen) Lissabon zu einer erstaunlichen, aber konsequenten
Akzeptanz und Ausweitung gekommen[172].

Vorstehend wurden dazu zwei Phasen der Entwicklung dargestellt:
Zunächst der Beginn der Gerichtsbarkeit (oben unter I.), dann die begin-
nende Ausdifferenzierung des Gerichtssystems mit der Einrichtung von
EuG und EuGöD (unter II.). Nun stellt sich die Frage, ob eine dritte Phase
der breiteren Ausdifferenzierung folgt – etwa in Bezug auf das Privatrecht
sowie das IPR und IZVR. Darauf ist im folgenden § 2 ebenso näher
einzugehen wie auf die Frage, ob der Legalitätsansatz aus der Anfangszeit
einem modernen Justizwesen überhaupt noch gerecht wird.

Die Frage der künftigen Gestaltung der EU-Gerichtsbarkeit bleibt auf
der Tagesordnung. Der Vertrag von Lissabon hat die entscheidenden Fragen der europäischen Justizarchitektur ausgespart. Dazu zählen die Zuständigkeiten innerhalb der Europäischen Gerichtsbarkeit und insbesondere die
Aufteilung in Kategorien von Vorabentscheidungsverfahren zwischen
EuGH und EuG. Seit Jahren wird die Justizstruktur der Europäischen
Union mehr renoviert als wirklich reformiert[173]. Der Vertrag von Nizza hat
– wie beschrieben – formell den Anspruch des EuGH auf Exklusivzu-
ständigkeit im Bereich des Vorabentscheidungsverfahrens abgeschafft.
Wie die Arbeitsteilung unter Beachtung der Gebote von Einheit und Kohä-

---

[169] *Hallstein*, Der unvollendete Bundesstaat, 1969, S. 33 ff.; zum rechtlichen Zusammenhalt in der EG etwa auch *Zuleeg*, ZEuP 1993, 475; *ders.*, NJW 1994, 545;
Möllers, Die Rolle des Rechts im Rahmen der europäischen Integration – Zur Notwendigkeit einer europäischen Gesetzgebungs- und Methodenlehre, 1999; weiter *Rieckhoff*,
S. 67 ff.; *Brown/Kennedy*, S. 382: „The Communities themselves are creatures of law".

[170] Oben 2. Teil § 3 III; zur Kritik an der Kritik *Basedow*, EuZ 2009, 86;
Timmermans, CML Rev. 41 (2004), 393 (396 ff.).

[171] Mit Ausnahme des sog. *Barber*-Protokolls, mit dem auch ein rentenrechtliches
EuGH-Urteil zum Teil revidiert wurde (Protokoll zu Art. 119 des Vertrags zur Gründung
der Europäischen Gemeinschaft vom 7.2.1992, ABl.EG 1994 Nr. C 224, S. 104).

[172] Vgl. *Timmermans*, CML Rev. 41 (2004), 393 (398).

[173] *Arnull*, ICLQ 43 (1994), 296 ff.; *Heffernan*, ICLQ 52 (2003), 907 (909).

renz des Unionsrechts ins Leben zu überführen ist, harrt der endgültigen Klärung.

Die Strategie der „Herren der Verträge" ist eindeutig: Es geht um Effektuierung der bisherigen Strukturen und den Ausbau von Bearbeitungskapazitäten bei der Europäischen Gerichtsbarkeit – nicht um Zugangsbeschränkungen[174]. Deswegen haben vor allem die Schaffung des EuG und die (durch die Erweiterung um weitere Mitgliedstaaten bedingte) personelle Aufstockung beim EuGH zu einer verstärkten Bearbeitungskapazität geführt[175]. Die Frage der Finalität des europäischen Gerichtswesens ist gleichwohl offen. Prägend ist weiterhin das paternalistische Züge tragende[176], rein objektive Richtervorlageverfahren und eine damit einhergehende staatenbündlerische Verschränkung des EU-Gerichtshofs mit den mitgliedstaatlichen Gerichten.

§ 2: Neugestaltung der Justiz- und Prozessstrukturen

I. Vorbemerkungen

1. Reformdiskussionen: Etappen und gegenwärtiger Stand

Seit den neunziger Jahren richtet sich die Aufmerksamkeit verstärkt auf die Struktur und Reformoptionen der Europäischen Gerichtsbarkeit[177]. Zwar hatten schon die durch Erweiterungen drohende Zunahme der Verfahrenslast Anlass zu Reformüberlegungen geboten[178]. Auslöser für eine ernsthafte Debatte bildete aber die Schaffung des Gerichts 1988/1989. Die Existenz einer neuen Institution im kommunitären Gefüge der Gerichtsbarkeit warf vielfältige Fragen auf. Diese betreffen – wie dargestellt – die Besetzung des Organs, seine Zuständigkeiten sowie die Gewährleistung der Rechtseinheit durch den EuGH in seiner ihm erstmalig zugewachsenen Funktion als Instanzgericht. Eine weitere Quelle der Debatte speist sich

---

[174] Zu diesem Angebot-und-Nachfrage-Modell *Tridimas*, CML Rev. 40 (2003), 9 (17).

[175] Bereits 2. Teil § 7 II 3.

[176] *Basedow*, Nationale Justiz und Europäisches Privatrecht, S. 4; s. auch *Rehm*, in: Festschr. f. Heldrich, 2005, S. 955 (966): Die Vorlage sei nach überholtem völkerrechtlichem Vorbild abhängig vom Wohlwollen nationaler Gerichte. *Haltern*, Europarecht – Dogmatik im Kontext, Rdnr. 353 spricht vom vergleichsweise „intergouvernementalen" Verfahrenscharakter.

[177] S. etwa den Vortrag auf dem Deutschen Richtertag 1991 von *Everling*, DRiZ 1993, 5 ff.; auch *ders.*, in: Festschr. f. Deringer, 1993, S. 40 ff.

[178] Zu einem Memorandum des Gerichtshofs mit Vorschlägen zur Gewährleistung des Funktionierens des Organs von 1978 s. *Herrmann*, in: *Max-Planck-Institut*, Handbuch des Internationalen Zivilverfahrensrechts, Kap. I, Rdnr. 237.

aus der zunehmenden Inanspruchnahme der EU-Gerichtsbarkeit[179]. Zudem wächst das Interesse am EuGH wegen der unionsweit offenkundig werdenden Bedeutung der EU-Gerichte etwa für das Privat-, Wirtschafts-, Kollisions- und Zivilprozessrecht.

Im Jahr 1994 erreichte der Themenkomplex den 60. Deutschen Juristentag in Münster[180]. Kurz nach der entscheidenden primärrechtlichen Etappe des Vertrags von Maastricht[181] (1992 unterzeichnet/1993 in Kraft getreten) erstattete *Dauses* ein Gutachten mit dem Titel „Empfiehlt es sich, das System des Rechtsschutzes und der Gerichtsbarkeit in der Europäischen Gemeinschaft, insbesondere die Aufgaben der Gemeinschaftsgerichte und der nationalen Gerichte, weiterzuentwickeln?"[182]. Dieses Gutachten, die dazu gehaltenen Referate[183] sowie die letztendlichen Beschlüsse des DJT[184] sind weiterhin relevant. Darum sind sie nachfolgend bei den Erläuterungen von Reformoptionen zu berücksichtigen.

Die Reformetappen des Primärrechts haben zahlreiche vorbereitende und begleitende Debatten in Wissenschaft und Praxis hervorgerufen, die sich für das vorliegende Thema des zivilrechtlichen Gerichtsföderalismus ebenfalls als hilfreich erweisen. Die Diskussion im Zuge des Vertrags von Amsterdam (1997/1999)[185] betraf die bereits angedeuteten Veränderungen beim gerichtlichen Regime von Justiz und Inneren sowie bei der (heute abgeschafften)[186] sog. Dritten Säule der EU[187]. Bei den Arbeiten des Kon-

---

[179] Wie im 2. Teil § 2 dargestellt.

[180] Bereits zuvor zur Frage „Empfiehlt es sich, die Bestimmungen des europäischen Gemeinschaftsrechts über den Rechtsschutz zu ändern und zu ergänzen?" *Ule*, 46. DJT 1966, Bd. I: Gutachten, Teil 4 (das Vorabentscheidungsverfahren wird aber verhältnismäßig knapp erst ab S. 109 ff. behandelt).

[181] S. im Vorfeld – auf Anregung des Europäischen Parlaments – *Jacqué/Weiler*, CML Rev. 27 (1990), 185 ff.

[182] *Dauses*, 60. DJT 1994, Bd. I: Gutachten, Teil D; zusammengefasst *ders.*, NJW-Beil. H. 22/1994, 12 ff.

[183] *Everling*, 60. DJT 1994, Bd. II/1: Sitzungsberichte – Referate und Beschlüsse, S. N 9 ff.; *Voß*, aaO, S. N 25 ff.; *Sedemund*, aaO, S. N 41 ff.; s. ferner *Schmidt-Aßmann*, JZ 1994, 832 ff.

[184] 60. DJT 1994, Bd. II/1, S. N 57 ff.; s. weiter Bd. II/2: Sitzungsberichte – Diskussion und Beschlussfassung, Teil N.

[185] Für einen Überblick über den Bericht der Reflexionsgruppe zur europäischen Gerichtsbarkeit vom Dezember 1995 (Bericht der Reflexionsgruppe, Zweiter Teil: Eine erläuterte Agenda. Dok. SN 520/95 [Relex 21]) als Vorbereitung zur Regierungskonferenz 1996 s. *Philipp*, EuZW 1996, 624 ff.; dort auch zum Bericht des EuGH und einem Beitrag des EuG (Tätigkeiten des Gerichtshofs und des Gerichts erster Instanz der Europäischen Gemeinschaften, Woche v. 22. bis 26.5.1995, Nr. 15/95); s. auch das Editoral *Da Cruz Vilaça*, CDE 1996, 3 ff.

[186] S. 1. Teil § 2 I.

[187] Dazu bereits 2. Teil § 2 I 2 a) aa) (dort zum IPR und IZVR); zu Amsterdam und der vorbereitenden Regierungskonferenz s. *Arnull*, in: *Twomey/O'Keeffe* (Hrsg.), Legal

vents in den Jahren 2002 und 2003 spielte die EU-Gerichtsbarkeit eine untergeordnete Rolle[188]. In Ermangelung systemrelevanter Änderungen des Primärrechts rief der Verfassungsentwurf[189] (2004) und im Anschluss daran der Vertrag von Lissabon[190] (2007/2009) wenig Diskussionen hervor.

Anfang des neuen Jahrhunderts verhielt sich das noch anders. Am intensivsten waren die *de lege ferenda*-Überlegungen zwischen den beiden eben genannten Reformschritten, d.h. beim Vertrag von Nizza[191] (2001/2003). Im Vorfeld der Regierungskonferenz 2000 für diesen Vertrag zirkulierten verschiedene Vorschläge. Insoweit die Stellungnahmen grundlegende Reformoptionen diskutieren, die insbesondere auf das damals schon erkannte Problem der Arbeitsüberlastung antworten, sind sie auch für die vorlie-

---

Issues of the Amsterdam Treaty, 1999, S. 109 ff.; *Due*, Ford. Int'l L. 22 (1999), 48 ff.; *Müller-Graff/Schwarze* (Hrsg.), Rechtsschutz und Rechtskontrolle nach Amsterdam, EuR-Beih 1/1999, 1999; *Jaqué*, RTDE 1999, 443 ff.; *Rabe*, EuR 2000, 811 (813 ff.); *Turner/Muñoz*, YEL 19 (2000), 1 ff.; *Waelbroeck*, CDE 2000, 3 ff.; *Muñoz*, Revue du marché commun et de l'Union européenne 2001, 60 ff.; *Ludwig*, Die Rolle des Europäischen Gerichtshofes im Bereich Justiz und Inneres nach dem Amsterdamer Vertrag, 2002. Im Vorfeld haben Spezialisten des British Institute den *Slynn*-Report vorgelegt: *British Institute of International and Comparative Law* (Hrsg.), The Role and Future of the European Court of Justice – A Report by Members of the EC Section of the Advisory Board chaired by The Rt. Hon. the Lord Slynn of Hadley, 1996; s. anders gelagert noch *Müller-Graff* (Hrsg.), Europäische Zusammenarbeit in den Bereichen Justiz und Inneres – Der dritte Pfeiler der Europäischen Union, 1996.

[188] Die Beratungen des Konvents erfolgten in einem Gesprächskreis „Gerichtshof"; s. den Schlussbericht des entsprechenden „Cercle 1" CONV 636/03 v. 25.3.2003 (dazu kurz *Mayer*, in: *Grabitz/Hilf/Nettesheim*, Art. 19 EUV, Rdnr. 105). Zum Entwurf des Verfassungskonvents (2003) s. den ausführlichen Report: House of Lords (European Union Committee), The Future Role of the European Court of Justice, 6th Report of Session 2003–04, 153.2004; s. auch *Läufer*, integration 2003, 510 ff. (es handle sich nur um „Nizza-Plus"); *Everling*, in: *Schwarze* (Hrsg.), Der Verfassungsentwurf des Europäischen Konvents – Verfassungsrechtliche Grundstrukturen und wirtschaftsverfassungsrechtliches Konzept, 2004, S. 363 ff.; *Dashwood/Johnston*, CML Rev. 41 (2004), 1481 (1505 ff.); *Rabe*, in: Festschr. f. Zuleeg, 2005, S. 195 ff. („nach der Reform ist vor der Reform").

[189] S. zum Gerichtshof im Verfassungsentwurf *Tridimas*, in: *ders./Nebbia* (Hrsg.), European Union Law for the Twenty-First Century: Volume 1 – Rethinking the New Legal Order, 2004, S. 113 ff.; *Barents*, MJ 11 (2004), 121 ff.; *Gutzwiller*, in: Festschr. f. Koller, 2006, S. 427 ff.; auch *Pernice/Kokott/Saunders* (Hrsg.), The Future of the European Judicial System in a Comparative Perspective, 2006.

[190] S. etwa *Everling*, EuR-Beih 1/2009, 71 ff.; *Hakenberg/Schilhan*, ZfRV 2008, 104 ff.; *Nehl*, in: *Fastenrath/Nowak* (Hrsg.), Der Lissabonner Reformvertrag: Änderungsimpulse in einzelnen Rechts- und Politikbereichen, 2009, S. 149 ff.; *Streinz/Ohler/Herrmann*, Der Vertrag von Lissabon zur Reform der EU, 3. Aufl. (2010), S. 71; *Craig*, The Lisbon Treaty – Law, Politics, and Treaty Reform, 2010, S. 122 ff.

[191] Oben Fußn. 93.

genden Zwecke der Europäischen Gerichtsbarkeit auf dem Gebiet des Zivilrechts von einigem Interesse. Hervorzuheben sind zwei Stellungnahmen wegen ihrer EU-weiten Bedeutung und Beachtung, die nicht zuletzt mit der Beteiligung von EuGH-Richtern zusammenhängt: Das Reflexionspapier des EuGH sowie der Abschlussbericht der von der Europäischen Kommission eingerichteten sog. *Due*-Reflexionsgruppe. Beide Ausarbeitungen diskutieren Maßnahmen zur Reform des Unionsgerichtshofs.

Zunächst zum Reflexionspapier des EuGH. Das am 28.5.1999 veröffentlichte[192] Reflexionspapier „Die Zukunft des Gerichtssystems der Europäischen Union"[193] enthält – getrieben von der drohenden Arbeitslast beim Vorabentscheidungsverfahren – eigene erstaunlich weitreichende Überlegungen[194]. Vorrangig wägt das im Original 32 Seiten umfassende Dokument jedoch verschiedene Vorschläge gegeneinander ab[195]. Die ursprüngliche Agenda der Regierungskonferenz für den Vertrag von Nizza sah keine Reform der Gerichtsbarkeit vor. Darum war das „document de réflexion" ein Versuch, auf das Überlastungsproblem aufmerksam zu machen. Erstaunlicherweise wandte sich der EuGH-Präsident *Rodríguez Iglesias* mit Vorschlägen zur Eindämmung der Arbeitslast sogar direkt an die Öffentlichkeit[196]. Tageszeitungen veröffentlichten seine Stellungnahme

---

[192] Die Vorschläge und Überlegungen wurden den im Rat vereinigten Justizministern am 27. und 28.5.1999 unterbreitet, und zwar auch mit Blick auf die Regierungskonferenz 2000; s. Pressemitteilung Nr. 36/99 des EuGH v. 28.5.1999.

[193] Veröffentlicht in EuZW 1999, 750 (vorrangig zitiert, und zwar mit der Bezeichnung „Reflexionspapier") = EuGRZ 2000, 101; s. ebenfalls die „Vorschläge des Gerichtshofes und des Gerichts für die neuen Rechtsstreitigkeiten über geistiges Eigentum", EuZW 1999, 756. S. auch *Rodríguez Iglesias*, CDE 1999, 275 ff. S. an das Reflexionspapier anknüpfend auch Europäische Kommission, Ergänzender Beitrag der Kommission zur Regierungskonferenz über die institutionellen Reformen – Reform des Gerichtssystems der Gemeinschaft, KOM(2000) 109 endg. Zum Echo in der Wissenschaft und Praxis auf das Reflexionspapier: *Rösler*, ZRP 2000, 52 ff.; *Hirsch*, ZRP 2000, 57 ff.; *Huff*, EuZW 2000, 97 (Editorial); *Bundesrechtsanwaltskammer*, BRAK-Mitt. 2000, 292 ff.; *Rabe*, EuR 2000, 811 (812 ff.); *Hakenberg*, ZEuP 2000, 860 ff.; *Adam*, ZEuP 2000, 933 ff. (berichtend); *Rasmussen*, ML Rev. 37 (2000), 1071 (1078 ff.); *Streinz/Leible*, EWS 2001, 1 ff.; *Arnull*, in: *Dashwood/Johnston* (Hrsg.), The Future of the Judicial System of the European Union, 2001, S. 41 ff. = E.L. Rev. 24 (1999), 516 ff.; *D'sa/Wooldridge*, EBLR 12 (2001), 26 ff.

[194] Vgl. *Basedow*, RabelsZ 66 (2002), 203 (206): Das Reflexionspapier des EuGH und der *Due*-Report seien technokratisch und organisationswissenschaftlich, da nur der Entlastungseffekt und die Arbeitsbedingungen der EU-Gerichte im Vordergrund stünden.

[195] *Heffernan*, ICLQ 52 (2003), 907 (908): „the paper is reflective rather than directive in tone".

[196] *Heffernan*, ICLQ 52 (2003), 907 (908): „unprecedented step of airing his concerns in the press"; ebenso *Meij*, CML Rev. 37 (2000), 1039 ff.

„Der Gerichtshof und die institutionelle Reform der Europäischen Union"[197], die auf dem Reflexionspapier basiert.

Die vor allem an die Politik gerichteten Vorschläge im Reflexionspapier sind gestuft. Aus heutiger Sicht von untergeordnetem Interesse sind die Abhilfemöglichkeiten durch die Reform der Verfahrensordnung[198]. Sie sind ebenso wie die Änderung der Verträge zur erleichterten Änderung der Satzungen und Verfahrensordnungen[199] größtenteils bereits verwirklicht[200]. Interessant sind dagegen die langfristigen und grundlagenorientierten Vorschläge zur Entwicklung des Gerichtssystems. Darauf ist unten bei den verschiedenen Reformoptionen einzugehen.

Zudem hebt das Reflexionspapier auf die Gefahren der Überbeanspruchung des EuGH ab: Bei einem weiteren Anstieg der Verfahren werde es zu Nachteilen beim Funktionieren des Vorabentscheidungssystems kommen und „außerdem wird der Gerichtshof zu einem Beratungsrhythmus gezwungen sein, der es ihm nicht erlaubt, die für die sachdienliche Beantwortung der vorgelegten Fragen erforderlichen eingehenden Überlegungen anzustellen."[201] Das unterstreicht das hier vorgetragene Petitum (1.) für eine Entlastung des EU-Gerichtshofs und (2.) für eine Spezialisierung, die eine ausführliche, sachkundige und vielleicht auch raschere Bearbeitung der Verfahren eröffnet.

Die Europäische Kommission hat zur Vorbereitung auf die Nizza-Regierungskonferenz ebenfalls die Initiative ergriffen und unter der Leitung des ehemaligen Präsidenten des Gerichtshofs[202] *Due* eine Arbeitsgruppe einberufen[203]. Am 19.1.2000 hat das Bearbeitungsteam den „Bericht der Reflexionsgruppe über die Zukunft des Gerichtssystems der Europäischen Gemeinschaften"[204] angenommen. Der sog. *Due*-Report stellt auf

---

[197] April 2000; auch veröffentlicht als *Rodríguez Iglesias*, FAZ v. 3.5.2000, S. 11 (Antwort darauf *Rösler*, FAZ v. 15.5.2000, S. 10) und Le Monde v. 28.4.2000.

[198] Kapitel II: (1.) Einführung eines beschleunigten Verfahrens (eingeführt: Art. 104a VerfO-EuGH), (2.) Schaffung eines lediglich schriftlichen Verfahrens, so dass Vorabentscheidungen ohne mündliche Verhandlung durch Beschluss anstelle durch Urteil ergehen (umgesetzt durch Neufassung der Verfahrensordnung vom 16.5.2000), (3.) die Möglichkeit praktischer Anweisungen und Auskünfte, (4.) die Möglichkeit, das vorlegende Gericht um Klarstellung zu ersuchen.

[199] Kapitel III. S. zu den Änderungen bereits 2. Teil § 2 II 3.

[200] Durch Änderungen der Verfahrensordnung des EuGH vom 16.5.2000 (ABl.EG 2000 Nr. L 122, S. 43) und vom 28.11.2000 (ABl.EG 2000 Nr. L 322, S. 1); Änderung der Verfahrensordnung des EuG vom 6.12.2000 (ABl.EG 2000 Nr. L 322, S. 5).

[201] Reflexionspapier des EuGH, EuZW 1999, 750 (754).

[202] Bis 1994.

[203] Der Gruppe gehörten *Ole Due, Yves Galmot, José Luís da Cruz Vilaça, Ulrich Everling, Aurelio Pappalardo, Rosario Silva de Lapuerta* und Lord *Slynn of Hadley* an.

[204] Veröffentlicht als gemeinsame Beilage zu NJW H. 19/2000 und EuZW H. 9/2000 (vorrangig zitiert, und zwar als *Due*-Report) = EuGRZ 2001, 523 ff.; Zusammenfassung

– freilich breit bedruckten – 54 Originalseiten umfangreiche Überlegungen an. Dies betrifft etwa die Möglichkeit einer Spezialisierung in den Bereichen IPR und Wettbewerbsrecht, um sich letztlich doch für relativ konservative Neuerungen einzusetzen[205]. Die Gruppe plädierte allerdings für eine deutliche Stärkung des EuG. Verwirklicht werden sollte das insbesondere durch eine Regelzuständigkeit des Gerichts bei Direktklagen[206].

Die Vertragsreform von Nizza ging die in Amsterdam ungelösten Fragen an[207] und reagierte auf den Änderungsbedarf wegen der damals noch künftigen Osterweiterung. Nizza ist den Vorschlägen des EuGH, wie geplant[208], weitgehend gefolgt. Allerdings wurden die mutigeren Vorschläge nicht aufgegriffen[209], die vorrangig eine Begrenzung der Bearbeitungsdauer und die Erhöhung der Akzeptanz durch die Prozessparteien betrafen[210].

Der auf Nizza folgende Vertrag von Lissabon beschränkte sich auf minimale Modifikationen[211]. Aber organisationsrechtliche Änderungen und Straffungen im Verfahrensablauf durch Änderung und Flexibilisierung der Verfahrensordnungen sowie sonstige kleine Änderungen interessieren an dieser Stelle nicht weiter. Der Vertrag von Lissabon lässt das bisherige Rechtsschutzsystem der EU in seinen Grundzügen unangetastet und beschränkt sich auf geringe Veränderungen des bestehenden Systems[212]. Insbesondere erfolgte keine Verschiebung bei den Zuständigkeiten zwischen den Gerichten der Union. Damit bleibt auch die letzte Primärrechtsreform hinter den Erwartungen zurück. Die Frage einer grundsätzlichen Reform der gerichtlichen Architektur ist weiterhin ungelöst.

---

in EuZW 2000, 194 f. Zum Echo in der Wissenschaft s. etwa *Hakenberg*, ZEuP 2000, 860 ff.; *Rasmussen*, CML Rev. 37 (2000), 1071 (1078 ff.).

[205] So auch die Einschätzung von *Heffernan*, ICLQ 52 (2003), 907 (908).

[206] Bis auf Vertragsverletzungsverfahren; s. *Due*-Report, Beilage zu NJW H. 19/2000 und EuZW H. 9/2000, 9; oben im Fließtext bei Fußnotenzeichen 89.

[207] Sie werden meist als „Amsterdam leftovers" bezeichnet, so etwa von *Heffernan*, ICLQ 52 (2003), 907.

[208] S. dazu, dass die Mitgliedstaaten die Reform des EuGH weitgehend ihm selbst überließen, *Haltern*, Europarecht – Dogmatik im Kontext, Rdnr. 374.

[209] *Pechstein*, Rdnr. 81.

[210] *Hatje*, EuR 2001, 143 (164).

[211] Oben unter 2. Teil § 1 II 2 wurde aber die vorsichtige Öffnung der Individualklage gemäß Art. 263 AEUV erörtert.

[212] So auch *Pechstein*, Rdnr. 81; *Everling*, EuR-Beih 1/2009, 71; oben Fußn. 190. Zu den Veränderungen bei der Richterwahl noch unten 4. Teil § 2 III.

2. Grundlegende Weichenstellung: Zugangsbeschränkungen oder Ausbau der EU-Gerichtsbarkeit?

Für die Zukunft der Europäischen Gerichtsbarkeit öffnen sich zwei Wege: Entweder erweitert man die europäischen Justizinstitutionen oder verringert ihre Belastung innerhalb der bestehenden Strukturen. Grundsatzfrage ist mit anderen Worten: Sollte die EU-Gerichtsbarkeit als Reaktion auf die Nachfrage ausgebaut oder pro-aktiv der Zugang zu den Unionsgerichten beschränkt werden? Lässt sich beides gegebenenfalls kombinieren?

Für eine Beibehaltung des gegenwärtigen Systems – eventuell unter Hinzufügung von Zugangsbeschränkungen – ließe sich die Eigenverantwortung der nationalen Gerichte für die Rechtseinheit durch national-judikative Durchsetzung[213] des EU-Privatrechts[214] ins Feld führen. Angesichts der mittlerweile vorhandenen Kenntnisse des Unionsrechts und eines höheren Unionsrechtsbewusstseins sind in der Tat viele Rechtsfragen auch ohne Einschaltung der EU-Gerichtsbarkeit lösbar. Darum geht es bei der Zukunft der Europäischen Gerichtsbarkeit nicht nur um die Verteilung von Kompetenzen innerhalb der Unionsorgane, sondern auch um die arbeitsteilige Aufgabe der mitgliedstaatlichen Gerichte[215].

Dementsprechend ist es gut denkbar auch im Primärrecht (und nicht nur im Wege von Hinweisen zur Vorlage von Vorabentscheidungsersuchen durch die nationalen Gerichte)[216] an die Eigenverantwortung nationaler Richter zu appellieren. Dies hatte der *Due*-Report vorgeschlagen. Am Anfang des ex-Art. 234 EG, heute Art. 267 AEUV solle deklaratorisch stehen: „Vorbehaltlich nachstehender Bestimmungen sind die Gerichte der Mitgliedstaaten für Fragen des Gemeinschaftsrechts zuständig, die sich ihnen bei der Ausübung ihrer einzelstaatlichen Zuständigkeiten stellen."[217] Damit sollten Nationalrichter ermutigt werden, in weniger bedeutsamen Rechtsfragen selbst zu entscheiden.

Eine Zurückhaltung in Maßen ist – wie schon im derzeitigen System – von absoluter Bedeutung für die Effizienz der Europäischen Gerichtsbarkeit. Die Entscheidung eines nationalen Zivilrichters eben auch gegen eine Vorlage zum EuGH ist Teil seiner Eigenverantwortung für den funktionierenden judikativen Föderalismus in der EU. Diese Aufgabe wird an Bedeutung gewinnen: Wegen des im 2. Teil behandelten Ausbaus des Unionsprivatrechts wird die Verantwortlichkeit für die richtige Anwen-

---

[213] Vgl. (mit diesem programmatischen Titel) *Schwarze/Müller-Graff* (Hrsg.), Europäische Rechtseinheit durch einheitliche Rechtsdurchsetzung, EuR-Beih 1/1998.

[214] Dazu bereits oben 2. Teil § 6.

[215] *Lipp*, in: *König/Rieger/Schmitt* (Hrsg.), Europäische Institutionenpolitik, 1997, S. 397 (400 f.); s. noch unten 4. Teil § 1 und § 2.

[216] ABl.EU 2011 Nr. C 160, S. 1.

[217] *Due*-Report, Beilage zu NJW H. 19/2000 und EuZW H. 9/2000, 14.

dung des Unionsrechts verstärkt beim einzelstaatlichen Zivilrichter lie-gen[218].

Allerdings lassen sich die großen Herausforderungen der EU-Gerichts-barkeit nicht durch Verweis auf den Nationalrichter lösen, denn über-triebene Zurückhaltung erweist sich als nachteilig für die Integration, insbesondere für die Wahrung der Einheitlichkeit der Rechtsordnung und ist nicht im Interesse der gesamten Rechtsuchenden an einer möglichst raschen unionsweiten Klärung von Rechtsfragen. Der Umfang und die Intensität der Integration sprechen also für einen Ausbau der EU-Gerichts-barkeit bei gleichzeitiger Spezialisierung[219]. Die folgenden Ausführungen dieses Teils begründen das eingehender.

3. Leitgesichtspunkte für Reformen

a) Garantie der Rechtseinheit und Konsistenz des EU-Rechts

Oben wurde das Erfordernis der Rechtseinheit aus der Rechtsidee her-geleitet[220]. Übergeordnete Erfordernisse bei den Diskussionen über die adäquate Struktur der Gerichtsbarkeit und insbesondere die Schaffung zu-sätzlicher gerichtlicher Einrichtungen, Verfahren oder Instanzen sind darum Rechtseinheit und Kohärenz unter gleichzeitiger Sicherstellung der Funktionsfähigkeit der EU-Gerichtsbarkeit. Eine Verringerung der Ver-fahrenslast beim EuGH darf nicht durch eine Gefährdung der Rechtseinheit erkauft werden[221]. Darum muss die Wahrung von Kohärenz und Einheit-lichkeit bei der Auslegung und Anwendung des EU-Primär- und Sekundär-rechts bei allen nachfolgend diskutierten Reformvorschlägen den primären Beurteilungsmaßstab bilden.

b) Unterschiedliche Bedeutsamkeit und Schwierigkeit der Rechtssachen

Neben der bereits thematisierten fachlichen Breite und den national unter-schiedlichen Vorlagen, welchen sich die EU-Gerichtsbarkeit zu stellen hat, sind die Fälle unter fünf weiteren Gesichtspunkten unterschiedlich. Dazu zählen

- der Grad an Gefährdung der europäischen Rechtseinheit,
- die Neuartigkeit, Komplexität und Folgenschwere der rechtlichen Fra-

---

[218] *Basedow*, Nationale Justiz und Europäisches Privatrecht, S. 5; folgend *Klöckner*, S. 74.

[219] S. bereits 2. Teil § 8 III.

[220] 2. Teil § 6 I 1.

[221] Vgl. *Skouris*, in: Festschr. f. Starck, 2007, S. 991 (1000); s. auch *ders.*, EuGRZ 2008, 343, wo *Skouris* ebenfalls eine schrittweise und behutsame Reform anmahnt.

gestellung sowie die dahinterstehenden sozialen, wirtschaftlichen und politischen Konflikte,
- die Stellung der einschlägigen Vorschriften in der gesamten unionalen Normenpyramide,
- die fachliche Technizität der zugrundeliegenden Materie sowie
- gegebenenfalls die Anforderungen bei der Sachverhaltsermittlung[222].

Diese unterschiedlichen Kriterien beeinflussen bereits gegenwärtig mehr oder minder die unionale Rechtsprechungstätigkeit und deren Organisation. Die Kriterien bilden ebenfalls maßgebliche Gesichtspunkte, die eine Rationalisierung und veränderte Allokation der Verfahren(sarten) auf den unterschiedlichen Ebenen der Europäischen Gerichtsbarkeit erlauben. Auf diese für die Gewähr der Funktionsfähigkeit der EU-Gerichtsbarkeit wichtigen Fragen ist sogleich ab II. zurückzukommen.

c) Stärkung der Parteirechte

Schließlich ist eine Stärkung der Parteirechte in einer Union unverzichtbar, die vermehrt privatrechtliche Belange der Unionsbürger direkt betrifft und deren Grundrechtecharta das Unionsrechtsbewusstsein der Bürger erhöht[223]. Angesichts dieser Wandlungen gegenüber den soeben in § 1 beschriebenen Anfängen muss eine europäisch-föderative Konzeption der Gerichtsbarkeit die Parteirechte prozessual entscheidend stärken.

Bislang fehlen für das EU-Privatrecht – im Unterschied zum nationalen Recht – sowohl auf Initiative der Parteien zu ergreifende unionsrechtliche Klagen als auch Rechtsmittel. Mit dem Vorabentscheidungsverfahren kann die EU-Gerichtsbarkeit die Durchsetzung subjektiver Privatrechte eben nur indirekt gewährleisten[224]. Dies erweist sich als Folge des fortwirkenden objektiv-rechtlichen Rechtsprechungsauftrags[225], auch wenn das EU-Recht bei der dezentralen Durchsetzung gerade auf Einzelne, deren Anwälte und die sonstigen Erfüller unionaler Interessen setzt[226], die derart zur Effektivierung des Unionsrechts maßgeblich beitragen. Der Leitgedanke der Parteirechte ist noch unter VII. wieder aufzunehmen.

---

[222] S. *Pernice*, EuR 2011, 151 (161).

[223] Zu Letzterem *Pernice*, EuR 2011, 151 (152).

[224] *Basedow*, AcP 210 (2010), 157 (192 f.); auch darum stellt *ders.*, EuZ 2009, 86 (88 ff.) als eine der Hauptfunktionen des Vorabentscheidungsverfahrens auf die Funktion des Impulsgebers für die europäische Rechtsentwicklung ab.

[225] Welcher soeben unter 3. Teil § 1 I 1 erörtert wurde.

[226] Oben 2. Teil § 2 II 3. Vgl. zur Mobilisierung des Bürgers insbesondere durch die Ausweitung der Direktwirkung des EU-Rechts (freilich für das Verwaltungsrecht und mit einem Kontrast zur deutschen Lehre vom subjektiv-öffentlichen Recht) *Masing*, S. 42 ff.

II. Kleinere Modifikationen zur Verringerung der Verfahrenslast- und -dauer

Der nachfolgende Abschnitt erörtert die kleineren Stellschrauben, die in erster Linie eine bessere Feinjustierung und Effektuierung im Verfahrensrecht ohne schwerwiegendere gerichtsverfassungsrechtliche Änderungen eröffnen. Die Grenzen sind freilich stark fließend zu den größeren Weichenstellungen, die nach diesem Abschnitt unter III. diskutiert werden.

1. Verschärfung der Zulassungsvoraussetzungen

a) Rechtsprechungsentwicklung und zu fordernde Normierung

In der Anfangszeit, als Luxemburg noch wenige Vorlagen erreichten, war der EuGH bemüht, den föderalen Dialog mit den Gerichten zu begünstigen. Da sich zudem im positiven Recht allenfalls ansatzweise Bestimmungen über die Zulässigkeit von Ersuchen finden, war der Gerichtshof in die Lage versetzt, großzügig zu verfahren. Aus dieser Phase stammt eine Reihe von Grundelementen des judiziellen Dialogs[227]: die weite Definition von Gericht[228], die Tatsache, dass der EuGH die Relevanz der Vorlagefrage für die Rechtssache nicht prüft, die Freiheit bei der Beschreibung des Sachverhaltes sowie die insgesamt fehlende Formalisierung[229], etwa bei der Ausführlichkeit und Präzision der Vorlagefrage[230].

Angesichts steigender Fallzahlen[231] seit den neunziger Jahren[232] ändert der EuGH seine Rechtsprechung und prüft die Zulässigkeit kritischer[233],

---

[227] Für einen Überblick über die Rechtsprechung s. etwa *Barents*, Directory of Case Law on the Preliminary Ruling Procedure, 2009.

[228] Zur (großzügigen) Definition von „national court and tribunal" (in der deutsch Sprachfassung heißt es dagegen nur Gericht) EuGH, Rs. 61/65, Slg. 1966, 584 – *Vaassen-Göbbels/Beambtenfonds voor het Mijnbedrijf*; weiter Rs. 246/80, Slg. 1981, 2311 – *Broekmeulen/Huisarts Registratie Commissie*; Rs. C-134/97, Slg. 1998, I-7023 – *Victoria Film*; Rs. C-103/97, Slg. 1999, I-551 – *Köllensperger und Atzwanger/Gemeindeverband Bezirkskrankenhaus Schwaz*; Rs. C-195/98, Slg. 2000, I-10497 – *Österreichischer Gewerkschaftsbund/Republik Österreich*; verb. Rs. C-110/98 bis C-147/98, Slg. 2000, I-1577 – *Gabalfrisa u.a.*; Rs. C-407/98, Slg. 2000, I-5539 – *Abrahamsson und Anderson/Fogelqvist*; s. aber zu Schiedsgerichten EuGH, Rs. 102/81, Slg. 1982, 1095 – *Nordsee/Reederei Mond* und gleich im nächsten Abschnitt.

[229] So *Middeke*, in: *Rengeling/Middeke/Gellermann*, § 10, Rdnr. 12.

[230] *Broberg/Fenger*, S. 5, 6; *Tridimas*, CML Rev. 40 (2003), 9 (11).

[231] S. oben Grafik 1.

[232] Zur Entdeckung der Prüfungskompetenz seitens des EuGH Ende der siebziger und in den achtziger Jahren *Malferrari*, Zurückweisung von Vorabentscheidungsersuchen durch den EuGH – Systematisierung der Zulässigkeitsvoraussetzungen und Reformvorschläge zu Art. 234 EG-Vertrag, 2003, S. 27 ff.

[233] Kritik bei *O'Keeffe*, E.L. Rev. 23 (1998), 509 ff.; *Barnard/Sharpston*, CML Rev. 34 (1997), 1113 ff.; s. auch *Kennedy*, E.L. Rev. 18 (1993), 121 ff.

was allerdings nicht auf eine ernsthafte Zugangskontrolle hinausläuft[234]. Zudem akzeptiert der Gerichtshof zunehmend Rechtssachen zu überschießenden Umsetzungen[235] und hält am strengen Erfordernis der Vorlagepflicht durch letztinstanzliche Gerichte fest[236], worauf gleich unter 2. zurückzukommen ist.

Eine Vorlage erfährt Ablehnung wegen Unzuständigkeit unter einer Reihe von meist recht vorhersehbaren Umständen: bei mangelnder Gerichtseigenschaft des vorlegenden Organs[237] oder nicht vorhandener Anhängigkeit einer Rechtssache[238], im Fall des Fehlens eines wirklichen Rechtsstreites[239], bei Irrelevanz der Frage für die Klärung des Rechtsstreits[240] bzw. bei einer rein allgemeinen oder hypothetischen Fragestellung[241] und auch in Fällen, in denen das vorlegende Gericht die tatsächlichen und rechtlichen Hintergründe nicht hinreichend dargelegt hat[242]. Gerade die Hintergründe sind angesichts der Ausdifferenzierung des Unionsrechts unverzichtbar, damit der Gerichtshof die Vorlagefragen möglichst zielgenau beantworten kann.

Sinnvoll wäre es, die Zulässigkeitsvoraussetzungen im Primärrecht niederzulegen[243]. Das könnte erstens unzulässige Vorlagen von vornherein unterbinden und zweitens Fragen zu Vorlagerecht- und -pflicht klarstellen[244].

---

[234] A.A. *Tridimas*, CML Rev. 40 (2003), 9 (12): „introducing in effect a docket control system".

[235] Seit EuGH, verb. Rs. C-297/88 und C-197/89, Slg. 1990, I-3763 – *Dzodzi/Belgien*.

[236] *Broberg/Fenger*, S. 6 f. in Fußn. 14.

[237] S. oben Fußn. 228.

[238] EuGH, Rs. 338/85, Slg. 1988, 2041 – *Pardini/Ministero del commercio con l'estero*.

[239] EuGH, Rs. 104/79, Slg. 1980, 745 – *Foglia/Novello*; Rs. 244/80, Slg. 1981 3045 – *Foglia/Novello*; vgl. aber EuGH, Rs. C-379/98, Slg. 2001, I-2099 – *PreussenElektra*.

[240] EuGH, Rs. C-343/90, Slg. 1992, I-4673 – *Lourenço Dias/Director da Alfândega do Porto*.

[241] EuGH, Rs. C-83/91, Slg. 1992, I-4871 – *Meilicke/ADV-ORGA*; bekräftigt in EuGH, Rs. C-3/04, Slg. 2006, I-2505, Rdnr. 14 m. w. Nachw. – *Poseidon Chartering*.

[242] EuGH, verb. Rs. C-320-322/90, Slg. 1993, I-393 – *Telemarsicabruzzo*.

[243] Näher *Malferrari*, S. 229 ff., mit einem recht langen Textvorschlag zur Ergänzung des Primärrechts auf S. 230 ff.

[244] So ließe sich im Vertragstext klären, ob die Letztinstanzlichkeit abstrakt-institutionell oder (was die richtige Auffassung ist) konkret-funktionell zu bestimmen ist. Der konkreten, d.h. rechtsstreitbezogenen Betrachtungsweise folgt EuGH, Rs. C-99/00, Slg. 2002, I-4839, Rdnr. 15 – *Lyckeskog*: verpflichtet sind „alle obersten Gerichte" und „alle Gerichte, deren Entscheidungen nicht mehr mit Rechtsmitteln angegriffen werden können." S. *Heiderhoff*, Gemeinschaftsprivatrecht, S. 61. Dagegen spricht sich *Dauses*, 60. DJT 1994, Bd. I: Gutachten, D 125 für eine Ersetzung des Ausdrucks „einzelstaatliches Gericht" in Art. 267 III AEUV durch „oberstes Gericht eines Mitgliedstaats" aus;

b) Definition des vorlageberechtigten Gerichts

Kaum ratsam sind Vorschläge, die Definition des vorlageberechtigten Gerichts einzuengen, so dass es zu weniger Vorlagen käme. Zunächst widerspräche das der Praxis des EuGH mit seiner eher großzügigen Gerichtsdefinition[245]. Im Gegenteil scheint ferner sogar eine Ausweitung angezeigt, etwa was den Zugang von Schiedsgerichten anbelangt. Vorlageberechtigt sind nämlich nur staatliche Gerichte. Das wird autonom bestimmt[246], so dass Vergabekammern beim Bundeskartellamt (§ 106 I GWB) oder bei den Wirtschaftsministerien der Länder „Gerichte" gemäß Art. 267 AEUV sind und vorlegen dürfen[247]. Private Schiedsgerichte (etwa nach den §§ 1025 ff. ZPO) können dagegen trotz großer Bedeutung im internationalen Handelsrecht wegen der *Nordsee-* und *Eco Swiss*-Rechtsprechung[248] nicht vorlegen. Diese Einschränkung ist unschlüssig, weil Schiedsgerichte gleichwohl zur Anwendung zwingender Vorschriften des Unionsrechts verpflichtet und insoweit bereits in das europäische Rechtssystem integriert sind[249].

c) Strengere Prüfung der Entscheidungserheblichkeit

Weitere Voraussetzung ist die Entscheidungserheblichkeit für das laufende Verfahren i.S.d. Art. 267 II AEUV. Darüber urteilt das Vorlagegericht[250]. Dessen Rechtsauffassung ist entscheidend, wobei ihm wegen der Besonderheiten der jeweiligen Rechtssache ein weiter Beurteilungsspielraum zusteht. Dieser erstreckt sich sowohl auf die Erforderlichkeit einer Vorabentscheidung zum Erlass seines Urteils als auch die Erheblichkeit der vorgelegten Fragen[251].

Das nationalgerichtliche Ermessen entspricht der Arbeitsteilung, wonach der EU-Gerichtshof für die Auslegung des Unionsrechts, das mit-

---

ebenfalls für eine institutionelle Betrachtung *Tomuschat*, Die gerichtliche Vorabentscheidung nach den Verträgen über die europäischen Gemeinschaften, 1964, S. 44.

[245] Oben Fußn. 228; *Piekenbrock*, EuR 2011, 317 (326 ff.).

[246] S. etwa zum Rundfunkrecht: Dem belgischen „Collège d'autorisation et de contrôle du Conseil supérieur de l'audiovisuel" fehle das Kriterium der Unabhängigkeit; EuGH, Rs. C-517/09, noch nicht veröffentlicht – *RTL Belgium SA*.

[247] EuGH, Rs. C-54/96, Slg. 1997, I-4961 – *Dorsch Consult Ingenieursgesellschaft/ Bundesbaugesellschaft Berlin*; *Huber*, in: *Merten/Papier*, § 172, Rdnr. 33.

[248] EuGH, Rs. 102/81, Slg. 1982, 1095 – *Nordsee/Reederei Mond*, Rdnr. 12 f.; Rs. C-126/97, Slg. 1999, I-3055 – *Eco Swiss/Benetton*.

[249] *Zobel*, Schiedsgerichtsbarkeit und Gemeinschaftsrecht – Im Spannungsverhältnis zwischen Integration und Exklusion, 2005, S. 212 ff.

[250] EuGH, Rs. 44/65, Slg. 1965, 1268 – *Hessische Knappschaft/Singer et Fils*; Rs. 5/77, Slg. 1977, 1555 – *Tedeschi/Denkavit*.

[251] EuGH, Rs. C-3/04, Slg. 2006, I-2505, Rdnr. 14 m. w. Nachw. – *Poseidon Chartering*.

gliedstaatliche Gericht dagegen für die Sachverhaltsermittlung, die Stellung der Frage zum Unionsrecht, die nationalrechtlichen Fragen und die Entscheidung in dem konkreten Rechtsstreit zuständig ist. Dabei dürfen – wie gesagt – die Fragen nicht für den Ausgangsfall irrelevant, hypothetisch[252] oder der zugrundeliegende Fall aufgrund von Parteiabsprachen manipuliert sein[253]. Überhaupt muss das EU-Recht berührt sein. Der EuGH hat sich beispielsweise für ein Vorabentscheidungsersuchen zur Verstaatlichung der Hypo Real Estate für unzuständig erklärt, weil sich die vom LG München I vorgelegte Frage nicht auf eine Auslegung von Unionsrecht beziehe, die für die Endentscheidung objektiv erforderlich sei[254].

Der EuGH sollte künftig die Anforderungen an eine Begründungspflicht der Nationalgerichte erhöhen[255] und darauf drängen, dass sie künftig genauer prüfen, ob wirklich eine Entscheidungserheblichkeit vorliegt. Diese Notwendigkeit verdeutlicht die vom BGH vorgelegte *Heininger*-Rechtssache[256], wonach die Haustürrichtlinie auf einen Realkreditvertrag anwendbar ist, so dass dem Verbraucher ein Widerrufsrecht zusteht: Es befremdet, dass nach langen Auseinandersetzungen das OLG München letztlich die Berufung zurückweisen musste, weil der Kläger das Vorliegen einer Haustürsituation nicht beweisen konnte[257].

2. Abschwächung der Vorlagepflicht

a) Acte clair-Doktrin

aa) Theorie und Praxis des Vorlageermessens

Die Vorlagepflicht letztinstanzlicher Gerichte ist immer wieder Gegenstand von Diskussionen. Die in Art. 267 III AEUV absolut formulierte Vorlagepflicht letztinstanzlicher Gerichte zur Auslegung[258] des Unionsrechts besteht nur dann nicht, wenn die *acte clair*-Doktrin nach der *C.I.L.F.I.T.*-Entscheidung[259] erfüllt ist. Sie bietet insoweit den einzigen

---

[252] Oben Fußn. 240 f.

[253] Das hatten *Herzog/Gerken*, FAZ v. 8.9.2008, S. 8 den Parteien in EuGH, Rs. C-144/04, Slg. 2005, I-9981 – *Werner Mangold/Rüdiger Helm* vorgeworfen.

[254] EuGH, Rs. C-194/10, EuZW 2011, 648 (noch nicht in amtlicher Sammlung veröffentlicht) – *Robert Nicolaus Abt u.a./Hypo Real Estate Holding AG*.

[255] Vgl. *Dauses*, 60. DJT 1994, Bd. I: Gutachten, D 130 f.

[256] EuGH, Rs. C-481/99, Slg. 2001, I-9945 – *Heininger*.

[257] OLG München, WM 2003, 69; dazu (sowie zum gesamten Verfahrenshergang) *Basler*, in: *Micklitz* (Hrsg.), Europarecht *case by case* – Vorlageverfahren deutscher Gerichte an den EuGH, 2004, S. 65 (79); *Franzen*, JZ 2003, 321 (330).

[258] Anders bei der Frage nach der Gültigkeit von Unionsnormen; s. EuGH, Rs. 314/85, Slg. 1987, 4199 – *Foto-Frost/Hauptzollamt Lübeck-Ost*.

[259] EuGH, Rs. 283/81, Slg. 1982, 3415, Rdnr. 14 und 16 – *C.I.L.F.I.T./Ministero della Sanità*; bestätigt durch Rs. C-495/03, Slg. 2005, I-8151, Rdnr. 33 – *Intermodal*

Mechanismus zur Zugangsbeschränkung[260]. Laut der *acte clair*-Doktrin entfällt die Vorlagepflicht lediglich, wenn das Gericht davon ausgehen konnte, dass sich die Lösung der Rechtsfrage einer gesicherten Rechtsprechung des Gerichtshofes entnehmen ließ (*acte éclairé*) oder sie derart offenkundig ist, dass keinerlei Raum für einen vernünftigen Zweifel an der Entscheidung der gestellten Frage bleibt (*acte clair*)[261]. Ein *acte clair*-Fall liegt nur vor, sofern bei den Gerichten der übrigen Mitgliedstaaten und beim Gerichtshof die gleiche Gewissheit besteht[262].

Der EuGH meidet[263] den aus dem französischen Recht stammenden Begriff *acte clair*, auch wenn er mit seiner Rechtsprechung auf die Tendenz französischer (aber auch italienischer) Gerichte einging, die schlicht das Vorliegen einer Auslegungsfrage verneinten und so eine Vorlage umgingen[264]. Allein schon wegen der Berücksichtigung dieser nationalen Praxis lässt sich die *C.I.L.F.I.T.*-Rechtsprechung unterschiedlich lesen. Sie eröffnet dem nationalen Richter die ersehnte Möglichkeit, einer Vorlage auszuweichen[265]. Dies gilt umso mehr als kein hinreichendes Haftungsregime für den Fall eines Verstoßes gegen die *C.I.L.F.I.T.*-Grundsätze besteht[266].

Transports; Rs. C-461/03, Slg. 2006, I-10513, Rdnr. 16 – *Gaston Schul Douane-expediteur BV*; *Herrmann*, EuZW 2006, 231 begrüßt die beiden Entscheidungen von 2005: Damit werde „Tendenzen, den nationalen Gerichten eine größere Eigenverantwortung zu übertragen, eine begrüßenswert klare Absage erteilt"; zustimmend auch *Heinze*, ZZP 120 (2007), 303 (321). S. zuvor EuGH, Rs. C-99/00, Slg. 2002, I-4839 – *Lyckeskog*.

[260] *Tridimas*, CML Rev. 40 (2003), 9 (17).

[261] EuGH, Rs. 283/81, Slg. 1982, 3415, Rdnr. 14 und 16 – *C.I.L.F.I.T./Ministero della Sanità*.

[262] EuGH, Rs. 283/81, Slg. 1982, 3415, Rdnr. 16: „Das innerstaatliche Gericht darf nur dann davon ausgehen, daß ein solcher Fall vorliegt, wenn es überzeugt ist, dass auch für die Gerichte der übrigen Mitgliedstaaten und den Gerichtshof die gleiche Gewissheit bestünde." Auch *Hüßtege*, in: *Thomas/Putzo*, Zivilprozessordnung, 32. Aufl. (2011), vor Art. 1 EuGVVO, Rdnr. 14.

[263] Vgl. *Röhl*, in: Gedächtnisschrift für Wenz, 1999, S. 445 ff.

[264] Zu der Tradition der *théorie du texte clair* im französischen Recht (nämlich zur Abgrenzung der Judikative von der Aufgabe des Außenministers, völkerrechtliche Verträge auszulegen), die in den sechziger Jahren vom Conseil d'État nachdrücklich (19.6.1964, Clunet 1964, 794 – *Société des Pétroles Shell-Berre*), von der Cour de Cassation aber zögerlicher verwendet wurde, um die Notwendigkeit einer Vorlage zum EuGH zu verneinen s. *Constantinesco*, S. 831 f.; *Vogenauer*, S. 300; *Hahn*, ZfRV 2003, 163 (165). Zum Conseil d'État vom 22.12.1978 in *Cohn-Bendit*, RTDE 1979, 168 s. etwa *Bebr*, CML Rev. 20 (1983), 439 ff.

[265] Zur Manipulationsgefahr *Arnull*, M.L.R. 52 (1989), 626 ff.

[266] Oben 2. Teil § 3 II 2; s. aber zur seltenen Haftung wegen judikativen Unrechts EuGH, Rs. C-224/01, Slg. 2003, I-10239 – *Köbler*, wie oben im 2. Teil unter § 2 I 2 a) cc) (2) dargestellt.

Allerdings gibt und nimmt der EuGH mit der *C.I.L.F.I.T.*-Rechtsprechung zugleich[267]: Der EuGH gibt den letztentscheidenden Gerichten zwar Freiraum und er signalisiert damit Vertrauen in eine Dezentralisierung, nimmt den Gerichten aber zugleich – sollten sie die Voraussetzungen denn ernst nehmen – die gerade eingeräumte Freiheit durch die sehr engen Voraussetzungen. Nach dieser treffenden Sichtweise bedeutet *C.I.L.F.I.T.* eine Stärkung des Vorlageverfahrens und eine Effektuierung des zentralen Auslegungsmonopols bzw. genauer der unionalen Auslegungsprärogative[268]. Darum ist die *C.I.L.F.I.T.*-Entscheidung (ebenso wie die besagte *Foto-Frost*-Entscheidung)[269] im Kontext der Vorrangdiskussion zu sehen[270].

Die *acte clair*-Doktrin ist gleichwohl ambivalent. In der Summe hat sie eine Föderalisierung des Gesamtgerichtssystems bewirkt. Der EuGH untermauert die faktische Bindungswirkung seiner Entscheidungen, die auch über den Rechtsstreit hinausgeht. Außerdem wird sie von den mitgliedstaatlichen Gerichten durch das Absehen von einer Vorlage prinzipiell bzw. idealiter akzeptiert[271]. Der EuGH wird damit in eine Aufsichtsfunktion gebracht[272]. Umgekehrt birgt das Instrument auch Gefahren. Oben wurde bereits die extensive und formelhafte Berufung auf *acte clair* kritisiert[273]. Anspruch und Praxis der *acte clair*-Doktrin fallen auseinander[274]. Vielfach wird gerade nicht vorgelegt, obwohl Unsicherheit über die Auslegung des EU-Rechts besteht[275]. Fragwürdige Eigenauslegungen des Unionsrechts sind die Folge[276].

Einige Probleme bereitet die mitgliedsgerichtliche Pflicht zur Rundumschau[277]. Selten wird es in einer Union mit 27 Staaten angesichts der

---

[267] So *Rasmussen*, E.L. Rev. 9 (1984), 242 (243 and 253 ff.); folgend *Mancini/Keeling*, YEL 11 (1991), 1 (4); *Haltern*, Europarecht – Dogmatik im Kontext, Rdnr. 450.

[268] So etwa *Canaris*, EuZW 1994, 417.

[269] EuGH, Rs. 314/85, Slg. 1987, 4199 – *Foto-Frost/Hauptzollamt Lübeck-Ost*; oben Fußn. 258.

[270] Zu letzterer grundsätzlich oben 2. Teil § 1 I 1 und § 3 II 1.

[271] *Tridimas*, CML Rev. 40 (2003), 9 (12), der zudem weiter vertritt: „At the same time, by entrusting the adjudication of Community law points to national courts, it promoted the 'internalization' of Community law and enhanced rather than reduced its resonance. Acte clair is an indication of maturity in the development of the Community legal order".

[272] *Hess*, RabelsZ 66 (2002), 471 (474).

[273] 2. Teil § 4 III 4 b) bb); zur Missbrauchsgefahr auch *Klöckner*, S. 39.

[274] *Broberg/Fenger*, EuR 2010, 835 ff.

[275] *Conant*, S. 173 f., 209 f.

[276] *Sarmiento*, in: *Maduro/Azoulai* (Hrsg.), The Past and Future of EU Law: The Classics of EU Law Revisited on the 50th Anniversary of the Rome Treaty, 2010, S. 192 (196).

[277] Bereits 2. Teil § 2 III 1.

Fülle an Rechtsprechung der EU-Gerichte einen Fall geben, für den bei allen Gerichten der Mitgliedstaaten und den Gerichtshof die gleiche Gewissheit über die Auslegung besteht[278]. Eigentlich müsste ein Zivilrichter, bei wirklicher Beachtung der Voraussetzungen für eine Verzichtbarkeit von Vorlagen fast immer vorlegen[279]. Deshalb betont die Wissenschaft, die alles andere als klar bestimmten[280] *acte clair*-Kriterien ließen sich nicht wörtlich verstehen[281]. Zudem sei gerade das Erfordernis, alle Sprachfassungen zu berücksichtigen, heute nicht handhabbar[282], was selbst ein Generalanwalt 2005 so formuliert hat[283].

bb) Prozessuale Variante: vereinfachtes Verfahren

Unter dem hier maßgeblichen Gesichtspunkt der Verringerung der Geschäftseingänge ist auch eine mit *acte clair* verwandte prozessuale *ex post*-Bestimmung[284] erwähnenswert. Der 2000 geänderte[285] Art. 104 § 3 VerfO-EuGH ermöglicht ein vereinfachtes Verfahren, bei dem der EuGH nach Anhörung des Generalanwalts von einem Urteil absehen und die Rechtssache durch Beschluss abschließen kann. Möglich ist dies mit dem Ziel der Prozessökonomie und der Verfahrensbeschleunigung, wenn eine zur Vorabentscheidung vorgelegte Frage (1.) mit einer Frage übereinstimmt, über

---

[278] EuGH, Rs. 283/81, Slg. 1982, 3415, Rdnr. 16 (oben Fußn. 262); auch *Hüßtege*, in: *Thomas/Putzo*, Zivilprozessordnung, 32. Aufl. (2011), vor Art. 1 EuGVVO, Rdnr. 14.

[279] S. aber für einen eindeutigen Fall des *acte clair* z.B. BGHZ 182, 241, wonach bei Rücktritt wegen eines Sachmangels die Verbrauchsgüterkaufrichtlinie einem Anspruch des Verkäufers auf Nutzungswertersatz gemäß § 346 I BGB nicht entgegensteht. EuGH, Rs. C-404/06, Slg. 2008, I-2685, Rdnr. 38 f. – *Quelle* ist hier eindeutig. Zustimmend *Höpfner*, NJW 2010, 127 (130).

[280] *Bruns*, JZ 2011, 325 (326).

[281] *Hirte*, S. 49: „lässt sich kaum eine Frage des Gemeinschaftsrechts vorstellen, in der die Zuständigkeit des Europäischen Gerichtshofs als einer Art Divergenzrevision nicht begründet wäre." Auch *Hess*, § 12, Rdnr. 27.

[282] *Hess*, § 12, Rdnr. 28; *Craig*, in: *Maduro/Azoulai* (Hrsg.), The Past and Future of EU Law: The Classics of EU Law Revisited on the 50th Anniversary of the Rome Treaty, 2010, S. 185 (188); *Haltern*, Europarecht – Dogmatik im Kontext, Rdnr. 450.

[283] Schlussanträge des Generalanwalts *Colomer*, der erfolglos (s. oben Fußn. 259) für eine Korrektur der *C.I.L.F.I.T.*-Regel plädiert hat, EuGH, Rs. C-461/03, Slg. 2006, I-10513, Rdnr. 53 – *Gaston Schul Douaneexpediteur BV*: „regelrechte Unanwendbarkeit der *C.I.L.F.I.T.*-Methode"; zuvor in Rdnr. 52: „Alles in allem war der vorgeschlagene Prüfungsmaßstab schon zu der Zeit, als er [... 1982] formuliert wurde, nicht handhabbar, aber in der Realität des Jahres 2005 erweist er sich als unsinnig, da er nicht dem historischen Anliegen entspricht, das seiner Einführung zugrunde lag, nämlich einem übermäßigen Gebrauch der Lehre vom ‚acte clair' durch einige letztinstanzliche Gerichte der Mitgliedstaaten entgegenzuwirken".

[284] So z.B. auch die Einschätzung von *Timmermans*, CML Rev. 41 (2004), 393 (401).

[285] Die Vorgängerfassung erforderte noch eine „offensichtlich übereinstimmende Frage".

die der Gerichtshof bereits entschieden hat[286], oder (2.) die Antwort auf eine solche Frage klar aus der Rechtsprechung abgeleitet werden kann[287]. Sodann ist es dem EuGH eröffnet, mit einem zu begründenden Beschluss auf das frühere Urteil bzw. auf die betreffende Rechtsprechung zu verweisen.

Insgesamt macht der EuGH von diesem vereinfachten Verfahren verstärkt Gebrauch. So hat er im Jahr 2009 in 39 Rechtssachen auf Art. 104 § 3 VerfO-EuGH zurückgegriffen; das ist mehr als doppelt so oft wie im Jahr 2007[288]. Im Jahr 2010 wurden jedoch nur 24 Rechtssachen durch entsprechenden Beschluss beendet. Angesichts dieser bescheidenen Zahlen wird deutlich: Mit diesem Instrument lässt sich das Problem der Arbeitslast nicht in den Griff bekommen[289].

b) *Lockerung der acte clair-Rechtsprechung*

aa) *Grundsatz- oder Divergenzfragen*

Teile der Literatur fordern zur Erweiterung der Auslegungszuständigkeit und Eigenverantwortung der nationalen Gerichte eine Lockerung der aus dem Jahr 1982 stammenden *acte clair*-Rechtsprechung[290]. Vorgebracht werden dafür die Entlastung des EuGH und die gewachsene Vertrautheit der Nationalgerichte im Umgang mit dem Unionsrecht. Lockerungen werden seit einigen Jahren in unterschiedlichem Ausmaße diskutiert. So etwa 1997 von Generalanwalt *Jacobs* im Nachthemdenfall, bei dem es um

---

[286] Art. 104 § 3 I VerfO-EuGH lautet: „Stimmt eine zur Vorabentscheidung vorgelegte Frage mit einer Frage überein, über die der Gerichtshof bereits entschieden hat, oder kann die Antwort auf eine solche Frage klar aus der Rechtsprechung abgeleitet werden, so kann der Gerichtshof nach Anhörung des Generalanwalts jederzeit durch Beschluss entscheiden, der mit Gründen zu versehen ist und auf das frühere Urteil oder auf die betreffende Rechtsprechung verweist".

[287] Art. 104 § 3 II VerfO-EuGH: „Der Gerichtshof kann nach Unterrichtung des vorlegenden Gerichts und nachdem er den in Artikel 23 der Satzung bezeichneten Beteiligten Gelegenheit zur Äußerung gegeben und den Generalanwalt angehört hat, ebenfalls durch Beschluss, der mit Gründen zu versehen ist, entscheiden, wenn die Beantwortung der zur Vorabentscheidung vorgelegten Frage keinen Raum für vernünftige Zweifel lässt".

[288] Gerichtshof der Europäischen Gemeinschaften, Jahresbericht 2009, 2010, S. 10 f.; unter der Vorgängerversion von Art. 104 § 3 VerfO-EuGH wurden in den Jahren 1998 und 1999 nur jeweils zwei Verfahren verzeichnet; s. *Tridimas*, CML Rev. 40 (2003), 9 (19); weitere Daten bei *Timmermans*, CML Rev. 41 (2004), 393 (402 f.).

[289] So auch *Timmermans*, CML Rev. 41 (2004), 393 (402 f.).

[290] Zum historischen und verfahrensrechtlichen Kontext von *C.I.L.F.I.T.* (sowie EuGH, Rs. 314/85, Slg. 1987, 4199 – *Foto-Frost/Hauptzollamt Lübeck-Ost*) s. *Edward*, in: *Maduro/Azoulai* (Hrsg.), The Past and Future of EU Law: The Classics of EU Law Revisited on the 50th Anniversary of the Rome Treaty, 2010, S. 173 ff.

die abwegig[291] erscheinende Definition von Nachthemden im Sinne des Gemeinsamen Zolltarifs ging.

Zum Vorlageermessen, dessen Ausübung nach ständiger Rechtsprechung bekanntlich allein Sache des vorlegenden Gerichts ist, schreibt *Jacobs*: „Besonders angebracht ist eine Vorlage, wenn die Frage von allgemeiner Bedeutung ist und die Entscheidung wahrscheinlich die einheitliche Anwendung des Rechts innerhalb der Europäischen Union fördert. Am wenigsten angebracht ist eine Vorlage, wenn eine gefestigte Rechtsprechung besteht, die sich problemlos auf den zu entscheidenden Fall übertragen lässt; das gleiche gilt, wenn die Frage die Beurteilung eines eng umgrenzten rechtlichen Aspekts im Hinblick auf einen ganz spezifischen Sachverhalt betrifft und die Vorabentscheidung vermutlich über den betroffenen Fall hinaus keine Anwendung finden wird. Zwischen diesen beiden Extremen gibt es selbstverständlich ein breites Spektrum von Möglichkeiten."[292]

Der Vorschlag der von der Europäischen Kommission eingesetzten *Due*-Gruppe ging 2000 einen Schritt weiter. Danach sollte Art. 267 III AEUV so eingeengt werden, dass letztinstanzliche Gerichte nur noch solche Fragen vorzulegen haben, die hinreichende Relevanz aufweisen und – unter Rückgriff auf die *acte clair*-Formel – Raum für vernünftigen Zweifel an der Sachantwort nahe legen[293]. Dementsprechend hätte es in Absatz vier der primärrechtlichen Bestimmung zum Vorlageverfahren geheißen, dass ein einzelstaatliches Gericht, dessen Entscheidungen selbst nicht mehr mit Rechtsmitteln des innerstaatlichen Rechts angefochten werden können, zur Anrufung des Gerichtshofes nur dann verpflichtet ist, „sofern die Frage eine hinreichende Bedeutung für das Gemeinschaftsrecht besitzt und ihre Beantwortung begründete Zweifel aufwirft."[294]

Vorschläge der Literatur, die zudem auf die Rolle der Nationalgerichte im Zusammenhang mit dem Subsidiaritätsprinzip verweisen, heben eben-

---

[291] Der EuGH, Rs. C-338/95, Slg. 1997, I-6495 – *Wiener/Hauptzollamt Emmerich* kam dementsprechend zu folgendem Leitsatz: „Die Tarifstelle [...] des Gemeinsamen Zolltarifs [...] erfasst Unterkleidung, die nach ihren objektiven Merkmalen dazu bestimmt ist, ausschließlich oder im wesentlichen im Bett getragen zu werden." Darauf folgt der übliche Verweis auf das Vorlagegericht: „Es ist Sache des nationalen Gerichts zu prüfen, ob die fraglichen Kleidungsstücke mit Rücksicht auf ihren Schnitt, ihre Zusammensetzung, ihre Aufmachung und die Entwicklung der Mode im betreffenden Mitgliedstaat solche objektiven Merkmale aufweisen oder ob sie unterschiedslos im Bett oder an bestimmten anderen Orten getragen werden können".

[292] Schlussanträge des Generalanwalts *Jacobs* zu EuGH, Rs. C-338/95, Slg. 1997, I-6495, Rdnr. 20.

[293] *Due*-Report, Beilage zu NJW H. 19/2000 und EuZW H. 9/2000, 7.

[294] Beilage zu NJW H. 19/2000 und EuZW H. 9/2000, 14.

falls auf die Wichtigkeit der Rechtssache ab[295]. Zur Herstellung von Rechtseinheit solle eine Vorlagepflicht lediglich bei wesentlichen und rechtsgrundsätzlichen Sachen bestehen, was der revisionsähnlichen Funktion des Vorabentscheidungsverfahrens entspreche[296]. Während der *Due*-Bericht seinen zitierten Vorschlag objektiv formuliert, stellt ein aus der Wissenschaft stammender Formulierungsvorschlag auf die Perspektive des Letztgerichts ab und bringt interessanterweise auch den Individualrechtsschutz wie folgt ins Spiel: Hält das Letztgericht „eine Klärung der Frage durch den Gerichtshof zur Wahrung der Einheit der Gemeinschaftsrechtsordnung oder des Individualrechtsschutzes für geboten, so ist es zur Anrufung des Gerichtshofs verpflichtet."[297]

Eine weitere Variante dieses Reformansatzes möchte in Auslegungsfragen die Vorlagepflicht auf Divergenzfälle beschränken. Damit solle die Gefahr abgewendet werden, dass der EuGH zu einer Art privatrechtlicher Superrevisionsinstanz heranwachse[298]. Die Pflicht eines nationalen Obergerichtes zur Vorlage solle nur bestehen, wenn es von der Entscheidung des Obergerichts eines anderen Mitgliedstaats abweichen möchte[299] oder wenn die Gefahr abweichender Auslegung innerhalb des Nationalstaates (insbesondere von niederen Instanzen) besteht[300]. Teils wird auch eine

---

[295] S. *Hess*, RabelsZ 66 (2002), 470 (494 ff.); *Lipp*, NJW 2001, 2657 (2662), der sich allerdings für ein „Vorlagerecht in Grundsatzfragen" und eine „Vorlagepflicht bei Divergenz" ausspricht – dazu sogleich; *Leible/Staudinger*, EuLF 2000/01 (D), 225 (227 f.); *Hirsch*, in: Festschr. f. Rodríguez Iglesias, 2003, S. 601 (608 ff.); *Meij*, in: *Jansen/Koster/Van Zutphen* (Hrsg.), European Ambitions of the National Judiciary, 1997, S. 83 (89); *Rasmussen*, CML Rev. 37 (2000), 1071 (1107 ff.); ebenfalls für eine Beschränkung *Poelzig*, in: Jahrbuch Junger Zivilrechtswissenschaftler 2009, 2010, S. 209 (216 f.); auch *Klöckner*, S. 75, wonach eine Erweiterung des Vorlageermessens mit einer grenzüberschreitenden unionsweiten Präjudizienbeachtung der Höchstgerichte einhergehen sollte; s. weiter *Broberg/Fenger*, EuR 2010, 835 (853).

[296] *Hess*, § 12, Rdnr. 30; zuvor *ders.*, RabelsZ 66 (2002), 470 (494); *ders.*, ZZP 108 (1995), 59 (84).

[297] *Hummert*, Neubestimmung der acte-clair-Doktrin im Kooperationsverhältnis zwischen EG und Mitgliedstaat, 2006, S. 142.

[298] *Canaris*, EuZW 1994, 417.

[299] *Rabe*, in: Festschr. f. Redeker, 1993, S. 201 (205); *Lipp*, NJW 2001, 2657 (2662) der sich zudem für ein Vorlagerecht in Grundsatzfragen ausspricht; *Hirsch*, in: Festschr. f. Rodríguez Iglesias, 2003, S. 601 (608 ff.): Eine Vorlage sollte u.a. nur erfolgen, wenn eine unterschiedliche Auslegung des EU-Rechts in den Mitgliedstaaten besteht oder möglich ist; *Kapteyn*, in: *Jansen/Koster/Van Zutphen* (Hrsg.), European Ambitions of the National Judiciary, 1997, S. 181 (185); aufgeschlossen *Leible*, in: *Martiny/Witzleb* (Hrsg.), Auf dem Wege zu einem europäischen Zivilgesetzbuch, 1999, S. 53 (84).

[300] Vgl. *Groh*, EuZW 2002, 460 (464), nach dem eine Vorlagepflicht nur bestehen sollte, wenn besondere Schwierigkeiten bei der Auslegung des Unionsrechts durch die nationalen Gerichte bestehen oder eine Vorlage zu einem erheblichen Zuwachs an Rechtsschutzqualität führen würde.

gänzliche Aufhebung der Vorlagepflicht in Art. 267 III AEUV gefordert[301]. Das entspräche sowohl dem fakultativen EVÜ-Ansatz[302] als auch dem EFTA-Modell: Nach Art. 34 ÜGA unterliegen die letztinstanzlichen Gerichte Liechtensteins, Norwegens und Islands keiner Vorlageverpflichtung an den EFTA-Gerichtshof[303].

bb) Kritik

Das Vorabentscheidungsverfahren bewirkt eine Föderalisierung[304], die durch *acte clair* feiner justiert wird. Die *C.I.L.F.I.T.*-Rechtsprechung dient der Kompetenzverteilung und -abgrenzung zwischen den unionalen und den nationalen Rechtsprechungsorganen[305]. Darum liegt es durchaus nahe, die Abgrenzung nationaler und europäischer Auslegungskompetenzen unter dem Gesichtspunkt der „Klärungsbedürftigkeit" zu ändern. Sofern weniger Vorlagen wegen einer reduzierten Vorlagepflicht den Gerichtshof erreichen würden, könnte das einen Ausbau der Unionsgerichtsbarkeit weniger dringlich machen.

Eine Reihe von Gründen spricht aber vorerst dafür, an der bisherigen Aufteilung festzuhalten. Erstens ist die in Art. 267 III AEUV verkörperte Kompetenzabgrenzung bezüglich der Auslegung des Unionsrechts zu beachten, die eine weitere Lockerung, die über *C.I.L.F.I.T.* hinausgeht, kaum möglich macht. Dafür wäre bei genauer Sicht wohl doch eine Änderung des Primärrechts erforderlich[306]. Zweitens ist es fraglich, ob eine grundlegende Veränderung der Doktrin auf der richtigen Ebene ansetzt. Sie würde das Grundverhältnis der Gerichtsebenen und die vertikale Bedeutungsdimension des Vorlageverfahrens nachhaltig verändern. So sind es zwei verschiedene Fragen, ob den EuGH aufgrund dezentraler Entscheidung der mitgliedstaatlichen Gerichte einige Fälle nicht mehr erreichen oder ob der EuGH selbst auswählt, über welche Streitsachen er urteilt[307]. Auf ein solches Filtersystem ist unten in III. 1. noch näher einzugehen.

Drittens vermag es der Nationalrichter häufig schwer zu ermessen, welche rechtlichen Fragen besondere Bedeutsamkeit gerade für das Unions-

---

[301] So von *Anderson*, in: *Le Sueur*, S. 199 (216).

[302] Für das EVÜ, das bis auf in Dänemark durch die Rom I-VO abgelöst wurde, sieht Art. 2 Erstes Brüsseler Auslegungsprotokoll (konsolidierte Fassung ABl.EG 1998 Nr. C 27, S. 47) keine Vorlagepflicht vor; *Piekenbrock*, EuR 2011, 317 (321).

[303] *Fredriksen*, S. 184 ff.

[304] Etwa *Buxbaum*, Stan. L. Rev. 21 (1969), 1041 ff.

[305] *Hummert*, S. 75 ff.

[306] Etwa *Anderson*, in: *Le Sueur*, S. 199 (215).

[307] *Craig*, in: *Maduro/Azoulai*, S. 185 (189).

recht aufweisen und eine Vorlage verdienen[308]. Was heißt also „hinreichende Bedeutung für das Gemeinschaftsrecht", von der die *Due*-Studie spricht? Daraus resultieren Gefahren einer falschen oder unzulänglichen Anwendung des Unionsrechts, mit entsprechenden Nachteilen für die Prozessparteien. Diese werden nicht hinreichend durch Sanktionsmechanismen ausgeglichen, denn Klagen wegen Vertragsverletzung sowie die *Köbler*-Haftung bleiben Ausnahmen[309].

Ähnlich spricht viertens gegen die besagte Divergenzvorlage[310], dass nach derzeitigem Stand kein hinreichender Informationsfluss zwischen mitgliedstaatlichen Gerichten und kein hinreichender sprachlicher und rechtsvergleichender Sachverstand bei der nationalen Richterschaft existieren[311]. Fünftens ist zu beachten: Die Vorlagen der verpflichteten Höchstgerichte[312] machen bislang nur einen verhältnismäßig geringen Anteil aller Vorlagen aus[313]. Wie im 2. Teil ausgeführt, überraschen die wenigen Vorlagen auf dem Gebiet des Europäischen Privatrechts; eigentlich sind mehr Vorlagen erforderlich[314]. Dies trifft gerade auf Höchstgerichte zu. Die höheren Gerichte sind prädestiniert, die Grundwertungen des nationalen und gemeineuropäischen Privatrechts in den Vorlagebeschlüssen zum Ausdruck zu bringen und dem EuGH derart eine Hilfestellung zur Lösung und vielleicht sogar Systembildung zu bieten. Dagegen orientiert sich der EuGH primär am Programm der Grundfreiheiten und am Binnenmarkt[315].

Erwogen wurde auch ein Mittelweg zur Lockerung der *C.I.L.F.I.T.*-Doktrin: In Ausnahmefällen, in denen sich eine Auslegungsfrage wegen der Umstände des Ausgangsfalls wahrscheinlich kein zweites Mal stellt, ließe sich auf das Erfordernis verzichten, dass die anderen mitgliedstaatlichen Gerichte zur gleichen Rechtsauffassung gelangen und alle Sprachfassungen der einschlägigen Norm untersucht werden[316]. Der Vorschlag ist

---

[308] Schlussanträge der Generalanwältin *Stix-Hackl* zu EuGH, Rs. C-495/03, Slg. 2005, I-8151, Rdnr. 104 – *Intermodal Transports*; *Timmermans*, CML Rev. 41 (2004), 393 (402); *Herrmann*, EuZW 2006, 231 (234).

[309] Oben Fußn. 266.

[310] Nicht zu verwechseln ist der obige (vertikal ausgerichtete) Vorschlag mit der Verpflichtung zur Divergenzvorlage an den Großen Senat für Zivilsachen nach § 132 II GVG: hier fällt das Resultat horizontal aus, da es um die Einheitlichkeit der Rechtsprechung zwischen den BGH-Zivilsenaten geht; s. auch unten Fußn. 630.

[311] *Basedow*, EuZW 1996, 97; *ders.*, in: Festschr. f. Brandner, 1996, S. 651 (664, 678).

[312] S. aber oben Fußn. 244; zur konkreten Betrachtungsweise nach EuGH, Rs. C-99/00, Slg. 2002, I-4839, Rdnr. 15 – *Lyckeskog*.

[313] S. unten Tabelle 7; in dem vorliegenden Kontext *Timmermans*, CML Rev. 41 (2004), 393 (402).

[314] Bereits früh *Basedow*, EuZW 1996, 97.

[315] Dafür *Fleischer*, GWR 2011, 201 (206).

[316] *Broberg/Fenger*, EuR 2010, 835 (853).

reizvoll. Wie ausgeführt sind die *C.I.L.F.I.T.*-Voraussetzungen nicht ernsthaft einzufordern. Allerdings ist es im Bereich des Privatrechts mit seinen tagtäglichen Massengeschäften und daraus resultierenden Rechtsfragen eher unwahrscheinlich, dass sich hinreichend singuläre Auslegungsfragen finden ließen, die eine entsprechende Änderung von *C.I.L.F.I.T.* sinnvoll machten.

Auf mittlere Sicht gilt zudem: Die gerade angeführten fünf Argumente für das Beibehalten des *status quo* schließen es mittelfristig nicht aus, den Nationalgerichten mehr Vertrauen entgegen zu bringen. Das wäre z.B. dann der Fall, wenn (vollharmonisierte) Sachbereiche hinreichend stabilisiert sind und eingehende Untersuchungen eine Reife der nationalen Gerichte beweisen[317]. Zu beachten ist aber eine unionsweit unterschiedliche Anwendungspraxis. Darum darf diese „Reifeprüfung" nicht nur auf die Perspektive Deutschlands oder der anderen Kernmitgliedstaaten beschränkt bleiben, sondern muss ebenfalls die neuen Mitgliedstaaten umfassen. Auch das macht eine Lockerung der *C.I.L.F.I.T.*-Doktrin vorerst unwahrscheinlich.

3. Pflicht zur Unterbreitung eines Antwortvorschlags

a) Basismodell

Dem Vorlagegericht ist es nicht verwehrt, eine bevorzugte Lösung anzudeuten oder vorzuschlagen. Die Hinweise des Gerichtshofes zur Vorlage von Vorabentscheidungsersuchen durch die nationalen Gerichte unterstreichen diesen Beitrag zur Rechtsfindung seit einiger Zeit explizit: „[D]as vorlegende Gericht [kann], wenn es meint, dass es dazu in der Lage ist, knapp darlegen, wie die zur Vorabentscheidung vorgelegten Fragen seines Erachtens beantwortet werden sollten"[318]. Die Beifügung von andeutenden Lösungsvorschlägen ist gängige Praxis etwa vieler deutscher Gerichte[319]. Das ist eine zumeist mit Bedacht gewählte Taktik. Ein Entscheidungsvorschlag bietet den Vorlagegerichten eine gewisse Chance auf eine Rich-

---

[317] Vgl. auch *Iglesias*, NJW 2000, 1889 (1896): neben Zolltarifsachen kämen auch „viele andere Rechtsgebiete" für eine Beschränkung von Vorlagen auf Grundsatzfragen in Betracht. S. ferner die allgemeine Einschätzung von *Maduro*, EuR 2007, 3 (26): „Aufgrund der Zunahme der unionsrechtlichen Rechtsstreitigkeiten wird die Aufgabe der Auslegung und Anwendung des EU-Rechts zumindest de facto, wenn auch nicht de iure zunehmend den nationalen Gerichten übertragen".

[318] ABl.EU 2011 Nr. C 160, S. 1, Rdnr. 23; eingeführt durch die Fassung von 2005 ABl.EU 2005 Nr. C 143, S. 1, die erheblich umfangreicher ist als die von 1996 (abgedruckt in ZEuP 1998, 366 ff.).

[319] Näher im 4. Teil § 1 III (im Zusammenhang mit dem Stil von Vorlagen).

tungsvorgabe und Beeinflussung des EuGH. Er wird darum auch als *preemptive opinion* bezeichnet[320].

Offensichtlich machen auch Gerichte anderer Mitgliedstaaten vermehrt von der Möglichkeit Gebrauch, darzulegen, wie sie die Vorlagefrage selbst beantworten würden. Dies geschieht häufiger, wenn ein Spruchkörper bereits durch vorherige Ersuchen Erfahrungen mit dem Vorlageverfahren gesammelt hat[321]. Hierbei haben sich insbesondere die Finanzgerichte[322], aber auch der italienische Corte Suprema di Cassazione[323] hervorgetan. Die Vorschläge erwiesen sich als hilfreich (auch mit Blick auf die Legitimität der unionsgerichtlichen Entscheidung)[324] und der EuGH ist offenbar geneigt, den Vorschlägen recht häufig zu folgen[325]. Darum wäre es erfreulich, wenn die Nationalgerichte auch direkt in der VerfO-EuGH ermutigt würden, ihre Vorlagefragen um Antwortvorschläge zu ergänzen[326].

Zu unterscheiden ist aber der berechtigte Wunsch nach freiwillig beigefügten Vorschlägen[327], bei denen ansonsten alles beim Alten bliebe, d.h. ein voller Entscheid des EuGH erginge, von zwei weiteren Modellen: erstens von der verpflichtenden Variante[328] und zweitens von der Empfehlung des *Due*-Report, wonach der EuGH zustimmendenfalls sein Urteil unter Verweis auf den fakultativen Vorschlag nur arg zusammenfassend begründen würde[329].

---

[320] Zu diesen Strategien auch *Nyikos*, European Journal of Political Research 45 (2006), 527 ff. (sie untersucht die Bereiche Warenverkehrsfreiheit, Freizügigkeit und Gleichbehandlung der Arbeitnehmer).

[321] *Nyikos*, European Journal of Political Research 45 (2006), 527 (534).

[322] Etwa das Finanzgericht Hamburg in der EuGH, Rs. 17/81, Slg. 1982, 1331 – *Pabst & Richarz KG/Hauptzollamt Oldenburg*.

[323] Hinweis von *Koopmans*, in: *Schermers/Timmermans/Kellermann/Watson*, S. 327 (331).

[324] Vgl. *Nyikos*, European Journal of Political Research 45 (2006), 527 (535): „Since national courts must resolve cases such that their findings will ultimately be enforced, in instances where the legal and/or policy change required by a case's resolution are broad, a preemptive opinion enables the national court to outline where the boundaries of acceptable, enforceable legal interpretation lay".

[325] *Nyikos*, European Journal of Political Research 45 (2006), 527 ff.

[326] *Due*-Report, Beilage zu NJW H. 19/2000 und EuZW H. 9/2000, 8; *Ottaviano*, S. 103.

[327] Etwa *Basedow*, in: Festschr. f. Brandner, 1996, S. 651 (679); *Hakenberg*, RabelsZ 66 (2002), 367 (385). *Franzen*, JZ 2003, 321 (330).

[328] Dafür etwa *Leible*, in: *Martiny/Witzleb*, S. 53 (85), denn es würden damit auch die Wertungen des Vorlagegerichts offengelegt.

[329] *Due*-Report, Beilage zu NJW H. 19/2000 und EuZW H. 9/2000, 8.

b) Erweiterung: grünes- oder rotes-Licht-Verfahren

Letzteres entspricht dem sog. „green light"-Ansatz. Hiernach wäre das Vorlageersuchen nicht nur zu begründen, sondern auch eine vorformulierte Antwort beizufügen. Der EuGH kann die Vorlage dulden oder an sich ziehen: Sofern der EU-Gerichtshof die vorgeschlagene Antwort für vertretbar oder gar überzeugend hält und meint, die Einheit des Unionsrechts sei ohne eigene Befassung in der Sache nicht gefährdet, erhält diese Rechtsauffassung im Wege des Beschlusses „grünes Licht" und die Sache wird zurück an das Vorlagegericht verwiesen. Der Vorschlag wurde in der Wissenschaft vielfach erörtert[330], wurde aber auch im Reflexionspapier erwogen.

Nach dem EuGH-Papier „wäre ein System denkbar, bei dem das vorlegende Gericht aufgefordert würde, in seine Entscheidung einen Vorschlag für die Beantwortung der von ihm gestellten Frage aufzunehmen." Der EuGH erörtert diese Möglichkeit allerdings nur im Zusammenhang mit der Einführung eines Filterungsrechts zu seinen Gunsten: „Indem die vorgeschlagene Antwort als Grundlage dienen könnte für die Trennung zwischen Fragen, die eine Beantwortung durch den Gerichtshof verdienen, und solchen, die in dem angegebenen Sinn beantwortet werden können", ließe sich die Beeinträchtigung des Dialogs zwischen den Nationalgerichten und dem EuGH verringern[331].

Wer konkret die Prüfung der Zulässigkeitsmerkmale und vor allem die Prüfung der „Richtigkeit" des unterbreiteten Vorschlages vorzunehmen hätte, lässt der EuGH offen. Gut denkbar wäre es, in der VerfO-EuGH oder Satzung des Gerichtshofs[332] den Generalanwalt und den *juge rapporteur*

---

[330] *Weiler*, in: *Schermers/Timmermans/Kellermann/Watson* (Hrsg.), Article 177 EEC: Experiences and Problems, 1987, S. 366 (375 ff.) (sein Vorschlag reagierte auf die Verfahrenszunahme und die *acte clair*-Praxis französischer Gerichte); *Zuleeg*, JZ 1994, 1 (7); auch *Koopmans*, in: *Schermers/Timmermans/Kellermann/Watson*, S. 327 (331); zuvor bereits zur Frage „victime de son succès?" *Koopmans*, in: Liber amicorum Pescatore, 1987, S. 347 ff.; *Heffernan*, ICLQ 52 (2003), 907 (930); *Malferrari*, S. 258 ff., 278; verschiedene Ansätze werden von *Jacobs*, in: Festschr. f. Zuleeg, 2005, S. 204 (210 ff.) diskutiert; *Pernice*, Das Verhältnis europäischer zu nationalen Gerichten im europäischen Verfassungsverbund, 2006, S. 27. Zudem fordert die Entschließung des Europäischen Parlaments vom 9.7.2008 zur Rolle des einzelstaatlichen Richters im europäischen Rechtsgefüge (2007/2027(INI)), ABl.EU 2009 Nr. C 294, S. E/27 unter Rdnr. 31 zur Prüfung des „green light"-Systems auf. Nicht abgeneigt *Wegener*, in: *Calliess/Ruffert*, Art. 257 AEUV, Rdnr. 2; ablehnend *Rösler*, ZRP 2000, 52 (56).

[331] Reflexionspapier des EuGH, EuZW 1999, 750 (754).

[332] S. *Strasser*, Colum. J. Eur. L. 2 (1995/96), 49 (88); *Jacobs*, in: Festschr. f. Zuleeg, 2005, S. 204 (210, 214); die Notwendigkeit einer Änderung des Art. 267 AEUV zur Einführung des grünes- oder rotes-Licht-Verfahrens erblickt dagegen *Rabe*, in: Festschr. f. Zuleeg, 2005, S. 195 (202 f.).

gemeinsam mit dieser Aufgabe zu betrauen[333]. Sollten sie beide der Überzeugung sein, dass die vorgeschlagene Lösung im Ergebnis zutreffend ist und eine öffentliche Anhörung von keinem der Beteiligten gefordert wird, könnte der Gerichtshof den Lösungsvorschlag absegnen. Vielfach wird die „green light procedure" als Ausdehnung der eben erörterten *acte clair*-Doktrin aufgefasst, und zwar im weiten Sinne der französischen Bedeutung: Das Heimatgericht kann die Rechtssache wegen der Umstände und insbesondere der Klarheit der zu gebenden Rechtsantwort selbst entscheiden[334].

Zudem wird argumentiert, das gegenwärtige Vorabentscheidungsverfahren basiere auf einer gekünstelten Aufteilung von Auslegung und Anwendung des Unionsrechts. Dem könne ein weitergehender Vorschlag entgegenwirken, der auch als „red light procedure" beschrieben wird. Nach diesem Modell würde das vorlegende Gericht den Vorlagefragen bereits ein vollständiges Entwurfsurteil beifügen, welches auch die vollumfängliche Auslegung und Anwendung des Unionsrechts enthielte. Sofern der EuGH aus seinem Blickwinkel der Einheit des Unionsrechts keinen Handlungsbedarf erblickt bzw. nicht innerhalb einer bestimmten Frist auf die Vorlage reagiert, d.h. kein rotes Stopplicht setzt, erstarkt das Entwurfsurteil zum endgültigen Urteil mit vollen Wirkungen für und gegen die Streitparteien[335].

c) Bewertung

Als Vorteil des grünen- oder gar roten-Licht-Verfahrens könnten die mitgliedstaatlichen Gerichte und auch der EuGH die unionsgerichtliche Verfahrenslast mitbestimmen. Dabei würde der EuGH verstärkt eine Monitoringrolle einnehmen[336]. Auch deshalb ist die Einführung eines dieser beiden Verfahren weniger problematisch als die Beschränkung des Vorlagerechts. Allerdings steht in Frage, ob es beim EU-Gerichtshof wirklich zu einer Zeitersparnis käme. Der EuGH müsste die Fälle schließlich vollständig sichten. Aufgrund seines Rechtsprechungsauftrags würde der EuGH viele Fälle detailliert selbst behandeln wollen – erstens, weil der Gerichtshof die Verantwortung für das Ergebnis trägt und zweitens, weil er anderenfalls der Rechtsauffassung und Argumentation des vorlegenden

---

[333] So der Vorschlag von *Weiler*, in: *Schermers/Timmermans/Kellermann/Watson*, S. 366 (376).

[334] *Editorial*, CML Rev. 28 (1991), 241 (242).

[335] *Jacobs*, in: Festschr. f. Zuleeg, 2005, S. 204 (211 f.); *Meij*, in: *Raad van State* (Hrsg.), The Uncertain Future of the Preliminary Procedure, 2004, S. 11 (16); der Vorschlag wird erwähnt von *Dashwood/Johnston*, in: *dies.* (Hrsg.), The Future of the Judicial System of the European Union, 2001, S. 55 (68 f.); *Broberg/Fenger*, S. 30.

[336] *Broberg/Fenger*, S. 30.

Gerichts faktisch doch eine Art künftiger Bindungswirkung verleihen würde[337]. Eine wirklich substanzielle Verringerung der Arbeitslast[338] lässt sich vom Antwortvorschlag darum kaum erwarten[339].

Ein grünes-Licht-Verfahren auf freiwilliger Basis wäre denkbar. Allerdings ist auch hier eine ungewünschte indirekte Bindungswirkung der Unbedenklichkeitsbescheinigung sowie der zugrundeliegenden nationalen Urteile zu beachten. Diese Wirkungen ließen sich kaum durch eine Anordnung oder „disclaimer"-Zusatz unterbinden, wonach der Duldung bzw. Zustimmung keinerlei „Präjudizwirkung" zukäme[340].

Als Folge auf der nationalen Ebene müssten die Schriftsätze und die nationalgerichtliche Verhandlung und Entscheidung die unionsrechtlichen Fragen ausführlich miterörtern. Dadurch hätten sich die Richter sowie die Parteien bzw. deren Rechtsvertreter intensiv mit dem EU-Recht zu beschäftigen[341]. Das gäbe den Parteien vielleicht mehr Einflussmöglichkeiten. Aber die Einführung des Vorschlagsverfahrens würde eine Verschiebung der Arbeitslast bedeuten. Die Nationalgerichte sind bislang gewöhnt, eine Unionsfrage zu erkennen; sie auch zu beantworten ist eine andere Sache[342].

Zudem ist die Ergänzung einer Vorlage um einen Lösungsvorschlag nicht allen Nationalrichtern gleich gut und zeitsparend möglich. Das hängt mit den Vorlagegegebenheiten zusammen, so z.B. mit der für den Richter verfügbaren Zeit pro Rechtssache; dem Umstand, ob ein Kammer- oder Einzelrichterbeschluss vorliegt; dem Ausmaß, in dem Rechercheressourcen nutzbar sind und das Maß des Vorwissens über das Unionsrecht. Aufgrund der Rechtskultur, die sich auch schon jetzt in einem unterschiedlichen Vorlagestil niederschlägt[343], würde etwa die französische Cour de Cassation eine eigene Vorlagebeantwortung wohl als theoretisch und akademisch abtun[344].

Bei dem effektiven Zeit- und Ressourceneinsatz der nationalen Gerichte ist zwischen oberen und unteren Gerichten zu unterscheiden. Darum könnte man ein grünes-Licht-Verfahren lediglich bei den tendenziell sach-

---

[337] *Pernice*, EuR 2011, 151 (165, Fußn. 52).

[338] Für den EuGH besteht ohnehin schon die schon oben in 3. Teil § 2 II 2 aa) dargestellte Möglichkeit, durch Beschluss nach Art. 104 § 3 VerfO-EuGH zu entscheiden; im vorliegenden Kontext *Malferrari*, S. 259.

[339] Auch *Dauses*, 60. DJT 1994, Bd. I: Gutachten, D 131; *v. Danwitz*, ZESAR 2008, 57 (64); *Costello*, Dublin University Law Journal 21 (1999), 40 (60).

[340] Wie es aber *Malferrari*, S. 259, 278 vorschlägt. So wie hier skeptisch *Dauses*, 60. DJT 1994, Bd. I: Gutachten, D 131.

[341] *Craig/de Búrca*, S. 479 f.; *Craig*, in: *Slaughter/Stone Sweet/Weiler*, S. 177 (201).

[342] *Craig*, in: *Slaughter/Stone Sweet/Weiler*, S. 177 (201).

[343] Näher 4. Teil § 1 III.

[344] *Koopmans*, in: *Schermers/Timmermans/Kellermann/Watson*, S. 327 (331).

kundigeren Obergerichten einführen. Allerdings legen sie bislang verhältnismäßig wenig vor[345], so dass die beschleunigende Wirkung der „green light procedure" – wie gesagt – begrenzt wäre[346]. Gerade Obergerichte und mit dem Unionsrecht unerfahrene Gerichte könnten wegen der neuen Aufgabe, nunmehr das Unionsrecht selbst europaweit offen auslegen und anwenden zu müssen, von einer Vorlage abgeschreckt werden. Ähnliche Probleme mögen im Risiko der öffentlichen Zurückweisung durch den EuGH[347] und in der zusätzlichen Begründungslast liegen.

Auch für den EU-Gerichtshof ist das System des Antwortvorschlags problematisch: Er muss über die Rechtsauffassung eines nationalen Gerichts befinden, was das Vorlageverfahren einer „Revision" annähern würde[348]. Zudem würden auch die unionsgerichtliche Verhandlung und die vorlagebezogenen Erklärungen entfallen. So wären u.a. die Äußerungsrechte der Mitgliedstaaten und der Europäischen Kommission gemäß Art. 23 II Satzung des Gerichtshofs[349] abgeschnitten oder erschwert[350].

Sollten vermehrt Vorlagen zum überschießend umgesetzten Recht den EuGH erreichen[351], wäre es allerdings möglich, insoweit doch ein grünes-Licht-Verfahren einzuführen. Das könnte dem EU-Gerichtshof die Auslegung von Normen mit überschießender Richtlinienumsetzung[352] erleichtern, bei denen sich der EuGH schließlich ein Stück weit auf das Gebiet des nationalen Rechts begibt. Dem Nationalgericht wäre in diesem Fall die obligatorische Unterbreitung eines Lösungsvorschlags zumutbar, schließlich unterliegt der EU-Gerichtshof keiner unionsrechtlichen Verpflichtung, die Vorlage zu beantworten.

---

[345] S. unten die Tabelle 7.

[346] *Rabe*, in: Festschr. f. Zuleeg, 2005, S. 195 (203); *Ottaviano*, S. 103.

[347] *Dauses*, 60. DJT 1994, Bd. I: Gutachten, D 131: „Die ohnehin bestehenden Berührungsängste mit dem Gemeinschaftsrecht würden dadurch weiter erhöht, was ein psychologisches Klima der Vorlagefeindlichkeit begünstigen und damit die Neigung fördern könnte, Vorlagepflichten zu umgehen." Ähnlich *Rabe*, in: Festschr. f. Zuleeg, 2005, S. 195 (203).

[348] *Schwarze*, DVBl. 2002, 1297 (1311).

[349] 2. Teil § 2 II 3.

[350] *Ottaviano*, S. 103 hält bereits deswegen die Verwirklichung des grünen-Licht-Verfahrens für unwahrscheinlich.

[351] Die Frage, wie damit langfristig umzugehen ist, muss noch näher vom Europäischen Zivilprozessrecht geklärt werden. Vgl. *Hakenberg*, RabelsZ 66 (2002), 367 (378) zur Auslegung durch den EuGH bei überschießender Richtlinienumsetzung: „Um Entwicklungen zu vermeiden, die irgendwann nicht mehr steuerbar sind, müßten den nationalen Gerichten klarere Handlungsanweisungen an die Hand gegeben werden. Ob das Vorabentscheidungsverfahren in Fällen dieser Art das geeignete Instrument ist, ist höchst zweifelhaft".

[352] Oben 2. Teil § 2 I 2 a) cc) (4) und dieser Teil in Fußn. 412.

Ohnehin sollten die Gerichte ermutigt werden, häufiger selbst Verschläge zu unterbreiten[353]. Diese bereits oben vorgetragene Forderung sollte in der Praxis weitgehend zur freiwillig eingehaltenen Regel überführt werden. Zum einen helfen die Vorschläge dem EuGH, sich Klarheit darüber zu verschaffen, worum es dem vorlegenden Gericht eigentlich geht. Zum anderen prüft das vorlegende Gericht eingehender, ob die Vorlagefrage wirklich für die Entscheidung der Rechtssache relevant ist oder vielleicht doch ein Fall des *acte clair* vorliegt[354]. Damit gäbe es weniger Vorlagen „ins Blaue hinein".

4. Prinzipielle anstelle konkreter Beantwortung

Zurückzukommen ist auf die Schlussanträge von *Jacobs* im Nachthemdenfall, in dem es um das Zollkontingent für Nachthemden und deren Definition im Sinne des Gemeinsamen Zolltarifs ging[355]. Generalanwalt *Jacobs* schreibt: „In manchen Bereichen des Gemeinschaftsrechts, in denen es bereits eine gefestigte Rechtsprechung gibt, würde eine noch filigranere Rechtsprechung wahrscheinlich zu weniger, nicht zu mehr Rechtssicherheit führen. In solchen Bereichen könnte der Gerichtshof [...] feststellen, daß er seine Aufgabe einheitlicher Auslegung im Wesentlichen erfüllt und er die wesentlichen Grundsätze oder Regeln für die Auslegung so genau festgelegt hat, daß die nationalen Gerichte die Fragen selbst beantworten könnten. [...] Eine solche Zurückhaltung hätte nicht die Feststellung der Unzulässigkeit zur Folge. [...] Der Gerichtshof könnte auch darauf verweisen, daß es sich um ein allgemeines Urteil handele, das nicht nur den konkreten Fall betreffe, sondern auch von anderen nationalen Gerichten als Grundlage dafür angesehen werden könne, wie künftige Fälle zu entscheiden seien und ob ein weiteres Vorabentscheidungsersuchen zu stellen sei."[356]

Allerdings müssen Zweifel bestehen, ob es mit dem – für Vorabentscheidungsverfahren umfassenden – Rechtsprechungsauftrag des EU-Gerichtshofs vereinbar wäre, die Fragen des vorlegenden Gerichts nicht spezifisch zu beantworten, sondern pauschal auf Auslegungsgrundsätze und -regeln früherer Entscheidungen zu verweisen. Das ließe sich mit dem Kooperationsgedanken und dem dialogischen Charakter des mit dem Vorlageverfahren verbundenen Rechtsgespräch *inter iudices*[357] schwer in

---

[353] Auch *Röthel*, S. 394.

[354] S. *Koopmans*, in: *Schermers/Timmermans/Kellermann/Watson*, S. 327 (331); ebenfalls ermutigend *Hakenberg/Stix-Hackl*, S. 77.

[355] Oben Fußn. 292.

[356] Schlussanträge zu EuGH, Rs. C-338/95, Slg. 1997, I-6495, Rdnr. 21.

[357] *Dauses*, in: *ders.*, EU-Wirtschaftsrecht, P. Gerichtsbarkeit der EU – Einführung, Rdnr. 253.

Einklang bringen. Die vorlegenden Richter könnten sich gerügt fühlen, die bisherige Rechtsprechung nicht eingehend genug studiert zu haben[358].

Überdies erfolgen einige Vorlagen mit der verständlichen Intention, dem EuGH die Chance zu eröffnen, seine als unbillig oder sperrig empfundene Rechtsprechung zu korrigieren, einzuschränken oder zu präzisieren[359]. *Jacobs* geht es zwar gerade um das Abhalten von weiteren „unnützen" Vorlagen. Die Abschreckungswirkung könnte aber – unter Verweis auf *acte clair* – über das Ziel hinausschießen und zu missbräuchlichem Gebrauch der Ausnahme von der Vorlagepflicht führen. Zielführender ist daher die dargestellte Möglichkeit gemäß Art. 104 § 3 VerfO-EuGH. Danach entscheidet der EuGH durch Beschluss, verzichtet also auf eine mündliche Verhandlung, antwortet aber trotzdem in der Sache ausführlicher[360]. Fraglos sind die Grenzen zu dem Vorschlag von *Jacobs* fließend.

Die pauschale Beantwortung von Vorlagen würde ein Stück weit eine interessante Verschiebung hin zu einem bundesstaatlichen Gerichtsmodell bedeuten[361]. Deutlich wird dies beim U.S. Supreme Court, der sich gemäß seinem Rollenverständnis auf die großen Linien beschränkt. Das hat bereits Chief Justice *Charles Evans Hughes* (1862–1948) zum Ausdruck gebracht: Aufgabe des Supreme Court sei es nicht, die Fehler der Instanzgerichte zu korrigieren, sondern „securing harmony of decision and the appropriate settlement of questions of general importance so that the system of federal justice may be appropriately administered"[362]. An anderer Stelle heißt es „[T]he Court can best serve the needs of the national law by laying down broad principles, leaving their application and elaboration largely to the federal courts of appeals and the state appellate courts"[363]. Die US-amerikanischen Bezüge sprechen nicht gegen *Jacobs* Vorschlag; sie müssen jedoch bei der Reformdebatte als konzeptionelle Folgewirkungen hinreichende Beachtung finden[364].

---

[358] *Timmermans*, CML Rev. 41 (2004), 393 (402).

[359] Zu diesem Motiv *Thüsing*, § 1, Rdnr. 66; dazu das Verfahren EuGH, Rs. C-13/95, Slg. 1997, I-1259 – *Ayse Süzen/Zehnacker Gebäudereinigung Krankenhausservice* reagierte auf die sehr stark kritisierte Entscheidung EuGH, Rs. C-392/92, Slg. 1994, I-1311 – *Christel Schmidt/Spar- und Leihkasse der früheren Ämter Bordesholm, Kiel und Cronshagen.*

[360] Oben 3. Teil § 2 II 2 aa); im vorliegenden Kontext *Timmermans*, CML Rev. 41 (2004), 393 (402).

[361] Vgl. in anderem Zusammenhang (nämlich indem er sich für eine allgemeine Beschränkung der Vorlagerechte von Instanzgerichten ausspricht) *Komárek*, E.L. Rev. 32 (2007), 467 (485, 490).

[362] *Hughes*, American Bar Association Journal 20 (1934), 341.

[363] *Hellman*, Sup. Ct. Rev. 9 (1996), 403 (433) (besonders im Zusammenhang mit dem *Rehnquist Court*).

[364] Näher 4. Teil § III 1.

Richterrecht ist Arbeiten am Fall[365]. Abzulehnen ist darum ein *recours dans l'intérêt de la loi* zur Klärung abstrakter Rechtsfragen, der schon in der Praxis des Brüsseler Gerichtsstands- und Vollstreckungsüberein-kommen irrelevant war[366] und sich auch wegen der ersatzlosen Aufhebung von ex-Art. 68 III EG nicht als Zukunftsmodell empfiehlt. Der Grundsatz der Fallnähe hat weiterhin zu gelten, obwohl die EuGH-Urteile teils auch abstrakte Ausführungen enthalten und wegen des üblichen Vortragens der eigenen Rechtsprechung einen hohen Grad an Selbstreferenzialität aufwei-sen. Der EuGH wählt diese – zu dem Vorschlag von *Jacobs* gegenläufige – kasuistische Praxis, um nicht wegen der Komplexität der Fälle und des Rechts schwer abschätzbare Bindungswirkungen heraufzubeschwören, die über den Ausgangsfall weit hinausgehen.

Dauses schätzt dazu ein: „Deshalb macht sich gerade in jüngerer Zeit eine Rechtsprechungstendenz bemerkbar, abstrakte Doktrinen und Dicta aus Anlaß von Einzelfällen tunlichst zu vermeiden, sich auf das für die Entscheidungsfindung strikt Erforderliche zu beschränken und fallüber-greifende generelle Aussagen zu unterlassen"[367]. Dieses Bemühen gilt eher für den Bereich des Privatrechts und unterscheidet sich von der Entwick-lung neuer verfassungsrechtlicher Rechtsprechungsprinzipien wie z.B. der Staatshaftung oder dem Diskriminierungsrecht. Unabhängig davon: An-stelle prinzipieller und distanzierter Aussagen nach *Jacobs* Vorschlag oder auch schiefer Umdeutungen von eventuell ungeschickt formulierten Vor-lagefragen sollte der Gerichtshof das Vorlagegericht verstärkt um sach-verhaltliche Klarstellung und Klärung nach Art. 104 § 5 VerfO-EuGH ersuchen[368].

5. Prozessuale Straffungen

a) Häufigeres Absehen von mündlicher Verhandlung

Die Effektuierung des *case managements*[369] sowie die Verkürzung der Verfahrensschritte in der Kanzlei, im Übersetzungsdienst, den weiteren Dienststellen und in den Kabinetten der Richter und Generalanwälte ver-

---

[365] Also „fallbezogen"; s. *Everling*, RabelsZ 50 (1986), 193 (203); *Dauses*, in: *ders.*, EU-Wirtschaftsrecht, P. Gerichtsbarkeit der EU – Einführung, Rdnr. 250.

[366] *Everling*, in: Festschr. f. Steinberger, 2002, S. 1103 (1117).

[367] *Dauses*, in: *ders.*, EU-Wirtschaftsrecht, P. Gerichtsbarkeit der EU – Einführung, Rdnr. 250; nach *Everling*, in: Festschr. f. Stein, 1987, S. 156 (163) setzt dieser Trend bereits im Laufe der siebziger Jahre ein. Offen ist noch, welche Funktion die im 2. Teil erwähnten allgemeinen Grundsätze des Privatrechts einnehmen werden.

[368] *Dauses*, in: *ders.*, EU-Wirtschaftsrecht, P. Gerichtsbarkeit der EU – Einführung, Rdnr. 253.

[369] Dazu *Skouris*, in: Festschr. f. Starck, 2007, S. 991 (994). Zur Bedeutung des effektiven „case management" allgemein *Mak*, ELJ 14 (2008), 718 ff.

mögen erwiesenermaßen eine Verkürzung der Bearbeitungszeit herbei-
zuführen. Inwieweit bei der internen Gerichtsorganisation und dem ver-
fahrensmäßig-technischen Ablauf noch Straffungspotenzial besteht, lässt
sich von einem Außenstehenden kaum treffsicher ermessen[370].

Anders verhält es sich beim Verfahren vor dem EuGH selbst, das sich in
einen schriftlichen und einen mündlichen Abschnitt gliedert[371]. Der mündliche Verfahrensteil beginnt mit der Erstattung des vom Berichterstatter
vorgelegten zusammenfassenden Berichts, setzt sich mit der Anhörung der
Verfahrensbeteiligten fort und endet mit der Verlesung der Schlussanträge
des Generalanwalts[372]. Eine Straffung der Verfahren bewirken gleichfalls
die von den Gerichten beschlossenen Hinweise und praktischen Anweisungen für die Parteien, die Form und Umfang der schriftlichen und mündlichen Stellungnahmen detailliert regeln[373].

Die mündlichen Verhandlungen in mehreren Sprachen und mit unterschiedlichen Übersetzungsqualitäten erweisen sich für Richter und Pro-
zessbeteiligte als umständlich und zeitaufwendig[374]. Mit dem Ziel der Beschleunigung des Verfahrensablaufs[375] erlaubt Art. 104 § 4 VerfO-EuGH

---

[370] So auch *Schwarze*, EuR 2009, 717 (722), der zudem zu bedenken gibt: „Die Über-
gänge zwischen Fragen mit konstitutionellem und verfahrensmäßig-technischem Charakter sind […] fließend".

[371] S. bereits oben 2. Teil § 2 II 3; ausführlich zu den Abläufen *Hackspiel*, in:
Rengeling/Middeke/Gellermann, §§ 21–29; weiter etwa *Boudant*, La Cour de Justice des
Communautés Européennes, 2005, S. 51 ff.; *Molinier/Lotarski*, Droit du contentieux de
l'Union européenne, 2010, S. 65 ff.; *Pechstein*, Rdnr. 126 ff.; *Dauses*, S. 132 ff.;
Lenaerts/Arts/Maselis/Bray, Procedural Law of the European Union, 2. Aufl. (2006),
S. 523 ff.; *Biavati*, Diritto processuale dell'Unione europea, 4. Aufl. (2009).

[372] Art. 20 IV Satzung des Gerichtshofs. Auch die Verlesung des vom Berichterstatter
vorgelegten Berichts geschieht seit etwa dreißig Jahren nicht mehr; darum hat der *Gerichtshof der Europäischen Union*, Entwurf von Änderungen der Satzung v. 28.3.2011,
S. 3 die Änderung von Art. 20 IV Satzung des Gerichtshofs vorgeschlagen. Näher zum
Ablauf der mündlichen Verhandlung *Hackspiel*, in: *Rengeling/Middeke/Gellermann*,
§ 25, Rdnr. 6 ff.

[373] Für den EuGH: „Hinweise für die Prozessvertreter der Verfahrensbeteiligten für
das schriftliche und das mündliche Verfahren" (erhältlich über http://curia.europa.eu/j
cms/jcms/Jo2_22415); kritisch *Everling*, in: Festschr. f. Rengeling, 2008, S. 527 (534):
Die Verkürzung des mündlichen und schriftlichen Vorbringens führt „teilweise an die
Grenze dessen, was rechtsstaatlich vertretbar ist." Die beiden anderen Gerichte haben
vergleichbare „Praktische Anweisungen für die Parteien" erlassen. Das EuG zuletzt:
ABl.EU 2012 Nr. L 68, S. 23; das EuGöD: ABl.EU 2008 Nr. L 69, S. 13, zuletzt geändert
durch ABl.EU 2010 Nr. L 170, S. 49. Zu den EuG-Anweisungen *Hirsbrunner*, EWS
2003, 308 ff.

[374] Anschaulich zu den Schwierigkeiten EuGH-Richter *Schiemann*, in: *Arnull/
Eeckhout/Tridimas*, S. 3 (8) mit dem Ratschlag: „Advocates who know their business
will continue to put their arguments clearly in writing and not rely on the oral hearing".

[375] S. mit der gleichen Zielsetzung das vereinfachte Verfahren nach Art. 104 § 3
VerfO-EuGH; dazu oben im 3. Teil § 2 II 2 bb). Hier gibt der EuGH den Äußerungs-

für Vorabentscheidungsverfahren[376] ausnahmsweise, von mündlichen Verhandlungen abzusehen: Der EuGH kann – anders als das EuG[377] – beschließen, die Rechtssache ohne mündliche Verhandlung zu entscheiden, sofern keiner der Verfahrensbeteiligten einen begründeten Antrag auf mündliche Anhörung gestellt hat[378]. Davon macht der EuGH nur bei eindeutigen Fällen Gebrauch[379], denn den Äußerungsrechten der Verfahrensbeteiligten werden damit enge Grenzen gesetzt[380].

Der Anspruch auf rechtliches Gehör ist ein hohes Gut[381]. Mündliche Verhandlungen ermöglichen ein direktes Rechtsgespräch zur Erörterung der Sach- und Rechtslage und geben Gelegenheit, Fragen der Richter und des Generalanwaltes zu beantworten sowie auf neue Argumente der anderen Verfahrensbeteiligten einzugehen und gegebenenfalls selbst neue Argumente vorzubringen. Zudem dienen mündliche Verhandlungen der Verfahrenstransparenz sowie der Akzeptanz der gerichtlichen Entscheidung seitens der Parteien und wegen der Gerichtsöffentlichkeit[382] auch seitens der Allgemeinheit[383].

Ein Verzicht auf die mündliche Verhandlung[384] führt deswegen zu verfahrensrechtlichen Beeinträchtigungen für die Parteien, den Rechtsfrieden und das Unionsrecht. Das gilt vor allem bei Fragen der Gültigkeit des Sekundärrechts oder bei der Vereinbarkeit nationalen Rechts mit dem EU-

---

berechtigten zuvor Gelegenheit zur schriftlichen Stellungnahme; *Karpenstein*, in: *Grabitz/Hilf/Nettesheim* (Hrsg.), Das Recht der Europäischen Union, 45. Erg.-Lfg. (2011), Art. 267, Rdnr. 91.

[376] Für Direktklagen Art. 44a VerfO-EuGH; s. *Hackspiel*, in: *Rengeling/Middeke/Gellermann*, § 25, Rdnr. 2.

[377] Der Rat stimmte dem gegenläufigen Vorschlag des EuG nicht zu; *Kirschner/Klüpfel*, Rdnr. 123; *Hackspiel*, in: *Rengeling/Middeke/Gellermann*, § 25, Rdnr. 2 (Fußn. 11); s. auch oben Fußn. 82.

[378] Die dreiwöchige Frist beginnt mit der Zustellung der eingereichten schriftlichen Erklärungen; Art. 104 § 4 S. 2 VerfO-EuGH. Zur Verkürzung der Monatsfrist im Jahr 2005 (und den weiteren Änderungen im Verfahrensrecht) *Wienhues/Horváth*, EWS 2006, 385 (387).

[379] *Hackspiel*, in: *Rengeling/Middeke/Gellermann*, § 25, Rdnr. 2; *Everling*, EuR-Beih 1/2009, 71 (72) spricht demgebenüber davon, im Regelfall könne von einer mündlichen Verhandlung abgesehen werden.

[380] *Everling*, EuR-Beih 1/2009, 71 (72).

[381] S. *Bork*, in: Festschr. f. Kerameus, 2009, S. 141 (142 f.), und zwar zum deutschen Recht (Art. 103 I GG).

[382] Videoaufnahmen (v.a. von der Urteilsverkündung) sind regelmäßig über Europe by Satellite (EbS) bzw. über die Internetseite dieses TV-Nachrichtendienstes der EU verfügbar.

[383] *Hackspiel*, in: *Rengeling/Middeke/Gellermann*, § 25, Rdnr. 14 f.

[384] *Berrisch*, EuZW 2011, 409 (410) kritisiert zudem, dass der EuGH keinen ausführlichen Sitzungsbericht mehr an die Parteien verschickt, der erst Gewissheit gebe, dass Sachverhalt und Argumente richtig verstanden wurden.

Recht[385]. Darum ist der Trend zum Verzicht auf diesen Verfahrensabschnitt und die Abschwächung des Mündlichkeitsprinzips wenig befriedigend. Eine bessere Chance auf die effektive Verwirklichung des rechtlichen Gehörs – die aber auch hinreichende prozessökonomische Vorteile bieten würde – bestünde, sofern auf die mündliche Verhandlung nur nach einvernehmlicher Erklärung der Parteien verzichtet werden könnte[386].

b) Verstärkter oder gänzlicher Verzicht auf Schlussanträge des Generalanwalts

Nur bis Anfang der Neunziger wurden die Schlussanträge mitsamt ihrer häufig umfangreichen Begründungen im Gerichtssaal vorgetragen[387]. Davon wurde im Interesse des Zeitgewinns Abstand genommen. Seit 1990 wird allein der Entscheidungsvorschlag verlesen[388], und zwar als Abschluss der mündlichen Verhandlung und unmittelbar bevor[389] der Spruchkörper in seine Beratungen eintritt[390]. Neben der Verkürzung der Redezeit der Rechtsvertreter[391] hat dies zu einer Straffung des mündlichen Verfahrens beigetragen[392].

Als weiterer Schritt verzichtete der Vertrag von Nizza[393] unter Verweis auf die Satzung des Gerichtshofs in einigen Fällen ganz auf die Schlussanträge des Generalanwaltes. Nach Art. 252 II AEUV i.V.m. Art. 20 V der Satzung kann der Gerichtshof, sofern eine Rechtssache keine neue Rechtsfrage aufwirft, nach Anhörung des Generalanwalts beschließen, ohne

---

[385] *Dauses*, in: *ders.*, EU-Wirtschaftsrecht, P. Gerichtsbarkeit der EU – Einführung, Rdnr. 255, Fußn. 12.

[386] Zum Fristablauf oben Fußn. 378.

[387] *Koopmans*, YEL 11 (1991), 15 (23) erblickt in dem Verlesen ein „strange ritual".

[388] *Gundel*, EuR-Beih 3/2008, 23 (36).

[389] Nach EGMR, NJW 2010, 3008 besteht kein Recht der Parteien auf eine Erwiderung nach den Schlussanträgen und das Recht auf ein faires Verfahren ist nicht verletzt. Zum Problem des rechtlichen Gehörs, das wegen der Möglichkeit der Wiedereröffnung der mündlichen Verhandlung nach Art. 61 VerfO-EuGH abzulehnen ist, s. auch *Marsch/Sanders*, EuR 2008, 345 ff. und den Vortrag *Kokott*, Anwältin des Rechts – Zur Rolle der Generalanwälte beim Europäischen Gerichtshof, 2006, S. 13 ff.

[390] Art. 20 IV Satzung des Gerichtshofs, Art. 59 § 1 VerfO-EuGH. Üblicherweise erstattet der Generalanwalt seine Schlussanträge ein paar Wochen (*Hackspiel*, in: *Rengeling/Middeke/Gellermann*, § 25, Rdnr. 13 nennt sechs Wochen) nach der Parteianhörung, während zwischenzeitlich die mündliche Verhandlung unterbrochen wird. S. ferner zur Verkündung des Urteils in öffentlicher Sitzung Art. 64 § 1 VerfO EuGH.

[391] Oben Fußn. 373; *Schwarze*, EuR 2009, 717 (723): „Eine weitere Beschränkung bzw. Straffung der mündlichen Verhandlung würde aber den grundlegenden Anspruch auf rechtliches Gehör nennenswert berühren. Die bewilligte übliche Redezeit ist ohnehin knapp bemessen und zwingt die Parteien zu einer erheblichen Konzentration".

[392] S. *Koopmans*, YEL 11 (1991), 15 (23).

[393] Durch Änderung des Art. 222 II EG, jetzt Art. 252 II AEUV.

Schlussanträge über die Sache zu entscheiden[394]. Davon wird überraschend häufig Gebrauch gemacht. Rund die Hälfte der EuGH-Urteile ergehen bereits ohne Schlussanträge[395]. Dies ist aus Gründen der Prozessökonomie zu begrüßen, denn angesichts der reichhaltigen Rechtsprechung des EuGH bedürfen viele Rechtssachen nicht der Stellungnahme seitens des Generalanwalts, der sich stattdessen auf die Verfahren konzentrieren kann, die für Fortentwicklung des Gemeinschaftsrechts bedeutsam sind[396].

Auf einem anderen Blatt steht, ob die Generalanwälte gänzlich abgeschafft werden sollten, etwa mit dem Argument, der berichterstattende Richter erfülle ohnehin viele seiner Aufgaben. Dagegen lässt sich mit der Funktion der *avocats généraux* argumentieren. Die Generalanwälte unterstützen den EU-Gerichtshof. Sie stellen in formell völliger Unparteilichkeit und Unabhängigkeit öffentlich begründete Schlussanträge zu den Rechtssachen[397]. Das für die Richter unverbindliche Votum des Generalanwaltes ist eine Besonderheit[398]: Zum einen kennen internationale Gerichte, wie etwa der EGMR und der IGH diese Institution nicht; zum anderen gibt eine eindeutig identifizierbare Person die Schlussanträge ab. Die Abschlussplädoyers spiegeln dabei nicht nur mit der Auswahl der zitierten Literatur[399] (teils mit dem Hauptgewicht auf bestimmte Sprachräume) die Herkunft, Biografie und Ausbildung des Generalanwalts wider, sondern tragen auch in der Argumentationsweise, der Länge und der Zitierhäufigkeit und im sonstigen Stil die persönliche Handschrift ihres Autors[400].

---

[394] Dazu etwa *Inghelram*, Il diritto dell'Unione europea 2007, S. 183 ff.

[395] Bezogen auf 2010. 52 % waren es im Jahr 2009 und 2008 rund 41 %. Die Angaben stammen, wie stets, aus dem Jahresbericht des Gerichtshofs. Auch *Broberg/Fenger*, S. 8, 402.

[396] *Wägenbaur*, Art. 20 Satzung EuGH, Rdnr. 15.

[397] Art. 252 II AEUV; zur Aufgabe etwa *Alber*, DRiZ 2006, 168 ff.; *Burrows/Greaves*, The Advocate General and EC Law, 2007, S. 4 ff.; *Sharpston*, in: *Arnull/Eeckhout/Tridimas* (Hrsg.), Continuity and Change in EU Law – Essays in Honour of Sir Francis Jacobs, 2008, S. 20 ff.; *Forwood*, in: *Arnull/Eeckhout/Tridimas* (Hrsg.), Continuity and Change in EU Law – Essays in Honour of Sir Francis Jacobs, 2008, S. 34 ff.; *Vaughan*, in: *Arnull/Eeckhout/Tridimas* (Hrsg.), Continuity and Change in EU Law – Essays in Honour of Sir Francis Jacobs, 2008, S. 48 ff.

[398] Zu dem nationalen Vorbild oben Fußn. 34.

[399] S. speziell für eine statistische Analyse der Zitierungen von Materialien aus Nicht-EU-Mitgliedstaaten (angeregt durch die weite Verbreitung solcher Untersuchungen für die US-Gerichte): *Peoples*, Syracuse J. Int'l L. & Com. 35 (2008), 219 ff. und *ders.*, YEL 28 (2009), 458 ff. Der Autor gelangt zu dem Ergebnis, dass die Berücksichtigung des US-Rechts überwiegt. Zuvor *Herzog*, Hastings Int'l & Comp. L. Rev. 21 (1998), 903 ff.; *Baudenbacher*, Tex. Int'l L.J. 38 (2003), 505 ff.

[400] *Gundel*, EuR-Beih 3/2008, 23 (34 f.).

Die Schlussanträge nehmen eine wichtige öffentliche Diskursfunktion wahr[401]. Für das Gericht[402], die Parteien und die Wissenschaft sind sie eine wertvolle Informationsquelle. Durch die Aufarbeitung von Rechtsprechung und die umfangreicheren Sacherwägungen leisten die *conclusions* eine bewährte Ergänzung zu den eher knappen *arrêts* des EuGH[403]. Zudem weist der Erste Generalanwalt, der für die Zuteilung zuständig ist[404], die Rechtssachen häufig an Generalanwälte, deren Mitgliedstaaten betroffen sind[405]. Anders als bei den Berichterstattern[406] wird das allgemein als unproblematisch eingestuft. Das ist überzeugend, denn die Vorteile liegen auf der Hand: Bei diesen Generalanwälten bestehen höhere Sachkenntnisse über das nationale Rechtssystem und geringere Gefahren durch Befangenheit, da die Schlussanträge – anders als im Fall von Urteilen – als persönliche Stellungnahmen abgegeben werden und Parteilichkeiten rasch zu Tage treten[407]. Insgesamt haben die Schlussanträge die Funktion eines institutionalisierten *amicus curiae*[408].

Allerdings bleibt im Einzelfall wegen fehlendem oder nur pauschalem Verweis des Gerichtshofs häufig unklar, inwieweit die Schlussanträge maßgeblich für die Rechtsfindung der Richter waren[409], d.h. ob und gegebenenfalls inwieweit das Urteil und ihre nicht mitgeteilten Erwägungen mit der Würdigung des Generalanwalts übereinstimmen. Es wird geschätzt, dass der EuGH in 75 bis über 80 % der Fälle den Schlussanträgen folgt[410].

---

[401] *Lasser*, Judicial Deliberations – A Comparative Analysis of Judicial Transparency and Legitimacy, 2004, S. 16: „[W]hat characterizes and distinguishes ECJ argumentation is the *public* bifurcation of the Court's discourse. Unlike the French judicial system, which publishes only the formal judicial syllogisms of its official judicial decisions, the ECJ publishes multiple judicial and quasi-judicial documents, including the official decision, the Opinion of the Advocate General, and (at least until recently) the Report of the Reporting Judge." Das Buch ist besprochen von *Rösler*, ICLQ 55 (2006), 774 ff.

[402] *Micklitz*, The Politics of Judicial Co-operation, S. 447: „a catalyst between the national courts and the ECJ".

[403] *Mann*, The Function of Judicial Decision in European Economic Integration, 1972, S. 363 spricht von „functional unity" zwischen Schlussanträgen und Urteil.

[404] Art. 10 § 2 VerfO-EuGH.

[405] *Schima*, S. 146.

[406] Bereits 2. Teil § 5 I.

[407] *Schima*, S. 146.

[408] *Borgsmidt*, EuR 1987, 162 (173); *Henninger*, Europäisches Privatrecht und Methode – Entwurf einer rechtsvergleichend gewonnenen juristischen Methodenlehre, 2009, S. 272; *Lasser*, Judicial Deliberations, S. 47, 128.

[409] Vgl. *Gaissert*, Der Generalanwalt – eine unabdingbare Institution am Gerichtshof der Europäischen Gemeinschaften?: Zum Divergieren von Votum und Urteil in der Rechtsfindung des Europäischen Gerichtshofes, 1987.

[410] S. *Gundel*, EuR-Beih 3/2008, 23 (36) m. w. Nachw., der kritisch anmerkt, die Übereinstimmung sei „auch dadurch erklärlich, dass in den allermeisten Fällen der Lösungsvorschlag auf einer Extrapolation der bisherigen Rechtsprechung beruht. Hier-

Damit nehmen die Schlussanträge eine wichtige Rolle bei der internen Willensbildung des Gerichtshofs ein.

In manchen prominenten Rechtssachen standen sich die Positionen sogar diametral entgegen[411]; so etwa zur Frage der Zulässigkeit von Vorabentscheidungsersuchen in den Fällen überschießender Umsetzung von Unionsrecht[412] oder zur vom EuGH verneinten horizontalen Direktwirkung von Richtlinien[413]. Die Schlussanträge erhalten somit auch eine Innovationsfunktion. Der Generalanwalt hat sich als erfolgreiche Institution etabliert, die neue Argumente und Wege aufzeigt[414]. Diese Gründe sprechen für eine Beibehaltung des Generalanwalts, auch wenn seine Ausführungen bei weniger wichtigen Fällen in der Tat nicht mehr erforderlich sind.

Vor den beiden Osterweiterungen standen fünfzehn Richtern am EuGH neun Generalanwälte gegenüber; derzeit ist das Verhältnis siebenundzwanzig zu neun. Diese Proportion ist nicht ideal. Die Anzahl der Generalanwälte kann auf Antrag des EU-Gerichtshofs durch einstimmigen Beschluss des Rates erhöht werden (Art. 252 I S. 2 AEUV). Auf Drängen Polens kam die Regierungskonferenz in Lissabon begrüßenswerterweise[415] überein[416], dass die Größe Polens zu berücksichtigen ist. Kommt es zu einer Erhöhung der Zahl der Generalanwälte von acht auf elf, wird Polen einen ständigen Generalanwalt stellen, so wie dies bereits für Deutschland, Frankreich, Italien, Spanien und Großbritannien[417] der Fall ist. Damit würde Polen aus

---

durch wird überdeckt, dass gerade in kontroversen Fragen auch diametral entgegengesetzte Lösungen nicht selten sind." Vgl. weiter *Ritter*, Colum. J. Eur. L. 12 (2006), 751 ff.

[411] Bereits die abweichende Meinung von Generalanwalt *Colomer* zur *C.I.L.F.I.T.*-Rechtsprechung oben Fußn. 283.

[412] S. etwa Generalanwalt *Darmon* in seinen Schlussanträgen zu EuGH, verb. Rs. C-297/88 und C-197/89, Slg. 1990, I-3763, Rdnr. 8 – *Dzodzi/Belgien* sowie Generalanwalt *Jacobs* zu EuGH, Rs. C-28/95, Slg. 1997, I-4161 – *Leur-Bloem* und zu EuGH, Rs. C-306/99, Slg. 2003, I-1 – *BAIO*, die allesamt auf das nationale Recht verwiesen.

[413] S. EuGH, Rs. C-91/92, Slg. 1994, I-3325 – *Paola Faccini Dori/Recreb Srl*, wonach ein Bürger, dem durch eine nicht fristgemäße Umsetzung einer ihm Rechte gewährenden EU-Richtlinie einen Schaden erleidet, dies nicht in einem Zivilprozess, d.h. gegenüber der gegnerischen Partei geltend machen kann. Ihm ist allerdings ein Staatshaftungsanspruch nach *Francovich*-Grundsätzen eröffnet; dazu *Herber*, ZEuP 1996, 117 ff.

[414] Für eine Beibehaltung auch *Schiemann*, in: *Arnull/Eeckhout/Tridimas*, S. 3 (14 f.); wegen der Bedeutung für Kohärenz und Transparenz der Rechtsprechung ebenso *Streinz/Leible*, EWS 2001, 1 (8).

[415] So auch *Thiele*, EuR 2010, 30 (32); *Dougan*, CML Rev. 45 (2008), 617 (673).

[416] Erklärung zu Artikel 252 des Vertrags über die Arbeitsweise der Europäischen Union zur Zahl der Generalanwälte des Gerichtshofs, ABl.EU 2010 Nr. C 83, S. 350; *Hatje/Klindt*, NJW 2008, 1761 (1767).

[417] Diese fünf Staaten stellen jeweils einen Generalanwalt, während die restlichen Staaten rotieren; *Schiemann*, in: *Arnull/Eeckhout/Tridimas*, S. 3 (14).

dem Rotationssystem ausscheiden, das derzeit drei und dann (d.h. bei einer Erhöhung auf elf) fünf Generalanwälte betrifft. Zugleich würde die Wartezeit der kleineren Staaten von 38 auf 24 Jahre verringert[418].

Angesichts des gegenwärtigen Ungleichgewichts zwischen den 27 Richtern und den acht Generalanwälten[419] ist eine Antragstellung des EU-Gerichtshofs auf Erhöhung der *avocats généraux* nicht unwahrscheinlich[420]. Langfristig wäre es sinnvoll, im Primärrecht die halbe Anzahl der EuGH-Richter festzulegen[421], was auch die Beteiligung der kleineren Staaten verbesserte. Im Fall der weiteren Stärkung des EuG sollten dort ebenfalls Generalanwälte zum Einsatz kommen[422].

6. Größe und Zusammensetzung der Richterbank

Die Zahl der jährlich zu bewältigenden Rechtssachen bei EuGH und EuG ließe sich durch Einzelrichterentscheidung beträchtlich steigern. Daher stellt sich die Frage, inwieweit dies einen gangbaren Weg zur Reduzierung der Verfahrenslast darstellt. Oben im 2. Teil wurde bereits im Zusammenhang mit der Spruchkörperbesetzung der Übergang zum kontinentaleuropäischen Modell und die Verabschiedung vom Repräsentationsgedanken in der Rechtssache behandelt, denn die Beschlussfassung bei EuGH und EuG erfolgt heute ganz überwiegend in Kammern mit drei und fünf Richtern[423]. Dem EuG[424] ist seit 1999[425] unter äußerst restriktiv[426] gefassten Voraussetzungen sogar eröffnet, einem Einzelrichter die Streitentscheidung zu übertragen[427]. Möglich ist dies bei bestimmten, in der Verfahrensordnung auf-

---

[418] *Barents*, CML Rev. 47 (2010), 709 (712).

[419] *Hakenberg/Schilhan*, ZfRV 2008, 104 (107 f.).

[420] Ebenfalls *Thiele*, EuR 2010, 30 (32, Fußn. 14).

[421] In den Diskussionen des Europäischen Konvents, der den Entwurf eines Vertrages über eine Verfassung für Europa erarbeitet hat, wurden auch 16 Generalanwälte erörtert; *Barents*, CML Rev. 47 (2010), 709 (712); s. weiter den entsprechenden Arbeitskreis des Konvents („Arbeitskreis betreffend den Gerichtshof") http://european-convention.eu. int/doc_CIRCLE.asp?lang=DE.

[422] *Due*-Report, Beilage zu NJW H. 19/2000 und EuZW H. 9/2000, 14; s. bereits Art. 49 Satzung des Gerichtshofs.

[423] Oben 2. Teil § 7 II 2.

[424] Die Möglichkeit der Verweisung an einen Einzelrichter besteht auch beim EuGÖD, Art. 4 II Anhang Satzung des Gerichtshofs und Art. 14 VerfO-EuGöD.

[425] Beschluss 1999/291/EG, EGKS, Euratom des Rates vom 26.4.1999; ABl.EG 1999 Nr. L 114, S. 52. Dazu *Obwexer*, ecolex 1999, 664 ff. Zudem schlägt der *Due*-Report, Beilage zu NJW H. 19/2000 und EuZW H. 9/2000, 14 eine Erweiterung auf Bereiche vor, in denen bereits eine ständige Rechtsprechung besteht.

[426] So auch *Wägenbaur*, Art. 14 VerfO EuG, Rdnr. 5.

[427] Art. 11 § 1, 14 § 2, 51 § 2 VerfO-EuG; s. zur Möglichkeit für den Berichterstatter des Gerichts, als Einzelrichter zu entscheiden restriktiv EuGH, Rs. C-171/00 P, Slg. 2002, I-451, Rdnr. 20 ff. – *Libéros/Kommission*.

geführten Rechtssachen, die einfach sind oder geringere Bedeutung aufweisen. Damit stellt sich die Frage, ob die entscheidungsgerichtliche Formation des Einzelrichters einen zukunftsweisenden Trend darstellt.

Das ist zu verneinen. Vom aufgelockerten Kollegialprinzip, wie es beim EuGH vorherrscht, weicht auch die Praxis des EuG nur in wenigen Fällen gänzlich ab: Einzelrichter entschieden im Gerichtsjahr 2010 nur in drei Fällen, das macht 0,57 % der 527 Rechtssachen aus[428]. Auf breiterer Basis ist die Einzelrichterentscheidung bei einem supranationalen Gericht kritikwürdig. Wäre man geneigt, diesen Ansatz als allgemeine Lösung zur Überlastung heranzuziehen, drohte in der jeweiligen Sache die Gefahr einer zu starken Prägung durch die mitgliedstaatliche Rechtsordnung des maßgeblichen Richters. Zudem könnten Vermutungen von Parteilichkeit zu entsprechenden Legitimitätsdefiziten beitragen.

Das mag in sehr europäisierten Rechtsbereichen schon recht bald anders zu bewerten sein[429]. Doch derweil bestünde bei breiterer Verweisung an einen Einzelrichter gelegentlich durchaus die Gefahr einer Renationalisierung der fallbezogenen Rechtsfindung, schließlich wäre das nationale Vorverständnis des Einzelrichters nicht durch Kollegen ausgeglichen[430]. Freilich ist diese Frage im Fluss. Auf die richterliche Zusammensetzung gerade des EuG wird noch unten in diesem Teil näher eingegangen[431].

III. Weitergehende Zugangsbeschränkungen

Während vorstehend diejenigen Reformvorschläge erörtert wurden, die allgemein als weniger eingriffsintensiv eingestuft werden (auch wenn dies bei genauer Sicht nicht immer zutrifft), behandelt folgender Abschnitt vor allem die Einführung weiterreichender Maßnahmen zur Zugangsbeschränkung. Nicht zu verwechseln ist dies mit der dargestellten Rechtsprechung zur Zulässigkeit von Vorabentscheidungsersuchen[432], die sich nicht als befürchtete Einführung eines *certiorari*-Verfahrens[433] erwiesen hat, schließlich lehnt der EuGH eine Vorlage verhältnismäßig selten ab[434]. Die Errichtung von Zugangsbeschränkungen beim Vorlageverfahren ist auch deswegen besonders umstritten, weil hiermit nicht nur das dialogische Grundmodell – wie es für die Europäische Gerichtsbarkeit charakteristisch

---

[428] Des Weiteren: Kammern mit drei Richtern: 80,27 %, Präsident des Gerichts: 10,25 %, Rechtsmittelkammer: 7,02 %, Kammern mit fünf Richtern: 1,52 % und Große Kammer: 0,38 %.

[429] Vgl. auch zum *Due*-Report oben Fußn. 425.

[430] *Gundel*, EuR-Beih 3/2008, 23 (30).

[431] Unten 3. Teil § 2 IV 6.

[432] Oben Fußn. 233 ff.

[433] *Kennedy*, E.L. Rev. 18 (1993), 121 ff.

[434] S. *Tridimas*, CML Rev. 40 (2003), 9 (22 f.) m. w. Nachw.

ist – betroffen wäre, sondern auch eine Machtverschiebung zwischen den EU- und nationalen Gerichten sowie insgesamt eine Neugewichtung der *agency*-Verhältnisse stattfände[435]. Zudem wäre vielfach auch eine Stärkung der obersten nationalen Zivilgerichte gegenüber den unteren Gerichtsinstanzen bewirkt.

1. Vorgeschaltete Filter beim Vorlageverfahren

Wie dargelegt verfügt die EU-Gerichtsbarkeit bereits über Filter bei der Rechtsmitteleinlegung[436]. Eine andere Frage ist dagegen, ob beim Vorabentscheidungsverfahren ein zugangsbeschränkender Filter eingebaut werden soll. Nach geltendem Recht verfügt der EU-Gerichtshof grundsätzlich über keine Befugnisse zur Kontrolle seiner eigenen Verfahrenslast[437]. Ein Filter würde es dem EU-Gerichtshof dagegen gestatten, die entscheidungsgeeigneten Fälle selbst auszuwählen.

a) Annahmeverfahren (certiorari) beim U.S. Supreme Court

Nach dem Vorbild des *certiorari*-Verfahrens für Rechtsmittelsachen des U.S. Supreme Court wäre die Schaffung eines vorgeschalteten Annahmeverfahrens denkbar[438]. Dort führte das Gesetz aus dem Jahre 1925 zur Begrenzung der Geschäftslast eine *docket control* ein, d.h. eine Kontrolle der Prozessliste mit weitgefasstem richterlichen Ermessen[439]. Die Aus-

---

[435] *Tridimas*, CML Rev. 40 (2003), 9 (17); zum *agency*-Modell bereits im 2. Teil § 2 I 2 b) aa).

[436] Oben 4. Teil § 1 II 3.

[437] Unterstrichen etwa von *Edward*, E.L. Rev. 19 (1995), 539 (540).

[438] In Deutschland sind Zugangsbeschränkungen v.a. bei Verfassungsbeschwerden erörtert worden. Nach § 93a BVerfGG müssen nämlich Verfassungsbeschwerden zur Entscheidung angenommen werden, soweit ihnen grundsätzliche verfassungsrechtliche Bedeutung zukommt oder die Annahme zur Durchsetzung der Grundrechte oder grundrechtsgleichen Rechte angezeigt ist. Näher zur Grundsatz- und Durchsetzungsannahme *Benda/Klein/Klein*, Verfassungsprozessrecht, 3. Aufl. (2012), § 19, Rdnr. 448 ff. Gegen eine *certiorari*-Beschränkung wird zu Recht vorgebracht, das entspreche nicht der subjektiven Schutzfunktion der Verfassungsbeschwerde und der Funktion des BVerfG als „Bürgergericht"; so *Häberle*, JöR 49 (1997), 89 (114) und *Graf Vitzthum*, JöR 53 (2005), 319 (331). Für die Übernahme des *certiorari*-Verfahrens etwa *Wieland*, Der Staat 29 (1990), 333 ff. und *Wahl/Wieland*, JZ 1996, 1137 ff.; *Bundesministerium der Justiz* (Hrsg.), Entlastung des Bundesverfassungsgerichts – Bericht der Kommission, 1998, S. 15 f., 32 ff. Zu beachten ist ferner, dass der Supreme Court – wie der EU-Gerichtshof – auch für Fragen der ordentlichen Gerichtsbarkeit zuständig ist. S. zur Missbrauchsgebühr nach § 34 II BVerfGG *Winker*, Die Missbrauchsgebühr im Prozessrecht, 2011.

[439] Judiciary Act 1925. Dazu etwa *Fallon/Manning/Meltzer/Shapiro*, Hart and Wechsler's The Federal Courts and the Federal System, 6. Aufl. (2009), S. 1448 ff.; *Posner*, The Federal Courts – Challenge and Reform, 1996, S. 5, 82 f.

wahlbefugnis wurde sowohl durch den erreichten materiellrechtlichen Stand als auch durch eine dreistufige Bundesgerichtsbarkeit ermöglicht. Auf Grundlage von Art. III U.S. Const. und dem ersten Judiciary Act 1789[440] waren untere Bundesgerichte geschaffen und später ausgebaut worden[441]. Heute verfügt der Bund über 94 District Courts als erstinstanzliche Gerichte und 13 Circuit Courts of Appeals[442].

Die Existenz des *certiorari*-Verfahrens ist in den USA allgemein akzeptiert[443]. Lob finden die erheblichen inhaltlichen Anforderungen an die Verfahrensbeteiligten. Hervorgehoben wird zudem die wegen verringerter Geschäftslast erhöhte Qualität der Urteile[444]. Mit den *certiorari*-Verfahren gelangen nur die wichtigen Fälle zum Obersten Gerichtshof. Er kann im Wege des „deciding to decide" ein „agenda setting" betreiben[445]. Nachteilig sind bei diesem Verfahrensschritt allerdings die häufig recht schwer vorhersehbaren subjektiven Auswahlentscheidungen[446]. Kritisiert wird der kanalisierende Einfluss der *law clerks* (parallel zur Diskussion um den Einfluss der *référendaires* auf die Urteile des EU-Gerichtshofs)[447], ohne

---

[440] Interessanterweise habe sich die „Framers" der US-Verfassung vom schottischen Gerichtssystem inspirieren lassen. Dazu *Pfander/Birk*, Harv. L. Rev. 124 (2011), 1613 (1614): „Unlike the English system of overlapping and primarily original jurisdiction, the Scottish judiciary featured a hierarchical, appellate-style judiciary, with one supreme civil court sitting at the top and an array of inferior courts of original jurisdiction below. What is more, the Scottish judiciary operated within a constitutional framework – the so-called Acts of Union that combined England and Scotland into Great Britain in 1707 – that protected the role of their supreme court from legislative remodeling".

[441] Der Evarts Act 1891 räumte dem Supreme Court erstmals ein Auswahlermessen ein, und zwar als Reaktion auf die Einführung der Circuit Courts of Appeals als zweiter Gerichtsstufe. *Frankfurter/Landis*, The Business of the Supreme Court, 1928, S. 93 ff.

[442] Zu Aufbau und Zuständigkeit der US-Gerichtsbarkeit in deutscher Sprache *Hay*, US-amerikanisches Recht – Ein Studienbuch, 5. Aufl. (2011), Rdnr. 106 ff.; *Schack*, Rdnr. 5 ff.; *Halberstam*, RabelsZ 66 (2002), 216 (218 ff.); *Böhm*, Amerikanisches Zivilprozessrecht, 2005, Rdnr. 141 ff.

[443] *Slynn*-Report (*British Institute of International and Comparative Law* [Hrsg.], The Role and Future of the European Court of Justice), S. 117: „in the jurisdictions which have introduced the principle of selection, the global results have been found to be satisfactory and, whatever particular criticisms there are, do not call into question the principle of selection"; s. für einen Vergleich mit den USA aaO, S. 98 ff.

[444] Vgl. *Heffernan*, ICLQ 52 (2003), 907 (920).

[445] *Perry*, Deciding to Decide: Agenda Setting in the United States Supreme Court, 1991.

[446] *Rehnquist*, The Supreme Court – How It Was, How It Is, 1987/2002, S. 165: „Whether or not to grant certiorari strikes me as a rather subjective decision, made up in part of intuition and in part of legal judgment." *Heffernan*, ICLQ 52 (2003), 907 (923, Fußn. 60): „If the Court of Justice has too little flexibility, the Supreme Court is said to have too much".

[447] Für einen Vergleich *Kenney*, Comparative Political Studies 33 (2000), 593 ff.

die das Sichten Tausender *petitions*[448] nicht zu bewältigen wäre[449]. Im Gegenzug sind die Urteile länger und ausführlicher als die Entscheidungen der EU-Gerichte. Das liegt auch daran, dass sie den Fall häufig selbst entscheiden und nicht nur auf abstrakte Rechtsfragen eingehen.

Das Verfahren beginnt mit einem Antrag der in einem Prozess vor einem unteren Gericht – etwa einem Appellationsgericht auf Bundesebene oder einem einzelstaatlichen Supreme Court – unterlegenen Partei. Der Oberste Gerichtshof gewährt ein *writ of certiorari*[450], wenn nach überblicksweiser Würdigung der „certworthiness" sich vier der neun Richter dafür aussprechen. Mit dieser „rule of four" wird von dem sonst üblichen Mehrheitsentscheid abgewichen.

Nach Supreme Court Rule 10 über die „considerations governing review on writ of certiorari" stehen die Gesichtspunkte von Rechtsvereinheitlichung und Rechtssicherheit im Vordergrund. In der Rule heißt es „Review on a writ of certiorari is not a matter of right, but of judicial discretion. A petition for a writ of certiorari will be granted only for compelling reasons." Zu diesen zwingenden Gründen, die Rule 10 recht allgemein aufzählt, gehören in erster Linie unterschiedliche Rechts- und (selten) Tatsachenauffassungen bei den unteren Gerichten. Der Konflikt muss aktuell, zur gleichen Sachangelegenheit sowie in Bedeutung und Umfang ernst sein[451], wobei eine nahende Lösung durch den Gesetzgeber der Gewährung eines *certiorari* entgegenstehen kann[452]. Daneben kommt ein *certiorari* im Fall wichtiger bundesstaatlicher Rechtsfragen in Betracht, die vom Supreme Court noch nicht behandelt wurden. Sie betreffen besonders häufig die Verfassungsmäßigkeit von Gesetzen[453].

Damit stehen beim Obersten Gerichtshof der Vereinigten Staaten das öffentliche Interesse und vor allem die Rechtseinheit im Vordergrund; der individuelle Rechtsschutz und die Herstellung von Einzelfallgerechtigkeit sind gerade nicht seine Aufgabe[454]. Heute wird – bei steigendem Ge-

---

[448] Im „2009 Term" waren das 8131 und im „2010 Term" 7868 Fälle; *The Supreme Court*, Harv. L. Rev. 124 (2010), 411 (418) bzw. Harv. L. Rev. 125 (2011), 362 (369).

[449] *Ward/Weiden*, Sorcerers' Apprentices – 100 Years of Law Clerks at the United States Supreme Court, 2006, S. 109 ff.

[450] S. zum „writ of certiorari", also der Bitte um Übersendung der Akten, v.a. 28 U.S.C. §§ 1254 und 1257 sowie die Supreme Court Rules 10 ff.

[451] Teils wird davon gesprochen, der Konflikt müsse untolerierbar sein, s. *Baker*, Cath. U.L. Rev. 33 (1984), 611 (617).

[452] *Heffernan*, ICLQ 52 (2003), 907 (922).

[453] *Gressman/Geller/Shapiro/Bishop/Hartnett*, Supreme Court Practice, 9. Aufl. (2007), S. 72 ff. (das Buch ist als *der* Klassiker für Praktiker unter „Stern and Gressman" bekannt).

[454] S. bereits das Zitat von Chief Justice *Hughes* vor Fußnotenzeichen 362; weiter *Schack*, Rdnr. 7, 174; *Currie*, in: *Bogs* (Hrsg.), Urteilsverfassungsbeschwerde zum Bundesverfassungsgericht, 1999, S. 39 (43 f.).

schäftseingang – weniger als einem Prozent der „cert. petitions" statt-
gegeben[455]. So wurden für den „2010 Term", das im Juni 2011 endete, von
7868 Fällen 90 angenommen, das macht 1,1 %[456]. Zugleich macht dies
deutlich, dass eine Ablehnung des Antrags auf *certiorari* keine sachliche
Bestätigung des ergangenen Urteils darstellt und ohne Präzedenzwirkung
bleibt[457]. Der Supreme Court nimmt nämlich nur so viele Revisionen an,
wie er binnen Jahresfrist entscheiden kann[458].

b) Vorschläge für den EU-Gerichtshof

Ein davon inspiriertes Rezept gegen die Überlastung des EuGH wäre die
Einführung eines Filterungssystems für Auslegungsfragen (nicht dagegen
für Gültigkeitsfragen)[459] basierend auf der Bedeutung der Rechtssache oder
bei ernsthaften Zweifeln über die Auslegung des Unionsrechts[460]. Wegen
der im 2. Teil dieses Buches dargestellten Arbeitslast an den Europäischen
Gerichten und insbesondere der Bearbeitungslänge bei Vorabentscheidungsverfahren stellt sich also die Frage, ob und gegebenenfalls mit welchen Modalitäten ein Auswahlermessen eingeführt werden sollte. Das
Reflexionspapier des EuGH hat auf längere Sicht (und im Gegensatz zum
Due-Report)[461] die Einführung einer „filtrage" angeregt. Danach wäre es
dem Gerichtshof gestattet, unter den vorgelegten Fragen diejenigen auszu-

---

[455] Die jährlichen Statistiken finden sich im Harv. L. Rev.; *Thompson/Wachtell*, Geo.
Mason L. Rev. 16 (2009), 239 (241, 246) mit einer eingehenden Untersuchung über die
„certiorari politics". Zum starken Rückgang der Annahmen *Posner*, S. 122; *Friedenthal/
Miller/Sexton/Hershkoff*, S. 1246; kurz zu der Reduktion *Halberstam*, RabelsZ 66 (2002),
216 (244). S. für alte Daten *Fallon/Manning/Meltzer/Shapiro*, S. 46 ff.

[456] *The Supreme Court*, Harv. L. Rev. 125 (2011), 362 (369). Für das „2009 Term"
waren es mit 77 von 8131 Fällen 0,9 %; *The Supreme Court*, Harv. L. Rev. 124 (2010),
411 (418).

[457] *Brown v. Allen*, 344 U.S. 443 (542 f.) (1953); *Halberstam*, RabelsZ 66 (2002), 216
(228).

[458] 2. Teil § 2 I 2 a) dd).

[459] Wegen des Verwerfungsmonopols des EuGH; so auch *Ottaviano*, S. 89.

[460] Für ein Filtersystem *Kennedy*, E.L. Rev. 18 (1993), 121 ff.; *Rasmussen*, in:
Andenæs (Hrsg.), Article 177 References to the European Court – Policy and Practice,
1994, S. 83; s. auch *ders.*, CML Rev. 37 (2000), 1071 ff.; *Biondi*, EPL 6 (2000), 311
(313); *Lindh*, in: *Dashwood/Johnston* (Hrsg.), The Future of the Judicial System of the
European Union, 2001, S. 13; *Streinz/Leible*, EWS 2001, 1 (10); s. weiter *Heffernan*,
Irish Jurist 34 (1999), 148 ff.; *dies.*, ICLQ 52 (2003), 907 (933): der Vorschlag sei nicht
völlig von der Hand zu weisen.

[461] *Due*-Report, Beilage zu NJW H. 19/2000 und EuZW H. 9/2000, 8; zuvor bereits
ablehnend der *Slynn*-Report (*British Institute of International and Comparative Law*
[Hrsg.], The Role and Future of the European Court of Justice), S. 118 f.

wählen, die er beispielsweise wegen Neuartigkeit, Komplexität oder Bedeutung entscheiden muss[462].

Die Vorteile – auch vor dem Hintergrund der US-amerikanischen Praxis – liegen auf der Hand. Der EU-Gerichtshof könnte sich unter Verringerung seiner Arbeitslast auf die wichtigen Fälle konzentrieren[463]. Damit würde auch eine Verbesserung und Vertiefung der Argumentation einhergehen, schließlich könnte der EU-Gerichtshof seine Ressourcen auf weniger Rechtssachen fokussieren. Der Gerichtshof wäre zum einen in die Lage versetzt, eine föderale Vision in explizitem Ausmaß zu entwickeln, da er nicht mehr allein von den „Zufälligkeiten" der Vorlagen abhinge[464]. Zum anderen könnte er die Urteile zu den einzelnen Sachgebieten wie dem Privatrecht umfassender und besser vorbereiten und begründen.

c) Bedenken

Ein Auswahlermessen hätte allerdings gravierende Schattenseiten. Zwar wird vorgebracht, ein Auswahlrecht wäre einfach, wirksam und kostengünstig[465]. Das muss aber bezweifelt werden. Die Auslese der Verfahren wäre alles andere als einfach, vermögen sich doch hinter einfachen Sachverhalten komplexe Unionsrechtsfragen verbergen, während umgekehrt komplexe Sachverhalte einfache Unionsrechtsfragen beinhalten können. Streitwertgrenzen ergeben auch hier wenig Sinn[466]. Besonders deutlich wird das bei *Costa/E.N.E.L.*, bei dem es um einen Rechtsstreit zwischen der E.N.E.L. und einem Rechtsanwalt *Costa* vor dem Friedensgericht Mailand ging; dem lag ein Verfahren um eine Stromrechnung i.H.v. 1925 Lire zugrunde, das sind weniger als 2 €[467].

Auf die Auswahl der Verfahren wären also hinreichende Ressourcen zu verwenden. Entscheidender ist allerdings: Viele Richter würden von einer Vorlage gänzlich Abstand nehmen, sofern sie davon ausgehen, ihr

---

[462] Reflexionspapier des EuGH, EuZW 1999, 750 (754).

[463] *Costello*, Dublin University Law Journal 21 (1999), 40 (62).

[464] Darauf weist im vorliegenden Kontext (und unter dem Gesichtspunkt des „judicial activism") *Keeling*, in: Scritti in onore di Giuseppe Federico Mancini, Bd. II, 1998, S. 505 (531 f.) hin. Er unterstreicht aber auf S. 535, es gebe keine geheime föderale Agenda des EuGH.

[465] *Due*-Report, Beilage zu NJW H. 19/2000 und EuZW H. 9/2000, 8, der aber einen Filter wegen der Zerstörung des Dialogs klar ablehnt.

[466] So verzichtet das neue deutsche Revisionsrecht nach §§ 542 ff. ZPO zutreffenderweise (s. Begründung des Regierungsentwurfs zur ZPO-Reform 2001/2002, BT-Dr 14/4722, S. 61) auf Streitwertgrenzen, so dass seit 2002 die allgemeine Zulassungsrevision (§ 543 ZPO) mit Nichtzulassungsbeschwerde (§ 544 ZPO) gilt; zustimmend auch *Bork*, RabelsZ 66 (2002), 327 (343).

[467] S. EuGH, Rs. 6/64, Slg. 1964, 1259; vgl. *Haltern*, Europarecht – Dogmatik im Kontext, Rdnr. 389.

(schließlich recht zeitaufwändig anzufertigendes) Ersuchen um eine Antwort werde vom EU-Gerichtshof ablehnend beschieden[468]. Auf diesem Wege würde sich die Geschäftslast indirekt durch die vorgelagerte Auswahl von Entscheidungen verringern. Gerade die Abschreckungswirkung, also der *chilling effect*, auf die Vorlagefreudigkeit durch eine potenzielle Abwehr von Vorlagen ist nicht zu unterschätzen[469]. Mit einer weitergehenden Zurückhaltung der nationalen Richterschaft gegenüber Vorlagen wäre die Diskursfunktion des Vorabentscheidungsverfahrens untergraben und die Einheit des Unionsrechts gefährdet: Erstens kämen potenziell wichtige Verfahren nicht zum EU-Gerichtshof. Zweitens könnte ein Nationalgericht bei abgelehnter Antwort eine unzutreffende Auslegung des Unionsrechts vornehmen oder gar von ihr Abstand nehmen[470].

Insbesondere mit den letzten Beitrittsrunden sind der Europäischen Gerichtsbarkeit neue Aufgaben des Vertrauens- und Dialogaufbaus zugewachsen. Begegnen ließe sich dem temporären Problem durch eine Übergangsfrist, in der die eigene Fallauswahl der europäischen Gerichte zugunsten neuer Mitgliedstaaten unterbliebe[471]. Auch eingedenk der im 2. Teil beschriebenen Asymmetrie zwischen alten und neuen Mitgliedstaaten wäre folgende Übergangslösung vorstellbar, bis das Kooperationsverhältnis durch das besagte Auswahlverfahren gänzlich aufgekündigt[472] sein würde: Die Gerichte neuer Mitgliedstaaten könnten zehn oder fünfzehn Jahre nach Beitritt – d.h. bis sich der Kenntnisstand und die Vorlagefreudigkeit dem der älteren Mitgliedstaaten angeglichen hätte – vollständig und automatisch zugangsberechtigt sein.

Die Abschreckungswirkung bestünde allerdings im Fall der Übergangslösung bei den übrigen Mitgliedstaaten fort. Zudem könnte die Europäische Gerichtsbarkeit unbequemen Entscheidungen durch Ablehnung

---

[468] *Craig/de Búrca*, S. 479; *Voss*, CML Rev. 33 (1996), 1119 f. spricht von Bevormundung der nationalen Richter.

[469] *Darmon*, CDE 1995, 577 (580 f.); *Turner/Muñoz*, YEL 19 (2000), 1 (66); *Rösler*, ZRP 2000, 52 (55); *Schwarze*, DVBl. 2002, 1297 (1311); s. weiter *Hirsch*, ZRP 2000, 57 (59): dem Kooperationsgedanken wäre diametral zuwidergelaufen; auch *Tridimas*, CML Rev. 40 (2003), 9 (18): der Dialog könnte sich zu einem Monolog wandeln. Die *Bundesrechtsanwaltskammer*, BRAK-Mitt. 2000, 292 (295) verweist im vorliegenden Zusammenhang auch auf die restriktive Handhabung der (anders gelagerten) Richtervorlagen seitens des BVerfG hin, die Richtervorlagen stark abschrecke. Gegen die These vom *chilling effect* spricht sich *Ottaviano*, S. 81 aus.

[470] Vgl. die hier durch englischrechtliche Prozessvorstellungen geprägten *Craig/de Búrca*, S. 479: „The national court could [...] decline to decide the EU point, the effect being that the party who sought to rely on the EU point would be unable to do so, and the case would be decided on the assumption that this point was unproven".

[471] *Heffernan*, ICLQ 52 (2003), 907 (931).

[472] S. *Ottaviano*, S. 90.

eines *certiorari* ausweichen[473]. Das ginge zulasten der Rechtssicherheit und Entfaltung des Unionsrechts. Des Weiteren würden für die Entwicklung der europäischen Rechtsordnung wichtige Rechtssachen den Gerichtshof nicht mehr erreichen. Das wäre gerade bei höheren Gerichten, zu denen (nur) mutmaßlich wichtigere Fälle gelangen, bedauerlich. Darum könnte man vom Auswahlrecht diejenigen Rechtssachen ausnehmen, bei denen das nationale Gericht nach Maßgabe von Art. 267 III AEUV vorlegen muss[474]. Jedoch mögen unterinstanzliche Gerichte eine sinnvolle Vorlage unterlassen, weil sie sich zur zweiten Garde degradiert ansehen könnten[475]. Damit wäre der durch das Vorabentscheidungsverfahren institutionalisierte Dialog zwischen dem EU-Gerichtshof und den nationalen Gerichten nachhaltig gestört.

Zudem wüsste die Europäische Gerichtsbarkeit im Fall der Zugangsablehnung nicht, wie das nationale Gericht letztlich entschiede. Dem ließe sich durch eine Kombination mit dem bereits oben diskutierten „green" oder „red light approach"[476] begegnen[477]. Danach fügten die vorlegenden Gerichte ihren Fragen einen Entscheidungsvorschlag bei, so dass sie zu einer stärker inhaltlichen Beteiligung aufgerufen wären, die im Gegenzug den EU-Gerichtshof entlasten könnte. Auf dieser Grundlage würde es dem EU-Gerichtshof leichter fallen, die relevanten Fälle herauszupicken. Wie bereits erwähnt, hat der EuGH genau dies als Ausgleich für die Schaffung eines Filters angeregt[478]. Gut denkbar wäre es auch, dem EU-Gerichtshof ein Auswahlermessen nur im Fall von Vorlagen durch untere Gerichte zu gewähren. Bei Entscheidungen in letzter Instanz müsste dann der Gerichtshof auf jeden Fall urteilen[479]. Selbstredend wäre dadurch die Arbeitslast nur in Teilen gemindert und es wäre dem EU-Gerichtshof nur in Teilen ermöglicht, seine Agenda selbst zu bestimmen[480].

d) Bewertung gerade vor dem Hintergrund US-amerikanischer Erfahrungen

Wie angedeutet, ist eine Übertragbarkeit des *certiorari*-Verfahrens auf das europäische Rechtsschutzsystem nicht kategorisch ausgeschlossen, sofern

---

[473] Als Beispiel nennt *Koopmans*, YEL 11 (1991), 15 (30) die abgelehnten Rechtssachen zum Vietnamkrieg; s. *Mora v. McNamara*, 389 U.S. 934 (1967).

[474] Den Gedanken trägt etwa *Koopmans*, YEL 11 (1991), 15 (29) vor.

[475] *Koopmans*, YEL 11 (1991), 15 (30), der eine Übernahme des *certiorari*-Verfahrens durch das EuGH auch sonst ablehnt.

[476] Oben 3. Teil § 2 II 3 b) und c).

[477] *Heffernan*, ICLQ 52 (2003), 907 (930); *Broberg/Fenger*, S. 32.

[478] Oben Fußn. 331.

[479] Erwogen von *Koopmans*, YEL 11 (1991), 15 (29 f.). Zu klären ist also, wie das Verhältnis zur Vorlagepflicht ausfällt.

[480] *Heffernan*, ICLQ 52 (2003), 907 (931).

vor allem weiterhin ein hinreichender Zugang der letzten mitgliedstaatlichen Instanzen zur EU-Gerichtsbarkeit gewährleistet bliebe. Allerdings wäre damit ein Systemwechsel verbunden. In diesem Zusammenhang sind die fundamentalen Unterschiede gegenüber den USA zu beachten. Die Einführung eines Filters beim Vorabentscheidungsverfahren würde ein Umschwenken auf ein hierarchisches Gerichtssystem bedeuten[481].

In den USA ist das – wie beschrieben – 1925 eingeführte *certiorari*-Verfahren dagegen in einen Instanzenzugs integriert[482]. Der Oberste Gerichtshof der Vereinigten Staaten steht in einem hierarchischen Verhältnis zu den beiden niederen Bundesgerichten und wacht über die Einheit ihrer Rechtsprechung[483]. Zudem ist der Supreme Court als oberste Revisionsinstanz auch zur Überprüfung der Entscheidungen der obersten Staatengerichte zuständig. Er prüft, ob sie Bundesrecht (nicht nur aus der Bundesverfassung) zutreffend anwenden und beachten[484]. Die Urteile der unteren Instanzen erwachsen – vergleichbar mit dem „red light"-Ansatz[485] – in Gültigkeit, wenn der Supreme Court die Sache nicht zur Entscheidung annimmt[486].

Die seit über 235 Jahren bestehende US-amerikanische Rechtsordnung ist weitgehend entwickelt[487] und auch vor dem Hintergrund der gemeinsamen Rechtskultur und deren Wurzeln im Common law homogener als in der EU, die sich laufend mit neuen Rechtsakten Rechtsgebiete und mit Erweiterungen Mitgliedstaaten erschließt. Zu beachten ist deshalb: Im Unterschied zur US-amerikanischen Rechtsordnung, in die das Verfahren durch Gesetz erst 1925 eingeführt wurde, ist die Rechtsordnung der EU und vor allem das Europäische Privatrecht noch nicht gefestigt. Daher lässt sich hier die Bedeutung einer Rechtssache für die Fortentwicklung der Rechtsordnung häufig schwer im Vorhinein bestimmen[488].

Durch ein „Rosinenpicken" wäre es dem EU-Gerichtshof auch möglich, sensiblen Fragestellungen zum Nachteil der Rechtssicherheit auszuweichen[489]. Darum sollte ein weitgefasstes Auswahlverfahren nur bei Teilen einer künftig stabileren Unionsprivatrechtsordnung Anwendung finden.

---

[481] Vgl. *Schepel/Blankenburg*, in: *de Búrca/Weiler*, S. 9 (42).

[482] Darum ist *Everling*, EuR 1997, 398 (410) gegen ein Auswahlrecht des EuGH.

[483] 28 U.S.C. § 1254(1); zum Ausnahmefall 28 U.S.C. § 1253 s. *Bruns*, JZ 2011, 325 (328). Für die Unterschiede des US- und EU-Systems *Strasser*, Colum. J. Eur. L. 2 (1995/96), 49 ff.; *Cohen*, Am. J. Comp. L. 44 (1996), 421 ff.

[484] 28 U.S.C. § 1257; *Schack*, Rdnr. 7; *Bruns*, JZ 2011, 325 (328, 330).

[485] Oben 3. Teil § 2 II 3 b).

[486] *Broberg/Fenger*, S. 32.

[487] Unterstrichen von *Lenaerts* (Hrsg.), Two Hundred Years of U.S. Constitution and Thirty Years of EEC Treaty – Outlook for a Comparison, 1988.

[488] *Koopmans*, YEL 11 (1991), 15 (30), der den Vorschlag insgesamt ablehnt.

[489] S. *Koopmans*, YEL 11 (1991), 15 (30).

Auf der Habenseite stünde vielleicht, dass dem EU-Gerichtshof wegen der verkürzten Bearbeitungszeit öfter vorgelegt würde[490]. Das muss aber aufgrund der beschriebenen Abschreckungswirkung bezweifelt werden.

e) Gesamteinschätzung: Kooperationsmodell auf Nachfragebasis oder Hierarchiemodell mit „agenda setting"

Die Einführung eines *certiorari*-ähnlichen Filterungssystems wäre derzeit ein Systembruch. Das gilt zum einen unter dem Gesichtspunkt der Vorgaben des Primärrechts, weil Art. 267 AEUV geändert werden müsste[491]. Zum anderen fehlen noch bundesstaatliche Instanzgerichte, deren Befassung mit der Sache eine Legitimitätsgrundlage für die Nichtannahme bilden könnte[492]. Besonderes Augenmerk gilt den grundsätzlich unterschiedlichen Modellen. Die EU-Gerichtsbarkeit repräsentiert das Kooperationsmodell auf Nachfragebasis. Das wurde im 2. Teil eingehend behandelt und findet im nächsten Abschnitt zur Vorlagepraxis der verschiedenen Instanzen seine Bestätigung[493]. Grundsätzlich ist dem EuGH die Auswahl von Vorabentscheidungsverfahren verwehrt. Anders beim Gerichtssystem der Vereinigten Staaten: Seit Einführung des *certiorari* beim Supreme Court folgt es mit einem aktiven „agenda setting" durch Fallselektion an der Spitze typologisch dem Hierarchiemodell.

Auf längere Sicht ist, wie angedeutet, ein Auswahlrecht nur unter Bedingungen sinnvoll. So etwa bei ernsthafter Überlastung der europäischen Ebene in unionsrechtlich stark gefestigten Bereichen. Der Systemwechsel wäre auch denkbar, sofern sich die eher horizontale Struktur der Europäischen Gerichtsbarkeit in Recht und Praxis weiter und stabil zu einer vertikalen Struktur fortentwickelt[494]. Das wäre vor allem bei der Schaffung von (dezentralen) Instanzgerichten der EU gegeben. Zu gewährleisten wäre dabei, dass der EuGH (oder dann das gegebenenfalls zuständige EuG oder ein Unionsfachgericht für Zivilrecht) einen Filter hinreichend sensibel handhaben würde. Insbesondere dürfte das Auswahlrecht nicht zu restriktiv genutzt werden, damit sinnvolle und wichtige Vorlagen weiterhin die EU-Ebene erreichen.

---

[490] Selbst *Heffernan*, ICLQ 52 (2003), 907 (930) meint, die Folgen der Einführung eines *certiorari*-Systems wären schwer vorhersagbar.

[491] Eine Verankerung in Satzung oder Verfahrensordnung wäre nicht ausreichend; *Ottaviano*, S. 86 ff.

[492] So auch *Graf Vitzthum*, JöR 53 (2005), 319 (332); vgl. auch *Rösler*, ZRP 2000, 52 (52, 55 f.).

[493] Dazu gleich Tabelle 7.

[494] Vgl. aber *Costello*, Dublin University Law Journal 21 (1999), 40 (63), die dem *Due*-Report wegen seiner ablehnenden Haltung vorwirft, er verkenne die erreichte vertikale Gerichtsstruktur. Zur Frage der Schaffung von ergänzenden Unionsgerichten noch in diesem Teil unter VI.

2. Beschränkung der Vorlageberechtigung auf obere Gerichte?

a) Literaturstimmen

Während die eben erörterte Einführung eines Filtersystems auf die Ebene des Unionsgerichts zielt, d.h. den Zugang vom Adressaten her eingrenzt, setzen Einschränkungen der Vorlageberechtigung an der Quelle an[495]. Oben unter § 2 II 2 dieses Teils wurde die Beschränkung der Vorlage*pflicht* bei oberen Gerichten behandelt. Dagegen geht es in diesem Abschnitt um die Beschränkung des Vorlage*rechts* auf die im konkreten Fall letztinstanzlich entscheidenden Gerichte. Damit wären Vorlagen von Untergerichten nicht mehr möglich. Fraglos stehen oberste Zivilgerichte in besonderer Verantwortung für die Wahrung des europäischen Rechts; vielfach wird vertreten, sie seien „privilegierte Gesprächspartner"[496] des EuGH im judikativen Föderalismus.

Eine Beschränkung des Vorlagerechts auf letztinstanzliche Gerichte würde eine erhebliche Stärkung der mitgliedstaatlichen Obergerichte im Gefüge der Europäischen Gerichtsbarkeit bewirken. Dafür wird das Subsidiaritätsprinzip vorgebracht und als Modell auf die Vorlagebeschränkung beim EuGVÜ bzw. danach der EuGVO verwiesen, wenngleich diese Ausnahme vom Lissabonner Vertrag mittlerweile aufgehoben wurde[497]. Weiter wird vorgetragen, die Union müsse Unterschiede ebenso akzeptieren, wie sie innerhalb der Mitgliedstaaten üblich seien[498]. Angesichts der Tatsache, dass die Mehrzahl der Vorlagen von unteren Gerichten stammt[499], ließe sich mit der Abschaffung des fakultativen Vorlagerechts der Untergerichte eine drastische Reduktion der Vorlagen auf geschätzt rund 25 % erzielen. Dazu nunmehr eingehender.

b) Rolle der unteren und mittleren Gerichte bei den Vorlageraten

Die Rolle der unteren und mittleren Gerichte beim Vorlageverhalten ist umstritten. Das ist nicht zuletzt auf Definitionsschwierigkeiten zurück-

---

[495] Vgl. *Wägenbaur*, Art. 23 Satzung EuGH, Rdnr. 30.

[496] *Mayer*, in: *Grabitz/Hilf/Nettesheim*, Art. 19 EUV, Rdnr. 77.

[497] Dazu noch näher ab Fußnotenzeichen 539 im Fließtext.

[498] Für eine Beschränkung *Lipp*, JZ 1997, 326 (331 f.); *ders.*, in: *König/Rieger/ Schmitt* (Hrsg.), Europäische Institutionenpolitik, 1997, S. 397 (404); *ders.*, NJW 2001, 2657 (2662); *Thüsing*, BB 2006, H. 23, 1 (da sich sein Beitrag als selten mitgebundene „Erste Seite" nur im Mantel des Hefts findet, sei daraus zitiert: „Vorlagen, die Änderungen gesetzlicher Regelungen oder gefestigter nationaler Rechtsprechung vorbereiten wollen, sollten der letzten Instanz vorbehalten bleiben. Zu groß ist das Risiko unerwarteter Ergebnisse. Mag es *de lege lata* für diese Eingrenzung als verbindliche Regelung keine Grundlage geben, so wäre eine freiwillige Selbstbeschränkung der Instanzgerichte möglich und sinnvoll." *Rasmussen*, CML Rev. 37 (2000), 1071 (1104) (er ist zudem für eine *docket control*); *Komárek*, E.L. Rev. 32 (2007), 467 ff.

[499] Dazu gleich die Tabelle 7.

zuführen[500]. Teils wird vertreten, die meisten Vorlagen kämen von den unteren Gerichten. Sie hätten sich darum als Motor der rechtlichen Integration erwiesen[501]. Ihre Dezentralität erleichtert auch die Befolgung der EuGH-Vorgaben[502]. Dem wird widersprochen: Die Vorlagen kämen überwiegend von mittleren Instanzen und nur wenige von den unteren[503]. So stamme die überwiegende Arbeitslast des EuGH in Großbritannien vom High Court, dem Court of Appeal und dem House of Lords, die ein englischer Rechtswissenschaftler allesamt als höhere Gerichte einstuft[504].

Eine vom EuGH vorgelegte Statistik zur Gesamtentwicklung der Rechtsprechungstätigkeit in den Jahren von 1952 bzw. 1961 (erste Vorlage) bis 2009 schlüsselt die neu eingegangenen Ersuchen um Vorabentscheidung nach Mitgliedstaat und Gericht auf. Alle anderen als die ausdrücklich aufgeführten Gerichte sind danach als untere Gerichte einzustufen[505]. Hier nun ein Auszug für vier Staaten[506]:

Tabelle 7: Vorlageersuchen nach Gerichten (1961–2010)

Deutschland	
Bundesgerichtshof	130
Bundesverwaltungsgericht	100
Bundesfinanzhof	272
Bundesarbeitsgericht	23
Bundessozialgericht	74
Staatsgerichtshof des Landes Hessen	1
Andere Gerichte	1.202
Summe:	1.802

---

[500] Darauf weisen *Broberg/Fenger*, S. 40 hin.

[501] *Alter*, West European Politics 19 (1996), 458 ff. = in: *dies.*, The European Court's Political Power, S. 92 ff. (anhand deutscher und französischer Vorlagen); in ökonomischer Analyse *Tridimas/Tridimas*, International Review of Law and Economics 24 (2004), 125 (134); *Voigt*, in: Jahrbuch für Neue Politische Ökonomie, Bd. 22, 2003, S. 77 (91 ff.); zustimmend der Kommentar *Schäfer*, aaO, S. 102 (105), der unterinstanzliche deutsche Arbeitsgerichte erwähnt, die einen besonderen Anreiz zu Vorlagen haben, wenn sie eine andere Auffassung als das BAG vertreten.

[502] Etwa *Weiler*, Comparative Political Studies 26 (1994), 510 ff.

[503] Mit statistischem Material für die Jahre 1961 bis 1995 *Stone Sweet/Brunell*, Journal of European Public Policy 5 (1998), 66 ff.; vgl. ferner für die Jahre 1958 bis 1998 *dies.*, ELJ 6 (2000), 117 ff.; für 1961 bis 1998 *Schepel/Blankenburg*, in: *de Búrca/Weiler*, S. 9 (33).

[504] *Chalmers*, West European Politics 23 (2000), 169 ff.; vgl. ferner *Gormley*, RabelsZ 66 (2002), 459 (463 f.).

[505] So im Fall Großbritanniens der High Court.

[506] Die Angaben für die anderen Mitgliedstaaten finden sich im Jahresbericht.

Frankreich	
Cour de cassation	93
Conseil d'État	63
Andere Gerichte	660
Summe:	816

Italien	
Corte suprema di Cassazione	108
Corte Costituzionale	1
Consiglio di Stato	64
Andere Gerichte	883
Summe:	1.056

Vereinigtes Königreich	
House of Lords (seit 2009: UK Supreme Court)	40
Court of Appeal	64
Andere Gerichte	401
Summe:	505

Damit haben in Deutschland zu 66,70 % untere Gerichte vorgelegt[507]. Auffällig ist aber auch die starke und frühe Beteiligung der fünf oberen Gerichtshöfe des Bundes. Nämlich: BSG ab 1967[508], BFH ebenfalls ab 1967[509] (mit besonders vielen Vorlagen)[510], BAG ab 1969[511], BVerwG ab 1970[512] und BGH ab 1974[513]. Das britische House of Lords, das 2009 in den Supreme Court of the United Kingdom überführt wurde, entschließt sich erstmals 1979, in Luxemburg vorzulegen[514]. Die italienische Corte

---

[507] Vgl. auch *Dauses*, in: *ders.*, EU-Wirtschaftsrecht, P. Gerichtsbarkeit der EU – Einführung, Rdnr. 248: Es sind „gerade die Unter- und Mittelgerichte, die mit ihren Vorlagen oft richtungsweisende europarechtliche Entwicklungen eingeleitet haben".

[508] EuGH, Rs. 14/67, Slg. 1967, 444 – *Weichner*.

[509] EuGH, Rs. 17/67, Slg. 1967, 592 – *Firma Max Neumann*.

[510] Für längere Zeit wiesen der BFH und das FG Hamburg (s. etwa oben Fußn. 322) die höchsten Vorlagezahlen in der gesamten Union auf (es ging zumeist um das Zolltarifrecht); *Bundesrechtsanwaltskammer*, BRAK-Mitt. 2000, 292 (295).

[511] EuGH, Rs. 15/69, Slg. 1969, 363 – *Südmilch AG*.

[512] EuGH, Rs. 36/70, Slg. 1970, 1107 – *Getreide-Import GmbH*.

[513] EuGH, Rs. 32/74, Slg. 1974, 1201 – *Haaga*; vgl. für eine Durchsicht gesellschaftsrechtlicher Vorlagen des II. Zivilsenats des BGH jüngst *Fleischer*, GWR 2011, 201 ff., wonach der BGH seine anfängliche Zurückhaltung gegenüber dem Instrument des Vorlageersuchens (dazu *Hirte*, RabelsZ 66 (2002), 553, [570 ff.]) abgelegt hat.

[514] EuGH, Rs. 34/79, Slg. 1979, 3795 – *Regina/Henn und Darby*.

suprema di Cassazione legt seit 1976 vor[515]. Bei diesen Staaten ist die Vorlagequote der Untergerichte noch höher als in Deutschland[516]: etwa für Großbritannien (79,41 %), Frankreich[517] (80,88 %) und Italien (83,62 %)[518]. Widerlegt ist damit die These, in Großbritannien legten – wegen des richterlichen Hierarchiedenkens und der *stare decisis*[519] – eher obere Gerichtshöfe vor. Damit vermochte sich die offenkundige Auffassung von Lord *Denning*[520], nur das House of Lords solle vorlegen (und sei alleinig nach Art. 267 III AEUV zur Vorlage verpflichtet), nicht durchzusetzen[521].

In der Gesamtsumme stammen rund drei viertel der Vorlagen nicht von oberinstanzlichen Gerichten[522]. So hat auch Generalanwalt *Antonio Tizzano* darauf hingewiesen, die letztinstanzlichen Vorlagen seien in absoluten Werten wie auch prozentual „sehr begrenzt gewesen, was auch heute noch zutrifft". In der Zeitspanne von 1960 bis 2000 kamen nach der Berechnung *Tizzanos* nur 1.173 von 4.381 Vorabentscheidungsvorlagen von letztinstanzlichen Gerichten. Das macht auch kaum mehr als ein Viertel der Gesamtzahl aus[523]. Dieser Befund entspricht in etwa den Erfahrungen mit der Vorlagepraxis zum EuGVÜ[524].

Die Zahlen überraschen nicht. Sie hängen mit den Verhaltensstrategien unterer Gerichte zusammen, die sich mit der Neuen Politischen Ökonomie so beschreiben lassen: „According to the public choice theory, when

---

[515] S. *Trocker*, RabelsZ 66 (2002), 417 (435).

[516] Als Beispiel für die neuen Mitgliedstaaten: Von den tschechischen Vorlagen kamen im Bereich des Zivilrechts (und im Unterschied zum Verwaltungsrecht) die meisten von unteren Gerichten; dazu *Žondra*, in: Czech Yearbook of International Law 2010, 269 (295).

[517] Für die Verteilung der Vorlagen nach französischen Gerichten s. die Tabelle bei *Ferrand*, RabelsZ 66 (2002), 391 (389) und die Einschätzung auf S. 400: „Es kann festgestellt werden, daß in Frankreich die Zivilgerichte erster Instanz die meisten Vorlagen einbringen; die Appellationsgerichte folgen an zweiter Stelle"; anschließend kommen die obersten Gerichte, d.h. zunächst die Cour de cassation und der Conseil d'État an letzter Stelle.

[518] *Trocker*, RabelsZ 66 (2002), 417 (428 ff.): Die unteren Instanzen seien die treibende Kraft des Vorabentscheidungsverfahrens.

[519] S. dazu oben 2. Teil § 4 III 4 b) aa).

[520] *H.P. Bulmer Ltd. v. J. Bollinger S.A.* [1974] 3 W.L.R. 202; bereits 2. Teil § 4 III 4 b) aa).

[521] *Collins*, European Community Law in the United Kingdom, 4. Aufl. (1990), S. 153; *Gormley*, RabelsZ 66 (2002), 459 (467).

[522] *Due*-Report, Beilage zu NJW H. 19/2000 und EuZW H. 9/2000, 6 (Stand der Berechnung: Ende 1998).

[523] *Tizzano*, Schlussanträge zu EuGH, Rs. C-99/00, Slg. 2002, I-4839, Rdnr. 68 (auch Fußn. 22) – *Lyckeskog*; s. auch *Röthel*, S. 395, die in ihrer Darstellung zum richtigen Zeitpunkt der Vorlage ausführt, 70 % der Vorlagen kämen von Instanzgerichten.

[524] *Basedow*, RabelsZ 66 (2002), 203 (206): eine Auswertung der knapp 150 Vorlagen zum EuGVÜ ergebe, dass rund ein Drittel nicht von Obergerichten kommt.

interpreting the law courts like other organs of government are assumed to have their own set of preferences over policy outcomes. Judicial preferences may, but do not need to be, substantive; they reflect neither calculations of private benefit (like profit maximising firms), nor electoral considerations (like vote maximising politicians). Rather, as legal scholars would argue, judicial preferences are based on notions of justice and the rule of law. Crucially, the preferences of lower national courts regarding policy outcomes may differ from those of higher national courts and/or the national political authorities, leading them to seek opportunities for pursuing their own most preferred policies. The utility of the court is higher, the closer is the actual policy implemented to its most preferred (ideal) policy point."[525]

So gesehen folgen Vorlagen u.U. auch Präferenzzielen, was die beschriebene Beifügung von Antwortvorschlägen seitens des Vorlagegerichts erklärt[526]. Um weiter aus dem eben herangezogenen sozialwissenschaftlichen Aufsatz zu zitieren: „Courts will therefore use their judgments to pursue policies which maximise their utility subject to the relevant restrictions, which constrain their freedom of action. A court suffers a twofold loss in utility when its judgment is reversed by a higher national authority (appellate, or supreme court, or the legislature as the case may be). First, because a less preferred policy is pursued in practice (that is, one which serves less well the court's notion of justice). Second, because the failure to uphold a judgment may affect adversely the professional reputation of judges and even, perhaps, jeopardise their future career prospects. National courts will refer to the ECJ and consequently apply its ruling when the expected net utility gains (benefits minus costs) from doing so exceed the utility gains from not referring."[527]

Diese Feststellungen entsprechen auch der im 2. Teil[528] hervorgehobenen besonderen Rolle des einzelnen Klägers[529] und des damit verbundenen dezentralen Durchsetzungsmechanismus[530] sowie der Verantwortung der unteren Gerichte. Die unteren Instanzen setzen den EuGH strategisch, also gleichsam als Hebel zur Veränderung der Rechtsprechung ihrer eigenen Gerichte ein. Die mitgliedstaatlichen Höchstgerichte werden in ihrer

---

[525] *Tridimas/Tridimas*, International Review of Law and Economics 24 (2004), 125 (134 f.); *Voigt*, in: Jahrbuch für Neue Politische Ökonomie, Bd. 22, 2003, S. 77 (91 ff.).

[526] Zur sog. *preemptive opinion* bereits oben Fußn. 320.

[527] *Tridimas/Tridimas*, International Review of Law and Economics 24 (2004), 125 (135).

[528] 2. Teil § 2 I 2 b) dd).

[529] Bereits 2. Teil § 2 I 3 und Grafik 12.

[530] Etwa *Stone Sweet/Brunell*, Journal of European Public Policy 5 (1998), 66.

Stellung geschwächt und im Gegenzug die unteren Gerichte in ihrer Einflussnahme gestärkt[531].

Die Untergerichte können erstens Wert- und rechtspolitische Vorstellungen, die sich von den höheren Instanzen unterscheiden, über den Weg des EuGH verwirklichen. Zweitens können sie, wie ebenfalls im 2. Teil beschrieben[532], ihr nationales Recht auf die Vereinbarkeit mit dem EU-Recht überprüfen lassen. Beide Male erhalten die unteren Gerichte (was das EU-Recht anbelangt) rechtsmittelfeste Vorgaben, die sie schlicht umzusetzen, d.h. konkret auf den Fall anzuwenden haben. Selbst die nationalen Parlamente können diese Vorgaben nur erschwert ändern[533].

In diesem Zusammenhang ist zu vergegenwärtigen: In Deutschland haben untere Instanzgerichte z.B. zum Urlaubsanspruch bei Arbeitsunfähigkeit[534] und zum staatlichen Monopol auf Sportwetten und Lotterien[535] vorgelegt und sich damit gegen die oberen Gerichte gewandt. Zu ergänzen bleibt: Neben der Intention einer Rechtsprechungsänderung bei den nationalen Obergerichten und der Beseitigung von Rechtsunsicherheit auf nationaler Ebene zielen die strategisch motivierten Vorlagen natürlich auch auf den nationalen Gesetzgeber[536].

c) Bewertung

Die herrschende Meinung[537] und der EU-Gerichtshof[538] sind zutreffenderweise für die Beibehaltung des Rechts der nationalen Gerichte, den

---

[531] Oben Fußn. 501.

[532] 2. Teil § 4 III 4 b) cc).

[533] *Tridimas/Tridimas*, International Review of Law and Economics 24 (2004), 125 (135): „[T]he preliminary reference system offers national courts a strategy to minimise the risk of having their decisions reversed".

[534] EuGH (Große Kammer), verb. Rs. C-350/06 und C-520/06, Slg. 2009, I-179 – *Gerhard Schultz-Hoff/Deutsche Rentenversicherung Bund und Stringer u.a.* auf Vorlage des LAG Düsseldorf.

[535] EuGH (Große Kammer), verb. Rs. C-316/07, C-358/07 bis C-360/07, C-409/07 und C-410/07, Slg. 2010, I-8069 – *Markus Stoß u.a./Wetteraukreis*.

[536] Zu diesen drei Motiven *Thüsing*, § 1, Rdnr. 66 ff. mit Beispielen aus dem Europäischen Arbeitsrecht.

[537] Etwa *Basedow*, RabelsZ 66 (2002), 203 (206 f.); *Bork*, RabelsZ 66 (2002), 327 (352); *Hess*, RabelsZ 66 (2002), 470 (489 f.) (im Zusammenhang mit ex-Art. 68 I EG); *Hirsch*, ZRP 2000, 57 (59); *Streinz/Leible*, EWS 2001, 1 (10); *Dauses*, in: *ders.*, EU-Wirtschaftsrecht, P. Gerichtsbarkeit der EU – Einführung, Rdnr. 248; *Pache/Knauff*, NVwZ 2004, 16 ff.; *Baumeister*, EuR 2005, 1 (24 f.) (beide im Zusammenhang mit ex-Art. 68 I EG); *Rodriguez Iglesias*, NJW 2000, 1889 (1895); *Lenz*, NJW 1993, 2664 (2665); *Kerwer*, S. 509; *Lenaerts*, in: Pernice/Kokott/Saunders (Hrsg.), The Future of the European Judicial System in a Comparative Perspective, 2005, S. 211 (239); *Jacobs*, in: Festschr. f. Zuleeg, 2005, S. 204 (208); *Barnard/Sharpston*, CML Rev. 34 (1997), 1113 (1163 ff.).

EuGH unabhängig von ihrer Stellung anrufen zu können. Obsolet ist zunächst das Argument, die Ausnahmevorschrift ex-Art. 68 I EG solle zur Regel erhoben werden: Wie dargestellt[539], ließ der Vertrag von Lissabon die Beschränkung des ex-Art. 68 I EG im Interesse der Durchsetzung des Unionsrechts und des gerichtlichen Rechtsschutzes[540] entfallen, nach der nur obere nationale Gerichte Fragen aus dem sog. Raum der Freiheit, der Sicherheit und des Rechts dem Gerichtshof vorlegen konnten. Dazu zählte auch das Kollisions- und Zivilprozessrecht der EU. Dies hat der Vertrag nun normalisiert, indem der Bereich dem Art. 267 AEUV unterstellt wurde. Damit ist die Vorstellung – wie erwähnt – hinfällig, ex-Art. 68 I EG könne als Vorbild für eine generelle Beschränkung der Vorlageberechtigung dienen[541].

Vier Argumentbündel sprechen gegen die Beschneidung des Zugangs. Erstens sind gerade die unterinstanzlichen Vorlagen für die Fortentwicklung des Gemeinschaftsrechts unverzichtbar. Viele der rechtsgeschichtlich bedeutsamen Entscheidungen gehen auf Vorlagen unterer Gerichte zurück. Das verdeutlicht bereits ein Blick auf die großen Leitentscheidungen, so z.B. über die unmittelbare Anwendbarkeit und über den Vorrang des Gemeinschaftsrechts[542]. Weiter anzuführen sind die Entscheidungen zur hohen Bedeutung der Grundrechte für die Gemeinschaftsrechtsordnung[543], die Dogmatik der Grundfreiheiten[544], die Staatshaftung für legislatives, exekutives und judikatives Unrecht[545] und die Unionsbürgerschaft[546], die allesamt im Zuge von Vorlagen erstinstanzlicher Ge-

---

[538] Reflexionspapier des EuGH, EuZW 1999, 750 (754); ebenfalls verworfen vom *Due*-Report, Beilage zu NJW H. 19/2000 und EuZW H. 9/2000, 7 und dem *Slynn*-Report (*British Institute of International and Comparative Law* [Hrsg.], The Role and Future of the European Court of Justice), S. 73 f.

[539] Oben 2. Teil § 7 I 2.

[540] S. KOM(2006) 346 endg., S. 5 ff.

[541] *Everling*, EuR-Beih 1/2009, 71 (79).

[542] EuGH, Rs. 26/62, Slg. 1963, 3 – *Van Gend & Loos* (vorgelegt von der Tariefcommissie aus den Niederlanden) sowie Rs. 6/64, Slg. 1964, 1259 – *Costa/E.N.E.L.* (vom Friedensgericht Mailand).

[543] EuGH, Rs. 29/69, Slg. 1969, 419 – *Stauder* (das Ersuchen stammte vom Verwaltungsgericht Stuttgart).

[544] EuGH, Rs. C-55/94, Slg. 1995, I-4165 – *Gebhard* (vorgelegt vom Consiglio Nazionale Forense, d.h. der italienischen Anwaltskammer).

[545] EuGH, Rs. C-6/90 und C-9/90, Slg. 1991, I-5357 – *Francovich und Bonifaci* (Vorlagegerichte waren die Pretura di Vicenza und die Pretura di Bassano del Grappa) sowie Rs. C-224/01, Slg. 2003, I-10239 – *Köbler* (vorgelegt vom Landesgericht für Zivilrechtssachen Wien).

[546] EuGH, Rs. C-184/99, Slg. 2001, I-6193 – *Grzelczyk/CPAS* (vom Tribunal du travail de Nivelles in Belgien).

richte ergingen[547]. Nach dem gegenwärtigen System kann sich – wie etwa in der Rechtssache *Köbler* geschehen – das Wiener Landesgericht für Zivilrechtssachen direkt an den EuGH wenden und sachorientierten Rat erbitten. Zu erwähnen sind auch die wichtigen Rechtssachen *Schulte*[548] und *Junk*[549]. Damit führt die große Zahl partizipationsberechtigter Akteure auch zur Erhöhung des Mehrklangs beim Interessenvortrag und zu einer Stärkung von gemeinsamer Rechtskultur[550].

Zweitens mögen bei höheren Instanzen – allein schon wegen der institutionellen und personellen Verengung – kompetenzrechtliche Bedenken, fachliche Skepsis, institutionelle Abgrenzungsbemühungen und Eitelkeiten eher bestehen[551]. Die dadurch verursachte Zurückhaltung wird durch die Vorlagepraxis der unteren Gerichte ausgeglichen[552]. Die breite Basis der unterinstanzlichen Vorlagen ist derzeit also vielfach noch der wahre Garant für die einheitliche Auslegung und Anwendung des Unionsrechts. Darum würde eine Reduzierung des Vorlagerechts zu einer Verringerung der Effektivität dieser Verfahrensart auch für die Entwicklung des gemeinschaftlichen Privatrechts führen. Da die unteren Gerichte die Protagonisten des Vorlageverfahrens sind[553], würde sich eine Einschränkung angesichts der noch wenigen Vorlagen im Privatrecht (zudem je nach Staat schwankend) entsprechend nachteilig auswirken. Die Gegenauffassung impliziert eine letztlich idealistische Verantwortung der Obergerichte wie in einem eng verzahnten Instanzenzug[554].

Probleme könnten zudem beim Verwerfungsmonopol der EU-Gerichtsbarkeit entstehen[555]. Zwar ist es nationalen Gerichten bekanntlich versagt,

---

[547] Darauf weist *Skouris*, in: Festschr. f. Starck, 2007, S. 991 (993).

[548] EuGH, Rs. C-350/03, Slg. 2005, I-9215 – *Schulte/Deutsche Bausparkasse Badenia AG* (vorgelegt vom LG Bonn); die ähnliche Rs. C-229/04, Slg. 2005, I-9273 – *Crailsheimer Volksbank eG/Conrads u.a.* ging auf die Vorlage des OLG Bremen zurück.

[549] EuGH, Rs. C-188/03, Slg. 2005, I-885 – *Junk* (auf Vorlage des ArbG Berlin).

[550] *Dauses*, in: *ders.*, EU-Wirtschaftsrecht, P. Gerichtsbarkeit der EU – Einführung, Rdnr. 248: „Gerade das einzelfallorientierte, praxisbezogene Judiz des nationalen Instanzrichters ist ein zentrales und unverzichtbares Element der europäischen Rechtsgemeinschaft".

[551] Vgl. *Maduro*, EuR 2007, 3 (20): „zeigt sich in einzelnen nationalen Höchstgerichten dennoch weiterhin ein gewisser Widerstand gegen die absolute Vorrangstellung des EU-Rechts".

[552] *Everling*, EuR 1997, 398 (409) spricht von einem Wechselspiel unterer und oberer Gerichte.

[553] *Wägenbaur*, Art. 23 Satzung EuGH, Rdnr. 30.

[554] Die EMRK-Individualbeschwerde (*nota bene* den Unterschied zum Vorlageverfahren nach EU-Recht) ist subsidiär, so dass der EGMR sich gemäß Art. 35 I EMRK nur nach Erschöpfung aller innerstaatlichen Rechtsbehelfe und nur innerhalb einer Frist von sechs Monaten nach der endgültigen innerstaatlichen Entscheidung mit der Angelegenheit befassen kann. S. zur Nichtannahme Art. 35 III EMRK.

[555] *Zuleeg*, JZ 1994, 1 (7).

Unionsrecht für ungültig zu erklären. Aber untere Instanzen könnten eine nationale Praxis der auf Gültigkeitszweifeln fußenden Nichtanwendung von Unionsrecht nicht durch eine (frühzeitige) Vorlage an die EU-Gerichtsbarkeit kompensieren, sollte es zu einer Beschränkung des Vorlagerechts kommen[556]. Des Weiteren unterstreicht die Vorlagemöglichkeit jedes Gerichts, dass eine Berufung auf das Europarecht in allen Instanzstufen möglich ist[557]. Das Unionsrecht hat für die erstinstanzliche Entscheidung prinzipiell denselben Stellenwert wie für die Berufung und Revision[558], sofern eine solche überhaupt stattfindet. Der Rückhalt des Vorabentscheidungsverfahrens fördert deshalb die Bereitschaft, eine unionskonforme Auslegung auch *gegen* die bestehende Auslegung der oberen Gerichtshöfe vorzunehmen[559].

Als drittes Argumentbündel sind die Auswirkungen auf die Prozessökonomie und die Verfahrensdauer insgesamt zu beachten. Zwar würde der EU-Gerichtshof wegen der geringeren Geschäftslast rascher entscheiden können. Allerdings müssten viele Verfahren zeitraubend den mehr oder minder komplexen innerstaatlichen Instanzenzug durchlaufen, um vielleicht vom obersten nationalen Gericht zur unionsrechtlichen Auslegung dem EuGH vorgelegt zu werden[560]. Obwohl die innerstaatlichen Rechtsmittelwege und durchschnittlichen Verfahrensdauern stark divergieren, kann das zu unverhältnismäßigen Belastungen sowohl für die Staaten – in Form der Geschäftslast der oberen Instanzen[561] – als auch für die Parteien führen. Dass derzeit eine Unionsrechtsfrage nicht bis in das Berufungs- oder das Revisionsverfahren hin offen bleiben muss, sondern unmittelbar dem EuGH vorgelegt werden kann[562], ist nicht nur bezogen auf das konkrete Verfahren vorteilhaft. Es liegt auch im unionsweiten Interesse einer frühzeitigen Rechtsklärung[563].

---

[556] *Broberg/Fenger*, S. 34.

[557] *Craig/de Búrca*, S. 478.

[558] Praktisch wird dies anders sein. S. zu erst- und zweitinstanzlichen Richtern aus NRW und den Niederlanden *Nowak/Amtenbrink/Hertogh/Wissink*, National Judges as European Union Judges – Knowledge, Experience and Attitudes of Lower Court Judges in Germany and the Netherlands, 2012.

[559] *Bundesrechtsanwaltskammer*, BRAK-Mitt. 2000, 292 (295).

[560] Etwa *Bork*, RabelsZ 66 (2002), 327 (352); *Schwarze*, DVBl. 2002, 1297 (1311); *Voß*, ZfZ 1998, 116 (117); *Due*, in: *Dashwood/Johnston* (Hrsg.), The Future of the Judicial System of the European Union, 2001, S. 87 (88).

[561] *Due*-Report, Beilage zu NJW H. 19/2000 und EuZW H. 9/2000, 7: „Eine übermäßige Befassung der nationalen obersten Gerichte kann jedoch selbstverständlich nicht Ziel einer Reform des Gerichtssystems der Gemeinschaften sein".

[562] Reflexionspapier des EuGH, EuZW 1999, 750 (754).

[563] Vgl. weiter *Lenaerts*, in: *Pernice/Kokott/Saunders*, S. 211 (239): Effizienz durch EuGH-„Präjudiz" aufgrund früher Vorlage.

Somit kann das gegenwärtige System falschen Auslegungen frühzeitig entgegenwirken: Es wird verhindert, dass sich „in einem Mitgliedstaat eine nationale Rechtsprechung herausbildet, die mit den Normen des Gemeinschaftsrechts nicht in Einklang steht" – wie es der EuGH in anderem Zusammenhang zu Sinn und Zweck des Vorlageverfahrens formuliert hat[564]. Auch darum ist die Vorlagemöglichkeit in neuen Unionsbereichen und gerade bei neuen Rechtsakten zum Privatrecht wichtig. Doch selbst nach dem gegenwärtigen System dauert es meist einige Jahre nach der Verabschiedung bzw. dem Inkrafttreten des Rechtsaktes, z.B. der Produkthaftungsrichtlinie 85/374/EWG, bis der EuGH dazu im Wege der Vorabentscheidung[565] befinden kann[566]. Die frühe Vermeidung unzutreffender Auslegungen ist dabei nicht nur im Unionsinteresse, sondern auch unter dem Gesichtspunkt der Vermeidung einer legislativen und judikativen Staatshaftung von Belang.

Viertens ist der effektive Rechtsschutz im Interesse der Parteien zu bedenken[567]. Zurückzukommen ist in diesem Zusammenhang auf das Ideal der Gleichheit beim Interessenvortrag vor der EU-Gerichtsbarkeit[568]: Nur diejenigen unterlegenen Prozessparteien, die über hinreichende finanzielle Mittel und Erfahrung verfügen, könnten ein Verfahren durch den Instanzenzug treiben und dann mittels einer Vorlagefrage Zugang zum EU-Gerichtshof erhalten[569]. Zudem hängt es – fernab genereller Unterschiede bei der Berufungs- und Revisionsquote[570] vom Streitgegenstand ab, ob die Parteien die Sache hartnäckig bis in die zweite oder dritte Instanz treiben[571], so dass einige Themengebiete den EU-Gerichtshof im Fall einer instanziellen Beschränkung der Vorlageberechtigung vermindert erreichen könnten.

Der Verweis auf die Möglichkeit der Prozesskostenhilfe[572] kann hier nicht recht verfangen[573], zumal die beschriebenen Unterschiede in der mit-

---

[564] EuGH, Rs. C-107/76, Slg. 1977, 957, Rdnr. 5 – *Hoffmann-La Roche AG/Centrafarm Vertriebsgesellschaft Pharmazeutischer Erzeugnisse mbH*.

[565] Abgesehen von Vertragsverletzungsverfahren z.B. wegen Nichtumsetzung der Produkthaftungsrichtlinie 85/374/EWG: EuGH, Rs. C-293/91, Slg. 1993, I-1 – *Kommission/Französische Republik*; Rs. C-300/95, Slg. 1997, I-2649 – *Kommission/Vereinigtes Königreich*.

[566] EuGH, Rs. C-203/99, Slg. 2001, I-3569 – *Henning Veedfald/Århus Amtskommune*; s. danach etwa Rs. C-183/00, Slg. 2002, I-3901 – *González Sánchez*; Rs. C-402/03, Slg. 2006, I-199 – *Skov Æg*; Rs. C-127/04, Slg. 2006, I-1313 – *O'Byrne*.

[567] *Dauses*, 60. DJT 1994, Bd. I: Gutachten, D 169.

[568] Oben 2. Teil § 5.

[569] Vgl. *Due*-Report, Beilage zu NJW H. 19/2000 und EuZW H. 9/2000, 7; *Ottaviano*, S. 91.

[570] S. *Blankenburg*, in: *Cottier/Estermann/Wrase*, S. 61 (83 f.).

[571] Vgl. *Blankenburg*, in: *Cottier/Estermann/Wrase*, S. 61 (78).

[572] *Rasmussen*, CML Rev. 37 (2000), 1071 (1106).

gliedstaatlichen Praxis zu beachten sind[574]. Die unterlegene Partei müsste sich durchklagen, was häufig nicht geschieht. Somit könnte von einem umfassenden Rechtssystem[575] nicht mehr recht die Rede sein[576]. Von einem vollständigen Rechtssystem vermag der EuGH überhaupt nur wegen der Arbeitsteilung auch mit den unteren Nationalgerichten ernsthaft zu sprechen[577]. Würde die wichtige Quelle der Vorlagen nichtoberster Gerichte abgeschnitten, könnte schließlich auch die Konzeption der subjektiven Unionsrechte Schaden nehmen[578]. Anders wäre das bei einem Umbau bzw. einer Fortentwicklung hin zu einem Instanzenzug. Darauf ist noch in diesem Teil zurückzukommen[579].

d) Einschätzung einer Variante: Einwilligungserfordernis des nationalen Obergerichts

Appelliert wird gerade an die Erstgerichte, sie sollten sich bei Vorlagen zurückhalten und Vorlagen den generell kundigeren Obergerichten überlassen[580]. Dies wird teils mit einem innerstaatlichen, aber unverbindlichen Vorlageverfahren verknüpft, das hier als Variante der vorstehenden Vorschläge kurz bewertet wird. In der Literatur wird erwogen, erstinstanzliche Gerichte sollten sich zunächst an Spezialkammern beim nationalen Höchstgericht wenden. Sofern das Höchstgericht eine Befassung des EU-Gerichtshofs wegen allgemeiner Bedeutung – etwa zur Gewährleistung der Einheit oder zur Fortentwicklung des Unionsrechts – für notwendig erachtet, legt es vor. Anderenfalls beantwortet es die Anfrage unverbindlich selbst[581]. Sollte allerdings eine Partei Rechtsmittel gegen das erstinstanzliche Urteil einlegen, kann das Berufungsgericht den EU-Gerichtshof

---

[573] Vgl. *Barnard/Sharpston*, CML Rev. 34 (1997), 1113 (1163 f.).

[574] Oben 2. Teil § 4.

[575] Jüngst EuGH, Gutachten 1/09, GRUR Int. 2011, 309, Rdnr. 70 (noch nicht in amtlicher Sammlung veröffentlicht); zuvor Rs. C-50/00 P, Slg. 2002, I-6677, Rdnr. 40 – *Unión de Pequeños Agricultores (UPA)/Rat*; w. Nachw. 2. Teil § 1 II 1.

[575] EuGH, Rs. C-131/03 P, Slg. 2006, I-7795, Rdnr. 80 – *Reynolds Tobacco/Kommission*.

[576] *Wägenbaur*, Art. 23 Satzung EuGH, Rdnr. 30.

[577] Oben 2. Teil § 1 II 1.

[578] *Zuleeg*, JZ 1994, 1 (7); s. auch *Schwarze*, DVBl. 2002, 1297 (1311): „Die übermäßige Verfahrenslast als Kapazitätsproblem sollte nicht durch Einschränkungen zu Lasten des Bürgers gelöst werden".

[579] Unter 3. Teil § 2 VI 1 c) wird die Beschränkung des Vorlagerechts im Lichte des EuGH-Gutachtens 1/09 noch erörtert.

[580] *Thüsing*, BB 2006, H. 23, 1 (oben in Fußn. 498 mit Zitat); *Ottaviano*, S. 92.

[581] Das ist dem französischen *avis contentieux* entlehnt; *Kapteyn*, YEL 20 (2001), 173 (183).

unmittelbar um Vorabentscheidung ersuchen[582]. Damit bestünde ein Filter auf nationaler Ebene.

Zu bedenken ist allerdings: Anstelle des EuGH wären die Obergerichte mit den Anfragen belastet[583]. Zudem fragt es sich angesichts dieser Renationalisierung, warum nationale Gerichte eher in der Lage sein sollten, Anfragen zum Unionsrecht beantworten zu können als die EU-Gerichtsbarkeit[584]. Vielfach müsste sich das Obergericht zeitaufwendig mit Angelegenheiten beschäftigen, die ohnehin zum EU-Gerichtshof gehen sollten[585]. Beschränkungen von Vorlagen durch eine Einwilligung des Höchstgerichts o.ä. wären allenfalls bei übermäßigen, tendenziell missbräuchlichen Vorlagen zu besonderen Bereichen empfehlenswert[586]. Belege für eine auf breiter Basis fehlgehende Praxis existieren derzeit allerdings nicht, weshalb sich eine solche Dezentralisierung – auf die noch anders zurückzukommen ist – als entbehrlich erweist. Freilich sollten die Richter aller Instanzen künftig stärker angehalten werden, nur mit Bedacht und hinreichend begründet vorzulegen.

IV. Überantwortung von Vorabentscheidungsverfahren an das EuG (zweite Ebene)

Nachdem sich die vorstehenden Reformoptionen als extrasystemisch erwiesen haben bzw. (vorerst) änderungsfeste Bereiche der etablierten Kooperation betreffen, die wohl nur auf längere Sicht und primärrechtlich veränderbar wären, macht sich dieser Abschnitt für einen systemimmanenten Reformansatz stark. Der nachfolgend unterbreitete Vorschlag sieht eine Übertragung von Vorabentscheidungsverfahren an das EuG bei gleichzeitiger personeller Aufstockung und fachlicher Spezialisierung des Gerichts vor. Der Entlastungserfolg soll somit in Form einer Kompetenz-

---

[582] *Kapteyn*, YEL 20 (2001), 173 (183 ff.).

[583] Darauf weist *Klöckner*, S. 67 hin.

[584] *Prechal*, YEL 25 (2006), 429 (442).

[585] *Slynn*-Report (*British Institute of International and Comparative Law* [Hrsg.], The Role and Future of the European Court of Justice), S. 75, der ein verwandtes Modell der Einwilligung zur Vorlage durch das Höchstgericht kurz erörtert.

[586] *Slynn*-Report, S. 75: „There may […] be certain areas (employment, taxation, social security), where the lower court (or tribunal) may refrain from making the reference and leave the matter to the appellate court that is concerned only with issues of law. In those areas the appellate court would be better placed to make a reference to the ECJ." Vgl. ferner Richter *Edward*, in: *O'Keeffe* (Hrsg.), Judicial Review in European Union Law – Liber Amicorum Lord Slynn Hadley, 2000, S. 119 (123): „In the absence of evidence that lower courts are consistently making premature, unnecessary or unsatisfactory references, the merits of maintaining their freedom to refer seem greatly to outweigh the disadvantages".

verlagerung innerhalb der EU-Gerichtsbarkeit bei gleichzeitigem Ausbau des EuG erreicht werden.

1. Grundlagen zur Zuständigkeitsübertragung

Die bislang ungenutzte Möglichkeit nach Art. 256 III UAbs. 1 AEUV[587], dem EuG in besonderen Sachgebieten autonome Vorabentscheidungskompetenzen – wohlgemerkt durch Satzung – zu übertragen[588], würde zu einer spürbaren Entlastung des EuGH führen[589]. Ein allgemeiner Transfer ist nach der geltenden Fassung des Vertrages ausgeschlossen. Derzeit können nur bestimmte Kategorien verlagert werden, was anhand der Zahl und der praktischen Bedeutung der Verfahren zu bemessen ist[590]. Das betreffende Sachgebiet sollte also einen erheblichen Umfang an Streitsachen aufweisen, damit sich eine Übertragung wirklich entlastend auswirkt[591].

Ein sektoraler Transfer von Vorabentscheidungsverfahren hat auch deswegen nicht stattgefunden, weil das EuG wegen des Zustroms von Klagen einen – freilich marginal – höheren Geschäftsanfall als der EuGH zu be-

---

[587] Bereits oben 3. Teil § 1 II 3 b).

[588] Für eine Verlagerung *Everling*, EuR 1997, 398 (413 f.); *ders.*, EuR-Beih 1/2003, 7 (21 f.); *Voß*, EuR-Beih 1/2003, 37 (49 f.); *Grabenwarter*, EuR-Beih 1/2003, 55 (59 ff.); *Pernice*, EuR 2011, 151 (163 f.); *Pirrung*, Die Stellung des Gerichts erster Instanz im Rechtsschutzsystem der EG, 2000, S. 33 (bei Markensachen und im IZVR); *Berrisch*, EuZW 2011, 409 (410); *Azizi*, in: *Pernice/Kokott/Saunders* (Hrsg.), The Future of the European Judicial System in a Comparative Perspective, 2006, S. 241 ff.; *Craig/de Búrca*, S. 482; *Dyrberg*, E.L. Rev. 26 (2001), 291 (300); angerissen bei *Tilmann*, in: *Müller-Graff* (Hrsg.), Gemeinsames Privatrecht in der Europäischen Gemeinschaft, 2. Aufl. (1999), S. 579 (594). Gegen eine Übertragung an das EuG *Lenaerts*, in: *Pernice/Kokott/Saunders*, S. 211 (239); *Zuleeg*, JZ 1994, 1 (7): eine Verlagerung wäre wegen der Einheit des Europarechts kaum möglich; *Pirrung*, in: Festschr. f. Stoll, 2001, S. 647 (659); *Bork*, RabelsZ 66 (2002), 327 (352 f.); *Heffernan*, ICLQ 52 (2003), 907 (918); skeptisch gegenüber einer Verlagerung *Waelbroeck*, EuR-Beih 1/2003, 71 (75 ff.) und *Skouris*, EuGRZ 2008, 343 (347).

[589] *Dauses*, in: *ders.* (Hrsg.), EU-Wirtschaftsrecht, P. Gerichtsbarkeit der EU – Einführung, Rdnr. 253; *Edward*, in: *O'Keeffe*, S. 119 (138); offen *Schwarze*, EuR 2009, 717 (724).

[590] *Everling*, EuR-Beih 1/2003, 7 (21); auch *Skouris*, in: Festschr. f. Starck, 2007, S. 991 (993).

[591] Vgl. ähnlich (freilich zur parallelen Fragen nach der Einrichtung von Fachgerichten) *Karpenstein/Eggers*, in: *Grabitz/Hilf/Nettesheim*, Art. 257 AEUV, Rdnr. 8, die aber vertreten, das Sachgebiet solle nur einen indirekten Bezug zum Unionsrecht haben, damit die Kohärenz des Rechts nicht übermäßig gefährdet werde. Dem kann so nicht gefolgt werden. Eine substanzielle Entlastung bedingt auch eine unionsrechtliche Relevanz.

wältigen hat[592]: Im Jahr 2009 waren es beim EuG 568 Verfahren und im Folgejahr 636 Verfahren, beim EuGH sind dagegen in den selben Jahren etwas weniger Verfahren eingegangen, nämlich 562 und 631. Damit wird deutlich, dass mit einer Übertragung von Vorabentscheidungsverfahren auch eine personelle Stärkung des EuG einhergehen muss. Darauf wird später noch eingegangen.

Ein wichtiges Argument für die Verlagerung liegt in der gegenwärtig unterschiedlichen Zuständigkeit für Direktklagen (EuG) und indirekte Klagen, d.h. Vorabentscheidungsersuchen (EuGH)[593]. Derzeit ist der EuGH beim Vorabentscheidungsverfahren mit sämtlichen Themen des Unionsrechts befasst, während – wie dargestellt – bei anderen Verfahrenswegen bereits das EuG zuständig sein kann. In Sachbereichen, in denen das EuG im Wege der Direktklagen zu entscheiden vermag und seit vielen Jahren Expertise besitzt, wird man ihm aber beim Vorabentscheidungsersuchen kaum seine Fähigkeiten absprechen können. Zwar haben die Direktklagen – also die Nichtigkeits-, die Untätigkeits- und die Schadensersatzklage – das Ziel, die Handlungen der Gemeinschaftsorgane zu kontrollieren. Dagegen geht es bei der Vorlagefrage um die dezentral angeregte Auslegung (u.U. auch Gültigkeit) des Sekundärrechts. Diese föderale Ausgestaltung des Rechtsschutzsystems rechtfertigt jedoch keine unterschiedlichen Zuständigkeiten[594].

Darüber hinaus birgt nicht jede Vorlage eine Bedeutung in der Sachmaterie und für die Einheit des Rechts, die eine Behandlung vom Höchstgericht rechtfertigt. In vielen Fällen geht es eher um die Auslegung detaillierter Unionsnormen, die auch das EuG vorzunehmen vermag[595]. Ohnehin kann das EuG die Rechtssache schon im Vorhinein im Fall der Gefährdung der Einheit oder Kohärenz an den EuGH verweisen[596]. Im Übrigen wird der EuGH mit der Sache nur ganz ausnahmsweise in zweiter Instanz befasst. Das ist eine Frage des bereits angesprochenen[597] und unten weiter zu vertiefenden Rechtsmittelrechts. Das Reflexionspapier des EuGH äußerte in einem knappen Abschnitt zu der Möglichkeit einer Übertragung zurückhaltend, sie müsse in Betracht gezogen werden[598].

---

[592] Vgl. *Broberg/Fenger*, S. 26; gegen eine Übertragung (aber auch die Schaffung von Spezial- und Regionalgerichten), und zwar mit dem Argument der Rechtseinheit *Lipp*, in: *König/Rieger/Schmitt*, S. 397 (404, 406); ebenso *ders.*, JZ 1997, 326 ff.

[593] S. oben Tabelle 6.

[594] *Everling*, in: Festschr. f. Rengeling, 2008, S. 527 (540).

[595] S. *Craig/de Búrca*, S. 482, die sich für eine Übertragung aussprechen.

[596] Oben Fußn. 115.

[597] Bereits 3. Teil § 1 II 3 b).

[598] EuZW 1999, 750 (755) bereits mit dem Hinweis, dass die Zahl der Richter am EuG erhöht und dass ein Rechtsmittel durch Verweisung und/oder im Interesse des Rechts geschaffen werden müsste.

Der EuGH hegt jedoch wie erwähnt derzeit Skepsis[599]. Auch der vom EU-Gerichtshof am 28.3.2011 vorgelegte Entwurf zur Änderung der Satzung lehnt eine Übertragung in der Begründung vorerst ab[600]. Der EU-Gerichtshof zögert mithin noch, die Zuständigkeitsübertragung vorzuschlagen[601]. Der *Due*-Report votiert nur für einen teilweisen Übertrag[602]. Dabei schließt er eine Überantwortung wesentlicher Teile oder gar aller Fälle aus[603]. Trotzdem sprechen viele Argumente heute für eine gänzliche Übertragung an das EuG. Bliebe es bei den neu übertragenen Bereichen, so würde es sich als vorteilhaft erweisen, dass die Begründungen des EuG zumeist ausführlicher ausfallen als die des EuGH[604]. Der gegenwärtige Begründungsaufwand erklärt sich einerseits aus den vor dem Gericht verhandelten Themen, insbesondere dem rechtlich und sachverhaltlich komplexen Wettbewerbsrecht, sowie andererseits aus der Rechtsmittelgefahr zum EuGH und der damit einhergehenden hohen Begründungslast.

2. Argumente für eine Kammerspezialisierung

Obschon die Aufteilung von Verfahren in Abteilungen bzw. Kammern bereits zuvor Strategie zur Begrenzung der Arbeitslast war[605], besteht bei EuGH und EuG keine horizontale Aufspaltung nach Materien, wie sie mitgliedstaatliche Gerichtsordnungen kennen[606]. Die Richter sind entsprechend der Vorabentscheidungsersuchen mit einer Themenbreite konfron-

---

[599] Oben Fußn. 114.

[600] *Gerichtshof der Europäischen Union*, Entwurf von Änderungen der Satzung v. 28.3.2011, S. 10: „Ein Gebrauch der Möglichkeit, dem Gericht die Behandlung von Vorabentscheidungsfragen zu übertragen, die eher zur Entlastung des Gerichtshofs vorgesehen ist, falls er sich in Schwierigkeiten befinden sollte – was derzeit nicht der Fall ist –, würde somit die Gefahr bergen, mehr Schwierigkeiten als Vorteile zu schaffen. Abgesehen von den vorstehend angesprochenen Kohärenzfragen könnte die Verteilung der Vorabentscheidungsfragen auf den Gerichtshof und das Gericht auch für Verwirrung bei den Gerichten der Mitgliedstaaten sorgen und sie insbesondere wegen der mit einer Überprüfung einer Entscheidung des Gerichts durch den Gerichtshof verbundenen Verfahrensdauer davon abhalten, Vorabentscheidungsfragen vorzulegen".

[601] *Everling*, EuZW 21/2008, V (im Mantel des Hefts).

[602] Und zwar bei Streitigkeiten über die Gemeinschaftsmarke, Muster und Modelle, den Sortenschutz und Patente; denkbar wären auch die Bereiche justizielle Zusammenarbeit in Zivilsachen, die polizeiliche und justizielle Zusammenarbeit in Strafsachen sowie wettbewerbsrechtliche Streitsachen; alternativ wurden aber auch Fachgerichte erwogen; *Due*-Report, Beilage zu NJW H. 19/2000 und EuZW H. 9/2000, 10 f.; näher zu den Papieren in diesem Zusammenhang *Rabe*, EuR 2000, 811 (815 ff.).

[603] Beilage zu NJW H. 19/2000 und EuZW H. 9/2000, 8 f.

[604] *Classen*, in: Oppermann/Classen/Nettesheim, § 13, Rdnr. 25.

[605] Dazu etwa *Koopmans*, YEL 11 (1991), 15 (24).

[606] Für Deutschland *Bork*, RabelsZ 66 (2002), 327 (328 ff.).

tiert, für die in Deutschland fünf Gerichtszweige[607] und das BVerfG zuständig sind[608]. Der EuGH-Präsident weist[609] nach ungeschriebenen Grundsätzen thematisch gleiche Rechtssachen recht häufig demselben Berichterstatter zu[610]. Beim EuG[611] werden ebenfalls spezielle Kenntnisse berücksichtigt[612], allerdings erst nachdem eine Rechtssache an eine der derzeit acht Kammern mit ihren jeweils drei und fünf Richtern zugewiesen wurde[613]. Ansonsten gilt aber der Grundsatz der Nichtaufspaltung nach Materien, weil einzelne Materien gerichtsintern nicht bestimmten Kammern oder Berichterstattern zugewiesen sind[614].

Grund für diese zunächst unpraktisch erscheinende Regelung ist, dass keine mitgliedstaatliche Rechtsordnung bzw. kein Rechtskreis mittels des zuständigen Berichterstatters oder der zuständigen Kammer übergebührlichen Einfluss auf die Entwicklung eines bestimmten Sachgebiets des Gemeinschaftsrechts ausüben soll[615]. Ob diese Sorge noch gerechtfertigt ist, muss jedoch bezweifelt werden. Die fortschreitende Europäisierung, insbesondere die Europäisierung der Ausbildung und Herausbildung einer genuin europäischen Privatrechtswissenschaft machen diese Sorgen viel weniger begründet als in den Anfangszeiten etwa der binnenmarktrelevanten Rechtsprechung.

Wie aufgezeigt geht kaum ein Weg an einer Spezialisierung vorbei, die sich auch rein national als äußerst vorteilhaft erwiesen hat. Eine fachliche Konzentration würde sich zudem positiv auf die Dauer der Verfahren auswirken, weil ein arbeitsaufwändiges Einarbeiten in die Materien entfiele. Außerdem ließe sich die Qualität der Argumentation verbessern. *Everling* verweist im vorliegenden Kontext zutreffend auf die hohe Begründungslast der europäischen Gerichte: „In den nationalen Gerichten und in den Anwaltsbüros ist die Spezialisierung bereits weit vorangetrieben. Sie erwarten beim Gerichtshof Gesprächspartner mit ebenso detaillierten Kenntnissen,

---

[607] S. Art. 95 GG.

[608] *Everling*, in: Festschr. f. Rengeling, 2008, S. 527 (538).

[609] Nach Art. 9 § 2 VerfO-EuGH.

[610] *Dauses*, in: *ders.*, EU-Wirtschaftsrecht, Abschnitt A. II., Rdnr. 348.

[611] Nach Art. 13 § 2 VerfO-EuG.

[612] Neben der Arbeitsbelastung; *Pechstein*, Rdnr. 111.

[613] S. zu den Kriterien für die Zuweisung der Rechtssachen ABl.EU 2010 Nr. C 288, S. 8. Die Verteilung der üblichen Rechtssachen (etwa zur Durchführung der für Unternehmen geltenden Wettbewerbsregeln) auf die Kammern erfolgt in drei verschiedenen Verteilungsvorgängen gemäß der Reihenfolge der Eintragung der Rechtssachen in das Register der Kanzlei.

[614] *Everling*, in: Festschr. f. Rengeling, 2008, S. 527 (532); *Dauses*, in: *ders.*, EU-Wirtschaftsrecht, Abschnitt A. II., Rdnr. 348; *Metzger*, GRUR 2012, 118 (119).

[615] EuGH-Richter werden nicht zum Berichterstatter für Rechtssachen bestellt, die aus seinem eigenen Heimatland stammen; *Skouris*, in: Festschr. f. Starck, 2007, S. 991 (998).

die mit den Methoden, die in den jeweiligen Sachgebieten angewandt werden, vertraut sind, und sie benötigen Urteile, die nicht nur ein Ergebnis
dekretieren, sondern es auch überzeugend begründen. Da den europäischen
Gerichten eine Autorität nicht, wie meist in den Mitgliedstaaten, traditions-
gemäß zugewachsen ist, müssen sie sich ständig um die Überzeugungskraft
ihrer Urteile bemühen, damit diese allgemein als Emanationen einer legi-
timierten Instanz Akzeptanz finden."[616]

Das wäre der Fall, wenn Direktklagen und Vorabentscheidungsverfahren zu einem Sachgebiet vor derselben Fachkammer verhandelt würden[617]. Vieles spricht deshalb für eine Fachjustiz in Gestalt einer Spezialisierung einiger Kammern, während andere Rechtssachen dynamisch zugewiesen werden[618].

3. Begründung für EuG-Fachkammern statt neuer Fachgerichte

Denkbar ist auch eine weiter gestufte Arbeitsteilung, die eine Ebene
unterhalb des EuG, also auf der dritten Ebene, ansetzen würde. Die Details
dieser Reformoption werden gesondert unter V. behandelt. Hier soll vorab
als Weichenstellung interessieren, ob Spezialkammern am EuG oder – auf
der Ebene darunter – Fachgerichte für verschiedene Sachbereiche grundsätzlich vorzugswürdig sind. Dafür ist zunächst die Stellung der Fachgerichte nach dem Primärrecht zu bestimmen. Fachgerichte sind dem EuG
nach Art. 257 I AEUV „beigeordnet" und bilden – wie mehrfach erwähnt –
einen Teil des EU-Gerichtshofs[619]. Die Regelung könnte gegen eine
rechtliche Selbstständigkeit der Fachgerichte sprechen[620].

Was unter Beiordnung zu verstehen ist, bleibt allerdings unklar. Auf
eine institutionelle Selbstständigkeit deutet die Eigenschaft des EuG als

---

[616] *Everling*, in: Festschr. f. Rengeling, 2008, S. 527 (539).

[617] *Bundesrechtsanwaltskammer*, BRAK-Mitt. 2000, 292 (295).

[618] Der EU-Gerichtshof scheint dem nicht abgeneigt zu sein. In seinem Entwurf von
Änderungen der Satzung v. 28.3.2011, S. 10 schreibt er „gegebenenfalls im Wege einer
Spezialisierung mancher [EuG-]Kammern und einer dynamischen Zuweisung der
Rechtssachen". Dazu auch KOM(2011) 596 endg., Rdnr. 34 ff. Für eine Spezialisierung
in den Kammern beim EuG im Fall der Übertragung von Vorabentscheidungen etwa
Pirrung, S. 34; *Everling*, EuR 1997, 398 (418); *ders.*, EuZW 21/2008, V; für eine
Spezialisierung beim EuGH etwa *Lurger*, S. 180 f.; *Sack*, EuR 1999, 571 (574);
Grundmann, ERCL 1 (2005), 184 (205): „private law chamber at the ECJ"; ebenso *Hess*,
§ 13, Rdnr. 23 in Fußn. 115; *Dauses*, 60. DJT 1994, Bd. I: Gutachten, D 102; auch *Bork*,
RabelsZ 66 (2002), 327 (356): Einrichtung von Senaten beim EuGH nach dem Vorbild
des § 130 GVG. Dagegen *Due*-Report, Beilage zu NJW H. 19/2000 und EuZW H.
9/2000, 14: „Eine solche Spezialisierung der [EuG-]Kammern setzt in keiner Weise eine
Spezialisierung der betreffenden Richter voraus".

[619] Etwa oben Fußn. 132.

[620] *Wegener*, in: *Calliess/Ruffert*, Art. 257 AEUV, Rdnr. 8.

Rechtsmittelgericht ebenso hin wie die eigene Verfahrensordnung, welche das Fachgericht erlässt[621]. Die Details hängen vom Errichtungsbeschluss ab[622]. Bereits im gegenwärtigen Zeitpunkt lässt sich sagen: Fernab einer gewissen praktischen Anbindung (auch aus Gründen der Ressourcenschonung) wird sich eine Verselbstständigung – wie die Erfahrung mit dem EuG lehrt – zumindest auf längere Sicht nicht verhindern lassen[623]. Dass daraus im Großen eine Gefahr für die Einheit des Unionsrechts resultieren könnte, ist eher unwahrscheinlich, ist aber in Einzelbereichen nicht ganz von der Hand zu weisen.

Praktische Argumente sprechen für das Festhalten am EuG als dem zentralen Gericht unterhalb des EuGH und sogar für seine Stärkung durch Übertragung von Vorabentscheidungen. Hierdurch würden die Herstellung von Querbezügen und die kollegiale Zusammenarbeit zwischen den einzelnen Materien erleichtert, so etwa das Nachfragen bei anderen Kammern, wenn eine Rechtssache auch Fragen aus deren Zuständigkeit berührt. Häufig anzutreffen sind kombinierte Fragen aus verschiedenen Sachgebieten. Das wäre z.B. der Fall, wenn der Vorlagebeschluss eine IPR-Frage mit einer materiellrechtlichen Frage verknüpft. Beim EuG könnte dann (informell) die andere Kammer um Rat gebeten werden – bei Einzelgerichten wäre das schwieriger. Die Möglichkeit einer internen Aufsplitung zwischen den Spruchkörpern oder gar eine (partielle) Rückverweisung mit Bitte um aufgeteilte Vorlage, die sich gezielt an eine spezialisierte Kammer richtet, besteht derzeit nicht.

Das vorliegende Modell ermöglicht zudem einen flexibleren Zuschnitt der Kammern, der auf die internen Bedürfnisse reagiert: Sollte es zu einem Rückgang von Vorlagen aus dem fraglichen Sachgebieten kommen, könnten die Richter in anderen Bereichen Verwendung finden. Das wäre bei Fachgerichten kaum denkbar, schließlich sind ihre Besetzung und Ausstattung grundsätzlich schwer reversibel[624]. Weniger ins Gewicht fällt demgegenüber, dass die Errichtung von Fachgerichten – neben den zusätzlichen Kosten – erfahrungsmäßig etwa zwei Jahre dauert[625]. Zu beachten bliebe auch: Ein wirklicher Entlastungseffekt wäre durch ein Fachgericht

---

[621] *Karpenstein/Eggers*, in: *Grabitz/Hilf/Nettesheim*, Art. 257 AEUV, Rdnr. 9.

[622] Art. 257 II AEUV.

[623] So auch *Wegener*, in: *Calliess/Ruffert*, Art. 257 AEUV, Rdnr. 8.

[624] *Gerichtshof der Europäischen Union*, Entwurf von Änderungen der Satzung v. 28.3.2011, S. 8.

[625] Vgl. *Gerichtshof der Europäischen Union*, Entwurf von Änderungen der Satzung v. 28.3.2011, S. 8: „Die Errichtung eines Fachgerichts, die Ernennung der Richter, die Wahl des Kanzlers und der Erlass einer Verfahrensordnung würden wahrscheinlich, wie es beim Gericht für den öffentlichen Dienst der Fall war, eine Verlangsamung bei der Erledigung der Rechtssachen für ungefähr zwei Jahre nach sich ziehen".

nur bei einem hinreichend prozessträchtigen Rechtsgebiet zu erzielen[626]. Dazu noch später[627].

4. Sektorale Konzentration

a) Kriterien für die Auswahl von Sachgebieten

Es wäre ein Paradigmenwechsel, wenn an die Stelle einer prozessualen Zuordnung nach Verfahrensarten die Zuordnung aufgrund einer Qualifikation der vorgelegten Rechtsfragen treten würde. Bedenken gegen die Kategorisierbarkeit von Vorabentscheidungen herrschen vor allem in Ländern, deren Justizordnungen wenig ausdifferenzierte Gerichtszweige kennen. Vorgebracht wird darum von angelsächsischer Seite: „[M]ost cases are not amenable to simple categorisation and it may be naive to assume that the factors that lend staff and intellectual property cases to specialised treatment apply to other, wide-ranging areas of Community law"[628]. Ein Stück weit folgt die EU-Gerichtsbarkeit mit dem EuG und EuGöD freilich schon dem modernen und eher kontinentalen Trend zu einem fachlich gegliederten Gerichtsaufbau.

In der Tat wäre eine Abgrenzung manchmal schwierig[629]. Angesichts der bereits erreichten Ausdifferenzierung des Unionsrechts wäre eine Kategorisierung aber machbar – so wie es schon in der wissenschaftlichen und praktischen Behandlung z.B. mit dem Unionsprivatrecht, EU-IZVR, EU-IPR, Gesellschafts- und Steuerrecht geschieht. Verwiesen sei auch auf die Praxis in einigen Mitgliedstaaten: Dort hat die Frage, welcher Rechtsweg eröffnet ist (ebenso wie die gerichtsinterne Zuweisung)[630] zu umfang-

---

[626] *Gerichtshof der Europäischen Union*, Entwurf von Änderungen der Satzung v. 28.3.2011, S. 7 nennt dazu die Übertragung der Markensachen an ein Fachgericht für geistiges Eigentum, die – wie schon die Schaffung des EuGöD – „nur eine kurze Atempause verschaffen würde".

[627] 3. Teil § 2 V 2.

[628] *Heffernan*, ICLQ 52 (2003), 907 (913).

[629] Beispielsweise müsste man sich entscheiden: Wäre EuGH, Rs. C-236/09, NJW 2011, 907 (noch nicht in amtlicher Sammlung veröffentlicht) – *Association Belge des Consommateurs Test-Achats u.a.* zu den Unisex-Tarifen in Versicherungen eine verfassungsrechtliche Frage, da es um die Gültigkeit einer sekundärrechtlichen Norm ging oder eine zivilrechtliche Frage, da eine privatwirtschaftliche Beziehung vorlag? Wären Schadensersatzansprüche wegen Verletzung der Art. 101 und 102 AEUV als wettbewerbs- oder zivilrechtliche Frage zu qualifizieren?

[630] So fällt die Abgrenzung von Zuständigkeiten der BGH-Senate schwer, etwa wenn man an die gesellschafts- und insolvenzrechtliche Haftungstatbestände denkt, wofür der II., der VI. und der IX. Zivilsenat zuständig sein können; gravierende Probleme gab es auch bei Bürgschaften vermögensloser Familienangehöriger (IX. und XI. Zivilsenat) und dem Vertrieb geschlossener Immobilienfonds (II. und XI. Zivilsenat); dazu *Wagner*, in: *Bork/Eger/Schäfer*, S. 157 (185); *Rösler*, ZEuP 2006, 869 (885). Zur Divergenz- und

reicher Theorie und Rechtsprechung geführt[631]. Die Erfahrung des deutschen Rechts lehrt jedoch die Praktikabilität dieser Abgrenzung.

Zudem bestehen auf Unionsebene seit Jahrzehnten vergleichbare Abgrenzungserfordernisse zur Auswahl der Ermächtigungsgrundlagen für sekundärrechtliche Rechtsakte, die Gesetzgeber und EuGH beschäftigen. Ähnlich musste sich der Unionsgesetzgeber z.B. entscheiden, ob die Haftung aus culpa in contrahendo vertrags- oder deliktsrechtlich anzuknüpfen ist[632].

Für Zweifelsfälle könnte zudem die Regel aufgestellt werden, dass die Sache zu einem der beiden Gerichte gehen muss. Das mag in einigen Fällen, etwa mit klar verfassungsrechtlichem Einschlag, zur Zuständigkeit des EuGH führen. Dafür sollte er die ausschließliche Entscheidungsbefugnis haben. Mit der hier vorgeschlagenen Arbeitsteilung wäre zwangsnotwendig eine Stärkung der verfassungs- und rechtsmittelgerichtlichen Funktionen des EuGH bewirkt.

Da das gegenwärtige Recht nur eine schrittweise Übertragung erlaubt, stellt sich die Frage, mit welchen Sachgebieten begonnen werden sollte und welche Kriterien dafür heranzuziehen sind. Gesichtspunkte sind damit die verfassungsrechtliche Tragweite einer Rechtssache[633] und die generelle Bedeutung der fraglichen Rechtssachengruppe für die Wahrung der Rechtseinheit[634]. Das spricht etwa für eine Konzentration von insofern weniger bedeutenden Steuersachen oder von Streitsachen zu den landwirtschaftlichen Marktordnungen beim EuG[635].

Eine Rolle spielen sollte auch die Technizität eines Rechtsgebiets, was etwa bei der Klassifizierung von Waren in die Zolltarifnummern des Gemeinsamen Zolltarifs der Fall ist[636]. Rechtsgebiete, die richterliche Spezialkenntnisse abverlangen, könnten also an Fachkammern des EuG überführt werden, so etwa zur Auslegung des Unionsprivatrechts, EU-IZVR und EU-IPR. Übertragen werden sollten ebenfalls Bereiche, in denen das EuG bereits aufgrund von Direktklagen in einigem Umfang entscheidet,

---

Grundsatzvorlage gemäß § 132 II und IV GVG mit dem Ziel der Sicherung einer einheitlichen Rechtsprechung *Jungmann*, JZ 2009, 380 ff.; zum RsprEinhG aufgrund von Art. 95 III GG *Bork*, RabelsZ 66 (2002), 327 (332 f.).

[631] Etwa zur Abgrenzung der Rechtswege der ordentlichen Gerichtsbarkeit von den Verwaltungsgerichten nach den Generalklauseln § 13 GVG und § 40 VwGO.

[632] Nach Art. 2 und 12 Rom II-VO grundsätzlich deliktsrechtlich.

[633] *Azizi*, EuR-Beih 1/2003, 87 (110) nennt dies – neben dem Entlastungseffekt – als Kriterium für die Übertragung.

[634] *Everling*, EuR-Beih 1/2003, 7 (21).

[635] Dafür etwa *Everling*, EuR-Beih 1/2003, 7 (21).

[636] Erinnert sei an den Nachthemdenfall: EuGH, Rs. C-338/95, Slg. 1997, I-6495 – *Wiener/Hauptzollamt Emmerich*; dazu oben Fußn. 291 und 356; *Azizi*, EuR-Beih 1/2003, 87 (111).

z.B. Marken- und Beihilfesachen[637]. Wegen der umfassenden Expertise[638] des EuG im Wettbewerbsrecht könnte auch eine Übertragung der Vorlageverfahren zur Verordnung Nr. 1/2003[639] in Erwägung gezogen werden. Nun im Einzelnen zu den denkbaren Bereichen.

b) Marken-, Patent- und gesamtes Immaterialgüterrecht

Ein Hauptkandidat für die Übertragung von Rechtsschutzaufgaben an das EuG, aber auch an ein künftiges Fachgericht[640], ist das Immaterialgüterrecht. In erster Linie sind hier die Markenstreitsachen zu nennen. Einerseits ist das EuG schon für Rechtsstreitigkeiten über die Eintragung von Gemeinschaftsmarken nach der Verordnung 207/2009[641] erstzuständig[642]. Das eröffnet die Kompetenz des EuGH ohnehin nur für den Fall des Rechtsmittelverfahrens. Der EuGH ist dagegen für Vorabentscheidungsfragen über die Auslegung der markenrechtlichen Richtlinie 89/104/EWG bzw. nun 2008/95/EG[643] zuständig. Diese gerichtsinstitutionelle Divergenz ließe sich im Interesse einer einheitlichen Auslegung der Begriffe gut beheben, indem das EuG (oder ein Fachgericht) mit allen markenrechtlichen Sachen betraut würde. Bei den direkten Klagen auf dem Gebiet des geistigen Eigentums hat sich übrigens das EuG für eine Übertragung an eine Fachgerichtsbarkeit ausgesprochen[644]. In diesem Fall sollte das Fach-

---

[637] *Everling*, EuR-Beih 1/2003, 7 (21).

[638] Darauf heben *Karpenstein*, in: *Grabitz/Hilf/Nettesheim*, Art. 256 AEUV, Rdnr. 68 und *Azizi*, EuR-Beih 1/2003, 87 (111) ab.

[639] Dafür etwa *Everling*, EuR-Beih 1/2003, 7 (21). In *Everling*, EuR 1997, 398 (418) sah er am Ende der Entwicklung das EuG mit spezialisierten Kammern für Fragen des Warenverkehrs, der Freizügigkeit und des Sozialrechts, des Kapital-, Währungs- und Wirtschaftsrechts, des Privat- und Gesellschaftsrechts, des Wettbewerbs- und Beihilferechts, des Gerichtsverfahrens und des IPR.

[640] Dazu noch gleich folgend unter V.

[641] Verordnung (EG) Nr. 207/2009 des Rates vom 26.2.2009 über die Gemeinschaftsmarke, ABl.EU 2009 Nr. L 78, S. 1.

[642] Zu Zuständigkeiten der mitgliedstaatlichen Gemeinschaftsmarkengerichte sowie der Beschwerdekammern des Harmonisierungsamtes für den Binnenmarkt und des EuG s. Art. 95 ff. sowie 63 ff. der Verordnung 207/2009; bereits oben 3. Teil § 1 II 1.

[643] Erste Richtlinie 89/104/EWG des Rates vom 21.12.1988 zur Angleichung der Rechtsvorschriften der Mitgliedstaaten über die Marken, ABl.EWG 1989 Nr. L 40, S. 1; am 28.11.2008 durch Richtlinie 2008/95/EG des Europäischen Parlaments und des Rates vom 22.10.2008 zur Angleichung der Rechtsvorschriften der Mitgliedstaaten über die Marken, ABl.EG 2008 Nr. L 299, S. 25 abgeschafft. Zum Markenrecht *Heinze*, in: *Basedow/Hopt/Zimmermann* (Hrsg.), Handwörterbuch des Europäischen Privatrechts, Bd. II, 2009, S. 1037 ff.; *Rösler*, EIPR 29 (2007), 100 ff.

[644] In den Plenumssitzungen vom 8.4.2008 und 22.4.2009 und bekräftigt in einem dem Präsidenten des Gerichtshofs am 22.12.2009 übermittelten Dokument (zit. nach *Gerichtshof der Europäischen Union*, Entwurf von Änderungen der Satzung v. 28.3. 2011, S. 7).

gericht zur Wahrung der Kohärenz des Unionsrechts zusätzlich die Zuständigkeit für Vorabentscheidungsverfahren erhalten[645].

Gleichwohl ist der Gerichtshof auch 2011 weiterhin[646] skeptisch: „Was die Wirksamkeit der Schaffung eines Fachgerichts auf dem Gebiet des geistigen Eigentums angeht, zeigt die Analyse der Menge der beim Gericht anhängigen Rechtssachen, dass der Wegfall der Markenstreitsachen dem Engpass nicht abhelfen würde. Dem Fachgericht würden immer wieder ähnliche und vergleichsweise rasch zu erledigende Rechtssachen übertragen, während die komplexen Rechtssachen (der Großteil der ‚sonstigen Klagen') in der Zuständigkeit des Gerichts blieben. Die Zahl der anhängigen Rechtssachen der letztgenannten Art steigt aber ständig, und das Gericht benötigt gerade für ihre Behandlung Unterstützung. Deshalb besteht aller Anlass zu der Befürchtung, dass eine Übertragung der Markensachen ebenso wie [zuvor schon] die Übertragung der dienstrechtlichen Streitigkeiten [an das EuGöD] nur eine kurze Atempause verschaffen würde."[647]

Laut der dem Vertrag von Nizza angefügten Erklärung Nr. 17 wird Luxemburg den Sitz der Beschwerdekammern des Harmonisierungsamtes für den Binnenmarkt auch dann nicht einfordern, wenn sie in ein eigenständiges Fachgericht überführt würden. Damit wäre der Sitz (weiterhin) Alicante an der spanischen Costa Blanca[648].

Art. 262 AEUV ermöglicht eine interessante Erweiterung der Kompetenzen des EU-Gerichtshofs. Die Vorschrift eröffnet dem Rat die – einstimmig vorzunehmende – Übertragung von Zuständigkeiten im Bereich des Schutzes von geistigem Eigentum an den Gerichtshof. Die Fortentwicklung des unionalen Rechtsschutzsystems ist mit dieser Ermächtigungsoption nicht zwingend vorgegeben. Auf die Errichtung einer Fachgerichtsbarkeit sowie eines Patentgerichtshofs außerhalb des Unionskontexts ist noch in diesem Teil unter VI. zurückzukommen.

---

[645] So auch *Gerichtshof der Europäischen Union*, Entwurf von Änderungen der Satzung v. 28.3.2011, S. 9: Es „wurde die Ansicht geäußert, dass mit einer Übertragung der Klageverfahren betreffend die Gemeinschaftsmarken an ein Fachgericht eine Zuweisung der Vorabentscheidungsverfahren in Markensachen an das Gericht einhergehen sollte".

[646] Das Reflexionspapier des EuGH, EuZW 1999, 750 (753) erwähnt die steigende Zahl aus dem Marken- und Sortenschutzrecht, spricht sich aber gegen die Schaffung einer eigenen Fachgerichtsbarkeit aus. Speziell in Bezug auf die Rechtsstreitigkeiten über die Gemeinschaftsmarke auch das Memorandum „Vorschläge des Gerichtshofes und des Gerichts für die neuen Rechtsstreitigkeiten über geistiges Eigentum", EuZW 1999, 756 ff.; dazu *Terhechte*, in: *Grabitz/Hilf* (Hrsg.), Das Recht der Europäischen Union, Art. 229a EGV, 37. Erg.-Lfg. (2008), Rdnr. 10.

[647] *Gerichtshof der Europäischen Union*, Entwurf von Änderungen der Satzung v. 28.3.2011, S. 7; schon oben Fußn. 626.

[648] *Wegener*, in: *Calliess/Ruffert*, Art. 257 AEUV, Rdnr. 5.

c) Zivilrecht, IPR und IZVR

Wie aufgezeigt schaffen die mitgliedstaatlichen Gerichte und die EU-Gerichtsbarkeit einen durch das Vorabentscheidungsverfahren vermittelten Zivilgerichtsverbund. Der 2. Teil ergab jedoch in privatrechtsrelevanten Bereichen die wachsende Unzufriedenheit mit den Entscheidungsbegründungen und -methoden. Somit kommt der besagte Rechtsprechungsverbund nicht zur vollen Entfaltung. Darum wäre es ratsam, die Auslegung des Unionsprivatrechts[649], aber auch des EU-IZVR und EU-IPR[650] zusammen[651] an Fachkammern zu übertragen, was wegen besonderer Expertise auch zu einer schnelleren Bearbeitung führen könnte. Gerade angesichts der weitverzweigten Natur dieser Themenbereiche sowie aufgrund der Bedeutung dieser Materie für Unternehmen und Bürger ist eine Übertragung an unionsrechtlich und rechtsvergleichend entsprechend spezialisierte Richter sinnvoll. Damit lässt sich wegen der weiter steigenden Verfahrenslast in diesem Bereich ein hinreichender Entlastungseffekt zugunsten des EuGH erreichen.

Das Europäische Parlament hat im Zusammenhang mit der Reform der Brüssel I-Verordnung 2010 vertreten, es sei „an der Zeit [...], im Gerichtshof eine spezielle Kammer einzurichten, die über Vorabentscheidungsersuchen auf dem Gebiet des Internationalen Privatrechts entscheidet"[652]. Doch das ist nur teils zweckmäßig. Es käme zu einer weiter erhöhten Arbeitslast des EuGH, die wegen der Regel „ein Richter pro Mitgliedstaat"

---

[649] *Hopt*, RabelsZ 66 (2002), 589 (599): Kammer für Europäisches Privatrecht zum Verbraucherschutz-, Unternehmens- und Immaterialgüterrecht; s. auch *Basedow*, RabelsZ 66 (2002), 203 ff.; *ders.*, AcP 210 (2010), 157 (192), der sich für entsprechend spezialisierte Gerichte ausspricht; in die obige Richtung *Remien*, JZ 1992, 277 (282): Übergabe von zivilrechtlichen Vorlageverfahren an spezielle Spruchkörper.

[650] Für eine Übertragung der kollisionsrechtlichen Vorlagen an eine besondere Kammer des EuG oder an ein neues Unionsgericht mit entsprechenden Experten *Due*-Report, Beilage zu NJW H. 19/2000 und EuZW H. 9/2000, 10; *Hakenberg*, EuZW 2006, 391 (393) nennt das Zustellungs- und Vollstreckungsrecht als Kandidat für ein Spezialgericht, wie es beim EuGöD bereits der Fall ist.

[651] Das ist angesichts der Zusammenfassung von Kollisions- und Verfahrensrecht in einer Verordnung (z.B. bei der im 2. Teil erwähnten EG-UnterhaltsVO) sinnvoll; dafür *Kieninger*, in: Festschr. f. Scheuing, 2011, S. 110 (126), die zudem – wie vorliegend auch – qualitativ argumentiert, denn „der EuGH [würde] mit seinem relativ groben Instrumentarium, das er zur Auslegung der Brüsseler Verordnungen entwickelt hat, bei [...] diffizilen kollisionsrechtlichen Fragen nicht weiterkommen".

[652] Entschließung des Europäischen Parlaments vom 7.9.2010 zu der Umsetzung und Überprüfung der Verordnung (EG) Nr. 44/2001 des Rates über die gerichtliche Zuständigkeit und die Anerkennung und Vollstreckung von Entscheidungen in Zivil- und Handelssachen (2009/2140(INI)), P7_TA(2010)0304, Nr. 33 (als Reaktion auf das entsprechende Grünbuch der Kommission, KOM[2009] 175 endg. und den Bericht KOM[2009] 174 endg.).

nicht mit einem Zuwachs an Richtern aufgefangen werden kann. Das ist beim EuG anders, so dass bei einer Verlagerung der Arbeitslast zum EuG eine personelle Aufstockung primärrechtlich möglich und fachlich sinnvoll ist. Darauf ist unter 6. näher einzugehen.

d) Wettbewerbsrecht

Im Wettbewerbsrecht könnte das EuG ebenfalls gestärkt werden[653]. Hier spielt das Gericht bereits bei den entsprechenden Direktklagen eine wichtige Rolle. Indessen gehen die Vorlageverfahren insbesondere zum EU-Kartellrecht[654] an den EuGH. Wegen der Verschiebung von Kompetenzen hin zu den nationalen Gerichten und nationalen Kartellbehörden bei der nunmehr dezentralen Anwendung der Art. 101 und 102 AEUV (ex-Art. 81 und 82 EG)[655] sowie des Ausbaus schadensersatzrechtlicher Rechtsfolgen kommt es zu einer weiteren Zunahme der Vorabentscheidungsverfahren[656].

Neben Vorlagen zur Auslegung der besagten Vertragsvorschriften sind z.B. auch Vorlagen zur entsprechenden Vereinbarkeit der Kartellverfahrensordnung Nr. 1/2003 mit dem Primärrecht und deren Auslegung, aber auch zur Auslegung der Fusionskontrollverordnung[657] und zu den Gruppenfreistellungsverordnungen sowie zur Gültigkeit und Auslegung von Entscheidungen der Kommission eröffnet[658]. Die Vorlageverfahren aus diesen Bereichen, wie auch zu den weiteren des Wirtschaftsrechts, könnten auf das EuG übertragen werden.

---

[653] Zum gerichtlichen Rechtsschutz im Kartellrecht *Ritter*, in: *Immenga/Mestmäcker* (Hrsg.), Wettbewerbsrecht – Kommentar zum Europäischen Kartellrecht, Bd. I: EG/Teil 2, 4. Aufl. (2007), Anh. 1 VO 1/2003, Rdnr. 1 ff.; *Van Bael*, S. 327 ff., 501 ff.

[654] Dazu *Schmidt*, in: *Immenga/Mestmäcker* (Hrsg.), Wettbewerbsrecht – Kommentar zum Europäischen Kartellrecht, Bd. I: EG/Teil 2, 4. Aufl. (2007), Anh. 2 VO 1/2003, B, Rdnr. 34 ff.

[655] Insbesondere bei Anwendbarkeit der Ausnahmeregelung des Art. 101 III AEUV. Die Anwendung der EU-Wettbewerbsregeln durch die nationalen Gerichte sieht Art. 6 VO (EG) 1/2003 vor. Es handelt sich um die Verordnung (EG) Nr. 1/2003 des Rates vom 16.12.2002 zur Durchführung der in den Artikeln 81 und 82 des Vertrags niedergelegten Wettbewerbsregeln, ABl.EU 2003 Nr. L 1, S. 1.

[656] *Meessen*, in: *Loewenheim/Meessen/Riesenkampff* (Hrsg.), Kartellrecht, 2. Aufl. (2009), Einf., Rdnr. 108; s. auch *Lenz*, in: *Schwarze* (Hrsg.), Europäisches Wettbewerbsrecht im Zeichen der Globalisierung, 2002, S. 127 (137 ff.); *Prechal*, YEL 25 (2006), 429 (432 in Fußn. 9) der auf eine Parallele bei der Renationalisierung des Agrarrechts hinweist. Zur Vorlageberechtigung der Vergabekammern oben Fußn. 247.

[657] Verordnung (EG) Nr. 139/2004 des Rates vom 20.1.2004 über die Kontrolle von Unternehmenszusammenschlüssen, ABl.EU 2004 Nr. L 24, S. 1.

[658] *Schmidt*, in: *Immenga/Mestmäcker*, Anh. 2 VO 1/2003, B, Rdnr. 37.

Außerdem sind die gegenwärtigen Defizite im Rechtsschutz zu beachten. Die von der Kommission verhängten Bußgelder[659] erreichten in den vergangenen Jahren mit mehreren hundert Millionen Euro exorbitante Höhen[660]. Zudem nötigt die Tatsache, dass die Generaldirektion Wettbewerb der Europäischen Kommission zugleich die Rolle des Anklägers und die des Richters ausübt, zu einer strukturellen Reform, die eine Intensivierung der gerichtlichen Kontrolle zu bewirken hat[661]. Das fraglos legitime Ziel der effektiven Durchsetzung der Kartellrechtsordnung, die auch durch Abschreckung bewirkt wird, muss künftig in angemesseneren Ausgleich gebracht werden mit der Wahrung der Rechtsschutzansprüche der betroffenen Unternehmen. Derzeit beschränken die EU-Gerichte die Kontrolle auf eine vor allem an der Einhaltung eines ordnungsgemäßen Verwaltungsverfahrens ausgerichtete Evidenzprüfung. Diese fällt fraglos wohlwollend aus, werden doch die von der Kommission festgestellten kartellrechtlichen Verstöße zunehmend häufig bestätigt[662].

Stattdessen müsste die gerichtliche Kontrolldichte erhöht und die inhaltliche Kontrolle der Bußgeldentscheide verstärkt werden[663]. Künftig sollte die Kommission lediglich als Anklagebehörde tätig werden. Spezielle Kammern am EuG könnten dann die Vorfälle prüfen und im Falle der Kartellrechtswidrigkeit (nach eigener Beweiserhebung) die Bußgeldhöhe festsetzen[664]. Ein weiteres rechtsstaatliches Defizit liegt in den außergewöhnlich langen Bearbeitungszeiten von Wettbewerbssachen beim EuG begründet. Sie wirken abschreckend auf Rechtsschutzsuchende[665]. Darauf ist kurz unter 6. bei der Erhöhung der Richterzahl zurückzukommen.

---

[659] Deren Höhe ist bei den Hardcore-Kartellen gegenüber den neunziger Jahren stark angestiegen; mit Daten *Weitbrecht/Mühle*, EuZW 2011, 416 (417 f.).

[660] Beispielsweise hält *Everling*, in: Festschr. f. Isensee, 2007, S. 773 darum die Einstufung dieser Sanktionen als reines Verwaltungsunrecht und nicht als Strafrecht für fragwürdig. Es seien „völlig unvorstellbare Größenordnungen" erreicht, so *ders.*, EuR 2009, 717 (726).

[661] *Schwarze*, WuW 2009, 6 ff.; *ders.*, EuR 2009, 171 ff.; *ders.*, EuR 2009, 717 (726 f.); s. auch *Schwarze* (Hrsg.), Rechtsschutz und Wettbewerb in der neueren europäischen Rechtsentwicklung, 2010; Kritik auch bei *Forrester*, E.L. Rev. 34 (2009), 817 ff.

[662] Vgl. etwa die Fallanalysen von *Russo/Schinkel/Günster/Carree*, European Commission Decisions on Competition – Economic Perspectives on Landmark Antitrust and Merger Cases, 2010; *Carree/Günster/Schinkel*, Review of Industrial Organization 36 (2010), 97 ff.

[663] *Schwarze*, EuR 2009, 717 (726); *Weitbrecht/Mühle*, EuZW 2011, 416 (422).

[664] Vorschlag von *Schwarze*, EuR 2009, 717 (727).

[665] *Berrisch*, EuZW 2011, 409.

e) Sonstige Bereiche (z.B. Gesellschafts-, Steuer- und Agrarrecht)

Wegen der vergleichbaren fachlichen Anforderungen wäre auch eine Übertragung von gesellschafts-, bank- und börsenrechtlichen Vorlagen an das EuG denkbar[666]. Darüber hinaus sind – wie angedeutet – Zuständigkeitsübertragungen in anderen Bereichen möglich, so etwa beim Steuerrecht (vor allem Zolltariffragen)[667], Landwirtschaft und Fischerei, Lebensmittelrecht, Klagen zum Arbeits-, Sozial- und Umweltrecht[668] sowie zur chemikalienrechtlichen REACH-Verordnung 1907/2006, sollte es hier tatsächlich noch zur befürchteten Klagewelle kommen[669]. Denkbar ist die Übertragung von Verfahren zum freien Personenverkehr, d.h. Visa, Asyl, Einwanderung und andere Politiken[670]. Dafür bedarf es künftig einer genaueren Analyse der Vorlagezahlen, aber auch weiterer Anzeichen, welche einen künftigen Anstieg der Vorlagezahlen und eine fachliche Konsolidierung des zugrundeliegenden Bereichs als wahrscheinlich erscheinen lassen.

5. Andere Übertragungsansätze

a) Instanziell (allein von Untergerichten)

Anstelle einer globalen Zuweisung von bestimmten Sachgebieten sind auch andere Ansätze denkbar. Ein irischer EuG-Richter hat den interessanten Vorschlag unterbreitet, allein letztinstanzliche Gerichte sollten dem EuGH vorlegen können, wohingegen für Vorabentscheidungsersuchen von anderen Gerichten das EuG zuständig wäre[671]. Diese Unterscheidung ist von Art. 267 II und III AEUV angeregt, wonach nur letztentscheidende Gerichte einer Vorlagepflicht unterliegen. Als Grund führt er an: „only a minority of [...the] cases are presented by national courts of final appeal and that the bulk of the cases which the Court of Justice regards as un-

---

[666] *Hopt*, RabelsZ 66 (2002), 589 (598 f.), der sich für eine Bildung einer EuG-Kammer für Europäisches Privatrecht im weiteren Sinne ausspricht (S. 599); s. auch oben Fußn. 649.

[667] Vgl. *Bundesrechtsanwaltskammer*, BRAK-Mitt. 2000, 292 (295): Zollgericht.

[668] Z.B. von *Azizi*, EuR-Beih 1/2003, 87 (111) genannt.

[669] S. *Berrisch*, EuZW 2011, 409 (410).

[670] Titel IV des ex-EG-Vertrages, vgl. heute Art. 67 ff. AEUV. Vorgeschlagen im Vorfeld der Regierungskonferenz 2000 in „Contribution from the French delegation on reform of the judicial system of the European Union" v. 27.3.2000, CONFER 4726/00, S. 11: „trademark law and civil law matters arising out of the Brussels II Convention and Title IV of the TEC"; knapp eingeordnet von *Costello*, Dublin University Law Journal 21 (1999), 40 (54); ferner kurz von *Hopt*, RabelsZ 66 (2002), 589 (598 f.) und *Azizi*, EuR-Beih 1/2003, 87 (111) erwähnt.

[671] *Cooke*, The Bar Review (Dublin) 5 (1999), 14 (18); zugeneigt *Costello*, Dublin University Law Journal 21 (1999), 40 (55).

necessary, incoherent and ill-prepared emanate from the lower courts."[672] Diese Lösung hat den Vorzug der Einfachheit. Der Gefahr einer doppelten Vorlage in einer Rechtssache – einmal von einem unteren, dann von einem letztinstanzlichen Gericht – ließe sich durch eine direkte Rechtsmitteleinlegung vom EuG zum EuGH begegnen[673]. Ein gravierender Einwand bliebe aber bestehen: Damit ließe sich eine fachliche Spezialisierung nicht effektiv bewerkstelligen.

Ins Feld gebracht wird auch die besondere Rolle von Verfassungsgerichten. So geht ein Vorschlag dahin, „Vorlagen von Verfassungsgerichten und vergleichbaren obersten Gerichten sollten jedenfalls direkt an den Gerichtshof gehen"[674]. Das würde diese Gerichtskategorie vielleicht motivieren, verstärkt in ein (bislang zumeist fehlendes)[675] Gespräch mit dem EU-Gerichtshof einzutreten. Gleichwohl müsste eine solche Privilegierung die Ausnahme bleiben als nur im Kern verfassungsrechtliche Fragen direkt an den EuGH gerichtet werden sollten. Zu denken ist dabei beispielsweise an die *ultra vires*-Kontrolle des BVerfG, denn „[s]olange der EuGH keine Gelegenheit hatte, über die aufgeworfenen unionsrechtlichen Fragen zu entscheiden, darf das BVerfG für Deutschland keine Unanwendbarkeit des Unionsrechts feststellen"[676]. Solche Anhörungen des EU-Gerichtshofs sollten in der Tat direkt zum EuGH gelangen – sei es auch nur infolge eines Verweises durch das EuG.

b) Je nach Bedeutsamkeit der Rechtssache

Eine andere Möglichkeit könnte darin bestehen, Vorabentscheidungsverfahren zunächst an den EuGH zu richten und es ihm zu überlassen, ob er eine Rechtssache nach Prüfung für grundsätzlich und insbesondere für die Fortentwicklung der Unionsrechtsordnung derart wichtig erachtet, dass er selbst urteilt oder ob er den Fall wegen untergeordneter Relevanz an das EuG verweist. Zirkuliert wurde dieser Vorschlag auch im politischen Kreis[677]. Nicht zu verwechseln ist der Ansatz aber mit dem Filtersystem, das den Zugang zur Europäischen Gerichtsbarkeit schlechthin regelt. Der hier erörterte Vorschlag betrifft die interne Zuständigkeitsverteilung.

---

[672] *Cooke*, The Bar Review (Dublin) 5 (1999), 14 (18).

[673] Trotzdem lehnt *Heffernan*, ICLQ 52 (2003), 907 (915) den Vorschlag von *Cooke* ab.

[674] *Everling*, in: Festschr. f. Steinberger, 2002, S. 1103 (1117).

[675] Oben 2. Teil § 3 III 1 und 2.

[676] BVerfGE 126, 286 (erster Leitsatz und 304) – *Honeywell*.

[677] S. dazu den Bericht CONFER 4747/00 v. 31.5.2000 der „Friends of the Presidency Group" über „Proceedings on amendments to be made to the Treaties with regard to the Court of Justice and the Court of First Instance" zur Vorbereitung der Regierungskonferenz 2000.

Denkbar wäre es auch, umgekehrt vorzugehen, so dass die grundsätzlichen Fragen vom EuG gleich an den EuGH verwiesen werden müssen[678].

Allerdings bestehen Zweifel an der Praktikabilität[679]. Eine solche *ad-hoc*-Zuweisung auf Ermessensbasis vermeidet zwar schwierige Fragen einer Abgrenzung der Sachgebiete, krankt aber an der mangelnden Vorhersehbarkeit. Deswegen stünde die Garantie des gesetzlichen Richters in Frage[680], nach der im Vorhinein feststehen muss, welches Gericht und welcher Spruchkörper innerhalb des Gerichts mit einem Verfahren betraut sein wird. Zumindest nach deutscher Rechtsauffassung ist die Garantie des gesetzlichen Richters grundlegend für die Rechtsstaatlichkeit (Art. 101 I S. 2 GG, § 16 GVG), wenngleich bezüglich des Europarechts hier größere Flexibilität erlaubt sein muss[681]. Das ist auch wegen der unterschiedlichen Einschätzung in den Mitgliedstaaten gerechtfertigt. Zwar sind auch in anderen Staaten des Kontinents, etwa Frankreich, abstrakt-generelle Vorausbestimmungen der Geschäftsverteilung und des Spruchkörpers bekannt[682]. Die englische Gerichtsorganisation kennt dagegen keine festen Spruchkörper i.S.d. kontinentaleuropäischen Kammersystems. Jeder Einzelrichter (oder die *bench of judges*) spricht für das ganze Gericht[683].

c) Vorzugswürdige gänzliche Übertragung

De lege ferenda ist statt einer Teilung der Verantwortung zwischen EuGH und EuG auch eine gänzliche Übertragung der Kompetenz nach Art. 267 AEUV an das EuG denkbar, das entsprechend belastet wäre. Allerdings stellt sich dann die Frage, ob die 27 EuGH-Richter mit den verbleibenden Klagen und den Rechtsmittelverfahren vernünftig ausgelastet wären. Nimmt man die Zahlen von 2010, wären beim EuGH 385 neue Vorabentscheidungsverfahren zu subtrahieren. Diese Zahl wäre den Verfahren beim EuG hinzuzurechnen. Allein darin zeigt sich, dass eine gänzliche Übertragung eines sehr starken Ausbaus des EuG mit seinen 27 Richtern bedürfte und derzeit wenig sinnvoll wäre. Allerdings hätte dieser Vorschlag den Vorzug für sich, den besagten Schwierigkeiten bei einer partiellen

---

[678] Z.B. auf Vorschlag des Berichterstatters und nach Anhörung eines noch einzuführenden EuG-Generalanwalts; dafür *Malferrari*, S. 260.

[679] *Wegener*, in: *Calliess/Ruffert*, Art. 256 AEUV, Rdnr. 28.

[680] Darauf weist auch *Costello*, Dublin University Law Journal 21 (1999), 40 (53) hin; sie erblickt darin aber kein grundsätzliches Problem.

[681] Vgl. zur Ableitung des Rechts auf den gesetzlichen Richter mit gerichtsinterner Schutzwirkung aus Art. 6 I S. 1 EMRK und Art. 47 II GRCh sowie als allgemeiner Rechtsgrundsatz aus den Verfassungsordnungen einiger Mitgliedstaaten *Puttler*, EuR-Beih 3/2008, 133 (151 ff.); oben 2. Teil § 6 II.

[682] *Müßig*, Gesetzlicher Richter ohne Rechtsstaat?, S. 55 f., 59; *Puttler*, EuR-Beih 3/2008, 133 (147 ff.).

[683] Dazu *Müßig*, Gesetzlicher Richter ohne Rechtsstaat?, S. 54 f.

Übertragung aus dem Weg zu gehen, nämlich die Sachbereiche genau unterscheiden zu müssen. Die Schwierigkeiten bei der Parzellierung der Themen sprechen also für eine gänzliche Übertragung[684]. Zudem wird der Zuwachs an verfassungsrechtlichen Kernaufgaben dem EuGH genügend Arbeit überlassen[685].

6. Anzahl der Richter, deren Qualifikation und Herkunft

a) Erhöhung der Richterzahl und der Arbeitslast am EuG

Der Präsident des Gerichtshofs hat dem Europäischen Parlament und dem Rat mit Schreiben vom 28.3.2011 den „Entwurf von Änderungen der Satzung des Gerichtshofs der Europäischen Union und ihres Anhangs I" nebst Begründung zur Bewältigung des prognostizierten Anstiegs von Rechtsstreitigkeiten vorgelegt. Der EU-Gerichtshof schlägt darin vor[686], die Zahl der EuG-Richter von 27 auf 39 zu erhöhen[687]. Das wäre primärrechtlich nach Art. 19 II UAbs. 2 EUV i.V.m. Art. 254 I S. 1 AEUV problemlos möglich[688]. Zwölf neue Richter seien am Gericht erforderlich, um allein schon die gegenwärtig steigende Geschäftslast zu bewältigen. Das Hinzutreten von Bereichen des Vorabentscheidungsverfahrens blieb bei dieser Berechnung unberücksichtigt.

Von 2000 bis 2010 sind die beim EuG anhängig gemachten Rechtssachen um 65 % angestiegen: von 787 Rechtssachen (2000) auf 1.300 (2010)[689]. Der EU-Gerichtshof verweist auch auf die durchschnittliche Verfahrensdauer, die sich trotz Schaffung des EuGöD nicht nachhaltig verkürzt hat. Die Dauer hat sich seit 2004 von 20,9 Monaten auf 27,2 Monate im Jahr 2009 gesteigert. Zwar hat sich 2010 die Verfahrensdauer wieder auf 24,7 Monate reduziert, aber für bestimmte Klagekategorien ist sie sehr

---

[684] Für grundsätzliche Zuweisung von Vorabentscheidungen etwa *Pernice*, EuR 2011, 151 (166); *Rösler*, ZRP 2000, 52 (57); *Craig/de Búrca*, S. 482; *Prechal*, YEL 25 (2006), 429 (339 f.); ebenfalls wurde dies im Vorfeld der Regierungskonferenz 2000 vorgeschlagen in „Contribution from the Dutch Government: An agenda for internal reforms in the European Union" v. 6.3.2000, CONFER 4720/00, S. 15.

[685] Dazu noch sogleich unten unter 7.

[686] Daneben schlägt der EU-Gerichtshof vor, die Besetzung der Großen Kammer am EuGH zu ändern, das Amt eines EuGH-Vizepräsidenten einzurichten, die Zahl der EuG-Richter zu erhöhen (dazu später) und die Möglichkeit vorzusehen, dem EuGöD Richter *ad interim* beiordnen zu können.

[687] *Gerichtshof der Europäischen Union*, Entwurf von Änderungen der Satzung datiert v. 28.3.2011, S. 4; dazu *Berrisch*, EuZW 2011, 409 f.; zur Auswahl der Richter die Vorschläge in KOM(2011) 596 endg., Rdnr. 42 ff.

[688] Durch Änderung von Art. 48 Satzung des Gerichtshofs gemäß der Voraussetzungen nach Art. 281 II AEUV.

[689] *Gerichtshof der Europäischen Union*, Entwurf von Änderungen der Satzung v. 28.3.2011, S. 5.

viel länger[690]. So beträgt die Dauer für durch Urteil erledigte Beihilfesachen 42,5 Monate und 56 Monate für die sonstigen Wettbewerbssachen (2010)[691].

Diese inakzeptablen Verfahrensdauern[692], die ja in Einzelfällen noch länger währen, sind für den Rechtsuchenden kaum vorhersehbar[693]. Selbst der EU-Gerichtshof merkt vorsichtig an: Die Verfahrensdauer könnte den EuGH vor dem Hintergrund von Grundrechtecharta und EMRK „in eine heikle Lage bringen"[694]. Das ist milde formuliert, werden zudem doch viele potenzielle Kläger von einem Gang nach Luxemburg abgehalten.

Welche Auswirkungen hätte nun eine Übertragung der Vorabentscheidungsverfahren auf die Bearbeitungsdauer und Arbeitslast? Natürlich käme es nicht zu einer Situation wie beim Wetzlarer Reichskammergericht (1495–1806), über das die Anekdote kolportiert wird, von den an Deckenfäden hängenden Akten seien nur diejenigen bearbeitet worden, die zu Boden fielen – sei es wegen Morschheit des Fadens oder dem Nagen einer Maus[695]. Dennoch sind bei einem weiteren Anstieg der Verfahren und – was das EuG anbelangt – bei Zuständigkeitsverlagerungen zugunsten des Gerichts mehr Richter unumgänglich. Das EuG sollte zudem durch Generalanwälte verstärkt werden[696], was gegenwärtig in Form bestellter Amtsträger nicht der Fall ist und schlicht durch Satzungsänderung machbar wäre[697].

b) Herkunft und Qualifikation

Die Zahl der EuG-Richter – in den derzeit acht Kammern mit fünf Richtern und acht Kammern mit drei Richtern[698] – muss aus den genannten Gründen erhöht werden. Dies gilt natürlich umso eher, je mehr Verfahrensaufgaben übertragen werden. Über die Frage der Nationalität schweigt sich der Gerichtshof in seiner vom 28.3.2011 datierten Forderung nach einer Erhö-

---

[690] Dazu bereits im 2. Teil § 2 II 3 (in Fußn. 534).

[691] *Gerichtshof der Europäischen Union*, Entwurf von Änderungen der Satzung v. 28.3.2011, S. 4.

[692] *Berrisch*, EuZW 2011, 409.

[693] So zumindest *Berrisch*, EuZW 2011, 409: „Die Verfahrensdauer ist unvorhersehbar und nicht direkt abhängig von der Komplexität der zu entscheidenden Rechts- und Tatsachenfragen. Mit diesen Fakten konfrontiert, nehmen viele potenzielle Kläger vom Gang nach Luxemburg [A]bstand, selbst wenn sie sich in der Sache gute Erfolgsaussichten ausrechnen".

[694] *Gerichtshof der Europäischen Union*, Entwurf von Änderungen der Satzung v. 28.3.2011, S. 4.

[695] *Timmermans*, CML Rev. 41 (2004), 393 (403).

[696] Dafür etwa auch *Malferrari*, S. 253.

[697] Art. 254 I S. 2 AEUV; *Schwarze*, EuR 2009, 717 (724).

[698] ABl.EU 2010 Nr. C 288, S. 2 ff. mit personeller Besetzung.

hung der Richterzahl auf 39[699] aus. Dabei handelt es sich um ein nicht leicht zu beantwortendes Politikum. Das Primärrecht[700] macht es möglich, auch mehr als nur einen Richter pro Mitgliedstaat[701] zu ernennen. Festgelegt wird die Zahl der Richter durch Satzung.

Allerdings ist eine Erhöhung der Richterzahl nach Art. 281 II AEUV an einen einstimmigen Ratsbeschluss gebunden, schließlich sind budgetäre und vor allem politische Folgen mit einer solchen Änderung verbunden[702]. Der politisch einfachste Weg wäre die Verdoppelung der Richterzahl auf 54 (mit Kroatien ab voraussichtlich 2013 auf 56), so dass jede Nation mit zwei Richtern vertreten wäre[703]. Die Funktionsfähigkeit auch eines solch großen Rechtsprechungsapparates sollte kein ernstes Problem darstellen[704]. Beispielsweise hat der BGH zwölf Zivilsenate mit jeweils fünf Richtern, also 60 Zivilrichter. Da aber Zivilsenate mit sieben bis acht planmäßigen Richterstellen besetzt sind, liegt die effektive Zahl bei etwa 90 Zivilrichtern[705]. Auch der Einwand, es handle sich um ein internationales Gericht, spricht nicht gegen die Praktikabilität des Vorschlags.

Vorerst steht allerdings wohl eine geringere Erhöhung als auf 54 oder 56 zur Diskussion. Damit eröffnet sich wieder die Frage der Nationalität. Bislang war es Ziel der Vertragsgeber, die Herkunftsvielfalt zu betonen. Dieses generelle Anliegen spiegelt sich auch bei den Nationalitäten der aus der Mitte der Richterschaft gewählten Präsidenten des EuGH-[706], EuG[707]

---

[699] *Pernice*, EuR 2011, 151 (163) schlägt insgesamt vierzig Richter vor, und zwar in acht Kammern mit jeweils fünf Richtern. Es sollen dabei nicht mehr als zwei Richter aus einem Mitgliedstaat stammen.

[700] Art. 19 II UAbs. 2 EUV i.V.m. Art. 254 I S. 1 AEUV; wie schon die Vorgängerbestimmung Art. 224 I EG.

[701] Allerdings muss dem EuG nach Art. 19 II UAbs. 2 EUV mindestens ein Richter je Mitgliedstaat angehören.

[702] *Schwarze*, EuR 2009, 717 (724).

[703] S. *Wägenbaur*, Art. 48 Satzung EuGH, Rdnr. 2, der aber selbst diese Lösung als unwahrscheinlich bezweifelt.

[704] Vgl. auch *Pirrung*, in: Festschr. f. Stoll, 2001, S. 647 (657).

[705] *Wagner*, in: *Bork/Eger/Schäfer*, S. 157 (185); 2010 gingen 3179 Revisionen und Nichtzulassungsbeschwerden bei den BGH-Zivilsenaten ein.

[706] 1952–1958: *Massimo Pilotti* (Italien); 1958–1964: *Andreas Matthias Donner* (Niederlande); 1964–1967: *Charles Léon Hammes* (Luxemburg); 1967–1976: *Robert Lecourt* (Frankreich); 1976–1980: *Hans Kutscher* (Deutschland); 1980–1984: *Josse Mertens de Wilmars* (Belgien); 1984–1988: *John Mackenzie-Stuart* (Großbritannien); 1988–1994: *Ole Due* (Dänemark); 1994–2003: *Gil Carlos Rodríguez Iglesias* (Spanien); 2003–gegenwärtig: *Vassilios Skouris* (Griechenland).

[707] 1989–1995: *José Luis Da Cruz Vilaça* (Portugal); 1995–1998: *Antonio Saggio* (Italien); 1998–2007: *Bo Vesterdorf* (Dänemark); 2007–gegenwärtig: *Marc Jaeger* (Luxemburg).

und EuGöD[708] wider[709]. Jedoch ist es fraglich, ob sich die Regel „ein Richter pro Mitgliedstaat" aufgrund des Verhältnisses von kleinen zu großen Mitgliedstaaten weiterhin als tragfähig erweist[710].

Das Argument, in dem verfügbaren Angebot an Juristen kleinerer Mitgliedstaaten ließen sich wenige talentierte Richter finden[711], stimmt nur bedingt. Kleine Staaten weisen häufig eher vielsprachige, auslandserfahrene und international orientierte Bewerber auf. Ein gravierendes Problem liegt dagegen in der Überrepräsentation kleiner Staaten oder – wie es das BVerfG in seiner *Lissabon*-Entscheidung nennt – in der Überföderalisierung durch die Besetzung der Richterstellen[712]. Eine verzerrende Repräsentativität scheint gerade beim supranationalen EU-Gerichtshof, der streng an das Gesetz gebunden, unabhängig und überparteilich entscheidet, viel weniger angezeigt als bei den politischen Organen der Union[713]. Der Überföderalisierung sollte also durch eine stärkere Berücksichtigung der großen Mitgliedstaaten entgegengewirkt werden. Erwägenswert wäre auch, die oben aufgezeigten umgerechneten Vorlageraten zu berücksichtigen. Damit könnten größere und/oder besonders vorlageaktive[714] Staaten auch mehr Richter stellen.

Feste Fachkammern erfordern die Verabschiedung vom Grundsatz, Richter der eigenen Nationalität dürften nicht über einen Fall aus ihrem Heimatland urteilen. Spätestens seit der 2004er Beitrittsrunde mit zehn neuen Richtern lässt sich aber der entscheidende EU-Richter weniger als je zuvor als Richter „seines" Herkunftsmitgliedstaats verstehen[715]. Das wurde bereits beim Kammersystem am EuGH und dem Wandel zum kontinentaleuropäischen Modell eingehend dargestellt[716]. Als Folge des Kammersystems tritt die richterliche Vertrautheit mit den Besonderheiten des betroffenen nationalen Systems in den Hintergrund, so dass Kenntnisse des jeweiligen Rechtssystems vielfach kaum eingebracht werden können.

---

[708] 2005–2011: *Paul J. Mahoney* (Großbritannien); 2011–gegenwärtig: *Sean Van Raepenbusch* (Belgien).

[709] Ein Rotationsprinzip gibt es nicht; *Sack*, EuR 1999, 571 (572).

[710] *v. Danwitz*, EuR 2008, 769 (778).

[711] So *Schiemann*, in: *Arnull/Eeckhout/Tridimas*, S. 3 (11): „[S]maller states will be fishing for Judges in a smaller pool of qualified persons than the larger states. [...] So probably the present method of appointing Judges will have led to the appointment of some who would not have been chosen in an open competition across the Union if there had been no requirement of one Judge per state".

[712] BVerfGE 123, 267 (376) – *Lissabon*.

[713] Vgl. *Sack*, EuR 1999, 571 (573).

[714] Zu beachten wäre allerdings ein entsprechend hervorgerufener Vorlageaktionismus.

[715] Auch *Gundel*, EuR-Beih 3/2008, 23 (31).

[716] Oben 2. Teil § 7 II 2.

Das eigentliche Erfordernis einer Beteiligung der verschiedenen Rechtskulturen kann für den Bereich des Privatrechts derzeit nur mit Abstrichen gelten, schließlich weist die Praxis längst in eine andere Richtung[717]. Die Gefahr der Befangenheit ist derzeit als erheblich geringer einzustufen als in den Anfangsjahren der Rechts- und Marktöffnung. Was die Qualifikation anbelangt, sollten für die Fachkammern spezialisierte Richter berufen werden, die insbesondere das traditionelle Überwiegen öffentlich-rechtlich ausgebildeter Richter bei der EU-Gerichtsbarkeit ausgleichen[718].

Möglich wäre es auch, nationale Richter übergangsweise – im Sinne einer *stage* – nach Luxemburg abzuordnen[719]. Vorgeschlagen wurde zur Entlastung des EuGH weiter, eine Art „Gemeinsamen (Fach-)Senat der Obersten Gerichtshöfe der Mitgliedstaaten der Europäischen Union" zu bilden[720]. Ähnliches hat *Rudolf B. Schlesinger* (1909–1996) übrigens schon 1965 angeregt. Im Fall einer Harmonisierung von Kollisionsnormen „wäre es auch möglich, aus sachverständigen Mitgliedern der obersten Zivilgerichte der beteiligten Nationen einen internationalen Senat zu bilden, und auf diese Weise auch auf europäischer Ebene für die letztinstanzliche Entscheidung von Zivilprozessen den ordentlichen Rechtsweg offenzuhalten."[721] Wie sich diese Vorschläge jedoch in das bisherige Unionssystem einpassen ließen, bleibt fraglich.

7. Strukturelle Auswirkungen auf den EuGH

Bei einer Stärkung des EuG (wie auch im Fall der Bildung weiterer Fachgerichte, gegen deren Entscheidungen ein Rechtsmittel zum EuG einzulegen ist) wäre der Weg zum EuGH nur unter engen Voraussetzungen möglich. In dem Fall würde sich der EuGH in den instanziell verlagerten Rechtsbereichen fachlich zurückziehen. Damit wäre der EuGH in seiner verfassungsgerichtlichen Rolle gestärkt, wobei schon jetzt nach groben Schätzungen weit über die Hälfte der EuGH-Entscheidungen ihren Schwer-

---

[717] *Pernice*, EuR 2011, 151 (165): „Wenn es um die Überprüfung der Anwendung speziellen europäischen Sekundärrechts geht, ist Fachkenntnis oft wichtiger als die Beteiligung der verschiedenen Rechtskulturen an der Entscheidungsfindung." Auch *v Danwitz*, EuR 2008, 769 (777) stellt fest, „dass Sachkriterien wie die fachlichen Kenntnisse oder das Verständnis des betroffenen mitgliedstaatlichen Rechts keine nennenswerte Rolle spielen".

[718] *Franzen*, JZ 2003, 321 (330); auch *ders.*, Festschr. f. Maurer, 2001, S. 889 (905); anders *Pirrung*, in: Festschr. f. Stoll, 2001, S. 647 (651 f.).

[719] *Pernice*, EuR 2011, 151 (163 f.) schlägt vor, Richter von den obersten Gerichten der Mitgliedstaaten zu entsenden, die dann nach sechs Jahren Amtszeit mit neuen europäischen Erfahrungen zu ihren Gerichten zurückkehren.

[720] *Hirte*, S. 59; mit Verweis auf *Remien*, JZ 1992, 277 (282).

[721] *Schlesinger*, S. 23 f.

punkt im Verfassungsrecht aufweisen sollen[722]. Anders als das deutsche BVerfG ist der EuGH kein spezialisiertes Verfassungsgericht und will dies nach eigenem Bekunden und in Abgrenzung zum EGMR nicht sein[723]. Indem der EuGH für alle im Wege des Vorabentscheidungsverfahrens vorgelegten Unionsrechtsfragen zuständig ist, liegt der Status des EuGH zwischen Verfassungs-, Verwaltungs- und Zivilgericht[724].

Mit dem vom EuGH abverlangten Generalistentum steht der EuGH der anglo-amerikanischen Gerichtskonzeption nahe[725]. Mit seiner Verwerfungsbefugnis von Rechtsakten des EU-Gesetzgebers ähnelt der EuGH dem U.S. Supreme Court und insoweit auch dem BVerfG[726]. Das Prüfungsrecht ist, ausgehend von der im Jahr 1803 ergangenen Supreme-Court-Entscheidung *Marbury v. Madison*[727], ein weltweites Phänomen[728]. Dabei lässt sich feststellen, dass ältere Verfassungsordnungen wie die USA keine Verfassungsgerichtsbarkeit aufweisen, während Deutschland[729], Italien, Spanien und Portugal als Staaten, die sich erst nach Krisen einem stabilen demokratischen Staat zuwandten, eine solche institutionelle Spezialisie-

---

[722] *Graßhof*, in: *Maunz/Schmidt-Bleibtreu/Klein/Bethge* (Hrsg.), Bundesverfassungsgerichtsgesetz, § 93a, 34. Erg.-Lfg. (2011), Rdnr. 24; oben Tabelle 6 und Fußn. 164; aus der überbordenden Literatur etwa *Ipsen*, in: *Schwarze* (Hrsg.), Der europäische Gerichtshof als Verfassungsgericht und Rechtsschutzinstanz, 1983, S. 29 ff.; *Dauses*, integration 1994, 215 ff.; *Bauer*, Der Europäische Gerichtshof als Verfassungsgericht?, 2008; *Hinarejos*, S. 1 ff.; *Rinze*, EPL 5 (1993), 426 ff.

[723] So der Präsident des Gerichtshofs *Skouris*, MMR 2011, 423 (426): „In diesem Zusammenhang sollte nicht übersehen werden, dass der Europäische Gerichtshof [...] kein spezifisches Grundrechtsgericht ist. Gerade bei der Auslegung von Richtlinienbestimmungen und anderen Vorschriften des sekundären Unionsrechts ähnelt er funktionell eher einem obersten Fachgericht. Das wirkt sich auf die Art und Weise aus, mit der er grundrechtsgebundene Maßnahmen von Unionsorganen und Mitgliedstaaten im Anwendungsbereich des Unionsrechts auf ihre Grundrechtskonformität hin überprüft. Sein Prüfungsmaßstab sind nicht allein oder in erster Linie die Unionsgrundrechte, sondern das gesamte, dem Prüfungsgegenstand übergeordnete Primär- und Sekundärrecht. [... Es] deutet alles darauf hin, dass es richtig ist, auf dem bisherigen Weg fortzufahren, in dem Bewusstsein, dass dieses mehrschichtige, aber aufeinander abgestimmte System des Grundrechtsschutzes vieles geleistet hat und weiterhin in der Lage sein wird, auch durch die Verbindlichkeit der Grundrechtecharta, gut und effektiv zu funktionieren".

[724] Oben 2. Teil § 1 I 3.

[725] *Hartmann*, Das politische System der Europäischen Union – Eine Einführung, 2001, S. 159; bereits 2. Teil § 1 I 3.

[726] *Brown/Kennedy*, S. 112.

[727] 5 U.S. 137 (1803); s. aber zur Phase davor *Treanor*, Stan. L. Rev. 58 (2005), 455 ff.

[728] Vgl. etwa *Härtel*, in: *Basedow/Kischel/Sieber* (Hrsg.), German National Reports to the 18th International Congress of Comparative Law, 2010, S. 487 ff.; *Hinarejos*, S. 2.

[729] Zu Vorläufern einer Normenkontrolle beim Reichsgericht *Rösler*, Tul. Eur. & Civ. L.F. 23 (2008), 1 (12).

rung wählten. Damit besteht neben der ordentlichen Gerichtsbarkeit eine zentralisierte[730] Verfassungsgerichtsbarkeit[731].

Ebenfalls für eigenständige Verfassungsgerichte haben sich die neuen Mitgliedstaaten entschieden[732]. Natürlich stellen Verfassungsgerichte kein Allheilmittel zur Bewältigung totalitärer Rechtsordnungen dar und bedürfen weitergreifender rechtskultureller Voraussetzungen, die viel maßgeblicher sind[733]. Großbritannien, die Schweiz und die Niederlande mussten eine solche Einrichtung schließlich nicht wählen. Dennoch haben sich in der Summe Verfassungsgerichte als förderlich für Demokratie und Rechtsstaatlichkeit erwiesen[734]. Das wirft folgende Frage auf: Sollte die EU dem modernen Trend der Ausdifferenzierung nachgehen und sich damit auf die Funktion des Impulsgebers konzentrieren[735] oder am Modell des Einheitsgerichtshofs festhalten?

Dass der EuGH in seiner Rolle als Verfassungsgericht künftig jedenfalls stärker sichtbar wird[736], ist wünschenswert. Die Aufgaben werden dazu recht bald nötigen. Verfassungsrechtler *Pernice* schreibt: „Schon allein der Schutz der Grundrechte auch direkt gegenüber Verordnungen, Fragen der Unionsbürgerschaft, die neue Kompetenzabgrenzung, die Normenhierarchie und die verstärkte Garantie nationaler Identität und der Subsidiarität dürften den Gerichtshof mit der Zeit derart beschäftigen, dass eine schritt-

---

[730] Zum dezentralen Modell (USA) und den zentralistischen Systemen (Europa) *Ferreres Comella*, Tex. L. Rev. 82 (2004), 1705 ff.

[731] *Basedow*, EuZ 2009, 86 (88 f.) unterscheidet drei Funktionen des Gerichtshofs: Rechtmäßigkeitskontrolle, Impulsgebung und Wahrung der Rechtseinheit. EuGH und U.S. Supreme Court müssten alle drei Funktionen zugleich wahrnehmen, während etwa in Deutschland und Spanien die Aufgabe des Impulsgebers den Verfassungsgerichten übertragen sei und die Funktion der Wahrung der Rechtseinheit den obersten Gerichtshöfen zufalle.

[732] *Bryde*, in: *Hofmann* (Hrsg.), Europarecht und die Gerichte der Transformationsstaaten – European Law and the Courts of the Transition Countries, 2008, S. 148 (149); Überblick über die verfassungsgerichtlichen Systeme Europas *Haase/Struger*, Verfassungsgerichtsbarkeit in Europa, 2009; *Weber*, Europäische Verfassungsvergleichung, 12. Kap., Rdnr. 34 ff.; *Häberle*, Europäische Verfassungslehre, S. 460 ff.; s. weiter *Brakalova*, Wege zur Reformierung der Europäischen Verfassungsgerichtsbarkeit unter besonderer Berücksichtigung der Osterweiterung und der Erfahrungen in „losen" Föderationen, 2008.

[733] Zu den rechtskulturellen Voraussetzungen für das effektive Wirken von Verfassungsgerichten am Beispiel des russischen Verfassungsgerichts *Nußberger*, JZ 2010, 533 ff.; zu Funktion und Bedeutung der Verfassungsgerichte in vergleichender Perspektive *Häberle*, EuGRZ 2005, 685 ff.

[734] *Nußberger*, JZ 2010, 533 f.

[735] Vgl. zu dieser Funktion *Basedow*, EuZ 2009, 86 (90 f.).

[736] S. etwa *Vesterdorf*, Int. J. Const. L. 4 (2006), 607 ff.; auch *Everling*, EuR 1997, 398 ff.; *Dashwood/Johnston*, in: *dies.*, S. 55 (65 ff.); *Weiler*, in: *ders.*, The Constitution of Europe – Do the New Clothes have an Emperor?, 1998, S. 188 (215 ff.).

weise Konzentration auf die genuin verfassungsrechtlichen Fragen unausweichlich wird. Hinzu kommt der Dialog mit dem EGMR, der mit dem Beitritt der Union zur Europäischen Menschenrechtskonvention gemäß Art. 6 Abs. 2 EUV eine neue Bedeutung erhalten wird."[737]

Damit verbleiben dem EuGH selbst im Fall einer hier befürworteten vollständigen Übertragung der Vorabentscheidungsverfahren genügend Aufgaben. Als weiterer Vorteil wären die spezialisierten Bereiche etwas abgekoppelt von der Fundamentalkritik an der verfassungsrechtlichen Rolle des EuGH (s. oben 2. Teil § 3), bei dem verschiedene Auslegungsdichten sowie durch das Verfassungs- und Verwaltungsrecht geprägte Strukturen und Argumentationsweisen vorherrschen. Auch dies spricht dafür, die Eigenständigkeit des Zivilrechts durch zivilrechtliche Fachkunde und Methodik stärker zu betonen.

8. Zusammenfassende Einschätzung und offene Rechtsmittelfragen

Die Herren der Verträge sollten vollen Gebrauch von den Optionen machen, die der Vertrag von Nizza bietet. Zwar haben die Vertragsparteien schon das EuGöD aus der Taufe gehoben. Darüber hinaus haben sie bislang von einer Stärkung des EuG in Form einer Übertragung von Vorabentscheidungsverfahren nach Art. 256 III AEUV abgesehen. Wie dargestellt sollten beim EuG „Kammern" und Richtern dauerhaft bestimmte Sachbereiche zugewiesen werden. Das wäre eine horizontale Auffächerung nach Materien innerhalb der bestehenden Einrichtungen. Durch eine originäre Erstzuständigkeit des EuG ließen sich Synergien herstellen. Dieselben (spezialisierten) Spruchkörper könnten Vorabentscheidungen und Direktklagen behandeln. Zu denken ist hier insbesondere an das Zivilrecht, IPR und IZVR. Langfristig wäre eine gänzliche Übertragung des Vorabentscheidungsverfahrens zum EuG wünschenswert.

Diskussionsbedarf besteht beim Rechtsmittel. Die Europäische Gerichtsbarkeit muss wie jedes andere Justizsystem[738] den Zugang zu Rechtsmitteln allein schon wegen des Interesses der Allgemeinheit an einer Kostenbegrenzung beschränken[739]. Die Belastung der Gerichte ließe sich anderenfalls nur durch ein Aufblähen des Justizapparats bewerkstelligen. Bei der EU-Gerichtsbarkeit kommt als Sonderaspekt die Gefahr hinzu, dass überlange Verfahren von der weitreichenden Freiwilligkeit der Kooperation mit der Unionsgerichtsbarkeit abschrecken.

Rechtsmittel in Vorabentscheidungsverfahren würden die Gesamtdauer des Verfahrens vor der Europäischen Gerichtsbarkeit erhöhen. Allerdings

---

[737] *Pernice*, EuR 2011, 151 (162); oben Tabelle 6 und Fußn. 164.
[738] Dazu etwa *Wagner*, in: *Bork/Eger/Schäfer*, S. 157 (159).
[739] Bereits 2. Teil § 1 II 3 und 3. Teil § 1 II 3.

soll der EuGH erstens die Überprüfung von EuG-Entscheidungen im Eilverfahren vornehmen[740]. Der EuGH würde zweitens im Rahmen des Über-
prüfungsverfahrens nach Art. 256 III UAbs. 3 AEUV nur eine lockere
Oberaufsicht[741] ausüben. Nach den bereits erörterten Art. 62 bis 62b Satzung des Gerichtshofs[742] ist die zweitinstanzliche Befassung mit der Vorlage ein Sonderfall, was auch der EU-Gerichtshof kürzlich betont hat: „Die
Überprüfung [durch den EuGH] ist [...] ein Ausnahmeverfahren, von dem
nur zurückhaltend Gebrauch gemacht werden soll, wenn das Interesse des
Unionsrechts offenkundig über Mängel des Verfahrens im Hinblick auf die
Parteibeteiligung hinausgeht. Die Überprüfung ist deshalb nur auf der
Ebene der großen Grundsatzfragen das geeignete Mittel zur Gewährleistung der Kohärenz der Rechtsprechung."[743]
Ohne Frage bedarf die Rechtsmittelberechtigung ebenfalls einer eingehenden justizpolitischen Diskussion. Oben wurde die alleinige Berechtigung des Ersten EuGH-Generalanwalts zur Einlegung von Rechtsmitteln
kritisiert[744]. Den Verfahrensbeteiligten kein Antragsrecht zuzugestehen,
mag aus Gründen der Beschränkung der Arbeitslast zunächst noch hinzunehmen sein. Vielfach geht es um Rechtssachen, die innerhalb eines nationalen Gerichtssystems nie zur höchsten Instanz gekommen wären[745]. Darin
läge keine Rechtsmittelverkürzung – eher im Gegenteil, da ja sogar die
Chance einer weiteren Instanz grundsätzlich eröffnet wird. Bedenklich
stimmt allerdings, dass selbst die Kommission als Hüterin des Unionsrechts[746] oder (auch) die Mitgliedstaaten das Überprüfungsverfahren nicht
anstoßen können. Ein weiteres Fragezeichen werfen die bereits aufgeworfenen Unterschiede beim Rechtsmittelfilter von Vorabentscheidungsverfahren und Direktklagen auf[747], wobei für letzte die Rechtsmittelzahlen seit
Jahren steigen[748].

---

[740] Art. 62a Satzung des Gerichtshofs. So sah es auch eine Erklärung zum Vertrag
von Nizza vor: 15. Erklärung zu Artikel 225 Absatz 3 des Vertrags zur Gründung der
Europäischen Gemeinschaft, ABl.EG 2002 Nr. C 80, S. 80.

[741] *Dauses*, in: *ders.*, EU-Wirtschaftsrecht, P. Gerichtsbarkeit der EU – Einführung,
Rdnr. 253.

[742] 3. Teil § 1 II 3 b) und d).

[743] *Gerichtshof der Europäischen Union*, Entwurf von Änderungen der Satzung v.
28.3.2011, S. 10.

[744] 3. Teil § 1 II 3 b) a.E.

[745] *Broberg/Fenger*, S. 28.

[746] Art. 17 I EUV.

[747] 3. Teil § 1 II 3 d).

[748] Oben Tabelle 5.

V. Errichtung weiterer Unionsfachgerichte (dritte Ebene)

1. EuGöD als Sonderfall oder Vorreiter?

Die beschriebene Übertragung von Vorabentscheidungsverfahren auf das EuG läuft auf ein zweistufiges Modell mit Spezialisierung durch verstärkte horizontale Schichtung innerhalb der EU-Gerichtsbarkeit hinaus. Danach bliebe das EuGöD ein Sonderfall. Denkbar wäre es auch, weitere Fachgerichte zu errichten. Dafür genügt nach Art. 257 I AEUV der Erlass einer Verordnung im ordentlichen Gesetzgebungsverfahren auf Vorschlag der Kommission oder auf Antrag des Gerichtshofs. Fachgerichte sind dem EuG instanziell untergeordnet – wie beim Anwendungsbeispiel des EuGöD aufgezeigt. Neue Fachgerichte dienen vor allem der Entlastung des EuG und sind nicht zur Gewährleistung neuer Rechtsmittel gedacht[749]. Gleichwohl hat die Möglichkeit zur Rechtsmitteleinlegung ihre Berechtigung, weil mit einer institutionellen Spezialisierung Gefahren für die Einheit des Unionsrechts einhergehen[750]. Käme es zu einer Konzentration in Form vermehrter vertikaler Schichtung, hätte der EuGöD eine Vorreiterrolle inne[751].

Allerdings handelt es sich beim EuGöD um echte Sondermaterien mit „massenhaft auftretenden Einzelfällen"[752], die nicht recht zu den sonstigen Aufgaben des EuGH bzw. EuG passen wollen. Zu erinnern sind ferner die Gründe dieser Arbeit, sich in erster Linie für Fachkammern auszusprechen[753]: (1.) Auf schwankende Rechtsprechungsaufgaben ließe sich innerhalb des EuG leichter reagieren als bei verschiedenen Fachgerichten. (2.) Zudem wäre die Einheit der Rechtsprechung leichter zu gewährleisten[754]. (3.) Nach geltendem Recht können die Zuständigkeiten für (freilich sektoral beschränkte) Vorabentscheidungen nur dem EuG, nicht jedoch den

---

[749] *Karpenstein/Eggers*, in: *Grabitz/Hilf/Nettesheim*, Art. 257 AEUV, Rdnr. 2; *Wägenbaur*, ZEuS 2007, 161 (165).

[750] So auch *Karpenstein/Eggers*, in: *Grabitz/Hilf/Nettesheim*, Art. 257 AEUV, Rdnr. 4.

[751] So die erste Kanzlerin des EuGöD *Hakenberg*, EuZW 2006, 393 (391), die etwa das europäische Marken- und später das Patentrecht und das europäische Zustellungs- und Vollstreckungsrecht als Kandidaten für Fachgerichte ansieht. Weiter *Vesterdorf*, E.L. Rev. 28 (2003), 303 (322); *Forwood*, in: *Hoskins/Robinson* (Hrsg.), A True European – Essays for Judge David Edward, 2003, S. 81 (87 ff.); vgl. früh *Koopmans*, YEL 11 (1991), 15 (32). Dagegen *Hirte*, S. 58. Von der deutschen Entwicklung im 19. Jahrhundert inspiriert, spricht sich *Remien*, JZ 1992, 277 (282) für die Errichtung eines Europäischen Oberhandelsgerichts aus.

[752] *Schwarze*, EuR 2009, 717 (725), das EuGöD sei darum ein Ausnahmefall.

[753] Bereits oben 3. Teil § 2 IV 3.

[754] Wie hier auch *Lipp*, in: *König/Rieger/Schmitt*, S. 397 (404). Für Fachgerichte dagegen (thematisch nur angerissen) *Joerges/Brüggemeier*, in: *Müller-Graff* (Hrsg.), Gemeinsames Privatrecht in der Europäischen Gemeinschaft, 2. Aufl. (1999), S. 301 (357).

Fachgerichten übertragen werden. Darum ist bei Fachgerichten eine aus oben genannten Gründen als sinnvoll zu erachtende Zusammenlegung der Zuständigkeiten zu gleichen Rechtsgebieten *de lege lata* nicht eröffnet[755].

2. Themenbereiche von Immaterialgüter- bis Wettbewerbsrecht

Bei der Schaffung von Fachgerichten als Satelliten des EU-Gerichtshofs unter dessen Dach werden dieselben Themenbereiche diskutiert wie eben bei den EuG-Fachkammern. Insoweit sei hier auf die vorstehenden Ausführungen verwiesen, die bereits teils die Option der Fachgerichte miterörterten. Für Fachgerichte eignen sich – eingedenk der oben beschriebenen Vorbehalte – besonders Gebiete, die eine umfangreiche Sachverhaltsermittlung erfordern oder wegen Spezialität, Eigenständigkeit, Komplexität und Technizität der Materie eine leichte Abgrenzung der Rechtsgebiete eröffnen[756].

In diesem Zusammenhang wird häufiger das Immaterialgüterrecht genannt. Für eine Reihe von Autoren deutet manches auf die Einrichtung einer entsprechenden Fachgerichtsbarkeit hin[757]. Doch Vorschläge der Schaffung eines Fachgerichts zum Schutz des geistigen Eigentums auf Basis von Art. 262, 257 AEUV (ex-Art. 229a, 225a EG), wie sie 2003 für das Patentrecht unterbreitet wurden[758], sind wegen des Ratifizierungserfordernisses bei der Zuständigkeitsübertragung nach Art. 262 AEUV und weiterer politischer Erfordernisse derzeit wenig realistisch[759]. Diese Probleme

---

[755] *Everling*, EuR-Beih 1/2009, 71 (80).

[756] *Pernice*, EuR 2011, 151 (165); auch oben 3. Teil § 2 I 3.

[757] *Micara*, in: *Snyder/Maher* (Hrsg.), The Evolution of the European Courts: Institutional Change and Continuity/L'évolution des juridictions européennes: Changements et continuité, 2009, S. 211 ff.; *Terhechte*, in: *Grabitz/Hilf*, Art. 229a EGV, Rdnr. 26; *Wegener*, in: *Calliess/Ruffert*, Art. 257 AEUV, Rdnr. 6; vgl. weiter *Rabe*, EuR 2000, 811 (814 f.).

[758] Es sollte ein Gemeinschaftspatentgericht mit sieben Richtern errichtet werden, gegen dessen Entscheidung ein Rechtsmittel an eine Kammer des EuG eröffnet gewesen wäre. Vorschlag für einen Beschluß des Rates zur Übertragung der Zuständigkeiten in Gemeinschaftspatentsachen auf den Gerichtshof, KOM(2003) 827 endg.; Vorschlag für einen Beschluss des Rates zur Errichtung der Gemeinschaftspatentgerichts und betreffend das Rechtsmittel vor dem Gericht erster Instanz, KOM(2003) 828 endg. Zum 1982 geschaffenen U.S. Court of Appeals for the Federal Circuit – der USA-weit u.a. für Patent- und Markenrechtsstreitigkeiten zuständig ist – als Modell für Europa *Pakuscher*, GRUR Int. 1990, 760 ff.

[759] *Gaster*, EuZW 2011, 394 (397, 398): die Sache sei schlichtweg obsolet (S. 397). S. auch *Gaitanides*, in: *von der Groeben/Schwarze* (Hrsg.), Kommentar zum EU-/EG-Vertrag, 6. Aufl. (2003), Art. 229a EGV, Rdnr. 1: Art. 262 AEUV treffe noch keine endgültige Entscheidung. Doch diese Evolutivklausel könne „auch so ausgelegt werden, dass die Errichtung einer Fachgerichtsbarkeit zumindest vorläufig verhindert werden sollte". S. auch gleich zu Gutachten 1/09.

bestünden in etablierten Bereichen nicht. Zu denken ist dabei u.a.[760] an das Wettbewerbsrecht mitsamt Beihilfen- und Antidumpingrecht, das Steuerrecht[761] (Stichwort: Nachthemdenfall)[762] sowie das Landwirtschafts-[763] und Fischereirecht[764].

Insbesondere ein vom EuG-Präsidenten angeregtes[765] Fachgericht im Bereich des Wettbewerbsrechts ist äußerst diskussionswürdig. Zuständig wäre das Gericht für die Anwendung der Art. 101 und 102 AEUV sowie die Fusionskontrolle. In diesem Zusammenhang wurde oben schon die Erhöhung der Kontrolldichte eingefordert[766]. Auch das European Union Committee des House of Lords hat sich mit dem Thema beschäftigt – vor allem wegen der Eilbedürftigkeit der Rechtsklärung bei der Fusionskontrolle. Der vorgelegte Bericht „An EU Competition Court" kam jedoch zu seinem ablehnenden Ergebnis: „We do not believe that a new Court would have advantages since the number and complexity of issues in the cases it handles will be as great as those currently faced by the CFI."[767]

---

[760] *Basedow*, AcP 210 (2010), 157 (192) hält spezialisierte Gerichte für das IPR, das Verbraucherrecht, das geistige Eigentum und das Privatrecht im Allgemeinen für denkbar; ablehnend *Koopmans*, YEL 11 (1991), 15 (28) im Fall des Sozialrechts, weil es zu schwer von der Arbeiterfreizügigkeit abzugrenzen wäre; kritisch gegenüber einer Spezialisierung im geistigen Eigentum *Metzger*, GRUR 2012, 118 (126), da u.a. eine schutzrechtsfreundlichere Rechtsprechung die Folge sein könnte.

[761] *Koopmans*, YEL 11 (1991), 15 (28).

[762] Oben Fußn. 292.

[763] Ablehnend *Koopmans*, YEL 11 (1991), 15 (28 f.), da es zu viele Überschneidungen mit dem nationalen Recht gebe.

[764] Vgl. ferner dazu, dass sich die Vorschriften über das Rechtsmittel am Gleichheitsgrundsatz messen lassen müssen *Wägenbaur*, EuZW 2007, 321: Er gibt zu bedenken, warum nach Art. 27 des Kommissionsvorschlags eines Beschlusses des Rates zur Errichtung des Gemeinschaftspatentgerichts, KOM(2003) 828 endg., das zum EuG erhobene Rechtsmittel neben einer Rechts- auch eine Tatsachenprüfung umfassen soll, während dies bei ebenso tatsachenträchtigen Wettbewerbsachen im Rechtsmittelverfahren vom EuG zum EuGH derzeit nicht der Fall ist. *Wägenbaur* spricht sich zudem für eine Harmonisierung der Klagefristen bei Nichtigkeitsklagen und dienstrechtlichen Klagen aus.

[765] *Vesterdorf*, in: Liber amicorum in honour of Sven Norberg, 2006, S. 511; *ders.*, E.L. Rev. 28 (2003), 303 (322); dafür auch *Bellamy*, in: *Lianos/Kokkoris* (Hrsg.), The Reform of EC Competition Law: New Challenges, 2010, S. 33 (51 f.); *Forwood*, in: *Hoskins/Robinson* (Hrsg.), A True European – Essays for Judge David Edward, 2003, S. 81 (89); vgl. zu der Fragestellung *Baudenbacher*, in: *Pernice* (Hrsg.), The future of the European judicial system in a comparative perspective, 2006, S. 267 ff.; *Temple Lang*, in: *Baudenbacher/Gulman/Lenaerts/Coulon/Barbier de La Serra* (Hrsg.), Liber Amicorum en l'honneur de Bo Vesterdorf, 2007, S. 343 ff.; *Flynn*, in: Liber Amicorum en l'honneur de Bo Vesterdorf, S. 363 ff.

[766] 3. Teil § 2 IV 4 d).

[767] House of Lords, European Union Committee, An EU Competition Court – Report with Evidence, 15th Report of Session 2006–07, 24.4.2007, S. 53.

Die vom Ausschuss vorgebrachten Argumente zum Ansehensverlust durch Übertragung an ein Fachgericht mögen zwar nicht zu überzeugen[768]. Schwierig sind aber in der Tat die Fragen der Besetzung, wie das European Union Committee hervorhebt: „[C]ompetition policy is a far more politically sensitive subject than EU staff cases. It may be that agreeing fewer judges for a Competition Court would prove to be a significant problem"[769]. Zwar bestünden bei der Schaffung fester Fachkammern beim EuG ebenfalls Probleme bei der Besetzung. Aber angesichts der fortgesetzten Kollegialität des Gerichts sind sie weniger virulent als bei der Herauslösung des Wettbewerbsrechts aus dem bestehenden Gerichtskorpus. Darum sprechen die überwiegenden Gründe gegen ein Fachgericht, auch wenn sich eine Errichtung zur Entlastung des EuG durchaus eignen würde.

3. Europäisches Fachgericht für Privatrecht

Ebenfalls naheliegend ist ein Europäisches Fachgericht für Privatrecht (EuGPr) mit Zuständigkeit für das EU-IZVR und EU-IPR. Es könnten dann die Richter, die bereits gegebenenfalls in den spezialisierten EuG-Kammern tätig waren, in einer zweiten Stufe an ein Fachgericht versetzt werden. Drängend wird ein EuGPr insbesondere, wenn das optionale Instrument im Vertragsrecht[770] eingeführt und dieses neue Rechtswahlangebot vonseiten der Vertragspraxis ein Erfolg würde. Dann könnte eine Reform der EU-Gerichtsstrukturen rascher als heute vermutet auf der Tagesordnung stehen. Die Stellungnahme einer Arbeitsgruppe des Max-Planck-Instituts für ausländisches und internationales Privatrecht zum Grünbuch „Optionen für die Einführung eines Europäischen Vertragsrechts für Verbraucher und Unternehmen"[771], an welcher der Verfasser dieses Buches beteiligt war, schreibt zur neuen Aufgabe des EU-Gerichtshofs als höchstes Zivilgericht der EU:

„With the optional instrument, the European Union would enact a codification of contract law. A core area of private law would thus, for the first time, be comprehensively regulated. This would create completely new tasks for the ECJ, and it is far from clear whether its judges, usually more experienced with public law matters, are adequately prepared for these new challenges. Yet a contract law system would undoubtedly give

---

[768] AaO, S. 53: „[T]here is a risk that referring mergers and other competition cases to a lower court may give rise to a perception of a devaluation of aspects of competition policy".

[769] AaO, S. 53.

[770] S. zu bereits bestehenden optionalen Instrumenten im Gesellschafts- und Immaterialgüterrecht *Fleischer*, RabelsZ 76 (2012), 235 (240 f.); ausführlich zum Gesellschaftsrecht *Klöhn*, RabelsZ 76 (2012), 276 ff.

[771] KOM(2010) 348 endg.

rise to a great number of questions of interpretation, particularly – but not exclusively – in the introductory phase. Private law claims account for the greatest segment of litigation worldwide, and it is to be expected that the number of preliminary rulings would substantially increase after the introduction of an optional instrument, provided that such an instrument is chosen in a substantial number of transactions."[772]

Gleichwohl besteht angesichts der divergierenden rechtskulturellen Hintergründe und unterschiedlichen Sprachen ein großes Bedürfnis an einheitlicher Auslegung durch eine europäische Gerichtsbarkeit. Die Stellungnahme des MPI fährt fort: „Already working at its limits, the ECJ would hardly in its current structure be able to cope with the flood of requests for preliminary rulings on questions of private law that is to be anticipated. Therefore, it may be necessary to consider a reform of the European court structure. If the competence for the ultimate and authoritative interpretation of EU legislation is to remain exclusively with the ECJ, its capacities in terms of personnel and resources would have to be increased significantly."[773]

Dieser Vorschlag hält also implizit am Vorlageverfahren fest. Andere Überlegungen gehen bereits dahin, ein neues Verfahren und insbesondere eine Revision zum EuGH einzuführen[774]. Dafür müsste aber – wie gesagt – erst der Erfolg des optionalen Instruments abgewartet werden. Weitere Autoren bringen in diesem Zusammenhang die teils aus dem nationalen Recht bekannte Idee von Verbraucherschiedsgerichten ins Spiel[775]. Allerdings bestehen Zweifel daran, ob eine solche Ersetzung von staatlichen bzw. unionalen Gerichtszuständigkeiten – wie man sie im Handelsverkehr kennt – der hinreichend effektiven Verwirklichung des Unionsrechts genüge tut[776].

VI. Schaffung neuer Gerichtstypen

Recht disparate Kandidaten für die Schaffung von Gerichten außerhalb des bestehenden Justizrahmens sind die Patentgerichtsbarkeit, dezentrale EU-

---

[772] *Basedow u.a.*, RabelsZ 75 (2011), 371 (434 f.); zur potenziellen Rolle des (D)CFR und optionaler Instrumente bereits oben 2. Teil § 7 I 4.

[773] RabelsZ 75 (2011), 371 (434 f.).

[774] *Herresthal*, EuZW 2011, 7 (12).

[775] *Twigg-Flesner*, JCP 33 (2010), 355 (372): „Relying on the Article 267 TFEU reference procedure is unrealistic, as national courts are notoriously reluctant to utilize this. [...] One possible system could be a network of consumer arbitration centers applying the regulation, with a central advisory body. Such a system could even be provided online. This could be combined with the possibility of appealing to a special chamber of the [General Court]".

[776] S. *Reich/Micklitz*, EWS 2011, 113 (119).

Gerichte in den Mitgliedstaaten sowie ein EU-Gerichtshof für Kompetenz-
fragen.

1. Europäische Patentgerichtsbarkeit

a) Übereinkommensentwurf

Das Patentrecht ragt über den hier abgesteckten Rahmen der Justizarchitektur hinaus. Seit Jahrzehnten bestehen Bestrebungen[777], ein einheitliches
europäisches Patentsystem zu errichten. Die Situation in diesem Rechtsgebiet wird völlig zutreffend als unbefriedigend eingeschätzt. Zwar kann
ein Europäisches Patent zentral bei dem Europäischen Patentamt (EPA) in
München[778] angemeldet werden. Nach dessen Erteilung zerfällt der Titel
aber in nationale Einzelpatente. Die Übersetzungs- und Verwaltungskosten
sind hoch[779], woraus Standortnachteile für europäische Unternehmen
resultieren. Nach Schätzungen sollen die Kosten für ein Patent in Europa
zehnmal höher sein als in den USA[780].

Die weitere Schwachstelle liegt im Fehlen einer entsprechenden zentralen europäischen Gerichtsbarkeit[781]. Im Fall einer Patentverletzung muss

---

[777] Zu den Vereinheitlichungsbemühungen im Patentrecht *Straus*, in: *Basedow/Hopt/
Zimmermann* (Hrsg.), Handwörterbuch des Europäischen Privatrechts, Bd. I, 2009,
S. 543 ff.; dort auf S. 545, 547 auch zu dem am 15.12.1975 in Luxemburg unterzeich-
neten, aber nie in Kraft getretenen Übereinkommen über das europäische Patent für den
gemeinsamen Markt (Gemeinschaftspatentübereinkommen – GPÜ). Zu den Kommis-
sionsvorschlägen vom 23.3.2003, die auf die Schaffung einer Fachgerichtsbarkeit nach
AEUV hinauslaufen, bereits oben Fußn. 758; weiter *Schoberth*, Die Gerichtsbarkeit bei
Gemeinschaftsimmaterialgütern, 2008, S. 55 ff.; zu den Streitregelungssystemen bei der
Gemeinschaftsmarke, dem gemeinschaftlichen Sortenschutz und den Gemeinschafts-
geschmackmuster *ders.*, S. 32 ff., 46 ff., 49 ff. Zum Markenrecht noch unten bei Fußnotenzeichen 829.

[778] Anders als beim HABM (dem Markenamt der EU) handelt es sich nicht um eine
Agentur der EU.

[779] Nach SEK(2011) 483, S. 3 betragen die Gesamtkosten der Validierung in allen 27
Mitgliedstaaten über 32.000 €. Das neue Patent soll die Kosten nach Ablauf der Übergangszeit (s. unten Fußn. 787) auf 20 % herabsenken (SEK(2011) 483, S. 7). Zudem
würde das Patent zentral von der EPA verwaltet werden. Stand: Entwurf der Patentverordnung, KOM(2011) 215 endg.

[780] *Kafsack*, FAZ v. 25.5.11, S. 11 (Schätzung des Bundesverbands der Deutschen
Industrie [BDI]).

[781] Über den Entwurf eines Streitregelungsübereinkommens bzw. -protokolls (European Patent Litigation Agreement – EPLA) kam es bis dato zu keiner Einigung. Das
hängt auch mit den parallelen Bemühungen um ein Gemeinschaftspatent zusammen; dazu
Luginbühl, GRUR Int. 2004, 357 ff.; *Dreiss*, GRUR Int. 2004, 712 ff. Eine Gerichtsbarkeit fehlt auch für die Straßburger Konvention zum Patentrecht (Übereinkommen zur
Vereinheitlichung gewisser Begriffe des materiellen Rechts der Erfindungspatente, 1963
und 1980 in Kraft getreten), die hier nicht weiter interessieren soll. Dazu *Wadlow*, IIC

das Patent vor den jeweiligen nationalen Gerichten durchgesetzt werden, d.h. vor den Gerichten der 38 Vertragstaaten des Europäischen Patentübereinkommens (EPÜ)[782]. Daraus resultieren häufig parallele Verfahren in mehreren Übereinkommensstaaten[783] mit erhöhten Kosten und der Gefahr widersprüchlicher Gerichtsentscheidungen[784].

Im Unterschied dazu wäre das künftige Europäische Patent mit einheitlicher Wirkung, das neben die nationalen und die erwähnten EPA-Patente träte, einheitlich und autonom: Es könnte in den teilnehmenden Staaten mit gleicher Wirkung erteilt, übertragen, für nichtig erklärt werden oder erlöschen[785]. Politisch heikel ist das Sprachenregime eines EU-Patents, weshalb sich die nach Art. 118 II AEUV erforderliche Einstimmigkeit im Rat auch nicht erzielen ließe.

Doch erst die – durch Lissabon detaillierter geregelte – Möglichkeit einer verstärkten Zusammenarbeit[786] zwischen integrationswilligen EU-Mitgliedstaaten brachte den Durchbruch[787]: Italien und Spanien nehmen an der Schaffung des Europäischen Patents mit einheitlicher Wirkung aus sprachpolitischen Gründen nicht teil. Beide Staaten wünschen (wie lange Zeit auch Frankreich), jedes Patent möge auch in ihre Sprache übersetzt werden[788]. Sie klagen derzeit gegen die enge Zusammenarbeit der anderen 25 Mitgliedstaaten vor dem EuGH; hierdurch werde gegen den Geist des Binnenmarktes verstoßen[789]. Zurzeit werden die Entwürfe der Patent-[790]

2010, 123 (148): „for the past three decades or so the European patent system has been like an arch without the keystone". Weiter *Luginbühl*, in: *Leible/Ohly* (Hrsg.), Intellectual Property and Private International Law, 2009, S. 231 (237 ff.).

[782] Dem am 5.10.1973 in München unterzeichneten völkerrechtlichen Übereinkommen gehören auch alle EU-Mitgliedstaaten an.

[783] Nach Einschätzung der Kommission übersteigen die Kosten für Parallelverfahren in mehreren EU-Ländern rasch jeweils 500.000 €; *Kafsack*, FAZ v. 25.5.11, S. 11.

[784] *Herr/Grunwald*, EuZW 2011, 321; s. weiter *Adolphsen*, Europäisches und Internationales Zivilprozessrecht in Patentsachen, 2. Aufl. (2009).

[785] Das EPA erteilt danach das EU-Patent nach den Regeln des EPÜ, allerdings kann der Patentmelder erstmals eine einheitliche Wirkung in den teilnehmenden Mitgliedstaaten beantragen. Stand: Entwurf der Patentverordnung, KOM(2011) 215 endg.

[786] Die Vorschriften zum „Europa der zwei Geschwindigkeiten" finden sich in Art. 20 EUV, Art. 326 ff. AEUV.

[787] Für eine Übergangszeit (maximal zwölf Jahre) soll dem Patentantrag eine Übersetzung der Patentschrift in Englisch beigefügt werden, falls die Verfahrenssprache Deutsch oder Französisch ist oder eine Übersetzung in eine EU-Amtssprache der teilnehmenden Mitgliedstaaten, sofern Englisch die gewählte Verfahrenssprache ist (Art. 6 I Übersetzungs-VO-E, KOM[2011] 216).

[788] *Kafsack*, FAZ v. 25.5.11, S. 11.

[789] Rs. C-274/11 – *Spanien/Rat* und Rs. C-295/11 *Italien/Rat.*

[790] Vorschlag für eine Verordnung des Europäischen Parlaments und des Rates über die Umsetzung der Verstärkten Zusammenarbeit im Bereich der Schaffung eines einheitlichen Patentschutzes, KOM(2011) 215 endg. Der erste Vorschlag für eine Verordnung

und Übersetzungsverordnungen[791] politisch beraten[792]. Die Fragen, die das nun zu besprechende EuGH-Gutachten 1/09 für ein einheitliches europäisches Patentgerichtssystem aufwirft, möchte die Politik in einem zusätzlichen und ausführlichen Staatsvertrag der beteiligten Mitgliedstaaten klären[793].

b) EuGH-Gutachten 1/09

Mit dem Bemühen um ein Patentgericht setzt sich die rechtsgebietspezifische Differenzierung der Europäischen Gerichtsbarkeit, die mit dem EuG begann, fort. Ein gravierendes Problem liegt jedoch in der Einpassung eines geplanten Patentgerichts in das bestehende Gerichtssystem. Dazu hat der Rat den EuGH um ein Rechtsgutachten nach Art. 218 XI AEUV über den Entwurf des Übereinkommens zur Schaffung eines Gerichts für europäische Patente und Gemeinschaftspatente[794] ersucht. Anders als bei der aktuellen und eben zitierten engen Zusammenarbeit von 25 Mitgliedstaaten ging es bei dem vom EuGH begutachteten Entwurf um ein internationales Übereinkommen zwischen den EU-Mitgliedstaaten, mit der EU sowie mit den dem EPÜ angehörenden Drittstaaten.

Der Gerichtshof hat den Entwurf am 8.3.2011 für unvereinbar mit EU-Recht erklärt[795]. Das vom Plenum vorgelegte EuGH-Gutachten 1/09 folgt

---

des Rates über das Gemeinschaftspatent war KOM(2000) 412 endg. Zum gescheiterten GPÜ oben Fußn. 777.

[791] Vorschlag für eine Verordnung des Rates über die Umsetzung der Verstärkten Zusammenarbeit bei der Schaffung eines einheitlichen Patentschutzes im Hinblick auf die anzuwendenden Übersetzungsregelungen, KOM(2011) 216 endg.

[792] Rechtsgrundlage ist Art. 118 AEUV mit der Kompetenz zur Schaffung europäischer Rechtstitel zum Schutz der Rechte des geistigen Eigentums. Zu den ansonsten geringen Änderungen, die der Vertrag von Lissabon für das materielle Privatrecht bringt *Remien*, in: Festschr. f. Scheuing, 2011, S. 639 ff.

[793] Entwurf eines Übereinkommens über ein einheitliches Patentgerichtssystem (Rat v. 11.11.2011, 16741/11 PI 155 COUR 64), der u.a. die Einholung von Vorabentscheidung seitens des Patentgerichts vorsieht. Zu den Lösungsansätzen, die Gutachten 1/09 Rechnung tragen, ausführlich *Gaster*, EuZW 2011, 394 (397 ff.); *Tilmann*, GRUR Int. 2011, 499 f. hält die Mängel, auf die Gutachten 1/09 verweist, für behebbar, indem der Mitgliedschaftskreis auf die EU-Staaten beschränkt wird; s. auch *Herr/Grunwald*, EuZW 2011, 321 f.

[794] Ratsdokument 7928/09 v. 23.3.2009 betreffend den Entwurf eines Übereinkommens über das Gericht für europäische Patente und Gemeinschaftspatente und Entwurf der Satzung. Zur vorherigen Fassung (Ratsdokument 5072/09 v. 8.1.2009) die Stellungnahme des Max-Planck-Instituts für Geistiges Eigentum, Wettbewerbs- und Steuerrecht *Jaeger/Hilty/Drexl/Ullrich*, IIC 2009, 817 ff.

[795] EuGH, Gutachten 1/09, GRUR Int. 2011, 309 (noch nicht in amtlicher Sammlung veröffentlicht).

damit im Ergebnis[796] den internen Schlussanträgen der Generalanwälte, die (das sei nebenbei bemerkt) ungewollt durch Veröffentlichung in verschiedenen Blogs bekannt wurden[797]. Zunächst stellt der EuGH fest, die Einrichtung eines Patentgerichts verstoße nicht gegen Art. 262 AEUV[798]. Das liegt auf der Hand, denn die Vorschrift sieht – ausweislich der Erklärung Nr. 17 zum Vertrag von Nizza – lediglich die Möglichkeit vor, dem EU-Gerichtshof Zuständigkeiten über Rechtsstreitigkeiten für europäische Rechtstitel des geistigen Eigentums zu übertragen[799]. Damit sind andere Lösungen nicht ausgeschlossen.

Der EuGH unterstreicht als charakteristisches Merkmal des Patentgerichts die Positionierung „außerhalb des institutionellen und gerichtlichen Rahmens der Union"[800]. Das im Entwurf des Übereinkommens geplante Patentgericht wäre auf völkerrechtlicher Grundlage mit eigener Rechtspersönlichkeit ausgestattet und bildete darum keinen Bestandteil des in Art. 19 I EUV vorgesehenen Unionsgerichtssystems[801]. Das Patentgericht mit seiner in dem Bereich umfassenden und ausschließlichen Zuständigkeit[802] bestünde aus einem Gericht erster Instanz, und zwar zusammengesetzt aus einer Zentralkammer und örtlichen bzw. regionalen Kammern, sowie einem Berufungsgericht[803].

Das Problem liegt nun darin, dass das Patentgericht zugleich mit der Auslegung und Anwendung des Unionsrechts betraut sein würde[804]. In den Worten des EuGH wären dem Patentgericht damit „der wesentliche Teil

---

[796] Nach den Anträgen der Generalanwälte vom 2.7.2010 verstoße es gegen EU-Recht, die Verhandlungen nur auf Englisch, Deutsch oder Französisch zu führen. Das hat der EuGH interessanterweise nicht aufgenommen, geht aber im Übrigen über die Schlussanträge hinaus. *Gaster*, EuZW 2011, 394 (395).

[797] Dazu *Pagenberg*, GRUR 2011, 32 ff.; zur Anhörung *Pagenberg*, IIC 2010, 695 ff. S. auch *Müller*, EuZW 2010, 851 ff.

[798] Gutachten 1/09, Rdnr. 61 f.; zu Art. 344 AEUV Rdnr. 63.

[799] Oben Fußn. 759.

[800] Gutachten 1/09, Rdnr. 71, 89. Bei der Gemeinschaftsmarke besteht dagegen – wie dargestellt – ein Rechtsmittel zum EuG mit Überprüfungsmöglichkeit durch den EuGH. (Insgesamt kann es sechs Prüfungsebenen geben: Entscheidung des Prüfers des HABM [dem EU-Markenamt], Entscheidung über den etwaigen Widerspruch, Entscheidung der Beschwerdekammer des HABM, Klage beim Fachgericht [nicht eingerichtet], Rechtsmittel beim EuG sowie Überprüfung durch den EuGH; *Gerichtshof der Europäischen Union*, Entwurf von Änderungen der Satzung v. 28.3.2011, S. 9).

[801] Eine gemeinsame Kanzlei würde das dritte Organ des Patentgerichts bilden. Gutachten 1/09, Rdnr. 71.

[802] Und zwar für Klagen Einzelner wegen tatsächlicher oder drohender Verletzung von Patenten, Klagen auf Nichtigerklärung von Patenten sowie bestimmte Schadensersatz- und Entschädigungsklagen.

[803] Vgl. Gutachten 1/09, Rdnr. 8.

[804] Art. 14a des Übereinkommensentwurfs (ebenso wie die problematischen Art. 15 und 48 des Entwurfes, im Gutachten 1/09 zitiert).

der gewöhnlich den nationalen Gerichten zugewiesenen materiellen Zuständigkeiten übertragen, über Rechtsstreitigkeiten auf dem Gebiet des
Gemeinschaftspatents zu entscheiden und auf diesem Gebiet die volle
Anwendung des Unionsrechts sowie den Schutz der Rechte zu gewährleisten, die dem Einzelnen aus diesem Recht erwachsen."[805] Darin liege der
Unterschied zu den bisherigen völkerrechtlichen Abkommen[806], denn dort
seien die wichtigen Befugnisse der mitgliedstaatlichen Gerichte zur Auslegung und Anwendung des Unionsrechts[807] nicht betroffen.

Maßgeblich dürfte aber wohl sein, dass den mitgliedstaatlichen Gerichten die Vorlagebefugnis bzw. -pflicht und damit dem EU-Gerichtshof
eine wichtige Zuständigkeit genommen wäre. Nach dem Entwurf sind Vorlagen an den EuGH allein dem Patentgericht vorbehalten[808]. Auslegen
würde das Patentgericht nicht nur die künftige Verordnung über das Gemeinschaftspatent, sondern auch weitere Sekundärrechtsvorschriften, wie
z.B. die Richtlinie 98/44/EG zu biotechnologischen Erfindungen und die
Durchsetzungsrichtlinie 2004/48/EG[809], sowie die Bestimmungen des
AEUV zum Binnenmarkt- und Wettbewerbsrecht.

Des Weiteren hätte das Patentgericht die Kompetenz, über die Auslegung der Grundrechte und der allgemeinen Grundsätze des Unionsrechts
zu befinden oder gar die Gültigkeit eines EU-Rechtsakts zu prüfen[810].
Bedenklicherweise könne eine Entscheidung des Patentgerichts – anders
als im Fall der Entscheidung nationaler Gerichte zum EU-Recht – weder
zu einem Vertragsverletzungsverfahren beim EuGH (Art. 258–260 AEUV)
noch zu einer Staatshaftung insbesondere nach *Köbler*-Grundsätzen führen,
woraus entsprechende Nachteile auch zulasten des Einzelnen entstehen[811].
Verfälscht wären darum die Befugnisse des EU-Gerichtshofs und der mitgliedstaatlichen Gerichte, die für die „Wahrung der Natur des Unionsrechts
wesentlich" sind.

---

[805] Gutachten 1/09, Rdnr. 73.

[806] Dazu etwa Gutachten 1/91, Slg. 1991, I-6079; Gutachten 1/00, Slg. 2002, I-3493;
Gutachten 1/92, Slg. 1992, I-2821.

[807] Wie er auch sonst die Bedeutung der mitgliedstaatlichen Gerichte für das Unionsrecht betont, bezeichnet der EuGH sie in Gutachten 1/09, Rdnr. 66 und 80 als „ordentliche Unionsgerichte".

[808] Gutachten 1/09, Rdnr. 77, 79, 81; die Einschätzung von *Koutrakos*, E.L. Rev. 36
(2011), 319: „unaufrichtig".

[809] *Haberl/Schallmoser*, GRUR-Prax 2011, 143.

[810] Gutachten 1/09, Rdnr. 78.

[811] Gutachten 1/09, Rdnr. 88.

c) Einschätzung des Gutachtens 1/09 (auch hinsichtlich einer Beschränkung des Vorlagerechts)

Der EuGH stellt den effektiven Rechtsschutz ins Zentrum seiner Überlegungen, die nicht nur maßgeblichen Einfluss auf das zukünftige Patentgerichtssystem, sondern das gesamte Gerichtssystem haben. Das Gutachten ist zu begrüßen, da ein neues Gericht außerhalb des Unionssystems den Rechtszugang und die Einheit des Unionsrechts durchaus gefährden kann. Klares Ziel war es nämlich, die in Patentsachen unerfahrenen EU-Gerichte gerade nicht einzubinden. Durch einen EuGH – in Kassationsfunktion – als dritte Instanz befürchteten Industrie und Praxis eine Verlängerung der Verfahren[812].

Die Probleme sind aber auch dem Umstand geschuldet, dass sich das europäische Patentrecht – neben den nationalen Patentschutzsystemen – weiterhin zwischen Völkerrecht und Unionierung befindet[813]. Das Gutachten 1/09 enthält zudem einige grundlegende Äußerungen zur Bedeutung des Vorlagerechts aller nationalen Gerichte[814], die nachfolgend interessieren. Bei genauer Lesart macht es zumindest nicht-primärrechtliche Änderungen des Vorabentscheidungsverfahrens schwierig, die auf eine Beschränkung des Zugangsrechts der unteren Instanzen hinauslaufen. Damit wären auch die oben erörterten und abgelehnten Vorschläge zur Beschränkung der Vorlageberechtigung auf Höchst- bzw. Letztgerichte[815] nicht primärrechtskonform.

Zumindest beim Patentgericht sah es der EuGH als nicht mit dem Unionsrecht vereinbar an, das Vorlagerecht und die Vorlagepflicht dem Patentgericht vorzubehalten und damit den nationalen Gerichten zu nehmen. Dazu unterstreicht der EuGH in seiner im Plenum (d.h. in Vollbesetzung mit allen Richtern) ergangenen Entscheidung, die trotz Eilbedürftigkeit zwanzig Monate auf sich warten ließ[816]: Art. 267 AEUV, der „eine direkte und enge Zusammenarbeit zwischen dem Gerichtshof und den nationalen Gerichten"[817] begründe, solle die gleiche Wirkung des EU-Rechts „unter allen Umständen" in allen Mitgliedstaaten" sicherstellen[818]. Weiter schreibt der Gerichtshof: „Die nationalen Gerichte haben außerdem ein unbeschränktes Recht oder sogar die Verpflichtung zur Vorlage an den Gerichtshof, wenn sie der Auffassung sind, dass ein bei ihnen anhängiges Verfahren Fragen der Auslegung oder der Gültigkeit der unionsrechtlichen

---

[812] Zu beidem *Pagenberg*, GRUR 2011, 32 ff.
[813] Dazu etwa *Sydow*, GRUR 2001, 689 (690 f.).
[814] S. bereits EuGH, Gutachten 1/91, Slg. 1991, I-6079.
[815] Oben 3. Teil § 2 III 2.
[816] *Gaster*, EuZW 2011, 394 (395).
[817] Gutachten 1/09, Rdnr. 84.
[818] Gutachten 1/09, Rdnr. 83 (Kursivsetzung hinzugefügt).

Bestimmungen aufwirft, die einer Entscheidung durch diese Gerichte bedürfen."[819]

Selbstverständlich besteht hier ein Unterschied zur Beschränkung des Vorlagerechts unterer Instanzen. Das Patentgericht wäre ein internationales Gericht außerhalb des Unionssystems, wohingegen die oberen Nationalgerichte zur Anwendung des Unionsrechts verpflichtet sind[820]. Auch lassen sich „die nationalen Gerichte" als Kategorie verstehen und gerade nicht als nationale Gerichte aller Ebenen. Aber die direkte und enge gerichtliche Zusammenarbeit, die unter allen Umständen das Unionsrecht durch ein unbeschränktes Vorlagerecht der nationalen Gerichte sichert, umfasst eben auch essentiell die unteren Gerichte. Der EuGH ist sich über die vielen Vorlagen der unteren Gerichte im Klaren[821] und wird sie darum in diese Ausführungen einbezogen haben. Die Zusammenarbeit auf Grundlage der jeweils übertragenen Aufgaben erachtet der EuGH als wesentlich für die „Wahrung der Natur des durch die Verträge geschaffenen Rechts". Das macht selbst primärrechtliche Änderungen des Vorlagerechts nicht gerade leicht[822].

2. Dezentralisierung: Andere Eingangsinstanzen für Vorabentscheidungen?

a) Grundüberlegungen

Im Patentrecht wird die gerichtliche Dezentralisierung bereits intensiv diskutiert, denn wie gesagt: Das entsprechende Gericht erster Instanz bestünde neben einer Zentralkammer auch aus örtlichen und regionalen Kammern. In Anbetracht dessen eröffnet sich die Frage, ob eine solche Dezentralisierung der Entscheidungskompetenz auch für das Vorabentscheidungsverfahren empfehlenswert ist. Bekanntlich ist das System schon jetzt in zwei Punkten dezentral: Erstens hinsichtlich der nationalgerichtlichen Auslegung und Durchsetzung des Unionsrechts[823] und zweitens bei der Auswahl und Unterbreitung von Vorlagefragen, was die Aufdeckung

---

[819] Gutachten 1/09, Rdnr. 83 (wiederum Kursivsetzung hinzugefügt).

[820] S. auch den Hinweis auf den Unterschied zum Benelux-Gerichtshof in Rdnr. 82, der von den drei Beneluxstaaten am 31.3.1965 errichtet wurde und u.a. für immaterialgüterrechtliche Verfahren zuständig ist und nach Art. 267 AEUV vorlegen darf. Auch *Gaster*, EuZW 2011, 394 (396).

[821] Oben Tabelle 7.

[822] Wenngleich Argumente mit dem Wesen einer Sache meist weniger tragfähig sind als sie erscheinen. Vgl. insofern zum Wesen des Wesens *Scheuerle*, AcP 163 (1964), 429 ff. („Kryptoargument", S. 470).

[823] S. auch *Hirsch*, ZRP 2000, 57 (60): sein Dezentralisierungsvorschlag (dazu sogleich) bedeute eine Stärkung der wichtigen und bewährten Funktion der nationalen Gerichte als Unionsgerichte.

der maßgeblichen unionsrechtlichen Probleme, die Einschätzung ihrer Entscheidungserheblichkeit und Klärungsbedürftigkeit umfasst[824].

Nachfolgend geht es dagegen um eine institutionelle Dezentralisierung, bei der Gerichtsaufgaben oder auch -institutionen von Luxemburg in die Mitgliedstaaten verlagert werden. Denkbar wäre die Errichtung von neuen Unionsgerichten oder die Umwidmung von bestehenden Gerichten oder Kammern zu Unionsinstitutionen. Diese Gerichte könnten die Relevanz der unionsrechtlichen Fragen für den Sachverhalt und die rechtlichen wie faktischen Hintergründe besser verstehen. Allerdings würde auch die Gefahr bestehen, dass eigenständige nationale oder – z.B. bei einer Regionalisierung – regional begrenzte Interpretationen und Fortentwicklungen des Unionsrechts entstehen[825], so wie man sie vom UN-Kaufrecht her kennt. Zu den Vorschlägen nun im Einzelnen.

b) Unionsrechtssenate an nationalen Obergerichten oder Unionsgerichte in den Mitgliedstaaten?

Der damalige EuGH-Richter und spätere BGH-Präsident *Hirsch* hat den Vorschlag unterbreitet, die Vorabentscheidungsverfahren in einigen oder allen Mitgliedstaaten auf die Höchstgerichte zu übertragen[826]. Danach wäre z.B. ein Senat des BGH mit Auslegungsvorlagen von Gerichten des ordentlichen Gerichtszweigs betraut, nicht jedoch mit der Beurteilung der Gültigkeit von Unionsrecht[827]. Die Lösung über Senate für Unionsrecht an den nationalen Höchstgerichten würde grob dem (instanziell umgekehrten)[828] Modell der Gemeinschaftsmarkengerichte entsprechen: Nach Art. 95 der Gemeinschaftsmarkenverordnung 207/2009 müssen Mitgliedstaaten eine möglichst geringe Anzahl nationaler Gerichte erster und zweiter Instanz als Gemeinschaftsmarkengerichte benennen, die für Streitigkeiten über die Verletzung und Rechtsgültigkeit von Gemeinschaftsmarken zuständig sind. Indem nationale Richter als Unionsrichter agieren, gibt es insoweit eine

---

[824] Zu dieser Filterfunktion 1. Teil § 2 III.

[825] Diesen Einwand bringt etwa *Arnull*, in: *Dashwood/Johnston*, S. 41 (45).

[826] *Hirsch*, ZRP 2000, 57 (59 f.), der damit die seines Erachtens revolutionäre, im Reflexionspapier lediglich kursorisch problematisierte Dezentralisierung in EuGH, EuZW 1999, 750 (755) aufgreift. Ebenfalls für spezielle Spruchkörper an den Höchstgerichten *Rasmussen*, CML Rev. 37 (2000), 1071 (1111) und jüngst *Poelzig*, in: Jahrbuch Junger Zivilrechtswissenschaftler 2009, 2010, S. 209 (229).

[827] Die weiterhin zum EU-Gerichtshof müssten.

[828] Denn dezentrale Unionsinstanzen oder -senate für Vorlagefragen müssten auf höchster Ebene angesiedelt werden, damit den Entscheidungen innerhalb der nationalen Rechtsordnung hinreichendes Gewicht zukommt; so auch das Reflexionspapier des EuGH, EuZW 1999, 750 (755).

„double hat"-Lösung[829], wobei auch hier der Zugang zum EU-Gerichtshof nur mittels des Vorlageverfahrens bestünde.

Zunächst verweist *Hirsch* – neben dem Subsidiaritätsprinzip – auf den Wegfall des zeitlich wie finanziell zu Buche schlagenden Übersetzungs-aufwandes; schließlich verblieben die eingehenden Vorabentscheidungs-verfahren zumeist auf nationaler Ebene. Eine nationale Instanz wäre zu-dem sachnäher, so dass die Auslegung des Unionsrechts „eher bruchlos in die jeweilige nationale Rechtsstruktur eingepasst" werden könnte, wodurch die „Verflechtung und Kohärenz" von nationalem Recht mit dem Unions-recht gestärkt würde[830].

Zur Gewährleistung der selbstverständlich auch von *Hirsch* als unver-zichtbar eingestuften Einheit des Unionsrechts ist ein Maßnahmenkatalog vorgesehen: Dem betroffenen Mitgliedstaat sowie der Kommission (die weiterhin an jedem Vorabentscheidungsverfahren zu beteiligen sei) solle ein Vorlagerecht zustehen. Denkbar wäre ein Vorlagerecht auch zugunsten der Parteien des Ausgangsverfahrens, im Fall der Zulassung durch das Auslegungsgericht. Zudem müsste das Auslegungsgericht bei Divergenzen und Grundsatzfragen zur Vorlage verpflichtet sein[831]. Damit läuft diese Lösung auch auf eine – oben bereits ähnlich diskutierte[832] – Beschränkung von Vorlagerecht und -verpflichtung hinaus.

Das Reflexionspapier des EuGH (von dem sich dessen Richter *Hirsch* erklärtermaßen inspirieren ließ) hält eine Dezentralisierung innerhalb der Mitgliedstaaten für möglich, lässt aber deren Status ausdrücklich offen, nämlich ob es sich um Unionseinrichtungen oder – wie soeben diskutiert – um nationale Europagerichte handeln sollte[833]. Der Gerichtshof verkennt nicht die Nachteile einer Dezentralisierung, meint aber abschließend, die-ser Systemwechsel und seine verschiedenen Modalitäten verdienten durch-

---

[829] *Gaster*, EuZW 2011, 394 (397), der auch erwähnt, dass diese Lösung übertragen auf das Patentrecht den Vorgaben des Gutachtens 1/09 genügt. Allerdings müsse dann bei dieser extrem komplexen und technischen Materie und sehr unterschiedlicher Expertise mit „forum shopping" gerechnet werden.

[830] *Hirsch*, ZRP 2000, 57 (59).

[831] *Hirsch*, ZRP 2000, 57 (60); s. auch *Bork*, RabelsZ 66 (2002), 327 (353).

[832] Bereits oben Fußn. 299; wie oben die Einschätzung von *Hopt*, RabelsZ 66 (2002), 589 (601); s. auch *Lipp*, NJW 2001, 2557 (2663), der den Vorschlag ablehnt, und *Klöckner*, S. 66.

[833] Dann müssten sie auf höchster Ebene in die mitgliedstaatliche Gerichtsgliederung eingebunden sein; so auch das Reflexionspapier des EuGH, EuZW 1999, 750 (755). Die Verwaltungskosten lägen bei den Nationalstaaten. Es scheint aber fast, als würde der EuGH, aaO die Probleme auf der nationalen Ebene herunterspielen: „Die Eingliederung dieser Gerichtsinstanzen in die verschiedenen nationalen Rechtsordnungen, die sich erheblich voneinander unterscheiden, könnte allerdings zumindest dann, wenn ihnen ein nationaler Status zuerkannt würde, gewisse Probleme aufwerfen".

aus eine eingehende und vertiefte Betrachtung[834]. Der EuGH erachtet es gleichwohl als erforderlich, dass die dezentralen Einrichtungen ihm alle Auslegungsfragen von allgemeinem Interesse für die Einheit oder Fortentwicklung des Unionsrechts vorlegen.

Überdies müsste gegen die von den nationalen Gerichten erlassenen Vorabentscheidungen ein Rechtsmittel „im Interesse des Rechts" zum EU-Gerichtshof eingelegt werden können[835]. Der EuGH hebt ebenfalls auf die Sprachvorteile ab. Allerdings käme es auf einen Erhalt der aus der Verringerung der Übersetzungslast resultierenden Vorteile an[836]. Mit diesem Hinweis wird neben dem erstrebten Grad an Dezentralisierung deutlich, dass nicht alle Urteile der neuen Einrichtungen übersetzt würden, was sich nachteilig auf die unionsweite Rechtserkenntnis, Rechtsentwicklung und Einheit des EU-Rechts auswirken könnte.

Eine Dezentralisierung ließe sich auch sektoral begrenzt durchführen. Hier ist an die schon mehrfach angesprochenen, leidigen Zolltarifeinordnungen zu denken[837] und ebenso – als bereits bekannter Kandidat – an das Wettbewerbsrecht. So hat die Monopolkommission in einem ihrer Sondergutachten angeregt, es könnten in den Mitgliedstaaten Spezialgerichte mit wettbewerbsrechtlichen Kompetenzen eingerichtet werden[838]. Das hätte erhöhte Vertrautheit mit der unionsrechtlich geprägten Materie zur Folge, was auch die erforderliche Kooperation zwischen den nationalen Gerichten und der Kommission erleichtern würde. Die Monopolkommission schreibt weiter: „Vorabentscheidungsersuchen würden auf diese Weise jedenfalls entbehrlicher". Damit ist hinreichend deutlich gemacht, dass es der Monopolkommission nicht um das oben genannte Modell einer Dezentralisierung von Vorabentscheidungen geht, sondern um eine auch ansonsten vielfach geforderte Spezialisierung deutscher Gerichte im europäischen Wettbewerbsrecht[839].

Die EuGöD-Kanzlerin *Hakenberg* regt zudem an, (explizit als abgeschwächte Form des Vorschlags von *Hirsch*) nationale „Clearing-Stellen" zu schaffen, die untere Instanzen zu dem „Ob" und „Wie" einer Vorlage beraten. Dazu gehören z.B. redaktionelle Hinweise, Recherchen über die

---

[834] Reflexionspapier des EuGH, EuZW 1999, 750 (755).

[835] EuZW 1999, 750 (755).

[836] EuZW 1999, 750 (755).

[837] Die Idee ist nach *Hakenberg*, ZEuP 2000, 860 (864) hier nicht ganz von der Hand zu weisen.

[838] *Monopolkommission (Hellwig/Basedow/u.a.)*, Folgeprobleme der europäischen Kartellverfahrensreform – Sondergutachten, 2002, S. 56 f.

[839] S. etwa das Editorial *Beyerlein*, WRP 4/2011, III.

Rechtsprechung des EuGH oder der Gerichte anderer Mitgliedstaaten[840]. Dennoch besteht bei diesem Vorschlag ein beträchtlicher Unterschied zu dem Modell der „Renationalisierung" der Vorlagen. Auf den Vorschlag von *Hakenberg* ist später zurückzukommen[841]. Zunächst ist eine ebenfalls mögliche Regionalisierung des Vorabentscheidungsverfahrens zu behandeln.

c) Als Regionalgerichte (US-Modell)

Denkbar wäre es, den Zuständigkeitsbereich von dezentralen Unionsgerichten territorial zu erweitern, so dass diese Gerichte mit Vorlagen aus jeweils z.B. zwei oder mehr Mitgliedstaaten betraut wären. *Jacqué* und *Weiler* haben in einer auf Anregung des Europäischen Parlaments zurückgehenden Studie[842] eine Dezentralisierung durch Schaffung von „regional circuit courts" vorgeschlagen. Die Autoren konzipierten – dem damaligen Stand der Mitgliedstaaten entsprechend – vier Unionsgerichte auf regionaler Basis. Diese hätten aus jeweils sechs Richtern bestanden und wären bei drei Mitgliedstaaten für Klagen Privater gegen die Gemeinschaft und bei Vorabentscheidungsverfahren zuständig gewesen. Die beiden Wissenschaftler haben die vier Gerichtsbezirke wie folgt zugeschnitten: Großbritannien, Irland und Portugal; Frankreich, Spanien und Belgien; Italien, Griechenland und die Niederlande; Deutschland, Dänemark und Luxemburg[843].

Der viel beachtete Vorschlag beruht auf einem föderalen Verständnis[844], nämlich dem US-amerikanischen System der Circuit courts (13 appellate

---

[840] *Hakenberg*, ZEuP 2000, 860 (864). Zur Praxis der niederländischen Gerichte, Spezialisten zum Unionsrecht an den Gerichten zu ernennen und fortzubilden noch in 4. Teil § 1 IV 3.

[841] S. unten 4. Teil § 1 IV 3.

[842] *Jacqué/Weiler*, CML Rev. 27 (1990), 185 ff.; französische Fassung *Jacqué/ Weiler*, RTDE 1990, 441 ff.; für eine Regionalisierung *Allkemper*, ZRP 1994, 301 (305 f.): die Idee könne als Vision Bestand haben; *Rösler*, ZRP 2000, 52 (57); ablehnend *Koopmans*, YEL 11 (1991), 15 (28 f.); *Jung*, EuR 1992, 246 (256); *Bzderaa*, West European Politics 15 (1992), 122 ff.; Berichterstatter *Rothley*, in: Bericht des institutionellen Ausschusses des Europäischen Parlamentes zur Rolle des Gerichtshofes in der Entwicklung des Verfassungssystems der Europäischen Gemeinschaft, EP-Dok. A3-228/93, Rdnr. 20 (zur Entschließung des Europäischen Parlamentes vom 16.9.1993 s. EuZW 1993, 652); *Everling*, in: Festschr. f. Deringer, 1993, S. 40 (55 f.); *ders.*, DRiZ 1993, 5 (13); *ders.*, EuR 1997, 398 (412 ff.); *Slynn*-Report (British Institute of International and Comparative Law [Hrsg.], The Role and Future of the European Court of Justice), S. 103 f.; *Streinz/Leible*, EWS 2001, 1 (5) (bezogen auf das Reflexionspapier); *Lurger*, S. 182; *Hopt*, RabelsZ 66 (2002), 589 (603 f.).

[843] *Jacqué/Weiler*, CML Rev. 27 (1990), 185 (194).

[844] S. *Allkemper*, ZRP 1994, 301 (306), der auf die regional gegliederte deutsche Verwaltungsgerichtsbarkeit verweist.

circuits)[845] und einer strikten Trennung zwischen föderalen und einzelstaatlichen Gerichten[846] einschließlich der Verfahrensordnungen[847]. Der EuGH wäre zum „European High Court of Justice" geworden und das EuG zuständig für Dienst-, Zoll- und Wirtschaftssachen. Die Befugnis zur Rechtsmitteleinlegung stünde den Parteien und politischen EU-Institutionen zu.

Eine Rechtssache käme nach dem Modell nur zum EuGH – der über ein Auswahlrecht verfügen würde –, wenn (1.) eine wichtige Angelegenheit des Gemeinschaftsrechts vorliegt, (2.) unterschiedliche Rechtsprechung bei den Regionalgerichten entstanden ist oder (3) das Regionalgericht einem offensichtlichen Fehler erliegt. Die sonstigen Rechtsprechungsaufgaben des EuGH (neben seiner Funktion als Rechtsmittelgericht) wären beschränkt auf Rechtsstreitigkeiten zwischen den Gemeinschaftsorganen sowie den Vorlagen der obersten mitgliedstaatlichen Gerichte[848].

d) Bewertung

Die Einführung dezentraler und spezialisierter Gerichte oder Spruchkörper wäre durch besondere Bürger- und Sachnähe sowie geringe Sprachprobleme gekennzeichnet. Damit käme es vielleicht zu einer Belebung der Vorlagefreudigkeit[849]. Das ließe sich unter dem Gesichtspunkt des besseren Zugangs zum Recht begrüßen. Allerdings bergen die Dezentralisierungsvorschläge gewisse Gefahren für die einheitliche Auslegung und Anwendung des EU-Rechts. Es könnten sich national divergierende Auslegungen herausbilden und Auffassungen zum heimischen Recht auf das Verständnis des Unionsrechts zurückwirken. Aufgrund solcher Nachteile hat sich der *Due*-Report[850] gegen diesen Vorschlag ausgesprochen. Letztlich würde das Modell auf ein dezentrales Filtersystem hinauslaufen[851], bei dem der Zugang zum EU-Gerichtshof als Einheitsgarant begrenzt würde. Insoweit

---

[845] Zu den Bezirksappellationsgerichten *Hay*, Rdnr. 106 ff.; *v. Mehren/Murray*, Law in the United States, 2. Aufl. (2007), S. 116 ff.; *Halberstam*, RabelsZ 66 (2002), 216 (224 ff.).

[846] Weshalb man nach *Halberstam*, RabelsZ 66 (2002), 216 (218) im Fall der USA gerade nicht von „Gerichtsverflechtung" sprechen sollte.

[847] Das US-Modell unterscheidet sich mit den Federal Rules of Civil Procedure und den Federal Rules of Evidence auf der einen Seite und den einzelstaatlichen Prozessrechten auf der anderen Seite grundlegend von der einheitlich geltenden deutschen ZPO; s. etwa *Friedenthal/Miller/Sexton/Hershkoff*, S. 552 f.; *Rehm*, in: Festschr. f. Heldrich, 2005, S. 955 (968).

[848] *Jacqué/Weiler*, CML Rev. 27 (1990), 185 (193).

[849] *Schwarze*, DVBl. 2002, 1297 (1311), der sich gegen den Vorschlag ausspricht.

[850] Beilage zu NJW H. 19/2000 und EuZW H. 9/2000, 8.

[851] Ebenso Reflexionspapier des EuGH, EuZW 1999, 750 (755); *Everling*, EuR-Beih 1/2003, 7 (15 f.).

besteht eine gedankliche Nähe zu den oben diskutierten Entlastungsmaß-
nahmen, insbesondere dem Einwilligungserfordernis des nationalen Obergerichts[852].

Deshalb wäre die Einführung eines Rechtsmittels zum EuGH „dans
l'intérêt de la loi" bei Fragen von besonderer Bedeutung oder im Fall
divergierender Rechtsprechung unvermeidbar[853]. Neben finanziellen und
organisatorischen Schwierigkeiten besteht auch das Problem der Verfahrenssprachen: Derzeit verhindern die im Verfahren erforderlichen Übersetzungen eine Verkürzung der Verfahren in einem wesentlichen Umfang[854].
Davon ließe sich bei einer Dezentralisierung absehen. So könnten nur
diejenigen Entscheidungen übersetzt werden, denen grundsätzliche Bedeutung zukommt. Zu denken ist etwa daran, dass nur die Entscheidungen
übersetzt werden, die innerstaatlich in eine selektive amtliche Sammlung
(BGHZ, BAGE oder BVerfGE entsprechend) aufgenommen würden.

Insbesondere das Reflexionspapier verwischt einen grundlegenden
Unterschied, indem es offen lässt, ob nationale oder unionsrechtliche Einrichtungen geschaffen werden sollten. Bei dem Vorschlag von *Hirsch* mag
auch das deutsche Modell der Gerichtshoheit Pate gestanden haben,
wonach die Länder für Gerichte des ersten und zweiten Instanzenzugs, der
Bund aber für Errichtung und Ausstattung der Obergerichte zuständig
sind[855]. Seine Idee einer Flankierung an den obersten nationalen Zivilgerichten durch EU-Zivilrechtssenate wäre in der Tat eine Renationalisierung, denn die Senate oder Kammern wären in den Händen der Mitgliedstaaten, die auch Auswahl der Richter und Ausstattung der Einrichtungen
bestimmen.

Hingegen wäre die Übergabe an unionseigene Gerichte in den Mitgliedstaaten eine Dezentralisierung der Rechtsprechungsaufgaben, die sich bei
entsprechender Ausgestaltung als unionale Abteilung auch im geltenden
Rechtsrahmen verwirklichen ließe[856]. In der Übertragung läge vielleicht,
aber nicht zwingend auch der Anfang erstinstanzlicher allgemeiner EU-
Gerichte. Dann wäre der Weg zum dualistischen US-amerikanischen System mit eigenen und getrennten Bundes- und Staatengerichtszügen be-
schritten[857]. Der EU-Gerichtshof wird schließlich an Zivilprozessen durch

---

[852] Oben 3. Teil § 2 III 2 d).

[853] Oben Fußn. 835; *Schwarze*, DVBl. 2002, 1297 (1311).

[854] *Everling*, in: Festschr. f. Rengeling, 2008, S. 527 (535).

[855] Art. 30, 74 I Nr. 1 GG, 92, 95 GG; näher *Bork*, RabelsZ 66 (2002), 327 (328 ff.).

[856] Letzteres *Basedow*, AcP 210 (2010), 157 (192).

[857] Für ein europäisches „Bundes"-Gerichtssystem *Rehm*, in: Festschr. f. Heldrich,
2005, S. 955 (969 ff.); *Hess*, § 13, Rdnr. 21: mittelfristig für Schaffung einer dezentralen,
regionalen europäischen Gerichtsbarkeit mit Zuständigkeit für grenzüberschreitende
Streitigkeiten; gegen ein Modell wie in den USA *Remien*, ZfRV 1995, 116 (124)
(es entstünde eine kompetenziell problematische Zentralisierung); ebenfalls ablehnend

das Vorlageverfahren bislang nur beteiligt und ist nicht „erstinstanzlich" für Fragen des Unionsprivatrechts zuständig.

Sicherzustellen wäre auch, dass es wirklich zu einer Entlastung des EU-Gerichtshofs käme. Ansonsten wäre die Vorlage an das nationale Höchstgericht nur ein unionsrechtliches Zwischenverfahren in den nationalen Gerichtsbarkeiten[858]. Das würde zu einer entsprechenden Verfahrensverlängerung führen. Im Bereich des Spekulativen liegen Überlegungen, ob die Autorität und die damit einhergehende Befähigung zur Rechtsbefriedung bei Senaten an den obersten Gerichten oder bei internen Unionsgerichten höher ausfallen. Jedoch stellt sich in konzeptioneller Hinsicht die Frage, warum innerhalb eines Mitgliedstaates die einheitliche Auslegung des Unionsrechts mit einem speziellen Verfahren stärker gesichert werden soll als es bei der Auslegung des rein nationalen Rechts der Fall ist[859].

Den Gefahren der Renationalisierung von Europarecht lässt sich eher durch ein Gericht mit Unionsstatus[860] als durch nationale Gerichte begegnen, am besten jedoch durch Unionsgerichte mit großen Gerichtsbezirken, die sich auf mehrere Mitgliedstaaten erstrecken. Das verdeutlicht ein Blick auf die Besetzung. Während die erstinstanzliche Zentralkammer eines EU-Patentgerichts (wie oben angesprochen) international besetzt wäre, ginge bei den nationalen Europagerichten oder -senaten die „europäisch-vergleichende Dimension der Rechtsanwendung und damit auch die europaweite Autorität der Urteile verloren"[861]. Zwar müssen bei Regionalgerichten grundsätzlich die gleichen Bedenken wie bei der Nationalisierung gelten.

Doch wegen der internationalen Besetzung von Regionalgerichten als Netz von Unionsgerichten unterhalb des EuGH bzw. EuG werden eigensinnige Auslegungen rascher direkt ausgeglichen. Zudem muss man einige Sympathie dafür hegen, dass durch Regionalgerichte die gemeinsame Rechtskultur und der Rechtsaustausch regional gestärkt wären. Der Gedanke, bei grenzüberschreitenden Sachverhalten bestünde eine geringere Diskriminierungsgefahr ausländischer Parteien, verweist auf das bereits angesprochene US-Recht. Hiernach urteilen Regionalgerichte in *federal question*-Fällen[862] und zu Streitigkeiten aus verschiedenen Bundesstaaten

---

Wagner, ZEuP 2008, 6 (21); skeptisch wegen der entstehenden Unübersichtlichkeit und den Abstimmungsproblemen des Rechtsschutzsystems *Thole*, JZ 2010, 731 (732) (Besprechung des Lehrbuches von *Hess*).

[858] Vgl. *Lipp*, NJW 2001, 2557 (2663).

[859] *Lipp*, NJW 2001, 2557 (2663).

[860] So auch *Craig/de Búrca*, S. 481.

[861] *Basedow*, RabelsZ 66 (2002), 203 (212 in Fußn. 26); auch *ders.*, AcP 210 (2010), 157 (191 f.).

[862] Art. III, § 2 U.S. Const. i.V.m. 28 U.S.C. § 1331.

(*diversity of citizenship*-Zuständigkeit)[863]. Wiederum haben bei dieser Parallele die Unterschiede zwischen beiden Großrechtsordnungen zu gelten[864]: Dem US-Recht liegt eine gemeinsame Sprache, einen Common law-Hintergrund und ein geschichtsträchtiger Verfassungsrahmen zugrunde.

Außerdem bestünden einige praktische Probleme. Nach den Erweiterungen von 2004 und 2007 wäre eine Gruppierung von Gerichtssprengeln beträchtlich erschwert[865]. Im 2. Teil § 4 wurden starke Unterschiede zwischen den Gliedstaaten festgestellt. Sollte man vorbildliche Staaten in ein Gerichtsterritorium fügen und die anderen separieren? Sollte man alte und neue Mitgliedstaaten verquicken? Empfehlenswert ist ein Zuschnitt von Staaten, zwischen deren Unternehmen und Bürgern besonders häufig grenzüberschreitende Geschäfte geschlossen werden. Zu denken ist hier etwa an Deutschland und Österreich[866] – zwei Mitgliedstaaten, aus denen besonders viele Rechtsfragen zum IPR und IZVR in Luxemburg vorgelegt werden.

Die Verwirklichung von europäischen (Bundes-)Gerichten bereitete weitere Probleme: Selbstredend würde eine Abkehr von der Zentralisierung in Gestalt einer Schaffung von Regionalgerichten insbesondere Infrastrukturkosten erzeugen, was z.B. die Gebäude, Bibliotheken, Richter, Mitarbeiter und Übersetzer anbelangt[867]. Die Erarbeitung einer speziellen[868] Verfahrensordnung (gegebenenfalls auch mit Wahlmöglichkeiten für die regionalen Gerichte) dürfte sich dabei wohl als das geringere Problem er-

---

[863] Art. III, § 2 U.S. Const.; ausführlich 28 U.S.C. § 1332: „(a) The district courts shall have original jurisdiction of all civil actions where the matter in controversy exceeds the sum or value of $ 75,000, exclusive of interest and costs, and is between – (1) citizens of different States; (2) citizens of a State and citizens or subjects of a foreign state; (3) citizens of different States and in which citizens or subjects of a foreign state are additional parties; and (4) a foreign state, defined in section 1603 (a) of this title, as plaintiff and citizens of a State or of different States". *Fallon/Manning/Meltzer/Shapiro*, Hart and Wechsler's, S. 1355 ff.; *Friedenthal/Kane/Miller*, Civil Procedure, 4. Aufl. (2005), S. 24 ff.; *Chemerinsky*, Federal Jurisdiction, 5. Aufl. (2007), S. 295 ff.; für einen ökonomischen Blickwinkel kurz *Posner*, Economic Analysis of Law, 8. Aufl. (2011), S. 895.

[864] Oben 3. Teil § 2 III 1 d) und e).

[865] So auch *Rasmussen*, CML Rev. 44 (2007), 1661 (1683).

[866] S. im Zusammenhang mit EuGH, Rs. C-464/01, Slg. 2005, I-439 – *Gruber* oben 2. Teil § 5 III.

[867] *Koopmans*, YEL 11 (1991), 15 (28).

[868] Statt der Anwendung einer nationalen Prozessordnung, etwa der des Sitzstaates des Gerichts; dafür auch *Rehm*, in: Festschr. f. Heldrich, 2005, S. 955 (969). *Heinze*, JZ 2011, 709 (712) denkt vom IZVR her: Unionsspezifische Verfahrenstypen könnte man – etwa bei Handelsstreitigkeiten – optional für rein nationale Verfahren öffnen und Spezialspruchkörpern überantworten, damit die allgemeine Ziviljustiz nicht mit einer Anwendung von parallelen Verfahrensrechten belastet ist.

weisen[869]. Die Einführung von Fachanwälten wäre vorerst abzulehnen. Verständlich ist zudem das generelle Anliegen der Anwaltschaft zu möglichst einheitlichen Prozessrechtsvorschriften der EU-Gerichte[870].

Schwieriger zu beantworten ist: Wo sollte der Sitz der Regionalgerichte sein? Welches Recht sollten sie in Ermangelung materiellen EU-Rechts anwenden? Das Recht des Sitzstaates, so wie es die USA handhaben[871]? Welche Gerichtsprache soll gelten? Ohnedies ist als Souveränitätsfrage offen, ob die Mitgliedstaaten überhaupt bereit sind, Justizkompetenzen an die EU abzugeben[872]. Auf lange Sicht weist die Idee der Regionalgerichte für Diversitätsfälle, d.h. bei dem Aufenthalt der Parteien in verschiedenen Mitgliedstaaten[873], wegen ihrer Europarechtsfreundlichkeit große Vorzüge auf. Praktisch ist aber wohl die Einrichtung von Unionsgerichten in den Mitgliedstaaten, d.h. als Untergliederungen der EU-Gerichtsbarkeit, der wahrscheinlichere Weg[874].

3. Kompetenzgerichtshof

Ein im vorliegenden privatrechtlichen Kontext notgedrungen nur sekundärer Aspekt ist die Kompetenzfrage. Dieses Thema aus dem Bereich des Verfassungsrechts wird kurz erörtert, weil eine Machtfülle der EU besteht und die These des judikativen Machtmissbrauchs die Akzeptanz des EU-

---

[869] Zur Vereinheitlichung des Prozessrechts noch im 4. Teil § 3; *Hess*, § 13, Rdnr. 23 verweist darauf, dass mit dezentralen Unionszivilgerichten die gewachsenen Prozessrechtskulturen der Mitgliedstaaten erhalten bleiben könnten, schließlich läge das grenzüberschreitende Fallaufkommen bei weniger als 1 % aller Zivilverfahren (aaO in Fußn. 116).

[870] Vgl. *Bundesrechtsanwaltskammer*, BRAK-Mitt. 2000, 292 (296): „Wichtig ist in jedem Falle [ob EuG-Fachkammern oder einzelne Fachgerichte], dass eine einheitliche und einheitlich angewandte Verfahrensordnung besteht, die es der Anwaltschaft gemeinschaftsweit erlaubt, auch ohne tägliches Auftreten vor den Gerichten Kenntnis von ihr zu haben und Verfahren vor diesen Gerichten zu führen".

[871] *Erie Railroad Co. v. Tompkins*, 304 U.S. 64 (1938) (zur *diversity jurisdiction*); dazu *Fornasier*, ZEuP 2010, 477 (483 f.); s. die Fälle bei *Hay/Weintraub/Borchers*, Conflict of Laws – Cases and Materials, 13. Aufl. (2009), S. 671 ff.

[872] Skeptisch auf kurz- und mittelfristige Sicht ebenfalls *Rehm*, in: Festschr. f. Heldrich, 2005, S. 955 (969 f.), auch wenn er langfristig die Errichtung von getrennten Gerichtszügen und einer zumindest fakultativen Anrufungsmöglichkeit dieser EU-Gerichte für unausweichlich hält. S. auch *Fornasier*, ZEuP 2010, 477 (485); *Wagner*, ZEuP 2008, 6 (21 f.).

[873] *Hess*, § 13, Rdnr. 21 in Fußn. 107 verweist darauf, dass dagegen die „Anknüpfung" an die Anwendbarkeit des EU-Rechts wegen dessen Breite nicht sinnvoll ist.

[874] S. auch *Basedow*, AcP 210 (2010), 157 (191): früher oder später müsse es zu EU-Untergliederungen in den Mitgliedstaaten kommen. S. auch das Editorial *Huff*, EuZW 2000, 97: man solle kleine Gemeinschaftsgerichte schaffen, um rasch manche Auslegungsfrage einer Klärung zuzuführen.

Gerichtshofs unmittelbar berührt. Die Selbstzentralisierungseffekte wurden bereits im 2. Teil § 1 erläutert. Auch das BVerfG hat im *Lissabon*-Urteil von einer inhärenten Tendenz zur „politischen Selbstverstärkung" der EU-Organe gesprochen[875]. Allerdings hat das BVerfG solche Wirkungen aufgrund des Gebotes der Europarechtsfreundlichkeit aus Art. 23 GG in gewissen Grenzen akzeptiert: „Wer auf Integration baut, muss mit der eigenständigen Willensbildung der Unionsorgane rechnen. Hinzunehmen ist daher eine Tendenz zur Besitzstandswahrung (*acquis communautaire*) und zur wirksamen Kompetenzauslegung im Sinne der US-amerikanischen *implied powers*-Doktrin oder der *effet utile*-Regel des Völkervertragsrechts. Dies ist Teil des vom Grundgesetz gewollten Integrationsauftrags."[876]

Dennoch finden sich in der Literatur wiederholt Vorschläge für die Schaffung eines unabhängigen Kompetenzgerichtshofs[877], so etwa von *Herzog* und *Gerken*[878]. Aufgrund der politischen Zentralisierung, die der EuGH mit seiner Rechtsprechung erreicht[879], dürfe er nicht zugleich für die Machtbalance als auch für die Auslegung des EU-Rechts zuständig sein[880]. Das französische „Tribunal des Conflits", das aber nur in Zweifelsfällen über die gerichtliche Zuordnung zwischen der *juridiction judiciaire* (als der ordentlichen Gerichtsbarkeit) und der *juridiction administrative* entscheidet, mag Anregung für die Idee gewesen sein.

Bei den Vorschlägen zur Einführung eines Kompetenzgerichts zusammengesetzt aus erfahrenen Richtern der Mitgliedstaaten geht es freilich um eine andere Zielsetzung, nämlich um die Zurückschneidung der Unionskompetenzen und einer Beendigung des bekannten Mechanismus einer Selbstautorisierung des Agenten[881]. Dem hat der Lissabon-Vertrag eine Absage erteilt. Das Kompetenz-Kompetenz-Problem, also die Frage, ob

---

[875] So BVerfGE 123, 267 (351) – *Lissabon*.

[876] BVerfGE 123, 267 (351 f.).

[877] Befürwortend *Goll/Kenntner*, EuZW 2002, 101 (105); *Di Fabio*, FAZ v. 2.2.2001, S. 8; *Broß*, VerwArch. 92 (2001), 425 (440). Ablehnend *Everling*, in: Festschr. f. Hirsch, 2008, S. 63 ff.; *ders.*, EuZW 2002, 357 ff.; *Colneric*, EuZW 2002, 709 ff.; *Reich*, EuZW 2002, 257; *Wieland*, NJW 2009, 1841 (1842); implizit *Ule*, 46. DJT 1966, Bd. I: Gutachten, Teil 4, S. 138.

[878] *Herzog/Gerken*, FAZ v. 8.9.2008, S. 8.

[879] *Vaubel*, European Journal of Law and Economics 28 (2009), 203 (218) spricht von „centralist bias"; vgl. auch *Basedow*, EuZ 2009, 86 (87): „inhärente Neigung zur Ausweitung des Gemeinschaftsrechts".

[880] *Vaubel*, European Journal of Law and Economics 28 (2009), 203 (218), der einen entsprechenden „Subsidiaritätsgerichtshof" fordert. Bereits *European Constitutional Group*, Public Choice 91 (2004), 451 ff.; *Weiler/Haltern*, Harv. Int'l L.J. 37 (1996), 411; wiederabgedruckt in: *Weiler*, The Constitution of Europe – Do the New Clothes have an Emperor?, 1998, S. 286 (322): „Constitutional Council".

[881] So der Titel des Buches von *Höreth*; zur Agententheorie bereits im 2. Teil § 2 I 2 b) aa).

ein Gericht in eigener Sache über seine eigene Kompetenz entscheiden sollte, ist hinlänglich bekannt. Ebenso vertraut – nämlich von föderal organisierten Nationalstaaten – sind die Grenzen einer exakt-zweifelsfreien Bestimmung von Kompetenzschranken in Grenzfällen, nicht zuletzt aufgrund des politischen Gehaltes des für föderale Gebilde kennzeichnenden Subsidiaritätsgrundsatzes[882].

Gleichwohl ist ein neues Gericht praktisch und sachlich nicht erforderlich, denn der EuGH ist jetzt schon Kompetenzgericht. Zwar lädt das Primärrecht mit seiner weiten Binnenmarktkompetenz in Art. 114 AEUV und der Vertragsabrundungskompetenz in Art. 352 AEUV zum weiten Funktionenverständnis ein. Die Auslegungsgrundregel *effet utile*, also der praktischen Wirksamkeit des Unionsrechts, unterstützt diesen Trend zusätzlich[883]. Aber in der Rechtsprechung finden sich durchaus Fälle, in denen der EuGH Rechtsakte für kompetenzwidrig erachtet hat[884] und die Binnenmarktkompetenz beschränkend auslegt[885].

Probleme würde schließlich die Besetzung des Gerichts bereiten. Sofern man an der ein-Richter-pro-Staat-Regel festhielte, wäre das Gericht überbesetzt. Dies gilt, obschon nicht wenige von den beim EU-Gerichtshof unterlegenen Parteien eine Überprüfung durch das Kompetenzgericht anstreben würden[886] und auch ein vorgelagertes Zulassungsverfahren im oben aufgezeigten amerikanischen Sinne Ressourcen binden würde.

Zur Lösung des Besetzungsproblems könnten nach dem Vorbild des UN-Sicherheitsrats nur wichtige Staaten ständige Mitglieder sein, während für andere die Mitgliedschaft nur in einem Rotationsverfahren vergeben würde – ein Modell, wie es früher für den EuGH vorgeschlagen worden

---

[882] Selbst EuGH-Richter erkennen dies an; s. *Rodríguez Iglesias*, EBLR 15 (2004), 1115 (1117): „subsidiarity is a principle of an essentially political nature". *Basedow*, EuZ 2009, 86 verweist in etwas anderem Zusammenhang, nämlich der Kritik einer Usurpation von Kompetenzen durch den EuGH, auf Folgendes: „Gegenstand des Vertrages [ist] nicht etwa zuallererst eine Abgrenzung von Kompetenzen [...], sondern die Übertragung von Aufgaben zur Implementierung von Politiken in gewissen von den Verträgen benannten Gebieten an die Gemeinschaft. Der Umfang der jeweiligen Aufgabe bestimmt die Kompetenzen der Gemeinschaft".

[883] Vgl. *Mayer*, in: *Grabitz/Hilf/Nettesheim*, Art. 19 EUV, Rdnr. 28.

[884] EuGH, Rs. 294/83, Slg. 1986, 1339 – *Les Verts* (Wahlkampfkostenerstattung); verb. Rs. 281, 283 bis 285 und 287/85, Slg. 1987, 3203 – *Deutschland/Kommission* („Wanderungspolitik"); EuGH, Rs. C-376/98, Slg. 2000, I-8419 – *Deutschland/Kommission* (Tabakwerberichtlinie).

[885] EuGH, Rs. C-376/98, Slg. 2000, I-8419 – *Deutschland/Kommission* (Tabakwerberichtlinie I); dann aber Rs. C-380/03, Slg. 2006, I-11573 – *Deutschland/Europäisches Parlament und Rat* (Tabakwerberichtlinie II), die *Huber*, in: *Merten/Papier*, § 172, Rdnr. 93 als wenig überzeugende Kurskorrektur einstuft. S. auch EuGH, Rs. C-377/98, Slg. 2001, I-7079 – *Niederlande/Parlament und Rat* (Biopatentrichtlinie).

[886] *Mayer*, ZaöRV 61 (2001), 577 (607 ff.).

ist[887]. Dieses Modell würde die großen Mitgliedstaaten und ihre Interessen stark bevorteilen. Auch ein Rückgriff auf Rechtskreise bzw. Gruppen von Staaten ist nicht sinnvoll, weil sich vielfältige Einordnungsprobleme auftun: Wäre etwa nach verfassungs-, verwaltungs-, zivil- oder strafrechtlichem Rechtskreis einzuteilen?[888] All diese Gründe sprechen gegen ein weiteres Gericht und für ein Beibehalten und eine partielle Stärkung der respektvollen Kooperation, etwa durch gegenseitige Einräumung von Anhörungsrechten[889].

VII. Stärkung der Parteirechte

Während der vorstehende Abschnitt in erster Linie institutionelle Fragen behandelt, rücken zum Ende dieses Teils die Parteirechte wieder in den Fokus. Dabei ist zu beachten, dass entsprechende Vorschläge gelegentlich als Ausgleich für Zugangsbeschränkungen begriffen werden, worauf zurückzukommen ist.

1. Zugang zum EuGH und zur obersten nationalen Zivilinstanz im Vergleich

Die Parteien eines Zivilstreits verfügen bekanntlich[890] über kein Initiativrecht für die prozessgerichtliche Vorlage ihres Verfahrens. Sie können eine Vorlage nur anregen sowie im Vorlageverfahren selbst schriftliche Erklärungen einreichen und in der mündlichen Verhandlung Stellung nehmen[891].

---

[887] Etwa von *Kaiser/Merlini/de Montbrial/Wellenstein/Wallace*, The European Community: Progress or Decline?, Kap. V; dazu ablehnend *Koopmans*, YEL 11 (1991), 15 (25).

[888] *Koopmans*, YEL 11 (1991), 15 (25) nennt Griechenland als Beispiel mit z.B. französisch geprägtem Verwaltungsrecht und einem Zivilgesetzbuch, das dem BGB stark ähnelt.

[889] S. etwa *Pernice*, EuR 2011, 151 (163): Es „wäre über Formen der offiziellen Beteiligung eines Vertreters, etwa des Verfassungsgerichts des betreffenden Mitgliedstaats, im Verfahren vor dem Gerichtshof nachzudenken. Umgekehrt könnte auch die Hinzuziehung eines Vertreters des Gerichtshofs (Präsident oder berichterstattender Richter im vorangegangenen Verfahren in Luxemburg) im Verfahren vor dem nationalen Verfassungsgericht dem gegenseitigen Verständnis dienlich sein." Vgl. auch zur Kompetenzüberwachung durch die mitgliedstaatlichen Verfassungsgerichte *Maduro*, EuR 2007, 3 (22): „der nationale Konstitutionalismus [dient] auch als Garantie gegen mögliche Machtkonzentrationen bzw. -missbräuche des europäischen Konstitutionalismus und verlangt gleichzeitig von letzterem, seine verfassungsrechtlichen Standards im Hinblick auf die Erfordernisse der nationalen Verfassungen zu verbessern".

[890] S. oben 2. Teil § 1 II 1.

[891] Etwa *Poelzig*, in: Jahrbuch Junger Zivilrechtswissenschaftler 2009, 2010, S. 209 (221 f.); s. auch *Basedow*, RabelsZ 66 (2002), 203 (214): das Vorabentscheidungsverfahren sei bei der Durchsetzung privater Rechte nur ein „Notbehelf".

Der kategorische Ausschluss privater Parteien vom Zugang zum EuGH wurde bereits oben auf den objektiv-rechtlichen Rechtsprechungsauftrag zurückgeführt[892], m.a.W. auf das nicht vorrangig partei- und rechtsschutzorientierte Konzept des Vorabentscheidungsverfahrens[893]. Es ist gerade kein Rechtsmittel[894].

Trotzdem stellt sich angesichts des mittlerweile erreichten Stands der Rechtsintegration die immer drängendere Frage, ob nicht ein Individualzugang zum EU-Gerichtshof in Zivilsachen geschaffen werden sollte. Der Zugang des Einzelnen ist bislang nur in Sonderfällen eröffnet, was vor allem die Amtshaftung nach Art. 268 AEUV betrifft, die in den Zuständigkeitsbereich des EuG fällt[895]. Das ist unter dem Gesichtspunkt des Individualrechtsschutzes zu diskutieren – ebenso wie die im 2. Teil erörterte Frage der individuellen Betroffenheit als Zulässigkeitsvoraussetzung der Nichtigkeitsklage[896]. Hier dagegen geht es um ein Beschwerderecht der Prozessparteien in den Fällen, in denen das entscheidende Gericht auf seine Vorlagebefugnis verzichtet.

Dazu ist ein Blick auf das nationale Prozessrecht dienlich. Obschon bei der Ausgestaltung der Gerichtssysteme in Europa und erst recht weltweit beträchtliche Unterschiede bestehen[897], so sind die meisten Gerichtssysteme doch in einer dreistufigen Pyramide strukturiert. Der Aufbau reicht vom erstinstanzlichen bis zum höchsten Gericht, das meist nur über Rechts-, aber nicht über Tatsachenfragen entscheidet (Revision, *cassation*, *certiorari*)[898]. Aus struktureller Perspektive tut sich erstens die Frage

---

[892] Bereits oben 3. Teil § 1 I 3.

[893] *Pfeiffer*, NJW 1994, 1996 (2002); zur Entkoppelung von Rechtsstreit und „richterlicher Normbildung" beim EU-Gerichtshof s. *Maultzsch*, S. 114.

[894] Die Unterschiede zwischen Rechtsmitteln und dem Vorlageverfahren wurden bereits oben im 2. Teil § 1 II 3 erörtert.

[895] Daneben steht Privaten ein Klagerecht nur in den Fällen der Art. 263 IV und Art. 270 AEUV zu; *Basedow*, AcP 210 (2010), 157 (193, Fußn. 131); *Bruns*, JZ 2011, 325 (326).

[896] 2. Teil § 1 II 2.

[897] Näher *Herzog/Karlen*, in: Int. Enc. Comp. L., Vol. XVI: Civil Procedure, Ch. 8, 1982; *Platto* (Hrsg.), Civil Appeal Procedures Worldwide, 1992; *Ortells Ramos* (Hrsg.), Los recursos ante Tribunales Supremos en Europa – Appeals to Supreme Courts in Europe, 2008; s. weiter die 14 Länderberichte in *Jolowicz/van Rhee* (Hrsg.), Recourse against Judgments in the European Union/Voies de recours dans l'Union européenne/Rechtsmittel in der Europäischen Union, 1999.

[898] Ausführlich *Clark*, in: Int. Enc. Comp. L., Vol. XVI: Civil Procedure, Ch. 3, 2002, S. 102 ff.; *Chase/Hershkoff/Silberman/Taniguchi/Varano/Zuckerman*, Civil Litigation in Comparative Context, 2007, S. 106 ff., 327 ff.

auf[899], ob die Zugangskontrolle (überwiegend anhand der Kriterien der grundsätzlichen Bedeutung und Divergenz)[900] im Ermessen des jeweiligen Rechtsmittelgerichtes liegt oder der Zugang gesetzlich festgeschrieben ist. Letzteres geschieht häufig über Streit- und Beschwerdewertgrenzen[901] als typisierter Verhältnismäßigkeit unter den Gesichtspunkten von Kosten und zu erwartendem Nutzen[902].

Zweitens stellt sich die Strukturfrage, wie die „dritte Ebene" ausge-staltet ist[903]: ob entweder als Revisionsinstanz, die wie der BGH in der Sache eine Entscheidung fällen kann oder als Kassationsinstanz ohne Selbstentscheidungsbefugnis, wodurch – wie nach französischem Vorbild – fehlerhafte Entscheide der Untergerichte nur aufhoben werden können[904] (von *casser* für „zerbrechen")[905], ohne dass – wieder anders als in Deutsch-land[906] – im Fall der Zurückverweisung eine Bindungswirkung entsteht[907].

Näher einzugehen ist auch auf die verschiedenen Modelle im Rechts-mittelrecht[908]. In Deutschland besteht die Möglichkeit der Revision zum BGH gegen Endurteile der Berufungsinstanz (§ 133 GVG, §§ 542 ff. ZPO). Dafür ist seit der ZPO-Reform von 2001[909] die Zulassung durch das Berufungsgericht[910] oder die erfolgreiche Nichtzulassungsbeschwerde vor dem BGH[911] vonnöten. Auf Antrag einer Partei ist die Revision zuzu-lassen, wenn die Rechtssache grundsätzliche Bedeutung hat oder eine Ent-

---

[899] *Wagner*, in: *Bork/Eger/Schäfer*, S. 157; näher zu den Modellen *Ferrand*, Cassa-tion française et révision allemande, 1993; *Jolowicz*, in: *ders.*, On Civil Procedure, 2000, S. 328 ff.

[900] S. die rechtsvergleichenden Hinweise bei *Piekenbrock*, EuR 2011, 317 (337 in Fußn. 199).

[901] S. dazu, dass das Mischsystem von Zulassungs- und Wertrevision durch § 543 ZPO abgeschafft wurde oben Fußn. 466.

[902] Vgl. *Wagner*, in: *Bork/Eger/Schäfer*, S. 157 (161); zum deutschen System *Bork*, RabelsZ 66 (2002), 327 (330, 342 f., 345).

[903] *Wagner*, in: *Bork/Eger/Schäfer*, S. 157.

[904] Die Cour de cassation trifft in weniger als 1 % eine eigene Sachentscheidung; *Bruns*, JZ 2011, 325 (331).

[905] Das entspricht der anfänglichen Stellung der Cour de cassation als auf Fehler-beseitigung beschränkter Teil der Legislative; *Martens*, JZ 2011, 348 (354). Zu den Unterschieden zwischen *cassation*, Revision und *appeal* s. *Geeroms*, Am. J. Comp. L. 50 (2002), 201 ff.

[906] § 563 II ZPO.

[907] S. allerdings Art. L431-4 Code de l'organisation judiciaire; s. *Martens*, JZ 2011, 348 (354).

[908] Näher zur Funktionsdifferenzierung zwischen Vorlageverfahren und Rechtsmittel oben 2. Teil § 1 II 3; zum Rechtsmittelrecht innerhalb der EU-Gerichtsbarkeit oben 3. Teil § 1 II 3.

[909] Zivilprozessreformgesetz, BGBl. 2001 I, S. 1887; s. oben Fußn. 466.

[910] § 543 I Nr. 1 ZPO.

[911] §§ 543 I Nr. 2, 544 ZPO.

scheidung des BGH aufgrund der Fortbildung des Rechts oder der Sicherung einer einheitlichen Rechtsprechung erforderlich ist[912]. Auch die Möglichkeit der Verfassungsbeschwerde ist hier als „flankierender Rechtsschutz"[913] zu beachten, den etwa Frankreich, Großbritannien und die USA nicht kennen.

Nach französischem Recht besteht die Möglichkeit der Kassationsbeschwerde zur Cour de cassation. Diese *pourvoi en cassation* ist als außerordentliches Rechtsmittel nur eröffnet, wenn gegen das angefochtene Urteil kein anderer Rechtsbehelf statthaft ist[914]. Einer Zulassung durch den Cour d'appel bedarf es nicht. Während früher der Kassationshof eine Kassationsbeschwerde nicht ablehnen durfte, ist dies aufgrund einer Reform von 2001 für unzulässige oder unbegründete Kassationsbeschwerden ohne Erläuterung möglich. Gleichwohl ist die Arbeitslast der Cour de cassation immens. 2008 gab es laut Statistik 18.684 Erledigungen in Zivilsachen, wovon circa 21 % *decisions de non-admission* sind[915]. Daneben existiert auch ein Vorlageverfahren in Zivilsachen (*saisine pour avis*) bei bislang ungeklärten Rechtsfragen[916].

Ein *appeal* zum UK Supreme Court muss beim Untergericht beantragt werden. Dabei handelt es sich zumeist um den Court of Appeal[917]. Die Zulassung ist für den Supreme Court bindend. Im Fall der Versagung des Zugangs ist ein Zulassungsantrag beim Supreme Court möglich[918]. Beide Male wird die Entscheidung über die Zulassung nach freiem Ermessen gefällt. Die Befassungszahlen sind sehr niedrig. Von den 172 *petitions for leave to appeal* in Zivilsachen im Jahr 2007 hat der UK Supreme Court nur 46 zugelassen[919].

In den USA besteht der restriktiv ausgeübte *discretionary review* des U.S. Supreme Court auf Grundlage des *certiorari*-Annahmeverfahrens, das auf Parteiantrag zurückgeht. Es wurde bereits oben eingehend behandelt und als Modell für Europa (derzeit) abgelehnt[920]. Im ebenfalls kodifizierten[921] einzelstaatlichen U.S.-amerikanischen Zivilprozessrecht ist zwar der Rechtsschutz unterschiedlich ausgestaltet, aber auch hier dominiert

---

[912] § 543 II S. 1 ZPO; näher *Bork*, RabelsZ 66 (2002), 327 (343, 350, 351); *Maultzsch*, S. 335 ff.

[913] *Bruns*, JZ 2011, 325 (329).

[914] Art. 605 Code de procédure civile.

[915] S. *Bruns*, JZ 2011, 325 (327).

[916] *Bruns*, JZ 2011, 325 (327).

[917] Supreme Court Rules 10 (2).

[918] *M. Stürner*, S. 109 ff.; *Maultzsch*, S. 360 ff.; *Bruns*, JZ 2011, 325 (327); dort auch zur Möglichkeit des *leap-frogging* (d.h. der Sprung-Appellation).

[919] *Bruns*, JZ 2011, 325 (327).

[920] Oben 3. Teil § 2 III 1 a).

[921] *Junker*, ZZP 101 (1988), 241 (291 f.).

eine Revision auf weiter Ermessensbasis, wobei das Ermessen in einigen Bundesstaaten durch verschiedene Voraussetzungen und Modalitäten konkretisiert wird[922].

Während also der U.S. Supreme Court mit seinem weiten Ermessen und seiner extrem beschränkenden Handhabe äußerst wenige Verfahren zur Revision annimmt, stellt die Cour de cassation das Gegenmodell dar. Das französische Recht gewährt ein grundsätzlich unbeschränktes Zugangsrecht. Allerdings können Kassationsbeschwerden wegen Unzulässigkeit oder Unbegründetheit verworfen werden[923]. In Deutschland erfolgt der Zugang zur Revision auf Ermessensbasis, jedoch geschieht die Ermessensausübung – anders als nach englischem Recht und nach Bundesrecht der USA – auf Grundlage von normativ leitenden, gerichtlich überprüfbaren Parametern[924]. Damit ist der Individualzugang zur höchsten Instanz in Zivilsachen nach dem Prozessrecht aller untersuchten Staaten grundsätzlich möglich, auch wenn das öffentliche Interesse das Interesse der Prozessparteien an der Rechtsmittelgewährung unter den Gesichtspunkten der Grundsatzbedeutung, Rechtsfortbildung und Rechtsprechungseinheit meist überlagert[925].

Damit ist das reine Vorlageverfahren unter Abschneidung des Individualzugangs zur obersten Zivilinstanz eine singuläre Erscheinung und eine Regelwidrigkeit in einem rechtsstaatlichen Gefüge[926]. Der Auslösungsmechanismus ist hier divergent: Während sonst im „Kampf ums Recht"[927] die Durchsetzung von Rechten der selbsttätigen Parteiinitiative anvertraut ist[928], d.h. sowohl die Klageerhebung als auch die Einlegung von Rechtsmitteln auf das Betreiben der Parteien zurückgeht (Dispositionsmaxime)[929],

---

[922] Näher *Maultzsch*, S. 371 ff.; *Bruns*, JZ 2011, 325 (328).

[923] Deutlich *Bruns*, JZ 2011, 325 (328).

[924] *Bruns*, JZ 2011, 325 (328).

[925] Vgl. anhand der Revision zum BGH *Bruns*, JZ 2011, 325 (326 f.); *Bork*, RabelsZ 66 (2002), 327 (331 f.); rechtsvergleichend zum Zugang zu den normbildenden Instanzen *Maultzsch*, S. 384 ff.

[926] Das arbeitet *Bruns*, JZ 2011, 325 (328) heraus und stellt auch klar, dass nationale Vorlageverfahren den Rechtsschutz nur flankieren, nicht aber ersetzen.

[927] *v. Jhering*, Der Kampf ums Recht, S. 52: „Während nun die Verwirklichung des öffentlichen Rechts und des Strafrechts den Organen der Staatsgewalt überwiesen und in Form einer Pflicht gesichert ist, ist die des Privatrechts in Form des Rechts ganz der freien Initiative und der Selbsttätigkeit der Privatpersonen überlassen." Entsprechend auch *Basedow*, AcP 182 (1982), 335 (336 f.); *Rehm*, in: Festschr. f. Heldrich, 2005, S. 955 (956).

[928] S. auch den zweiten Bestandteil des Vorspruchs zu diesem Teil oben Fußn. 1.

[929] *Bork*, RabelsZ 66 (2002), 327 (349).

erfordert die über den Luxemburger Gerichtshof erfolgende Durchsetzung des Unionsrechts eine Anrufung durch die nationalen Gerichte[930].

Wie das grundrechtlich näher zu bewerten ist, geht über das hinaus, was diese Arbeit als sichere Rechtserkenntnis zu gewinnen vermag[931]. Zumindest nach h.M. besteht kein Recht auf Rechtsmittel nach Grundgesetz und europäischem Recht, was bereits oben im 2. Teil dargestellt wurde[932]. Ob es dagegen ein subjektives Recht auf Einhaltung der Vorlagepflicht nach Art. 267 III AEUV gibt, das entsprechend prozessrechtlich gesichert werden müsste, ist offen, aber angesichts der mittlerweile vielfältigen Verbürgungen des Unionsrechts durchaus möglich[933].

2. Individualzugang zur EU-Gerichtsbarkeit (v.a. Revisionsverfahren)

Die Gewährung eines Individualzugangs wäre mit einem verfahrensrechtlichen Systemwechsel verknüpft. Bei einer solchen Reform, die grundlegend eine Primärrechtsänderung erforderte[934], wäre die Vorlage in eine Revision der Nichtvorlageentscheidung des nationalen Gerichts durch die Unionsgerichtsbarkeit umgewandelt[935]. Damit bestünde eine starke hierarchische Überordnung des EU-Gerichtshofs anstelle der derzeitigen Kooperation zwischen europäischen und mitgliedstaatlichen Gerichten[936].

Allerdings wurde bereits ermittelt, dass sich die horizontale Struktur der Europäischen Gerichtsbarkeit immer weiter von einer vertikalen zu einer multilateralen Ausrichtung entwickelt hat[937]. Die in materiell-rechtlicher Hinsicht bereits bestehende Hierarchie würde im Fall einer Kassationsbefugnis des EU-Gerichtshofs durch eine prozessual-formelle ergänzt[938]. Bislang unterblieb eine Aufhebung der Inkonsistenz zwischen materieller

---

[930] *Basedow*, AcP 210 (2010), 157 (193); *ders.*, Nationale Justiz und Europäisches Privatrecht, S. 7; *Wegener*, EuR-Beih 3/2008, 45 (58).

[931] Ebenfalls soll die Einführung einer Grundrechtsbeschwerde hier nicht weiter diskutiert werden; dafür – mit guten Gründen und als Konsequenz aus der Schaffung der Grundrechtecharta – etwa *Reich*, ZRP 2000, 375 ff.; *Bruns*, JZ 2011, 325 (330); *Allkemper*, Der Rechtsschutz des einzelnen nach dem EG-Vertrag, 1995, S. 171 ff.; dagegen *Wegener*, EuR-Beih 3/2008, 45 (48), wegen tatbestandlicher Konturlosigkeit und ungeklärtem Verhältnis zur Nichtigkeitsklage.

[932] Oben 2. Teil § 1 II 3.

[933] S. *Poelzig*, in: Jahrbuch Junger Zivilrechtswissenschaftler 2009, 2010, S. 209 (224 ff.); *Piekenbrock*, EuR 2011, 317 (334); *Micklitz*, in: *ders./de Witte* (Hrsg.), The European Court of Justice and the Autonomy of the Member States, 2012, S. 349 (393 ff.).

[934] Zur Begründung *Bruns*, JZ 2011, 325 (330), der zu einer raschen Vertragsänderung drängt, um dem Gebot europäischer Justizgewährleistung nachzukommen (S. 332).

[935] *Schwarze*, DVBl. 2002, 1297 (1311).

[936] Etwa mit Blick auf die Rolle des BVerfG *Limbach*, NJW 2001, 2913 (2915 ff.).

[937] Oben 2. Teil § 8 I 3.

[938] *Schwarze*, DVBl. 2002, 1297 (1312).

Rechtsposition und deren prozeduraler Realisierbarkeit[939] mit Rücksicht auf den Grundsatz der Verfahrensautonomie[940] und die Souveränität der Mitgliedstaaten bei der Ausgestaltung ihrer Justizorganisationen[941].

Angesichts des gewachsenen EU-Rechtsbestands ist die Beschränkung beim Vorabentscheidungsverfahren[942] nicht mehr zeitgemäß. Ein individuelles Zugangsrecht wäre letztlich konsequent, um den bereits materiellrechtlich erfolgten Wandel zur hierarchischen Struktur prozessual nachzuvollziehen[943]. Zugleich wäre der Funktionserweiterung des Vorlageverfahrens genüge getan, das nicht zuletzt auf Grundlage der EuGH-Rechtsprechung auch zur Durchsetzung von Rechten des Einzelnen dient[944]. Der dezentrale Individualrechtsschutz im Unionsrecht wäre also erst bei einem Zugang des Einzelnen komplettiert[945]. Vor allem könnte ein Rechtsbehelf gegen Vorlagepflichtverletzungen den lückenhaften Rechtsschutz im Fall der Missachtung der Vorlagepflicht ausgleichen und entsprechende Pflichtverletzungen besser sanktionieren[946]. Zudem könnten auch die im 2. Teil § 5 aufgezeigten unterschiedlichen Partizipationsmuster ausgeglichen werden.

Diskutiert wird im Einzelnen die Einführung eines Antragsrechts der Prozessparteien (mit Filter beim EU-Gerichtshof)[947], eines Rechtsmittels[948]

---

[939] *Basedow*, AcP 210 (2010), 157 (193), der sich dafür ausspricht, Privaten ein Recht einzuräumen, gegen letztinstanzliche Urteile der mitgliedstaatlichen Gerichte vor dem EU-Gerichtshof ein Rechtsmittel wegen Verletzung des EU-Rechts einlegen zu können (S. 195).

[940] Oben 2. Teil § 6 I 3. S. auch EuGH, Rs. C-6/90 und C-9/90, Slg. 1991, I-5357, Rdnr. 42 – *Francovich und Bonifaci*: „Mangels einer gemeinschaftsrechtlichen Regelung ist es nämlich Sache der nationalen Rechtsordnung der einzelnen Mitgliedstaaten, die zuständigen Gerichte zu bestimmen und das Verfahren für die Klagen auszugestalten, die den vollen Schutz der dem einzelnen aus dem Gemeinschaftsrecht erwachsenden Rechte gewährleisten sollen".

[941] S. *Schwarze*, DVBl. 2002, 1297 (1312).

[942] An dieser Verfahrensart ist mit Blick auf die unteren Instanzen zunächst festzuhalten, etwa auch bei einem (optionalen) Vertragsrechtsgesetzbuch der EU. Dafür *Basedow*, AcP 200 (2000), 445 (484); s. allerdings *Sonnenberger*, RIW 2002, 489 (492); *Lurger*, S. 178 ff.; angedeutet *Steindorff*, in: Festschr. f. Ulmer, 2003, S. 1393 (1404).

[943] Vgl. ablehnend *Collins*, The European Civil Code – The Way Forward, 2008, S. 25: „it will be impracticable as well as probably undesirable to restructure civil courts into a European federal system with a transnational hierarchy of appeal courts." (Besprochen von *Rösler*, ZEuP 2010, 980 ff.).

[944] *Poelzig*, in: Jahrbuch Junger Zivilrechtswissenschaftler 2009, 2010, S. 209 (227); oben 2. Teil § 1 II.

[945] *Wegener*, EuR-Beih 3/2008, 45 (58).

[946] So auch *Schwarze*, DVBl. 2002, 1297 (1312); *Poelzig*, in: Jahrbuch Junger Zivilrechtswissenschaftler 2009, 2010, S. 209 (227).

[947] *Schwarze*, DVBl. 2002, 1297 (1312).

(teils auch begrenzt auf die Frage der Nichtigkeit von EU-Sekundärrechts-akten)[949], eines speziellen Beschwerderechts[950] oder ein Revisionsmodell mitsamt Nichtvorlagebeschwerde[951]. Von den verschiedenen Möglichkeiten und unter Rückgriff auf die angesprochenen nationalen Modelle empfiehlt sich die Zulassungsrevision nach Vorbild der deutschen ZPO. Anders als nach anglo-amerikanischem Recht gäbe es dann ein Recht auf Zugang[952], wenn auch in enggesetzten Grenzen. Die Kassation nach französischem Vorbild ist grundsätzlich schwerfällig und wegen der Gefahr der Arbeitsüberlastung auf EU-Ebene wenig überzeugend[953].

Dem Vorbild der deutschen Revision entsprechend müsste die Zulassung durch das letztinstanzliche Gericht und im Fall der Nichtzulassung auch durch den EU-Gerichtshof (EuGH oder besser das EuG oder ein Fachgericht)[954] nach entsprechender Beschwerde der Parteien des natio-

---

[948] *Basedow*, AcP 210 (2010), 157 (193, 195). Vgl. auch *Koopmans*, YEL 11 (1991), 15 (30), wonach die englische Methode des „leave for appeals" bei Vorabentscheidungen nicht passt. S. weiter den vom Reflexionspapier des EuGH, EuZW 1999, 750 (754 f.) aufgeworfenen Vorschlag, wonach die nationalen Gerichte zunächst selbst über die Fragen des EU-Rechts befinden. Nach Ergehen der Entscheidung könnte jede Partei des Rechtsstreits das Gericht mehr oder minder zwingen, die Entscheidung an den EuGH zu übermitteln „und zur Stellung eines Ersuchens um Vorabentscheidung" aufzufordern; ablehnend *Due*-Report, Beilage zu NJW H. 19/2000 und EuZW H. 9/2000, 7, *Craig/de Búrca*, S. 480 f. Zum deutschen Recht: Entgegen der h.M. (*Hess*, ZZP 108 [1995], 59 [98]; *Schmidt*, in: Festschr. f. Lüke, 1997, S. 721 ff.; *Roth*, in: *Stein/Jonas*, Kommentar zur Zivilprozessordnung, Bd. III, 22. Aufl. [2005], § 252 ZPO, Rdnr. 2; *Gehrlein*, in: Münchener Kommentar zur Zivilprozessordnung, 3. Aufl. [2008], Rdnr. 17) hält *Pfeiffer*, NJW 1994, 1996 (2001) und *ders.*, ZEuP 2007, 610 (618 f.) eine Beschwerde wegen Nichtvorlage auch nach geltendem Recht für zulässig, und zwar in analoger Anwendung des § 252 ZPO. Für eine „Vorlagerüge" gemäß § 321a ZPO analog zur Durchsetzung der Vorlagepflicht spricht sich *Poelzig*, ZZP 121 (2008), 233 ff. und *dies.*, in: Jahrbuch Junger Zivilrechtswissenschaftler 2009, 2010, S. 209 (220 f.) aus.

[949] *Ward*, Individual Rights and Private Party Judicial Review in the EU, S. 343: „Thought might be given to the introduction of an appeal system, which would enable review of decisions of national judges abstaining from referring questions on validity to the Court of Justice. This right of appeal might be referable to the Court of First Instance, the Court of Justice, or to a superior court within the domestic legal system".

[950] *Poelzig*, in: Jahrbuch Junger Zivilrechtswissenschaftler 2009, 2010, S. 209 (227, 228 f.), und zwar unter Beschränkung der Vorlagepflicht.

[951] *Wegener*, EuR-Beih 3/2008, 45 (58) (in einem ersten Schritt beschränkt auf offensichtliche oder willkürliche Verletzungen der Vorlagepflicht); *Bork*, RabelsZ 66 (2002), 327 (356): gedient wäre der Rechtseinheit und dem Individualrechtsschutz, nicht aber der Verfahrensentlastung; jüngst *Bruns*, JZ 2011, 325 (331 ff.).

[952] *Bruns*, JZ 2011, 325 (331).

[953] Deutlich *Bruns*, JZ 2011, 325 (331 f.).

[954] Zur Verlagerung der Zuständigkeit bereits oben 3. Teil § 2 IV und V.

nalen Rechtsstreits erfolgen[955]. Diese unionsrechtliche Nichtvorlagebeschwerde hätte – wie beim Vorbild der §§ 543 I Nr. 2, 544 ZPO – Erfolg,
wenn die Sache[956] grundsätzliche unionsrechtliche Bedeutung aufweist
oder wegen der Fortentwicklung des EU-Rechts oder zur Sicherung der
einheitlichen Rechtsprechung erforderlich ist. Dabei ginge es nur um
Unionsrechtsfragen[957], nicht um Fragen des nationalen Rechts oder – wie
auch bei der Revision nach der ZPO – nicht um die Sachverhaltsfeststel-
lung[958].

Um dem Missbrauchsrisiko und der Arbeitsüberlastung (etwa des dann
zuständigen und beträchtlich erweiterten EuG, eines Fachgerichts oder
dezentraler EU-Gerichte) zu begegnen, ließe sich die Nichtvorlagebeschwerde zunächst auf Fälle der offensichtlichen oder willkürlichen
Verletzung der Vorlagepflicht beschränken[959]. Alternativ ließe sich das
Zugangsrecht in einem ersten Schritt auf qualifizierte Einrichtungen zur
Interessenvertretung beschränken. Dabei könnte man deren Definition,
etwa für den Verbraucherbereich, an die in der Unterlassungsklagericht-
linie anlehnen[960]. Im Bereich des Umweltrechts[961] und des Antidiskrimi-

---

[955] Für eine Übertragung der deutschen Zulassungsrevision mit der Möglichkeit einer
Nichtzulassungsbeschwerde v.a. auf das Rechtsmittelverfahren nach Art. 256 I AEUV
spricht sich aus Entlastungsgründen *Bork*, RabelsZ 66 (2002), 327 (351 f., 356) aus. Für
das Vorabentscheidungsverfahren begrüßt er es mit Abstrichen (s. oben Fußn. 951).
[956] Wie nach § 543 II S. 1 ZPO.
[957] *Basedow*, AcP 210 (2010), 157 (193).
[958] Vgl. dazu, dass EuGH, Rs. C-210/06, Slg. 2008, I-9641, Rdnr. 88 ff. – *Cartesio*
(zur Beschwerde der Prozessparteien *gegen* eine Vorlage) die der Einführung eines o.g.
Rechtsmittels nicht entgegensteht, da es in der Rechtssache um das unbeschränkte Recht
der Gerichte zur Vorlage an den EuGH ging; *Poelzig*, in: Jahrbuch Junger Zivilrechtswissenschaftler 2009, 2010, S. 209 (229 f.).
[959] So der Vorschlag von *Wegener*, EuR-Beih 3/2008, 45 (58).
[960] Richtlinie 98/27/EG des Europäischen Parlaments und des Rates vom 19.5.1998
über Unterlassungsklagen zum Schutz der Verbraucherinteressen, ABl.EU 1998 Nr. L
166, S. 51; dazu etwa *Heiderhoff*, ZEuP 2001, 276 ff.; zu Klagerechten nach der Klauselrichtlinie 93/13/EWG *Micklitz*, The Politics of Judicial Co-operation, S. 298 ff., 494 f.;
Rösler, Europäisches Konsumentenvertragsrecht, S. 182; ausführlich *Tamm*, Verbraucherschutzrecht – Europäisierung und Materialisierung des deutschen Zivilrechts und die
Herausbildung eines Verbraucherschutzprinzips, 2011, S. 806 ff.; zum kollektiven und
individuellen Rechtsschutz nach dem alten AGBG *Basedow*, AcP 182 (1982), 335 ff. Zu
den jetzigen Beteiligungen von Verbraucherverbänden (etwa der europäischen Verbrau-
cherorganisation BEUC) bei Verfahren vor der EU-Gerichtsbarkeit *Adamantopoulos*, in:
Micklitz/Reich (Hrsg.), Public Interest Litigation before European Courts, 1996,
S. 359 ff.
[961] Zur Erweiterung der Klagerechte von Umweltverbänden jüngst EuGH, Rs. C-
115/09, EuZW 2011, 510 (noch nicht in amtlicher Sammlung veröffentlicht) – *Bund für
Umwelt und Naturschutz Deutschland, Landesverband Nordrhein Westfalen e.V./Bezirks-
regierung Arnsberg*. Zur Klagebefugnis von Verbänden im europäischen Verwaltungs-

nierungsrechts[962] bestehen ebenfalls bereits Normen zur Definition klage-
berechtigter Verbände. Weiterhin steht die Anwaltschaft in der besonderen
Verantwortung, sich bei der Nichtvorlagebeschwerde zurückzuhalten. Um
unbegründete und unzulässige Beschwerden im Vorhinein abzuwehren,
sollten entsprechende Maßnahmen ergriffen werden, so etwa die Erhebung
einer Gerichts-[963] und Missbrauchsgebühr[964].

§ 3: Zusammenfassung aus der Warte effektiver Zivilrechtspflege

Der vorstehende Teil hat den Bogen von den Anfängen der Europäischen
Gerichtsbarkeit über die verschiedenen Entwicklungsstufen des Justizrechts in den Verträgen bis hin zu den denkbaren institutionellen und prozessualen Reformoptionen gespannt. Damit soll die EU-Gerichtsbarkeit
den im 2. Teil beschriebenen quantitativen und qualitativen Anforderungen
im Zivilrecht künftig besser gerecht werden können. Zur Diskussion stehen
mehr oder weniger gut vertretbare Alternativen mit vielfältigen Varianten
und Kombinationsmöglichkeiten.

Ihnen zugrunde liegen jedoch verschiedene Modelle der judiziellen
Finalität (die es auf mittlere Sicht kaum geben wird) und des judikativen
Föderalismus, der eine fortwährende Gestaltungsaufgabe darstellt. Ein Teil
der künftigen Entwicklung hängt von den Präferenzen der Herren der
Verträge ab. Dies trifft in erster Linie auf judizielle Strukturveränderungen
zu, die über die vom gegenwärtigen Stand des Primärrechts eröffneten
Reformoptionen hinausgehen. Das ist vor allem bei den zuletzt vorgeschlagenen Maßnahmen der gerichtlichen Regionalisierung und der Einführung
einer Revisionsberechtigung der Fall.

Doch ein Großteil der Zukunft der Europäischen Gerichtsbarkeit und
ihrer Reformnotwendigkeiten gibt die weitere Entwicklung im materiellen
Recht vor, etwa die Einführung optionaler Instrumente und deren praktischen Erfolgen sowie die Schaffung vollharmonisierender Rechtsakte.
Ebenso wichtig ist das Funktionieren der EU-Gerichtsbarkeit auf Nachfragebasis[965]. Darum wird die weitere Entwicklung durch die dezentralen
Entscheidungen von Privatpersonen zur Aufnahme von Zivilprozessen und

---

prozessrecht s. *Ahrens*, Die Klagebefugnis von Verbänden im Europäischen Gemeinschaftsrecht, 2002, S. 72 ff.

[962] S. *Kocher*, ZEuP 2004, 260 ff.

[963] S. *Wägenbaur*, ZEuS 2007, 161 (218), der den Vorschlag für das bereits bestehende Rechtsmittelrecht innerhalb der EU-Gerichtsbarkeit unterbreitet.

[964] Wie man sie beim BVerfG von Verfassungsbeschwerden her kennt (§ 34 II
BVerfGG: Missbrauchsgebühr bis zu 2.600 €).

[965] Oben Grafik 12.

von der Vorlagebereitschaft der Gerichte mitbestimmt. Aus diesen Gründen fällt eine exakte Prognose über den steigenden Geschäftsanfall und die damit verknüpfte Länge der Verfahrensdauer schwer. Doch ein weiterer Anstieg, der die Leistungsfähigkeit des Vorabentscheidungsverfahrens im bisherigen Rahmen in Frage stellt, ist aufgrund der im 2. Teil genannten Ursachen äußerst wahrscheinlich. Darum sind grundlegende Strukturänderungen früher oder später unausweichlich.

Zur Lösung der künftigen Verfahrenslast kommen ein Ausbau von Parteirechten ebenso in Betracht wie die Stärkung der objektiven Prozesszwecke, auf die ein gewisser Teil der zugangsbeschränkenden Vorschläge hinausläuft[966]. Dabei stehen die Stärkung von Parteirechten insbesondere beim Vorlageverfahren sowie die daraus folgende Arbeitslast in einem Spannungsverhältnis: Mehr Zugangsrechte würden zu einer Belastung der Leistungsfähigkeit der Europäischen Gerichtsbarkeit in ihrer bisherigen Konstituierung führen, was den Reformdruck unter dem Gesichtspunkt der Zugangsbeschränkung und der Rücknahme von Rechtsschutzfunktionen der EU-Gerichtsbarkeit weiter erhöhen würde.

Von den diskutierten Vorschlägen werden hier nur die vier befürworteten wiederholend hervorgehoben. Dazu zählen schlagwortartig vier Punkte: die Verlagerung von Zuständigkeiten auf das EuG, u.U. die Schaffung von Fachgerichten und die Dezentralisierung sowie die Einführung einer Nichtzulassungsbeschwerde.

(1.) Zunächst zur *Verlagerung* von Vorabentscheidungen an spezialisierte Kammern beim EuG. Derzeit besteht für Vorabentscheidungsverfahren kein Rechtsmittel, d.h. der EuGH ist die erste und letzte EU-Instanz[967]. Allerdings eröffnet Art. 256 III AEUV, Ersuchen zu besonderen Sachgebieten per Satzung an das EuG zu übertragen. In den Kammern sollten in der Materie speziell ausgewiesene Richter tätig werden. Das derzeit geltende Prinzip, dass Generalisten, d.h. allgemein qualifizierte Richter, die eingehenden Rechtssachen entscheiden, ist angesichts des Differenzierungsgrades des Unionsrechts unzeitgemäß. Für eine ausdrückliche Spezialisierung ist an das Europäische Privatrecht, IPR, IZVR und Immaterialgüterrecht zu denken.

Sofern man sich, wie hier, für einen Ausbau der EU-Gerichtsbarkeit entscheidet, wird die folgende Weichenstellung erforderlich: Soll das EuG ausgebaut werden (wodurch das EuGöD ein Sonderfall bleibt) oder die dreistufige Ausgestaltung der EU-Gerichtsbarkeit gestärkt werden, was dem EuGöD eine Vorläuferrolle verschaffte? Vorzugswürdig ist es, dem

---

[966] S. die Einschätzung von *Hess*, RabelsZ 66 (2002), 471 (472).
[967] *Costello*, Dublin University Law Journal 21 (1999), 40 (51) spricht vom „one-stop shop".

EuG die generelle Zuständigkeit für Vorlagen zu übertragen und das EuG wegen der hinzutretenden Arbeitslast personell zu stärken.

(2.) Zu einem späteren Zeitpunkt und bei hinreichendem Geschäftseingang können die spezialisierten Kammern auch in *Fachgerichte* überführt werden. Aufgrund der im AEUV vorgesehenen Option zur Übertragung von Vorabentscheidungsverfahren an das EuG deuten die Zeichen auf einen Ausbau und eine Spezialisierung. Mit dem EuG weist die europäische Gerichtsbarkeit seit 1989 – wie dargestellt – auch eine vertikale Gliederung auf. Die „Herren der Verträge" haben mit dem EuGöD 2005 eine weitere institutionelle Schicht hinzugefügt. In Betracht kommt ein Fachgericht für autonom und einheitlich auszulegende optionale Instrumente, vor allem für das derzeit diskutierte Vertragsrechtsinstrument[968].

(3.) Die EU verfügt – anders als die Vereinigten Staaten – nicht über eigene bundesstaatliche Gerichte. Dieser Umstand wird als Ausdruck eines schon vor dem Vertrag von Maastricht existenten Subsidiaritätskonzepts gewertet[969]. Bei den Modellentscheidungen wird sich die EU vorerst weiterhin am *sui generis*-Ansatz orientieren, der nur in Teilen den Mitgliedstaaten oder den USA folgt und entsprechend seiner eigenen Entwicklung weiterhin größtenteils auf dezentrale Kooperation setzen wird. Die Mitgliedstaaten haben schließlich auch in Fragen des Unionsrechts die Erst- und die Regelzuständigkeit[970]. Die Zuständigkeit für die Vorabentscheidungen ist jedoch beim EuGH konzentriert. Um den EU-Gerichtshof entsprechend zu entlasten, ist auch eine *Dezentralisierung* möglich, vorzugsweise in Form regional eingerichteter EU-Gerichte. Sie würden die gemeinsame Rechtskultur beträchtlich stärken. Betraut wären diese Gerichte, die am besten den Status von Unionseinrichtungen hätten, mit den Vorabentscheidungsersuchen aus ihren jeweiligen Gerichtsbezirken.

(4.) Eine künftig wichtige Aufgabe wird die Stärkung der *Parteirechte* sein müssen. Die Europäische Gerichtsbarkeit und ihre Verfahrensregeln insbesondere zum Vorabentscheidungsverfahren haben sich in ihrer Struktur grundsätzlich bewährt. Dennoch hat die Gemeinschaft die Nabelschnur zum öffentlichen Recht, die auf die Grundkonzeption der EGKS- und EWG-Verträge zurückzuführen ist, nicht durchtrennt. Hieran entzündet sich zu Recht die Kritik. Die im Zeitpunkt der Unterzeichung der Verträge noch nicht offenbar gewesene Bedeutung der Europäischen Gerichtsbarkeit für die Entwicklung des Europäischen Privatrechts macht eine Verabschiedung von dem an der Legalitätskontrolle orientierten exklusiven Modell erforderlich, nach dem ausschließlich die Gerichte eine Vorlage initiieren können. Damit ist der Zugang zur Europäischen Gerichtsbarkeit

---

[968] Oben 3. Teil § 2 V 3.
[969] *Edward*, E.L. Rev. 19 (1995), 539 (546).
[970] Bereits oben 2. Teil § 6 I 2.

auf bestimmte gesellschaftliche Akteure beschränkt. Den Dialog zu erweitern und zu erleichtern, entspräche darum der mittlerweile am Individualschutz ausgerichteten Konzeption des EU-Rechts[971].

Um den neuen Erfordernissen gerecht zu werden, wird hier die Einführung einer Beschwerde vorgeschlagen. Natürlich ist ein verantwortungsvoller Umgang der Instanzgerichte zu gewährleisten. Die Einführung einer Beschwerde würde auch Maßnahmen zur Abwehr einer Arbeitsüberlastung erfordern. So könnte sie zunächst nur bei schwerwiegenden Verstößen gegen die Vorlagepflicht von Erfolg gekrönt sein und auch die Einführung von Gebühren sollte kein Tabu mehr darstellen. Mit der Erhebung von Gebühren für die Nichtvorlagebeschwerde muss nicht die Einführung von Gebühren für die verschiedenen Verfahren verbunden sein, die gegenwärtig grundsätzlich gerichtskostenfrei sind[972]. Interessant ist in diesem Zusammenhang: Die Idee von Einnahmen der Justiz ist für die deutsche Vorstellungswelt passend, aber die Verbuchung von Einnahmen in Justizhaushalten ist etwa in Spanien[973], Frankreich und Portugal ungewöhnlich[974].

Allerdings müssten bei Einführung eines Beschwerdeverfahrens Mechanismen zur Begrenzung der Verfahrenslast potenziell bereitstehen. Einer übermäßigen Zunahme der Arbeitslast, die den EU-Gerichtshof an die Grenze der faktischen Rechtsverweigerung und zur Lähmung der Rechtsprechungstätigkeit führt, müsste begegnet werden können. Denkbar sind Änderungen bei der Vorlageberechtigung und -pflicht (Zugangsbeschränkungen von der Quelle her) oder – vorzugswürdig – über ein *certiorari*-Verfahren (Beschränkung des Zugangs von oben her).

Nach dem gegenwärtigem Stand der Integration sind diese beschränkenden und selektiven Trichter jedoch abzulehnen, denn sie würden das durch das Vorabentscheidungsverfahren institutionalisierte Kooperationsverhältnis zwischen EU-Gerichtsbarkeit und nationalen Gerichten nachhaltig stören. Als Fazit ist festzuhalten: Die materiellrechtlichen „Geister", die der Unionsgesetzgeber mit dem gegenwärtigen und künftigen Unionssekundärrecht sowie der Grundrechtecharta rief bzw. zu rufen geneigt ist, wird die Union auch unter dem Gesichtspunkt der effektiven und kohärenten Justizgewährleistung in Zivilsachen nicht mehr los.

---

[971] Darin läge auch eine angemessene Demokratisierung. Eine ähnliche Forderung der „Demokratisierung des juristischen und judiziellen Dialogs" findet sich bei *Maduro*, EuR 2007, 3 (17), der freilich daraus – anders als hier – keine weiteren prozessualen Konseqenzen zieht. Vgl. auch oben 2. Teil § 5 II.

[972] Nach Art. 72 VerfO-EuGH. Näher *Middeke*, in: *Rengeling/Middeke/Gellermann*, § 10, Rdnr. 93; oben 2. Teil § 2 I 2 a) dd).

[973] Art. 119 der spanischen Verfassung verbietet Gerichtsgebühren.

[974] *Blankenburg*, in: *Cottier/Estermann/Wrase*, S. 61 (64); s. die Daten basierend auf den CEPEJ-Erhebungen bei *Uzelac*, International Journal of Procedural Law 1 (2011), 106 (119).

4. Teil

Judizielle und justizielle Konvergenz in Zivilsachen

„Nous ne coalisons pas des États,
nous unissons des hommes."
Jean Monnet (1888–1979)[1]

Nachdem der 2. Teil die strukturbedingten Defizite herausgearbeitet hat
und der 3. Teil mit institutionellen und verfahrensrechtlichen Reformen
des EU-Gerichtshof darauf antwortet, geraten nun die ergänzenden Ansätze zur Belebung der vertikalen und horizontalen Justizkooperation in
den Blick. Dazu zählen zunächst die rechtskulturellen oder weichen Strukturen, die entscheidend – wie schon der 2. Teil andeutete – Ausmaß,
Gehalt und Effektivität der nationalen EU-Justizgewährleistung und der
Kooperation mit dem EU-Gerichtshof prägen. Eine Stärkung der praktischen Konvergenz kann entweder von den Mitgliedstaaten oder von oben,
d.h. der EU-Ebene her erfolgen. § 1 behandelt darum zunächst die nationale Dimension richterlicher, d.h. judizieller Konvergenz und ihre Bedeutung für die europäische Rechtsverwirklichung. § 2 widmet sich sodann
der Frage, welche Maßnahmen der EU-Gerichtsbarkeit zur Belebung des
Rechtsgesprächs führen könnten. Gegenstand von § 3 ist schließlich die
stärkere legislative Vereinheitlichung des Zivilprozessrechts und der Ausbau des Rechtsrahmens für die justizielle Zusammenarbeit in Europa. Eine
umfassende Bearbeitung aller drei Themenbereiche würde drei eigene
Bücher erfordern. Die nachfolgenden Ausführungen sind darum bewusst
knapp gehalten und verbinden teils recht unterschiedliche Leitfragen, die
einer näheren Erörterung wegen ihrer Relevanz für die Herausbildung
einer effektiven europäischen Ziviljustiz bedürfen.

---

[1] Untertitel seiner Mémoires, 1976.

§ 1: Bedeutung weicher Strukturen auf der mitgliedstaatlichen Ebene

I. Begriff und Gehalt der Rechtskultur

Die Bedeutung der gewachsenen Rechtskultur und die Notwendigkeit einer Europäisierung der juristischen Infrastrukturen mit dem Ziel justizieller Konvergenz sind Themen von überbordender Natur. Rechtskulturelle Aspekte wurden schon mehrfach im Zusammenhang mit der nationalen Ebene angedeutet, schließlich sind sie für die Anwendung und Auslegung des Unionsrechts zwangsnotwendigerweise von einiger Relevanz. Der 3. Teil hob auf die unterschiedliche Organisation des Gerichtswesens und die abweichenden Rechtsmittelstrukturen ab, während zuvor der 2. Teil divergierende Vorlageraten und ihre Ursachen zu Tage brachte. Da die wirtschaftlichen Faktoren zumindest nach den vorliegenden Berechnungen keine hinreichende Erklärung bieten, muss die Macht rechtskultureller Triebfedern eine wichtige Rolle für das unterschiedliche Vorlageverhalten einnehmen[2].

Trotz eines gemeinsamen rechtsstaatlichen Standards, der für die Mitgliedschaft in der EU Voraussetzung ist und der Anlass zu umfassenden Justizreformen in den neuen und künftigen Mitgliedstaaten ist[3], existieren beachtliche Abweichungen in Justiz und Rechtspflege. Die groben Unterschiede sind zu verzeichnen zwischen den nördlichen und den südlichen sowie zwischen den westeuropäischen und den postkommunistischen Justizsystemen. Vor allem bestehen Unterschiede hinsichtlich der Justizhaushalte, der Ausstattung, der Ausbildung der Richter und Rechtsanwälte mit divergierenden Ernennungs- bzw. Zulassungszahlen (auch wieder im Verhältnis zu den Einwohnern)[4]. In diesem Zusammenhang ist auf die obigen Ausführungen zur Prozesshäufigkeit in den Mitgliedstaaten[5] ebenso zu verweisen wie auf die Verfahrensdauern[6]. Diese Umstände verdeutlichen, dass Justiz und Rechtspflege in Europa von einer Vereinheitlichung – wie sie prozessrechtlich unten in § 3 näher diskutiert wird – weit entfernt sind[7].

---

[2] 2. Teil § 4 III 4 und § 5 III.

[3] Vgl. Art. 2 EUV.

[4] Zu dem stark divergierendem Personal- und Kostenaufwand als Justizindikatoren *Blankenburg*, in: *Cottier/Estermann/Wrase*, S. 61 ff.

[5] Oben 2. Teil § 4 III 4 c) cc).

[6] 2. Teil § 2 II 2; *Blankenburg*, in: *Cottier/Estermann/Wrase*, S. 61 (83) berichtet zudem von „skandalös langen Prozessen" für Scheckforderungen vor polnischen und slowenischen Gerichten. Nähere Angabe aaO, S. 85.

[7] *Blankenburg*, in: *Cottier/Estermann/Wrase*, S. 61 (63).

Die vielfältigen Unterschiede haben auch für das EU-Privatrecht Relevanz, denn es nimmt den nationalen Rechtsstreit als dezentrale Durchsetzungsinstanz in Dienst[8]. Darum besteht ein untrennbarer Zusammenhang zwischen dem national divergierenden Richterverständnis, den nationalen Auslegungsmethoden und Prozessgegebenheiten auf der einen Seite und den unionsrechtlichen materiellen Vollzugsvorgaben und judiziellen Rahmensetzungen auf der anderen. Über die rechtsprechende Gewalt und die Rechtsberatung, die sich allesamt der Schwerkraft der nationalen „Vorverständnisse"[9] nicht entziehen können[10], wirken die historischen Erfahrungen, Entwicklungslinien und rechtskulturellen Traditionen auch auf den Zivilprozess ein. Das im Zivilprozessrecht zu verwirklichende Unionsrecht wird mit anderen Worten geprägt durch die unterschiedlichen Rechtsschutzkulturen, die einen Bestandteil der Rechtskultur bilden[11], mitsamt abweichender Gerichtseffektivität und unter verschiedenem Selbstverständnis des Rechtspersonals.

Der Begriff der nationalen und europäischen Rechtskultur ist *en vogue*, aber in der Sache weist er einige Vorläufer auf[12]. Zudem stößt der Erklärungswert eines solch überwölbenden Begriffs an seine Grenzen[13]; er ist

---

[8] Zu Letzterem *Heinze*, JZ 2011, 709 (716, Fußn. 117) unter Verweis auf EuGH, Rs. 26/62, Slg. 1963, 1 (26) – *van Gend & Loos*.

[9] Zum Vorverständnis, einem der Hermeneutik entlehnten Begriff, s. *Esser*, Vorverständnis und Methodenwahl, 1975, S. 137 und *Kübler*, S. 21 f.: dabei geht es nicht um eine individuelle Sozialerfahrung, sondern um einen gruppenprägenden „Erwartungshorizont". Auch *Esser*, in: Festschr. f. Raiser, 1974, S. 517 (527): Im Vorverständnis „vereinen sich die Effekte des professionellen Rollenverständnisses und der konkreten Erfahrung aus der erlebten Problembehandlung mit den bewussten Berufszielen, dem sog. Berufsethos, aber auch der Ausrichtung an ‚Überzeugungen' jenseits des Berufsbildes und seiner berufsethischen Ideale." Kritisch zum *Esser*'schen Methodenverständnis *Bork*, Allgemeiner Teil des Bürgerlichen Gesetzbuchs, 3. Aufl. (2011), Rdnr. 114.

[10] Vgl. *Mankowski*, JZ 2009, 321 (322) m. w. Nachw.: „Geschichtsphilosophisch ist Rechtskultur eine gesellschaftliche ideelle Objektivation, kombiniert mit Elementen des Systems der Verhaltenslenkung für den Einzelnen".

[11] *Mankowski*, JZ 2009, 321 (323, 331).

[12] Zum Volksgeist nach *Friedrich Karl v. Savigny* (1779–1861), der Interessenjurisprudenz *Rudolf v. Jherings* (1818–1892), den Schriften *Josef Kohlers* (1849–1919), den Forschungen *Max Webers* (1864–1920) sowie Weiterer mit Beiträgen zu einer vergleichenden Kultursoziologie des Rechts s. *Gephart*, Recht als Kultur – Zur kultursoziologischen Analyse des Rechts, 2006, S. 33 ff.; zur Geschichte des Begriffspaars Recht und Kultur *Hofmann*, JZ 2009, 1 ff.; zu „De l'esprit des lois" (1748) von *Charles de Secondat Baron de Montesquieu* (1689–1755) kurz *Rösler*, JuS 1999, 1084 (1085); s. für einen Ideenüberblick *Michaels*, in: *Basedow/Hopt/Zimmermann* (Hrsg.), Handwörterbuch des Europäischen Privatrechts, Bd. II, 2009, S. 1255 ff.; weiter *Cotterrell*, Law, Culture and Society: Legal Ideas in the Mirror of Social Theory, 2006.

[13] *Michaels*, in: *Basedow/Hopt/Zimmermann*, S. 1255 (1258).

mindestens so schillernd[14] und potenziell total[15] wie der Kulturbegriff an sich, dessen wechselbezüglicher Bestandteil er ist[16]. Schon nach *Radbruch* ist das Recht „ein Kulturbegriff, d.h. ein wertbezogener Begriff"[17]. Für *Hallstein* wird das Europa nach 1957 durch die geistig-kulturelle Kraft des Rechts geeint[18] und in der Tat bildet die wertbezogene, d.h. an den Freiheits-, Eigentums- und Menschenrechten orientierte Rechtsordnung den Identitätskern Europas.

Mit „Rechtskultur" ist auf ein Füllhorn von Themen Bezug genommen. Hervorgehoben seien davon nur die vorliegend bedeutsamen Aspekte: Verwendung findet der Ausdruck z.B. bei den sog. Rechtstransplantaten[19] mit der *en bloc*-Übernahme des *acquis communautaire* zur Erfüllung der Beitrittsvoraussetzungen zur EU als prominentem Beispiel eines Rechtsexports. Ebenfalls hat der Ausdruck Bedeutung im Hinblick auf die zu achtenden nationalen Rechtstraditionen[20], aus denen sich Hindernisse für die Rechtsangleichung ergeben. Das betrifft die Sachfragen, die Reichweite (Mindest- oder Vollharmonisierung?) sowie die zu wählenden Instru-

---

[14] *Basedow*, AcP 200 (2000), 445 (458): amorpher Begriff; *Martiny*, in: Festschr. f. Blankenburg, 1998, S. 421 ff.; *Leible*, in: *Furrer* (Hrsg.), Europäisches Privatrecht im wissenschaftlichen Diskurs, 2006, S. 5 (37 ff.); s. allerdings *Blankenburg*, in: Festschr. f. Rehbinder, 2002, S. 425 ff.; *Gessner/Höland/Varga* (Hrsg.), European Legal Cultures, 1996.

[15] Zur Rechtskultur als Inbegriff aller Erscheinungsformen des Rechts *Raiser*, Grundlagen der Rechtssoziologie – Das lebende Recht, 4. Aufl. (2007), S. 311 f.: Rechtskultur sei der empirisch erforschbare „Inbegriff der in einer Gesellschaft bestehenden, auf das Recht bezogenen Wertvorstellungen, Normen, Institutionen, Verfahrensregeln und Verhaltensweisen" (S. 311). Ausführlich *Nelken*, in: *Smits* (Hrsg.), Elgar Encyclopedia of Comparative Law, 2006, S. 372 ff.; *Glenn*, in: *van Hoecke* (Hrsg.), Epistemology and Methodology of Comparative Law, 2004, S. 7 (9): „It is part of the tradition of culture that it seeks to be all-inclusive, extending even to tradition." In Frankreich wird seit 1985 zudem „Droits – Revue française de théorie, de philosophie et de cultures juridiques" verlegt.

[16] *Mankowski*, JZ 2009, 321 (322): „Wechselbeziehung des Gebens und Nehmens".

[17] *Radbruch*, S. 164.

[18] *Hallstein*, Die Europäische Gemeinschaft, S. 53: „Nicht Gewalt, nicht Unterwerfung ist als Mittel eingesetzt, sondern eine geistige, eine kulturelle Kraft: das Recht".

[19] *Watson*, Legal Transplants: An Approach to Comparative Law, 2. Aufl. (1993); *Rehm*, RabelsZ 72 (2008), 1 ff.

[20] Zur Rechtskultur „zwischen nationalem Mythos und europäischem Ideal" *Basedow*, ZEuP 1996, 379 ff.; zu Großbritannien im Spannungsfeld europäischer Rechtskulturen *Rösler*, ZVglRWiss 100 (2001), 448 ff.; *Hesselink*, The New European Legal Culture, 2001; zu Europa als Rechtskulturgemeinschaft (v.a. verfassungsrechtlich) *Häberle*, Europäische Rechtskultur, 1994; abwegig (die Rechtskulturen stünden einer Annäherung entgegen) *Legrand*, ICLQ 45 (1996), 52 ff.

mente (Richtlinie oder Verordnung?). Auch die Schranken für die vier Grundfreiheiten sind regelmäßig rechtskultureller Prägung[21].

Bemüht wird „Rechtskultur" sowohl bei der Auseinandersetzung um die Theorie von den materiellen[22] und verfahrensrechtlichen[23] Rechtskreisen als auch bei der Konvergenz zwischen Common und Civil law[24]. Geschichtlich gewendet findet er sich in Form des *ius commune* als Grundlage gemeineuropäischer Tradition[25], aber auch als ideen- und (viel kleiner dimensioniert) als personengeschichtliche Ausstrahlungswirkung auf andere Rechtsordnungen[26]. Relevant wird der Begriff für die erwähnten Durchsetzungsmuster bei Rechtsansprüchen vor und außerhalb der Gerichte[27], z.B. bei der alternativen Streitbeilegung und im Zusammenhang mit Vollstreckungsfragen. Unter dem Gesichtspunkt der Berücksichtigung kultureller Identität diskutiert die IPR-Wissenschaft die Bedeutung der Rechtskultur bei der Anknüpfung und dem anwendbaren Recht[28].

---

[21] *Michaels*, in: *Basedow/Hopt/Zimmermann*, S. 1255 (1257); vgl. zur *Cassis de Dijon*-Rechtsprechungslinie *Rösler*, Europäisches Konsumentenvertragsrecht, S. 113 ff.

[22] *Heiss*, ZVglRWiss 100 (2001), 396 ff.; *Raiser*, S. 312 ff.; s. auch *Kötz*, ZEuP 1998, 493 ff.; *ders.*, in: *Basedow/Hopt/Zimmermann* (Hrsg.), Handwörterbuch des Europäischen Privatrechts, Bd. II, 2009, S. 1253 ff.; *Rösler*, JuS 1999, 1186 (1187 f.); weiter *Varga* (Hrsg.), Comparative Legal Cultures, 1992; *de Cruz*, Comparative Law in a Changing World, 3. Aufl. (2007); *Scholler/Tellenbach* (Hrsg.), Die Bedeutung der Lehre vom Rechtskreis und der Rechtskultur, 2001.

[23] Statt Vieler schon hier *Hess*, § 13, Rdnr. 12: „kaum haltbar", da zu zivilrechtlich; *Koch*, ZEuP 2007, 735 (750 ff.); ausführlich unten in Fußn. 398.

[24] *Zimmermann*, ZEuP 1993, 4 ff.; *Rösler*, JuS 1999, 1186 (1187 f.) m. w. Nachw.

[25] Zu römischem Recht und europäischer Kultur *Zimmermann*, JZ 2007, 1 ff.; s. weiter *ders.*, Colum. J. Eur. L. 1 (1994/1995), 63 ff.; s. auch den Vortrag *Wieacker*, Voraussetzungen europäischer Rechtskultur, 1985; zur Herausbildung eines u.a. auf dem *ius commune* fußenden privatrechtlichen allgemeinen Teils des Unionsrechts durch den EuGH s. *Knütel*, JuS 1996, 768 ff.; auch oben 1. Teil § 1.

[26] Etwa zum Einfluss von *Ernst E. Hirsch* (1902–1985) auf das türkische Handelsrecht s. seine 2008 neu aufgelegte Biographie „Als Rechtsgelehrter im Lande Atatürks"; zu den Prägungen auch *Damar/Rösler*, ZEuP 2011, 617 (621, 623); zum Einfluss *Karl N. Llewellyn* (1893–1962) und mancher deutschen Rechtsidee auf den UCC (v.a. die „obligation of good faith" nach sec. 1-203) *Drobnig/Rehbinder* (Hrsg.), Rechtsrealismus, multikulturelle Gesellschaft und Handelsrecht – Karl N. Llewellyn und seine Bedeutung heute, 1994; zum Vereinigten Königreich *Beatson/Zimmermann* (Hrsg.), Jurists Uprooted: German-speaking Emigré Lawyers in Twentieth-century Britain, 2004; zu Werk- und Wirkgeschichte von *Rabels* „Recht des Warenkaufs" *Rösler*, RabelsZ 70 (2006), 793 ff.; s. zur Geburt der modernen Rechtsvergleichung auch *Drobnig*, ZEuP 2005, 821 ff.

[27] Vgl. – neben den Hinweisen oben im 2. Teil § 4 III c) cc) – zu den Klageraten als Indikatoren von Rechtskultur *Blankenburg*, in: *Nelken* (Hrsg.), Comparing Legal Cultures, 1997, S. 41 ff.

[28] *Jayme*, RabelsZ 67 (2003), 211 ff.; *ders.* (Hrsg.), Kulturelle Identität und Internationales Privatrecht, 2003; *Mankowski*, IPRax 2004, 282 ff.

II. Vergleich der juristischen Infrastrukturen mit denen der USA

Rechtskultur lenkt den Blick auf die lebendigen[29], außergesetzlichen und „weichen" Faktoren des Rechts. Insbesondere ein Vergleich der nationalen Rechtsgespräche eröffnet interessante Einblicke in die Defizite der EU-Ebene. So fehlen vielfach institutionalisierte Foren. Der Deutsche Juristentag etwa, der zum Austausch zwischen Praxis und Wissenschaft maßgeblich beiträgt, feierte im Jahr 2010 sein 150-jähriges Bestehen[30].

Demgegenüber stellt der 2001 ins Leben gerufene Europäische Juristentag ein noch um Akzeptanz ringendes Novum dar. Grund sind nicht nur die Sprachprobleme[31], die etwa das US-Recht nicht kennt. Es mangelt an hinreichender Beachtung solcher Einrichtungen. Die Praxis zeigte zumindest anfangs verhaltenes Interesse an der Gründung[32] eines European Law Institute (ELI)[33], das der Idee des 1923 in Philadelphia geschaffenen American Law Institute (ALI) entlehnt ist[34]. Prägend sind des Weiteren die Unterschiede etwa bei der Ausbildung von Juristen und der Ernennung von Richtern. Eine (zunehmend) europäische Juristenausbildung wird darum zu Recht immer wieder gefordert[35].

---

[29] Zu der Unterscheidung zwischen „law in books" und „law in action" *Pound*, Am. L. Rev. 44 (1910), 12 ff.; s. ferner *Friedman*, The Legal System: A Social Science Perspective, 1975, der auf S. 233 ff. zwischen interner und externer Rechtskultur unterscheidet, also Rechtskultur von Juristen und jener der Allgemeinheit.

[30] *Busse* (Hrsg.), Festschrift 150 Jahre Deutscher Juristentag, 2010, in der auch das Berufsrecht der Rechtsanwälte und die Juristenausbildung in Deutschland Darstellung finden.

[31] Zur Verwendung lateinischer Begriffe und Rechtsmaximen beim EuGH, damit bestimmte Aussagen „übersetzerfest" werden, *Basedow*, ZEuP 2007, 953 f.; zu Rechtssprache und Rechtsstil im europäischen Recht *Pescatore*, in: *Müller/Burr* (Hrsg.), Rechtssprache Europas – Reflexion der Praxis von Sprache und Mehrsprachigkeit im supranationalen Recht, 2004, S. 243 ff.; *Schilling*, ZEuP 2007, 754 ff.

[32] Auf dem Pariser Gründungskongress wurde am 1.6.2011 das European Law Institute (ELI) als unabhängige Einrichtung gegründet. Das ELI hat seinen Sitz zunächst an der Universität Wien. S. *Red.*, EuZW 2011, 491.

[33] S. das Editorial *Basedow*, EuZW 2011, 41.

[34] Zum Vorbild des American Law Institute *Zekoll*, in: *Zimmermann* (Hrsg.), Globalisierung und Entstaatlichung des Rechts, Teilbd. II, 2008, S. 101 ff.; zur Bedeutung der Restatements des ALI *Schindler*, ZEuP 1998, 277 ff.; *Schulte-Nölke*, in: *Brownsword/Micklitz/Niglia/Weatherill* (Hrsg.), The Foundations of European Private Law, 2011, S. 11 ff.; zur Forderung eines ELI etwa *Eidenmüller/Faust/Grigoleit/Jansen/Wagner/Zimmermann*, JZ 2008, 529 (550); *Zimmermann*, ZEuP 2010, 719 ff.; zum Gründungskongress in Paris am 1.6.2011 *Kleinschmidt*, JZ 2011, 1063 ff.

[35] Dazu *Kötz*, ZEuP 1993, 268; *de Witte/Forder* (Hrsg.), The Common Law of Europe and the Future of Legal Education, 1992; *Lurger*, S. 25 ff.; *Hirte*, S. 49 ff.; *Klöckner*, S. 147; zu „Bologna als Chance" *Kötz*, JZ 2006, 397 ff.; insgesamt *Baldus/Finkenauer/Rüfner* (Hrsg.), Bologna und das Rechtsstudium – Fortschritte und Rückschritte der europäischen Juristenausbildung, 2011. Ferner zu Charakteristika der deutschen Juristen-

Damit unterscheidet sich die Situation grundlegend von der in den USA[36], denn dort besteht trotz unterschiedlichem Einzelstaatenrecht eine recht einheitliche Juristenausbildung. Im Zivilrecht orientiert sich die Schulung am Ideal eines *federal common law*[37]. Kennzeichnend für die *law schools* ist ein topischer und an der Methode des *case distinguishing* geschulter Zugriff auf Themen, die das geltende Recht im Bund und den Staaten nicht selten bewusst ausblenden[38]. Damit gibt es in den USA eine einheitliche Universitätsausbildung für Juristen, die sich – ähnlich wie die Rechtslehre im Europa des 18. und im Deutschland des 19. Jahrhunderts[39] – an der gemeinsamen Tradition und einer gemeinsamen Methodik orientiert.

Dazu sind die US-weiten *casebooks*[40] und die „Langdellian method"[41] dienlich, also die vom Dekan der Harvard Law School um 1900 entwickelte Methode der kritischen Diskussion von höchstrichterlichen Entscheidungen in der Vorlesung[42]. Sie deckt die gesellschaftlichen, wirtschaftlichen und voluntaristischen Hintergründe im Wege des Rechtsgesprächs schonungslos auf[43]. Auch die gemeinsame Rechtswissenschaft, die bundesweiten Rechtszeitschriften[44] und der einheitliche Zitierstil nach dem

---

ausbildung *Hirte/Mock*, in: *Basedow/Kischel/Sieber*, German National Reports to the 18th International Congress of Comparative Law 2010, S. 19 ff.

[36] Inwieweit die USA als Vorbild für die europäische Privatrechtsentwicklung dienen können *Reimann*, in: *Zimmermann* (Hrsg.), Amerikanische Rechtskultur und europäisches Privatrecht, 1995, S. 132 ff.; *Magnus*, in: Festschr. f. Wiegand, 2005, S. 535 ff.

[37] Das es seit *Erie Railroad Co. v. Tompkins*, 304 U.S. 64 (78) (1938) nicht mehr gibt, und zwar unter Aufgabe von *Swift v. Tyson*, 41 U.S. 1 (1842), denn Bundesgerichte dürfen bei der Beurteilung von Common-law-Ansprüchen nach einzelstaatlichem Recht nicht frei ein generelles *federal common law* entwickeln, sondern müssen der einzelstaatlichen Rechtsprechung folgen; *Halberstam*, RabelsZ 66 (2002), 216 (235); *Hay/Borchers/Symeonides*, S. 234 ff.; *Friedenthal/Kane/Miller*, S. 237 ff.; s. für den Bereich des IPR *Basedow*, Tul. L. Rev. 82 (2008), 2119 (2125 ff.).

[38] Vgl. als Beispiel die Reflexionen der US-amerikanischen Rechtswissenschaft zum Urheberrecht im digitalen Zeitalter *Rösler*, GRUR Int. 2005, 991 ff.; zu den Vorstellungen von „Wissenschaftlichkeit" in Deutschland und den USA *Dedek*, JZ 2009, 540 ff.

[39] *Rheinstein*, RabelsZ 34 (1970), 1 (6).

[40] S. *Hirte*, S. 50.

[41] S. *Landman*, The Case Method of Studying Law – A Critique, 1930; *Llewellyn*, J. Legal Educ. 1 (1948), 211 ff.; umfangreich *Sheppard*, Iowa L. Rev. 82 (1997), 547 ff.

[42] *Dedek*, JZ 2009, 540 (544 ff.); *ders.*, in: *Brockmann/Dietrich/Pilniok* (Hrsg.), Exzellente Lehre im juristischen Studium, 2011, S. 41 ff.

[43] *Rheinstein*, RabelsZ 34 (1970), 1 (9): „Dabei entdeckte man, dass hinter dem angeblich objektiven Zwang der begrifflichen Formulierungen voluntaristische Elemente stehen".

[44] *Zimmermann*, in: *ders.* (Hrsg.), Amerikanische Rechtskultur und europäisches Privatrecht, 1995, S. 87 ff. Vgl. zu den Voraussetzungen für eine grenzüberwindende Jurisprudenz des Unionsrechts *Martens*, in: Jahrbuch Junger Zivilrechtswissenschaftler 2009,

„blue book"[45] reichen über den Stand Europas und z.B. die Akzeptanz der „Ius Commune Casebooks for the Common Law of Europe" weit hinaus. Die Ähnlichkeiten bei der – schon im 3. Teil erörterten – Organisation der Rechtspflege und der Ausgestaltung des Verfahrensrechts innerhalb der USA tun ihr Übriges für das Bestehen einer gemeinsamen Praxis. Dazu besteht ein überaus bedeutsames, da bundesweites und seit Jahren auch in digitaler Form zugängliches „National Reporter System"[46]. Dagegen fehlt ein „European Reporter System" selbst bei der Anwendung des EU-Rechts in den Mitgliedstaaten – ganz zu schweigen vom unharmonisierten Rest. Kennzeichnend für die USA ist auch eine von der detaillierten und definitorischen Technik her weitgehend einheitliche Vertragsrechtsgestaltung[47]. Damit einher geht die hohe Bedeutung der Anwaltschaft[48] bei geschäftlichen Transaktionen[49], was auf die Unübersichtlichkeiten des US-Rechts mit Bundesrecht und Rechtsordnungen von fünfzig Einzelstaaten zurückzuführen ist[50].

Kommt es zu einer zivilen Streitigkeit[51], besteht letztlich ein gemeinsames Verständnis von der Funktion der privaten Klage, die – im Einzel-

---

2010, S. 27 (33 ff.); für eine komparative Dogmatik des Europäischen Privatrechts *Basedow*, in: *Zimmermann/Knütel/Meincke* (Hrsg.), Rechtsgeschichte und Privatrechtsdogmatik, 1999, S. 79 (96); unter Verweis auf das US-amerikanische Common Law für eine Europäisierung der Rechtswissenschaft *Coing*, NJW 1990, 937 ff.

[45] Dazu *Zimmermann*, ZEuP 1999, 414 ff.

[46] Es geht zurück auf *John B. West* – einen Papierwarenhändler; *Hirte*, S. 50; s. auch *Wijffels* (Hrsg.), Case Law in the Making – The Techniques and Methods of Judicial Records and Law Reports, Bd. I: Essays, 1997; *Baker* (Hrsg.), Judicial Records, Law Reports, and the Growth of Case Law, 1989.

[47] Etwa *Langbein*, ZVglRWiss 86 (1987), 141 ff.; *Mankowski*, JZ 2009, 321 (330); praktisch *Heussen* (Hrsg.), Handbuch Vertragsverhandlung und Vertragsmanagement, 3. Aufl. (2007).

[48] Das Berufsrecht der Anwälte in Europa divergiert stark. Zur Dienstleistungsrichtlinie, Freizügigkeit und der Regulierung der freien Berufe (insbesondere der Rechtsanwaltschaft und der Notare) *Kämmerer*, 68. DJT 2010, Bd. I: Gutachten, Teil H, 2010 (dazu Referate von *Basedow*, *Krenzler* und *Metzler*); s. weiter *Uzelac/van Rhee* (Hrsg.), The Landscape of the Legal Professions in Europe and the USA: Continuity and Change, 2011.

[49] Im Prozessfalle sind zudem die Unwägbarkeiten einer lokal besetzten *jury* zu beachten; s. *Friedenthal/Miller/Sexton/Hershkoff*, S. 997 ff.; s. zur Überforderung der *jury*, die im VII. Amendment (1791) der US-Bundesverfassung garantiert ist, *Wurmnest*, Marktmacht und Verdrängungsmissbrauch – Eine rechtsvergleichende Neubestimmung des Verhältnisses von Recht und Ökonomik in der Missbrauchsaufsicht über marktbeherrschende Unternehmen, 2010, S. 453; *Mormann*, RIW 2011, 515 ff.

[50] *Großfeld*, RabelsZ 39 (1975), 5 (18).

[51] Zur Rolle der Anwaltschaft bei der Auslotung von Vorteilen aus *forum shopping* s. *Halberstam*, RabelsZ 66 (2002), 216 (243).

oder Gruppeninteresse erhoben – Mittel der Sozialgestaltung[52] sein kann und sodann eine politisch-demokratische Funktion einnimmt[53]. Auch die (zurückgenommene) Rolle des Berufsrichters im Verfahren ist – vor dem Hintergrund des Common law – amerikaweit recht einheitlich[54]. Fazit: Zwar besteht manche Überlappung zwischen Einzel- und Bundesstaatenrecht und angesichts einer dynamischen Entwicklung von Gesellschaft, Wirtschaft und Recht immer wieder neuer Anpassungs- und Klärungsbedarf zu dem Verhältnis von *federal* und *state jurisdiction*[55]. Gleichwohl existiert in den USA ein vergleichsweise gefestigtes Verständnis vom judikativen Föderalismus[56], um das in der EU auch in Ermangelung eines europäischen Rechtsbewusstseins[57] noch viele Jahre gerungen werden wird.

III. Beispiel: Stil der Vorlagen

Ein im vorliegenden Kontext spannendes, aber eher unproblematisches Phänomen ist der unterschiedliche Stil der Vorlageersuchen. Darin spiegeln sich die verschiedenen Rechtskulturen wider, schließlich sind Recht, Gerichtsurteile und juristische Diskurse[58] nicht nur durch den Inhalt, sondern auch durch den Stil charakterisiert. Somit lässt sich der Stil etwa auch als Kennzeichen von Rechtskreisen[59] und zur Charakterisierung höchstrichterlicher Entscheidungen[60] heranziehen. Neben der Funktion einer Ge-

---

[52] Diese Erkenntnis ist durchaus nicht neu, *Großfeld*, RabelsZ 39 (1975), 5 (23); auch der Vortrag *Buxbaum*, Die private Klage als Mittel zur Durchsetzung wirtschaftspolitischer Rechtsnormen, 1972; zu den Charakteristika des US-amerikanischen Antitrustprozesses *Wurmnest*, Marktmacht und Verdrängungsmissbrauch, S. 40 f.

[53] Erinnert sei an die gegenwärtige Diskussion um neue Rechtsinstitute im Kartell- und Verbraucherprozessrecht in der EU (oben 1. Teil § 4 II), die keine „litigatious culture" wie in den USA kennt, aber die Bedeutung des Zivilprozesses um öffentliche und kollektive Interessen erweitern würde; so *Hess*, § 11, Rdnr. 44, § 13, Rdnr. 19.

[54] S. allein *Posner*, How Judges Think, 2008.

[55] Vgl. *Halberstam*, RabelsZ 66 (2002), 216 (230 ff.): Es „haben sich generell Normen der gegenseitigen Achtung durchgesetzt, und zwar sowohl auf der gerichtlich-institutionellen als auch auf der materiellrechtlichen Ebene." (S. 237).

[56] Dazu *Fallon/Manning/Meltzer/Shapiro*, Hart and Wechsler's, S. 1013 ff.

[57] *Basedow*, ZEuP 1996, 379 (381); auch *Pfeiffer*, in: *Hohloch* (Hrsg.), Richtlinien der EU und ihre Umsetzung in Deutschland und Frankreich, 2001, S. 9 (25); *Klöckner*, S. 145 ff.

[58] Zum Gebahren auf Konferenzen schreibt *Collins*, S. 256: „German professors typically present systematic lists of rules or events, the longer the better; French lawyers explore abstract concepts, ideally through binary oppositions; and English legal scholars, if they bother to come at all, mostly tell stories". Zum Typus des deutschen „oracle scientist" *Jakab*, German Law Journal 12 (2011), 757 ff.

[59] *Zweigert/Kötz*, S. 62 ff.; *Kötz*, ZEuP 1998, 493 ff.

[60] Zu richterlichen Urteilsstilen *Kötz*, RabelsZ 37 (1973), 245 ff.; speziell zur Zitierpraxis der Gerichte *ders.*, RabelsZ 52 (1988), 644 ff.; zuvor anhand von schwedischen, deutschen, amerikanischen, englischen und französischen Entscheidungen *Wetter*, S. 16

winnung neuer Rechtsgewissheit ist das Vorabentscheidungsverfahren ein Instrument der praktischen Konvergenz[61] und konkreten Föderalisierung im Privatrecht[62]. Umgekehrt kommt in den Vorlagen auch die Vielgestaltigkeit bei den Urteilsstilen der Mitgliedstaaten zum Ausdruck. Die französischen Gerichte üben bei ihren Entscheiden apodiktische Kürze[63], Urteile englischer Höchstgerichte spiegeln die individuelle Richterpersönlichkeit wider[64] und die Urteile des BGH loten kundig die Positionen der Literatur aus und ähneln in ihrem objektiv-genauen, abstrakten und kaum allgemeinverständlichen Stil wissenschaftlichen Arbeiten[65]. Die Ausführungen des BVerfG erreichen teils sogar Monographiestärke[66], was in einem Land, dessen Recht von Ursprung her gern als „Professorenrecht" gekennzeichnet wird[67], nicht verwundert.

Die Unterschiede schlagen sich im Stil der Vorlagefragen nieder[68]: Einige Vorabentscheidungsersuchen erläutern die nationalen Hintergründe und die Rechtsprobleme kaum, ganz zu schweigen vom Vorschlag einer präferierten Lösung. Das folgt dem Gedanken, das Gericht kenne doch das Recht (*iura novit curia*)[69]. Vorlageersuchen aus Frankreich sind dementsprechend regelmäßig kompakt gehalten. Vorlagen aus Italien bemühen

---

(„five styles"); *Goutal,* Am. J. Comp. L. 24 (1976), 43 ff.; aktuell *Hager,* S. 188 ff.; *Maultzsch,* S. 98 ff., 152 ff., 171 ff., 223 ff.; weiter zu England *Blom-Cooper,* in: *ders./ Dickson/Drewry* (Hrsg.), Judicial House of Lords 1876–2009, 2009, S. 145 ff.; quantitativ zur Zitierung von „Präjudizien" in deutschen, englischen und US-amerikanischen Entscheidungen *Wagner-Döbler,* RabelsZ 59 (1995), 113 ff.

[61] Letzteres *Poelzig,* in: Jahrbuch Junger Zivilrechtswissenschaftler 2009, 2010, S. 209 (211).

[62] Vgl. zu Art. 267 AEUV als „pre-federal device" *Sciarra,* in: *ders.,* Labour Law in the Courts – National Judges and the ECJ, 2001, S. 1 ff.

[63] 2. Teil § 4 III 4 c) bb).

[64] Zu englischen Anwälten und Richtern oben 2. Teil § 4 III 4 b) bb) und cc).

[65] S. *Wetter,* S. 26.

[66] BVerfGE 5, 85 – *KPD-Verbot* weist über 300 Seiten auf; BVerfGE 123, 267 – *Lissabon* hat rund 170 Seiten.

[67] *van Caenegem,* Judges, Legislators and Professors – Chapters in European Legal History, 1992, S. 67 ff., und zwar besonders im Unterschied zum Common law als Richterrecht. Vgl. dazu, dass das französische Recht, auch wegen der ausgeprägten Unabhängigkeit der Richterschaft, als „Juristenrecht" bezeichnet werde *Henninger,* S. 143; s. begrifflich anders *Koschaker,* Europa und das römische Recht, 4. Aufl. (1966), S. 208 ff.

[68] Und nicht nur dort: *Streinz,* ZEuS 2004, 387 (407) erwähnt mit Blick auf den EU-Gerichtshof, dass die Unterschiede zwar die Rechtsvergleichung erleichtern, aber einen einheitlichen, alle befriedigenden Urteilsstil erschweren. Zum Stil des EuGH selbst etwa *Coutron,* RTDE 2009, 643 ff.; zum Stil des Europäischen Privatrechts *Remien,* RabelsZ 60 (1996), 1 ff.; *Rösler,* ZVglRWiss 100 (2001), 448 (458 f.).

[69] Vgl. *Edward,* E.L. Rev. 19 (1995), 539 (545). Der Grundsatz gilt in den meisten Mitgliedstaaten; s. für Deutschland *Rosenberg/Schwab/Gottwald,* § 77, Rdnr. 9 und § 132, Rdnr. 34; zur Ausnahme im Fall ausländischen Rechts s. § 293 ZPO.

sich nicht selten sichtbar, mit etwas offener formulierten Fragen, zur Fortentwicklung der Integration beizutragen[70].

Die Vorlagen aus den Benelux-Staaten sind nach Ausführungen des Präsidenten des Europäischen Gerichtshofs vielfach durch „eine große Erfahrung und Professionalität" gekennzeichnet, weil sich bereits zwischen den Staaten viele Rechtsfragen ergeben haben[71]. *References* englischer Gerichte weisen häufig eine beträchtliche Detailliertheit auf, und zwar geschachtelt in Haupt-, Unter- und Hilfsfragen. Nicht selten ist auch die Mitwirkung der verfahrensbeteiligten Anwälte[72] zu verzeichnen – etwa durch Einreichen eines Entwurfes beim Vorlagegericht[73].

Die recht langen Urteile österreichischer und deutscher Gerichte spiegeln sich auch in den ausführlich begründeten Vorlagebeschlüssen wider. So hat etwa der II. Zivilsenat des BGH in seinem Vorlagebeschluss zur Lehre von der fehlerhaften Gesellschaft und der Haustürgeschäfterichtlinie dargelegt, warum seine Rechtsprechung zur Abwicklung eines fehlerhaften Gesellschafterbeitritts auch unter dem Blickwinkel dieser Richtlinie zu einem gerechten Interessenausgleich führt. In der Rechtssache *Friz*[74] ist der EuGH dem BGH gefolgt: Die Lösung sorge „entsprechend den allgemeinen Grundsätzen des Zivilrechts für einen vernünftigen Ausgleich und eine gerechte Risikoverteilung zwischen den einzelnen Beteiligten". Den gerichtlichen Austausch begrüßt *Fleischer*: „Zu diesem ebenso erfreulichen wie zutreffenden Ergebnis hat der mustergültige Vorlagebeschluss des II. Zivilsenats mit seiner eindringlichen Argumentation entscheidend beigetragen. Es lohnt sich also für ein nationales Gericht, den zugrundeliegenden Interessenkonflikt im Ausgangsverfahren sorgfältig herauszuarbeiten und argumentativ anzureichern!"[75] Vorteilhafterweise kann in einem solchen Fall die endgültige Entscheidung des Vorlagegerichts kürzer ausfallen[76].

---

[70] *Skouris* in der Vortragsfassung www.tokyo-jura-kongress2005.de/_documents/ skouris_de.pdf, S. 7; in der druckgelegten Fassung *Skouris*, in: *Murakami/Marutschke/ Riesenhuber* (Hrsg.), Globalisierung und Recht – Beiträge Japans und Deutschlands zu einer internationalen Rechtsordnung im 21. Jahrhundert, 2007, S. 61 (70) finden sich die Ausführungen interessanterweise nicht mehr.

[71] *Skouris* in der Vortragsfassung, aaO, S. 6 nennt dazu die soziale Sicherheit bei Migration. Die Ausführungen des *Hoge Raad* sind nicht besonders ausführlich, so berichtet *Koopmans*, in: *Schermers/Timmermans/Kellermann/Watson*, S. 327 (329).

[72] Zur starken Rolle der Anwälte bereits oben 2. Teil § 4 III 4 b) bb).

[73] *Skouris* in der Vortragsfassung, aaO, S. 7. *Mankowski*, IPRax 2009, 180 (183) kritisiert – in einer Besprechung einer zustellungsrechtlichen Entscheidung des *Hoge Raad* – die zunehmende Verschachtelung und Konditionierung von Vorlagefragen.

[74] EuGH, Rs. C-215/08, Slg. 2010, I-2947 – *E. Friz GmbH/Carsten von der Heyden*.

[75] *Fleischer*, GWR 2011, 201 (205).

[76] So in der besagten *Friz*-Sache BGHZ 186, 167; *Fleischer*, GWR 2011, 201 (205); im Zustellungsrecht *Mankowski*, IPRax 2009, 180 (183).

Oben wurde bereits – neben einer genauen Aufarbeitung des Streit-standes – die Unterbreitung eines Lösungsvorschlags oder zumindest die Andeutung der eigenen Richtermeinung mitsamt einer Folgenanalyse als sinnvoll eingestuft[77]. Dies ist auch zunehmende Praxis deutscher Ge-richte[78], wobei dies den höheren Gerichten – allein schon wegen der bes-seren Auswertungsmöglichkeiten der Literatur sowie dem vorangeschrit-tenen Verfahrensstand – leichter fällt als unterinstanzlichen Gerichten. Aus England wird dazu kommentiert: „The influence of German courts is widely thought to be partly attributable to their practice of suggesting answers supported by detailed reasons to their own questions."[79]

Gerichte anderer Nationen sollten sich diese Strategie zu Herzen neh-men, denn sie erhöht zudem die Chance auf eine sachlich hilfreiche Ant-wort aus Luxemburg. Vorlagefrage und -antwort hängen eng zusammen: Die Qualität sowohl der Hintergrundinformationen[80] als auch der Vor-lagefrage, die weder zu allgemein noch zu fallspezifisch abgefasst sein sollte[81], gewährt die Entlohnung für die Mühen des Vorlageersuchens. Übrigens erachtet der EuGH zehn Seiten für den Umfang eines Vorabent-scheidungsersuchens als zumeist ausreichend[82].

IV. Anforderungen an eine europäische Auslegung

1. Rechtsmethoden

Aus dem Gebot der Rechtseinheit folgt die vertrags-, grundrechts-[83] und richtlinienkonforme Auslegung. Die autonom vorzunehmende europarechts-

---

[77] Oben 3. Teil § 2 II 3 c).

[78] Der BGH-Richter *Merz*, in: *Lenz/Beisse/Merz/Wiegand*, Das Zusammenwirken der europäischen Gerichte und der nationalen Gerichtsbarkeit, 1989, S. 39 (48) führt aus, seitdem der Wunsch des EuGH bekannt sei, dass das Vorlagegericht seine Meinung zum Ausdruck bringen soll, tue es der BGH, was zuvor „stets peinlich vermieden" worden sei; s. ferner *Voß*, EuR 1986, 95 ff.

[79] *Arnull*, E.L. Rev. 35 (2010), 57 (81); zur Strategie der *preemptive opinion* bereits oben 3. Teil § 2 II 3 a).

[80] *Heiderhoff*, Gemeinschaftsprivatrecht, S. 65 spricht davon, dass der „Black-Box-Effekt" zu vermeiden sei: Durch zu wenig Hintergrundinformationen des Vorlagegerichts entscheidet der EuGH zusammenhanglos.

[81] *Mankowski*, IPRax 2009, 180 (183): rechtsfragenspezifisch, nicht aber zu fall-spezifisch.

[82] Hinweise, ABl.EU 2011 Nr. C 160, S. 1, Rdnr. 22: „Ein Text von nicht mehr als ungefähr zehn Seiten reicht oft aus, um den Rahmen eines Vorabentscheidungsersuchens angemessen darzustellen".

[83] S. *Nusser*, Die Bindung der Mitgliedstaaten an die Unionsgrundrechte – Vorgaben für die Auslegung von Art. 51 Abs. 1 S. 1 EuGRCh, 2011.

gemäße Auslegung[84] ist ähnlich wie die verfassungskonforme Auslegung ein spezieller Fall der systematischen Auslegung[85] und eine „interpretatorische Vorrangregel"[86]. Gerade die Grenzen der richtlinienkonformen Auslegung, die schon Darstellung fanden[87], wurden in jüngerer Zeit überaus intensiv diskutiert, hat doch der BGH die Möglichkeit einer richtlinienkonformen Rechtsfortbildung ausdrücklich anerkannt[88]. Das soll hier nicht wiederholt werden[89].

Stattdessen geht es um die methodischen Herausforderungen für die Kooperation des nationalen Rechts. Dazu wurde bereits betont, wie sehr – anstatt von reinem Hierarchiedenken – der Dialog zwischen den Ebenen im Mittelpunkt der Analyse zu stehen hat. Maßgeblich ist das Zusammenwirken von EU-Gerichten und einzelstaatlichen Gerichten sowie privaten Akteuren, die selbst bei verschiedenen Aufgaben und Zuständigkeiten wie in den USA im Interpretationszusammenhang agieren, einander also bei der Rechtsauslegung achten und berücksichtigen. Dies wäre eine neue, erweiterte Rechtsgemeinschaft[90], die dem aufgezeigten polyzentrischen Mehrebenenprivatrecht gerecht würde.

---

[84] Umfassend zur richtlinienkonformen Auslegung des BGB *Gebauer*, in: *ders./Wiedmann* (Hrsg.), Zivilrecht unter europäischem Einfluss, 2. Aufl. (2010), Kap. 4, Rdnr. 17 ff.; *Remien*, in: *Schulze/Zuleeg/Kadelbach* (Hrsg.), Europarecht – Handbuch für die deutsche Rechtspraxis, 2. Aufl. (2010), § 14, Rdnr. 30 ff.; *Borchardt*, in: *Schulze/Zuleeg/Kadelbach*, § 15, Rdnr. 66 ff.; *Schulze* (Hrsg.), Auslegung europäischen Privatrechts und angeglichenen Rechts, 1999; *Franzen*, S. 291 ff.; *Lutter*, JZ 1992, 593 ff.; *Unberath*, ZEuP 2005, 5 ff.

[85] *Röhl/Röhl*, Allgemeine Rechtslehre, 3. Aufl. (2008), S. 623 ff.; vgl. zur systematischen Auslegung *Larenz/Canaris*, Methodenlehre der Rechtswissenschaft, 3. Aufl. (1995), S. 145 ff.; nach *Heiderhoff*, Grundstrukturen, S. 182, aber ist die richtlinienkonforme Auslegung keine eigene Methode der Auslegung, weil sie anhand der Methoden von Wortlaut und Telos erfolgt.

[86] *Canaris*, in: Festschr. f. Bydlinski, 2002, S. 47 (64 ff.); ablehnend *Höpfner*, Die systemkonforme Auslegung – Zur Auflösung einfachgesetzlicher, verfassungsrechtlicher und europarechtlicher Widersprüche im Recht, 2008, S. 272 ff. (der eigentliche Auslegungsvorgang werde nicht beeinflusst).

[87] Bereits 2. Teil § 2 I 2 a) cc) und § 6 I 2.

[88] BGHZ 179, 27 – *Quelle II* (teleologische Reduktion des § 439 IV BGB auf einen mit Art. 3 Verbrauchsgüterkaufrichtlinie vereinbarenden Inhalt). Kritisch zur teleologischen Argumentation des EuGH in der zugrundeliegenden Rs. C-404/06, Slg. 2008, I-2685 *Herresthal*, ZEuP 2009, 598 (603 ff.); s. auch *ders.*, Rechtsfortbildung im europarechtlichen Bezugsrahmen – Methoden, Kompetenzen, Grenzen dargestellt am Beispiel des Privatrechts, 2006, S. 300 ff.; *Heiderhoff*, Grundstrukturen, S. 185 ff.; *Röthel*, S. 424 ff.; *Höpfner*, in: Jahrbuch Junger Zivilrechtswissenschaftler 2009, 2010, S. 73 ff.; *Domröse*, in: Jahrbuch Junger Zivilrechtswissenschaftler 2009, 2010, S. 109 (113 ff.); *Weber*, Grenzen EU-rechtskonformer Auslegung und Rechtsfortbildung, 2010.

[89] Näher bereits oben 2. Teil § 3 III 6 b).

[90] *Maduro*, EuR 2007, 3 (14).

Hinzu tritt ein möglicher Konflikt zwischen Politik und Justiz. Aus der Sphäre der Politik resultieren der sektorale Regelungsansatz, die unklaren und mehrdeutigen Ziele[91] sowie die kompromisshafte Fassung vieler Rechtsakte. Häufig blenden sie den Aspekt der konkreten Sanktion aus und weisen sprachliche Divergenzen, konzeptionelle Unklarheiten und Begriffsabweichungen zwischen verschiedenen Rechtsakten auf. Sie hindern die Systembildung[92] und stehen damit auch der einheitlichen und gleichen Anwendung als Aufgabe der Justiz entgegen. Dabei tut sich die Achillesferse der Rechtsentwicklung in der EU auf: die einheitliche Anwendung des Unionsrechts trotz des Fehlens einer gemeinsamen Methode, genauer: die Diskrepanz zwischen neuer, am *effet utile* orientierter[93] europäischer Methodik und verwurzelter, nationaler Rechtsmethodologie[94], welche verstärkt zueinander im Wettstreit stehen[95]. Die Entwicklung einer europäischen Methodenlehre wird zutreffend vielerorts wissenschaftlich eingefordert[96]. Bislang bestehen nur Mosaikstücke einer eigenständigen unionsrechtlichen Methodik der richterlichen Rechtsfindung[97].

---

[91] Zu den Zielkonflikten im Primärrecht *Basedow*, in: Festschr. f. Everling, Bd. I, 1995, S. 49 ff.

[92] S. dazu *Canaris*, Systemdenken und Systembegriff in der Jurisprudenz, 2. Aufl. (1983); *Grundmann*, in: *Riesenhuber* (Hrsg.), Europäische Methodenlehre, 2. Aufl. (2010), § 10; s. auch *Tröger*, ZEuP 2003, 525 ff.

[93] *Rösler*, in: *Basedow/Hopt/Zimmermann*, S. 122 f.; *Heinze*, in: *Basedow/Hopt/Zimmermann*, S. 337 ff.; *Potacs*, EuR 2009, 465 ff.; s. auch 2. Teil § 1 II 4.

[94] S. die verschiedenen Länderberichte von *Henninger*, S. 45 ff.; zu den methodischen Einflüssen des Unionsrechts *Hager*, S. 249 ff.

[95] Der Wettstreit der nationalen Methoden *Herresthal*, ZEuP 2009, 598 (602).

[96] Etwa von *Flessner*, JZ 2002, 14 ff.; *Basedow*, in: *Zimmermann/Knütel/Meincke*, S. 79 ff. (Anforderungen an eine europäische Zivilrechtsdogmatik); *Berger*, ZEuP 2001, 4 ff.; *Ladeur*, in: *van Hoecke* (Hrsg.), Epistemology and Methodology of Comparative Law, 2004, S. 91 (besprochen von *Rösler*, Unif. L. Rev. 9 [2004], 941 ff.); *Colneric*, ZEuP 2005, 225 ff.; *Vogenauer*, ZEuP 2005, 234 ff.; *Rösler*, RabelsZ 71 (2007), 495 (504 ff.); *Langenbucher*, in: *dies.* (Hrsg.), Europarechtliche Bezüge des Privatrechts, 2. Aufl. (2008), § 1, Rdnr. 1 ff.; *Höpfner/Rüthers*, AcP 209 (2009), 1 ff.; *Busch/Kopp/McGuire/M. Zimmermann*, GPR 2009, 150 ff.; *Fleischer*, AcP 211 (2011), 317 (318): Methodenrechtsvergleichung; Heft 4 von RabelsZ 2011 beschäftigt sich mit der europäischen Methodenlehre; daraus insbesondere *Fleischer*, RabelsZ 75 (2011), 700 ff.; monographisch *Möllers*, S. 29 ff.; s. zur Rechtsvergleichung als fünfter Auslegungsmethode *Häberle*, JZ 1989, 913 ff.; zur Rechtsvergleichung als universaler Interpretationsmethode bereits *Zweigert*, RabelsZ 15 (1949/50), 5 ff.

[97] Dazu, dass das Unionsrecht – anders als Art. 7–9 CISG, Art. 5:101–5:107 PECL, Art. I-1:102 DCFR, Art. 4.1–4.8 UNIDROIT-Prinzipien (Fassung 2010), Art. 31–33 WVK, § 1-103 UCC – keine allgemeinen Bestimmungen zu seiner Auslegung enthält, dafür aber über einen gemeinsamen Gerichtshof verfügt s. *Rösler*, in: *Basedow/Hopt/Zimmermann*, S. 122; für einen Abdruck auslegungsrelevanter Vorschriften s. *Henninger*, S. 473 ff.; vgl. für den Entwurf einer Methodennorm *ders.*, S. 445.

2. Bedeutung der horizontalen Rechtsvergleichung

Die horizontale Dimension verdient künftig mehr Beachtung, weil die gegebenen Gerichtstrukturen auf europäischer Ebene zur dargestellten Überlastung führen werden. Darum vermag eine verstärkte Auslegung in horizontaler Richtung zu einer Entlastung des vertikalen Diskursmechanismus beitragen. Vor allem ist dazu auf die Bedeutung der rechtsvergleichenden Auslegung abzuheben, die bereits im Zusammenhang mit der *C.I.L.F.I.T.*-Doktrin angesprochen wurde[98].

Die Rechtsvergleichung nimmt bei der Formung von Gesetzesrecht schon seit längerem eine wichtige Rolle ein[99]. Dagegen ist die Rechtsvergleichung hinsichtlich der Gesetzesauslegung und -lückenfüllung sowie der kritischen Überprüfung, sachlichen Vergewisserung und argumentativen Verbesserung der nationaleigenen Rechtsprechung weiterhin ein Stiefkind[100]. Auch vor dem Hintergrund der europafreundlichen Auslegung und dem sorgfältigen Umgang mit der Vorlageberechtigung ist die Bedeutung der komparativen Implementationsforschung[101] und der praktischen Rechtsprechungsvergleichung[102] entscheidend zu stärken.

Eine solche Umschau – die über die Analyse fremdsprachiger Textfassungen des umgesetzten Sekundärrechts hinausgeht[103] – ist künftig verstärkt geboten. Die Inblicknahme der höchstrichterlichen Anwendung dient dem Entscheidungseinklang, der Kohärenz und Rechtssicherheit in Europa. Nach zutreffender Ansicht ist der Blick ins europäische Ausland mittelbar auch Teil der Verpflichtung zur europarechtskonformen Auslegung[104] – jedenfalls in einem dem Richter zumutbaren Ausmaße. Diese unionsrechtliche Kooperationsaufgabe mit dem Ziel des Entscheidungseinklangs

---

[98] 3. Teil § 2 II 2; auch 2. Teil § 2 III 1.

[99] Dazu *Rösler*, JuS 1999, 1084 (1088) m. w. Nachw.

[100] Vgl. zu BGH und Rechtsvergleichung *Kötz*, in: 50 Jahre Bundesgerichtshof – Festgabe aus der Wissenschaft, Bd. II, 2000, S. 825 ff.; weltweit *Drobnig/van Erp* (Hrsg.), The Use of Comparative Law by Courts, 1999; s. für weitere Anwendungsbeispiele *Rösler*, JuS 1999, 1084 (1088).

[101] *Basedow*, Nationale Justiz und Europäisches Privatrecht, S. 3; *ders.*, in: *Zimmermann/Knütel/Meincke*, S. 79 (96 ff.); *Zimmermann*, Die Europäisierung des Privatrechts und die Rechtsvergleichung, 2006; *Kötz*, JZ 2002, 257 (258); *Hirte*, S. 51; *Mansel*, JZ 1991, 529 (531); *Schulze*, ZfRV 1997, 183 ff.

[102] *Fleischer*, GWR 2011, 201 (206); vgl. für einen Rechtsprechungsvergleich zur vermuteten Mangelhaftigkeit beim Verbrauchsgüterkauf *Rühl*, RabelsZ 72 (2009), 912 ff.

[103] *Fleischer*, GWR 2011, 201 (206) verweist dazu auf die Synopsen von Richtlinientexten und EUR-Lex, also dem Online-Zugang zu den EU-Rechtsvorschriften.

[104] *Kötz*, in: 50 Jahre Bundesgerichtshof – Festgabe aus der Wissenschaft, Bd. II, 2000, S. 825 (831); s. auch *Grundmann/Riesenhuber*, JuS 2001, 529 (534): „im Rahmen der teleologischen Auslegung aus dem Vereinheitlichungszweck des Europäischen Privatrechts"; vgl. auch *Klöckner*, S. 95.

der nationalen Obergerichte kann sich in anderen Fällen auch als *nobile officium* ergeben[105].

Einfacher ist eine verpflichtende Umschau dagegen mit der geltenden *C.I.L.F.I.T.*-Doktrin zur Vorlagepflicht des Art. 267 III AEUV begründbar[106]. Insgesamt ist die Verpflichtung des entscheidenden Richters zur methodenimperativen Vernetzung der Praxis näher zu klären, damit eine wirklich harmonisierende europäische Auslegung[107] glückt. Dass die nationalen Gerichte verstärkt die Auslegungspraxis anderer mitgliedstaatlicher Gerichte zu europäischen Normen und Grundsätzen berücksichtigen und bei ihren Entscheidungen einbeziehen sollten, ließe sich außerdem gut primärrechtlich niederlegen. Im UN-Kaufrecht etwa ist die Berücksichtigung der Auslegungspraxis anderer Konventionsstaaten zwingend, denn nur hierdurch lässt sich dem Gebot der Förderung der einheitlichen Anwendung nach Art. 7 I CISG genüge tun[108].

Eine grenzüberschreitende Bindung an zivilgerichtliche „Präjudizien" besteht hingegen derweil nicht[109]. Künftig wird es aber eine verstärkte Beachtung ausländischer Entscheidungen im Sinne einer „persuasive authority" geben müssen, damit – im Wege der Beachtung und sachlichen Überzeugung von bereits ergangenen Entscheidungen – ein Entscheidungseinklang gefördert wird. Dieser Vorschlag ist nicht neu. Schon *Ernst Rabel* (1874–1955) forderte 1937 Ähnliches, da die Zugänglichkeit ausländischer Entscheidungen „so weit fortgeschritten [sei ...], daß nunmehr auch die höchsten Gerichtshöfe allmählich von den Entscheidungen ihrer Kollegen

---

[105] *Fleischer*, GWR 2011, 201 (206) lässt dies in dem vorgegebenen Rahmen offen; näher zu den Grundlagen der richtlinienkonformen Auslegung *Klöckner*, S. 80 ff.

[106] *Grundmann/Riesenhuber*, JuS 2001, 529 (534); s. auch *Klöckner*, S. 74.

[107] Dazu *Heiderhoff*, Grundstrukturen, S. 147 ff.

[108] So auch *Ferrari*, in: *Schlechtriem/Schwenzer* (Hrsg.), Kommentar zum einheitlichen UN- Kaufrecht, 5. Aufl. (2008), Art. 7 CISG, Rdnr. 40; zum Siegeszug der autonomen Auslegung *Basedow*, in: 50 Jahre Bundesgerichtshof – Festgabe aus der Wissenschaft, Bd. II, 2000, S. 617 ff.

[109] Vgl. für ein europäisches Präjudiziensystem *Berger*, ZEuP 2001, 4 (21 ff.) unter Verweis auf den Gleichheitsgrundsatz und die Rechtseinheit; *Klöckner*, S. 23, die sich für die „Schaffung eines transnationalen und flexiblen Präjudiziensystems mit einer einheitlichen Fallrechtsmethodik" ausspricht; für ein „soft" *stare decisis* und ein „judicial clearinghouse", das (übersetzte) Entscheidungen zugänglich macht, *Lundmark*, in: *Schulze/Seif* (Hrsg.), Richterrecht und Rechtsfortbildung in der Europäischen Rechtsgemeinschaft, 2003, S. 161 (168). Skeptisch gegenüber einem europäischen Präzedenzensystem *Tjong Tjin Tai/Teuben*, ERPL 16 (2008), 827 (835 ff.). Dagegen zu einer *stare decisis*-Doktrin in Bezug auf Vorabentscheide des EuGH *Klappstein*, in: Jahrbuch Junger Zivilrechtswissenschaftler 2009, 2010, S. 233 (251 ff.). Zur Berücksichtigungspflicht „unter voller Wahrung der Unabhängigkeit" von unionsgerichtlichen Entscheidungen durch die am Übereinkommen von Lugano 2007 beteiligten Nicht-EU-Staaten *Domej*, in: Jahrbuch Junger Zivilrechtswissenschaftler 2009, 2010, S. 405 (423 ff.).

in den anderen Ländern regelmäßiger als bisher Kenntnis nehmen könnten"[110].

Im Zeitalter des Internets, der intensiver gelebten Wirtschafts- und Zivilrechtsgemeinschaft könnte die Forderung nun endlich Realität weren. Zumindest für die Höchstgerichte wäre die verpflichtende Einspeisung von unionsrechtlich relevanten Urteilen in eine zentrale und öffentliche Datenbank sinnvoll. Für ein optionales Vertragsrecht hat die Kommission dies in ihrem am 11.10.2011 vorgelegten Vorschlag für eine Verordnung des Europäischen Parlaments und des Rates über ein Gemeinsames Europäisches Kaufrecht aufgenommen[111].

Im Unterschied zur freiwilligen Beachtung ausländischer Entscheide ist die Idee in größerem Umfang unrealistisch, oberste Zivilgerichte sollten bei Auslegungszweifeln die anderen obersten Gerichte in der Union um Stellungnahme bitten[112]. Das würde auf eine zeitliche Verzögerung hinauslaufen und wäre angesichts unzureichender Förmlichkeit von unterschiedlichem Erfolg gekrönt. Die Fragen der Gerichtsgebühren und Übersetzung sind ebenfalls ungeklärt.

3. *Unterstützung durch Institutionen und Netzwerke*

Angezeigt ist eine verbesserte kontinuierliche Ausbildung der Richterschaft. Dafür sind auch horizontale Fortbildungen und dialogische Netzwerke zum Ausbau des Europäischen Raumes der Freiheit, der Sicherheit und des Rechts hilfreich, so etwa das 2001 beschlossene und 2002 eingerichtete Europäische Justizielle Netz für Zivil- und Handelssachen (EJNZH)[113] und das darin integrierte Europäische Netz des Notariats

---

[110] Anlässlich des Jubiläums „25 Jahre Kaiser-Wilhelm-Gesellschaft zur Förderung der Wissenschaften", wiederabgedruckt *Rabel*, in: *ders.*, Gesammelte Aufsätze, Bd. III (Hrsg.: *Leser*), 1967, S. 180 (192).

[111] Art. 14 des Vorschlages KOM(2011) 635 endg. lautet: „Die Mitgliedstaaten stellen sicher, dass rechtskräftige Urteile ihrer Gerichte zur Anwendung der Vorschriften dieser Verordnung unverzüglich der Kommission übermittelt werden. Die Kommission richtet ein System ein, mit dem Informationen über die Urteile [...] sowie einschlägige Urteile des Gerichtshofs der Europäischen Union abgerufen werden können. Dieses System ist der Öffentlichkeit zugänglich".

[112] So der Vorschlag von *Hirte*, S. 58; zu Vorlagen im US-Recht oben 2. Teil § 1 II 1.

[113] Entscheidung des Rates vom 28.5.2001 über die Einrichtung eines Europäischen Justiziellen Netzes für Zivil- und Handelssachen (2001/470/EG), ABl.EG 2001 Nr. L 174, S. 25; s. http://ec.europa.eu/civiljustice/index_de.htm; dazu *Fornasier*, ZEuP 2010, 477 (488 ff.); *ders.*, *Basedow/Hopt/Zimmermann* (Hrsg.), Handwörterbuch des Europäischen Privatrechts, Bd. I, 2009, S. 536 ff.; *Klöckner*, S. 147 ff.; s. die Entscheidung 568/2009/EG des Rates zur Änderung der Entscheidung 2001/470/EG des Rates über die Einrichtung eines Europäischen Justiziellen Netzes für Zivil- und Handelssachen, ABl.EU 2009 Nr. L 168, S. 30. Zur Europäischen Einheit für justizielle Zusammenarbeit (Eurojust) als EU-Justizagentur mit Sitz in Den Haag s. Art. 85 AEUV.

(ENN)[114]. Zu nennen sind noch das Netzwerk der Präsidenten der obersten Gerichte der Europäischen Union[115] sowie das 2000 ins Leben gerufene und von der Europäischen Kommission unterstützte „European Judicial Training Network" (EJTN)[116], das die zur Richterausbildung berufenen nationalen Einrichtungen umfasst.

Neben der grenzüberschreitenden Kooperation und Begegnung lässt sich auch staatenintern organisiert ein besseres Verständnis für die dezentrale Anwendung des EU-Rechts leisten. Zudem lässt sich ein Bewusstsein dafür schaffen, dass fernab der eigenen Interessen und Entwicklungslinien die absolute Definitionshoheit der nationalen Gerichte und Gesetzgeber im Zuge der Europäisierung gebrochen ist. Praktisch kommt auch Unterstützung und Rat für Richter in Betracht, die unschlüssig sind, ob und wie sie vorlegen sollen oder nicht. Hierdurch wären – als ressourcenschonender Vorteil in vertikaler Hinsicht – verfrühte, schlecht begründete oder nicht erforderliche Vorlagen verhinderbar[117].

Allerdings sollte nicht der Eindruck vermittelt werden, beim Europarecht handle es sich um ein hochspezialisiertes oder gar fremdes Recht[118]. Es entspricht allerdings häufig der Realität entscheidender Nationalrichter, über keine Zeit zu verfügen, um sich in komplexe Fragen der europäischen Auslegung einzudenken, geschweige denn substantiiert vorzulegen. Hier ist die niederländische Praxis vorbildgebend[119]. Dort wurden bei allen Gerichten Richter zu Spezialisten für EU-Recht ernannt, die als Kontaktpersonen für ihre Kollegen zur Verfügung stehen. Sie treffen sich untereinander in einem Netzwerk[120]. Diese Praxis wäre insbesondere, aber nicht nur für neue Mitgliedstaaten oder solche mit Umsetzungsdefiziten eine gute Lösung. Hierdurch ließe sich auch die – im 2. Teil dargestellte – eigennationale Beteiligung am Austausch mit dem EuGH steigern und verbessern.

Besonderes Augenmerk ist dabei – wie stets – der Erheblichkeit der (bekanntlich abstrakt zu formulierenden) Auslegungsfrage zum EU-Recht für

---

[114] *Matyk*, ZEuP 2010, 497 ff.

[115] Dazu *Hirsch*, ZEuP 2009, 1 ff.; www.rpcsjue.org.

[116] *Charbonnier*, in: *ders./Sheehy*, S. 11 ff., 505 ff.; www.ejtn.net.

[117] Vgl. auch zur Idee nationaler „Clearing-Stellen" bei Vorlagen oben 3. Teil § 2 VI 2 b).

[118] S. *Prechal*, YEL 25 (2006), 429 (436).

[119] *Prechal*, YEL 25 (2006), 429 (435, Fußn. 18).

[120] Hier besteht eine Überschneidung mit dem „Eurogroup"-Netzwerk, das 1995 im Kontext der *Nederlandse Vereniging voor Rechtspraak* eingerichtet wurde, um sich dem Studium des Europarechts v.a. in der gerichtsalltäglichen Praxis zu widmen; *Prechal*, YEL 25 (2006), 429 (435, Fußn. 18).

die nationalgerichtliche Entscheidung zu schenken[121]. Darum sollten die Fakten bei denjenigen Verfahren, die zum Zwecke der Vorabentscheidung an den EuGH gelangen, schon ermittelt sein. So weist auch der EuGH darauf hin, es sei „wünschenswert, dass die Vorlage erst in einem Verfahrensstadium erfolgt, in dem das Gericht in der Lage ist, den tatsächlichen und rechtlichen Rahmen des Problems zu bestimmen, damit der Gerichtshof über alle Informationen verfügt, die er benötigt, um gegebenenfalls prüfen zu können, ob das Unionsrecht auf den Ausgangsrechtsstreit anwendbar ist. Es kann außerdem im Interesse einer geordneten Rechtspflege liegen, die Vorabentscheidungsfrage erst nach streitiger Verhandlung vorzulegen."[122] Dennoch sind in der Vergangenheit privatrechtliche Sachverhalte vor den EuGH gelangt, bei denen sich später herausstellte, dass sie nicht dem Unionsprivatrecht unterliegen[123].

Die umsichtige unionskonforme Rechtsauslegung und u.U. Vorlage lässt sich nicht durch eine außergerichtliche Orientierungshilfe ersetzen. Zu denken ist etwa in Wettbewerbs- und Beihilfesachen an die Europäische Kommission[124]. Die Kommission hat den Gerichten auf Ersuchen zu Wettbewerbsrechtssachen[125] Hilfestellung in Form von Informationsübermittlung sowie durch Stellungnahme zu wirtschaftlichen, sachlichen und rechtlichen Fragen zu gewähren. Solche Stellungnahmen haben die Neutralität und Objektivität der Kommission zu wahren und binden die nationalen Gerichte nicht. Eine Stellungnahme, die in erheblich kurzer Frist und ohne Anhörung der Parteien erfolgt, lässt also die Möglichkeit

---

[121] Wie erwähnt ist es alleinige Aufgabe des mit dem Rechtsstreit befassten Nationalgerichts, erstens die Erforderlichkeit einer Vorabentscheidung zum Erlass seines Urteils und zweitens die Erheblichkeit der vorgelegten Fragen zu beurteilen. Etwa EuGH, Rs. C-415/93, Slg. 1995, I-4921, Rdnr. 59 – *Bosman*; EuGH, Rs. C-3/04, Slg. 2006, I-2505, Rdnr. 14 – *Poseidon Chartering*; bereits 2. Teil § 2 I 2 cc) (4).

[122] Hinweise zur Vorlage von Vorabentscheidungsersuchen durch die nationalen Gerichte, ABl.EU 2011 Nr. C 160, S. 1, Rdnr. 19.

[123] Z.B. in *Heininger* (EuGH, Rs. C-481/99, Slg. 2001, I-9945 – *Georg und Helga Heininger/Bayerische Hypo- und Vereinsbank AG*) konnte die Haustürsituation letztlich nicht bewiesen werden, so dass nach Ergehen der EuGH- und BGH-Entscheidungen die Berufung doch vom OLG München, WM 2003, 69 zurückgewiesen werden musste. Damit hat also der EuGH über eine hypothetische Frage befunden und die Parteien mussten mehr als fünf Jahre auf eine Entscheidung warten, *Schmid*, in: *Eriksen/Joerges/Rödl*, S. 85 (100). Bereits erwähnt unter 3. Teil § 2 II 1 c).

[124] *Broberg/Fenger*, S. 17 ff. anders hinsichtlich der Vorabentscheidungsverfahren.

[125] Maßgeblich sind hier die Verordnung (EG) Nr. 1/2003 des Rates vom 16.12.2002 zur Durchführung der in den Art. 101 und 101 AEUV niedergelegten Wettbewerbsregeln (ABl.EU 2003 Nr. L 1, S. 1), d.h. dem Verbot wettbewerbsbeschränkender Vereinbarungen und Verhaltensweisen sowie Vorschriften zum Missbrauch einer marktbeherrschenden Stellung, und die Bekanntmachung der Kommission über die entsprechende Zusammenarbeit zwischen der Kommission und den Gerichten der EU-Mitgliedstaaten, ABl.EU 2004 Nr. C 101, S. 54.

oder Verpflichtung des Gerichts unberührt, den EU-Gerichtshof um Vorabentscheidung zu ersuchen. Entsprechendes – Auskunft und unverbindliche
Stellungnahme – gilt auch für den Bereich des Beihilferechts[126]. Anfragen
bei der Kommission in Wettbewerbs- und Beihilfesachen sind jedoch
äußerst selten. Zudem lehnt die Kommission juristische Stellungnahmen
zumeist ab[127].

Damit bleibt – erst recht für den großen Bereich des Europäischen Privatrechts – die Forderung nach einer horizontalen Vernetzung zum verbesserten Austausch innerhalb der mitgliedstaatlichen Ebene[128]. Diese
weitgehend informelle interjustizielle Kooperation öffnet die nationalen
Gerichtssysteme, so dass sich die einzelnen und bislang eigengesetzlich
und abgeschottet agierenden nationalgerichtlichen Instanzen in ein Ge-
samtjustizwesen umgestalten[129]. Derart *acquis commun* und den sich ent-
faltenden *acquis communautaire* zusammenzubringen, hätte praktische
Folgen für die Entwicklung des Europäischen Privatrechts auf all seinen
Ebenen: Die Rechtskonzeption mit hierarchischem Verhältnis zur EU-Gerichtsbarkeit wäre angereichert um eine dialogisch eingebundene Gerichtskooperation. Auf die zivilverfahrensrechtlichen Aspekte eines solchen
Wandlungsprozesses ist in § 3 zurückzukommen. Hier geht es dagegen um
die anspruchsvolle Anwendungsmethode der Rechtsvergleichung, der nun
im Rahmen des Unionsrechts zur Größe zu verhelfen ist.

Darüber hinaus wäre eine erhöhte rechtsvergleichende Aufmerksamkeit
auch für die vertikale Ebene fruchtbar, d.h. für den Dialog mit dem
hierdurch legitimatorisch gestärkten[130] EU-Gerichtshof: Vorlagen sollten
die maßgeblichen gemeineuropäischen und internationalen Grundwertungen vermehrt zum Ausdruck bringen[131]. Die nationalen Gerichte könnten
es dem EuGH auf diese Art und Weise erleichtern, Verständnis für die
insbesondere nicht binnenmarktfinalen Rechtskontexte und späteren Ein-

---

[126] Bekanntmachung der Kommission über die Durchsetzung des Beihilfenrechts
durch die einzelstaatlichen Gerichte, ABl.EU 2009 Nr. C 85, S. 1.

[127] Mit Kritik *Broberg/Fenger*, S. 19 ff.; s. zum Europäischen Ombudsmann im
Zusammenhang mit der Arbeitslast des EuGH *dies.*, S. 22 ff.

[128] *Basedow*, Nationale Justiz und Europäisches Privatrecht, S. 20 ff.; zur horizontalen Dimension auch *Klöckner*, S. 88 ff., 142 ff.; *Fornasier*, ZEuP 2010, 477 (486 ff.);
Pernice, EuR 2011, 151 (155).

[129] S. *Basedow*, Nationale Justiz und Europäisches Privatrecht, S. 23 f.

[130] *Maduro*, EuR 2007, 3 (17): „Es waren [...] nationale Gerichte und Prozessparteien, die den Europäischen Gerichtshof dazu ermächtigt haben, das EU-Recht von
seiner indirekten Legitimation durch den Staat zu ‚befreien' und den Anspruch auf eine
unabhängige rechtliche und politische Souveränität zu erheben." Zudem oben 2. Teil § 3.

[131] *Fleischer*, GWR 2011, 201 (206), und zwar im Zusammenhang mit der BGH-
Vorlage, die zu EuGH, Rs. C-215/08, Slg. 2010, I-2947 – *E. Friz GmbH/Carsten von der
Heyden* führte.

passungsaufgaben zu gewinnen[132]. Das würde auch der Arbeitsteilung im europäischen Justizverbund[133], wie er letztlich in Art. 19 I EUV zum Ausdruck kommt, entsprechen und die EU zu einer – eben eingeforderten – wirklichen Interpretationsgemeinschaft[134] machen.

V. Klärungsbedarf bei Richterleitbild und Bindungswirkung des Richterrechts

1. Europäische Aufgaben und nationale Positionen

Die EU erfordert sowohl eine aktive Teilnahme des Richters im Sinne eines Mitdenkens der unionsrechtlichen Dimension als auch sein Verständnis von der Verankerung der (nationalen) Rechtsvorschrift im von den Verträgen geschaffenen Mehrebenensystem. Trotz vieler Unterschiede in der Juristenausbildung[135] und -prägung ist ein neues Richterverständnis im Vorrücken begriffen. Schrieb *de Montesquieu* im Jahr 1748: „Mais les juges de la nation ne sont […] que la bouche qui prononce les paroles de la loi; des êtres inanimés qui n'en peuvent modérer ni la force ni la rigueur"[136], sind dem heutigen Richter unter Bindung an Gesetz und Recht[137] bewusst teils aktivistische Aufgaben zugewiesen[138].

---

[132] Zu den unterschiedlichen „Programmen" s. wiederum *Fleischer*, GWR 2011, 201 (206).

[133] Davon spricht etwa *Pernice*, EuR 2011, 151 (155); vom Rechtsschutzverbund *Oeter*, VVDStRL 66 (2007), 361 (383).

[134] Der Ausdruck wird von *Haltern*, Europarecht – Dogmatik im Kontext, Rdnr. 375 verwendet.

[135] Zur unterschiedlichen Richterausbildung in Frankreich und Großbritannien *Schmidt-Räntsch*, Deutsches Richtergesetz, Einl., Rdnr. 64 ff. und 69 ff. sowie oben Fußn. 35.

[136] *de Montesquieu*, in: *ders.* (Hrsg.: *Oster*), Œuvres completes, 1964, Livre XI, Chapitre VI, S. 589; s. auch *Köchling*, Gesetz und Recht bei Montesquieu, 1975; der Vortrag *Schlosser*, Montesquieu: Der aristokratische Geist der Aufklärung 1990; *Hübner*, Kodifikationen und Entscheidungsfreiheit des Richters in der Geschichte des Privatrechts, 1980; zu Konvergenzen *Esser*, Grundsatz und Norm in der richterlichen Fortbildung des Privatrechts, 4. Aufl. (1990); *Langenbucher*, Die Entwicklung und Auslegung von Richterrecht, 1996. Zum Bild des „Subsumtionsautomaten", das nicht mit Montesquieus Ausspruch vereinbar ist, *Ogorek*, Aufklärung über Justiz, Halbbd. I: Abhandlungen und Rezensionen, 2008, S. 72, 77 f.

[137] Formel des Art. 20 III GG; dazu etwa *Schröder*, Gesetzesbindung des Richters, S. 60 ff.; *Wittreck*, S. 133 ff.

[138] BVerfGE 75, 223 (243 f.) – *Kloppenburg* hat „mit engagierten Worten" (so *Colneric*, EuZA 2008, 212) die Rechtsfortbildung anerkannt: „Der Richter war in Europa niemals lediglich ‚la bouche qui prononce les paroles de la loi'; das römische Recht, das englische common law, das Gemeine Recht waren weithin richterliche Rechtsschöpfungen ebenso wie in jüngerer Zeit etwa in Frankreich die Herausbildung allgemeiner Rechtsgrundsätze des Verwaltungsrechts durch den Staatsrat oder in Deutschland das

Generalanwalt *Léger* hat – unter Bezug auf *de Montesquieu* – die besondere Rolle der Rechtsprechung in der europäischen Integration wie folgt beschrieben. Das nationale Gericht sei „nicht mehr unbedingt [...] das Sprachrohr des Gesetzes. Es hat vielmehr sein innerstaatliches Recht kritisch zu würdigen, um sich vor dessen Anwendung zu vergewissern, dass es mit dem Gemeinschaftsrecht vereinbar ist. Hält es eine mit dem Gemeinschaftsrecht vereinbare Auslegung seines innerstaatlichen Rechts nicht für möglich, so hat es dessen Anwendung auszuschließen und sogar anstelle seines innerstaatlichen Rechts im Wege einer Normensubstitution die Bestimmungen des Gemeinschaftsrechts anzuwenden, es sei denn [...], daraus ergibt sich eine Verschlechterung der Rechtsstellung des Einzelnen."[139]

Der 2. Teil hat dazu bereits unterschiedliche Richterleitbilder[140] zu Tage gebracht. Diese Grundverständnisse betreffen auch das bereits mit Blick auf den EuGH angesprochene Verhältnis von (grenzüberschreitender) Auslegung und Rechtsfortbildung[141]. Innerhalb der Unionsgerichtsbarkeit ist die *de facto*-Bindungswirkung besonders ausgeprägt[142]: Das EuG folgt den Leitentscheidungen des EuGH, der EuGH selbst verweist regelmäßig auf seine eigene Rechtsprechung[143], Generalanwälte beziehen sich in den Schlussanträgen auf die EuGH-Judikatur. Hier soll dagegen die Bindungswirkung der EuGH-Entscheidungen hinsichtlich des nationalen Richters interessieren.

---

allgemeine Verwaltungsrecht, weite Teile des Arbeitsrechts oder die Sicherungsrechte im privatrechtlichen Geschäftsverkehr. Die Gemeinschaftsverträge sind auch im Lichte gemeineuropäischer Rechtsüberlieferung und Rechtskultur zu verstehen. Zu meinen, dem Gerichtshof der Gemeinschaften wäre die Methode der Rechtsfortbildung verwehrt, ist angesichts dessen verfehlt".

[139] Schlussanträge Generalanwalt *Léger* zu EuGH, Rs. C-224/01, Rdnr. 59 – *Köbler/ Österreich*, u.a. unter Verweis auf Rs. 14/86, Slg. 1987, 2545, Rdnr. 20 – *Pretore di Salò*; Rs. 152/84, Slg. 1986, 723, Rdnr. 48 – *Marshall*.

[140] Vgl. näher zu Begriff und Ausprägung des Richterbildes *Gouron/Mayali/Padoa Schioppa/Simon* (Hrsg.), Europäische und amerikanische Richterbilder, 1996; *Luig/Liebs* (Hrsg.), Das Profil der Juristen in der europäischen Tradition – Symposion aus Anlass des 70. Geburtstages von Franz Wieacker, 1980; *Jacob* (Hrsg.), Le juge et le jugement dans les traditions juridiques européennes, 1996; *Hempel*, Richterleitbilder in der Weimarer Republik, 1978; *Ranieri*, DRiZ 1998, 285 ff.; als rechtshistorisches Forschungsthema *Ranieri*, Ius Commune XVII (1990), 9 ff.

[141] 2. Teil § 3 III 3 b).

[142] *Vogenauer*, in: *Basedow/Hopt/Zimmermann* (Hrsg.), Handwörterbuch des Europäischen Privatrechts, Bd. II, 2009, S. 1170 (1172): In den Fällen des vom EuGH geschaffenen Richterrechts „legt er weniger das primäre oder sekundäre Gemeinschaftsrecht als das entsprechende Präjudiz oder die darauf beruhende gefestigte Rechtsprechung aus".

[143] S. auch unten Fußn. 237.

Bei der Bindungswirkung von Richtersprüchen tun sich die rechtsphilosophischen, -geschichtlichen und -praktischen Unterschiede in den Mitgliedstaaten auf. Dies betrifft vor allem den Graben zwischen der anglo-
amerikanischen und der kontinentaleuropäischen Welt. Während das Common law auf einer starken Stellung des Richters fußt und seine Entscheidungen gemäß der *stare decisis*-Doktrin Bindungswirkung entfalten[144],
räumt das Civil law dem Richter traditionell eher eine Art Hilfsrolle ein,
weshalb seinen Entscheidungen grundsätzlich keine über den Rechtsstreit
hinausreichende Bindungswirkung zukommt[145]. Nach diesem Modell
leistet das Gesetz die abstrakte Konfliktregelung, die durch den Richter-
spruch als konkrete Streitentscheidungsform Ergänzung findet[146].
Selbstredend sind bei dem Stellenwert des Richterrechts wichtige
Konvergenzen zu verzeichnen: In Großbritannien werden Gesetzestexte
nicht zuletzt infolge der transparent und vollständig vorzunehmenden Umsetzung[147] von EU-Vorgaben wichtiger[148] und die Auslegung muss sich
– über die Orientierung am Wortlaut[149] hinweg – auch an den Zielen des
Unionsgesetzgebers orientieren[150]. Zudem geht England mit dem Präjudizienrecht, wo sich die strenge *doctrine of binding precedent* erst im 19.
Jahrhundert herausbildete, zunehmend freier um[151]. In Kontinentaleuropa
gewinnt im Gegenzug das Richterrecht[152] in einer ausdifferenzierten und

---

[144] *Cross/Harris*, Precedent in English Law, 4. Aufl. (1991); *Whittaker*, ERPL 14
(2006), 705 ff.; *Schilling*, in: *Riesenhuber* (Hrsg.), Europäische Methodenlehre, 2. Aufl.
(2010), § 25, Rdnr. 20 f.; *Martens*, JZ 2011, 348 ff.; s. zu „precedents" rechtsvergleichend *Hondius* (Hrsg.), Precedent and the Law – Reports to the XVIIth Congress of
the International Academy of Comparative Law, 2007; *Tjong Tjin Tai/Teuben*, ERPL 16
(2008), 827 (832 ff.).

[145] Zu Letzterem etwa *Bork*, Allgemeiner Teil, Rdnr. 12 (unter Verweis auf die nur
subjektive Rechtskraftwirkung nach § 325 I ZPO); *Auer*, Materialisierung, Flexibilisierung, Richterfreiheit – Generalklauseln im Spiegel der Antinomien des Privatrechtsdenkens, 2005, S. 64 ff.; kurz *Rösler*, JuS 2000, 1040.

[146] *Raiser*, S. 291 ff.

[147] S. EuGH, Rs. C-144/99, Slg. 2001, I-3541 – *Kommission/Königreich der Niederlande*; dazu *Rösler*, RabelsZ 71 (2007), 495 (516).

[148] S. *Zweigert/Kötz*, S. 198, 261.

[149] Zu *statuta sunt stricte interpretanda* im englischen Recht s. *Zimmermann*, C.L.J.
56 (1997), 315 ff.; ganz anders gelagert zu den semantischen Grenzen *Klatt*, Theorie der
Wortlautgrenze – Semantische Normativität in der juristischen Argumentation, 2004.

[150] Näher bereits 2. Teil § 6 I 2.

[151] *Vogenauer*, ZNR 28 (2006), 48 ff.

[152] Eine „Konvergenz der Systeme, wie sie vornehmlich in der Herausbildung von
Fallrecht zum Ausdruck kommt" betont *Hager*, S. 283; *Schulze/Seif*, in: *dies.* (Hrsg.),
Richterrecht und Rechtsfortbildung in der Europäischen Rechtsgemeinschaft, 2003, S. 1
(9): Präjudizien als Brückenschlag zwischen Civil und Common law; ebenso *Wagner-
Döbler*, RabelsZ 59 (1995), 113 (126). Vgl. ferner für ein Plädoyer für eine „open
method of convergence" im Privatrecht *van Gerven*, in: *Furrer* (Hrsg.), Europäisches

dynamischen Marktordnung an Einfluss[153] – so etwa bei stark auslegungsbedürftigen Bestimmungen aufgrund der Klauselrichtlinie, beim Recht des
unlauteren Wettbewerbs und im Kartellrecht.

Abgesehen von verfassungsgerichtlichen Urteilen[154] geht in Rechtsordnungen mit kodifiziertem Recht die Bindungswirkung nicht über das
konkrete Verfahren und über die insoweit verfahrensbeteiligten Parteien
hinaus. Weitere Wirkungen sollen Urteile nur als „freie Autorität"[155] entfalten. Allerdings findet sich in den Mitgliedstaaten durchgängig zumindest[156] eine faktische Bindungswirkung höherer Rechtsprechung[157], so dass
sich eine Angleichung an anglo-amerikanische Vorbilder feststellen lässt.
Hinzuweisen ist z.b. auch auf die Großen Senate nach § 132 IV GVG oder
§ 45 ArbGG zur Koordinierung der Rechtsprechung, die eine (bindende)
Rechtsfortbildung letztlich voraussetzen[158].

Die Berufe zur Erbringung von Rechtsdienstleistungen (wie es der deutsche Gesetzgeber formuliert)[159] folgen bei Rechtsberatung und Prozessver-
tretung ohnehin den Entscheidungen oberer Gerichte, um Haftungsrisiken
zu vermeiden[160]. Die Richterschaft möchte unnötige Rechtsmitteleinle-
gungen aus Effizienzgründen und damit auch im Interesse der Parteien
möglichst unterbinden, aber auch zur Sicherung des eigenen Ansehens und
gegebenenfalls des beruflichen Fortkommens[161]. Eine von höhergericht-

---

Privatrecht im wissenschaftlichen Diskurs, 2006, S. 437 ff.; zur Geschichte des Richterrechts und der Präjudizienbindung auf dem Kontinent *Müßig*, ZNR 28 (2006), 79 ff.

[153] S. zur Nutzung des Grundsatzes von Treu und Glauben und weiterer Generalklauseln vor diesem Hintergrund *Rösler*, in: *Micklitz* (Hrsg.), The Many Concepts of
Social Justice in European Private Law, 2011, S. 327 ff.

[154] In Deutschland über § 31 BVerfGG; s. im Zusammenhang mit der Wirkungsforschung von Entscheidungen des BVerfG *Schulze-Fielitz*, in: *Hof/Schulte* (Hrsg.), Wirkungsforschung zum Recht, Bd. III: Folgen von Gerichtsentscheidungen 2001, S. 311 ff.

[155] Etwa *Rehbinder*, JuS 1991, 542.

[156] Zur gesetzlich normierten (§ 31 I BVerfGG; weiter: § 563 II ZPO, § 10 UKlaG,
§ 132 GVG) „Präjudizienbindung" nach deutschem Recht *Diedrich*, Präjudizien im
Zivilrecht, 2004, S. 108 ff. (besprochen von *Rösler*, RabelsZ 71 [2007], 680 ff.);
Maultzsch, S. 30 ff.; *Ohly*, Richterrecht und Generalklausel im Recht des unlauteren
Wettbewerbs – Ein Methodenvergleich des englischen und des deutschen Rechts, 1997,
S. 253 ff.

[157] S. für Italien *Trocker*, RabelsZ 66 (2002), 417 (449 ff.).

[158] Dazu etwa *Fischer*, Topoi verdeckter Rechtsfortbildungen im Zivilrecht, 2007,
S. 62. Für das schweizerische Bundesgericht unter dem Titel „Praxisänderung und Präjudiz" s. Art. 23 Bundesgerichtsgesetz (BGG).

[159] S. § 2 Gesetz über außergerichtliche Rechtsdienstleistungen (Rechtsdienstleis-
tungsgesetz – RDG) von 2007.

[160] *Höland*, ZfRSoz 30 (2009), 23 (37).

[161] Das gilt auch für die USA, *Choi/Gulati/Posner*, Journal of Law, Economics &
Organization, i.E.: „district judges adjust their opinion-writing practices to minimize

licher Rechtsprechung abweichende Urteilspraxis kann zudem einen Rechtsmittelgrund darstellen[162].

2. Wirkungen von Vorabentscheidungen

Die Reichweite der rechtlichen Bindungswirkung von Vorabentscheidungen klang schon mehrfach im Zusammenhang mit der *Köbler*-Haftung[163] und der zweigestuften Einwirkung der EuGH-Rechtsprechung auf das Zivilrecht in den Mitgliedstaaten an[164]. Die Einzelheiten sind noch ungeklärt, aber in Bezug auf Dritte wird kaum über den Erfahrungsstand des (kontinentaleuropäischen) Nationalrechts hinausgehend argumentiert: Regelmäßig wird die absolute, d.h. *erga omnes*-Bindungswirkung von Entscheidungen abgelehnt[165]. Danach bliebe die Wirkung eines Entscheids auf das Ausgangsverfahren beschränkt[166].

Bei genauer Sicht ist jedoch eine eingeschränkte Bindungswirkung auch von Auslegungsentscheidungen[167] anzuerkennen[168], was eine erneute Aus-

---

their workload while maximizing their reputation [, their affirmance rate] and chance for elevation to a higher court".

[162] S. etwa die Divergenzrevision nach § 543 II S. 1 Nr. 2 ZPO zur Sicherung einer einheitlichen Rechtsprechung. Interessant ist auch die folgende Rechtsmittelerweiterung: Seit dem 27.10.2011 ermöglicht die Neuregelung des § 522 III ZPO (BGBl. 2011 I, S. 2082) die Nichtzulassungsbeschwerde zum BGH gegen die Zurückweisung der Berufung mit einer Beschwer von über 20.000 €. Zur alten Rechtslage BVerfG, NJW 2004, 2584 und GRUR 2010, 1033 mit dem Argument der Rechtsprechungseinheit. Zur Verletzung von Art. 101 I 2 GG durch die willkürliche Nichtzulassung einer Revision BVerfG, WM 2004, 381. Zum BGH über die „beschränkte Bindungskraft von Präjudizien" *Bydlinski*, in: 50 Jahre Bundesgerichtshof – Festgabe aus der Wissenschaft, Bd. I, 2000, S. 3 ff.

[163] Oben 2. Teil § 2 a) cc) (2).

[164] 2. Teil § 3 I 2.

[165] *Rosenberg/Schwab/Gottwald*, § 18, Rdnr. 34 unter Verweis auf BGH, NJW 1994, 2607. Zudem wird von den Autoren in Rdnr. 35 in Bezug auf EuGH-Entscheidungen über die Ungültigkeit einer Handlung eines Unionsorgans auf das Fehlen einer entsprechenden Vorschrift wie in § 31 I BVerfGG verwiesen. Nach *Hess*, § 12, Rdnr. 53 geht die Wirkung nicht über die Leitbildfunktion höchstrichterlicher Rechtsprechung nach deutschem Recht hinaus. S. weiter *Diedrich*, S. 191 ff.; *Ehricke*, Die Bindungswirkung von Urteilen des EuGH im Vorabentscheidungsverfahren nach deutschem Zivilprozessrecht und nach Gemeinschaftsrecht, 1997; *Pietrek*, Verbindlichkeit von Vorabentscheidungen nach Art. 117 EWGV, 1989, S. 174 ff., 183 ff.; *Plouvier*, Les Décisions de la Cour de justice des Communautés européennes et leurs effets juridiques, 1975.

[166] Zur unbestrittenen *inter partes*-Wirkung *Karpenstein*, in: *Grabitz/Hilf/Nettesheim*, Art. 267 AEUV, Rdnr. 99 f.; *Middeke*, in: *Rengeling/Middeke/Gellermann*, § 10, Rdnr. 87 ff.

[167] D.h. nicht nur bei Entscheidungen über die Gültigkeit von EU-Rechtsakten.

[168] *Pechstein*, Rdnr. 868; *Schillig*, Konkretisierungskompetenz und Konkretisierungsmethoden im Europäischen Privatrecht, 2009, S. 93 spricht – im Anschluss an *Kriele*, Theorie der Rechtsgewinnung, 2. Aufl. (1976), S. 243 ff. – von „präsumptiver Verbind-

legung zur Sachfrage nicht ausschließt[169]. Dafür sprechen vier Indizien: Erstens wird ein Gericht von der Vorlagepflicht entbunden, wenn der EU-Gerichtshof bereits über die Frage in einem gleichgelagerten Fall entschieden hat[170]. Zweitens verweist der EuGH stets auf seine frühere Rechtsprechung. Dies geschieht nicht nur, aber besonders auffällig aufgrund des bereits besprochenen Art. 104 § 3 VerfO-EuGH[171], bei dem es sich um einen verfahrensrechtlich statuierten Ausdruck der Präjudizienwirkung handelt[172].

Drittens geht der EuGH offensichtlich davon aus, dass seine Auslegung – über das konkrete Verfahren hinaus – allgemein verbindlich ist. Dabei besteht keine Beschränkung auf letztinstanzliche Gerichte[173]. Auch wenn der EuGH – im Gegensatz zum U.S. Supreme Court – die *stare decisis*-Doktrin nicht anerkannt hat[174], liegt darin ein Grund, warum der EuGH seit seinen ersten Urteilen vor den Leitsätzen schreibt: „la Cour déclare et arrête" bzw. „Gerichtshof hat für Recht erkannt und entschieden." Demnach geht es nicht nur um die Klärung einer konkreten Rechtsfrage für die Verfahrensbeteiligten, sondern vielmehr um das weitgehende Erkennen des Rechts selbst[175]. Unter Berufung auf die Loyalitätspflicht nach Art. 4 III EUV (anders gefasst ex-Art. 10 EG) betont der EuGH: „Durch die Auslegung einer Vorschrift des Gemeinschaftsrechts, die der Gerichtshof in Ausübung seiner Befugnisse aus [... Art. 267 AEUV] vornimmt, wird erläutert und erforderlichenfalls verdeutlicht, in welchem Sinn und mit

---

lichkeit", s. weiter *ders.*, S. 166 ff.; *Karpenstein*, in: *Grabitz/Hilf/Nettesheim*, Art. 267 AEUV, Rdnr. 101; *Diedrich*, S. 197; bereits Lord *Mackenzie Stuart/Warner*, in: Festschr. f. Kutscher 1981, S. 273 (277 ff.).

[169] Oben 3. Teil § 2 II a) bb).

[170] EuGH, verb. Rs. 28 bis 30/62, Slg. 1963, 63 (80 f.) – *Da Costa & Schaake/ Niederländische Finanzverwaltung*; *Herrmann*, in: *Max-Planck-Institut*, Handbuch des Internationalen Zivilverfahrensrechts, Kap. I, Rdnr. 102.

[171] Nicht nur, aber besonders nach Art. 104 § 3 VerfO-EuGH; dazu bereits oben 3. Teil § 2 a) bb).

[172] *Tridimas*, CML Rev. 40 (2003), 9 (18); s. auch *Diedrich*, S. 194.

[173] *Schröder*, Gesetzesbindung des Richters, S. 141, 151; s. auch *Breuer*, EuZW 2004, 199 (201).

[174] Unterstrichen von *Stotz*, in: *Riesenhuber* (Hrsg.), Europäische Methodenlehre, 2. Aufl. (2010), § 22, Rdnr. 42, der auch auf *Planned Parenthood of Southeastern Pennsylvania v. Casey*, 505 U.S. 833 (1992) verweist. Weiter *Diedrich*, S. 202: „Die eigenen Präjudizien sind für den Europäischen Gerichtshof [...] nur unverbindliche Hilfsmittel bei der teleologischen Auslegung von EU-Recht, wohingegen Präjudizien im common law genuine Rechtsquellen darstelle[n], die auch die für die Auslegung von Gesetzesrecht bindend sind".

[175] Dazu im Zusammenhang mit der besagten *erga omnes*-Wirkung *Trabucchi*, RTDE 1974, 56 (57 f., 79); *Schröder*, Gesetzesbindung des Richters, S. 142, der auf S. 150 f. darlegt, warum diese Bindungswirkung auf das Vorabentscheidungsverfahren (als einzigem Verfahren zur Auslegung des EU-Rechts) beschränkt bleiben muss.

welcher Tragweite diese Vorschrift seit ihrem Inkrafttreten zu verstehen und anzuwenden ist oder gewesen wäre."[176]

Viertens wäre eine Beschränkung der Bindungswirkung *inter partes* schwerlich mit dem Ziel des Art. 267 AEUV vereinbar, eine einheitliche Auslegung und Anwendung des Unionsrechts zu erreichen[177]. Die weiterreichende faktische Bindung erklärt auch die Übersetzungen der Urteile in alle Amtssprachen. Damit scheint der EuGH die Ansicht zu vertreten, von einer von ihm ermittelten Auslegung einer Unionsnorm dürften mitgliedstaatliche Gerichte nicht mehr abweichen[178]. Diese Ansicht hat natürlich auch Bedeutung für die besagte Haftung für judikatives Unrecht nach der *Köbler*-Rechtsprechung.

Während der EuGH größte Zurückhaltung zeigt, von seiner bisherigen Rechtsprechung abzuweichen[179], wirken seine Entscheidungen in vertikaler Hinsicht häufig nicht als klar gefasste oder eindeutig anwendbare „Präjudizien", sondern eher wie ein argumentativer Rahmen[180]. Dieser deutet leitend eine Richtung oder einen Entscheidungskorridor für ähnlich gelagerte Fälle an, bis eine entsprechende judikative Verdichtung eingetreten ist, bei der die Urteile der EU-Gerichtsbarkeit eine unausweichliche Bindungswirkung wie Präjudizien entfalten. Die Funktion der EuGH-Rechtsprechung mit der Englands oder der USA absolut gleichzusetzen[181], wäre irreführend, denn einerseits trägt der Gerichtshof kontinentale Gesichtszüge (vor allem bei der Methodik und dem Stil der Urteilsbegründung) und andererseits borgt sich insgesamt die EU, weit über ein „copy and paste"[182] hinaus, Elemente aus den verschiedenen mitgliedstaatlichen Traditionen[183].

---

[176] EuGH, Rs. 66/79, Slg. 1980, 1237, Rdnr. 9 – *Amministrazione delle Finanze dello Stato/Salumi*.

[177] Schlussanträge von Generalanwalt *Reischl* zu EuGH, Rs. 66/80, Slg. 1981, 1191 (1228) – *International Chemical Corporation/Amministrazione delle Finanze dello Stato*.

[178] Vgl. die Schlussanträge zu EuGH, Rs. 66/80, Slg. 1981, 1191 (1227 ff.), die das Problem umfassend und m. w. Nachw. erörtern. S. *Diedrich*, S. 193 dazu, dass es sich nicht um eine direkte, unmittelbare Bindung handelt.

[179] „Horizontal precedent" wird das von *Tjong Tjin Tai/Teuben*, ERPL 16 (2008), 827 (834) genannt. Allerdings besteht – wie beim U.S. Supreme Court – keine Selbstbindung; dazu *Diedrich*, S. 198 ff.

[180] *Stone Sweet*, in: *ders.*, The Judicial Construction of Europe, 2004, S. 1 (34): „Argumentation frameworks are discursive, doctrinal structures that organize (a) how parties to a legal dispute ask questions of judges and engage one another's respective arguments, and (b) how courts frame their decisions." Er setzt *precedents* und *argumentation frameworks* freilich gleich.

[181] *Rasmussen*, European Community Case Law: Summaries of Leading EC Court Cases, 1993, S. 8.

[182] Vgl. in materiellrechtlicher Hinsicht *Mattei*, The European Codification Process: Cut and Paste, 2003.

[183] S. *Rösler*, ZVglRWiss 100 (2001), 448 (458 f.).

Allerdings erfordert die Rechtsprechung des EU-Gerichtshofs einen anderen als den gewohnten Umgang mit Entscheidungen, verleiht sie doch der EU maßgebliche Züge eines Fallrechtssystems. Die Praxis des EuGH ähnelt einerseits den englischen Gerichten. Andererseits fehlt eine explizit vorgeschriebene Bindung und es mangelt an methodischer Klarheit beim Präjudizienrecht, so dass die Situation eher der kontinentaleuropäischen Rechtsprechungstradition ähnelt[184]. Die Verstimmung und Klagen nicht nur deutscher Juristen im Rahmen der Umsetzung von EuGH-Entscheidungen hängen bis zu einem gewissen Grad mit methodischen Unterschieden und d.h. insbesondere ihrer systembedingt dogmatischen Perspektive und ihrem ungeschulten Umgang mit Fallrecht zusammen[185].

Anstatt einseitiger Justizkritik ist als Fazit zu ziehen: Die Herausbildung eines stimmigen Verständnisses vom Richter der Europäischen Gerichtsbarkeit und der Rolle seines Rechts ist eine gesamteuropäische Aufgabe der nationalen wie unionalen Ebene. Von den entgegengesetzten methodischen und qualitativen Anforderungen an den EU-Gerichtshof war bereits im 2. Teil die Rede[186]. Auf diese methodischen Aufgaben ist nun in § 2 einzugehen.

§ 2: Belebung der Kooperation seitens der EU-Gerichtsbarkeit

Nach der horizontalen Ebene sind nun die Möglichkeiten der EU zur qualitativen und quantitativen Verbesserung des Kooperationsverhältnisses mit Nationalrichtern zu erörtern. Hier kommt rasch ein informeller Ansatz in den Sinn, unterstützt durch den EU-Gerichtshof in Form der Beteiligung seiner Richter an Diskussionsveranstaltungen, durch persönliche Begegnungen sowie offizielle Besuche von Delegationen und Studiengruppen[187] am Luxemburger Gerichtsstandort. Diese Maßnahmen mit eher atmosphärischen Effekten sind hier nicht weiter von Interesse. Stattdessen wird eine Reihe von recht unterschiedlich gelagerten Rechtsverbesserungen in den Blick genommen. Dazu zählen die Klarheit über die Aufgaben beider Ebenen (unten I.) und die methodischen Veränderungen, die einen erleich-

---

[184] *Vogenauer*, in: *Basedow/Hopt/Zimmermann*, S. 1170 (1172); s. auch *Pötters/Christensen*, JZ 2012, 289: der EuGH verknüpfe „im Stile angelsächsischer Jurisprudenz die unterschiedlichen Positionen vor dem Hintergrund einer Kette von Präzedenzfällen".

[185] *Rehm*, in: Festschr. f. Heldrich, 2005, S. 955 (966).

[186] 2. Teil § 1 I 3 und § 3.

[187] Laut Jahresbericht 2010, S. 249 haben im Jahr 2010 604 Studiengruppen den EU-Gerichtshof besucht; interessant die Aufteilung: Studenten und Praktikanten: 40,73 %; nationale Richter und Staatsanwälte: 20,86 %; Rechtsanwälte bzw. -berater: 12,75 %; nationale Beamte: 8,44 %; Hochschullehrer der Rechtswissenschaft: 4,14 % sowie Diplomaten und Parlamentarier: 2,32 %.

terten Verständniszugang zur Rechtsprechung des EU-Gerichtshofs eröffnen (II.). Von Belang sind auch die Fragen der Bestellung und Herkunft der Richterschaft (III.). Zivilrechtlicher Sachverstand beim EU-Gerichtshof ließe sich außerdem durch eine Auslegungskompetenz für das UN-Kaufrecht fördern (IV.)

I. Zu Generalklauseln: Klarheit bei der Aufgabenteilung

Selbstverständlich ist es Aufgabe des EuGH, Systembegriffe wie z.B. Verbraucher[188], Unternehmer und Schaden[189] zu definieren[190]. Bei der Letztkonkretisierung von im Unionsprivatrecht normierten und unionsautonom auszulegenden Generalklauseln[191] stellt sich aber die Frage der Selbstauslegung seitens des EU-Gerichtshofs oder der Delegation an die Nationalgerichte. Das ist etwa[192] bei dem Begriff „unlautere" Geschäftspraktiken in der entsprechenden Richtlinie und „Missbräuchlichkeit" i.S.v. Art. 3 I Klauselrichtlinie[193] der Fall. Wer nach dieser Verteilung fragt, betritt schwankenden Boden – auch und obschon es sich um ein wichtiges Element des judikativen Föderalismus handelt, das vor allem bei der Klauselrichtlinie[194] intensiv erörterter Gegenstand rechtswissenschaftlicher Ab-

---

[188] *Rösler/Siepmann*, EWS 2006, 497 ff.; *dies.*, EuZW 2006, 76 ff.

[189] Dazu noch unten Fußn. 254.

[190] *Schaub*, ZEuP 2011, 41 (46) schlägt vor, danach zu differenzieren, ob es sich um zentrale oder lediglich ergänzende Elemente einer Richtlinie handelt.

[191] Den Begriff der Generalklausel kennt das deutsche Recht in besonderem Maß; s. *Baldus/Müller-Graff* (Hrsg.), Die Generalklausel im Europäischen Privatrecht – Zur Leistungsfähigkeit der deutschen Wissenschaft aus romanischer Perspektive, 2006; *Grundmann/Mazeaud* (Hrsg.), General Clauses and Standards in European Contract Law – Comparative Law, EC Law and Contract Codification, 2006; *Röthel*, in: *Riesenhuber* (Hrsg.), Europäische Methodenlehre, 2. Aufl. (2010), § 12, Rdnr. 24. In England bot das Fallrecht hinreichende Flexibilität. „Während aber in Frankreich die richterliche Rechtsfortbildung im Wesentlichen bei den Lücken und technischen Unvollkommenheiten des Code civil angesetzt hat, hat sich in Deutschland die Rechtsprechung zu diesem Zweck vor allem auf die Generalklauseln der §§ 138, 157, 242, 826 BGB gestützt." So *Zweigert/Kötz*, S. 151 f.; s. auch *Rösler*, in: *Micklitz*, S. 327 ff.

[192] Einigen Auslegungsspielraum haben gleichfalls: Treu und Glauben nach Art. 3 I Handelsvertreterrichtlinie, Fehler nach Art. 6 Produkthaftungsrichtlinie, Irreführungstatbestand nach Art. 2 b) Werberichtlinie 2006/114/EG, Verwechslungsgefahr nach Art. 5 I b) Markenrichtlinie 2008/95/EG, „true and fair view" nach dem EU-Bilanzrecht; dazu etwa *Wolff*, Die Verteilung der Konkretisierungskompetenz für Generalklauseln in privatrechtsgestaltenden Richtlinien, 2002, S. 218 ff.

[193] Zu beidem *Schmidt*, Konkretisierung von Generalklauseln im europäischen Privatrecht, 2009, S. 123 ff., 202 ff.; *Schillig*, S. 217 ff.

[194] Zur Rechtswirkung des Anhangs („graue Liste") der Klauselrichtlinie *Henke*, Enthält die Liste des Anhangs der Klauselrichtlinie 93/13/EWG Grundregeln des Europäischen Vertragsrechts?, 2010.

handlungen[195] ist. Dazu nur kurz aus der vorliegend relevanten Perspektive des Mehrebenendialogs und der Arbeitslast des EuGH.

Schien es in der *Océano Grupo*-Entscheidung[196] noch, als würde der EuGH selbst Klauseln prüfen, war die darauf folgende Entscheidung *Freiburger Kommunalbauten* ernüchternd[197]. Danach ist der EuGH nur für die Auslegung der allgemeinen Kriterien zuständig, die der Unionsgesetzgeber zur Definition des Begriffes der missbräuchlichen Klausel gewählt hat. Dagegen sieht sich der EuGH außer Stande, zur Anwendung dieser Kriterien auf eine bestimmte Klausel Stellung zu beziehen, die anhand der Umstände des konkreten Falles geprüft werden muss[198]. *Océano Grupo* sei anders gelagert gewesen, weil für die Feststellung der Missbräuchlichkeit der dort in Frage stehenden Gerichtsstandsvereinbarung nicht alle Umstände des Vertragsschlusses geprüft und die mit dieser Klausel verbundenen Vor- und Nachteile nach nationalem Recht gewürdigt werden mussten[199].

In der Tat ist das Unionsrecht Gegenstand des Vorabentscheidungsverfahrens[200]. Vielfach lassen sich jedoch die Vorlagefragen kaum ohne Beachtung des nationalen Rechts beantworten, insbesondere wenn das auszulegende Unionsrecht Generalklauseln und unbestimmte Rechtsbegriffe enthält. Damit will der EuGH in der großen Mehrzahl der Vorlagen nur die generellen Leitlinien der Normauslegung und -anwendung vorgeben, aber

---

[195] S. *Heiderhoff*, Grundstrukturen, S. 120 ff.; *Röthel*, S. 309 ff.; *Roth*, in: Festschr. f. Drobnig, 1998, S. 135 ff.; *Franzen*, S. 271 f.; s. bereits 2. Teil § 3 III 6 a).

[196] EuGH, verb. Rs. C-240/98 bis C-244/98, Slg. 2000, I-4941 – *Océano Grupo Editorial/Salvat Editores*; bestätigt in einer weiteren Entscheidung zu Gerichtsstandsvereinbarungen (nämlich insofern, als nationale Gerichte missbräuchliche Klauseln von Amts wegen prüfen müssen) in EuGH, Rs. C-243/08, Slg. I 2009, 4716 – *Pannon GSM Zrt./Erzsébet Sustinkné Györfi*; Rs. C-137/08, EuZW 2011, 27 (noch nicht in amtlicher Sammlung veröffentlicht) – *VB Pénzügyi Lízing Zrt./Ferenc Schneider*; EuGH, Rs. C-453/10, EuZW 2012, 302 (noch nicht in amtlicher Sammlung veröffentlicht) – *Jana Pereničová u.a./SOS financ spol. s r. o.*; zur EuGH-Rechtsprechung auch der Überblick bei *Basedow*, in: Münchener Kommentar zum BGB, 5. Aufl. (2007), vor § 305, Rdnr. 62 ff.; *Rösler*, RabelsZ 71 (2007), 495 (514 ff.). Zur Diskussion im Vorfeld von *Océano Grupo* s. *Remien*, ZEuP 1994, 34 ff.; *Markwardt*, Die Rolle des EuGH bei der Inhaltskontrolle vorformulierter Verbraucherverträge, 1999.

[197] EuGH, Rs. C-237/02, Slg. 2004, I-3403 – *Freiburger Kommunalbauten/ Hofstetter*; zum Vorlagebeschluss des BGH *Heiderhoff*, WM 2003, 509 (512 f.); Besprechung des EuGH-Urteils von *Röthel*, ZEuP 2005, 418 ff.

[198] AaO, Rdnr. 22.

[199] Es sei um eine Klausel gegangen, die unabhängig vom Vertragstyp die Wirksamkeit des gerichtlichen Schutzes der Rechte in Frage stellte, die das Unionsrecht dem Verbraucher zuerkennt.

[200] Der EuGH ist auch nicht befugt, nationales Recht unionsrechtskonform auszulegen; etwa *Pechstein*, Rdnr. 32.

nicht den Normgehalt im mitgliedstaatlichen Rechtssystem und die Anwendung auf den konkreten Sachverhalt festlegen.

In Einzelfällen kann die Grenzziehung schwer fallen. Einerseits hat der
EuGH in *Océano Grupo* die vom gewählten Vertragstyp unabhängige
Gerichtsstandsklausel für missbräuchlich erklärt, und zwar obschon dies
nicht erforderlich war[201]. Andererseits lehnte der Gerichtshof in *Freiburger
Kommunalbauten* die Beurteilung der Missbräuchlichkeit einer Klausel ab,
weil sie eine Würdigung der Folgen erforderte[202]. Mit *Mostaza Claro*[203]
greift der EuGH stärker in die Verfahrensautonomie der Mitgliedstaaten
ein, denn die nationalen Gerichte unterlägen nach Art. 6 der Klauselrichtlinie – grundsätzlich unabhängig von einer abweichenden nationalen Ver-
fahrensregel – einer umfassenden Pflicht zur Prüfung von Standardbedin-
gungen[204].

Diese eingeschränkte harmonisierende Rechtsprechung zur Klauselkontrolle, über die national weiterhin recht große Unterschiede bezüglich Konzeption, Funktion und Reichweite bestehen[205], ist wenig konsequent[206].
Nicht zuletzt deswegen ist sie unterschiedlich gewürdigt worden. Ein Teil
der Literatur erachtet sie als verweigerten Dialog[207]. Die Mehrzahl begrüßt

---

[201] Sachlich war allein fraglich, ob das angerufene Gericht die Missbräuchlichkeit
von Amts wegen zu berücksichtigen hat (oben Fußn. 196); *Röthel*, in: *Riesenhuber*, § 12,
Rdnr. 18 in Fußn. 58.

[202] EuGH, Rs. C-237/02, Slg. 2004, I-3403 – *Freiburger Kommunalbauten*; dazu
Freitag/Riemenschneider, WM 2004, 2470 ff.

[203] EuGH, Rs. C-168/05, Slg. 2006, I-10421 – *Elisa María Mostaza Claro/Centro
Móvil Milenium SL*; bereits in EuGH, Rs. C-473/00, Slg. 2002, I-10875 – *Cofidis SA/
Jean-Louis Fredout* ordnete der EuGH eine nationale Verfahrensvorschrift dem unions-
rechtlichen Effektivitätsprinzip unter; s. *Pavillon*, ERPL 15 (2007), 735 (736); weiter
Möslein, GPR 2003–2004, 59 ff. Zu einer missbräuchlichen Schiedsklausel in Abwägung
mit der Rechtskraft s. EuGH, Rs. C-40/08, Slg. 2009, I-9579 – *Asturcom Telecomuni-
caciones SL/Cristina Rodríguez Nogueira*; als ausgewogen begrüßt von *Mankowski*,
EWiR 2010, 91 f.; EuGH, Rs. C-484/08, Slg. 2010, I-4785 – *Caja de Ahorros y Monte de
Piedad de Madrid/Asociación de Usuarios de Servicios Bancarios*.

[204] Vgl. *Pavillon*, ERPL 15 (2007), 735 (746): Vision des EuGH sei „a 'procedural'
rather than substantive harmonisation".

[205] S. *Leyens/Schäfer*, AcP 210 (2010), 771 ff. (insbesondere zum Handelsrecht);
Micklitz, in: *Collins* (Hrsg.), Standard Contract Terms in Europe – A Basis for and a
Challenge to European Contract Law, 2008, S. 19 ff. (national divergierende Modelle);
Schillig, E.L. Rev. 33 (2008), 336 ff. (insbesondere zu ökonomischen Erwägungen); s.
auch *Rösler*, RabelsZ 73 (2009), 889 (899 f.) sowie zum Klauselrecht im englischen
Recht oben 2. Teil § 4 III 4 b) bb).

[206] Vgl. zur Vorlagepflicht bei der Auslegung unbestimmter Unionsrechtsbegriffe
Remien, RabelsZ 66 (2002), 503 ff.; auch *Reich*, RabelsZ 66 (2002), 531 ff.

[207] *Basedow*, in: Festschr. f. Hirsch, 2008, S. 51 ff.; bereits *Basedow*, in: *Schulte-
Nölke/Schulze* (Hrsg.), Europäische Rechtsangleichung und nationale Privatrechte, 1999,
S. 277 ff.

jedoch den zurückhaltenden Kurs[208], der auf eine dezentrale Konkretisierung hinausläuft. Vorliegend ist unter dem maßgeblichen strukturellen Gesichtspunkt zweierlei von Interesse. Erstens wirkt die Qualität der Rechtsprechung des EuGH auf die Vorlagewilligkeit zurück, denn bei den Generalklauseln sind – deutlich formuliert – die Vorlagen „aus Sorge um die Orientierungslosigkeit des Gemeinschaftsgerichts" eher selten[209].

Zweitens zieht sich der EuGH aus der Auslegung von Generalklauseln zurück, um eine Flut von neuen Vorlagen zu verhindern. Eine andere Entscheidung als *Freiburger Kommunalbauten* hätte eine Kette von Vorlagen nach sich gezogen. Darum ist die Rechtsprechungslinie auch als Versuch einer Steuerung des Verfahrenseingangs zu lesen. Der Generalanwalt hat in *Freiburger Kommunalbauten* ebenfalls auf das Problem hingewiesen und einen – gern bemühten[210] – ökonomischen Gebrauch der Rechtsbehelfe angemahnt[211]. Die Europäische Gerichtsbarkeit ist sich hier – und bei Verweisen auf das nationale Recht in anderen Unionsrechtsbereichen[212] – ihrer Grenzen durchaus bewusst, schließlich ist Unions-

---

[208] Etwa *Röthel*, § 12, Rdnr. 41; *dies.*, ZEuP 2005, 418 ff. m. w. Nachw.

[209] *Basedow*, Nationale Justiz und Europäisches Privatrecht, S. 12; *Roth*, JZ 1999, 529 (535).

[210] S. zum Prozessökonomieargument *Pflughaupt*, Prozessökonomie – Verfassungsrechtliche Anatomie und Belastbarkeit eines gern bemühten Arguments, 2011; zur grundsätzlichen Antinomie von Rechtsschutzgewährleistung und Effizienz (verstanden als wohlfahrtsökonomische Optimierung) kritisch *Bruns*, ZZP 124 (2011), 29 ff.

[211] Schlussanträge von *Geelhoed* zu EuGH, Rs. C-237/02, Slg. 2004, I-3403, Rdnr. 29 – *Freiburger Kommunalbauten*: Es sei eine Sache der „klaren Zuständigkeitsabgrenzung zwischen der Gemeinschaft und den Mitgliedstaaten, sondern auch des ökonomischen Gebrauchs der Rechtsbehelfe. Aufgrund des allgemeinen Charakters des Begriffes ‚missbräuchlich' könnten Klauseln, die in einer großen Bandbreite an Formen und Inhalten in Verbraucherverträgen vorkommen, immer wieder Anlass geben, Vorabentscheidungsfragen vorzulegen." Demgegenüber vertritt *Stotz*, in: *Riesenhuber*, § 22, Rdnr. 27, das Urteil lasse nicht erkennen, ob sich der EuGH davon hat leiten lassen. Näher läge, dass der Gerichtshof der „Gefahr des Dezisionismus" hätte vorbeugen wollen.

[212] Über die „Bösgläubigkeit" des Antragstellers bei der Anmeldung der Gemeinschaftsmarke hat der EuGH bei den Goldhasen von Lindt nicht selbst befunden, sondern auf den Obersten Gerichtshof in Wien verwiesen; EuGH, Rs. C-529/07, Slg. 2009, I-4893 – *Chocoladefabriken Lindt & Sprüngli AG/Franz Hauswirth GmbH*. Eine Parallele findet sich auch bei den Grundrechten, die der EuGH anerkennt, aber der nationalen Gerichtsbarkeit einen nennenswerten Spielraum bei der inhaltlichen Ausfüllung überlässt; vgl. *Maduro*, EuR 2007, 3 (26). Wie stets betont kooperativ *Skouris*, in: Festschr. f. Starck, 2007, S. 991 (1002): „Auch das Vorhandensein eines grundrechtlichen Vollstandards wie der Charta bedeutet nicht notwendigerweise, dass dieser Standard nicht unter Berücksichtigung nationaler und regionaler Besonderheiten zur Anwendung gelangen könnte. Für die Grundfreiheiten des EG-Vertrages ist dies gängige Praxis des EuGH und auch für die Grundrechte gibt es dazu Ansätze, wie das *Omega*-Urteil [EuGH, Rs. C-36/02, Slg. 2004, I-9609, Rdnr. 37 f.] aus dem Jahre 2004 zeigt." Zur Beschränkung des EuGH auf eine Rechtskontrollfunktion *Adam*, Die Kontrolldichte-Konzeption des EuGH und deutscher

rechtsprechung ein knappes Gut. Sofern man also eine aktive Rolle des EuGH befürwortet, so ist auch aus diesem Grund der (hier geforderte) Ausbau des EU-Gerichtshofs um zivilrechtlichen Sachverstand unabdingbar. Als weitere strukturelle Schwachstelle fällt auf: Die Urteile blenden die nationalen Norm- und Sozialkontexte aus; sie müssen sich auf die Auslegung des häufig recht knapp formulierten Unionsrechts beschränken. Der EuGH wäre dagegen gut beraten, künftig stärker den nationalen Kontext zu berücksichtigen[213], damit seine Konkretisierungen, die stets Prozesscharakter tragen[214], auch hinreichend in die nationalen Umfelder passen und genügend weite Akzeptanz erfahren.

II. Verbesserungen bei Argumentation und Methodik

1. Kritikpunkte

Nachdem im 2. Teil in § 3 bereits auf die Gefahren einer verminderten Qualität von Urteilen der Europäischen Gerichtsbarkeit auf dem Gebiet des Zivilrechts eingegangen wurde, seien in gebotener Knappheit weiter die kritischen Fragen der Argumentationsführung erwähnt. Dies ist umso relevanter, als dem EuGH eine hohe Begründungslast auferlegt ist. Im Unterschied zu den höheren Nationalgerichten kann der EU-Gerichtshof schließlich nicht auf lang gewachsene und traditionsreiche Autorität bauen[215]. Umso leichter wird Kritik provoziert. Die teils recht pauschalen Beanstandungen[216] konzentrieren sich nicht nur auf die Überschreitung der judiziell-vertikalen Aufgabenteilung und die Missachtung des Subsidiaritätsgrundsatzes[217]. Ebenso wird vorgetragen, der EuGH agiere „unter dem Deckmantel der Auslegung" unbegrenzt rechtsfortbildend, was insbesondere mit Blick auf das Arbeits-, Sozial-, Verwaltungs- und Deliktsrecht ausgemacht wird[218].

Gerichte – Eine vergleichende Untersuchung der gerichtlichen Kontrolle im Dienst-, Außen- und Binnenwirtschaftsrecht, 1993; *Pache*, DVBl. 1998, 380 ff.

[213] Dafür auch *Schmid*, in: *Eriksen/Joerges/Rödl*, S. 85 (93); s. auch *Maduro*, EuR 2007, 3 (27): vermehrte „Einbeziehung des jeweiligen nationalen Kontexts (einschließlich nationaler Verfassungswerte)".

[214] *Röthel*, in: *Riesenhuber*, § 12, Rdnr. 40.

[215] *Everling*, 1994, 127.

[216] Angezeigt ist nicht pauschale Kritik an Kompetenzüberschreitung, sondern konkrete Verhaltensbemessung am Einzelfall.

[217] *Dobler*, in: *Roth/Hilpold* (Hrsg.), Der EuGH und die Souveränität der Mitgliedstaaten – Eine kritische Analyse richterlicher Rechtsschöpfung auf ausgewählten Rechtsgebieten, 2008, S. 509 (559); s. weiter zu Europas Auslegungsgrenzen *Christensen/Böhme*, Rechtstheorie 2009, 285 ff.

[218] *Roth*, in: *ders./Hilpold* (Hrsg.), Der EuGH und die Souveränität der Mitgliedstaaten, 2008, S. 561 (565) m. w. Nachw.

Damit sind zwei Themen aufgeworfen: einerseits das unionsrechtliche Kompetenzregime, das hier nicht erneut Gegenstand sein kann[219], und andererseits Methodenprobleme bei der unionsgerichtlichen Auslegung[220]. Die Entscheidungen der EU-Gerichtsbarkeit müssen sich – aus dem erwähnten Grund und zur Entwicklung einer gemeinsamen Methodik – in besonderem Maße der methodischen Belastbarkeit stellen. Die Vorhersehbarkeit der Rechtsprechungsergebnisse für die betroffenen Verkehrskreise leidet unter den sieben folgenden Defiziten: Erstens schwankt der Gerichtshof zwischen „judicial restraint" und – insbesondere wenn es um die Effektivität des Unionsprivatrechts geht – „judicial activism". Das wurde schon im 2. Teil dargelegt[221]. Zweitens macht der EuGH die Aufgabe früherer Rechtsprechung vielfach nicht kenntlich[222] und betreibt kein deutliches „distinguishing" bei Rechtsprechungsänderungen[223]. Das ist misslich, weil damit weder eine Begründung für ein Umschwenken der Rechtsprechung noch dessen tatsächliches Vorliegen geliefert wird. Damit bleibt eine Abgrenzung gegenüber anderen Entscheidungen offen.

Viertens sind zwar *obiter dicta* und *rationes decidendi* einer Entscheidung zu unterscheiden, wobei bekanntlich nur Letztere die Untergerichte im anglo-amerikanischen *stare decisis*-System binden. Der EU-Gerichtshof jedoch unterscheidet nicht klar zwischen beiden Kategorien beim Befolgen früherer Entscheidungen[224]. Grundsätzlich ist ein nur verhaltener Einsatz von *obiter dicta* zu empfehlen. Zum einen besteht die Gefahr der übereilten Festlegung der Gerichte und zum anderen könnten *obiter dicta* die Grenze zur Aufgabe des Gesetzgebers überschreiten[225] und sich damit auch unter dem Gesichtspunkt der Funktionen- bzw. Gewaltenteilung als bedenklich erweisen. Das schließt allerdings folgendes Petitum nicht aus: Gelegentlich wären im Bereich des Privatrechts weitergehende Über-

---

[219] 2. Teil § 3 II und III.

[220] Zur Dichotomie von unionsrechtlicher Auslegung und nationaler Anwendung zur Bestimmung der Auslegungsbefugnis des EuGH kritisch *Groh*, Die Auslegungsbefugnis des EuGH im Vorabentscheidungsverfahren – Plädoyer für eine zielorientierte Konzeption, 2005, S. 32 ff.; s. andererseits *Stotz*, in: *Riesenhuber*, § 22, Rdnr. 20 ff.

[221] 2. Teil § 3 III 3 b).

[222] *Stotz*, in: *Riesenhuber*, § 22, Rdnr. 42a.

[223] *Diedrich*, S. 198 f.; auf S. 200: „Die Flexibilität, mit der der Europäische Gerichtshof mit seinem eigenen Fallrecht umgeht, ist für die betroffenen Verkehrskreise wegen der fehlenden Rechtssicherheit umso ärgerlicher, als er keine Begründung für eine Änderung seiner Rechtsprechung gibt und offenbar auch keine derartige Verpflichtung verspürt".

[224] *Diedrich*, S. 199.

[225] Nach der abweichenden Meinung von Richter *Masing* handle es sich beim *obiter dictum* der Mehrheit in BVerfGE 121, 317 – *Rauchverbot in Gaststätten* zur Verfassungsmäßigkeit eines radikalen Rauchverbots um einen unzulässigen „Übergriff in die Gesetzgebungspolitik" (Rdnr. 185).

legungen und Ausführungen sinnvoll, um die Bedeutung und Reichweite des Urteils zu entschlüsseln[226].

Als Fünftes nimmt der Gerichtshof bei seiner *interprétation* keine klare Grenzziehung[227] zwischen Auslegung und Rechtsfortbildung[228] vor. Wenig überzeugend wird das mit der Vielsprachigkeit der zu interpretierenden Texte begründet[229]. Vielmehr prägt der französischrechtliche Einfluss – der z.B. im 3. Teil § 1 I bei der Verfahrensordnung nachgezeichnet wurde – auch die Methodik der Unionsrichter[230]. Der EU-Gerichtshof muss aber eine höhere Sensibilität für methodische Fragen entwickeln, denn Rechtsfortbildungen erfordern eine planwidrige Gesetzeslücke und damit einhergehend einen erheblich gesteigerten Begründungsaufwand[231].

Sechstens pflegt der EuGH einen wenig benutzerfreundlichen, gelegentlich schwer zugänglichen und eigentümlich blutleeren Stil[232]. Das hängt auch mit der „Bausteintechnik" der Entscheidungen[233] zusammen. Zumeist referiert der EuGH seine eigene bisherige Rechtsprechung mit sperrigen und teils gewunden formulierten Versatzstücken, die wie ausgeschnitten wirken. Dabei beruft er sich mit einiger Kreativität auch auf Entscheidungen aus ganz anderen Sachbereichen. Für den Rechtsuchenden tut sich deshalb das Problem der Übertragbarkeit von Grundsätzen und Aussagen etwa aus dem Verwaltungs- und Steuerrecht auf privatrechtliche Sachverhalte auf. Mal beruft sich der EuGH auf Entscheidungen zu einer fremden Sachmaterie, mal nicht.

Ähnlich wie beim Internationalen Gerichtshof in Den Haag[234] ist – neben den klassischen Auslegungscanones[235] und dem *effet utile*-Grundsatz[236] –

---

[226] Dazu, dass der EuGH nicht geneigt ist, gestaltend durch *obiter dicta* Stellung zu beziehen *Basedow*, JuS 2004, 89 (94).

[227] *Neuner*, in: *Riesenhuber* (Hrsg.), Europäische Methodenlehre, 2. Aufl. (2010), § 13, Rdnr. 2; *Röthel*, in: *Riesenhuber*, § 12, Rdnr. 25; *Rösler*, RabelsZ 71 (2007), 495 (509); *Walter*, Rechtsfortbildung durch den EuGH – Eine rechtsmethodische Untersuchung ausgehend von der deutschen und französischen Methodenlehre, 2009, S. 55; s. weiter *Höpfner/Rüthers*, AcP 209 (2009), 1 (5 ff.).

[228] Zur Rechtsfortbildung durch den EuGH *Schulze/Seif* (Hrsg.), Richterrecht und Rechtsfortbildung in der Europäischen Rechtsgemeinschaft, 2003; *Grosche*, Rechtsfortbildung im Unionsrecht, 2011; *Mittmann*, Die Rechtsfortbildung durch den Gerichtshof der Europäischen Gemeinschaften und die Rechtsstellung der Mitgliedstaaten der Europäischen Union, 2000; *Everling*, JZ 2000, 217 ff.

[229] *Colneric*, EuZA 2008, 212 (213).

[230] Bereits im 2. Teil § 3 IV 1 erwähnt.

[231] *Rösler*, in: *Basedow/Hopt/Zimmermann*, S. 122 (123); auch *Heiderhoff*, Gemeinschaftsprivatrecht, S. 50 f.

[232] *Klinke*, ZEuP 1995, 783 (793).

[233] Bereits *Münzberg*, in: *Grunsky/Stürner/Walter/Wolf*, S. 69 (84).

[234] *Shahabuddeen*, Precedent in the World Court, 1996.

der Verweis auf die frühere eigene Rechtsprechung der häufigste Argumentationsschritt[237]. Doch die Methoden des EuGH, die meist auf eine formale Betrachtung anhand des Textes und der Begründungserwägungen des jeweiligen Rechtsaktes hinauslaufen, nicht selten mit weiterer teleologischer Interpretation verknüpft[238], werden vielfach dem stark differenzierten Privatrecht nicht gerecht[239]. Auch darum bleiben die Urteile „kurz und sehr oft rätselhaft"[240].

2. Rechtsvergleichung

Als siebter und letzter Kritikpunkt müsste der EU-Gerichtshof, insbesondere durch wertende Rechtsvergleichung, seine Argumentationsdichte erhöhen. Dabei erfordert das Privatrecht – anders als das Verfassungsrecht – einen geringen Grad an Generalität, der die Reichweite des sachlichen Urteilskerns enger oder weiter zieht[241]. Je abstrakter eine Aussage, desto

---

[235] S. zur geringen Bedeutung der subjektiv-historischen Auslegung in der Judikatur des EuGH, *Leisner*, EuR 2007, 689 ff., der sie aber in Verbindung mit anderen Methoden, insbesondere der Wortlautauslegung, als von erheblichem Gewicht einstuft; vgl. zur Rolle der Gesetzesmaterialien bei der Gesetzesauslegung in Deutschland, England und den USA *Fleischer*, AcP 211 (2011), 317 ff. und insbesondere der Aufgabe der überkommenen *exclusionary rule* durch das House of Lords in *Pepper v. Hart* [1992] A.C. 593. Zu den Auslegungsmethoden des EU-Gerichtshofs ausführlich *Müller/Christensen*, Juristische Methodik, Bd. II: Europarecht, 2. Aufl. (2007), 24 ff. und *Stotz*, in: *Riesenhuber*, § 22, Rdnr. 13 ff.; weiter *Bengoetxea*, The Legal Reasoning of the European Court of Justice – Towards a European Jurisprudence, 1993; *Anweiler*, Die Auslegungsmethoden des Gerichtshofs der Europäischen Gemeinschaften, 1997; *Buck*, Über die Auslegungsmethoden des Gerichtshofs der Europäischen Gemeinschaft, 1998; *Buerstedde*, Juristische Methodik des Europäischen Gemeinschaftsrechts – Ein Leitfaden, 2006; *Rösler*, in: *Basedow/Hopt/Zimmermann*, S. 122 ff.; aus der älteren Literatur: *Bredimas*, Methods of interpretation and community law, 1978, S. 33 ff.; *Bleckmann*, NJW 1982, 1177 ff.

[236] Zum *effet utile* als Auslegungsgrundsatz oben Fußn. 93.

[237] *Dederichs*, EuR 2004, 345 (346 ff.); *dies.*, Die Methodik des EuGH – Häufigkeit und Bedeutung methodischer Argumente in den Begründungen des Gerichtshofs der Europäischen Gemeinschaften, 2004, S. 37 ff.; vgl. zum Wettbewerbsrecht *Fejø*, in: Liber amicorum in honour of Sven Norberg, 2006, S. 195 ff.

[238] Zur systematischen, historischen und teleologischen Auslegung v. *Savigny*, System des heutigen römischen Rechts, Bd. I, 1840, S. 212; zur grundlegenden Marburger Methodenvorlesung von 1802/1803 *Benedict*, JZ 2011, 1073 (1078, 1081); *Schröder*, Recht als Wissenschaft – Geschichte der juristischen Methodenlehre in der Neuzeit (1500–1933), 2. Aufl. (2012), S. 216; zu den Auslegungsgrundsätzen im Kontext des EuGH *Rösler*, RabelsZ 71 (2007), 495 (504 ff.).

[239] S. *Schmid*, in: *Eriksen/Joerges/Rödl* (Hrsg.), S. 85 (94, 101).

[240] *Basedow*, JuS 2004, 89 (94).

[241] Für den EuGH *Conway*, ELJ 14 (2008), 787 ff. (auch im Vergleich zu den USA); zur parallelen Diskussion in den USA *Tribe/Dorf*, U. Chi. L. Rev. 57 (1990), 1057 ff.; s.

größer ihre prinzipielle Tragweite, aber unter Umständen auch die Ungewissheit über ihre Grenzen bei der Anwendbarkeit, ihre Eignung zur sachlichen Kohärenzsteigerung und ihrer Legitimation („counter-majoritarian
problem")[242]. Offenbar ist der EuGH geneigt, bei makrostrukturellem bzw.
verfassungsgleichem Recht von der Abstraktion mehr Gebrauch zu machen. Das gilt sowohl bei der Begründung als auch bei den Wegen, wie die
Vorgaben des EuGH umzusetzen sind.

Als anschauliches Beispiel lässt sich die Haftung nach dem *Francovich*-
Urteil aus dem Jahre 1991 heranziehen[243]. Hierin hat der EuGH keine
mitgliedstaatliche Tradition explizit herangezogen. Vielmehr hat er abstrakt ausgeführt, dass ohne eine Schadensersatzmöglichkeit die effektive
Wirksamkeit der unionsrechtlichen Bestimmungen beeinträchtigt und der
Schutz der durch sie begründeten Rechte gemindert wäre. Der EuGH
schlussfolgert, der Grundsatz einer Haftung des Staates für Schäden, die
dem Einzelnen durch dem Staat zurechenbare Verstöße gegen das Unionsrecht entstehen, folge schlicht aus dem Wesen der europäischen Rechtsordnung. In der *Köbler*-Entscheidung heißt es unter Verweis auf die Ausführungen des Generalanwalts nur, die Haftung für judikatives Unrecht sei
„in der einen oder anderen Form den meisten Mitgliedstaaten bekannt,
wenn auch unter engen und verschiedenartigen Voraussetzungen"[244].

Der Argumentationsaufwand ist erstaunlich niedrig. Anstatt die Haf-
tungsbegründung auf eine detaillierte rechtsvergleichende Basis zu stellen[245], wird sie nur behauptet. Anzumerken ist hierzu, dass die Staatshaftung sich im Vereinigten Königreich[246], Irland[247] und Schweden[248] erst
ab den vierziger Jahren entwickelt hat[249]. Interessanterweise ist dem US-
amerikanischen Bundesrecht eine Staatshaftung wegen der *doctrine of*

---

bereits *Schwarze*, Die Befugnis zur Abstraktion im europäischen Gemeinschaftsrecht –
Eine Untersuchung zur Rechtsprechung des Europäischen Gerichtshofes, 1976.

[242] Vgl. *Bickel*, S. 17 ff.

[243] EuGH, verb. Rs. C-6/90 und 9/90, Slg. 1991, I-5357 – *Francovich*.

[244] EuGH, Rs. C-224/01, Rdnr. 48 – *Köbler/Österreich*; für eine rechtsvergleichende
Aufarbeitung *Breuer*, Staatshaftung für judikatives Unrecht – Eine Untersuchung zum
deutschen Recht, zum Europa- und Völkerrecht, 2011, S. 407 ff.

[245] Bereits EuGH, verb. Rs. C-46/93 und C-48/93, Slg. 1996, I-1029, Rdnr. 29 –
Brasserie du Pêcheur/Deutschland (ex parte Factortame): Der im Vertrag aufgestellte
Grundsatz der außervertraglichen Haftung – wohlgemerkt – der Gemeinschaft sei nur
eine Ausprägung des in den Mitgliedstaaten geltenden allgemeinen Grundsatzes, wonach
eine rechtswidrige Handlung oder Unterlassung zur Schadensersatzpflicht führe.

[246] Crown Proceedings Act 1947.

[247] *Byrne v. Ireland* [1972] IR 241.

[248] Act on Torts 1972.

[249] *Conway*, ELJ 14 (2008), 787 (799).

sovereign immunity[250] grundsätzlich unbekannt[251]. Zu wenig genutzt ist der Verweis auf die Staatshaftung in den (allesamt kontinentaleuropäischen) Gründungsstaaten der Union. Das hätte im Ansatz der wenig genutzten „originalist"-Betrachtung des US-amerikanischen Verfassungsrechts entsprochen[252], was sich darum im *Francovich*-Urteil nur zaghaft angedeutet findet[253]. Auch bei zivilrechtlichen Entscheidungen, so etwa in *Leitner*[254], in der es um die bejahte Frage ging, ob die Pauschalreiserichtlinie auch einen immateriellen Schadensersatz gewährt, wären rechtsvergleichende Ausführungen ebenfalls äußerst angebracht gewesen[255].

Die Europäische Gerichtsbarkeit ist eine inhärent pluralistische Organisation. Ihr sind, bedingt durch die Richterschaft und ihre Mitarbeiter, der rechtsvergleichende Ansatz und die komparative Betrachtung gleichsam immanent[256]. Für rechtsvergleichenden und unionsrechtlichen Input könnte sich der EU-Gerichtshof auch externen (d.h. über den Generalanwalt hinausgehenden) Sachverstand einholen, etwa in Form von Gutachten, wie es auch das BVerfG handhabt[257]. In Betracht kommt dafür u.a. das European Law Institute[258], das ohnehin die bestehende nationale Rechtsprechung zum Unionsrecht weitgehend aufarbeiten sollte[259].

---

[250] XI. Amendment (1795): „The Judicial power of the United States shall not be construed to extend to any suit in law or equity, commenced or prosecuted against one of the United States by Citizens of another State, or by Citizens or Subjects of any Foreign State".

[251] Für Vergleiche s. *Meltzer*, Int. J. Const. L. 4 (2006), 39 ff.; *Pradhan*, N.Y.U. J. Legis. & Pub. Pol'y 11 (2007–2008), 215 ff.; *Pfander*, Am. J. Comp. L. 51 (2003), 237 ff.; *Olowofoyeku*, Public Law 1998, 444 ff.

[252] S. *Conway*, ELJ 14 (2008), 787 (799).

[253] Rdnr. 31: „Der EWG-Vertrag hat eine eigene Rechtsordnung geschaffen, die in die Rechtsordnungen der Mitgliedstaaten aufgenommen worden und von den nationalen Gerichten anzuwenden ist." Zu der Frage *Conway*, ELJ 14 (2008), 787 (799 f.).

[254] EuGH, Rs. C-168/00, Slg. 2002, I-2631 – *Simone Leitner/TUI Deutschland*. S. auch *Basedow*, JuS 2004, 89 (95): Der EuGH habe hier eine Chance vergeben, die Fortentwicklung des Europäischen Privatrechts durch allgemeine Grundsätze zu leiten. S. auch zum Anspruch des Fluggastes auf Ersatz immaterieller Schäden nach der Fluggastrechteverordnung 261/2004 EuGH, Rs. C-83/10, NJW 2011, 3776 (noch nicht in amtlicher Sammlung veröffentlicht) – *Aurora Sousa Rodríguez u.a./Air France SA*.

[255] Das wurde bereits im Zusammenhang mit den akzeptanzsichernden Maßnahmen im 2. Teil § 3 IV 1 angesprochen.

[256] Zur Bedeutung der Rechtsvergleichung beim EuGH *Schwartze*, in: *Riesenhuber* (Hrsg.), Europäische Methodenlehre, 2. Aufl. (2010), § 4, Rdnr. 23 ff.; *Singer*, Journal du droit international 134 (2007), 497 ff.

[257] Wie etwa (in einem Normenkontrollverfahren) erstattet vom Hamburger MPI *Basedow/Scherpe* (Hrsg.), Transsexualität, Staatsangehörigkeit und internationales Privatrecht – Entwicklungen in Europa, Amerika und Australien, 2004.

[258] Vgl. kurz oben bei Fußnotenzeichen 33.

Eher wahrscheinlich als umfassende rechtsvergleichende Erwägungen, die nationale Hintergründe in der Rechtsprechung des EU-Gerichtshofs aufdecken könnten, ist die Bezugnahme auf privatrechtliche Prinzipien[260], wie etwa den DCFR. Damit ließen sich – auch als *lex academica*[261] – System und Gehalt des Privatrechts erhöhen[262]. Die Bedeutung der Systembildung[263], die – rechtskulturell determiniert – vor allem in der kontinentaleuropäischen Rechtswissenschaft unter den Aspekten der Einheit und Ordnung betont wird[264], ist auch bei der Judikatur der Unionsgerichte von Belang. Schließlich vermag nur eine einheitliche Ordnung und eine systematische Geschlossenheit die gleiche Anwendung des Rechts sicherzustellen.

Um im Zusammenhang mit den bereits angesprochenen[265] allgemeinen Rechtsgrundsätzen[266] eine Brücke zur Situation in den USA zu schlagen[267], sei abschließend *Zweigert* aus dem Jahr 1964 herangezogen: „Mit [... dem]

---

[259] Zu den denkbaren Aufgaben *Basedow*, Nationale Justiz und Europäisches Privatrecht, S. 29, 32.

[260] Zur Stellung der UNIDROIT-Prinzipien und der PECL *Canaris*, in: *Basedow* (Hrsg.), Europäische Vertragsrechtsvereinheitlichung und deutsches Recht, 2000, S. 5 ff.; *Rösler*, EuLF (D) 2003, 207 ff.; zum DCFR kritisch *Basedow*, ZEuP 2008, 673 ff.: „Kodifikationsrausch und kollidierende Konzepte"; *Zimmermann*, Am. J. Comp. L. 57 (2009), 479 ff.; *Micklitz/Cafaggi* (Hrsg.), European Private Law after the Common Frame of Reference, 2010.

[261] Vgl. *Röthel*, in: *Schmidt-Kessel* (Hrsg.), Der Gemeinsame Referenzrahmen – Entstehung, Inhalte, Anwendung, 2009, S. 287 ff.

[262] S. auch zu den Auswirkungen des CFR auf die Auslegung *Leible*, in: *Schmidt-Kessel* (Hrsg.), Der Gemeinsame Referenzrahmen – Entstehung, Inhalte, Anwendung, 2009, S. 217 ff.; unter dem Gesichtspunkt der autonomen (richterlichen) Harmonisierung durch den CFR *Gebauer*, in: *Schmidt-Kessel*, aaO, S. 311.

[263] S. zum Systemdenken *Basedow*, AcP 200 (2000), 445 ff.; *Bydlinski*, System und Prinzipien des Privatrechts, 1996; *Großfeld*, JZ 1999, 1 ff.; *Grundmann* (Hrsg.), Systembildung und Systemlücken in Kerngebieten des Europäischen Privatrechts – Gesellschaftsrecht, Arbeitsrecht, Schuldvertragsrecht, 2000 sowie die w. Nachw. oben in Fußn. 92.

[264] Vgl. *Schmid*, in: *Eriksen/Joerges/Rödl*, S. 85 (87), wonach System einerseits Einheit (i.S.v. Vollständigkeit) und andererseits Ordnung (i.S.v. Kohärenz als Fehlen von Widersprüchen) bedeutet.

[265] U.a. im Zusammenhang mit dem Grundsatz des effektiven Rechtsschutzes, 2. Teil § 6 II.

[266] Dazu im Bereich des Privatrechts *Metzger*, Rechtstheorie 2009, 313 ff. sowie seine bereits mehrfach zitierte Schrift „Extra legem, intra ius" von 2008; *Basedow*, AcP 210 (2010), 157 (178 ff.); im Bereich des Deliktsrechts *Wurmnest/Heinze*, in: *Schulze* (Hrsg.), Compensation of Private Losses – The Evolution of Torts in European Business Law, 2011, S. 39 ff.; *Kraus*, in: *Riesenhuber* (Hrsg.), Entwicklungen nicht-legislatorischer Rechtsangleichung im Europäischen Privatrecht, 2008, S. 39 ff.; bereits *Schulze*, ZEuP 1993, 424 ff.

[267] Oben 4. Teil § 1 II.

Verständnis der allgemeinen Rechtsgrundsätze im Sinne der bei rechtsvergleichender Umschau gewonnenen überlegensten Lösung würde der Gerichtshof zugleich in Richtung einer Rechtsangleichung in einem weiteren Sinne, der Entstehung nämlich eines gemein-europäischen Rechts, bedeutsame Impulse in die nationalen Rechtssysteme der Mitgliedstaaten ausstrahlen, ähnlich den Wirkungen der Rechtsprechung des Supreme Court der Vereinigten Staaten von Amerika und des Rechtsunterrichts auf den amerikanischen Law Schools, die gemeinsam – trotz der dies verneinenden Entscheidung *Erie R. Co. v. Tompkins*[268] – in Wahrheit allmählich ein Federal Common Law der USA geschaffen haben.“[269]

3. Sondervoten?

Den Richtern des EU-Gerichtswesens[270] sind – im Unterschied zu ihren Kollegen an EGMR und U.S. Supreme Court – Sondervoten bei nicht einstimmig ergangenen Entscheidungen verwehrt[271], obwohl ihre Entscheidungen gleichfalls dem Mehrheitsprinzip unterliegen. Ebenso wenig erfährt man unter Verweis auf die Wahrung der Rechtseinheit, die gerichtliche Geschlossenheit und die richterliche Unabhängigkeit über die Abstimmungsergebnisse der Richterschaft[272]. Der EU-Gerichtshof folgt insoweit der kontinentaleuropäischen Tradition einer kollegialen Abfassung und Außenvertretung von Urteilen[273]. Hierdurch entfällt ein wichtiger Beitrag zur Rechtskommunikation, die im anglo-amerikanischen Rechtskreis *concurring opinions* (d.h. zustimmende Sondervoten) und *dissenting opinions* leisten.

Die gerade in den USA vielbeachtete abweichende Richtermeinung liegt – soziologisch betrachtet – „[a]n der Grenze zwischen der Binnenseite des einzelnen Verfahrens und der Außenseite der rechtswissenschaftlichen und rechtspolitischen Diskurse“[274]. Abweichende Meinungen gehen über die interne Diskussion am Gericht und über das für die konkrete Rechtsfindung Erforderliche hinaus und richten sich an den Rechtsdiskurs insgesamt. Sondervoten erfreuen sich zumindest in Deutschland[275] zunehmender

---

[268] Oben Fußn. 37.

[269] *Zweigert*, RabelsZ 28 (1964), 601 (611 f.).

[270] Nach Art. 27 § 5 VerfO-EuGH, Art. 33 § 5 VerfO-EuG.

[271] Bereits *Sereni*, Revue générale de droit international public 68 (1964), 819 ff.

[272] *Classen*, in: *Oppermann/Classen/Nettesheim*, § 13, Rdnr. 25.

[273] Vgl. *Gundel*, EuR-Beih 3/2008, 23 (35).

[274] *Höland*, ZfRSoz 30 (2009), 23 (33).

[275] Die Möglichkeit des Sondervotums wurde erst 1970 mit § 30 II BVerfGG normiert; s. dazu vergleichend *Höreth*, Der Staat 50 (2011), 191 (200 ff.); *Kau*, United States Supreme Court und Bundesverfassungsgericht – Die Bedeutung des United States Supreme Court für die Errichtung und Fortentwicklung des Bundesverfassungsgerichts, 2007, S. 470; zur Bedeutung abweichender Meinungen beim BVerfG *Geiger*, in:

verfassungsgerichtlicher Beliebtheit[276], auch wenn sie – als absolute Ausnahme[277] – auf grundsätzliche und besonders kontroverse Rechtsstreitigkeiten beschränkt bleiben.

Die Einführung von *dissenting options* wird seit längerem diskutiert. Nicht nur aus England stammende Juristen, wo die Tradition der stark von der Richterpersönlichkeit gefärbten Urteile vorherrscht, fordern sie[278], sondern auch deutsche Juristen, etwa *Zweigert*[279] und der erste deutsche EuGH-Richter *Riese*[280]. Die guten amerikanischen[281] und deutschen[282] Erfahrungen mit dem Minderheitenvotum lassen es durchaus möglich erscheinen, sie auf die unionsgerichtliche Ebene zu übertragen.

Zunächst einmal zwingt eine *dissenting opinion* die Mehrheit des Spruchkörpers, ihre Position zu überdenken und – anstatt dem Mehrheitsprinzip zu vertrauen – einen Konsens anzustreben. In den letztendlichen Urteilsgründen werden Einwände entkräftet und die Argumentationsschritte insgesamt sorgfältiger begründet[283]. Damit könnte kompromisshaften Formulierungen und Unklarheiten in den Entscheidungen des EU-Gerichtshofs entgegengewirkt, der recht beschränkte „Argumentationshaushalt" des EuGH angereichert[284] und insgesamt die Qualität der Argumentation verbessert werden[285]. Zudem wird erst die volle Bandbreite der Rechtsfragen erörtert[286], die Tragweite der Entscheidung allgemein sichtbar und die Ergebnisse diskutierbar, soweit das Thema nicht bereits in der

---

Festschr. f. Hirsch, 1981, S. 455 ff.; *Lamprecht*, Richter contra Richter – Abweichende Meinungen und ihre Bedeutung für die Rechtskultur, 1992.

[276] S. m. w. Nachw. *Höland*, ZfRSoz 30 (2009), 23 (33 f.).

[277] Von den 2.024 Entscheidungen, die in den BVerfGE-Bänden 30–125 (d.h. 1971–2010) veröffentlicht wurden, ergingen laut Homepage 145 mit Sondervotum.

[278] *Jacobs*, in: Liber amicorum in honour of Lord Slynn of Hadley, Bd. I, 2000, S. 17 (25).

[279] *Zweigert*, in: *Institut für das Recht der Europäischen Gemeinschaften der Universität Köln*, S. 580 (585).

[280] *Riese*, DRiZ 1958, 270 (273); ablehnend dagegen *Dauses*, 60. DJT 1994, Bd. I: Gutachten, D 158.

[281] *Tushnet* (Hrsg.), I Dissent – Great Opposing Opinions in Landmark Supreme Court Cases, 2008; s. auch *Rosen*, The Supreme Court: The Personalities and Rivalries That Defined America, 2007; *Kau*, S. 472 ff.; *Höreth*, Der Staat 50 (2011), 191 (204 ff.).

[282] Zu den Karlsruher Erfahrungen *Lamprecht*, NJW 2009, 1454 (1457). Mit dem Hintergrund der estnischen Möglichkeit zu *dissenting opinions* für eine Übertragung an den EuGH *Laffranque*, Juridica International 9 (2004), 14 ff.

[283] *v. Danwitz*, EuR 2008, 769 (779) spricht vom rechtsstaatlichen Mehrwert der Urteile; auch *Azizi*, ERA-Forum 12 (2011) – Supplement, 49 (67), der sich aber letztlich für die nächsten Jahrzehnte gegen abweichende Meinungen ausspricht.

[284] *Höreth*, Der Staat 50 (2011), 191 (215 ff.).

[285] S. *v. Danwitz*, EuR 2008, 769 (779).

[286] *Lamprecht*, NJW 2009, 1454 (1457) meint, die öffentliche Kontrolle der Rechtsprechung erlange erst auf diese Weise einen Sinn.

öffentlichen oder fachlichen Diskussion stand. In dem Ringen um die richtige Lösung tritt die Eigenschaft der Rechtsprechung als dynamischer Prozess[287] offen zu Tage, schließlich kann ein heutiges Minderheitenvotum schon die herrschende Gerichtsmeinung von morgen bilden[288].

Selbstverständlich hätten Sondervoten auch ihre Kehrseite. Während Sondervoten beim BVerfG als „qualitative[r] Sprung – von der Anonymität zur Transparenz" begrüßt werden[289], bietet im Fall eines transnationalen Gerichts genau dieser Einblick in die Willensbildung gewisse Nachteile. Die Gefahr liegt in der verringerten Akzeptanz von Entscheidungen seitens desjenigen Landes oder Rechtskreises, aus dem der abweichende Richter stammt. Zudem besteht die Gefahr der offenen nationalen[290], regionalen und sachlichen Lagerbildung[291], wie man sie von den neun Richtern am U.S. Supreme Court kennt. Ferner könnten sich einzelne Verfahren verlängern: Einmal abgesehen von der Urteilsredaktion und dem Übersetzungsaufwand ist dies wegen der längeren Beratungen möglich, schließlich werden die Vertreter der Mehrheitsmeinung auch – soeben als Vorzug aufgezählt – die abweichende Meinung zur Kenntnis nehmen wollen, um darauf hinreichend Bezug nehmen zu können[292].

Vielfach wird darauf hingewiesen, beim EU-Gerichtshof ersetzten die ausführlichen Gutachten der (dem EGMR unbekannten) Generalanwälte die Sondervoten der Richter funktional[293]. In der Tat sind die Schlussanträge – ebenso wie gerade bei der Aufgabe von abweichenden Meinungen zitiert – einerseits dem verfahrensinternen Bereich zuzuordnen, anderer-

---

[287] S. auch *Höreth*, Der Staat 50 (2011), 191 (223), der sich für die Einführung von Sondervoten beim EuGH ausspricht: „Aus Sicht des EuGH erscheint [...] die (vordemokratische) autoritäre Beseitigung des Zweifels (bei der Interpretation des EU-Rechts) noch immer wichtiger als das Offenhalten von verfassungsrechtlichen Alternativen, die sich verfassungspolitisch auf dem ,Marktplatz der Ideen' zukünftig durchsetzen könnten".

[288] Nach *Lamprecht*, NJW 2009, 1454 (1457) fördert das den Rechtsfrieden, denn die unterlegene Partei fände ihre Rechtsauffassung zumindest von einem Teil des Spruchkörpers geteilt.

[289] *Lamprecht*, NJW 2009, 1454 (1457).

[290] *Dauses*, 60. DJT 1994, Bd. I: Gutachten, D 158: Renationalisierung; a.A. v. *Danwitz*, EuR 2008, 769 (779).

[291] *Edward*, E.L. Rev. 19 (1995), 539 (558): Der EU-Gerichtshof würde sich aufteilen in „publicly identified camps or factions ('liberal' and 'conservative', 'activist' and 'abstentionist' and so on)." Weiter *Dauses*, 60. DJT 1994, Bd. I: Gutachten, D 158: Gefahr der Polarisierung.

[292] Dazu und zu der Änderung des Stiles der Entscheidung *Edward*, E.L. Rev. 19 (1995), 539 (557).

[293] So spricht etwa *Gundel*, EuR-Beih 3/2008, 23 (35) davon, die Position der Generalanwälte bilde das Gegenbild zum EU-Gerichtshof, der entsprechend der kontinentaleuropäischen Tradition einen geschlossenen Block bilde.

seits reichen sie extern weit in den Bereich der rechtswissenschaftlichen und rechtspolitischen Diskussionen hinein. Allerdings wurde bereits auf die schwindende Verwendung von Schlussanträgen eingegangen. Damit weist das Argument der funktionalen Äquivalenz der Schlussanträge zu richterlichen Sondervoten nicht mehr die gleiche Zugkraft auf.

Teils wird gerade die individuelle Verantwortung der Schlussanträge als Argument genommen, sie auch den Richtern in Form einer eigenen Stellungnahme zu eröffnen[294]. Hier fließt in der Tat die juristische Persönlichkeit zuordenbar in die Schlussanträge ein, mitsamt der jeweiligen nationalen Ausbildung, der Literatur in den zugänglichen Sprachen und der Staatsangehörigkeit.

Grundsätzlich bestehen zwei Modelle: eines mit Beratungsgeheimnis des Kollektivorgans und eines mit *dissenting vote*. Im Fall der Erlaubnis abweichender Meinungen wäre das Beratungsgeheimnis in Teilen abgeschafft[295]. Das Kollegialprinzip in Verbindung mit dem Beratungsgeheimnis[296], das wohlgemerkt auch gegenüber der Regierung des eigenen Landes gilt[297], sichert die persönliche und sachliche Unabhängigkeit der Richter[298]. Die Unabhängigkeit gegenüber politischen Einflussnahmen[299] stellt ein kaum gering zu unterschätzendes Pfund dar. Deshalb bleibt derzeit – wie gesagt – unkenntlich, ob einer der unterzeichnenden Richter nicht mit der Mehrheit übereinstimmt. Mit welcher Mehrheit die Entscheidung gefällt wurde, bleibt ebenso unklar wie die Frage, ob sie überhaupt dem Entwurf des Berichterstatters folgt[300]. Ein Sondervotum würde dem widersprechen.

---

[294] *Jacobs*, in: Liber amicorum in honour of Lord Slynn of Hadley, Bd. I, 2000, S. 17 (25); anders Richter *Edward*, in: *O'Keeffe*, S. 119 (134): die Sache sei umfassend *in camera* von den Richtern behandelt worden, so dass sich eine abweichende Meinung erübrige.

[295] *Zweigert*, in: *Institut für das Recht der Europäischen Gemeinschaften der Universität Köln*, S. 580 (586); *Ule*, 46. DJT 1966, Bd. I: Gutachten, Teil 4, S. 134 (*Ule* lehnt jedoch die Einführung einer *dissenting vote* ab).

[296] Art. 35 Satzung des Gerichtshofs, Art. 27 VerfO-EuGH, Art. 33 VerfO-EuG.

[297] Unterstrichen von *Schlochauer*, AVR 3 (1951/52), 385 (394) (zum EGKS-Vertrag).

[298] Für die Unionsrichter ist richterliche Unabhängigkeit in Art. 253 I, 254 II, 257 IV AEUV und der Satzung des Gerichtshofs ausdrücklich verankert. Zum Ausschluss befangener Richter Art. 18 Satzung des Gerichtshofs.

[299] *Gundel*, EuR-Beih 3/2008, 23 (28).

[300] S. weiter *Gundel*, EuR-Beih 3/2008, 23 (29 f.): „Die Kombination aus Kollegialprinzip und richterlicher Schweigepflicht sichert die Unabhängigkeit vom jeweiligen Heimatstaat damit effektiver als im Fall der Kommission: Das dort aus vergleichbaren Gründen geltende Kollegialprinzip und die förmliche Verpflichtung der Kommissare allein auf das Gemeinschaftsinteresse [...] können nicht verhindern, dass der einzelne Kommissar unterschwellig doch von ‚seinem' Mitgliedstaat in Anspruch genommen wird".

Indem deutlich würde, welche nationalen Konzepte oder welche Richter hinter bestimmten Entscheidungen stehen, könnte – wie beschrieben – die Akzeptanz von Entscheidungen berührt sein[301]. Jedoch sprechen die Erfahrungen des EGMR[302], aber auch der Einsatz der EU-Richter für die europäische Sache[303] und der Zeitdruck am EU-Gerichtshof gegen die Materialisierung solcher Risiken. Damit die richterliche Unabhängigkeit nicht leidet, ist die Wiederernennung der Richter am EGMR nach Ende der neunjährigen Amtszeit ausgeschlossen[304]. Der Ausschluss einer Wiederernennung wäre – um unangebrachte Profilierung zu unterbinden[305] – auch für die Europäische Gerichtsbarkeit sinnvoll[306]. Sodann wäre die Verlängerung der Amtszeit der Richter am EU-Gerichtshof z.B. auf zwölf Jahre[307] angezeigt. Auf diese Frage ist gleich unter III. zurückzukommen.

4. Zitieren von rechtswissenschaftlichen Arbeiten?

Eine für die Praxis nachrangige Frage ist der Mangel an Zitierung rechtswissenschaftlicher Arbeiten. Würde sich der EU-Gerichtshof dem öffnen, könnte er seine Argumentation verfeinern und auch hierüber weiter zu einer gemeinsamen Methodik beitragen. Dazu hat der erste deutsche Richter *Riese* am EuGH bereits früh alles Wichtige gesagt. Der EuGH verzichte auf Zitate, da es „nicht Aufgabe der Rechtsprechung sei, zu wissenschaftlichen Diskussionen Stellung zu nehmen, aber auch aus der Erkenntnis, daß in einigen Mitgliedstaaten sehr zahlreiche Publikationen zum neuen europäischen Gemeinschaftsrecht erscheinen, in anderen nur wenige, und daß es dem Gemeinschaftsgefühl abträglich sein könnte, wenn ein Urteil sich nur oder ganz überwiegend auf die Literatur eines der Mitgliedstaaten stützte."[308]

---

[301] *Gundel*, EuR-Beih 3/2008, 23 (30).

[302] Für den die Verfahrensordnung wie erwähnt Sondervoten erlaubt. European Court of Human Rights, Rules of the Court (1.6.2010), Rule 74§ II: „Any judge who has taken part in the consideration of the case by a Chamber or by the Grand Chamber shall be entitled to annex to the judgment either a separate opinion, concurring with or dissenting from that judgment, or a bare statement of dissent".

[303] S. allerdings *Dauses*, 60. DJT 1994, Bd. I: Gutachten, D 158: *dissenting options* würden der „eigensüchtigen Profilierung" von Richtern Vorschub leisten, um ihre Wiederernennung durch ihren Nationalstaat zu erleichtern. Ebenso *v. Danwitz*, EuR 2008, 769 (779): Gefahr einer unsachlichen Profilierung. Anders *Gundel*, in: *Ehlers*, § 20, Rdnr. 35.

[304] *Gundel*, EuR-Beih 3/2008, 23 (27, Fußn. 25).

[305] Oben Fußn. 303.

[306] *v. Danwitz*, EuR 2008, 769 (779).

[307] Die Bestellung für zwölf Jahre schlägt bereits der *Due*-Report, Beilage zu NJW H. 19/2000 und EuZW H. 9/2000, 14 vor. Auch *Höreth*, Der Staat 50 (2011), 191 (225).

[308] *Riese*, in: Festschr. f. Hans Dölle, 1963, S. 507 (516); für die heutige Zeit zustimmend *Stotz*, in: *Riesenhuber*, § 22, Rdnr. 41.

Allerdings ist mittlerweile ein beträchtlicher Bestand an genuin unionsrechtlicher Literatur entstanden. Zudem veröffentlichen Rechtsautoren
zunehmend in Fremdsprachen und in grenzüberschreitend organisierten
Zeitschriften und Buchverlagen. Darum könnte ein Zitieren von solcher
Literatur (zum Unionsprivatrecht, aber auch zum DCFR und anderen
gemeinsamen Grundsätzen) den förderlichen Dialog von Praktikern und
Wissenschaftlern vertiefen, etwa in Form unionsrechtlicher Kommentare[309].

Damit wäre auch die Gefahr einer Abkoppelung von der rechtswissenschaftlichen Diskussion gebannt, wie man sie aus den USA kennt. Dort
haben sich Rechtswissenschaft und Rechtspraxis ein Stück weit voneinander abgewandt[310]. Gleichwohl wird man fernab des vorliegenden Plä-
doyers nüchtern feststellen müssen: In den Fußstapfen romanischer und
angelsächsischer Tradition wandelnd, wird der EuGH die Literatur auch
künftig offiziell eher wenig zur Kenntnis nehmen[311].

Aufgeworfen ist auch die Frage, ob der Stil der generalanwaltlichen
Schlussanträge ein Vorbild für den EuGH bilden sollte. Die Schlussanträge
ähneln eher einem Rechtsgutachten als ergebnisorientierten Anträgen[312].
Die Begründungen des EuGH sind dagegen, vor allem in früheren Zeiten,
arg knapp, was im Gegensatz zu Entscheidungen deutscher Gerichte oder
des U.S. Supreme Courts steht, der freilich viel weniger Verfahren zu bewältigen hat[313].

---

[309] Zu denken ist etwa im Vertragsrecht an den Kommentar *Grundmann/Bianca*
(Hrsg.), EU-Kaufrechts-Richtlinie, 2002, der auch auf Englisch und Französisch er-
schienen ist. S. auch *Stürner*, in: *Grunsky/Stürner/Walter/Wolf*, S. 1 (23): das Handbuch
und der Kommentar werden das Lehrbuch aus der Praxis verdrängen. Gleichwohl habe
die deutsche Prozessrechtswissenschaft „gute Chancen zu einer europäischen Renais-
sance, wenn sie das Fegefeuer der Übergangsphase überlebt".

[310] *Edwards*, Mich. L. Rev. 91 (1992), 34 ff.; treffend *Zimmermann*, NJW 2011, 3557
(3559): „Die deutsche Juristenausbildung folgt demgegenüber nach wie vor dem Modell
einer praktisch orientierten Theorie und einer theoretisch inspirierten Praxis. In dieser
Verbindung liegt eine bedeutende rechtskulturelle Errungenschaft, wie sich nicht zuletzt
daran zeigt, dass in Deutschland ausgebildete junge Juristen im Ausland ausgesprochen
erfolgreich sind, und dass umgekehrt Rechtswissenschaftler aus vielen Teilen der Welt
(insb. Osteuropa, Südeuropa, Ostasien und Lateinamerika) deutsche Rechtsdogmatik
schätzen und rezipieren".

[311] *Stürner*, in: *Grunsky/Stürner/Walter/Wolf*, S. 1 (23), der aaO äußert, dass in ande-
ren Ländern die Wissenschaft „manchmal mehr eine Art Hofnarrenfunktion" einnehme.
S. weiter zur deutschen Dogmatik und und ihrer Entlastungsfunktion für die konkrete
Falllösung *Stürner*, JZ 2012, 10 ff. Zur Funktion der Privatrechtsdogmatik auch
Basedow, in: *Zimmermann/Knütel/Meincke*, S. 79 ff.

[312] *Haratsch/Koenig/Pechstein*, Europarecht, 7. Aufl. (2010), Rdnr. 290.

[313] 3. Teil § 2 III a).

Die Institution des Generalanwaltes wurde aufgrund der guten Erfahrung übernommen, die das französische Recht mit dem *commissaire du gouvernement* für die Rechtsprechung und für die theoretische Fortbildung auf dem Gebiet ihres Staats- und Verwaltungsrechts gemacht hat[314]. Das wurde bereits im Zusammenhang mit der Bedeutung und Stellung des Generalanwalts im 3. Teil eingehend erörtert[315]. Als Fazit ist hier zu ziehen: Wegen dem Erstarken einer genuinen und grenzüberschreitend-neutralen Europäischen Privatrechtswissenschaft wäre der EU-Gerichtshof gut beraten, zumindest diese Literatur auch zu zitieren. Dies gilt umso mehr, wenn der Generalanwalt in weiter zunehmendem Umfang keine autoritätserhöhenden Schlussanträge mehr stellen sollte.

III. Zur Richterschaft

1. Bestellungsverfahren

Der EU-Gerichtshof weist im Vergleich zu den nationalen Gerichten eine schwächere demokratische Legitimation auf[316]. Es ist fraglich, ob entsprechende Verbesserungen und vor allem eine Entpolitisierung der Richterwahl zu einer erhöhten Akzeptanz und zu einer vermehrten Aufnahme des Dialogs seitens der Zivilgerichte führen würden. Unabhängig von dieser Frage sind demokratische Legitimationsdefizite der EU schon aus rechtsstaatlichen Gründen zu beseitigen. Einen vorbildlichen Weg weist die Richterauswahl beim EuGöD[317]. Die sieben Richter des mit dem Vertrag von Nizza eingeführten Beamtengerichts der EU[318] werden nicht von bestimmten Mitgliedstaaten vorgeschlagen. Vielmehr trifft ein Wahlausschuss nach einer öffentlichen Ausschreibung eine Vorauswahl[319]. Der Rat hat von einer Liste mit vierzehn Bewerbern die ersten EuGöD-Richter ernannt[320], die 2005 vereidigt wurden[321].

---

[314] *Schlochauer,* AVR 3 (1951/52), 385 (390 f.).

[315] 3. Teil § 1 I 1 b).

[316] *Graf Vitzthum,* JöR 53 (2005), 319 (332).

[317] Art. 3 III und IV Anhang Satzung des Gerichtshofs, wonach die vom Ausschuss zu erstellende Liste mindestens doppelt so viele Bewerber wie die Zahl der vom Rat zu ernennenden Richter enthält; vgl. weiter *Skouris,* in: Festschr. f. Starck, 2007, S. 991 (998 f.).

[318] Gebildet nach ex-Art. 225a EG, nun für Fachgerichte Art. 257 AEUV.

[319] Ex-Art. 225a IV EG und Beschluss des Rates vom 2.11.2004 zur Errichtung des Gerichts für den öffentlichen Dienst der Europäischen Union, ABl.EU 2004 Nr. L 333, S. 7, Anhang.

[320] Diese sieben Richter stammen aus Belgien, Deutschland, Finnland, Frankreich, Griechenland, Polen und dem Vereinigten Königreich.

[321] *Hakenberg,* EuZW 2006, 391 (391 f.).

Dieses Verfahren[322], aber auch Ausschüsse, wie sie in einigen Mitgliedstaaten bestehen[323], dienten bereits ein Stück weit als Vorbild für die beiden anderen Gerichte: Ein vom Lissabonner Vertrag vorgesehener Ausschuss prüft die Eignung der Bewerber zur Ausübung eines Richteramtes am EuGH und EuG sowie zum Amt als Generalanwalt (Art. 253, 254, 255 AEUV). Allerdings geht die Auswahl der Richterpersönlichkeiten bei EuGH und EuG – im Unterschied zum EuGöD – weiterhin entlang der nationalen Grenzen. Die Herren der Verträge konnten sich übrigens nicht zu einem radikalen Schritt durchringen, wie er im Vertragsentwurf des Europäischen Parlaments für eine Europäische Union von 1984 unterbreitet wurde. Der sog. *Spinelli*-Entwurf schlug die je hälftige Wahl durch den Rat und das Europäische Parlament vor[324].

Der neue Prüfausschuss[325] gibt vor der Ernennung eines Richters[326] oder Generalanwalts seine Stellungnahme zur Eignung von Bewerbern ab und führt damit begrenzt zu mehr Objektivität und Transparenz des Verfahrens[327]. Freilich ist die Bewertung des Prüfausschusses nach dem eindeutigen Wortlaut des Art. 255 AEUV nicht rechtsverbindlich[328]. Auch aus

---

[322] *Hakenberg/Schilhan*, ZfRV 2008, 104 (107 f.) spricht von „Vorläufer".

[323] *Everling*, EuR-Beih 1/2009, 71 (82). Vergleichend *Siebert*, Die Auswahl der Richter am Gerichtshof der Europäischen Gemeinschaften, 1997, S. 117 ff.; zur Praxis in Großbritannien *Arnull*, The European Union and Its Court of Justice, 2. Aufl. (2006), S. 19 ff.; weiter *Pieper*, Verfassungsrichterwahlen: Die Besetzung der Richterbank des Bundesverfassungsgerichts und die Besetzung des Europäischen Gerichtshofes sowie des Europäischen Gerichtshofes für Menschenrechte und des Internationalen Gerichtshofes mit deutschen Kandidaten, 1998.

[324] Art. 30 II Vertragsentwurf des Europäischen Parlaments für eine Europäische Union (1984); s. etwa weiter Entschließung des Europäischen Parlaments vom 16.9.1993 (A3-0228/93), ABl.EG 1993 Nr. C 268, S. 156, auch abgedruckt in EuGRZ 1993, 600 f. Gegen diese Lösung spricht nach *Koopmans*, YEL 11 (1991), 15 (26), dass dann die Richter anhand von Parteizugehörigkeit bzw. -nähe gewählt würden. Der Einwand kann nur bedingt tragen, denn auch schon jetzt, d.h. innerhalb der Mitgliedstaaten, sind diese Umstände mitentscheidend. *Brown/Kennedy*, S. 390 sehen das Problem, dass sich eine Kandidatenliste nicht geheim halten ließe.

[325] Der Eignungsprüfausschuss besteht aus sieben Mitgliedern. Sie entstammen dem Kreis ehemaliger Mitglieder des Gerichtshofs und des Gerichts, der Mitglieder der höchsten einzelstaatlichen Gerichte sowie Juristen von anerkannt hervorragender Befähigung. Dem Europäischen Parlament steht das Vorschlagsrecht für eines der Mitglieder des Prüfausschusses zu (Art. 255 AEUV).

[326] Außer für Richter an den Fachgerichten. Für deren Ernennung gilt Art. 257 IV AEUV und auch ein einstimmiger Ratsbeschluss.

[327] *Everling*, EuR-Beih 1/2009, 71 (82). Der Ausschuss wurde schon im *Due*-Report, Sonderbeilage zu NJW H. 19/2000 und EuZW H. 9/2000 = EuGRZ 2001, 523 vorgeschlagen; ebenso Art. III-357 VVE.

[328] Etwa *Thiele*, EuR 2010, 30 (33); *Everling*, EuR-Beih 1/2009, 71 (82); *Barents*, CML Rev. 47 (2010), 709 (713).

Art. 253 I AEUV, demzufolge Richter und Generalanwälte „von den Regierungen der Mitgliedstaaten im gegenseitigen Einvernehmen nach Anhörung"[329] des Ausschusses ernannt werden, lässt sich keine Bindungswirkung der „Stellungnahme" herleiten[330].

Dem Rat obliegt die Aufgabe, die Vorschriften für die Arbeitsweise des Eignungsprüfungsausschusses durch Beschluss zu erlassen[331]. Nach gegenwärtiger Lage prüft der Ausschuss die Bewerber – mit Anhörung[332] – nur auf unverbindliche Art und Weise. Selbstredend wird dem Ratschlag des Ausschusses häufig gefolgt werden, da die Mitgliedstaaten selten an einem als ungeeignet eingestuften Kandidaten festhalten werden[333]. Das liegt auch daran, dass – obwohl die Empfehlungen geheim sind – eine ablehnende Stellungnahme an die Öffentlichkeit gelangen kann. Damit wäre der Betreffende in seinem Ansehen und seiner Stellung inner- und außerhalb des Gerichtshofs beschädigt[334].

Auch die Anhörung selbst ist nicht öffentlich, so wie es der EU-Gerichtshof erbeten hatte[335]. Damit handelt es sich gerade nicht um ein *hearing* wie bei der Auswahl der Richter am U.S. Supreme Court[336]. Dessen Richter werden vom Präsidenten der Vereinigten Staaten vorgeschlagen und von ihm nach der Bestätigung („advice and consent") des Senats ernannt[337]. Grundsätzlich hat der Präsident zwar freie Hand und entschei-

---

[329] Die Ernennung erfolgt also weiterhin durch einen den Mitgliedstaaten zuzurechnenden (intergouvernementalen) „uneigentlichen Ratsbeschluss"; s. *Gundel*, EuR-Beih 3/2008, 23 (24); *Thiele*, Europäisches Prozessrecht, § 2, Rdnr. 28. Kritikwürdig ist die fehlende Beteiligung des mit Lissabon gestärkten Europäischen Parlamentes.

[330] Dem wird entgegengehalten, dass sich dann der Ausschuss erübrige. *Terhechte*, EuR 2008, 143 (165), der dort die Einrichtung positiv sieht: „Würde man dies ablehnen, so würde sich der Ausschuss eigentlich erübrigen. Im Lichte der offenbar angestrebten ,Entpolitisierung' der Ernennung wird man also nicht umhin kommen, die Stellungnahme als verbindlich einzustufen".

[331] Beschluss des Rates 2010/124/EU v. 25.2.2010, ABl.EU 2010 Nr. L 50, S. 18; zur Rechtsgrundlage Art. 255 II S. 2 AEUV; vgl. *Terhechte*, EuR 2008, 143 (165).

[332] Außer bei Wiederwahl; *Barents*, CML Rev. 47 (2010), 709 (713).

[333] *Tizzano*, in: Festschr. f. Rodríguez Iglesias, 2003, S. 41 (49).

[334] *Barents*, CML Rev. 47 (2010), 709 (713).

[335] Eine Anhörung der Vorgeschlagenen nach amerikanischem Vorbild lehnt der Bericht des Gerichtshofs über bestimmte Aspekte der Anwendung des Vertrages über die Europäische Union vom 22.5.1995, Tätigkeiten des Gerichtshofes Nr. 15/1995, Rdnr. 17 = EuGRZ 1995, 316, Rdnr. 17 ab; s. *Gundel*, EuR-Beih 3/2008, 23 (24).

[336] S. *Dougan*, CML Rev. 45 (2008), 617 (672).

[337] Art. II, § 2, cl. 2 U.S. Const.; dazu *Zätzsch*, Richterliche Unabhängigkeit und Richterauswahl in den USA und Deutschland, 2000; *Dorsen*, in: *Pernice/Kokott/Saunders* (Hrsg.), The Future of the European Judicial System in a Comparative Perspective, 2006, S. 191 ff.; zur Anhörung von Kandidaten durch eine Unterkommission der parlamentarischen Versammlung des Europarats *Gundel*, EuR-Beih 3/2008, 23 (24);

det häufig nach der politischen Richtung, wobei er recht häufig die Vorschläge des Justizministers und des „Chief of Staff" berücksichtigt[338]. Der Kandidat zum Supreme Court muss sich der öffentlichen Anhörung durch einen vom Senat gebildeten Justizausschuss stellen. Nicht selten gehen damit intensive öffentliche Diskussionen einher, die neben dem beruflichen Werdegang auch das Privatleben und die Einstellung zu moralischen Großfragen wie Abtreibung, Todesstrafe und Homosexualität umfassen. Für den EU-Gerichtshof erfolgt die Auswahl eines Richters oder Generalanwalts hinter verschlossenen Türen, was die Gründe einer Zustimmung oder Ablehnung – zum Guten und Schlechten – verdeckt.

Praktische Probleme haben sich bislang nicht ergeben[339]. Insbesondere haben die Mitgliedstaaten allein schon aus Eigeninteresse stets geeignete Richter entsandt. Offensichtlich gab es bislang keine Zweifel an der fachlichen und persönlichen Qualifikation der Richter[340]. Der eigentliche und völlig zutreffende Kritikpunkt ist der starke politische Einfluss[341] und die fehlende Transparenz bei der nationalen Richterauswahl. Dazu macht auch der Vertrag von Lissabon bedauerlicherweise keine Vorgaben[342], schließlich weist die ganz überwiegende Zahl der Mitgliedstaaten hierüber keine Vorschriften auf[343]. Dies gilt auch in Bezug auf Deutschland. Dort geschah die Auswahl der Richter durch die Bundesregierung und folgte dabei par-

---

Mackenzie/Malleson/Martin/Sands, Selecting International Judges: Principle, Process, and Politics, 2010, S. 8.

[338] *Siebert*, S. 186 f.

[339] Im Unterschied zum EGMR. Dazu deutlich *Limbach* (Vorsitz)/u.a.: Judicial Independence: Law and Practice of Appointments to the European Court of Human Right, 2003, S. 9: „In practice, even in the most established democracies, nomination often involves a 'tap on the shoulder' from the Minister of Justice or Foreign Affairs, and frequently rewards political loyalty more than merit. Nominees often lack the necessary experience and even fail to meet the very general criteria set out in the Convention." *Gundel*, EuR-Beih 3/2008, 23 (24) m. w. Nachw.; *Mackenzie/Malleson/Martin/Sands*, S. 3; weiter *Voeten*, Chi. J. Int'l L. 9 (2009), 389 ff.

[340] *Thiele*, EuR 2010, 30 (33).

[341] Das gilt umso mehr bei Gerichten, in denen nicht alle Staaten vertreten sind. S. zur Auswahl der 15 Richter am Internationalen Gerichtshof (neunjährige Amtszeit, Wiederwahl möglich) und der 18 Richter am Internationalen Strafgerichtshof (neunjährige Amtszeit, ohne Möglichkeit der Wiederwahl), bei der die Staatsangehörigkeit eines Kandidaten die maßgebliche Rolle spielt, *Mackenzie/Malleson/Martin/Sands*, Selecting International Judges: Principle, Process, and Politics, 2010, S. 172 f.: „It is apparent that efforts to insulate ICC elections from politicized electoral practices have largely failed, so that selection to both the ICJ and ICC is seen as being part of a broader landscape of political elections, often with limited regard for the judicial nature of the posts. Vote-trading, campaigning, and regional politicking invariably play a greater part in candidates' chance of being elected than considerations of individual merit".

[342] *Thiele*, EuR 2010, 30 (33).

[343] So *Gundel*, EuR-Beih 3/2008, 23 (24).

teipolitischen Gesichtspunkten, was etwa – entgegen der ursprünglichen, auch rechtsstaatlich geprägten Praxis[344] – zur Ablösung von angesehenen Richtern nach einer Amtszeit führte[345]. Gleichwohl kommt es in den meisten Fällen zur Wiederernennung[346], sofern das Alter des Richters dies erlaubt[347].

Noch kurz zur neuen deutschen Rechtslage. Durch ein Begleitgesetz zum Vertrag von Lissabon wurde das Richterwahlgesetz geändert. Die Bundesregierung benennt die vorgeschlagenen Richter und Generalanwälte des EuGH und die Richter des EuG nach §§ 1 III, 10 I RiWG[348] im Einvernehmen mit dem vom Bundesminister der Justiz einberufenen Richterwahlausschuss[349]. Damit hat der Gesetzgeber das gleiche Auswahlverfahren wie für die Berufung eines Richters an ein oberstes Bundesgericht geschaffen, obwohl insgesamt eine stärkere demokratische Legitimation angezeigt wäre[350]. Aufgrund der Bedeutung der bei der Europäischen Gerichtsbarkeit tätig werdenden Juristen sollte sich das Prozedere am Wahlverfahren für die BVerfG-Richter orientieren[351]. Ihre Wahl hat nach Art. 94 GG durch Bundestag und Bundesrat zu erfolgen[352].

2. Wiederernennung, Amtsdauer, Zusammensetzung und Herkunft

Die Richter und Generalanwälte sind nach Art. 253 AEUV auf sechs Jahre ernannt und können wiedergewählt werden. Hierdurch haben die Mitgliedstaaten – wie soeben erwähnt – weiterhin die Möglichkeit, ihr Personal aus welchen Gründen auch immer auszuwechseln[353] oder durch Wiederwahl zu bestätigen, was deren Legitimation stärkt. Während der EuGH selbst unter dem Gesichtspunkt der Unabhängigkeit der Richter

---

[344] *Everling*, DRiZ 1993, 5 (6).

[345] So wurde die Amtszeit der ersten deutschen Richterin *Colneric* 2006 nicht verlängert, die 2000 noch unter der rot-grünen Koalition gewählt wurde. Zu weiteren Beispielen (*Everling, Zuleeg*) s. *Thiele*, Europäisches Prozessrecht, § 2, Rdnr. 38.

[346] *Barents*, CML Rev. 47 (2010), 709 (714).

[347] *Voigt*, in: Jahrbuch für Neue Politische Ökonomie, Bd. 22, 2003, S. 77 (86) errechnet eine durchschnittliche Amtsdauer von 9,3 Jahren; s. die Tabelle bei *Siebert*, S. 283; ferner *Everling*, EuR-Beih 1/2009, 71 (82).

[348] S. *Schmidt-Räntsch*, Deutsches Richtergesetz, Richterwahlgesetz – Kommentar, 6. Aufl. (2009), RiWG, § 10; ferner *Tschentscher*, Demokratische Legitimation der dritten Gewalt, 2006.

[349] Zu den Entwürfen *Balders/Hansalek*, ZRP 2006, 54 ff. In Österreich hat die Bundesregierung das Einvernehmen mit dem Hauptausschuss des Nationalrates herzustellen, Art. 23c II österreichisches Bundes-Verfassungsgesetz (B-VG).

[350] Vgl. dazu *Epping*, Der Staat 36 (1997), 349 ff.

[351] *Thiele*, EuR 2010, 30 (33), *ders.*, Europäisches Prozessrecht, § 2, Rdnr. 39.

[352] Zur demokratischen Legitimation deutscher Mitglieder der Europäischen Gerichtsbarkeit *Balders/Hansalek*, ZRP 2006, 54 ff.

[353] *Everling*, EuR-Beih 1/2009, 71 (82) hält dies für rechtsstaatlich bedenklich.

keinen Handlungsbedarf sieht[354], ist sie auf Regierungskonferenzen der Mitgliedstaaten immer wieder Gegenstand von Diskussionen gewesen[355]. In der Wissenschaft zirkulieren Amtszeiten von neun[356] oder zwölf[357] Jahren oder gar auf Lebenszeit[358]. Die große Mehrheit des Deutschen Juristentages 1994 hat sich für eine Amtszeit von zwölf Jahren ohne die Möglichkeit der Wiederernennung ausgesprochen[359]; eine Ernennung auf Lebenszeit – wie beim U.S. Supreme Court[360] – hat der Deutsche Juristentag zutreffenderweise klar abgelehnt[361].

Beim EGMR ist die Amtszeit der Richter nicht besonders lang. Das Zusatzprotokoll Nr. 11[362] hat sie ab 1998 von neun auf sechs Jahre verringert, wobei die Möglichkeit zur Wiederernennung bestand. Jedoch führte das Zusatzprotokoll Nr. 14[363] zur Stärkung der richterlichen Unabhängigkeit im Jahr 2010 wieder die neunjährige Amtszeit ein und schließt dafür die Wiederwahl aus[364]. Neun bis zwölf Jahre wäre beim EU-Gerichtshof ebenfalls eine angemessene Amtszeit, welche die richterliche Unabhängigkeit insbesondere für den Fall der Einführung eines Sondervotenrechts stärken würde. Dass derzeit die Wiederwahl in der Hand des jeweiligen Heimatstaates liegt, ist durchaus bedenklich[365].

Fernab dieser Fragen würden mehr Zivilrechtler und insbesondere bewährte Richter von mitgliedstaatlichen Zivilgerichten die Akzeptanz des

---

[354] Jedoch erhebt der im Vorfeld des Vertrags von Amsterdam vorgelegte Bericht des Gerichtshofs über bestimmte Aspekte der Anwendung des Vertrages über die Europäische Union vom 22.5.1995, Tätigkeiten des Gerichtshofes Nr. 15/1995, Rdnr. 17 = EuGRZ 1995, 316, Rdnr. 17 gegen eine Verlängerung der Amtszeit unter Ausschluss der Wiederernennung keine Einwände.

[355] *Barents*, CML Rev. 47 (2010), 709 (714).

[356] *Bächle*, Die Rechtsstellung der Richter am Gerichtshof der Europäischen Gemeinschaften, 1961, S. 129.

[357] *Zweigert*, in: *Institut für das Recht der Europäischen Gemeinschaften der Universität Köln*, S. 580 (584); *Riese*, EuR 1966, 24 (49) und oben Fußn. 307.

[358] Dafür *Ule*, 46. DJT 1966, Bd. I: Gutachten, Teil 4, S. 125, allerdings verbunden mit einer Altersgrenze von 70 Lebensjahren.

[359] 60. DJT 1994, Bd. II/1, N 61 (mit 51:3:1); s. auch *Everling*, DRiZ 1993, 5 (6); *Jacobs*, in: Liber amicorum in honour of Lord Slynn of Hadley, Bd. I, 2000, S. 17 (24 f.).

[360] Dort ist der 1986 von Präsident *Ronald Reagan* ernannte *Antonin Scalia* derjenige Richter mit der längsten Amtszeit.

[361] 60. DJT 1994, Bd. II/1, N 61 (mit 5:53:0).

[362] BGBl. 1995 II, S. 579.

[363] BGBl. 2006 II, S. 139.

[364] Dazu *Flauss*, in: Festschr. f. Ress, 2005, S. 949 ff.; *Gundel*, EuR-Beih 3/2008, 23 (27, Fußn. 25).

[365] Oben Fußn. 303.

EU-Gerichtshofs durch die nationalen Zivilgerichte erhöhen[366]. Derzeit ist es keinesfalls eine Selbstverständlichkeit, dass Richter und offenbar mehr noch[367] Generalanwälte am EU-Gerichtshof bereits richterliche Erfahrung mitbringen[368]. Bei den Personalentscheidungen scheinen derzeit eher die allgemeine berufliche Erfahrung und die Tätigkeit im öffentlichen Dienst den Ausschlag zu geben[369].

Aufgrund der Ursprünge des EU-Gerichtshofs ist die Vertretung des eigenen Staates auf dessen Richterbank traditionell eine wichtige Angelegenheit. Dem entspricht die Regel „ein Richter pro Mitgliedstaat". Das wird sich künftig ändern[370]. Gerade im Bereich des Zivilrechts sind die involvierten Interessen häufig ausschlaggebender als die nationale Herkunft des Entscheidungsträgers[371]. Derzeit ist wie gesagt die Vertretung bei der EU-Gerichtsbarkeit unabhängig von Wirtschaftsleistung und Bevölkerungsgröße, aber auch militärischer Macht[372]. Die Regel „ein Richter pro Mitgliedstaat" ist jedoch nicht immer sachdienlich. Etwa wenn man an das schottische Recht denkt, das über den Richter des Vereinigten Königreichs mitvertreten wird, wohingegen das kleine Land Luxemburg einen eigenen Richter stellt[373]. Zu denken ist ebenfalls an das spanische Recht, wo neben dem spanischen Código Civil die regionalen Foralrechte der autonomen Autonomen Gemeinschaften existieren.

Auch ansonsten ist die Nationalität ein schlechtes Kriterium, um die Eignung eines Richters vorherzusagen[374], schließlich tritt der gewählte Richter einem Gremium bei, das mit keinem anderen Gericht zu vergleichen ist[375]. Politisch wurde die Aufstockung zugunsten großer Mitgliedstaaten bereits gefordert. Der damalige französische Präsident *Valéry Giscard d'Estaing* schlug 1980 als Reaktion auf ein unliebsames EuGH-

---

[366] Fernliegender wird von *Solanke*, Colum. J. Eur L. 15 (2009), 89 (111 ff.) betont, dass sich bei den Generalanwälten und der Richterschaft die ethnische Vielfalt widerspiegeln müsse.

[367] *Nugent*, The Government and Politics of the European Union, 6. Aufl. (2006), S. 294: „the judicial experience of advocates-general tends to be even less than that of the judges; certainly few have ever served in a judicial capacity in their own states".

[368] *Vaubel*, European Journal of Law and Economics 28 (2009), 203 (217); s. zu den Biographien auch *Brown/Kennedy*, S. 58 ff.

[369] *Nugent*, S. 293.

[370] S. aber ablehnend zu Vorschlägen, dass Gruppen von Mitgliedstaaten, deren Rechtsordnungen verwandt sind, im Einvernehmen einen Richter benennen *Everling*, EuR 1997, 398 (407).

[371] Vgl. *Basedow*, EuZ 2009, 86 (88).

[372] *Tridimas*, European Journal of Law and Economics 18 (2004), 99 (112).

[373] S. *Koopmans*, YEL 11 (1991), 15 (25).

[374] *Koopmans*, YEL 11 (1991), 15 (26).

[375] Auch nicht mit dem EGMR, da es auf menschenrechtliche Fragen beschränkt ist.

Urteil zur Beschränkung von Schaffleischimporten vor, die vier großen Mitgliedstaaten sollten zwei Richter stellen[376].

Die Parallele zum „court-packing bill" ist offensichtlich[377], mit dem *Franklin D. Roosevelt* den U.S. Supreme Court durch weitere Richter ergänzen wollte. Durch eine Abkehr von der Rechtsprechungslinie, die die *commerce power* des Kongresses immer weiter einschränkte, hätte die Richtermehrheit die „New Deal"-Gesetzgebung stützen können[378]. Es sprechen jedoch gerade im Fall der weiteren Spezialisierung rationale Gründe für eine Lockerung der Herkunftsregeln[379]. Das Primärrecht ermöglicht es bereits für das EuG mehr als einen Richter pro Mitgliedstaat zu ernennen – wie oben im 3. Teil dargestellt und eingefordert[380].

IV. Erweiterung um Konventionen: Vorlagen über das UN-Kaufrecht?

Einen gänzlich anderen Themenkreis, der gleichwohl für die Belebung des internationalen Dialogs relevant ist, betrifft die Frage, ob die Auslegungskompetenzen der EU-Gerichte durch völkerrechtliche Protokolle auf weitere Bereiche des Konventionsrechts[381] ausgedehnt werden sollten. Vielfach wird für das internationale Einheitsrecht – völlig zutreffend nicht nur für den zentralen Bereich des Warenkaufes – ein Ausbau der internationalen Gerichtsbarkeit gefordert[382].

Angesichts der vielfältigen Parallelen zwischen der EU-Richtlinie zum Verbrauchsgüterkauf und dem CISG, welche an anderer Stelle nachgezeichnet wurden[383], liegt es nahe, an eine Zuständigkeit für das UN-Kauf-

---

[376] *Geoffrey/Kelemen/Schulz*, International Organization 52 (1998), 149 (164); *Rasmussen*, S. 355 f.

[377] *Rasmussen*, S. 356.

[378] Dazu *Höreth*, Der Staat 50 (2011), 191 (194 ff.).

[379] Für die Möglichkeit einer Entsendung mehrerer Richter eines Mitgliedstaates spricht sich auch *Bork*, RabelsZ 66 (2002), 327 (356) aus.

[380] 3. Teil § 2 IV 6 b).

[381] Als Bestandteil des Unionsrechts ist der EuGH – wie bereits beim 2. Teil § 1 I 3 a) erwähnt – zuständig für das Montrealer Übereinkommen zur Vereinheitlichung bestimmter Vorschriften über die Beförderung im internationalen Luftverkehr; s. auch *Tonner*, VuR 2011, 203 ff.; *Basedow*, in: *ders./Hopt/Zimmermann*, S. 680 (681). S. zum Verhältnis der Privatrechtsvereinheitlichung durch völkerrechtliche Verträge und durch Unionsrecht *Bischoff*, Die Europäische Gemeinschaft und die Konventionen des einheitlichen Privatrechts, 2010; zu Konkurrenz- und Konfliktlagen zwischen CISG und EU-Recht *Schroeter*, UN-Kaufrecht und Europäisches Gemeinschaftsrecht – Verhältnis und Wechselwirkungen, 2005, S. 113 ff.

[382] Bereits – wie zuvor *Rabel* – *Kropholler*, Internationales Einheitsrecht, S. 144 ff. m. w. Nachw.; zum Für und Wider in Bezug auf die verschiedenen Bereiche des Einheitsrechts *Riese*, RabelsZ 26 (1961), 604 (614 ff.).

[383] *Rösler*, in: *Basedow/Hopt/Zimmermann*, S. 1617 ff.; ausführlich *Grundmann*, AcP 202 (2002), 40 ff.; *Schroeter*, S. 542 ff.; zur Umsetzung aber S. 575 ff.; *Zerres*, Die

recht zu denken[384]. Das ließe sich als Kompromiss regional bewerkstelligen. Beispielsweise existiert für die Organisation pour l'Harmonisation en Afrique du Droit des Affaires (OHADA) bereits ein Gemeinsamer Gerichts- und Schiedsgerichtshof für das 1998 inkraftgesetzte einheitliche Kaufrecht der OHADA-Staaten, das sich stark an das CISG anlehnt[385] und für 16 west- und zentralafrikanische Staaten gilt.

Sofern man die Unionsgerichtsbarkeit mit der letztverbindlichen Auslegung des CISG[386] betrauen würde, wäre nicht nur verstärkt zivilrechtlicher Sachverstand gefragt. Zugleich wäre der Rechtssicherheit und der Einheit des CISG gedient, denn ungeachtet dem Gebot zur Förderung der einheitlichen Anwendung nach Art. 7 I CISG[387] unterliegt die nationale Rechtsprechung vielfach abweichenden Auslegungen[388]. Dafür wäre es sinnvoll, die europäische Einrichtung nicht als Kassations- oder Revisionsgericht auszugestalten, da zumeist eine Abneigung besteht, eigene Urteile durch ein internationales Gericht nachprüfen und aufheben zu lassen[389]. Ein Vorlageverfahren scheint dagegen praktikabel[390].

Es ist davon auszugehen, dass der auf europäischer Ebene gestärkte zivilrechtliche Sachverstand nicht nur der internationalen und autonomen Auslegung der Konvention (und weiterer) zugutekäme, sondern auch insgesamt der Qualität der zunehmend internationalen Rechtsprechung zum Vertragsrecht dienen würde. Das gilt freilich nur, soweit die sachlichen und schutzbedingten Unterschiede zwischen EU-Verbraucherkauf, Han-

---

Bedeutung der Verbrauchsgüterkaufrichtlinie für die Europäisierung des Vertragsrechts – Eine rechtsvergleichende Untersuchung am Beispiel des deutschen und englischen Kaufrechts, 2007, S. 60 ff.; s. weiter *Schwartze*, Europäische Sachmängelgewährleistung beim Warenkauf – Optionale Rechtsangleichung auf der Grundlage eines funktionalen Rechtsvergleichs, 2000.

[384] Eine Zuständigkeit ist u.a. befürwortet worden von *Basedow*, EuZW 1992, 489; *ders.*, in: Festschr. f. Schlechtriem, 2003, S. 165 (186); *Drobnig*, in: Festschr f. Steindorff, 1990, S. 1141 (1145); *Heiss*, ZfRV 1995, 54 (58); *Bridge*, The International Sale of Goods – Law and Practice, 2. Aufl. (2007), Rdnr. 11.03; zu der Kompetenzerweiterung *Schroeter*, S. 690 ff. (machbar), der sie letztlich aber auf S. 709 ff. als wenig sinnvoll ablehnt und die Lehre vom *persuasive precedent* ausländischer Rechtsprechung bevorzugt.

[385] Zu diesem Uniform Act Relating to General Commercial Law *Schroeter*, Recht in Afrika 2001, 163 ff.

[386] Zur Hintergründen und der Entwicklung des UN-Kaufrechts *Rösler*, RabelsZ 70 (2006), 793 ff.

[387] Oben bei Fußnotenzeichen 108.

[388] Zum Heimwärtsstreben *Ferrari* (Hrsg.), Quo Vadis CISG?, 2005; *Schwenzer/ Hachem*, Am. J. Comp. L. 57 (2009), 457 (467 ff.); vgl. zur autonomen Auslegung als Depositivierung *Basedow*, in: 50 Jahre Bundesgerichtshof – Festgabe aus der Wissenschaft, Bd. II, 2000, S. 617 (785 ff.).

[389] Für das Einheitsrecht insgesamt *Riese*, RabelsZ 26 (1961), 604 (624).

[390] Vgl. *Riese*, RabelsZ 26 (1961), 604 (624 f.).

delskauf nach CISG oder nach einem künftigen optionalen EU-Instrument nicht verwischt werden.

§ 3: Stärkere Vereinheitlichung des Zivilprozess- und Kollisionsrechts

Nach der judikativen Konvergenz weicher Strukturen sowie den Maßnahmen zur verbesserten Qualität und Dialogakzeptanz der EU-Gerichtsbarkeit folgt nun die Frage nach der Teilvereinheitlichung des Prozess- und Kollisionsrechts. Um diese Reform der „harten Strukturen" mit dem Ziel judizieller Konvergenz in Zivilsachen ranken sich verschiedene Themen: die Wandlungen des nationalen Zivilprozessrechts durch jüngere Reformen (unten I.), der spezifische Blickwinkel des Unionsrechts (II.), der Stand des IZVR der Union (III.), die weitere Vereinheitlichung des Prozessrechts, auch im Vergleich mit sonstigen Binnenräumen (IV.), sowie schließlich die weitere Vereinheitlichung des IPR (V.).

I. Traditionelle Prozessrechtsmodelle im Wandel

Wie viel Einheitlichkeit das Prozessrecht in horizontaler Hinsicht, d.h. zwischen den Mitgliedstaaten, künftig erfordert, ist eine Grundsatzfrage, schließlich variieren ihre Justizverfassungen, Gerichtsverfahren und Prozessrechtskulturen beträchtlich, etwa wenn man an den romanischen, deutsch-österreichischen und englischen Verfahrensaufbau und das entsprechende Prozessverständnis denkt[391]. Abweichungen bestehen ebenfalls – wie mehrfach erörtert – bei der Effektivität des Rechtspflegebetriebs[392]. Die Ursachen liegen in den Verfahrensordnungen und der unterschied-

---

[391] Näher *Stadler*, in: *Hofmann/Reinisch/Pfeiffer/Oeter/Stadler*, S. 177 (182 ff.); *Clark*, in: Int. Enc. Comp. L., Vol. XVI: Civil Procedure, Ch. 3, 2002, S. 107 ff.; *Hess*, § 13, Rdnr. 11; *Guinchard/u.a.*, Droit processuel – Droits fondamentaux du procès, 6. Aufl. (2011); zu den Grenzen der rechtsstaatlichen Gemeinsamkeiten bei der gerichtsinternen Ausgestaltung in Europa *Müßig*, Gesetzlicher Richter ohne Rechtsstaat?, S. 53 ff.; mit kurzen Länderberichten zu allen 27 Mitgliedstaaten *Cour de justice des Communautés européennes* (Hrsg.), Les Juridictions des États membres de l'Union européenne – Structure et Organisation, 2009; ebenso *Charbonnier/Sheehy*, Panorama of Judicial Systems in the European Union, 2008 (als Veröffentlichung des European Judicial Training Network, kurz EJTN); s. auch die 33 Länderberichte in *Council of Europe*, Judicial Organisation in Europe, 2000.

[392] Dazu bereits 2. Teil § 2 II 2 (u.a. kritisch zur „Doing Business"-Studie); s. – nicht nur mit Blick auf die Verfahrensdauern – *Uzelac*, in: *Gottwald* (Hrsg.), Effektivität des Rechtsschutzes vor staatlichen und privaten Gerichten, 2006, S. 41 (52 ff.) mit dem Versuch eines Effektivitätsvergleichs der europäischen Justizsysteme. Auch *Bork/Eger/Schäfer* (Hrsg.), Ökonomische Analyse des Verfahrensrechts, 2009.

lichen rechtswissenschaftlichen Aufarbeitung von Rechtsgebieten, aber auch in der unterschiedlichen personellen und sonstigen Ausstattung der Gerichte[393] sowie in der Rechtsausbildung[394].

Aus diesen Gründen gerät der in diesem Teil unter § 1 I im Zusammenhang mit Rechtsdurchsetzung und Methodenfragen definierte Begriff der Rechtskultur erneut ins Blickfeld[395]. *Zweigert/Kötz* schreiben dazu: „Auch wenn man die Unterschiede zwischen dem englischen und kontinentalen Zivilprozeß nicht übertreiben darf, so beruhen doch manche von ihnen auf althergebrachten und tief verwurzelten Vorstellungen, die einen Bestandteil der Rechtskultur ausmachen."[396] Diese Prägungen gerichtlicher Streitschlichtung[397] gelten fernab der auszumachenden rechtskreisbezogenen[398] Konvergenzen zwischen dem kontinental-europäischen Prozess einerseits und dem 1999 umfänglich reformierten englischen Prozessrecht[399] andererseits[399].

---

[393] Zu den Justizhaushalten oben 4. Teil § 1 I.

[394] Zur Ausbildung oben Fußn. 35.

[395] Über das Verhältnis von Prozessrecht und Rechtskultur *Stürner*, R.I.D.C. 2004, 797 ff. = *ders.*, in: *Gilles/Pfeiffer* (Hrsg.), Prozeßrecht und Rechtskulturen/Procedural Law and Legal Cultures, 2004, S. 31 ff.; zur Mehrschichtigkeit der Rechtskultur in Europa *Häsemeyer*, in: Festschr. f. Schumann, 2001, S. 197 ff.; unten Fußn. 405.

[396] *Zweigert/Kötz*, S. 39; näher zu Gerichtsverfassungen und juristischen Berufen etwa *dies.*, S. 117 ff. (Frankreich und Italien), S. 201 ff. (England).

[397] Dazu auch *Gilles/Pfeiffer* (Hrsg.), Prozessrecht und Rechtskulturen, 2004; ferner mit anthropologischer Tendenz *Chase*, Law, Culture, and Ritual: Disputing Systems in Cross-Cultural Context, 2005.

[398] Zur Frage der Neuordnung der Rechtsfamilien im Prozessrecht *Koch*, in: Festschr. f. Kerameus, 2009, S. 563 ff.; *ders.*, in: *Gilles* (Hrsg.), Transnationales Prozessrecht – Transnational Aspects of Procedural Law, 1995, S. 119 ff.; kurz oben Fußn. 23; *van Rhee/Verkerk*, in: *Smits* (Hrsg.), Elgar Encyclopedia of Comparative Law, 2006, S. 120 (122 ff.); zu den Entwicklungslinien *van Caenegem*, Int. Enc. Comp. L., Vol. XVI, Ch. 2, 1973; zu den Typen des Zivilprozesses *Nakamura*, in: *Institute of Comparative Law, Waseda University* (Hrsg.), Law in East and West – Recht in Ost und West, 1988, S. 299 ff.

[399] Zu den Civil Procedure Rules (CPR) für England und Wales *Zuckerman*, Zuckerman on Civil Procedure: Principles of Practice, 2. Aufl. (2006); *Andrews*, ZZPInt 8 (2003), 69 ff.; *ders.*, The Modern Civil Process, 2008, S. 11 ff.; *Gottwald* (Hrsg.), Litigation in England and Germany – Legal Professional Services, Key Features and Funding, 2010; auf Deutsch *Sobich*, JZ 1999, 775 ff. Zur vorherigen Rechtslage sowie zu hohen Prozesskosten und sonstigen Erschwerungen beim Zugang zum Recht *Zuckerman* (Hrsg.), Justice in Crisis – Comparative Perspectives of Civil Procedure, 1999; auch *Jolowicz*, On Civil Procedure, 2000. Weiter zu den Besonderheiten des alten Verfahrensrechts *Jacob*, The Fabric of English Civil Justice, 1987, S. 29 ff.; zum Zivilprozess „als Schlüssel zum englischen Rechtsdenken" *Schmitthoff*, JZ 1972, 38 ff.; *Martens*, Rechtstheorie 2011, 145 (157): „Der kontinentaleuropäische Richter hat nicht wie im Common Law einen argumentativen Wettstreit der Parteien zu entscheiden, sondern ihren Konflikt durch eine Verknüpfung von Recht und Sachverhalt zu lösen".

Dabei ist vor allem das Verhältnis von Parteiherrschaft und gegenbildlicher Richtermacht unterschiedlich. Mit *Rolf Stürner* lassen sich drei Grundmodelle ausmachen: erstens das romanische Prozessmodell italienisch-kanonischer Prägung, nach dem die materielle Prozessleitung eher im Ermessen des Gerichts liegt, zweitens das traditionelle *trial*-Modell[401], das aufgrund der Reformen nicht mehr recht auf England und Wales passt, sowie drittens das Modell einer richterlich vorbereiteten Hauptverhandlung, das dem deutschen und dem modernisierten spanischen Prozess entspricht. In Teilen findet sich Letzteres nun auch im reformierten englischen Prozess[402] und in den erwähnten[403] Principles of Transnational Civil Procedure von ALI und UNIDROIT[404].

Ziel der Reformen ist durchgängig die erleichterte und effizientere Rechtsdurchsetzung. Dies geschieht jedoch nicht allein zur allgemeinen Wohlfahrt der Bürger[405], sondern auch aufgrund eines verstärkten Wettbewerbs zwischen den nationalen Gerichtsstandorten[406]. Zu berücksich-

---

[400] S. zu den Unterschieden die ausführlichen (und weltweiten) Länderberichte in den fünf Bänden von *Taelman* (Hrsg.), Civil Procedure, in: International Encyclopaedia of Laws, 2009. Die Gemeinsamkeiten des Zivilverfahrensrechts betont *Stürner*, in: *Grunsky/Stürner/Walter/Wolf*, S. 1 (11 ff.): So führt er auf S. 11 aus, es sei angesichts der Konvergenzen der letzten Jahrzehnte „heute leichter, ein gemeineuropäisches Zivilverfahrensrecht zu schreiben, als ein gemeineuropäisches Zivilrecht". Doch ist zu beachten, dass sich seine Aussage, ein Rechtsschutzgefälle bestehe „allenfalls punktuell" (S. 17), noch auf die EG mit zwölf Mitgliedstaaten bezieht. Weiter zur Frage der Globalisierung des Verfahrensrechts *Prütting*, in: Liber amicorum Lindacher, 2007, S. 89 ff.

[401] Zu den USA, neben den erfolgten Hinweisen, v. *Mehren/Murray*, Law in the United States, 2. Aufl. (2007), S. 162 ff.; zum nun geforderten „fact pleading" *Bell Atlantic Corp. v. Twombly*, 550 U.S. 544 (2007); *Ashcroft v. Iqbal*, 556 U.S. 662 (2009); *Stürner*, ZZP 123 (2010), 147 (150).

[402] *Stürner*, ZZP 123 (2010), 147 (149 ff.).

[403] Zu den Principles bereits 1. Teil § 3 III 3; s. auch *Ferrand*, in: Festschr. f. Sonnenberger, 2004, S. 791 ff.

[404] *Stürner*, RabelsZ 69 (2005), 201 (228): „The actively cooperating judge of the Principles is a completely democratic figure with sometimes mediatory features. The court's responsibility for the direction of the proceeding should never be a justification of a hierarchical expression of the judge's office." S. weiter *ders.*, ZZP 123 (2010), 147 (152), der zudem auf S. 158 fordert, es sollte „dem kontinentalen und deutschen Richter das Misstrauen der angloamerikanischen und inzwischen auch japanischen Rechtskultur Wegweiser sein, sich nicht prozessordnungswidrig zum ‚freien' Aufklärer aufzuschwingen".

[405] Daneben ist auch die Idee des Wohlfahrtsstaates von Relevanz, die in Deutschland schon im Prozessrecht des friderizianischen Preußens eine Rolle spielte; s. *Stürner*, ZZP 123 (2010), 147 (152); zur schwedischen Ziviljustiz als Spiegel moderner Wohlfahrtsstaatlichkeit ab 1948 s. *Kohler*, Die Entwicklung des schwedischen Zivilprozeßrechts – Eine rezeptionshistorische Strukturanalyse der Grundlagen des modernen schwedischen Verfahrensrechts, 2002, S. 440 ff.; bereits oben Fußn. 210.

[406] Über den Wettbewerb der Justizstandorte bereits 1. Teil § 3 II.

tigen ist auch die Flucht in die internationale Schiedsgerichtsbarkeit[407] (die ebenfalls einen Verlust an Einnahmen durch Gerichtsgebühren mit sich bringt)[408] sowie das Bestreben, eine Ansiedelung steuerpflichtiger Unternehmensniederlassungen im eigenen Land zu begünstigen[409]. Auch darum lässt sich – trotz der abweichenden Ausgangspunkte – insgesamt eine Bewegung weg vom Parteienprozess hin zu einem Zivilverfahren mit materieller Prozessleitung durch einen damit stärker moderierenden Richter ausmachen[410].

II. Perspektive des Unionsrechts

Die nationalen Unterscheide sind aus Sicht des Unionsrechts weniger problematisch als es zunächst erscheinen mag, sofern das nationale Prozessrecht – für das bekanntlich der Grundsatz der *lex fori* gilt[411] – diejenigen verfahrensrechtlichen Anforderungen hinreichend beachtet, denen der EuGH und teils auch der EGMR Ausdruck verliehen hat. Dazu zählen die vom EuGH primärrechtlich hergeleiteten Grundsätze von Äquivalenz und mehr noch von Effektivität, die als Ausgleich für das fehlende einheitliche Prozessrecht[412] zur Einhaltung von Mindeststandards[413] anhalten und eine „intensive Maßstabs- und Kontrollfunktion"[414] bewirken.

---

[407] Zum Bedeutungsverlust staatlicher Gerichte für internationale Wirtschaftsstreitigkeiten unter dem Stichwort „Entstaatlichung der Justiz" empirisch *Hoffmann/Maurer*, ZfRSoz 31 (2010), 279 ff.; *Hoffmann*, Kammern für internationale Handelssachen – Eine juristisch-ökonomische Untersuchung zu effektiven Justizdienstleistungen im Außenhandel, 2011.

[408] Vgl. zum Konzept der Einnahmen zur Kostendeckung der Justiz 3. Teil § 3.

[409] S. dazu die „Doing Business"-Studie wie in 2. Teil § 2 II 2 dargestellt.

[410] Zum insoweit dialogischen Zivilprozess *Stürner*, ZZP 123 (2010), 147 (153 f.); s. auch zum Richter als „Superman" (nach der ZPO-Reform) *Benedict*, ARSP 89 (2003), 216 (242 ff.); vergleichend *Cappelletti/Garth*, in: Int. Enc. Comp. L., Vol. XVI: Civil Procedure, Ch. 1, 1988, S. 23 ff.

[411] D.h. ein „Import" des fremden Verfahrensrechts (einem Herkunftslandprinzip entsprechend) geschieht nicht; Anwendung findet mit anderen Worten das Recht des Gerichtsortes; *Kerameus*, RabelsZ 66 (2002), 1 (3); *Hess*, § 1, Rdnr. 13 f., § 3, Rdnr. 44, § 11, Rdnr. 4 (dort zur Ähnlichkeit des *lex fori*-Grundsatzes mit der Verfahrensautonomie der Mitgliedstaaten); *Stadler*, in: *Hofmann/Reinisch/Pfeiffer/Oeter/Stadler*, S. 177 (188, 204).

[412] Dieser Konnex wird unterstrichen von *Mankowski*, EWiR 2010, 91.

[413] *Hess*, § 11, Rdnr. 8.

[414] So *Hess*, § 11, Rdnr. 2, der unter Rdnr. 4 ff. beide Grundsätze darstellt; dazu bereits oben 2. Teil § 2 I 2 a) cc) (2) und § 6 I 2.

Gegebenenfalls sind weitere Änderungen des grundsätzlich autonomen[415] nationalen Verfahrensrechts erforderlich. Das könnte sich – freilich mit großen Abstrichen[416] – aus dem mitgliedstaatlichen Auftrag zur Verhinderung von Beschränkungen der Grundfreiheiten[417], doch vor allem aus der im Zuge des Lissabonner Vertrages in Art. 19 I UAbs. 2 EUV niederlegten[418] Verpflichtung zum effektiven Rechtsschutz ergeben. Dessen ungeachtet steht auch die gesetzgeberische Reform und Vereinheitlichung des Prozessrechts insgesamt zur Diskussion. Das gilt nicht zuletzt wegen der im Immaterialgüter-, Kartell- und Verbraucherrecht erreichten sekundärrechtlichen Sonderprozessrechte – etwa zur Beweisaufnahme oder dem einstweiligen Rechtsschutz[419].

Bei der Vereinheitlichung der Prozessrechte handelt es sich um ein wahrlich großes Vorhaben – weltweit[420], aber auch schon innereuropäisch. Die vom belgischen Verfahrensrechtler *Storme*[421] geleitete „Kommission für ein europäisches Zivilprozeßgesetzbuch" musste sich darum schon bald auf einige wichtige Regelungskomplexe des Zivilprozessrechts konzentrieren. Der 1994 vorgelegte Abschlussbericht[422] bot nur fragmentarische[423],

---

[415] Zum Grundsatz der Verfahrensautonomie bereits 2. Teil § 6 I 3; s. auch *Ervo/ Gräns/Jokela* (Hrsg.), Europeanization of Procedural Law and the New Challenges to Fair Trial, 2009 (v.a. mit finnischem und schwedischem Blick).

[416] Die Grundfreiheiten üben hier nur eine geringe Bedeutung aus, weil die Wirkungen des nationalen Zivilprozessrechts „zu ungewiss und zu mittelbar" sind und darum keine binnenmarktrelevanten Handelsbehinderungen hervorrufen; EuGH, Rs. C-412/97, Slg. 1999, I-3845, Rdnr. 11 – *Fenocchio* (zum Mahnverfahrensrecht); näher *Heinze*, JZ 2011, 709 f. (dort auch zum Diskriminierungsverbot des Art. 18 AEUV); *Hess*, § 11, Rdnr. 3; *Roth*, in: *Müller-Graff* (Hrsg.), Recht und Rechtswissenschaft, 2001, S. 351 ff.; *Tönsfeuerborn*, Einflüsse des Diskriminierungsverbots und der Grundfreiheiten der EG auf das nationale Zivilprozessrecht, 2002; *Wolf*, in: *Grunsky/Stürner/Walter/Wolf*, S. 35; *Stadler*, in: *Hofmann/Reinisch/Pfeiffer/Oeter/Stadler*, S. 177 (188). S. zu Grundfreiheiten und Prozessrecht bereits oben 2. Teil § 6 I 5 und § 7 I 1.

[417] Relevant waren die Grundfreiheiten etwa in EuGH, Rs. C-20/92, Slg. 1993, I-3777, Rdnr. 15 – *Hubbard*; hierzu *Bork/Schmidt-Parzefall*, JZ 1994, 18 ff.; w. Nachw. bei *Heinze*, JZ 2011, 709 (709 in Fußn. 4).

[418] Zum Potenzial s. *Streinz/Ohler/Herrmann*, S. 71, wonach sich die Vorschrift zur umfassenden Garantie wirksamen Rechtsschutzes durch die mitgliedstaatlichen Gerichte in Unionsangelegenheiten entwickeln könnte.

[419] Zu dieser zweiten Einwirkungsachse, neben dem Primärrecht, *Heinze*, JZ 2011, 709 (714 f.); *Hess*, § 11, Rdnr. 2; *Mäsch*, in: *Langenbucher*, § 9, Rdnr. 21 ff.

[420] Oben Fußn. 403.

[421] Zu dem Vorhaben seiner Gruppe *Storme*, RabelsZ 56 (1992), 290 ff.

[422] *Storme* (Hrsg.), Rapprochement du Droit Judiciaire de l'Union européenne – Approximation of Judiciary Law in the European Union, 1994; Text der Vorschläge auf Französisch und Englisch auch *ders.*/Storme Group, ZZP 109 (1996), 345 ff.

[423] *Stadler*, in: *Hofmann/Reinisch/Pfeiffer/Oeter/Stadler*, S. 177 (179); *Rehm*, in: Festschr. f. Heldrich, 2005, S. 955 (963).

mehr oder minder stark kritisierte[424] und fraglos offen formulierte[425] Vorschläge.

Die insgesamt 126 Artikel in 14 Abschnitten der *Storme*-Gruppe erstrecken sich auf: gerichtliche Schlichtung, Verfahrenseinleitung, Verfahrensgegenstand, Urkunden- und Zeugenbeweis, Klagerücknahme und Verzicht, Versäumnisverfahren, Kosten, vorläufigen Rechtsschutz, Mahnverfahren, Vollstreckbarkeit und Zwangsgeld. Zunächst tat sich in dem Gebiet wenig[426]. Doch die Änderungen des Primärrechts durch den Vertrag von Amsterdam (1999) haben überraschenderweise – wie bereits im 2. Teil beschrieben[427] – zu einer beträchtlichen Zahl von rasch erlassenen[428] Rechtsakten zum IZVR und IPR geführt.

Hierdurch hat sich das europäische Zivilprozessrecht als eigenes Rechtsgebiet endgültig herausgebildet[429]. Zuvor bestand bereits der komparative Forschungszweig, der zu den eben erörterten nationalen Prozessrechtsreformen maßgeblich beigetragen hat[430]. Zudem bestand mit dem 1968 in

---

[424] *Roth*, ZZP 109 (1996), 271 ff. (zur starken romanischen Prägung S. 308 f., ablehnend zum Erfordernis eines vereinheitlichten Prozessrechts S. 311 f.); aufgeschlossener *Schilken*, ZZP 109 (1996), 315 ff.; positiv dagegen *Walter*, AJP/PJA 1994, 425 ff.; auch *Hess*, § 13, Rdnr. 7: wichtige Perspektive des Fernziels einer Kodifikation geschaffen.

[425] *Koch*, JuS 2003, 105 (109), der gleichwohl zutreffend betont, auf die Vorschläge werde aufgebaut werden.

[426] Zum Nutzen der *Storme*-Ausarbeitungen für spätere Rechtsakte *Prütting*, in: Festschr. f. Schumann, 2001, S. 309 ff.; zuvor *ders.*, in: Festschr. f. Baumgärtel, 1990, S. 457 ff.

[427] Oben 2. Teil § 2 I 2 a) bb) (IPR) und § 7 I 2 (v.a. IZVR).

[428] Kritik von *Stadler*, in: *Hofmann/Reinisch/Pfeiffer/Oeter/Stadler*, S. 177 (179): „zu hohes Tempo bei zu schlechter Qualität" (vgl. auch unten zu Fußnotenzeichen 493), *dies.*, aaO, S. 190 im Zusammenhang mit dem *ordre public*-Vorbehalt: „Die völlige Freizügigkeit zivil- und handelsgerichtlicher Entscheidungen – aufbauend auf der These der Gleichwertigkeit des Rechtsschutzes in ganz Europa – dürfte genau genommen erst der Schlussstein einer Harmonisierung des Prozessrechts sein, nicht ihr Anfang." Zur Verselbstständigung des europäischen *ordre public* unten in Fußn. 454. Ferner zum Erfordernis der Rechtsangleichung anstatt bloßer Textangleichung und der notwendigen Grundlagenorientierung bei der Vereinheitlichung und Angleichung unterschiedlicher nationaler Rechte *Gilles*, ZZPInt 7 (2002), 3 ff.; weiter *Becker*, in: *Bottke/Möllers/ Schmidt* (Hrsg.), Recht in Europa – Festgabe zum 30-jährigen Bestehen der Juristischen Fakultät Augsburg, 2003, S. 25 ff.

[429] Oben 1. Teil § 3 II und III.

[430] Zur Reform in England etwa oben Fußn. 399. *Stadler*, in: *Hofmann/Reinisch/ Pfeiffer/Oeter/Stadler*, S. 177 (179). Zu den jedoch in der Diskussion gering gewichteten rechtsvergleichenden Argumenten bei der ZPO-Reform 2001/2002 *Hess/Münzberg*, in: *Hess* (Hrsg.), Wandel der Rechtsordnung, 2003, S. 159 (179 ff.); zur Bedeutung der sorgfältigen Rechtstatsachenforschung *Hommerich/Prütting/Ebers/Lang/Traut*, Rechtstatsächliche Untersuchung zu den Auswirkungen der Reform des Zivilprozessrechts auf die gerichtliche Praxis – Evaluation ZPO-Reform, 2006. Vgl. ferner zum weltweit großen Einfluss des deutschen Prozessrechts (v.a. Ende des 19. Jahrhunderts und im ersten

Kraft getretenen Europäischen Gerichtsstands- und Vollstreckungsüber-einkommen ein völkerrechtliches „Urgestein des europäischen Prozess-rechts"[431], wofür der EuGH durch ein Auslegungsprotokoll von 1971 die Zuständigkeit erhielt[432].

Im Jahr 2000 ist der Unionsgesetzgeber jedoch in die besagte äußerst aktive Phase eingetreten, indem er von seinen neuen Kompetenzen zur Vergemeinschaftung des Internationalen Zivilprozessrechts rasch und in beträchtlichen Umfang Gebrauch gemacht hat. Damit ging ein Wechsel der Rechtsinstrumente einher: Im europäischen Binnenmarkt dominieren statt des traditionellen bi- und multilateralen Konventionsrechts heute EU-Richtlinien und vor allem EU-Verordnungen[433].

Der Maßstab zur Beurteilung der Harmonisierungsnotwendigkeiten des nationalen Prozessrechts sind die marktstörenden Wirkungen, die durch Hindernisse bei der gerichtlichen Rechtsdurchsetzung[434] entstehen kön-nen[435]. Hier sind mit *Manfred Wolf* zwei Bereiche zu unterscheiden. Ten-denziell als ökonomisch eher neutral sind folgende Aspekte einzustufen: die Zuständigkeit, die Besetzung der Gerichte, der Instanzenzug, die Frage der Aufspaltung oder Einheitlichkeit der Rechtswegzuständigkeit, die Aus-gestaltung als Kollegial- oder Einzelrichtersystem, die Rolle von Laien-richtern sowie sonstige organisatorische Umstände[436]. Marktrelevante Be-reiche sind dagegen im Zweifel – wiederum mit *Wolf* – die Aspekte der

---

Drittel des 20. Jahrhunderts) *Habscheid* (Hrsg.), Das deutsche Zivilprozeßrecht und seine Ausstrahlung auf andere Rechtsordnungen, 1991.

[431] *Stadler*, in: *Hofmann/Reinisch/Pfeiffer/Oeter/Stadler*, S. 177 (178); s. zum bereits in den Schlussbestimmungen des EWG-Vertrags enthaltenen Handlungsauftrag an die Mitgliedstaaten, über „die Vereinfachung der Förmlichkeiten für die gegenseitige Aner-kennung und Vollstreckung richterlicher Entscheidungen" zu verhandeln *Koch*, JuS 2003, 105 (106).

[432] Beim EVÜ erhielt er sie erst zum 1.8.2004; näher *Dutta/Volders*, EuZW 2004, 556 ff.

[433] Zum Systemwechsel im europäischen Kollisionsrecht, d.h. der Vergemeinschaf-tung des EuGVÜ in der VO (EG) Nr. 44/2001, s. oben 2. Teil § 2 I 2 a) bb) und dort § 7 I 2; weiter *Mankowski*, in: *Rengeling/Middeke/Gellermann*, § 37, Rdnr. 24 ff.; *Micklitz/Rott*, EuZW 2001, 325 ff.; *Habscheid*, in: *Müller-Graff* (Hrsg.), Gemeinsames Privatrecht in der Europäischen Gemeinschaft, 2. Aufl. (1999), S. 543 ff.; *Kropholler/v. Hein*, Einl. EuGVO, Rdnr. 22 ff.; zur vorherigen Rechtslage *Basedow*, in: *Max-Planck-Institut*, Handbuch des Internationalen Zivilverfahrensrechts, Kap. III, Rdnr. 1 ff.; *Nagel*, Auf dem Wege zu einem europäischen Prozeßrecht, 1963.

[434] Interessant ist, dass Art. 81 AEUV die noch in ex-Art. 65 EG enthaltene Be-schränkung „soweit sie [d.h. die Maßnahme] für das reibungslose Funktionieren des Binnenmarktes erforderlich" ist entfallen lässt; *Rösler*, EuR 2008, 800 (816 in Fußn. 121).

[435] So auch *Wolf*, in: *Grunsky/Stürner/Walter/Wolf*, S. 35 (37).

[436] *Wolf*, in: *Grunsky/Stürner/Walter/Wolf*, S. 35 (37 f.).

Parteifähigkeit, der Prozessführungsbefugnis, des Anwaltszwangs[437], des Kostenrechts, des Beweisrechts, des Mahnverfahrens und des Vollstreckungsschutzes[438].

Aufgabe der vorliegenden Zeilen kann es nicht sein, im Detail auszuloten, wie aus Gründen der besagten Binnenmarktrelevanz die weitere Angleichung von prozessrechtlichen Instituten und Vorschriften ausfallen soll. Neben den enger werdenden nationalen Gestaltungsspielräumen im europäischen Rechtsrahmen ist folgender Befund zu betonen: Der Unionsgesetzgeber hat endlich die Bedeutung des Prozessrechts für die europäische Integration[439] und den europäischen Binnenmarkt erkannt[440], auch wenn sich die Unionsgesetzgebung mit der Harmonisierung des Zivilprozess- und des Vollstreckungsrechts[441] weitgehend auf grenzüberschreitende Prozesssituationen beschränkt. Zu diesem Umstand nun eingehender.

III. EU-IZVR

Das Internationale Zivilprozessrecht gilt nur für Streitigkeiten mit Auslandsberührung. Dank der entsprechenden Vorschriften über die internationale Zuständigkeit[442], aber auch über die Zustellung, die Beweiserbringung, die Anerkennung und Vollstreckung ist die Vereinheitlichung in der EU recht weit fortgeschritten[443]. Zwar findet sich in den europäischen Verträgen keine „Full Faith and Credit Clause"[444] (Art. IV, § 1 U.S. Const.)[445]

---

[437] Freilich weniger behindernd, sofern ein Anwalt hilft, die Sprachbarriere zu überwinden.

[438] Zu Einzelfragen wird auf *Wolf*, in: *Grunsky/Stürner/Walter/Wolf*, S. 35 (45 ff.) verwiesen.

[439] Zur Integrationsfunktion des europäischen Zivilprozessrechts *Hess*, IPRax 2001, 389 ff.; zuvor *ders.*, JZ 1998, 1021 ff.

[440] Zu der von der Europäischen Kommission unterstützten *Storme*-Gruppe s. aber bereits oben Fußn. 422.

[441] Vgl. zu völkerrechtlichen Verträgen zwischen den Mitgliedstaaten den „Ermöglichungsrahmen" von Art. 220 EWGV bzw. ex-Art. 293 EG (aufgehoben), auf dem EuGVÜ und EVÜ basierten. S. oben Fußn. 431.

[442] Hier sind die Regeln besonders zahlreich. Neben den zitierten Rechtakten ist dazu auch Art. 3 Verordnung (EG) Nr. 1346/2000 über Insolvenzverfahren [EuInsVO], ABl.EG 2000 Nr. L 160, S. 1 zu nennen. Dazu *Bork*, Einführung in das Insolvenzrecht, 5. Aufl. (2009), Rdnr. 440 ff.

[443] S. etwa *Koch*, JuS 2003, 105.

[444] Art. 81 I S. 1 AEUV sieht diese Entwicklung nur vor: „Die Union entwickelt eine justizielle Zusammenarbeit in Zivilsachen mit grenzüberschreitendem Bezug, die auf dem Grundsatz der gegenseitigen Anerkennung gerichtlicher und außergerichtlicher Entscheidungen beruht".

[445] Die Norm lautet: „Full faith and credit shall be given in each state to the public acts, records, and judicial proceedings of every other state. And the Congress may by general laws prescribe the manner in which such acts, records, and proceedings shall be

mit ihrer föderalisierenden Wirkung[446]. Nach dieser Vorschrift des *federal law* sind die Einzelstaaten verpflichtet, richterlichen Entscheidungen, Gesetzen und Urkunden jedes anderen Bundesstaates „volle Würdigung und Anerkennung" zu gewähren[447], weshalb im Rechtsverkehr zwischen den Bundesstaaten eine *ordre public*-Kontrolle ausgeschlossen ist[448].

Stattdessen bestehen in der EU – neben der EuGH-Rechtsprechung[449] – Sekundärrechtsnormen. Dazu zählt in erster Linie die Brüssel I-Verordnung, die das (konkreter gefasste) funktionale Äquivalent zur „Full Faith and Credit Clause" darstellt[450]. Über diesen Normbestand wacht – entsprechend dem Supreme Court in den USA – der EU-Gerichtshof. Die Brüssel I-Verordnung ist ein Lehrstück zum fortgeschrittenen Stand der europäischen Integration[451] in Zivil- und Handelssachen[452]. Brüssel I bildet mit der gegenseitigen Anerkennung von Gerichtsentscheidungen den ei-

---

proved, and the effect thereof." Zu beachten sind die „due process" sowie die „equal protection clause" des XIV. Amendment (1868) und das Recht auf *trial by jury*, das auch im Zivilverfahrensrecht gilt und im VII. Amendment (1791) zur Bundesverfassung niedergelegt ist.

[446] *Hay*, Mercer L. Rev. 34 (1983), 709 ff.; *ders./Borchers/Symeonides*, S. 175 ff., 1459 ff.; zum „due process of law"-Grundsatz mit seinen prozessualen und sachnormenbezogenen Bedeutungen *Jayme*, in: *Mansel* (Hrsg.), Vergemeinschaftung des Europäischen Kollisionsrechts, 2001, S. 31 (36).

[447] *Halberstam*, RabelsZ 66 (2002), 216 (237 ff.); *Hay*, Rdnr. 215 ff.; zum Sinn und Zweck der *clause* s. *Voegele*, Full Faith and Credit – Die Anerkennung zivilgerichtlicher Entscheidungen zwischen den US-amerikanischen Bundesstaaten, 2003, S. 28 ff.

[448] *Baker v. General Motors Corp.*, 522 U.S. 222 (233 f.) (1998).

[449] Zu den kollisionsrechtlichen Wirkungen der EuGH-Entscheidungen zu den Grundfreiheiten *Basedow*, Tul. L. Rev. 82 (2008), 2119 (2130 ff.), der auf S. 2140 zusammenfassend feststellt: „[W]hile federal courts (and Congress) have almost completely withdrawn from discussions about choice of law in interstate conflicts, the European Court of Justice has tackled issues arising in this field increasingly often throughout the last fifteen years." Auch *Basedow*, RabelsZ 73 (2009), 455 (459); zu „federalizing rules of civil jurisdiction" in Europa (im Vergleich zum Stand in den USA) *Hay*, Mich. L. Rev. 82 (1984), 1323 ff.

[450] S. *Hay*, EuLF 2009, I-61 (I-66); *ders.*, EuLF (E) 2007, I-289 (I-290).

[451] S. für einen kritischen Vergleich *Weber*, Europäisches Zivilprozessrecht und Demokratieprinzip – Internationale Zuständigkeit und gegenseitige Anerkennung im Gerichtssystem der Europäischen Union und der USA, 2009.

[452] Zum Begriff „Zivil- und Handelssache", wie er erstmals 1968 im EuGVÜ und heute in EuGVO, EuVollstrTitelVO, Brüssel IIa-VO, EuMahnVO, EuBagatellVO, EuZVO und EuBVO zur Bestimmung des sachlichen Anwendungsbereichs Verwendung findet s. *Basedow*, in: Festschr. f. Canaris, Bd. I, 2007, S. 43 ff.; *Dutta*, in: *Basedow/Hopt/Zimmermann* (Hrsg.), Handwörterbuch des Europäischen Privatrechts, Bd. II, 2009, S. 1807 ff.; *Soltész*, Der Begriff der Zivilsache im Europäischen Zivilprozeßrecht – Zur Auslegung von Art. 1 Abs. 1 EuGVÜ, 1998.

gentlichen Eckpfeiler des einheitlichen Europäischen Rechtsraums[453]. Art. 34 Brüssel I-Verordnung enthält einheitliche und beschränkte Gründe für die Nichtanerkennung einer ausländischen Entscheidung. Dazu zählt insbesondere der Fall, dass die Anerkennung der öffentlichen Ordnung des Mitgliedstaats, in dem sie geltend gemacht wird, offensichtlich widersprechen würde[454].

Doch in Bezug auf vier spezielle Verordnungen verzichtet die EU bereits auf das „Exequaturverfahren", also das spezielle Verfahren zur Zulassung ausländischer Vollstreckungstitel zur inländischen Zwangsvollstreckung[455]. Unter gegenseitigem Vertrauen in die Rechtspflege der anderen Mitgliedstaaten[456] sind damit dem Vollstreckungsmitgliedstaat eine Kontrolle und ein Zwischenverfahren verwehrt. Das gilt für die Verordnung über Europäische Vollstreckungstitel (EG) Nr. 805/2004 zur Vollstreckung unbestrittener Forderungen, die Verordnung (EG) Nr. 1896/2006 zur Einführung eines Europäischen Mahnverfahrens, die Verordnung (EG) Nr. 861/2007 zur Einführung eines europäischen Verfahrens für geringfügige Forderungen (bei einem Streitwert der Klage bis 2.000 €) sowie bei der Vollstreckung von Unterhaltstiteln nach Art. 17 der Verordnung (EG) Nr. 4/2009. Zudem wird derzeit – ausgehend von einem Kommissionsvorschlag zur Reform der Brüssel I-Verordnung vom 14.12.2010[457] – die gänzliche Abschaffung des als schwerfällig und kostspielig erachteten

---

[453] S. *Geimer*, in: *ders./Schütze* (Hrsg.), Europäisches Zivilverfahrensrecht, 3. Aufl. (2010) A. 1 Einl., Rdnr. 1 ff.; *Charbonnier*, in: *ders./Sheehy*, S. 11. Zu den Vollstreckungsmaßnahmen in föderalen Staaten *Kerameus*, in: Int. Enc. Comp. L., Vol. XVI: Civil Procedure, Ch. 10, 2002, S. 7. Zur Anerkennung von ausländischen Entscheidungen im Europäischen Wettbewerbsnetz (ECN) *Basedow*, in: *ders./Terhechte/Tichý* (Hrsg.), Private Enforcement of Competition Law, 2011, S. 169 ff.

[454] Zum *ordre public* vor dem EuGH s. Rs. C-7/98, Slg. 2000, I-1935 – *Krombach/ Bamberski*; *Sujecki*, ZEuP 2008, 458 ff.; zur Verselbstständigung des europäischen *ordre public* s. *Basedow*, in: Festschr. f. Sonnenberger, 2004, S. 291 ff.; zum Einfluss des EGMR und der EU s. *Thoma*, Die Europäisierung und die Vergemeinschaftung des nationalen ordre public, 2007.

[455] *Kropholler/v. Hein*, Einl. EuGVO, Rdnr. 2 ff., 7, 36, 38a; *Hay*, EuLF 2009, I-61 (I-64).

[456] 18. Erwägungsgrund der EuVollstrTitelVO.

[457] Vorschlag für eine Verordnung des Europäischen Parlaments und des Rates über die gerichtliche Zuständigkeit und die Anerkennung und Vollstreckung von Entscheidungen in Zivil- und Handelssachen, KOM(2010) 748 endg. Zuvor das Grünbuch zur Überprüfung der Verordnung (EG) Nr. 44/2001 des Rates über die gerichtliche Zuständigkeit und die Anerkennung und Vollstreckung von Entscheidungen in Zivil- und Handelssachen, KOM(2009) 175 endg. Dafür grundlegend der „Heidelberg Report" von *Hess/Pfeiffer/Schlosser*, The Brussels I-Regulation (EC) No 44/2001, 2008. Kritisch zum Grünbuch *Magnus/Mankowski*, ZVglRWiss 109 (2010), 1 ff.

Exequaturverfahrens sowie die Einbeziehung von Drittstaatensachverhalten in die EuGVO diskutiert[458].

Der bereits erreichte Stand bei der Schaffung eines einheitlichen Rechtsraums ist international bemerkenswert[459]: In der EU sind Civil und Common law[460] mit ihren recht unterschiedlichen Ausgangslagen zusammenzubringen[461]. Zudem stellt sich die Souveränitäts- bzw. *public policy*-Frage in einer Union mit 27 Mitgliedstaaten und einem großen Gefälle bei der Qualität der Rechtsverfolgung zwischen West und Ost sowie zwischen Nord und Süd viel stärker als z.B. in der alten EU-12. Wie dargelegt scheiterte 2001 ein weltweites Haager Gerichtsstands- und Vollstreckungsübereinkommen[462]. Doch was im vorliegenden Kontext am aussagekräftigsten über den erreichten Stand der Integration ist: Der Kongress und die Gerichte der USA haben sich – einmal abgesehen von der Bundesgerichtsbarkeit – fast gänzlich gegen die Ausarbeitung föderaler IPR- und IZVR-

---

[458] Zur Abschaffung des Exequaturverfahrens *Kieninger*, VuR 2011, 243 ff.; *Hess*, IPRax 2011, 125 (128 ff.); *Beaumont/Johnston*, J. Priv. Int. L. 6 (2010), 249 ff.; zur Folge, dass für ein doppelfunktionales autonomes Zuständigkeitsrecht kein Raum mehr bleibt s. *Roth*, in: *ders.* (Hrsg.), Europäisierung des Rechts, 2010, S. 163 (181). Für eine Bewertung der verschiedenen Vorschläge des Entwurfs die drei Beiträge von *Heinze*, *Weber* und *Illmer* in RabelsZ 75 (2011), 581 ff.

[459] S. *Hay*, EuLF (E) 2007, I-289 (I-290), der darlegt, dass die Einheit der EU teils schon über die der USA hinausgeht: „The European recognition command is stronger because it is combined with jurisdictional bases that must be observed by rendering courts with respect to EC defendants. Review of jurisdiction is excluded, even for default judgments, except with respect to limited categories of cases, as is a *révision au fond*, and reciprocity becomes irrelevant. What remains are the defenses for violation of procedural 'due process' (in American terms) or of the recognizing state's public policy." Für einen weitergehenden Vergleich *Siehr*, in: Festschr. f. Heldrich, 2005, S. 1045 ff.; auch *Bermann*, in: *Ferrari/Leible* (Hrsg.), Rome I Regulation, 2009, S. 349 ff.

[460] Zur Sonderrolle Großbritanniens, aber auch Irlands und Dänemarks bei Art. 81 AEUV und der abgestuften Integration s. *Hess*, in: Festschr. f. Leipold, 2009, S. 237 ff.; *ders.*, § 2, Rdnr. 26 ff.; bereits 2. Teil § 7 I 2.

[461] Zum englischen Recht *Harris*, J. Priv. Int. L. 4 (2008), 347 ff., der auf S. 375 auch auf das Problem der Qualität von EuGH-Entscheidungen abstellt: „The English reaction to ECJ decisions would undoubtedly be less strong if they could see in the ECJ's judgments a sound process of reasoning that explains the need for a particular solution. But sometimes it is the quality of the ECJ's reasoning which attracts strong criticism amongst English writers. This is particularly the case where the ECJ makes very basic errors about the application of common law doctrines." Dazu verweist *Harris* u.a. auf EuGH, Rs. C-294/92, Slg. 1994, 1717 – *Webb* und die Ausführungen zu *forum non conveniens*. S. auch die englische Darstellung *Layton/Mercer*, European Civil Practice, 2. Aufl. (2004).

[462] Oben 1. Teil § 3 III.

Regeln entschieden[463], obwohl dafür seit der Existenz des Bundesstaates eine Kompetenzgrundlage besteht[464].

IV. Weitere Angleichung des Zivilprozessrechts

1. Andere Binnenräume im Vergleich

Während vorstehend die Frage der Vereinheitlichung des internationalen Zivilprozessrechts im Vordergrund stand, geht es nachfolgend darum, inwieweit auch die nationalen Zivilprozessrechte weiter angeglichen werden sollten. Die nationale Entwicklung legt zumeist die formelle Einheitslösung nahe[465]. So hat das Deutsche Reich von 1871[466] – umgekehrt zur Handhabe der EU – das Gerichtsverfassungs-, Zivilprozess-, Strafprozess- und Konkursrecht in Form der Reichsjustizgesetze 1877/1879[467] *vor* dem Bürgerlichen Recht vereinheitlicht[468]. Zwingend ist das – wie horizontale und vertikale Rechtsvergleichung lehren – freilich nicht.

a) USA

Statt der nationalstaatlichen Einheitslösung weisen die USA, aber bis 2011 auch die Schweizerische Eidgenossenschaft, im Prozessrecht eine enorme Vielfalt auf. Zunächst zum US-Modell, das bekanntlich zwischen Bundes-

---

[463] S. *Basedow*, Tul. L. Rev. 82 (2008), 2119 (2146), der sich zudem bei der Rechtswahl für ein „balancing of the interests and policies of single states at a federal level" ausspricht; bereits oben Fußn. 449; *Hay*, EuLF 2009, I-61 (I-66).

[464] So Art. IV, § 1 U.S. Const. („Full Faith and Credit Clause") oben in Fußn. 445 zitiert; s. *Hay*, Hastings L.J. 32 (1981), 1644 ff.

[465] Wie sie auch Italien 1865 und Österreich 1895 gewählt haben; *Stürner*, in: *Grunsky/Stürner/Walter/Wolf*, S. 1 (2).

[466] Ein 1866 vorgelegter Entwurf einer Allgemeinen Deutschen Civilprozessordnung blieb fruchtlos. Bereits *Thibaut*, Ueber die Nothwendigkeit eines allgemeinen Bürgerlichen Rechts für Deutschland, 1814, S. 12 forderte neben einem reichseinheitlichen Privat- und Strafrecht auch ein Reichsprozessrecht. Zu *Savigny* versus *Thibaut* im Europäischen Privatrecht *Zimmermann*, JBl. 1998, 273 ff.; *Kötz*, ZEuP 2002, 431 ff.

[467] Die Reichsjustizgesetze des Deutschen Reiches mit ZPO, StPO, KO, GVG, RAO und GKG traten am 1.10.1879 in Kraft. 1897 kamen die GBO und 1898 noch das FGG hinzu.

[468] Die Reichsverfassung sah nur eine auf das Obligationen-, Handels- und Wechselrecht beschränkte Zuständigkeit des Reiches vor, die erst nach einer Initiative der Reichstagsabgeordneten *Lasker* und *Miquel* 1873 erweitert wurde, sodass mit den mehr als zwanzig Jahre dauernden Arbeiten an einer gesamtdeutschen Zivilrechtskodifikation von 1896/1900 begonnen werden konnten; *Zweigert/Kötz*, S. 140. Weiter *Kern*, Geschichte des Gerichtsverfassungsrechts, 1954; *Schubert*, Die deutsche Gerichtsverfassung (1869–1877), 1981. Zu den Anfängen einheitlicher höchster Gerichtsbarkeit in Deutschland *Laufs*, JuS 1969, 256 ff. Zur Aufgabe des 1879 geschaffenen Leipziger Reichsgerichts im Vorfeld der nationalen Kodifikation *Wadle*, in: Festschr. f. Lüke, 1997, S. 897 ff.

und Einzelstaatenprozess und -instanzenzug aufgliedert[469]. Gleichwohl bestehen wegen prägender Vorbilder auf der Staatenebene (insbesondere dem Field Code 1848 für den Staat New York)[470], des Einflusses des Common law, des entsprechenden Restatements[471] sowie des verfassungsgerichtlichen[472] und prozessrechtlichen Bundesrechts beträchtliche Gemeinsamkeiten. Für die Bundesgerichte wurden – auf Grundlage des 1934 verabschiedeten Rules Enabling Act[473] – im Jahr 1938 die Rules of Federal Procedure[474] geschaffen, deren Reformen viele Einzelstaaten übernommen haben[475].

Das Prozess- und Gerichtsorganisationsrecht der USA schafft ein Modell, das eine vertiefte Auseinandersetzung unter dem Blickwinkel der Lehren für Gesamteuropa lohnend macht[476]. Ähnliche Fragen stellen sich auf beiden Seiten des Atlantiks: jene nach dem rechten Verhältnis von Vielfalt und Einheit, von Wettbewerb und Vorrang, von Respekt gegenüber historisch geprägter Eigengesetzlichkeiten und übergreifender logischer Kohärenz oder auch ökonomischer Effizienz, von parlamentarisch gesetztem Recht und richterlicher Rechtsfortbildung, von Zivil- und Verfassungsrecht sowie von Ermutigung und Beschränkung des Zugangs zum Recht durch Private und untere Gerichte. Diese Organisationsfragen sind komplex. Darum kann hier nur auf wenige Bausteine eingegangen werden.

Deutlich wird vorab, welchen hohen Grad an Rechtskomplexität sich die USA erlauben. Ausgeglichen wird dies zwar durch eine gemeinsame Sprache, Universitätsausbildung, Rechtskultur bzw. Rechtskreiszugehörigkeit (bis auf den Sonderfall Louisiana). Aber die prozessrechtliche und gerichtliche Zweispurigkeit sowie viele der einzelstaatlichen Besonderheiten, die von weiten Teilen der US-amerikanischen Rechtswissenschaft unter dem Begriff des Wettbewerbs der Rechtsordnungen begrüßt werden, sind

---

[469] Oben 3. Teil § 2 III 1 d) und e) sowie dort § 2 VI 2 c) und d).

[470] *Friedenthal/Miller/Sexton/Hershkoff*, S. 541 ff., 552.

[471] S. Restatement Second, Judgments (1982); s. auch Restatement Second, Conflict of Laws von 1971, teils 1988 geändert; Restatement Third, The Foreign Relations Law of the United States (1987).

[472] Wegen der Verfassungsgerichtsbarkeit in den USA tauge die dortige Rechtslage wenig als Argument, man solle eine EU-weite Zivilverfahrensrechtsangleichung unterlassen, meint *Kerameus*, RabelsZ 66 (2002), 1 (10).

[473] *Friedenthal/Miller/Sexton/Hershkoff*, S. 552.

[474] Die ersten neun Kapitel lauten: 1. Scope, 2. Commencement of Suits, 3. Pleadings and Motions, 4. Parties, 5. Discovery, 6. Trial, 7. Judgment, 8. Provisional and Final Remedies sowie 9. Special Proceedings. Zu weiteren Bundesvorschriften *Schack*, Rdnr. 27 ff.

[475] Zur Bedeutung der F. R. Civ. P. etwa *Menkel-Meadow/Garth*, in: *Cane/Kritzer* (Hrsg.), The Oxford Handbook of Empirical Legal Research, 2010, S. 679 (683).

[476] Ausführlicher bereits oben 1. Teil § 3 I; zu den Herausforderung des US-Zivilprozessrechts aus europäischer Sicht 1. Teil § 3 III.

historisch durch das Bemühen um eine Machtbalance zwischen Einzel- und Bundesstaaten bedingt[477].

Die inneramerikanischen Abweichungen sind – anders als ein erster Blick vielleicht vermuten lässt – nicht durchgängig für die Schaffung und Förderung eines US-Binnenmarktes sinnvoll oder effizient. So bereiten die Kompetenzvielfalt und die Zuständigkeitsfragen (*personal and subject matter jurisdiction*) des US-amerikanischen Zivilprozessrechts vielfältige Probleme[478]. Die Abgrenzungsprobleme treten zu den sonstigen Aspekten hinzu, die das „American Civil Procedural Monster"[479] ausmachen: *discovery, jury trials, rule of costs, contempt sanctions*, kostenintensive *law firms* und die extraterritoriale Anwendung des US-Rechts[480].

Zu beachten sind hier eigennützige Bestrebungen, die sich unter dem Gesichtspunkt des Delaware-Effekts und des umgekehrten Delaware-Effekts beschreiben lassen, also einmal als Absenkung des Schutzniveaus im Falle des Unternehmensrechts des Staates Delaware und ein anderes Mal die Heraufsetzung des Schutzniveaus, was Prozesse, Rechtsberatung und Niederlassungen in den eigenen Bundesstaat lockt[481].

b) Schweiz

Noch kurz zur bereits angesprochenen Schweizer Rechtslage. In der Schweiz haben die Gesetzgeber der 26 Kantone über zweihundert Jahre eigene Prozessrechte geschaffen, was die Eidgenossenschaft zu einem Experimentierfeld des Prozessrechts machte[482]. Die Rechtszersplitterung, die in horizontaler und vertikaler Hinsicht bestand (wegen geschriebener und unge-

---

[477] Vgl. im Zusammenhang mit der Entwicklung des Föderalismus in den USA *Trute*, ZaöRV 49 (1989), 191 ff.

[478] *Schack*, S. 18 ff.; bereits oben 3. Teil § 2 VI 2 d) und in diesem 4. Teil bei Fußnotenzeichen 55.

[479] So *Stürner*, Why are Europeans afraid, S. 16.

[480] *Stürner*, Why are Europeans afraid, S. 16; etwa zu „thinking like an American lawyer" *Subrin/Woo*, Litigating in America – Civil Procedure in Context, 2006, S. 103 ff.

[481] *Kieninger*, S. 105 ff. Deutlich wird der Wettbewerb etwa auch beim „right of publicity", das einige US-Bundesstaaten neben dem „right of privacy" (also dem „right to be let alone") anerkennen; vgl. *Zacchini v. Scripps-Howard Broadcasting Co.*, 433 U.S. 562 (1977); *Haelan Laboratories, Inc. v. Topps Chewing Gum, Inc.*, 202 F.2d 866 (2d Cir. 1953). Einige davon sehen auch eine postmortale Phase von 70 Jahren vor (z.B. in Kalifornien der Astaire Celebrity Image Protection Act), andere 30 Jahre (z.B. Pennsylvania), während Indiana als Sonderfall gar 100 Jahre gewählt hat (Indiana Right of Publicity Act); zu den Hintergründen des damit im Staat Indiana verbundenen „celebrity marketing"-Geschäftsmodells *Biene*, IIC 2007, 859; zum „right of privacy" in den USA auch *Rösler*, Berkeley J. Int'l L. 26 (2008), 153 (159 ff.).

[482] Vgl. *Oberhammer*, in: Festschr. f. Kramer, 2004, S. 1025 (1038 f.).

schriebener zivilprozessrechtlicher Normen des Bundeszivilrechts)[483], wurde als erheblich und hinderlich eingestuft. Das gehört der Vergangenheit an[484]: Die neue Schweizerische Zivilprozessordnung ist am 1.1.2011 in Kraft getreten und hat schweizweit die Verfahren vor kantonalen Zivilgerichten vereinheitlicht[485]. Zudem haben sich schon vor der Reform Ansätze zu einer zweiten Säule entwickelt[486]: Auf der Bundesebene existiert bereits seit 1947 ein helvetisches Bundesgesetz über den Bundeszivilprozess und seit 2005 ein Gesetz über das Bundesgericht.

2. Bewertung

Einheitliche Binnenräume – wie bei der australisch-neuseeländischen Integration[487] innerhalb eines Sprachraums oder wie im Fall der Schweiz auch über Sprachgrenzen hinweg – streben im Interesse einer verbesserten Rechtsdurchsetzung und Rechtssicherheit nach prozessrechtlichen Vereinheitlichungen. Die USA bleiben ein interessanter Sonderfall. Jedoch erzielt das amerikanische Recht eine gewisse Einheit durch die verfahrensrechtliche Zweispurigkeit und die (indirekten) Rückkoppelungseffekte insbesondere des bundesstaatlichen auf die einzelstaatlichen Prozessrechte.

Der Unionsgesetzgeber hat zur Verringerung nationaler prozess- und vollstreckungsrelevanter territorialer Grenzen und Souveränitätsvorbehalte im Wege einer Verordnungsflut (und einer Zurückdrängung des Common law)[488] bereits sehr weitgehende Erleichterungen geschaffen: Die EuGVO

---

[483] *Brönnimann*, recht – Zeitschrift für juristische Ausbildung und Praxis 2009, 79 (96).

[484] *Berger/Güngerich*, Zivilprozessrecht – Unter Berücksichtigung des Entwurfs für eine schweizerische Zivilprozessordnung, der bernischen Zivilprozessordnung und des Bundesgerichtsgesetzes, 2008; *Sutter-Somm*, ZZPInt 2002, 369; *ders./Hasenböhler* (Hrsg.), Die künftige schweizerische Zivilprozessordnung – Mitglieder der Expertenkommission erläutern den Vorentwurf, 2003; der Vereinheitlichung des Zivilprozessrechts widmen sich auch Beiträge auf dem Schweizerischen Juristentag 2009, enthalten in ZSR 128 (2009), 185 ff. S. weiter zu den Veränderungen im Schweizer IPR und IZVR *Schnyder*, in: Festschr. f. Jayme, 2004, S. 823 ff.; *Stadler*, in: *Hofmann/Reinisch/Pfeiffer/Oeter/Stadler*, S. 177 (184 f., 188).

[485] Gestützt auf die 2000 in Art. 122 I BV eingeführte Kompetenz des Bundes; *Brönnimann*, recht – Zeitschrift für juristische Ausbildung und Praxis 2009, 79 f.

[486] *Meier*, RabelsZ 66 (2002), 308 (310 ff.); *Stürner*, in: *Grunsky/Stürner/Walter/Wolf*, S. 1 (3).

[487] Seit 2008: „Trans-Tasman Court Proceedings and Regulatory Enforcement"; dazu als echtes Binnenmarktprozessrecht *Knöfel*, RIW 2009, 603 ff.

[488] S. zu den Herausforderungen für das englische Recht *Hartley*, ICLQ 54 (2005), 813 ff.: „systematic dismantling"; *Dickinson*, J. Priv. Int. L. 1 (2005), 197 ff.; zu EuGH-Entscheidungen *Owusu*, *Turner* und *West Tankers* und „anti-suit injunctions" s. zuletzt *Illmer*, IPRax 2011, 514 ff.; *Hess*, § 4, Rdnr. 70 ff.; zu *West Tankers* (Rs. C-185/07, Slg.

hat die Anerkennung ausländischer Entscheidungen beträchtlich erleichtert und erstinstanzlich zu einer reinen Formsache gemacht[489]. Die Verordnung über den Europäischen Vollstreckungstitel für unstreitige Forderungen schafft das erwähnte Exequaturverfahren ab und erleichtert damit die Vollstreckung innerhalb der EU. Die EU-Zustellungszeiten wurden zudem durch die entsprechende Verordnung von 2000 bzw. 2007[490] beträchtlich verkürzt[491] und nicht zuletzt wegen geringerer Übersetzungsanforderungen erleichtert[492].

Bei den Rechtsakten zum IZVR fingiert die Union vielfach und insbesondere zur Lösung der Zuständigkeitskonflikte die Gleichwertigkeit des Rechtsschutzes im europäischen Justizraum[493]. Neben den offensichtlichen, eher tatsächlichen Hindernissen der Rechtsverfolgung im Ausland (fremde Sprache, räumliche Distanz, abweichende Gepflogenheiten, erhöhte Informationskosten etc.) hat das Gerichtsforum nämlich auch Einfluss auf das (rechtzeitige) materiellrechtliche Ergebnis von Verfahren – ein Umstand, der zu dem bekannten Phänomen des klägerseitigen *forum shoppings* und den italienischen Torpedoklagen[494] Anreiz gibt.

Von Gewicht sind ebenso unterschiedliche Fristen, die Beweislast, der Umfang der Beweiserhebung sowie Beweismittelbeschränkungen[495], aber

---

2009, I-663) *Heinze/Dutta*, Yearbook of Private International Law 9 (2007), 415 ff.; s. auch oben Fußn. 461.

[489] *Stadler*, in: *Hofmann/Reinisch/Pfeiffer/Oeter/Stadler*, S. 177 (189).

[490] Überarbeitung durch Verordnung 1393/07/EG; *Hess*, § 8, Rdnr. 14 f.; *Sujecki*, in: *Gebauer/Wiedmann* (Hrsg.), Zivilrecht unter europäischem Einfluss, 2. Aufl. (2010), Kap. 30.

[491] Berichtet wird von bis zu zwei Jahre dauernden Zustellungen; *Stadler*, in: *Hofmann/Reinisch/Pfeiffer/Oeter/Stadler*, S. 177 (190).

[492] Nach Art. 8 I a) genügt die Abfassung in einer Sprache, die der Empfänger versteht; dazu *Rösler/Siepmann*, NJW 2006, 475 ff.; *dies.*, RIW 2006, 512 ff.

[493] Etwa *Sander/Breßler*, ZZP 122 (2009), 157 ff.; *Blobel/Späth*, E.L. Rev. 30 (2005), 528 ff.; vgl. auch oben Fußn. 456.

[494] D.h. die Anrufung einer als notorisch langsam bekannten Jurisdiktion zur Verzögerung oder Verhinderung der Durchsetzung von Leistungs- oder Schutzansprüchen seitens der gegnerischen Partei; bereits 1. Teil § 2 II 2; ausführlich *Sander/Breßler*, ZZP 122 (2009), 157 ff. m. w. Nachw.; *Ingemar*, Einstweiliger Rechtsschutz bei Torpedoklagen, 2007; die Klagen vor dem EGMR wegen überlanger Verfahrensdauern mögen daran strukturell nur bedingt und schrittweise etwas zu ändern. In den USA sind die *forum non conveniens*-Lehre, die *antisuit injunctions* und *class actions* zu beachten; dazu *Stadler*, in: *Hofmann/Reinisch/Pfeiffer/Oeter/Stadler*, S. 177 (200 f.); zum *forum non conveniens* im US-amerikanischen Prozessrecht *Schütze*, in: Festschr. f. Kropholler, 2008, S. 905 ff.; speziell zum Stand der Lehre vom *forum non conveniens* in England *Blobel/Späth*, RIW 2001, 598 ff. und kurz oben Fußn. 461.

[495] *Stürner*, in: Festschr. f. Stoll, 2001, S. 691 ff.; *ders.*, in: *Basedow* (Hrsg.), Private Enforcement of EC Competition Law, 2007, S. 164 ff.; entwicklungsgeschichtlich *ders.*, in: Festschr. f. Söllner, 2000, S. 1171 ff.; ausführlich und mit 24 Landesberichten *Nagel/*

auch die Einbeziehung von Dritten in den Prozess. Gleichfalls relevant ist die angesprochene Rolle des Zivilrichters, der den Prozess je nach Rechtskreis und Verfahrensordnung eher aktiv oder passiv führt[496] und der in einem unterschiedlichen Umfang der Rechtsfortbildung dient[497]. Dem tritt das divergierende Rollenverständnis der Anwaltschaft hinzu. Die Entfaltung der Rechtskraft, die Kostenregelungen sowie sonstige Unterschiede bei der Ausgestaltung des Prozess- und Justizrechts und der gelebten Prozesskultur[498] üben weiteren Einfluss aus[499].

Einmal abgesehen von dem stark zu bezweifelnden Umstand, ob der EU überhaupt eine Kompetenz zusteht[500], erfordert der Binnenmarkt derzeit keine vollständige Angleichung des nationalen Prozessrechts[501], d.h. keine generelle Vereinheitlichung von Form, Verfahren und Urteil[502]. Sinnvoll ist dagegen eine verbesserte Zusammenarbeit in der EU, wie sie der Unionsgesetzgeber seit dem Vertrag von Amsterdam aus dem Jahr 1999 verfolgt.

Dabei ist den bestehenden Effizienzabweichungen, Gleichwertigkeitsmängeln und Gerechtigkeitsdefiziten entgegenzuwirken. Zur Anregung

---

Bajons (Hrsg.), Beweis – Preuve – Evidence, Grundzüge des zivilprozessualen Beweisrechts in Europa, 2003; die 14 Länderberichte in *de Freitas* (Hrsg.), The Law of Evidence in the European Union, 2004; *Brinkmann*, Das Beweismaß im Zivilprozess aus rechtsvergleichender Sicht, 2005; *Dammann*, Materielles Recht und Beweisrecht im System der Grundfreiheiten, 2007, S. 489 ff.; *Wagner*, ZEuP 2008, 6 (22); zur Prozessrechtsharmonisierung durch Schiedsgerichte *ders.*, ZEuP 2001, 441 ff.

[496] Oben Fußn. 399.

[497] Vgl. zum Rechtsfortbildungszweck des Zivilprozesses *Brehm*, in: Festschr. f. Schumann, 2001, S. 57 ff.

[498] Oben Fußn. 395.

[499] S. auch *Stadler*, in: *Hofmann/Reinisch/Pfeiffer/Oeter/Stadler*, S. 177 (197, 202, 204).

[500] Art. 67 IV, 81 II AEUV erfordern grenzüberschreitenden Bezug; anders als Art. 114 AEUV; s. *Heinze*, in: *Basedow/Hopt/Zimmermann*, S. 555 (556). Teils wird das Prozessrecht wie ein Annex zur EU-Sachkompetenz behandelt. So müssen die Mitgliedstaaten nach Art. 5 Verzugsrichtlinie 2000/35/EG beschleunigte Verfahren einrichten, die eine Titulierung von unbestrittenen Forderungen binnen 90 Kalendertagen ermöglichen, *Hess*, § 11, Rdnr. 9, 17 ff. und *Mäsch*, in: *Langenbucher*, § 9, Rdnr. 5 ff. mit weiteren Beispielen.

[501] *Stürner*, in: *Grunsky/Stürner/Walter/Wolf*, S. 1 (10) plädiert anstatt der Vereinheitlichung für eine Gleichwertigkeit der Prozessordnungen und sieht zudem die Gefahr, es entstünde nur ein „Retortenprodukt klug mischender Rechtsangleicher"; in die gleiche Richtung *Stadler*, in: *Hofmann/Reinisch/Pfeiffer/Oeter/Stadler*, S. 177 (206): „Eine Uniformität der Verfahren wird sich [...] zu keinem Zeitpunkt erreichen lassen. Jedes Prozessrecht muss dem Richter Gestaltungsspielräume belassen. Es ist in besonderem Maße ‚law in action', dessen Umsetzung und Handhabung vom individuellen Temperament des Richters, seiner Sozialisation und seinem (rechts)kulturellen Hintergrund abhängt".

[502] *Prütting*, in: Festschr. f. Baumgärtel, 1990, S. 457 (461).

einer weitergehenden Angleichung würde sich die Schaffung von wissenschaftlichen Modellregeln – wie etwa die „Principles of Transnational Civil Procedure" von ALI und UNIDROIT[503] – als Frucht einer ordnenden, systematisierenden und wertenden europäischen Prozessrechtsvergleichung[504] bzw. gegossen in einen Gemeinsamen Referenzrahmen des Prozessrechts (wohl eher als *lex academica*) eignen. Dabei wären auch Erfahrungen und Anregungen aus der Schiedsgerichtsbarkeit aufzunehmen.

3. EuZPO?

Teils wird die integrationsrelevante Vereinheitlichung des Zivilprozessrechts als gut durchführbar[505] und wünschenswert[506], teils als schwierig[507], teils auch als (fast) undurchführbar[508] eingestuft. Eine allgemeine EuZPO[509] bleibt zunächst Zukunftsmusik[510]. Anstatt eine Gesamtkodifikation anzu-

---

[503] S. zur Frage, ob sich die „Principles of Transnational Civil Procedure" als eine Basis und ein Modell für Europa eignen positiv *Stadler*, in: Festschr. f. Kerameus, 2009, S. 1355 ff.; bejahend *Hess*, § 13, Rdnr. 2, 20, und zwar zur Schaffung eines (optionalen) europäischen Verfahrens für grenzüberschreitende Handelsstreitigkeiten. *Heinze*, JZ 2011, 709 (712) begrüßt dies als Alternative zur Schiedsgerichtsbarkeit und um Gerichtsgebühren zu senken. Zu Ansätzen von fakultativen Instrumenten *ders.*, JZ 2011, 709 (711).

[504] Etwa dem Ansatz der *Storme*-Kommission entsprechend; *Hess*, in: Festschr. f. Geimer, 2002, S. 339; wie hier auch *Stadler*, in: *Hofmann/Reinisch/Pfeiffer/Oeter/ Stadler*, S. 177 (203, 206); *Wagner*, ZEuP 2008, 6 (22, 23) sowie *Heinze*, in: *Basedow/ Hopt/Zimmermann*, S. 555 (559) sprechen sich für „Principles of European Civil Procedure" aus. Recht wirkungslos dagegen die knappe Empfehlung *Council of Europe, Committee of Ministers*, Recommendation No. R (84) 5 of the Committee of Ministers to Member States on the Principles of Civil Procedure Designed to Improve the Functioning of Justice (Adopted by the Committee of Ministers on 28 February 1984 at the 367th meeting of the Ministers' Deputies).

[505] Breits bei Fußn. 400.

[506] Etwa *Kerameus*, RabelsZ 66 (2002), 1 (5), der die Frage nachstehend umfassend behandelt; bereits *ders.*, Am. J. Comp. L. 43 (1995), 401 ff.; *Schwartze*, ERPL 8 (2000), 135 ff.: „missing link"; auch *Baur*, in: *Grunsky/Stürner/Walter/Wolf* (Hrsg.), Wege zu einem europäischen Zivilprozessrecht, 1992, S. 145 (147): ein einheitliches materielles Wirtschaftsrecht erfordere auf die Dauer auch ein einheitliches Verfahrensrecht.

[507] *van Rhee/Verkerk*, in: *Smits*, S. 120 (128) verweisen auf Schwierigkeiten im Justizorganisationsrecht.

[508] S. dazu *Taruffo*, in: *Cafaggi/Muir-Watt* (Hrsg.), Making European Private Law – Governance Design, 2008, S. 46 (51 ff.), die sich hier freilich auf das ganze Zivilprozessrecht bezieht; zu den Wegen einer Europäisierung des Prozessrechts *Gilles*, ZZPInt 7 (2002), 3 (19 f.).

[509] S. *Netzer*, Status quo und Konsolidierung des Europäischen Zivilverfahrensrechts – Vorschlag zum Erlass einer EuZPO, 2011, S. 23 ff., der sich letztlich aber auch für eine Konsolidierung des IZVR ausspricht.

[510] Dazu etwa *Leible*, in: *Müller-Graff* (Hrsg.), Der Raum der Freiheit, der Sicherheit und des Rechts, 2005, S. 55 ff.; *Stadler*, in: *Hofmann/Reinisch/Pfeiffer/Oeter/Stadler*,

gehen, wird sich der Unionsgesetzgeber auf überwiegend verordnungsveranlasste sektorielle Änderungen und Konsolidierungen[511] beschränken, die ein Stück weit von der Technizität[512] der Materie geprägt sein werden[513]. Allerdings wird dann zu prüfen sein, wie die bruchstück- und lückenhaften Ansätze in ein systematisch kohärentes Konzept[514] zu bringen sind und wo die effektive Durchsetzung der materiellen Rechtspositionen, die eben auch eine hinreichende Gleichheit im Rechtsschutz zu umfassen hat, eine Angleichung der Verfahrensrechte empfiehlt.

Vor diesem Hintergrund ist auch die aufgezeigte Herausformung eines eigenen Prozessrechts für die Unionsgerichte von Bedeutung[515]. Das unionseigene Prozessrecht gewinnt nicht nur wegen der mit EuG sowie EuGöD geschaffenen zwei- und auch dreiinstanzlichen Gerichtsbarkeit an Gewicht. Zu verweisen ist auch auf die erwähnte Diskussion um das Gemeinschaftspatent und die Einrichtung einer zentralen europäischen Patentgerichtsbarkeit[516]: Damit wären zum ersten Mal Streitigkeiten zwischen Privatparteien europäisch zu entscheiden, und zwar erst- und zweitinstanzlich und mit Tatsachenermittlung. Auch wenn es hier um den speziellen Bereich der Patentverletzung mit Unterlassungs- und Schadensersatzansprüchen geht, ist die entsprechende Entwicklung eines genuin europä-

---

S. 177 (202) spricht sich für den Wettbewerb nationaler Systeme aus; s. auch *Hess*, § 13, Rdnr. 22, 24: derzeitige Aufgabe sei (selbst im Fall der Schaffung von Unionszivilgerichten) die Koordinierung der nationalen Prozessrechte unter Achtung der gewachsenen Rechtskulturen. Zur Vorsicht mahnt auch *Schack*, in: Festschr. f. Leipold, 2009, S. 317 (334).

[511] Für eine Konsolidierung etwa *McGuire*, ecolex 2011, 218 (222); *dies.*, ecolex 2008, 100 (104).

[512] EuGVÜ bzw. EuGVO und New Yorker Übereinkommen über die Anerkennung und Vollstreckung ausländischer Schiedssprüche v. 10.6.1958 sind gerade durch besondere Technizität gekennzeichnet, was entsprechende Vereinheitlichungen erleichterte; *Kerameus*, RabelsZ 66 (2002), 1 (8).

[513] Auch über einen Gemeinsamen Referenzrahmen für das Europäische Zivilprozessrecht ist nachzudenken; etwa vorgeschlagen von *Hau*, GPR 2007, 93 (99 f.).

[514] Vgl. zur Bedeutung nationaler Kodifikationen im Zeitalter der Europäisierung des Zivilprozessrechts *M. Stürner*, in: Jahrbuch für italienisches Recht, Bd. 23 (2010), S. 93 ff. Zum Kodifikationsideal mit materiellem Recht *Rösler*, Europäisches Konsumentenvertragsrecht, S. 241 ff.

[515] Das auch dazu beiträgt, dass der richterlich geleitete Prozess (im Gegensatz zum parteibetriebenen) europaweit an Boden gewinnt; *Stürner*, in: *Grunsky/Stürner/Walter/Wolf*, S. 1 (12); s. insbesondere Art. 38 § 7; Art. 40 § 2; Art. 41 § 2; Art. 44 § 1; Art. 45; Art. 60 VerfO-EuGH. S. weiter umfassend zum Entscheidungsspielraum des Richters *Storme/Hess* (Hrsg.), Discretionaire bevoegdheid van de rechter: grenzen en controle/ Discretionary Power of the Judge: Limits and Control, 2003. Zu weiteren Bereichen *Münzberg*, in: *Grunsky/Stürner/Walter/Wolf*, S. 69 ff.

[516] Bereits oben 3. Teil § 2 IV.

ischen Zivilprozessrechts erforderlich[517]. Die im 3. Teil vorgeschlagene Schaffung eigenständiger EU-Zivilgerichte[518] würde ebenfalls eigenständige Zivilverfahrensrechte benötigten[519].

Weitere Rechtsakte zur Harmonisierung des Zivilverfahrensrechts werden die Konvergenz beschleunigen: Der Aktionsplan der Europäischen Kommission zur Umsetzung des Stockholmer Programms[520] enthält eine ganze Fülle von erfolgten[521] und angekündigten Rechtsaktvorschlägen. Damit soll – angesichts der zunehmenden Vertiefung des Binnenmarkts – ein Sockel an gemeinsamen Mindestnormen geschaffen und der Zugang zu Gerichten verbessert werden. Das ist zu begrüßen[522] und ist – wie stets – an den praktischen Bedürfnissen der Rechtsschutzsuchenden auszurichten[523].

Trotz vereinheitlichter EU-Kollisionsregeln ist derzeit die Ermittlung (und Anwendung) ausländischen Rechts in besonderem Maße problematisch[524]. Ebenfalls wichtige Aufgaben stellen sich – gerade angesichts der Unterschiede zwischen Common und Civil law – bei dem Zugang zu

---

[517] Darauf weist *Remien*, EuR 2005, 699 (711 ff.) hin; s. kurz *Bundesrechtsanwaltskammer*, BRAK-Mitt. 2000, 292 (296).

[518] Oben 3. Teil § 2 VI 2.

[519] Umgekehrt lässt sich im EU-IZVR, das verstärkt auf interjustizielle Kooperation setzt, auch eine Alternative zur Einrichtung solcher Unionsgerichte erblicken. Vgl. in die Richtung *Wagner*, ZEuP 2008, 6 (21 f.).

[520] KOM(2010) 171 endg. Das Stockholmer Programm „Ein offenes und sicheres Europa im Dienste und zum Schutz der Bürger" findet sich in ABl.EU 2010 Nr. C 115, S. 1.

[521] Grünbuch „Effiziente Vollstreckung gerichtlicher Entscheidungen in der Europäischen Union" KOM(2008) 128 endg.; dazu *Bruns*, ZEuP 2010, 809 ff.; Grünbuch zur „effizienteren Vollstreckung von Urteilen in der Europäischen Union: Vorläufige Kontenpfändung", KOM(2006) 618 endg.; dazu die Stellungnahme *Max Planck Working Group* (Koord.: *v. Hein*), ECFR 4 (2007), 252 ff.

[522] S. etwa zu Vollstreckungsproblemen die Berichte und Analysen in *Harsági/Kengyel* (Hrsg.), Grenzüberschreitende Vollstreckung in der Europäischen Union, 2011.

[523] *Hess*, § 13, Rdnr. 25: „Effektiver und fairer Rechtsschutz sind gleichermaßen Ziel und Maßstab jeder Rechtsetzung und Rechtsanwendung im Europäischen Zivilprozessrecht".

[524] Über die Praxis in 27 europäischen Staaten und einem Vorschlag für eine künftige EU-Verordnung zur Anwendung ausländischen Rechts (Madrid Principles) *Esplugues/Iglesias/Palao* (Hrsg.), Application of Foreign Law, 2011; bereits *Esplugues*, ZZPInt 14 (2009), 201 ff.; ebenfalls vergleichend *Trautmann*, S. 164 ff. und zum Harmonisierungsbedarf S. 404 ff.; zu Problemen vor deutschen und englischen Gerichten bereits *ders.*, ZEuP 2006, 283 ff.

Dokumenten[525], der Beweiserhebung[526] sowie bei der Koordinierung der autonomen Zwangsvollstreckungsrechte[527].

Die punktuellen Angleichungsansätze bewirken eine Rechtszersplitterung mitsamt Regelungslücken und Effizienzdefiziten[528]. Bald wird sich darum die Frage der vollharmonisierenden Koordination, Konsolidierung und Verbesserung der Rechtsmaterie stellen. Zu diesem Zweck ließe sich das EU-IZVR mit seinem Dreiklang von Grundsätzen aus dem Primärrecht, IZVR-Vorschriften und Sonderprozessrechten[529] in einer einheitlichen Verordnung[530] kodifizieren[531]. Hierdurch wäre das Verfahrensrecht bei grenzüberschreitenden Streitigkeiten weitgehend und stimmig vereinheitlicht[532].

Sicher hätte eine zweite Säule auch Rückwirkungen auf das nationale Verfahrensrecht, das mit anderen Worten auf rein innerstaatliche Sachverhalte anzuwenden ist. Das gilt aber angesichts einer gewissen Vorbildfunktion des EU-IZVR[533] sowie der dualen Verfahrensrechte bereits derzeit. Da die *lex fori*-Regel – als ein allgemeines Anliegen im Verfahrensrecht – die Anwendbarkeit verschiedener Prozessordnungen vermeiden

---

[525] S. ausgehend von der Durchsetzungsrichtlinie *Beckhaus*, Die Bewältigung von Informationsdefiziten bei der Sachverhaltsaufklärung, 2010; s. auch *Verkerk*, Fact-Finding in Civil Litigation – A Comparative Perspective, 2010.

[526] Oben Fußn. 495. Zum internationalen Beweisrecht – auf Grundlage der Beweisaufnahmeverordnung 1206/2001/EG (EuBVO), die es dem Gericht sogar ermöglicht, unmittelbar in einem anderen Mitgliedstaat Beweiserhebungen durchzuführen – *Knöfel*, EuR 2010, 618 ff.; *ders.*, EuZW 2008, 267 ff.; *Heinze*, JZ 2011, 709 (710); *Adolphsen*, Europäisches Zivilverfahrensrecht, 2011, S. 235 ff.; *Müller*, Grenzüberschreitende Beweisaufnahme im europäischen Justizraum, 2004. Zu den Regelungen der Beweislast im Sekundärrecht (etwa in Art. 5 III Verbrauchsgüterkaufrichtlinie) s. *Mäsch*, in: *Langenbucher*, § 9, Rdnr. 21 ff. Speziell für den EuGH: *Baumhof*, Die Beweislast im Verfahren vor dem Europäischen Gerichtshof, 1996; zur Beweisaufnahme vor dem EuGH *Berger*, in: Festschr. f. Schumann, 2001, S. 27 ff.; etwa durch Einholung von Sachverständigengutachten *Barbier de La Serre/Sibony*, CML Rev. 45 (2008), 941 ff.

[527] *Hess*, § 13, Rdnr. 1, 24; rechtsvergleichend zur Vollstreckung in Zivilsachen sowie zu einstweiligen Maßnahmen *Stürner/Kawano* (Hrsg.), Comparative Studies on Enforcement and Provisional Measures, 2011; oben Fußn. 521 f.

[528] S. für Kritik *Tulibacka*, CML Rev. 46 (2009), 1527 (1553 ff.); *Storskrubb*, Civil Procedure and EU Law – A Policy Area Uncovered, 2008, S. 303 ff.; *Hess*, § 13, Rdnr. 15; *Netzer*, S. 12 ff.

[529] Dazu oben Fußn. 419.

[530] *Heinze*, in: *Basedow/Hopt/Zimmermann*, S. 555 (558); *Netzer*, S. 271 ff. hat einen recht knappen und zur Konsolidierung gedachten Verordnungsvorschlag vorgelegt.

[531] Gerade gegen eine Kodifikation, da übereilt und wegen der Gefahr einer Versteinerung der dynamischen Rechtsentwicklung *Hess*, § 13, Rdnr. 18; mittelfristig ist er jedoch für eine zusammenhängende „Kodifikation" von IPR und IZPR in einer Verordnung, s. *Hess*, NJW 2000, 23 (32); s. auch oben Fußn. 514.

[532] S. *Rehm*, in: Festschr. f. Heldrich, 2005, S. 955 (965).

[533] *Heinze*, JZ 2011, 709 (712).

will[534], stellt sich schon jetzt die Frage, ob doppelte, also unionale und nationale Vorschriften, etwa für Mahnverfahren[535], Bagatellverfahren und Prozesskostenhilfeverfahren mittel- und langfristig Sinn ergeben[536]. Neben diesen Tendenzen der Partikularisierung ist auch die – bereits im 2. Teil beschriebene[537] – Materialisierung und Konstitutionalisierung zu bewältigen[538].

V. EU-IPR

Parallele Herausforderungen bestehen auch für das Internationale Privatrecht. Das IPR ist bekanntlich nicht Entscheidungs-, sondern Verweisungsrecht[539], indem es bei Sachverhalten mit Verbindung zum ausländischen Recht, oder anders gewendet im Fall der „Collision der Territorialrechte"[540], zur Anwendung des ausländischen Rechts bei der Sachentscheidung führen kann. Das unterscheidet das IPR vom IZVR, schließlich gilt für die Feststellung und Durchsetzung privatrechtlicher Ansprüche das eben erwähnte *lex fori*-Prinzip[541]. Das Internationale Privatrecht ist also zumeist national geschaffenes Recht. Der Begriff legt zwar anderes nahe. Es handelt sich aber um eine unglückliche Übersetzung des vom US-Amerikaner *Joseph Story* (1779–1845)[542] erstmals verwendeten Ausdrucks „private international law"[543].

---

[534] Im vorliegenden Kontext *Wagner*, ZEuP 2008, 6 (21); oben Fußn. 411.

[535] Kritisch zur EuMahnVO *Pernfuß*, Die Effizienz des Europäischen Mahnverfahrens, 2009; *Sujecki*, Das elektronische Mahnverfahren 2008, S. 205 ff.

[536] Für eine Rückkehr zu einheitlichen Regeln für nationale wie grenzüberschreitende Verfahren durch entsprechende Vereinheitlichung spricht sich *Heinze*, in: *Basedow/Hopt/Zimmermann*, S. 555 (558 f.) aus; ausführlich *Wagner*, ZEuP 2008, 6 (21): Eine Harmonisierung der nationalen Zivilprozessrechte sei nur eine Frage der Zeit. Zum Neben- und Miteinander von europäischem und nationalem Zivilprozessrecht *Geimer*, NJW 1986, 2991. Zu den Einstellungen der Mitgliedstaaten zur Harmonisierung des Zivilprozessrechts *Freudenthal*, in: *van Rhee/Uzelac* (Hrsg.), Enforcement and Enforceability – Tradition and Reform, 2010, S. 3 ff.

[537] 2. Teil § 7 I 3.

[538] Näher auch *Heinze*, JZ 2011, 709 (715 f.).

[539] *Basedow*, in: *ders./Hopt/Zimmermann* (Hrsg.), Handwörterbuch des Europäischen Privatrechts, 2009, S. 902; auch *Kropholler*, Internationales Privatrecht, 6. Aufl. (2006), S. 2: Recht „über" Rechtsordnungen; *v. Hoffmann/Thorn*, Internationales Privatrecht, 9. Aufl. (2007), Rdnr. 3–4.

[540] Grundlegend *v. Savigny*, System des heutigen römischen Rechts, Bd. VIII, 1849, S. 27, wo er die Parallelen zu den „particularen", d.h. interlokalen Konflikten desselben Staates betont.

[541] Wegen des im IZVR herrschenden *lex fori*-Prinzips; oben Fußn. 411.

[542] *Story*, Commentaries on the Conflict of Laws, Foreign and Domestic, 1834, S. 9 (§ 9).

Innerhalb des EWG-Verbundes wurde die Materie zunächst konventionsrechtlich geregelt[544], dann aber bekanntlich im Zuge des Systemwechsels[545] in den Rom I- und Rom II-Verordnungen für vertragliche und außervertragliche Rechtsverhältnisse vereinheitlicht[546]. Damit unterscheidet sich die Rechtslage grundlegend von der in den USA, die gerade kein einheitliches Kollisionsrecht kennen[547], weshalb dort einzelstaatliches Fallrecht vorherrscht[548]. Die Abwägung bei den Anknüpfungspunkten geschieht in den Vereinigten Staaten anhand des Einzelfalls[549]. Die Balance zwischen Einheit und Einbindung der Gliedstaaten hat im Laufe der Zeit zu einer Betonung der einzelstaatlichen *governmental interests* an der Anwendung des eigenen Rechts geführt. Im Gegenzug wurden individuelle Gerechtigkeitsaspekte eher zurückgedrängt[550].

Im Unterschied dazu dienen die unionsrechtlichen Vereinheitlichungen dem Integrationsinteresse, so dass die Zeichen auf Reform und auf den Ausbau der Gesamtmaterie stehen[551]. Das IPR wird häufiger in Verknüpfung mit IZVR-Fragen geregelt[552]. Erwähnenswert ist dazu das internationale Familien- und Erbrecht, das bekanntlich einen besonderen Stellenwert bei der Verwirklichung der europäischen Zivilgesellschaft einnimmt. Für

---

[543] *v. Bar/Mankowski*, Internationales Privatrecht, Bd. I, 2. Aufl. (2003), § 1, Rdnr. 15; *Kropholler*, Internationales Privatrecht, S. 7. Zu denken ist auch an „droit international privé" als Gegensatz zum Völkerrecht.

[544] Römisches Übereinkommen über das auf vertragliche Schuldverhältnisse anzuwendende Recht von 1980; zu den Arten von Kollisionsnormen *Basedow*, in: *Schnyder/Heiss/Rudisch* (Hrsg.), Internationales Verbraucherschutzrecht, 1995, S. 11 (13 f.); zur Regionalisierung der Kollisionsrechtsvereinheitlichung nach dem Zweiten Weltkrieg *v. Bar/Mankowski*, Bd. I, § 3, Rdnr. 59 f.

[545] Zum Systemwechsel im europäischen Kollisionsrecht – neben den Nachweisen im 2. Teil § 2 I 2 a) bb) und § 7 I 2 – *Basedow*, in: *Baur/Mansel*, S. 19 ff.; *Wendehorst*, in: *Langenbucher* (Hrsg.), Europarechtliche Bezüge des Privatrechts, 2. Aufl. (2008), § 8, Rdnr. 10 ff.; *Wagner*, NJW 2009, 1911 ff.; zur Sachlage zuvor *Basedow*, NJW 1996, 1921 ff.

[546] S. zum verbleibenden Spielraum des nationalen IPR-Gesetzgebers *Perner*, in: Jahrbuch Junger Zivilrechtswissenschaftler 2009, 2010, S. 379 ff.

[547] Oben Fußn. 463.

[548] Mit der Ausnahme von Louisiana (seit 1992: Art. 3515 ff. Civil Code); *Kropholler*, Internationales Privatrecht, S. 89 f.

[549] *Junker*, Internationales Privatrecht, 1998, Rdnr. 33.

[550] *Jayme*, in: *Mansel*, S. 31 (36); zu „governmental interest", „better law" und „lex fori approach" *v. Bar/Mankowski*, Bd. I, § 3, Rdnr. 86 ff.; *Kropholler*, Internationales Privatrecht, S. 90 ff.

[551] Zum Stockholmer Programm und Aktionsplan (im Zusammenhang mit dem IZVR) bereits oben Fußn. 520; im Kontext des IPR *Dutta*, EuZW 2010, 530 (532).

[552] S. den Überblick bei *Mansel/Thorn/Wagner*, IPRax 2011, 1 ff.

das Ehegüterrecht[553] und das Güterrecht eingetragener Partnerschaften liegen Vorschläge der Europäischen Kommission vor[554].

Zu den Bereichen mit bereits vorhandenen neuen kollisionsrechtlichen Vorschriften gehört das Ehescheidungsrecht (Rom III-VO). Sie wurden interessanterweise erstmals in der EU-Gesetzgebungsgeschichte im Wege der Verstärkten Zusammenarbeit nach Art. 326 ff. AEUV geschaffen[555]. Insoweit besteht ein Europa der zweigestuften Geschwindigkeit. Selbst wenn es sich dabei um das Mittel zweiter Wahl handelt, findet das *Europe à deux vitesses* – wie beschrieben – auch bei der Patentgerichtsbarkeit Anwendung[556]. Als wichtige, künftig einheitlich zu regelnde Materie[557] muss noch das internationale Erb- und Testamentsrecht Erwähnung finden[558].

Angesichts dieser Flut komplexer Rechtsakte und zu erwartender nationaler und europäischer Rechtsprechung, die manche Auslegungsfrage klärt, aber auch manche neue Abgrenzungs- und Reformfrage aufwerfen wird, steht – teils parallel zum erörterten Verfahrensrecht – die unionsweite Konsolidierung oder Kodifikation der bereits bestehenden Rechts-

---

[553] Vorschlag für eine Verordnung des Rates über die Zuständigkeit, das anzuwendende Recht, die Anerkennung und die Vollstreckung von Entscheidungen im Bereich des Ehegüterrechts, KOM(2011) 126 endg.

[554] Vorschlag für eine Verordnung des Rates über die Zuständigkeit, das anzuwendende Recht, die Anerkennung und die Vollstreckung von Entscheidungen im Bereich des Güterrechts eingetragener Partnerschaften. Dazu ebenso wie zum Vorschlag KOM (2011) 126 endg. *Martiny*, IPRax 2011, 437 ff.

[555] Verordnung (EU) Nr. 1259/2010 des Rates vom 20.12.2010 zur Durchführung einer Verstärkten Zusammenarbeit im Bereich des auf die Ehescheidung und Trennung ohne Auflösung des Ehebandes anzuwendenden Rechts, ABl.EU 2010 Nr. L 343, S. 10. Dazu *Mansel/Thorn/Wagner*, IPRax 2011, 1 (9 f., 30); *Helms*, FamRZ 2011, 1765 ff. Am Widerstand von Schweden ist aber zuvor der Vorschlag für eine Verordnung des Rates zur Änderung der Verordnung (EG) Nr. 2201/2003 [Brüssel IIa-VO oder auch EuEheKindVO] im Hinblick auf die Zuständigkeit in Ehesachen und zur Einführung von Vorschriften betreffend das anwendbare Recht in diesem Bereich, KOM(2006) 399 endg. gescheitert; näher *Helms*, FamRZ 2011, 1765; *Mayr*, Rdnr. I/83 ff.

[556] 3. Teil § 2 VI 1.

[557] S. allein die umfangreiche Stellungnahme *Max Planck Institute for Comparative and International Private Law* (Koord.: *Basedow/Dutta*), RabelsZ 74 (2010), 522 ff.

[558] Vorschlag für eine Verordnung des Europäischen Parlaments und des Rates über die Zuständigkeit, das anzuwendende Recht, die Anerkennung und die Vollstreckung von Entscheidungen und öffentlichen Urkunden in Erbsachen sowie zur Einführung eines Europäischen Nachlasszeugnisses, KOM(2009) 154 endg.; s. *Dutta*, in: *Reichelt/Rechberger* (Hrsg.), Europäisches Erbrecht – Zum Verordnungsvorschlag der Europäischen Kommission zum Erb- und Testamentsrecht, 2011, S. 57 ff.; *ders.*, in: *Boele-Woelki/Miles/Scherpe* (Hrsg.), The Future of Family Property in Europe, 2011, S. 341 ff.; *ders.*, RabelsZ 73 (2009), 547 ff.; *Buschbaum/Kohler*, GPR 2010, 106 ff., 162 ff.; kritisch zu den Vorschlägen zur Anerkennung öffentlicher Urkunden *Kohler/Buschbaum*, IPRax 2010, 313 ff.; *Mansel/Thorn/Wagner*, IPRax 2011, 1 (4).

masse im Raum. Diskutiert wurde das im Schrifttum[559], aber auch auf der Toulouser Tagung „Quelle architecture pour un code européen de droit international privé?" vom März 2011, deren Teilnehmer sich von der Sinnhaftigkeit eines solchen Projekts überzeugt zeigten[560].

Die Ausarbeitung und Verabschiedung einer IPR-Kodifikation in Form einer Verordnung ist angebracht[561]: Ein unabhängig vom Forum gleiches Verweisungsrecht würde die Gleichbehandlung der Parteien begünstigen, die Klarheit und innere Kohärenz[562] der Rechtsmaterie steigern und der Rationalisierung der Rechtsfindung[563] dienen. Die Bausteine liegen bereit – sowohl für eine erforderliche europäische IPR-Dogmatik[564] als auch für die wünschenswerte Herausarbeitung eines Allgemeinen Teils[565]. Dessen erster Entwurf mit 24 Artikeln wurde von französischer Seite bereits auf besagter Tagung unterbreitet[566]. Solche Reformschritte im IPR und entsprechende im IZVR hätten weitergehende Auswirkungen. Sie müssten zu

---

[559] *Siehr*, in: *Jud/Rechberger/Reichelt* (Hrsg.), Kollisionsrecht in der Europäischen Union 2008, S. 77 ff.; *Jayme*, in: *Jud/Rechberger/Reichelt*, aaO, S. 63 ff.; *Kreuzer*, RabelsZ 70 (2006), 1 (86), der hiernach auch erörtert, wie europäisch das IPR sein soll bzw. inwieweit ein staatsvertragliches IPR mit universaler Reichweite benötigt wird (s. auch oben Fußn. 544); *Fallon/Lagarde/Poillot-Peruzzetto* (Hrsg.), La matière civile et commerciale, socle d'un code européen de droit international privé?, 2009; *Czepelak*, ERPL 18 (2010), 705 ff.; *Mansel/Thorn/Wagner*, IPRax 2009, 1 ff. Vgl. ferner zur nationalen Kodifizierung des IPR *Siehr*, Internationales Privatrecht, 2001, S. 420 f.; im EGBGB *Mankowski*, in: *Basedow/Kischel/Sieber* (Hrsg.), German National Reports to the 18th International Congress of Comparative Law, 2010, S. 133 ff.

[560] S. die ausführlichen Berichte *Kohler*, IPRax 2011, 419 f.; *Basedow*, RabelsZ 75 (2011), 671 f.; veröffentlicht wurden die Konferenzbeiträge in *Fallon/Lagarde/Poillot-Peruzzetto* (Hrsg.), Quelle architecture pour un code européen de droit international privé?, 2011.

[561] Zum bisherigen Fehlen einer Kodifikationsidee *Jayme/Kohler*, IPRax 2006, 537 ff.

[562] S. zum Konzept der inneren und äußeren Kohärenz im materiellen Privatrecht *Rösler*, Europäisches Konsumentenvertragsrecht, S. 225 ff.

[563] *Kreuzer*, RabelsZ 70 (2006), 1 (88).

[564] Vgl. zu klassischen, politischen und ökonomischen Theorieansätzen im IPR *Rühl*, Statut und Effizienz – Ökonomische Grundlagen zum Internationalen Privatrecht, 2011, S. 178 ff.

[565] *Kreuzer*, in: *Jud/Rechberger/Reichelt* (Hrsg.), Kollisionsrecht in der Europäischen Union, 2008, S. 1 ff.; s. weiter zu Bausteinen eines Allgemeinen Teils *Heinze*, in: Festschr. f. Kropholler, 2008, S. 105 ff.; anhand der Vorfrage *Gössl*, ZfRV 2011, 65 ff.; vgl. weiter *Reichelt* (Hrsg.), Europäisches Gemeinschaftsrecht und IPR – Ein Beitrag zur Kodifikation der allgemeinen Grundsätze des Europäischen Kollisionsrechts, 2007.

[566] Von *Lagarde*, RabelsZ 75 (2011), 673 ff.; dazu *Basedow*, RabelsZ 75 (2011), 671 (672): es handele sich um vorläufige Überlegungen, denen gleichwohl die Bedeutung einer Initialzündung zukomme.

richterlichen und gerichtsinstitutionellen Spezialisierungen auf Unionsebene führen – so wie im 3. Teil dargelegt[567].

§ 4: Résumé

Die in methodisch, institutionell und prozessual weit gespannten Fäden dieses Teils lassen sich mithilfe des Konzepts des judikativen Föderalismus im Privatrecht[568] zusammenführen. Wie bei allen föderalen Privatrechtssystemen mit geteilten Verantwortungen und mit einer Gesetzgebung, Rechtswissenschaft und Rechtspraxis, die auf verschiedenen Ebenen ansetzen[569], wirken auch in der EU „weiche" und „harte" Strukturen zusammen.

Zunächst sind dafür Bemühungen zur Angleichung „weicher" Umstände der Rechtsverwirklichung von unten und von oben erforderlich. Diese judizielle Konvergenz vonseiten der mitgliedstaatlichen und unionalen Gerichte ist Voraussetzung für die Rechtsangleichung oder -vereinheitlichung des materiellen und des – hier im Vordergrund stehenden – formellen Rechts. Darum wurden oben unter § 1 zunächst die von der mitgliedstaatlichen Judikative ausgehenden Ansätze zur praktischen Konvergenz erörtert. Dazu zählen rechtskulturelle Veränderungen, neue Anforderungen an eine genuin europäische Auslegung sowie ausgereifte methodische Grundsätze im Umgang mit dem Richterrecht des EU-Gerichtshofs.

Umgekehrt sollte die EU-Gerichtsbarkeit weniger auf den kategorischen Vorrang seiner Entscheidungen beharren, sondern sich verstärkt um die Belebung von Diskursstrukturen bemühen, auch mit dem Ziel, den im 2. Teil konstatierten Vorlagelethargien und -asymmetrien entgegenzuwirken. Zu den Maßnahmen zählen – wie in § 2 dieses Teils dargelegt – mehr Klarheit über die Zuständigkeit bei der Auslegung von Generalklauseln im Sekundärrecht, die Verbesserung von Argumentation und Auslegungsmethodik, vor allem mit einer verstärkt offen vollzogenen Rechtsvergleichung, um zur Sachqualität und -akzeptanz beizutragen und die Herausbildung eines Methodenkonsenses aktiv zu moderieren.

Zudem wird es zu Veränderungen bei der Richterschaft kommen müssen. Zunächst sind weitere Zivilrechtler auf Unionsebene erforderlich. Zu diskutieren ist die Frage, ob nicht mehr Richter aus den großen (bzw.

---

[567] 3. Teil § 2 IV 4 c) (Fachkammer am EuG) und V 3 (Fachgericht).

[568] S. in erster Linie 1. Teil § 4 I.

[569] Zum Konzept des Mehrebenenprivatrechts *Rösler*, RabelsZ 73 (2009), 889 ff.; *Metzger*, S. 109 ff. (auch im Vergleich zu den USA); *ders.*, Rechtstheorie 2009, 313 ff. Im Verfassungsrecht wird das Mehrebenenkonzept stärker diskutiert; dazu etwa *Sauer*, S. 77 m. w. Nachw.

vorlagefreudigen) Staaten an den Unionsgerichten mitwirken sollten. Zur Stärkung der privatrechtlichen Sachkompetenz könnte der EU-Gerichtshof z.B. als regionales Vorlagegericht für das Konventionsrecht, etwa das UN-Kaufrecht, fungieren.

Zudem benötigt die EU eine Aufgabenbalance zwischen Gesetzgebung und Rechtsprechung, die von gegenseitiger Achtung und Anerkennung ausgeht[570]. Da künftig der Großteil der Rechtsdurchsetzung weiterhin dezentral erfolgen wird, können Maßnahmen des Gerichtsausbaus auf Unionsebene oder Spezialgerichte die effektive Verwirklichung des Unionsrechts und des Binnenmarktes nicht allein erzielen. Darum ist eine bessere Gerichtskooperation und Rechtskoordination mit dem Ziel justizieller Konvergenz unverzichtbar. § 3 behandelte dazu die Fragen zur Schaffung gemeinsamer Prozessrechtsstandards und -institutionen im EU-IZVR sowie die möglichst einheitliche Koordination der nationalen Privatrechtsordnungen durch das EU-IPR. Angesichts der Rechtszersplitterung ist der Wissenschaft und Rechtsprechung auferlegt, nach Systemzusammenhängen und Bausteinen für eine gesetzgeberische Konsolidierung oder Kodifikation von IZVR und IPR zu forschen.

Die Praxis des US-amerikanischen, aber auch des römischen Zivilrechts lehrt, wie sehr ein gegenseitiger Austausch von Richter-, Professoren- und Studentenschaft Unterschiede überbrücken und Hürden in der grenzüberschreitenden Rechtsverfolgung abbauen kann[571]. Für die Herstellung einer vertieften europäischen Rechtskultur müssen die Mitgliedstaaten neben den genannten Rechtsstrukturen (IZVR und IPR) ihren Diskurs europäisch ergänzen, d.h. über nationaleninnerhierarchische Konzeptionen von Souveränität hinausgehen[572]. Dazu zählt die Öffnung für andere Sprachen[573], etwa bei den international ausgerichteten Spezialkammern der mitgliedstaatlichen Gerichte[574].

---

[570] Das wurde v.a. im Zusammenhang mit der Akzeptanz von EuGH-Entscheidungen erörtert; oben 2. Teil § 3.

[571] Vgl. *Hirte*, S. 62.

[572] Dazu, dass die Rechtsvergleichung keine akademische Disziplin mehr darstellen sollte, die kurze „Walter Van Gerven Lecture" von *Fauvarque-Cosson*, The Rise of Comparative Law: A Challenge for Legal Education in Europe, 2007.

[573] Derzeit lautet § 184 S. 1 GVG: „Die Gerichtssprache ist deutsch." Speziell zum Problem der Gerichtsöffentlichkeit (§ 169 GVG, dazu aus der Perspektive der Medienöffentlichkeit die Buchbesprechung von *Rösler*, ZUM 2006, 351 f.) bei der Verwendung des Englischen *Calliess*, in: Festschr f. Säcker, 2011, S. 1045 ff.

[574] S. dazu den Entwurf eines Gesetzes zur Einführung von Kammern für internationale Handelssachen (KfiHG), BT-Drucks. 17/2163; s. dazu (insbesondere mit Blick auf die Schiedsgerichtsbarkeit) *Illmer*, ZRP 2011, 170 ff. Am Pariser Tribunal de commerce wurde am 17.1.2011 eine neue internationale Kammer eingerichtet. Die „3ème Chambre" verfügt über neun Richter, die v.a. englisch-, deutsch- und spanischsprachige Beweise

Besonderes Entwicklungspotenzial hat die horizontale Vernetzung[575], d.h. die Kommunikation der nationalen Gerichte und der Rechtswissenschaften im Sinne eines Privatrechtsverbundes. Diese gebündelte europäische Juristengemeinschaft diente mit einer reibungslosen Abwicklung von Zivilverfahren sowohl dem Handels- und Geschäftsverkehr als auch der Herausbildung einer europäischen Bürgergesellschaft. So erweist sich der im Vorspruch zu diesem Teil wiedergegebene Aphorismus von *Monnet* als zutreffend[576], wonach in Europa nicht Staaten, sondern Menschen zusammenzubringen sind.

---

würdigen können. Vgl. zum Vorschlag von Regionalgerichten oben 3. Teil § 2 VI 2 c) und d).

[575] S. *Basedow*, Nationale Justiz und Europäisches Privatrecht, S. 20 ff.

[576] Oben Fußn. 1.

5. Teil

Thesen

§ 1: Zum Status quo der Europäischen Gerichtsbarkeit

1. Grundprobleme. Die Unionsgerichtsbarkeit muss sich sieben Herausforderungen stellen: (1.) den Verschiebungen der Themenstellungen vom öffentlichen zum Privatrecht, aber auch (2.) der Entscheidungslast und Verfahrensdauer bei den Europäischen Gerichten ebenso wie (3.) der Frage nach dem Grad der nationalen Akzeptanz von EuGH-Entscheidungen. Bemerkenswert sind (4.) die je nach Mitgliedstaat divergierenden Vorlagehäufigkeiten und (5.) die Gewähr der Beteilungsgleichheit am Unionsrecht. Als besondere Anforderungen sind (6.) die Bedeutung der auf der nationalen Ebene verbleibenden Verfahren ebenso hervorzuheben wie (7.) der Anpassungsdruck wegen der hohen Dynamiken des primären und sekundären Europarechts.

2. Überlastung. Die drohende Überlastung der Unionsgerichte ist seit längerem offensichtlich und geht mit einer langen Verfahrensdauer vor den Europagerichten einher. Unter der Arbeitslast von 2010 insgesamt 1.406 neu anhängig gemachten Rechtssachen (die höchste Zahl in der Geschichte des EU-Gerichtshofs) leidet auch die fachliche Qualität der Entscheidungen. Dabei besteht insbesondere wegen des Detailreichtums des Zivilrechts eine gewisse Fehleranfälligkeit. Dies kann wiederum zu Autoritäts- und Legitimitätsverlusten beitragen, schließlich sind viele der Vorlagen hochspezieller Natur mit unterschiedlichen Tatsachengrundlagen, praktischen und rechtswissenschaftlichen Fachdiskursen.

3. Einseitigkeit. Der Gerichtshof fungiert meist als Verfassungs- und Verwaltungsgericht. Im Zuge des Binnenmarktprogramms von 1985 hat der Gerichtshof aber vermehrt als Zivilgericht zu entscheiden. Zwar sind die Vorabentscheidungsverfahren – als Herzstück des unionalen Rechtsschutzsystems – zu den Rechtsakten des Unionsprivatrechts bisher erstaunlich zurückhaltend, wenngleich die Zahl der Vorlagen seit einigen Jahren und mit großem Potenzial zunimmt. Zum Entstehen eines ernsthaften Diskurses zwischen den Ebenen Europas muss sich jedoch die zivilgerichtliche Vorlagepraxis intensivieren.

4. *Neue Herausforderungen.* Die Unionsgerichtsbarkeit ist mit neuen Vorschriften zum materiellen Zivilrecht, zum IZVR und IPR sowie optionalen Instrumenten (etwa zum Vertragsrecht) und denkbaren Teilkodifikationen vor eine komplexe Integrationsaufgabe gestellt. Die justiziellen Grundrechte werden zusätzlichen Klärungsbedarf hervorrufen. Die Union könnte angesichts der Intensivierung und Diversifizierung der Rechtsprechungsaufgaben – unter Sachzwang gesetzt – bald vor dem Reißbrett der europäischen Justizarchitektur stehen. Umso wichtiger ist eine frühzeitige und sachgebietsorientierte, d.h. eine auch mit Blick auf das Privatrecht stattfindende Diskussion über die Zukunft der Europäischen Gerichtsbarkeit.

§ 2: Zur Fortentwicklung

5. *Fragestellungen.* Die Arbeitslast, die Dauer der Vorlageverfahren und die fachlichen Herausforderungen werfen die Frage auf, ob die EU-Gerichtsbarkeit ausgebaut werden oder strengeren Zugangsbeschränkungen unterliegen sollte. Die begrenzte Kapazität des Gerichtshofs spricht für einen Ausbau und die fachlich-qualitativen Gründe für eine Spezialisierung der Europäischen Gerichtsbarkeit. Zur Umsetzung dieser beiden Hauptforderungen wägt diese Arbeit verschiedene Wege einer Fortentwicklung und strukturellen Reform der EU-Gerichtsbarkeit ab. Ein Blick auf die Entwicklung des EU-Gerichtshofs verdeutlicht zweierlei: (1.) Die ständige Rechtsprechung zu subjektiven Rechtspositionen mildert den aus den Anfängen des EuGH stammenden objektiv-rechtlichen Rechtsprechungsauftrag des EuGH, und (2.) der EU-Gerichtshof – bestehend aus den instanziell gestuften Teilen EuGH, EuG und EuGöD – bewegt sich heute zwischen Multifunktionalität und dem neuen Trend zur Spezialisierung. Bei dem Vorlageverfahren ist der EuGH jedoch weiterhin Universalgericht.

6. *Leitgesichtspunkte für Reformen.* Übergeordnete Erfordernisse bei der Schaffung zusätzlicher gerichtlicher Einrichtungen, Verfahren oder Instanzen sind die Rechtseinheit und Kohärenz unter Sicherstellung der Funktionsfähigkeit der EU-Gerichtsbarkeit. Neben der bereits thematisierten fachlichen Breite und den national unterschiedlichen Vorlagen, welchen sich die EU-Gerichtsbarkeit zu stellen hat, sind die Sachverhalte unter fünf weiteren Gesichtspunkten unterschiedlich. Dazu zählen (1.) der Grad an Gefährdung der europäischen Rechtseinheit, (2.) die Neuartigkeit, Komplexität und Folgenschwere der rechtlichen Fragestellung sowie die dahinterstehenden sozialen, wirtschaftlichen und politischen Konflikte, (3.)

die Stellung der einschlägigen Vorschriften in der unionalen Normenhierarchie, (4.) die fachliche „Technizität" der zugrundeliegenden Materie
sowie (5.) gegebenenfalls die Anforderungen an die Sachverhaltsermittlung. Diese unterschiedlichen Kriterien, die bereits gegenwärtig die Rechtsprechung und deren Organisation beeinflussen, bilden maßgebliche Gesichtspunkte für eine Rationalisierung und veränderte Allokation der Ver-
fahren(sarten) auf den unterschiedlichen Ebenen der Europäischen Gerichtsbarkeit.

7. *Kleinere Modifikationen.* Diskutiert werden eine Fülle von Maßnahmen
zur Verringerung der Verfahrenslast und -dauer, so etwa die Verschärfung
der Zulassungsvoraussetzungen, die Abschwächung der Vorlagepflicht
(unter Veränderung der *acte clair*-Doktrin), die Verpflichtung zur Unterbreitung eines Antwortvorschlags, eine nur prinzipielle anstelle einer konkreten Beantwortung der Vorlagefragen, prozessuale Straffungen im
schriftlichen und mündlichen Verfahrensabschnitt sowie Größenverände-
rungen der Richterbank. Diesen Vorschlägen lässt sich jedoch zumeist
entgegenhalten, entweder die Einheit oder Qualität des Unionsrechts oder
den etablierten Dialogmechanismus zu gefährden. Sollten jedoch Vorlagen
zum überschießend umgesetzten Recht vermehrt den EuGH erreichen,
wäre es denkbar, insoweit ein grünes-Licht-Verfahren einzuführen. Dann
müsste das Vorlagegericht einen Lösungsvorschlag unterbreiten, den der
EU-Gerichtshof passieren lässt, wenn er der Auffassung ist, nicht selbst
entscheiden zu müssen.

8. *Auswahlrecht.* Daneben werden stärkere Eingriffe in die verfahrens-
und gerichtsorganisationsrechtlichen Strukturen diskutiert. Leitgesichtspunkt für die Fortentwicklung der EU-Gerichtsbarkeit ist die Balance
zwischen fachlicher Spezialisierung und Wahrung der Einheit der Unionsrechtsordnung. Aus diesem Grund ist die Beschränkung des Vorlageverfahrens (auf wesentliche Fragen oder obere Instanzen) abzulehnen. Ein
Reformvorschlag möchte dem EuGH beim Vorabentscheidungsverfahren
ein Auswahlrecht einräumen. Das würde dem Vorbild des *certiorari*-Ver-
fahrens beim U.S. Supreme Court entsprechen. Der Kontext des US-
amerikanischen Rechts weicht jedoch von dem der EU ab. Diese folgt dem
Kooperationsmodell auf Nachfragebasis, während die USA mit bundesstaatlichen Gerichtszügen durch das Hierarchiemodell mit „agenda setting"
an der Spitze gekennzeichnet ist. Ein Auswahlrecht würde darum nicht
dem derzeitigen Stand des Unionsprivatrechts und dem dialogischen
Charakter des Vorabentscheidungsverfahrens entsprechen. Auf längere
Sicht wäre ein Auswahlrecht der EU-Ebene jedoch einer Beschränkung

von „unten", d.h. vonseiten der nationalen Ebene vorzuziehen. Das gilt jedoch allein bei ernsthafter Überlastung der europäischen Ebene und in unionsrechtlich gefestigten Bereichen.

9. *Spezialisierung.* Die besseren Argumente sprechen für eine Spezialisierung unter Übertragung der Vorlageverfahren entweder an das EuG (Art. 256 III UAbs. 1 AEUV) mit neuen Fachkammern oder an Fachgerichte nach dem Vorbild des EuGöD (Art. 257 AEUV). Die Vor- und Nachteile bedürfen genauer Abwägung. Zu bedenken ist die Verlängerung der Verfahren durch ein im Rechtsmittelfall zweistufiges Vorlageverfahren. Gleichwohl bliebe es die Ausnahme, weil nach den Verträgen nur eine lockere Oberaufsicht vorgesehen ist. Die sich aus der Spezialisierung eröffnenden Vorteile lägen in fachlich höherwertigen Ergebnissen, z.B. im Zivilrecht, IPR und IZVR, Wettbewerbsrecht, Gesellschaftsrecht, Marken-, Patent- und gesamten Immaterialgüterrecht, Steuer- und Agrarrecht. Damit ginge eine Aufgabendifferenzierung beim EuGH einher, der verstärkt die Rolle eines Verfassungsgerichts wahrnehmen würde, aber auch in Fällen der Divergenz und Rechtsfortbildung zuständig werden müsste.

10. *Dezentralisierung.* Sollte es aufgrund praktischer Grenzen, die sich aus der Arbeitslast ergeben, zu einer Dezentralisierung bei den Vorabentscheidungen kommen, wären Unionsgerichte gegenüber einer Einrichtung von Spezialsenaten an den Obergerichten vorzuziehen. Insbesondere Regionaleinrichtungen könnten die Herausbildung einer gemeinsamen Rechtskultur stärken und im Vergleich zu rein nationalen Gerichten eigensinnigen Auslegungen vorbeugen. Zudem könnten die Gerichte fakultativ auch für grenzüberschreitende Streitsachen ohne Bezug zum Unionsrecht zuständig sein.

11. *Stärkung der Parteirechte.* In einer Union, die vermehrt privatrechtliche Belange der Unionsbürger direkt betrifft, ist eine Stärkung der Parteirechte unverzichtbar. Bislang fehlen für das EU-Privatrecht – im Gegensatz zum nationalen Recht – durch die Parteien initiierbare unionsrechtliche Klagen und Rechtsmittel. Mit dem Vorabentscheidungsverfahren kann die EU-Gerichtsbarkeit die Durchsetzung von subjektiven Privatrechten – als Folge des fortwirkenden objektiv-rechtlichen Rechtsprechungsauftrags – nur indirekt gewährleisten. Dies gilt ungeachtet der Tatsache, dass das EU-Recht bei der dezentralen Durchsetzung auf den Einzelnen setzt, der eigenmotiviert zur Effektivierung des Unionsrechts maßgeblich beiträgt. Künftig muss eine europäisch-föderative Konzeption der Gerichtsbarkeit die Parteirechte grundlegend stärken. Dazu wäre die Einführung einer Nichtvorlagebeschwerde probat. Zur Verringerung des

Missbrauchsrisikos ließe sich ihr Anwendungsbereich (zunächst) auf Fälle der offensichtlichen oder willkürlichen Verletzung der Vorlagepflicht beschränken. Alternativ könnte sich das Zugangsrecht in einem ersten Schritt auf qualifizierte Einrichtungen zur Interessenvertretung beschränken. Auch an die Erhebung einer Gerichts- und Missbrauchsgebühr ist zu denken.

§ 3: Zur Konvergenz in Zivilsachen

12. *Praktische Konvergenz.* Das Vorabentscheidungsverfahren funktioniert nur in Verbindung mit den jeweils zuvor und unabhängig konstituierten mitgliedstaatlichen Justizordnungen. Doch die Großzahl der unionsrechtsrelevanten Sachverhalte erreicht die EU-Gerichtsbarkeit nie. Allein aus diesem Grund ist die Effizienz der Rechtspflege von einiger Bedeutung. Der Binnenmarkt fußt schließlich auf der Möglichkeit effektiver Rechtsverwirklichung im Zivilprozess, unabhängig von der Geltendmachung unions- oder nationalrechtlich begründeter Ansprüche. Darum ist eine judizielle und justizielle Konvergenz in Zivilsachen unverzichtbar. Die judizielle Konvergenz betrifft „weiche" Rechtsaspekte, d.h. die Verringerung rechtskultureller Divergenzen, die sich beim nationalen Richterverständnis, den Auslegungsmethoden und Rechtsschutzkulturen auftun. Bedeutung gewinnt die horizontale Dimension, etwa in Form von Netzwerken und einer verstärkten Auslegung, die auch die Rechtsprechung anderer Mitgliedstaaten berücksichtigt. Das bedarf entsprechender Klärungen über das Richterleitbild und die Wirkungen von Richterrecht.

13. *Beiträge des EU-Gerichtshofs.* Zur judiziellen Konvergenz können auch die Unionsgerichte beitragen. Dazu zählen Klarheit über die Aufgabenteilung zwischen den Ebenen, insbesondere bei der Auslegung von Generalklauseln, aber ebenso methodische Optimierungen, die einen besseren Verständniszugang zur Unionsrechtsprechung eröffnen. Sondervoten – wie sie der EGMR, der U.S. Supreme Court und das BVerfG kennen – sind unter den Bedingungen einer Amtszeitverlängerung sowie dem Ausschluss der Wiederwahlmöglichkeit denkbar. Dies würde den zivilrechtlichen Diskurs ebenso fördern wie das Zitieren genuin unionsprivatrechtlicher Literatur. Zur Stärkung des zivilrechtlichen Sachverstands sollte der EU-Gerichtshof die Kompetenz zur Auslegung des UN-Kaufrechts erhalten.

14. *Justizielle Konvergenz.* Neben der richterlichen Annäherung müssen auch gerichtsbezogene Maßnahmen mit den Zielen der interjudiziellen Konvergenz und der weiter zu vertiefenden Zusammenarbeit zwischen den

Zivilgerichten in der EU ergriffen werden. Die Unterschiede der Justiz- und Prozessstrukturen der Mitgliedstaaten sind aus Sicht des Unionsrechts größtenteils unbedenklich, sofern die Äquivalenz und Effektivität bei der Verwirklichung des EU-Rechts eingehalten werden. Aber aus Gründen des gleichmäßigen und fairen Rechtsschutzes bei der Verwirklichung des Binnenmarktes und der europäischen Zivilgesellschaft sind die neue Rechtsetzung und die folgenden richterlichen Verdichtungen des EU-IZVR und EU-IPR sinnvoll.

§ 4: Zu weiteren Forschungsaufgaben

15. *Judikativer Föderalismus im Privatrecht.* Die derzeit stattfindende Vereinheitlichung des internationalen Zivilverfahrens- und Kollisionsrechts wirft einige Kohärenzfragen auf. Einmal abgesehen von den Rückwirkungen der Rechtsmasse auch auf das rein nationale Prozessrecht wird sich schon bald die Frage nach der kodifikatorischen Fassung dieser Bereiche stellen. Parallel zu den materiellrechtlichen Entwicklungen sowie den erwähnten neuen Spruchkörpern auf Unionsebene ist es Aufgabe der Gesetzgeber, Rechtspraxis und Rechtswissenschaft, einen judikativen Föderalismus im Privatrecht herauszubilden. Dabei geht es auch um eine sachgerechte Aufteilung der Rechtsprechungsmandate zwischen den verschiedenen Gerichtsebenen und eine Balance zwischen zentraler und dezentraler Anwendung des Unionsrechts.

16. *Fülle der Faktoren.* Deutlich wurde in dieser Arbeit der unbefriedigende rechtliche und empirische Kenntnisstand über den Zugang zum Recht, die Rechtsmittelgerichte, die Mobilisierung des Rechts durch Kläger, die Nutzung internationaler bzw. supranationaler Gerichte und die Befolgung ihrer Urteile. Künftig bedürfen solche Fragen eingehender Untersuchung, weshalb – wie aufgezeigt – erstens die Vorlagepraxis in quantitativer und thematischer Hinsicht und zweitens die Durchsetzung von EU-Recht in den Mitgliedstaaten abweichen. Eine ganze Fülle rechtlicher und tatsächlicher Faktoren kommt zur Erklärung in Betracht: beispielsweise die Gerichtsorganisation, die Klagebefugnisse, der Rechtszugang, die Ausgestaltung von *class actions*, die Juristenausbildung und -dichte, der Grad an „Amerikanisiertheit" der Rechtsanwaltskanzleien und die „Organisiertheit" von Interessen (NGOs).

17. *Justizielle Realität.* In einer Herausarbeitung der Divergenzen zwischen den Mitgliedstaaten liegt ein ebenso ergiebiges wie zukunftsweisendes Forschungsprogramm zur justiziellen Realität. Künftig muss die

Rechtswissenschaft die halb- und außerrechtlichen Bestands- und Entwicklungsbedingungen in stärker vergleichender Analyse herausarbeiten und problematisieren. Angesichts der Desiderate kommt einem der von *Rabel* im Jahr 1924 geäußerte Satz über die Notwendigkeit der Rechtsvergleichung in den Sinn: „Alle diese vibrierenden Körper zusammen bilden ein noch von niemandem mit Anschauung erfaßtes Ganzes."[1] Das gilt heute ebenso für die Praxis des Europäischen Zivil-, Verfahrens- und Justizrechts.

---

[1] *Rabel*, RheinZ 13 (1924), 279 (283) = *ders.*, Gesammelte Aufsätze, Bd. III: Arbeiten zur Rechtsvergleichung und zur Rechtsvereinheitlichung 1919–1954 (Hrsg.: *Leser*), 1967, S. 1 (5).

Literaturverzeichnis

Adam, Jürgen: Die Europäischen Gerichte über ihre Zukunft – das „Reflexionspapier", ZEuP 2000, 933

Adam, Winfried Anselm: Die Kontrolldichte-Konzeption des EuGH und deutscher Gerichte – Eine vergleichende Untersuchung der gerichtlichen Kontrolle im Dienst-, Außen- und Binnenwirtschaftsrecht, Baden-Baden 1993

Adamantopoulos, Konstantinos: Access to Justice in the European Courts for Consumers, in: *Micklitz, Hans-Wolfgang/Reich, Norbert* (Hrsg.), Public Interest Litigation before European Courts, Baden-Baden 1996, S. 359

Adams, M.: The Conflicts of Jurisdictions – An Economic Analysis of Pre-trial Discovery, Fact Gathering and Cost Shifting Rules in the United States and Germany, ERPL 3 (1995), 53

Adolphsen, Jens: Aktuelle Fragen des Verhaltnisses von EMRK und Europäischem Zivilprozessrecht, in: *Renzikowski, Joachim* (Hrsg.), Die EMRK im Privat-, Straf- und Öffentlichen Recht – Grundlagen einer europäischen Rechtskultur, Wien 2004, S. 39

Adolphsen, Jens: Europäisches und Internationales Zivilprozessrecht in Patentsachen, 2. Aufl., Köln, München 2009

Adolphsen, Jens: Europäisches Zivilverfahrensrecht, Heidelberg, Berlin 2011

Ahrens, Börries: Die Klagebefugnis von Verbänden im Europäischen Gemeinschaftsrecht, Baden-Baden 2002

Akman, Pinar/Kassim, Hussein H.: Myths and Myth-Making in the European Union: The Institutionalization and Interpretation of EU Competition Policy, JCMS 48 (2010), 111

Alber, Siegbert: Die Generalanwälte beim Gerichtshof der Europäischen Gemeinschaft, DRiZ 2006, 168

Albi, Anneli: CEE Constitutional Courts and Application of EU Law: Constitutional Rights versus Supremacy?, in: *Hofmann, Mahulena* (Hrsg.), Europarecht und die Gerichte der Transformationsstaaten – European Law and the Courts of the Transition Countries, Baden-Baden 2008, S. 77

Albi, Anneli: Constitutional Changes and Challenges in the New Member States, in: *Łazowski, Adam* (Hrsg.), The Application of EU Law in the New Member States: Brave New World, The Hague 2010, S. 67

Albors-Llorens, Albertina: Private Parties in European Community Law – Challenging Community Measures, Oxford 1996

Alesina, Alberto/Giavazzi, Francesco: The Future of Europe – Reform or Decline, Cambridge/Mass. 2008

Allison, John W. F.: A Continental Distinction in the Common Law – A Historical and Comparative Perspective on English Public Law, Oxford 1996, revised 2000

Allkemper, Ludwig: Möglichkeiten einer institutionellen Reform des Europäischen Gerichtshofs, ZRP 1994, 301

Allkemper, Ludwig: Der Rechtsschutz des einzelnen nach dem EG-Vertrag – Möglichkeiten seiner Verbesserung, Baden-Baden 1995

Alter, Karen J.: The European Court's Political Power: The Emergence of an Authoritative International Court in the European Union, West European Politics 19 (1996), 458 = in: *dies.*, The European Court's Political Power – Selected Essays, Oxford 2009, S. 92

Alter, Karen J.: Establishing the Supremacy of European Law – The Making of an International Rule of Law in Europe, Oxford, New York 2001 [zit.: *Alter*, Establishing the Supremacy]

Alter, Karen J.: Agents or Trustees? International Courts in their Political Context, European Journal of International Relations 14 (2008), 33

Alter, Karen J./Meunier-Aitsahalia, Sophie: Judicial Politics in the European Community: European Integration and the Pathbreaking Cassis de Dijon Decision, Comparative Political Studies 26 (1994), 535

Alter, Karen J./Vargas, Jeannette: Explaining Variation in the Use of European Litigation Strategies – European Community Law and British Gender Equality Policy, Comparative Political Studies 3 (2000), 452

Althammer, Christoph: Schmerzensgeld wegen überlanger Dauer von Zivilverfahren – Bemerkungen zum künftigen deutschen Entschädigungsmodell, JZ 2011, 446

Althammer, Christoph: Effektiver Rechtsschutz bei überlanger Verfahrensdauer – Das neue Gesetz aus zivilrechtlicher Perspektive, NJW 2012, 1

Amar, Akhil Reed: Of Sovereignty and Federalism, Yale L.J. 96 (1987), 1425

Ambos, Kai: Internationales Strafrecht – Strafanwendungsrecht, Völkerstrafrecht, Europäisches Strafrecht, 2. Aufl., München 2008

American Law Institute/UNIDROIT: Principles of Transnational Civil Procedure, Cambridge 2006

Andenas, Mads/Jacobs, Francis (Hrsg.): European Community Law in the English Courts, Oxford 1998

Anderson, David: The Law Lords and the European Courts, in: *Le Sueur, Andrew* (Hrsg.), Building the UK's New Supreme Court – National and Comparative Perspectives, Oxford 2004, S. 199

Anderson, David/Demetriou, Marie: References to the European Court, 2. Aufl., London 2002

Andreangeli, Arianna: From Complainant to "Private Attorney General": The Modernisation of EU Competition Enforcement and Private Anti-Trust Actions Before National Courts, in: *Dougan, Michael/Currie, Samantha* (Hrsg.), 50 Years of the European Treaties – Looking Back and Thinking Forward, Oxford 2009, S. 229

Andrews, Neil: The Pursuit of Truth in Modern English Civil Proceedings, ZZPInt 8 (2003), 69

Andrews, Neil: The Modern Civil Process – Judicial and Alternative Forms of Dispute Resolution in England, Tübingen 2008

Annaheim, Jörg: Die Gliedstaaten im amerikanischen Bundesstaat – Institutionen und Prozesse gliedstaatlicher Interessenwahrung in den Vereinigten Staaten von Amerika, Berlin 1992

Ansay, Tuğrul/Basedow, Jürgen (Hrsg.): Structures of Civil and Procedural Law in South Eastern and European Countries, Berlin 2008

Anweiler, Jochen: Die Auslegungsmethoden des Gerichtshofs der Europäischen Gemeinschaften, Frankfurt/M. 1997

Armbrüster, Christian/Kämmerer, Jörn Axel: Verjährung von Staatshaftungsansprüchen wegen fehlerhafter Richtlinienumsetzung, NJW 2009, 3601

Arnauld, Andreas v.: Rechtssicherheit – Perspektivische Annäherungen an eine *idée directrice* des Rechts, Tübingen 2005

Arnold, Hans: Das Protokoll über die Auslegung des EWG-Gerichtsstands- und Vollstreckungsübereinkommens durch den Gerichtshof in Luxemburg, NJW 1972, 977

Arnull, Anthony: The Use and Abuse of Article 177 EEC, M.L.R. 52 (1989), 626

Arnull, Anthony: Refurbishing the Judicial Architecture of the European Community, ICLQ 43 (1994), 296

Arnull, Anthony: Taming the Beast? The Treaty of Amsterdam and the Court of Justice, in: *Twomey, Patrick/O'Keeffe, David* (Hrsg.), Legal Issues of the Amsterdam Treaty, Oxford 1999, S. 109

Arnull, Anthony: Modernising the Community Courts, Cambridge Yearbook of European Legal Studies 3 (2000), 37

Arnull, Anthony: Judicial Architecture or Judicial Folly? The Challenge Facing the EU, in: *Dashwood, Alan/Johnston, Angus* (Hrsg.), The Future of the Judicial System of the European Union, Oxford 2001, S. 41 = E.L. Rev. 24 (1999), 516

Arnull, Anthony: The European Union and Its Court of Justice, 2. Aufl., Oxford 2006

Arnull, Anthony: Americanization of EU Law Scholarship, in: *ders./Eeckhout, Piet/Tridimas, Takis* (Hrsg.), Continuity and Change in EU Law – Essays in Honour of Sir Francis Jacobs, Oxford 2008, S. 415

Arnull, Anthony: The Law Lords and the European Union: Swimming with the incoming tide, E.L. Rev. 35 (2010), 57

Arnull, Anthony: Keeping Their Heads Above Water? European Law in the House of Lords, in: *Lee, James* (Hrsg.), From House of Lords to Supreme Court – Judges, Jurists and the Process of Judging, Oxford 2011, S. 129

Arnull, Anthony/Wincott, Daniel (Hrsg.): Accountability and Legitimacy in the European Union, Oxford 2003

Atiyah, Patrick Selim/Summers, Robert Samuel: Form and Substance in Anglo-American Law – A Comparative Study of Legal Reasoning, Legal Theory, and Legal Institutions, Oxford 1987

Auer, Marietta: Materialisierung, Flexibilisierung, Richterfreiheit – Generalklauseln im Spiegel der Antinomien des Privatrechtsdenkens, Tübingen 2005

Auswärtiges Amt (Hrsg.): Europa – Dokumente zur Frage der Europäischen Einigung, Bonn 1953

Avi-Yonah, Reuven S./Hines, James R., Jr./Lang, Michael (Hrsg.): Comparative Fiscal Federalism: Comparing the European Court of Justice and the U.S. Supreme Court's Tax Jurisprudence, The Hague 2007

Azizi, Josef: Direktklagen und Sonderbereiche beim Gericht erster Instanz, EuR-Beih 1/2003, 87

Azizi, Josef: Die Institutionenreform in der EU aus der Sicht der Gerichtsbarkeit, in: *Hummer, Waldemar* (Hrsg.), Paradigmenwechsel im Europarecht zur Jahrtausendwende – Ansichten österreichischer Integrationsexperten zu aktuellen Problemlagen – Forschung und Lehre im Europarecht in Österreich, Wien 2004, S. 181

Azizi, Josef: Opportunities and Limits for the Transfer of Preliminary Reference Proceedings to the Court of First Instance, in: *Pernice, Ingolf/Kokott, Juliane/Saunders, Cheryl* (Hrsg.), The Future of the European Judicial System in a Comparative Perspective, Baden-Baden 2006, S. 241

Azizi, Josef: Unveiling the EU Courts' Internal Decision-Making Process: A Case for Dissenting Opinions?, ERA-Forum 12 (2011) – Supplement: A European Law Practitioner – Liber Amicorum John Toulmin, 49

Babusiaux, Ulrike: Frankreich, in: *Riesenhuber, Karl* (Hrsg.), Europäische Methoden-lehre – Handbuch für Ausbildung und Praxis, 2. Aufl., Berlin, New York 2010, § 24 (S. 720)

Bächle, Hans-Ulrich: Die Rechtsstellung der Richter am Gerichtshof der Europäischen Gemeinschaften, Berlin 1961

Bachmann, Gregor: Nationales Privatrecht im Spannungsfeld der Grundfreiheiten, AcP 210 (2010), 424

Bäcker, Matthias: Altes und Neues zum EuGH als gesetzlichem Richter, NJW 2011, 270

Baker, John H. (Hrsg.): Judicial Records, Law Reports, and the Growth of Case Law, Berlin 1989

Baker, Stewart A.: A Practical Guide to Certiorari, Cath. U.L. Rev. 33 (1984), 611

Balders, Sven-Frederik/Hansalek, Erik: Die demokratische Legitimation deutscher Mit-glieder des Europäischen Gerichtshofs – Überlegungen zu einer Reform des Auswahl-verfahrens, ZRP 2006, 54

Baldus, Christian/Finkenauer, Thomas/Rüfner, Thomas (Hrsg.): Bologna und das Rechts-studium – Fortschritte und Rückschritte der europäischen Juristenausbildung, Tübin-gen 2011

Baldus, Christian/Müller-Graff, Peter-Christian (Hrsg.): Die Generalklausel im Euro-päischen Privatrecht – Zur Leistungsfähigkeit der deutschen Wissenschaft aus roma-nischer Perspektive, München 2006

Balthasar, Stephan: Locus Standi Rules for Challenges to Regulatory Acts by Private Applicants: The New Article 263(4) TFEU, E.L. Rev. 35 (2010), 542

Bar, Christian v.: Die Resolution des Europäischen Parlaments vom 15. November 2001 zur Annäherung des Zivil- und Handelsrechts der Mitgliedstaaten, ZEuP 2002, 629

Bar, Christian v.: Ein Gemeinsamer Referenzrahmen für das marktrelevante Privatrecht in der Europäischen Union, in: Festschr. f. Erik Jayme, Bd. II, München 2004, S. 1217

Bar, Christian v./Clive, Eric (Hrsg.): Principles, Definitions and Model Rules of European Private Law – Draft Common Frame of Reference (DCFR), Full Edition, Prepared by the Study Group on a European Civil Code and the Research Group on EC Private Law (Acquis Group), Based in part on a revised version of the Principles of European Contract Law, München 2009

Bar, Christian v./Clive, Eric/Schulte-Nölke, Hans/Beale, Hugh/Herre, Johnny/Huet, Jérôme/Schlechtriem, Peter/Storme, Matthias/Swann, Stephen/Varul, Paul/Veneziano, Anna/Zoll, Fryderyk: Principles, Definitions and Model Rules of European Private Law – Draft Common Frame of Reference (DCFR), Interim Outline Edition, Prepared by the Study Group on a European Civil Code and the Research Group on EC Private Law (Acquis Group), Based in part on a revised version of the Principles of European Contract Law, Outline Edition, München 2009

Bar, Christian v./Mankowski, Peter: Internationales Privatrecht, Bd. I: Allgemeine Lehren, 2. Aufl., München 2003

Barbier de La Serre, Eric: Accelerated and Expedited Procedures Before the EC Courts: A Review of the Practice, CML Rev. 43 (2006), 783

Barbier de La Serre, Eric/Sibony, Anne-Lise: Expert Evidence Before the EC Courts, CML Rev. 45 (2008), 941

Barents, René: The Court of Justice in the Draft Constitution, MJ 11 (2004), 121

Barents, René: Directory of EU Case Law on the Preliminary Ruling Procedure, Alphen aan den Rijn 2009

Barents, René: The Court of Justice after the Treaty of Lisbon, CML Rev. 47 (2010), 709

Barmes, Lizzie/Malleson, Kate: The Legal Profession as Gatekeeper to the Judiciary: Design Faults in Measures to Enhance Diversity, M.L.R. 74 (2011), 245

Barnard, Catherine/Sharpston, Eleanor: The Changing Face of Article 177 References, CML Rev. 34 (1997), 1113

Basedow, Jürgen: Europäisches Zivilprozeßrecht – Allgemeine Fragen des Europäischen Gerichtsstands- und Vollstreckungsübereinkommens (GVÜ), in: *Max-Planck-Institut für ausländisches und internationales Privatrecht* (Hrsg.), Handbuch des Internationalen Zivilverfahrensrechts, Bd. I, Tübingen 1982, Kap. II (S. 99)

Basedow, Jürgen: Kollektiver Rechtsschutz und individuelle Rechte – Die Auswirkungen des Verbandsprozesses auf die Inzidentkontrolle von AGB, AcP 182 (1982), 335

Basedow, Jürgen (Hrsg.): Europäische Verkehrspolitik – Nach dem Untätigkeitsurteil des Europäischen Gerichtshofes gegen den Rat vom 22. Mai 1985, Rechtssache 13/83 (Parlament ./. Rat), Tübingen 1987

Basedow, Jürgen: Europäisches Privatrecht: Das UN-Kaufrecht vor den EuGH, EuZW 1992, 489

Basedow, Jürgen: Conflicts of Economic Regulation, Am. J. Comp. L. 42 (1994), 423

Basedow, Jürgen: Materielle Rechtsangleichung und Kollisionsrecht, in: *Schnyder, Anton K./Heiss, Helmut/Rudisch, Bernhard* (Hrsg.), Internationales Verbraucherschutzrecht – Erfahrungen und Entwicklungen in Deutschland, Liechtenstein, Österreich und der Schweiz – Referate und Diskussionsberichte des Kolloquiums zu Ehren von Fritz Reichert-Facilides, Tübingen 1995, S. 11

Basedow, Jürgen: Zielkonflikte und Zielhierarchien im Vertrag über die Europäische Gemeinschaft, in: Festschr. f. Ulrich Everling, Bd. I, Baden-Baden 1995, S. 49

Basedow, Jürgen: A Common Contract Law for the Common Market, CML Rev. 33 (1996), 1169

Basedow, Jürgen: Der Bundesgerichtshof, seine Rechtsanwälte und die Verantwortung für das europäische Privatrecht, in: Festschr. f. Hans Erich Brandner, Heidelberg 1996, S. 651

Basedow, Jürgen: Die Übersetzerfalle, ZEuP 1996, 749

Basedow, Jürgen: Europäisches Internationales Privatrecht, NJW 1996, 1921

Basedow, Jürgen: Rechtskultur – zwischen nationalem Mythos und europäischem Ideal, ZEuP 1996, 379

Basedow, Jürgen: Rechtssicherheit im europäischen Wirtschaftsrecht – Ein allgemeiner Rechtsgrundsatz im Lichte der wettbewerbsrechtlichen Rechtsprechung, ZEuP 1996, 570

Basedow, Jürgen: Vom Vorabentscheidungsersuchen zur Divergenzvorlage?, EuZW 1996, 97

Basedow, Jürgen: Die Harmonisierung des Kollisionsrechts nach dem Vertrag von Amsterdam, EuZW 1997, 609

Basedow, Jürgen: Einführung: Zur Umsetzung der Richtlinie über den Widerruf von Haustürgeschäften, ZEuP 1997, 1075

Basedow, Jürgen: Anforderungen an eine europäische Zivilrechtsdogmatik, in: *Zimmermann, Reinhard/Knütel, Rolf/Meincke, Jens Peter* (Hrsg.), Rechtsgeschichte und Privatrechtsdogmatik, Heidelberg 1999, S. 79

Basedow, Jürgen: Die Klauselrichtlinie und der Europäische Gerichtshof – eine Geschichte der verpaßten Gelegenheiten, in: *Schulte-Nölke, Hans/Schulze, Reiner* (Hrsg.), Europäische Rechtsangleichung und nationale Privatrechte, Baden-Baden 1999, S. 277

Basedow, Jürgen (Hrsg.): European Private Law/Droit privé européen/Diritto privato europeo/Europäisches Privatrecht, Bd. I-III, The Hague, London, New York, 1999–2002

Basedow, Jürgen: Das BGB im künftigen europäischen Privatrecht: Der hybride Kodex – Systemsuche zwischen nationaler Kodifikation und Rechtsvergleichung, AcP 200 (2000), 445

Basedow, Jürgen: Depositivierungstendenzen in der Rechtsprechung zum Internationalen Einheitsrecht, in: 50 Jahre Bundesgerichtshof – Festgabe aus der Wissenschaft, Bd. II, München 2000, S. 617

Basedow, Jürgen (Hrsg.): Europäische Vertragsrechtsvereinheitlichung und deutsches Recht, Tübingen 2000

Basedow, Jürgen: The Communitarization of the Conflict of Laws under the Treaty of Amsterdam, CML Rev. 37 (2000), 687

Basedow, Jürgen: Der Raum des Rechts – ohne Justiz, ZEuP 2001, 437

Basedow, Jürgen: Die rechtsstaatliche Dimension der europäischen Justizreform: Zur Einführung, RabelsZ 66 (2002), 203

Basedow, Jürgen: Die Vergemeinschaftung des Kollisionsrechts nach dem Vertrag von Amsterdam, in: *Baur, Jürgen/Mansel, Heinz-Peter* (Hrsg.), Systemwechsel im europäischen Kollisionsrecht, München 2002, S. 19

Basedow, Jürgen: Mehr Freiheit wagen – Über Deregulierung und Wettbewerb, Tübingen 2002

Basedow, Jürgen: Die Europäische Gemeinschaft als Partei von Übereinkommen des einheitlichen Privatrechts, in: Festschr. f. Peter Schlechtriem, Tübingen 2003, S. 165

Basedow, Jürgen: Nationale Justiz und Europäisches Privatrecht – Eine Vernetzungsaufgabe, Heidelberg 2003 [zit. *Basedow*, Nationale Justiz und Europäisches Privatrecht]

Basedow, Jürgen: Die Verselbständigung des europäischen ordre public, in: Festschr. f. Hans Jürgen Sonnenberger, München 2004, S. 291

Basedow, Jürgen: Grundlagen des europäischen Privatrechts, JuS 2004, 89

Basedow, Jürgen: Towards a Universal Doctrine of Breach of Contract: The Impact of the CISG, International Review of Law and Economics 25 (2005), 487

Basedow, Jürgen: Die Durchsetzung des Kartellrechts im Zivilverfahren, in: *Baudenbacher, Carl* (Hrsg.), Neueste Entwicklungen im europäischen und internationalen Kartellrecht, Basel 2006, S. 353

Basedow, Jürgen: Uniform Private Law Conventions and the Law of Treaties, Unif. L. Rev. 11 (2006), 731

Basedow, Jürgen: Conflict of Laws and the Harmonization of Substantive Private Law in the European Union, in: Liber Amicorum Guido Alpa, London 2007, S. 168

Basedow, Jürgen: Die Europäische Zivilgesellschaft und ihr Recht – Zum Begriff des Privatrechts in der Gemeinschaft, in: Festschr. f. Claus-Wilhelm Canaris, Bd. I, München 2007, S. 43

Basedow, Jürgen: Die Vernetzung des gemeinschaftlichen Privatrechts, in: *Gerichtshof der Europäischen Gemeinschaften* (Hrsg.), Das Verhältnis von Europarecht und nationalem Recht vor neuen Herausforderungen – Erstes Luxemburger Expertenforum zur Entwicklung des Gemeinschaftsrechts, 10./11. September 2007, Luxemburg 2007, ohne Paginierung

Basedow, Jürgen: Konsumentenwohlfahrt und Effizienz – Neue Leitbilder der Wettbewerbspolitik?, WuW 2007, 712

Basedow, Jürgen: Latein, die heimliche Amtssprache, ZEuP 2007, 953

Basedow, Jürgen: Small Claims Enforcement in a High Cost Country – The German Insurance Ombudsman, in: Scandinavian Studies in Law 50 (2007), S. 49

Basedow, Jürgen (Hrsg.): Private Enforcement of EC Competition Law, Alphen aan de Rijn 2007

Basedow, Jürgen: The Last Euro-American Legal Scholar? Arthur Taylor von Mehren (1922–2006), in: *Gottschalk, Eckart/Michaels, Ralf/Rühl, Giesela/v. Hein, Jan* (Hrsg.), Conflict of Laws in a Globalized World, Cambridge 2007, S. 3

Basedow, Jürgen: Der Europäische Gerichtshof und die Klauselrichtlinie 93/13 – Der verweigerte Dialog, in: Festschr. f. Günter Hirsch, München 2008, S. 51

Basedow, Jürgen: Der Grundsatz der Nichtdiskriminierung im europäischen Privatrecht, ZEuP 2008, 230

Basedow, Jürgen: Federal Choice of Law in Europe and the United States – A Comparative Account of Interstate Conflicts, Tul. L. Rev. 82 (2008), 2119

Basedow, Jürgen: Kodifikationsrausch und kollidierende Konzepte – Notizen zu Marktbezug, Freiheit und System im Draft Common Frame of Reference, ZEuP 2008, 673

Basedow, Jürgen: The State's Private Law and the Economy – Commercial Law as an Amalgam of Public and Private Rule-Making, Am. J. Comp. L. 56 (2008), 703

Basedow, Jürgen: Die Rolle des Richters in der europäischen Integration – Der Europäische Gerichtshof und seine Kritiker, EuZ 2009, 86

Basedow, Jürgen: Entwicklungslinien des europäischen Rechts der Wettbewerbsbeschränkungen – Von der Dezentralisierung über die Ökonomisierung zur privaten Durchsetzung, in: *Augenhofer, Susanne* (Hrsg.), Die Europäisierung des Kartell- und Lauterkeitsrechts, Tübingen 2009, S. 1

Basedow, Jürgen: Gemeinschaftsprivatrecht/Unionsprivatrecht, in: *ders./Hopt, Klaus J./Zimmermann, Reinhard* (Hrsg.), Handwörterbuch des Europäischen Privatrechts, Bd. I, Tübingen 2009, S. 680

Basedow, Jürgen: Gesetzgebungskompetenz der EG/EU, in: *ders./Hopt, Klaus J./Zimmermann, Reinhard* (Hrsg.), Handwörterbuch des Europäischen Privatrechts, Bd. I, Tübingen 2009, S. 745

Basedow, Jürgen: Internationales Privatrecht, in: *ders./Hopt, Klaus J./Zimmermann, Reinhard* (Hrsg.), Handwörterbuch des Europäischen Privatrechts, Tübingen 2009, S. 902

Basedow, Jürgen: Später Gast am römischen Tisch: Das Vereinigte Königreich und die Rom I-Verordnung, EuZW 2009, Heft 5, V

Basedow, Jürgen: The Communitarisation of Private International Law – Introduction, RabelsZ 73 (2009), 455

Basedow, Jürgen: Transjurisdictional Codification, Tul. L. Rev. 83 (2009), 973

Basedow, Jürgen: Versicherungsbinnenmarkt, in: *ders./Hopt, Klaus J./Zimmermann, Reinhard* (Hrsg.), Handwörterbuch des Europäischen Privatrechts, Bd. II, Tübingen 2009, S. 1654

Basedow, Jürgen: Der Europäische Gerichtshof und das Privatrecht – Über Unsicherheiten, Allgemeine Grundsätze und die europäische Justizarchitektur, AcP 210 (2010), 157

Basedow, Jürgen: Ende des 28. Modells? – Das Bundesverfassungsgericht und das europäische Wirtschaftsprivatrecht, EuZW 2010, 41

Basedow, Jürgen: Mangold, Audiolux und die allgemeinen Grundsätze des europäischen Privatrechts, in: Festschr. f. Klaus J. Hopt, Bd. I, Berlin 2010, S. 27

Basedow, Jürgen: Bericht – Kodifizierung des europäischen internationalen Privatrechts?, RabelsZ 75 (2011), 671

Basedow, Jürgen: Das Staatsangehörigkeitsprinzip in der Europäischen Union, IPRax 2011, 109

Basedow, Jürgen: Die zentrifugalen Kräfte und das europäische Recht, EuZW 2011, 361

Basedow, Jürgen: Recognition of Foreign Decisions within the European Competition Network, in: *ders./Terhechte, Jörg Philipp/Tichý, Luboš* (Hrsg.), Private Enforcement of Competition Law, Baden-Baden 2011, S. 169

Basedow, Jürgen: The Case for a European Insurance Contract Act, in: *Hartkamp, Arthur/Hesselink, Martijn/Hondius, Ewoud/Mak, Chantal/du Perron, Edgar* (Hrsg.), Towards a European Civil Code, 4. Aufl., Alphen aan den Rijn 2011, S. 735

Basedow, Jürgen: Theorie der Rechtswahl oder Parteiautonomie als Grundlage des Internationalen Privatrechts, RabelsZ 75 (2011), 32

Basedow, Jürgen: Wer braucht ein European Law Institute?, EuZW 2011, 41

Basedow, Jürgen/Blaurock, Uwe/Flessner, Axel/Schulze, Reiner/Zimmermann, Reinhard: Editorial, ZEuP 1993, 1

Basedow, Jürgen/Birds, John/Clarke, Malcolm/Cousy, Herman/Heiss, Helmut/Loacker, Leander D. (Project Group Restatement of European Insurance Contract Law): Principles of European Insurance Contract Law (PEICL), München 2009

Basedow, Jürgen/Christandl, Gregor/Doralt, Walter/Fornasier, Matteo/Illmer, Martin/ Kleinschmidt, Jens/Martens, Sebastian A.E./Rösler, Hannes/Schmidt, Jan Peter/ Zimmermann, Reinhard: Policy Options for Progress towards a European Contract Law – Comments on the issues raised in the Green Paper from the Commission of 1 July 2010, COM(2010) 348 final, RabelsZ 75 (2011), 371

Basedow, Jürgen/Hopt, Klaus J./Kötz, Hein/Baetge, Dietmar (Hrsg.): Die Bündelung gleichgerichteter Interessen im Prozeß, Tübingen 1999

Basedow, Jürgen/Hopt, Klaus J./Zimmermann, Reinhard (Hrsg.): Handwörterbuch des Europäischen Privatrechts, Tübingen 2009

Basedow, Jürgen/Hopt, Klaus J./Zimmermann, Reinhard (Hrsg.): Max Planck Encyclopedia of European Private Law, Oxford 2012

Basedow, Jürgen/Rösler, Hannes: Einführung in das internationale Recht: Wege zur Privatrechtseinheit in Europa, Jura 2006, 228

Basedow, Jürgen/Scherpe, Jens M. (Hrsg.): Transsexualität, Staatsangehörigkeit und internationales Privatrecht – Entwicklungen in Europa, Amerika und Australien, Tübingen 2004

Basedow, Jürgen/Terhechte, Jörg Philipp/Tichý, Luboš (Hrsg.): Private Enforcement of Competition Law, Baden-Baden 2011

Basler, Mareen: Heininger/Hypo- und Vereinsbank AG, in: *Micklitz, Hans-Wolfgang* (Hrsg.), Europarecht *case by case* – Vorlageverfahren deutscher Gerichte an den EuGH, Heidelberg 2004, S. 65

Basse, Hermann: Das Verhältnis zwischen der Gerichtsbarkeit des Gerichtshofes der europäischen Gemeinschaften und der deutschen Zivilgerichtsbarkeit, Berlin 1967

Bätge, Johanna: Wettbewerb der Wettbewerbsordnungen? – Überlegungen zum richtigen Grad von Dezentralität und Harmonisierung im Recht gegen Wettbewerbsbeschränkungen, Baden-Baden 2009

Baudenbacher, Carl: Rechtsverwirklichung als ökonomisches Problem? Zur Überlastung der Zivilgerichte, Zürich 1985

Baudenbacher, Carl: Judicial Globalization: New Development or Old Wine in New Bottles?, Tex. Int'l L.J. 38 (2003), 505

Baudenbacher, Carl: Globalisierung und Regionalisierung des Wirtschaftsrechts, in: *ders.*, Internationales und europäisches Wirtschaftsrecht, Bd. I, St. Gallen 2004, S. 5

Baudenbacher, Carl: The EFTA Court: An Actor in the European Judicial Dialogue, Ford. Int'l L. 28 (2005), 353

Baudenbacher, Carl: The Implementation of Decisions of the ECJ and of the EFTA Court in Member States' Domestic Legal Orders, Tex. Int'l L.J. 40 (2005), 383

Baudenbacher, Carl: Concentration of preliminary references at the ECJ or transfer to the High Court/CFI: Some remarks on competition law, in: *Pernice, Ingolf* (Hrsg.), The future of the European judicial system in a comparative perspective, Baden-Baden 2006, S. 267

Bauer, Jobst-Hubertus: Kücükdevici = Mangold hoch zwei? Europäische Grundrechte verdrängen deutsches Arbeitsrecht, ZIP 2010, 449

Bauer, Lukas: Der Europäische Gerichtshof als Verfassungsgericht?, Baden-Baden 2008

Baumbach, Adolf/Lauterbach, Wolfgang/Albers, Jan/Hartmann, Peter: Zivilprozessordnung, 69. Aufl., München 2010

Baumeister, Peter: Effektiver Individualrechtsschutz im Gemeinschaftsrecht, EuR 2005, 1

Baumhof, Angelika: Die Beweislast im Verfahren vor dem Europäischen Gerichtshof, Baden-Baden 1996

Baur, Fritz: Der Gedanke der „Einheitlichkeit der Rechtsprechung" im geltenden Prozeßrecht, JZ 1953, 326

Baur, Fritz: Einige Bemerkungen zum gerichtlichen Verfahren in Kartellsachen, ZZP 72 (1959), 3

Baur, Fritz: Schlusswort, in: *Grunsky, Wolfgang/Stürner, Rolf/Walter, Gerhard/Wolf, Manfred* (Hrsg.), Wege zu einem europäischen Zivilprozessrecht – Tübinger Symposium zum 80. Geburtstag von Fritz Baur, 1992, S. 145

Beale, Hugh: The Impact of the Decisions of the European Courts on English Contract Law: The Limits of Voluntary Harmonization, ERPL 18 (2010), 501

Beater, Axel: Unlauterer Wettbewerb, Tübingen 2011

Beatson, Jack/Zimmermann, Reinhard (Hrsg.): Jurists Uprooted – German-speaking Émigré Lawyers in Twentieth Century Britain, Oxford, New York 2004

Beaumont, Paul/Johnston, Emma: Can Exequatur be Abolished in Brussels I Whilst Retaining a Public Policy Defence?, J. Priv. Int. L. 6 (2010), 249

Bebr, Gerhard: Judicial Control of the European Communities, London 1962

Bebr, Gerhard: The Rambling Ghost of "Cohn-Bendit": Acte Clair and the Court of Justice, CML Rev. 20 (1983), 439

Beck, Gunnar: The Problem of "Kompetenz-Kompetenz": A Conflict Between Right and Right in Which There is No "Praetor", E.L. Rev. 30 (2005), 42

Beck, Gunnar: Between official compliance and practical intransigence: The U.K. Courts, the common law approach and the application of E.C. Law (Part 2), ZVglRWiss 107 (2008), 79

Becker, Christoph: Europäisierung des Zivilverfahrensrechts, in: *Bottke, Wilfried/ Möllers, Thomas M. J./Schmidt, Reiner* (Hrsg.), Recht in Europa – Festgabe zum 30-jährigen Bestehen der Juristischen Fakultät Augsburg, Baden-Baden 2003, S. 25

Becker, Gary S.: The Economic Approach to Human Behavior, Chicago 1976

Becker, Peter: Der Einfluss des französischen Verwaltungsrechts auf den Rechtsschutz in den europäischen Gemeinschaften, Hamburg 1963

Beckhaus, Gerrit M.: Die Bewältigung von Informationsdefiziten bei der Sachverhaltsaufklärung – Die Enforcement-Richtlinie als Ausgangspunkt für die Einführung einer allgemeinen Informationsleistungspflicht in das deutsche Zivilrecht, Tübingen 2010

Behrens, Peter/Eger, Thomas/Schäfer, Hans-Bernd (Hrsg.): Ökonomische Analyse des Europarechts – Beiträge zum XII. Travemünder Symposium zur ökonomischen Analyse des Rechts, Tübingen 2012

Bell, John: Judiciaries within Europe – A Comparative Review, Cambridge 2006

Bellamy, Christopher: An EU Competition Court: the Continuing Debate, in: *Lianos, Ioannis/Kokkoris, Ioannis* (Hrsg.), The Reform of EC Competition Law: New Challenges, Austin, Texas 2010, S. 33

Benda, Ernst/Klein, Eckart/Klein, Oliver: Verfassungsprozessrecht – Ein Lehr- und Handbuch, 3. Aufl., Heidelberg 2012

Bender, Achim: Rechtsprechung und Übersetzung oder Übersetzung statt Rechtsprechung – Wie die unpräzise Übersetzung eines EuGH-Urteils die Beurteilung der Verwechslungsgefahr in Deutschland beeinflusst, in: Festschr. f. Winfried Tilmann, Köln 2003, S. 259

Benedict, Jörg: Kodifikation der „Einzelfallgerechtigkeit"? – oder von Geist und (Re-)Form der Zeit, ARSP 89 (2003), 216

Benedict, Jörg: Überrumpelung beim Realkredit – Ideologie und Wirklichkeit im deutsch-europäischen Privatrecht, Ein Lehrstück aktueller civilistischer Praxis, AcP 206 (2006), 58

Benedict, Jörg: Savigny ist tot! Zum 150. Todestag von Friedrich Carl von Savigny und zu seiner Bedeutung für die heutige Rechtswissenschaft, JZ 2011, 1073

Bengoetxea, Joxerramon: The Legal Reasoning of the European Court of Justice – Towards a European Jurisprudence, Oxford 1993

Bentham, Jeremy: The Principles of Judicial Procedure, With the Outlines of a Procedure Code, in: *Bowring, John* (Hrsg.), Works of Jeremy Bentham, Bd. 2, Edinburgh 1843, S. 5

Berger, Bernhard/Güngerich, Andreas: Zivilprozessrecht – Unter Berücksichtigung des Entwurfs für eine schweizerische Zivilprozessordnung, der bernischen Zivilprozessordnung und des Bundesgerichtsgesetzes, Bern 2008

Berger, Christian: Beweisaufnahme vor dem Europäischen Gerichtshof, in: Festschr. f. Ekkehard Schumann, Tübingen 2001, S. 27

Berger, Klaus Peter: Auf dem Weg zu einem europäischen Gemeinrecht der Methode, ZEuP 2001, 4

Bergmann, Jan: Vorabentscheidungsverfahren nach dem EU-Reformvertrag von Lissabon, ZAR 2011, 41

Bergsten, Eric E.: Community Law in the French Courts – The Law of Treaties in Modern Attire, The Hague 1973

Bermann, George A.: Taking Subsidiarity Seriously: Federalism in the European Community and the United States, Colum. L. Rev. 94 (1994), 331

Bermann, George A. (Hrsg.): Harmonisation of Legislation in Federal Systems – Constitutional, Federal and Subsidiarity Aspects – The European Union and the United States of America Compared, Bd. II, Baden-Baden 1997

Bermann, George A.: Rome I: A Comparative View, in: *Ferrari, Franco/Leible Stefan* (Hrsg.), Rome I Regulation – The Law Applicable to Contractual Obligations in Europe, München 2009, S. 349

Bernhard, Jochen: Kartellrechtlicher Individualschutz durch Sammelklagen – Europäische Kollektivklagen zwischen Effizienz und Effektivität, Tübingen 2010

Bernstein, Herbert L.: Whose Advantage After All? – A Comment on the Comparison of Civil Justice Systems, U.C. Davis L. Rev. 21 (1988), 587

Berrisch, Georg M.: Erhöhung der Richterzahl am Gericht – kurzfristige Abhilfe ohne langfristige Lösung, EuZW 2011, 409

Berteloot, Pascale: Babylone à Luxembourg: jurilinguistique à la Cour de Justice, Saarbrücken 1987

Beyerlein, Thorsten: Alleskönner ./. Spezialisten – Überlegungen zur Notwendigkeit einer Spezialisierung deutscher Gerichte im Wettbewerbsrecht, WRP 4/2011, III

Biavati, Paolo: Diritto processuale dell'Unione europea, 4. Aufl., Milano 2009

Bickel, Alexander M.: The Least Dangerous Branch – The Supreme Court at the Bar of Politics, Indianapolis 1962

Bieber, Roland: Die Flagge der EG, in: *Fiedler, Wilfried/Ress, Georg* (Hrsg.), Verfassungsrecht und Völkerrecht: Gedächtnisschr. f. Wilhelm Karl Geck, Köln, Berlin, Bonn, München 1989, S. 59

Bieber, Roland/Ress, Georg: Die Dynamik des EG-Rechts als Rechtsproblem, in: *Ress, Georg/Bieber, Roland* (Hrsg.), Die Dynamik des europäischen Gemeinschaftsrecht/ The dynamics of EC-law – Die Auslegung des europäischen Gemeinschaftsrechts im Lichte nachfolgender Praxis der Mitgliedstaaten und der EG-Organe, Baden-Baden 1987

Biehler, Gernot: Procedures in International Law, Berlin, Heidelberg 2008

Biene, Daniel: USA, Right of Publicity – Comment: Decision District Court (S.D.N.Y.) 2 May 2007 – Case No. 05 CIV.3939 CM (Shaw Family Archives Ltd. v. CMG Worldwide, Inc. and Marilyn Monroe, LLC, „Marilyn Monroe"), IIC 2007, 859

Biondi, Andrea: European Court of Justice: Effectiveness Versus Efficiency: Recent Developments on Judicial Protection in EC Law, EPL 6 (2000), 311

Bischoff, Jan Asmus: Besprechung des Gutachtens 1/03 des EuGH vom 7.2.2006, EuZW 2006, 295

Bischoff, Jan Asmus: Die Europäische Gemeinschaft und die Konventionen des einheitlichen Privatrechts, Tübingen 2010

Blankenburg, Erhard/Fiedler, Jann: Die Rechtsschutzversicherungen und der steigende Geschäftsanfall der Gerichte, Tübingen 1981

Blankenburg, Erhard: Changes in Political Regimes and Continuity of the Rule of Law in Germany, in: *Jacob, Herbert/Blankenburg, Erhard/Kritzer, Herbert M./Provine, Doris Marie/Sanders, Joseph,* Courts, Law, and Politics in Comparative Perspective, New Haven, London 1996, S. 249

Blankenburg, Erhard: Civil Litigation Rates as Indicators for Legal Cultures, in: *Nelken, David* (Hrsg.), Comparing Legal Cultures, Aldershot 1997, S. 41

Blankenburg, Erhard: Rechtskultur, in: Festschr. f. Manfred Rehbinder, München, Bern 2002, S. 425

Blankenburg, Erhard: Europäische Justizindikatoren: Budgets der Justiz, Richter und Rechtsanwälte, in: *Cottier, Michelle/Estermann, Josef/Wrase, Michael* (Hrsg.), Wie wirkt Recht? Ausgewählte Beiträge zum ersten gemeinsamen Kongress der deutschsprachigen Rechtssoziologie-Vereinigungen, Luzern 4.–6. September 2008, Baden-Baden 2010, S. 61

Bläsi, Martin: Das Haager Übereinkommen über Gerichtsstandsvereinbarungen – Unter besonderer Berücksichtigung seiner zu erwartenden Auswirkungen auf den deutsch-amerikanischen Rechtsverkehr, Frankfurt/M., Berlin, Bern, Wien 2010

Bleckmann, Albert: Zu den Auslegungsmethoden des Europäischen Gerichtshofs, NJW 1982, 1177

Bleckmann, Albert: Zur Klagebefugnis für die Individualklage vor dem Europäischen Gerichtshof, in: Festschr. f. Christian-Friedrich Menger, Köln, Berlin, Bonn, München 1985, S. 871

Bleckmann, Albert: Die wertende Rechtsvergleichung bei der Entwicklung europäischer Grundrechte, in: Festschr. f. Bodo Börner, Köln, Berlin, Bonn, München 1992, S. 29

Bley, Florian: Die zweite Instanz nach deutschem und englischem Zivilprozessrecht – Zugang und Prüfungsprogramm, Frankfurt/M., Berlin, Bern, Bruxelles, New York, Oxford, Wien, 2011

Blobel, Felix/Späth, Patrick: Zum Entwicklungsstand der Lehre vom „forum non conveniens" in England – zugleich eine Besprechung der Entscheidung des House of Lords in Lubbe et al v. Cape Plc. (U.K.), RIW 2001, 598

Blobel, Felix/Späth, Patrick: The tale of multilateral trust and the European law of civil procedure, E.L. Rev. 30 (2005), 528

Blom-Cooper, Louis: Style of Judgments, in: *ders./Dickson, Brice/Drewry, Gavin* (Hrsg.), Judicial House of Lords 1876–2009, Oxford 2009, S. 145

Blom-Cooper, Louis/Dickson, Brice/Drewry, Gavin (Hrsg.): Judicial House of Lords 1876–2009, Oxford 2009

Blumenwitz, Dieter: Einführung in das anglo-amerikanische Recht – Rechtsquellenlehre, Methode der Rechtsfindung, Arbeiten mit praktischen Rechtsfällen, 7. Aufl., München 2003

Bobek, Michael: Learning to talk: Preliminary rulings, the courts of the new Member States and the Court of Justice, CML Rev. 45 (2008), 1611

Bobek, Michal: The New European Judges and the Limits of the Possible, in: *Łazowski, Adam* (Hrsg.), The Application of EU Law in the New Member States: Brave New World, The Hague 2010, S. 127

Boch, Christine: EC Law in the UK, Harlow 2000

Bodnár, Zsófia: Der EuGH betont den Grundsatz der handelsvertreterfreundlichen Auslegung im Rahmen der Ermittlung des Ausgleichsbetrags – Anmerkung zum Urteil *Semen* (Rechtssache C-348/07), GPR 2010, 94

Bogdandy, Armin v.: Supranationaler Föderalismus als Wirklichkeit und Idee einer neuen Herrschaftsform – Zur Gestalt der Europäischen Union nach Amsterdam, Baden-Baden 1999

Bogdandy, Armin v.: Europäische Prinzipienlehre, in: *ders.* (Hrsg.), Europäisches Verfassungsrecht: Theoretische und dogmatische Grundzüge, Berlin 2003, S. 149

Bogdandy, Armin v.: Prinzipien der Rechtsfortbildung im europäischen Rechtsraum – Überlegungen zum Lissabon-Urteil des BVerfG, NJW 2010, 1

Bogdandy, Armin v./Bast, Jürgen/Westphal, Dietrich: Die vertikale Kompetenzordnung im Entwurf des Verfassungsvertrags, integration 2003, 414

Bogdanor, Vernon: The New British Constitution, Oxford 2009

Böhm, Franz: Privatrechtsgesellschaft und Marktwirtschaft, ORDO 17 (1966), 75

Böhm, Monika: Rechtsschutz im Europarecht, JA 2009, 679

Böhm, Ulrike: Amerikanisches Zivilprozessrecht, Köln 2005

Bölhoff, Corinna: Das Rechtsmittelverfahren vor dem Gerichtshof der Europäischen Gemeinschaften – Verfahren, Prüfungsumfang und Kontrolldichte, Baden-Baden 2001

Bonell, Michael Joachim (Hrsg.): An International Restatement of Contract Law: The Unidroit Principles of International Commercial Contracts, 3. Aufl., Ardsley, NY 2005

Borchardt, Klaus-Dieter: Auslegung, Rechtsfortbildung und Rechtsschöpfung, in: *Schulze, Reiner/Zuleeg, Manfred/Kadelbach, Stefan* (Hrsg.), Europarecht – Handbuch für die deutsche Rechtspraxis, 2. Aufl., Baden-Baden 2010, § 15 (S. 566)

Borgsmidt, Kirsten: Der Generalanwalt beim Europäischen Gerichtshof und einige vergleichbare Institutionen, EuR 1987, 162

Bork, Reinhard: Brauchen wir Gerichtsferien?, JZ 1993, 53

Bork, Reinhard: Gerichtsverfassung und Verfahrensstrukturen in Deutschland, RabelsZ 66 (2002), 327

Bork, Reinhard: Altersstruktur und Produktivität von Gerichten: Wie sinnvoll sind Gerichtshierarchien?, in: *ders./Eger, Thomas/Schäfer, Hans-Bernd* (Hrsg.), Ökonomische Analyse des Verfahrensrechts – Beiträge zum XI. Travemünder Symposium zur ökonomischen Analyse des Rechts (26. bis 29. März 2008), Tübingen 2009, S. 43

Bork, Reinhard: Drittbetroffenheit und rechtliches Gehör, in: Festschr. f. Konstantinos D. Kerameus, Athens, Brussels 2009, S. 141

Bork, Reinhard: Einführung in das Insolvenzrecht, 5. Aufl., Tübingen 2009

Bork, Reinhard: Allgemeiner Teil des Bürgerlichen Gesetzbuchs, 3. Aufl., Tübingen 2011

Bork, Reinhard/Eger, Thomas/Schäfer, Hans-Bernd (Hrsg.): Ökonomische Analyse des Verfahrensrechts – Beiträge zum XI. Travemünder Symposium zur ökonomischen Analyse des Rechts (26. bis 29. März 2008), Tübingen 2009

Bork, Reinhard/Schmidt-Parzefall, Tillmann: Zur Reformbedürftigkeit des § 110 ZPO, JZ 1994, 18

Born, Gary B./Rutledge, Peter B.: International Civil Litigation in United States Courts, 4. Aufl., New York 2007

Börner, Christina: Kodifikation des Common Law – Der Civil Code von David Dudley Field, Zürich 2001

Borowski, Martin: Die Nichtigkeitsklage gem. Art. 230 Abs. 4 EGV, EuR 2004, 879

Borries, Reimer v.: Überlegungen zur Effektivität des Vertragsverletzungsverfahrens, in: Festschr. f. Hans-Werner Rengeling, Köln 2007, S. 485

Börzel, Tanja A.: Non-Compliance in the European Union – Pathology or Statistical Artefact?, Journal of European Public Policy 8 (2001), 803

Börzel, Tanja A.: Participation Through Law Enforcement – The Case of the European Union, Comparative Political Studies 39 (2006), 128

Börzel, Tanja A./Hofmann, Tobias/Panke, Diana/Sprungk, Carina: Obstinate and Inefficient: Why Member States Do Not Comply With European Law, Comparative Political Studies 43 (2010), 1363

Bothe, Michael: Die Entwicklung des Föderalismus in den angelsächsischen Staaten, JöR 31 (1982), 109

Bothe, Michael: Zusammenarbeit der Gliedstaaten im Bundesstaat – Rechtsvergleichender Generalbericht, in: *Starck, Christian* (Hrsg.), Zusammenarbeit der Gliedstaaten im Bundesstaat – Landesberichte und Generalbericht der Tagung für Rechtsvergleichung 1987 in Innsbruck, Baden-Baden 1988, S. 175

Boudant, Joël: La Cour de Justice des Communautés Européennes, Paris 2005

Bowie, Robert R./Friedrich, Carl J. (Hrsg.): Studies in Federalism, Boston 1954

Brakalova, Maria: Wege zur Reformierung der Europäischen Verfassungsgerichtsbarkeit unter besonderer Berücksichtigung der Osterweiterung und der Erfahrungen in „losen" Föderationen, Baden-Baden 2008

Brandner, Gert: Die überschießende Umsetzung von Richtlinien, Frankfurt/M. 2003

Braucher, Robert: The Legislative History of the Uniform Commercial Code, Colum. L. Rev. 58 (1958), 798

Braun, Jens-Daniel/Kettner, Moira: Die Absage des EuGH an eine richterrechtliche Reform des EG-Rechtsschutzsystems – „Plaumann" auf immer und ewig?, DÖV 2003, 58

Bredimas, Anna: Methods of interpretation and community law, Amsterdam, New York, Oxford 1978

Breen, Timothy H.: The Marketplace of Revolution: How Consumer Politics Shaped American Independence, Oxford 2004

Brehm, Wolfgang: Rechtsfortbildungszweck des Zivilprozesses, in: Festschr. f. Ekkehard Schumann, Tübingen 2001, S. 57

Breitner, Franz: Europäische Gerichtsbarkeit – Das Justizrecht der supranationalen europäischen Gemeinschaften, Die Rechtsschutzbestimmungen der Verträge über die Gründung der Europäischen Gemeinschaft für Kohle und Stahl und der Europäischen Verteidigungsgemeinschaft sowie des Satzungsentwurfes über die Europäische (Politische) Gemeinschaft, Frankfurt/M., Berlin 1954

Breuer, Marten: Der Europäische Gerichtshof für Menschenrechte als Wächter des europäischen Gemeinschaftsrechts, JZ 2003, 433

Breuer, Marten: Urteile mitgliedstaatlicher Gerichte als möglicher Gegenstand eines Vertragsverletzungsverfahrens gem. Art. 226 EG?, EuZW 2004, 199

Breuer, Marten: Staatshaftung für judikatives Unrecht – Eine Untersuchung zum deutschen Recht, zum Europa- und Völkerrecht, Tübingen 2011

Breyer, Michael: Kostenorientierte Steuerung des Zivilprozesses – Das deutsche, englische und amerikanische Prozesskostensystem im Vergleich, Tübingen 2006

Bridge, Michael: The International Sale of Goods – Law and Practice, 2. Aufl., Oxford 2007

Brinkmann, Moritz: Das Beweismaß im Zivilprozess aus rechtsvergleichender Sicht, Köln, Berlin, München 2005

British Institute of International and Comparative Law (Hrsg.): The Role and Future of the European Court of Justice: A Report by Members of the EC Section of the British Institute's Avisory Board chaired by The Rt. Hon. the Lord Slynn of Hadley, London 1996 [auch als *Slynn*-Report zit.]

Britz, Gabriele: Verfassungsrechtliche Effektuierung des Vorabentscheidungsverfahrens, NJW 2012, 1313

Broberg, Morten/Fenger, Niels: Preliminary References to the European Court of Justice, Oxford 2010

Broberg, Morten/Fenger, Niels: Theorie und Praxis der Acte-clair-Doktrin des EuGH, EuR 2010, 835

Brödermann, Eckart: Paradigmenwechsel im Internationalen Privatrecht – Zum Beginn einer neuen Ära seit 17.12.2009, NJW 2010, 807

Broekman, Jan M.: A Philosophy of European Union Law, Leuven 1999

Brok, Elmar: Der europäische Sündenbock, FAZ v. 13.10.2008, S. 10.

Broß, Siegfried: Bundesverfassungsgericht – Europäischer Gerichtshof – Europäischer Gerichtshof für Kompetenzkonflikte, VerwArch. 92 (2001), 425

Broß, Siegfried: Überlegungen zur europäischen Staatswerdung, JZ 2008, 227

Brouard, Sylvain/Costa, Olivier/König, Thomas (Hrsg.): The Europeanization of Domestic Legislatures – The Empirical Implications of the Delors' Myth in Nine Countries, New York, Dordrecht, Heidelberg, London 2012

Brown, L. Neville/Kennedy, Tom: [Brown & Jacobs:] The Court of Justice of the European Communities, 5. Aufl., London 2000

Brück, Michael: Das Vorabentscheidungsverfahren vor dem Europäischen Gerichtshof als Bestandteil des deutschen Zivilprozesses – Rechtsschutzhemmendes Integrationsproblem oder kohärente Rechtsschutzerweiterung, Frankfurt/M., Berlin, Bern, Wien 2001

Brugger, Winfried: Einführung in das öffentliche Recht der USA, 2. Aufl., München 2001

Brühl, Gräfin v. Friederike/Wienhues, Sigrid: Rechtsschutz durch die europäischen Gerichte, in: *Gebauer, Martin/Wiedmann, Thomas* (Hrsg.), Zivilrecht unter europäischem Einfluss – Die richtlinienkonforme Auslegung des BGB und anderer Gesetze – Kommentierung der wichtigsten EU-Verordnungen, 2. Aufl., Stuttgart 2010, Kap. 39 (S. 2335)

Bruns, Alexander: Das Grünbuch Effiziente Vollstreckung gerichtlicher Entscheidungen in der Europäischen Union – empfehlenswerte Erleichterungen des Zwangsvollstreckungszugriffs durch Transparenz des Schuldnervermögens?, ZEuP 2010, 809

Bruns, Alexander: Der Zivilprozess zwischen Rechtsschutzgewährleistung und Effizienz, ZZP 124 (2011), 29

Bruns, Alexander: Die Revision zum Europäischen Gerichtshof in Zivilsachen – akademische Zukunftsvision oder Gebot europäischer Justizgewährleistung?, JZ 2011, 325

Buck, Carsten: Über die Auslegungsmethoden des Gerichtshofs der Europäischen Gemeinschaft, Frankfurt/M., Berlin, Bern, Bruxelles, New York, Oxford, Wien 1998

Büdenbender, Martin: Das Verhältnis des Europäischen Gerichtshofs zum Bundesverfassungsgericht, Köln, Berlin, München 2005

Buerstedde, Wolfgang: Juristische Methodik des Europäischen Gemeinschaftsrechts – Ein Leitfaden, Baden-Baden 2006

Bülow, Erich: Die Gutachtertätigkeit des EuGH, in: Festschr. f. Hans Kutscher, Baden-Baden 1981, S. 55

Bulst, Friedrich Wenzel: Anmerkung zum Manfredi-Urteil des EuGH, ZEuP, 2008, 178

Bumke, Christian (Hrsg.): Richterrecht zwischen Gesetzesrecht und Rechtsgestaltung, Tübingen 2012

Bundesministerium der Justiz (Hrsg.): Entlastung der Bundesverfassungsgerichts – Bericht der Kommission, Bonn 1998

Bundesnotarkammer (BNotK), Bundesrechtsanwaltskammer (BRAK), Deutscher Anwaltverein (DAV), Deutscher Notarverein (DNotV), Deutscher Richterbund (DRB): Law – Made in Germany, Bonn 2009

Bundesrechtsanwaltskammer (BRAK): Die Zukunft der Europäischen Gerichtsbarkeit – Stellungnahme der BRAK, BRAK-Mitt. 2000, 292

Burley, Anne-Marie/Mattli, Walter: Europe Before the Court: A Political Theory of Legal Integration, International Organization 47 (1993), 41

Burrows, Noreen/Greaves, Rosa: The Advocate General and EC Law, Oxford, New York 2007

Buruma, Ian: Anglomania – A European Love Affair, New York 2000

Busch, Christoph/Kopp, Christina/McGuire, Mary-Rose/Zimmermann, Martin: Konvergenz und Diskrepanz nationaler und europäischer Methodik: Der Einfluss des Gemeinschaftsrechts auf das äußere System des deutschen Privatrechts, GPR 2009, 150

Busch, Christoph/Schulte-Nölke, Hans (Hrsg.): EU Compendium – Fundamental Rights and Private Law, München 2010

Buschbaum, Markus/Kohler, Marius: Vereinheitlichung des Erbkollisionsrechts in Europa, 1. Folge: GPR 2010, 106, 2. Folge: GPR 2010, 162

Busse, Felix (Hrsg.): Festschrift 150 Jahre Deutscher Juristentag: Rechtsstand, München 2010

Büttner, Hermann: Berufung und Revision – Zivilprozessuale Rechtsmittel im Wandel, Baden-Baden 2010

Buxbaum, Richard M.: Article 177 of the Rome Treaty as a Federalizing Device, Stan. L. Rev. 21 (1969), 1041

Buxbaum, Richard M.: Die private Klage als Mittel zur Durchsetzung wirtschaftspolitischer Rechtsnormen, Karlsruhe 1972

Buxbaum, Richard M.: Federalism and Company Law, Mich. L. Rev. 82 (1984), 1163

Buxbaum, Richard M.: Is There a Place for a European Delaware in the Corporate
Conflict of Laws?, RabelsZ 74 (2010), 1

Bydlinski, Franz: System und Prinzipien des Privatrechts, Wien, New York 1996

Bydlinski, Franz: Richterrecht über Richterrecht – Der Bundesgerichtshof in Zivilsachen
zur beschränkten Bindungskraft von Präjudizien, in: 50 Jahre Bundesgerichtshof –
Festgabe aus der Wissenschaft, Bd. I, München 2000, S. 3

Bzderaa, André: The Court of Justice of the European Community and the Politics of
Institutional Reform, West European Politics 15 (1992), 122

Cabrillo, Francisco/Fitzpatrick, Sean: The Economics Of Courts And Litigation,
Cheltenham, Northampton/Mass. 2008

Caenegem, Raoul C. van: History of European Civil Procedure, in: Int. Enc. Comp. L.,
Vol. XVI: Civil Procedure (Chief Editor: *Mauro Cappelletti*), Ch. 2, Tübingen, Paris,
New York 1973

Caenegem, Raoul C. van: Judges, Legislators and Professors – Chapters in European
Legal History, Cambridge 1987

Caenegem, Raoul C. van: The Birth of the English Common Law, 2. Aufl., Cambridge
1988

Caenegem, Raoul C. van: Judges, Legislators and Professors – Chapters in European
Legal History, Cambridge 1992

Caenegem, Raoul C. van: An Historical Introduction to Western Constitutional Law,
Cambridge 1995

Caenegem, Raoul C. van: European Law in the Past and the Future – Unity and Diversity
over Two Millennia, Cambridge 2002

*Cafaggi, Fabrizio/Cherednychenko, Olha O./Cremona, Marise/Cseres, Kati/Gorywoda,
Lukasz/Karova, Rozeta/Micklitz, Hans-Wolfgang/Podstawa, Karolina:* Europeani-
zation of Private Law in Central and Eastern Europe Countries (CEECs), EUI
Working Papers LAW 2010/15, Florenz 2010

Cafaggi, Fabrizio/Micklitz, Hans-Wolfgang: Administrative and Judicial Collective
Enforcement of Consumer Law in the US and the European Community: The Way
Forward, in: *dies.* (Hrsg.), New Frontiers of Consumer Protection: The Interplay
Between Private and Public Enforcement, Mortsel 2009, S. 401

Cafaggi, Fabrizio/Micklitz, Hans-Wolfgang: Introduction, in: *dies.* (Hrsg.), New Frontiers of Consumer Protection: The Interplay Between Private and Public Enforcement,
Mortsel 2009, S. 1

Calabresi, Guido: A Common Law for the Age of Statutes, Cambridge/Mass., London 1982

Calliess, Christian: Kohärenz und Konvergenz beim europäischen Individualrechtsschutz
– Der Zugang zum Gericht im Lichte des Grundrechts auf effektiven Rechtsschutz,
NJW 2002, 3577

Calliess, Christian: Europarecht, in: *Willoweit, Dietmar* (Hrsg.), Rechtswissenschaft und
Rechtsliteratur im 20. Jahrhundert – Mit Beiträgen zur Entwicklung des Verlages
C.H. Beck, München 2007, S. 1061

Calliess, Christian/Ruffert, Matthias (Hrsg.): EUV/AEUV – Kommentar, 4. Aufl., München 2011 [zit. Bearbeiter: *Cremer, Hans-Joachim*; *Wegener, Bernhard W.*]

Calliess, Gralf-Peter: Grenzüberschreitende Verbraucherverträge – Rechtssicherheit und
Gerechtigkeit auf dem elektronischen Weltmarktplatz, Tübingen 2006

Calliess, Gralf-Peter: Englisch als Gerichtssprache und Öffentlichkeitsprinzip, in: Festschr f. Franz Jürgen Säcker, München 2011, S. 1045

Calliess, Gralf-Peter (Hrsg.): Rome Regulations. Commentary on the European Rules of the Conflict of Laws, Alphen aan den Rijn 2011

Calster, Geert van: The EU's Tower of Babel – The interpretation by the European Court of Justice of Equally Authentic Texts Drafted in More Than One Official Language, YEL 17 (1997), 363

Canaris, Claus-Wilhelm: Gemeinsamkeiten zwischen verfassungs- und richtlinienkonformer Auslegung, in: Festschr. f. Reiner Schmidt, München 2006, S. 41*Canaris, Claus-Wilhelm:* Systemdenken und Systembegriff in der Jurisprudenz, 2. Aufl., Berlin 1983

Canaris, Claus-Wilhelm: Der EuGH als künftige privatrechtliche Superrevisionsinstanz, EuZW 1994, 417

Canaris, Claus-Wilhelm: Die Stellung der „UNIDROIT Principles" und der „Principles of European Contract Law" im System der Rechtsquellen, in: *Basedow, Jürgen* (Hrsg.), Europäische Vertragsrechtsvereinheitlichung und deutsches Recht, Tübingen 2000, S. 5

Canaris, Claus-Wilhelm: Die richtlinienkonforme Auslegung und Rechtsfortbildung im System der juristischen Methodenlehre, in: Festschr. f. Franz Bydlinski, Wien 2002, S. 47

Cappelletti, Mauro (with the collaboration of *Garth, Bryant/Trocker, Nicolò*): Access to Justice – Comparative General Report, RabelsZ 40 (1976), 669

Cappelletti, Mauro/Garth, Bryant (Hrsg.): Access to Justice, Vol. 1: A World Survey, Alphen aan den Rijn, Milan 1978

Cappelletti, Mauro/Garth, Bryant: Introduction – Policies, Trends and Ideas in Civil Procedure, in: Int. Enc. Comp. L., Vol. XVI: Civil Procedure (Chief Editor: *Mauro Cappelletti*), Ch. 1, Tübingen, Dordrecht 1988

Cappelletti, Mauro/Garth, Bryan/Weisner, John/Koch, Klaus-Friedrich (Hrsg.): Access to Justice, Bd. I-IV, Milano 1978–1979

Cappelletti, Mauro/Golay, David: The Judicial Branch in the Federal and Transnational Union: Its Impact on Integration, in: *Cappelletti, Mauro/Seccombe, Monica/Weiler, Joseph H.H.* (Hrsg.), Integration Through Law – Europe and the American Federal Experience, Vol. 1: Methods, Tools and Institutions, Book 2: Political Organs, Integration Techniques and Judicial Process, Berlin, New York 1986, S. 261

Cappelletti, Mauro/Gordley, James/Johnson, Earl: Toward Equal Justice: A Comparative Study of Legal Aid in Modern Societies – Text and Materials, Milano 1975

Cappelletti, Mauro/Seccombe, Monica/Weiler, Joseph H.H.: Integration Throuh Law: Europa and the American Federal Experience – A General Introduction, in: *dies.* (Hrsg.), Integration Through Law – Europe and the American Federal Experience, Vol. 1: Methods, Tools and Institutions, Book 1 – A Political, Legal and Economic Overview, New York 1986, S. 3

Cappelletti, Mauro/Tallon, Denis (Hrsg.): Fundamental Guarantees of the Parties in Civil Litigation, Milano 1973

Caranta, Roberto: Judicial Protection against Member States: A New Jus Commune takes Shape, CML Rev. 32 (1995), 703

Cardozo, Benjamin N.: The Nature of Judicial Process, New Haven 1921

Carolan, Bruce: The Birth of the European Union: US and UK Roles in the Creation of a Unified European Community, Tulsa J. Comp. & Int'l L. 16 (2008), 51

Carree, Martin/Günster, Andrea/Schinkel, Maarten Pieter: European Antitrust Policy 1957–2004: An Analysis of Commission Decisions, Review of Industrial Organization 36 (2010), 97

Carrington, Paul D.: The Revolutionary Idea of University Legal Education, Wm. & Mary L. Rev. 31 (1990), 527

Carrington, Paul D.: Der Einfluß kontinentalen Rechts auf Juristen und Rechtskultur der USA 1776–1933, JZ 1995, 529

Carrington, Paul D.: The American Tradition of Private Law Enforcement, in: *Stiftung Gesellschaft für Rechtspolitik, Trier/Institut für Rechtspolitik an der Universität Trier* (Hrsg.), Globale Wirtschaft – Nationales Recht, Chancen, Risiken, Konflikte, 41. Bitburger Gespräche, München 2003, S. 33

Carrubba, Clifford J./Gabel, Matthew/Hankla, Charles: Judicial Behavior under Political Constraints: Evidence from the European Court of Justice, The American Political Science Review 102 (2008), 435

Carrubba, Clifford J./Murrah, Lacey: Legal Integration and Use of the Preliminary Ruling Process in the European Union, International Organization 59 (2005), 399

Carrubba, Clifford/Gabel, Mathew/Hankla, Charles: Judicial Behavior under Political Constraints: Evidence from the European Court of Justice, American Political Science Review 102 (2008), 435

Casper, Matthias/Janssen, André/Pohlmann, Petra/Schulze, Reiner (Hrsg.): Auf dem Weg zu einer europäischen Sammelklage?, München 2009

Chalmers, Damian: Judicial Preferences and the Community Legal Order, M.L.R. 60 (1997), 164

Chalmers, Damian: The Positioning of EU Judicial Politics within the United Kingdom, West European Politics 23 (2000), 169

Chalmers, Damian: Judicial Authority and the Constitutional Treaty, Int. J. Constitutional Law 3 (2005), 448

Chaltiel, Florence: La Cour de Justice après l'élargissement, in: *Dehousse, Renaud/ Deloche-Gaudez, Florence/Duhamel, Olivier* (Hrsg.), Élargissement – Comment l'Europe s'adapte, Paris 2006, S. 97

Charbonnier, Gilles: Introduction, in: *ders./Sheehy, Orla*, Panorama of Judicial Systems in the European Union, Bruxelles 2008, S. 11

Charbonnier, Gilles/Sheehy, Orla: Panorama of Judicial Systems in the European Union, Bruxelles 2008

Chase, Oscar G.: Law, Culture, and Ritual: Disputing Systems in Cross-Cultural Context, New York 2005

Chase, Oscar G./Hershkoff, Helen/Silberman, Linda/Taniguchi, Yasuhei/Varano, Vincenzo/Zuckerman, Adrian: Civil Litigation in Comparative Context, St. Paul 2007

Chemerinsky, Erwin: Federal Jurisdiction, 5. Aufl., New York 2007

Cherednychenko, Olha O.: Fundamental Rights, Contract Law and the Protection of the Weaker Party – A Comparative Analysis of the Constitutionalisation of Contract Law, with Emphasis on Risky Financial Transactions, München 2008

Cho, Sungjoon: United States – Continued Suspension of Obligation in the EC – Hormones Dispute, AJIL 103 (2009), 299

Choi, Stephen J./Gulati, Mitu/Posner, Eric A.: What Do Federal District Judges Want? An Analysis of Publications, Citations, and Reversals, Journal of Law, Economics & Organization, i.E.

Christensen, Ralph/Böhme, Markus: Europas Auslegungsgrenzen: Das Zusammenspiel von Europarecht und nationalem Recht, Rechtstheorie 2009, 285

Ciacchi, Aurelia Colombi: The Constitutionalisation of European Contract Law: Judicial Convergence and Social Justice, ECRL 2006, 167

Cichowski, Rachel A.: Women's Rights, the European Court, and Supranational Constitutionalism, Law & Society Review 38 (2004), 489

Cichowski, Rachel A.: The European Court and Civil Society – Litigation, Mobilization and Governance, Cambridge 2007

Claes, Monica: The National Courts' Mandate in the European Constitution, Oxford 2006

Clark, David S.: Tracing the Roots of American Legal Education – A Nineteenth Century German Connection, RabelsZ 51 (1987), 313

Clark, David S.: Civil Procedure, in: *ders./Ansay, Tuğrul* (Hrsg.), Introduction to the Law of the United States, 2. Aufl., The Hague, London, New York 2002, S. 373

Clark, David S.: The Organization of Lawyers and Judges, in: Int. Enc. Comp. L., Vol. XVI: Civil Procedure (Chief Editor: *Mauro Cappelletti*), Ch. 3, Tübingen, Dordrecht 2002

Claßen, Christiane: Nichtumsetzung von Gemeinschaftsrichtlinien – Von der unmittelbaren Wirkung bis zum Schadensersatzanspruch, 1999

Classen, Claus Dieter: Die Europäisierung der Verwaltungsgerichtsbarkeit – Eine vergleichende Untersuchung zum deutschen, französischen und europäischen Verwaltungsprozeßrecht, Tübingen 1996

Classen, Claus Dieter: Effektive und kohärente Justizgewährleistung im europäischen Rechtsschutzverbund, JZ 2006, 157

Classen, Claus Dieter: Rechtsstaatlichkeit als Primärrechtsgebot in der Europäischen Union: Vertragsrechtliche Grundlagen und Rechtsprechung der Gemeinschaftsgerichte, EuR-Beih 3/2008, 7

Classen, Claus Dieter: Der Conseil d'État auf Europakurs – Anmerkung zur Entscheidung des französischen Conseil d'État – Assemblée – vom 30. Oktober 2009, Klage Nr. 298348 – Mme Perreux, EuR 2010, 557

Clausnitzer, Jochen: Sammelklagen wieder auf der Tagesordnung der EU, EuZW 2010, 842

Clinton, Robert N.: A Mandatory View of Federal Court Jurisdiction: Early Implementation of and Departures from the Constitutional Plan, Colum. L. Rev. 86 (1986), 1515

Coase, Ronald: The Problem of Social Cost, Journal of Law and Economics 3 (1960), 1

Coester-Waltjen, Dagmar: Deutsches internationales Zivilprozeßrecht und die punitive damages nach US-amerikanischem Recht, in: *Heldrich, Andreas/Kono, Toshiyuki* (Hrsg.), Herausforderungen des Internationalen Zivilverfahrensrechts, Tübingen 1994, S. 15

Cohen, Antonin: Constitutionalism Without Constitution: Transnational Elites Between Political Mobilization and Legal Expertise in the Making of a Constitution for Europe (1940s-1960s), Law & Soc. Inquiry 32 (2007), 109

Cohen, Jeffrey C.: The European Preliminary Reference and U.S. Supreme Court Review of State Court Judgments: A Study in Comparative Judicial Federalism, Am. J. Comp. L. 44 (1996), 421

Coing, Helmut (Hrsg.): Handbuch der Quellen und der Neueren Europäischen Privatrechtsgeschichte [mehrbändig], München 1973–1988

Coing, Helmut: Zur Geschichte des Privatrechtsystems, Frankfurt/M. 1962

Coing, Helmut: Europäisierung der Rechtswissenschaft, NJW 1990, 937

Colin, Jean-Pierre: Le gouvernement des juges dans les Communautés Européennes, Paris 1966

Collins, Hugh: Regulating Contracts, Oxford 1992/1999

Collins, Hugh: The Alchemy of Deriving General Principles of Contract Law from European Legislation: In Search of the Philosopher's Stone, ERCL 2 (2006), 213

Collins, Hugh: The European Civil Code – The Way Forward, Cambridge 2008

Collins, Lawrence: European Community Law in the United Kingdom, 4. Aufl., London 1990

Collins, Michael G.: Article III Cases, State Court Duties, and the Madisonian Compromise, Wis. L. Rev. (39) 1995, 116

Colneric, Ninon: Der Gerichtshof der Europäischen Gemeinschaften als Kompetenzgericht, EuZW 2002, 709

Colneric, Ninon: Auslegung des Gemeinschaftsrechts und gemeinschaftsrechtskonforme Auslegung, ZEuP 2005, 225

Colneric, Ninon: Funktionsweise und Entscheidungsfindung des Gerichtshofs der Europäischen Gemeinschaften, AuR 2005, 281

Colneric, Ninon: Die Rolle des EuGH bei der Fortentwicklung des Arbeitsrechts, EuZA 2008, 212

Colomer, Dámaso Ruiz-Jarabo: La réforme de la Cour de justice opérée par le traité de Nice et sa mise en œuvre future, RTDE 2001, 705

Conant, Lisa: Europeanization and the Courts: Variable Patterns of Adaptation among National Judiciaries, in: *Green Cowles, Maria/Caporaso, James A./Risse-Kappen, Thomas* (Hrsg.), Transforming Europe – Europeanization and Domestic Change, Ithaca 2001, S. 97

Conant, Lisa: Justice Contained: Law and Politics in The European Union, Ithaca 2002

Conant, Lisa: Review Article: The Politics of Legal Integration, JCMS – Annual Review 45 (2007), 45

Constantinesco, Léontin-Jean: Die unmittelbare Anwendbarkeit von Gemeinschaftsnormen und der Rechtsschutz von Einzelpersonen im Recht der EWG, Baden-Baden 1969

Constantinesco, Léontin-Jean: Das Recht der Europäischen Gemeinschaften – Das institutionelle Recht, Baden-Baden 1977

Conway, Gerard: Levels of Generality in the Legal Reasoning of the European Court of Justice, ELJ 14 (2008), 787

Cooke, John D.: European Judicial Architecture: Back to the Drawing Board, The Bar Review (Dublin) 5 (1999), 14

Cooter, Robert D./Drexl, Josef: The logic of power in the emerging European constitution: Game theory and the division of powers, International Review of Law and Economics 14 (1994), 307

Cooter, Robert D./Ginsburg, Tom: Comparative Judicial Discretion: An Empirical Test of Economic Models, International Review of Law and Economics 16 (1996), 295

Corwin, Edward S.: The Passing of Dual Federalism, 36 Va. L. Rev. 1 (1950)

Costello, Cathryn: Preliminary Reference Procedure and the 2000 Intergovernmental Conference, Dublin University Law Journal 21 (1999), 40

Cotterrell Roger: Law, Culture and Society: Legal Ideas in the Mirror of Social Theory, Aldershot 2006

Council of Europe: Judicial Organisation in Europe, Strasbourg 2000

Council of Europe, Group of Wise Persons, Strasbourg: Long-term effectiveness of the EurCourtHR and the Convention control mechanism, including the initial effects of Protocol No. 14 – 15.XI.06 – Wise Persons' Final report to the Committee of Ministers, HRLJ 2007, 279

Council of Europe, Committee of Ministers: Supervision of the execution of judgments of the European Court of Human Rights, Annual Report, 2009, Strasburg 2010

Council of Europe, European Commission for the Efficiency of Justice (CEPEJ): European judicial systems – Edition 2010 (data 2008): Efficiency and quality of justice, Strasbourg 2010

Cour de cassation: Rapport annuel 2009, Paris 2009

Cour de justice des Communautés européennes (Hrsg.): Les Juridictions des États membres de l'Union européenne – Structure et Organisation, Luxemburg 2009

Coutron, Laurent: Style des arrêts de la Cour de justice et normativité de la jurisprudence communautaire, RTDE 2009, 643

Couzinet, Jean-François: Le Conseil d'Etat, la Cour de cassation et le renvoi préjudiciel: des progrès mais peuvent mieux faire, in: Mélanges en hommage à Guy Isaac – 50 ans du droit communautaire, Bd. II, Toulouse, 2004, S. 803

Cover, Robert M.: For James Wm. Moore: Some Reflections on a Reading of the Rules, Yale L.J. 84 (1975), 718

Craig, Paul: Report on United Kingdom, in: *Slaughter, Anne-Marie/Stone Sweet, Alec/Weiler, Joseph H.H.* (Hrsg.), The European Court and National Courts – Doctrine and Jurisprudence, Oxford 1998, S. 195

Craig, Paul: The Jurisdiction of the Community Courts Reconsidered, in: *de Búrca, Gráinne/Weiler, Joseph H.H.* (Hrsg.), The European Court of Justice, Oxford 2001, S. 177 = Tex. Int'l L.J. 36 (2001), 555

Craig, Paul: Classics of EU Law Revisited: *CILFIT* and *Foto-Frost*, in: *Maduro, Miguel Poiares/Azoulai, Loïc* (Hrsg.), The Past and Future of EU Law: The Classics of EU Law Revisited on the 50th Anniversary of the Rome Treaty, Oxford, Portland/Oregon 2010, S. 185

Craig, Paul: The Lisbon Treaty – Law, Politics, and Treaty Reform, Oxford 2010

Craig, Paul/de Búrca, Gráinne: EU Law: Text, Cases and Materials, 4. Aufl., Oxford 2008

Cross, Rupert/Harris, J. W.: Precedent in English Law, 4. Aufl., Oxford 1991

Crowe, Richard: Colloquium Report: The Preliminary Reference Procedure: Reflections based on Practical Experiences of the Highest National Courts in Administrative Matters, ERA-Forum 2004, 435

Cruz Vilaça, José Luís da: The Court of First Instance of the European Communities – a Significant Step Towards the Consolidation of the European Community as a Commmunity Governed by the Rule of Law, YEL 10 (1990), 1

Cruz Vilaça, José Luís da: La nouvelle architecture judiciaire européenne et la conférence intergouvernementale, CDE 1996, 3

Cruz Villalón, Pedro: European Law and the Courts of the Transition Countries: A Note on the Spanish Case, in: *Hofmann, Mahulena* (Hrsg.), Europarecht und die Gerichte der Transformationsstaaten – European Law and the Courts of the Transition Countries, Baden-Baden 2008, S. 163

Cruz, Peter de: Comparative Law in a Changing World, 3. Aufl., London 2007

Cumming, George/Spitz, Brad/Janal, Ruth: Civil procedure used for enforcement of EC competition law by the English, French and German civil courts, Alphen aan den Rijn 2007 *Currie, David P.:* Ermessen im Annahmeverfahren: „Certiorari" im amerikanischen Supreme Court, in: *Bogs, Harald* (Hrsg.), Urteilsverfassungsbeschwerde zum Bundesverfassungsgericht – Ein Grundrechts-Colloquium, Baden-Baden 1999, S. 39

Czepelak, Marcin: Would We Like to Have a European Code of Private International Law?, ERPL 18 (2010), 705

D'sa, Rose/Wooldridge, Frank: The Reform of the Community Courts, EBLR 12 (2001), 26

Dahl, Robert Alan: How Democratic is the American Constitution?, 2. Aufl., New Haven, London, 2003

Damar, Duygu/Rösler, Hannes: Türkisches Zivil-, Handels- und Kollisionsrecht im Zeichen der Modernisierung – Reform- und Systemfragen, ZEuP 2011, 617

Dammann, Jens: Materielles Recht und Beweisrecht im System der Grundfreiheiten, Tübingen 2007

Danwitz, Thomas v.: Die Garantie effektiven Rechtsschutzes im Recht der Europäischen Gemeinschaft, NJW 1993, 1108

Danwitz, Thomas v.: Der Einfluss des nationalen Rechts und der Rechtsprechung der Gerichte der Mitgliedstaaten auf die Auslegung des Gemeinschaftsrechts, ZESAR 2008, 57

Danwitz, Thomas v.: Funktionsbedingungen der Rechtsprechung des Europäischen Gerichtshofes, EuR 2008, 769

Danwitz, Thomas v.: Die Aufgabe des Gerichtshofes bei der Entfaltung des europäischen Zivil- und Zivilverfahrensrechts, ZEuP 2010, 463

Darmon, Marco: Réflexion sur le recours préjudiciel, CDE, 1995, 577

Dashwood, Alan/Johnston, Angus: Synthesis of the Debate, in: *dies.* (Hrsg.), The Future of the Judicial System of the European Union, Oxford 2001, S. 55

Dashwood, Alan/Johnston, Angus (Hrsg.): The Future of the Judicial System of the European Union, Oxford 2001

Dashwood, Alan/Johnston, Angus: The Institutions of the Enlarged EU under the Regime of the Constitutional Treaty, CML Rev. 41 (2004), 1481

Dauses, Manfred A.: Die Rolle des Europäischen Gerichtshofes als Verfassungsgericht der Europäischen Union, integration 1994, 215

Dauses, Manfred A.: Empfiehlt es sich, das System des Rechtsschutzes und der Gerichtsbarkeit in der Europäischen Gemeinschaft, insbesondere die Aufgaben der Gemeinschaftsgerichte und der nationalen Gerichte, weiterzuentwickeln?, 60. DJT 1994, Bd. I: Gutachten, Teil D, München 1994

Dauses, Manfred A.: Das Vorabentscheidungsverfahren nach Artikel 177 EG-Vertrag, 2. Aufl., München 1995

Dauses, Manfred A. (Hrsg.): Handbuch des EU-Wirtschaftsrechts, 29. Aufl., München 2011

Dauses, Manfred A./Henkel, Brigitta: Verfahrenskonkurrenzen bei gleichzeitiger Anhängigkeit verwandter Rechtssachen vor dem EuGH und dem EuG, EuZW 1999, 325

Davis, G. R. C.: Magna Carta, London 1982

Davis, Paul S.: Bank charges in the Supreme Court, C.L.J. 69 (2010), 21

Dedek, Helge: Recht an der Universität: „Wissenschaftlichkeit" der Juristenausbildung in Nordamerika, JZ 2009, 540

Dedek, Helge: From Norms to Facts: The Realization of Rights in Common and Civil Private Law, McGill L.J. 56 (2010), 77

Dedek, Helge: Didaktische Zugänge zur Rechtslehre in Nordamerika, in: Brockmann, *Judith/Dietrich, Jan-Hendrik/Pilniok, Arne* (Hrsg.), Exzellente Lehre im juristischen Studium: Auf dem Weg zu einer rechtswissenschaftlichen Fachdidaktik, Baden-Baden 2011, S. 41

Dederichs, Mariele: Argumente in den Begründungen des Gerichtshofs der Europäischen Gemeinschaften, Baden-Baden 2004

Dederichs, Mariele: Die Methodik des Gerichtshofes der Europäischen Gemeinschaften, EuR 2004, 345

Dehousse, Renaud: The European Court of Justice: The Politics of Judicial Integration, London 1998

Delicostopoulos, Ioannis S.: Le procès civil à l'épreuve du droit processuel européen, Paris 2003

Delvaux, Louis: La Cour de Justice de la Communauté Européenne du Charbon et de l'Acier – Exposé sommaire des principes, Paris 1956

Derlén, Mattias: Multilingual Interpretation of European Union Law, Alphen aan den Rijn 2009

Dezobry, Guillaume: La théorie des facilités essentielles: essentialité et droit communautaire de la concurrence, Paris 2009

Di Fabio, Udo: Ist die Staatswerdung Europas unausweichlich?, FAZ v. 2.2.2001, S. 8

Dickinson, Andrew: European Private International Law – Embracing New Horizons or Mourning the Past, J. Priv. Int. L. 1 (2005), 197

Diederichsen, Uwe: Die Selbstbehauptung des Privatrechts gegenüber dem Verfassungsrecht, in: *Jayme, Erik/*u.a. (Hrsg.), Verfassungsprivatrecht, Allgemeine Geschäftsbedingungen, Unternehmensbesteuerung, Jahrbuch für Italienisches Recht, Bd. 10, Heidelberg 1997, S. 3

Diedrich, Frank: Präjudizien im Zivilrecht, Hamburg 2004

Dieringer, Jürgen: Föderalismus in Europa – Europäischer Föderalismus, in: *Gabriel, Oscar W./Kropp, Sabine* (Hrsg.), Die EU-Staaten im Vergleich – Strukturen, Prozesse, Politikinhalte, 3. Aufl., Wiesbaden 2008, S. 550

Dinse, Jason/Rösler, Hannes: Libel Tourism in U.S. Conflict of Laws – Recognition and Enforcement of Foreign Defamation Judgments, IPRax 2011, 414

Djankov, Simeon/La Porta, Rafael/Lopez-de-Silanes, Florencio/Shleifer, Andrei: Courts, The Quarterly Journal of Economics 118 (2003), 453

Dobler, Philipp: Legitimation und Grenzen der Rechtsfortbildung durch den EuGH, in: *Roth, Günter H./Hilpold, Peter* (Hrsg.), Der EuGH und die Souveränität der Mitgliedstaaten – Eine kritische Analyse richterlicher Rechtsschöpfung auf ausgewählten Rechtsgebieten, Wien 2008, S. 509

Döhring, Erich: Geschichte der deutschen Rechtspflege seit 1500, Berlin 1953

Dohrn, Heike: Die Kompetenzen der Europäischen Gemeinschaft im Internationalen Privatrecht, Tübingen 2004

Dölemeyer, Barbara/Mohnhaupt, Heinz/Somma, Alessandro (Hrsg.): Richterliche Anwendung des Code civil in seinen europäischen Geltungsbereichen außerhalb Frankreichs, Frankfurt/M. 2006.

Domej, Tanja: Das EU-Zivilprozessrecht und die Schweiz: parallel oder aneinander vorbei?, in: Jahrbuch Junger Zivilrechtswissenschaftler 2009, Stuttgart 2010, S. 405

Domröse, Ronny: Der Einfluss des europäischen Gemeinschaftsrechts auf die Anwendung des autonomen Privatrechts der Mitgliedstaaten, in: Jahrbuch Junger Zivilrechtswissenschaftler 2009, Stuttgart 2010, S. 109

Donnat, Francis: Contentieux communautaire de l'annulation, Paris 2008

Donner, Andreas M.: The Constitutional Powers of the Court of Justice of the European Communities, CML Rev. 11 (1974), 127

Dony, Marianne/Bribosia, Emmanuelle (Hrsg.): L'avenir du système juridictionnel de l'Union européenne, Bruxelles 2002

Doralt, Walter: Rote Karte oder grünes Licht für den Blue Button? Zur Frage eines optionalen europäischen Vertragsrechts, AcP 211 (2011), 1

Dörr, Oliver: Der europäisierte Rechtsschutzauftrag deutscher Gerichte – Art. 19 Abs. 4 GG unter dem Einfluß des europäischen Unionsrechts, Tübingen 2003

Dörr, Oliver/Lenz, Christofer: Europäischer Verwaltungsrechtsschutz, Baden-Baden 2006

Dorsen, Norman: The Selection of U.S. Supreme Court Justices, in: *Pernice, Ingolf/ Kokott, Juliane/Saunders, Cheryl* (Hrsg.), The Future of the European Judicial System in a Comparative Perspective, Baden-Baden 2006, S. 191

Douat, Etienne (Hrsg.): Les budgets de la justice en Europe, Paris 2001

Dougan, Michael: National Remedies Before the Court of Justice – Issues of Harmonisation and Differentiation, Oxford 2004

Dougan, Michael: The Treaty of Lisbon 2007: Winning Minds, Not Hearts, CML Rev. 45 (2008), 617

Dreiss, Uwe: Streitregelungsprotokoll EPLA – Vision oder Utopie?, GRUR Int. 2004, 712

Drewes, Eva: Entstehen und Entwicklung des Rechtsschutzes vor den Gerichten der Europäischen Gemeinschaften: am Beispiel der Nichtigkeitsklage, Berlin 2000

Drexl, Josef: Die gemeinschaftsrechtliche Pflicht zur einheitlichen richtlinienkonformen Auslegung hybrider Rechtsnormen und deren Grenzen, in: Festschr. f. Andreas Heldrich, München 2005, S. 67

Drobnig, Ulrich: Ein Vertragsrecht für Europa, in: Festschr f. Ernst Steindorff, Berlin 1990, S. 1141

Drobnig, Ulrich: Die Geburt der modernen Rechtsvergleichung – Zum 50. Todestag von Ernst Rabel, ZEuP 2005, 821

Drobnig, Ulrich/Rehbinder, Manfred (Hrsg.): Rechtsrealismus, multikulturelle Gesellschaft und Handelsrecht – Karl N. Llewellyn und seine Bedeutung heute, Berlin 1994

Drobnig, Ulrich/van Erp, Sjef (Hrsg.): The Use of Comparative Law by Courts – XIVth International Congress of Comparative Law Athens 1997, The Hague, London, Boston 1999

Dubber, Markus D.: Einführung in das US-amerikanische Strafrecht, München 2005

Dubinsky, Paul R.: The Essential Function of Federal Courts: The European Union and the United States Compared, Am. J. Comp. L. 42 (1994), 295

Dubos, Olivier: Les juridictions nationales, juge communautaire, Paris 2001

Duca, Louis F. del/Levasseur, Alain A.: Impact of Legal Culture and Legal Transplants on the Evolution of the U.S. Legal System, Am. J. Comp. L. – Supplement 58 (2010), 1

Due, Ole: The Court of First Instance, YEL 8 (1988), 1

Due, Ole: The Impact of the Amsterdam Treaty upon the Court of Justice, Ford. Int'l L. 22 (1999), 48

Due, Ole: Danish Preliminary References, in: *O'Keeffe, David* (Hrsg.), Judicial Review in European Union Law – Liber Amicorum Lord Slynn Hadley, The Hague, London, Boston 2000, S. 363

Due, Ole: The Court of Justice after Nice, Europarättslig tidskrift 2001, 360

Due, Ole: The Working Party Report, in: *Dashwood, Alan/Johnston, Angus* (Hrsg.), The Future of the Judicial System of the European Union, Oxford 2001, S. 87

Due, Ole (Vorsitz) und als weitere Mitglieder der Reflexionsgruppe: *Galmot, Yves/Cruz Vilaça, José Luís da/Everling, Ulrich/Pappalardo, Aurelio/Silva de Lapuerta, Rosario/Lord Slynn of Hadley*): Bericht der Reflexionsgruppe über die Zukunft des Gerichtssystems der Europäischen Gemeinschaften, Brüssel, Januar 2000 = Sonderbeilage zu NJW H. 19/2000 und EuZW H. 9/2000 = EuGRZ 2001, 523 [sog. *Due-Report*]

Dulong, Delphine: La science politique et l'analyse de la construction juridique de l'Europe: bilan et perspectives, Droit et Société 49 (2001), 707

Dumon, Frédéric: La Cour de Justice Benelux, Bruxelles 1980

Durner, Wolfgang: Die Unabhängigkeit nationaler Richter im Binnenmarkt – Zu den Loyalitätspflichten nationaler Gerichte gegenüber der EG-Kommission, insbesondere auf dem Gebiet des Kartellrechts, EuR 2004, 547

Dutta, Anatol: Gerichtsbarkeit, in: *Basedow, Jürgen/Hopt, Klaus J./Zimmermann, Reinhard* (Hrsg.), Handwörterbuch des Europäischen Privatrechts, Bd. I, Tübingen 2009, S. 683

Dutta, Anatol: Kindschaftsrecht, internationales, in: *Basedow, Jürgen/Hopt, Klaus J./ Zimmermann, Reinhard* (Hrsg.), Handwörterbuch des Europäischen Privatrechts, Tübingen 2009, Bd. II, S. 977

Dutta, Anatol: Succession and Wills in the Conflict of Laws on the Eve of Europeanisation, RabelsZ 73 (2009), 547

Dutta, Anatol: Zivil- und Handelssache, in: *Basedow, Jürgen/Hopt, Klaus J./Zimmermann, Reinhard* (Hrsg.), Handwörterbuch des Europäischen Privatrechts, Bd. II, Tübingen 2009, S. 1807

Dutta, Anatol: Europäische Integration und nationales Privatrecht nach dem Vertrag von Lissabon: die Rolle des Internationalen Privatrechts, EuZW 2010, 530

Dutta, Anatol: Die Rechtswahlfreiheit im künftigen internationalen Erbrecht der Europäischen Union, in: *Reichelt, Gerte/Rechberger, Walter H.* (Hrsg.), Europäisches Erbrecht – Zum Verordnungsvorschlag der Europäischen Kommission zum Erb- und Testamentsrecht, Wien 2011, S. 57

Dutta, Anatol: The Europeanisation of International Succession Law, in: *Boele-Woelki, Katharina/Miles, Jo/Scherpe, Jens M.* (Hrsg.), The Future of Family Property in Europe, Cambridge 2011, S. 341

Dutta, Anatol/Heinze, Christian: Nationale Prozessrechtsinstitute auf dem Prüfstand des Europäischen Zivilverfahrensrechts, EuZW 2007, 489

Dutta, Anatol/Volders, Bart: Was lange währt, wird endlich gut? – Zur Auslegungskompetenz des EuGH für das EVÜ, EuZW 2004, 556

Dworkin, Ronald: Law's Empire, Cambridge/Mass. 1986

Dwyer, Déirdre: The Interpretation of the English Civil Procedure Rules in the Context of Article 6 of the European Convention on Human Rights, in: *Snijders, Henk J./Vogenauer, Stefan* (Hrsg.), Content and Meaning of National Law in the Context of Transnational Law, München 2009, S. 39

Dyrberg, Peter: What should the Court of Justice be doing?, E.L. Rev. 26 (2001), 291

Economides-Apostolidis, Rea-Constantina: Brussels I in the European practice – How autonomous European concepts are developed by the ECJ – Comparative legal research at ECJ level – a view from the inside of the Research and Documentation Directorate of the ECJ, EuLF 2010, I-256

Edel, Frédéric: The Length of Civil and Criminal Proceedings in the Case-Law of the European Court of Human Rights, 2. Aufl., Straßburg 2007

Editorial: Use of the preliminary procedure, CML Rev. 28 (1991), 241

Editors: Editorial Comments, CML Rev. 45 (2008), 1571

Edward, David: How the Court of Justice Works, E.L. Rev. 19 (1995), 539

Edward, David: Reform of Article 234 Procedure: the Limits of the Possible, in: *O'Keeffe, David* (Hrsg.), Judicial Review in European Union Law – Liber Amicorum Lord Slynn Hadley, The Hague, London, Boston 2000, S. 119

Edward, David: The Court of First Instance: The Beginnings, in: *Baudenbacher, Carl/ Gulman, Claus/Lenaerts, Koen/Coulon, Emmanuel/Barbier de La Serra, Eric* (Hrsg.), Liber Amicorum en l'honneur de Bo Vesterdorf, Bruxelles 2007, S. 1

Edward, David: CILFIT and *Foto-Frost* in their Historical and Procedural Context, Oxford 2010, in: *Maduro, Miguel Poiares/Azoulai, Loïc* (Hrsg.), The Past and Future of EU Law: The Classics of EU Law Revisited on the 50th Anniversary of the Rome Treaty, Oxford, Portland/Oregon 2010, S. 173

Edwards, Harry T.: The Growing Disjunction Between Legal Education and the Legal Profession, Mich. L. Rev. 91 (1992), 34

Eeckhout, Piet: The European Courts after Nice, in: *Andenas, Mads/Usher, John* (Hrsg.), The Treaty of Nice and Beyond: Enlargement and Constitutional Reform, Oxford, 2003, S. 313

Ehlermann, Claus-Dieter: Die Verfolgung von Vertragsverletzungen der Mitgliedstaaten durch die Kommission, in: Festschr. f. Hans Kutscher, Baden-Baden 1981, S. 135

Ehrbeck, Thorsten: Umsetzung von Unionsrecht in föderalen Staaten – Eine rechtsvergleichende Untersuchung von Kompetenzsystemen und Garantiemechanismen, Berlin 2011

Ehricke, Ulrich: Die Bindungswirkung von Urteilen des EuGH im Vorabentscheidungsverfahren nach deutschem Zivilprozessrecht und nach Gemeinschaftsrecht, Saarbrücken 1997

Eichholtz, Stephanie: Die US-amerikanische Class Action und ihre deutschen Funktionsäquivalente, Tübingen 2002

Eidenmüller, Horst: Effizienz als Rechtsprinzip – Möglichkeiten und Grenzen der ökonomischen Analyse des Rechts, 3. Aufl., Tübingen 1995

Eidenmüller, Horst: Recht als Produkt, JZ 2009, 641

Eidenmüller, Horst/Faust, Florian/Grigoleit, Hans Christoph/Jansen, Nils/Wagner, Gerhard/Zimmermann, Reinhard: Der Gemeinsame Referenzrahmen für das Europäische Privatrecht – Wertungsfragen und Kodifikationsprobleme, JZ 2008, 529

Eidenmüller, Horst/Jansen, Nils/Kieninger, Eva-Maria/Wagner, Gerhard/Zimmermann, Reinhard: Der Vorschlag für eine Verordnung über ein Gemeinsames Europäisches Kaufrecht – Defizite der neuesten Textstufe des europäischen Vertragsrechts, JZ 2012, 269

Eisenberg, Theodore: Congressional Authority to Restrict Lower Federal Court Jurisdiction, Yale L.J. 83 (1974), 498

Elkins, Stanley/McKitrick, Eric: The Age of Federalism: The Early American Republic, 1788–1800, Oxford 1993

El-Shabassy, Tarik: Die Durchsetzung finanzieller Sanktionen der Europäischen Gemeinschaften gegen ihre Mitgliedstaaten, Frankfurt/M., Berlin, Bern 2008

Elsing, Siegfried H./Van Alstine, Michael P.: US-amerikanisches Handels- und Wirtschaftsrecht, 2. Aufl., Heidelberg 1999

Emmert, Frank: Administrative and Court Reform in Central and Eastern Europe, ELJ 9 (2003), 288

Emmert, Frank: Rule of Law in Central and Eastern Europe, Ford. Int'l L.J 32 (2009), 551

Enchelmaier, Stefan: Supremacy and Direct Effect of European Community Law Reconsidered, or the Use and Abuse of Political Science for Jurisprudencey, Ox. JLS 23 (2003), 281 (Besprechungsaufsatz zu *Alter, Karen J.*, Establishing the Supremacy of European Law – The Making of an International Rule of Law in Europe, Oxford, New York 2001)

Endres, Peter: Die französische Prozessrechtslehre vom Code de procédure civile (1806) bis zum beginnenden 20. Jahrhundert, München 1985

Engel, Norbert Paul: Konsequenzen eines Beitritts der Europäischen Union zur EMRK für die EU selbst, für den Europarat und den EGMR, EuGRZ 2010, 259

Engelbrecht, Kai: Die Kollisionsregel im föderalen Ordnungsverbund, Tübingen 2010

Engisch, Karl: Einführung in das juristische Denken, 8. Aufl., Stuttgart, Berlin, Köln 1983

Epping, Volker: Die demokratische Legitimation der Dritten Gewalt der Europäischen Gemeinschaften, Der Staat 37 (1997), 349

Erlbacher, Friedrich/Schima, Bernhard: Neuerungen in der Gemeinschaftsgerichtsbarkeit, ecolex 2006, 789

Errera, R.: French Courts and Article 177 of the Treaty of Rome, in: *Schermers, Henry G./Timmermans, Christiaan W.A./Kellermann, Alfred E./Watson, J. Stewart* (Hrsg.), Article 177 EEC: Experiences and Problems, Amsterdam 1987, S. 78

Ervo, Laura/Gräns, Minna/Jokela, Antti (Hrsg.): Europeanization of Procedural Law and the New Challenges to Fair Trial, Groningen 2009

Esplugues, Carlos: The Long Road Towards a Common Rule on the Application of Foreign Law by Judicial Authorities in Europe, ZZPInt 14 (2009), 201

Esplugues, Carlos/Iglesias, José-Luis/Palao, Guillermo (Hrsg.): Application of Foreign Law, München 2011

Esser, Josef: Dogmatik zwischen Theorie und Praxis, in: Festschr. f. Ludwig Raiser, Tübingen 1974, S. 517

Esser, Josef: Vorverständnis und Methodenwahl in der Rechtsfindung: Rationalitätsgrundlagen richterlicher Entscheidungspraxis, Kronberg/Ts. 1975

Esser, Josef: Grundsatz und Norm in der richterlichen Fortbildung des Privatrechts, 4. Aufl., Tübingen 1990

European Commission: Eurobarometer 68 – Public Opinion in the European Union, Brussels 2008

European Commission: Compilation of case law on the equality of treatment between women and men and on non-discrimination in the European Union, 3. Aufl., Brussels 2010

European Constitutional Group (Bernholz, Peter/Schneider, Friedrich/Vaubel, Roland/Vibert, Frank): An alternative constitutional treaty for the European Union, Public Choice 91 (2004), 451

European Court of Human Rights: 50 Years of Activity: The European Court of Human Rights – Some Facts and Figures, Strasbourg 2010

Eurostat: Europe in figures – Eurostat Yearbook 2010, Luxemburg 2010

Everling, Ulrich: Das Europäische Gemeinschaftsrecht im Spannungsfeld von Politik und Wirtschaft, in: Festschr. f. Hans Kutscher, Baden-Baden 1981, S. 155

Everling, Ulrich: Das Vorabentscheidungsverfahren vor dem Gerichtshof der Europäischen Gemeinschaften, Baden-Baden 1986

Everling, Ulrich: Rechtsvereinheitlichung durch Richterrecht in der Europäischen Gemeinschaft, RabelsZ 50 (1986), 193

Everling, Ulrich: Gestaltungsbedarf des Europäischen Rechts, EuR 1987, 214

Everling, Ulrich: The Court of Justice as a Decisionmaking Authority, in: Festschrift zu Ehren von Eric Stein, Baden-Baden 1987, S. 156

Everling, Ulrich: Zur föderalen Struktur der Europäischen Gemeinschaft, in: Festschr. f. Karl Doehring, Berlin 1989, S. 179

Everling, Ulrich: Zur Funktion des Gerichtshofs bei der Rechtsangleichung in der Europäischen Gemeinschaft, in: Festschr. f. Rudolf Lukes, Köln, Berlin, Bonn, München 1989, S. 359

Everling, Ulrich: Justiz im Europa von morgen, DRiZ 1993, 5

Everling, Ulrich: Stand und Zukunftsperspektiven der europäischen Gerichtsbarkeit, in: Festschr. f. Arved Deringer, Baden-Baden 1993, S. 40

Everling, Ulrich: Referat, 60. DJT 1994, Bd. II/1: Sitzungsberichte – Referate und Beschlüsse, München 1994, S. N 9

Everling, Ulrich: Zur Begründung der Urteile des Gerichtshofs der Europäischen Gemeinschaften, EuR 1994, 127

Everling, Ulrich: Die Rolle des Europäischen Gerichtshofs, in: *Weidenfeld, Werner* (Hrsg.), Reform der Europäischen Union – Materialien zur Revision des Maastrichter Vertrages 1996, Gütersloh 1995, S. 256

Everling, Ulrich: Die Zukunft der europäischen Gerichtsbarkeit in einer erweiterten Europäischen Union, EuR 1997, 398

Everling, Ulrich: Rechtsvereinheitlichung durch Rechtsprechung – Anmerkungen aus der Sicht eines ehemaligen europäischen Richters, ZEuP 1997, 796

Everling, Ulrich: Richterliche Rechtsfortbildung in der Europäischen Gemeinschaft, JZ 2000, 217

Everling, Ulrich: 50 Jahre Gerichtshof der Europäischen Gemeinschaften, DVBl. 2002, 1293

Everling, Ulrich: Quis custodiet custodes ipsos? – Zur Diskussion über die Kompetenzordnung der Europäischen Union und ein europäisches Kompetenzgericht, EuZW 2002, 357

Everling, Ulrich: Zur Fortbildung der Gerichtsbarkeit der Europäischen Gemeinschaften durch den Vertrag von Nizza, in: Festschr. f. Helmut Steinberger, Berlin, Heidelberg, New York 2002, S. 1103

Everling, Ulrich: Grundlagen der Reform der Gerichtsbarkeit der Europäischen Union und ihres Verfahrens durch den Vertrag von Nizza, EuR-Beih 1/2003, 7

Everling, Ulrich: Rechtsschutz im europäischen Wirtschaftsrecht auf der Grundlage der Konventsregelungen, in: *Schwarze, Jürgen* (Hrsg.), Der Verfassungsentwurf des Europäischen Konvents – Verfassungsrechtliche Grundstrukturen und wirtschaftsverfassungsrechtliches Konzept, Baden-Baden 2004, S. 363

Everling, Ulrich: Das Verfahren der Gerichte der EG im Spiegel der verwaltungsgerichtlichen Verfahren der Mitgliedstaaten, in: Festschr. f. Christian Starck, Tübingen 2007, S. 535

Everling, Ulrich: Die Mitgliedstaaten der Europäischen Union unter der Aufsicht von Kommission und Gerichtshof, in: Festschr. f. Josef Isensee, Heidelberg 2007, S. 773

Everling, Ulrich: 20 Jahre Gericht erster Instanz der Europäischen Gemeinschaften, EuZW 21/2008, V

Everling, Ulrich: Zur Gerichtsbarkeit der Europäischen Union, in: Festschr. f. Hans-Werner Rengeling, Köln, München 2008, S. 527

Everling, Ulrich: Zur verfehlten Forderung nach einem Kompetenzgericht der Europäischen Union, in: Festschr. f. Günter Hirsch, München 2008, S. 63

Everling, Ulrich: Rechtsschutz in der Europäischen Union nach dem Vertrag von Lissabon, EuR-Beih 1/2009, 71

Everling, Ulrich: Lissabon-Vertrag regelt Dauerstreit über Nichtigkeitsklage Privater, EuZW 2010, 572

Everling, Ulrich/Müller-Graff, Peter-Christian/Schwarze, Jürgen (Hrsg.): Die Zukunft der Europäischen Gerichtsbarkeit nach Nizza, EuR-Beih 1/2003, Baden-Baden 2003

Everson, Michelle: Is the European court of justice a legal or political institution now? Increasingly controversial rulings threaten to further erode the credibility of an institution founded on noble principles, The Guardian v. 10.8.2010

Falkner, Gerda/Treib, Oliver: Three Worlds of Compliance or Four? The EU-15 Compared to New Member States, JCMS 46 (2008), 293

Fallon, Richard H.: "The Rule of Law" as a Concept in Constitutional Discourse, Colum. L. Rev. 97 (1997), 1

Fallon, Richard H.: The Dynamic Constitution – An Introduction to American Constitutional Law, Cambridge 2004

Fallon, Marc/Lagarde, Paul/Poillot-Peruzzetto, Sylvaine (Hrsg.): La matière civile et commerciale, socle d'un code européen de droit international privé?, Paris 2009

Fallon, Marc/Lagarde, Paul/Poillot-Peruzzetto, Sylvaine (Hrsg.): Quelle architecture pour un code européen de droit international privé?, Bruxelles, Bern, Berlin, Frankfurt/M., New York, Oxford, Wien 2011

Fallon, Richard H./Manning, John F./Meltzer, Daniel J./Shapiro, David L.: Hart and Wechsler's The Federal Courts and the Federal System, 6. Aufl., New York 2009

Farrand, Max: The Framing of the Constitution of the United States, New Haven 1913

Fasselt-Rommé, Ursula: Parteiherrschaft im Verfahren vor dem EuGH und dem Europäischen Gerichtshof für Menschenrechte – Zur Rolle des öffentlichen Interesses im internationalen Prozessrecht, Baden-Baden 1993

Faust, Florian: Nutzungsersatz beim Widerruf eines Fernabsatzvertrags – Besprechung von EuGH, Rs. C-489/07 – *Messner/Krüger*, JuS 2009, 1049

Faust, Florian: EuGH: Kaufrecht: Reichweite des Anspruchs auf Ersatzlieferung, JuS 2011, 744

Fauvarque-Cosson, Bénédicte: The Rise of Comparative Law: A Challenge for Legal Education in Europe, Groningen 2007

Fedtke, Jörg/Markesinis, Basil S. (Hrsg.): Patterns of Regionalism and Federalism, Oxford 2006

Fejø, Jens: How Does the ECJ Cite its Previous Judgments in Competition Law Cases?, in: *Johansson, Martin/Wahl, Nils/Bernitz, Ulf* (Hrsg.), Liber Amicorum in Honour of Sven Norberg, Brussels 2006, S. 195

Feld, Lars/Voigt, Stefan: Economic Growth and Judicial Independence: Cross Country Evidence Using a New Set of Indicators, European Journal of Political Economy 19 (2003), 497

Felix, Dagmar: Einheit der Rechtsordnung – Zur verfassungsrechtlichen Relevanz einer juristischen Argumentationsfigur, Tübingen 1998

Ferguson, Robert A.: Law and Letters in American Culture, Cambridge/Mass. 1984

Ferrand, Frédérique: Cassation française et révision allemande: essai sur le contrôle exercé en matière civile par la Cour de cassation française et par la Cour fédérale de justice de la République fédérale d'Allemagne, Paris 1993

Ferrand, Frédérique: Das Vorabentscheidungsverfahren aus französischer Sicht, RabelsZ 66 (2002), 391

Ferrand, Frédérique: L'harmonisation de la procédure civile dans le monde: Quels défis et quels espoirs pour le XXIème siècle, in: Festschr. f. Hans Jürgen Sonnenberger, München 2004, S. 791

Ferrari, Franco (Hrsg.): Quo Vadis CISG?, München 2005

Ferreres Comella, Víctor: The Consequences of Centralizing Constitutional Review in a Special Court: Some Thoughts on Judicial Activism, Tex. L. Rev. 82 (2004), 1705

Fiedler, Lilly: Class actions zur Durchsetzung des europäischen Kartellrechts – Nutzen und mögliche prozessuale Ausgestaltung von kollektiven Rechtsschutzverfahren im deutschen Recht zur privaten Durchsetzung des europäischen Kartellrechts, Tübingen 2010

Fikentscher, Wolfgang: Methoden des Rechts in vergleichender Darstellung, Bd. II: Anglo-amerikanischer Rechtskreis, Tübingen 1975

Fikentscher, Wolfgang: Ein juristisches Jahrhundert, RJ 19 (2001), 560

Findley, Roger W./Farber, Daniel A.: Environmental Law in a Nutshell, St. Paul/Minn. 2004

Fine, Toni M.: Politics and the Supreme Court of the United States, DAJV Newsletter 2005, 45

Fine, Toni M.: American Courts and Foreign Law: The New Debate, DAJV Newsletter 2006, 107

Fischer, Christian: Topoi verdeckter Rechtsfortbildungen im Zivilrecht, Tübingen 2007

Fischinger, Philipp S.: Normverwerfungskompetenz nationaler Gerichte bei Verstößen gegen primärrechtliche Diskriminierungsverbote ohne vorherige Anrufung des EuGH – Entscheidung des Europäischen Gerichtshofs vom 19. Januar 2010, ZEuP 2011, 201

Flauss, Jean-François: Libres propos sur l'indépendance des juges à la Cour européenne des droits de l'homme, in: Festschr. f. Georg Ress, Köln 2005, S. 949

Fleischer, Holger: Zum Einfluss des US-amerikanischen Kartellrechts auf das europäische Wettbewerbsrecht, in: *Forschungsinstitut für Wirtschaft und Wettbewerb (FIW)* (Hrsg.), Konvergenz der Wettbewerbsrechte – Eine Welt, ein Kartellrecht, Köln, Berlin, Bonn, München 2002, S. 85

Fleischer, Holger: Der Rechtsmißbrauch zwischen Gemeineuropäischem Privatrecht und Gemeinschaftsprivatrecht, JZ 2003, 865

Fleischer, Holger: Legal Transplants im deutschen Aktienrecht, NZG 2004, 1129

Fleischer, Holger: Das Proprium der Rechtswissenschaft – Gesellschafts- und Kapitalmarktrecht, in: *Engel, Christoph/Schön, Wolfgang* (Hrsg.), Das Proprium der Rechtswissenschaft, Tübingen 2007, S. 50

Fleischer, Holger: 100 Jahre GmbH-Reform und 100 Jahre GmbH-Rundschau, GmbHR 2009, 1

Fleischer, Holger: Das Rechtsgespräch zwischen BGH und EuGH bei der Entfaltung des Europäischen Gesellschaftsrechts, GWR 2011, 201

Fleischer, Holger: Europäische Methodenlehre: Stand und Perspektiven, RabelsZ 75 (2011), 700

Fleischer, Holger: Rechtsvergleichende Beobachtungen zur Rolle der Gesetzesmaterialien bei der Gesetzesauslegung, AcP 211 (2011), 317

Fleischer, Holger: Optionales europäisches Privatrecht („28. Modell"), RabelsZ 76 (2012), 235

Fleischer, Holger/Körber, Torsten: Der Einfluss des US-amerikanischen Antitrustrechts auf das Europäische Wettbewerbsrecht, WuW 2001, 6

Fleischer, Holger/Wedemann, Frauke: Kodifikation und Derogation von Richterrecht – Zum Wechselspiel von hochstrichterlicher Rechtsprechung und Reformgesetzgebung im Gesellschaftsrecht, AcP 209 (2009), 597

Flessner, Axel: Juristische Methode und europäisches Privatrecht, JZ 2002, 14

Fletcher, George P.: Our Secret Constitution – How Lincoln Redefined American Democracy, Oxford, New York 2001

Fligstein, Neil/Stone Sweet, Alec: Constructing Markets and Polities: An Institutionalist Account of European Integration, American Journal of Sociology 107 (2002), 1206

Flynn, James: Has Europe got the Competition Court it needs?: The CFI, the CBI, the House of Lords and Judicial Panels, in: *Baudenbacher, Carl/Gulman, Claus/Lenaerts, Koen/Coulon, Emmanuel/Barbier de La Serra, Eric* (Hrsg.), Liber Amicorum en l'honneur de Bo Vesterdorf, Bruxelles 2007, S. 363

Føllesdal, Andreas/Wind, Marlene: Introduction – Nordic Reluctance towards Judicial Review under Siege, Nordisk Tidsskrift for Menneskerettigheter/Nordic Journal of Human Rights 27 (2009), 131

Fontanelli, Filippo/Martinico, Giuseppe: Between Procedural Impermeability and Constitutional Openness: The Italian Constitutional Court and Preliminary References to the European Court of Justice, ELJ 16 (2010), 345

Fornasier, Matteo: Europäisches Justizielles Netz für Zivil- und Handelssachen, in: *Basedow, Jürgen/Hopt, Klaus J./Zimmermann, Reinhard* (Hrsg.), Handwörterbuch des Europäischen Privatrechts, Bd. I, Tübingen 2009, S. 536

Fornasier, Matteo: Auf dem Weg zu einem europäischen Justizraum – Der Beitrag des Europäischen Justiziellen Netzes für Zivil- und Handelssachen, ZEuP 2010, 477

Fornasier, Matteo: „28." versus „2. Regime" – Kollisionsrechtliche Aspekte eines optionalen europäischen Vertragsrechts, RabelsZ 76 (2012), 401

Forrester, Ian S.: The Judicial Function in European Law and Pleading in the European Courts, Tul. L. Rev. 81 (2007), 647

Forrester, Ian S.: Due Process in EC competition cases: a distinguished institution with flawed procedures, E.L. Rev. 34 (2009), 817

Forwood, Nicholas: The Evolving Role of the Court of First Instance of the European Communities – Some comments on the changes agreed at Nice as they affect the judicial architecture of the Community Court, Cambridge Yearbook of European Legal Studies 3 (2000), 139

Forwood, Nicholas: The Judicial Architecture of the European Union – The Challenges of Change, in: *Hoskins, Mark/Robinson, William* (Hrsg.), A True European – Essays for Judge David Edward, Oxford 2003, S. 81

Forwood, Nicholas: The Court of First Instance, its Development, and Future Role in the Legal Architecture of the European Union, in: *Arnull, Anthony/Eeckhout, Piet/Tridimas, Takis* (Hrsg.), Continuity and Change in EU Law – Essays in Honour of Sir Francis Jacobs, Oxford 2008, S. 34

Francioni, Francesco (Hrsg.): Access to Justice as a Human Right, Oxford 2007

Frankfurter, Felix/Landis, James M.: The Business of the Supreme Court, New York 1928

Franzen, Martin: Privatrechtsangleichung durch die Europäische Gemeinschaft, Berlin, New York 1999

Franzen, Martin: Der EuGH und das Bürgerliche Recht – dargestellt am Beispiel der EuGH-Urteile „Dietzinger" und „Draempaehl", Festschr. f. Hartmut Maurer, München 2001, S. 889

Franzen, Martin: „Heininger" und die Folgen: ein Lehrstück zum Gemeinschaftsprivatrecht, JZ 2003, 321

Franzen, Martin: Die arbeitszeitrechtliche Einordnung des Bereitschaftsdienstes durch den EuGH, Urteil des Europäischen Gerichtshofs vom 9. September 2003, ZEuP 2004, 1034

Franzen, Martin: Anmerkung zum Urteil des EuGH vom 19. Januar 2010, Rs. C-555/07 – *Kücükdeveci* (EuGH vom 19. Januar 2010, Rs. C-555/07), GPR 2010, 81

Fredriksen, Halvard Haukeland: Individualklagemöglichkeiten vor den Gerichten der EU nach dem Vertrag über eine Verfassung für Europa, ZEuS 2005, 99

Fredriksen, Halvard Haukeland: Europäische Vorlageverfahren und nationales Zivilprozessrecht – Eine Untersuchung der Vorlageverfahren an den EFTA-Gerichtshof und den EuGH als Bestandteile des norwegischen bzw. des deutschen Zivilprozesses, Tübingen 2009

Freedland, Mark/Auby, Jean-Bernard (Hrsg.): The Public Law/Private Law Divide – Une entente assez cordiale? – La distinction du droit public et du droit privé: regards français et britanniques, Oxford 2006

Freitag, Robert: Privatrechtsangleichung auf Kosten Privater, EuR 2009, 796

Freitag, Robert/Riemenschneider, Markus: Vollstreckbare Schuldanerkenntnisse in der deutschen und europäischen Klauselkontrolle, WM 2004, 2470

Freitas, José Manuel Lebre de (Hrsg.): The Law of Evidence in the European Union/Das Beweisrecht in der Europäischen Union/Le Droit de la Preuve dans l'Union Européenne, The Hague, 2004

Frenz, Walter: Das Quelle-Urteil des BGH: Richtlinienkonforme Rechtsfortbildung – Auslegung contra legem?, EWS 2009, 222

Frenz, Walter: Handbuch Europarecht, Bd. IV: Europäische Grundrechte, Heidelberg 2009

Frenz, Walter/Götzkes, Vera: Staatshaftung für Gerichtsentscheidungen bei auslegungsbedürftigem Recht, EuR 2009, 622

Frerichs, Sabine: Judicial Governance in der europäischen Rechtsgemeinschaft – Integration durch Recht jenseits des Staates, Baden-Baden 2008

Freudenthal, M.: Attitudes of European Union Member States towards the Harmonisation of Civil Procedure, in: *Rhee, C.H. van/Uzelac, Alan* (Hrsg.), Enforcement and Enforceability – Tradition and Reform, Antwerp 2010, S. 3

Friedenthal, Jack H./Kane, Mary Kay/Miller, Arthur R.: Civil Procedure, 4. Aufl., St. Paul/Minn. 2005

Friedenthal, Jack H./Miller, Arthur R./Sexton, John E./Hershkoff, Helen: Civil Procedure – Cases and Materials, 10. Aufl., St. Paul/Minn. 2009

Friedman Goldstein, Leslie: Book Review: Establishing the Supremacy of European Law: The Making of an International Rule of Law in Europe by Karen J. Alter Source, American Political Science Review 96 (2002), 874

Friedman, Lawrence M.: The Legal System: A Social Science Perspective, New York 1975

Friedman, Lawrence M.: Total Justice, New York 1994

Friedrich, Carl J.: Trends of Federalism in Theory and Practice, London 1968

Friedrich, Carl J.: Europe: An Emergent Nation, New York 1969

Frotscher, Werner/Pieroth, Bodo: Verfassungsgeschichte, 6. Aufl., München 2007

Frowein, Jochen Abr./Peukert, Wolfgang (Hrsg.): Europäische Menschenrechtskonvention – EMRK-Kommentar, 3. Aufl., Kehl am Rhein 2009 [zit. Bearbeiter: *Frowein, Jochen Abr.; Peukert, Wolfgang*]

Fulda, Carl H.: Einführung in das Recht der USA, Baden-Baden 1966

Furrer, Andreas: Zivilrecht im gemeinschaftsrechtlichen Kontext – Das Europäische Kollisionsrecht als Koordinierungsinstrument für die Einbindung des Zivilrechts in das europäische Wirtschaftsrecht, Bern 2002

Füßer, Klaus/Höher, Katrin: Das „parallele Vorabentscheidungsverfahren": Zulässigkeit und Grenzen der Beweiserhebung während eines Verfahrens gemäß Art. 234 EGV, EuR 2001, 784

Gadamer, Hans-Georg: Wahrheit und Methode – Grundzüge einer philosophischen Hermeneutik, 4. Aufl., Tübingen 1975

Gaissert, Celia Isabel: Der Generalanwalt – eine unabdingbare Institution am Gerichtshof der Europäischen Gemeinschaften?: Zum Divergieren von Votum und Urteil in der Rechtsfindung des Europäischen Gerichtshofes, Frankfurt/M. 1987

Galanter, Marc: Why the "Haves" Come Out Ahead: Speculations on the Limits of Legal Change, Law and Society Review 9 (1974), 95

Galera, S. (Hrsg.): Judicial review – A comparative analysis inside the European legal system, Strasbourg 2010

Garrett, Geoffrey: International Cooperation and Institutional Choice: The European Community's Internal Market, International Organization 46 (1992), 533

Garrett, Geoffrey: The Politics of Legal Integration in the European Union, International Organization 49 (1995), 171

Garret, Geoffrey/Kelemen, R. Daniel/Schulz, Heiner: The European Court of Justice, National Governments, and Legal Integration in the European Union, International Organization 52 (1998), 149

Gaster, Jens: Das Gutachten des EuGH zum Entwurf eines Übereinkommens zur Schaffung eines Europäischen Patentgerichts, EuZW 2011, 394

Gebauer, Martin: Grundfragen der Europäisierung des Privatrechts – Eine Untersuchung nationaler Ansätze unter Berücksichtigung des italienischen und des deutschen Rechts, Heidelberg 1998

Gebauer, Martin: Autonome Harmonisierung durch den CFR – Richter und Gesetzgeber und die gemeinschaftsrechtlichen Voraussetzungen, in: *Schmidt-Kessel, Martin* (Hrsg.), Der Gemeinsame Referenzrahmen – Entstehung, Inhalte, Anwendung, München 2009, S. 311

Gebauer, Martin: Der Durchbruch zur richtlinienkonformen Rechtsfortbildung: Anmerkung zu BGH, Urteil vom 26.11.2008, VIII ZR 200/05 – Quelle, GPR 2009, 82

Gebauer, Martin: Europäische Auslegung des Zivilrechts Methodik – Auslegung und Direktwirkung des europäischen Rechts – Richtlinienkonforme Auslegung und Fortbildung des nationalen Rechts, in: *ders./Wiedmann, Thomas* (Hrsg.), Zivilrecht unter europäischem Einfluss – Die richtlinienkonforme Auslegung des BGB und anderer Gesetze – Kommentierung der wichtigsten EU-Verordnungen, 2. Aufl., Stuttgart 2010, Kap. 4 (S. 111)

Gebauer, Martin/Wiedmann, Thomas (Hrsg.): Zivilrecht unter europäischem Einfluss – Die richtlinienkonforme Auslegung des BGB und anderer Gesetze – Kommentierung der wichtigsten EU-Verordnungen, 2. Aufl., Stuttgart 2010

Geerooms, Sofie M.F.: Comparative Law and Legal Translation: Why the Terms Cassation, Revision and Appeal Should Not Be Translated, Am. J. Comp. L. 50 (2002), 201

Geiger, Rudolf/Khan, Daniel-Erasmus/Kotzur, Markus: EUV/AEUV – Kommentar, 5. Aufl., München 2010

Geiger, Willi: Die abweichende Meinung beim Bundesverfassungsgericht und ihre Bedeutung für die Rechtsprechung, in: Festschr. f. Martin Hirsch, Baden-Baden 1981, S. 455

Geimer, Reinhold: Das Nebeneinander und Miteinander von europäischem und nationalem Zivilprozessrecht, NJW 1986, 2991

Geimer, Reinhold: Internationales Zivilprozessrecht, 6. Aufl., Köln 2009

Geimer, Reinhold/Schütze, Rolf A.: Europäisches Zivilverfahrensrecht – Kommentar zur EuGVVO, EuEheVO, EuZustellungsVO, EuInsVO, EuVTVO, zum Lugano-Übereinkommen und zum nationalen Kompetenz- und Anerkennungsrecht, 3. Aufl., München 2010

Geimer, Reinhold/Schütze, Rolf A. (Hrsg.): Internationaler Rechtsverkehr in Zivil- und Handelssachen – Loseblatt-Handbuch mit Texten, Kommentierungen und Länderberichten, 41. Erg.-Lfg., München 2010

Genn, Hazel: Judging Civil Justice, The Hamlyn Lectures 2008, Cambridge 2010

Geoffrey, Garrett R./Kelemen, Daniel/Schulz, Heiner: The European Court of Justice, National Governments, and Legal Integration in the European Union, International Organization 52 (1998), 149

Gephart, Werner: Recht als Kultur – Zur kultursoziologischen Analyse des Rechts, Frankfurt/M. 2006

Gerber, David J.: Comparative antitrust law, in: *Reimann, Mathias/Zimmermann, Reinhard* (Hrsg.), The Oxford Handbook of Comparative Law, Oxford 2006, S. 1193

Gericht für den öffentlichen Dienst der Europäischen Union (EuGöD): Erste Fünf-jahresbilanz, EuGRZ 2010, 535

Gerichtshof der Europäischen Gemeinschaften: Vorschläge des Gerichtshofes und des Gerichts für die neuen Rechtsstreitigkeiten über geistiges Eigentum, Luxemburg 1999 = EuZW 1999, 756

Gerichtshof der Europäischen Gemeinschaften: Reflexionspapier – Die Zukunft des Gerichtssystems der Europäischen Union, Luxemburg 28.5.1999 = EuZW 1999, 750 = EuGRZ 2000, 101

Gerichtshof der Europäischen Gemeinschaften: Der Gerichtshof – Verfahren und Dokumente, Luxemburg 2005

Gerichtshof der Europäischen Gemeinschaften: Der Gerichtshof der Europäischen Ge-meinschaften: Historische Eckpunkte, Gebäude und Symbole, Luxemburg 2007

Gerichtshof der Europäischen Gemeinschaften: Der Gerichtshof der Europäischen Ge-meinschaften in seinem neuen Palais, Brüssel 2009

Gerichtshof der Europäischen Gemeinschaften: Der Vertrag von Lissabon und der Gerichtshof der Europäischen Union, Pressemitteilung Nr. 104/09, Luxemburg, 30.11.2009

Gerichtshof der Europäischen Gemeinschaften: Jahresbericht 2009, Luxemburg 2010 (sowie Berichte der Vorjahre)

Gerichtshof der Europäischen Union: Jahresbericht 2010, Luxemburg 2011

Gerken, Lüder/Rieble, Volker/Roth, Günter H./Stein, Torsten/Streinz, Rudolf: „Mangold" als ausbrechender Rechtsakt, München 2009

Germelmann, Claas F.: Die Rechtskraft von Gerichtsentscheidungen in der Europäischen Union – Eine Untersuchung vor dem Hintergrund der deutschen, französischen und englischen Rechtskraftlehren, Tübingen 2009

Gerven, Walter van: Bridging the Gap Between Community and National Laws: Towards a Principle of Homogeneity in the Field of Legal Remedies?, CML Rev. 32 (1995), 679

Gerven, Walter van: The Role and Structure of the European Judiciary Now and in the Future, E.L. Rev. 21 (1996), 211

Gerven, Walter van: ECJ case-law as a means of unification of private law?, ERPL 5 (1997), 293

Gerven, Walter van: Of Rights, Remedies and Procedures, CML Rev. 37 (2000), 501

Gerven, Walter van: Needed: A Method of Convergence for Private Law, in: *Furrer, Andreas* (Hrsg.), Europäisches Privatrecht im wissenschaftlichen Diskurs, Bern 2006, S. 437

Gerven, Walter van: Private Law in a Federal Perspective, in: *Brownsword, Roger/ Micklitz, Hans-Wolfgang/Niglia, Leone/Weatherill, Stephen* (Hrsg.), The Foundations of European Private Law, Oxford, Portland/Oregon 2011, S. 337

Gessner, Volkmar/Höland, Armin/Varga, Csaba (Hrsg.), European Legal Cultures, Aldershot/Brookfield, USA 1996

Ghassabeh, Amir-Said: Die Zustellung einer punitive damages-Sammelklage an beklagte deutsche Unternehmen – Zugleich ein Beitrag zum „unnötigen" transatlantischen Justizkonflikt, Frankfurt/M. 2009

Giannopoulos, Konstantinos: Der Einfluss der Rechtsprechung des EuGH auf das nationale Zivilprozessrecht der Mitgliedstaaten, Köln, Berlin, München 2006

Gibson, James L./Caldeira, Gregory A.: The European Court of Justice: A Question of Legitimacy, ZfRSoz 14 (1993), 204

Gibson, James L./Caldeira, Gregory A.: The Legal Cultures of Europe, Law and Society Review 30 (1996), 55

Gibson, James L./Caldeira, Gregory A.: Citizens, Courts, and Confirmations: Positivity Theory and the Judgments of the American People, Princeton/New Jersey 2009

Giegerich, Thomas: Verschmelzung der drei Säulen der EU durch europäisches Richterrecht?, ZaöRV 67 (2007), 351

Gilles, Peter: Prozessrechtsvergleichung – Zustand, Bedeutung und Eigenheiten einer Rechtsdisziplin im Aufschwung – Generalbericht zum Thema „Special Features of Comparative Procedural Law/Specificites du Droit Judiciaire Comparé/Eigenheiten der Prozeßrechtsvergleichung" aus Anlaß des Weltkongresses der Internationalen Vereinigung für Prozeßrecht in Taormina (Sizilien) 1995, Köln, Berlin, Bonn, München 1995

Gilles, Peter: Vereinheitlichung und Angleichung unterschiedlicher nationaler Rechte – Die Europäisierung des Zivilprozeßrechts als ein Beispiel, ZZPInt 7 (2002), 3

Gilles, Peter/Pfeiffer, Thomas (Hrsg.): Prozeßrecht und Rechtskulturen/Procedural Law and Legal Cultures, Baden-Baden 2004

Gilmore, Grant: The Ages of American Law, New Haven 1977

Giorgi, Florence/Triart, Nicolas: National Judges, Community Judges: Invitation to a Journey through the Looking-glass – On the Need for Jurisdictions to Rethink the Inter-systemic Relations beyond the Hierarchical Principle, ELJ 14 (2008), 693

Giscard d'Estaing, Valéry: The Henry Kissinger Lecture: A Lecture Delivered at the Library of Congress on February 11, 2003, Washington, D.C. 2004

Giudicelli-Delage, Geneviève/Manacorda, Stefano (Hrsg.)/*Tricot, Juliette* (Koord.): Cour de justice et justice pénale en Europe, Paris 2010

Glaeser, Armin: Die Vorlagepflicht unterinstanzlicher Gerichte im Vorabentscheidungsverfahren, EuR 1990, 143

Glencross, Andrew R.: Altiero Spinelli and the Idea of the US Constitution as a Model for Europe: The Promises and Pitfalls of an Analogy, JCMS 47 (2009), 287

Glendon, Mary Ann: Rights talk: the impoverishment of political discourse, New York, 1995

Glenn, Patrick H.: Legal Cultures and Legal Traditions, in: *van Hoecke, Mark* (Hrsg.), Epistemology and Methodology of Comparative Law, Oxford 2004, S. 7

Goebel, Julius, Jr.: History of the Supreme Court of the United States, Bd. I: Antecedents and Beginnings to 1801, New York 1971

Goethe, Johann Wolfgang v.: Die Wahlverwandtschaften – Ein Roman [Tübingen 1809], in: Goethe Werke – Hamburger Ausgabe, Bd. VI: Romane und Novellen I, 14. Aufl., München 1982, S. 241

Goldstein, Stephen: The Utility of the Comparative Perspective in Understanding, Analyzing and Reforming Procedural Law, ZZPInt 5 (2000), 375

Goll, Ulrich/Kenntner, Markus: Brauchen wir ein Europäisches Kompetenzgericht? – Vorschläge zur Sicherung der mitgliedstaatlichen Zuständigkeiten, EuZW 2002, 101

Golub, Jonathan: The Politics of Judicial Discretion: Rethinking the Interaction Between National Courts and the European Court of Justice, West European Politics 19 (1996), 360

Gormley, Ken: Exploring a European Union Constitution: Unexpected Lessons from the American Experience, Rutgers L.J. 36 (2003), 69

Gormley, Laurence W.: References for a Preliminary Ruling: Article 234 EC from the United Kingdom Viewpoint, RabelsZ 66 (2002), 459

Gormley, Laurence W.: The Judicial Architecture of the European Union after Nice, in: *Arnull, Anthony/Wincott, Daniel* (Hrsg.), Accountability and Legitimacy in the European Union, Oxford 2002, S. 135

Gössl, Susanne: Die Vorfrage im Internationalen Privatrecht der EU – zum „Allgemeinen Teil" des europäischen IPR, ZfRV 2011, 65

Gotha, Ute R.: Grenzen und Auslegung autonom harmonisierten Wirtschaftsprivatrechts, München 2006

Gottwald, Peter: Zum Stand der Prozessrechtsvergleichung, in: Festschr. f. Peter Schlosser, Tübingen 2005, S. 227

Gottwald, Peter: Die Principles of Transnational Civil Procedure und das deutsche Zivilprozessrecht, in: Festschr. f. Dieter Leipold, Tübingen 2009, S. 33

Gottwald, Peter (Hrsg.): Litigation in England and Germany – Legal Professional Services, Key Features and Funding, Bielefeld 2010

Gottwald, Peter/Schwab, Karl Heinz: Verfassung und Zivilprozeß, in: *Habscheid, Walther J.* (Hrsg.), Effektiver Rechtsschutz und verfassungsmäßige Ordnung, 1983, S. 1

Götz, Florian v.: 50 Jahre GWB – Die Geburt des GWB und der amerikanische Einfluss auf das Entstehen einer neuen Wettbewerbsordnung in der Bundesrepublik, WRP 2007, 741

Götz, Volkmar: Verwaltungsrechtsschutz durch Entscheidung über einzelne schriftlich vorgebrachte Klagegründe – Zum Rechtsschutzmodell der europäischen Gerichtsbarkeit, in: Festschr. f. Winfried Brohm, München 2002, S. 69

Gounalakis, Georgios: Zivilprozeß, Zivilprozeßzwecktheorie und Gesellschaft – Eine juristische und soziologische Betrachtung, in: Gedächnisschrift für Alkis Argyriadis, Bd. I, Athen 1996, S. 177

Gounalakis, Georgios/Rösler, Hannes: Ehre, Meinung und Chancengleichheit im Kommunikationsprozeß – Eine vergleichende Untersuchung zum englischen und deutschen Recht der Ehre, Baden-Baden 1998

Gouron, André/Mayali, Laurent/Padoa Schioppa, Antonio/Simon Dieter (Hrsg.): Europäische und amerikanische Richterbilder, Frankfurt/M. 1996

Goutal, Jean Louis: Characteristics of Judicial Style in France, Britain and the U.S.A., Am. J. Comp. L. 24 (1976), 43

Grabenwarter, Christoph: Vorabentscheidungsverfahren nach dem Vertrag von Nizza, EuR-Beih 1/2003, 55

Grabitz, Eberhard/Hilf, Meinhard/Nettesheim, Martin (Hrsg.): Das Recht der Europäischen Union – Kommentar, 46. Erg.-Lfg., München 2011 [zit. Bearbeiter: *Bogdandy, Armin v.; Eggers, Barbara; Karpenstein, Ulrich; Klinke, Ulrich; Mayer, Franz C.; Schill, Stephan; Terhechte, Jörg Philipp*]

Grechenig, Kristoffel/Gelter, Martin: Divergente Evolution des Rechtsdenkens – Von amerikanischer Rechtsökonomie und deutscher Dogmatik, RabelsZ 72 (2008), 513

Gréciano, Philippe: Die Gerichtsbarkeit der Europäischen Gemeinschaften – Rechtsprechung und Rechtssprache Europas aus französischer Perspektive, Frankfurt/M., Berlin, Bern, Wien 2007

Grefrath, Holger: Exposé eines Verfassungsprozessrechts von den Letztfragen? – Das Lissabon-Urteil zwischen actio pro socio und negativer Theologie, AöR 135 (2010), 221

Greiner, Stefan/Benedix, Mathias: Das Verbrauchsgüterkaufrecht zwischen europarechtlichen Vorgaben und Grenzen des Richterrechts, ZGS 2011, 489

Gressman, Eugene/Geller, Kenneth S./Shapiro, Stephen M./Bishop, Timothy S./Hartnett, Edward A.: Supreme Court Practice – For Practice in the Supreme Court of the United States, 9. Aufl., Arlington 2007

Grigoleit, Hans Christoph: Der Verbraucheracquis und die Entwicklung des Europäischen Privatrechts, AcP 210 (2010), 354

Grilli, Antonio: Die französische Justizorganisation am linken Rheinufer 1797–1803, Frankfurt/M. 1998

Grimm, Dieter: Zur Bedeutung nationaler Verfassungen in einem vereinten Europa, in: *Merten, Detlef/Papier, Hans-Jürgen* (Hrsg.), Handbuch der Grundrechte in Deutschland und Europa, Bd. VI/2: Europäische Grundrechte II, Universelle Menschenrechte, Heidelberg 2009, § 168 (S. 3)

Grimmel, Andreas/Jakobeit, Cord (Hrsg.): Politische Theorien der Europäischen Integration – Ein Text- und Lehrbuch, Wiesbaden 2009

Griswold, Erwin N.: Law and Lawyers in the United States – The Common Law Under Stress, Cambridge/Mass. 1964

Groeben, Hans von der: Die Politik der Europäischen Kommission auf dem Gebiet der Rechtsangleichung, NJW 1970, 359

Groeben, Hans von der: Aufbaujahre der Europäischen Gemeinschaft – Das Ringen um den Gemeinsamen Markt und die politische Union (1958–1966), Baden-Baden 1982

Groeben, Hans von der: Deutschland und Europa in einem unruhigen Jahrhundert – Erlebnisse und Betrachtungen von Hans von der Groeben, Baden-Baden 1995

Groeben, Hans von der/Schwarze, Jürgen (Hrsg.): Kommentar zum EU-/EG-Vertrag, 6. Aufl., Tübingen 2003 [zit. Bearbeiter: *Gaitanides, Charlotte; Hackspiel, Sabine*]

Groh, Thomas: Auslegung des Gemeinschaftsrechts und Vorlagepflicht nach Art. 234 EG – Plädoyer für eine zielorientierte Konzeption, EuZW 2002, 460

Groh, Thomas: Die Auslegungsbefugnis des EuGH im Vorabentscheidungsverfahren – Plädoyer für eine zielorientierte Konzeption, Berlin 2005

Groh, Thomas: Der Untergang des Abendlandes – Von einem Kreuzzug gegen den Erfinder der europäischen Grundrechte, myops 2009, 9

Gromitsaris, Athanasios: Die methodologische Herausforderung des Europarechts – Zum Verhältnis von Rechtsdogmatik, Rechtsgeschichte, Rechtsvergleichung und Rechtstheorie am Beispiel des Staatshaftungsrechts, in: Festschr f. Werner Krawietz, Berlin 2003, S. 17

Grosche, Nils: Rechtsfortbildung im Unionsrecht – Eine Untersuchung zum Phänomen richterlicher Rechtsfortbildung durch den Gerichtshof der Europäischen Union, Tübingen 2011

Gross, Samuel R.: The American Advantage: The Value of Inefficient Litigation, Mich. L. Rev. 85 (1987), 734

Groß, Thomas: Verantwortung und Effizienz in der Mehrebenenverwaltung, VVDStRL 66 (2007), 152

Grosser, Alfred: Urteil zum Lissabon-Vertrag – Deutschland auf dem Sonderweg, SZ v. 11.7.2009, S. 2

Großfeld, Bernhard: Probleme der Rechtsvergleichung im Verhältnis Vereinigte Staaten von Amerika – Deutschland, RabelsZ 39 (1975), 5

Großfeld, Bernhard: Europäisches Erbe als Europäische Zukunft – Systemdenken und Internationalität, JZ 1999, 1

Grossi, Paolo: Das Recht in der europäischen Geschichte, München 2009

Grote, Rainer: Rechtskreise im öffentlichen Recht, AöR 126 (2001), 10

Grundmann, Stefan: Europäisches Schuldvertragsrecht – Das europäische Recht der Unternehmensgeschäfte (nebst Texten und Materialien zur Rechtsangleichung), Berlin, New York 1998

Grundmann, Stefan: Europäisches Schuldvertragsrecht – Struktur und Bestand, NJW 2000, 14

Grundmann, Stefan (Hrsg.): Systembildung und Systemlücken in Kerngebieten des Europäischen Privatrechts – Gesellschaftsrecht, Arbeitsrecht, Schuldvertragsrecht, Tübingen 2000

Grundmann, Stefan: Verbraucherrecht, Unternehmensrecht, Privatrecht – warum sind sich UN-Kaufrecht und EU-Kaufrechts-Richtlinie so ähnlich?, AcP 202 (2002), 40

Grundmann, Stefan: European Contract Law(s) of What Colour?, ERCL 1 (2005), 184

Grundmann, Stefan: Systemdenken und Systembildung, in: *Riesenhuber, Karl* (Hrsg.), Europäische Methodenlehre – Handbuch für Ausbildung und Praxis, 2. Aufl., Berlin, New York 2010, § 10 (S. 285)

Grundmann, Stefan: Europäisches Gesellschaftsrecht – Eine systematische Darstellung unter Einbeziehung des Europäischen Kapitalmarktrechts, 2. Aufl., Heidelberg 2011

Grundmann, Stefan/Bianca, Cesare Massimo (Hrsg.): EU-Kaufrechts-Richtlinie, Köln 2002

Grundmann, Stefan/Mazeaud, Denis (Hrsg.): General Clauses and Standards in European Contract Law – Comparative Law, EC Law and Contract Codification, The Hague 2006

Grundmann, Stefan/Riesenhuber, Karl: Die Auslegung des Europäischen Privat- und Schuldvertragsrechts, JuS 2001, 529

Gsell, Beate/Herresthal, Carsten: Vollharmonisierung im Privatrecht – Die Konzeption der Richtlinie am Scheideweg?, Tübingen 2009

Guinchard, Serge/u.a.: Droit processuel – Droits fondamentaux du procès, 6. Aufl., Paris 2011

Gumming, George/Spitz, Brad/Janal, Ruth: Civil Procedure Used for Enforcement or EC Competition Law by the English, French and German Civil Courts, Alphen aan den Rijn 2007

Gundel, Jörg: Gemeinschaftsrechtliche Haftungsvorgaben für judikatives Unrecht – Konsequenzen für die Rechtskraft und das deutsche „Richterprivileg" (§ 839 Abs. 2 BGB), EWS 2004, 8

Gundel, Jörg: Gemeinschaftsrichter und Generalanwälte als Akteure des Rechtsschutzes im Lichte des gemeinschaftsrechtlichen Rechtsstaatsprinzips, EuR-Beih 3/2008, 23

Gundel, Jörg: Justiz- und Verfahrensgrundrechte, in: *Ehlers, Dirk* (Hrsg.), Europäische Grundrechte und Grundfreiheiten, Berlin 2009, § 20

Gundel, Jörg: Verfassungsgerichtliche Gesetzeskontrolle in Frankreich mit der neuen „question prioritaire de constitutionnalité": Konsequenzen für den Status des Unionsrechts in der französischen Rechtsordnung?, in: Festschr. f. Ulrich Spellenberg, München 2010, S. 573

Gündisch, Jürgen/Wienhues, Sigrid: Rechtsschutz in der Europäischen Union – Ein Leitfaden für die Praxis, 2. Aufl., Stuttgart 2003

Gutteridge, Harold Cooke: The Value of Comparative Law, in: *ders.*, Comparative Law: An Introduction to the Comparative Method of Legal Study, Cambridge, 1946, S. 23

Gutzwiller, Susanne: Der Bereich Justiz und Inneres in der EU-Verfassung – Welche Änderungen bringt der Vertrag über eine Verfassung für Europa für den Raum der Freiheit, der Sicherheit und des Rechts?, in: Festschr. f. Heinrich Koller, Basel 2006, S. 427

Haapaniemi, Pekka: Procedural Autonomy: A Misnomer?, in: *Ervo, Laura/Gräns, Minna/Jokela, Antti* (Hrsg.), Europeanization of Procedural Law and the New Challenges to Fair Trial, Groningen 2009, S. 87

Haar, Brigitte: Die Grundfreiheiten als Triebfeder des europäischen Gesellschaftsrechts in der aktuellen Rechtsprechung des EuGH, GPR 2007, 27

Haar, Brigitte: Konsolidierung des Binnenmarktes in der aktuellen Rechtsprechung des EuGH zum europäischen Gesellschaftsrecht, GPR 2010, 187

Haas, Ernst B.: The Uniting of Europe: Political, Social, and Economic Forces, 1950–1957, Stanford 1958

Haase, Gudrun/Struger, Katrin: Verfassungsgerichtsbarkeit in Europa, Wien 2009

Haase, Katrin: Die Anforderungen an ein faires Gerichtsverfahren auf europäischer Ebene, Taunusstein 2006

Haberl, Andreas/Schallmoser, Konstantin: EuGH lehnt geplantes Übereinkommen über einheitliches Europäisches Patentgerichtssystem ab, GRUR-Prax 2011, 143

Häberle, Peter: Die Verfassungsbeschwerde im System der bundesdeutschen Verfassungsgerichtsbarkeit, JöR 49 (1997), 89

Häberle, Peter: Grundrechtsgeltung und Grundrechtsinterpretation im Verfassungsstaat – Zugleich zur Rechtsvergleichung als „fünfter" Auslegungsmethode, JZ 1989, 913

Häberle, Peter: Europäische Rechtskultur, Baden-Baden 1994

Häberle, Peter: Föderalismus und Regionalismus in den Mitgliedstaaten des Europarates, in: *ders.*, Europäische Verfassungslehre in Einzelstudien, Baden-Baden 1999, S. 188

Häberle, Peter: Funktion und Bedeutung der Verfassungsgerichte in vergleichender Perspektive, EuGRZ 2005, 685

Häberle, Peter: Nationalflaggen – Bürgerdemokratische Identitätselemente und internationale Erkennungssymbole, Berlin 2008

Häberle, Peter: Europäische Verfassungslehre, 7. Aufl., Baden-Baden 2011

Habermas, Jürgen: Der gespaltene Westen, Kleine politische Schriften X, Frankfurt/M. 2004

Habermas, Jürgen: Europa am Scheideweg, Handelsblatt v. 17.6.2011, S. 12.

Habersack, Mathias/Mayer, Christian: Die überschießende Umsetzung von Richtlinien, JZ 1999, 913

Habersack, Mathias/Tröger, Tobias: „Ihr naht Euch wieder, schwankende Gestalten ..." – Zur Frage eines europarechtlichen Gleichbehandlungsgebots beim Anteilshandel, NZG 2010, 1

Habersack, Mathias/Verse, Dirk A.: Europäisches Gesellschaftsrecht – Einführung für Studium und Praxis, 4. Aufl., München 2011

Habscheid, Walther J. (Hrsg.): Der Justizkonflikt mit den Vereinigten Staaten von Amerika – The jurisdiction conflict with the United States of America, Bielefeld 1986

Habscheid, Walther J. (Hrsg.): Das deutsche Zivilprozeßrecht und seine Ausstrahlung auf andere Rechtordnungen, Bielefeld 1991

Habscheid, Walther J.: Die Europäisierung des Zivilprozeßrechts, in: *Müller-Graff, Peter-Christian* (Hrsg.), Gemeinsames Privatrecht in der Europäischen Gemeinschaft, 2. Aufl., Baden-Baden 1999, S. 543

Hackspiel, Sabine: Allgemeines und Verfahrensgrundsätze bis Kostenrecht, in: *Rengeling, Hans-Werner/Middeke, Andreas/Gellermann, Martin* (Hrsg.): Handbuch des Rechtsschutzes in der Europäischen Union, 2. Aufl., München 2003, § 21 bis § 29

Hager, Günter: Rechtsmethoden in Europa, Tübingen 2009

Hahn, Hartmut: Nationale Auslegungsmethoden, vergleichend betrachtet – europäische Anforderungen an die Methodenlehre, ZfRV 2003, 163

Hakenberg, Waltraud: Der Dialog zwischen nationalen und europäischen Richtern: Das Vorabentscheidungsverfahren zum EuGH, DRiZ 2000, 345

Hakenberg, Waltraud: Vorschläge zur Reform des Europäischen Gerichtssystems, ZEuP 2000, 860

Hakenberg, Waltraud: Vorabentscheidungsverfahren und europäisches Privatrecht – Erfahrungen aus europäischer Sicht, RabelsZ 66 (2002), 367

Hakenberg, Waltraud: Zur Staatshaftung von Gerichten bei Verletzung von europäischem Gemeinschaftsrecht, DRiZ 2004 1137

Hakenberg, Waltraud: Das Gericht für den öffentlichen Dienst der EU – Eine neue Ära in der Gemeinschaftsgerichtsbarkeit, EuZW 2006, 391

Hakenberg, Waltraud: Die Befolgung und Durchsetzung der Urteile der Gemeinschaftsgerichte, EuR-Beih 3/2008, 163

Hakenberg, Waltraud/Schilhan, Christina: Architektur der EU-Gerichtsbarkeit – Aktualität und Perspektiven im Lichte von Lissabon, ZfRV 2008, 104

Hakenberg, Waltraud/Stix-Hackl, Christine: Handbuch zum Verfahren vor dem Europäischen Gerichtshof, Bd. I, 3. Aufl., Baden-Baden, Wien, Zürich 2005

Halberstam, Daniel: Gerichtliche Zusammenarbeit im föderalen System der USA – Ein rechtsvergleichender Beitrag zur Diskussion über die Gerichtsreform in der Europäischen Union, RabelsZ 66 (2002), 216

Halberstam, Daniel: Of Power and Responsibility: The Political Morality of Federal Systems, Virginia Law Review 90 (2004), 731

Halbhuber, Harald: Das Ende der Sitztheorie als Kompetenztheorie – Das Urteil des Europäischen Gerichtshofs in der Rechtssache C-208/00 (Überseering), ZEuP 2003, 418

Halfmeier, Axel: Popularklagen im Privatrecht – zugleich ein Beitrag zur Theorie der Verbandsklage, Tübingen 2006

Hall, Kermit L.: The Magic Mirror – Law in American History, New York, Oxford 1989

Hall, Kermit L./William M. Wiecek/Finkelman, Paul: American Legal History – Cases and Materials, 2. Aufl., Oxford, New York 1996

Haller, Max: Europäische Integration als Elitenprozess – Das Ende eines Traums?, Wiesbaden 2009

Hallstein, Walter: Angleichung des Privat- und Prozeßrechts in der Europäischen Wirtschaftsgemeinschaft, RabelsZ 28 (1964), 211

Hallstein, Walter: Die echten Probleme der europäischen Integration, Kieler Vorträge, Heft 37, Kiel 1965 = in: *ders.*, Europäische Reden (Hrsg.: *Oppermann, Thomas*, unter Mitarbeit von *Kohler, Joachim*), Stuttgart 1979, S. 522

Hallstein, Walter (unter Mitarb. von *Götz, Hans Herbert/Narjes, Karl-Heinz*): Der unvollendete Bundesstaat – Europäische Erfahrungen und Erkenntnisse, Düsseldorf, Wien 1969

Hallstein, Walter: Europapolitik durch Rechtsprechung, in: Festschr. f. Franz Böhm, Tübingen 1975, S. 205

Hallstein, Walter: Die Europäische Gemeinschaft, 5. Aufl., Düsseldorf, Wien 1979

Haltern, Ulrich: Europarecht und das Politische, Tübingen 2005

Haltern, Ulrich: Europarecht – Dogmatik im Kontext, 2. Aufl., Tübingen 2007

Haltern, Ulrich: Was bedeutet Souveränität?, Tübingen 2007

Haltern, Ulrich: Obamas politischer Körper, Berlin 2009

Hambloch, Sibylle: Europäische Integration und Wettbewerbspolitik – Die Frühphase der EWG, Baden-Baden 2009

Hamilton, Alexander: No. 78: The Judiciary Department, in: *Rossiter, Clinton Lawrence* (Hrsg.), The Federalist Papers, New York 2003, S. 463

Haratsch, Andreas: Die kooperative Sicherung der Rechtsstaatlichkeit durch die mitgliedstaatlichen Gerichte und die Gemeinschaftsgerichte aus mitgliedstaatlicher Sicht, EuR-Beih 3/2008, 81

Haratsch, Andreas/Koenig, Christian/Pechstein, Matthias: Europarecht, 7. Aufl., Tübingen 2010

Haravon, Michaël: Quel procès civil en 2010? Regard comparé sur l'accès à la justice civile en Angleterre, aux États-Unis et en France, R.I.D.C. 2010, 895

Harmathy, Attila: The Impact of the Practice of the European Court of Justice on the Civil and Commercial Law of the Member States of the European Union, ERPL 18 (2010), 429

Harris, Jonathan M.: Understanding the English Response to the Europeanization of Private International Law, J. Priv. Int. L. 4 (2008), 347

Harsági, Viktória/Kengyel, Miklós (Hrsg.): Grenzüberschreitende Vollstreckung in der Europäischen Union, München 2011

Hart, Henry M., Jr.: The Power of Congress to Limit the Jurisdiction of Federal Courts: An Exercise in Dialectic, Harv. L. Rev. 66 (1953), 1362

Härtel, Ines: Durchsetzbarkeit von Zwangsgeld-Urteilen des EuGH gegen Mitgliedstaaten, EuR 2001, 617

Härtel, Ines: Constitutional Courts as „Positive Legislators", in: *Basedow, Jürgen/ Kischel, Uwe/Sieber, Ulrich* (on behalf of Gesellschaft für Rechtsvergleichung) (Hrsg.), German National Reports to the 18th International Congress of Comparative Law (Washington 2010), Tübingen 2010, S. 487

Hartkamp, Arthur S.: The Effect of the EC Treaty in Private Law: On Direct and Indirect Horizontal Effects of Primary Community Law, ERPL 18 (2010), 527

Hartkamp, Arthur S.: The General Principles of EU Law and Private Law, RabelsZ 75 (2011), 241

Hartley, Trevor C.: The European Union and the Systematic Dismantling of the Common Law of Conflict of Laws, ICLQ 54 (2005), 813

Hartmann, Jürgen: Das politische System der Europäischen Union – Eine Einführung, Frankfurt/M., New York 2001

Hartwieg, Oskar: Tatsachen und Normarbeit im Rechtsvergleich – Ausgewählte Aufsätze, Tübingen 2003

Häsemeyer, Ludwig: Rechtskultur in einer materiell wie formell mehrschichtigen Rechtsordnung? in: Festschr. f. Ekkehard Schumann, Tübingen 2001, S. 197

Hatje, Armin: Die institutionelle Reform der Europäischen Union – der Vertrag von Nizza auf dem Prüfstand, EuR 2001, 143

Hatje, Armin: Loyalität als Rechtsprinzip in der Europäischen Union, Baden-Baden 2001

Hatje, Armin: Der Gerichtshof der Europäischen Gemeinschaften, DRiZ 2006, 161

Hatje, Armin: Demokratische Kosten souveräner Staatlichkeit im europäischen Verfassungsverbund – Zu den Perspektiven der Demokratie in der Europäischen Union nach dem Urteil des Bundesverfassungsgerichts zum Vertrag von Lissabon, EuR-Beih 1/2010, 123

Hatje, Armin/Klindt, Anne: Der Vertrag von Lissabon – Europa endlich in guter Verfassung?, NJW 2008, 1761

Hau, Wolfgang: Zur Entwicklung des Internationalen Zivilverfahrensrechts in der Europäischen Union in den Jahren 2005 und 2006, GPR 2007, 93

Hauser, Astrid: Der Europäische Gerichtshof und der U.S. Supreme Court – Eine vergleichende Analyse ausgewählter Aspekte, Frankfurt/M. 2008

Hauser, Robert: Die Wahrung der Einheit der Rechtsprechung in rechtsvergleichender Sicht, in: Festschr. f. Karl Heinz Schwab, München 1990, S. 197

Hay, Peter: Reflections on Conflict-of-Laws Methodology, Hastings L.J. 32 (1981), 1644

Hay, Peter: Full Faith and Credit and Federalism in Choice of Law, Mercer L. Rev. 34 (1983), 709

Hay, Peter: The Case for Federalizing Rules of Civil Jurisdiction in the European Community, Mich. L. Rev. 82 (1984), 1323

Hay, Peter: Zivilprozeßrecht, in: *Assmann, Heinz-Dieter/Bungert, Hartwin* (Hrsg.), Handbuch des US-amerikanischen Handels-, Gesellschafts- und Wirtschaftsrechts, Bd. I: Institutionelle und zivilrechtliche Rahmenbedingungen, Wirtschaftsverwaltungsrecht, München 2001, S. 504

Hay, Peter: Zur konsensualen Streitbeendigung in Zivil- und Handelssachen in den USA, in: *Breidenbach, Stephan/Coester-Waltjen, Dagmar/Hess, Burkhard/Nelle, Andreas/ Wolf, Christian* (Hrsg.), Konsensuale Streitbeilegung, Bielefeld 2001, S. 101

Hay, Peter: The Development of the Public Policy Barrier to Judgment Recognition Within the European Community, EuLF (E) 2007, I-289

Hay, Peter: Recognition of a Recognition Judgment Within the European Union – "Double Exequatur" and the Public Policy Barrier, EuLF 2009, I-61

Hay, Peter: Comparative and international law in the United States – Mixed signals, in: Liber amicorum Kurt Siehr, Zürich 2010, S. 37

Hay, Peter: US-amerikanisches Recht – Ein Studienbuch, 5. Aufl., München 2011

Hay, Peter/Borchers, Patrick J./Symeonides, Symeon C.: Conflict of Laws, 5. Aufl., St. Paul 2010

Hay, Peter/Weintraub, Russell J./Borchers, Patrick J.: Conflict of Laws – Cases and Materials, 13. Aufl., New York 2009

Hayo, Bernd/Voigt, Stefan: The Relevance of Judicial Procedure for Economic Growth, CESifo Working Paper Series No. 2514, München 2008

Hazard, Geoffrey C./Taruffo, Michele/Stürner, Rolf/Gidi, Antonio: Introduction to the Principles and Rules of Transnational Civil Procedure, N.Y.U. J. Int'l L. & Pol. 33 (2001), 769

Heck, Philipp: Interessenjurisprudenz und Gesetzestreue, DJZ 1905, 1140

Heffernan, Liz: A discretionary jurisdiction for the European Court of Justice?, Irish Jurist 34 (1999), 148

Heffernan, Liz: The Community Courts post-Nice: A European Certiorari Revisited, ICLQ 52 (2003), 907

Heffernan, Liz: Effective Judicial Remedies: The Limits of Direct and Indirect Access to the European Community, Law and Practice of International Courts and Tribunals 5 (2006), 285

Heideking, Jürgen: Der symbolische Stellenwert der Verfassung in der politischen Tradition der USA, in: *Vorländer, Hans* (Hrsg.), Integration durch Verfassung, Wiesbaden 2002, S. 123

Heiderhoff, Bettina: Einflüsse des europäischen Privatrechts zum Schutz des Verbrauchers auf das deutsche Zivilprozessrecht, ZEuP 2001, 276

Heiderhoff, Bettina: Die Berücksichtigung des Art. 3 Klauselrichtlinie bei der AGB-Kontrolle, WM 2003, 509

Heiderhoff, Bettina: Grundstrukturen des nationalen und europäischen Verbrauchervertragsrechts – Insbesondere zur Reichweite europäischer Auslegung, München 2004 [zit.: *Heiderhoff*, Grundstrukturen]

Heiderhoff, Bettina: Gemeinschaftsprivatrecht, 2. Aufl., München 2007

Heiderhoff, Bettina: Deliktsrecht (Produkthaftung, Produktsicherheit), in: *Gebauer, Martin/Wiedmann, Thomas* (Hrsg.), Zivilrecht unter europäischem Einfluss – Die richtlinienkonforme Auslegung des BGB und anderer Gesetze – Kommentierung der wichtigsten EU-Verordnungen, 2. Aufl., Stuttgart 2010, Kap. 17 (S. 823)

Heiderhoff, Bettina: Buchbesprechung von Halvard Haukeland Fredriksen, Europäische Vorlageverfahren und nationales Zivilprozessrecht – Eine Untersuchung der Vorlageverfahren an den EFTA-Gerichtshof und den EuGH als Bestandteile des norwegischen bzw. des deutschen Zivilprozesses, Tübingen 2009, ZZP 124 (2011), 128

Heiderhoff, Bettina: Constitutional Interpretation and European Inter pretation of Private Law in Germany, in: *dies./Żmij, Grzegorz* (Hrsg.), Interpretation in Polish, German and European Private Law, München 2011, S. 101

Hein, Jan v.: Vorabentscheidungsverfahren und europäisches Privatrecht: Diskussionsbericht, RabelsZ 66 (2002), 580

Hein, Jan v.: Bundesverfassungsgericht gestattet Zustellung einer US-amerikanischen Klage auf Punitive Damages – Entspannung im transatlantischen Justizkonflikt?, RIW 2007, 249

Hein, Jan v.: Die Rezeption US-amerikanischen Gesellschaftsrechts in Deutschland, Tübingen 2007

Heinemann, Daniela: Europafreundlicher Beschluss aus Karlsruhe – Anmerkung zum Mangold-Beschluss des Bundesverfassungsgerichts vom 6.7.2010, 2 BvR 2661/06, GPR 2010, 274

Heinze, Christian: Einstweiliger Rechtsschutz im europäischen Immaterialgüterrecht, Tübingen 2007

Heinze, Christian: Europäische Urteilsfreizügigkeit von Entscheidungen ohne vorheriges rechtliches Gehör, ZZP 120 (2007), 303

Heinze, Christian: Bausteine eines Allgemeinen Teils des europäischen Internationalen Privatrechts, in: Festschr. f. Jan Kropholler, Tübingen 2008, S. 105

Heinze, Christian: Europäisches Primärrecht und Zivilprozess, EuR 2008, 654

Heinze, Christian: Die Durchsetzung geistigen Eigentums in Europa – Zur Umsetzung der Richtlinie 2004/48/EG in Deutschland, England und Frankreich, ZEuP 2009, 282

Heinze, Christian: Effektivitätsgrundsatz, in: *Basedow, Jürgen/Hopt, Klaus J./Zimmermann, Reinhard* (Hrsg.), Handwörterbuch des Europäischen Privatrechts, Bd. I, Tübingen 2009, S. 337

Heinze, Christian: Einstweiliger Rechtsschutz, in: *Basedow, Jürgen/Hopt, Klaus J./ Zimmermann, Reinhard* (Hrsg.), Handwörterbuch des Europäischen Privatrechts, Bd. I, Tübingen 2009, S. 380

Heinze, Christian: Europäisches Zivilprozessrecht, in: *Basedow, Jürgen/Hopt, Klaus J./ Zimmermann, Reinhard* (Hrsg.), Handwörterbuch des Europäischen Privatrechts, Bd. I, Tübingen 2009, S. 555

Heinze, Christian: Geistiges Eigentum (Durchsetzung), in: *Basedow, Jürgen/Hopt, Klaus J./Zimmermann, Reinhard* (Hrsg.), Handwörterbuch des Europäischen Privatrechts, Bd. I, Tübingen 2009, S. 652

Heinze, Christian: Markenrecht, in: *Basedow, Jürgen/Hopt, Klaus J./Zimmermann, Reinhard* (Hrsg.), Handwörterbuch des Europäischen Privatrechts, Bd. II, Tübingen 2009, S. 1037

Heinze, Christian: Prozesskostenhilfe, in: *Basedow, Jürgen/Hopt, Klaus J./Zimmermann, Reinhard* (Hrsg.), Handwörterbuch des Europäischen Privatrechts, Bd. II, Tübingen 2009, S. 1208

Heinze, Christian: Choice of Court Agreements, Coordination of Proceedings and Provisional Measures in the Reform of the Brussels I Regulation, RabelsZ 75 (2011), 581

Heinze, Christian: Surf global, sue local! Der europäische Klägergerichtsstand bei Persönlichkeitsrechtsverletzungen im Internet, EuZW 2011, 947

Heinze, Christian: Zivilprozessrecht unter europäischem Einfluss, JZ 2011, 709

Heinze, Christian/Dutta, Anatol: Enforcement of Arbitration Agreements by Anti-Suit Injunctions in Europe – From Turner to West Tankers, Yearbook of Private International Law 9 (2007), 415

Heiss, Helmut: Europäisches Vertragsrecht: in statu nascendi?, ZfRV 1995, 54

Heiss, Helmut: Hierarchische Rechtskreiseinteilung: Von der Rechtskreislehre zur Typologie der Rechtskulturen?, ZVglRWiss 100 (2001), 396

Helfer, Laurence R./Alter, Karen J.: The Andean Tribunal of Justice and its Interlocutors: Understanding Preliminary Reference Patterns in the Andean Community, N.Y.U. J. Int'l L. & Pol. 41 (2009), 871

Hellman, Arthur D.: The Shrunken Docket of the Rehnquist Court, Sup. Ct. Rev. 9 (1996), 403

Hellmig, Birte: Richterbilder und der Begriff des Politischen – Ein empirischer Beitrag zu den Selbst- und Rechtsverständnissen der Arbeitsrichterschaft, Mittelweg 36 (Zeitschrift des Hamburger Instituts für Sozialforschung), H. 5, 2009, 8

Hellwege, Phillip: Allgemeine Geschäftsbedingungen, einseitig gestellte Vertragsbedingungen und die allgemeine Rechtsgeschäftslehre, Tübungen 2010

Hellwege, Phillip: Wertersatz für Nutzungen nach Ausübung des Widerrufs im Fernabsatz Anmerkung zu EuGH, Urteil vom 3.11.2009, Rs. C-489/07 – *Pia Messner ./. Firma Stefan Krüger*, GPR 2010, 74

Helmholz, R. H.: Use of the Civil Law in Post-Revolutionary American Jurisprudence, Tul. L. Rev. 66 (1992), 1649

Helms, Tobias: Reform des internationalen Scheidungsrechts durch die Rom III-Verordnung, FamRZ 2011, 1765

Hempel, Norbert: Richterleitbilder in der Weimarer Republik, Frankfurt/M. 1978

Henckel, Wolfram: Prozeßrecht und materielles Recht, Göttingen 1970

Henke, Matthias F.: Enthält die Liste des Anhangs der Klauselrichtlinie 93/13/EWG Grundregeln des Europäischen Vertragsrechts?, Tübingen 2010

Henninger, Thomas: Europäisches Privatrecht und Methode – Entwurf einer rechtsvergleichend gewonnenen juristischen Methodenlehre, Tübingen 2009

Herb, Anja: Europäisches Gemeinschaftsrecht und nationaler Zivilprozess, Tübingen 2007

Herber, Rolf: Keine unmittelbare Wirkung horizontaler Richtlinien, Entscheidung des Europäischen Gerichtshofes vom 14. Juli 1994 (Rechtssache C-91/92, Paola Faccini Dori ./. Recreb Srl), ZEuP 1996, 117

Herbert Bernstein: Rechtsstile und Rechtshonoratioren – Ein Beitrag zur Methode der Rechtsvergleichung, RabelsZ 34 (1970), 443

Herdegen, Matthias: Legal Challenges for Transatlantic Economic Integration, CML Rev. 45 (2008), 1581

Hergenröder, Curt W.: Zivilprozessuale Grundlagen richterlicher Rechtsfortbildung, Tübingen 1995

Herget, James E./Wallace, Stephen: The German Free Law Movement as the Source of American Legal Realism, Virginia L. Rev. 73 (1987), 399

Herman, Shael: Schicksal und Zukunft der Kodifikationsidee in Amerika, in: *Zimmermann, Reinhard* (Hrsg.), Amerikanische Rechtskultur und europäisches Privatrecht, Tübingen 1995, S. 45

Héron, Jacques/Le Bars, Thierry: Droit judiciaire privé, 4. Aufl., Paris 2010

Herr, Jochen/Grunwald, Marc: Schwerer Rückschlag für die europäische Patentgerichtsbarkeit, EuZW 2011, 321

Herren, Madeleine: Hintertüren zur Macht – Internationalismus und modernisierungsorientierte Außenpolitik in Belgien, der Schweiz und den USA 1865–1914, München 2000

Herrmann, Christoph: Die Reichweite der gemeinschaftsrechtlichen Vorlagepflicht in der neueren Rechtsprechung des EuGH, EuZW 2006, 231

Herresthal, Carsten: Rechtsfortbildung im europarechtlichen Bezugsrahmen – Methoden, Kompetenzen, Grenzen dargestellt am Beispiel des Privatrechts, München 2006

Herresthal, Carsten: Voraussetzungen und Grenzen der gemeinschaftsrechtskonformen Rechtsfortbildung, EuZW 2007, 396

Herresthal, Carsten: Die teleologische Auslegung der Verbrauchsgüterkaufrichtlinie – Der EuGH auf dem Weg zu einer eigenständigen Methode der Rechtsgewinnung – Entscheidung des Europäischen Gerichtshofes vom 17. April 2008, ZEuP 2009, 598

Herresthal, Carsten: Ein europäisches Vertragsrecht als Optionales Instrument, EuZW 2011, 7

Herrmann, Hans Joachim: Supranationale und internationale Gerichte, in: *Max-Planck-Institut für ausländisches und internationales Privatrecht* (Hrsg.), Handbuch des Internationalen Zivilverfahrensrechts, Bd. I, Tübingen 1982, Kap. I (S. 1)

Herzog, Peter E.: United States Supreme Court Cases in the Court of Justice of the European Communities, Hastings Int'l & Comp. L. Rev. 21 (1998), 903

Herzog, Peter E./Karlen, Delmar: Attacks on Judicial Decisions, in: Int. Enc. Comp. L., Vol. XVI: Civil Procedure (Chief Editor: *Mauro Cappelletti*), Ch. 8, Tübingen, Leiden, Boston 1982

Herzog, Roman/Bolkestein, Frits/Gerken, Lüder: Die EU schadet der Europa-Idee, FAZ v. 15.1.2010, S. 6

Herzog, Roman/Gerken, Lüder: Stoppt den Europäischen Gerichtshof, FAZ v. 8.9.2008, S. 8 = DRiZ 2009, 141

Hess, Burkhard: Die Einwirkungen des Vorabentscheidungsverfahrens nach Art. 177 EGV auf das deutsche Zivilprozeßrecht, ZZP 108 (1995), 59

Hess, Burkhard: Der Binnenmarktprozeß – neuer Verfahrenstyp zwischen nationalem und internationalem Zivilprozeßrecht, JZ 1998, 1021

Hess, Burkhard: Die „Europäisierung" des internationalen Zivilprozessrechts durch den Amsterdamer Vertrag – Chancen und Gefahren, NJW 2000, 23

Hess, Burkhard: Steht das geplante weltweite Zuständigkeits- und Vollstreckungsübereinkommen vor dem Aus?, IPRax 2000, 342

Hess, Burkhard: Die Integrationsfunktion des Europäischen Zivilprozessrechts, IPRax 2001, 389

Hess, Burkhard: Rechtsfragen des Vorabentscheidungsverfahrens, RabelsZ 66 (2002), 470

Hess, Burkhard: Strukturfragen der europäischen Prozessrechtsangleichung, dargestellt am Beispiel des Europäischen Mahn- und Inkassoverfahrens, in: Festschr. f. Reinhold Geimer, München 2002, S. 339

Hess, Burkhard: EMRK, Grundrechte-Charta und europäisches Zivilverfahrensrecht, in: Festschr. f. Erik Jayme, München 2004, S. 339

Hess, Burkhard: Die Konstitutionalisierung des europäischen Privat- und Prozessrechts, JZ 2005, 540

Hess, Burkhard: Mediation und weitere Verfahren konsensualer Streitbeilegung – Regelungsbedarf im Verfahrens- und Berufsrecht?, 67. DJT 2008, Bd. I: Gutachten, Teil F, München 2008

Hess, Burkhard: Abgestufte Integration im Europäischen Zivilprozessrecht, in: Festschr. f. Dieter Leipold, Tübingen 2009, S. 237

Hess, Burkhard: Europäisches Zivilprozessrecht – Ein Lehrbuch, Heidelberg 2010

Hess, Burkhard: Die Reform der EuGVVO und die Zukunft des Europäischen Zivilprozessrechts, IPRax 2011, 125

Hess, Burkhard: „Private law enforcement" und Kollektivklagen: Regelungsbedarf für das deutsche Zivilprozessrecht?, JZ 2011, 66

Hess, Burkhard/Hilbner, Rudolf: Cost and Fee Allocation in Civil Procedure, in: *Basedow, Jürgen/Kischel, Jürgen/Sieber, Ulrich* (ed. on behalf of Gesellschaft für Rechtsvergleichung), German National Reports to the 18th International Congress of Comparative Law (Washington 2010), Tübingen 2010, S. 161

Hess, Burkhard/Münzberg, Wolfgang: Die ZPO-Reform im europäischen Umfeld: Bilanz und Ausblick, in: *Hess, Burkhard* (Hrsg.), Wandel der Rechtsordnung – Ringvorlesung der Juristischen Fakultät der Universität Tübingen im WS 2001/2002, Tübingen 2003, S. 159

Hess, Burkhard/Pfeiffer, Thomas/Schlosser, Peter: The Brussels I-Regulation (EC) No 44/2001 – The Heidelberg Report on the Application of Regulation Brussels I in 25 Member States (Study JLS/C4/2005/03), München 2008

Hesselink, Martijn W. (Hrsg.): The New European Legal Culture, Deventer 2001

Hettling, Manfred: Die persönliche Selbständigkeit – Der archimedische Punkt bürgerlicher Lebensführung, in: *ders./Hoffmann, Stefan-Ludwig* (Hrsg.), Der bürgerliche Wertehimmel – Innenansichten des 19. Jahrhunderts, Göttingen 2000, S. 57

Heun, Werner: Die Geburt der Verfassungsgerichtsbarkeit – 200 Jahre Marbury v. Madison, Der Staat 42 (2003), 267

Heussen, Benno (Hrsg.): Handbuch Vertragsverhandlung und Vertragsmanagement – Planung, Verhandlung, Design und Durchführung von Verträgen, 3. Aufl., Köln 2007

Hilf, Meinhard/Hörmann, Saskia: Effektivität – ein Rechtsprinzip?, in: Festschr. f. Christian Tomuschat, Kehl 2006, S. 913

Hilf, Meinhard/Kämmerer, Jörn Axel/König, Doris (Hrsg.): Höchste Gerichte an ihren Grenzen, Berlin 2007

Hilpold, Peter: Unionsbürgerschaft und Bildungsrechte oder: Der EuGH-Richter als „Künstler", in: *Roth, Günter H./Hilpold, Peter* (Hrsg.), Der EuGH und die Souveränität der Mitgliedstaaten – Eine kritische Analyse richterlicher Rechtsschöpfung auf ausgewählten Rechtsgebieten, Wien 2008, S. 11

Hinarejos, Alicia: Judicial Control in the European Union – Reforming Jurisdiction in the Intergovernmental Pillars, Oxford 2009

Hirsbrunner, Simon: Die „Praktischen Anweisungen für die Parteien" des Gerichts Erster Instanz, EWS 2003, 308

Hirsch, Ernst E.: Als Rechtsgelehrter im Lande Atatürks, Berlin 2008

Hirsch, Günter: Das Subsidiaritätsprinzip: Architekturprinzip oder Sprengstoff für die Europäische Union?, in: Festschr. f. Walter Odersky, Berlin 1996, S. 197

Hirsch, Günter: Das Verhältnismäßigkeitsprinzip im Gemeinschaftsrecht, in: Scritti in onore di Giuseppe Federico Mancini, Bd. II, Milano 1998, S. 459

Hirsch, Günter: Dezentralisierung des Gerichtssystems der Europäischen Union?, ZRP 2000, 57

Hirsch, Günter: Die neue Justizarchitektur der Europäischen Union und ihre Auswirkungen auf das Wettbewerbsrecht, in: *Baudenbacher, Carl* (Hrsg.), Neueste Entwicklungen im europäischen und internationalen Kartellrecht – Achtes St. Galler Internationales Kartellrechtsforum 2001, Basel 2002, S. 165

Hirsch, Günter: Das Rechtsgespräch im Europäischen Gerichtshof, ZGR 2002, 1

Hirsch, Günter: Das Vorabentscheidungsverfahren: Mehr Freiraum und mehr Verantwortung für die nationalen Gerichte, in: Festschr. f. Gil Carlos Rodríguez Iglesias, Berlin 2003, S. 601

Hirsch, Günter: Zwischenruf – Der Richter wird's schon richten, ZRP 2006, 161

Hirsch, Günter: Auf dem Weg zum Richterstaat?: Vom Verhältnis des Richters zum Gesetzgeber in unserer Zeit, JZ 2007, 853

Hirsch, Günter: Das Netzwerk der Präsidenten der obersten Gerichte der Europäischen Union, ZEuP 2009, 1

Hirte, Heribert: Wege zu einem europäischen Zivilrecht, Stuttgart, München, Hannover, Berlin, Weimar, Dresden 1996

Hirte, Heribert: Der amicus-curiae-brief – das amerikanische Modell und die deutschen Parallelen, ZZP 104 (1991), 11

Hirte, Heribert: Die Vorlagepflicht auf teilharmonisierten Rechtsgebieten am Beispiel der Richtlinien zum Gesellschafts- und Bilanzrecht, RabelsZ 66 (2002), 553

Hirte, Heribert/Mock, Sebastian: The Role of Practice in Legal Education, in: *Basedow, Jürgen/Kischel, Jürgen/Sieber, Ulrich* (ed. on behalf of Gesellschaft für Rechtsvergleichung), German National Reports to the 18th International Congress of Comparative Law (Washington 2010), Tübingen 2010, S. 19

Hobbes, Thomas: Leviathan or The Matter, Forme and Power of a Common Wealth Ecclesiasticall and Civil, London 1651

Hodges, Christopher/Vogenauer, Stefan/Tulibacka, Magdalena: The Oxford Study on Costs and Funding of Civil Litigation, in: *dies.* (Hrsg.), The Costs and Funding of Civil Litigation – A Comparative Perspective, Oxford 2010, S. 3

Hoeflich, Michael H.: Transatlantic Friendships and the German Influence on Law in the First Half of the 19th Century, Am. J. Comp. L. 35 (1987), 599

Hoeflich, Michael H.: Savigny and His Anglo-American Disciples, Am. J. Comp. L. 37 (1989), 17

Hoeflich, Michael H.: Roman and Civil Law and the Development of Anglo-American Jurisprudence in the Nineteenth Century, Athens/Georgia 1997

Hoeflich, Michael H.: American Blackstones, in: *Prest, Wilfrid* (Hrsg.), Blackstone and his Commentaries – Biography, Law, History, Oxford 2009, S. 171

Hoffmann, Bernd v./Thorn, Karsten: Internationales Privatrecht – einschließlich der Grundzüge des internationalen Zivilverfahrensrechts, 9. Aufl., München 2007

Hoffmann, Hermann: Kammern für internationale Handelssachen – Eine juristisch-ökonomische Untersuchung zu effektiven Justizdienstleistungen im Außenhandel, Baden-Baden 2011

Hoffmann, Hermann/Maurer, Andreas: Entstaatlichung der Justiz – Empirische Belege zum Bedeutungsverlust staatlicher Gerichte für internationale Wirtschaftsstreitigkeiten, ZfRSoz 31 (2010), 279

Hoffmann, Jochen: Theorie des internationalen Wirtschaftsrechts, Tübingen 2009

Hoffmann, Jochen: Die Zukunft geschlechtsspezifischer Versicherungstarife, ZIP 2011, 1445

Hoffmann-Riem, Wolfgang: Das Ringen um die verfassungsgerichtliche Normenkontrolle in den USA und Europa, JZ 2003, 269

Hofmann, Hasso: „In Europa kann's keine Salomos geben." – Zur Geschichte des Begriffspaars Recht und Kultur, JZ 2009, 1

Hofmann, Mahulena: Zum zweiten „Lissabon Urteil" des Tschechischen Verfassungsgerichts, EuGRZ 2010, 153

Höland, Armin: Wie wirkt Rechtsprechung? ZfRSoz 30 (2009), 23

Holmes, Oliver Wendell Jr.: The Common Law, Boston 1881

Holmes, Oliver Wendell Jr.: The Path of the Law, Harv. L. Rev. 10 (1897), 457

Hölscheidt, Sven: Probleme bei der Durchsetzung des Unionsrechts in den Mitgliedstaaten, DÖV 2009, 341

Hommelhoff, Peter: Die Rolle der nationalen Gerichte bei der Europäisierung des Privatrechts, in: 50 Jahre Bundesgerichtshof – Festgabe aus der Wissenschaft, Bd. II, München 2000, S. 889

Hommerich, Christoph/Kilian, Matthias: Die Deutschen und ihre Rechtsprobleme – Ergebnisse einer ersten empirischen Annäherung, NJW 2008, 626

Hommerich, Christoph/Kilian, Matthias/Dreske, René: Statistisches Jahrbuch der Anwaltschaft 2009/2010, Bonn 2010

Hommerich, Christoph/Prütting, Hanns/Ebers, Thomas/Lang, Sonja/Traut, Ludger: Rechtstatsächliche Untersuchung zu den Auswirkungen der Reform des Zivilprozessrechts auf die gerichtliche Praxis – Evaluation ZPO-Reform, Köln 2006

Hondius, Ewoud (Hrsg.): Precedent and the Law – Reports to the XVIIth Congress of the International Academy of Comparative Law, Bruxelles 2007

Honsell, Heinrich: Die Erosion des Privatrechts durch das Europarecht, ZIP 2008, 621

Höpfner, Clemens: Die systemkonforme Auslegung – Zur Auflösung einfachgesetzlicher, verfassungsrechtlicher und europarechtlicher Widersprüche im Recht, Tübingen 2008

Höpfner, Clemens: Nutzungsersatzpflicht beim Rücktritt vom Kaufvertrag, NJW 2010, 127

Höpfner, Clemens: Voraussetzungen und Grenzen richtlinienkonformer Auslegung und Rechtsfortbildung, in: Jahrbuch Junger Zivilrechtswissenschaftler 2009, Stuttgart 2010, S. 73

Höpfner, Clemens/Rüthers, Bernd: Grundlagen einer europäischen Methodenlehre, AcP 209 (2009), 1

Hoppe, Tilman: Die Europäisierung der Gesetzgebung: Der 80-Prozent-Mythos lebt, EuZW 2009, 168

Hopt, Klaus J.: Harmonisierung im Europäischen Gesellschaftsrecht, ZGR 1992, 265

Hopt, Klaus J.: Reform der europäischen Gerichtsbarkeit Überlegungen zur aktuellen Reformdiskussion, RabelsZ 66 (2002), 589

Hopt, Klaus J.: Europäisches Gesellschaftsrecht und deutsche Unternehmensverfassung – Aktionsplan und Interdependenzen, ZIP 2005, 461

Hopt, Klaus J.: Aktienrecht unter amerikanischem Einfluss, in: Festschr. f. Claus-Wilhelm Canaris, Bd. 2, München 2007, S. 105

Hopt, Klaus J.: Vergleichende Corporate Governance – Forschung und internationale Regulierung, ZHR 175 (2011), 444

Hopt, Klaus J./Kulms, Rainer/Hein, Jan v.: Rechtshilfe und Rechtsstaat – Die Zustellung einer US-amerikanischen class action in Deutschland, Tübingen 2006

Hopt, Klaus J./Kulms, Rainer/Hein, Jan v.: Zur Zustellung einer US-amerikanischen Class Action in Deutschland, ZIP 2006, 973

Hopt, Klaus J./Steffek, Felix (Hrsg.): Mediation – Rechtstatsachen, Rechtsvergleich, Regelungen, Tübingen 2008

Höreth, Marcus: Die Selbstautorisierung des Agenten – Der Europäische Gerichtshof im Vergleich zum U.S. Supreme Court, Baden-Baden 2008

Höreth, Marcus: Warum sich der Europäische Gerichtshof einfach nicht stoppen lässt – Eine Replik auf Roman Herzog und Lüder Gerken, RuP 2008, 195

Höreth, Marcus: Richter contra Richter – Sondervoten beim EuGH als Alternative zum „Court Curbing", Der Staat 50 (2011), 191

Hornuf, Lars/Voigt, Stefan: Preliminary References – Analyzing the Determinants that Made the ECJ the Powerful Court It Is, Paper (erhältlich über http://ssrn.com/abstract=1843364)

Horton, John Theodore: James Kent – A Study in Conservatism, 1763–1847, New York, London 1939

Horwitz, Morton J.: The Transformation of American Law, 1780–1860, Cambridge/Mass. 1977

Hoskins, Mark: Discretionary References – To Refer or not to Refer?, in: *ders./Robinson, William* (Hrsg.), A True European – Essays for Judge David Edward, Oxford 2004, S. 345

House of Lords, European Union Committee: An EU Competition Court – Report with Evidence, 15th Report of Session 2006–07, 24.4.2007

Houtte, A. van: La Cour de Justice des Communautés européennes, Cah. dr. eur 1963, 3

Howe, Mark DeWolfe (Hrsg.): Readings in American legal history, Cambridge/Mass. 1949

Huber, Peter M.: Recht der Europäischen Integration, 2. Aufl., München 2002

Huber, Peter M.: Unitarisierung durch Gemeinschaftsgrundrechte – Zur Überprüfungsbedürftigkeit der ERT-Rechtsprechung, EuR 2008, 190

Huber, Peter M.: Das Verhältnis des Europäischen Gerichtshofes zu den nationalen Gerichten, in: *Merten, Detlef/Papier, Hans-Jürgen* (Hrsg.), Handbuch der Grundrechte in Deutschland und Europa, Bd. VI/2: Europäische Grundrechte II, Universelle Menschenrechte, Heidelberg, 2009, § 172 (S. 151)

Huber, Peter M./Storr, Stefan: Gerichtsorganisation und richterliche Unabhängigkeit in Zeiten des Umbruchs – Anforderungen an die Schließung von Gerichtsstandorten und die Versetzung von Richtern, ZG 2006, 105

Huber, Stefan: Entwicklung transnationaler Modellregeln für Zivilverfahren am Beispiel der Dokumentenvorlage, Tübingen 2008

Hübner, Heinz: Kodifikationen und Entscheidungsfreiheit des Richters in der Geschichte des Privatrechts, Königstein im Taunus 1980

Hucke, Anja: Erforderlichkeit einer Harmonisierung des Wettbewerbsrechts in Europa, Baden-Baden 2001

Huerkamp, Florian/Wielpütz, Dinah: Gerichtliche Untätigkeit – Aktuelle Probleme der Untätigkeitsverfassungsbeschwerde, JZ 2011, 139

Huff, Martin W.: Nachdenken über das Gerichtssystem beim Europäischen Gerichtshof und beim Europäischen Gericht erster Instanz, EuZW 2000, 97

Hughes, Charles Evans: Address of Chief Justice Hughes at the American Law Institute Meeting, American Bar Association Journal 20 (1934), 341

Hummer, Waldemar/Vedder, Christoph/Lorenzmeier, Stefan: Europarecht in Fällen – Die Rechtsprechung des EuGH, des EuG und deutscher und österreichischer Gerichte, 5. Aufl., Baden-Baden 2012

Hummert, Katharina: Neubestimmung der acte-clair-Doktrin im Kooperationsverhältnis zwischen EG und Mitgliedstaat, Berlin 2006

Hummrich, Martin: Die Vorlage an den EuGH im Zivilprozess, DRiZ 2007, 43

Hurst, James Willard: Law and Markets in United States History – Different Modes of Bargaining Among Interest, Madison/Wisconsin 1982 [nach Erstzitat mit „Law and Markets" zitiert]

Husserl, Gerhart: Ernst Rabel – Versuch einer Würdigung – Zugleich ein Beitrag zur Geschichte der Privatrechtswissenschaft des 19. und 20. Jahrhunderts, JZ 1956, 385

Illmer, Martin: Lawyers Fees and Access to Justice – the Cipolla and Macrino judgment of the ECJ – The Cipolla and Macrino Judgment of the ECJ (Joined Cases C-94/04 and C-202/04), C.J.Q. 26 (2007), 301

Illmer, Martin: Brussels I and Arbitration Revisited – The European Commission's Proposal COM(2010) 748 final, RabelsZ 75 (2011), 645

Illmer, Martin: Englische anti-suit injunctions in Drittstaatensachverhalten: zum kombinierten Effekt der Entscheidungen des EuGH in Owusu, Turner und West Tankers (zu Engl. High Court of Justice, 6.11.2009 – [2009] EWHC 2783, Skype Technologies SA v. Joltid Ltd), IPRax 2011, 514

Illmer, Martin: Ziel verfehlt – Warum Englisch als Verfahrenssprache in § 1062 ZPO zuzulassen ist, ZRP 2011, 170

Immenga, Ulrich/Mestmäcker, Ernst-Joachim (Hrsg.): Wettbewerbsrecht – Kommentar zum Europäischen Kartellrecht, Bd. I: EG/Teil 2, 4. Aufl., München 2007 [zit. Bearbeiter: *Basedow, Jürgen; Ritter, Kurt Lennart; Schmidt, Karsten*]

Ingemar, Carl: Einstweiliger Rechtsschutz bei Torpedoklagen, Frankfurt/M., Berlin, Bern, Wien 2007

Inghelram, Jan F.: Les arrêts sans conclusions de l'avocat général: aperçu de l'application depuis le Traité de Nice, de l'article 20 dernier alinéa, du statut de la Cour, Il diritto dell'Unione europea 2007, 183

International Bar Association: IBA Rules on the Taking of Evidence in International Commercial Arbitration, London 1999

Ipsen, Hans Peter: Europäisches Gemeinschaftsrecht, Tübingen 1972

Ipsen, Hans Peter: Die Verfassungsrolle des Europäischen Gerichtshofs für die Integration, in: *Schwarze, Jürgen* (Hrsg.), Der europäische Gerichtshof als Verfassungsgericht und Rechtsschutzinstanz, Baden-Baden 1983, S. 29

Jabko, Nicolas: Playing the Market – A Political Strategy for Uniting Europe, 1985–2005, Ithaca 2006

Jacob, Robert (Hrsg.): Le juge et le jugement dans les traditions juridiques européennes, Paris 1996

Jacob, Sir Jack I.H.: The Fabric of English Civil Justice, London 1987

Jacobs, Francis G.: Advocates General and Judges in the European Court of Justice: Some Personal Reflections, in: Liber amicorum in honour of Lord Slynn of Hadley, Bd. I, The Hague 2000, S. 17

Jacobs, Francis G.: The Evolution of the European Legal Order, CML Rev. 41 (2004), 303

Jacobs, Francis G.: Recent and Ongoing Measures to Improve the Efficiency of the European Court of Justice, E.L. Rev. 29 (2004), 823

Jacobs, Francis G.: Further reform of the pre-liminary ruling procedure – towards a "green light" system?, in: Festschr. f. Manfred Zuleeg, Baden-Baden 2005, S. 204

Jacobs, Francis G.: The Sovereignty of Law – The European Way, Cambridge 2007

Jacobs, Francis G./Anderson, David: European Influences, in: *Blom-Cooper, Louis/Dickson, Brice/Drewry, Gavin* (Hrsg.), The Judicial House of Lords 1876–2009, 2009, S. 483

Jacobs, Francis G./Karst, Kenneth L.: The "Federal" Legal Order: The U.S.A. and Europe Compared – A Juridical Perspective, in: *Cappelletti, Mauro/Seccombe, Monica/Weiler, Joseph H.H.* (Hrsg.), Integration Through Law – Europe and the American Federal Experience, Vol. 1: Methods, Tools and Institutions, Book 1 – A Political, Legal and Economic Overview, New York 1986, S. 169

Jacqué, Jean-Paul/Weiler, Joseph H.H.: On the Road to European Union – A New Judicial Architecture: An Agenda for the Intergovernmental Conference, CML Rev. 27 (1990), 185 = Sur la voie de l'Union européenne, une nouvelle architecture judiciaire, RTDE 1990, 441

Jaeger, Thomas/Hilty, Reto/Drexl, Josef/Ullrich, Hanns: Comments of the Max Planck Institute for Intellectual Property, Competition and Tax Law on the 2009 Commission Proposal for the Establishment of a Unified European Patent Judiciary, IIC 2009, 817

Jäger, Thorsten: Überschießende Richtlinienumsetzung im Privatrecht, Baden-Baden 2006

Jakab, András: Two Opposing Paradigms of Continental European Constitutional Thinking: Austria and Germany, ICLQ 58 (2009), 933

Jakab, András: Seven Role Models of Legal Scholars, German Law Journal 12 (2011), 757

Jann, Peter: Das Vorabentscheidungsverfahren: Grundfragen, Verfahrensablauf und aktuelle Entwicklungen, in: *Holoubek, Michael/Lang, Michael* (Hrsg.), Das EuGH-Verfahren in Steuersachen, Wien 2000, S. 13

Jansen, Nils: The Role of Law in European Integration, Am. J. Comp. L. 48 (2000), 679

Jansen, Nils: Binnenmarkt, Privatrecht und europäische Identität – Eine historische und methodische Bestandsaufnahme, Tübingen 2004

Jaqué, Jean-Paul: L'avenir de l'architecture juridictionnelle de l'Union, RTDE 1999, 443

Jarass, Hans D.: Bedeutung der EU-Rechtsschutzgewährleistung für nationale und EU-Gerichte, NJW 2011, 1393

Jarvis, Malcolm A.: The Application of EC Law by National Courts – The Free Movement of Goods, Oxford 1998

Jayme, Erik: Der Gerechtigkeitsgehalt des Europäischen Gerichtsstands- und Vollstreckungsübereinkommens (EuGVÜ), in: *Reichelt, Gerte* (Hrsg.), Europäisches Kollisionsrecht, Frankfurt/M. 1993, S. 33

Jayme, Erik: Europa: Auf dem Weg zu einem interlokalen Kollisionsrecht?, in: *Mansel, Heinz-Peter* (Hrsg.), Vergemeinschaftung des Europäischen Kollisionsrechts – Vorträge aus Anlaß des fünfzigjährigen Bestehens des Instituts für internationales und ausländisches Privatrecht der Universität zu Köln, Köln, Berlin, Bonn, München 2001, S. 31

Jayme, Erik: Die kulturelle Dimension des Rechts – ihre Bedeutung für das Internationale Privatrecht und die Rechtsvergleichung, RabelsZ 67 (2003), 211

Jayme, Erik (Hrsg.): Kulturelle Identität und Internationales Privatrecht, Heidelberg 2003

Jayme, Erik: Die Kodifikationsidee am Beispiel der kollisionsrechtlichen Parteiautonomie, in: *Jud, Brigitta/Rechberger, Walter H./Reichelt, Gerte* (Hrsg.), Kollisionsrecht in der Europäischen Union – Neue Fragen des Internationalen Privat- und Zivilverfahrensrechtes, Wien 2008, S. 63

Jayme, Erik/Kohler, Christian: Europäisches Kollisionsrecht 2006: Eurozentrismus ohne Kodifikationsidee?, IPRax 2006, 537

Jelinek, Wolfgang: Einflüsse des österreichischen Zivilprozeßrechts auf andere Rechtsordnungen, in: *Habscheid, Walther J.* (Hrsg.), Das deutsche Zivilprozessrecht und seine Ausstrahlung auf andere Rechtsordnungen: Grundlagen- und Landesberichte, Bielefeld 1991, S. 41

Jellinek, Georg: System der subjektiven öffentlichen Rechte, 2. Aufl., Tübingen 1905

Jerusalem, Franz W.: Das Recht der Montanunion, Berlin, Frankfurt/M. 1954

Jerusalem, Franz W.: Die ersten Urteile des Gerichtshofes der Montanunion, NJW 1955, 370

Jessel-Holst, Christa/Kulms, Rainer (Hrsg.): Private law in Eastern Europe – Autonomous developments or legal transplants?, Tübingen 2010

Jestaedt, Matthias: Der „Europäische Verfassungsgerichtsverbund" in (Verfahrenskenn-) Zahlen – Die Arbeitslast von BVerfG, EuGH und EGMR im Vergleich, JZ 2011, 872

Jetzlsperger, Christian: Legitimacy through Jurisprudence? The Impact of the European Court of Justice on the Legitimacy of the European Union, EUI Working Papers LAW 2003/12, Florenz 2003

Jhering, Rudolf v.: Der Kampf ums Recht, 2. Aufl., Wien 1872

Jhering, Rudolf v.: Der Zweck im Recht, Bd. II, Leipzig 1877/1883

Joerges, Christian: Taking the Law Seriously: On Political Science and the Role of Law in the Process of European Integration, ELJ 2 (1996), 105

Joerges, Christian/Brüggemeier, Gert: Europäisierung des Vertragsrechts und Haftungsrechts, in: *Müller-Graff, Peter-Christian* (Hrsg.), Gemeinsames Privatrecht in der Europäischen Gemeinschaft, 2. Aufl., Baden-Baden 1999, S. 301

Joerges, Christian/Petersmann, Ernst-Ulrich (Hrsg.): Constitutionalism, Multilevel Trade Governance and Social Regulation, Oxford 2006

Joerges, Christin/Rödl, Florian: Das soziale Defizit des Europäischen Integrationsprojektes, KJ 2008, 149

Joerges, Christian/Trubek, David M. (Hrsg.): Critical Legal Thought: An American-German Debate, Baden-Baden 1989

Johnston, Angus: Judicial Reform and the Treaty of Nice, CML Rev. 38 (2001), 499

Johnston, Angus: Instances and Analysis of Feedback in the Loop-flow between EC Law and National Private Law: Some Tentative Insights for Comparative and European Community Lawyers, in: *Remien, Oliver* (Hrsg.), Schuldrechtsmodernisierung und europäisches Vertragsrecht, Tübingen 2008, S. 235

Johnston, Angus/Unberath, Hannes: Law at, to or from the Centre? The European Court of Justice and the Harmonization of Private Law in the European Union, in: *Cafaggi, Fabrizio* (Hrsg.), The Institutional Framework of European Private Law, Oxford 2006, S. 149

Johnston, Angus/Unberath, Hannes: European private law by directives: approach and challenges, in: *Twigg-Flesner, Christian* (Hrsg.), The Cambridge Companion to European Union Private Law, Cambridge 2010, S. 85

Joireman, Sandra: Colonization and the Rule of Law: Comparing the Effectiveness of Common Law and Civil Law Countries, Constitutional Political Economy, 15 (2004), 315

Jolowicz, J.A.: The Role of the Supreme Court at the National and International Level, in: *Yessiou-Faltsi, Pelayia* (Hrsg.), The Role of the Supreme Courts at the National and International Level, Thessaloniki 1998, S. 37

Jolowicz, J.A.: Managing overload in appellate courts: 'Western' countries, in: *ders.*, On Civil Procedure, Cambridge 2000, S. 328

Jolowicz, J.A.: On Civil Procedure, Cambridge 2000

Jolowicz, J.A./Rhee, C.H. van (Hrsg.): Recourse against Judgments in the European Union/Voies de recours dans l'Union européenne/Rechtsmittel in der Europäischen Union, The Hague, London, Boston 1999

Jung, Hans: Ein erstinstanzliches Gericht für die Europäischen Gemeinschaften – Kurzbericht, EuGRZ 1986, 229

Jung, Hans: Das Gericht erster Instanz, Baden-Baden 1991

Jung, Hans: Das Gericht erster Instanz der Europäischen Gemeinschaften – Praktische Erfahrungen und zukünftige Entwicklung, EuR 1992, 246

Jungmann, Carsten: Ein neuer horror pleni in den Zivilsenaten des Bundesgerichtshofs? Zum sachgerechten Umgang mit Divergenz- und Grundsatzvorlagen gemäß § 132 GVG zur Sicherung einer einheitlichen Rechtsprechung, JZ 2009, 380

Junker, Abbo: Einheit und Vielfalt: Die Zivilprozeßrechte der Vereinigten Staaten von Amerika – Geschichte, Systematik, Rezeption, ZZP 101 (1988), 241

Junker, Abbo: Der deutsch-amerikanische Rechtsverkehr in Zivilsachen – Zustellungen und Beweisaufnahme, JZ 1989, 121

Junker, Abbo: Der EuGH im Arbeitsrecht – Die schwarze Serie geht weiter, NJW 1994, 2527

Junker, Abbo: Internationales Privatrecht, München 1998

Junker, Abbo: Die Rechtsprechung des EuGH zum europäischen Arbeitsrecht im Jahr 2010, RIW 2010, 97

Junker, Abbo: Internationales Zivilprozessrecht, München 2012

Jupille, Joseph: Procedural Politics: Issues, Interests, and Institutional Choice in the European Union, Cambridge 2004

Kafsack, Hendrik: Durchbruch für das EU-Patent, FAZ v. 25.5.11, S. 11

Kagan, Robert: Of Paradise and Power, America and Europe in the New World Order, New York 2003

Kahler, Björn: Unisextarife im Versicherungswesen – Grundrechtsprüfung durch den EuGH, NJW 2011, 894

Kahneman, Daniel/Tversky, Amos (Hrsg.): Choices, Values and Frames, Cambridge 2000

Kahn-Freund, Otto: English Law and American Law – Some Comparative Reflections, in: Essays in Jurisprudence in Honor of Roscoe Pound, Indianapolis, New York 1962, S. 362

Kaiser, Karl/Merlini, Cesare/de Montbrial, Tierry/Wellenstein, Edmund/Wallace, William: The European Community: Progress or Decline?, (Report des Royal Institute of International Affairs), London 1983

Kamann, Hans-Georg, Das neue gemeinschaftliche Gerichtssystem nach dem Vertrag nach Nizza – auf dem Weg zu einer europäischen Fachgerichtsbarkeit, ZEuS 2001, 627

Kämmerer, Jörn Axel: Die Zukunft der Freien Berufe zwischen Deregulierung und Neuordnung, 68. DJT 2010, Bd. I: Gutachten, Teil H, München 2010

Kanninen, Heikki/Telivuo, Irma: General report on the colloquium subject "The Preliminary Reference to the Court of Justice of the European Communities", Association of the Councils of State and Supreme Administrative Jurisdictions of the European Union, 18th colloquium in Helsinki, 20 and 21 May 2002, Bruxelles 2002 (erhältlich über http://www.juradmin.eu/en/colloquiums/colloq_en_18.html; ebenfalls dort die Länderberichte)

Kant, Immanuel: Zum ewigen Frieden – Ein philosophischer Entwurf, Königsberg 1795

Kapteyn, Paul J.G.: Europe's Expectation of its Judges, in: *Jansen, Rosa H.M./Koster, Dagmar A.C./Van Zutphen, Reinier F.B.* (Hrsg.), European Ambitions of the National Judiciary, Deventer 1997, S. 181

Kapteyn, Paul J.G.: Reflections on the Future of the Judicial System of the European Union after Nice, YEL 20 (2001), 173

Karollus, Margit: Neue Zuständigkeiten für das Gericht erster Instanz, wbl 2004, 562

Karper, Irene: Reformen des Europäischen Gerichts- und Rechtsschutzsystems, Baden-Baden 2010

Kaser, Max/Hackl, Karl: Das römische Zivilprozeßrecht, 2. Aufl., München 1997

Kasiske, Peter: Oliver Wendell Holmes, Jr. und die empiristische Wende im amerikanischen Rechtsdenken, DAJV Newsletter 2010, 10

Kau, Marcel: United States Supreme Court und Bundesverfassungsgericht – Die Bedeutung des United States Supreme Court für die Errichtung und Fortentwicklung des Bundesverfassungsgerichts, Berlin 2007

Keeling, David: In Praise of Judicial Activism, but What Does It Mean? And Has the European Court of Justice ever Practiced it?, in: Scritti in onore di Giuseppe Federico Mancini, Bd. II, Milano 1998, S. 505

Kegel, Gerhard: Joseph Story, RabelsZ 43 (1979), 609

Kelemen, R. Daniel: Suing for Europe: Adversarial Legalism and European Governance, Comparative Political Studies 39 (2006), 101

Kelemen, R. Daniel/Sibbitt, Eric C.: The Globalization of American Law, International Organization, 58 (2004), 103

Kengyel, Miklós/Harsági, Viktória (Hrsg.): Der Einfluss des europäischen Zivilverfahrensrechts auf die nationalen Rechtsordnungen, Baden-Baden 2009

Kengyel, Miklós/Rechberger, Walter H. (Hrsg.): Europäisches Zivilverfahrensrecht – Bestandsaufnahme und Zukunftsperspektiven nach der EU-Erweiterung, Berlin 2007

Kennedy, Duncan: The Critique of Rights in Critical Legal Studies, in: *Brown, Wendy/ Halley, Janet* (Hrsg.), Left Legalism/Left Critique, Durham/NC 2002, S. 178

Kennedy, Paul: The Rise and Fall of the Great Powers: Economic Change and Military Conflict from 1500 to 2000, New York 1987

Kennedy, Tom: First Steps Towards a European Certiorari?, E.L. Rev. 18 (1993), 121

Kenney, Sally J.: The Members of the Court of Justice of the European Communities, Colum. J. Eur. L. 5 (1998), 101

Kenney, Sally J.: Beyond Principals and Agents: Seeing Courts as Organizations by Comparing Référendaires at the European Court of Justice and Law Clerks at the U.S. Supreme Court, Comparative Political Studies 33 (2000), 593

Kenntner, Markus: Ein Dreizack für die offene Flanke: Die neue EuGH-Rechtsprechung zur judikativen Gemeinschaftsrechtsverletzung, EuZW 2005, 235

Kent, James: Commentaries on American Law, Bd. I-IV, New York 1826–1830

Kerameus, Konstantinos D.: Procedural Harmonization in Europe, Am. J. Comp. L. 43 (1995), 401

Kerameus, Konstantinos D.: Angleichung des Zivilprozeßrechts in Europa: Einige grundlegende Aspekte, RabelsZ 66 (2002), 1

Kerameus, Konstantinos D.: Enforcement Proceedings, in: Int. Enc. Comp. L., Vol. XVI: Civil Procedure (Chief Editor: *Mauro Cappelletti*), Ch. 10, Tübingen, Dordrecht 2002

Kerek, Angela: Verfassungsgerichtsbarkeit in Ungarn und Rumänien – Ein Vergleich der Verfassungsgerichtsbarkeiten zweier osteuropäischer Transformationsstaaten auf ihrem Weg zum konsolidierten Rechtsstaat, Berlin 2010

Kern, Christoph: Justice between Simplification and Formalism – A Discussion and Critique of the World Bank Sponsored Lex Mundi Project on Efficency of Civil Procedure, Tübingen 2007

Kern, Christoph: Zur Vereinbarkeit verbindlicher Anwaltsgebühren mit dem europäischen Wettbewerbsrecht und der Dienstleistungsfreiheit, Entscheidung des Europäischen Gerichtshofes vom 5. Dezember 2006, ZEuP 2008, 411

Kern, Christoph: Die Doing-Business-Reports der Weltbank – fragwürdige Quantifizierung rechtlicher Qualität?, JZ 2009, 498

Kern, Eduard: Geschichte des Gerichtsverfassungsrechts, München 1954

Kerwer, Christof: Das europäische Gemeinschaftsrecht und die Rechtsprechung der deutschen Arbeitsgerichte, Köln 2003

Kewenig, Wilhelm: Kooperativer Föderalismus und bundesstaatliche Ordnung, AöR 93 (1968), 433

Kiefel, Susan: The Structure of the Australian Federal Judicial System: Some Observations for the Future Workings of the European Courts, RabelsZ 66 (2002), 291

Kieninger, Eva-Maria: Wettbewerb der Privatrechtsordnungen im europäischen Binnenmarkt – Studien zur Privatrechtskoordinierung in der Europäischen Union auf den Gebieten des Gesellschafts- und Vertragsrechts, Tübingen 2002

Kieninger, Eva-Maria: Die Vollharmonisierung des Rechts der Allgemeinen Geschäftsbedingungen – eine Utopie?, RabelsZ 73 (2009), 793

Kieninger, Eva-Maria: Die Abschaffung des Vollstreckbarerklärungsverfahrens in der EuGVVO und die Zukunft des Verbraucherschutzes, VuR 2011, 243

Kieninger, Eva-Maria: Die Rolle des EuGH nach Inkrafttreten der „Rom"-Verordnungen, in: Festschr. f. Dieter H. Scheuing, Baden-Baden 2011, S. 110

Kiethe, Kurt/Groeschke, Peer: Die Stärkung der Rechte des Klägers im Berufungs- und Revisionsrecht durch die *Köbler*-Entscheidung des EuGH, WRP 2006, 29

Kilpatrick, Claire: Gender Equality: A Fundamental Dialogue, in: *Sciarra, Silvana* (Hrsg.), Labour Law in the Courts – National Judges and the ECJ, Oxford 2001, S. 31

Kilper, Heiderose/Lhotta, Roland: Föderalismus in der Bundesrepublik Deutschland, Opladen 1996

Kimball, Bruce A.: The Inception of Modern Professional Education: C. C. Langdell, 1826–1906, Chapel Hill/North Carolina 2009

Kirschner, Heinrich/Klüpfel, Karin: Das Gericht erster Instanz der Europäischen Gemeinschaften – Aufbau, Zuständigkeiten, Verfahren, 2. Aufl., Köln, Berlin, Bonn, München 1998

Kirstein, Roland: Rechtsschutzversicherungen, Glaubwürdigkeit und die Entscheidung zu klagen, in: *Schmidtchen, Dieter/Weth, Stephan* (Hrsg.), Der Effizienz auf der Spur, Baden-Baden 1999, S. 96

Klamaris, Nikolaos: Rechtsvergleichende Betrachtungen zum Postulat der Einheitlichkeit der Rechtsprechung als Grundgedanke der Europäischen Prozeßrechtskonzeption, in: *Grunsky, Wolfgang/Stürner, Rolf/Walter, Gerhard/Wolf, Manfred* (Hrsg.): Wege zu einem europäischen Zivilprozeßrecht – Tübinger Symposium zum 80. Geburtstag von Fritz Baur, Tübingen 1992, S. 85

Klappstein, Verena: Die Bindungswirkung der Vorabentscheide des EuGH – Befinden wir uns auf dem Weg zu einer europäischen stare decisis-Doktrin?, in: Jahrbuch Junger Zivilrechtswissenschaftler 2009, Stuttgart 2010, S. 233

Klatt, Matthias: Theorie der Wortlautgrenze – Semantische Normativität in der juristischen Argumentation, Baden-Baden 2004

Klauer, Irene: Die Europäisierung des Privatrechts – Der EuGH als Zivilrichter, Baden-Baden 1998

Kleinschmidt, Jens: Erster Kongress des European Law Institute – Gründungs-Kongress in Paris am 1. Juni 2011, JZ 2011, 1063

Kling, Michael: Sprachrisiken im Privatrechtsverkehr – Die wertende Verteilung sprachenbedingter Verständnisrisiken im Vertragsrecht, Tübingen 2008

Klinke, Ulrich: Der Gerichtshof der Europäischen Gemeinschaften – Aufbau und Arbeitsweise, Baden-Baden 1989

Klinke, Ulrich: Der Gerichtshof in der EU – Ein Portrait, ZEuP 1995, 783

Klöckner, Ilka: Grenzüberschreitende Bindung an zivilgerichtliche Präjudizien – Möglichkeiten und Grenzen im Europäischen Rechtsraum und bei staatsvertraglich angelegter Rechtsvereinheitlichung, Tübingen 2006

Klöhn, Lars: Wettbewerb der Gerichte im US-amerikanischen Unternehmensinsolvenzrecht, RIW 2006, 568

Klöhn, Lars: Kapitalmarktrecht, in: *Langenbucher, Katja* (Hrsg.), Europarechtliche Bezüge des Privatrechts, 2. Aufl., Baden-Baden 2008, § 6 (S. 281)

Klöhn, Lars: EuGH: Grundsatz der Gleichbehandlung der Aktionäre im Gemeinschaftsrecht – Anmerkung zu EuGH, Urteil vom 15.10.2009, C-101/08 – *Audiolux SA u.a./ Groupe Bruxelles Lambert SA [GBL] u.a.*, LMK 2009, 294692

Klöhn, Lars: The European Insider Trading Regulation after the ECJ's Spector Photo Group-Decision, ECFR 2010, 347

Klöhn, Lars: Der „gestreckte Geschehensablauf" vor dem EuGH – Zum Daimler Chrysler-Vorlagebeschluss des BGH, NZG 2011, 166

Klöhn, Lars: Supranationale Rechtsformen und vertikaler Wettbewerb der Gesetzgeber im europäischen Gesellschaftsrecht – Plädoyer für ein marktimitierendes Rechtsformangebot der EU, RabelsZ 76 (2012), 276

Klöhn, Lars/Stephan, Ekkehard: Psychologische Aspekte der Urteilsbildung bei juristischen Experten, in: *Holzwarth, Stephanie/Lambrecht, Ulrich/Schalk, Sebastian/ Späth, Annette/Zech, Eva* (Hrsg.), Die Unabhängigkeit des Richters – Richterliche Entscheidungsfindung in den Blick genommen, Tübingen 2009, S. 65

Kluth, Winfried: Die Haftung der Mitgliedstaaten für gemeinschaftsrechtswidrige höchstrichterliche Entscheidungen – Schlussstein im System der gemeinschaftsrechtlichen Staatshaftung, DVBl. 2004, 393

Knöfel, Oliver L.: Vier Jahre Europäische Beweisaufnahmeverordnung – Bestandsaufnahme und aktuelle Entwicklungen, EuZW 2008, 267

Knöfel, Oliver L.: Internationales Zivilverfahrensrecht „Down Under" – Australisch-neuseeländisches Binnenmarktprozessrecht, RIW 2009, 603

Knöfel, Oliver L.: Judizielle Loyalität in der Europäischen Union – Zur Rechts- und Beweishilfe im Verhältnis der Unionsgerichtsbarkeit zu den Gerichten der Mitgliedstaaten, EuR 2010, 618

Knöpfle, Robert: Das Klagerecht Privater vor dem Gerichtshof der Europäischen Gemeinschaften, NJW 1959, 553

Knütel, Rolf: Ius commune und Römisches Recht vor Gerichten der Europäischen Union, JuS 1996, 768

Koch, Harald: Neuordnung der Rechtsfamilien im Prozessrecht, in: *Gilles, Peter* (Hrsg.), Transnationales Prozessrecht – Transnational Aspects of Procedural Law, Baden-Baden 1995, S. 119

Koch, Harald: Rechtsvergleichende Fragen zum „Gesetzlichen Richter", in: Festschr. f. Hideo Nakamura, Tokyo 1996, S. 281

Koch, Harald: Einführung in das europäische Zivilprozessrecht, JuS 2003, 105

Koch, Harald: Konvergenz der Rechte im Europäischen Zivilprozess, in: Festschr. f. Kostas E. Beys Athen 2003, S. 733

Koch, Harald: Prozessrechtsvergleichung: Grundlage europäischer Verfahrensrechtspolitik und Kennzeichnung von Rechtskreisen, ZEuP 2007, 735

Koch, Harald: Verfahrensrechtsvergleichung zur Kennzeichnung von Rechtskreisen in: Festschr. f. Konstantinos D. Kerameus, Athen 2009, S. 563

Koch, Harald: Sammelklage und Justizstandorte im internationalen Wettbewerb, JZ 2011, 438

Koch, Harald/Zekoll, Joachim: Europäisierung der Sammelklage mit Hindernissen, ZEuP 2010, 107

Koch, Oliver: Der Grundsatz der Verhältnismäßigkeit in der Rechtsprechung des Gerichtshofs der Europäischen Gemeinschaften, Berlin 2003

Koch, Robert: Einwirkungen des Gemeinschaftsrechts auf das nationale Verfahrensrecht richterlicher Vertragsverletzungen im Zivilprozess, Frankfurt/M. 1994

Koch, Robert: Einwirkungen des Gemeinschaftsrechts auf das nationale Verfahrensrecht, EuZW 1995, 78

Koch, Robert: Zur Vorlagepflicht nationaler Gerichte an den EuGH in Verfahren des vorläufigen Rechtsschutzes, NJW 1995, 2331

Kocher, Eva: Instrumente einer Europäisierung des Prozessrechts Zu den Anforderungen an den kollektiven Rechtsschutz im Antidiskriminierungsrecht, ZEuP 2004, 260

Kocher, Eva: Funktionen der Rechtsprechung – Konfliktlösung im deutschen und englischen Verbraucherprozessrecht, Tübingen 2007

Köchling, Günter: Gesetz und Recht bei Montesquieu, Kiel 1975

Köck, Heribert Franz: Die Verbesserung des Rechtsschutzes für den Marktbürger als Leitgedanke für die Entfaltung des Gemeinschaftsrechts durch den Europäischen Gerichtshof, in: Festgabe für Rudolf Machacek und Franz Matscher, Wien, Graz 2008, S. 601

Kohler, Christian: Zur institutionellen Stellung des Gerichtshofes der Europäischen Gemeinschaften: Status, Ausstattung, Haushalt, EuGRZ 2003, 117

Kohler, Christian: Musterhaus oder Luftschloss? Zur Architektur einer Kodifikation des Europäischen Kollisionsrechts – Tagung in Toulouse am 17./18.3.2011, IPRax 2011, 419

Kohler, Christian/Knapp, Andreas: Gemeinschaftsrecht und Privatrecht – Zur Rechtsprechung des EuGH im Jahre 2008, ZEuP 2010, 620

Kohler, Christian/Seyr, Sibylle/Puffer-Mariette, Jean-Christophe: Gemeinschaftsrecht und Privatrecht – Zur Rechtsprechung des EuGH im Jahre 2009, ZEuP 2011, 145

Kohler, Christian/Seyr, Sibylle/Puffer-Mariette, Jean-Christophe: Unionsrecht und Privatrecht – Zur Rechtsprechung des EuGH im Jahre 2010, ZEuP 2011, 874

Kohler, Marius: Die Entwicklung des schwedischen Zivilprozeßrechts – Eine rezeptionshistorische Strukturanalyse der Grundlagen des modernen schwedischen Verfahrensrechts, Tübingen 2002

Kohler, Marius/Buschbaum, Markus: Die „Anerkennung" öffentlicher Urkunden? – Kritische Gedanken über einen zweifelhaften Ansatz in der EU-Kollisionsrechtsvereinheitlichung, IPRax 2010, 313

Kokott, Juliane: Anwältin des Rechts – Zur Rolle der Generalanwälte beim Europäischen Gerichtshof, Bonn 2006

Kokott, Juliane: Die Durchsetzung der Normenhierarchie im Gemeinschaftsrecht, in: Festschr. f. Günter Hirsch, München 2008, S. 117

Kokott, Juliane/Dervisopoulos, Ioanna/Henze, Thomas: Aktuelle Fragen des effektiven Rechtsschutzes durch die Gemeinschaftsgerichte, EuGRZ 2008, 10

Kokott, Juliane/Henze, Thomas/Sobotta, Christoph: Die Pflicht zur Vorlage an den Europäischen Gerichtshof und die Folgen ihrer Verletzung, JZ 2006, 633

Kokott, Juliane/Sobotta, Christoph: Die Charta der Grundrechte der Europäischen Union nach dem Inkrafttreten des Vertrags von Lissabon, EuGRZ 2010, 265

Köller, Heinz: Verbürgerlichung der Welt – Zur Weltgeschichte von 1770 bis 1870, Hamburg 2004

Komárek, Jan: In the court(s) we trust? On the need for hierarchy and differentiation in the preliminary ruling procedure, E.L. Rev. 32 (2007), 467

Komesar, Neil K.: Law's Limits – The Rule of Law and the Supply and Demand of Rights, Cambridge, New York, 2001

König, Thomas/Rieger, Elmar/Schmitt, Hermann (Hrsg.): Das europäische Mehrebenensystem, Frankfurt/M., New York 1996

Koopmans, T.: La procédure préjudicielle: victime de son succès?, in: Liber amicorum Pierre Pescatore, Baden-Baden 1987, S. 347

Koopmans, T.: The Technique of the Preliminary Question – A View from the Court of Justice, in: *Schermers, Henry G./Timmermans, Christiaan W.A./Kellermann, Alfred E./Watson, J. Stewart* (Hrsg.), Article 177 EEC: Experiences and Problems, Amsterdam 1987, S. 327

Koopmans, T.: The Future of the Court of Justice of the European Communities, YEL 11 (1991), 15

Koopmans, T.: Courts and Political Institutions – A Comparative View, Cambridge 2003

Körber, Torsten: Grundfreiheiten und Privatrecht, Tübingen 2004

Koschaker, Paul: Europa und das römische Recht, 4. Aufl., München 1966/1976

Kosma, Montgomery N.: Measuring the Influence of Supreme Court Judges, J. Legal Stud. 27 (1998), 333

Kötz, Hein: Über den Stil höchstrichterlicher Entscheidungen, RabelsZ 37 (1973), 245

Kötz, Hein: Die Zitierpraxis der Gerichte – Eine vergleichende Skizze, RabelsZ 52 (1988), 644

Kötz, Hein: Europäische Juristenausbildung, ZEuP 1993, 268

Kötz, Hein: Abschied von der Rechtskreislehre?, ZEuP 1998, 493

Kötz, Hein: Der Bundesgerichtshof und die Rechtsvergleichung, in: 50 Jahre Bundesgerichtshof – Festgabe aus der Wissenschaft, Bd. II, München 2000, S. 825

Kötz, Hein: Alte und neue Aufgaben der Rechtsvergleichung, JZ 2002, 257

Kötz, Hein: Savigny v. Thibaut und das gemeineuropäische Zivilrecht, ZEuP 2002, 431

Kötz, Hein: Civil Justice Systems in Europe and the United States, Duke J. Comp. & Int'l L. 13 (2003), 61

Kötz, Hein: Der Einfluss des Common Law auf die internationale Vertragspraxis, in: Festschr. f. Andreas Heldrich, München 2005, S. 771

Kötz, Hein: Bologna als Chance, JZ 2006, 397

Kötz, Hein: Rechtskreislehre, in: *Basedow, Jürgen/Hopt, Klaus J./Zimmermann, Reinhard* (Hrsg.), Handwörterbuch des Europäischen Privatrechts, Bd. II, Tübingen 2009, S. 1253

Kötz, Hein: Deutsches Recht und Common Law im Wettbewerb, AnwBl 2010, 1

Kötz, Hein: The Jurisdiction of Choice: England and Wales or Germany?, ERPL 18 (2010), 1243

Kötz, Hein: Schranken der Inhaltskontrolle bei den Allgemeinen Geschäftsbedingungen der Banken Entscheidung des britischen Supreme Court vom 25. November 2009, ZEuP 2012, 332

Koutrakos, Panos: The Court of Justice as the guardian of national courts – or not?, E.L. Rev. 36 (2011), 319

Kraemer, Hannes: The European Union Civil Service Tribunal: A New Community Court Examined after Four Years of Operation, CML Rev. 46 (2009), 1873

Kraus, Dieter: Die Anwendung allgemeiner Grundsätze des Gemeinschaftsrechts in Privatrechtsbeziehungen, in: *Riesenhuber, Karl* (Hrsg.), Entwicklungen nicht-legislatorischer Rechtsangleichung im Europäischen Privatrecht, Berlin 2008, S. 39

Kraus, Dieter: Die kooperative Sicherung der Rechtsstaatlichkeit der Europäischen Union durch die mitgliedstaatlichen Gerichte und die Gemeinschaftsgerichte, EuR-Beih 3/2008, 109

Krenc, Frédéric: La comparaison des systèmes de procédure communautaire avec ceux de la Convention européenne des droits de l'homme, Revue trimestrielle des droits de l'homme 2004, 111

Kreuzer, Karl: Zu Stand und Perspektiven des Europäischen Internationalen Privatrechts – Wie europäisch soll das Europäische Internationale Privatrecht sein?, RabelsZ 70 (2006), 1

Kreuzer, Karl: Was gehört in den Allgemeinen Teil eines Europäischen Kollisionsrechtes?, in: *Jud, Brigitta/Rechberger, Walter H./Reichelt, Gerte* (Hrsg.), Kollisionsrecht in der Europäischen Union – Neue Fragen des Internationalen Privat- und Zivilverfahrensrechtes, Wien 2008, S. 1

Kriele, Martin: Theorie der Rechtsgewinnung, 2. Aufl., Berlin 1976

Kritzer, Herbert M.: Claiming Behavior as Legal Mobilization, in: *Cane, Peter/Kritzer, Herbert* (Hrsg.), The Oxford Handbook of Empirical Legal Research, Oxford 2010, S. 260

Kropholler, Jan: Internationales Einheitsrecht – Allgemeine Lehren, Tübingen 1975

Kropholler, Jan: Die Zuständigkeitsregeln des EG-Gerichtsstands- und Vollstreckungsübereinkommens, in: *Max-Planck-Institut für ausländisches und internationales Privatrecht* (Hrsg.), Handbuch des Internationalen Zivilverfahrensrechts, Bd. I, Tübingen 1982, Kap. III (S. 183)

Kropholler, Jan: Internationales Privatrecht – einschließlich der Grundbegriffe des internationalen Zivilverfahrensrechts, 6. Aufl., Tübingen 2006

Kropholler, Jan/v. Hein, Jan: Eine Auslegungskompetenz des Europäischen Gerichtshofs jenseits des Europäischen Gerichtsstands- und Vollstreckungsübereinkommens, in: Festschr. f. Bernhard Großfeld, Tübingen 1999, S. 615

Kropholler, Jan/v. Hein, Jan: Europäisches Zivilprozeßrecht – Kommentar zu EuGVO, Lugano-Übereinkommen 2007, EuVTVO, EuMVVO und EuGFVO, 9. Aufl., Frankfurt/M. 2011

Krüßmann, Thomas M.: Die Osterweiterung der Europäischen Union mit Blick auf die Bereiche Justiz und Inneres, ZEuS 2001, 217

Kübler, Friedrich: Über die praktischen Aufgaben zeitgemäßer Privatrechtstheorie, Karlsruhe 1975

Kühn, Werner Miguel: Grundzüge des neuen Eilverfahrens vor dem Gerichtshof der Europäischen Gemeinschaften im Rahmen von Vorabentscheidungsersuchen, EuZW 2008, 263

Kühnhardt, Ludger: European Union – The Second Founding – The Changing Rationale of European Integration, 2. Aufl., Baden-Baden 2010

Kumm, Mattias: The Jurisprudence of Constitutional Conflict: Constitutional Supremacy before and after the Constitutional Treaty, ELJ 11 (2005), 262

Kumm, Mattias: To Be a European Citizen? The Absence of Constitutional Patriotism and the Constitutional Treaty, Colum. J. Eur. L. 11 (2005), 481

Kunig, Philip: Das Rechtsstaatsprinzip – Überlegungen zu seiner Bedeutung für das Verfassungsrecht der Bundesrepublik Deutschland, Tübingen 1986

Küsters, Hanns Jürgen: Die Gründung der Europäischen Wirtschaftsgemeinschaft, Baden-Baden 1982

Küsters, Hanns Jürgen: Die Verhandlungen über das institutionelle System zur Gründung der Europäischen Gemeinschaft für Kohle und Stahl, in: *Schwabe, Klaus* (Hrsg.), Die Anfänge des Schuman-Plans – 1950/51, Baden-Baden 1988, S. 73
Kutscher, Hans: Über den Gerichtshof der Europäischen Gemeinschaften, EuR 1981, 392

La Porta, Rafael/Lopez-de-Silanes, Florencio/Shleifer, Andrei/Vishny, Robert W.: Legal Determinants of External Finance, Journal of Finance 52 (1997), 1131
La Porta, Rafael/Lopez-de-Silanes, Florencio/Shleifer, Andrei/Vishny, Robert W.: Law and Finance, Journal of Political Economy 106 (1998), 1113
La Porta, Rafael/Lopez-de-Silanes, Florencio/Shleifer, Andrei/Vishny, Rober W.: The Quality of Government, Journal of Law, Economics & Organization 15 (1999), 222
Ladeur, Karl-Heinz: Supra- und transnationale Tendenzen in der Europäisierung des Verwaltungsrechts: eine Skizze, EuR 1995, 227
Ladeur, Karl-Heinz: Methodology and European Law – Can Methodology Change so as to Cope with the Multiplicity of the Law?", in: *van Hoecke, Mark* (Hrsg.), Epistemology and Methodology of Comparative Law, Oxford 2004, S. 91
Laffranque, Julia: Dissenting Opinion in the European Court of Justice – Estonia's Possible Contribution to the Democratisation of the European Union Judicial System, Juridica International 9 (2004), 14
Lagarde, Paul: Embryon de Règlement portant Code europeén de droit international privé, RabelsZ 75 (2011), 673
Lagrange, Maurice: La Cour de justice des Communautés européennes du plan Schuman à l'Union européenne, in: Mélanges Fernand Dehousse, Paris 1979, Vol. 2, S. 127
Lamprecht, Rolf: Richter contra Richter – Abweichende Meinungen und ihre Bedeutung für die Rechtskultur, Baden-Baden 1992
Lamprecht, Rolf: Vom Untertan zum Bürger – Wie das Bonner Grundgesetz an seinem Karlsruher „Über-Ich" gewachsen ist, NJW 2009, 1454
Landman, Jacob Henry: The Case Method of Studying Law – A Critique, New York 1930
Lando, Ole/Beale, Hugh (Hrsg.): The Principles of European Contract Law Parts I and II, prepared by the Commission on European Contract Law, Dordrecht 1999
Lando, Ole/Clive, Eric/Prüm, André/Zimmermann, Reinhard (Hrsg.): Principles of European Contract Law, Part III, Dordrecht 2003
Langbein, John H.: The German Advantage in Civil Procedure, U. Chi. L. Rev. 52 (1985), 823
Langbein, John H.: Zivilprozessrechtsvergleichung und der Stil komplexer Vertragswerke, ZVglRWiss 86 (1987), 141
Langbein, John H.: The Influence of Comparative Procedure in the United States, Am. J. Comp. L. 43 (1995), 545
Langbroek, Philip M./Fabri, Marco (Hrsg.), The Right Judge for Each Case – A Study of Case Assignment and Impartiality in Six European Judiciaries, Antwerp 2007
Langenbucher, Katja: Die Entwicklung und Auslegung von Richterrecht, München 1996
Langenbucher, Katja (Hrsg.): Europarechtliche Bezüge des Privatrechts, 2. Aufl., Baden-Baden 2008
Langenbucher, Katja: Europarechtliche Methodenlehre, in: *dies.* (Hrsg.), Europarechtliche Bezüge des Privatrechts, 2. Aufl., Baden-Baden 2008, § 1 (S. 1)
Langenbucher, Katja: Prospektive Rechtsprechungsänderungen im französischen Recht – Ein vergleichender Blick auf den verfassungsrechtlichen Status von Richterrecht, in: Festschr. f. Helmut Koziol, Wien 2010, S. 1411

Langner, Olaf: Der Europäische Gerichtshof als Rechtsmittelgericht – Der Prüfungsumfang im europäischen Rechtsmittelverfahren, Frankfurt/M., Berlin, Bern, Bruxelles, New York, Oxford, Wien 2003

Lansnicker, Frank/Schwirtzek, Thomas: Rechtsverhinderung durch überlange Verfahrensdauer – Verletzung des Beschleunigungsgebots nach Art. 6 I 1 EMRK, NJW 2001, 1969

Larenz, Karl/Canaris, Claus-Wilhelm: Methodenlehre der Rechtswissenschaft, 3. Aufl., Berlin, Heidelberg 1995

Lasiński-Sulecki, Wojciech/Morawski, Cezary: Late Publication of EC Law in Languages of New Member States and Its Effects: Obligations on Individuals Following the Court's Judgment, CML Rev. 45 (2008), 705

Lasok, Karol P. E.: The European Court of Justice: Practice and Procedure, 2. Aufl., London 1994

Lasser, Mitchel de S.-O.-l'E.: Judicial Deliberations – A Comparative Analysis of Judicial Transparency and Legitimacy, Oxford 2004

Lasser, Mitchel de S.-O.-l'E.: Judicial Transformations – The Rights Revolution in the Courts of Europe, Oxford 2009

Last, Christina: Garantie wirksamen Rechtsschutzes gegen Maßnahmen der Europäischen Union – Zum Verhältnis von Art. 47 Abs. 1, 2 GRCh und Art. 263 ff. AEUV, Tübingen 2008

Läufer, Thomas: Der Europäische Gerichtshof – moderate Neuerungen des Verfassungsentwurfs, integration 2003, 510

Laufs, Adolf: Die Anfänge einheitlicher höchster Gerichtsbarkeit in Deutschland, JuS 1969, 256

Lavranos, Nikolaos: The New Specialised Courts within the European Judicial System, E.L. Rev. 30 (2005), 261

Layton, Alexander/Mercer, Hugh: European Civil Practice, 2. Aufl., London 2004

Lazear, Edward P.: Economic Imperialism, QJE 115 (2000), 99

Lecheler, Helmut: Der Europäische Gerichtshof und die allgemeinen Rechtsgrundsätze, Berlin 1971

Lecheler, Helmut: Die Mitwirkungsgesetzgebung an der europäischen Integration vor und nach dem Urteil des BVerfG zum Lissabon-Vertrag, JZ 2009, 1156

Lecourt, Robert: L'Europe des Juges, Brüssel 1976

Lege, Elisabeth: Sprache und Verbraucherinformation in der Europäischen Union, Deutschland und Luxemburg, München 2009

Legrand, Pierre: European Legal Systems Are Not Converging, ICLQ 45 (1996), 52

Lehmann, Matthias: „Judicial governance" im europäischen Privatrecht aus verfassungstheoretischer Sicht, in: *Furrer, Andreas* (Hrsg.), Europäisches Privatrecht im wissenschaftlichen Diskurs, Bern 2006, S. 213

Leible, Stefan: Die Rolle der Rechtsprechung des Europäischen Gerichtshofes bei der europäischen Privatrechtsentwicklung, in: *Martiny, Dieter/Witzleb, Normann* (Hrsg.), Auf dem Wege zu einem europäischen Zivilgesetzbuch, Berlin 1999, S. 53

Leible, Stefan: Die Angleichung der nationalen Zivilprozessrechte: Vom „Binnenmarktprozess" zu einer europäischen Zivilprozessordnung?, in: *Müller-Graff, Peter-Christian* (Hrsg.), Der Raum der Freiheit, der Sicherheit und des Rechts, Baden-Baden 2005, S. 55

Leible, Stefan: Marktintegration und Privatrechtsvereinheitlichung – Notwendigkeit und Grenzen, in: *Furrer, Andreas* (Hrsg.), Europäisches Privatrecht im wissenschaftlichen Diskurs, Bern 2006, S. 5

Leible, Stefan: Auswirkungen des CFR auf eine gemeinschaftsrechtskonforme Auslegung, in: *Schmidt-Kessel, Martin* (Hrsg.), Der Gemeinsame Referenzrahmen – Entstehung, Inhalte, Anwendung, München 2009, S. 217

Leible, Stefan: Warten auf die Sitzverlegungsrichtlinie, in: Festschr. f. Günter H. Roth, München 2011, S. 447

Leible, Stefan/Hoffmann, Jochen: Cartesio – Fortgeltende Sitztheorie, grenzüberschreitender Formwechsel und Verbot materiellrechtlicher Wegzugsbeschränkungen, BB 2009, 58

Leipold, Dieter: Lex fori, Souveränität, Discovery – Grundfragen des internationalen Zivilprozessrechts, Heidelberg 1989

Leisner, Walter: „Privatisierung" des Öffentlichen Rechts – Von der „Hoheitsgewalt" zum gleichordnenden Privatrecht, Berlin 2007

Leisner, Walter Georg: Die subjektiv-historische Auslegung des Gemeinschaftsrechts – Der „Wille des Gesetzgebers" in der Judikatur des EuGH, EuR 2007, 689

Lempp, Jakob: Die Evolution des Rats der Europäischen Union – Institutionenevolution zwischen Intergouvernementalismus und Supranationalismus, Baden-Baden 2009

Lenaerts, Koen: Le juge et la Constitution aux États-Unis d'Amérique et dans l'ordre juridique européen, Bruxelles 1988

Lenaerts, Koen (Hrsg.): Two Hundred Years of U.S. Constitution and Thirty Years of EEC Treaty – Outlook for a Comparison, Brussels 1988

Lenaerts, Koen: Constitutionalism and the Many Faces of Federalism, Am J. Comp. L. 38 (1990), 205, wiederabgedruckt in: *Bellamy, Richard* (Hrsg.), The Rule of Law and the Separation of Powers, Aldershot 2005, S. 491

Lenaerts, Koen: Das Gericht erster Instanz der Europäischen Gemeinschaften, EuR 1990, 228

Lenaerts, Koen: Some Reflections on the Separation of Powers in the European Community, CML Rev. 28 (1991), 11

Lenaerts, Koen: Some Thoughts About the Interaction Between Judges and Politicians in the European Community, YEL 12 (1992), 1

Lenaerts, Koen: The Legal Protection of Private Parties under the EC Treaty: A Coherent and Complete System of Judicial Review?, in: Scritti in onore di Giuseppe Federico Mancini, Bd. II, Milano 1998, S. 591

Lenaerts, Koen: Le Tribunal de première instance des Communautés européennes: regard sur une décennie d'activités et sur l'apport du double degré d'instance au droit communautaire, CDE 2000, 323

Lenaerts, Koen: "In the Union we Trust": Trust-Enhancing Principles of Community Law, CML Rev. 41 (2004), 317 = in: *McDonnell, Alison* (Hrsg.), A Review of Forty Years of Community Law – Legal Developments in the European Communities and the European Union, The Hague 2005, S. 75

Lenaerts, Koen: The Unity of European Law and the Overload of the ECJ – The System of Preliminary Rulings Revisited, in: *Pernice, Ingolf/Kokott, Juliane/Saunders, Cheryl* (Hrsg.), The Future of the European Judicial System in a Comparative Perspective, Baden-Baden 2006, S. 211

Lenaerts, Koen: The Rule of Law and the Coherence of the Judicial System of the European Union, CML Rev. 44 (2007), 1625

Lenaerts, Koen/Arts, Dirk/Maselis, Ignace/Robert Bray: Procedural Law of the European Union, 2. Aufl., London 2006

Lenaerts, Koen/Gutman, Kathleen: "Federal Common Law" in the European Union: a Comparative Perspective from the United States, Am. J. Comp. L. 54 (2006), 1

Lenski, Edgar/Mayer, Franz C.: Vertragsverletzung wegen Nichtvorlage durch oberste Gerichte?, EuZW 2005, 225

Lenz, Carl Otto: Firnis oder Rechtsgemeinschaft – Einschränkung des Vorlagerechts nach Art. 177 EWGV auf letztinstanzliche Gerichte?, NJW 1993, 2664

Lenz, Carl Otto: Die Gerichtsbarkeit in der Europäischen Gemeinschaft nach dem Vertrag von Nizza, EuGRZ 2001, 433

Lenz, Carl Otto: Die Reform der Gerichtsbarkeit der Europäischen Gemeinschaften und der Rechtsschutz in Wettbewerbssachen, in: *Schwarze, Jürgen* (Hrsg.), Europäisches Wettbewerbsrecht im Zeichen der Globalisierung, Baden-Baden 2002, S. 127

Lenz, Carl Otto: Anmerkungen zu den Fällen aus dem Aufsatz von Prof. Herzog „Stoppt den Europäischen Gerichtshof" in der FAZ vom 8.9.2008, WHI-Paper 01/2009, Walter Haustein-Institut für Europäisches Verfassungsrecht, Humboldt-Universität zu Berlin 2009

Lenz, Carl-Otto/Borchardt, Klaus-Dieter (Hrsg.): Der Europäische Gerichtshof – Besetzung, Anrufung, Zuständigkeiten, Vorabentscheidung, einstweiliger Rechtsschutz – Kommentar, 2. Aufl., Basel, Genf, München 2000

Lepsius, Oliver: Verwaltungsrecht unter dem Common Law – Amerikanische Entwicklungen bis zum New Deal, Tübingen 1997

Lepsius, Oliver: Regulierungsrecht in den USA: Vorläufer und Modell, in: *Fehling, Michael/Ruffert, Matthias* (Hrsg.), Regulierungsrecht, Tübingen 2010, § 1 (S. 3)

Leptien, Frank: Der Europäische Gerichtshof im Visier der deutschen Printmedien, Marburg 2000

Levi, Inbar/Zuckerman, Adrian: Report on the State of Civil Justice in England, International Journal of Procedural Law 1 (2011), 71

Ley, Isabelle: Brünn betreibt die Parlamentarisierung des Primärrechts, JZ 2010, 165

Leyens, Patrick C.: Corporate Governance: Grundsatzfragen und Forschungsperspektiven, JZ 2007, 1061

Leyens, Patrick C./Schäfer, Hans-Bernd: Inhaltskontrolle allgemeiner Geschäftsbedingungen – Rechtsökonomische Überlegungen zu einer einheitlichen Konzeption von BGB und DCFR, AcP 210 (2010), 771

Lhotta, Roland (Hrsg.): Die Federalists, Baden-Baden 2010

Limbach, Jutta: Das Bundesverfassungsgericht und der Grundrechtsschutz in Europa, NJW 2001, 2913

Limbach, Jutta (Vorsitz)/u.a.: Judicial Independence: Law and Practice of Appointments to the European Court of Human Right, London 2003

Lindh, Pernilla: The Court of First Instance: Meeting the Challenge, in *Dashwood, Alan/Johnston, Angus* (Hrsg.), The Future of the Judicial System of the European Union, Oxford 2001, S. 13

Lindholm, Johan: State Procedure and Union Rights – A Comparison of the European Union and the United States, Uppsala 2007

Lindner, Josef Franz: Individualrechtsschutz im europäischen Gemeinschaftsrecht – Ein systematischer Überblick, JuS 2008, 1

Lindner, Josef Franz: Zur grundsätzlichen Bedeutung des Protokolls über die Anwendung der Grundrechtecharta auf Polen und das Vereinigte Königreich – zugleich ein Beitrag zur Auslegung von Art. 51 EGC, EuR 2008, 786

Lipp, Volker: Entwicklung und Zukunft der europäischen Gerichtsbarkeit, JZ 1997, 326

Lipp, Volker: Funktion und Form der europäischen Gerichtsbarkeit, in: *König, Thomas/ Rieger, Thomas/Schmitt, Hermann* (Hrsg.), Europäische Institutionenpolitik, Frankfurt/M., New York 1997, S. 397

Lipp, Volker: Europäische Justizreform, NJW 2001, 2657

Llewellyn, Karl Nickerson (unter Mithilfe bei der Auswahl von *Leider, William A.* und bei der Verdeutschung von *Metzler, Wolfram v.*): Präjudizienrecht und Rechtsprechung in Amerika – Eine Spruchauswahl mit Besprechung, Leipzig 1933

Llewellyn, Karl Nickerson: The Current Crisis in Legal Education, J. Legal Educ. 1 (1948), 211

Llewellyn, Karl Nickerson: The Bramble Bush, New York 1960

Llewellyn, Karl Nickerson: The Common Law Tradition – Deciding Appeals, Boston 1960

Lock, Tobias: Das Verhältnis zwischen dem EuGH und internationalen Gerichten, Tübingen 2010

Loewenheim, Ulrich/Meessen, Karl M./Riesenkampff, Alexander (Hrsg.): Kartellrecht, 2. Aufl., München 2009 [zit. Bearbeiter: *Meessen, Karl M.*]

Loewenstein, Karl: Verfassungsrecht und Verfassungspraxis der Vereinigten Staaten, Berlin, Göttingen, Heidelberg 1959

Lorenz, Stephan: Schuldrechtsmodernisierung – Erfahrungen seit dem 1. Januar 2002, in: *Lorenz, Egon* (Hrsg.), Karlsruher Forum 2005: Schuldrechtsmodernisierung – Erfahrungen seit dem 1. Januar 2002, Karlsruhe 2006, S. 5

Loth, Wilfried: Der Weg nach Europa: Geschichte der europäischen Integration 1939–1957, 3. Aufl., Göttingen 1996

Luchterhandt, Otto/Starck, Christian/Weber, Albrecht (Hrsg.): Verfassungsgerichtsbarkeit in Mittel- und Osteuropa, Baden-Baden 2007

Ludlow, Peter: In the Last Resort – The European Council and the Euro Crisis, Eurocomment Briefing Note Vol. 7, Nr. 7/8, Spring 2010

Ludwig, Christian H.: Die Rolle des Europäischen Gerichtshofes im Bereich Justiz und Inneres nach dem Amsterdamer Vertrag, Baden-Baden 2002

Luginbühl, Stefan: Streitregelungsübereinkommen vs. Gemeinschaftspatent?, GRUR Int. 2004, 357

Luginbühl, Stefan: The Future of Centralised Patent Litigation in Europe: Between the EPLA and the EU Patent Judiciary, in: *Leible, Stefan/Ohly, Ansgar* (Hrsg.), Intellectual property and private international law, Tübingen 2009, S. 231

Luhmann, Niklas: Legitimation durch Verfahren, Frankfurt/M. 1983

Luhmann, Niklas: Das Recht der Gesellschaft, Frankfurt/M. 1995

Luhmann, Niklas: Rechtssoziologie, 4. Aufl., Wiesbaden 2008

Luig, Klaus/Liebs, Detlef (Hrsg.): Das Profil der Juristen in der europäischen Tradition – Symposion aus Anlass des 70. Geburtstages von Franz Wieacker, Ebelsbach 1980

Luik, Steffen: Die Rezeption Jeremy Benthams in der deutschen Rechtswissenschaft, Köln 2003

Lundestad, Geir: Empire by Integration – The United States and European Integration, 1945–1997, Oxford 1998

Lundestad, Geir: The United States and Western Europe since 1945 – From „Empire" by Invitation to Transatlantic Drift, Oxford 2005

Lundestad, Geir (Hrsg.): Just Another Major Crisis? The United States and Europe since 2000, Oxford 2008

Lundmark, Thomas: "Soft" stare decisis: the common law doctrine retooled for Europe, in: *Schulze, Reiner/Ulrike, Seif* (Hrsg.): Richterrecht und Rechtsfortbildung in der Europäischen Rechtsgemeinschaft, Tübingen 2003, S. 161

Lurger, Brigitta: Grundfragen der Vereinheitlichung des Vertragsrechts in der Europäischen Union, Wien, New York 2002

Lutter, Marcus: Die Auslegung angeglichenen Rechts, JZ 1992, 593

Lutter, Marcus/Bayer, Walter/Schmidt, Jessica: Europäisches Unternehmens- und Kapitalmarktrecht – Grundlagen, Stand und Entwicklung nebst Texten und Materialien, 5. Aufl., Berlin, New York 2011

Lutter, Marcus/Stiefel, Ernst C./Hoeflich, Michael H. (Hrsg.): Der Einfluß deutscher Emigranten auf die Rechtsentwicklung in den USA und in Deutschland, Tübingen 1993

Luttermann, Claus: Mit dem Europäischen Gerichtshof (Centros) zum Internationalen Unternehmens- und Kapitalmarktrecht – Kollisionsrecht in den Zeiten des Internet, Entscheidung des Europäischen Gerichtshofes vom 9. März 1999, ZEuP 2000, 907

Lüttringhaus, Jan D.: Diskriminierungsverbot im allgemeinen Vertragsrecht, in: *Basedow, Jürgen/Hopt, Klaus J./Zimmermann, Reinhard* (Hrsg.), Handwörterbuch des Europäischen Privatrechts, Bd. I, Tübingen 2009, S. 320

Lüttringhaus, Jan D.: Grenzüberschreitender Diskriminierungsschutz – Das internationale Privatrecht der Antidiskriminierung, Tübingen 2010

Lüttringhaus, Jan D.: Europaweit Unisex-Tarife für Versicherungen!, EuZW 2011, 296

Macdonald, Roderick A.: Access to Civil Justice, in: *Cane, Peter/Kritzer, Herbert* (Hrsg.), The Oxford Handbook of Empirical Legal Research, Oxford 2010, S. 492

Mackenzie, Ruth/Malleson, Kate/Martin, Penny/Sands, Philippe: Selecting International Judges: Principle, Process, and Politics, Oxford 2010

Mackenzie Stuart, A.I. Lord/Warner, J.-P.: Judicial Decision as a Source of Community Law, in: Festschr. f. Hans Kutscher, Baden-Baden 1981, S. 273

Madison, James: No. 51: The Structure of the Government Must Furnish the Proper Checks and Balances Between the Different Departments, in: *Rossiter, Clinton Lawrence* (Hrsg.), The Federalist Papers, New York 2003, S. 317

Maduro, Miguel Poiares: We The Court – The European Court of Justice and the European Economic Constitution – A Critical Reading of Article 30 of the EC Treaty, Oxford 1998

Maduro, Miguel Poiares: Never on a Sunday – What Has (EU) Law To Do With It?, in: *Sciarra, Silvana* (Hrsg.), Labour Law in the Courts – National Judges and the ECJ, Oxford 2000, S. 273

Maduro, Miguel Poiares: Der Kontrapunkt im Dienste eines europäischen Verfassungspluralismus, EuR 2007, 3

Maduro, Miguel Poiares/Azoulai, Loïc (Hrsg.): The Past and Future of EU Law: The Classics of EU Law Revisited on the 50th Anniversary of the Rome Treaty, Oxford 2010

Magiera, Siegfried: Bürgerrechte und justitielle Grundrechte, in: *Merten, Detlef/Papier, Hans-Jürgen* (Hrsg.), Handbuch der Grundrechte in Deutschland und Europa, Bd. VI/1: Europäische Grundrechte I, Heidelberg 2010, § 161 (S. 1031)

Magnus, Ulrich: Die USA als Vorbild für die europäische Privatrechtsentwicklung?, in: Festschr. f. Wolfgang Wiegand, Bern 2005, S. 535

Magnus, Ulrich: Die Rom I-Verordnung, IPRax 2010, 27

Magnus, Ulrich: Why is US Tort Law so Different?, JETL 1 (2010), 102

Magnus, Ulrich/Mankowski, Peter (Hrsg.): Brussels I Regulation – European Commentaries on Private International Law, 2. Aufl., München 2011

Magnus, Ulrich/Mankowski, Peter: Brussels I on the Verge of Reform – A Response to the Green Paper on the Review of the Brussels I Regulation, ZVglRWiss 109 (2010), 1

Mähner, Tobias: Der Europäische Gerichtshof als Gericht, Berlin 2005

Mahrenholz, Ernst Gottfried: Europäische Verfassungsgerichte, JöR 49 (2001), 15

Majer, Diemut: Die Französische Revolution als Hintergrund der europäischen Grundrechts- und Privatrechtsentwicklung, in: Juristische Zeitgeschichte – Jahrbuch der Juristischen Zeitgeschichte, Bd. 2, Berlin 2001, S. 1

Mak, Chantal: Fundamental Rights in European Contract Law: A Comparison of the Impact of Fundamental Rights on Contractual Relationships in Germany, the Netherlands and England, Austin 2008

Mak, Elaine: The European Judicial Organisation in a New Paradigm: The Influence of Principles of 'New Public Management' on the Organisation of the European Courts, ELJ 14 (2008), 718

Mak, Vanessa: Harmonisation through "Directive-Related" Case Law: The Role of the ECJ in the Development of European Consumer Law, ZEuP 2010, 129

Malenovský, Jiří: The Relations between Constitutional Law, Community Law and International Law according to the Czech Constitution: Still Ambiguities to be Resolved, in: *Hofmann, Mahulena* (Hrsg.), Europarecht und die Gerichte der Transformationsstaaten – European Law and the Courts of the Transition Countries, Baden-Baden 2008, S. 31

Malferrari, Luigi: Zurückweisung von Vorabentscheidungsersuchen durch den EuGH – Systematisierung der Zulässigkeitsvoraussetzungen und Reformvorschläge zu Art. 234 EG-Vertrag, Baden-Baden 2003

Malferrari, Luigi/Lerche, Christoph: Zulässigkeit der Nichtigkeitsklage von Privatpersonen nach Art. 230 EG – Niedergang und Wiederaufleben des Plaumann-Tests, EWS 2003, 254

Malkopoulou, Anthoula: Lost Voters: Participation in EU elections and the case for compulsory voting, CEPS Working Document No. 317/July 2009

Mancini, Giuseppe Federico: The Making of a Constitution for Europe, CML Rev. 26 (1989), 595

Mancini, Giuseppe Federico/Keeling, David T.: From *CILFIT* to *ERT*: the Constitutional Challenge Facing the European Court, YEL 11 (1991), 1

Mancini, Giuseppe Federico/Keeling, David T.: Language, Culture and Politics in the Life of the European Court of Justice, Colum. J. Eur. L. 1 (1995), 397

Mand, Elmar: Der EuGH und das Fremdbesitzverbot für Apotheken – Paradigmenwechsel in der Kontrolldichte gesundheitspolitischer Entscheidungen der EU-Mitgliedstaaten, WRP 2010, 702

Mangold, Anna K.: Gemeinschaftsrecht und deutsches Recht – Die Europäisierung der deutschen Rechtsordnung in historisch-empirischer Sicht, Tübingen 2011

Mankowski, Peter: Rechtsschutz im Bereich der Zivilgerichtsbarkeit, in: *Rengeling, Hans-Werner/Middeke, Andreas/Gellermann, Martin* (Hrsg.), Handbuch des Rechtsschutzes in der Europäischen Union, 2. Aufl., München 2003, § 37 (S. 695)

Mankowski, Peter: Kulturelle Identität und Internationales Privatrecht, IPRax 2004, 282

Mankowski, Peter: Die Rom I-Verordnung: Änderungen im europäischen IPR für Schuldverträge, IHR 2008, 133

Mankowski, Peter: Rechtskultur: Eine rechtsvergleichend-anekdotische Annäherung an einen schwierigen und vielgesichtigen Begriff, JZ 2009, 321

Mankowski, Peter: Übersetzungserfordernisse und Zurückweisungsrecht des Empfängers im europäischen Zustellungsrecht – Zugleich ein Lehrstück zur Formulierung von Vorlagefragen (Hoge Raad, 23.2.2007 – C02/089HR), IPRax 2009, 180

Mankowski, Peter: Kommentar zu EuGH-Urteil Urt. v. 6.10.2009, Rs. C-40/08, Elisa María Mostaza Claro/Centro Móvil Milenium SL, EWiR 2010, 91 (Art. 6 RL 93/13/EWG 1/10, 91)

Mankowski, Peter: The Codification of Private International Law since the 1960s, in: *Basedow, Jürgen/Kischel, Jürgen/Sieber, Ulrich* (ed. on behalf of Gesellschaft für Rechtsvergleichung), German National Reports to the 18th International Congress of Comparative Law (Washington 2010), Tübingen 2010, S. 133

Mankowski, Peter: Interessenpolitik und europäisches Kollisionsrecht – Rechtspolitische Überlegungen zur Rom I- und zur Rom II-Verordnung, Baden-Baden 2011

Mann, Clarence J.: The Function of Judicial Decision in European Economic Integration, The Hague 1972

Mann, Thomas: Gesammelte Werke in dreizehn Bänden, Bd. V, Frankfurt/M. 1990

Mansel, Heinz-Peter: Rechtsvergleichung und europäische Rechtseinheit, JZ 1991, 529

Mansel, Heinz-Peter: Kaufrechtsreform in Europa und die Dogmatik des deutschen Leistungsstörungsrechts: Kaufrecht in Europa nach der Umsetzung der Verbrauchsgüterkauf-Richtlinie, AcP 204 (2004), 396

Mansel, Heinz-Peter/Dauner-Lieb, Barbara/Henssler, Martin (Hrsg.): Zugang zum Recht: Europäische und US-amerikanische Wege der privaten Rechtsdurchsetzung – Überlegungen de lege ferenda zur Ausweitung von Informationsrechten und kollektiven Rechtsbehelfen bei Verringerung klägerischer Prozessrisiken, Baden-Baden 2008

Mansel, Heinz-Peter/Thorn, Karsten/Wagner, Rolf: Europäisches Kollisionsrecht 2008: Fundamente der Europaischen IPR-Kodifikation, IPRax 2009, 1

Mansel, Heinz-Peter/Thorn, Karsten/Wagner, Rolf: Europäisches Kollisionsrecht 2010: verstärkte Zusammenarbeit als Motor der Vereinheitlichung?, IPRax 2011, 1

Mansel, Heinz-Peter/Thorn, Karsten/Wagner, Rolf: Europäisches Kollisionsrecht 2011: Gegenläufige Entwicklungen, IPRax 2012, 1

Manthey, Leslie/Unseld, Christopher: Grundrechte vs. „effet utile" – Vom Umgang des EuGH mit seiner Doppelrolle als Fach- und Verfassungsgericht, ZEuS 2011, 323

Marcus, Maeva (Hrsg.): Origins of the Federal Judiciary: Essays on the Judiciary Act of 1789, Oxford 1992

Marcus, Richard L.: Malaise of the Litigation Superpower, in: *Zuckerman, Adrian* (Hrsg.), Civil Justice in Crisis – Comparative Perspectives of Civil Procedure, Oxford 1999, S. 71

Mare, Thomas de la/Donnelly, Catherine: Preliminary Rulings and EU Legal Integration: Evolution and Stasis, in: *Craig, Paul/Búrca, Grainne de* (Hrsg.), The Evolution of EU Law, 2. Aufl., Oxford 2011, S. 363

Markesinis, Basil S.: Judicial style and judicial reasoning in England and Germany, C.L.J. 59 (2000), 294

Markwardt, Karsten: Die Rolle des EuGH bei der Inhaltskontrolle vorformulierter Verbraucherverträge, Baden-Baden 1999

Marsch, Nikolaus/Sanders, Anna-Catharina: Gibt es ein Recht der Parteien auf Stellungnahme zu den Schlussanträgen des Generalanwalts? Zur Vereinbarkeit des Verfahrens vor dem EuGH mit Art. 6 I EMRK, EuR 2008, 345

Martens, Sebastian A. E.: Ein Knopf für den Binnenmarkt? Oder: Vollharmonisierung durch den „Blue Button"?, GPR 2010, 215

Martens, Sebastian A.E.: Rechtsvergleichung und grenzüberwindende Jurisprudenz im Gemeinschaftsrecht, in: Jahrbuch Junger Zivilrechtswissenschaftler 2009, Stuttgart 2010, S. 27

Martens, Sebastian A. E.: Die Werte des Stare Decisis, JZ 2011, 348

Martens, Sebastian A. E.: Rechtliche und außerrechtliche Argumente, Rechtstheorie 2011, 145

Martinek, Michael: Der Rechtskulturschock – Anpassungsschwierigkeiten deutscher Studenten in amerikanischen Law Schools, JuS 1984, 92

Martinek, Michael: Moderne Vertragstypen, Bd. I: Leasing und factoring, München 1991

Martinek, Michael: Moderne Vertragstypen, Bd. III: Computerverträge, Kreditkartenverträge sowie sonstige moderne Vertragstypen, München 1993

Martinico, Giuseppe: L'integrazione silente – La funzione interpretativa della Corte di giustizia e il diritto costituzionale europeo, Napoli 2009

Martinico, Giuseppe: Reading the Others: American Legal Scholars and the Unfolding European Integration, EJLR 11 (2009), 35

Martiny, Dieter: Rechtskultur – Berührungspunkte zwischen Rechtssoziologie und Rechtsvergleichung, in: Festschr. f. Erhard Blankenburg, Baden-Baden 1998, S. 421

Martiny, Dieter: Neues deutsches internationales Vertragsrecht – Das Gesetz zur Anpassung der Vorschriften des Internationalen Privatrechts an die Rom I-Verordnung, RIW 2009, 737

Martiny, Dieter: Die Kommissionsvorschläge für das internationale Ehegüterrecht sowie für das internationale Güterrecht eingetragener Partnerschaften, IPRax 2011, 437

Marwege, Renata: Der Andengerichtshof – Das Rechtsschutzsystem des Andenpaktes mit vergleichenden Bezügen zum Recht der Europäischen Gemeinschaft, Berlin 1995

Mäsch, Gerald: Die Rolle des BGH im Wettbewerb der Rechtsordnungen oder: Neue Nahrung für den Ruf nach der Revisibilität ausländischen Rechts, EuZW 2004, 321

Mäsch, Gerald: Zivilprozessrecht, in: *Langenbucher, Katja* (Hrsg.), Europarechtliche Bezüge des Privatrechts, 2. Aufl., Baden-Baden 2008, § 9 (S. 420)

Masing, Johannes: Die Mobilisierung des Bürgers für die Durchsetzung des Rechts – Europäische Impulse für eine Revision der Lehre vom subjektiv-öffentlichen Recht, Berlin 1997

Masing, Johannes/Jouanjan, Olivier (Hrsg.): Verfassungsgerichtsbarkeit – Grundlagen, innerstaatliche Stellung, überstaatliche Einbindung, Tübingen 2011

Mattei, Ugo: The European Codification Process: Cut and Paste, The Hague, London, New York 2003

Mattli, Walter/Slaughter, Anne-Marie: Revisiting the European Court of Justice, International Organization 52 (1998), 177

Matyk, Stephan: Das Europäische Netz des Notariats: ein Beitrag zum Ausbau des Europäischen Justiziellen Netzes, ZEuP 2010, 497

Maultzsch, Felix: Streitentscheidung und Normbildung durch den Zivilprozess – Eine rechtsvergleichende Untersuchung zum deutschen, englischen und US-amerikanischen Recht, Baden-Baden 2010

Maunz, Theodor/Dürig, Günter (Begr.): Grundgesetz – Kommentar, 53. Erg.-Lfg., München 2009 [zit. Bearbeiter: *Remmert, Barbara; Schmidt-Aßmann, Eberhard*]

Maunz, Theodor/Schmidt-Bleibtreu, Bruno/Klein, Franz/Bethge, Herbert (Hrsg.): Bundesverfassungsgerichtsgesetz, 34. Erg.-Lfg., München 2011 [zit. Bearbeiter: *Graßhof, Karin*]

Max Planck Institute for Comparative and International Private Law (Koord.: *Basedow, Jürgen/Dutta, Anatol*): Comments on the European Commission's Proposal for a Regulation of the European Parliament and of the Council on jurisdiction, applicable law, recognition and enforcement of decisions and authentic instruments in matters of succession and the creation of a European Certificate of Succession, RabelsZ 74 (2010), 522

Max Planck Working Group (Koord.: *v. Hein, Jan*), Comments on the European Commission's Green Paper on the Attachment of Bank Accounts, ECFR 4 (2007), 252

Mayer, Christian/Schürnbrand, Jan: Einheitlich oder gespalten? – Zur Auslegung nationalen Rechts bei überschießender Umsetzung von Richtlinien, JZ 2004, 545

Mayer, Franz C.: Die drei Dimensionen der Europäischen Kompetenzdebatte, ZaöRV 61 (2001), 577

Mayer, Franz C.: Der EuGH als Feind? Die Debatte um das soziale Europa in der europäischen Rechtsprechung, integration 2009, 246

Mayr, Peter G.: Europäisches Zivilprozessrecht, Wien 2011

McAuliffe, Karen: Enlargement at the European Court of Justice: Law, Language and Translation, ELJ 14 (2008), 806

McGuire, Mary-Rose: Verfahrenskoordination und Verjährungsunterbrechung im Europäischen Prozessrecht, Tübingen 2004

McGuire, Mary-Rose: Ziel und Methode der Study Group on a European Civil Code, ZfRV 2006, 163

McGuire, Mary-Rose: Fakultatives Binnenmarktprozessrecht: Gemeinsame Strukturen, Überschneidungen und stillschweigende Querverweise, ecolex 2008, 100

McGuire, Mary-Rose: Kodifikation des Europäischen Zivilprozessrechts?, ecolex 2011, 218

Mehdi, Rostane: The French Supreme Courts and European Union Law: Between a Historical Compromise and an Accepted Loyalty, CML Rev. 48 (2011), 439

Mehren, Arthur Taylor v.: Recognition of United States Judgments Abroad and Foreign Judgments in the United States: Would an International Convention Be Useful?, RabelsZ 57 (1993), 449

Mehren, Arthur Taylor v.: The Case for a Convention-mixte Approach to Jurisdiction to Adjudicate and Recognition and Enforcement of Foreign Judgments, RabelsZ 61 (1997), 86

Mehren, Arthur Taylor v.: The Hague Jurisdiction and Enforcement Convention Project Faces an Impasse – A Diagnosis and Guideline for a Cure, IPRax 2000, 465

Mehren, Arthur Taylor v./Michaels, Ralf: Pragmatismus und Realismus für die Haager Verhandlungen zu einem weltweiten Gerichtsstands- und Vollstreckungsübereinkommen, DAJV-NL 2000, 124

Mehren, Arthur Taylor v./Murray, Peter L.: Law in the United States, 2. Aufl., Cambridge 2007

Meier, Isaak: Sicherung der einheitlichen Anwendung des Bundesrechts in der Schweiz als Vorbild, RabelsZ 66 (2002), 308

Meij, Arjen W.H.: National Courts, European Law and Preliminary Co-operation, in: *Jansen, Rosa H.M./Koster, Dagmar A.C./Van Zutphen, Reinier F.B.* (Hrsg.), European Ambitions of the National Judiciary, Deventer 1997, S. 83

Meij, Arjen W.H.: Guest Editorial: Architects or judges? Some comments in relation to the current debate, CML Rev. 37 (2000), 1039

Meij, Arjen W.H.: Effective Preliminary Cooperation: Some Eclectic Notes, in: *Raad van State* (Hrsg.), The Uncertain Future of the Preliminary Procedure, Den Haag 2004, S. 11 (erhältlich über http://www.raadvanstate.nl/publicaties/publicaties)

Melin, Patrick: Gesetzesauslegung in den USA und Deutschland, Tübingen 2005

Meller-Hannich, Caroline: Verbraucherschutz im Schuldvertragsrecht – Private Freiheit und staatliche Ordnung, Tübingen 2005

Meltzer, Daniel J.: The History and Structure of Article III, U. Pa. L. Rev. 138 (1990), 1569

Meltzer, Daniel J.: Member State Liability in Europe and the United States, Int. J. Const. L. 4 (2006), 39

Menkel-Meadow, Carrie J./Garth, Bryant G.: Civil Procedure and Courts, in: *Cane, Peter/Kritzer, Herbert* (Hrsg.), The Oxford Handbook of Empirical Legal Research, Oxford 2010, S. 679

Menzel, Eberhard: Staats- und völkerrechtliches Gutachten zum Schumanplan, Hamburg 1951

Merkt, Hanno: Angloamerikanisierung und Privatisierung der Vertragspraxis versus Europäisches Vertragsrecht, ZHR 171 (2007), 490

Merkt, Hanno: Von Monstern und komischen Vögeln: Kritische Anmerkungen zur Zustellung US-amerikanischer punitive damages-Klagen in Deutschland, in: Festschr. f. Dieter Leipold, Tübingen 2009, S. 265

Merkt, Hanno/Göthel, Stephan: US-amerikanisches Gesellschaftsrecht, 2. Aufl., Frankfurt/M. 2006

Merli, Franz: EC Law and the Austrian Constitutional Court, in: *Hofmann, Mahulena* (Hrsg.), Europarecht und die Gerichte der Transformationsstaaten – European Law and the Courts of the Transition Countries, Baden-Baden 2008, S. 170

Merz, Franz: Funktion und praktische Auswirkung der richterlichen Vorlagen an den Europäischen Gerichtshof aus der Sicht des Bundesgerichtshofs, in: *Lenz, Carl Otto/Beisse, Heinrich/Merz, Franz/Wiegand, Dietrich,* Das Zusammenwirken der europäischen Gerichte und der nationalen Gerichtsbarkeit, Heidelberg 1989, S. 39

Messer, Herbert: Der Schutz des Schwächeren im Zivilprozeß, in: Festschr. f. 50 Jahre Bundesgerichtshof, Köln, Berlin, Bonn, München 2000, S. 67

Mestmäcker, Ernst-Joachim: Europäische Kartellpolitik auf dem Stahlmarkt – Zum Rechtsschutz stahlverbrauchender Unternehmen in der Montanunion, Baden-Baden 1983

Mestmäcker, Ernst-Joachim: Der Kampf ums Recht in der offenen Gesellschaft, in: *ders.,* Recht in der offenen Gesellschaft – Hamburger Beiträge zum deutschen, europäischen und internationalen Wirtschafts- und Medienrecht, Baden-Baden 1993, S. 11

Mestmäcker, Ernst-Joachim: Schnittstellen von Wettbewerb und Regulierung im europäischen Recht, in: Festschr. f. Manfred Zuleeg, Baden-Baden 2005, S. 397

Mestmäcker, Ernst-Joachim: Kants Rechtsprinzip als Grundlage der europäischen Einigung, in: *ders.,* Wirtschaft und Verfassung in der Europäischen Union – Beiträge zu Recht, Theorie und Politik der europäischen Integration, 2. Aufl., Baden-Baden 2006, S. 78

Mestmäcker, Ernst-Joachim: A Legal Theory Without Law – Posner v. Hayek on Economic Analysis of Law, Tübingen 2007

Mestmäcker, Ernst Joachim: 50 Jahre GWB: Die Erfolgsgeschichte eines unvollkommenen Gesetzes, WuW 2008, 6

Mestmäcker, Ernst-Joachim: Recht und Politik in der EU, in: *ders./Möschel, Wernhard/Nettesheim, Martin* (Hrsg.), Verfassung und Politik im Prozess der europäischen Integration, Baden-Baden 2008, S. 9

Mestmäcker, Ernst-Joachim: Systembezüge subjektiver Rechte, in: Festschr. f. Karsten Schmidt, Köln 2009, S. 1197

Mestmäcker, Ernst-Joachim: Im Schatten des Leviathan, EuR-Beih 1/2010, 35

Mestmäcker, Ernst-Joachim/Schweitzer, Heike: Europäisches Wettbewerbsrecht, 2. Aufl., München 2004

Metzger, Axel: Europäischer Verbraucherschutz, Effektivitätsgrundsatz und nationale Ausschlussfristen, ZEuP 2004, 153

Metzger, Axel: Extra legem, intra ius – Allgemeine Rechtsgrundsätze im europäischen Privatrecht, Tübingen 2008

Metzger, Axel: Allgemeine Rechtsgrundsätze im Europäischen Privatrecht: Ansätze für eine einheitliche Methodenlehre im europäischen Mehrebenensystem, Rechtstheorie 2009, 313

Metzger, Axel: Der Einfluss des EuGH auf die gegenwärtige Entwicklung des Urheberrechts, GRUR 2012, 118

Metzger, Ernest: A New Outline of the Roman Civil Trial, Oxford 1997

Meyer, Jürgen (Hrsg.): Charta der Grundrechte der Europäischen Union, 3. Aufl., Baden-Baden 2011 [zit. Bearbeiter: *Eser, Albin*]

Meyer-Ladewig, Jens: EMRK – Europäische Menschenrechtskonvention – Handkommentar, 3. Aufl., Baden-Baden 2011

Miąsik, Dawid: European Law and the General Courts of the Transition Countries, in: *Hofmann, Mahulena* (Hrsg.), Europarecht und die Gerichte der Transformationsstaaten – European Law and the Courts of the Transition Countries, Baden-Baden 2008, S. 97

Micara, Anna Giulia: Shaping a New EU Judicial Architecture: Judicial Panels on Intellectual Property, in: *Snyder, Francis/Maher, Imelda* (Hrsg.), The Evolution of the European Courts: Institutional Change and Continuity/L'évolution des juridictions européennes: Changements et continuité, Bruxelles 2009, S. 211

Michaels, Ralf: Gerichtsverfassung und Verfahrensstrukturen in föderalen Gemeinwesen: Diskussionsbericht, RabelsZ 66 (2002), 357

Michaels, Ralf: Two Paradigms of Jurisdiction, Mich. J. Int'l L. 27 (2006), 1003

Michaels, Ralf: US-Gerichte als Weltgerichte – die Avantgarde der Globalisierung, DAJV-NL 2006, 46

Michaels, Ralf: Rechtskultur, in: *Basedow, Jürgen/Hopt, Klaus J./Zimmermann, Reinhard* (Hrsg.), Handwörterbuch des Europäischen Privatrechts, Bd. II, Tübingen 2009, S. 1255

Michalczyk, Roman: Europäische Ursprünge der Regulierung von Wettbewerb – Eine rechtshistorische interdisziplinäre Suche nach einer europäischen Regulierungstradition am Beispiel der Entwicklung der Eisenbahn in England, Preußen und den USA, Tübingen 2010

Micklitz, Hans-Wolfgang: Zum Verständnis von Treu und Glauben im Englischen Vertragsrecht – Eine Besprechung von House of Lords, Office of Fair Trading v. First National Bank, plc, ZEuP 2003, 865

Micklitz, Hans-Wolfgang (Hrsg.): Europarecht *case by case* – Vorlageverfahren deutscher Gerichte an den EuGH, Heidelberg 2004

Micklitz, Hans-Wolfgang: The Politics of Judicial Co-operation in the EU – The Case of Sunday Trading, Equal Treatment and Good Faith, Cambridge 2005

Micklitz, Hans-Wolfgang: Collective private enforcement of consumer law: the key questions, in: *Boom, Willem van/Loos, Marco* (Hrsg.), Collective Enforcement of Consumer Law – Securing Compliance in Europe through Private Group Action and Public Authority Intervention, Groningen 2007, S. 11

Micklitz, Hans-Wolfgang: (Selbst-)Reflektionen über die wissenschaftlichen Ansätze zur Vorbereitung einer europäischen Vertragsrechtskodifikation, GPR 2007, 2

Micklitz, Hans-Wolfgang: The Relationship between National and European Consumer Policy – Challenges and Perspectives, Yearbook of Consumer Law 2008, Aldershot 2007, 35

Micklitz, Hans-Wolfgang: Some Reflections on Cassis de Dijon and the Control of Unfair Contract Terms in Consumer Contracts, in: *Collins, Hugh* (Hrsg.), Standard Contract Terms in Europe – A Basis for and a Challenge to European Contract Law, Alphen aan den Rijn 2008, S. 19

Micklitz, Hans-Wolfgang: The Visible Hand of European Regulatory Private Law – The Transformation of European Private Law from Autonomy to Functionalism in Competition and Regulation, YEL 28 (2009), 3

Micklitz, Hans-Wolfgang: Judicial Activism and the Development of a European Social Model in Anti-Discrimination and Consumer Law, in: *Neergard, Ulla/Nielsen, Ruth/Roseberry, Lynn* (Hrsg.), The Role of Courts in Developing a European Social Model – Theoretical and Methodological Perspectives, Copenhagen 2010, S. 25

Micklitz, Hans-Wolfgang: Administrative Enforcement of European Private Law, in: *Brownsword, Roger/Micklitz, Hans-Wolfgang/Niglia, Leone/Weatherill, Stephen* (Hrsg.), The Foundations of European Private Law, Oxford, Portland/Oregon 2011, S. 563

Micklitz, Hans-Wolfgang: German Constitutional Court (Bundesverfassungsgericht BVerfG) 2 BvE 2/08, 30.6.2009 – Organstreit proceedings between members of the German Parliament and the Federal Government, ERCL 7 (2011), 528

Micklitz, Hans-Wolfgang: The ECJ Between the Individual Citizen and the Member States – A Plea for a Judge-Made European Law on Remedies, in: *ders./Witte, Bruno de* (Hrsg.): The European Court of Justice and the Autonomy of the Member States, Mortsel 2012, S. 349

Micklitz, Hans-Wolfgang/Cafaggi, Fabrizio (Hrsg.): European Private Law after the Common Frame of Reference, Cheltenham 2010

Micklitz, Hans-Wolfgang/Reich, Norbert: Europäisches Verbraucherrecht – quo vadis?: Überlegungen zum Grünbuch der Kommission zur Überprüfung des gemeinschaftlichen Besitzstandes im Verbraucherschutz vom 8.2.2007, VuR 2007, 121

Micklitz, Hans-Wolfgang/Reich, Norbert: Crónica de una muerte anunciada, The Commission Proposal for a 'Directive on Consumer Rights', CML Rev. 46 (2009), 471

Micklitz, Hans-Wolfgang/Rott, Peter: Vergemeinschaftung des EuGVÜ in der Verordnung (EG) Nr. 44/2001, EuZW 2001, 325

Micklitz, Hans-Wolfgang/Witte, Bruno de (Hrsg.): The European Court of Justice and the Autonomy of the Member States, Mortsel 2012

Middeke, Andreas: Das Vorabentscheidungsverfahren, in: *Rengeling, Hans-Werner/Middeke, Andreas/Gellermann, Martin* (Hrsg.), Handbuch des Rechtsschutzes in der Europäischen Union, 2. Aufl., München 2003, § 10 (S. 203)

Miller, Jonathan M.: A Typology of Legal Transplants: Using Sociology, Legal History and Argentine Examples to Explain the Transplant Process, Am. J. Comp. L. 51 (2003), 839

Millett, Timothy: The New European Court of First Instance, ICLQ 38 (1989), 811

Ministry of Justice: Judicial and Court Statistics 2009, London 2010

Mittmann, Patrick: Die Rechtsfortbildung durch den Gerichtshof der Europäischen Gemeinschaften und die Rechtsstellung der Mitgliedstaaten der Europäischen Union, Frankfurt/M., Berlin, Bern, Bruxelles, New York, Oxford, Wien 2000

Molinier, Joël/Lotarski, Jaroslaw: Droit du contentieux de l'Union européenne, Paris 2010

Möllers, Christoph: Gewaltengliederung – Legitimation und Dogmatik im nationalen und internationalen Rechtsvergleich, Tübingen 2005

Möllers, Christoph: Erwiderung auf Günter Hirsch JZ 2007, 853, JZ 2008, 188

Möllers, Thomas M. J.: Die Rolle des Rechts im Rahmen der europäischen Integration – Zur Notwendigkeit einer europäischen Gesetzgebungs- und Methodenlehre, Tübingen 1999

Möllers, Thomas M. J./Möhring, Alexandra: Recht und Pflicht zur richtlinienkonformen Rechtsfortbildung bei generellem Umsetzungswillen des Gesetzgebers, JZ 2008, 919

Monnet, Jean: Mémoires – Nous ne coalisons pas des États, nous unissons des hommes, Paris 1976

*Monopolkommission (Möschel, Wernhard/*u.a.): Kartellpolitische Wende in der Europäischen Union? Zum Weißbuch der Kommission vom 28. April 1999 – Sondergutachten der Monopolkommission gemäß § 44 Abs. 1 Satz 4 GWB, Sondergutachten 28, Baden-Baden 1999

*Monopolkommission (Hellwig, Martin/Basedow, Jürgen/*u.a.): Folgeprobleme der europäischen Kartellverfahrensreform – Sondergutachten der Monopolkommission gemäß § 44 Abs. 1 Satz 4 GWB, Baden-Baden 2002

Montesquieu, Charles-Louis de Secondat, Baron de la Brède et de: De l'esprit des lois, Genf 1748

Montesquieu, Charles-Louis de Secondat, Baron de la Brède et de (Hrsg.: *Oster, Daniel*): Œuvres completes, Paris 1964

Moravcsik, Andrew: The Choice for Europe – Social Purpose and State Power from Messina to Maastricht, London, Ithaca/NY 1998

Mormann, Felix: Zwischen Parteilichkeit und gelebter Demokratie: der Jury Trial im US-amerikanischen Zivilprozess, RIW 2011, 515

Mörsdorf, Oliver: Die Auswirkungen des neuen „Grundrechts auf Verbraucherschutz" gemäß Art. 38 GR-Ch auf das nationale Privatrecht, JZ 2010, 759

Mortelmans, Kamiel: Community Law: More than a Functional Area of Law, Less than a Legal System, Legal Issues of European Integration 23 (1996), 42

Möschel, Wernhard: Aussetzung bei Konkurrenz gleichzeitiger Verfahren vor dem Europäischen Gericht erster Instanz und dem EuGH (Art. 47 III der EuGH-Satzung), NVwZ 1999, 1045

Möslein, Florian: Richtlinienkonforme Auslegung im Zivilverfahrensrecht? – Überlegungen zur Auswirkung der EuGH-Urteile Océano Grupo und Cofidis, aufgezeigt am Beispiel des § 281 Abs. 2 S. 4 ZPO, GPR 2003–2004, 59

Mosler, Hermann: Die Entstehung des Modells supranationaler und gewaltenteilender Staatenverbindungen in den Verhandlungen über den Schuman-Plan, in: Festschr. f. Walter Hallstein, Frankfurt/M. 1966, S. 355

Mouton, Jean-Denis: La Cour de justice des Communautés européennes, 2. Aufl., Paris 2004

Müller, Achim: Grenzüberschreitende Beweisaufnahme im europäischen Justizraum, Tübingen 2004

Müller, Friedrich/Christensen, Ralph: Juristische Methodik, Bd. II: Europarecht, 2. Aufl., Berlin 2007

Müller, Matthias: Die Errichtung des Europäischen Patentgerichts – Herausforderung für die Autonomie des EU-Rechtssystems?, EuZW 2010, 851

Müller-Graff, Peter-Christian: The Legal Bases of the Third Pillar and its Position in the Framework of the Union Treaty, CML Rev. 31 (1994), 493

Müller-Graff, Peter-Christian (Hrsg.): Europäische Zusammenarbeit in den Bereichen Justiz und Inneres – Der dritte Pfeiler der Europäischen Union, Baden-Baden 1996

Müller-Graff, Peter-Christian: Privatrecht und Europäisches Gemeinschaftsrecht, in: *ders.* (Hrsg.), Gemeinsames Privatrecht in der Europäischen Gemeinschaft, 2. Aufl., Baden-Baden 1999, S. 267

Müller-Graff, Peter-Christian/Kainer, Friedemann: Die justitielle Zusammenarbeit in Zivilsachen in der Europaischen Union, DRiZ 2000, 350

Müller-Graff, Peter-Christian/Schwarze, Jürgen (Hrsg.): Rechtsschutz und Rechtskontrolle nach Amsterdam, EuR-Beih 1/1999, Baden-Baden 1999

Müller-Huschke, Wolfgang: Verbesserungen des Individualrechtsschutzes durch das neue Europäische Gericht Erster Instanz, EuGRZ 1989, 213

Münchener Kommentar zum Bürgerlichen Recht: Bd. II: Schuldrecht Allgemeiner Teil, §§ 241–432 BGB, 5. Aufl., München 2007 [zit. Bearbeiter: *Basedow, Jürgen*]

Mundell, Robert A.: A Theory of Optimum Currency Areas, The American Economic Review, 51 (1961), 657

Munding, Christoph-David: Das Grundrecht auf effektiven Rechtsschutz im Rechtssystem der Europäischen Union – Überlegungen zur Rechtsnatur und Quellenhermeneutik der unionalen Rechtsschutzgarantie sowie zur Wirksamkeit des Systems primären Individualrechtsschutzes gegen normative EG-Rechtsakte, Berlin 2010

Muñoz, Rodolphe: Le système de juge unique pour le règlement d'un problème multiple: l'encombrement de la Cour de justice des Communautés européennes et du Tribunal de première instance, Revue du marché commun et de l'Union européenne 2001, 60

Müntefering, Franz/Becker, Ulrich (Hrsg.): 50 Jahre EU – 50 Jahre Rechtsprechung des Europäischen Gerichtshofs zum Arbeits- und Sozialrecht, Baden-Baden 2008

Münzberg, Wolfgang: Das Verfahren des EuGH im Vergleich zum deutschen Zivilprozeß: Ansätze für einen europäischen Prozeß?, in: *Grunsky, Wolfgang/Stürner, Rolf/Walter, Gerhard/Wolf, Manfred* (Hrsg.), Wege zu einem europäischen Zivilprozessrecht – Tübinger Symposium zum 80. Geburtstag von Fritz Baur, Tübingen 1992, S. 69

Murray, Peter L.: Die Flucht aus der Ziviljustiz, ZZPInt 11 (2006), 295

Murray, Peter L./Stürner, Rolf: German Civil Justice, Durham/North Carolina 2004

Murswiek, Dietrich: Zu den Konsequenzen der Auflösung der Säulenstruktur der Europäischen Union und der Erstreckung der Gerichtsbarkeit des EU-Gerichtshofs auf den EU-Vertrag, NVwZ 2009, 481

Musielak, Hans-Joachim (Hrsg.): Kommentar zur Zivilprozessordnung mit Gerichtsverfassungsgesetz, 8. Aufl., München 2011 [zit. Bearbeiter: *Stadler, Astrid*]

Müßig, Ulrike: Geschichte des Richterrechts und der Präjudizienbindung auf dem europäischen Kontinent, ZNR 28 (2006), 79

Müßig, Ulrike: Gesetzlicher Richter ohne Rechtsstaat? – Eine historisch-vergleichende Spurensuche, Berlin 2007

Müßig, Ulrike: Recht und Justizhoheit – Der gesetzliche Richter im historischen Vergleich von der Kanonistik bis zur Europäischen Menschenrechtskonvention, unter besonderer Berücksichtigung der Rechtsentwicklung in Deutschland, England und Frankreich, 2. Aufl., Berlin 2009

Nacimiento, Patricia: Gemeinschaftsrechtliche und nationale Staatshaftung in Deutschland, Italien und Frankreich, Baden-Baden 2006

Nagel, Heinrich/Bajons, Ena-Marlis (Hrsg.): Beweis – Preuve – Evidence, Grundzüge des zivilprozessualen Beweisrechts in Europa, Baden-Baden 2003

Nagel, Heinrich: Auf dem Wege zu einem europäischen Prozeßrecht, Baden-Baden 1963

Nagler, Jörg: Abraham Lincoln – Amerikas großer Präsident – Eine Biographie, 2. Aufl., München 2009

Nakamura, Hideo: Die zwei Typen des Zivilprozesses – Der Zivilprozeß im kontinentalen und im anglo-amerikanischen Rechtskreis, in: *Institute of Comparative Law, Waseda University* (Hrsg.), Law in East and West – On the occasion of the 30th anniversary of the Institute of Comparative Law, Waseda University/Recht in Ost und West, in: Festschrift zum 30-jährigen Jubiläum des Instituts für Rechtsvergleichung der Waseda Universität, Tokyo 1988, S. 299

Naômé, Caroline: Le renvoi préjudiciel en droit européen – Guide pratique, 2. Aufl., Brüssel 2010

Nascimbene, Bruno (with the collaboration of *Bergamini, Elisabetta):* The Legal Profession in the European Union, Alphen aan den Rijn 2009

Nehl, Hanns-Peter: Das EU-Rechtsschutzsystem, in: *Fastenrath, Ulrich/Nowak, Carsten* (Hrsg.), Der Lissabonner Reformvertrag: Änderungsimpulse in einzelnen Rechts- und Politikbereichen, Berlin 2009, S. 149

Nelken, David: Legal Culture, in: *Smits, Jan M.* (Hrsg.), Elgar Encyclopedia of Comparative Law, Cheltenham, Northampton/Mass. 2006, S. 372

Nergelius, Joakim: "Old" Member States: Same Problems, Same Approaches? The Case of Sweden, in: *Hofmann, Mahulena* (Hrsg.), Europarecht und die Gerichte der Transformationsstaaten – European Law and the Courts of the Transition Countries, Baden-Baden 2008, S. 154

Nettesheim, Martin: Effektive Rechtsschutzgewährleistung im arbeitsteiligen System europäischen Rechtsschutzes, JZ 2002, 928

Nettesheim, Martin: Die konsoziative Föderation von EU und Mitgliedstaaten, ZEuS 2002, 507 = in: *Hess, Burkhard* (Hrsg.), Wandel der Rechtsordnung – Ringvorlesung der Juristischen Fakultät der Universität Tübingen im WS 2001/2002, Tübingen 2003, S. 1

Nettesheim, Martin: Ersatzansprüche nach „Heininger"? Die Aufarbeitung mitgliedstaatlicher Vertragsverstöße im EU-Privatrecht, WM 2006, 457

Nettesheim, Martin: Normenhierarchien im EU-Recht, EuR 2006, 737

Nettesheim, Martin: Subjektive Rechte im Unionsrecht, AöR 132 (2007), 333

Netzer, Felix: Status quo und Konsolidierung des Europäischen Zivilverfahrensrechts – Vorschlag zum Erlass einer EuZPO, Tübingen 2011

Neuner, Jörg: Die Rechtsfindung contra legem, 2. Aufl., München 2005

Neuner, Jörg (Hrsg.): Grundrechte und Privatrecht aus rechtsvergleichender Sicht, Tübingen 2007

Neuner, Jörg: Die Rechtsfortbildung, in: *Riesenhuber, Karl* (Hrsg.), Europäische Methodenlehre – Handbuch für Ausbildung und Praxis, 2. Aufl., Berlin, New York 2010, § 13 (S. 373)

Neuss, Beate: Geburtshelfer Europas? Die Rolle der Vereinigten Staaten im europäischen Integrationsprozeß, Baden-Baden 2000

Neyer, Jürgen: Europe's Justice Deficit: Justification and Legitimacy in the European Union, in: *ders./Wiener, Antje* (Hrsg.), Political Theory of the European Union, Oxford 2011, S. 169

Ng, Gar Yein: Quality of Judicial Organisation and Checks and Balances, Antwerpen 2007

Nicolaidis, Kalypso/Howse, Robert (Hrsg.): The Federal Vision – Legitimacy and Levels of Governance in the United States and the European Union, Oxford 2001

Niedermühlbichler, Hannes: Verfahren vor dem EuG und EuGH – Gerichtsorganisation, Zuständigkeit, Verfahrensarten, Wien 1998

Niemeyer, Hans-Jörg: Erweiterte Zuständigkeiten für das Gericht erster Instanz der Europäischen Gemeinschaften, EuZW 1993, 529

Nieto Martin, Adán: Architectures judiciaires du droit pénal européen, in: *Giudicelli-Delage, Geneviève/Manacorda, Stefano* (Hrsg.)/*Tricot, Juliette* (Koord.), Cour de justice et justice pénale en Europe, Paris 2010, S. 271

Niglia, Leone: Beyond Enchantment – The Possibility of New European Private Law, YEL 28 (2009), 60

Nissen, Harck-Oluf: Die Intervention Dritter in Verfahren vor dem Gerichtshof der Europäischen Gemeinschaften, Berlin 2001

Nohlen, Dieter/Stöver, Philip (Hrsg.): Elections in Europe – A Data Handbook, Baden-Baden 2010

Nollkaemper, André: National Courts and the International Rule of Law, Oxford 2011

Nörr, Knut Wolfgang: Naturrecht und Zivilprozeß – Studien zur Geschichte des deutschen Zivilprozeßrechts während der Naturrechtsperiode bis zum beginnenden 19. Jahrhundert, Tübingen 1976

North, Douglass C.: Institutions, Institutional Change and Economic Performance, Cambridge, New York 1990

Nowak, Tobias/Amtenbrink, Fabian/Hertogh, Marc/Wissink, Mark: National Judges as European Union Judges – Knowledge, Experience and Attitudes of Lower Court Judges in Germany and the Netherlands, Den Haag 2012

Nugent, Neill: The Government and Politics of the European Union, 6. Aufl., Durham 2006

Nunner, Michael: Kooperation internationaler Gerichte – Lösung zwischengerichtlicher Konflikte durch herrschaftsfreien Diskurs, Tübingen 2009

Nußberger, Angelika: Verfassungsgerichtsbarkeit als Krönung des Rechtsstaats oder als Feigenblatt autoritärer Regime? Zu den rechtskulturellen Voraussetzungen für das effektive Wirken von Verfassungsgerichten am Beispiel des Russischen Verfassungsgerichts, JZ 2010, 533

Nusser, Julian: Die Bindung der Mitgliedstaaten an die Unionsgrundrechte – Vorgaben für die Auslegung von Art. 51 Abs. 1 S. 1 EuGrCh, Tübingen 2011

Nyikos, Stacy A.: Strategic Interaction Among Courts Within the Preliminary Reference Process – Stage 1: National Court Preemptive Opinions, European Journal of Political Research, 45 (2006), 527

O'Keeffe, David: Is the Spirit of Article 177 Under Attack? Preliminary Reference and Admissibility, E.L. Rev. 23 (1998), 509

Oaklev, John B./Amar, Vikram D.: United States of America, in: *Taelman, Piet* (Hrsg.), Civil Procedure, in: International Encyclopaedia of Laws (General Editor: *Blanpain, Roger*), Bd. V, Alphen aan den Rijn 2009 (Losebl.-Slg.)

Oberhammer, Paul (Hrsg.): Richterbild und Rechtsreform in Mitteleuropa, Wien 2001

Oberhammer, Paul: Zivilprozessgesetzgebung: Content follows method, in: Festschr. f. Ernst A. Kramer, Basel, Genf, München 2004, S. 1025

Oberhammer, Paul: The Abolition of Exequatur, IPRax 2010, 197

Oberto, Giacomo: Richterliche Unabhängigkeit – Rechtsvergleichende Betrachtung ihrer institutionellen Ausgestaltung in den Ländern Europas, ZRP 2004, 207

Obwexer, Walter: Einzelrichter am Gericht erster Instanz der Europäischen Gemeinschaften – Der erste Schritt zur Reform des Gerichtssystems der Europäischen Union, ecolex 1999, 664

Obwexer, Walter: Das Ende der Europäischen Gemeinschaft für Kohle und Stahl, EuZW 2002, 517

Obwexer, Walter: Die Neuordnung des Gerichtssystems nach Nizza, in: *Griller, Stefan/Hummer, Waldemar* (Hrsg.), Die EU nach Nizza: Ergebnisse und Perspektiven, Wien, New York 2002, S. 239

Oddone, Beatrice: Legal Translation at the European Court of Justice, Problems and Techniques, in: *Pozzo, Barbara/Jacometti, Valentina* (Hrsg.), Multilingualism and the Harmonisation of European Law, Alphen aan den Rijn 2006, S. 197

Oeter, Stefan: Integration und Subsidiarität im deutschen Bundesstaatsrecht – Untersuchungen zur Bundesstaatstheorie unter dem Grundgesetz, Tübingen 1998

Oeter, Stefan: Federalism and Democracy, in: *Bogdandy, Armin v./Bast, Jürgen* (Hrsg.), Principles of European Constitutional Law, 2. Aufl., Oxford 2006, S. 55

Oeter, Stefan: Rechtsprechungskonkurrenz zwischen nationalen Verfassungsgerichten, Europäischem Gerichtshof und Europäischem Gerichtshof für Menschenrechte, VVDStRL 66 (2007), 361

Oeter, Stefan: Vielfalt der Gerichte – Einheit des Prozessrechts?, in: *Hofmann, Rainer/ Reinisch, August/Pfeiffer, Thomas/Oeter, Stefan/Stadler, Astrid* (Hrsg.) Die Rechtskontrolle von Organen der Staatengemeinschaft: Vielfalt der Gerichte – Einheit des Prozessrechts?, Berichte der Deutschen Gesellschaft für Völkerrecht, Bd. 42, Heidelberg 2007, S. 149

Oeter, Stefan: Das Verhältnis zwischen EuGH, EGMR und nationalen Verfassungsgerichten, in: *Fastenrath, Ulrich/Nowak, Carsten* (Hrsg.), Der Lissabonner Reformvertrag: Änderungsimpulse in einzelnen Rechts- und Politikbereichen, Berlin 2009, S. 129

Oettingen, Anna v.: Effet utile und individuelle Rechte im Recht der Europäischen Union, Baden-Baden 2010

Ogorek, Regina: Aufklärung über Justiz, Halbbd. I: Abhandlungen und Rezensionen; Halbbd. II: Richterkönig oder Subsumtionsautomat? Zur Justiztheorie im 19. Jahrhundert (2., unveränderte Aufl. des 1986 erschienenen Bandes), Frankfurt/M. 2008

Ohler, Christoph: Herrschaft, Legitimation und Recht in der Europäischen Union – Anmerkungen zum Lissabon-Urteil des BVerfG, AöR 135 (2010), 153

Ohly, Ansgar: Richterrecht und Generalklausel im Recht des unlauteren Wettbewerbs – ein Methodenvergleich des englischen und des deutschen Rechts, Köln 1997

Ohne Verfasser: Note: Advisory Opinions and the Influence of the Supreme Court over American Policymaking, Harv. L. Rev. 124 (2011), 2064

Olivares Tramón, José Miguel: Das Vorabentscheidungsverfahren des EuGH als Vorbild des MERCOSUR – Die Förderung einer effektiveren Gerichtsbarkeit im MERCOSUR, Baden-Baden 2006

Olivares Tramon, José Miguel/Tüllmann, Norbert: Die künftige Gestaltung der EU-Gerichtsbarkeit nach dem Vertrag von Nizza, NVwZ 2004, 43

Olowofoyeku, Abimbola: State Liability for the Exercise of Judicial Power, Public Law 1998, 444

Ondrušek, Petr: The Beginning of a Dialogue: The Experience of the First Four Years with Preliminary Rulings from New Member States, in: *Hofmann, Mahulena* (Hrsg.), Europarecht und die Gerichte der Transformationsstaaten – European Law and the Courts of the Transition Countries, Baden-Baden 2008, S. 133

Ooyen, Robert Chr. van: Die Staatstheorie des Bundesverfassungsgerichts und Europa – Von Solange über Maastricht zu Lissabon, 3. Aufl., Baden-Baden 2010

Ophüls, Carl Friedrich: Das Wirtschaftsrecht des Schumanplans, NJW 1951, 381

Ophüls, Carl Friedrich: Europas partieller Bundesstaat, Die Gegenwart 1951, 25

Ophüls, Carl Friedrich: Gerichtsbarkeit und Rechtsprechung im Schumanplan, NJW 1951, 693

Ophüls, Carl Friedrich: Juristische Grundgedanken des Schumanplans, NJW 1951, 289

Ophüls, Carl Friedrich: Quellen und Aufbau des Europäischen Gemeinschaftsrechts, NJW 1963, 1697

Oppermann, Thomas: Der „siebenjährige Krieg" – Erinnerungen an die Prozesse vor der europäischen Gerichtsbarkeit um die sächsischen VW-Beihilfen 1996–2003, in: Festschr. f. Volkmar Götz, Göttingen 2005, S. 211

Oppermann, Thomas/Classen, Claus Dieter/Nettesheim, Martin: Europarecht, 5. Aufl., München 2011

Ortells Ramos, Manuel (Hrsg.): Los recursos ante Tribunales Supremos en Europa – Appeals to Supreme Courts in Europe, Madrid 2008

Orth, John V.: How Many Judges Does It Take to Make a Supreme Court?: And Other Essays on Law And the Constitution, Lawrence, Kansas 2006

Ottaviano, Marco: Der Anspruch auf rechtzeitigen Rechtsschutz im Gemeinschafts-prozessrecht, Tübingen 2009

Pacelle, Richard L./Marshall, Bryan W./Curry, Brett W.: Keepers of the Covenant or Platonic Guardians? Decision Making on the U.S. Supreme Court, American Politics Research 35 (2007), 694

Pache, Eckhard: Die Kontrolldichte in der Rechtsprechung des Gerichtshofs der Euro-päischen Gemeinschaften, DVBl. 1998, 380

Pache, Eckhard: Das europäische Grundrecht auf einen fairen Prozeß, NVwZ 2001, 1342

Pache, Eckhard/Knauff, Matthias: Wider die Beschränkung der Vorlagebefugnis unter-instanzlicher Gerichte im Vorabentscheidungsverfahren – zugleich ein Beitrag zu Art. 68 I EG, NVwZ 2004, 16

Pache, Eckhard/Schorkopf, Frank: Der Vertrag von Nizza – Institutionelle Reform zur Vorbereitung der Erweiterung, NJW 2001, 1377

Pagenberg, Jochen: The ECJ on the Draft Agreement for a European Community Patent Court – Hearing of May 18, 2010, IIC 2010, 695

Pagenberg, Jochen: Das zukünftige europäische Patentgerichtssystem – Status Quo nach den Anträgen der Generalanwälte, GRUR 2011, 32

Paine, Thomas: Common Sense (1776), in: *ders.*, Common Sense and Other Writings (Hrsg.: *Wood, Gordon S.*), New York 2003, S. 3

Pakuscher, Ernst Karl: Der U.S. Court of Appeals for the Federal Circuit – Ein Modell für Europa?, GRUR Int. 1990, 760

Palmer, Vernon Valentine: The Louisiana Civilian Experience – Critiques of Codifi-cation in a Mixed Jurisdiction, Durham, North Carolina 2005

Panke, Diana: The Effectiveness of the European Court of Justice: Why Reluctant States Comply, Manchester 2010

Parker, Jeffrey S.: Comparative Civil Procedure and Transnational "Harmonization": A Law-and-Economics Perspective, in: *Bork, Reinhard/Eger, Thomas/Schäfer, Hans-Bernd* (Hrsg.), Ökonomische Analyse des Verfahrensrechts – Beiträge zum XI. Trave-münder Symposium zur ökonomischen Analyse des Rechts (26. bis 29. März 2008), Tübingen 2009, S. 387

Pavillon, Charlotte M.D.S.: ECJ 26 October 2006, Case C-168/05 Mostaza Claro v. Centro Móvil Milenium SL – The Unfair Contract Terms Directive: The ECJ's Third Intervention in Domestic Procedural Law, ERPL 15 (2007), 735

Pawlowski, Hans-Martin: Vorlagepflicht und gesetzlicher Richter, in: Festschr. f. Konrad Redeker, München 1993, S. 201

Pawlowski, Hans-Martin: Methodenlehre für Juristen, 3. Aufl., Heidelberg 1999

Pechstein, Matthias (unter Mitarb. v. *Görlitz, Niklas/Kubicki, Philipp*): EU-Prozessrecht, 4. Aufl., Tübingen 2011

Pennera, Christian: The Beginnings of the Court of Justice and its Role as a driving Force in European Integration, Journal of European Integration History 1 (1995), H. 1, 111

Peoples, Lee Faircloth: The Use of Foreign Law by the Advocates General of the Court of Justice of the European Communities, Syracuse J. Int'l L. & Com. 35 (2008), 219

Peoples, Lee Faircloth: The Influence of Foreign Law Cited in the Opinions of Advocates General on Community Law, YEL 28 (2009), 458

Perner, Stefan: Alle Wege führen nach Rom? Verbleibender Spielraum des nationalen IPR-Gesetzgebers, in: Jahrbuch Junger Zivilrechtswissenschaftler 2009, Stuttgart 2010, S. 379

Pernfuß, Andreas: Die Effizienz des Europäischen Mahnverfahrens – Eine kritische Untersuchung wesentlicher Verfahrensmerkmale, Baden-Baden 2009

Pernhorst, Christian: Das paneuropäische Verfassungsmodell des Grafen Richard N. Coudenhove-Kalergi, Baden-Baden 2008

Pernice, Ingolf: Die Dritte Gewalt im europäischen Verfassungsverbund, EuR 1996, 27

Pernice, Ingolf (Hrsg.): Harmonisation of Legislation in Federal Systems – Constitutional, Federal and Subsidiarity Aspects – The European Union and the United States of America Compared, Bd. I, Baden-Baden 1996

Pernice, Ingolf: Das Verhältnis europäischer zu nationalen Gerichten im europäischen Verfassungsverbund, Berlin 2006

Pernice, Ingolf: The global dimension of multilevel constitutionalism: a legal response to the challenges of globalisation, in: Festschr. f. Christian Tomuschat, Kehl 2006, S. 973

Pernice, Ingolf: Die Zukunft der Unionsgerichtsbarkeit – Zu den Bedingungen einer nachhaltigen Sicherung effektiven Rechtsschutzes im Europäischen Verfassungs-verbund, EuR 2011, 151

Pernice, Ingolf/Kokott, Juliane/Saunders, Cheryl (Hrsg.): The Future of the European Judicial System in a Comparative Perspective – 6th International ECLN-Colloquium/ IACL Round Table Berlin, 2–4 November 2005, Baden-Baden 2006

Perry, H.W. Jr.: Deciding to Decide: Agenda Setting in the United States Supreme Court, Cambridge/Mass. 1991

Pescatore, Pierre: Zu Rechtssprache und Rechtsstil im europäischen Recht, in: *Müller, Friedrich/Burr, Isolde* (Hrsg.), Rechtssprache Europas – Reflexion der Praxis von Sprache und Mehrsprachigkeit im supranationalen Recht, Berlin 2004, S. 243

Petzold, Hans Arno: Individualrechtsschutz an der Schnittstelle zwischen deutschem und Gemeinschaftsrecht – Zugleich ein Beitrag zur Interpretation von Art. III-365 Abs. 4 VerfV, Baden-Baden 2008

Pfander, James E.: Member State Liability and Constitutional Change in the United States and Europe, Am. J. Comp. L. 51 (2003), 237

Pfander, James E.: Principles of Federal Jurisdiction, St. Paul/Minn. 2006

Pfander, James E./Birk, Daniel D.: Article III and the Scottish Judiciary, Harv. L. Rev. 124 (2011)

Pfeiffer, Thomas: Keine Beschwerde gegen EuGH-Vorlagen?, NJW 1994, 1996

Pfeiffer, Thomas: Materialisierung und Internationalisierung im Recht der Internationalen Zuständigkeit, in: 50 Jahre Bundesgerichtshof – Festgabe aus der Wissenschaft, Bd. III, München 2000, S. 617

Pfeiffer, Thomas: Richtlinien der EU und ihre Umsetzung – Umsetzungstreue und Harmonie der Richtliniengebung mit zivilrechtlicher Dogmatik, in: *Hohloch, Gerhard* (Hrsg.), Richtlinien der EU und ihre Umsetzung in Deutschland und Frankreich, Baden-Baden 2001, S. 9

Pfeiffer, Thomas: EuGH-Vorlage und nationales Verfahrensrecht: Überprüfbarkeit und zerknirschte Verneinung eines *Acte clair*, Entscheidung des englischen Court of Appeal vom 30. Juli 2004, ZEuP 2007, 610

Pfeiffer, Thomas: Richtlinienkonforme Auslegung gegen den Wortlaut des nationalen Gesetzes – Die Quelle-Folgeentscheidung des BGH, NJW 2009, 412

Pflughaupt, Matthias: Prozessökonomie – Verfassungsrechtliche Anatomie und Belastbarkeit eines gern bemühten Arguments, Tübingen 2011

Philipp, Otmar: Regierungskonferenz 1996 und europäische Gerichtsbarkeit, EuZW 1996, 624

Piekenbrock, Andreas: Vorlagen an den EuGH nach Art. 267 AEUV im Privatrecht, EuR 2011, 317

Pieper, Stefan Ulrich: Verfassungsrichterwahlen: Die Besetzung der Richterbank des Bundesverfassungsgerichts und die Besetzung des Europäischen Gerichtshofes sowie des Europäischen Gerichtshofes für Menschenrechte und des Internationalen Gerichtshofes mit deutschen Kandidaten, Berlin 1998

Pietrek, André U.: Verbindlichkeit von Vorabentscheidungen nach Art. 117 EWGV – Rechtswirkungen im Ausgangsverfahren und als Präjudiz im Lichte von Rechtsvergleichung und Rechtsprechung, Frankfurt/M., Bern, New York, Paris 1989

Pilafas, Christos: Individualrechtsschutz durch Nichtigkeitsklage nach EG-Recht – Unter besonderer Berücksichtigung des Wettbewerbsrechts, Baden-Baden 2006

Pirrung, Jörg: Die Stellung des Gerichts erster Instanz im Rechtsschutzsystem der EG, Bonn 2000

Pirrung, Jörg: Zur Zukunft der europäischen Gerichtsbarkeit in Zivilsachen, in: Festschr. f. Hans Stoll, 2001, S. 647

Piscitello, Daniel Pavón/Schmidt, Jan Peter: Der EuGH als Vorbild: Erste Entscheidung des ständigen Mercosur-Gerichts, EuZW 2006, 301

Pitarakis, Jean-Yves/Tridimas, George: Joint Dynamics of Legal and Economic Integration in the European Union, European Journal of Law and Economics 16 (2003), 357

Pitzer, Frank: Interessen im Wettbewerb – Grundlagen und frühe Entwicklung der europäischen Wettbewerbspolitik 1955–1966, Stuttgart 2009

Pizzorusso, Alessandro: The Italian Constitution: Implementation and Reform, JöR 34 (1985), 105

Platto, Charles (Hrsg.): Civil Appeal Procedures Worldwide, London 1992

Plender, Richard: Rules of Procedure in the International Court and the European Court, EJIL 2 (1991), 1

Plender, Richard: Procedure in the European Courts: Comparison and Proposals, in: Collected Courses of the Hague Academy of International Law/Recueil des cours de l'Académie de droit international de La Haye, Bd. 267, Den Haag 1997, S. 9

Plötner, Jens: Report on France, in: *Slaughter, Anne-Marie/Stone Sweet, Alec/Weiler, Joseph H.H.* (Hrsg.), The European Court and National Courts – Doctrine and Jurisprudence, Oxford 1998, S. 41

Plouvier, Liliane: Les Décisions de la Cour de justice des Communautés européennes et leurs effets juridiques, Bruxelles 1975

Poelzig, Dörte: Die „Vorlagerüge" gemäß § 321a ZPO analog – Zur Durchsetzung der Vorlagepflicht gemäß Art. 234 Abs. 3 EGV, ZZP 121 (2008), 233

Poelzig, Dörte: Ist das Vorlageverfahren gemäß Art. 234 EG noch zeitgemäß? Konvergenz im Privatrecht – Diskrepanz im Zivilprozess, in: Jahrbuch Junger Zivilrechtswissenschaftler 2009, Stuttgart 2010, S. 209

Pollack, Mark A.: The Engines of European Integration: Delegation, Agency, and Agenda Setting in the European Union, Oxford 2003

Półtorak, Nina: Ratione Temporis Application of the Preliminary Rulings Procedure, CML Rev. 45 (2008), 1357

Pommer, Sieglinde: Rechtsübersetzung und Rechtsvergleichung – Translatologische Fragen zur Interdisziplinarität, Frankfurt/M. 2006

Ponthorenu, Marie-Claire/Hourquebie, Fabrice: The French Conseil Constitutionnel: An Evolving Form of Constitutional Justice, Journal of Comparative Law 3 (2009), H. 2, 269

Posch, Albert: Vorrang des Gemeinschaftsrechts vor Verfassungsrecht, Wien 2010

Posch, Willibald: Reaktionen des österreichischen Gesetzgebers auf die privatrechtliche Judikatur des Europäischen Gerichtshofs, ZEuP 2004, 581

Posner, Richard A.: An Economic Approach to Legal Procedure and Judicial Administration, J. Legal Stud. 2 (1973), 399

Posner, Richard A.: The Decline of Law as an Autonomous Discipline: 1962–1987, Harv. L. Rev. 100 (1987), 761

Posner, Richard A.: The Federal Courts – Challenge and Reform, Cambridge/Mass. 1996

Posner, Richard A.: How Judges Think, Cambridge/Mass. 2008

Posner, Richard A.: Economic Analysis of Law, 8. Aufl., Austin, Boston, Chicago, New York, The Netherlands 2011

Postema, Gerald J.: The Principle of Utility and the Law of Procedure: Bentham's Theory of Adjudication, Georgia L. Rev. 11 (1977), 1393

Potacs, Michael: Effet utile als Auslegungsgrundsatz, EuR 2009, 465

Pötters, Stephan/Christensen, Ralph: Richtlinienkonforme Rechtsfortbildung und Wortlautgrenze, JZ 2011, 387

Pötters, Stephan/Christensen, Ralph: Das Unionsrecht als Hybridform zwischen case law und Gesetzesrecht, JZ 2012, 289

Pound, Roscoe: Law in Books and Law in Action, Am. L. Rev. 44 (1910), 12

Pound, Roscoe: The Scope and Purpose of Sociological Jurisprudence, Harv. L. Rev. 25 (1912), 489 (3. Folge)

Pound, Roscoe: Fifty Years of Jurisprudence, 1. Folge: Harv. L. Rev. 50 (1937), 557; 2. Folge: Harv. L. Rev. 51 (1938), 444; 3. Folge: Harv. L. Rev. 51 (1938), 777

Pound, Roscoe: The Formative Era of American Law, Boston 1938

Pound, Roscoe: The Development of American Law and Its Deviation from English Law, L.Q.Rev. 67 (1951), 49

Pradhan, Aman: Rethinking the Eleventh Amendment: Sovereign Immunity in the United States and the European Union, N.Y.U. J. Legis. & Pub. Pol'y 11 (2007–2008), 215

Prechal, Sacha: National Courts in EU Judicial Structures, YEL 25 (2006), 429

Prest, Wilfrid (Hrsg.): Blackstone and his Commentaries – Biography, Law, History, Oxford 2009

Prütting, Hanns: Auf dem Weg zu einer Europäischen Zivilprozeßordnung – dargestellt am Beispiel des Mahnverfahrens, in: Festschr. f. Gottfried Baumgärtel, Köln, Berlin, Bonn, München 1990, S. 457

Prütting, Hanns: Strukturen des Zivilprozesses unter Reformdruck und europäische Konvergenz?, in: Festschr. f. Ekkehard Schumann, Tübingen 2001, S. 309

Prütting, Hanns: Rezeption und Ausstrahlung im Zivilprozess – Globalisierung des Verfahrens?, in: Liber amicorum Walter F. Lindacher, Köln, Berlin, München 2007, S. 89

Puttler, Adelheid: Binnendifferenzierung der Gemeinschaftsgerichtsbarkeit und das Recht auf den gesetzlichen Richter, EuR-Beih 3/2008, 133

Quint, Peter E.: Amerikanisches Verfassungsrecht – ein aktueller Überblick, JZ 1986, 619

Rabe, Hans-Jürgen: Das Gericht erster Instanz der Europäischen Gemeinschaften, NJW 1989, 3041

Rabe, Hans-Jürgen: Zur Reform des Gerichtssystems der Europäischen Gemeinschaften, EuR 2000, 811

Rabe, Hans-Jürgen: Nach der Reform ist vor der Reform – Zum Gerichtssystem der Europäischen Union, in: Festschr. f. Manfred Zuleeg, Baden-Baden 2005, S. 195

Rabe, Hans-Jürgen: Zur Metamorphose des Europäischen Verfassungsvertrags, NJW 2007, 3153

Rabel, Ernst: Aufgabe und Notwendigkeit der Rechtsvergleichung, RheinZ 13 (1924), 279 = *ders.*, Gesammelte Aufsätze, Bd. III: Arbeiten zur Rechtsvergleichung und zur Rechtsvereinheitlichung 1919–1954, (Hrsg.: *Leser, Hans G.*), Tübingen 1967, S. 1

Rabel, Ernst: Die Fachgebiete des Kaiser-Wilhelm-Instituts für ausländisches und internationales Privatrecht, in: *Planck, Max* (Hrsg.), 25 Jahre Kaiser-Wilhelm-Gesellschaft zur Förderung der Wissenschaften, Bd. III: Die Geisteswissenschaften, Berlin 1937, S. 77 = *ders.*, Gesammelte Aufsätze, Bd. III: Arbeiten zur Rechtsvergleichung und zur Rechtsvereinheitlichung 1919–1954, (Hrsg.: *Leser, Hans G.*), Tübingen 1967, S. 180

Rabel, Ernst: Deutsches und amerikanisches Recht, RabelsZ 16 (1951), 340 = *ders.*, Gesammelte Aufsätze, Bd. III: Arbeiten zur Rechtsvergleichung und zur Rechtsvereinheitlichung 1919–1954, (Hrsg.: *Leser, Hans G.*), Tübingen 1967, S. 342

Radbruch, Gustav: Rechtsphilosophie (Hrsg: *Wolf, Erik/Schneider, Hans-Peter*), 8. Aufl., Stuttgart 1973

Radbruch, Gustav: Einführung in die Rechtswissenschaft, 13. Aufl., Stuttgart 1980

Radermacher, Ludger: Gemeinschaftsrechtliche Staatshaftung für höchstrichterliche Entscheidungen, NVwZ 2004, 1415

Rainaud, Nicolas: Le commissaire du gouvernement près le Conseil d'Etat, Paris 1996

Raiser, Thomas: Grundlagen der Rechtssoziologie – Das lebende Recht, 4. Aufl., Tübingen 2007

Raitio, Juha: Principle of Legal Certainty in EC Law, Dordrecht, Boston, London 2010

Ranieri, Filippo: Der Universitätsbesuch der deutschen Rechtsstudenten am Übergang zwischen 16. und 17. Jahrhundert – Ein rechts- und sozialhistorischer Beitrag zur Mobilität der Juristen im Alten Reich, Ius Commune XIV (1987), 183

Ranieri, Filippo: Der europäische Jurist – Rechtshistorisches Forschungsthema und rechtspolitische Aufgabe, Ius Commune XVII (1990), 9

Ranieri, Filippo: Juristenausbildung und Richterbild in der europäischen Union, DRiZ 1998, 285

Ranieri, Filippo: Verbot des Rechtsmissbrauchs und Europäisches Gemeinschaftsprivatrecht, Entscheidung des Gerichtshofs der Europäischen Gemeinschaften vom 12. Mai 1998, ZEuP 2001, 165

Ranieri, Filippo: Europäisches Obligationenrecht – Ein Handbuch mit Texten und Materialien, 3. Aufl., Wien, New York 2009

Rasmussen, Hjalte: A New Generation of Community Law?, CML Rev. 15 (1978), 249

Rasmussen, Hjalte: The European Court's Acte Clair Strategy in C.I.L.F.I.T., E.L. Rev. 9 (1984), 242

Rasmussen, Hjalte: On Law and policy in the European Court of Justice – A comparative study in judicial policymaking, Dordrecht 1986

Rasmussen, Hjalte: European Community Case Law: Summaries of Leading EC Court Cases Copenhagen 1993

Rasmussen, Hjalte: Docket Control Mechanisms, the EC Court and the Preliminary References Procedure, in: *Andenæs, Mads Tønnesson* (Hrsg.), Article 177 References to the European Court – Policy and Practice, London 1994, S. 83

Rasmussen, Hjalte: Remedying the Crumbling EC Judicial System, CML Rev. 37 (2000), 1071

Rasmussen, Hjalte: Present and Future European Judicial Problems after Enlargement and the Post-2005 Ideological Revolt, CML Rev. 44 (2007)

Rauscher, Thomas (Hrsg.): Europäisches Zivilprozess- und Kollisionsrecht – EuZPR/ EuIPR, Kommentar, Bearbeitung 2010/2011

Rauscher, Thomas/Wax, Peter/Wenzel, Joachim (Hrsg.): Münchener Kommentar zur Zivilprozessordnung, 3. Aufl., München 2008 [zit. Bearbeiter: *Gehrlein, Markus*]

Rawlings, Richard: The Eurolaw Game: Some Deductions from a Saga, Journal of Law and Society 20 (1993), 309

Rebhahn, Robert: Grundfreiheit versus oder vor Streikrecht, wbl 2008, 63

Rebhahn, Robert: Europäisches Arbeitsrecht, in: *Riesenhuber, Karl* (Hrsg.), Europäische Methodenlehre – Handbuch für Ausbildung und Praxis, 2. Aufl., Berlin, New York 2010, § 18 (S. 511)

Rebhahn, Robert: Zivilrecht und Europäische Menschenrechtskonvention, AcP 210 (2010), 489

Redeker, Konrad: Justizgewährungspflicht des Staates versus richterliche Unabhängigkeit?, NJW 2000, 2796

Rehbinder, Manfred: Zur Rechtsqualität des Richterspruchs im System kodifizierten Rechts, JuS 1991, 542

Rehbinder, Manfred: Rechtssoziologie, 7. Aufl., München 2009

Rehm, Gebhard M.: Auf dem Weg zu einer Europäischen Zivilprozessordnung und Instanzgerichtsbarkeit?, in: Festschr. f. Andreas Heldrich, München 2005, S. 955

Rehm, Gebhard M.: Rechtstransplantate als Instrument der Rechtsreform und -transformation, RabelsZ 72 (2008), 1

Rehnquist, William H.: The Supreme Court – How It Was, How It Is, New York 1987/2002

Reich, Norbert: Sociological Jurisprudence und Legal Realism im Rechtsdenken Amerikas, Heidelberg 1967

Reich, Norbert: Competition between Legal Orders: A New Paradigm of EC Law?, CML Rev. 29 (1992), 861

Reich, Norbert: Public Interest Litigation before European Jurisdictions, in: *Micklitz, Hans-Wolfgang/Reich, Norbert* (Hrsg.), Public Interest Litigation before European Courts, Baden-Baden 1996, S. 3

Reich, Norbert: "System der subjectiven öffentlichen Rechte" in the Union: A European Constitution of Bits and Pieces, in: Collected Courses of the Academy of European Law (EUI), 1995: European Community Law, Bd. VI-1, The Hague, Boston, London 1998, S. 157

Reich, Norbert: Bürgerrechte in der Europäischen Union – Subjektive Rechte von Unionsbürgern und Drittstaatsangehörigen unter besonderer Berücksichtigung der Rechtslage nach der Rechtsprechung des EuGH und dem Vertrag von Amsterdam, Baden-Baden 1999

Reich, Norbert: Zur Notwendigkeit einer Europäischen Grundrechtsbeschwerde, ZRP 2000, 375

Reich, Norbert: Brauchen wir eine Diskussion um ein Europäisches Kompetenzgericht?, EuZW 2002, 257

Reich, Norbert: Die Vorlagepflicht auf teilharmonisierten Rechtsgebieten am Beispiel der Richtlinien zum Verbraucherschutz, RabelsZ 66 (2002), 531

Reich, Norbert: Stichtag 1. Mai 2004: Eine erweiterte Union – auch ein erweitertes europäisches Zivilrecht? – Zur Rolle der baltischen Privatrechtssysteme in der EU, ZEuP 2004, 449

Reich, Norbert: Transformation of Contract Law and Civil Justice in the New EU Member Countries: The Example of the Baltic States, Hungary and Poland, Penn St. Int'l L. Rev. 23 (2005), 587

Reich, Norbert: Understanding EU Law, 2. Aufl., Antwerpen, Oxford 2005

Reich, Norbert: Auf der Suche nach dem Europäischen Privatrecht?: „Heininger" – Eine Fortsetzungsgeschichte mit hoffentlich „Happy end", in: *Furrer, Andreas* (Hrsg.), Europäisches Privatrecht im wissenschaftlichen Diskurs, Bern 2006, S. 371

Reich, Norbert: Buchbesprechung von Hans-W. Micklitz, The Politics of Judicial Co-operation in the EU – Sunday Trading, Equal Treatment and Good Faith, Cambridge 2005, European Law Books 2006 (erhältlich über www.europeanlawbooks.org/reviews/getFile.asp?id=194)

Reich, Norbert: Horizontal Liability in EC Law: Hybridization of Remedies for the Compensation in Case of Breaches of EC Rights, CML Rev. 44 (2007), 705

Reich, Norbert: Free Movement v. Social Rights in an Enlarged Union – The Laval and Viking Cases before the ECJ, German Law Journal 9 (2008), 125

Reich, Norbert: Federalism and Effective Legal Protection – Some thoughts about a recent study by Johan Lindholm "State Procedure and Union Rights", in: Liber Amicorum Gert Brüggemeier, Baden-Baden 2009, S. 381

Reich, Norbert: Beitritt der EU zur EMRK – Gefahr für das Verwerfungsmonopol des EuGH?, EuZW 2010, 641

Reich, Norbert: Laval „Vierter Akt", EuZW 2010, 454

Reich, Norbert: The Interrelation Between Rights and Duties in EU Law – Reflections on the State of Liability Law in the Multilevel Governance System of the Community: Is There a Need for a More Coherent Approach in European Private Law?, YEL (29) 2010, 112

Reich, Norbert: The Public/Private Divide in European Law, in: *Micklitz, Hans-Wolfgang/Cafaggi, Fabrizio* (Hrsg.), European Private Law After The Common Frame of Reference, Cheltenham 2010, S. 56

Reich, Norbert: Von der Minimal- zur Voll- zur „Halbharmonisierung" – Ein europäisches Privatrechtsdrama in fünf Akten, ZEuP 2010, 7

Reich, Norbert: Balancing in Private Law and the Imperatives of the Public Interest: National Experiences and (Missed?) European Opportunities, in: *Brownsword, Roger/Micklitz, Hans-Wolfgang/Niglia, Leone/Weatherill, Stephen* (Hrsg.), The Foundations of European Private Law, Oxford, Portland/Oregon 2011, S. 221

Reich, Norbert: The ECJ and the Autonomy of Member States – Some critical remarks on the use and methodology of the proportionality principle in the internal market case law of the ECJ?, in: Festschr. f. Günter H. Roth, München 2011, S. 615

Reich, Norbert: The Social, Political and Cultural Dimension of EU Private Law, in: *Schulze, Reiner/Schulte-Nölke, Hans* (Hrsg.), European Private Law – Current Status and Perspectives, München 2011, S. 57

Reich, Norbert: „Verhältnismäßigkeit" als „Mega-Prinzip" im Unionsrecht? Überlegungen zur Rechtsprechung des Gerichtshofes der Europäischen Union (EuGH) zum Verhältnis der Grundfreiheiten zur Autonomie des Nationalstaates, in: Festschr. f. Hans Peter Bull, Berlin 2011, S. 259

Reich, Norbert: Wer hat Angst vor Straßburg? – Bemerkungen zur europäischen Grundrechtsarchitektur – Einheit in der Vielfalt?, EuZW 2011, 379

Reich, Norbert: EU Strategies in Finding the Optimal Consumer Law Instrument, ERCL 8 (2012), 1

Reich, Norbert/Micklitz, Hans-Wolfgang: Europäisches Verbraucherrecht, 4. Aufl., Baden-Baden 2003

Reich, Norbert/Micklitz, Hans-Wolfgang: Wie „optional" ist ein „optionales" EU-Vertragsrecht?, EWS 2011, 113

Reichelt, Gerte (Hrsg.): Vorabentscheidungsverfahren vor dem Gerichtshof der Europäischen Gemeinschaft – Europäische Erfahrungen und österreichische Perspektiven, Wien 1998

Reichelt, Gerte (Hrsg.): Europäisches Gemeinschaftsrecht und IPR – Ein Beitrag zur Kodifikation der allgemeinen Grundsätze des Europäischen Kollisionsrechts, Wien 2007

Reiher, Hannes: Der Vertragsbegriff im europäischen Internationalen Privatrecht – Ein Beitrag zur Abgrenzung der Verordnungen Rom I und Rom II, Baden-Baden 2010

Reimann, Mathias: The Historical School Against Codification: Savigny, Carter, and the Defeat of the New York Civil Code, Am. J. Comp. L. 37 (1989), 95

Reimann, Mathias: Historische Schule und Common Law – Die deutsche Rechtswissenschaft des 19. Jahrhunderts im amerikanischen Rechtsdenken, Berlin 1993

Reimann, Mathias (Hrsg.): The Reception of Continental Ideas in the Common Law World 1820–1920, Berlin 1993

Reimann, Mathias: Amerikanisches Privatrecht und europäische Rechtseinheit – Können die USA als Vorbild dienen?, in: *Zimmermann, Reinhard* (Hrsg.), Amerikanische Rechtskultur und europäisches Privatrecht, Tübingen 1995, S. 132

Reimann, Mathias: The Progress and Failure of Comparative Law in the Second Half of the Twentieth Century, Am. J. Comp. L. 50 (2002), 671

Reimann, Mathias: Einführung in das US-amerikanische Privatrecht, 2. Aufl., München 2004

Reimann, Mathias (Hrsg.): Cost and Fee Allocation in Civil Procedure – A Comparative Study, Dordrecht, Heidelberg, London, New York 2012

Reimann, Mathias/Halberstam, Daniel: Top-Down or Bottom-Up? A Look at the Unification of Private Law in Federal Systems, in: *Brownsword, Roger/Micklitz, Hans-Wolfgang/Niglia, Leone/Weatherill, Stephen* (Hrsg.), The Foundations of European Private Law, Oxford, Portland/Oregon 2011, S. 363

Reinhard, Jakob W.: Klageerhebung und Beklagtenschutz nach US-amerikanischem und deutschem Zivilprozessrecht – Eine Untersuchung anhand der US-amerikanischen Federal Rules of Civil Procedure und der ZPO am Beispiel ausgewählter Rechtsfragen, Berlin 2006

Reithmann, Ulrich: Die Rechtsprechung des Gerichts für den öffentlichen Dienst der Europäischen Union 2008/2009, EuR 2011, 121

Reitz, John C.: Grundlegende Unterschiede zwischen dem deutschen und dem US-amerikanischen Zivilprozessrecht: Vorzüge, die sich ausschließen?, ZZP 104 (1991), 381

Remien, Oliver: Illusion und Realität eines europäischen Privatrechts, JZ 1992, 277

Remien, Oliver: AGB-Gesetz und Richtlinie über missbräuchliche Verbrauchervertragsklauseln in ihrem europäischen Umfeld, ZEuP 1994, 34

Remien, Oliver: Denationalisierung des Privatrechts in der Europäischen Union? – Legislative und gerichtliche Wege, ZfRV 1995, 116

Remien, Oliver: Über den Stil des europäischen Privatrechts – Versuch einer Analyse und Prognose, RabelsZ 60 (1996), 1

Remien, Oliver: Iura novit curia und die Ermittlung fremden Rechts im europäischen Rechtsraum der Artt. 61 ff. EGV – für ein neues Vorabentscheidungsverfahren bei mitgliedstaatlichen Gerichten, in: *Basedow, Jürgen/Drobnig, Ulrich/Ellger, Reinhard/ Hopt, Klaus J./Kötz, Hein/Kulms, Rainer/Mestmäcker, Ernst Joachim* (Hrsg.), Aufbruch nach Europa – 75 Jahre Max-Planck-Institut für Privatrecht, Tübingen 2001, S. 617

Remien, Oliver: Die Vorlagepflicht bei Auslegung unbestimmter Rechtsbegriffe, RabelsZ 66 (2002), 503

Remien, Oliver: Zwingendes Vertragsrecht und Grundfreiheiten des EG-Vertrages, Tübingen 2003

Remien, Oliver: Europäisches Privatrecht als Verfassungsfrage, EuR 2005, 699

Remien, Oliver: Rechtsangleichung im Binnenmarkt, in: *Schulze, Reiner/Zuleeg, Manfred/Kadelbach, Stefan* (Hrsg.), Europarecht – Handbuch für die deutsche Rechtspraxis, 2. Aufl., Baden-Baden 2010, § 14 (S. 537)

Remien, Oliver: Supranationales Privatrecht und Privatrechtsangleichung nach dem Vertrag von Lissabon und Integrationsverantwortung nach dem Lissabon-Urteil des BVerfG, in: Festschr. f. Dieter H. Scheuing, Baden-Baden 2011, S. 639

Rensmann, Thilo: Karl Loewenstein, Ernst Rabel und die Allgemeine Erklärung der Menschenrechte – Der Einfluss der deutschen Rechtskultur auf die Evolution des internationalen Menschenrechtsschutzes, Der Staat 46 (2007), 129

Repgen, Tilman: Kein Abschied von der Privatautonomie – Die Funktion zwingenden Rechts in der Verbrauchsgüterkaufrichtlinie, Paderborn, München, Wien, Zürich 2001

Repgen, Tilman: Antidiskriminierung – die Totenglocke des Privatrechts läutet, in: *ders./Lobinger, Thomas/Hense, Ansgar* (Hrsg.), Vertragsfreiheit und Diskriminierung, Berlin 2007, S. 11

Reppy, Alison (Hrsg.): David Dudley Field – Centenary Essays, Celebrating one Hundred Years of Legal Reform, New York, 1949

République Française: Annuaire Statistique de la Justice – Édition 2009–2010, Paris 2010

Research Group on the Existing EC Private Law (Acquis Group) (Hrsg.): Principles of the Existing EC Contract Law (Acquis Principles), Contract I: Pre-contractual Obligations, Conclusion of Contract, Unfair Terms, München 2007

Ress, Georg: Konsequenzen des Beitritts der EU zur EMRK, EuZW 2010, 841

Rhee, C.H. van (Hrsg.): European Traditions in Civil Procedure, Antwerpen, Oxford 2005

Rhee, C.H. van (Hrsg.): Judicial Case Management and Efficiency in Civil Litigation, Antwerpen, Portland/Oregon 2008

Rhee, C.H. van/Verkerk, Remme: Civil Procedure, in: *Smits, Jan M.* (Hrsg.), Elgar Encyclopedia of Comparative Law, Cheltenham, Northampton/Mass. 2006, S. 120

Rheinstein, Max: Die Rechtshonoratioren und ihr Einfluß auf Charakter und Funktion der Rechtsordnungen, RabelsZ 34 (1970), 1

Richter, Rudolf/Furubotn, Eirik G.: Neue Institutionenökonomik – Eine Einführung und kritische Würdigung, 4. Aufl., Tübingen 2010

Rieckhoff, Henning: Der Vorbehalt des Gesetzes im Europarecht, Tübingen 2007

Riedel, Norbert K.: Gott in der Europäischen Verfassung? – Zur Frage von Gottesbezug, Religionsfreiheit und Status der Kirchen im Vertrag über eine Verfassung für Europa, EuR 2005, 676

Riehm, Thomas: Die überschießende Umsetzung vollharmonisierender EG-Richtlinien im Privatrecht, JZ 2006, 1035

Riehm, Thomas: 25 Jahre Produkthaftungsrichtlinie – Ein Lehrstück zur Vollharmonisierung, EuZW 2010, 567

Riese, Otto: Die Verfahrensordnung des Gerichtshofes der Europäischen Gemeinschaft für Kohle und Stahl, NJW 1953, 521

Riese, Otto: Erfahrungen aus der Praxis des Gerichtshofs der Europäischen Gemeinschaften für Kohle und Stahl, DRiZ 1958, 270

Riese, Otto: Einheitliche Gerichtsbarkeit für vereinheitlichtes Recht?, RabelsZ 26 (1961), 604

Riese, Otto: Das Sprachenproblem in der Praxis des Gerichtshofes der Europäischen Gemeinschaften, in: Festschr. f. Hans Dölle, Tübingen 1963, S. 507

Riese, Otto: Über den Rechtsschutz innerhalb der Europäischen Gemeinschaften, EuR 1966, 24

Riesenhuber, Karl: Europäisches Arbeitsrecht, Heidelberg 2009

Rimmelspacher, Bruno: Beschwer, succombance, dissatisfaction – Verfahrensübergreifende und rechtsvergleichende Notizen zu einem Rechtsmittelerfordernis, in: Festschr. f. Werner Lorenz, München 2001, S. 547

Ringe, Wolf-Georg: Die Sitzverlegung der Europäischen Aktiengesellschaft, Tübingen 2006

Ringe, Wolf-Georg: Überseering im Verfahrensrecht – Zu den Auswirkungen der EuGH-Rechtsprechung zur Niederlassungsfreiheit von Gesellschaften auf das Internationale Zivilprozessrecht, IPRax 2007, 388

Rinze, Jens: The Role of the European Court of Justice as a Federal Constitutional Court, EPL 5 (1993), 426

Rittberger, Berthold/Schimmelfennig, Frank: Integrationstheorien: Entstehung und Entwicklung der EU, in: *Holzinger, Katharina/Knill, Christoph/Peters, Dirk/Rittberger, Berthold/Schimmelfennig, Frank/Wagner, Wolfgang*, Die Europäische Union: Theorien und Analysekonzepte, Paderborn, München 2005, S. 19

Ritter, Cyril: A New Look at the Role and Impact of Advocates-General – Collectively and Individually, Colum. J. Eur. L. 12 (2006), 751

Ritter, Thomas: Neue Werteordnung für die Gesetzesauslegung durch den Lissabon-Vertrag, NJW 2010, 1110

Ritzer, Christoph/Ruttloff, Marc: Die Kontrolle des Subsidiaritätsprinzips: Geltende Rechtslage und Reformperspektiven, EuR 2006, 116

Robertson, David: Appellate Courts, in: *Cane, Peter/Kritzer, Herbert* (Hrsg.), The Oxford Handbook of Empirical Legal Research, Oxford 2010, S. 571

Rodger, Barry J.: Article 234 and Competition Law – An Analysis, Alphen aan den Rijn 2008

Rodriguez Iglesias, Gil Carlos: Der Gerichtshof der Europäischen Gemeinschaften als Verfassungsgericht, EuR 1992, 225

Rodríguez Iglesias, Gil Carlos: Editorial: L'avenir du système juridictionnel de l'Union européenne, CDE 1999, 275

Rodríguez Iglesias, Gil Carlos: Der EuGH und die Gerichte der Mitgliedstaaten – Komponenten der richterlichen Gewalt in der Europäischen Union, NJW 2000, 1889

Rodríguez Iglesias, Gil Carlos: Ein Eckpfeiler der Integration, FAZ v. 3.5.2000, S. 11

Rodríguez Iglesias, Gil Carlos: Verfassungsgerichte als Gemeinschaftsgerichte?, in: Festschr. f. Ludwig Adamovich, Wien 2002, S. 681

Rodríguez Iglesias, Gil Carlos: The Court of Justice, Principles of EC Law, Court Reform and Constitutional Adjudication, EBLR 15 (2004), 1115

Rogoz, Thomas: Ausländisches Recht im deutschen und englischen Zivilprozess, Tübingen 2008

Röhl, Klaus Friedrich: Rechtssoziologie, Köln, Berlin, Bonn, München 1987

Röhl, Klaus Friedrich: Vorlagepflichten als Auslegungsverbote, in: Gedächtnisschrift für Edgar Michael Wenz, Berlin 1999, S. 445

Röhl, Klaus Friedrich: Law and Popular Culture – Popular Legal Culture as Media Legal Culture, in: Gedenkschrift für Wolfgang Kaupen, Baden-Baden 2002, S. 315

Röhl, Klaus Friedrich/Röhl, Hans Christian: Allgemeine Rechtslehre, 3. Aufl., Köln, München 2008

Román, Ediberto: Members and Outsiders: An Examination of the Models of United States Citizenship as Well as Questions Concerning European Union Citizenship, U. Miami Int'l & Comp. L. Rev. 9 (2000–2001), 81

Rosen, Jeffrey: The Supreme Court: The Personalities and Rivalries That Defined America, New York 2007

Rosenberg, Leo/Schwab, Karl Heinz/Gottwald, Peter: Zivilprozessrecht, 17. Aufl., München 2010

Rosenne, Shabtai: Article 31 of the Statute of the International Court of Justice revisited: the Judge ad hoc, in: *ders.*, Essays on International Law and Practice, Leiden 2007

Rösler, Hannes: Haftungsgründe und -grenzen für fahrlässiges Verhalten – Die Idee einer juristischen Kausalität im englischen und deutschen Deliktsrecht, Baden-Baden 1999

Rösler, Hannes: Rechtsvergleichung als Erkenntnisinstrument in Wissenschaft, Praxis und Ausbildung, 1. Folge: JuS 1999, 1084, 2. Folge: JuS 1999, 1186

Rösler, Hannes: Der Erfolg der Europa-Gerichte bedroht ihre Effizienz (Antwort auf G. C. Rodríguez Iglesias, EuGH-Präsident, Ein Eckpfeiler der Integration – Der Gerichtshof der Gemeinschaften und die institutionelle Reform der Europäischen Union, FAZ v. 3.5.2000, S. 11), FAZ v. 15.5.2000, S. 10

Rösler, Hannes: Umgang mit dem Präjudizienrecht (Echo zu Thomas Lundmark, JuS 2000, 546), JuS 2000, 1040

Rösler, Hannes: Zur Zukunft des Gerichtssystems der EU – Entwicklungstendenzen des EuGH zum Supreme Court Europas, ZRP 2000, 52

Rösler, Hannes: Großbritannien im Spannungsfeld europäischer Rechtskulturen, ZVglRWiss 100 (2001), 448

Rösler, Hannes: Der Griff nach dem Ungreifbaren – Zum Entstehen einer Europäischen Zivilrechtswissenschaft, KritV 2002, 392

Rösler, Hannes: Die Entgrenzung des Nationalprivatrechts – Potenzialanalyse von Unionsprivatrecht, CISG und Prinzipien, EuLF (D) 2003, 207

Rösler, Hannes: Europäisches Konsumentenvertragsrecht – Grundkonzeption, Prinzipien und Fortentwicklung, München 2004

Rösler, Hannes: Die Tragische: Zum weiteren Schicksal der EU-Verfassung, ZRP 2005, 244

Rösler, Hannes: 30 Jahre Verbraucherpolitik in Europa – rechtsvergleichende, programmatische und institutionelle Faktoren, ZfRV 2005, 134

Rösler, Hannes: Ökonomische und politische Integrationskonzeptionen im Wettstreit – Zum Scheitern der Europäischen Verteidigungsgemeinschaft vor fünfzig Jahren, EuR 2005, 370

Rösler, Hannes: Pauschalvergütung für digitale Medieninhalte – Reflexionen der U.S.-amerikanischen Rechtswissenschaft zum Urheberrecht im digitalen Zeitalter, GRUR Int. 2005, 991

Rösler, Hannes: Billigfluglinien im EU-Wirtschaftsrecht – Marktordnungs-, Beihilfe- und Fluggastrecht, ZHR 170 (2006), 336

Rösler, Hannes: Buchbesprechung von Christian v. Coelln, Zur Medienöffentlichkeit der Dritten Gewalt – Rechtliche Aspekte des Zugangs der Medien zur Rechtsprechung im Verfassungsstaat des Grundgesetzes, Tübingen 2005, ZUM 2006, 351

Rösler, Hannes: Buchbesprechung von Mitchel de S.-O.-l'E. Lasser, Judicial Deliberations – A Comparative Analysis of Judicial Transparency and Legitimacy, Oxford 2004, ICLQ 55 (2006), 774

Rösler, Hannes: Die Anwendung von Prinzipien des europäischen Verbraucherprivatrechts in der jüngeren EuGH-Rechtsprechung, ZEuS 2006, 341

Rösler, Hannes: Die europarechtlichen Vorgaben bei der Bewältigung der „Schrottimmobilien"-Problematik, ZEuP 2006, 869

Rösler, Hannes: Kommentar zu EuGH-Urteil v. 10.1.2006, Rs. C-302/04, Ynos kft ./. János Varga, EWiR 2006, 183 (Art. 6 RL 93/13/EWG 1/06, 183)

Rösler, Hannes: Kommentar zu EuGH-Urteil v. 9.2.2006, Rs. C-127/04, Declan O'Byrne ./. Sanofi Pasteur MSD Ltd, EWiR 2006, 253 (Art. 11 RL 85/374/EWG 1/06, 253)

Rösler, Hannes: „Schrottimmobilien" und das Versagen des deutschen Rechts, RuP 2006, 29

Rösler, Hannes: Siebzig Jahre Recht des Warenkaufs von Ernst Rabel – Werk- und Wirkgeschichte, RabelsZ 70 (2006), 793

Rösler, Hannes: Auslegungsgrundsätze des Europäischen Verbraucherprivatrechts in Theorie und Praxis, RabelsZ 71 (2007), 495

Rösler, Hannes: Die Umwandlung der Fernsehrichtlinie in eine Richtlinie über audiovisuelle Mediendienste, EuZW 2007, 417

Rösler, Hannes: The Rationale for European Trade Mark Protection, EIPR 29 (2007), 100

Rösler, Hannes: Dignitarian Posthumous Personality Rights – An Analysis of U.S. and German Constitutional and Tort Law, Berkeley J. Int'l L. 26 (2008), 153

Rösler, Hannes: Harmonizing the German Civil Code of the Nineteenth Century with a Modern Constitution – The Lüth Revolution 50 Years Ago in Comparative Perspective, Tul. Eur. & Civ. L.F. 23 (2008), 1

Rösler, Hannes: Primäres EU-Verbraucherrecht: Vom Römischen Vertrag bis zum Vertrag von Lissabon, EuR 2008, 800

Rösler, Hannes: „The Future of Books" – Symposium zur urheberrechtlichen Zulässigkeit der Google Buchsuche, GRUR Int. 2008, 489

Rösler, Hannes: Auslegung des Gemeinschaftsrechts, in: *Basedow, Jürgen/Hopt, Klaus J./Zimmermann, Reinhard* (Hrsg.), Handwörterbuch des Europäischen Privatrechts, Bd. I Tübingen 2009, S. 122

Rösler, Hannes: Europeanisation of Private Law through Directives – Determining Factors and Modalities of Implementation, EJLR 11 (2009), 305

Rösler, Hannes: Medienwirtschaftsrecht – Wettbewerb auf privaten Medienmärkten und die Funktion des öffentlich-rechtlichen Rundfunks, JZ 2009, 438

Rösler, Hannes: Schutz des Schwächeren im Europäischen Vertragsrecht – Typisierte und individuelle Unterlegenheit im Mehrebenenprivatrecht, RabelsZ 73 (2009), 889

Rösler, Hannes: Verbraucherverträge (IPR und IZPR), in: *Basedow, Jürgen/Hopt, Klaus J./Zimmermann, Reinhard* (Hrsg.), Handwörterbuch des Europäischen Privatrechts, Bd. II, Tübingen 2009, S. 1612

Rösler, Hannes: Verbrauchsgüterkauf, in: *Basedow, Jürgen/Hopt, Klaus J./Zimmermann, Reinhard* (Hrsg.), Handwörterbuch des Europäischen Privatrechts, Bd. II, Tübingen 2009, S. 1617

Rösler, Hannes: Rechtswahl und optionales Vertragsrecht in der EU, EuZW 2011, 1

Rösler, Hannes: The Transformation of Contractual Justice – A Historical and Comparative Account of the Impact of Consumption, in: *Micklitz, Hans-Wolfgang* (Hrsg.), The Many Concepts of Social Justice in European Private Law, Cheltenham (UK), Northampton/Mass. 2011, S. 327

Rösler, Hannes/Gyeney, Laura: [Comment on] Case C-5/05, Staatssecretaris van Financiën v. B.F. Joustra, Judgment of the Court of Justice (Third Chamber) of 23 November 2006, [2006] ECR I-11075, CML Rev. 44 (2007), 1501

Rösler, Hannes/Siepmann, Verena: Der Beitrag des EuGH zur Präzisierung von Art. 15 I EuGVO, EuZW 2006, 76

Rösler, Hannes/Siepmann, Verena: Die geplante Reform der europäischen Zustellungsverordnung – Chancen und Versäumnisse, RIW 2006, 512

Rösler, Hannes/Siepmann, Verena: Gerichtsstand bei gemischt privat-gewerblichen Verträgen nach europäischem Zivilprozessrecht, EWS 2006, 497

Rösler, Hannes/Siepmann, Verena: Vermutung eines Übersetzungserfordernisses bei Postzustellung ins europäische Ausland?, IPRax 2006, 236

Rösler, Hannes/Siepmann, Verena: Zum Sprachenproblem im Europäischen Zustellungsrecht, NJW 2006, 475

Rossiter, Clinton Lawrence (Hrsg.): The Federalist Papers, New York 1961

Roth, Günter H.: Der EuGH und die Souveränität der Mitgliedstaaten: Zusammenfassung und Schlussfolgerungen, in: *ders./Hilpold, Peter* (Hrsg.), Der EuGH und die Souveränität der Mitgliedstaaten – Eine kritische Analyse richterlicher Rechtsschöpfung auf ausgewählten Rechtsgebieten, Wien 2008, S. 561

Roth, Günter H.: Die Grundfreiheiten in der Rechtsprechung des EuGH, in: *Harrer, Friedrich/Ernst, Wolfgang* (Hrsg.), Europäische Rechtskultur – Analyse und Kritik der europäischen Rechtssetzung und Rechtsprechung – Symposion für Heinrich Honsell zum 65. Geburtstag, München 2009, S. 67

Roth, Günter H./Hilpold, Peter (Hrsg.): EuGH und die Souveränität der Mitgliedstaaten, Stuttgart 2008

Roth, Günter H./Hilpold, Peter: Vorwort, in: *dies.* (Hrsg.), Der EuGH und die Souveränität der Mitgliedstaaten – Eine kritische Analyse richterlicher Rechtsschöpfung auf ausgewählten Rechtsgebieten, Wien 2008, S. 5

Roth, Günter H./Wasserer, Simone: Increased Competences through Development of the Law: The European Court of Justice and the U.S. Supreme Court, in: *Grabher, Gudrun M./Gamper, Anna* (Hrsg.), Legal Narratives – European Perspectives on U.S. Law in Cultural Context, Wien New York, 2009, S. 195

Roth, Herbert: Die Vorschläge der Kommission für ein europäisches Zivilprozeßgesetzbuch – das Erkenntnisverfahren, ZZP 109 (1996), 271

Roth, Wulf-Henning: Generalklauseln im Europäischen Privatrecht – Zur Rollenverteilung zwischen Gerichtshof und Mitgliedstaaten bei ihrer Konkretisierung, in: Festschr. f. Ulrich Drobnig, Tübingen 1998, S. 135

Roth, Herbert: EG-Richtlinien und Bürgerliches Recht, JZ 1999, 529

Roth, Herbert: Grundfreiheiten des EG-Vertrages und nationales Zivilprozessrecht, in: *Müller-Graff, Peter-Christian* (Hrsg.), Recht und Rechtswissenschaft – Signaturen und Herausforderungen zum Jahrtausendbeginn, Heidelberg 2001, S. 351

Roth, Herbert: Zum Bedeutungsverlust des autonomen Internationalen Zivilprozessrechts, in: *ders.* (Hrsg.), Europäisierung des Rechts, Tübingen 2010, S. 163

Roth, Wolfgang: Verfassungsgerichtliche Kontrolle der Vorlagepflicht an den EuGH, NVwZ 2009, 345

Roth, Wulf-Henning: Die Freiheiten des EG-Vertrages und das nationale Privatrecht, ZEuP 1994, 5

Roth, Wulf-Henning: Rechtsetzungskompetenzen für das Privatrecht in der Europäischen Union, EWS 2008, 401

Röthel, Anne: Verfassungsprivatrecht aus Richterhand?: Verfassungsbindung und Gesetzesbindung der Zivilgerichtsbarkeit, JuS 2001, 424

Röthel, Anne: Normkonkretisierung im Privatrecht, Tübingen 2004

Röthel, Anne: Missbräuchlichkeitskontrolle nach der Klauselrichtlinie: Aufgabenteilung im supranationalen Konkretisierungsdialog, ZEuP 2005, 418

Röthel, Anne: Integration durch eine unverbindliche lex academica: Der Referenzrahmen als Modellgesetz?, in: *Schmidt-Kessel, Martin* (Hrsg.), Der Gemeinsame Referenzrahmen – Entstehung, Inhalte, Anwendung, München 2009, S. 287

Röthel, Anne: Die Konkretisierung von Generalklauseln, in: *Riesenhuber, Karl* (Hrsg.), Europäische Methodenlehre – Handbuch für Ausbildung und Praxis, 2. Aufl., Berlin, New York 2010, § 12 (S. 349)

Ruffert, Matthias (Hrsg.): The Public-Private Law Divide – Potential for Transformation?, London 2009

Rüffler, Friedrich: Erosion des Gesellschaftsrechts durch das Europarecht?, in: *Harrer, Friedrich/Gruber, Michael* (Hrsg.), Europäische Rechtskultur – Analyse und Kritik der europäischen Rechtssetzung und Rechtsprechung – Symposium für Heinrich Honsell zum 65. Geburtstag, München 2009, S. 85

Rühl, Giesela: Das Haager Übereinkommen über die Vereinbarung gerichtlicher Zuständigkeiten: Rückschritt oder Fortschritt?, IPRax 2005, 410

Rühl, Giesela: Preparing Germany for the 21st Century: The Reform of the Code of Civil Procedure, German Law Journal 6 (2005), 909

Rühl, Giesela: Die Anerkennung und Vollstreckung ausländischer Urteile in den USA: Zum Foreign Judgments Recognition and Enforcement Act des American Law Institute, RIW 2006, 192

Rühl, Giesela: Konvergenz im Internationalen Vertragsrecht? Zu jüngeren Entwicklungen im US-amerikanischen und europäischen Kollisionsrecht, ZfRV 2006, 175

Rühl, Giesela: Die Vermutung der Mangelhaftigkeit beim Verbrauchsgüterkauf: Die Rechtsprechung des BGH in rechtsvergleichender Perspektive, RabelsZ 72 (2009), 912

Rühl, Giesela: Effizienzprobleme bei grenzüberschreitenden Rechtsstreitigkeiten, in: *Bork, Reinhard/Eger, Thomas/Schäfer, Hans-Bernd* (Hrsg.), Ökonomische Analyse des Verfahrensrechts – Beiträge zum XI. Travemünder Symposium zur ökonomischen Analyse des Rechts (26. bis 29. März 2008), Tübingen 2009, S. 335

Rühl, Giesela: Statut und Effizienz – Ökonomische Grundlagen des Internationalen Privatrechts, Tübingen 2011

Rühl, Giesela: The Common European Sales Law: 28th Regime, 2nd Regime or 1st Regime?, MJ 19 (2012), 148

Russo, Francesco/Schinkel, Maarten Pieter/Günster, Andrea/Carree, Martin: European Commission Decisions on Competition – Economic Perspectives on Landmark Antitrust and Merger Cases, Cambridge 2010

Rüthers, Bernd: Gesetzesbindung oder freie Methodenwahl? – Hypothesen zu einer Diskussion, ZRP 2008, 48

Rüthers, Bernd: Das Ungerechte an der Gerechtigkeit, JZ 2009, 969

Sachsen Gessaphe, Karl August v.: Gerichtsbarkeit in Mexiko – Modellcharakter für Europa?, RabelsZ 66 (2002), 268

Sack, Jörn: Einige einfache Gedanken zur Reform des Gerichtshofes der Europäischen Gemeinschaften im Hinblick auf neue Erweiterungen der Europäischen Union, EuR 1999, 571

Sack, Jörn: Zur künftigen europäischen Gerichtsbarkeit nach Nizza, EuZW 2001, 77

Sahm, Ulrich: Großbritanniens Haltung zum Schuman-Plan, in: Festschr. f. Carl Friedrich Ophüls, Karlsruhe 1965, S. 153

Sajó, András: Constitution without the constitutional moment: A view from the new member states, Int. J. Constitutional Law 3 (2005), 243

Samtleben, Jürgen: Föderale Gerichtsverfassung in Brasilien und Argentinien – zwei unterschiedliche Modelle, RabelsZ 66 (2002), 250

Samtleben, Jürgen: Gerichtsstandsklauseln im MERCOSUR – Erstes Vorlageverfahren vor dem MERCOSUR-Gericht, IPRax 2008, 52

Samtleben, Jürgen: Rechtssystem, in: *ders.* (Hrsg.): Rechtspraxis und Rechtskultur in Brasilien und Lateinamerika, Aachen 2010, S. 220

Sandalow, Terrance/Stein, Eric (Hrsg.): Courts and Free Markets: Perspectives from the United States and Europe, Oxford 1982

Sander, Gerald G.: Der Europäische Gerichtshof als Förderer und Hüter der Integration – Eine Darstellung anhand seiner Einwirkungsmöglichkeiten auf die einzelnen Dimensionen des Einigungsprozesses, Berlin 1998

Sander, Florian: Repräsentation und Kompetenzverteilung – Das Handlungsformensystem des Mehrebenenverbunds als Ausdruck einer legitimitätsorientierten Kompetenzbalance zwischen Europäischer Union und ihren Mitgliedstaaten, Berlin 2005

Sander, Florian: Subsidiarity infringements before the European Court of Justice: futile interference with politics or a substantial step towards EU federalism?, Colum. J. Eur. L. 12 (2006), 517

Sander, Florian/Breßler, Steffen: Das Dilemma mitgliedstaatlicher Rechtsgleichheit und unterschiedlicher Rechtsschutzstandards in der Europäischen Union – Zum Umgang mit sogenannten „Torpedoklagen", ZZP 122 (2009), 157

Sandholtz, Wayne/Stone Sweet, Alec (Hrsg.): European Integration and Supranational Governance, Oxford 1998

Sarmiento, Daniel: Cilfit and Foto-Frost: Constructing and Deconstructing Judicial Authority in Europe, in: *Maduro, Miguel Poiares/Azoulai, Loïc* (Hrsg.), The Past and Future of EU Law: The Classics of EU Law Revisited on the 50th Anniversary of the Rome Treaty, Oxford, Portland/Oregon 2010, S. 192

Sauer, Heiko: Jurisdiktionskonflikte in Mehrebenensystemen – Die Entwicklung eines Modells zur Lösung von Konflikten zwischen Gerichten unterschiedlicher Ebenen in vernetzten Rechtsordnungen, Berlin, Heidelberg 2008

Savigny, Friedrich Carl v.: System des heutigen römischen Rechts, Bd. I, Berlin 1840, Bd. VIII, Berlin 1849

Scelle, Georges: Le phénomène juridique du dédoublement fonctionnel, in: Festschr. f. Hans Wehberg, Frankfurt/M., 1956, S. 324

Schack, Haimo: Hundert Jahre Haager Konferenz für IPR – ihre Bedeutung für die Vereinheitlichung des Internationalen Zivilverfahrensrechts, RabelsZ 57 (1993), 224

Schack, Haimo: Perspektiven eines weltweiten Anerkennungs- und Vollstreckungsübereinkommens, ZEuP 1993, 306

Schack, Haimo: Rechtsangleichung mit der Brechstange des EuGH – Vom Fluch eines falsch erstandenen Diskrimmierungsverbots – Zugleich Besprechung von EuGH 10.2.1994, C-398/92 – Mund & Fester/Hatrex, ZZP 108 (1995), 47

Schack, Haimo: Unglücke in Europa – Klagen in den USA, in: Festschr. f. Peter Schlosser, Tübingen 2005, S. 839

Schack, Haimo: Ein unnötiger transatlantischer Justizkonflikt – Die internationale Zustellung und das Bundesverfassungsgericht, AG 2006, 823

Schack, Haimo: Die Entwicklung des europäischen Internationalen Zivilverfahrensrechts – aktuelle Bestandsaufnahme und Kritik, in: Festschr. f. Dieter Leipold, Tübingen 2009, S. 317

Schack, Haimo: Einführung in das US-amerikanische Zivilprozessrecht, 4. Aufl., München 2011

Schäfer, Hans-Bernd: Comment on Judex Calculat: The ECJ's Quest for Power, in: *Holler, Manfred J./Kliemt, Hartmut/Schmidtchen, Dieter/Streit, Manfred E.* (Hrsg.), Jahrbuch für Neue Politische Ökonomie, Bd. 22: European Governance, Tübingen 2003, S. 102

Schäfer, Martina: Vom liberalen zum konservativen „judicial activism"? Die Entwicklung der amerikanischen Verfassungsrechtsprechung in den letzten fünfzig Jahren, ZfP 2005, 273

Schall, Alexander: Deutsches Case Law? – zur Anwendung englischen Rechts unter § 293 ZPO, ZZP 122 (2009), 293

Schaub, Renate: Europäische Produkthaftung: Wie weit reicht die Harmonisierung heute?, ZEuP 2011, 41

Scheltema, M.: The Changing Role of Highest Courts: Concluding Observations, in: *Muller, A. S./Loth, M. A.* (Hrsg.): Highest Courts and the Internationalisation of Law – Challenges and Changes, The Hague 2009, S. 185

Schepel, Harm: The Public/Private Divide in Secondary Community Law: A Footnote to the European Economic Constitution, Cambridge Yearbook of European Legal Studies 8 (2005–2006), 259

Schepel, Harm/Blankenburg, Erhard: Mobilizing the European Court of Justice, in: *de Búrca, Gráinne/Weiler, Joseph H.H.* (Hrsg.), The European Court of Justice, Oxford 2001, S. 9

Schermers, Henry G.: The European Court of First Instance, CML Rev. 25 (1988), 541

Schermers, Henry G./Waelbroeck, Denis F.: Judicial Protection in the European Union, 6. Aufl., The Hague, London 2001

Scherpe, Jens M.: Außergerichtliche Streitbeilegung in Verbrauchersachen – Ein deutsch-dänischer Rechtsvergleich, Tübingen 2002

Scheuerle, Wilhelm A.: Das Wesen des Wesens, AcP 163 (1964), 429

Schiek, Dagmar/Waddington, Lisa/Bell, Mark (Hrsg.): Cases, Materials and Text on National, Supranational and International Non-Discrimination Law, Oxford 2007

Schiemann, Konrad: The Functioning of the Court of Justice in an Enlarged Union and the Future of the Court, in: *Arnull, Anthony/Eeckhout, Piet/Tridimas, Takis* (Hrsg.), Continuity and Change in EU Law – Essays in Honour of Sir Francis Jacobs, Oxford 2008, S. 3

Schilken, Eberhard: Die Vorschläge der Kommission für ein europäisches Zivilorozeßgesetzbuch – einstweiliger und summarischer Rechtsschutz und Vollstreckung, ZZP 109 (1996), 315

Schilling, Theodor: Eine neue Rahmenstrategie für die Mehrsprachigkeit: Rechtskulturelle Aspekte, ZEuP 2007, 754

Schillig, Michael: Inequality of Bargaining Power versus Market for Lemons: Legal Paradigm Change and the Court of Justice's Jurisprudence on Directive 93/13 on Unfair Contract Terms, E.L. Rev. 33 (2008), 336

Schillig, Michael: The interpretation of European private law in the light of market freedoms and EU fundamental rights, MJ 15 (2008), 285

Schillig, Michael: Konkretisierungskompetenz und Konkretisierungsmethoden im Europäischen Privatrecht, Berlin 2009

Schillig, Michael: Vereinigtes Königreich, in: *Riesenhuber, Karl* (Hrsg.), Europäische Methodenlehre – Handbuch für Ausbildung und Praxis, 2. Aufl., Berlin, New York 2010, § 25 (S. 748)

Schima, Bernhard: Das Vorabentscheidungsverfahren vor dem EuGH – Unter besonderer Berücksichtigung der Rechtslage der Rechtslage in Österreich und Deutschland, 2. Aufl., Wien 2005

Schindler, Thomas: Die Restatements und ihre Bedeutung für das amerikanische Privatrecht, ZEuP 1998, 277

Schinkels, Boris: Unbegrenzte richtlinienkonforme Rechtsfortbildung als Haftung Privater für Legislativunrecht? – Für ein subjektives Recht auf Transparenz, JZ 2011, 394

Schlechtriem, Peter/Schwenzer, Ingeborg (Hrsg.): Kommentar zum einheitlichen UN Kaufrecht, 5. Aufl., München, Basel 2008 [zit. Bearbeiter: *Ferrari, Franco*]

Schlesinger, Rudolf B.: Die Rolle des Supreme Court im Privat- und Prozessrecht der Vereinigten Staaten: Überblick über ein System der Harmonisierung selbständiger Rechtsordnungen, Karlsruhe 1965

Schlette, Volker: Der Anspruch auf Rechtsschutz innerhalb angemessener Frist – Ein neues Prozeßgrundrecht auf EG-Ebene – Zum Urteil des EuGH vom 17.12.1998, Baustahlgewebe GmbH/Kommission, EuGRZ 1999, 369

Schlochauer, Hans-Jürgen: Der übernationale Charakter der Europäischen Gemeinschaft für Kohle und Stahl, JZ 1951, 290

Schlochauer, Hans-Jürgen: Die Gerichtsbarkeit der Europäischen Gemeinschaft für Kohle und Stahl, AVR 3 (1951/52), 385

Schlochauer, Hans-Jürgen: Die Zuständigkeiten des Gerichtshofes der Europäischen Gemeinschaften, in: Festschr. f. Carl Friedrich Ophüls, Karlsruhe 1965, S. 167

Schlochauer, Hans-Jürgen: Der Gerichtshof der Europäischen Gemeinschaften als Integrationsfaktor, in: Festschr. f. Walter Hallstein, Frankfurt/M. 1966, S. 431

Schlosser, Hans: Montesquieu: Der aristokratische Geist der Aufklärung – Festvortrag gehalten am 15. November 1989 im Kammergericht aus Anlaß der Feier zur 300. Wiederkehr seines Geburtstages, Berlin, New York 1990

Schlosser, Hans: Grundzüge der Neueren Privatrechtsgeschichte – Rechtsentwicklungen im europäischen Kontext, 10. Aufl., Heidelberg 2005

Schlosser, Peter: Der Justizkonflikt zwischen den USA und Europa, Berlin 1985

Schlosser, Peter: EU-Zivilprozessrecht – EuGVVO, AVAG, VTVO, MahnVO, BagatellVO, HZÜ, EuZVO, HBÜ, EuBVO, Kommentar, 3. Aufl., München 2009

Schmehl, Christine: Parallelverfahren und Justizgewährung – Zur Verfahrenskoordination nach europäischem und deutschem Zivilprozessrecht am Beispiel taktischer „Torpedoklagen", Tübingen 2011

Schmid, Christoph Ulrich: Judicial Governance in the European Union: The ECJ as a Constitutional and a Private Law Court, in: *Eriksen, Erik Oddvar/Joerges, Christian/Rödl, Florian* (Hrsg.), Law, Democracy and Solidarity in a Post-national Union – The unsettled political order of Europe, Abingdon, New York 2008, S. 85

Schmid, Christoph Ulrich: Vom effet utile zum effet neolibéral – Eine Kritik des neuen judiziellen Expansionismus des Europäischen Gerichtshofs, in: *Fischer-Lescano, Andreas/Rödl, Florian/Schmid, Christoph Ulrich* (Hrsg.), Europäische Gesellschaftsverfassung – Zur Konstitutionalisierung sozialer Demokratie in Europa, Baden-Baden 2009, S. 33

Schmid, Christoph Ulrich: Die Instrumentalisierung des Privatrechts durch die Europäische Union – Privatrecht und Privatrechtskonzeptionen in der Entwicklung der Europäischen Integrationsverfassung, Baden-Baden 2010

Schmid, Martina: Die Grenzen der Auslegungskompetenz des EuGH im Vorabentscheidungsverfahren nach Art. 234 EG – Dargestellt am Beispiel der überschießenden Richtlinienumsetzung, Frankfurt/M. 2005

Schmidt, Georg: Wandel durch Vernunft – Deutsche Geschichte im 18. Jahrhundert, München 2009

Schmidt, Jan Peter: Neue Impulse durch institutionelle Reformen – Der Mercosur ist wieder auf Kurs, EuZW 2005, 139

Schmidt, Karsten: Vorlageverfahren nach Art. 177 EGV und Zivilprozessordnung – Aussetzung und Vorlage als gegensätzliche Methoden der externen Vorfragenentscheidung, in: Festschr. f. Gerhard Lüke, München 1997, S. 721

Schmidt, Martin: Konkretisierung von Generalklauseln im europäischen Privatrecht, Berlin 2009

Schmidt, Uwe: Europäisches Zivilprozessrecht in der Praxis – Das 11. Buch der ZPO, München 2004

Schmidt-Aßmann, Ulrike: Empfiehlt es sich, das System des Rechtsschutzes und der Gerichtsbarkeit in der Europäischen Gemeinschaft weiterzuentwickeln?, JZ 1994, 832

Schmidtchen, Dieter/Bier, Christoph: Die Kosten und der Nutzen der Justiz aus volkswirtschaftlicher Sicht, in: *Bork, Reinhard/Eger, Thomas/Schäfer, Hans-Bernd* (Hrsg.), Ökonomische Analyse des Verfahrensrechts – Beiträge zum XI. Travemünder Symposium zur ökonomischen Analyse des Rechts (26. bis 29. März 2008), Tübingen 2009, S. 51

Schmidtchen, Dieter/Weth, Stephan (Hrsg.): Der Effizienz auf der Spur, Baden-Baden 1999

Schmidt-Kessel, Martin: Zum Stand der Beratungen der Horizontalrichtlinie Verbraucherschutz – Meilensteine auf dem Weg zum legistischen Desaster, GPR 2010, 129

Schmidt-Räntsch, Günther: Deutsches Richtergesetz, Richterwahlgesetz – Kommentar, 6. Aufl., München 2009

Schmitthoff, Clive M.: Der Zivilprozeß als Schlüssel zum englischen Rechtsdenken, JZ 1972, 38

Schnapper, Dominique: Une sociologue au Conseil constitutionnel, Paris 2010

Schneider, Hans-Peter/Kramer, Jutta/Caravita di Toritto, Beniamino (Hrsg.): Judge made Federalism? – The Role of Courts in Federal Systems, Baden-Baden 2009

Schneider, Martin: Altersstruktur und Produktivität von Gerichten: Wie sinnvoll sind Gerichtshierarchien?, in: *Bork, Reinhard/Eger, Thomas/Schäfer, Hans-Bernd* (Hrsg.), Ökonomische Analyse des Verfahrensrechts – Beiträge zum XI. Travemünder Symposium zur ökonomischen Analyse des Rechts (26. bis 29. März 2008), Tübingen 2009, S. 23

Schneider, Uwe H./Burgard, Ulrich: Die zunehmende Bedeutung der Rechtsprechung des EuGH auf dem Gebiet des Privatrechts, EuZW 1993, 617

Schnorbus, York: Autonome Harmonisierung in den Mitgliedstaaten durch die Inkorporation von Gemeinschaftsrecht: Eine Untersuchung zur einheitlichen Anwendung und Auslegung europäischen und autonomen nationalen Rechts und zur entsprechenden Zuständigkeit des EuGH im Vorabentscheidungsverfahren, RabelsZ 65 (2001), 654

Schnyder, Anton K.: Europäisierung des Internationalen Privat- und Zivilverfahrensrechts – Herausforderung auch für die Schweiz, in: Festschr. f. Erik Jayme, München 2004, S. 823

Schnyder, Anton K.: Europäisches Banken- und Versicherungsrecht, Heidelberg 2005

Schoberth, Andreas: Die Gerichtsbarkeit bei Gemeinschaftsimmaterialgütern, Baden-Baden 2008

Scholler, Heinrich/Tellenbach, Silvia (Hrsg.): Die Bedeutung der Lehre vom Rechtskreis und der Rechtskultur, Berlin 2001

Scholz, Olaf/Becker, Ulrich (Hrsg.): Die Auswirkungen der Rechtsprechung des Europäischen Gerichtshofs auf das Arbeitsrecht der Mitgliedstaaten, Baden-Baden 2009

Scholz, Rupert: Nationale und europäische Grundrechte – unter besonderer Berücksichtigung der Europäischen Grundrechtecharta, in: *Merten, Detlef/Papier, Hans-Jürgen* (Hrsg.), Handbuch der Grundrechte in Deutschland und Europa, Bd. VI/2: Europäische Grundrechte II, Universelle Menschenrechte, Heidelberg, 2009, § 170 (S. 63)

Schöndorf-Haubold, Bettina: Die Haftung der Mitgliedstaaten für die Verletzung von EG-Recht durch nationale Gerichte, JuS 2006, 112

Schröder, Holger: Jean Monnet und die amerikanische Unterstützung für die europäische Integration 1950–1957, Frankfurt/M. 1994

Schröder, Jan: Recht als Wissenschaft – Geschichte der juristischen Methodenlehre in der Neuzeit (1500–1933), 2. Aufl., München 2012

Schröder, Meinhard (Trier, Jahrgang 1942): Rechtsschutz zwischen europäischer und nationaler Gerichtsbarkeit, AUR 2008, 261

Schröder, Meinhard (Trier, Jahrgang 1942): Neuerungen im Rechtsschutz der Europäischen Union durch den Vertrag von Lissabon, DÖV 2009, 61

Schröder, Meinhard (München, Jahrgang 1978): Gesetzesbindung des Richters und Rechtsweggarantie im Mehrebenensystem, Tübingen 2010

Schroeder, Werner: Das Gemeinschaftsrechtssystem – Eine Untersuchung zu den rechtsdogmatischen, rechtstheoretischen und verfassungsrechtlichen Grundlagen des Systemdenkens im Europäischen Gemeinschaftsrecht, Tübingen 2002

Schroeter, Ulrich G.: Das einheitliche Kaufrecht der afrikanischen OHADA-Staaten im Vergleich zum UN-Kaufrecht, Recht in Afrika 2001, 163

Schroeter, Ulrich G.: UN-Kaufrecht und Europäisches Gemeinschaftsrecht – Verhältnis und Wechselwirkungen, München 2005

Schroter, Harm: Economic Culture and its Transfer: An Overview of the Americanisation of the European Economy, 1900–2005, European Review of History 15 (2008), 331

Schübel-Pfister, Isabel: Sprache und Gemeinschaftsrecht – Die Auslegung der mehrsprachig verbindlichen Rechtstexte durch den Europäischen Gerichtshof, Berlin 2004

Schubert, Werner: Das Streben nach Prozessbeschleunigung und Verfahrensgliederung im Zivilprozessrecht des 19. Jahrhunderts, ZRG Germ. Abt. 85 (1968), 127

Schubert, Werner: Die deutsche Gerichtsverfassung (1869–1877): Entstehung und Quellen, Frankfurt/M. 1981

Schulte-Nölke, Hans: EC Law on the Formation of Contract – from the Common Frame of Reference to the "Blue Button", ERCL 3 (2007), 332

Schulte-Nölke, Hans: "Restatements" in Europe and the US: Some Comparative Lessons, in: *Brownsword, Roger/Micklitz, Hans-Wolfgang/Niglia, Leone/Weatherill, Stephen* (Hrsg.), The Foundations of European Private Law, Oxford, Portland/Oregon 2011, S. 11

Schulte-Nölke, Hans/Twigg-Flesner, Christian/Ebers, Martin (Hrsg.): EC Consumer Law Compendium – The Consumer Acquis and its transposition in the Member States, München 2008

Schulze, Götz: Gemeinschaftsrechtliche Staatshaftung: Das judikative Unrecht, Urteil des Europäischen Gerichtshofs vom 30. September 2003, ZEuP 2004, 1049

Schulze, Reiner: Allgemeine Rechtsgrundsätze und Europäisches Privatrecht, ZEuP 1993, 424

Schulze, Reiner: Vergleichende Gesetzesauslegung und Rechtsangleichung, ZfRV 1997, 183

Schulze, Reiner (Hrsg.): Auslegung europäischen Privatrechts und angeglichenen Rechts, Baden-Baden 1999

Schulze, Reiner: Vorwort, in: *ders./Hoeren, Thomas* (Hrsg.), Dokumente zum Europäischen Recht, Bd. II: Justiz (bis 1957), Berlin, Heidelberg, New York 2000

Schulze, Reiner: Die „Acquis-Grundregeln" und der Gemeinsame Referenzrahmen, ZEuP 2007, 731

Schulze, Reiner/Hoeren, Thomas (Hrsg.): Dokumente zum Europäischen Recht, Bd. I: Gründungsverträge, Berlin, Heidelberg, New York 1999

Schulze, Reiner/Hoeren, Thomas (Hrsg.): Dokumente zum Europäischen Recht, Bd. II: Justiz (bis 1957), Berlin, Heidelberg, New York 2000

Schulze, Reiner/Ulrike, Seif (Hrsg.): Einführung, in: *dies.* (Hrsg.), Richterrecht und Rechtsfortbildung in der Europäischen Rechtsgemeinschaft, Tübingen 2003, S. 1

Schulze, Reiner/Ulrike, Seif (Hrsg.): Richterrecht und Rechtsfortbildung in der Europäischen Rechtsgemeinschaft, Tübingen 2003

Schulze, Reiner/Zuleeg, Manfred/Kadelbach, Stefan (Hrsg.): Europarecht – Handbuch für die deutsche Rechtspraxis, 2. Aufl., Baden-Baden 2010

Schulze-Fielitz, Helmuth: Bindungswirkungen der Entscheidungen des BVerfG, in: *Hof, Hagen/Schulte, Martin* (Hrsg.), Wirkungsforschung zum Recht, Bd. III: Folgen von Gerichtsentscheidungen, Baden-Baden 2001, S. 311

Schumann, Ekkehard: Der Einfluß des Grundgesetzes auf die zivilprozessuale Rechtsprechung, in: 50 Jahre Bundesgerichtshof – Festgabe aus der Wissenschaft, Bd. III, München 2000, S. 3

Schumann, Ekkehard: Gerichtliche Kompetenzen und Inkompetenzen in Europa: Menschenrechtsgerichtshof, EU-Gerichtshof und Bundesverfassungsgericht, in: *Roth, Herbert* (Hrsg.), Europäisierung des Rechts, Tübingen 2010, S. 197

Schuppert, Gunnar Folke/Pernice, Ingolf/Haltern, Ulrich (Hrsg.): Europawissenschaft, Baden-Baden 2005

Schürnbrand, Jan: Die Grenzen richtlinienkonformer Rechtsfortbildung im Privatrecht, JZ 2007, 910

Schütze, Robert: The Morphology of Legislative Power in the European Community: Legal Instruments and the Federal Division of Powers, Yearbook of European Law 25 (2007), 91

Schütze, Robert: From Dual to Cooperative Federalism – The Changing Structure of European Law, Oxford 2009

Schütze, Rolf A.: Die Allzuständigkeit amerikanischer Gerichte, Berlin 2003

Schütze, Rolf A.: Forum non conveniens und Verbürgung der Gegenseitigkeit im deutsch-amerikanischen Verhältnis, in: Festschr. f. Jan Kropholler, Tübingen 2008, S. 905

Schwartz, Ivo E.: Rechtsangleichung und Rechtswettbewerb im Binnenmarkt – Zum Europäischen Modell, EuR 2007, 194

Schwartze, Andreas: Enforcement of Private Law: The Missing Link in the Process of European Harmonisation, ERPL 8 (2000), 135

Schwartze, Andreas: Europäische Sachmängelgewährleistung beim Warenkauf – Optionale Rechtsangleichung auf der Grundlage eines funktionalen Rechtsvergleichs, Tübingen 2000

Schwartze, Andreas: Die Rechtsvergleichung, in: *Riesenhuber, Karl* (Hrsg.), Europäische Methodenlehre – Handbuch für Ausbildung und Praxis, 2. Aufl., Berlin, New York 2010, § 4 (S. 112)

Schwarze, Jürgen: Die Befugnis zur Abstraktion im europäischen Gemeinschaftsrecht – Eine Untersuchung zur Rechtsprechung des Europäischen Gerichtshofes, Baden-Baden 1976

Schwarze, Jürgen (Hrsg.): Der Europäische Gerichtshof als Verfassungsgericht und Rechtsschutzinstanz, Baden-Baden 1983

Schwarze, Jürgen (Hrsg.): Fortentwicklung des Rechtsschutzes in der Europäischen Gemeinschaft, Baden-Baden 1987

Schwarze, Jürgen: Die Befolgung von Vorabentscheidungen des Europäischen Gerichtshofs durch deutsche Gerichte – Ergebnisse einer rechtstatsächlichen Bestandsaufnahme, Baden-Baden 1988

Schwarze, Jürgen: Das Konzept des europäischen Gemeinschaftsrechts, in: *Horn, Norbert/Baur, Jürgen F./Stern, Klaus* (Hrsg.), 40 Jahre Römische Verträge – Von der Europäischen Wirtschaftsgemeinschaft zur Europäischen Union, Berlin/New York 1998, S. 29

Schwarze, Jürgen: Die Entwicklung der französischen Verwaltungsgerichtsbarkeit aus deutscher Sicht, DVBl. 1999, 261

Schwarze, Jürgen: Der Rechtsschutz Privater vor dem Europäischen Gerichtshof: Grundlagen, Entwicklungen und Perspektiven des Individualrechtsschutzes im Gemeinschaftsrecht, DVBl. 2002, 1297

Schwarze, Jürgen: Das wirtschaftsverfassungsrechtliche Konzept des Verfassungsentwurfs des Europäischen Konvents – zugleich eine Untersuchung der Grundprobleme des europäischen Wirtschaftsrechts, EuZW 2004, 135

Schwarze, Jürgen: Europäisches Verwaltungsrecht – Entstehung und Entwicklung im Rahmen der Europäischen Gemeinschaft, 2. Aufl., Baden-Baden 2005

Schwarze, Jürgen: Der Anspruch auf effektiven gerichtlichen Rechtsschutz im europäischen Gemeinschaftsrecht, in: Festschr. f. Christian Starck, Tübingen 2007, S. 645

Schwarze, Jürgen: Europäisches Wirtschaftsrecht – Grundlagen, Gestaltungsformen, Grenzen, Baden-Baden 2007

Schwarze, Jürgen: Grenzen des Richterrechts in der europäischen Rechtsordnung – Anmerkungen zu dem zweiten Tabakwerbeurteil des EuGH vom 12.12.2006, in: Festschr. f. Günter Hirsch, München 2008, S. 165

Schwarze, Jürgen: Europäische Kartellbußgelder im Lichte übergeordneter Vertrags- und Verfassungsgrundsätze, EuR 2009, 171

Schwarze, Jürgen: Rechtsstaatliche Defizite des europäischen Kartellbußgeldverfahrens, WuW 2009, 6

Schwarze, Jürgen: 20 Jahre Gericht erster Instanz in Luxemburg – Der Zugang zur Justiz, EuR 2009, 717

Schwarze, Jürgen: Die verordnete Demokratie – Zum Urteil des 2. Senats des BVerfG zum Lissabon-Vertrag, EuR 2010, 108

Schwarze, Jürgen (Hrsg.): Rechtsschutz und Wettbewerb in der neueren europäischen Rechtsentwicklung, Baden-Baden 2010

Schwarze, Jürgen/Becker, Ulrich/Hatje, Armin/Schoo, Johann (Hrsg.): EU-Kommentar, 2. Aufl., Baden-Baden 2009

Schwarze, Jürgen/Müller-Graff, Peter-Christian (Hrsg.): Europäische Rechtseinheit durch einheitliche Rechtsdurchsetzung, EuR-Beih 1/1998, Baden-Baden 1998

Schwenzer, Ingeborg/Hachem, Pascal: The CISG – Successes and Pitfalls, Am. J. Comp. L. 57 (2009), 457

Sciarra, Silvana: Integration through courts: Article 177 as a pre-federal device, in: *dies.* (Hrsg.), Labour Law in the Courts – National Judges and the ECJ, Oxford 2001, S. 1

Scorey, David W. J.: A new model for the Communities' judicial architecture in the new Union, E.L. Rev. 21 (1996), 224

Sedemund, Jochim: Referat, 60. DJT 1994, Bd. II/1: Sitzungsberichte – Referate und Beschlüsse, München 1994, S. N 41

Seidel, Martin: Die Direkt- oder Drittwirkung von Richtlinien des Gemeinschaftsrechts, NJW 1985, 517

Seidel, Martin: A Europe-minded Action – a British one – Zum Vorabentscheidungs-ersuchen des High Court of Justice, EuZW 1999, 369

Seifert, Achim: Mangold und kein Ende – die Entscheidung der Großen Kammer des EuGH v. 19.1.2010 in der Rechtssache Kücükdeveci, EuR 2010, 802

Selck, Torsten J./Rhinard, Mark/Häge, Frank M.: The evolution of European legal integration, European Journal of Law and Economics 24 (2007), 187

Sellmann, Christian/Augsberg, Steffen: Entwicklungstendenzen des Vorlageverfahrens nach Art. 234 EGV, DÖV 2006, 533

Sereni, Angelo Piero: Les opinions individuelles et dissidentes des juges des tribunaux internationaux, Revue générale de droit international public 68 (1964), 819

Serini, Katharina: Sanktionen der Europäischen Union bei Verstoß eines Mitgliedstaats gegen das Demokratie- oder Rechtsstaatsprinzip, Berlin 2009

Shah, Sangeeta/Poole, Thomas: The Impact of the Human Rights Act on the House of Lords, Public Law 2009, 347

Shahabuddeen, Mohamed: Precedent in the World Court – Some Aspects, Cambridge 1996

Shapiro, Martin M./Stone Sweet, Alec: On Law, Politics, and Judicialization, Oxford 2002

Sharpston, Eleanor: The Changing Role of the Advocate General, in: *Arnull, Anthony/ Eeckhout, Piet/Tridimas, Takis* (Hrsg.), Continuity and Change in EU Law – Essays in Honour of Sir Francis Jacobs, Oxford 2008, S. 20

Shavell, Steven: The Appeals Process as a Means of Error Correction, J. Legal Stud. 24 (1995), 379

Shavell, Steven: Foundations of Economic Analysis of Law, Cambridge/Mass. 2004

Sheppard, Steve: Casebooks, Commentaries, and Curmudgeons: An Introductory History of Law in the Lecture Hall, Iowa L. Rev. 82 (1997), 547

Sheppard, Steve (Hrsg.): The History of Legal Education in the United States: Commentaries and Primary Sources, Clark/New Jersey 2007

Shuibhne, Niamh Nic: A court within a court: Is it time to rebuild the Court of Justice? E.L. Rev. 15 (2009), 173

Siebert, Derk: Die Auswahl der Richter am Gerichtshof der Europäischen Gemeinschaften – Zu der erforderlichen Reform des Art. 167 EGV, Frankfurt/M. 1997

Siegerist, Wiebke: Die Neujustierung des Kooperationsverhältnisses zwischen dem Europäischen Gerichtshof und den mitgliedstaatlichen Gerichten – unter besonderer Berücksichtigung einer gemeinschaftsrechtlichen Staatshaftung für Judikativunrecht, Frankfurt/M. 2010

Siehr, Kurt: Internationales Privatrecht – Deutsches und europäisches Kollisionsrecht für Studium und Praxis, Heidelberg 2001

Siehr, Kurt: IPR-Gesetzgebung in der EU und den USA, in: Festschr. f. Andreas Heldrich, München 2005, S. 1045

Siehr, Kurt: Die Kodifikation des Europäischen IPR – Hindernisse, Aufgaben und Lösungen, in: *Jud, Brigitta/Rechberger, Walter H./Reichelt, Gerte* (Hrsg.), Kollisionsrecht in der Europäischen Union – Neue Fragen des Internationalen Privat- und Zivilverfahrensrechtes, Wien 2008, S. 77

Siems, Mathias M.: Statistische Rechtsvergleichung, RabelsZ 72 (2008), 354

Siems, Mathias M.: Citation Patterns of the German Federal Supreme Court and the Court of Appeal of England and Wales, King's Law Journal 21 (2010), 152

Silberman, Bernard S.: Cages of Reason: The Rise of the Rational State in France, Japan, the United States, and Great Britain, Chicago 1993

Simon, Denys: Les juges et la priorité de la question prioritaire de constitutionnalité: discordance provisoire ou cacophonie durable, Revue critique de droit international privé 2011, 1

Singer, Philippe: L'importance de la recherche comparative pour la justice communautaire, Journal du droit international 134 (2007), 497

Skouris, Vassilios: Rechtsfolgen der Verletzung des Europäischen Gemeinschaftsrechts durch oberste Gerichte der Mitgliedstaaten, in: Festschr. f. Volkmar Götz, Göttingen 2005, S. 223

Skouris, Vassilios: Self-Conception, Challenges and Perspectives of the EU Courts, in: *Pernice, Ingolf/Kokott, Juliane/Saunders, Cheryl* (Hrsg.), The Future of the European Judicial System in a Comparative Perspective, Baden-Baden 2006, S. 19

Skouris, Vassilios: Entwicklungsperspektiven der europäischen Gerichtsbarkeit – Bemerkungen aus Anlass des fünfzigjährigen Bestehens der Römischen Verträge, in: Festschr. f. Detlef Merten, Heidelberg 2007, S. 383

Skouris, Vassilios: Höchste Gerichte an ihren Grenzen – Bemerkungen aus der Perspektive des Gerichtshofes der Europäischen Gemeinschaften, in: Festschr. f. Christian Starck, Tübingen 2007, S. 991

Skouris, Vassilios: Rechtskulturen im Dialog: Über Verständnisse und Unverständnisse, Risiken und Chancen einer internationalen Rechtsordnung und Rechtsprechung, in: *Murakami, Junichi/Marutschke, Hans-Peter/Riesenhuber, Karl* (Hrsg.), Globalisierung und Recht – Beiträge Japans und Deutschlands zu einer internationalen Rechtsordnung im 21. Jahrhundert, Berlin 2007, S. 61

Skouris, Vassilios: Stellung und Bedeutung des Vorabentscheidungsverfahrens im europäischen Rechtsschutzsystem, EuGRZ 2008, 343

Skouris, Vassilios: Entwicklung und Tätigkeit Gerichtshof, in: Jahresbericht 2009 – Gerichtshof der Europäischen Union, Luxemburg 2010, S. 9

Skouris, Vassilios: Rechtsschutz durch den Europäischen Gerichtshof, in: *Schwarze, Jürgen* (Hrsg.), Rechtsschutz und Wettbewerb in der neueren europäischen Rechtsentwicklung, Baden-Baden 2010, S. 81

Skouris, Vassilios: Medienrechtliche Fragen in der Rechtsprechung des EuGH – Grundrechtliche Aspekte des Medienrechts und Charta der Grundrechte der EU, MMR 2011, 423

Sladič, Jorg: Anmerkungen zum beschleunigten Verfahren im EG-Prozessrecht, EuZW 2005, 712

Sladič, Jorg: Einstweiliger Rechtsschutz im Gemeinschaftsprozessrecht – Eine Untersuchung der Rechtsprechung des EG/EU-Prozessrechts, Baden-Baden 2008

Slaughter, Anne-Marie: New World Order, Princeton/New Jersey 2004

Slaughter, Anne-Marie/Stone Sweet, Alec/Weiler, Joseph H.H. (Hrsg.): The European Court and National Courts: Doctrine and Jurisprudence – Legal Change in its Social Context, Oxford 1998

Slepcevic, Reinhard: Litigating for the Environment – EU Law, National Courts and Socio-Legal Reality, Wiesbaden 2009

Slynn of Hadley, Gordon: What Is a European Community Law Judge?, C.L.J. 52 (1993), 234

Smend, Rudolf: Das Reichskammergericht, Erster Teil: Geschichte und Verfassung, Weimar 1911

Snyder, David V.: Molecular Federalism and the Structures of Private Lawmaking, Ind. J. Global Legal Stud. 14 (2007), 419

Snyder, Francis: The Effectiveness of European Community Law: Institutions, Processes, Tools and Techniques, M.L.R. 56 (1993), 19

Sobich, Philip: Die Civil Procedure Rules 1999 – Zivilprozeßrecht in England, JZ 1999, 775

Solan, Lawrence M.: The Interpretation of Multilingual Statutes by the European Court of Justice, Brooklyn J. Int'l L. 34 (2009), 277

Solanke, Iyiola: Diversity and Independence in the European Court of Justice, Colum. J. Eur L. 15 (2009), 89

Solanke, Iyiola: 'Stop the ECJ'?: An Empirical Analysis of Activism at the Court, ELJ 17 (2011), 764

Soltész, Ulrich: Der Begriff der Zivilsache im Europäischen Zivilprozeßrecht – Zur Auslegung von Art. 1 Abs. 1 EuGVÜ, Frankfurt/M. 1998

Sommermann, Karl-Peter: Das Recht auf effektiven Rechtsschutz als Kristallisationspunkt eines gemeineuropäischen Rechtsstaatsverständnisses, in: Festschr. f. Detlef Merten, Heidelberg 2007, S. 443

Sonnenberger, Hans Jürgen: Privatrecht und Internationales Privatrecht im künftigen Europa: Fragen und Perspektiven, RIW 2002, 489

Sonnevend, Pál: Europarecht und die allgemeinen Gerichte in Ungarn, in: *Hofmann, Mahulena* (Hrsg.), Europarecht und die Gerichte der Transformationsstaaten – European Law and the Courts of the Transition Countries, Baden-Baden 2008, S. 126

Spamann, Holger: Legal Origins, Civil Procedure, and the Quality of Contract Enforcement, JITE 166 (2010), 149

Sperr, Anneken Kari: Ombudsmann, in: *Basedow, Jürgen/Hopt, Klaus J./Zimmermann, Reinhard* (Hrsg.), Handwörterbuch des Europäischen Privatrechts, Bd. II, Tübingen 2009, S. 1121

Sperr, Anneken Kari: Skandinavische Rechtsvereinheitlichung, in: *Basedow, Jürgen/ Hopt, Klaus J./Zimmermann, Reinhard* (Hrsg.), Handwörterbuch des Europäischen Privatrechts, Bd. II, Tübingen 2009, S. 1407

Spigelman, J.J.: Proof of Foreign Law by Reference to the Foreign Court, L.Q.R. 127 (2011), 209

Stadler, Astrid: Vielfalt der Gerichte – Einheit des Prozessrechts?, in: *Hofmann, Rainer/ Reinisch, August/Pfeiffer, Thomas/Oeter, Stefan/Stadler, Astrid:* Die Rechtskontrolle von Organen der Staatengemeinschaft: Vielfalt der Gerichte – Einheit des Prozessrechts?, Berichte der Deutschen Gesellschaft für Völkerrecht, Bd. 42, Heidelberg 2007, S. 177

Stadler, Astrid: Grenzüberschreitender kollektiver Rechtsschutz in Europa, JZ 2009, 121

Stadler, Astrid: Principles of Transnational Civil Procedure – auch ein Modellgesetz für Europa?, in: Festschr. f. Konstantinos D. Kerameus, Athen 2009, S. 1355

Stadler, Astrid: Class Actions, in: *Basedow, Jürgen/Kischel, Jürgen/Sieber, Ulrich* (ed. on behalf of Gesellschaft für Rechtsvergleichung), German National Reports to the 18th International Congress of Comparative Law (Washington 2010), Tübingen 2010, S. 181

Stadler, Christoph: Das Vorabentscheidungsverfahren nach Art. 177 EG-Vertrag – Vorlagepraxis deutscher Gerichte im Bereich des Wettbewerbsrechts, WuW 1994, 824

Statistisches Bundesamt: Justizstatistik der Zivilgerichte – Fachserie 10 Reihe 2.1 – 2009, Wiesbaden 2010

Statistisches Bundesamt: Statistisches Jahrbuch 2010, Wiesbaden 2010

Staudinger, Ansgar/Leible, Stefan: Art. 65 EGV im System der EG-Kompetenzen, EuLF (D) 2000/01, 225

Steffek, Felix: Gläubigerschutz in der Kapitalgesellschaft – Krise und Insolvenz im englischen und deutschen Gesellschafts- und Insolvenzrecht, Tübingen 2011

Stein, Eric: Lawyers, Judges, and the Making of a Transnational Constitution, AJIL 75 (1981), 1 = *ders.,* in: Festschr. f. Konrad Zweigert, Tübingen 1981, S. 771

Stein, Eric/Hay, Peter/Waelbroeck, Michel: European Community Law in Perspective – Text, Cases and Reading – With Volume of Documents, Indianapolis, New York 1976

Stein, Friedrich/Jonas, Martin (Begründer): Kommentar zur Zivilprozessordnung, 22. Aufl., Tübingen, Bd. III: 2005, Bd. IV: 2008 [zit. Bearbeiter: *Leipold, Dieter; Roth, Herbert*]

Stein, Peter: The Attraction of the Civil Law in Post-Revolutionary America, in: *ders.,* The Character and Influence of the Roman Civil Law: Historical Essays, London 1988, S. 411

Stein, Torsten: Richterrecht wie anderswo auch? – Der Gerichtshof der Europäischen Gemeinschaften als „Integrationsmotor", in: Festschr. f. Universität Heidelberg, Heidelberg 1986, S. 619

Steinberger, Helmut: Historic Influences of American Constitutionalism upon German Constitutional Development: Federalism and Judicial Feview, in: Festschr. f. Louis Henkin, The Hague, 1997, S. 177

Steinberger, Helmut: Konzeption und Grenzen freiheitlicher Demokratie – dargestellt am Beispiel des Verfassungsrechtsdenkens in den Vereinigten Staaten von Amerika und des amerikanischen Antisubversionsrechts, Berlin, Heidelberg, New York, 1974; Nachdr. Bad Feilnbach 1999

Steindorff, Ernst: Schuman-Plan und europäischer Bundesstaat, Europa-Archiv 1951, 3955

Steindorff, Ernst: Die Nichtigkeitsklage (Le recours pour excès de pouvoir) im Recht der Europäischen Gemeinschaft für Kohle und Stahl – Ein rechtsvergleichender Beitrag zur verwaltungsgerichtlichen Kontrolle der Hohen Behörde, Frankfurt/M. 1952

Steindorff, Ernst: EG-Vertrag und Privatrecht, Baden-Baden 1996

Steindorff, Ernst: Markt und hoheitliche Verantwortung in der EG – Vom Werden europäischer Wirtschaftsordnung, ZHR 164 (2000), 223

Steindorff, Ernst: Aufgaben künftiger europäischer Privatrechtsetzung angesichts deutscher Erfahrungen, in: Festschr. f. Peter Ulmer, Berlin 2003, S. 1393

Stempel, Christian: Die „Grundsätze des bürgerlichen Rechts", das sekundäre Unionsrecht und der nationale Richter – Entscheidung des Europäischen Gerichtshofs vom 3. September 2009 mit Anmerkung, ZEuP 2010, 923

Stolleis, Michael: Europa nach Nizza – Die historische Dimension, NJW 2002, 1022

Stolleis, Michael: Europa, in: HRG, 2. Aufl., Berlin 2008, Sp. 1439

Stone Sweet, Alec: Governing with Judges: Constitutional Politics in Europe, Oxford 2000

Stone Sweet, Alec: Path Dependence, Precedent, and Judicial Power, in: *Shapiro, Martin M./Stone Sweet, Alec* (Hrsg.), On Law, Politics, and Judicialization, Oxford 2002, S. 112

Stone Sweet, Alec: The European Court and Integration, in: *ders.,* The Judicial Construction of Europe, Oxford 2004, S. 1

Stone Sweet, Alec: The Judicial Construction of Europe, Oxford 2004

Stone Sweet, Alec: The European Court of Justice and the Judicialization of EU Governance, 2010 (erhältlich über http://europeangovernance.livingreviews.org/Articles/lreg-2010-2)

Stone Sweet, Alec: European Court of Justice, in: *Craig, Paul/Búrca, Grainne de* (Hrsg.), The Evolution of EU Law, 2. Aufl., Oxford 2011, S. 121

Stone Sweet, Alec/Brunell, Thomas L.: Constructing a Supranational Constitution: Dispute Resolution and Governance in the European Community, American Political Science Review 92 (1998), 63

Stone Sweet, Alec/Brunell, Thomas L.: The European Courts and the National Courts: A Statistical Analysis of Preliminary References, 1961–95, Journal of European Public Policy 5 (1998), 66

Stone Sweet, Alec/Brunell, Thomas L.: The European Court, National Judges and Legal Integration: Guide to the Data Base on Preliminary References in European Law, 1958–98, ELJ 6 (2000), 117

Stone Sweet, Alec/Brunell, Thomas L.: Litigating the Treaty of Rome: The European Court of Justice and Articles 226, 230, and 234, 2008 (erhältlich über http://www.eu-newgov.org)

Stone Sweet, Alec/Brunell, Thomas L.: Note on the Data Sets: Litigating EU Law under the Treaty of Rome, 2008 (erhältlich über http://www.eu-newgov.org)

Stone Sweet, Alec/Caporaso, James A.: From Free Trade to Supranational Polity: The European Court and Integration, in: *Sandholtz, Wayne/Stone Sweet, Alec* (Hrsg.), European Integration and Supranational Governance, Oxford 1998, S. 92

Stone Sweet, Alec/Sandholtz, Wayne: European Integration and Supranational Governance, Journal of European Public Policy 4 (1997), 297

Storme, Marcel: Rechtsvereinheitlichung in Europa – Ein Plädoyer für ein einheitliches europäisches Prozessrecht, RabelsZ 56 (1992), 290

Storme, Marcel (Hrsg.): Rapprochement du droit judiciaire de l'Union européenne – Approximation of Judiciary Law in the European Union, Dordrecht, Boston, London 1994

Storme, Marcel: Official Opening Speech, in: *Yessiou-Faltsi, Pelayia* (Hrsg.), The Role of the Supreme Courts at the National and International Level, Thessaloniki 1998, S. 19

Storme, Marcel (Hrsg.): Procedural Laws in Europe – Towards Harmonisation, Antwerpen 2003

*Storme, Marcel/*Storme Group: Text der Vorschläge zum europäischen Zivilprozeßrecht, ZZP 109 (1996), 345

Storme, Marcel/Hess, Burkhard (Hrsg.): Discretionaire bevoegdheid van de rechter: grenzen en controle/Discretionary Power of the Judge: Limits and Control, Mechelen 2003

Storskrubb, Eva: Civil Procedure and EU Law – A Policy Area Uncovered, Oxford 2008

Story, Joseph: Commentaries on the Conflict of Laws, Foreign and Domestic, Boston 1834

Stotz, Rüdiger: Die Rechtsprechung des EuGH, in: *Riesenhuber, Karl* (Hrsg.), Europäische Methodenlehre – Handbuch für Ausbildung und Praxis, 2. Aufl., Berlin, New York 2010, § 22 (S. 653)

Stoye, Katrin: Die Entwicklung des europäischen Verwaltungsrechts durch das Gericht erster Instanz – Am Beispiel der Verteidigungsrechte im Verwaltungsverfahren, Baden-Baden 2005

Strasser, Sarah E.: Evolution & Effort: Docket Control & Preliminary References in the European Court of Justice, Colum. J. Eur. L. 2 (1995/96), 49

Strauch, Hans-Joachim: Die Bindung des Richters an Recht und Gesetz – eine Bindung durch Kohärenz, KritV 2002, 311

Straus, Joseph: Europäisches Patent – Gemeinschaftspatent, in: *Basedow, Jürgen/Hopt, Klaus J./Zimmermann, Reinhard* (Hrsg.), Handwörterbuch des Europäischen Privatrechts, Bd. I, Tübingen 2009, S. 543

Streinz, Rudolf: Die Auslegung des Gemeinschaftsrechts durch den EuGH – Eine kritische Betrachtung, ZEuS 2004, 387

Streinz, Rudolf: Die Europäische Union als Rechtsgemeinschaft – Rechtsstaatliche Anforderungen an einen Staatenverbund, in: Festschr. f. Detlef Merten, Heidelberg 2007, S. 395

Streinz, Rudolf: Die Rolle des EuGH im Prozess der Europäischen Integration – Anmerkungen zu gegenlaufigen Tendenzen in der neueren Rechtsprechung, AöR 135 (2010), 1

Streinz, Rudolf: Mangold nicht hinreichend qualifiziert ultra vires – Deduktion der Ultra-vires-Kontrolle im Honeywell-Urteil des Bundesverfassungsgerichts, in: Festschr. f. Günter H. Roth, München 2011, S. 823

Streinz, Rudolf (Hrsg.): EUV/AEUV – Kommentar, 2. Aufl., München 2012 [zit. Bearbeiter: *Huber, Peter M.*]

Streinz, Rudolf/Leible, Stefan: Die Zukunft des Gerichtssystems der Europäischen Gemeinschaft – Reflexionen über Reflexionspapiere, EWS 2001, 1

Streinz, Rudolf/Michl, Walther: Die Drittwirkung des europäischen Datenschutzgrundrechts (Art. 8 GRCh) im deutschen Privatrecht, EuZW 2011, 384

Streinz, Rudolf/Ohler, Christoph/Herrmann, Christoph: Der Vertrag von Lissabon zur Reform der EU, 3. Aufl., München 2010

Study Group on Social Justice in European Private Law: Social Justice in European Contract Law: A Manifesto, ELJ 10 (2004), 653

Sturm, Fritz: Der Kampf um die Rechtseinheit in Deutschland – Die Entstehung des BGB und der erste Staudinger, in: *Martinek, Michael/Sellier, Patrick* (Hrsg.), 100 Jahre BGB – 100 Jahre Staudinger, Berlin 1999, S. 13

Stürner, Michael: Die Anfechtung von Zivilurteilen – Eine funktionale Untersuchung der Rechtsmittel im deutschen und englischen Recht, München 2002

Stürner, Michael: Die Bedeutung nationaler Kodifikationen im Zeitalter der Europäisierung des Zivilprozessrechts, in: Jahrbuch für italienisches Recht, Bd. 23 (2010), Heidelberg, S. 93

Stürner, Rolf: U.S.-amerikanisches und europäisches Verfahrensverständnis, in: Festschr. f. Ernst C. Stiefel, München 1987, S. 763

Stürner, Rolf: Die Rezeption U.S.-amerikanischen Rechts in der Bundesrepublik Deutschland, in: Festschr. f. Kurt Rebmann, München 1989, S. 839

Stürner, Rolf: Das Europäische Zivilprozeßrecht – Einheit oder Vielfalt?, in: *Grunsky, Wolfgang/Stürner, Rolf/Walter, Gerhard/Wolf, Manfred* (Hrsg.), Wege zu einem europäischen Zivilprozessrecht – Tübinger Symposium zum 80. Geburtstag von Fritz Baur, Tübingen 1992, S. 1

Stürner, Rolf: Modellregeln für den internationalen Zivilprozeß? – Zum Stand eines gemeinsamen Vorhabens des American Law Institute und des Institut International pour l'Unification du Droit Privé (Unidroit), ZZP 112 (1999), 185

Stürner, Rolf: Geschichtliche Grundlinien des europäischen Beweisrechts, in: Festschr. f. Alfred Söllner, München 2000, S. 1171

Stürner, Rolf: Beweislastverteilung und Beweisführungslast in einem harmonisierten europäischen Zivilprozeß, in: Festschr. f. Hans Stoll, Tübingen 2001, S. 691

Stürner, Rolf: Why are Europeans afraid to litigate in the United States?, Rom (Centro di Studi e Ricerche di Diritto Comparato e Straniero) 2001 [zit. *Stürner*, Why are Europeans afraid]

Stürner, Rolf: Zur Struktur des europäischen Zivilprozesses, in: Festschr. f. Ekkehard Schumann, Tübingen 2001, S. 491

Stürner, Rolf: Procédure civile et culture juridique, R.I.D.C. 2004, 797 = *ders.*, Prozeßrecht und Rechtskulturen, in: *Gilles, Peter/Pfeiffer, Thomas* (Hrsg.): Prozeßrecht und Rechtskulturen/Procedural Law and Legal Cultures, Baden-Baden 2004, S. 31

Stürner, Rolf: Die Vereinbarkeit von „treble damages" mit dem deutschen ordre public, in: Festschr. f. Peter Schlosser, Tübingen 2005, S. 967

Stürner, Rolf: The Principles of Transnational Civil Procedure – An Introduction to Their Basic Conceptions, RabelsZ 69 (2005), 201

Stürner, Rolf: Die verweigerte Zustellungshilfe für U.S.-Klagen oder der „Schuss übers Grab", JZ 2006, 60

Stürner, Rolf: Duties of Disclosure and Burden of Proof in the Private Enforcement of European Competition Law, in: *Basedow, Jürgen* (Hrsg.), Private Enforcement of EC Competition Law, Alphen aan de Rijn 2007, S. 164

Stürner, Rolf: Markt und Wettbewerb über alles? – Gesellschaft und Recht im Fokus neoliberaler Marktideologie, München 2007 [zit. *Stürner*, Markt und Wettbewerb]

Stürner, Rolf: Parteiherrschaft versus Richtermacht – Materielle Prozessleitung und Sachverhaltsaufklärung im Spannungsfeld zwischen Verhandlungsmaxime und Effizienz, ZZP 123 (2010), 147

Stürner, Rolf: Privatautonomie und Wettbewerb unter der Hegemonie der angloamerikanischen Rechtskultur?, AcP 210 (2010), 105

Stürner, Rolf: Die Qualität der Gerechtigkeit in einer Gesellschaft und der Zivilprozess, International Journal of Procedural Law 1 (2011), 50

Stürner, Rolf: Das Zivilrecht der Moderne und die Bedeutung der Rechtsdogmatik, JZ 2012, 10

Stürner, Rolf/Bormann, Jens: Internationale Anerkennungszuständigkeit US-amerikanischer Bundesgerichte und Zustellungsfragen im deutsch-amerikanischen Verhältnis, JZ 2000, 81

Stürner, Rolf/Kawano, Masanori (Hrsg.): Comparative Studies on Enforcement and Provisional Measures, Tübingen 2011

Stürner, Rolf/Müller, Therese: Aktuelle Entwicklungstendenzen im deutsch-amerikanischen Rechtshilfeverkehr, IPRax 2008, 339

Stuyck, Jules: The European Court of Justice as a Motor of Private Law, in: *Twigg-Flesner, Christian* (Hrsg.), The Cambridge Companion to European Union Private Law, Cambridge 2010, S. 101

Subrin, Stephen N./Woo, Margaret Y.K.: Litigating in America – Civil Procedure in Context, New York 2006

Suganami, Hidemi: A Note on the Origin of the Word 'International', British Journal of International Studies 4 (1978), 226

Sujecki, Bartosz: Das Übersetzungserfordernis und dessen Heilung nach der Europäischen Zustellungsverordnung, Entscheidung des Europäischen Gerichtshofes vom 8. November 2005, ZEuP 2007, 353

Sujecki, Bartosz: Das elektronische Mahnverfahren – Eine rechtsvergleichende und europarechtliche Untersuchung, Tübingen 2008

Sujecki, Bartosz: Die Möglichkeiten und Grenzen der Abschaffung des ordre public-Vorbehalts im Europäischen Zivilprozessrecht, ZEuP 2008, 458

Sujecki, Bartosz: Europäische Zustellungsverordnung (EuZVO), in: *Gebauer, Martin/ Wiedmann, Thomas* (Hrsg.), Zivilrecht unter europäischem Einfluss – Die richtlinienkonforme Auslegung des BGB und anderer Gesetze – Kommentierung der wichtigsten EU-Verordnungen, 2. Aufl., Stuttgart 2010, Kap. 30 (S. 1657)

Sujecki, Bartosz: Entwicklung im Europäischen Privat- und Zivilprozessrecht im Jahr 2010, EuZW 2011, 287

Surrency, Erwin C.: History of the Federal Courts, 2. Aufl., New York 2002

Sutter-Somm, Thomas: Vereinheitlichung des Schweizerischen Zivilprozessrechts – Der Vorentwurf zur Schweizerischen Zivilprozessordnung im Überblick, ZZPInt 2002, 369

Sutter-Somm, Thomas/Hasenböhler, Franz (Hrsg.): Die künftige schweizerische Zivilprozessordnung – Mitglieder der Expertenkommission erläutern den Vorentwurf, Zürich, Basel, Genf 2003

Sydow, Gernot: Die Ausdifferenzierung des Gerichtssystems der EU – Zur Struktur der künftigen europäischen Patentgerichtsbarkeit, GRUR 2001, 689

Taelman, Piet (Hrsg.): Civil Procedure, in: International Encyclopaedia of Laws (General Editor: *Blanpain, Roger*), Alphen aan den Rijn 2009 (Losebl.-Slg.)

Tambou, Olivia: Le système juridictionnel communautaire revu et corrigé par le Traité de Nice, Revue du marché commun et de l'Union européenne 2001, 164

Tamm, Marina: Die Bestrebungen der EU-Kommission im Hinblick auf den Ausbau des kollektiven Rechtsschutzes für Verbraucher, EuZW 2009, 439

Tamm, Marina: Das Kapitalanleger-Musterverfahrensgesetz – Hintergrund, Ausgestaltung und Reformüberlegungen, ZHR 174 (2010), 525

Tamm, Marina: Die 28. Rechtsordnung der EU – Gedanken zur Einführung eines grenzüberschreitenden B2C-Vertragsrechts, GPR 2010, 281

Tamm, Marina: Verbraucherschutzrecht – Europäisierung und Materialisierung des deutschen Zivilrechts und die Herausbildung eines Verbraucherschutzprinzips, Tübingen 2011

Taruffo, Michele: Harmonizing civil litigation in Europe?, in: *Cafaggi, Fabrizio/Muir-Watt, Horatia* (Hrsg.), Making European Private Law – Governance Design, Cheltenham 2008, S. 46

Teitelbaum, Joshua C.: Age and Tenure of the Justices and Productivity of the U.S. Supreme Court: Are Term Limits Necessary?, Fla. St. U. L. Rev. 34 (2006), 161

Temming, Felipe: Freie Rechtsschöpfung oder nicht: Der Streit um die EuGH-Entscheidung Mangold spitzt sich zu, NJW 2008, 3404

Temple Lang, John: Do we need a European Union competition court?, in: *Baudenbacher, Carl/Gulman, Claus/Lenaerts, Koen/Coulon, Emmanuel/Barbier de La Serra, Eric* (Hrsg.), Liber Amicorum en l'honneur de Bo Vesterdorf, Bruxelles, 2007, S. 343

Terhechte, Jörg Philipp: Temporäre Durchbrechung des Vorrangs des europäischen Gemeinschaftsrechts beim Vorliegen „inakzeptabler Regelungslücken"?, EuR 2006, 828

Terhechte, Jörg Philipp: Der Vertrag von Lissabon: Grundlegende Verfassungsurkunde der europäischen Rechtsgemeinschaft oder technischer Änderungsvertrag?, EuR 2008, 143

Terhechte, Jörg Philipp: Souveränität, Dynamik und Integration – making up the rules as we go along? Anmerkungen zum Lissabon-Urteil des Bundesverfassungsgerichts, EuZW 2009, 724

Terhechte, Jörg Philipp: Europäischer Bundesstaat, supranationale Gemeinschaft oder Vertragsunion souveräner Staaten? Zum Verhältnis von Staat und Union nach dem Lissabon-Urteil des BVerfG, EuR-Beih 1/2010, 135

Terhechte, Jörg Philipp (Hrsg.): Verwaltungsrecht der Europäischen Union, Baden-Baden 2011

Tettinger, Peter J./Stern, Klaus (Hrsg.): Kölner Gemeinschaftskommentar zur Europäischen Grundrechte-Charta, München 2006 [zit. Bearbeiter: *Alber, Siegbert*]

Teubner, Gunther: Legal Irritants: Good Faith in British Law or How Unifying Law Ends Up in New Differences, M.L.R. 61 (1998), 11

The European Court of Human Rights: 50 Years of Activity – The European Court of Human Rights – Some Facts and Figures, Strasbourg 2010

The Law Society: England and Wales: The jurisdiction of choice, London 2007

The Supreme Court: 2009 Term – The Statistics, Harv. L. Rev. 124 (2010), 411

The Supreme Court: 2010 Term – The Statistics, Harv. L. Rev. 125 (2011), 362

Thibaut, Anton Friedrich Justus: Ueber die Nothwendigkeit eines allgemeinen Bürgerlichen Rechts für Deutschland, Heidelberg 1814

Thiele, Alexander: Individualrechtsschutz vor dem Europäischen Gerichtshof durch die Nichtigkeitsklage, Baden-Baden 2006

Thiele, Alexander: Europäisches Prozessrecht, München 2007

Thiele, Alexander: Das Rechtsschutzsystem nach dem Vertrag von Lissabon – (K)ein Schritt nach vorn?, EuR 2010, 30

Thiele, Carmen: Sanktionen gegen EG-Mitgliedstaaten zur Durchsetzung von Europäischem Gemeinschaftsrecht – Das Sanktionsverfahren nach Art. 228 Abs. 2 EG, EuR 2008, 320

Thole, Christoph: Buchbesprechung von Burkhard Hess: Europäisches Zivilprozessrecht, 2010, JZ 2010, 731

Thoma, Ioanna: Die Europäisierung und die Vergemeinschaftung des nationalen ordre public, Tübingen 2007

Thomas, Heinz/Putzo, Hans: Zivilprozessordnung, 32. Aufl., München 2011 [zit. Bearbeiter: *Hüßtege, Rainer*]

Thompson, David C./Wachtell, Melanie: An Empirical Analysis of Supreme Court Certiorari Petition Procedures: The Call for Response and the Call for the Views of the Solicitor General, Geo. Mason L. Rev. 16 (2009), 239

Thomy, Patricia: Individualrechtsschutz durch das Vorabentscheidungsverfahren, Baden-Baden 2009

Thüsing, Gregor: Vom rechten Umgang mit dem EuGH, BB 2006, H. 23, 1 (d.h. im Mantel des Hefts Nr. 23)

Thüsing, Gregor: Europäisches Arbeitsrecht, 2. Aufl., München 2011

Thym, Daniel: "United in Diversity" – The Integration of Enhanced Cooperation into the European Constitutional Order, in: *Dann, Philipp/Rynkowski, Michał* (Hrsg.), The Unity of the European Constitution, Berlin, 2006, S. 357

Tilmann, Winfried: Eine Privatrechtskodifikation für die Europäische Gemeinschaft, in: *Müller-Graff, Peter-Christian* (Hrsg.), Gemeinsames Privatrecht in der Europäischen Gemeinschaft, 2. Aufl., Baden-Baden 1999, S. 579

Tilmann, Winfried: Das Europäische Patentgericht nach dem Gutachten 1/09 des EuGH, GRUR Int. 2011, 499

Timmermans, Christiaan: The European Union's Judicial System, CML Rev. 41 (2004), 393 = in: *McDonnell, Alison* (Hrsg.), A Review of Forty Years of Community Law – Legal Developments in the European Communities and the European Union, The Hague 2005, S. 113

Timmermans, Christiaan: Creative Homogeneity, in: *Johansson, Martin/Wahl, Nils/ Bernitz, Ulf* (Hrsg.), Liber amicorum in honour of Sven Norberg, Brussels 2006, S. 471

Timmermans, Christiaan: Impact of EU Law on International Company Law, ERPL 18 (2010), 549

Tiwisina, Constanze: Rechtsfragen überlanger Verfahrensdauer nach nationalem Recht und der EMRK, Baden-Baden 2010

Tizzano, Antonio: La Cour de justice après Nice: le transfert de compétences au Tribunal de première instance, Revue du droit de l'Union européenne 2002, 665

Tizzano, Antonio: The Court of Justice in the Draft Treaty Establishing a Constitution for Europe, in: Festschr. f. Gil Carlos Rodríguez Iglesias, Berlin 2003, S. 41

Tjong Tjin Tai, Eric/Teuben, Karlijn: European Precedent Law, ERPL 16 (2008), 827

Tocqueville, Alexis de: De la démocratie en Amérique, Bd. I und II, Paris 1835 und 1840

Tocqueville, Alexis de: Ueber die Demokratie in Amerika, Zweiter Teil, (Übersetzung: *Rüder, Friedrich August*), Leipzig 1836

Tohidipur, Timo: Europäische Gerichtsbarkeit im Institutionensystem der EU – Zu Genese und Zustand justizieller Konstitutionalisierung, Baden-Baden 2008

Töller, Annette Elisabeth: Mythen und Methoden: Zur Messung der Europäisierung der Gesetzgebung des Deutschen Bundestages jenseits des 80-Prozent-Mythos, ZParl 2008, 3

Tomlins, Christopher: History in the American Juridical Field: Narrative, Justification and Explanation, Yale J.L. & Human. 16 (2004), 323

Tomuschat, Christian: Die gerichtliche Vorabentscheidung nach den Verträgen über die europäischen Gemeinschaften, Köln, Berlin 1964

Tomuschat, Christian: Individueller Rechtsschutz: das Herzstück des „ordre public européen" nach der Europäischen Menschenrechtskonvention, EuGRZ 2003, 95

Tomuschat, Christian: Das Europa der Richter, in: Festschr. f. Georg Ress, Köln 2005, S. 857

Toner, Helen: Case C-18595 P, Baustahlgewebe GmbH v. Commission, CML Rev. 36 (1999), 1345

Tonne, Michael: Effektiver Rechtsschutz durch staatliche Gerichte als Forderung des europäischen Gemeinschaftsrechts, Köln 1997

Tonner, Klaus: Reiserecht in Europa, Neuwied, Kriftel, Berlin 1992

Tonner, Klaus: Das Grünbuch der Kommission zum Europäischen Vertragsrecht für Verbraucher und Unternehmer – Zur Rolle des Verbrauchervertragsrechts im europäischen Vertragsrecht, EuZW 2010, 767

Tonner, Klaus: Die EU-Fluggastrechte-VO und das Montrealer Übereinkommen, VuR 2011, 203

Tonner, Klaus/Tamm, Marina: Zur Auslegung des europäischen Verbrauchervertrags-rechts: insbesondere zur Auslegungsregel in dubio pro consumatore, in: Liber ami-corum Bernd Stauder, Genève 2006, S. 527

Tonner, Klaus/Tamm, Marina: Der Vorschlag einer Richtlinie über Rechte der Ver-braucher und seine Auswirkungen auf das nationale Recht, JZ 2009, 277

Tonner, Klaus/Tamm, Marina (Hrsg.), Verbraucherrecht – Beratungshandbuch, Baden-Baden 2012 [zit. Bearbeiter: *Tonner, Klaus*]

Tönsfeuerborn, Kirsten: Einflüsse des Diskriminierungsverbots und der Grundfreiheiten der EG auf das nationale Zivilprozessrecht, Berlin 2002

Topidi, Kyriaki/Morawa, Alexander H.E. (Hrsg.): Constitutional Evolution in Central and Eastern Europe – Expansion and Integration in the EU, Farnham 2011

Towfigh, Emanuel V./Petersen, Niels: Ökonomische Methoden im Recht – Eine Einführung für Juristen, Tübingen 2010

Trabucchi, Alberto: L'effet « erga omnes » des décisions préjudicielles rendues par la Cour de justice des Communautés européennes, RTDE 1974, 56

Trautmann, Clemens: Ausländisches Recht vor deutschen und englischen Gerichten, ZEuP 2006, 283

Trautmann, Clemens: Europäisches Kollisionsrecht und ausländisches Recht im nationalen Zivilverfahren, Tübingen 2011

Treanor, William Michael: Judicial Review before Marbury, Stan. L. Rev. 58 (2005), 455

Tribe, Lawrence T./Dorf, Michael C.: Levels of Generality in the Definition of Rights, U. Chi. L. Rev. 57 (1990), 1057

Tridimas, George: A Political Economy Perspective of Judicial Review in the European Union: Judicial Appointments Rule, Accessibility and Jurisdiction of the European Court of Justice, European Journal of Law and Economics 18 (2004), 99

Tridimas, George: The relevance of confederate structures in the judicial architecture of the Draft EU Constitution, in: *Voigt, Stefan/Albert, Max/Schmidtchen, Dieter* (Hrsg.), Conferences on New Political Economy (vormals: Jahrbuch für Neue Politische Ökonomie), Bd. 23: International Conflict Resolution, Tübingen 2006, S. 281

Tridimas, George/Tridimas, Takis: National Courts and the European Court of Justice: A Public Choice Analysis of the Preliminary Reference Procedure, International Review of Law and Economics 24 (2004), 125

Tridimas, Takis: Knocking on Heaven's Door: Fragmentation, Efficiency and Defiance in the Preliminary Reference Procedure, CML Rev. 40 (2003), 9

Tridimas, Takis: The European Court of Justice and the Draft Constitution: A Supreme Court for the Union, in: *ders./Nebbia, Paolisa* (Hrsg.), European Union Law for the Twenty-First Century: Volume 1 – Rethinking the New Legal Order, Oxford 2004, S. 113

Tridimas, Takis: The General Principles of EU Law, Oxford 2006

Tridimas, Takis/Gari, Gabriel: Winners and losers in Luxembourg: A statistical analysis of judicial review before the European Court of Justice and the Court of First Instance (2001–2005), E.L. Rev. 35 (2010), 131

Trocker, Nicolò: Das Vorabentscheidungsverfahren aus italienischer Sicht: Erfahrungen, Probleme, Entwicklungstendenzen, RabelsZ 66 (2002), 417

Tröger, Tobias: Zum Systemdenken im europäischen Schuldvertragsrecht: Probleme der Rechtsangleichung durch Richtlinien am Beispiel der Verbrauchsgüterkauf-Richtlinie, ZEuP 2003, 525

Trstenjak, Verica: Der Gemeinsame Referenzrahmen und der Europäische Gerichtshof, in: *Schmidt-Kessel, Martin* (Hrsg.), Der Gemeinsame Referenzrahmen – Entstehung, Inhalte, Anwendung, München 2008, S. 235

Trstenjak, Verica/Beysen, Erwin: European consumer protection law: Curia semper dabit remedium?, CML Rev. 48 (2011), 95

Trute, Hans-Heinrich: Zur Entwicklung des Föderalismus in den Vereinigten Staaten von Amerika, ZaöRV 49 (1989), 191

Tschentscher, Axel: Demokratische Legitimation der dritten Gewalt, Tübingen 2006

Tsebelis, George: Veto Players: How Political Institutions Work, Princeton/New Jersey 2002

Tsebelis, George/Garrett, Geoffrey: The Institutional Foundation of Intergovernment-alism and Supranationalism in the European Union, International Organization 55 (2001), 357

Tulibacka, Magdalena: Europeanization of Civil Procedures: In Search of a Coherent Approach, CML Rev. 46 (2009), 1527

Tullock, Gordon: Trials on trial – The Pure Theory of Legal Procedure, New York 1980

Türk, Alexander H.: Judicial Review in EU Law, Cheltenham, Northampton/Mass. 2009

Turner, Catherine/Muñoz, Rodolphe: Revising the Judicial Architecture of the European Union, YEL 19 (2000), 1

Tushnet, Mark V. (Hrsg.): I Dissent – Great Opposing Opinions in Landmark Supreme Court Cases, Boston 2008

Twigg-Flesner, Christian: Time to do the Job Properly – The Case for a New Approach to EU Consumer Legislation, JCP 33 (2010), 355

Ubbelohde, Carl: The Vice-Admiralty Courts and the American Revolution, Chapel Hill, North Carolina 1960

Ukrow, Jörg: Richterliche Rechtsfortbildung durch den EuGH – Dargestellt am Beispiel der Erweiterung des Rechtsschutzes des Marktbürgers im Bereich des vorläufigen Rechtsschutzes und der Staatshaftung, Baden-Baden 1995

Ule, Carl Hermann: Der Gerichtshof der Montangemeinschaft als europäisches Verwaltungsgericht, DVBl. 1952, 65

Unberath, Hannes: Die richtlinienkonforme Auslegung und Rechtsfortbildung am Beispiel der Kaufrechtsrichtlinie, ZEuP 2005, 5

Unberath, Hannes: Der Zweck der Rechtsmittel nach der ZPO-Reform – Theorie und Praxis, ZZP 120 (2007), 323

UNIDROIT: UNIDROIT Principles of International Commercial Contracts 2010, Rome 2011

Union Internationale des Magistrats/Fondation Justice dans le Monde (Hrsg.): Traité d'organisation judiciaire comparée – A treatise on compared judicial organization – Tratado de organizacion judicial comparada, Bd. I: Modes de désignation et de formation du juge – Process of the appointment and training of judges – Modos de designacion y formacion del juez, Zürich, Baden-Baden 1999

Usher, John Anthony: European Court Practice, London 1983

Uzelac, Alan: Kann die Effizienz der Justiz gemessen werden? – Versuch eines Vergleichs der europäischen Justizsysteme, in: *Gottwald, Peter* (Hrsg.), Effektivität des Rechtsschutzes vor staatlichen und privaten Gerichten, Bielefeld 2006, S. 41

Uzelac, Alan: Efficiency of European Justice Systems – The strength and weaknesses of the CEPEJ evaluations, International Journal of Procedural Law 1 (2011), 106

Uzelac, Alan/Rhee, C.H. van (Hrsg.): Access to Justice and the Judiciary – Towards New European Standards of Affordability, Quality and Efficiency of Civil Adjudication, Antwerpen 2009

Uzelac, Alan/Rhee, C.H. van (Hrsg.): The Landscape of the Legal Professions in Europe and the USA: Continuity and Change, Antwerp 2011

Van Bael, Ivo: Due Process in EU Competition Proceedings, Alphen aan den Rijn 2011

Vandersanden, Georges (Hrsg.): La réforme du système juridictionnel communautaire, Bruxelles, 1994

Varga, Csaba (Hrsg.): Comparative Legal Cultures, Dartmouth, New York 1992

Vaubel, Roland: Constitutional courts as promoters of political centralisation: lessons for the European Court of Justice, European Journal of Law and Economics 28 (2009), 203

Vaughan, David/Gray, Margaret: Litigating in Luxembourg and the Role of the Advocate at the Court of Justice, in: *Arnull, Anthony/Eeckhout, Piet/Tridimas, Takis* (Hrsg.), Continuity and Change in EU Law – Essays in Honour of Sir Francis Jacobs, Oxford 2008, S. 48

Verkerk, Remme: Fact-Finding in Civil Litigation – A Comparative Perspective, Antwerp 2010

Vesterdorf, Bo: The Community Court System Ten Years from Now and Beyond: Challenges and Possibilities, E.L. Rev. 28 (2003), 303

Vesterdorf, Bo: A Constitutional Court for the EU?, Int. J. Const. L. 4 (2006), 607

Vesterdorf, Bo: Economics in Court: reflections on the role of judges in assessing economic theories and evidence in the modernised competition regime, in: *Johansson, Martin/Wahl, Nils/Bernitz, Ulf* (Hrsg.), Liber amicorum in honour of Sven Norberg, Brussels 2006, S. 511

Villedieu, Anne-Laure: France – B. The Rules on Funding and Costs, in: *Hodges, Christopher/Vogenauer, Stefan/Tulibacka, Magdalena* (Hrsg.), The Costs and Funding of Civil Litigation: A Comparative Perspective, Oxford 2010, S. 335

Vilnius University (Hrsg.): The Recent Tendencies of Development in Civil Procedure Law – Between East and West, Vilnius 2007

Viscusi, W. Kip (Hrsg.): Regulation Through Litigation, Washington, D.C. 2002

Vitzthum, Wolfgang Graf: Die Identität Europas, EuR 2002, 1

Vitzthum, Wolfgang Graf: Annahme nach Ermessen bei Verfassungsbeschwerden? Das writ of certiorari-Verfahren des US Supreme Court als ein systemfremdes Entlastungsmodell, JöR 53 (2005), 319

Voegele, Katja: Full Faith and Credit – Die Anerkennung zivilgerichtlicher Entscheidungen zwischen den US-amerikanischen Bundesstaaten, Berlin 2003

Voeten, Erik: The Politics of International Judicial Appointments, Chi. J. Int'l L. 9 (2009), 389

Vogenauer, Stefan: Die Auslegung von Gesetzen in England und auf dem Kontinent – Eine vergleichende Untersuchung der Rechtsprechung und ihrer historischen Grundlagen, Bd. I und II, Tübingen 2001

Vogenauer, Stefan: Eine gemeineuropäische Methodenlehre des Rechts – Plädoyer und Programm, ZEuP 2005, 234

Vogenauer, Stefan: Zur Geschichte des Präjudizienrechts in England, ZNR 28 (2006), 48

Vogenauer, Stefan/Hodges, Chris (Hrsg.): Civil Justice Systems in Europe – Implications for Choice of Forum and Choice of Contract Law, Oxford 2013 i.E.

Voigt, Stefan: Implicit Constitutional Change – Changing the Meaning of the Constitution Without Changing the Text of the Document, European Journal of Law and Economics 7 (1999), 197

Voigt, Stefan: Iudex Calculat: The ECJ's Quest for Power, in: *Holler, Manfred J./Kliemt, Hartmut/Schmidtchen, Dieter/Streit, Manfred E.* (Hrsg.), Jahrbuch für Neue Politische Ökonomie, Bd. 22: European Governance, Tübingen 2003, S. 77

Voigt, Stefan: Are International Merchants Stupid? Their Choice of Law Sheds Doubt on the Legal Origin Theory, Journal of Empirical Legal Studies (2008), 1

Voigt, Stefan: Institutionenökonomik, 2. Aufl., München 2009

Voigt, Stefan: Von Euckens Ordnungspolitik zur Neuen Institutionenökonomik, in: *Basedow, Jürgen/Wurmnest, Wolfgang* (Hrsg.), Unternehmen auf offenen Märkten – Symposium zum 70. Geburtstag von Peter Behrens, Baden-Baden 2011, S. 119

Voigt, Stefan/Salzberger, Eli M.: Choosing Not to Choose: When Politicians Choose to Delegate Powers, Kyklos 55 (2002), 289

Voigt, Stefan/Salzberger, Eli M.: On the Delegation of Powers: With Special Emphasis on Central and Eastern Europe, Constitutional Political Economy 13 (2002), 25

Volcansek, Mary L.: Judicial Politics in Europe: An Impact Analysis, New York 1986

Vorländer, Hans (Hrsg.): Integration durch Verfassung, Wiesbaden 2002

Voß, Reimer: Erfahrungen und Probleme bei der Anwendung des Vorabentscheidungsverfahrens nach Art. 177 EWGV aus der Sicht eines deutschen Richters, EuR 1986, 95

Voß, Reimer: Referat, 60. DJT 1994, Bd. II/1: Sitzungsberichte – Referate und Beschlüsse, München 1994, S. N 25

Voß, Reimer: The National Perception of the Court of First Instance and the European Court of Justice, CML Rev. 33 (1996), 1119

Voß, Reimer: Reform der Gerichtsbarkeit aus der Sicht nationaler Gerichte, EuR-Beih 1/2003, 37

Wackerbarth, Ulrich: Das Verwerfungsmonopol des BVerfG – Überlegungen nach der Kücükdeveci-Entscheidung des EuGH, EuZW 2010, 252

Wadle, Elmar: Hüter der Rechtseinheit: Aufgabe und Last des Reichsgerichts im Lichte der kaiserlichen Verordnung vom 28. September 1879, in: Festschr. f. Gerhard Lüke, München 1997, S. 897

Wadlow, Christopher: Strasbourg, the Forgotten Patent Convention, and the Origins of the European Patents Jurisdiction, IIC 2010, 123

Waelbroeck, Denis: Vers une nouvelle architecture judiciaire européenne, CDE 2000, 3

Waelbroeck, Denis: Nizza oder das Janusdilemma: Für oder gegen eine zweiköpfige Gerichtsbarkeitsstruktur für Vorabentscheidungsverfahren?, EuR-Beih 1/2003, 71

Wägenbaur, Bertrand: Die Prüfungskompetenz des EuGH im Rechtsmittelverfahren, EuZW 1995, 199

Wägenbaur, Bertrand: Stolpersteine des Vorabentscheidungsverfahrens, EuZW 2000, 37

Wägenbaur, Bertrand: Neuere Entwicklungen im Bereich des Rechtsmittelverfahrens, EuZW 2003, 517

Wägenbaur, Bertrand: Das EU-Prozessrecht – gleiches Recht für alle?, EuZW 2007, 321

Wägenbaur, Bertrand: The Right of Appeal to the Community Courts – Hurdles and Opportunities, ZEuS 2007, 161

Wägenbaur, Bertrand: EuGH VerfO – Satzung und Verfahrensordnungen des EuGH/ EuG – Kommentar, München 2008

Wägenbaur, Rolf: Zur Nichtbefolgung von Urteilen des EuGH durch die Mitgliedstaaten, in: Festschr. f. Ulrich Everling, Bd. II, Baden-Baden 1995, S. 1611

Wagener, Hans-Jürgen/Eger, Thomas: Europäische Integration – Wirtschaft und Recht, Geschichte und Politik, 2. Aufl., München 2009

Wagner, Gerhard: Europäisches Beweisrecht – Prozessrechtsharmonisierung durch Schiedsgerichte, ZEuP 2001, 441

Wagner, Gerhard: Entwicklungstendenzen und Forschungsperspektiven im Zivilprozess- und Insolvenzrecht, ZEuP 2008, 6

Wagner, Gerhard: Ökonomische Analyse der Rechtsmittel, in: *Bork, Reinhard/Eger, Thomas/Schäfer, Hans-Bernd* (Hrsg.), Ökonomische Analyse des Verfahrensrechts – Beiträge zum XI. Travemünder Symposium zur ökonomischen Analyse des Rechts (26. bis 29. März 2008), Tübingen 2009, S. 157

Wagner, Gerhard: Legal Origins, Civil Procedure, and the Quality of Contract Enforcement – Comment, JITE 166 (2010), 171

Wagner, Rolf: Das Haager Übereinkommen vom 30.6.2005 über Gerichtsstandsverein-barungen, RabelsZ 73 (2009), 100

Wagner, Rolf: Die Vereinheitlichung des Internationalen Privat- und Zivilverfahrens-rechts zehn Jahre nach Inkrafttreten des Amsterdamer Vertrags, NJW 2009, 1911

Wagner-Döbler, Roland: Präjudizien in deutschen, englischen und US-amerikanischen Gerichtsentscheidungen – Ein quantitativer Vergleich, RabelsZ 59 (1995), 113

Wagner-von Papp, Florian: Die Verantwortlichkeit des Staates für Wettbewerbsbe-schränkungen durch Gesetz in föderalen Systemen, WuW 2003, 454

Wahl, Rainer/Wieland, Joachim: Verfassungsrechtsprechung als knappes Gut, JZ 1996, 1137 *Walder-Richli, Hans Ulrich:* Die Principles and Rules of Transnational Civil Procedure im Lichte des schweizerischen Zivilprozessrechts, in: Festschr. f. Ernst A. Kramer, Basel, Genf, München 2004, S. 1051

Walter, Gerhard: Tu felix Europa... Zum Entwurf einer Europäischen Zivilprozess-ordnung, AJP/PJA 1994, 425

Walter, Konrad: Rechtsfortbildung durch den EuGH – Eine rechtsmethodische Unter-suchung ausgehend von der deutschen und französischen Methodenlehre, Berlin 2009

Ward, Angela: Individual Rights and Private Party Judicial Review in the EU, 2. Aufl., Oxford 2007 *Ward, Artemus/Weiden, David L.:* Sorcerers' Apprentices – 100 Years of Law Clerks at the United States Supreme Court, New York 2006

Ward, Artemus: Deciding To Leave: The Politics of Retirement from the U.S. Supreme Court, Albany, 2003

Watson, Alan: Legal Transplants: An Approach to Comparative Law, 2. Aufl., Athens/Georgia 1993

Weatherill, Stephen: An ever tighter grip: The European court's pro-consumer interpre-tation of the EC's directives affecting contract law, in: Liber Amicorum Guido Alpa, London 2007, S. 1037

Weatherill, Stephen: Cases and Materials on EU Law, 8. Aufl., Oxford 2007

Weatherill, Stephen: The "principles of civil law" as a basis for interpreting the legis-lative acquis, ERCL 6 (2010), 74

Weber, Albrecht: Die Europäische Union unter Richtervorbehalt? Rechtsvergleichende Anmerkungen zum Urteil des BVerfG v. 30.6.2009 („Vertrag von Lissabon"), JZ 2010, 157

Weber, Albrecht: Europäische Verfassungsvergleichung – Ein Studienbuch, München 2010

Weber, Johannes: Universal Jurisdiction and Third States in the Reform of the Brussels I Regulation, RabelsZ 75 (2011), 619

Weber, Martin: Grenzen EU-rechtskonformer Auslegung und Rechtsfortbildung, Baden-Baden 2010

Weber, Max: Gesammelte Aufsätze zur Religionssoziologie, Tübingen 1920

Weber, Max: Rechtssoziologie, 2. Aufl., Neuwied am Rhein, Berlin, 1967

Weber, Max: Wirtschaft und Gesellschaft – Grundriss der verstehenden Soziologie, (Studienausgabe), 5. Aufl., Tübingen 2002

Weber, Michael: Europäisches Zivilprozessrecht und Demokratieprinzip – Internationale Zuständigkeit und gegenseitige Anerkennung im Gerichtssystem der Europäischen Union und der USA, Tübingen 2009

Weber-Grellet, Heinrich: Finanzgerichte als Motor der EuGH-Rechtsprechung, NJW 2004, 1617

Wedemann, Frauke: Das neue GmbH-Recht, WM 2008, 1381

Wedemann, Frauke: Die Europa-GmbH ante portas, EuZW 2010, 534

Wegener, Bernhard W.: Die Neuordnung der EU-Gerichtsbarkeit durch den Vertrag von Nizza, DVBl. 2001, 1258

Wegener, Bernhard W.: Staatshaftung für die Verletzung von Gemeinschaftsrecht durch nationale Gerichte?, EuR 2002, 785

Wegener, Bernhard W.: (Fehl-)Urteilsverantwortung und Richterspruchprivileg in der Haftung der Mitgliedsstaaten für die Verletzung von Gemeinschaftsrecht, EuR 2004, 85

Wegener, Bernhard W.: Der Numerus Clausus der Klagearten: eine Gefahr für die Effektivität des Rechtsschutzes im Gemeinschaftsrecht?, EuGRZ 2008, 354

Wegener, Bernhard W.: Rechtsstaatliche Vorzüge und Mängel der Verfahren vor den Gemeinschaftsgerichten, EuR-Beih 3/2008, 45

Wehler, Hans-Ulrich: Interview „Kritische Bürger", Die ZEIT v. 1.11.2007 (Nr. 45), S. 49

Weiler, Frank: Grammatikalische Auslegung des vielsprachigen Unionsrechts, ZEuP 2010, 861

Weiler, Joseph H.H.: Eric Stein: A Tribute, Mich. L. Rev. 82 (1984), 1160

Weiler, Joseph H.H.: The European Court, National Courts and References for Preliminary Rulings – The Paradox of Success: A Revisionist View of Article 177 EEC, in: *Schermers, Henry G./Timmermans, Christiaan W.A./Kellermann, Alfred E./ Watson, J. Stewart* (Hrsg.), Article 177 EEC: Experiences and Problems, Amsterdam 1987, S. 366

Weiler, Joseph H.H.: The Transformation of Europe, Yale L.J. 100 (1990–1991), 2403; wiederabgedruckt in: *ders.,* The Constitution of Europe – Do the New Clothes have an Emperor?, Cambridge 1998, S. 10

Weiler, Joseph H.H.: Journey to an Unknown Destination – A Retrospective and Prospective of the European Court of Justice in the Arena of Political Integration, JCMS 31 (1993), 417

Weiler, Joseph H.H.: A Quiet Revolution – The European Court of Justice and its Interlocutors, Comparative Political Studies 26 (1994), 510

Weiler, Joseph H.H.: The Least-Dangerous Branch: A Retrospective and Prospective of the European Court of Justice in the Arena of Political Integration, in: *ders.,* The Constitution of Europe – Do the New Clothes have an Emperor?, Cambridge 1998, S. 188

Weiler, Joseph H.H.: Epilogue: The Judicial Après Nice, in: *de Búrca, Gráinne/Weiler, Joseph H.H.* (Hrsg.), The European Court of Justice, Oxford 2001, S. 215

Weiler, Joseph H.H.: Editorial, EJIL 20 (2009), 505

Weiler, Joseph H.H./Haltern, Ulrich: The Autonomy of the Community Legal Order – Through the Looking Glass, Harv. Int'l L.J. 37 (1996), 411; wiederabgedruckt in: *Weiler, Joseph H.H.,* The Constitution of Europe – Do the New Clothes have an Emperor?, Cambridge 1998, S. 286

Weitbrecht, Andreas/Mühle, Jan: Europäisches Kartellrecht 2010, EuZW 2011, 416

Weller, Marc-Philippe: Anknüpfungsprinzipien im Europäischen Kollisionsrecht: Abschied von der „klassischen" IPR-Dogmatik?, IPRax 2011, 429

Wendehorst, Christiane: Internationales Privatrecht, in: *Langenbucher, Katja* (Hrsg.), Europarechtliche Bezüge des Privatrechts, 2. Aufl., Baden-Baden 2008, § 8 (S. 376)

Wengler, Wilhelm: Die Anpassung des englischen Rechts durch die Judikatur in den Vereinigten Staaten, in: Festschr. f. Ernst Rabel, Bd. I, Tübingen 1954, S. 39

Wennerström, Erik: The Rule of Law and the European Union, Uppsala 2007

Wenzel, Joachim: Das neue zivilprozessuale Revisionszulassungsrecht in der Bewährung, NJW 2002, 3353

Wenzel, Joachim: Die Bindung des Richters an Gesetz und Recht, NJW 2008, 345

Wernicke, Stephan: Der EuGH als Zivilrichter: Der Verfahrensablauf vor dem Europäischen Gerichtshof am Beispiel der Rechtssache C-340/03, „Schulte", in: *Furrer, Andreas* (Hrsg.), Europäisches Privatrecht im wissenschaftlichen Diskurs, Bern 2006, S. 339

Wernsmann, Rainer/Behrmann, Jan: Das Vorabentscheidungsverfahren nach Art. 234 EG, Jura 2006, 181

Wesel, Uwe: Geschichte des Rechts, 2. Aufl., München 2001

Wetter, J. Gillis: The Styles of Appellate Judicial Opinions – A Case Study in Comparative Law, Leyden 1960

Whittaker, Simon: Precedent in English Law: A View from the Citadel, ERPL 14 (2006), 705

Whittaker, Simon: Unfair Contract Terms, Unfair Prices and Bank Charges, M.L.R. 74 (2011), 106

Whittaker, Simon/Zimmermann, Reinhard (Hrsg.): Good Faith in European Contract Law – Surveying the Legal Landscape, Cambridge 2000

Wieacker, Franz: Privatrechtsgeschichte der Neuzeit: unter besonderer Berücksichtigung der deutschen Entwicklung, 2. Aufl., Göttingen 1967

Wieacker, Franz: Voraussetzungen europäischer Rechtskultur, Göttingen 1985

Wiegand, Wolfgang: The Reception of American Law in Europe, Am. J. Comp. L. 30 (1991), 229

Wiegand, Wolfgang: Amerikanisierung des Rechts, insbesondere des Bank- und Wirtschaftsrechts, in: *Baums, Theodor/Hopt, Klaus J./Horn, Norbert* (Hrsg.), Corporations, Capital Markets and Business in the Law, Liber Amicorum Richard M. Buxbaum, London 2000, S. 601

Wieland, Joachim: Der Zugang des Bürgers zum Bundesverfassungsgericht und zum U.S. Supreme Court, Der Staat 29 (1990), 333

Wieland, Joachim: Der EuGH im Spannungsverhältnis zwischen Rechtsanwendung und Rechtsgestaltung, NJW 2009, 1841

Wienhues, Sigrid/Horváth, András: Änderungen im Verfahrensrecht der Gerichte der Europäischen Union, EWS 2006, 385

Wijffels, Alain (Hrsg.): Case Law in the Making – The Techniques and Methods of Judicial Records and Law Reports, Bd. I: Essays, Berlin 1997

Wildhaber, Luzius: Advisory Opinions – Rechtsgutachten höchster Gerichte, Basel 1962

Wilhelmsson, Thomas: Jack-in-the-Box Theory of European Community Law, in: Liber amicorum Norbert Reich, Baden-Baden 1997, S. 177

Wincott, Daniel: The Court of Justice and the Legal System, in: *Cram, Laura/Dinan, Desmond/Nugent, Neill* (Hrsg.), Developments in the European Union, Basingstoke 1999, S. 90

Wind, Marlene: The Nordics, the EU and the Reluctance Towards Supranational Judicial Review, JCMS 48 (2010), 1039

Wind, Marlene/Sindbjerg Martinsen, Dorte/Rotger, Gabriel Pons: The Uneven Legal Push for Europe Questioning Variation when National Courts go to Europe, European Union Politics 10 (2009), 63

Windscheid, Bernhard: Die Actio des römischen Civilrechts, vom Standpunkte des heutigen Rechts, Düsseldorf 1856

Winker, Monika: Die Missbrauchsgebühr im Prozessrecht – Ein Beitrag zu Missbrauchsgebühren nach § 34 Abs. 2 BVerfGG und nach § 192 Abs. 1 Nr. 2 SGG im Kontext prozessualer Kostensanktionen, Tübingen 2011

Winkler, Heinrich August: Geschichte des Westens – Von den Anfängen in der Antike bis zum 20. Jahrhundert, München 2009

Witte, Bruno de: Direct Effect, Supremacy, and the Nature of the Legal Order, in: *Craig, Paul/de Búrca, Gráinne* (Hrsg.), The Evolution of EU Law, 2. Aufl., Oxford 2011, S. 323

Witte, Bruno de/Forder, Caroline (Hrsg.): The Common Law of Europe and the Future of Legal Education, Deventer 1992

Wittinger, Michaela: Das Rechtsstaatsprinzip – Vom nationalen Verfassungsprinzip zum Rechtsprinzip der europäischen und der internationalen Gemeinschaft? – Verfassungsrechtliche, europarechtliche und völkerrechtliche Betrachtungen, JöR 57 (2009), 427

Wittreck, Fabian: Die Verwaltung der Dritten Gewalt, Tübingen 2006

Wittwer, Alexander: EuGH-Rechtsprechung zur EuGVVO aus den Jahren 2009 und 2010, ZEuP 2011, 636

Witz, Claude/Hlawon, Martin: Der neueste Beitrag der französischen Cour de cassation zur Auslegung des CISG (2007–2010), IHR 2011, 93

Wolf, Christian: Die (un-)dramatischen Auswirkungen der Köbler-Entscheidung des EuGH auf das gemeinschaftsrechtliche Staatshaftungsrecht und das deutsche Revisionsrecht, WM 2005, 1345

Wolf, Manfred: Gerichtliches Verfahrensrecht – Darstellung des Zivilprozesses mit vergleichender Betrachtung von Strafprozess und Verwaltungsgerichtsprozess, Reinbek 1978

Wolf, Manfred: Abbau prozessualer Schranken im europäischen Binnenmarkt, in: *Grunsky, Wolfgang/Stürner, Rolf/Walter, Gerhard/Wolf, Manfred* (Hrsg.), Wege zu einem europäischen Zivilprozessrecht – Tübinger Symposium zum 80. Geburtstag von Fritz Baur, Tübingen 1992, S. 35

Wolf, Manfred: Rechtsharmonisierung im Binnenmarkt durch Rechtsprechung, in: Festschr. f. Gerhard Lüke, München 1997, S. 979

Wolff, Ernst: Bürgerliches Recht und Prozeßrecht in Wechselwirkung, Tübingen 1952

Wolff, Inke: Die Verteilung der Konkretisierungskompetenz für Generalklauseln in privatrechtsgestaltenden Richtlinien, Baden-Baden 2002

Wolfrum, Rüdiger: Foreign Relations – Is There Room for International Law?, DAJV Newsletter 2008, 159

Wolfrum, Rüdiger/Deutsch, Ulrike (Hrsg.): The European Court of Human Rights Overwhelmed by Applications – Problems and Possible Solutions, Berlin, Heidelberg, New York 2009

Wollschläger, Christian: Die Arbeit der europäischen Zivilgerichte im historischen und internationalen Vergleich – Zeitreihen der europäischen Zivilprozessstatistik seit dem 19. Jahrhundert, in: *Blankenburg, Erhard* (Hrsg.), Prozessflut? Studien zur Prozesstätigkeit europäischer Gerichte in historischen Zeitreihen und im Rechtsvergleich, Köln 1989, S. 21

Wollschläger, Christian: Exploring Global Landscapes of Litigation Rates, in: Festschr. f. Erhard Blankenburg, Baden-Baden 1998, S. 577

Wollenschläger, Ferdinand: Grundfreiheit ohne Markt – Die Herausbildung der Unionsbürgerschaft im unionsrechtlichen Freizügigkeitsregime, Tübingen 2007

Woodward, Bob/Armstrong, Scott: The Brethren: Inside the Supreme Court, New York 1979/2005

World Bank: Doing Business in 2004 – Understanding Regulation, Washington, D.C. 2004

World Bank: Doing Business in 2010 – Reforming Through Difficult Times, Washington, D.C. 2009

Würdinger, Markus: Das Prinzip der Einheit der Schuldrechtsverordnungen im Europäischen Internationalen Privat- und Verfahrensrecht – Eine methodologische Untersuchung über die praktische Konkordanz zwischen Brüssel I-VO, Rom I-VO und Rom II-VO, RabelsZ 75 (2011), 102

Wurmnest, Wolfgang: Grundzüge eines europäischen Haftungsrechts – eine rechtsvergleichende Untersuchung des Gemeinschaftsrechts, Tübingen 2003

Wurmnest, Wolfgang: Marktmacht und Verdrängungsmissbrauch – Eine rechtsvergleichende Neubestimmung des Verhältnisses von Recht und Ökonomik in der Missbrauchaufsicht über marktbeherrschende Unternehmen, Tübingen 2010

Wurmnest, Wolfgang/Doralt, Walter: Die Entwicklung des Gemeinschaftsdeliktsrechts (2004–2006), GPR 2007, 118

Wurmnest, Wolfgang/Heinze, Christian: General Principles of Tort Law in the Jurisprudence of the European Court of Justice, in: *Schulze, Reiner* (Hrsg.), Compensation of Private Losses – The Evolution of Torts in European Business Law, München 2011, S. 39

Wyatt, Derrick/Dashwood, Alan: The Substantive Law of the EEC, 2. Aufl., London 1987

Zätzsch, Jörg: Richterliche Unabhängigkeit und Richterauswahl in den USA und Deutschland, Baden-Baden 2000

Zazoff, Julien: Der Unionsgesetzgeber als Adressat der Grundfreiheiten, Baden-Baden 2011

Zekoll, Joachim: US-amerikanisches Produkthaftpflichtrecht vor deutschen Gerichten, Baden-Baden 1987

Zekoll, Joachim: Zwischen den Welten – Das Privatrecht von Louisiana als europäischamerikanische Mischrechtsordnung, in: *Zimmermann, Reinhard* (Hrsg.), Amerikanische Rechtskultur und europäisches Privatrecht, Tübingen 1995, S. 11

Zekoll, Joachim: The Law of Procedure, in: *Zimmermann, Reinhard/Reimann, Mathias* (Hrsg.), Oxford Handbook of Comparative Law, Oxford 2006, S. 1327

Zekoll, Joachim: Das American Law Institute – ein Vorbild für Europa?, in: *Zimmermann, Reinhard* (Hrsg.), Globalisierung und Entstaatlichung des Rechts, Teilbd. II: Nichtstaatliches Privatrecht: Geltung und Genese, Tübingen 2008, S. 101

Zerres, Thomas: Die Bedeutung der Verbrauchsgüterkaufrichtlinie für die Europäisierung des Vertragsrechts – Eine rechtsvergleichende Untersuchung am Beispiel des deutschen und englischen Kaufrechts, München 2007

Ziegenhorn, Gero: Der Einfluss der EMRK im Recht der EU-Grundrechtecharta – Genuin chartarechtlicher Grundrechtsschutz gemäß Art. 52 Abs. 3 GRCh, Berlin 2009

Zimmermann, Andreas/Tomuschat, Christian/Oellers-Frahm, Karin (Hrsg.): The Statute of the International Court of Justice – A Commentary, Oxford 2006

Zimmermann, Reinhard: The Law of Obligations – Roman Foundations of the Civilian Tradition, Cape Town 1990/Oxford 1996

Zimmermann, Reinhard: Der europäische Charakter des englischen Rechts – Historische Verbindungen zwischen civil law und common law, ZEuP 1993, 4

Zimmermann, Reinhard: Civil Code and Civil Law – The „Europeanization" of Private Law Within the European Community and the Re-emergence of a European Legal Science, Colum. J. Eur. L. 1 (1994/1995), 63

Zimmermann, Reinhard: Konturen eines europäischen Vertragsrechts, JZ 1995, 477

Zimmermann, Reinhard: Law Reviews – Ein Streifzug durch eine fremde Welt, in: *ders.* (Hrsg.), Amerikanische Rechtskultur und europäisches Privatrecht, Tübingen 1995, S. 87

Zimmermann, Reinhard: Statuta sunt stricte interpretanda, C.L.J. 56 (1997), 315

Zimmermann, Reinhard: Savignys Vermächtnis: Rechtsgeschichte, Rechtsvergleichung und die Begründung einer Europäischen Rechtswissenschaft, JBl. 1998, 273

Zimmermann, Reinhard: If the Bible Were Bluebooked, ZEuP 1999, 414

Zimmermann, Reinhard: Die Principles of European Contract Law als Ausdruck und Gegenstand europäischer Rechtswissenschaft, Jura 2005, 289 (1. Teil), Jura 2005, 441 (2. Teil)

Zimmermann, Reinhard: Die Europäisierung des Privatrechts und die Rechtsvergleichung, Berlin 2006

Zimmermann, Reinhard: Römisches Recht und europäische Kultur, JZ 2007, 1

Zimmermann, Reinhard: The Present State of European Private Law, Am. J. Comp. L. 57 (2009), 479

Zimmermann, Reinhard: Reflections on a European Law Institute – based on the proceedings of the Florence conference, ZEuP 2010, 719

Zimmermann, Reinhard: Juristische Bücher des Jahres: Eine Leseempfehlung, NJW 2011, 3557

Zobel, Petra: Schiedsgerichtsbarkeit und Gemeinschaftsrecht – Im Spannungsverhältnis zwischen Integration und Exklusion, Tübingen 2005

Zöllner, Wolfgang: Materielles Recht und Prozeßrecht, AcP 190 (1990), 471

Žondra, Milan: Reference to Preliminary Rulings Lodged by Czech Courts, 2004–2009, Czech Yearbook of International Law 2010, 269

Zuber, Andreas: Die EG-Kommission als amicus curiae – Die Zusammenarbeit der Kommission und der Zivilgerichte der Mitgliedstaaten bei der Anwendung der Wettbewerbsregeln des EG-Vertrages, Köln 2001

Zuck, Rüdiger: Die Grundrechtsrüge im Zivilprozess, Münster 2008

Zuckerman, Adrian A.S. (Hrsg.): Justice in Crisis – Comparative Perspectives of Civil Procedure, Oxford 1999

Zuckerman, Adrian A.S.: Zuckerman on Civil Procedure: Principles of Practice, 2. Aufl., London 2006

Zuleeg, Manfred: Der rechtliche Zusammenhalt der Europäischen Gemeinschaft, ZEuP 1993, 475

Zuleeg, Manfred: Die Europäische Gemeinschaft als Rechtsgemeinschaft, NJW 1994, 545

Zuleeg, Manfred: Die Rolle der rechtsprechenden Gewalt in der europäischen Integration, JZ 1994, 1

Zuleeg, Manfred: What Holds a Nation Together? Cohesion and Democracy in the United States of America and in the European Union, Am. J. Comp. L. 45 (1997), 505

Zürn, Michael/Joerges, Christian (Hrsg.): Law and Governance in Postnational Europe – Compliance Beyond the Nation-State, Cambridge 2005

Zweigert, Konrad: Rechtsvergleichung als universale Interpretationsmethode, RabelsZ 15 (1949/50), 5

Zweigert, Konrad: Der Einfluss des Europäischen Gemeinschaftsrechts auf die Rechtsordnungen der Mitgliedstaaten, RabelsZ 28 (1964), 601

Zweigert, Konrad: Empfiehlt es sich, Bestimmungen über den Rechtsschutz zu ändern?, in: *Institut für das Recht der Europäischen Gemeinschaften der Universität Köln* (Hrsg.), Zehn Jahre Rechtsprechung des Gerichtshofs der Europäischen Gemeinschaften, Köln, Berlin, Bonn, München 1965, S. 580

Zweigert, Konrad/Kötz, Hein: Einführung in die Rechtsvergleichung auf dem Gebiete des Privatrechts, 3. Aufl., Tübingen 1996

Zwickel, Martin: Bürgernahe Ziviljustiz: Die französische juridiction de proximité aus deutscher Sicht – Zugleich ein Beitrag zur Definition eines Gesamtmodells bürgernaher Justiz, Tübingen 2010

Stichwortverzeichnis

Beiträge zum ausländischen
und internationalen Privatrecht

Alphabetische Übersicht

Assfalg, Dieter: Die Behandlung von Treugut im Konkurse des Treuhänders. 1960. *Band 28.*

Atamer, Yeşim M. und *Klaus J. Hopt* (Hrsg.): Kompatibilität des türkischen und europäischen Wirtschaftsrechts. 2009. *Band 91.*

Baetge, Dietmar: Der gewöhnliche Aufenthalt im Internationalen Privatrecht. 1994. *Band 56.*

– Globalisierung des Wettbewerbsrechts. 2009. *Band 90.*

– siehe *Hopt, Klaus J.*

Balz, Manfred: Eigentumsordnung und Technologiepolitik. 1980. *Band 44.*

Basedow, Jürgen: Der Transportvertrag. 1987. *Band 50.*

– Weltkartellrecht. 1998. *Band 63.*

–, *Peter Dopffel, Klaus J. Hopt* und *Hein Kötz* (Hrsg.): Die Rechtsstellung gleichgeschlechtlicher Lebensgemeinschaften. 2000. *Band 70.*

– siehe *Hopt, Klaus J.*

Baums, Theodor: Verbindungen von Banken und Unternehmen im amerikanischen Wirtschaftsrecht. 1992. *Band 55.*

Becker, Michael: Verwaltungskontrolle durch Gesellschafterrechte. 1997. *Band 62.*

Benicke, Christoph: Wertpapiervermögensverwaltung. 2006. *Band 84.*

Brödermann, Eckart und *Holger Iversen:* Europäisches Gemeinschaftsrecht und Internationales Privatrecht. 1994. *Band 57.*

Dannemann, Gerhard: Die ungewollte Diskriminierung in der internationalen Rechtsanwendung. 2004. *Band 78.*

Dopffel, Peter: siehe *Basedow, Jürgen.*

Drobnig, Ulrich, Klaus J. Hopt, Hein Kötz und *Ernst-Joachim Mestmäcker* (Hrsg.): Systemtransformation in Mittel- und Osteuropa und ihre Folgen für Banken, Börsen und Kreditsicherheiten. 1998. *Band 64.*

Ehricke, Ulrich: Das abhängige Konzernunternehmen in der Insolvenz. 1998. *Band 65.*

Engelmann, Fritz: Der Kampf gegen die Monopole in den USA. 1951. *Band 21.*

Ferid, Murad: Der Neubürger im internationalen Privatrecht. Teil 1. 1949. *Band 18.*

Ficker, Hans C.: Grundfragen des deutschen interlokalen Rechts. 1952. *Band 22.*

Flessner, Axel: Wegfall der Bereicherung. 1970. *Band 37.*

– Sanierung und Reorganisation. 1982. *Band 48.*

– Interessenjurisprudenz im internationalen Privatrecht. 1990. *Band 53.*

Förster, Christian: Die Fusion von Bürgschaft und Garantie. 2010. *Band 93.*

Gamillscheg, Franz: Der Einfluß Dumoulins auf die Entwicklung des Kollisionsrechts. 1955. *Band 25.*

– Internationales Arbeitsrecht. 1959. *Band 27.*

Gessner, Volkmar: Recht und Konflikt. 1976. *Band 40.*

Girsberger, Daniel: Grenzüberschreitendes Finanzierungsleasing. 1997. *Band 61.*

Hein, Jan von: Die Rezeption US-amerikanischen Gesellschaftsrechts in Deutschland. 2008. *Band 87.*

Heiss, Helmut: Formmängel und ihre Sanktionen. 1999. *Band 67.*

Heldrich, Andreas: Internationale Zuständigkeit und anwendbares Recht. 1969. *Band 36.*

Hierneis, Otto: Das besondere Erbrecht der sogenannten Foralrechtsgebiete Spaniens. 1966. *Band 33.*

Hippel, Eike von: Schadensausgleich bei Verkehrsunfällen. 1968. *Band 34.*

Hippel, Thomas von: Grundprobleme von Nonprofit-Organisationen. 2007. *Band 85.*

Hoffmann, Bernd von: Das Recht des Grundstückskaufs. 1982. *Band 47.*

Hofstetter, Karl: Sachgerechte Haftungsregeln für Multinationale Konzerne. 1995. *Band 59.*

Hopt, Klaus J., Jürgen Basedow, Hein Kötz und Dietmar Baetge (Hrsg.): Die Bündelung gleichgerichteter Interessen im Prozeß. 1999. *Band 66.*

–, *Christa Jessel-Holst* und *Katharina Pistor* (Hrsg.): Unternehmensgruppen in mittel- und osteuropäischen Ländern. 2003. *Band 76.*

– und *Dimitris Tzouganatos* (Hrsg.): Europäisierung des Handels- und Wirtschaftsrechts. 2006. *Band 82.*

– und *Hans-Christoph Voigt* (Hrsg.): Prospekt- und Kapitalmarktinformationshaftung. 2005. *Band 79.*

– siehe *Atamer, Yeşim M.*

– siehe *Basedow, Jürgen.*

– siehe *Drobnig, Ulrich.*

Iversen, Holger: siehe *Brödermann, Eckart.*

Jellinek, Walter: Die zweiseitigen Staatsverträge über Anerkennung ausländischer Zivilurteile I/II. 1953. *Band 24.*

Jessel-Holst, Christa: siehe *Hopt, Klaus J.*

Joerges, Christian: Zum Funktionswandel des Kollisionsrechts. 1971. *Band 38.*

Kadner Graziano, Thomas: Gemeineuropäisches internationales Privatrecht. 2002. *Band 73.*

Kieninger, Eva-Maria: Wettbewerb der Privatrechtsordnungen im Europäischen Binnenmarkt. 2002. *Band 74.*

Kocher, Eva: Funktionen der Rechtsprechung. 2007. *Band 86.*

Kötz, Hein: siehe *Basedow, Jürgen.*

– siehe *Drobnig, Ulrich.*

– siehe *Hopt, Klaus J.*

Kronke, Herbert: Stiftungstypus und Unternehmensträgerstiftung. 1988. *Band 52.*

Kropholler, Jan: Internationales Einheitsrecht. 1975. *Band 39.*

Leible, Stefan: Wege zu einem Europäischen Privatrecht. 2006. *Band 75.*

Loeber, Dietrich A.: Der hoheitlich gestaltete Vertrag. 1969. *Band 35.*

Magnus, Ulrich: Schaden und Ersatz. 1987. *Band 51.*

Mankowski, Peter: Seerechtliche Vertragsverhältnisse im Internationalen Privatrecht. 1995. *Band 58.*

Martiny, Dieter: Unterhaltsrang und -rückgriff I/II. 2000. *Band 69.*

Mestmäcker, Ernst-Joachim: siehe *Drobnig, Ulrich.*

Metzger, Axel: Extra legem, intra ius: Allgemeine Rechtsgrundsätze im Europäischen Privatrecht. 2009. *Band 89.*

Müller, Peter: Die Vorbehalte in Übereinkommen zur Privatrechtsvereinheitlichung. 1979. *Band 45.*

*Einen Gesamtkatalog erhalten Sie kostenlos vom
Mohr Siebeck Verlag, Postfach 2040, D-72010 Tübingen.
Neueste Informationen im Internet unter www.mohr.de.*